CONTRATO DE TRABAJO

En caso de modificarse la legislación aquí comentada, este libro será actualizado gratuitamente en nuestro sitio de Internet hasta un año después de su impresión.

www.astrea.com.ar

CARLOS ALBERTO ETALA

Doctor de la Universidad de Buenos Aires. Profesor titular regular de Derecho del Trabajo y de la Seguridad Social en la Facultad de Derecho (UBA). Ex Profesor titular regular de Derecho Colectivo del Trabajo en la Carrera de Relaciones del Trabajo, Facultad de Ciencias Sociales (UBA). Profesor del Departamento de Posgrado de la Facultad de Derecho (UBA). Director del Área de Derecho Laboral del Proyecto Digesto Jurídico Argentino.

Contrato de trabajo

Ley 20.744
texto ordenado según decreto 390/76

Comentado, anotado y concordado
con las leyes de reforma laboral
y demás normas complementarias

5ª *edición actualizada y ampliada*
1ª reimpresión

EDITORIAL ASTREA
DE ALFREDO Y RICARDO DEPALMA
CIUDAD DE BUENOS AIRES
2005

1ª edición, 1998.
2ª edición, 1999.
1ª reimpresión, marzo 2000.
3ª edición, julio 2000.
4ª edición, 2002.
5ª edición, marzo 2005.
1ª reimpresión, septiembre 2005.

© EDITORIAL ASTREA
DE ALFREDO Y RICARDO DEPALMA SRL
Lavalle 1208 - (C1048AAF) Ciudad de Buenos Aires
www.astrea.com.ar - info@astrea.com.ar

ISBN: 950-508-498-6

Queda hecho el depósito que previene la ley 11.723
IMPRESO EN LA ARGENTINA

*A mi hijo,
Lisandro Etala.*

PRÓLOGO A LA QUINTA EDICIÓN

La excelente recepción brindada a las entregas anteriores ha sido suficiente motivación para presentar esta nueva edición actualizada.

Desde la cuarta edición a la presente han aparecido, en el plano del derecho individual del trabajo, novedades legislativas, reglamentarias y jurisprudenciales, algunas de ellas de importancia significativa, que hemos incorporado a la versión que hoy entregamos a los lectores. Entre las reformas legislativas más relevantes se encuentra la sanción de la ley 25.877, que introdujo modificaciones en materia de período de prueba, preaviso, integración del mes de despido e indemnización por antigüedad. En el plano jurisprudencial, la novedad más trascendente la constituye, sin duda, la declaración de inconstitucionalidad, para ciertos casos, del tope máximo indemnizatorio fijado por el art. 245 de la LCT, dictado por la Corte Suprema de Justicia de la Nación en el caso "Vizzoti c/AMSA", del 14 de septiembre de 2004.

En las palabras previas de las anteriores ediciones habíamos incluido una advertencia que creemos conveniente reiterar ahora. Se trata de una cuestión que ha sido analizada con más detenimiento en nuestra obra *Interpretación y aplicación de las normas laborales*, de Editorial Astrea. Siempre hemos sostenido que toda materia jurídica puede abordarse desde alguno de estos tres niveles de análisis: *a*) *exposición del derecho vigente*, entendiendo por tal no sólo los textos legislativos, sino principalmente la manera en que los órganos competentes interpretan y aplican esas normas al resolver las controversias; *b*) *crítica interna del derecho vigente*, o sea, el cuestionamiento de la manera efectiva en que los tribunales aplican el derecho, pero en función de normas y principios incluidos en el mismo ordenamiento (lo que también podría llamarse crítica *de sententia ferenda*), y *c*) *crítica externa del derecho vigente*, es decir, la impugnación del contenido de las normas vigentes o del modo en que los tribunales deciden los litigios, pero en función de principios y valores que no están incluidos en el derecho vigente, sino que se intentan *poner* o *postular* como propuestas de política legislativa (que podría llamarse crítica *de lege ferenda*).

Es posible que al plantear una cuestión jurídica se alternen o confundan estos tres niveles de análisis. Si no se realiza la pertinente indicación al respecto, es probable que no se lleguen a esclarecer debidamente los problemas, se generen malentendidos o se susciten infinidad de falsas disputas, simplemente porque se está hablando de cuestiones diferentes.

Por tal razón, la primera advertencia que formulamos al lector en aquellas oportunidades –y que ratificamos ahora– es que esta obra se propone analizar el derecho individual del trabajo sólo en el primer nivel indicado, esto es, el de la mera exposición del derecho vigente, en la inteligencia de que la faena de internarse en los restantes niveles tiene como presupuesto ineludible un conocimiento efectivo de la forma en que los órganos encargados de hacerlo aplican las normas en la realidad cotidiana del derecho. Queda en evidencia que hemos elegido dar prioridad a la tarea de describir y explicar la regulación de las relaciones entre empleadores y trabajadores, tal como ellas se presentan y desenvuelven en la práctica usual del derecho.

Por consiguiente, también en esta edición hemos omitido todo desarrollo polémico acerca de la solución que finalmente ha prevalecido en la doctrina y la jurisprudencia, exponiendo en el texto sólo los criterios aceptados de manera dominante. No se trata de subestimar aquel tipo de abordaje. Muy por el contrario, resulta indispensable para el progreso de la llamada "ciencia del derecho", pero como materia de otras modalidades de estudios jurídicos (artículos, monografías, ensayos o tratados). Sin embargo, cuando se trata de normas nuevas hemos siempre intentado exponer los principales matices interpretativos que la nueva disposición puede ofrecer.

La presente obra, en esta edición actualizada, tal como en las versiones anteriores, ha sido concebida para satisfacer las necesidades de una amplia gama de destinatarios. En primer lugar, la de los operadores jurídicos, entendiendo por tales a los jueces, abogados, funcionarios administrativos o judiciales, conciliadores laborales, mediadores, negociadores, árbitros, auxiliares y expertos. Asimismo para dar respuesta a los interrogantes que se formulan cotidianamente quienes desenvuelven su actividad en las áreas de recursos humanos de las empresas y en la asesoría gremial de los sindicatos.

Por último, fue pensada también para cubrir las necesidades de los universitarios de todas las casas de estudio del país, tanto los de los cursos de grado como de posgrado, que sabemos utilizan con provecho este libro. A ellos está dedicado el principal esfuerzo desplegado para transmitir las ideas y conceptos con el mayor rigor metodológico y claridad expositiva posibles.

Como en las ocasiones anteriores, sabemos que son únicamente los lectores los que en última instancia juzgarán si los objetivos propuestos por la obra han sido debidamente alcanzados.

CARLOS ALBERTO ETALA

ÍNDICE GENERAL

Prólogo a la quinta edición IX
Abreviaturas XLVII

Título Primero

DISPOSICIONES GENERALES

Artículo 1° [Fuentes de regulación] – § 1. Introducción. § 2. Constitución nacional. § 3. Declaraciones, pactos y convenciones internacionales con jerarquía constitucional. § 4. Ley de contrato de trabajo. § 5. Leyes y estatutos profesionales. § 6. Convenciones colectivas de trabajo. § 7. Laudos. § 8. Voluntad de las partes. § 9. Reglamentos de empresa. § 10. Usos y costumbres. § 11. Leyes comunes. § 12. Tratados internacionales. § 13. Decretos de necesidad y urgencia. § 14. Decretos reglamentarios. § 15. Resoluciones ministeriales. § 16. Resoluciones de organismos paritarios o tripartitos. § 17. La jurisprudencia. § 18. La doctrina 1

Art. 2° [Ámbito de aplicación] – § 1. Relaciones comprendidas. § 2. Trabajadores excluidos. a) Dependientes de la Administración pública. b) Trabajadores del servicio doméstico. c) Trabajadores agrarios. § 3. Trabajadores de la construcción. § 4. Relaciones entre la ley general y los estatutos particulares. § 5. Estatutos especiales vigentes 23

Art. 3° [Ley aplicable] – § 1. Ley del lugar de ejecución. § 2. Lugar de ejecución múltiple. § 3. Contratos a ser ejecutados en el extranjero. § 4. Elección por las partes de la ley aplicable. § 5. Trabajo marítimo y aéreo. § 6. Estados extranjeros empleadores 30

Art. 4° [Concepto de trabajo] – § 1. Contenido. § 2. Caracterización. a) Actividad lícita. b) Trabajo dirigido. c) Trabajo remunerado. § 3. Concepción filosófica del trabajo en la ley. § 4. Directiva interpretativa 33

Art. 5º [Empresa. Empresario] – § 1. Contenido. § 2. Definición de empresa. a) La empresa como organización. b) Medios de la empresa. c) Fines de la empresa. § 3. Pequeña empresa. § 4. Definición de empresario. a) Representantes del empresario. b) Trabajadores relacionados jerárquicamente. c) Participación de los trabajadores 35

Art. 6º [Establecimiento] – § 1. Definición. § 2. Distinción entre empresa y establecimiento. § 3. Noción de explotación. § 4. Ley de higiene y seguridad en el trabajo 39

Art. 7º [Condiciones menos favorables. Nulidad] – § 1. Límites de la autonomía contractual. § 2. El orden público laboral. § 3. Fundamento del orden público laboral. § 4. Colisión de normas. Orden de prelación. § 5. Nulidad. Sustitución de las cláusulas nulas. § 6. Excepciones al orden público laboral. La disponibilidad colectiva. a) Concepto. b) Disponibilidad colectiva en la ley 24.467 41

Art. 8º [Condiciones más favorables provenientes de convenciones colectivas de trabajo] – § 1. Relación del convenio colectivo con la ley. § 2. Individualización del convenio. Prueba en juicio. § 3. Antecedente jurisprudencial 43

Art. 9º [El principio de la norma más favorable para el trabajador] § 1. Manifestación del principio protectorio. § 2. Directiva a los operadores jurídicos. § 3. Caso de colisión de normas. a) Sustitución de normas. b) Unidad de comparación. c) Criterios de comparación. § 4. Interpretación de la ley laboral   44

Art. 10. [Conservación del contrato] – § 1. Principio de continuidad laboral 47

Art. 11. [Principios de interpretación y aplicación de la ley] – § 1. Principio de integración. § 2. Leyes análogas. § 3. Justicia social. § 4. Principios generales del derecho del trabajo. a) Definición. b) Funciones. c) Enumeración. 1) Principio protectorio. 2) Continuidad. 3) Primacía de la realidad. 4) Razonabilidad. 5) Buena fe. 6) Trato igual y no discriminación. 7) Indemnidad. § 5. Equidad. § 6. Principio de buena fe 48

Art. 12. [Irrenunciabilidad] – § 1. Orden público laboral. § 2. Alcance de la irrenunciabilidad. § 3. Derechos irrenunciables. § 4. Efectos de las renuncias prohibidas. § 5. Disponibilidad colectiva para la pequeña empresa 55

Art. 13. [Sustitución de las cláusulas nulas] – § 1. Automaticidad. § 2. Nulidad del contrato 60

Art. 14. [Nulidad por fraude laboral] – § 1. Evasión de normas imperativas. § 2. Simulación ilícita. § 3. Fraude a la ley. § 4. Inexigencia de elemento subjetivo. § 5. Evasión total. § 6. Evasión parcial. § 7. Efectos de la simulación ilícita y el fraude 61

Art. 15. [Acuerdos transaccionales, conciliatorios o liberatorios. Su validez] – § 1. Caracterización. § 2. Homologación. § 3. Intervención de la Administración Federal de Ingresos Públicos. § 4. Cosa juzgada 65

Art. 16. [Aplicación analógica de las convenciones colectivas de trabajo. Su exclusión] – § 1. Ubicación de la norma. § 2. A quién se dirige la norma. § 3. Características de las convenciones colectivas. § 4. Directivas de interpretación y aplicación. § 5. Exclusión de la aplicación extensiva o analógica. § 6. Aplicación a los laudos. § 7. "Toma en consideración" de un convenio 73

Art. 17. [Prohibición de hacer discriminaciones] – § 1. Principio constitucional. § 2. Pactos y convenciones con jerarquía constitucional. § 3. Principio de igualdad de trato y no discriminación. § 4. Concepto de discriminación. § 5. Enumeración enunciativa. § 6. Alcance de la norma. § 7. Convenios de la Organización Internacional del Trabajo. § 8. Disposiciones concordantes. § 9. La ley 23.592 76

Art. 18. [Tiempo de servicio] – § 1. Definición de antigüedad. § 2. Relevancia de la antigüedad. § 3. Supuestos contemplados por la ley. a) Contratos sucesivos a plazo fijo. b) Reingreso del trabajador. c) Trabajo de temporada. d) Período de prueba. e) Servicio militar. f) Desempeño de cargos electivos. g) Desempeño de cargos sindicales. § 4. Casos no contemplados por la ley. a) Criterio general. b) Eximición de prestar servicios. c) Falta de prestación de servicios por causa imputable al trabajador. d) Prestaciones discontinuas .. 79

Art. 19. [Plazo de preaviso] – § 1. Determinación 84

Art. 20. [Gratuidad] – § 1. Principio protectorio. § 2. Aplicación automática. a) Invocación de normas laborales. b) Irrelevancia de la solvencia del trabajador. c) Alcance de la gratuidad. § 3. Telegrama obrero. § 4. Inembargabilidad de la vivienda del trabajador. a) Alcance de la protección. b) Irrelevancia del valor de la vivienda. c) Costas en juicio laboral. d) Inembargabilidad del salario y otros beneficios del trabajador. § 5. Pluspetición inexcusable. Responsabilidad solidaria 84

Título II

DEL CONTRATO DE TRABAJO EN GENERAL

Capítulo Primero

DEL CONTRATO Y LA RELACIÓN DE TRABAJO

Art. 21. [Contrato de trabajo] – § 1. Definición legal. § 2. Primacía de la realidad. § 3. Sujetos del contrato de trabajo. § 4. Autonomía relativa de las partes. § 5. Relación de dependencia. a) Caracterización. b) Notas características. 1) Dependencia jurídica o dependencia jurídico-personal. 2) Dependencia económica. 3) Dependencia técnica. § 6. Actividad personal del trabajador. § 7. Irrelevancia de la modalidad de contratación. § 8. Riesgo empresario. § 9. La remuneración. § 10. Caracteres. § 11. Contrato de trabajo de aprendizaje. a) Finalidad. b) Partes. c) Forma. d) Duración. e) Jornada. f) Número máximo de aprendices. g) Preaviso. h) Extinción. i) Certificado. j) Conversión en contrato por tiempo indeterminado. k) Prohibiciones 91

Art. 22. [Relación de trabajo] – § 1. Primacía de la realidad. § 2. Teoría de la relación de trabajo. § 3. Contrato de trabajo sin relación de trabajo 114

Art. 23. [Presunción de la existencia del contrato de trabajo] – § 1. Alcance de la presunción. a) Tesis amplia. b) Tesis restringida. § 2. Desvirtuación de la presunción. a) Trabajo familiar. b) Trabajo de religiosos. c) Trabajos benévolos, amistosos o de buena vecindad. d) Trabajo voluntario. e) Trabajo "amateur". f) Trabajo autónomo. g) Becas. h) Pasantías 115

Art. 24. [Efectos del contrato sin relación de trabajo] – § 1. Contrato de trabajo sin relación de trabajo. § 2. Efectos del incumplimiento 127

Capítulo II

DE LOS SUJETOS DEL CONTRATO DE TRABAJO

Art. 25. [Trabajador] – § 1. Concepto de trabajador 128

Art. 26. [Empleador] – § 1. Noción de empleador. § 2. Personas jurídicas. § 3. Sujetos de derecho. § 4. Sociedades irregulares o de hecho. § 5. Conjunto de personas físicas. § 6. Unión transitoria de empresas 129

Art. 27. [Socio-empleado] – § 1. La figura del socio-empleado. § 2. Socios de cooperativas de trabajo 133

Art. 28. [Auxiliares del trabajador] – § 1. Autorización. § 2. Previsiones legales. § 3. Relación directa con el empleador 137

Art. 29. [Interposición y mediación. Solidaridad] – § 1. Suministro de mano de obra. § 2. Agencias retribuidas de colocaciones. § 3. Empresas de selección de personal. § 4. Empresas de servicios eventuales. a) Actividad reglamentada. b) Definición. c) Forma jurídica y objeto. d) Habilitación administrativa. e) Sanciones administrativas. f) Cancelación de la habilitación. g) Prestación de servicios eventuales. h) Causas que justifican el requerimiento de la empresa usuaria. i) Trabajadores de las empresas de servicios eventuales 138

Art. 29 bis. – § 1. Empresas de servicios eventuales. Remisión. § 2. Trabajadores destinados a prestar servicios en las empresas usuarias. a) Carácter de la relación. b) Períodos de actividad y períodos de receso. c) Deber de ocupación. d) Deber de remunerar. e) Nuevo destino laboral. f) Despido indirecto del trabajador. g) Abandono del trabajo. h) Cómputo de la antigüedad del trabajador. § 3. Responsabilidad solidaria de la empresa usuaria. § 4. Convención colectiva, sindicato y obra social del trabajador 145

Art. 30. [SUBCONTRATACIÓN Y DELEGACIÓN. SOLIDARIDAD] – § 1. Los contratistas. § 2. Cesión, contratación y subcontratación. § 3. Actividad normal y específica. § 4. Interpretación restrictiva. § 5. Recaudos exigibles. § 6. Responsabilidad solidaria. § 7. Aplicación a la industria de la construcción. § 8. Retención por el empresario principal 150

Art. 31. [EMPRESAS SUBORDINADAS O RELACIONADAS. SOLIDARIDAD] – § 1. Conjunto económico. § 2. Solidaridad. § 3. Maniobras fraudulentas. § 4. Conducción temeraria 165

CAPÍTULO **III**

DE LOS REQUISITOS ESENCIALES Y FORMALES DEL CONTRATO DE TRABAJO

Art. 32. [CAPACIDAD] – § 1. Capacidad del trabajador. § 2. Demente. § 3. Inhabilitado judicialmente. § 4. Fallido. § 5. Extranjero. § 6. Capacidad para actuar en asociaciones sindicales 169

Art. 33. [FACULTAD PARA ESTAR EN JUICIO] – § 1. Capacidad procesal. § 2. Otorgamiento de poder 171

Art. 34. [FACULTAD DE LIBRE ADMINISTRACIÓN Y DISPOSICIÓN DE BIENES] – § 1. Norma civil 172

Art. 35. [MENORES EMANCIPADOS POR MATRIMONIO] – § 1. Capacidad laboral por emancipación 173

Art. 36. [ACTOS DE LAS PERSONAS JURÍDICAS] – § 1. Representantes legales. § 2. Representante aparente 173

CAPÍTULO **IV**

DEL OBJETO DEL CONTRATO DE TRABAJO

Art. 37. [PRINCIPIO GENERAL] – § 1. El objeto contractual. § 2. Determinación de la prestación. § 3. Calificación profesional y calificación contractual 174

XVIII   ÍNDICE GENERAL

Art. 38. [Servicios excluidos] – § 1. Nulidad del contrato de trabajo. § 2. Servicios ilícitos o prohibidos 176

Art. 39. [Trabajo ilícito] – § 1. Objeto ilícito. § 2. Efectos del trabajo ilícito 177

Art. 40. [Trabajo prohibido] – § 1. Objeto prohibido. § 2. Prohibiciones legales o reglamentarias. § 3. Prohibición dirigida al empleador. § 4. Prohibición del trabajo de inmigrantes ilegales. § 5. Efectos del trabajo prohibido 178

Art. 41. [Nulidad del contrato de objeto ilícito] – § 1. Nulidad por ilicitud del objeto. § 2. Efectos de la nulidad 180

Art. 42. [Nulidad del contrato de objeto prohibido. Inoponibilidad al trabajador] – § 1. Efectos del contrato de objeto prohibido 180

Art. 43. [Prohibición parcial] – § 1. Nulidad parcial del contrato. § 2. Nulidad parcial y prosecución de la relación 181

Art. 44. [Nulidad por ilicitud o prohibición. Su declaración] – § 1. Efectos de la nulidad. Remisión. § 2. Declaración de nulidad. § 3. Actuación de la autoridad administrativa ... 182

Capítulo V

DE LA FORMACIÓN DEL CONTRATO DE TRABAJO

Art. 45. [Consentimiento] – § 1. Expresión del consentimiento. § 2. La oferta. § 3. La aceptación 182

Art. 46. [Enunciación del contenido esencial. Suficiencia] – § 1. Contenido esencial. § 2. Facultades de las partes 184

Art. 47. [Contrato por equipo. Integración] – § 1. Definición. § 2. Formas de integrar el equipo 185

Capítulo VI

DE LA FORMA Y PRUEBA
DEL CONTRATO DE TRABAJO

Art. 48. [Forma] – § 1. Principio de libertad de las formas. § 2. Forma escrita. § 3. Registro y comunicación del contrato 186

Art. 49. [Nulidad por omisión de la forma] – § 1. Actos formales. § 2. Legitimación para invocar el vicio de forma 187

Art. 50. [Prueba] – § 1. Libertad de prueba. § 2. Dificultades probatorias 188

Art. 51. [Aplicación de estatutos profesionales o convenciones colectivas de trabajo] – § 1. Documentos, licencias o carné exigidos. § 2. Título habilitante 189

ÍNDICE GENERAL   XIX

Art. 52. [Libro especial. Formalidades. Prohibiciones] – § 1. Deber de llevar el libro especial. § 2. Deber de registrar la relación de trabajo. § 3. Sistema único de registro laboral. § 4. Efectos de la falta de registro. § 5. Efectos del registro insuficiente. § 6. Omisión de otros datos o formalidades. § 7. Obligación de llevar el libro desde el punto de vista administrativo. § 8. Registro único de personal para la pequeña empresa. § 9. Clave de alta temprana (CAT) 189

Art. 53. [Omisión de formalidades] – § 1. Apreciación judicial .. 195

Art. 54. [Aplicación a los registros, planillas u otros elementos de contralor] – § 1. Apreciación judicial. Remisión 195

Art. 55. [Omisión de su exhibición] – § 1. Inversión de la carga de la prueba. § 2. Requerimiento administrativo 196

Art. 56. [Remuneraciones. Facultad de los jueces] – § 1. Norma procesal. § 2. Facultades del juez 198

Art. 57. [Intimaciones. Presunción] – § 1. Carga para el empleador de explicarse. § 2. La presunción opera contra el empleador. § 3. Plazo para la respuesta. § 4. Intimación a la regularización del empleo no registrado. § 5. Obligación del empleador de recibir las comunicaciones 199

Art. 58. [Renuncia al empleo. Exclusión de presunciones a su respecto] – § 1. Concordancias de la norma. § 2. Presunciones inadmisibles 205

Art. 59. [Firma. Impresión digital] – § 1. La firma en el contrato de trabajo. § 2. Impresión digital 208

Art. 60. [Firma en blanco. Invalidez. Modos de oposición] – § 1. Ilicitud. § 2. Demostración contraria 209

Art. 61. [Formularios] – § 1. Declaraciones o cantidades insertas en formularios. § 2. Interpretación de las declaraciones y cantidades 210

Capítulo VII

DE LOS DERECHOS Y DEBERES DE LAS PARTES

Art. 62. [Obligación genérica de las partes] – § 1. Deberes de cumplimiento y deberes de conducta 211

Art. 63. [Principio de buena fe] – § 1. Caracterización. § 2. Concepto de la buena fe. § 3. Alcanza a ambas partes del contrato. § 4. Alcanza a todas las obligaciones contractuales. § 5. Contenido del deber de buena fe 213

Art. 64. [Facultad de organización] – § 1. Facultades del empresario 216

Art. 65. [Facultad de dirección] – § 1. Derecho de dirección del empleador. § 2. Límites del derecho de dirección. § 3. Reglamento de empresa 217

Art. 66. [Facultad de modificar las formas y modalidades del trabajo] – § 1. El "ius variandi". a) Razonabilidad. b) No alteración esencial del contrato. c) Ausencia de perjuicio material o moral. § 2. Pautas generales de interpretación de la facultad patronal 218

Art. 67. [Facultades disciplinarias. Limitación] – § 1. Potestad disciplinaria del empleador. § 2. Presupuesto de la sanción. § 3. Tipos de sanciones. a) El llamado de atención, la advertencia, la amonestación o el apercibimiento. b) La suspensión. c) El despido. § 4. Sanciones prohibidas. § 5. Requisitos para aplicar sanciones legítimas. a) Juridicidad. b) Proporcionalidad. c) Razonabilidad. d) Oportunidad o contemporaneidad. e) Notificación por escrito. f) No duplicación de sanciones. § 6. Impugnación de las medidas disciplinarias. a) Ante quién debe impugnarse. b) Plazo para impugnar 225

Art. 68. [Modalidades de su ejercicio] – § 1. Límites del ejercicio del poder disciplinario 228

Art. 69. [Modificación del contrato de trabajo. Su exclusión como sanción disciplinaria] – § 1. Fundamento de la norma .. 229

Art. 70. [Controles personales] – § 1. Potestad del empleador. § 2. Controles de puerta o de salida. § 3. Carácter de los controles 229

Art. 71. [Conocimiento] – § 1. Fiscalización de la autoridad de aplicación 230

Art. 72. [Verificación] – § 1. Facultades de la autoridad de aplicación 230

Art. 73. [Prohibición] – § 1. Resguardo de la libertad de pensamiento. § 2. Fundamento 231

Art. 74. [Pago de la remuneración] – § 1. Deber principal del empleador. § 2. Elemento esencial del contrato de trabajo. § 3. Normas que regulan el pago de la remuneración. Remisión 231

Art. 75. [Deber de seguridad] – § 1. Origen de la norma. § 2. Deber contractual del empleador. § 3. La excepción de incumplimiento contractual. § 4. Daños a la integridad psicofísica del trabajador 234

Art. 76. [Reintegro de gastos y resarcimiento de daños] – § 1. Deber de previsión. § 2. Reintegro de gastos. § 3. Resarcimiento de los daños sufridos. Cosas y no bienes. § 4. Por el hecho o en ocasión del trabajo. § 5. Responsabilidad objetiva del empleador. § 6. Prueba a cargo del trabajador. § 7. Cosas exceptuadas de la protección. § 8. Valuación de los daños 236

ÍNDICE GENERAL XXI

Art. 77. [Deber de protección. Alimentación y vivienda] – § 1. Extensión de la protección. § 2. Concepto de familia del trabajador 239

Art. 78. [Deber de ocupación] – § 1. Obligación del empleador. § 2. Ocupación en la categoría contractual. § 3. Trabajo a destajo. § 4. Excepciones al deber de ocupación. § 5. Efectos del incumplimiento del deber de ocupación 240

Art. 79. [Deber de diligencia e iniciativa del empleador] – § 1. Deber contractual de iniciativa y diligencia. § 2. Deber del empleador de registrar el contrato de trabajo. § 3. Efectos 242

Art. 80. [Deber de observar las obligaciones frente a los organismos sindicales y de la seguridad social. Certificado de trabajo] – § 1. Deber contractual de observar las obligaciones. § 2. Obligación de extender constancia documentada. § 3. Incumplimiento del deber. § 4. Régimen de regularización del empleo no registrado. § 5. Certificado de trabajo. § 6. Certificaciones de servicios, remuneraciones y aportes. § 7. Indemnización por falta de entrega de constancias y certificaciones. a) Plazo de entrega. b) Indemnización tarifada. § 8. Certificado de aprendizaje 243

Art. 81. [Igualdad de trato] – § 1. Principio de igualdad de trato y no discriminación. § 2. Distinciones arbitrarias. § 3. Principio de orden público. § 4. Identidad de situaciones. § 5. Distinciones permitidas. § 6. Causa objetiva. § 7. Despido. § 8. Reincorporación. § 9. Prueba de la discriminación. § 10. La ley 20.392. § 11. La ley 23.592 251

Art. 82. [Invenciones del trabajador] – § 1. Régimen jurídico de las invenciones. § 2. Invenciones en la empresa. a) Invenciones personales del trabajador. b) Inventos obtenidos por conocimientos o medios de la empresa. c) Derecho a una compensación para el trabajador inventor. d) Participación del trabajador en las regalías. e) Mejoras en los procedimientos de la empresa. f) Invenciones de servicio o contractuales 258

Art. 83. [Preferencia del empleador. Prohibición. Secreto] – § 1. Principio general. § 2. Cesación 261

Art. 84. [Deberes de diligencia y colaboración] – § 1. Condiciones de la prestación del servicio por el trabajador. § 2. Puntualidad. § 3. Asistencia regular. § 4. Dedicación adecuada 262

Art. 85. [Deber de fidelidad] – § 1. Fundamento. § 2. Deber de guardar reserva o secreto 263

Art. 86. [Cumplimiento de órdenes e instrucciones] – § 1. Deber de obediencia. § 2. Deber de conservar los instrumentos y útiles 265

Art. 87. [Responsabilidad por daños] – § 1. Daños por dolo o culpa grave. § 2. El concepto de culpa grave. § 3. Prueba del dolo o culpa grave. § 4. Acción judicial del empleador 266

Art. 88. [Deber de no concurrencia] – § 1. Manifestación del deber de fidelidad. § 2. Concurrencia prohibida. § 3. Autorización del empleador. § 4. Cesación del deber de no concurrencia. § 5. Convenios de no concurrencia. § 6. Incumplimiento del deber de no concurrencia 267

Art. 89. [Auxilios o ayudas extraordinarias] – § 1. Manifestación del deber de buena fe. § 2. Trabajo extraordinario obligatorio. § 3. Trabajo remunerado 269

Capítulo VIII
DE LA FORMACIÓN PROFESIONAL

Art. ... – § 1. Contenido del capítulo. § 2. Derechos a la promoción y formación 269

Art. ... – § 1. Acciones de formación profesional. § 2. Asistencia del Estado 270

Art. ... – § 1. Modalidades de la capacitación 271

Art. ... – § 1. Derecho de información para la formación profesional. § 2. Contenido. § 3. Negociación colectiva. § 4. Balance social 271

Art. ... – § 1. Solicitud de acciones de formación profesional .. 272

Art. ... – § 1. Nuevo contenido para el certificado de trabajo .. 273

Art. ... – § 1. Horas anuales convencionales de formación 273

Título III
DE LAS MODALIDADES DEL CONTRATO DE TRABAJO

Capítulo I
PRINCIPIOS GENERALES

Art. 90. [Indeterminación del plazo] – § 1. Principio de indeterminación. § 2. Contrato de trabajo a plazo fijo. a) Requisito formal. Forma escrita. b) Tiempo de duración. c) Exigencias objetivas. d) Requisitos acumulativos. e) Contratos a plazo sucesivos 275

Art. 91. [Alcance] – § 1. Estabilidad impropia. § 2. Duración del contrato por tiempo indeterminado 278

Art. 92. [Prueba] – § 1. Carga probatoria. § 2. Aplicación de la norma 279

Art. 92 **bis.** [Período de prueba] – § 1. El período de prueba en el régimen general. § 2. Finalidades del período de prueba. § 3. Período de prueba implícito en el contrato de trabajo por tiempo indeterminado, salvo el de temporada. § 4. Carácter jurídico del período de prueba. § 5. Plazo del período de prueba. § 6. Período de prueba único. § 7. Uso abusivo del período de prueba. § 8. Forma del período de prueba. § 9. Deber de registrar el contrato de trabajo. § 10. Derechos de las partes durante el período de prueba. § 11. Derechos en caso de enfermedad o accidente. § 12. Aportes y contribuciones a la seguridad social. § 13. Cómputo como tiempo de servicios. § 14. Extinción del contrato de trabajo durante el período de prueba. § 15. El período de prueba en la pequeña empresa. § 16. Los períodos de prueba estipulados en los convenios colectivos de trabajo 280

Art. 92 **ter.** [Contrato de trabajo a tiempo parcial] – § 1. Definición legal. a) Concepto de "jornada habitual de la actividad". b) Definición de "tiempo parcial". § 2. Efectos del contrato. a) En el ámbito laboral. 1) Remuneración. 2) Horas extraordinarias. b) En el ámbito de la seguridad social. 1) Cotizaciones. 2) Prestaciones. § 3. Negociación colectiva 290

Capítulo II

DEL CONTRATO DE TRABAJO A PLAZO FIJO

Art. 93. [Duración] – § 1. Plazo máximo de duración. § 2. Fijación de un plazo de duración superior al máximo legal permitido 294

Art. 94. [Deber de preavisar. Conversión del contrato] – § 1. Caracterización. § 2. Plazo del preaviso. § 3. Comienzo del cómputo. § 4. Omisión del preaviso 295

Art. 95. [Despido antes del vencimiento del plazo. Indemnización] – § 1. Ruptura anticipada del contrato a plazo fijo. a) Despido injustificado. b) Acumulación de indemnizaciones. 1) Indemnizaciones comunes por despido. 2) Indemnizaciones de derecho común. c) Fijación de la indemnización de derecho común. d) Indemnización por falta de preaviso. § 2. Derechos del empleador. § 3. Despido con justa causa. § 4. Contrato a plazo fijo íntegramente cumplido .. 296

Capítulo III

DEL CONTRATO DE TRABAJO DE TEMPORADA

Art. 96. [Caracterización] – § 1. Definición. § 2. Necesidades permanentes de la empresa. § 3. Ciclos de la temporada. § 4. Actividades de temporada. § 5. Inexistencia de período de prueba. § 6. Vacaciones de los trabajadores de temporada. § 7. Asignaciones familiares del trabajador de temporada. § 8. Enfermedad inculpable en el trabajo de temporada. § 9. Muerte del trabajador en el período de receso. § 10. Prohibición para las cooperativas de trabajo 300

Art. 97. [Equiparación a los contratos a plazo fijo. Permanencia] – § 1. Despido sin justa causa durante el período de actividad. § 2. Despido durante el período de receso. § 3. Cómputo de la antigüedad del trabajador de temporada. § 4. Estabilidad impropia del trabajador de temporada 303

Art. 98. [Comportamiento de las partes a la época de la reiniciación del trabajo. Responsabilidad] – § 1. Consideraciones generales. § 2. Disposición del empleador para reiniciar la temporada. § 3. Disposición del trabajador para continuar la relación. § 4. Plazos y medios idóneos para manifestarse 305

Capítulo IV

DEL CONTRATO DE TRABAJO EVENTUAL

Art. 99. [Caracterización] – § 1. Reforma del texto. § 2. Significado de la reforma. § 3. Excepción al principio de indeterminación del plazo. § 4. Contrato de plazo causado. § 5. Causas que justifican la contratación eventual. § 6. Forma del contrato. § 7. Prueba del contrato. § 8. Límites temporales a ciertas contrataciones eventuales. § 9. Conversión del contrato en uno por tiempo indeterminado. § 10. Extinción natural del contrato. § 11. Eximición del deber de preavisar. § 12. Eximición de pago de indemnización. § 13. Ruptura anticipada del contrato eventual ... 308

Art. 100. [Aplicación de la ley. Condiciones] – § 1. Beneficios laborales. Compatibilidad con la relación eventual 314

Capítulo V

DEL CONTRATO DE TRABAJO DE GRUPO O POR EQUIPO

Art. 101. [Caracterización. Relación directa con el empleador. Sustitución de integrantes. Salario colectivo. Distribución. Colaboradores] – § 1. Definición legal. § 2. Jefe de equipo. § 3. Integrantes del grupo. § 4. Salario colectivo .. 314

Art. 102. [Trabajo prestado por integrantes de una sociedad. Equiparación. Condiciones] – § 1. Fraude por interposición de personas. § 2. Caracterización 317

Título IV

DE LA REMUNERACIÓN DEL TRABAJADOR

Capítulo I
DEL SUELDO O SALARIO EN GENERAL

Art. 103. [Concepto] – § 1. Remuneración. § 2. Derecho a la remuneración. § 3. Caso de accidente de trabajo. § 4. La remuneración desde el punto de vista de la seguridad social. § 5. Remuneración mínima. § 6. Protección de la remuneración 319

Art. 103 bis. [Beneficios sociales] – § 1. Caracterización jurídica. § 2. Servicios de comedor de la empresa. § 3. Los vales de almuerzo. § 4. Tarjetas de transporte. § 5. Vales alimentarios y canastas de alimentos. § 6. Gastos médicos. § 7. Gastos de guardería o sala maternal. § 8. Provisión de útiles escolares. § 9. Cursos de capacitación. § 10. Enumeración enunciativa 325

Art. 104. [Formas de determinar la remuneración] – § 1. Clasificación primaria. § 2. Enumeración no taxativa. § 3. Remuneración a comisión. Comisiones indirectas. § 4. Habilitación. § 5. Gratificación. a) Gratificación e igualdad de trato. b) Adquisición del derecho a la gratificación. c) Gratificación por cese de la relación laboral. § 6. Participación en las utilidades. § 7. Bonos de participación para el personal. § 8. Premios 334

Art. 105. [Formas de pago. Prestaciones complementarias] – § 1. Salario monetario. § 2. Salario en especie. a) Habitación o vivienda. b) Alimentación. c) Estimación del salario en especie para la seguridad social. d) Pago del salario en especie. § 3. Ocasión de ganancia. § 4. Prestaciones complementarias no remuneratorias 341

Art. 105 bis. 347

Art. 106. [Viáticos] – § 1. Concepto. § 2. Los viáticos desde el punto de vista de la seguridad social 347

Art. 107. [Remuneración en dinero] – § 1. Remuneración principal y accesoria. § 2. Evaluación convencional del salario en especie. § 3. Salario en especie 349

Art. 108. [Comisiones] – § 1. Liquidación sobre operaciones concertadas. § 2. Las circunstancias posteriores a la conclusión del negocio 350

Art. 109. [Comisiones colectivas o porcentajes sobre ventas] – § 1. Totalidad del personal 351

XXVI ÍNDICE GENERAL

Art. 110. [Participación en las utilidades. Habilitación o formas similares] – § 1. Utilidades netas 351
Art. 111. [Verificación] – § 1. Derecho de verificación. § 2. Legitimación 352
Art. 112. [Salarios por unidad de obra] – § 1. Finalidad de la norma. § 2. Trabajo a domicilio 353
Art. 113. [Propinas] – § 1. Condiciones de viabilidad. § 2. Cuantía de la propina. § 3. Propinas y salario mínimo. § 4. Propinas y otros beneficios laborales. § 5. Las propinas y la seguridad social 354
Art. 114. [Determinación de la remuneración por los jueces] – § 1. Ámbito de aplicación del artículo 357
Art. 115. [Onerosidad. Presunción] – § 1. Fundamento. § 2. Caracterización 358

Capítulo II
DEL SALARIO MÍNIMO VITAL Y MÓVIL

Art. 116. [Concepto] – § 1. Regulación del salario mínimo vital y móvil. § 2. Derecho constitucional. § 3. Pautas para fijar el salario mínimo vital. § 4. Integración y funcionamiento del Consejo del Empleo, la Productividad y el Salario Mínimo Vital y Móvil. § 5. Fijación del salario mínimo vital y móvil. § 6. Publicación. § 7. Fecha de entrada en vigencia. § 8. Prohibición 358
Art. 117. [Alcance] – § 1. Salario mínimo absoluto. § 2. Trabajadores comprendidos. § 3. Jornada legal de trabajo. § 4. Trabajadores a comisión 360
Art. 118. [Modalidades de su determinación] – § 1. Unidades de determinación del salario mínimo 361
Art. 119. [Prohibición de abonar salarios inferiores] – § 1. Norma de orden público. § 2. Distinción con el salario mínimo profesional 363
Art. 120. [Inembargabilidad] – § 1. Reglamentación. § 2. Excepciones a la inembargabilidad 364

Capítulo III
DEL SUELDO ANUAL COMPLEMENTARIO

Art. 121. [Concepto] – § 1. Noción. § 2. Carácter jurídico. § 3. Modificación según ley 23.041. § 4. Forma de liquidarlo. § 5. Aportes y contribuciones a la seguridad social 364
Art. 122. [Épocas de pago] – § 1. Evolución. Precedentes. § 2. Importe a abonar en cada semestre. § 3. Plazo máximo para el pago. § 4. Régimen laboral para la pequeña empresa ... 366

ÍNDICE GENERAL   XXVII

Art. 123. [Extinción del contrato de trabajo. Pago proporcional] – § 1. Pago proporcional en caso de extinción 367

Capítulo **IV**

DE LA TUTELA Y PAGO DE LA REMUNERACIÓN

Art. 124. [Medios de pago. Control. Ineficacia de los pagos] – § 1. Medios de pago. § 2. Pagos bajo supervisión administrativa. § 3. Pagos por cajeros automáticos. § 4. Convenio 95 de la Organización Internacional del Trabajo 368

Art. 125. [Constancias bancarias. Prueba de pago] – § 1. Prueba del pago bancario 370

Art. 126. [Períodos de pago] – § 1. Concepto. § 2. Períodos de pago y plazos de pago 371

Art. 127. [Remuneraciones accesorias] – § 1. Concepto. § 2. Participación en las utilidades o habilitación 372

Art. 128. [Plazo] – § 1. Término de pago. § 2. Cómputo de días hábiles. § 3. Plazos máximos de pago. § 4. Punto de partida de la mora 373

Art. 129. [Días, horas y lugares de pago] – § 1. Condiciones del pago 374

Art. 130. [Adelantos] – § 1. Principio del pago íntegro y oportuno. § 2. El adelanto de remuneraciones como excepción. § 3. Adelantos ordinarios y de urgencia. § 4. Solicitud del trabajador. § 5. Recibos de adelantos. § 6. Falta de reglamentación 375

Art. 131. [Retenciones, deducciones y compensaciones] – § 1. Límites y condiciones. § 2. Prohibición del "truck system". § 3. Alcance de la prohibición. § 4. Efectos de la deducción, retención o compensación ilegal. a) Deducción, retención o compensación consentida por el trabajador. b) Error del empleador. § 5. Prohibición de las multas. § 6. Estatuto del jugador profesional de fútbol. § 7. Compensación judicial. § 8. Orden judicial de retención 377

Art. 132. [Excepciones] – § 1. Principio general. § 2. Adelanto de remuneraciones. § 3. Retención de aportes jubilatorios. § 4. Obligaciones fiscales a cargo del trabajador. § 5. Incompetencia de la Justicia del Trabajo. § 6. Pago de cuotas sindicales, mutuales o sociales. § 7. Reintegro de precios por la adquisición o arrendamiento de viviendas o compra de mercaderías para ciertos acreedores. § 8. Pago de cuotas de primas de seguros de vida colectivos del trabajador o planes de retiro y subsidios. § 9. Depósitos en cajas de ahorro y préstamos de ciertas instituciones. § 10. Reintegro del precio de compra de acciones de la empresa. § 11. Reintegro del precio de compra de mercaderías adquiridas al empleador. § 12. Reintegro del precio de compra de vivienda. § 13. Depósito en cuenta de ahorro del menor trabajador. § 14. Daños graves e intencionales producidos por el trabajador 382

Art. 132 bis. [Retenciones indebidas] – § 1. Sanciones conminatorias por retención indebida. § 2. Enumeración de los aportes. § 3. Causales de extinción. § 4. Intimación previa. § 5. Remuneración 387

Art. 133. [Porcentaje máximo de retención. Conformidad del trabajador. Autorización administrativa] – § 1. Porcentaje máximo de deducción. § 2. Retención de sumas fijas y predeterminadas. § 3. Consentimiento expreso del trabajador. § 4. Autorización administrativa. § 5. Autorización de un límite porcentual mayor 393

Art. 134. [Otros recaudos. Control] – § 1. Resguardo del trabajador 394

Art. 135. [Daños graves e intencionales. Caducidad] – § 1. Daños causados por el trabajador. § 2. Caducidad 395

Art. 136. [Contratistas e intermediarios] – § 1. Complemento de la solidaridad. § 2. Operatividad de la norma 396

Art. 137. [Mora] – § 1. Automaticidad. § 2. Mora automática e injuria 398

Art. 138. [Recibos y otros comprobantes de pago] – § 1. Prueba de los pagos laborales. § 2. Ausencia de recibo. § 3. Recaudos para pagos en dinero. § 4. Pagos mediante cheques o acreditación en cuenta. § 5. Individualización mediante impresión digital. § 6. Firma en blanco. § 7. Iniciales del trabajador. § 8. Aplicabilidad a otros pagos laborales 398

Art. 139. [Doble ejemplar] – § 1. Exigencia del doble ejemplar 401

Art. 140. [Contenido necesario] – § 1. Contenido mínimo. § 2. Finalidad perseguida por la norma. § 3. Distintas enunciaciones. a) Identificación de empleador y trabajador. b) Calificación profesional del trabajador. c) Domicilio del empleador. d) Tipo de remuneraciones y su determinación. e) Datos sobre aportes jubilatorios. f) Total bruto de la remuneración y detalle de su composición. g) Deducciones legales. h) Importe neto percibido. i) Recepción del duplicado. j) Lugar y fecha del pago. k) Firma de los funcionarios de control. l) Fecha de ingreso. m) Categoría efectivamente desempeñada. § 4. Enunciación omitida ... 402

Art. 141. [Recibos separados] – § 1. Recibos por vacaciones, licencias pagas, asignaciones familiares e indemnizaciones .. 407

Art. 142. [Validez probatoria] – § 1. Apreciación judicial de los recibos de pago. § 2. Fundamentos 408

Art. 143. [Conservación. Plazo] – § 1. Plazo de conservación de los recibos. § 2. Prueba de cada período de pago 409
Art. 144. [Libros y registros. Exigencia del recibo de pago] – § 1. Exigencia del recibo de pago 410
Art. 145. [Renuncia. Nulidad] – § 1. Prohibición de menciones extrañas. § 2. Nulidad 411
Art. 146. [Recibos y otros comprobantes de pago especiales] – § 1. Facultades de la autoridad de aplicación. § 2. Resolución fundada 411
Art. 147. [Cuota de embargabilidad] – § 1. Límites. § 2. Inembargabilidad del salario mínimo. § 3. Embargabilidad de remuneraciones superiores al importe del salario mínimo. a) Remuneraciones no superiores al doble del salario mínimo vital mensual. b) Remuneraciones superiores al doble del salario mínimo vital mensual. § 4. Importe sujeto a embargo. § 5. Excepción a los límites de embargabilidad. § 6. Embargabilidad de indemnizaciones 412
Art. 148. [Cesión] – § 1. Prohibición absoluta de cesión o afectación de los créditos laborales. § 2. Pacto de cuota litis 414
Art. 149. [Aplicación al pago de indemnizaciones u otros beneficios] – § 1. Normas aplicables. § 2. Pago de las indemnizaciones por despido. § 3. Embargabilidad de indemnizaciones. a) Indemnizaciones no superiores al doble del salario mínimo. b) Indemnizaciones superiores al doble del salario mínimo. c) Determinación del porcentaje de embargabilidad. § 4. Sanción por mora en el pago de las indemnizaciones por despido 415

Título V

DE LAS VACACIONES Y OTRAS LICENCIAS

Capítulo I

RÉGIMEN GENERAL

Art. 150. [Licencias ordinarias] – § 1. La norma constitucional. § 2. Aplicación. § 3. Noción legal de vacaciones. § 4. Regulación convencional de las vacaciones. § 5. Disponibilidad colectiva en el régimen laboral para la pequeña empresa. Límites. § 6. Duración de las vacaciones. a) Goce continuado de las vacaciones. b) Cómputo de la antigüedad. c) Días corridos. d) Duración de las vacaciones de los menores. § 7. Las vacaciones en los estatutos especiales 417
Art. 151. [Requisitos para su goce. Comienzo de la licencia] – § 1. Inexigibilidad de antigüedad mínima en el empleo. § 2.

Tiempo mínimo de servicios. Año aniversario y año calendario. § 3. Comienzo del período de vacaciones 422

Art. 152. [Tiempo trabajado. Su cómputo] – § 1. Cómputo del tiempo mínimo de servicios 423

Art. 153. [Falta de tiempo mínimo. Licencia proporcional] – § 1. Falta de tiempo mínimo de servicios. § 2. Cierre del establecimiento por vacaciones 424

Art. 154. [Época de otorgamiento. Comunicación] – § 1. Facultad de determinar la fecha de las vacaciones. § 2. Limitaciones a la facultad del empleador. a) Vacaciones que no se otorgan a la totalidad de los trabajadores. b) Goce de las vacaciones juntamente con la licencia por matrimonio. c) Matrimonio dependiente del mismo empleador. § 3. Comunicación por escrito 425

Art. 155. [Retribución] – § 1. Condiciones generales. § 2. Retribución de las vacaciones. § 3. Trabajadores con sueldo mensual. § 4. Pago de los días del mes que no son de vacaciones. § 5. Trabajadores con remuneraciones variables. § 6. Trabajadores remunerados por día o por hora. § 7. Trabajadores con remuneraciones mixtas. § 8. Momento del pago del salario de vacaciones 427

Art. 156. [Indemnización] – § 1. Excepción al principio de no compensabilidad en dinero. § 2. Están comprendidas todas las causas de extinción del contrato. § 3. Cálculo de la indemnización por vacaciones no gozadas. § 4. Falta de prestación mínima de servicios. § 5. Causahabientes del trabajador. § 6. Indemnización no sujeta al pago de aportes y contribuciones 432

Art. 157. [Omisión del otorgamiento] – § 1. Goce de las vacaciones no otorgadas. § 2. Requisitos para el ejercicio del derecho por el trabajador 435

Capítulo II

RÉGIMEN DE LAS LICENCIAS ESPECIALES

Art. 158. [Clases] – § 1. Licencias especiales. a) Por nacimiento de hijo. b) Por matrimonio. c) Por fallecimiento de cónyuge o conviviente. d) Por fallecimiento de hijos. e) Por fallecimiento de padres. f) Por fallecimiento de hermano. g) Por examen. § 2. Licencias especiales en los convenios colectivos. § 3. Licencia especial deportiva. § 4. Licencia para bomberos voluntarios. § 5. Licencia especial para extranjeros 436

Art. 159. [Salario. Cálculo] – § 1. Licencia paga. § 2. Forma de calcular la retribución. § 3. Oportunidad del pago de la licencia 439

Art. 160. [Día hábil] – § 1. Cómputo 440
Art. 161. [Licencia por exámenes. Requisitos] – § 1. Institutos autorizados. § 2. Prueba del examen 440

Capítulo III
DISPOSICIONES COMUNES

Art. 162. [Compensación en dinero. Prohibición] – § 1. Principio de no compensabilidad en dinero 441
Art. 163. [Trabajadores de temporada] – § 1. Regulación del trabajo de temporada. Remisión. § 2. Vacaciones del trabajador de temporada 442
Art. 164. [Acumulación] – § 1. Goce continuado de las vacaciones. § 2. Requisitos para la acumulación. § 3. Acumulación de las vacaciones con la licencia por matrimonio. § 4. Matrimonio dependiente de un mismo empleador 443

Título VI
DE LOS FERIADOS OBLIGATORIOS Y DÍAS NO LABORABLES

Art. 165. – § 1. Feriados nacionales. § 2. Día no laborable. § 3. Días del gremio 445
Art. 166. [Aplicación de las normas sobre descanso semanal. Salario. Suplementación] – § 1. Régimen de los días feriados. § 2. Asimilación al descanso dominical. § 3. Remuneración en los días feriados. § 4. Inexistencia del deber de otorgar el descanso compensatorio 446
Art. 167. [Días no laborables. Opción] – § 1. Régimen legal. § 2. Opción. § 3. Salario 448
Art. 168. [Condiciones para percibir el salario] – § 1. Requisitos para percibir el salario de los días feriados 450
Art. 169. [Salario. Su determinación] – § 1. Cálculo de la remuneración de los feriados. § 2. Trabajadores mensualizados. § 3. Trabajadores jornalizados. § 4. Trabajadores remunerados a destajo. § 5. Trabajadores con remuneraciones variables. § 6. Trabajadores con remuneración en parte fija y parte variable 451
Art. 170. [Caso de accidente o enfermedad] – § 1. Feriados durante la enfermedad o accidente. § 2. Feriado en el período de reserva del empleo. § 3. Feriado durante la licencia por maternidad. § 4. Feriado durante las suspensiones 452
Art. 171. [Trabajo a domicilio] – § 1. Goce de los feriados. § 2. Cálculo 453

Título VII
TRABAJO DE MUJERES

Capítulo I
DISPOSICIONES GENERALES

Art. 172. [Capacidad. Prohibición de trato discriminatorio] – § 1. Capacidad de la mujer. § 2. Prohibición de discriminación. § 3. Fundamento constitucional. Convención sobre la Eliminación de todas las Formas de Discriminación contra la Mujer. § 4. Manifestación del principio de igualdad de trato y no discriminación. § 5. Igualdad de remuneración. § 6. Igualdad de oportunidades. § 7. Ley 20.392. § 8. Ley 23.592 455

Art. 173. 458

Art. 174. [Descanso al mediodía] – § 1. Finalidad de la norma. § 2. Trabajadoras comprendidas. § 3. Descanso no remunerado. § 4. Reducción o supresión del descanso. § 5. Omisión de otorgar el descanso 458

Art. 175. [Trabajo a domicilio. Prohibición] – § 1. Finalidad de la prohibición 460

Art. 176. [Tareas penosas, peligrosas o insalubres] – § 1. Conceptos. § 2. Determinación de los trabajos penosos, peligrosos o insalubres. a) Convenios de la Organización Internacional del Trabajo. b) Normas reglamentarias vigentes. § 3. Efectos de la prohibición. § 4. Derogación del artículo 195 de la ley de contrato de trabajo 460

Capítulo II
DE LA PROTECCIÓN DE LA MATERNIDAD

Art. 177. [Prohibición de trabajar. Conservación del empleo] – § 1. Las normas constitucionales. § 2. Convenio 3 de la Organización Internacional del Trabajo. § 3. Finalidad de la protección. § 4. Alcance de la protección. § 5. Trabajo prohibido. § 6. Derecho a la "estabilidad" en el empleo. § 7. Comunicación al empleador. § 8. Certificado médico en caso de interrupción del embarazo. § 9. Revisación por un médico del empleador. § 10. Asignaciones familiares. § 11. Enfermedad originada en el embarazo o el parto. § 12. Licencia especial por nacimiento de hijo con síndrome de Down 463

Art. 178. [Despido por causa de embarazo. Presunción] – § 1. Presunción legal. a) Período de protección. b) Caso de aborto. c) Prueba en contrario. § 2. Notificación. § 3. Procedencia de la indemnización agravada. § 4. Cuantía de la indemnización agravada. § 5. Despido indirecto 470

Art. 179. [Descansos diarios por lactancia] – § 1. Convenio 3 de la Organización Internacional del Trabajo. § 2. Descansos diarios por lactancia. § 3. Salas maternales y guarderías 477

Capítulo III
DE LA PROHIBICIÓN DEL DESPIDO POR CAUSA DE MATRIMONIO

Art. 180. [Nulidad] – § 1. Alcance. § 2. Extensión al trabajador varón 479

Art. 181. [Presunción] – § 1. Legalidad. § 2. Trabajador varón. § 3. Prueba del matrimonio. § 4. Despido indirecto 480

Art. 182. [Indemnización especial] – § 1. Monto y cálculo 483

Capítulo IV
DEL ESTADO DE EXCEDENCIA

Art. 183. [Distintas situaciones. Opción en favor de la mujer] § 1. Finalidad de la norma. § 2. Contenido de la norma. § 3. Continuación del trabajo en la empresa. § 4. Rescisión del contrato de trabajo. a) Opción expresa por la rescisión. b) Opción tácita por la rescisión. c) Inexigibilidad del preaviso. d) Compensación por tiempo de servicios. 1) Carácter jurídico de la compensación. 2) Monto de la compensación. 3) Plazo para el pago de la compensación. § 5. Situación de excedencia. a) Finalidad de la excedencia. b) Extensión de la excedencia. c) Comunicación al empleador. 1) Oportunidad de la comunicación. 2) Contenido de la comunicación. § 6. Retribución durante la excedencia. § 7. Extinción de la situación de excedencia. § 8. Formalización de contrato de trabajo con otro empleador. § 9. Requisitos para optar por la rescisión del contrato o por la situación de excedencia. a) Nacimiento de un hijo o cuidado de un hijo menor enfermo. b) Residencia en el país. c) Antigüedad mínima de un año. § 10. Reglamentación 484

Art. 184. [Reingreso] – § 1. Reincorporación de la trabajadora. § 2. Falta de presentación de la trabajadora. § 3.

III. Etala, *Contrato*.

XXXIV   ÍNDICE GENERAL

Cargo en que se reincorpora. § 4. Negativa del empleador a la reincorporación. § 5. Imposibilidad de reincorporación. § 6. Fuerza mayor o falta o disminución de trabajo. § 7. Falta de cómputo como tiempo de servicio 492

Art. 185. [Requisito de antigüedad] – § 1. Cómputo de la antigüedad 495

Art. 186. [Opción tácita] – § 1. Conductas encuadradas en la norma. § 2. Excepción al régimen general de presunciones 496

Título VIII

DEL TRABAJO DE LOS MENORES

Art. 187. [Disposiciones generales. Capacidad. Igualdad de remuneración. Aprendizaje y orientación profesional] – § 1. Régimen laboral de los menores. § 2. La Constitución nacional. § 3. La Convención sobre los Derechos del Niño. § 4. Convenios de la Organización Internacional del Trabajo. § 5. Capacidad para celebrar contratos de trabajo. § 6. Capacidad para formar parte de sindicatos. § 7. Capacidad para estar en juicio. § 8. La remuneración de los menores. § 9. Régimen de aprendizaje y orientación profesional 497

Art. 188. [Certificación de aptitud física] – § 1. Certificado y reconocimientos médicos. § 2. Régimen general 501

Art. 189. [Menores de catorce años. Prohibición de su empleo] § 1. Convenio 138 de la Organización Internacional del Trabajo. § 2. Trabajo de los menores que no han cumplido la edad mínima. § 3. La mención del "ministerio pupilar". § 4. La instrucción obligatoria 502

Art. 190. [Jornada de trabajo. Trabajo nocturno] – § 1. Convenio 6 de la Organización Internacional del Trabajo. § 2. Distribución desigual de la jornada. § 3. Horas extra 503

Art. 191. [Descanso al mediodía. Trabajo a domicilio. Tareas penosas, peligrosas o insalubres. Remisión] – § 1. Alcances. § 2. Límites al trabajo a domicilio. § 3. Carácter de penosos, peligrosos o insalubres 505

Art. 192. [Ahorro] – § 1. Cuenta de ahorro. § 2. Privatización de la Caja Nacional de Ahorro y Seguro 507

Art. 193. [Importe a depositar. Comprobación] – § 1. Ahorro obligatorio 508

Art. 194. [Vacaciones] – § 1. Vacaciones del menor. § 2. Convenio 52 de la Organización Internacional del Trabajo 508

Art. 195. [Accidente o enfermedad. Presunción de culpa del empleador] – § 1. Vigencia de la norma 509

Título IX

DE LA DURACIÓN DEL TRABAJO Y DESCANSO SEMANAL

Capítulo I
JORNADA DE TRABAJO

Art. 196. [Determinación] – § 1. La norma constitucional. § 2. Legislación nacional. § 3. Regulación de la jornada de trabajo. § 4. Otras regulaciones de la jornada laboral. § 5. Convenios de la Organización Internacional del Trabajo 511

Art. 197. [Concepto. Distribución del tiempo de trabajo. Limitaciones] – § 1. Contenido del artículo. § 2. Definición legal de jornada de trabajo. a) Tiempo del trayecto. b) Traslados del lugar de trabajo. § 3. Distribución del tiempo de trabajo. § 4. Publicidad del tiempo de trabajo. § 5. Pausa entre jornada y jornada 513

Art. 198. [Jornada reducida] – § 1. Jornada máxima legal. § 2. Reducción de la jornada máxima legal. a) Contrato de trabajo a tiempo parcial. b) Tareas penosas, mortificantes o riesgosas. c) Jornada de trabajo de los menores. d) Aprendices. § 3. Fijación de la jornada máxima en base a promedio .. 517

Art. 199. [Límite máximo: excepciones] – § 1. Excepciones al límite de la jornada máxima. a) Fundadas en la índole de la actividad. b) Fundadas en el carácter del empleo del trabajador. 1) Empleos de dirección o vigilancia. 2) Trabajos especialmente intermitentes. c) Fundadas en circunstancias permanentes o temporarias que las justifiquen. 1) El trabajo por equipos. 2) Casos de accidente, trabajos de urgencia o fuerza mayor. 3) Trabajos preparatorios y complementarios. 4) Demandas extraordinarias de trabajo. 5) Límite máximo de horas extra autorizadas 520

Art. 200. [Trabajo nocturno e insalubre] – § 1. Jornada nocturna. § 2. Requisitos de habitualidad e integralidad. § 3. Tope semanal. § 4. Duración de la jornada íntegramente nocturna. § 5. Caso de la jornada mixta. § 6. Horas extra en el trabajo nocturno. § 7. Tareas y condiciones insalubres 526

Art. 201. [Horas suplementarias] – § 1. Caracterización. § 2. Personal exceptuado de la jornada legal. § 3. Reglamentación legal. § 4. Horas extra no autorizadas. § 5. Valor de la hora extra. a) Trabajadores retribuidos por hora. b) Trabajadores mensualizados. § 6. Prueba. § 7. Registro de horas suplementarias. § 8. Contrato de trabajo a tiempo parcial 531

XXXVI ÍNDICE GENERAL

Art. 202. [Trabajo por equipos] – § 1. Convenio 1 de la Organización Internacional del Trabajo. § 2. La ley 11.544. § 3. Concepto de trabajo por equipos. § 4. Facultades del empleador. § 5. Anuncios en lugares visibles. § 6. Efectos del régimen legal. § 7. Descanso hebdomadario. § 8. Trabajo nocturno por equipos. § 9. Trabajo por equipos en jornada insalubre 535

Art. 203. [Obligación de prestar servicios en horas suplementarias] – § 1. Horas extra obligatorias. § 2. Normas concordantes 540

Capítulo II

DEL DESCANSO SEMANAL

Art. 204. [Prohibición de trabajar] – § 1. Descanso semanal. § 2. Normas de estatutos particulares. § 3. Excepciones. a) De carácter general y permanente. b) De carácter circunstancial. c) Para casos eventuales. d) Por reglamentos especiales. § 4. Remuneración. § 5. Descanso compensatorio. § 6. Omisión de otorgar el descanso compensatorio .. 541

Art. 205. [Salarios] – § 1. Descanso semanal y remuneración 548

Art. 206. [Excepciones. Exclusión] – § 1. Protección de los menores de dieciséis años 548

Art. 207. [Salarios por días de descanso no gozados] – § 1. Trabajo en días sábado y domingo. § 2. Omisión de otorgar el descanso compensatorio. a) Comunicación formal. b) Límite temporal al derecho del trabajador 549

Título X

DE LA SUSPENSIÓN DE CIERTOS EFECTOS
DEL CONTRATO DE TRABAJO

Capítulo I

DE LOS ACCIDENTES
Y ENFERMEDADES INCULPABLES

Art. 208. [Plazo. Remuneración] – § 1. Concepto de accidente o enfermedad inculpable. a) Incapacitación del trabajador. 1) Incapacitación transitoria y permanente. 2) Prueba de la incapacidad. b) Inculpabilidad. Prueba. c) Manifestación durante la relación laboral. § 2. Efectos del accidente o enfermedad inculpable. § 3. Obligación del empleador de pagar los salarios de enfermedad. a) Concepto de carga de familia. b) Protección por cada enfermedad. c) Enfermedades crónicas. d) Contratos de trabajo por tiempo determinado. § 4. Contratos de trabajo de temporada. § 5. Período de prueba. § 6. Remuneración. a) Salario que debe percibir el trabajador. b) Aumentos salariales. c) Remuneraciones variables. d) Remuneraciones complementarias. e) Prestaciones en especie. § 7. Pago del salario ... 553

Art. 209. [Aviso al empleador] – § 1. Aviso de la enfermedad. § 2. Requisito para la percepción del salario 561

Art. 210. [Control] – § 1. Derecho de control del empleador. § 2. Forma del control. § 3. Discrepancia entre los médicos 563

Art. 211. [Conservación del empleo] – § 1. Plazo de conservación del empleo. § 2. Cómputo del año de reserva del empleo. § 3. Extinción del contrato de trabajo. § 4. Abandono de la relación. § 5. Despido durante el plazo de reserva del empleo 565

Art. 212. [Reincorporación] – § 1. Disminución definitiva de la capacidad laboral. § 2. Trabajador imposibilitado de desempeñar las tareas que anteriormente cumplía. § 3. Imposibilidad del empleador de otorgar tareas adecuadas. § 4. Negativa arbitraria del empleador de otorgar tareas adecuadas. § 5. Incapacidad absoluta. a) Concepto de incapacidad absoluta. b) Hecho configurante. c) Indemnización por incapacidad absoluta. d) Compatibilidad con otros beneficios 567

Art. 213. [Despido del trabajador] – § 1. Despido durante los plazos pagos de enfermedad. § 2. Prueba de la fecha del alta 575

Capítulo II

SERVICIO MILITAR Y CONVOCATORIAS ESPECIALES

Art. 214. [Reserva del empleo. Cómputo como tiempo de servicio] – § 1. Servicio militar voluntario. § 2. Alcance de la norma. § 3. Deber del empleador de conservar el empleo. § 4. Falta de reincorporación del trabajador. § 5. Cómputo como tiempo de servicio 576

Capítulo III

DEL DESEMPEÑO DE CARGOS ELECTIVOS

Art. 215. [Reserva del empleo. Cómputo como tiempo de servicio] – § 1. Derecho de reserva. § 2. Reincorporación. § 3. Cómputo como tiempo de servicio 579

Art. 216. [Despido o no reincorporación del trabajador] – § 1. Despido del trabajador. § 2. No reincorporación 580

Capítulo IV

DEL DESEMPEÑO DE CARGOS ELECTIVOS O REPRESENTATIVOS EN ASOCIACIONES PROFESIONALES DE TRABAJADORES CON PERSONERÍA GREMIAL O EN ORGANISMOS O COMISIONES QUE REQUIERAN REPRESENTACIÓN SINDICAL

Art. 217. [Reserva del empleo. Cómputo como tiempo de servicio. Fuero sindical] – § 1. Trabajadores con licencia gremial. § 2. Reserva y licencia automática. § 3. Reincorporación. § 4. Cómputo como tiempo de servicio 581

Capítulo V

DE LAS SUSPENSIONES POR CAUSAS ECONÓMICAS Y DISCIPLINARIAS

Art. 218. [Requisitos de su validez] – § 1. Suspensiones dispuestas por el empleador. § 2. Justa causa. § 3. Plazo fijo. § 4. Notificación por escrito 584

Art. 219. [Justa causa] – § 1. Enumeración de las justas causas de suspensión. § 2. Suspensión por fuerza mayor. § 3. Suspensión por falta o disminución de trabajo no imputable al empleador. § 4. Suspensión disciplinaria 586

Art. 220. [Plazo máximo. Remisión] – § 1. Plazo máximo de suspensiones disciplinarias o por falta o disminución de trabajo. § 2. Modo de contar el plazo. § 3. Límites a las suspensiones disciplinarias 588

Art. 221. [Fuerza mayor] – § 1. Suspensiones por fuerza mayor. § 2. Orden de antigüedad. § 3. Procedimiento preventivo de crisis de empresas 589

Art. 222. [Situación de despido] – § 1. Despido indirecto por suspensión excesiva. § 2. Aceptación de la prolongación de la suspensión. § 3. Rechazo de la suspensión. § 4. Impugnación por el sindicato. § 5. Despido indirecto por suspensiones menores de treinta días 591

Art. 223. [Salarios de suspensión] – § 1. Derecho a percibirlos. § 2. Impugnación de la medida. § 3. Plazo para el rechazo. § 4. Derecho a salarios y despido indirecto 594

Art. 223 bis. – § 1. Suspensiones con prestaciones dinerarias .. 596

Art. 224. [Suspensión preventiva. Denuncia del empleador y de terceros] – § 1. Facultad del empleador. § 2. Requisitos sustanciales. § 3. Requisitos formales. a) Notificación por escrito. b) Plazo incierto. § 4. Despido por injuria laboral. § 5. Suspensión por denuncia penal o querella promovida por el empleador. a) Condena en sede penal. b) Denuncia desestimada, sobreseimiento provisorio o definitivo. § 6. Suspensión por denuncia efectuada por terceros o proceso promovido de oficio. § 7. La detención del trabajador. § 8. Salarios caídos. § 9. Prescripción. § 10. La suspensión precautoria 597

Título XI

DE LA TRANSFERENCIA DEL CONTRATO DE TRABAJO

Art. 225. [Transferencia del establecimiento] – § 1. Conceptos generales. § 2. Sucesión "mortis causa". § 3. Concepto de establecimiento. § 4. Efectos de la transferencia. § 5. Transferencia de deudas. § 6. Adquirente por quiebra 607

Art. 226. [Situación de despido] – § 1. Injuria. § 2. Enumeración meramente enunciativa. § 3. Cambio de régimen jurídico. § 4. Transferencia "libre de personal" 611

Art. 227. [Arrendamiento o cesión transitoria del establecimiento] – § 1. Concepto de transferencia. § 2. Efectos.... 613

Art. 228. [Solidaridad] – § 1. Responsabilidad solidaria. § 2. Alcance del concepto de transferencia 614

Art. 229. [Cesión del personal] – § 1. Transferencia de la relación de trabajo. § 2. Requisitos. § 3. Caso del futbolista profesional. § 4. Solidaridad 617

Art. 230. [Transferencia a favor del Estado] – § 1. Relación laboral. § 2. Despido indirecto. § 3. Aplicación de convenios. § 4. Privatizaciones 618

Título XII

DE LA EXTINCIÓN DEL CONTRATO DE TRABAJO

Capítulo I

DEL PREAVISO

Art. 231. [Plazos] – § 1. Concepto de preaviso. § 2. Fundamento del deber de preavisar. § 3. Plazos de preaviso. § 4. Carácter receptivo. § 5. Revocación. § 6. Adquisición del derecho al preaviso. § 7. Preaviso en los contratos a plazo fijo. § 8. Contratos de trabajo eventual 623

Art. 232. [Indemnización sustitutiva] – § 1. Incumplimiento del deber de preavisar. § 2. Indemnización sustitutiva del preaviso. § 3. Aguinaldo proporcional. § 4. Prestaciones de la seguridad social. § 5. Aportes a la seguridad social 626

Art. 233. [Comienzo del plazo. Integración de la indemnización con los salarios del mes de despido] – § 1. Modificación legal. § 2. Integración del mes de despido. § 3. La integración del mes de despido no rige en el período de prueba. § 4. La integración del mes de despido en el régimen de la pequeña empresa 628

Art. 234. [Retractación] – § 1. Fundamento. § 2. Acuerdo tácito 630

Art. 235. [Prueba] – § 1. Prueba del preaviso por escrito 631

Art. 236. [Extinción. Renuncia al plazo faltante. Eximición de la obligación de prestar servicios] – § 1. Renuncia del trabajador al plazo de preaviso. § 2. Eximición al trabajador de la obligación de prestar servicios 632

Art. 237. [Licencia diaria] – § 1. Derecho de goce. § 2. Licencia no otorgada 633

Art. 238. [Obligaciones de las partes] – § 1. Subsistencia de las obligaciones contractuales. § 2. Injuria durante el preaviso. § 3. Cambio en el tope indemnizatorio 634

Art. 239. [Eficacia] – § 1. Fundamentos de la norma. § 2. Suspensión sin derecho a salarios. § 3. Suspensión con derecho a salarios 635

Capítulo II

DE LA EXTINCIÓN DEL CONTRATO DE TRABAJO POR RENUNCIA DEL TRABAJADOR

Art. 240. [Forma] – § 1. Concepto de renuncia. § 2. Distinción con la renuncia a un crédito. § 3. Forma de la renuncia. a) Despacho telegráfico. b) Renuncia ante autoridad administrativa. § 4. Renuncia tácita. § 5. Carácter receptico. § 6. Vicios de la voluntad. § 7. Retractación 637

Capítulo III

DE LA EXTINCIÓN DEL CONTRATO DE TRABAJO POR VOLUNTAD CONCURRENTE DE LAS PARTES

Art. 241. [Formas y modalidades] – § 1. Extinción por voluntad concurrente de las partes. § 2. Forma. § 3. Abandono de la relación 641

Capítulo IV
DE LA EXTINCIÓN DEL CONTRATO DE TRABAJO POR JUSTA CAUSA

Art. 242. [Justa causa] – § 1. Denuncia motivada e inmotivada. § 2. Despido por justa causa. a) Concepto de justa causa. b) Falta de enumeración. c) Bilateralidad de la injuria. § 3. Apreciación por los jueces. § 4. El despido como sanción disciplinaria. a) El principio de "non bis in idem". b) Proporcionalidad entre la falta y la sanción. c) Contemporaneidad u oportunidad. § 5. Gravedad de la injuria. § 6. Gravedad cualitativa y cuantitativa. § 7. Despido discriminatorio. a) Tesis de la ley especial. b) Tesis de la aplicación amplia de la ley 23.592. c) Tesis de la aplicación restringida de la ley 23.592 644

Art. 243. [Comunicación. Invariabilidad de la causa de despido] § 1. Requisitos formales. § 2. Omisión de la forma. § 3. Carácter vinculante de la comunicación 660

Art. 244. [Abandono del trabajo] – § 1. El abandono como injuria. § 2. Carga de la intimación 664

Art. 245. – § 1. Ámbito material y temporal de aplicación. § 2. Reparación por despido arbitrario. § 3. Indemnización tarifada. § 4. Resarcimiento del daño moral. § 5. Reparación por despido discriminatorio. § 6. Cálculo de la indemnización por antigüedad. a) Antigüedad mínima para tener derecho a la indemnización. b) Cómputo de la antigüedad. c) Mejor remuneración mensual, normal y habitual. § 7. Tope mínimo. § 8. Tope máximo. § 9. Inconstitucionalidad del tope máximo. § 10. Diversos regímenes legales. a) Ley de empleo 24.013. b) Ley 25.323. c) Ley 25.561 667

Art. 246. [Despido indirecto] – § 1. Bilateralidad de la injuria. § 2. Despido indirecto. § 3. Despido discriminatorio 691

Capítulo V
DE LA EXTINCIÓN DEL CONTRATO DE TRABAJO POR FUERZA MAYOR O POR FALTA O DISMINUCIÓN DE TRABAJO

Art. 247. [Monto de la indemnización] – § 1. Despido por fuerza mayor o falta o disminución de trabajo. § 2. Distinción entre la fuerza mayor y la falta o disminución de trabajo. § 3. Requisitos exigibles en el despido por falta o disminución de trabajo. § 4. Despido y suspensión por falta de trabajo. § 5. Procedimiento para el despido. § 6.

Notificación del despido. § 7. Deber de preavisar. § 8. Cálculo de la indemnización reducida. § 9. Procedimiento preventivo de crisis de empresas 695

Capítulo VI
DE LA EXTINCIÓN DEL CONTRATO DE TRABAJO POR MUERTE DEL TRABAJADOR

Art. 248. [Indemnización por antigüedad. Monto. Beneficiarios] § 1. Extinción por muerte del trabajador. § 2. Indemnización por fallecimiento. § 3. Beneficiarios de la indemnización. § 4. Requisitos para su percepción. § 5. Acumulación con otras prestaciones 705

Capítulo VII
DE LA EXTINCIÓN DEL CONTRATO DE TRABAJO POR MUERTE DEL EMPLEADOR

Art. 249. [Condiciones. Monto de la indemnización] – § 1. Extinción de la relación laboral. § 2. Enumeración enunciativa. § 3. Indemnización 710

Capítulo VIII
DE LA EXTINCIÓN DEL CONTRATO DE TRABAJO POR VENCIMIENTO DEL PLAZO

Art. 250. [Monto de la indemnización. Remisión] – § 1. Contrato a plazo fijo íntegramente cumplido. § 2. Ruptura anticipada. Remisión 711

Capítulo IX
DE LA EXTINCIÓN DEL CONTRATO DE TRABAJO POR QUIEBRA O CONCURSO DEL EMPLEADOR

Art. 251. [Calificación de la conducta del empleador. Monto de la indemnización] – § 1. Despido por quiebra del empleador. § 2. Monto de las indemnizaciones 712

Capítulo X
DE LA EXTINCIÓN DEL CONTRATO DE TRABAJO POR JUBILACIÓN DEL TRABAJADOR

Art. 252. [Intimación. Plazo de mantenimiento de la relación] § 1. Trabajador en condiciones de obtener una de las prestaciones de la ley 24.241. § 2. Prestaciones de la ley 24.241. a) Prestación básica universal. b) Prestación por edad avanzada. c) Jubilación ordinaria. § 3. Cargas impuestas al empleador. § 4. Carga de la prueba. § 5. Comienzo del plazo de un año 714

Art. 253. [Trabajador jubilado] – § 1. Compatibilidad entre jubilación y actividad dependiente. § 2. Jubilado reingresado a la actividad en infracción a la ley. § 3. Reingreso del jubilado conforme a la ley. § 4. Reingreso del jubilado al servicio del mismo empleador. § 5. Contratos regidos por la ley 25.013 722

Capítulo XI

DE LA EXTINCIÓN DEL CONTRATO DE TRABAJO POR INCAPACIDAD O INHABILIDAD DEL TRABAJADOR

Art. 254. [Incapacidad e inhabilidad. Monto de la indemnización] – § 1. Despido por incapacidad física o mental del trabajador. § 2. Pérdida de habilitación especial para trabajar. a) Sin culpa o por culpa leve del trabajador. b) Por dolo o culpa grave e inexcusable del trabajador 725

Capítulo XII

DISPOSICIÓN COMÚN

Art. 255. [Reingreso del trabajador. Deducción de las indemnizaciones percibidas] – § 1. Indemnizaciones percibidas por el trabajador reingresado 728

Título XIII

DE LA PRESCRIPCIÓN Y CADUCIDAD

Art. 256. [Plazo común] – § 1. Normas aplicables a la prescripción laboral. § 2. Concepto de prescripción. a) Elementos exigidos por la ley. b) Irrelevancia del elemento subjetivo. § 3. Carácter de orden público. § 4. Plazo de prescripción. § 5. Invocación de la prescripción. § 6. Interpretación restrictiva. § 7. Comienzo del curso de la prescripción. § 8. Reclamos por diferencias salariales. § 9. Suspensión de la prescripción. § 10. Entrega de certificaciones de servicios y aportes 731

Art. 257. [Interrupción por actuaciones administrativas] – § 1. Las normas del Código Civil. a) Por demanda. b) Por reconocimiento del derecho. § 2. Interrupción por reclamación administrativa. § 3. La reclamación administrativa como interpelación auténtica 738

Art. 258. [Accidentes y enfermedades profesionales] – § 1. Prescripción de las acciones derivadas de accidentes del trabajo y enfermedades profesionales 741

Art. 259. [Caducidad] – § 1. Noción de caducidad. § 2. Modos de caducidad. § 3. Casos de caducidad previstos por la ley 742

Art. 260. [Pago insuficiente] – § 1. Principios. § 2. Recepción sin reservas 743

Título XIV

DE LOS PRIVILEGIOS

Capítulo I

DE LA PREFERENCIA DE LOS CRÉDITOS LABORALES

Art. 261. [Alcance] – § 1. Concepto de privilegio. § 2. Irrenunciabilidad de los privilegios. § 3. Manifestación del principio protectorio. § 4. Interpretación restrictiva 747

Art. 262. [Causahabientes] – § 1. Sucesores del trabajador. § 2. Conviviente del trabajador. § 3. Pago con subrogación 748

Art. 263. [Acuerdos conciliatorios o liberatorios] – § 1. Fuente legal de los privilegios. § 2. Imputación a rubros en acuerdos conciliatorios. § 3. Nulidad de los acuerdos 749

Art. 264. 751

Art. 265. 751

Art. 266. 751

Art. 267. [Continuación de la empresa] – § 1. Suspensión del contrato. § 2. Gastos de conservación y de justicia 751

Capítulo II

DE LAS CLASES DE PRIVILEGIOS

Art. 268. [Privilegios especiales] – § 1. Concepto de privilegio especial. § 2. Ley de concursos y quiebras. § 3. Créditos por accidentes de trabajo 752

Art. 269. [BIENES EN PODER DE TERCEROS] – § 1. Embargo sobre bienes retirados. § 2. Inexigencia de mala fe. § 3. Plazo de caducidad. § 4. Subrogación real 754

Art. 270. [PREFERENCIA] – § 1. Concurrencia de acreedores sobre los mismos bienes 755

Art. 271. [OBRAS Y CONSTRUCCIONES. CONTRATISTAS] – § 1. Privilegios sobre bienes inmuebles. § 2. Contratistas y subcontratistas. § 3. Extensión del privilegio. § 4. Subrogación real. § 5. Preferencia sobre los créditos hipotecarios 756

Art. 272. [SUBROGACIÓN] – § 1. Privilegio especial. § 2. Privilegio general 757

Art. 273. [PRIVILEGIOS GENERALES] – § 1. El privilegio general. § 2. Ley de concursos y quiebras. § 3. Créditos por accidentes de trabajo 758

Art. 274. [DISPOSICIONES COMUNES] – § 1. Gastos y costas. § 2. Intereses 759

TÍTULO XV

DISPOSICIONES COMPLEMENTARIAS

Art. 275. [CONDUCTA MALICIOSA Y TEMERARIA] – § 1. Deber procesal de lealtad, probidad y buena fe. § 2. Conducta del empleador. § 3. Temeridad y malicia. § 4. Sanción. § 5. Enumeración ejemplificativa. § 6. Presunción de malicia. § 7. Sanción por mora en el pago de las indemnizaciones por despido 761

Art. 276. [ACTUALIZACIÓN POR DEPRECIACIÓN MONETARIA] – § 1. Derogación del artículo. § 2. Intereses. § 3. Criterio adoptado en la Capital Federal. § 4. Provincia de Buenos Aires 770

Art. 277. [PAGO EN JUICIO] – § 1. Facultad de legislar en materia procesal. § 2. Aplicabilidad a los juicios laborales. § 3. Autorización de pago al apoderado. § 4. Pacto de cuota litis. § 5. Desistimiento de acciones y derecho 773

APÉNDICE

DISPOSICIONES COMPLEMENTARIAS

Ley 24.013. Régimen nacional de empleo 781
Ley 24.467. Régimen de la pequeña y mediana empresa 805

Ley 25.013. Reforma laboral 810
Ley 25.323. Indemnizaciones laborales 812
Ley 25.561. Ley de emergencia pública 813
Ley 25.877. Ley de ordenamiento laboral 814
Decreto 328/88. Reglamentación de los artículos 218 a 224 y 245 de ley de contrato de trabajo 817
Decreto 2725/91. Reglamentación de la ley 24.013 818
Decreto 342/92. Reglamentación de los artículos 75 a 80 de la ley 24.013 821
Decreto 2072/74. Plan para empresas en crisis. Su regulación 827
Decreto 737/95. Reglamentación del título III de la ley 24.467. Registro único de personal 828
Decreto 146/99. Reglamentación de la ley 24.467 829
Decreto 264/02. Despido sin causa justificada 831
Decreto 265/02. Plan para empresas en crisis 831
Decreto 2639/02. Nuevos empleos. Supresión de duplicación indemnizatoria 834
Decreto 817/04. Promoción del empleo (artículo 6°, ley 25.877) 834
Decreto 823/04. Despido sin causa justificada. Prórroga de la suspensión 837

Bibliografía 839

Índice alfabético 847

ABREVIATURAS

AFIP	Administración Federal de Ingresos Públicos
AFJP	administradora de fondos de jubilaciones y pensiones
ANSES	Administración Nacional de la Seguridad Social
ART	aseguradora de riesgos del trabajo
CAT	clave de alta temprana
CCT	convenio colectivo de trabajo
CESRLPE	Comisión Especial de Seguimiento del Régimen Laboral de la Pequeña Empresa
CFedSS	Cámara Federal de la Seguridad Social
CNCiv	Cámara Nacional de Apelaciones en lo Civil de la Capital Federal
CNCom	Cámara Nacional de Apelaciones en lo Comercial de la Capital Federal
CNTrab	Cámara Nacional de Apelaciones del Trabajo de la Capital Federal
CPCCN	Código Procesal Civil y Comercial de la Nación
CSJN	Corte Suprema de Justicia de la Nación
CUIL	código único de identificación laboral
CUIT	clave única de identificación tributaria
CUSS	contribución unificada de la seguridad social
decr. (NU)	decreto de necesidad y urgencia
DGI	Dirección General Impositiva
DLE	revista "Doctrina Laboral Errepar"
DT	revista "Derecho del Trabajo"
ED	revista "El Derecho"
Fallos	colección de Fallos de la Corte Suprema de Justicia de la Nación
ILP	incapacidad laboral permanente
ILT	incapacidad laboral temporaria
INSSJP	Instituto Nacional de Servicios Sociales de Jubilados y Pensionados

JA	revista "Jurisprudencia Argentina"
LCQ	ley de concursos y quiebras
LCT	ley de contrato de trabajo
LE	ley de empleo
LL	"Revista Jurídica Argentina La Ley"
LNLSS	LexisNexis Laboral y Seguridad Social
LO	ley de organización y procedimiento de la Justicia Nacional del Trabajo
LRT	ley de riesgos del trabajo
LT	revista "Legislación del Trabajo"
MTEFRH	Ministerio de Trabajo, Empleo y Formación de Recursos Humanos
MTESS	Ministerio de Trabajo, Empleo y Seguridad Social
MTSS	Ministerio de Trabajo y Seguridad Social
MOPRE	módulo previsional
OIT	Organización Internacional del Trabajo
PBU	prestación básica universal
RDL	"Revista de Derecho Laboral"
RJP	"Revista de Jubilaciones y Pensiones"
SAC	sueldo anual complementario
SCBA	Suprema Corte de Justicia de la provincia de Buenos Aires
SECLO	Servicio de Conciliación Laboral Obligatoria
SIJP	Sistema Integrado de Jubilaciones y Pensiones
SRT	Superintendencia de Riesgos del Trabajo
STP	Secretaría de Trabajo y Previsión
TSS	revista "Trabajo y Seguridad Social"

Título I

DISPOSICIONES GENERALES

Artículo 1° [Fuentes de regulación] – El contrato de trabajo y la relación de trabajo se rigen:

a) Por esta ley.

b) Por las leyes y estatutos profesionales.

c) Por las convenciones colectivas o laudos con fuerza de tales.

d) Por la voluntad de las partes.

e) Por los usos y costumbres.

Concordancias: LCT, arts. 2°, 8°, 11, 21, 22 y 46; leyes 14.250 (t.o. decr. 1135/04), art. 7°, y 14.786, art. 7°.

§ 1. **Introducción.** – El artículo hace una enumeración de las principales fuentes formales de regulación del contrato y de la relación de trabajo (sobre la diferencia entre contrato y relación de trabajo, ver comentarios a los arts. 21 y 22).

Según una tradicional distinción, por largo tiempo aceptada en la teoría del derecho, fuentes formales son los modos en que se manifiestan las normas jurídicas, mientras que fuentes reales o materiales son todos los factores sociales, económicos, culturales, valorativos, históricos, etc., que han otorgado un determinado contenido concreto a esas normas.

Desde una perspectiva más realista, fuente es todo aquello que es invocado como *derecho aplicable* por los litigantes en sus escritos o por el juez en su sentencia[1]. O, como lo señala Ross, por fuentes ha de entenderse el conjunto de factores o

---

[1] Aftalión - García Olano - Vilanova, *Introducción al derecho*, p. 263.

1. Etala, *Contrato*.

elementos que ejercen influencia en la formulación, por parte del juez, de las reglas en las que éste basa su decisión, con el agregado de que esta influencia puede variar: desde aquellas *fuentes* que proporcionan al juez una norma jurídica ya elaborada que simplemente tiene que aceptar, hasta aquellas otras que no le ofrecen nada más que ideas e inspiración para que el propio juez formule la norma que necesita[2]. En este último sentido es que se pueden entender como fuentes las leyes análogas, los principios de la justicia social, los generales del derecho del trabajo, la equidad y la buena fe a los cuales el art. 11 de la ley de contrato de trabajo (LCT) remite cuando una cuestión no puede ser resuelta por aplicación de las normas.

La enumeración del artículo aparece como meramente enunciativa y no exhaustiva[3], porque omite algunas importantes fuentes de regulación del derecho individual del trabajo. La omisión más importante es la referida a la Constitución nacional. Asimismo no se mencionan los convenios internacionales de la Organización Internacional del Trabajo (OIT), ratificados por nuestro país.

§ 2. **Constitución nacional.** – Nuestra ley fundamental es la fuente jerárquicamente superior del derecho individual del trabajo (art. 31, Const. nacional). No obstante ello, el artículo en comentario no la menciona como fuente de regulación del contrato o de la relación de trabajo.

El art. 14 *bis* de la Const. nacional, introducido por la reforma de 1957, consagra varios derechos del trabajador (calificados a veces de *sociales*) que son reglamentados por la LCT y por otras leyes laborales. Dicha norma establece: *"El trabajo en sus diversas formas gozará de la protección de las leyes, las que asegurarán al trabajador: condiciones dignas y equitativas de labor; jornada limitada; descanso y vacaciones pagados; retribución justa; salario mínimo vital móvil; igual remuneración por igual tarea; participación en las ganancias de las empresas, con control de la producción y colaboración en la dirección; protección contra el despido arbitrario".* También regula materias relativas al derecho colectivo del trabajo, al referirse a la *"organización sindical libre y democrática, reconocida por la simple inscripción en un registro especial"*, y en el párr. 2° agrega: *"Queda garantizado a los gremios: concertar convenios colectivos de trabajo; recurrir a la conciliación y al arbitraje; el derecho*

---

[2] Ross, *Sobre el derecho y la justicia*, p. 75.
[3] López - Centeno - Fernández Madrid, *Ley de contrato de trabajo*, t. I, p. 8.

de huelga. Los representantes gremiales gozarán de las garantías necesarias para el cumplimiento de su gestión sindical y las relacionadas con la estabilidad de su empleo".

La reforma constitucional de 1994 introdujo entre las atribuciones del Congreso de la Nación, *"proveer lo conducente al desarrollo humano, al progreso económico con justicia social..., a la generación de empleo, a la formación profesional de los trabajadores..."* (art. 75, inc. 19, Const. nacional).

Las normas constitucionales han sido tradicionalmente divididas en *operativas* y *programáticas*. Las *operativas* son aquellas que, por su naturaleza, resultan de inmediato funcionamiento y aplicación, aun sin normas ulteriores que las determinen. Las *programáticas*, al contrario, requieren imprescindiblemente de otras normas ulteriores que las determinen y, a falta de éstas, no pueden ser aplicadas[4].

Se ha señalado que si bien la cláusula constitucional que garantiza los derechos del trabajador es *programática* (porque remite a *leyes* por insuficiente determinación operativa), no por eso es necesario despojarla de todo carácter normativo y, por ende, operativo. Ello porque su mera introducción en el texto constitucional conlleva un cambio sustancial de la parte dogmática de la Constitución, puesto que sin abolir los llamados *derechos individuales* se hace imperativa su armonización con los llamados *derechos sociales*. Por otro lado, las normas de la Constitución no son simples enunciados retóricos, sino que en los casos en que el contenido de una ley es oscuro o puede dar lugar a distintas posibilidades de interpretación, el juez tiene que interpretar la norma en el sentido más acorde con la cláusula constitucional[5].

Para FERNÁNDEZ MADRID[6], toda norma constitucional tiene una cuota de operatividad o de efectividad, pues no resulta admisible que en el texto constitucional haya normas carentes de sentido o enteramente inaplicables. Lo que hay que distinguir es para quién la norma es operativa (si para el legislador o para el particular que puede ejercer un derecho directo e inmediato invocándola). Por eso se puede hablar de una operatividad más o menos débil y una operatividad fuerte. El autor citado, remitiendo a VANOSSI, señala que la determinación en concreto acerca de si una norma constitucional es autoaplicati-

---

[4] BIDART CAMPOS, *Manual de derecho constitucional*, p. 40.
[5] LÓPEZ - CENTENO - FERNÁNDEZ MADRID, *Ley de contrato de trabajo*, t. I, p. 27.
[6] FERNÁNDEZ MADRID, *Tratado práctico*, t. I, p. 286.

va (operativa) o no, depende de la decisión que al respecto adopten las autoridades de aplicación, especialmente los jueces.

Pero, en todo caso, debe reconocerse a las normas constitucionales una *operatividad restringida* por cuanto todas las cláusulas constitucionales que enuncian derechos, sean individuales, sociales o económicos, operan como directivas de interpretación para el Poder Judicial, en tanto constituyen pautas de aplicación para el intérprete, pues su sentido reside en que tienden a privilegiar ciertos valores[7].

Jurisprudencia

1. *Derechos sociales. Carácter protectorio.* La Constitución nacional protege el trabajo en sus diversas formas y dispone que las leyes aseguren al trabajador los llamados derechos sociales que enumera el art. 14 *bis*. El mandato constitucional se dirige primordialmente al legislador, pero su cumplimiento atañe asimismo a los restantes poderes públicos, los cuales, dentro de la órbita de sus respectivas competencias, deben hacer prevalecer el espíritu protector que anima a tales normas, en el marco que exigen las diversas formas de la justicia (CSJN, 3/5/79, "Valdez, Julio H. c/Cintioni, Alberto D.", *DT*, 1979-355).

2. *Constitución nacional. Derecho al trabajo.* El art. 14 *bis* de la Const. nacional consagra ampliamente el derecho de trabajar, pero ello no significa, ni ha significado nunca en la historia constitucional argentina, asegurar un derecho subjetivo individual a que el Estado le proporcione un trabajo al habitante que lo solicite (CSJN, 24/11/92, "Aranda, Oscar E. y Cuello, Ángel I. c/Capitanía de Puertos del Litoral Fluvial", *DT*, 1993-B-1236).

3. *Derechos sociales. Reglamentación. Aniquilación.* Los derechos sociales, tutelados explícitamente por la Constitución nacional, pueden y deben ser reglamentados por leyes formales, pero nunca aniquilados, ni aun en la emergencia (CSJN, 19/8/99, "Verrocchi, Ezio D. c/PEN – Administración Nacional de Aduanas s/acción de amparo", *TSS*, 1999-1048).

4. *Contenido de los derechos constitucionales.* Los derechos constitucionales tienen, naturalmente, un contenido que, por cierto, lo proporciona la propia Constitución. Ésta no enuncia derechos huecos, a ser llenados de cualquier modo por el legislador, ni resulta sólo un promisorio conjunto de sabios consejos, cuyo seguimiento quedaría librado a la buena voluntad de este último (CSJN, 14/9/04, "Vizzoti, Carlos c/Amsa SA").

§ 3. Declaraciones, pactos y convenciones internacionales con jerarquía constitucional. – El art. 75, inc. 22, de la

---

[7] Colautti, *Derecho constitucional*, p. 36.

Const. nacional enumera diez declaraciones, pactos y convenciones internacionales que *"en las condiciones de su vigencia, tienen jerarquía constitucional, no derogan artículo alguno de la primera parte de esta Constitución y deben entenderse complementarios de los derechos y garantías por ella reconocidos"*. Algunos de estos convenios internacionales contienen disposiciones relativas al derecho individual del trabajo.

La Declaración Americana de los Derechos y Deberes del Hombre, en su art. XIV, dice así: "Toda persona tiene derecho al trabajo en condiciones dignas y a seguir libremente su vocación, en cuanto lo permitan las oportunidades existentes de empleo. Toda persona que trabaja tiene derecho de recibir una remuneración que, en relación con su capacidad y destreza, le asegure un nivel de vida conveniente para sí misma y su familia". El art. XXXVII dispone: "Toda persona tiene el deber de trabajar, dentro de su capacidad y posibilidades, a fin de obtener los recursos para su subsistencia o en beneficio de la comunidad".

La Declaración Universal de Derechos Humanos, en su art. 23, expresa: "1. Toda persona tiene derecho al trabajo, a la libre elección de su trabajo, a condiciones equitativas y satisfactorias de trabajo y a la protección contra el desempleo. 2. Toda persona tiene derecho, sin discriminación alguna, a igual salario por trabajo igual. 3. Toda persona que trabaja tiene derecho a una remuneración equitativa y satisfactoria, que le asegure, así como a su familia, una existencia conforme a la dignidad humana y que será completada, en caso necesario, por cualesquiera otros medios de protección social". El art. 24 determina: "Toda persona tiene derecho al descanso, al disfrute del tiempo libre, a una limitación razonable de la duración del trabajo y a vacaciones periódicas pagadas".

El Pacto Internacional de Derechos Económicos, Sociales y Culturales, en su art. 6°, dispone: "1. Los Estados partes en el presente Pacto reconocen el derecho a trabajar que comprende el derecho de toda persona de tener la oportunidad de ganarse la vida mediante un trabajo libremente escogido o aceptado, y tomarán medidas adecuadas para garantizar este derecho". El art. 7° establece: "Los Estados partes en el presente Pacto reconocen el derecho de toda persona al goce de condiciones de trabajo equitativas y satisfactorias que le aseguren en especial: *a)* una remuneración que proporcione como mínimo a todos los trabajadores: *i)* un salario equitativo e igual por trabajo de igual valor, sin distinciones de ninguna especie; en particular, debe asegurarse a las mujeres condiciones de trabajo no inferiores a las de los hombres, con salario igual por trabajo igual; *ii*) condiciones de existencia dignas para ellos y para sus familias conforme a las disposiciones del presente Pacto; *b*) la seguridad y la higiene en el trabajo; *c*) igual oportunidad para todos de ser promovidos, dentro de su trabajo, a la categoría superior que les corresponda, sin más consideraciones que los factores de tiempo de servicio y capacidad; *d*) el descanso, el disfrute del tiempo libre, la limitación razonable de las horas de trabajo y las vacaciones periódicas pagadas, así como la remuneración de los días festivos". El art. 10, en su parte pertinente, dispone: "2) Se debe conceder especial protección a las madres durante un período de tiempo razonable antes y después del parto. Durante dicho período, a las madres que trabajen se les debe conceder licencia con remuneración o con prestaciones adecuadas de seguridad social". Y el inc. 3 del mismo artículo establece: "... Debe protegerse a los niños y adolescentes contra la explotación económica y social. Su empleo en trabajos nocivos para su moral y salud, o en los cuales peligre su vida o se corra el riesgo de perjudicar su desarrollo normal, será sancionado por la ley. Los Estados deben establecer también límites de edad por debajo de los cuales quede prohibido y sancionado por la ley el empleo a sueldo de mano de obra infantil". El art. 12 garantiza a toda persona el disfrute del más alto nivel posible de salud física y mental y entre las medidas que los Estados partes deberán adoptar a fin de asegurar la plena efectividad de ese derecho, se encuentra: "el mejoramiento en todos sus aspectos de la higiene del trabajo y del medio ambiente" (inc. 2, *b*).

La Convención Internacional sobre la Eliminación de todas las Formas de Discriminación Racial, en el art. 5° dispone, en su parte pertinente, que "... los Estados partes se comprometen a prohibir y eliminar la discriminación racial en todas sus formas y a garantizar el derecho de toda persona a la igualdad ante la ley, sin distinción de raza, color u origen nacional o étnico, particularmente en el goce de los derechos siguientes: ... *e*) los derechos económicos, sociales y culturales, en particular: *i*) el derecho al trabajo, a la libre elección de trabajo, a condiciones equitativas y satisfactorias de trabajo, a la protección contra el desempleo, a igual salario por trabajo igual y a una remuneración equitativa y satisfactoria".

La Convención sobre la Eliminación de todas las Formas de Discriminación contra la Mujer, en su art. 11, determina: "1. Los Estados partes adoptarán todas las medidas apropiadas para eliminar la discriminación contra la mujer en la esfera del empleo con el fin de asegurar, en condiciones de igualdad entre hombres y mujeres, los mismos derechos, en particular: *a*) el derecho al trabajo como derecho inalienable de todo ser humano; *b*) el derecho a las mismas oportunidades de empleo, inclusive a la aplicación de los mismos criterios de selección en cuestiones de empleo; *c*) el derecho a elegir libremente profesión y empleo, el derecho al ascenso, a la estabilidad en el empleo y a todas las prestaciones y otras condiciones de servicio, y el derecho al acceso a la formación profesional y al readiestramiento, incluido el aprendizaje, la formación profesional superior y el adiestramiento periódico; *d*) el derecho a igual remuneración, inclusive prestaciones, y a igualdad de trato con respecto a un trabajo de igual valor, así como igualdad de trato con respecto a la evaluación de la calidad del trabajo; *e*) ... el derecho a vacaciones pagadas; *f*) el derecho a la protección de la salud y a la seguridad en las condiciones de trabajo, incluso la salvaguardia de la función de reproducción. 2. Con el fin de impedir la discriminación contra la mujer por razones de matrimonio y maternidad y asegurar la efectividad de su derecho a trabajar, los Estados partes tomarán medidas adecuadas para: *a*) prohibir, bajo pena de sanciones, el despido por motivo de embarazo o licencia de maternidad y la discriminación en los despidos sobre la base del estado civil; *b*) implantar la licencia de maternidad con sueldo pagado o con prestaciones sociales comparables sin pérdida del empleo previo, la antigüedad o beneficios sociales; ... *d*) prestar protección especial a la mujer durante [el] embarazo en los tipos de trabajos que se haya probado puedan resultar perjudiciales para ella".

Por último, la Convención sobre los Derechos del Niño, en su art. 32, determina: "1. Los Estados partes reconocen el derecho del niño a estar protegido contra la explotación económica y contra el desempeño de cualquier trabajo que pueda ser peligroso o entorpecer su educación, o que sea nocivo para su salud o para su desarrollo físico, mental, espiritual, moral o social. 2. Los Estados partes adoptarán medidas legislativas, administrativas, sociales y educacionales para garantizar la aplicación del presente artículo. Con ese propósito y teniendo en cuenta las disposiciones pertinentes de otros instrumentos internacionales, los Estados partes, en particular: *a*) fijarán una edad o edades mínimas para trabajar; *b*) dispondrán la reglamentación apropiada de los horarios y condiciones de trabajo; *c*) estipularán las penalidades u otras sanciones apropiadas para asegurar la aplicación efectiva del presente artículo".

Jurisprudencia

1. **Derecho internacional de los derechos humanos.** Que el trabajador es sujeto de preferente atención constitucional es una conclusión no sólo impuesta por el art. 14 *bis*, sino también por el renovado ritmo universal que representa el derecho internacional de los derechos humanos, que cuenta con jerarquía constitucional a partir de la reforma constitucional de 1994 (CSJN, 14/9/04, "Vizzoti, Carlos A. c/Amsa SA").

§ 4. **Ley de contrato de trabajo.** – El inc. *a* del artículo que comentamos menciona como primera fuente de regulación del contrato y la relación de trabajo a "esta ley". Su mención en primer término no revela un orden de prelación o jerárquico[8], gobernado por otros principios, especialmente establecidos en los arts. 7° a 9°.

La LCT constituye el cuerpo legal principal y básico de nuestro derecho individual del trabajo. La Constitución nacional, luego de su reforma de 1994, manda al Congreso de la Nación dictar el Código de Trabajo y Seguridad Social *"en cuerpos unificados o separados"* (art. 75, inc. 12, Const. nacional). Si bien este Código no ha sido dictado hasta el momento, la LCT pudo considerarse, a la época de su sanción, un avance en el sentido de la codificación integral, puesto que incorporó en un mismo cuerpo toda la regulación general del contrato individual del trabajo, aunque no incluyera otras materias de derecho individual ni los estatutos para actividades determinadas.

La ley de contrato de trabajo (o régimen de contrato de trabajo) fue aprobada por ley 20.744 de 1974 y sometida a diversas modificaciones; la principal fue la introducida por ley 21.297 de 1976.

En rigor, el régimen de contrato de trabajo (LCT) es un anexo de la ley aprobatoria 20.744 (ésta sólo tiene once artículos, uno de forma), y contenía en su versión original 301 artículos que se vieron reducidos a 277 en la reforma de 1976, en virtud del texto ordenado por decr. 390/76.

§ 5. **Leyes y estatutos profesionales.** – En el inc. *b*, el artículo se refiere a las demás leyes laborales aplicables al contrato y a la relación de trabajo, tanto a las anteriores a la LCT no derogadas como a las dictadas con posterioridad.

Cuando el inciso menciona los "estatutos profesionales" (también llamados "particulares" o "especiales"), hace referen-

---

[8] López - Centeno - Fernández Madrid, *Ley de contrato de trabajo*, t. I, p. 12.

cia a aquellas leyes que establecen un régimen jurídico particular para un sector determinado de trabajadores delimitado por una actividad, profesión o categoría (trabajadores de la industria de la construcción, viajantes, futbolistas profesionales, etcétera).

§ 6. **Convenciones colectivas de trabajo.** – Es la fuente normativa típicamente laboral. El art. 14 *bis* de la Const. nacional garantiza a los gremios el derecho a *"concertar convenios colectivos de trabajo"*, pero no los define ni delimita su alcance. La ley 14.250 de 1953 otorga a las cláusulas de una convención colectiva de trabajo, una vez homologada por la autoridad de aplicación, efectos obligatorios para todos los trabajadores y empleadores de la actividad respectiva, sean o no afiliados a la asociación sindical con personería gremial y a la asociación de empleadores representativa de la actividad que la suscribieron.

Las relaciones entre ley, convenio colectivo y contrato de trabajo están regidas por los arts. 7° a 9° de la LCT y por los arts. 7° y 8° de la ley 14.250 (t.o. decr. 1135/04).

§ 7. **Laudos.** – Éstos son las decisiones de un árbitro –tercero ajeno a la controversia entre las partes– como resultado de un procedimiento de arbitraje voluntario. El inc. *c* del artículo comentado alude a *"laudos con fuerza de tales"*, o sea, de convenciones colectivas, norma concordante con el art. 7° de la ley 14.786, que dispone que el laudo que se dicte como resultado de un procedimiento de arbitraje voluntario, tendrá los mismos efectos que una convención colectiva de la ley 14.250.

Si bien el inciso alude a los laudos con efectos de convenio colectivo de trabajo, es decir, se refiere a aquellos dictados para poner fin a un conflicto colectivo, nada impide considerar como fuente de regulación del derecho individual del trabajo los laudos dictados para concluir una controversia individual de derecho (o eventualmente de intereses), por medio de un procedimiento regulado por las leyes procesales (p.ej., arts. 149 a 154 de la ley 18.345 para la Capital Federal) o el que libremente concertaran las partes en su compromiso arbitral.

§ 8. **Voluntad de las partes.** – La voluntad de las partes es la expresión de la llamada "autonomía privada individual"[9].

---

[9] López - Centeno - Fernández Madrid, *Ley de contrato de trabajo*, t. I, p. 20.

La existencia en el derecho individual del trabajo de numerosas normas irrenunciables para el trabajador e inderogables por las partes –lo que constituye el llamado "orden público laboral"– no excluye el margen de disposición regulado por la autonomía de la voluntad de las partes, cuyas convenciones son obligatorias para ellas (art. 62, LCT).

Si bien este inciso del artículo, al referirse a la voluntad de las partes, parece aludir a la voluntad común o concurrente de ellas, mediante "acuerdos" o "convenios", como señala López, no cabe excluir la voluntad unilateral de una de las partes como fuente del derecho[10]. Sin embargo, la voluntad unilateral no podrá tener efectos constitutivos del contrato o relación de trabajo, pero sí efectos modificativos o extintivos. Prueba de ello es el art. 66 de la LCT que faculta al empleador para modificar la forma y las modalidades de la prestación del trabajo; su art. 240, sobre extinción del contrato de trabajo por renuncia del trabajador; el art. 242, sobre denuncia del contrato de trabajo por voluntad del empleador o del trabajador invocando justa causa, etcétera.

Jurisprudencia

1. *Voluntad del empleador.* La voluntad del empleador es fuente de derecho, pues no hay ningún impedimento para que otorgue a sus dependientes mayores beneficios que los establecidos por la norma legal o convencional (CNTrab, Sala V, 31/8/01, *TSS*, 2002-40).

2. *Acuerdo de extensión de la licencia por enfermedad.* Corresponde mantener la licencia por enfermedad acordada entre las partes y formalizada ante el SECLO –en el caso, se convino una licencia por enfermedad por el plazo de treinta meses– hasta el alta del trabajador, toda vez que al constituir este tipo de convenios una fuente autónoma de derechos deben interpretarse con base en el principio *in dubio pro operario*, y no en los que rigen la interpretación de los contratos de derecho común, todo ello en virtud de lo previsto por el art. 9° de la LCT (CNTrab, Sala X, 10/9/03, *DT*, 2004-A-196).

§ 9. **Reglamentos de empresa.** – El art. 68 de la LCT alude a los reglamentos internos que dictaren los *consejos de empresa*. El funcionamiento de estos *consejos de empresa* nunca ha sido reglamentado, pero esto no ha impedido la efectiva existencia de *reglamentos internos de empresa*, también llamados *"reglamentos interiores de trabajo"*.

---

[10] López - Centeno - Fernández Madrid, *Ley de contrato de trabajo*, t. I, p. 9.

El reglamento de empresa es producto de la voluntad unilateral del empleador, o de la voluntad acordada del empleador con los trabajadores o sus representantes. Las disposiciones del reglamento están destinadas a reglar la colaboración del conjunto, la utilización de las instalaciones de la empresa, la aplicación de las medidas o medios de protección, para fijar las horas de entrada y salida, las pausas durante la jornada, los días y horas de pago, etcétera[11].

Cuando el reglamento de empresa es manifestación de la voluntad exclusiva del empleador, emana de sus facultades de organización y dirección (arts. 64 y 65, LCT) y, por consiguiente, el alcance de sus normas tendrá el límite que la misma ley pone a esas facultades (especialmente art. 66 y concs., LCT). Por lo tanto, para juzgar la validez de las normas del reglamento habrá que remitirse a las profusas doctrina y jurisprudencia elaboradas en torno de esas disposiciones.

Cuando el reglamento de empresa es resultado del acuerdo de empleador y trabajadores (por sí mismos o representados por su sindicato o por los delegados de personal), sus normas tendrán la validez de todo convenio de partes, sin que sus disposiciones puedan afectar el orden público laboral.

Estos reglamentos, sean producto de la voluntad unilateral del empleador o del acuerdo de partes, no requieren de la homologación o autorización de la autoridad de aplicación (en contra, MEILIJ, quien exige esta autorización según las circunstancias)[12].

JURISPRUDENCIA

1. **Reglamentos internos de empresa. Creación de causales de despido.** En los reglamentos internos no pueden crearse causales de despido, pues éstas emanan de la ley y deben ser valoradas por los jueces (CNTrab, Sala I, 16/7/70, *LT*, XIX-368).

2. **Fuente de creación de obligaciones.** Tanto los reglamentos de empresa como las costumbres y usos empresarios constituyen una expresión de la voluntad del empleador como fuente de creación de obligaciones, y si ello es así, es evidente que tienen carácter *general*, es decir, que se refieren, indiferentemente de las personas respecto de quienes rija, a la totalidad de la empresa (CNTrab, Sala X, 21/6/01, *DT*, 2001-B-2318).

§ 10. **Usos y costumbres.** – Según NINO, las costumbres son especies de hábitos que exigen, por ello, regularidad en

---

[11] KROTOSCHIN, *Tratado práctico*, t. I, p. 197.
[12] MEILIJ, *Contrato de trabajo*, t. I, p. 11.

la conducta de los individuos en circunstancias análogas[13]. Se distinguen de otros hábitos en que son sociales, o sea que las conductas que las integran se hacen con la conciencia de que son compartidas por la comunidad. El carácter social de la costumbre le da una presión normativa y, en este sentido, las costumbres se parecen a las demás prescripciones normativas que tienen el mismo carácter compulsivo. Pero se distinguen de las demás clases de normas en que no emanan de autoridad alguna y son, en todo caso, prescripciones anónimas.

Los hechos –dice Jellinek– tienen cierta fuerza normativa. Cuando un hábito social se prolonga, acaba por producir, en la conciencia de los individuos que lo practican, la creencia de que es obligatorio. De esta forma, lo normal, lo acostumbrado, se transforma en lo debido, y lo que en un principio fue simple uso, es visto más tarde como manifestación del respeto a un deber[14].

Según Ross, una costumbre jurídica es simplemente una costumbre que rige en una esfera de la vida que está (o que llega a estar) sometida a regulación jurídica. Esta teoría explica qué razones tiene el juez para tomar estas costumbres en consideración y explica también por qué la reacción del juez puede ser anticipada por aquellos que practican la costumbre. La *opinio necessitatis* que caracteriza toda costumbre está ligada a la expectativa de una reacción social de desaprobación, en una u otra forma, contra aquel que viola la costumbre. En una esfera de vida que se halla sometida a la regulación jurídica dicha expectativa asume esta forma: se prevén sanciones jurídicas si la cuestión es llevada a los tribunales[15].

El art. 17 del Cód. Civil establece que los usos y costumbres no pueden crear derechos sino cuando las leyes se refieran a ellos o en situaciones no regladas legalmente. Es precisamente el caso de la LCT que erige los usos y costumbres en fuente del derecho individual del trabajo.

Los usos y costumbres pueden abarcar toda una actividad o categoría profesional (usos de actividad o de categoría), el ámbito regido por un determinado convenio colectivo de trabajo (usos convencionales), una empresa (usos o prácticas de empresa) o referirse a una relación individual de trabajo (usos contractuales). En los respectivos ámbitos en que se produ-

---

[13] Nino, *Introducción al análisis del derecho*, p. 69.
[14] Citado por García Máynez, *Introducción al estudio del derecho*, p. 62.
[15] Ross, *Sobre el derecho y la justicia*, p. 91.

cen los comportamientos regulares y reiterados durante un tiempo más o menos prolongado, los jueces pueden atribuir a esas conductas en caso de controversia: *a*) aptitud para generar derechos a favor del trabajador; *b*) carácter de esquema de interpretación de la voluntad o de las conductas de las partes a los efectos de valorar el cumplimiento o incumplimiento por ellas de sus obligaciones respectivas; *c*) carácter de comportamientos exigibles recíprocamente por las partes del contrato, y el art. 62 de la LCT establece en este sentido: "Las partes están obligadas, activa y pasivamente, no sólo a lo que resulta expresamente de los términos del contrato, sino a todos aquellos comportamientos que sean consecuencia del mismo", y *d*) carácter derogatorio con relación a derechos o conductas anteriormente exigibles.

Tanto en el caso de usos y costumbres constitutivos (o creadores de derechos) como derogatorios (extintivos) se trata de la prueba de un hecho que deberá ser materia de invocación y acreditación oportuna en juicio, pero en atención a los importantes efectos que tiene aptitud de producir tanto en el nacimiento como en la aniquilación de derechos, la apreciación de su existencia por los jueces deberá ser particularmente rigurosa.

Jurisprudencia

1. *Fuente del derecho.* Los usos y costumbres en nuestro ordenamiento laboral son fuentes del derecho (CNTrab, Sala I, 30/10/63, *DT*, 1964-318).

2. *Orden público laboral. Costumbre derogatoria.* No es aceptable admitir costumbres derogatorias de principios jurídicos y normas de orden público laboral (CNTrab, Sala III, 19/10/73, *DLE*, 1974-299).

3. *Costumbre. Invocación oportuna.* La invocación de la costumbre, como fuente del derecho del trabajo, debe realizarse en el estadio procesal oportuno, pues, aunque ella sea derecho vivo no escrito, no lo es menos que el magistrado no tiene por qué conocer la que rige en un determinado sector social (CNTrab, Sala III, 19/10/73, *DLE*, 1974-299).

4. *Uso de empresa. Reiteración. Derecho adquirido para el trabajador.* Si conforme a una regla incorporada por la empresa, el sueldo anual complementario debió ser la diferencia entre el sueldo del mes de diciembre y lo que se abonó en junio del mismo año, éste era un derecho adquirido por el accionante –pese a nacer de un acto voluntario de la empleadora– por haberse reiterado por más de diez años en forma continua, por lo que cabe considerarlo un uso de la empresa regulador del contrato de trabajo, conforme lo establecido en el inc. *e* del art. 1° de la LCT

y como se le otorgaba habitualmente, el actor tiene derecho a reclamar su pago (CNTrab, Sala VII, 15/11/91, *DT*, 1992-A-448).

5. *Modificación unilateral.* Con posterioridad a la sanción de la ley 23.041, durante varios años, la accionada liquidó el aguinaldo según un sistema impuesto por ella, más favorable al resultante de la ley y su decreto reglamentario, se constituyó un uso de empresa que resultaba más beneficioso a los empleados, por lo que no podría ser modificado unilateralmente por la empleadora (CNTrab, Sala III, 6/4/95, *DT*, 1995-B-1250).

6. *Expresión de la voluntad del empleador.* Tanto los reglamentos de empresa como las costumbres y usos empresarios constituyen una expresión de la voluntad del empleador como fuente de creación de obligaciones (CNTrab, Sala III, 17/5/96, *DT*, 1996-B-3043).

7. *Retribución de los días no laborables no trabajados.* El obrar concreto de la empleadora, al retribuir reiteradamente los días no laborables, trajo a éstos la certidumbre –según el curso normal y ordinario de las cosas– de que tales días habían sido asimilados por la empresa a los de descanso obligatorio (feriados nacionales). Esta "práctica de empresa" equivale a un uso interpretativo de la manera como se ejercía el poder de dirección, integrando el plexo de recíprocos derechos y obligaciones existentes entre las partes (CNTrab, Sala V, 31/5/74, *DT*, 1974-709).

8. *Admisión de la costumbre como fuente del derecho del trabajo.* La admisión de la costumbre es pacífica como fuente del derecho del trabajo, resultando inexcusable para el juzgador el reconocimiento de sus efectos sobre el caso concreto. No obstan a ello las normas genéricas regulatorias de la relación de trabajo que resultarán modificadas o adoptadas en la medida requerida por las exigencias de un sector determinado de trabajo dependiente, siempre que no se trate de costumbre derogatoria de beneficios o violatoria de alguna disposición de orden público laboral (CNTrab, Sala III, 28/2/74, *DT*, 1974-661).

9. *Exigibilidad.* Si la empresa estableció un dispositivo que sobre la nominalidad de la remuneración determinaba su corrección con índices específicos de aplicación periódica, por uso o costumbre, queda determinada su pertinencia y obligatoriedad de acuerdo con los incs. *d* y *e* del art. 1º de la LCT, siendo por lo tanto exigible su aplicación a las diferencias que resultaren de ello (CNTrab, Sala II, 28/2/92, *DT*, 1992-A-682).

10. *Prueba de la notoriedad. Reiteración extendida y aceptada.* El derecho de la costumbre que tiene sus bases en usos y prácticas de la vida social, necesita, de quien lo alega, la prueba de su notoriedad cuando no ha sido reconocida en precedentes jurisprudenciales o tratada particularmente por la doctrina. Para asumir el carácter de obligatoriedad como fuente de derecho, su reiteración debe ser lo suficientemente extendida y aceptada

en la actividad de que se trate de tal suerte que permita concluir que es aceptada por las partes como una convención tácita (CN Trab, Sala X, 31/5/99, *DT*, 1999-B-1866).

§ 11. **Leyes comunes.** – El inc. *b* de este art. 1° menciona como fuentes de regulación del contrato y la relación de trabajo a "las leyes y estatutos profesionales", es decir, a las leyes del trabajo y aquellas que regulan actividades particulares.

Al omitirse la mención de las demás leyes, podría extraerse erróneamente la conclusión de que ellas no constituyen fuentes del derecho individual del trabajo. No es así. Las leyes dictadas por el Congreso de la Nación (art. 31, Const. nacional) son indiscutiblemente fuente de derechos y en la medida en que sus respectivas materias pudieran regular aspectos –principales o accesorios– vinculados al contrato o la relación de trabajo configuran también fuentes del derecho del trabajo.

Particularmente cabe referirse dentro de las leyes comunes al derecho civil. Este derecho ha sido el derecho madre del cual se han ido desprendiendo las demás ramas del derecho privado. La primera de ellas ha sido el derecho comercial y una de las últimas el derecho del trabajo. Cabe recordar que el contrato de trabajo es derivación del contrato civil de locación de servicios. De lo expuesto se desprende que el derecho civil, identificado como derecho privado general o común, se constituye en necesaria fuente subsidiaria de todas las restantes ramas del derecho, entre ellas, desde luego, el derecho del trabajo.

Esto ocurre porque las demás ramas del derecho privado, al igual que el derecho del trabajo, no agotan la regulación jurídica de su propia materia, es decir, carecen de integridad y cuando sus normas no prevén un caso dado es necesario recurrir al derecho civil[16].

No obstante lo expuesto, según LÓPEZ, la vocación de aplicabilidad de las normas civiles al derecho del trabajo tiene dos límites: la existencia de una norma laboral expresa distinta, y la incompatibilidad de la norma civil, aun en el supuesto de carencia de norma laboral, con los principios generales del derecho del trabajo.

La influencia del derecho civil en la regulación del contrato de trabajo es significativa y ocurre de tres maneras distin-

---

[16] LÓPEZ, *Incidencia del derecho civil en el derecho del trabajo*, LT, XXX-193.

tas: *a*) por remisión directa (p.ej., arts. 24, 95 y 257, LCT); *b*) mediante incorporación de normas (p.ej., arts. 32, 34 a 36, 38, 45, 46, 62 y 63, LCT), y *c*) incorporando conceptos del derecho civil, no definidos ni desarrollados por la LCT (p.ej., "solidaridad", arts. 29 a 31; "mora", art. 137; "fuerza mayor", arts. 219, 221 y 247)[17].

§ 12. **Tratados internacionales.** – Los tratados concluidos con las demás naciones y con las organizaciones internacionales tienen jerarquía superior a las leyes (art. 75, inc. 22, Const. nacional, texto según la reforma de 1994). Por consiguiente, en tanto estos tratados incluyan materias que puedan regular aspectos de un contrato o relación de trabajo constituyen fuente del derecho individual del trabajo.

Esto es particularmente importante respecto de los convenios adoptados por la OIT y ratificados por nuestro país.

La jerarquía superior a las leyes que ostentan los convenios de la OIT, después de la reforma constitucional de 1994, tiene importantes consecuencias prácticas para el orden jurídico interno, ya que en virtud de la ratificación de un convenio pueden quedar sin efecto las disposiciones legales contrarias, tanto si son anteriores o posteriores a dicho acto. Éstas serían tachadas de inconstitucionales, por oponerse a una norma jerárquicamente superior[18].

La mera ratificación de un convenio no transforma automáticamente sus cláusulas en normas de derecho interno. Esto dependerá del sistema constitucional o de la práctica vigente en cada país, que puede responder a dos doctrinas básicas distintas: la *monista* y la *dualista*.

Conforme a la primera, no existe una separación entre el orden jurídico internacional y el interno, de modo que los tratados (o convenios de la OIT) ratificados se incorporan automáticamente al cuadro legislativo aplicable en cada país.

Según la doctrina dualista, el derecho internacional y el interno constituyen dos órdenes separados, debiendo los convenios ratificados ser objeto de un acto formal por parte del legislador a los fines de su incorporación al derecho positivo del país. Se trata de la adopción de otras normas, distintas de

---

[17] López, *Incidencia del derecho civil en el derecho del trabajo*, LT, XXX-197 y 198.

[18] Von Potobsky, *Los convenios de la Organización Internacional del Trabajo*, DT, 1997-A-457.

la ratificación, que pueden acompañar a ésta (incluso en la misma ley) o dictarse con posterioridad. Estas normas tienen por objeto convertir las cláusulas del convenio en legislación nacional, ya sea sancionando un texto nuevo en armonía con tales disposiciones, modificando leyes existentes o derogando artículos o regímenes contrarios al instrumento ratificado[19].

En la República Argentina, la jurisprudencia de la Corte Suprema, a partir del fallo dictado en 1940, en autos "Alonso, Gregorio c/Haras Los Cardos", había adoptado una posición dualista[20]. En 1992, en el fallo "Ekmekdjian, Miguel Á. c/Sofovich, Gerardo", el alto tribunal da un vuelco fundamental, al adoptar una posición monista al declarar que "cuando la Nación ratifica un tratado que firma con otro Estado, se obliga internacionalmente a que sus órganos administrativos y jurisdiccionales lo apliquen a los supuestos que ese tratado contemple, siempre que contenga descripciones lo suficientemente concretas de tales supuestos de hecho que hagan posible su aplicación inmediata"[21].

Los alcances del sistema monista en los países que lo han adoptado dependen en definitiva de la interpretación judicial de las normas internacionales en relación con su operatividad directa. El carácter autoejecutivo de dichas normas puede ser manifiesto y permitir su aplicación pacífica a nivel administrativo y judicial. Pero aun en caso de que no fuera así, el reconocimiento de este carácter puede resultar de una construcción jurídica que obvia la necesidad de una intermediación legislativa y descansa en la acción judicial[22].

§ 13. **Decretos de necesidad y urgencia.** – La facultad otorgada al Poder Ejecutivo nacional de dictar decretos de necesidad y urgencia fue incorporada por la reforma constitucional de 1994 que introdujo una nueva redacción al inc. 3 del art. 99, incluido en el capítulo dedicado a enumerar las atribuciones de dicho poder. El inciso mencionado, en su párr. 2°, sienta un principio categórico: "El Poder Ejecutivo no podrá en ningún caso bajo pena de nulidad absoluta e insanable, emitir disposiciones de carácter legislativo".

---

[19] VON POTOBSKY - BARTOLOMEI DE LA CRUZ, *La Organización Internacional del Trabajo*, p. 40.

[20] CSJN, 15/3/40, *Fallos*, 186:258; *LL*, 17-877, y *JA*, 69-816.

[21] CSJN, 7/7/92, *LL*, 1992-C-543.

[22] VON POTOBSKY, *Los convenios de la Organización Internacional del Trabajo*, *DT*, 1997-A-457.

2. Etala, *Contrato*.

Sentada la prohibición antedicha, el párr. 3° del mismo inciso introduce una importante excepción al determinar que "solamente cuando circunstancias excepcionales hicieran imposible seguir los trámites ordinarios previstos por esta Constitución para la sanción de las leyes, y no se trate de normas que regulen materia penal, tributaria, electoral o el régimen de los partidos políticos, podrá dictar decretos por razones de necesidad y urgencia, los que serán decididos en acuerdo general de ministros que deberán refrendarlos, conjuntamente con el jefe de Gabinete de Ministros".

La norma establece que frente a una imposibilidad funcional por parte del Congreso para desempeñarse como tal, se puede utilizar el instrumento de excepción, pero no en el caso de que se trate de una imposibilidad política por parte del Ejecutivo, de conseguir votos de los representantes del pueblo a favor de una iniciativa legislativa suya[23].

Como surge del propio texto constitucional, la excepcionalidad puede comprender materias laborales e incluso de seguridad social, siempre que en este último caso no se trate de normas referidas al establecimiento de nuevos recursos para financiar las prestaciones ni a su recaudación, porque en este supuesto estarían incluidas en la más amplia materia tributaria.

El párr. 4° regula el procedimiento a seguir para convalidar legislativamente el dictado de esta clase de decretos. Dispone que el jefe de Gabinete de Ministros personalmente y dentro de los diez días someterá la medida a consideración de la Comisión Bicameral Permanente, cuya composición deberá respetar la proporción de las representaciones políticas de cada cámara. El texto constitucional agrega que esta Comisión elevará su despacho en un plazo de diez días al plenario de cada cámara para su expreso tratamiento, el que de inmediato lo considerarán. La última parte del inciso determina que *"una ley especial sancionada con la mayoría absoluta de la totalidad de los miembros de cada cámara regulará el trámite y los alcances de la intervención del Congreso"*.

Hasta el presente esta "ley especial" no se ha dictado, pero se ha señalado que la ley que reglamente el trámite y los alcances de la intervención final del Congreso nunca podrá establecer que su *silencio signifique aprobación tácita* del decreto de necesidad y urgencia, puesto que el art. 82 de la Const. nacional contiene una norma que debe considerarse general y

---

[23] Quiroga Lavié, *Constitución de la Nación Argentina comentada*, p. 621.

aplicable, por consiguiente, a todos los casos[24] y para cualquier materia, ya que expresa: *"La voluntad de cada cámara debe manifestarse expresamente; se excluye, en todos los casos, la sanción tácita o ficta"*. En consecuencia, el silencio del Congreso o el no tratamiento implicarían rechazo[25].

En cuanto al procedimiento, la intervención de la Comisión Bicameral es obligatoria, pero su despacho no resulta vinculante para el Congreso, ya que de entenderse de otro modo, la participación posterior de las cámaras se convertiría en meramente decorativa[26].

En nuestro sistema institucional cualquier demora del Congreso en tratar los proyectos del Poder Ejecutivo se debe, por lo general, a visiones distintas o encontradas acerca del criterio a adoptar. En consecuencia, la utilización del decreto no es el procedimiento previsto constitucionalmente para zanjar las "urgencias" y "necesidades" del Poder Ejecutivo. Cuando el Congreso está en sesiones, él es el árbitro constitucional de la necesidad y la urgencia que existe en sancionar determinadas leyes[27].

En tanto el Congreso no haya dictado la ley especial que regule el funcionamiento de la Comisión Bicameral que debe controlar los referidos decretos, autorizada doctrina sostiene que no están dados los presupuestos constitucionales para que el Poder Ejecutivo pueda ejercer la facultad constitucional de dictar decretos de necesidad y urgencia[28]. Mientras no esté constituido el organismo específico que prevé la Constitución, para que ejerza el control sobre el cumplimiento de los presupuestos constitucionales para la emisión de los decretos, vale decir, la excepcionalidad de las circunstancias que hagan imposible seguir los trámites ordinarios, y que las normas del decreto se refieran a materias no excluidas por la Constitución, este control debe continuar en manos del Poder Judicial como ocurría con anterioridad a la reforma constitucional[29].

[24] Bidart Campos, *Tratado elemental de derecho constitucional argentino*, t. VI, p. 431 y 432.
[25] Quiroga Lavié, *Constitución de la Nación Argentina comentada*, p. 624.
[26] Bidart Campos, *Tratado elemental de derecho constitucional argentino*, t. VI, p. 432.
[27] Colautti, *Derecho constitucional*, p. 285 y 286.
[28] Bidart Campos, *Tratado elemental de derecho constitucional argentino*, t. VI, p. 443 y 444; Quiroga Lavié, *La doctrina de la Defensoría del Pueblo sobre los decretos de necesidad y urgencia*, LL, 1997-E-1296.
[29] Colautti, *Derecho constitucional*, p. 289.

Cuando esté constituida la Comisión Bicameral es a ésta a la que corresponde ejercer el control de los decretos. Si la Comisión no se pronunciara, una vez constituida, en el plazo que fija la Constitución, el decreto debe considerarse rechazado[30].

§ 14. **Decretos reglamentarios.** – Entre las atribuciones del presidente de la Nación está la de expedir las instrucciones y reglamentos que sean necesarios para la ejecución de las leyes, cuidando de no alterar su espíritu con excepciones reglamentarias (art. 99, inc. 2, Const. nacional). Es evidente que los decretos reglamentarios son fuente de derecho, con los alcances que ha señalado la Corte Suprema de Justicia de la Nación: "cuando el Poder Ejecutivo es llamado a ejercitar sus poderes reglamentarios en presencia de una ley que ha menester de ellos, lo hace no en virtud de una delegación de atribuciones legislativas sino a título de una facultad propia consagrada por el art. 86, inc. 2, de la Constitución [actual art. 99, inc. 2], y cuya mayor o menor extensión queda determinada por el uso que de la misma facultad haya hecho el Poder Legislativo. Habría una especie de autorización legal implícita dejada a la discreción del Poder Ejecutivo, sin más limitación que la de no alterar el contenido de la sanción legislativa con excepciones reglamentarias, pues, como es obvio, el Poder Ejecutivo no podría ir más allá de donde llega la intención de aquélla, ni crear la ley, ni modificarla"[31].

§ 15. **Resoluciones ministeriales.** – El art. 103 de la Const. nacional establece que los ministros no pueden por sí solos, en ningún caso, tomar resoluciones, a excepción de lo concerniente al régimen económico y administrativo de sus respectivos departamentos. De esto se deduce que los ministros carecen de competencia para reglamentar las leyes, ni pueden suplir la ausencia de disposiciones reglamentarias con resoluciones[32]. Lo expuesto significa que las resoluciones ministeriales no constituyen fuente del derecho con aptitud de resolver cuestiones entre particulares. Sin embargo, en numerosas oportunidades, los ministros actúan por delegación del Poder Ejecutivo nacional y también del Congreso de la Nación, y aun sin ella, sus resoluciones en tanto pueden re-

---

[30] Colautti, *Derecho constitucional*, p. 289.
[31] CSJN, 20/6/27, "A. M. Delfino y Cía.", *Fallos*, 148:432.
[32] Bidart Campos, *Manual de derecho constitucional*, p. 679.

presentar una interpretación respecto de la forma en que la autoridad entiende que debe aplicarse una ley o decreto, adquieren indudable fuerza para ser tenida en cuenta por los operadores jurídicos.

§ 16. **Resoluciones de organismos paritarios o tripartitos.** – Algunas leyes otorgan facultades reglamentarias o normativas a organismos de integración paritaria o tripartita. Así el Consejo Nacional del Empleo, la Productividad y el Salario Mínimo, Vital y Móvil, creado por la ley 24.013 (ley de empleo –LE–), y que tiene facultades para fijar periódicamente el salario mínimo, vital y móvil (art. 135, inc. *a*).

Las comisiones de salarios que creó la ley 12.713, de trabajo a domicilio, integrada por igual número de representantes obreros y patronales, y presidida por quien designe la autoridad de aplicación, tienen facultades para determinar las tarifas, fijar el salario mínimo del obrero, ayudante y aprendiz y las comisiones de los intermediarios y talleristas (arts. 20 a 27, ley 12.713). Las comisiones de conciliación y arbitraje creadas por la ley están integradas en la misma forma que las comisiones de salarios y sus decisiones son obligatorias una vez que las haya aprobado el Poder Ejecutivo (art. 28, ley 12.713).

La Comisión Nacional de Trabajo Agrario creada por la ley 22.248, sobre régimen nacional de trabajo agrario, está integrada por dos representantes del Ministerio de Trabajo, uno del Ministerio de Economía, un representante de la Secretaría de Agricultura, dos representantes de los empleadores y dos de los trabajadores. Entre sus atribuciones se encuentran las de fijar las condiciones de trabajo y remuneraciones de los trabajadores agrarios, salvo en aquellas actividades que se rigieran por convenciones colectivas de trabajo (arts. 85 y 86, ley 22.248).

La ley 14.250, sobre negociación colectiva, con las modificaciones introducidas por la ley 25.877 (t.o. decr. 1135/04), determina que los convenios colectivos de trabajo pueden prever la constitución de comisiones paritarias, integradas por un número igual de representantes de empleadores y trabajadores, cuyo funcionamiento y atribuciones serán las establecidas en el respectivo convenio (art. 13, ley 14.250). Conforme al art. 14 de la misma ley, estas comisiones tienen, entre otras facultades, las de "interpretar con alcance general la convención colectiva, a pedido de cualquiera de las partes o de la autoridad de aplicación" (inc. *a*) y "clasificar las nuevas tareas que se creen y reclasificar las que experimenten modificaciones por efecto de las innovaciones tecnológicas o nuevas formas de organización de la empresa" (inc. *d*). Las decisiones que adopte la Comisión quedan incorporadas al convenio colectivo de trabajo, como parte integrante de éste. Cualquiera de las partes de un convenio colectivo de trabajo, que no prevea el funcionamiento de las comisiones referidas en el art. 13, puede solicitar al MTESS la constitución de una comisión paritaria a los efectos y con las atribuciones previstas en el inc. *a* del art. 14. Esta comisión debe ser presidida por un funcionario designado por el MTESS y está integrada por un número igual de representantes de trabajadores y empleadores (art. 14, ley 14.250, t.o. decr. 1135/04).

Es evidente que toda decisión de los organismos referidos, adoptada en el marco de sus respectivas competencias, tiene aptitud para constituirse en fuente de derecho individual del trabajo.

§ 17. **La jurisprudencia**. – Ésta se manifiesta como una repetición, como una forma habitual o uniforme de pronunciarse los órganos jurisdiccionales del Estado (administrativos o judiciales), que denota la influencia de unos fallos sobre otros y aun la presencia de un conjunto de principios o doctrinas comunes contenidos en esas decisiones[33]. Es indudable que las sentencias de los jueces son fuentes del derecho porque ellas inspiran a otros jueces, a los funcionarios administrativos, a los legisladores y a los integrantes de la comunidad, llevándolos a actuar de una manera similar en el futuro[34]. Sin embargo, si bien puede reconocerse a la jurisprudencia el carácter de fuente del derecho, su obligatoriedad es relativa, porque un juez o tribunal podría apartarse de los precedentes fundamentando su disidencia. Existe, no obstante, jurisprudencia obligatoria conformada por los fallos plenarios dictados por la Cámara Nacional de Apelaciones del Trabajo de la Capital Federal o la "doctrina legal" elaborada por los tribunales superiores de provincia.

§ 18. **La doctrina**. – Se llama *doctrina* a los estudios de carácter científico que los juristas realizan acerca del derecho, ya sea con el propósito puramente teórico de sistematización de sus preceptos, como con la finalidad de interpretar sus normas y señalar las reglas de su aplicación[35]. En la medida en

---

[33] Aftalión - García Olano - Vilanova, *Introducción al derecho*, p. 331 y 332.
[34] Cueto Rúa, *Fuentes del derecho*, p. 128.
[35] García Máynez, *Introducción al estudio del derecho*, p. 76.

que fuente del derecho es todo criterio de objetividad en el que los operadores jurídicos fundan sus decisiones, no es posible desconocer a la doctrina el carácter de fuente, puesto que es invocada por los jueces para fundamentar en ella la fuerza de convicción objetiva de sus fallos[36]. Pero las obras doctrinales sólo pasan a formar parte del orden jurídico positivo, cuando las justificaciones y las conclusiones en ellas propuestas son recogidas por el Poder Judicial[37].

Art. 2º [Ámbito de aplicación] – La vigencia de esta ley quedará condicionada a que la aplicación de sus disposiciones resulte compatible con la naturaleza y modalidades de la actividad de que se trate y con el específico régimen jurídico a que se halle sujeta.

Las disposiciones de esta ley no serán aplicables:

a) A los dependientes de la Administración pública nacional, provincial o municipal, excepto que por acto expreso se los incluya en la misma o en el régimen de las convenciones colectivas de trabajo.

b) A los trabajadores del servicio doméstico.

c) A los trabajadores agrarios. [Inciso agregado por ley 22.248, art. 3º]

Concordancias: LCT, arts. 8º, 9º, 37, 46 y 51; ley 24.013 (LE), art. 112; decr. 2725/91, art. 7º.

§ 1. **Relaciones comprendidas.** – El contenido de este artículo trata dos cuestiones diversas vinculadas con su ámbito de aplicación. No hace una formulación positiva sobre cuáles relaciones jurídicas serán regidas por la ley (lo que hará la ley más adelante, especialmente en los arts. 21 a 23), sino que determina los trabajadores excluidos de su aplicación, y establece los criterios para juzgar la compatibilidad entre la LCT y los regímenes jurídicos que regulan actividades específicas.

---

[36] Aftalión - García Olano - Vilanova, *Introducción al derecho*, p. 372.
[37] Perelman, *La lógica jurídica*, p. 212 y 213.

Jurisprudencia

    1. *Actores. Inexistencia de estatuto profesional. Aplicabilidad de la ley.* En el caso de los actores, al no existir estatuto profesional, su situación se rige por la ley de contrato de trabajo (CNTrab, Sala IV, 27/9/84, *DT*, 1984-B-1817).

§ 2. **Trabajadores excluidos.** – En la última parte del artículo y en tres incisos, la ley enumera los trabajadores a los cuales sus disposiciones no serán aplicables. Son ellos los dependientes de la Administración pública nacional, provincial o municipal (con algunas excepciones), los trabajadores del servicio doméstico y los trabajadores agrarios.

    a) *Dependientes de la Administración pública.* La ley declara inaplicable sus disposiciones para los dependientes de la Administración pública, sea ésta nacional, provincial o municipal. Las relaciones de los empleados con el Estado nacional, provincial o municipal se rigen, en principio, por el derecho administrativo (se habla de "relación de empleo público" en oposición al "contrato de trabajo" que rige en la actividad privada). Hemos dicho, "en principio", porque nada obsta a la aplicación de la LCT a dependientes públicos cuando por acto expreso se los incluya en el régimen de contrato de trabajo, y cuando se los incluya en el régimen de las convenciones colectivas de trabajo, supuesto en el cual, por natural derivación, se les aplicará la LCT. El acto expreso a que se refiere el inciso puede ser una ley, decreto o disposición interna del organismo respectivo[1].

En el ámbito nacional rige, para el personal público, la ley 25.164 de 1999, denominada "ley marco de regulación del empleo público nacional", reglamentada por decr. 1421/02, que sustituyó al régimen jurídico básico de la función pública, aprobado por ley de facto 22.140 de 1980 y reglamentado por decr. 1797/80.

Jurisprudencia

    1. *Empleo público. Exclusión.* Si bien la forma de retribución mediante pagos mensuales podría sugerir que se está ante una situación de subordinación, el contenido y esencia misma de la prestación comprometida (la de asesorar en relación a determinadas exigencias o planes de acción de la secretaría de Estado) no es de las que supone directiva técnica alguna, sino que se trata de prestaciones que se presentan como necesarias para

---

[1] López - Centeno - Fernández Madrid, *Ley de contrato de trabajo*, t. I, p. 56.

orientar adecuadamente la acción de la secretaría de Estado en orden a sus fines específicos, por lo que tales servicios corresponden al ámbito público propio de dicha secretaría y, como tales, excluidos del campo de aplicación de la LCT (CNTrab, Sala VII, 4/12/89, *DT*, 1990-A-924).

2. *Régimen jurídico específico.* No es admisible sostener que la relación de empleo se hallaba regida por la ley laboral común frente a la existencia de un régimen jurídico específico que reglamenta los derechos de los dependientes del organismo estatal y a la disposición del art. 2º, inc. *a*, de la LCT, según el cual el régimen no es aplicable a los dependientes de la Administración pública, salvo que por acto expreso se los incluya en éste o en el de las convenciones colectivas de trabajo (CSJN, 30/4/91, "Leroux de Emede, Patricia c/MCBA", *DT*, 1991-B-1847).

3. *Inaplicabilidad de la ley.* En el caso de contrataciones atípicas de las entidades públicas por aplicación del criterio fijado por la Corte Suprema, en la causa "Leroux de Emede, Patricia c/MCBA", cabe considerar que frente a un régimen jurídico específico que reglamenta los derechos de los dependientes y la disposición del art. 2º, inc. *a*, de la LCT, no es admisible sostener que la relación de empleo se halla regida por la ley laboral común, salvo que resultara evidente la voluntad estatal de incluir al empleado en este sistema laboral (CNTrab, Sala III, 19/8/91, *DT*, 1991-B-1858).

4. *Contratación fraudulenta. Indemnización.* Si por una contratación fraudulenta se priva al trabajador de la estabilidad consagrada en el art. 14 *bis* de la Const. nacional, al no haber sido incluido en el régimen de la contratación pública porque la accionada no ha observado las normas que establecen los requisitos para tal inclusión, es justo y equitativo (art. 11, LCT) aplicar analógicamente las que reglamentan la garantía menos intensa de protección contra el despido arbitrario y reconocerle una indemnización idéntica a la que un trabajador privado en sus mismas condiciones hubiera obtenido al extinguirse, sin su culpa, la relación de trabajo (CNTrab, Sala VII, 18/9/02, *DT*, 2003-A-241).

5. *Realización de las tareas propias de los servicios normales.* Es ajena al concepto de contrato temporal de empleo público la relación por la cual el trabajador realizó tareas propias de los servicios normales del accionado –en el caso, tareas vinculadas a la informática para la obra social del Ejército–, con lo cual tiene derecho a ser considerado personal permanente o bien que la contratación se encuentre regulada por el derecho privado (CNTrab, Sala VII, 18/11/02, *DT*, 2003-B-1018).

b) ***Trabajadores del servicio doméstico.*** Excluidos del régimen general, estos trabajadores se rigen por el decr. ley 326/56 y su reglamento, el decr. 7979/56.

Art. 2°

Jurisprudencia

1. **Exclusión.** *a*) El cuidado y crianza de niños no pueden ser considerados comprendidos por la LCT, en la medida en que se desenvuelven en el ámbito doméstico y atienden fundamentalmente a la familia, aun cuando estuviese acreditado que efectuaba algunas diligencias (CNTrab, Sala VI, 24/11/89, *DT*, 1990-A-1204).

b) La actividad de quien atiende y cuida niños en edad de aprendizaje está excluida del campo de aplicación de la LCT, aunque esté subordinada a directivas de los progenitores o tutores (CNTrab, Sala VII, 13/12/99, *DT*, 2000-A-614).

2. **Aplicación de la LCT.** Una de las notas decisivas para calificar a un trabajador del servicio doméstico es el ámbito físico donde presta sus tareas, vale decir, dentro de la vida doméstica, entendiéndose por tal el hogar familiar. Por ello, no puede calificarse de tal la empleada de un consorcio que realizaba tareas de limpieza en las partes comunes de aquél, entre dos y tres veces por semana y por un lapso de tres o cuatro horas por día (CNTrab, Sala VIII, 31/8/99, *DT*, 2000-B-1850).

c) *Trabajadores agrarios.* Estos trabajadores, excluidos de la aplicación de la LCT, se rigen por la ley 22.248 de 1980, que instituye el "régimen nacional de trabajo agrario".

Jurisprudencia

1. **Inaplicabilidad de la ley. Indemnización por incapacidad absoluta.** Este régimen de trabajo agrario es una unidad normativa ajena al régimen laboral común. De ahí que la indemnización por incapacidad absoluta prevista en el art. 212, párr. 4°, de la LCT no rige para los trabajadores comprendidos en aquel régimen especial (CNTrab, Sala VIII, 15/3/85, *LT*, XXXIII-718).

§ 3. **Trabajadores de la construcción.** – Regidos por la ley 22.250, de 1980, cuyas disposiciones excluyen las contenidas en la LCT, en cuanto se refiere a aspectos de la relación laboral contemplados en el estatuto especial. En lo demás, la LCT es aplicable en todo lo que resulte compatible y no se oponga a la naturaleza y modalidades del régimen específico (art. 35, ley 22.250).

Jurisprudencia

1. **Ley de empleo. Obreros de la construcción.** El art. 8° de esta ley establece una sanción para el empleador que no cumpla con la registración de la relación laboral, tornando acreedor al trabajador no registrado de la indemnización que el mismo prevé, sin que exista norma alguna que excluya de su aplicación a los obreros de la construcción; es por ello que corresponde hacer lugar a este rubro y aplicar al demandado la sanción que contempla el citado artículo (SCBA, 26/10/99, *DT*, 2000-A-619).

§ 4. **Relaciones entre la ley general y los estatutos particulares.** – En el párr. 1º de este artículo se delimitan las relaciones entre la LCT (régimen general) y los estatutos particulares (regímenes especiales).

Se trata de regular las relaciones entre dos leyes, una general y otra especial. Aunque el texto del artículo no menciona literalmente a los "estatutos particulares o especiales" es evidente que se refiere a ellos porque habla de "la naturaleza y modalidades de la actividad de que se trate" y del "específico régimen jurídico a que se halle sujeta"[2]. No podría entenderse que cuando el artículo menciona el "específico régimen jurídico" pueda referirse a un convenio colectivo de trabajo porque las relaciones entre las leyes y los convenios colectivos se encuentran reguladas especialmente en los arts. 8º y 9º de la LCT y el art. 7º de la ley 14.250 (t.o. decr. 1135/04).

El artículo abre la posibilidad de que disposiciones de la ley general se apliquen a situaciones regidas por estatutos especiales. Para ello formula una directiva que en su aplicación concreta puede presentar dificultades a los operadores jurídicos. Se trata de realizar un doble juicio de compatibilidad: una compatibilidad fáctica (con la naturaleza y modalidades de la actividad), y una compatibilidad jurídica (con el específico régimen jurídico)[3].

La LCT no es aplicable si se trata de una institución contemplada de modo diferente en el régimen estatutario (aun en términos menos favorables para el trabajador) y no es compatible, o si ha sido expresa o tácitamente excluida por él. Se aplica la LCT cuando la institución de la ley general no haya sido reglada por la ley especial y sea compatible[4].

Jurisprudencia

1. *Relaciones entre la ley general y el estatuto especial.* En la medida en que no se violen disposiciones de orden constitucional –que las partes deben someter a consideración del tribunal–, en el supuesto de divergencias entre una previsión del estatuto de la actividad y la LCT sólo corresponde tener como ley aplicable la norma especial (CNTrab, Sala III, 28/2/95, *DT*, 1995-B-1397).

2. **Gente de mar.** *a)* En el contrato de ajuste, la enfermedad suspende la relación de trabajo, generando una licencia pa-

---

[2] López - Centeno - Fernández Madrid, *Ley de contrato de trabajo*, t. I, p. 43.
[3] Brito Peret - Goldin - Izquierdo, *La reforma*, p. 42.
[4] Fernández Madrid, *Tratado práctico*, t. I, p. 439 y 440.

ga, regulada por el art. 208 de la LCT, cuya aplicación resulta de la regla del art. 2° de la LCT, en cuanto el régimen general no es incompatible con el específico de la gente de mar (CNTrab, Sala VI, 11/4/95, *DT*, 1995-B-2082).

b) Es incompatible con su régimen específico y, por tanto, inaplicable a la gente de mar, la indemnización prevista por el art. 254 de la LCT, para el caso del trabajador despedido por incapacidad física o mental (CNTrab, Sala II, 28/7/77, *TSS*, 1978-377).

c) La indemnización por incapacidad absoluta establecida en el art. 212 de la LCT no es aplicable a la gente de mar comprendida en el acta convenio del 25/2/72, según el CCT 370/71 (CN Trab, plenario 227, 25/6/81, "Molinari, Elbio c/Elma", *DT*, 1981-1224).

d) El art. 92 *bis* de la LCT no es aplicable al incumplimiento del contrato de ajuste por viaje, a cuyo respecto, en el caso, rige –por virtud del art. 2°, LCT– el párr. 3° del art. 993 del Cód. de Comercio (CNTrab, Sala IX, 18/10/00, *TSS*, 2000-1092).

e) Tanto el tope indemnizatorio previsto en el art. 245 de la LCT como la multa establecida en el art. 2° de la ley 25.323, son inaplicables a las indemnizaciones por despido reconocidas a favor de los trabajadores marítimos, pues éstas no se encuentran previstas en la LCT (CNTrab, Sala III, 9/9/03, *DT*, 2004- A-386).

3. *Trabajo a domicilio.* *a*) Los trabajadores a domicilio que se desempeñan en relación de dependencia, tienen derecho al sueldo anual complementario, al pago de los feriados nacionales, a las vacaciones y a la aplicación de las normas de la LCT en punto a la tutela de la estabilidad (CNTrab, Sala III, 29/7/77, *TSS*, 1977-697).

b) No existe incompatibilidad entre el régimen general de la LCT y el específico de la ley 12.713, reguladora del trabajo a domicilio, en cuanto a la estabilidad, sueldo anual complementario y otros beneficios del trabajador dependiente (SCBA, 29/8/89, *TSS*, 1990-120).

c) La LCT es aplicable a los trabajadores a domicilio contemplados en el marco de la ley 12.713, ya que éste no constituye un estatuto que regula de modo integral la modalidad del trabajo a domicilio, sino una norma de policía del trabajo (CNTrab, Sala VII, 7/8/97, *DT*, 1997-B-2287).

d) Por aplicación de lo dispuesto por los arts. 2° y 9° de la LCT, a los trabajadores contemplados en el art. 3°, inc. *a*, de la ley 12.713 les resulta aplicable el régimen laboral común, condicionado a que se acredite que entre las partes haya existido una relación de carácter subordinado, aunque con la modalidad reglada en lo específico por dicho estatuto, por lo que los comprende la presunción del art. 55 de la LCT (CNTrab, Sala VII, 7/8/97, *DT*, 1997-B-2287).

4. *Aeronavegantes.* No resultan aplicables a los aeronavegantes las disposiciones contenidas en el decr. 16.138/46 ni la LCT, dado que las primeras han sido superadas por normas más favorables y con relación a las segundas éstas no resultan compatibles con la naturaleza y modalidades de la actividad en cuestión y con el específico régimen jurídico que la regula (art. 2°) (CN Trab, Sala III, 23/8/96, *DT*, 1997-A-748).

5. *Periodistas.* a) El tope específico previsto en el art. 245 de la LCT no puede aplicarse al régimen indemnizatorio estatuido en la ley 12.908, que prevalece sobre las disposiciones de la LCT en cuanto éstas sean incompatibles con la naturaleza y modalidad de la actividad y del régimen jurídico, o cuando, no existiendo incompatibilidad, son más favorables (CNTrab, Sala X, 13/12/99, *DT*, 2000-A-1266; íd., íd., 17/2/00, *DT*, 2001-A-483).

b) El tope previsto por el art. 153 de la LE modifica lo expresado por el art. 245 de la LCT, pero no proyecta sus efectos sobre el art. 43 de la ley 12.908 ni ningún otro sistema específico de tutela a la estabilidad, lo cual se desprende del mismo texto del dispositivo legal cuestionado (CNTrab, Sala VII, 10/2/00, *DT*, 2001-A-483).

6. *Encargados de casas de renta.* Las normas de la ley 12.981, en tanto establecen el derecho a la estabilidad en el empleo a partir de los sesenta días, desplazan a las del art. 92 *bis* de la LCT, por tratarse de un estatuto que regula una actividad particular y por ser más favorable al trabajador (CNTrab, Sala IV, 11/8/00, *TSS*, 2000-1086).

§ 5. **Estatutos especiales vigentes.** – A continuación enumeraremos los estatutos especiales que mantienen su vigencia, con la mención de la disposición legal que los regula.

a) Trabajo a domicilio: Convenio 177 de la OIT, sobre trabajo a domicilio, ratificado por ley 25.800 (BO, 2/12/03), ley 12.713 (BO, 12/11/41), reglamentada por decr. 118.755/42.

b) Médicos, odontólogos y farmacéuticos: decr. 22.212/45 (BO, 13/10/45), ratificado por ley 12.921.

c) Empleados administrativos de empresas periodísticas: decr. ley 13.839/46 (BO, 22/5/46).

d) Periodistas: ley 12.908 (BO, 3/2/47).

e) Radiotelegrafistas: decr. ley 14.954/46 (BO, 10/6/46).

f) Conductores particulares: ley 12.867 (BO, 26/10/46).

g) Encargados de casas de rentas: ley 12.981 (BO, 20/5/47), reglamentada por decr. 11.296/49 (BO, 17/5/49).

h) Personal de establecimientos de enseñanza privada: ley 13.047 (BO, 22/10/47), reglamentada por decr. 40.471/47 (BO, 3/1/48).

i) Servicio doméstico: decr. ley 326/56 (BO, 20/1/56), reglamentado por decr. 7979/56 (BO, 7/6/56).

j) Viajantes de comercio: ley 14.546 (BO, 27/10/58).

k) Ejecutantes musicales: ley 14.597 (BO, 29/10/58).

l) Trabajo marítimo: arts. 891 a 1017/5 del Cód. de Comercio, modificados por las leyes 17.371 (BO, 9/8/67) y 20.094 de la navegación (BO, 2/3/73).

m) Jugadores profesionales de fútbol: ley 20.160 (BO, 23/2/73).

n) Contratista de viñas y frutales: ley 20.589 (BO, 14/2/74).

ñ) Industria de la construcción: ley 22.250 (BO, 17/7/80).

o) Régimen nacional de trabajo agrario: ley 22.248 (BO, 18/7/80).

p) Estatuto del peluquero: ley 23.947 (BO, 28/6/91).

Art. 3º [LEY APLICABLE] – **Esta ley regirá todo lo relativo a la validez, derechos y obligaciones de las partes, sea que el contrato de trabajo se haya celebrado en el país o fuera de él, en cuanto se ejecute en su territorio.**

CONCORDANCIAS: Cód. Civil, arts. 1209 y 1210.

§ 1. **Ley del lugar de ejecución.** – La LCT se aplica a todo contrato de trabajo que se ejecute en nuestro territorio, cualquiera que haya sido el lugar de su celebración. Esta solución es coincidente con la establecida por el art. 1209 del Cód. Civil, que dice: *"Los contratos celebrados en la República o fuera de ella, que deban ser ejecutados en el territorio del Estado, serán juzgados en cuanto a su validez, naturaleza y obligaciones por las leyes de la República, sean los contratantes nacionales o extranjeros".* No se considera relevante la nacionalidad de las partes, salvo en lo relativo a la autorización que debe gozar el trabajador extranjero de las autoridades migratorias para prestar tareas remuneradas en nuestro país. Si el trabajador no tuviera habilitación para trabajar, la nulidad del contrato por prohibición del objeto (art. 40, LCT) está dirigida al empleador, quien por tal razón debe hacerse cargo de todas las prestaciones e indemnizaciones que derivaran de esa nulidad.

JURISPRUDENCIA

1. ***Lugar de celebración y ejecución.*** Si el actor ejecutó su débito íntegramente en el extranjero, de conformidad con lo nor-

mado por el art. 3º de la LCT, se impone la improcedencia de la aplicación del derecho argentino (CNTrab, Sala VIII, 18/4/91, *DT*, 1991-B-1666).

2. *Ejecución en el extranjero.* Si el contrato de trabajo se ejecutó íntegramente en el Brasil, resulta de estricta aplicación el art. 3º de la LCT, en cuanto precisa para esos supuestos la aplicación del derecho donde se ejecute el contrato, cuando no se trata de un supuesto de duda, como el caso de un contrato de ejecución en distintos países, entre ellos el nuestro, que permita sostener que puedan ser aplicables las normas contenidas en el régimen de viajantes de comercio (CNTrab, Sala VI, 25/3/96, *DT*, 1997-A-73).

3. *Plataforma marítima móvil.* Cabe aplicar la legislación argentina y las convenciones colectivas que se dicten bajo su amparo con respecto a las prestaciones laborales efectivizadas a bordo de una plataforma marítima móvil que efectuó operaciones en aguas jurisdiccionales argentinas (CSJN, 9/4/02, "Federación Argentina Sindical del Petróleo y Gas Privadas y otro c/Total Austral SA y otro", *DT*, 2002-B-1407).

§ 2. **Lugar de ejecución múltiple.** – En los casos en que haya lugar de ejecución múltiple y exista uno principal, debe aplicarse la ley del principal lugar de ejecución, y en caso de duda, la que tenga el derecho más favorable para el trabajador[1].

Jurisprudencia

1. *Momento crítico de la controversia.* Al encontrarse el dependiente ante la desvinculación o despido, cumpliendo funciones en la Argentina y en virtud de lo normada por el art. 3º de la LCT y el art. 1209 del Cód. Civil, corresponde aplicar la legislación nacional, en tanto la empleada no acreditó que la legislación extranjera invocada fuera más favorable al trabajador, ni que las partes hubieran pactado su aplicación (CNTrab, Sala I, 13/9/02, *LNLSS*, 2003-1-103, y *TSS*, 2003-510; íd., íd., 23/6/03, *LL*, 16/6/04).

§ 3. **Contratos a ser ejecutados en el extranjero.** – El artículo no prevé la situación de los contratos de trabajo celebrados en el país para ser ejecutados en el extranjero. Es aplicable al respecto el art. 1210 del Cód. Civil, que expresa: *"Los contratos celebrados en la República para tener su cumplimiento fuera de ella, serán juzgados en cuanto a su validez, naturaleza y obligaciones, por las leyes y usos del país en que debieron ser cumplidos, sean los contratantes nacionales o extranjeros".*

---

[1] López - Centeno - Fernández Madrid, *Ley de contrato de trabajo*, t. I, p. 62.

Jurisprudencia

1. ***Contratos a ser ejecutados en el extranjero.*** Si bien el art. 3º de la LCT no prevé expresamente supuestos de celebración de contratos de trabajo en nuestro país y cumplimiento en territorio extranjero, las normas comunes de solución de concurrencia legal atribuyen primacía al *loci executionis* que establece la preferencia a favor del ordenamiento del lugar donde se efectivizó la prestación (CNTrab, Sala X, 20/6/98, *TSS*, 1998-1331).

§ 4. **Elección por las partes de la ley aplicable.** – Nada obsta para que las partes de un contrato de trabajo a ejecutarse en el país elijan como ley aplicable a la relación una ley extranjera en tanto no se vulnere el orden público nacional (art. 14, inc. 1º, Cód. Civil)[2]. Se vulneraría el orden público local si la ley extranjera elegida fuera menos favorable al trabajador que la argentina, o no se respetara la libertad sindical o se pretendiera eludir el pago de los aportes y contribuciones de la seguridad social de prestaciones que deben gozarse en su territorio.

Jurisprudencia

1. *Elección por las partes de la ley aplicable.* Sólo la elección de las partes, al contratar, de la legislación de un país determinado podría prevalecer –con la reserva del orden público– sobre las reglas de solución de los conflictos que provee el derecho internacional privado (CNTrab, Sala VI, 12/5/97, *TSS*, 1998-1329).

§ 5. **Trabajo marítimo y aéreo.** – En el caso del contrato de ajuste que ha de cumplirse regular o principalmente fuera de aguas jurisdiccionales, debe considerarse país de ejecución el del pabellón del buque[3]. A la misma solución cabe llegar en el caso de las aeronaves que realizan vuelos internacionales[4].

§ 6. **Estados extranjeros empleadores.** – Según la ley 24.488, los Estados extranjeros no pueden invocar inmunidad de jurisdicción cuando fueren demandados por cuestiones laborales, por nacionales argentinos o residentes en el país, derivadas de contratos celebrados en la República Argentina o en el exterior y que causaren efectos en el territorio nacional (art. 2º, inc. *d*).

---

[2] López - Centeno - Fernández Madrid, *Ley de contrato de trabajo*, t. I, p. 65; Fermé, en Vazquez Vialard (dir.), "Tratado", t. 2, p. 894.

[3] López - Centeno - Fernández Madrid, *Ley de contrato de trabajo*, t. I, p. 62.

[4] Lyon Caen - Lyon Caen, *Droit social international et européen*, p. 20.

Jurisprudencia

1. **Imposibilidad de invocar inmunidad de jurisdicción.** El Estado extranjero que celebra un contrato de trabajo con un nacional argentino o un residente en la República, para ser ejecutado en su territorio –ya sea con el propósito de ocuparlo en actividades comerciales o industriales–, no está habilitado a invocar la inmunidad de jurisdicción al ser demandado por cuestiones vinculadas con la ejecución del contrato, pues ello resulta del juego de los incs. *c* y *d* del art. 2º de la ley 24.488 (CNTrab, Sala VIII, 6/6/02, *DT*, 2003-A-73).

Art. 4º [Concepto de trabajo] – Constituye trabajo, a los fines de esta ley, toda actividad lícita que se preste en favor de quien tiene la facultad de dirigirla mediante una remuneración.

El contrato de trabajo tiene como principal objeto la actividad productiva y creadora del hombre en sí. Sólo después ha de entenderse que media entre las partes una relación de intercambio y un fin económico en cuanto se disciplina por esta ley.

Concordancias: LCT, arts. 21, 22, 25, 26, 37 a 39, 41, 103 y 115.

§ 1. **Contenido.** – Este artículo da cuenta en sus dos párrafos de contenidos marcadamente diversos.

En su párr. 1º, el texto adelanta una definición del concepto de trabajo que se ha de completar posteriormente en las respectivas definiciones de contrato de trabajo (art. 21) y de relación de trabajo (art. 22). En el párr. 2º, el artículo formula una concepción filosófica del trabajo.

Ambos contenidos merecen una consideración separada.

§ 2. **Caracterización.** – En el párr. 1º, el artículo establece una definición de *trabajo* y no de contrato de trabajo o relación de trabajo, definiciones que se han de formular en los arts. 21 y 22, respectivamente.

Este párrafo propone una definición en líneas gruesas del concepto de trabajo como objeto del contrato respectivo, que concretará con mayor rigor jurídico en el art. 37 de la LCT.

a) *Actividad lícita.* El párr. 1º del artículo propone definir el *trabajo* como *actividad lícita*, en oposición a otras *actividades ilícitas* (bandas delictivas, prostitución, contrabando, nar-

---

3. Etala, *Contrato*.

cotráfico, etc.) que quedan fuera del marco normativo (arts. 38, 39 y 41, LCT) y no pueden ser objeto del contrato de trabajo.

b) *Trabajo dirigido.* El párr. 1° conceptúa *trabajo*, a los fines de la ley, sólo al *trabajo dirigido*, en oposición al *trabajo autónomo*, concepto que ha de reiterar posteriormente en la definición de contrato y relación de trabajo de los arts. 21 y 22, mediante el vocablo *dependencia*.

c) *Trabajo remunerado.* Esta primera definición que formula este artículo, ha de considerar *trabajo* sólo al oneroso que se presta a cambio de una remuneración (art. 103, LCT), dejando fuera del ámbito de aplicación material de la ley el trabajo *gratuito* (art. 115, LCT), o sea, los servicios benévolos, de buena vecindad, amistosos, familiares, en comunidades religiosas, entre otros.

JURISPRUDENCIA

1. *Cantantes de un coro religioso.* El desempeño de los actores como cantantes de un coro religioso del Gran Templo se inserta claramente en una práctica religiosa, propia de la religión mosaica y, obviamente, destinada a quienes la practican y ello no resulta óbice para que de alguna forma fuera retribuida, en parte como una compensación básica o fija, sin que ello implique incluirlos en el art. 4° de la LCT, lo que excluye su aplicabilidad y por consiguiente la de las normas de la ley 24.013 (CNTrab, Sala VII, 14/5/00, *DT*, 2001-A-823).

§ 3. **Concepción filosófica del trabajo en la ley.** – En el párr. 2°, el artículo propone una concepción filosófica del trabajo, más precisamente un orden de prelación valorativo o axiológico de los dos sentidos en que puede concebirse la idea de trabajo.

Desde esta perspectiva, la ley privilegia una concepción humanista del trabajo como actividad creadora del hombre, transformadora del mundo y vehículo de su realización plena como persona, relegando a un segundo plano la idea meramente mercantilista o economicista de la actividad humana.

Esta concepción está en línea con la declaración del Tratado de Versalles en el sentido de que "el trabajo no es una mercancía".

JURISPRUDENCIA

1. *Trabajo, derechos humanos y mercado.* El trabajo humano no constituye una mercancía. No debe ser el mercado el que someta a sus reglas y pretensiones las medidas del hombre ni los contenidos y alcances de los derechos humanos. Por el contrario,

es el mercado el que debe adaptarse a los moldes fundamentales que representan la Constitución nacional y el derecho internacional de los derechos humanos de jerarquía constitucional, bajo pena de caer en la ilegalidad (CSJN, 14/9/04, "Vizzoti, Carlos A. c/Amsa SA").

§ 4. **Directiva interpretativa.** – No se puede estimar que una inclusión tal como la que formula el párr. 2° del artículo puede ser explicada como una mera reflexión filosófica del legislador.

Toda manifestación del legislador, por más declarativa o retórica que pudiera parecer, tiene algún contenido normativo (más o menos fuerte, según la recepción que tenga entre los operadores jurídicos, especialmente los jueces).

En tal sentido, la concepción del legislador servirá como directiva interpretativa para valorar las conductas de las partes o el significado que cabe asignar a otras normas de la ley en relación a esas conductas.

Art. 5° [EMPRESA. EMPRESARIO] – A los fines de esta ley, se entiende como "empresa" la organización instrumental de medios personales, materiales e inmateriales, ordenados bajo una dirección para el logro de fines económicos o benéficos.

A los mismos fines, se llama "empresario" a quien dirige la empresa por sí, o por medio de otras personas, y con el cual se relacionan jerárquicamente los trabajadores, cualquiera sea la participación que las leyes asignen a éstos en la gestión y dirección de la "empresa".

CONCORDANCIAS: LCT, arts. 21, 23, 26, 29 a 31, 64 a 68; ley 14.250, arts. 21 y 22.

§ 1. **Contenido.** – El artículo contiene dos definiciones, las de *empresa* y *empresario*, de relativa relevancia desde el punto de vista jurídico, ya que resulta más precisa desde esta perspectiva la definición de *empleador* que se formula en el art. 26 de la LCT.

§ 2. **Definición de empresa.** – En el párr. 1° del artículo, la ley define a la *empresa*, destacándose de esa definición los elementos *organización*, *medios* y *fines*.

a) *La empresa como organización*. La ley define a la *empresa* como una *organización*, es decir, como una unidad estructural racionalmente ordenada que tiene carácter *instrumental* para el logro de determinados *fines*.

b) *Medios de la empresa*. Como *organización*, la *empresa* ordena los elementos o *medios* en función del logro de sus *fines*. Los medios de que puede valerse la *empresa* –la misma ley los enuncia– pueden ser *personales, materiales* e *inmateriales*.

Medios personales son sus recursos humanos, cualesquiera que sean su jerarquía y especialidad (directivos, gerentes, altos empleados, profesionales, técnicos, administrativos, jefes, supervisores, encargados y operarios).

Medios materiales son su capital físico, bienes inmuebles o muebles, edificios, terrenos, depósitos, maquinarias, vehículos, etcétera.

Medios inmateriales son su nombre, marcas, patentes, créditos, *know how*, entre otros.

c) *Fines de la empresa*. No es necesario que la empresa persiga la consecución de fines exclusivamente lucrativos, ya que la ley considera *empresa* tanto a la que se dirija al logro de fines económicos como *benéficos*. El concepto de *benéficos* incluye también los fines culturales o ideales[1]. Así, serán *empresas* las asociaciones civiles, fundaciones, mutuales, sindicatos, obras sociales, sociedades civiles, cooperativas, etcétera.

Jurisprudencia

1. *Instituto que cumple funciones sociales y religiosas.* Un instituto que cumple funciones sociales y religiosas debe ser considerado como empresa en los términos del art. 5º de la LCT (CNTrab, Sala IV, 6/8/84, *DT*, 1984-B-1614).

§ 3. **Pequeña empresa**. – Hasta la sanción de la ley 24.467, en 1995, nuestra legislación no distinguía –a los efectos de la regulación de las relaciones laborales– entre las empresas, según su dimensión. Esta ley, llamada "estatuto de las pequeñas y medianas empresas" (Pymes), contiene en su título III (arts. 83 a 106) un *régimen especial* que regula "el contrato de trabajo y las relaciones laborales en la pequeña empresa" (PE) (art. 83, párr. 1º, ley 24.467). La ley fue reglamentada por los decrs. 737/95 y 146/99.

---

[1] Krotoschin, *Tratado práctico*, t. I, p. 152.

A estos efectos, la ley define la *pequeña empresa* como aquella que reúna las condiciones siguientes: *a*) su plantel no supere los cuarenta trabajadores, que por negociación colectiva superior al de empresa puede elevarse a ochenta; para el cómputo se debe excluir a los pasantes y, cuando se lo justifique, a los de temporada, y *b*) tengan una facturación anual inferior a la cantidad que para cada actividad o sector fije la Comisión Especial de Seguimiento del art. 105 de la ley, no pudiendo ser delegada esta facultad en la negociación colectiva. Esta Comisión, por res. CESRLPE 1/95, en su art. 1°, fijó con fecha 23/5/95, los siguientes montos de facturación anual, sin IVA: *1*) sector rural: $ 2.500.000; *2*) sector industrial: $ 5.000.000; *3*) sector comercio: $ 3.000.000, y *4*) sector servicios: $ 4.000.000. La determinación de estos montos de facturación será la que surja de la declaración anual del IVA o del balance anual, si la actividad estuviera exenta (art. 1°, decr. 146/99).

Las principales modificaciones que la ley 24.467 introdujo para las pequeñas empresas, en cuanto a sus relaciones laborales, pueden sintetizarse de la siguiente manera:

a) Se establece un registro único de personal que sustituye la totalidad de libros y registros exigidos por las normas legales y convencionales vigentes (arts. 84 a 88, ley 24.467).

b) Se autoriza por medio de los convenios colectivos de la pequeña empresa a modificar la licencia anual ordinaria, el fraccionamiento de pago del sueldo anual complementario y sobre la redefinición de los puestos de trabajo (arts. 90, 91, 93 y 94, ley 24.467).

c) Se modifica el régimen de preaviso de la LCT, respecto del tiempo a computar y de su duración (art. 95).

d) Se establece un procedimiento específico de mantenimiento y regulación del empleo (arts. 97 y 98).

e) Se determina un régimen específico para la negociación colectiva (arts. 99 a 103).

f) Se establecen pautas específicas para la pequeña empresa sobre salud y seguridad en el trabajo (art. 104).

El art. 6° de la ley 25.877 establece, a los fines de la promoción del empleo, una nueva distinción según la dimensión de la empresa. Dispone que la empresa que emplee hasta ochenta trabajadores, cuya facturación anual no supere el importe que establezca la reglamentación y que produzca un incremento neto en su nómina de trabajadores (excepto los contratados según el art. 99, LCT), gozará de una reducción de sus contribuciones a la seguridad social por el término de doce meses, con relación a cada nuevo trabajador que incorpore hasta el 31 de diciembre de 2004, quedando facultado el Poder Ejecutivo nacional para prorrogar su vigencia o reducir los topes establecidos en el presente artículo, en función de la evolución de los índices de empleo. La reducción consiste en una exención parcial de las contribuciones al sistema de la seguridad social, equivalente a la tercera parte de las contribuciones vigentes. Cuando el trabajador que se contratare para ocupar el nuevo puesto de trabajo fuera un beneficiario o beneficiaria del Programa Jefes de Hogar, la exención parcial se elevará a la mitad de dichas contribuciones. Las condiciones que deberán cumplirse para el goce de este beneficio, así como la composición de la reducción, fueron fijadas por la reglamentación dictada por decr. 817/04. Según el art. 1º del decreto reglamentario se consideran empresas incluidas en el régimen de promoción del empleo las definidas en el art. 5º de la LCT que empleen hasta ochenta trabajadores, cuya facturación anual neta no supere las sumas establecidas en el art. 1º de la res. 24/01, sustituido por la res. 675/02, ambas de la entonces Secretaría de la Pequeña y Mediana Empresa y Desarrollo Regional, según el siguiente detalle por actividad y monto máximo: *1*) agropecuaria, $ 10.800.000; *2*) industria y minería, $ 43.200.00; *3*) comercio, $ 86.400.000, y *4*) servicios, $ 21.600.000. La reglamentación prevé la posibilidad de que una nueva resolución de la secretaría competente modifique las sumas indicadas o la desagregue en nuevas categorías.

§ 4. **Definición de empresario.** – En el párr. 2º, este artículo define como *empresario* a quien dirige la empresa por sí o por medio de otros.

Jurisprudencia

1. *Parada de diarios y revistas. "Canillita".* No puede calificarse de "canillita" a la titular de una parada de diarios y revistas quien, si bien en una situación atípica, cabe ser considerada como empresaria en los términos del art. 5º de la LCT (CN Trab, Sala VIII, 28/3/95, *TSS*, 1996-51).

a) ***Representantes del empresario.*** Estas *otras personas*, por medio de las cuales el empresario dirige su empresa, pueden ser sus representantes legales, convencionales o "de quienes sin serlo, aparezcan como facultados para ello" (art. 36, LCT), o sea, sus representantes aparentes.

b) ***Trabajadores relacionados jerárquicamente.*** El empresario tiene facultades de *dirigir* la empresa (art. 4º, LCT), sus trabajadores *se relacionan jerárquicamente* con él (art. 5°, LCT). Éstas son sólo distintas formas verbales de expresar el concepto de *dependencia* que constituye una de las características definitorias del contrato y de la relación de trabajo (arts. 21 y 22, LCT).

c) *Participación de los trabajadores.* La última parte del artículo se refiere a la participación que las leyes (pueden ser también otros actos jurídicos) asignen a los trabajadores en la gestión y dirección de la empresa. Esta participación (de mayor o menor intensidad) no hará variar esencialmente la relación jerárquica con el *empresario*, aunque aumente la influencia de los trabajadores en las decisiones empresarias.

Cabe recordar que el art. 14 *bis* de la Const. nacional incluye, como derechos que las leyes han de asegurar al trabajador, la *"participación en las ganancias de las empresas, con control de la producción y colaboración en la dirección"*.

Art. 6° [Establecimiento] – Se entiende por "establecimiento" la unidad técnica o de ejecución destinada al logro de los fines de la empresa, a través de una o más explotaciones.

Concordancias: LCT, arts. 26, 29 a 31, 225 a 229; ley 23.551, arts. 45 y 51.

§ 1. **Definición.** – El artículo define el *establecimiento* como "unidad técnica o de ejecución destinada al logro de los fines de la empresa". En cambio, menciona las *explotaciones* pero no las define.

§ 2. **Distinción entre empresa y establecimiento.** – El *establecimiento* es una simple *unidad técnica* o *de ejecución* que no goza de independencia económica y jurídica respecto de la empresa[1]. El *establecimiento* aparece, entonces, como una parte diferenciada y técnicamente autónoma, pero no independiente de la empresa[2].

Cuando todos los trabajadores de una empresa están agrupados en un mismo establecimiento, las dos nociones se confunden, pero, a menudo, la empresa está dividida en establecimientos distintos, alejados geográficamente los unos de los

---

[1] Rivero - Savatier, *Droit du travail*, p. 162.
[2] López - Centeno - Fernández Madrid, *Ley de contrato de trabajo*, t. I, p. 97.

otros (caso de las empresas que tienen su sede social en la Ciudad de Buenos Aires y diversas fábricas en las provincias, o también de tiendas con muchas sucursales). Es necesario en ese caso determinar las reglas jurídico-laborales que se aplican en el marco de la empresa enfocada globalmente y en cada uno de sus establecimientos[3].

En este sentido puede resultar relevante –y la jurisprudencia así lo ha reconocido– distinguir la empresa del establecimiento en ciertas hipótesis de despido por fuerza mayor o por falta o disminución de trabajo (art. 247, LCT) o en materia de suspensiones por causas económicas (art. 221)[4].

El art. 225 de la LCT se refiere a la transferencia del *establecimiento* y sus efectos jurídicos. El número de delegados de personal se fija según la cantidad de trabajadores "en cada establecimiento" (art. 45, ley 23.551). La estabilidad en el empleo del representante gremial "no podrá ser invocada en los casos de cesación de actividades del establecimiento o de suspensión general de las tareas del mismo" (art. 51, ley 23.551), por lo que la extinción de la tutela del representante gremial se produce en el caso de cesación del establecimiento, aunque se mantenga la actividad laboral en otros sectores de la empresa[5].

Jurisprudencia

1. **El buque como establecimiento.** Tratándose de empresas de navegación, a los efectos de la representación sindical, cada buque es un establecimiento, no siendo válido sostener que cada buque sea una empresa, pero sí una *unidad técnica* equivalente a lo que es un establecimiento dentro de una empresa industrial (CNTrab, Sala II, 21/5/84, *DT*, 1984-B-1105).

§ 3. **Noción de explotación.** – Una empresa puede tener un objeto complejo y por medio de una misma razón social tener establecimientos distintos que se dediquen a explotaciones diversas (p.ej., empresa con tres establecimientos, dos de los cuales están dedicados a la elaboración de productos químicos y uno a la industria papelera).

La explotación se vincula con la rama de la actividad económica que constituye el objeto de los negocios de la empresa[6].

---

[3] Rivero - Savatier, *Droit du travail*, p. 162 y 163.
[4] López - Centeno - Fernández Madrid, *Ley de contrato de trabajo*, t. I, p. 98.
[5] Etala, *Derecho colectivo del trabajo*, p. 227 y 228.
[6] Fernández Madrid, *Práctica laboral empresaria*, t. I, p. 3.

Cada actividad económica diferenciada tiene su propio sistema de normas laborales, de modo tal que una empresa que tiene dos explotaciones o actividades económicas distintas deberá aplicar a su personal la normativa correspondiente a cada una de ellas. O, dicho de otra manera, cada explotación que posee la empresa constituye un centro autónomo de imputación de normas[7].

§ 4. **Ley de higiene y seguridad en el trabajo.** – La ley 19.587, de 1972, sobre higiene y seguridad en el trabajo, equipara los términos "establecimiento", "explotación", "centro de trabajo" y "puestos de trabajo", a los efectos de la ley, designándolos como "todo lugar destinado a la realización o donde se realicen tareas de cualquier índole o naturaleza con la presencia permanente, circunstancial, transitoria o eventual de personas físicas y a los depósitos y dependencias anexas de todo tipo en que las mismas deban permanecer o a los que asistan o concurran por el hecho o en ocasión del trabajo o con el consentimiento expreso o tácito del principal" (art. 2°).

Art. 7° [CONDICIONES MENOS FAVORABLES. NULIDAD] **Las partes, en ningún caso, pueden pactar condiciones menos favorables para el trabajador que las dispuestas en las normas legales, convenciones colectivas de trabajo o laudo con fuerza de tales, o que resulten contrarias a las mismas. Tales actos llevan aparejada la sanción prevista en el art. 44 de esta ley.**

CONCORDANCIAS: LCT, arts. 12, 13 y 44; ley 14.250, t.o. 1135/04, art. 8°; ley 24.522, arts. 20 y 198.

§ 1. **Límites de la autonomía contractual.** – Si bien el art. 1°, inc. *d*, señala a la *voluntad de las partes* como fuente normativa en materia de derecho individual del trabajo, el art. 7° determina los límites en que puede manifestarse la autonomía contractual.

§ 2. **El orden público laboral.** – El artículo prohíbe a las partes convenir condiciones menos favorables para el trabajador que las dispuestas en las normas legales, convenciones co-

---

[7] FERNÁNDEZ MADRID, *Práctica laboral empresaria*, t. I, p. 4.

lectivas de trabajo o laudos con fuerza de tales, lo que conforma el llamado "orden público laboral". La disposición es concordante principalmente con el art. 12 y con muchas otras normas de la LCT.

El orden público laboral se expresa por medio de normas imperativas que constituyen un *derecho necesario* (*ius cogens*) que se impone a la voluntad de las partes (*indisponibilidad*) y que, por consiguiente, resultan *irrenunciables* para el trabajador.

§ 3. **Fundamento del orden público laboral.** – El fundamento de la imperatividad de las normas del derecho individual del trabajo deriva directamente del "principio protectorio" (*pro operario*) y de la necesidad de equilibrar la desigualdad del poder negocial que existe entre empleador y trabajador[1].

§ 4. **Colisión de normas. Orden de prelación.** – En el derecho individual del trabajo, tal como lo indica el artículo comentado, en caso de colisión de normas, el criterio común de preferencia entre las fuentes –que es el de la jerarquía de las normas– no resulta suficiente por la influencia determinante del *principio del derecho más favorable*, que en la mayoría de los casos es el que provee el criterio decisivo para resolver la concurrencia y colisión de normas. De ahí que, en materia laboral, deba distinguirse el *orden jerárquico* del *orden de prelación* de normas[2].

§ 5. **Nulidad. Sustitución de las cláusulas nulas.** – La remisión de la última parte del artículo en examen al art. 44 de la ley es equívoca, puesto que la adopción por las partes de cláusulas contractuales opuestas a los derechos más favorables al trabajador contenidos en las normas legales, convenciones colectivas o laudos, no trae aparejada la nulidad global del contrato de trabajo sino la sustitución de pleno derecho de las cláusulas nulas por las normas imperativas aplicables (art. 13, LCT).

§ 6. **Excepciones al orden público laboral. La disponibilidad colectiva.** – El artículo comentado expresa que "en ningún caso" pueden pactarse condiciones menos favorables para el trabajador que las dispuestas en las normas legales. Este

---

[1] LÓPEZ - CENTENO - FERNÁNDEZ MADRID, *Ley de contrato de trabajo*, t. I, p. 101.
[2] LÓPEZ - CENTENO - FERNÁNDEZ MADRID, *Ley de contrato de trabajo*, t. I, p. 99.

principio ha sido derogado parcialmente por la llamada "disponibilidad colectiva", prevista en el régimen laboral para la pequeña empresa (ley 24.467).

a) *Concepto.* Por *disponibilidad colectiva* debe entenderse la posibilidad que tienen las partes de un convenio colectivo de trabajo de pactar condiciones de trabajo que sean menos favorables al trabajador que las dispuestas en las normas legales.

b) *Disponibilidad colectiva en la ley 24.467.* Los arts. 90 a 93 del régimen laboral para la pequeña empresa, ley 24.467, introdujeron por primera vez en la legislación argentina la llamada "disponibilidad colectiva". Derogado el art. 92 de esta ley por el art. 41 de la ley 25.877, la disponibilidad colectiva está actualmente limitada, de manera estricta a dos materias muy acotadas: requisitos de la licencia anual ordinaria y fraccionamiento de los períodos de pago del sueldo anual complementario.

Art. 8º [Condiciones más favorables provenientes de convenciones colectivas de trabajo] – **Las convenciones colectivas de trabajo o laudos con fuerza de tales, que contengan normas más favorables a los trabajadores, serán válidas y de aplicación. Las que reúnan los requisitos formales exigidos por la ley y que hubieran sido debidamente individualizadas, no estarán sujetas a prueba en juicio.**

Concordancias: LCT, arts. 1º, 2º, 9º, 12, 13 y 16; ley 14.250, t.o. decr. 1135/04, arts. 7º y 8º; ley 24.522, arts. 20 y 198.

§ 1. **Relación del convenio colectivo con la ley.** – El artículo considera la relación del convenio colectivo con la ley, dándole prevalencia a aquél cuando contuviera normas más favorables al trabajador.

Jurisprudencia

1. *Afectación de derechos individuales.* Los convenios colectivos son válidos cuando acuerdan mejores derechos a los trabajadores, pero no cuando cercenan o privan sus derechos individuales (CNTrab, Sala IV, 22/10/93, *DT*, 1994-A-45).

2. *Mejora de derechos.* Los derechos concedidos a los trabajadores por vía legislativa pueden ser igualados o mejorados por una convención colectiva, pero nunca inferiorizados, desvirtuados o negados por ella (SCBA, 12/11/74, *LT*, XXIII-665).

§ 2. **Individualización del convenio. Prueba en juicio.** La ley no requiere la prueba en juicio de las convenciones colectivas de trabajo (CCT), sino que basta con su debida individualización. Estas convenciones se identifican por un número de orden seguido por el año de su registro (p.ej., CCT 260/75). Si se trata de un convenio colectivo de empresa, el número es seguido de la letra "E".

§ 3. **Antecedente jurisprudencial.** – El texto legal no hace más que reproducir el fallo plenario 104, dictado por la Cámara Nacional de Apelaciones del Trabajo (CNTrab), cuya doctrina es la siguiente: "Las partes no están obligadas a probar la existencia y contenido de los convenios colectivos de trabajo, pero deben individualizarlos con precisión"[1].

Art. 9º [EL PRINCIPIO DE LA NORMA MÁS FAVORABLE PARA EL TRABAJADOR] – En caso de duda sobre la aplicación de normas legales o convencionales prevalecerá la más favorable al trabajador, considerándose la norma o conjunto de normas que rija cada una de las instituciones del derecho del trabajo.

Si la duda recayese en la interpretación o alcance de la ley, los jueces o encargados de aplicarla se decidirán en el sentido más favorable al trabajador.

CONCORDANCIAS: LCT, arts. 1º, 8º, 11, 13, 14, 23 y 61; ley 14.250, t.o. 1135/04, art. 7º.

§ 1. **Manifestación del principio protectorio.** – Este artículo consagra la expresión *in dubio pro operario*, una de las manifestaciones del *principio protectorio*, más amplio, que lo engloba y constituye uno de los basamentos generales del derecho del trabajo (ver art. 11).

El *principio protectorio* tiene raigambre constitucional; el art. 14 *bis* de la Const. nacional comienza diciendo: "*El trabajo en sus diversas formas gozará de la protección de las leyes, las que asegurarán al trabajador...*".

---

[1] Autos "Alba, Angélica y otro c/Unión Tranviarios Automotor", 31/10/66, *DT*, 1967-28.

§ 2. **Directiva a los operadores jurídicos.** – El artículo contiene una directiva a los operadores jurídicos (jueces, funcionarios administrativos, árbitros, las mismas partes) para que, en caso de duda, apliquen el *derecho más favorable al trabajador*. La norma prevé dos supuestos en que puede presentarse la duda: en caso de colisión de normas, y en caso de que puedan atribuirse diversos sentidos a una misma norma.

§ 3. **Caso de colisión de normas.** – Este supuesto está contemplado en el párr. 1° del artículo. Si bien el texto sólo menciona la colisión entre *normas legales* o *convencionales*, en rigor el principio se aplica a la colisión de normas de cualquier índole o categoría (normas constitucionales, legales, convencionales, contractuales, usos y costumbres, etc.), con la única excepción de aquellas que integren el llamado *orden público absoluto* (derecho necesario absoluto), conformado por el orden público constitucional y el orden público social o económico, frente al cual debe ceder el *orden público relativo* (orden público laboral).

a) *Sustitución de normas.* En este supuesto de *colisión de normas*, en forma similar a la situación prevista en el art. 13 de la LCT, se produce la sustitución de una norma por otra, prevaleciendo *la más favorable al trabajador*. En este caso, el *orden jerárquico* de normas (previsto en el art. 31, Const. nacional, y otras normas constitucionales) deja lugar al *orden de prelación* que da prioridad en la aplicación a la norma más favorable al trabajador.

b) *Unidad de comparación.* El artículo, en su párr. 1°, establece además un criterio de comparación para determinar la prevalencia de una norma o conjunto de normas sobre otra u otras. De entre los sistemas de comparación posibles, la ley escoge el llamado "criterio del *conglobamiento por instituciones*". Esto significa que la ley no toma como unidad de comparación norma con norma, ni conjunto global de normas con otro conjunto global, sino normas o conjuntos de normas en función de cada *institución* de derecho del trabajo.

c) *Criterios de comparación.* Los criterios de comparación esbozados en la doctrina y frente a los cuales la ley ha optado por el llamado "criterio del *conglobamiento por instituciones*", son los siguientes:

1) Criterio de la *acumulación* o *fraccionamiento*; según este criterio cada norma debe ser comparada con la que entra en colisión y del resultado de esa confrontación elegir la más favorable al trabajador.

2) Criterio del *conglobamiento*; según este criterio la comparación no debe hacerse norma por norma, sino conjunto de normas con conjunto de normas (p.ej., la totalidad del régimen legal con la totalidad del convenio colectivo), escogiéndose en su totalidad el régimen que globalmente se considera más favorable al trabajador. Este sistema puede tener dificultades en su aplicación en tanto que, en ocasiones, puede resultar complicado apreciar cuándo un régimen es más favorable globalmente que otro, ya que pueden existir en un régimen normas más favorables en una materia y menos favorables en otras.

3) Criterio del *conglobamiento por instituciones*, para superar las dificultades del criterio anterior, este sistema propone comparar ambos regímenes, pero no globalmente sino en función de cada institución del derecho del trabajo (p.ej., jornada de trabajo, suspensión, régimen de despido).

Como se ha señalado, éste es el criterio adoptado, pero su aplicación no está exenta de dificultades. En efecto, la ley no define el concepto de *institución*, por lo que su delimitación queda librada a los criterios doctrinales o jurisprudenciales no siempre uniformes. Así, podría sostenerse que no existe una sola *institución* suspensión sino dos instituciones: una, la *suspensión disciplinaria* y otra, la *suspensión por razones económicas*; igualmente podría alegarse que no puede considerarse la *institución* despido sino el más amplio *régimen de extinción del contrato de trabajo*, ni la de *vacaciones* sino la más amplia *institución del descanso*, etcétera.

Jurisprudencia

1. **Conflicto entre la ley y el convenio colectivo. Interpretación. Conglobamiento por instituciones.** Corresponde rechazar el reclamo de diferencias salariales por incorrecto pago de las vacaciones, aun cuando el divisor utilizado por la demandada sea el guarismo treinta en contravención con lo dispuesto por el art. 155 de la LCT, si el conflicto entre la norma laboral y el convenio colectivo revela que este último (CCT 165/75), apreciado globalmente y con referencia al instituto, resulta más favorable a los trabajadores al computar sólo días hábiles y otorgar otras prerrogativas al trabajador telefónico no contempladas en la LCT (CN Trab, Sala II, 16/11/93, *DT*, 1994-A-339).

2. **Estatuto del periodista. Norma más favorable. Teoría del "conglobamiento por instituciones".** Si por aplicación del art. 9° de la LCT se hizo lugar a la indemnización por fallecimiento

(art. 248, LCT) a favor de la conviviente de un trabajador amparado por la ley 12.908 –situación no comprendida por el art. 51 de la norma específica–, corresponde que la misma esté sujeta a los topes previstos por la ley general. Esto es así toda vez que, cuando se resuelve un conflicto en base a la norma más favorable, debe necesariamente desecharse la teoría de la *atomización* y aplicarse la del *conglobamiento por instituciones* (CNTrab, Sala VIII, 10/9/99, *DT*, 2001-A-314).

§ 4. **Interpretación de la ley laboral.** – El párr. 2º del artículo introduce una directiva específica para la interpretación de las normas laborales (el texto habla de "la ley", pero cabe extenderla a las demás fuentes normativas) destinada a los operadores jurídicos (*los jueces* o *encargados de aplicarla*, con lo que se comprende también a los funcionarios administrativos, árbitros, las mismas partes, entre otros). En efecto, la norma es un "marco abierto a varias posibilidades"[1] o una "textura abierta"[2], es decir, puede admitir diversas interpretaciones posibles, entre las cuales el intérprete –según el mandato de la ley– debe escoger el sentido más favorable al trabajador.

JURISPRUDENCIA

1. *Armonización de institutos laborales. Principio protectorio.* Los diferentes institutos laborales establecidos en beneficio del trabajador no se contraponen sino que deben ser armonizados, según una interpretación adecuada del *principio protectorio* (CNTrab, Sala I, 28/2/89, *DT*, 1990-A-221).

2. *Convenio colectivo. Interpretación.* El contrato colectivo de trabajo es una fuente autónoma de derecho y, por consiguiente, en su interpretación cabe aplicar el método que corresponde a las normas jurídicas teniendo en cuenta el principio del *favor creditoris* que, en materia laboral, corresponde al trabajador (CNTrab, Sala I, 13/3/74, *TSS*, 1973/74-614).

3. *Apreciación de los hechos.* El art. 9º de la LCT no se aplica respecto de la apreciación de los hechos (SCBA, 27/11/84, *DT*, 1985-A-644; íd., 26/9/95, *TSS*, 1996-162).

Art. 10. [CONSERVACIÓN DEL CONTRATO] – **En caso de duda las situaciones deben resolverse en favor de la continuidad o subsistencia del contrato.**

CONCORDANCIAS: LCT, arts. 21 a 23, 62, 63, 90, 91, 94, 225, 227 y 229.

[1] KELSEN, *Teoría pura del derecho*, p. 166.
[2] HART, *El concepto de derecho*, p. 155.

§ 1. **Principio de continuidad laboral.** – La solución formulada en el texto para algunas situaciones en que se encuentra en duda la continuidad o subsistencia del contrato es una de las manifestaciones del llamado "principio de continuidad laboral" que es aceptado uniformemente como uno de los *principios generales del derecho del trabajo* (ver art. 11).

JURISPRUDENCIA

1. *Resolución contractual. Solución excepcional.* La naturaleza de la relación laboral impone a ambas partes que hagan lo posible para que ésta se mantenga, siendo la resolución contractual sólo una solución excepcional para casos de suma gravedad (CNTrab, Sala VIII, 22/11/91, *DT*, 1992-B-1670).

2. *Requerimiento previo al empleador.* Integra el derecho de proceder de buena fe el requerimiento al empleador previo a resolver el vínculo, puesto que el deber de tender a la conservación del empleo sobre la base de la norma del art. 10 de la LCT se impone en virtud de la compaginación de dicha norma con la de los arts. 62 y 63 (CNTrab, Sala VII, 21/5/93, *DT*, 1994-B-2149).

3. *Deber de preservar el vínculo. Obligación de ambas partes.* El deber de buena fe y el de adoptar comportamientos acordes con el de preservación del vínculo incumbe a ambas partes (CNTrab, Sala VII, 21/5/93, *DT*, 1994-B-2149).

Art. 11. [PRINCIPIOS DE INTERPRETACIÓN Y APLICACIÓN DE LA LEY] – **Cuando una cuestión no pueda resolverse por aplicación de las normas que rigen el contrato de trabajo o por las leyes análogas, se decidirá conforme a los principios de la justicia social, a los generales del derecho del trabajo, la equidad y la buena fe.**

CONCORDANCIAS: LCT, arts. 9°, 16, 24, 62 y 63; Cód. Civil, art. 16.

§ 1. **Principio de integración.** – En este artículo se legisla sobre principios de *integración* de la ley ("Cuando una cuestión no pueda resolverse...", empieza diciendo) y no sólo –como de manera incompleta señala su título– sobre principios de interpretación y aplicación, sobre los cuales la ley trata preferentemente en otros artículos (principalmente, en los arts. 7° a 10).

La interpretación sólo resulta posible cuando hay preceptos que deben ser analizados para comprender su sentido. Pero puede presentarse el caso de que una cuestión sometida al conocimiento de un juez no esté prevista en el ordenamiento positivo. Si existe una laguna, el juez debe llenarla. La misma ley le ofrece los criterios que han de servirle para el logro de tal fin. El juzgador, en este caso, deja de ser exégeta y se encuentra colocado en situación comparable a la del legislador: debe establecer la norma para el caso concreto sometido a su decisión. Según la terminología adoptada por Del Vecchio y Carnelutti, a tal actividad le conviene el nombre de *integración*[1].

El art. 15 del Cód. Civil establece: *"Los jueces no pueden dejar de juzgar bajo el pretexto de silencio, oscuridad o insuficiencia de las leyes"*. Los jueces están obligados a fallar y desde este punto de vista no existirían lagunas en el derecho. El órgano encargado de resolver el litigio debe determinar si el derecho vigente impone o no al demandado la obligación que reclama el demandante. Si da la razón al actor, aplica la norma que impone una obligación al demandado. Si rechaza la demanda, aplica la regla general, según la cual todo lo que no está prohibido está jurídicamente permitido, es decir, ninguna persona puede exigir de otra que se conduzca de manera determinada si ella no está jurídicamente obligada a hacerlo[2].

Por consiguiente, debe ser descartada la existencia de *lagunas lógicas* en la ley, pero cabe admitir la posibilidad de que existan *lagunas técnicas*. Ellas existen cuando el legislador ha omitido reglamentar algo que era indispensable para hacer posible la aplicación de un precepto. Las *lagunas técnicas* son las que se presentan por la divergencia entre el derecho positivo y el derecho deseado, o bien como consecuencia del carácter más o menos indeterminado y general de la ley[3].

§ 2. Leyes análogas.

En sentido concordante con el art. 16 del Cód. Civil, el artículo comentado recurre a las *leyes análogas* como forma de integración de las normas del derecho individual del trabajo. Según Geny, la aplicación analógica de la ley es uno de los medios más eficaces de integración de los textos. No es un procedimiento de interpretación, porque precisamente se recurre a la analogía cuando la interpretación revela que un caso por resolver no ha sido previsto. La apli-

---

[1] Citados por García Máynez, *Introducción al estudio del derecho*, p. 129 y 130; ver, además, Etala, *Interpretación y aplicación de las normas laborales*, p. 124, § 18.

[2] Kelsen, *Teoría pura del derecho*, p. 172.

[3] Kelsen, *Teoría pura del derecho*, p. 174; García Máynez, *Introducción al estudio del derecho*, p. 354.

4. Etala, *Contrato*.

cación analógica sólo puede justificarse cuando a una situación no prevista se aplica un precepto relativo a un caso semejante, no por el simple hecho de la semejanza, sino porque existe la misma razón para resolver el caso no previsto en igual forma que el otro, *ubi eadem ratio idem ius*[4].

§ 3. **Justicia social.** – El artículo remite también a los *principios de la justicia social* para resolver problemas interpretativos y de integración de normas.

Para definir la *justicia social*, Caldera remite al papa Pío XI y a su encíclica *Divini Redemptoris*, en la cual el pontífice señala que, además de la justicia conmutativa, existe la *justicia social*, que impone deberes a los cuales no se pueden sustraer ni los patronos ni los obreros, siendo propio de la justicia social exigir de los individuos todo cuanto sea necesario al bien común. El *bien común* es, según la definición de la citada encíclica, el objeto que persigue la justicia social. Su función es la de realizar ese bien común por encima de intereses particulares[5].

La *justicia social*, nos recuerda Krotoschin, se invocó en el preámbulo de la Parte XIII del Tratado de Versalles (que creó la Organización Internacional del Trabajo) al decir que la paz universal "no puede fundarse sino sobre la base de la justicia social". Se quiso expresar con ello que la sociedad moderna, tanto nacional como internacional, ansía un ordenamiento jurídico que atribuya lo suyo a cada uno en el sentido de que se eviten, en lo posible, resultados asociales o antisociales (disolventes de la sociedad) y, en particular, que no se excluya a los trabajadores de la participación que les corresponde en dicha sociedad[6].

§ 4. **Principios generales del derecho del trabajo.** – De manera análoga a como lo hace el art. 16 del Cód. Civil que para el caso en que una cuestión civil no pueda resolverse remite a *"los principios generales del derecho"*, el art. 11 de la LCT remite a los principios generales del derecho específico, es decir, del derecho del trabajo[7].

---

[4] Citado por García Máynez, *Introducción al estudio del derecho*, p. 342.
[5] Caldera, *Derecho del trabajo*, p. 58.
[6] Krotoschin, *Tratado práctico*, t. I, p. 9.
[7] Etala, *Interpretación y aplicación de las normas laborales*, p. 20 y ss., § 20 a 32.

a) *Definición.* Se puede definir a los principios generales del derecho del trabajo como aquellos criterios, líneas directrices y pautas orientadoras que inspiran, informan y dan sentido a las normas laborales y los distinguen de aquellos que pueden darse en otras ramas del derecho.

b) *Funciones.* Citando a DE CASTRO, PLÁ RODRÍGUEZ atribuye a los principios una triple función: *1*) *informadora*, inspiran al legislador, sirviendo como fundamento del ordenamiento jurídico; *2*) *normativa*, actúan como fuente supletoria, en caso de ausencia de la ley, siendo un medio de integrar el derecho, y *3*) *interpretadora*, operan como criterio orientador del juez o del intérprete[8].

c) *Enumeración.* La identificación y enumeración de los principios generales del derecho del trabajo varían con los autores, porque se agrupan algunas manifestaciones de ciertos principios bajo designaciones diversas. Por nuestra parte, sugerimos la siguiente enumeración: *1*) principio protectorio; *2*) principio de continuidad; *3*) principio de primacía de la realidad; *4*) principio de razonabilidad; *5*) principio de buena fe; *6*) principio de trato igual y no discriminación, y *7*) principio de indemnidad.

1) *Principio protectorio.* Es el más característico del derecho del trabajo y el que informa la mayor parte de sus normas. Está elevado a la jerarquía constitucional (*"El trabajo en sus diversas formas gozará de la protección de las leyes, las que asegurarán al trabajador..."*, art. 14 *bis*, Const. nacional). Tiene numerosas manifestaciones y se identifica plenamente con el orden público laboral. Las principales son las siguientes: aplicación del derecho más favorable para el trabajador en caso de colisión de normas (arts. 7° y 8°, LCT), también en el supuesto de duda (art. 9°), irrenunciabilidad para el trabajador de la mayoría de las normas laborales (art. 12), sustitución de pleno derecho de las cláusulas que modifiquen en perjuicio del trabajador normas laborales imperativas (art. 13), exigencia de homologación judicial o administrativa de los acuerdos transaccionales, conciliatorios o liberatorios (art. 15), no admisión de presunciones en contra del trabajador (art. 58), consideración como entrega a cuenta del total adeudado el pago insuficiente de obligaciones laborales aunque el trabajador lo reciba sin reservas (art. 260).

---

[8] PLÁ RODRÍGUEZ, *Los principios del derecho del trabajo*, p. 11.

2) *Continuidad.* Este principio tiene diversas manifestaciones: la que establece que en caso de duda las situaciones deben resolverse en favor de la continuidad o subsistencia del contrato (art. 10), la preferencia legal por los contratos por tiempo indeterminado (art. 90, párr. 1°), la consideración como de tiempo indeterminado a la celebración de contratos de plazo determinado en forma sucesiva (art. 90, parte última), la duración del contrato por tiempo indeterminado hasta que el trabajador se encuentre en condiciones de gozar de los beneficios de la seguridad social o exista una causa legal de extinción (art. 91), la conversión del contrato a plazo fijo en contrato de plazo indeterminado en caso de omisión del preaviso (art. 94), la continuidad del contrato en caso de transferencia del establecimiento (art. 225).

Las partes no podrán hacer denuncia del contrato de trabajo por justa causa sino en caso de injuria que, por su gravedad, no consienta la prosecución de la relación (art. 242, LCT).

3) *Primacía de la realidad.* Tiene en el ordenamiento positivo numerosas manifestaciones. La preeminencia de la realidad del contrato de trabajo, cualquiera hubiera sido la forma o denominación que le hubiesen dado las partes (art. 21, LCT), o cuando hubieran procedido con simulación o fraude a la ley laboral, adopción de figuras contractuales no laborales, interposición de personas o de cualquier otro medio (art. 14).

Jurisprudencia

1. *Verdaderas características de la relación.* a) Por aplicación del principio de la realidad, el juez debe desentrañar las características de la relación que unió a las partes, por sobre sus aspectos formales (CNTrab, Sala VII, 24/9/02, *DT*, 2003-A-559).

b) En materia laboral rige el principio de primacía de la realidad, por lo cual la naturaleza de las relaciones debe determinarse por el examen de las características que las conforman y las definan en la realidad de los hechos y no por documentaciones –en el caso, contrato de locación de servicios– cuya suscripción o emisión bien pudo constituir una imposición más del dador de trabajo (CNTrab, Sala VII, 18/11/02, *DT*, 2003-B-1018).

4) *Razonabilidad.* Tiene muchas manifestaciones en las normas positivas. La prohibición para el empleador de hacer un ejercicio irrazonable del *ius variandi* (art. 66, LCT), la exigencia de que el ejercicio de la potestad disciplinaria del empleador se haga de manera proporcionada a las faltas o incumplimientos del trabajador (art. 67), la exclusión de toda forma de abuso de derecho en el ejercicio de las facultades de dirección y organización conferidas por la ley al empleador (art. 68), la

atribución a la prudencia del juez para valorar la justa causa de despido, teniendo en consideración el carácter de las relaciones que resultan de un contrato de trabajo y las modalidades y circunstancias personales de cada caso (art. 242, LCT).

5) *Buena fe.* Su principal manifestación está consagrada en el art. 63 de la LCT: "Las partes están obligadas a obrar de buena fe, ajustando su conducta a lo que es propio de un buen empleador y de un buen trabajador, tanto al celebrar, ejecutar o extinguir el contrato o la relación de trabajo", principio del que ha hecho numerosas aplicaciones la jurisprudencia al apreciar la justa causa de despido y las comunicaciones entre las partes.

6) *Trato igual y no discriminación.* Una de sus principales manifestaciones tiene jerarquía constitucional: *"Igual remuneración por igual tarea"* (art. 14 *bis*, Const. nacional), es uno de los derechos que las leyes deben asegurar al trabajador. De manera coincidente, el art. 17 de la LCT establece: "Por esta ley se prohíbe cualquier tipo de discriminación entre los trabajadores por motivos de sexo, raza, nacionalidad, religiosos, políticos, gremiales o de edad". Por su parte, el art. 81 expresa: "El empleador debe dispensar a todos los trabajadores igual trato en identidad de situaciones. Se considerará que existe trato desigual cuando se produzcan discriminaciones arbitrarias fundadas en razones de sexo, religión o raza, pero no cuando el diferente tratamiento responda a principios de bien común, como el que se sustente en la mayor eficacia, laboriosidad o contracción a sus tareas por parte del trabajador". El art. 172 excluye todo tipo de discriminación en el empleo fundada en el sexo o estado civil de la mujer.

7) *Indemnidad.* Este principio, que tiende a preservar la integridad psicofísica y los bienes del trabajador, tiene diversas manifestaciones. El empleador está obligado a observar las normas legales sobre higiene y seguridad en el trabajo y a hacer observar las pausas y limitaciones a la duración del trabajo establecidas en el ordenamiento legal (art. 75, LCT), debe prestar protección a la vida y los bienes del trabajador cuando éste habite en el establecimiento (art. 77) y reintegrarle los gastos suplidos por el trabajador para el cumplimiento adecuado del trabajo, así como resarcirlo de los daños sufridos en sus bienes por el hecho y en ocasión del trabajo (art. 76).

§ 5. **Equidad.** – El concepto clásico de *equidad* fue acuñado por Aristóteles. Su definición es, todavía, la más generalmente aceptada por los juristas modernos. La equidad desempeña la función de un correctivo. Es un remedio que el juzgador aplica, para subsanar los defectos derivados de la generalidad de la ley. Las leyes son, por esencia, enunciados generales. Por amplias que sean no pueden abarcar todos los casos. Hay múltiples situaciones que escapan a la previsión del más sagaz legislador. La aplicación fiel de una norma a una situación determinada, podría resultar, a veces, inconveniente o injusta. En tales circunstancias, debe hacer el juez un llamamiento a la equidad, para atemperar los rigores de una fórmula demasiado genérica[9].

Según Aristóteles, entonces, recurrir a la equidad permite corregir la generalidad de la ley y sustituir a la justicia legal abstracta por la absoluta justicia del caso concreto. Pero también puede desempeñar una función supletoria y de integración, cuando no hay preceptos aplicables a una determinada situación y el juez ha agotado los recursos que le ofrece la interpretación jurídica[10]. La *equidad* aparece así como una especie de justicia, distinta de la contenida en la ley. Se trata de la *justicia del caso singular*, que permite adaptar al caso la ley abstracta. Gracias a la equidad, el juez, *suerte de justicia viviente*, asume un poder creador o modificador de la ley[11]. Se habla de la equidad como una válvula de seguridad. Su función consistiría, como toda válvula de seguridad, en asegurar la continuación del funcionamiento normal del sistema vigente –esto es, de las leyes generales admitidas–, eliminando los problemas que pudiera suscitar un caso concreto donde la solución genérica mostrara notoriamente su disfuncionalidad. El caso es resuelto por normas ad hoc, es decir, por equidad[12]. Según Perelman, la noción de equidad, como otras semejantes, constituye una remisión a criterios o estándares que el legislador no ha definido. Recurre a estas nociones a causa de su misma indeterminación para dejar al juez un mayor poder de apreciación[13].

§ 6. **Principio de buena fe.** – Es otro de los principios de aplicación, interpretación e integración de la ley laboral. El

---

[9] García Máynez, *Introducción al estudio del derecho*, p. 373; ver, también, Etala, *Interpretación y aplicación de las normas laborales*, p. 153, § 30.
[10] García Máynez, *Introducción al estudio del derecho*, p. 374.
[11] Aftalión - García Olano - Vilanova, *Introducción al derecho*, p. 173.
[12] Vernengo, *Sobre algunas funciones de la equidad*, LL, 155-1200.
[13] Perelman, *La lógica jurídica*, p. 53.

artículo enfatiza su importancia con su mención expresa por más que ya se la podía considerar incluida dentro de los principios generales del derecho del trabajo.

Se suele distinguir la *buena fe-creencia* y la *buena fe-lealtad*. La *buena fe-creencia* es la posición de quien ignora determinados hechos y piensa, por tanto, que su conducta es perfectamente legítima y no provoca perjuicios a nadie (p.ej., el poseedor de buena fe). La *buena fe-lealtad* se refiere a la conducta de la persona que considera cumplir realmente con su deber. Supone una posición de honestidad y honradez en el comercio jurídico en cuanto lleva implícita la plena conciencia de no engañar ni dañar. Más aún, implica la convicción de que las transacciones se cumplen normalmente, sin trampas, abusos o desvirtuaciones. Es evidente que la buena fe que rige como principio del derecho del trabajo es la *buena fe-lealtad*, o sea que se refiere a un comportamiento y no a una mera convicción[14].

La principal exigencia de comportamiento legal de buena fe se encuentra en el art. 63 de la LCT.

Art. 12. [IRRENUNCIABILIDAD] – Será nula y sin valor toda convención de partes que suprima o reduzca los derechos previstos en esta ley, los estatutos profesionales o las convenciones colectivas, ya sea al tiempo de su celebración o de su ejecución o del ejercicio de derechos provenientes de su extinción.

CONCORDANCIAS: LCT, arts. 7°, 8°, 13 a 15, 58 y 260; LE, art. 27.

§ 1. Orden público laboral. – Este artículo constituye la manifestación más clara del *orden público laboral* y, por consiguiente, del *principio protectorio*, el más importante de los principios generales del derecho del trabajo (ver art. 11). Algunos autores hablan del *principio de irrenunciabilidad*[1] que nosotros hemos subsumido en el *principio protectorio* por considerar la irrenunciabilidad como una de las manifestaciones de ese principio más amplio.

---

[14] PLÁ RODRÍGUEZ, *Los principios del derecho del trabajo*, p. 310 y 311; ver, también, ETALA, *Interpretación y aplicación de las normas laborales*, p. 158, § 31.

[1] PLÁ RODRÍGUEZ, *Los principios del derecho del trabajo*, p. 67.

§ 2. Alcance de la irrenunciabilidad.

– Aunque el artículo no lo aclare, es obvio que la irrenunciabilidad está dirigida al trabajador y no al empleador, quien podría renunciar o limitar unilateralmente o por acuerdo colectivo las facultades que le otorga la ley. Así, el empleador, por propia determinación, podría limitar sus facultades de dirección (art. 65, LCT), por medio de un reglamento de empresa o delegando parte de aquéllas en un consejo o comité de empresa (art. 68, LCT).

Para el trabajador, la irrenunciabilidad es absoluta y comprende tanto la renuncia total como la parcial (*suprima o reduzca*, dice el artículo). Si bien el artículo alude a la *convención de partes* como medio de instrumentar la renuncia de derechos del trabajador que veda la norma, la prohibición alcanza también al caso en que la renuncia se exprese por la voluntad unilateral del trabajador. La redacción del art. 58 de la LCT pareciera permitir la renuncia a derechos por parte del trabajador mediante su *comportamiento inequívoco*. Sin embargo, cabe interpretar que ese comportamiento puede considerarse válido como *renuncia* cuando se refiere a la renuncia al empleo (art. 241, LCT), a derechos que pueden renunciarse, pero no a derechos irrenunciables.

§ 3. Derechos irrenunciables.

– El texto legal considera como derechos irrenunciables para el trabajador "los previstos en esta ley, los estatutos profesionales o las convenciones colectivas". El artículo no menciona la renuncia a los derechos emergentes del contrato de trabajo, derivados de las cláusulas convenidas con el empleador que superan los mínimos legales o del convenio colectivo de trabajo.

Al respecto se ha planteado una aguda controversia doctrinal y jurisprudencial que gira alrededor de dos posiciones principales que tienen, sin embargo, diversos matices. La divergencia interpretativa tiene importantes consecuencias prácticas, puesto que, de adoptarse uno u otro criterio, una modificación peyorativa convenida entre las partes que alcance un elemento esencial del contrato, como la remuneración o categoría, podrá considerarse válida o, por el contrario, nula y sin ningún valor.

Examinemos una síntesis de ambas posiciones doctrinales:

a) Para una primera postura, la omisión del "contrato de trabajo" en la letra del artículo comentado ha sido una decisión deliberada del legislador, para de esta manera permitir una mayor flexibilidad en el desenvolvimiento de la relación contractual que permita superar los mínimos inderogables en épocas de prosperidad empresaria, pero que también admita un ajuste en situaciones de crisis y una reducción de sus beneficios, siempre respetando los mínimos de orden público, con la finalidad de preservar el empleo y la continuidad de la relación laboral y evitar el despido como única salida para la situación de crisis. El acuerdo que se celebre entre las partes, en este sentido, debe ser expreso y no estar afectado por ningún vicio de la voluntad del trabajador. Algunos matices de esta postura, para otorgar validez a la disminución, exigen un acuerdo homologado en los términos del art. 15 de la LCT. Otras perspectivas dentro del mismo esquema no exigen el acuerdo expreso y admiten como manifestación de conformidad un comportamiento inequívoco del trabajador que acepte la modificación como lo autoriza el art. 58 de la LCT[2].

b) Para una segunda postura, la irrenunciabilidad prevista por el artículo alcanza también a las convenciones del contrato de trabajo que superan los mínimos inderogables, por lo que, concedidos por el empleador dichos beneficios, no podrán ser reducidos en el futuro, aun por acuerdo de partes, sin afectar el orden público laboral. Cualquier reducción en la remuneración, aunque sea aceptada por el trabajador, cuya voluntad se considera inevitablemente viciada, se estima una deducción o retención prohibida por el art. 131 de la LCT, que permite al dependiente reclamar el pago de la diferencia que correspondiere legalmente, por todo el tiempo de la prescripción (art. 260, LCT)[3].

[2] Con distintas variantes, participan de esta postura LÓPEZ, *El contrato en el derecho laboral. Convenio colectivo y contrato individual de trabajo*, LT, XXXIII-1; LÓPEZ - CENTENO - FERNÁNDEZ MADRID, *Ley de contrato de trabajo*, t. I, p. 194; VAZQUEZ VIALARD, *Tratado*, t. 2, p. 228 y 229, y *La invalidez de los actos y acuerdos en el derecho del trabajo*, DT, 1999-A-971; CARCAVALLO, *El consentimiento tácito del trabajador*, TSS, 1985-123, y *El consentimiento tácito y los alcances de la irrenunciabilidad*, TSS, 1999-385; ETALA, *El orden público laboral, la revisión del contrato y el vicio de lesión*, LT, XXXIII-561; *El orden público laboral y la modificación del contrato de trabajo*, Primera parte, DT, 2003-A-617, Segunda parte, DT, 2003-A-762, y Tercera parte, DT, 2003-B-953, y *La rebaja remuneratoria y el consentimiento del trabajador*, LT, XXXIV-99; GOLDIN, *Acuerdo modificatorio del contrato de trabajo en perjuicio del trabajador: injusta amenaza y lesión subjetiva*, LT, XXXIV-401, y *Contrato de trabajo y renuncia de derechos*; RAMÍREZ BOSCO, *La derogación convencional de cláusulas contractuales más favorables*, TSS, 1985-740, y *Crónica esquemática sobre la irrenunciabilidad de los derechos laborales*, TSS, 1999-1117.

[3] Con distintos matices participan de esta posición DE LA FUENTE, *Renuncia de derechos y modificaciones del contrato de trabajo*, LT, XXXIV-1; *De nuevo sobre la renuncia de derechos y las modificaciones del contrato de trabajo. Estado actual de la controversia*, LT, XXXV-903, e *Invalidez del acuerdo que modifica condiciones*

Jurisprudencia

1. ***Pacto celebrado por el trabajador. Salario global. Nulidad.*** No es válido el pacto por el cual el trabajador de la industria de la construcción conviene que su salario diario involucre beneficios tales como feriados nacionales pagos, vacaciones, salario familiar y sueldo anual complementario, cubriendo los mínimos legales o convencionales relativos a dichos beneficios (CNTrab, plenario 101, 15/12/65, "Chaves, Manuel, y otros c/Lutgen Mora Ricotti", *DT*, 1966-197).

2. ***Convención colectiva. Cláusula que engloba diversas retribuciones, cargas y beneficios sociales.*** La doctrina del fallo plenario 101 es aplicable a toda norma convencional que establezca el pago de importes salariales imputados genéricamente a sueldo anual complementario, vacaciones y toda otra carga o beneficio social (CNTrab, plenario 203, 10/12/74, "Fraga, Jorge A. c/Administración General de Emisoras de Radio y Televisión", *DT*, 1975-123).

3. ***Condiciones más beneficiosas. Mínimo inderogable.*** El orden público laboral tiende a proteger los derechos del dependiente frente a su principal y obligar a éste a cumplir normas mínimas que resultan irrenunciables para el trabajador, pero esto no impide que se pacten, entre ambas partes, condiciones más ventajosas a favor del trabajador que los que dicho orden público protege, el que sólo da un piso mínimo de condiciones laborales, por debajo del cual no pueden pactarse otras más desfavorables para el dependiente (CNTrab, Sala VII, 15/11/91, *DT*, 1992-A-448).

4. ***Cambio remuneratorio. Disminución. Aceptación del trabajador. Mínimos inderogables.*** El cambio remuneratorio es válido, si se cuenta con la aceptación del empleado para disminuir la remuneración, siempre que no resulten lesionados los mínimos asegurados por la ley o por la convención colectiva, conforme a lo establecido en el art. 12 de la LCT (SCBA, 20/11/84, *DT*, 1985-A-497).

5. ***Cláusulas del contrato de trabajo. Modificación. Novación objetiva. Mínimos inderogables. Derechos adquiridos. Renuncia. Comportamiento inequívoco.*** Nada empece a que las partes modifiquen hacia el futuro las condiciones inicialmente pactadas, siempre que ello no signifique derogar los mínimos establecidos por las leyes o convenios colectivos aplicables, ya que la novación objetiva de las cláusulas contractuales no afecta derechos adquiridos, y que debe presumirse la existencia de tal

---

esenciales del contrato en perjuicio del trabajador sin su consentimiento previo, DT, 1999-A-988; García Martínez, *La irrenunciabilidad del orden público laboral*, DT, 1986-B-1751; Álvarez, *Autonomía individual e irrenunciabilidad de derechos*, DT, 1988-A-891; Zas, *El principio de irrenunciabilidad y la rebaja remuneratoria*, DL, 1986-481.

novación, cuando, luego de la modificación, las partes han mantenido sin objeciones la vigencia del vínculo durante un lapso prolongado, pues ello constituye el comportamiento inequívoco a que hace referencia el art. 58 de la LCT (CNTrab, Sala I, 27/9/91, *DT*, 1992-B-1648; íd., Sala III, 30/8/85, *TSS*, 1985-1210).

6. *Modificación salarial. Irrenunciabilidad de derechos.* El acuerdo que se inserta en el marco de un contrato en curso de ejecución y modifica sus estipulaciones en materia de remuneraciones, debe ser analizado en el ámbito del art. 12 de la LCT (CNTrab, Sala VIII, 11/8/98, *TSS*, 1999-395).

7. *Acuerdo novatorio. Renuncia a derechos indisponibles.* Viola el art. 12 de la LCT el acuerdo novatorio por el cual el trabajador renuncia a derechos que le son indisponibles y no se acredita que haya obtenido a cambio contraprestaciones o ventajas que descarten la existencia de una renuncia prohibida (CN Trab, Sala VI, 14/10/98, *TSS*, 1999-385).

8. *Acuerdo de rebaja salarial. Nulidad.* El acuerdo de rebaja salarial a cambio de una promesa de estabilidad, esconde una reducción salarial dispuesta en forma unilateral, porque como contrapartida, no hay disminución de jornada ni de las obligaciones laborales de la trabajadora, resultando nulo en los términos del art. 12 de la LCT (CNTrab, Sala III, 26/5/99, *TSS*, 1999-995).

9. *Reducción del salario para el futuro. Respeto de los mínimos de convenio.* No hay renuncia de derechos si la trabajadora admitió, con efectos hacia el futuro, que se establezcan nuevas pautas contractuales por encima del orden público laboral (en el caso, se redujo el salario de la trabajadora pero se pactó uno muy superior al que correspondía por aplicación del convenio colectivo aplicable) (CNTrab, Sala I, 28/3/00, *DT*, 2000-A-838).

10. *Modificación peyorativa del contrato. Presunción.* La expresión de voluntad del trabajador para acordar una modificación peyorativa del contrato de trabajo, en las condiciones actuales de desempleo, con la perspectiva de despido que, explícita o implícitamente, se halla siempre presente en la propuesta patronal, se presume viciada en los términos de los arts. 897, 900 y 937 del Cód. Civil (CNTrab, Sala III, 27/10/99, *TSS*, 2000-1081).

11. *Reducción del salario del trabajador.* Si vencido el período de prueba la relación jurídica se mantiene pero el empleador reduce el salario del trabajador originariamente pactado, altera una condición esencial del vínculo jurídico, puesto que los derechos salariales por su naturaleza alimentaria son irrenunciables (art. 12, LCT) y, en consecuencia, éste puede reclamar el cobro de las diferencias por pago insuficiente de lo pactado (art. 260, LCT), sin que pueda aducirse la configuración de una novación objetiva de la relación de trabajo si no está en discusión que el dependiente, finalizado el período de prueba, siguió prestan-

do el mismo tipo de servicios que había efectuado durante el lapso de contratación temporaria (CNTrab, Sala V, 28/2/01, *DT*, 2001-B-1163).

12. **Nulidad del acuerdo modificatorio.** Carece de validez el acuerdo que contiene la renuncia del trabajador a percibir los porcentajes asignados y cobrados habitualmente en concepto de comisiones por venta, sin obtener nada a cambio, pues existe la imposibilidad de que quienes están en relación de dependencia abdiquen de los derechos derivados de la relación de trabajo –art. 12, LCT–, aun cuando se trate de beneficios que exceden los establecidos imperativamente en el régimen de contrato de trabajo, los estatutos especiales y los convenios colectivos de trabajo (CN Trab, Sala X, 26/2/04, *DT*, 2004-A-524).

§ 4. **Efectos de las renuncias prohibidas.** – Para hacer operativa la imperatividad de las normas laborales irrenunciables, el artículo sanciona con la nulidad aquellas cláusulas o actos jurídicos que contengan esas renuncias prohibidas. La nulidad no afecta todo el contrato sino "las cláusulas del contrato de trabajo que modifiquen en perjuicio del trabajador normas imperativas consagradas por leyes o convenciones colectivas de trabajo" que son "sustituidas de pleno derecho por éstas" (art. 13, LCT).

§ 5. **Disponibilidad colectiva para la pequeña empresa.** La sección IV del régimen laboral para las Pymes constituye una derogación, aunque restringida, del orden público laboral establecido por la ley general. En dicha sección, se autoriza la posibilidad de que, mediante los convenios colectivos referidos a la pequeña empresa, se modifiquen las formalidades, requisitos, aviso y oportunidad de goce de la licencia anual ordinaria (art. 90), se disponga el fraccionamiento de los períodos de pago del sueldo anual complementario, siempre que no excedan de tres períodos en el año (art. 91). La derogabilidad del orden público legal es restringida por cuanto está limitada sólo a algunas materias taxativamente establecidas por la ley y puede tener lugar únicamente por medio del convenio colectivo de trabajo y no en virtud de acuerdos individuales celebrados entre empleador y trabajador.

Art. 13. [Sustitución de las cláusulas nulas] – **Las cláusulas del contrato de trabajo que modifiquen en perjuicio del trabajador normas imperativas consagradas por leyes o convenciones colectivas de**

trabajo serán nulas y se considerarán sustituidas de pleno derecho por éstas.

CONCORDANCIAS: LCT, arts. 7° a 9°, 12, 14, 40, 43, 63 y 260.

§ 1. **Automaticidad**. – La nulidad de algunas cláusulas del contrato de trabajo que modifiquen en perjuicio del trabajador normas imperativas no trae aparejada la nulidad total del contrato, sino –como lo señala el artículo– la sustitución automática de las cláusulas nulas por las normas que corresponda aplicar.

§ 2. **Nulidad del contrato**. – Es, sin embargo, nulo el contrato en su totalidad cuando el objeto del contrato de trabajo hubiera sido la prestación de servicios ilícitos o prohibidos (arts. 38 a 41, LCT), caso en el cual la nulidad del contrato deberá ser declarada por los jueces, aun sin mediar petición de parte (art. 44). No obstante la nulidad que lo pudiera afectar, el contrato de objeto prohibido puede tener algunos efectos entre las partes (arts. 40, parte última, y 42).

Art. 14. [NULIDAD POR FRAUDE LABORAL] – Será nulo todo contrato por el cual las partes hayan procedido con simulación o fraude a la ley laboral, sea aparentando normas contractuales no laborales, interposición de personas o de cualquier otro medio. En tal caso, la relación quedará regida por esta ley.

CONCORDANCIAS: LCT, arts. 7°, 9°, 12, 13, 21, 23, 27, 29 a 31, 41, 60, 61, 90, 92, 102 y 226 a 228; ley 25.877, art. 40.

§ 1. **Evasión de normas imperativas**. – Como lo expresa LÓPEZ, la evasión de normas laborales imperativas existe porque el empleador obligado a cumplirlas determina no hacerlo, pero, al mismo tiempo, pretende no caer en la situación jurídica (de responsabilidad) consecuente al incumplimiento: se requiere un incumplimiento que *no resulte* tal. Para obtener este objetivo de incumplimiento sin responsabilidad, el evasor utiliza dos técnicas que menciona y ejemplifica el art. 14 de la LCT: la *simulación ilícita* y el *fraude a la ley*[1].

---

[1] LÓPEZ - CENTENO - FERNÁNDEZ MADRID, *Ley de contrato de trabajo*, t. I, p. 199.

§ 2. **Simulación ilícita.** – El art. 955 del Cód. Civil dice: *"La simulación tiene lugar cuando se encubre el carácter jurídico de un acto bajo la apariencia de otro, o cuando el acto contiene cláusulas que no son sinceras, o fechas que no son verdaderas, o cuando por él se constituyen o transmiten derechos a personas interpuestas, que no son aquellas para quienes en realidad se constituyen o transmiten".* La simulación es ilícita cuando es reprobada por la ley o perjudica a otro (art. 957, Cód. Civil).

Cuando se actúa con simulación ilícita en el campo laboral, el contrato de trabajo celebrado entre las partes se pretende ocultar bajo una falsa apariencia (generalmente, una figura contractual no laboral), detrás de la cual se esconde la verdadera relación laboral para sustraerla al conocimiento de los terceros (generalmente los organismos de control administrativos, del trabajo y de la seguridad social, y de la justicia).

§ 3. **Fraude a la ley.** – Resulta dificultosa la distinción entre la simulación ilícita y el fraude a la ley, ya que este último objetivo (el fraude a la ley) se obtiene generalmente por medio de una simulación ilícita. Así, López señala que este artículo pone un solo ejemplo de fraude a la ley laboral: el caso de interposición fraudulenta de personas. Interpuesto un tercero entre el trabajador y el empleador, éste aparece fuera de toda responsabilidad, que recae sobre el tercero. La interposición es fraudulenta –en el sentido de ilícita–, porque permite a un sujeto evadir las normas laborales imperativas[2]. Sin embargo, en este caso, si bien existe fraude a la ley, el medio empleado es una simulación ilícita, ya que se interpone a un empleador aparente (no verdadero, generalmente insolvente) para ocultar al empleador real.

§ 4. **Inexigencia de elemento subjetivo.** – Si bien la evasión normativa estará acompañada generalmente por un elemento subjetivo (la intención del agente de evadir normas en perjuicio de un tercero, sea el trabajador o el sistema de seguridad social), basta para la existencia de fraude a la ley la mera comprobación del desplazamiento objetivo de las normas laborales imperativas. Esto, aunque el agente hubiera actuado con ignorancia o error de derecho (arts. 20 y 923, Cód. Civil).

§ 5. **Evasión total.** – Las formas de evasión total comportan un intento de desplazamiento absoluto de las normas labo-

---

[2] López - Centeno - Fernández Madrid, *Ley de contrato de trabajo*, t. I, p. 204.

rales y de seguridad social aplicables a la relación. El ejemplo más típico de evasión total se presenta cuando el empleador recurre al simple expediente de no registrar al trabajador en los libros y documentación laborales de la empresa, ocultando la relación e impidiendo o dificultando de esa forma la prueba de su existencia por parte del trabajador. Los insuficientes controles administrativos y las dificultades puestas por el procedimiento judicial pueden convertir en exitosa esta burda y directa forma de evasión total.

Junto a esta primera forma, existen otras formas de manifestación más sutiles de la evasión total que consisten en encubrir o enmascarar una verdadera relación de trabajo, mediante la adopción de figuras contractuales no laborales, comerciales o civiles. Esta forma de evasión total apela a diversos tipos de contratos para su instrumentación: la locación de obra, de cosas, el mandato, la sociedad, el contrato de agencia, de representación comercial, de distribución, de concesión, etcétera.

Todas estas formas de evasión total se consideran relaciones laborales no registradas a los efectos de la aplicación de los arts. 7° y 8° de la LE[3].

§ 6. **Evasión parcial.** – Al lado de las formas de evasión total que comportan un intento de desplazamiento absoluto de las normas laborales y de la seguridad social aplicables a la relación, se encuentran modalidades de evasión parcial referidas sólo a algunos aspectos de la relación (*"cláusulas que no son sinceras, o fechas que no son verdaderas"*, dice, ejemplificando, el art. 955, Cód. Civil). Las dos formas más características de evasión parcial son las que la ley de empleo ha considerado relevantes jurídicamente a fin de otorgarles efectos particulares (arts. 9° y 10, LE).

Una de estas prácticas fraudulentas previstas por la LE (art. 9°) consiste en hacer figurar una falsa fecha de ingreso (posterior a la real), tanto en los libros y registros laborales, como en los recibos de pago de salarios, lo que tiene como finalidad no sólo evadir totalmente la ley por el período no registrado, sino también disminuir los derechos que corresponden al trabajador en función de su antigüedad (adicionales remuneratorios, número de días de vacaciones, indemnización por antigüedad, etcétera).

---

[3] Etala, *La regularización del empleo no registrado*, p. 15 y 16.

La otra maniobra fraudulenta considerada relevante por la LE (art. 10) atañe al monto de la remuneración. Consiste en hacer figurar en los libros laborales y recibos de salarios sumas que respetan ajustadamente los mínimos legales, pero abonando al trabajador una suma efectiva mayor, maniobra que tiende a evadir el pago de contribuciones al sistema de seguridad social, al mismo tiempo que se disminuye el importe de las cargas laborales que el empleador debe abonar, y respecto de las cuales el monto efectivo del salario funciona como módulo de referencia (aguinaldo, vacaciones, indemnizaciones por despido, entre otros)[4].

§ 7. **Efectos de la simulación ilícita y el fraude.** – Sea que el desplazamiento objetivo de las normas laborales imperativas hubiera tenido lugar por simulación ilícita o fraude a la ley, o que la evasión sea total o parcial, el efecto jurídico es el mismo: la nulidad del contrato o de las cláusulas o aspectos de la relación fraudulentos y su sustitución por las normas imperativas de la ley (arts. 13 y 14, LCT).

En el caso de relaciones laborales no registradas o insuficientemente registradas, la evasión laboral –sea total o parcial– trae efectos jurídicos particulares que la ley ha regulado especialmente (arts. 8° a 10 y 15, LE).

Jurisprudencia

    1. *Fraude por interposición de personas.* Para que se torne aplicable la figura del fraude laboral por interposición de personas a que se refiere el art. 14 de la LCT, debe acreditarse la existencia de un sujeto interpuesto para fines ilícitos, una suerte de testaferro u hombre de paja sin características de empresario real y solvente (CNTrab, Sala I, 13/6/95, *DT*, 1995-B-2267).

    2. *Cooperativas de trabajo.* *a*) Si bien no es cuestionable que las cooperativas de trabajo se presten admirablemente para vehiculizar maniobras de fraude laboral, no puede aceptarse la afirmación de que todas y cada una de ellas son fraudulentas. Por ello corresponde al accionante acreditar la existencia de fraude laboral para lograr la aplicación de las directivas del art. 27 de la LCT (CNTrab, Sala VI, 29/12/95, *DT*, 1996-A-1199).

    b) Resulta insuficiente para considerar que medió una relación asociativa, la simple suscripción de una solicitud de ingreso o la percepción de sumas bajo la denominación de "anticipo de retornos", si en la demanda se alegó que se recurría fraudulentamente a la figura de la cooperativa de trabajo para encubrir una

---

[4] Etala, *La regularización del empleo no registrado*, p. 17.

relación laboral subordinada (CNTrab, Sala I, 30/11/99, *DT*, 2000-A-880).

3. *Fraude laboral. Contrataciones irregulares. Estabilidad.* Cabe considerar irregulares las contrataciones celebradas con el objeto de privar de todo derecho de estabilidad al trabajador, legitimando, por vía del fraude, cláusulas que permiten rescindir unilateralmente dicho contrato, privando de derechos indemnizatorios al contratado (CNTrab, Sala VI, 29/4/94, *DT*, 1994-B-1188).

4. *Fraude laboral y previsional. Empleo no registrado.* La práctica de no registrar ni documentar una parte del salario efectivamente convenido y pagado, comúnmente denominada "pago en negro" y prohibida por el art. 140 de la LCT y el art. 10 de la ley 24.013, constituye un típico fraude laboral y previsional, ya que tiene por fin último la evasión al sistema de seguridad social y perjudica al trabajador, que se ve privado de todos los beneficios sociales, al sector pasivo, que es víctima de la evasión, y a la comunidad comercial, en cuanto al disminuir los costos laborales pone al autor de la maniobra en mejor condición para competir en el mercado que los otros empleadores respetuosos de la ley (en el caso, el actor no se encontraba registrado, supuesto previsto en el art. 8º, LE) (CNTrab, Sala X, 20/9/00, *DT*, 2001-A-122).

5. *Sociedades sucesivas constituidas por los mismos socios.* Dos sociedades constituidas en forma sucesiva con los mismos socios mayoritarios, idéntico objeto y similares aportes accionarios deben responder solidariamente por las obligaciones laborales que contrajo la primera de ellas –en el caso, despido sin causa de un dependiente–, pues tales circunstancias permiten inferir la existencia de una maniobra fraudulenta tendiente a perjudicar a trabajadores y acreedores –art. 14, LCT–, máxime si no se verificó un acto bilateral entre ambos entes tendiente a implementar una sucesión propiamente dicha por el cambio de empleador (CNTrab, Sala II, 18/10/02, *DT*, 2003-B-1010).

Art. 15. [Acuerdos transaccionales, conciliatorios o liberatorios. Su validez] **– Los acuerdos transaccionales, conciliatorios o liberatorios sólo serán válidos cuando se realicen con intervención de la autoridad judicial o administrativa, y mediare resolución fundada de cualquiera de éstas que acredite que mediante tales actos se ha alcanzado una justa composición de los derechos o intereses de las partes.**

---

5. Etala, *Contrato*.

Sin perjuicio de ello, si una o ambas partes pretendieren que no se encuentran alcanzadas por las normas que establecen la obligación de pagar o retener los aportes con destino a los organismos de la seguridad social, o si de las constancias disponibles surgieren indicios de que el trabajador afectado no se encuentra regularmente registrado o de que ha sido registrado tardíamente o con indicación de una remuneración inferior a la realmente percibida o de que no se han ingresado parcial o totalmente aquellos aportes y contribuciones, la autoridad administrativa o judicial interviniente deberá remitir las actuaciones a la Administración Federal de Ingresos Públicos con el objeto de que la misma establezca si existen obligaciones omitidas y proceda en su consecuencia.

La autoridad judicial o administrativa que omitiere actuar del modo establecido en esta norma quedará incursa en grave incumplimiento de sus deberes como funcionario y será, en consecuencia, pasible de las sanciones y penalidades previstas para tales casos.

En todos los casos, la homologación administrativa o judicial de los acuerdos conciliatorios, transaccionales o liberatorios les otorgará la autoridad de cosa juzgada entre la partes que los hubieren celebrado, pero no les hará oponibles a los organismos encargados de la recaudación de los aportes, contribuciones y demás cotizaciones destinados a los sistemas de la seguridad social, en cuanto se refiera a la calificación de la naturaleza de los vínculos habidos entre las partes y a la exigibilidad de las obligaciones que de esos vínculos se deriven para con los sistemas de seguridad social. [Párrs. 2° a 4° agregados por ley 25.345, art. 44]

CONCORDANCIAS: LCT, arts. 7°, 12, 223 bis y 277; LE, art. 17; ley 24.635, art. 22.

§ 1. **Caracterización.** – Se refiere, obviamente, a los acuerdos que se celebran para poner fin a controversias individuales de derecho. No comprenden, en consecuencia, los conflictos colectivos, sean éstos de derecho o de intereses.

Estos acuerdos pueden ser celebrados espontáneamente por las partes o bien en el curso de un procedimiento administrativo o judicial. Si los hubieran celebrado privadamente, deben presentarlos necesariamente ante la autoridad administrativa o judicial para su homologación.

Todas las leyes de procedimiento judicial o las reglamentaciones de procedimientos administrativos prevén instancias de conciliación para intentar avenir a las partes y llegar a acuerdos que pongan fin al litigio. En el ámbito nacional, la ley 24.635, de 1996, creó el Servicio de Conciliación Laboral Obligatorio (SECLO), dependiente del Ministerio de Trabajo, que, mediante conciliadores laborales, tiene a su cargo el desarrollo de un procedimiento administrativo obligatorio de conciliación previo a la demanda judicial para los reclamos individuales y pluriindividuales que versen sobre conflictos de derecho de la competencia de la Justicia Nacional de Trabajo (arts. 1º y 4º, ley 18.345). Los acuerdos conciliatorios que se celebren como resultado de este procedimiento son homologados por el Ministerio de Trabajo si se verifican los requisitos del art. 15 de la LCT (arts. 21 a 27, ley 24.635).

El artículo no define qué debe entenderse por acuerdos *transaccionales, conciliatorios* o *liberatorios*. Sin embargo, les asigna a todos ellos el mismo tratamiento en cuanto a los requisitos formales y sustanciales que deben reunir para que se les otorgue validez. Recordemos que el art. 832 del Cód. Civil define la transacción como *"un acto jurídico bilateral, por el cual las partes, haciéndose concesiones recíprocas, extinguen obligaciones litigiosas o dudosas"*.

La materia objeto de la *transacción, conciliación* o *liberación* debe ser *litigiosa* o *dudosa*, respecto del trabajador. Si fuera cierta o indiscutible a favor del trabajador, no habría lugar para que éste hiciera concesiones al empleador, lo que implicaría una renuncia prohibida por la ley (art. 12, LCT), que el funcionario administrativo o el juez no podrían convalidar con la homologación. Por el contrario, el empleador puede libremente renunciar a sus derechos en tanto en ellos no esté comprometido el orden público.

§ 2. **Homologación.** – La homologación es el acto aprobatorio del acuerdo transaccional, conciliatorio o liberatorio al que hubieran llegado las partes. Para que esta homologación tenga validez, deben reunirse dos requisitos: *a)* que sea dictada por autoridad administrativa o judicial competente, y *b)* que se exprese en una resolución fundada, que acredite, mediante esos acuerdos, haber alcanzado una justa composición de los derechos e intereses de las partes.

El control que debe ejercer la autoridad homologante no es solamente de legalidad (ya que debe vigilar que se respeten los *derechos* de las partes, especialmente del trabajador, y no se viole el orden público laboral), puesto que al atribuirle la ley la facultad de apreciar si el acuerdo constituye una justa composición de los *intereses* de las partes, se debe avocar a una estimación que se interna directamente en el aspecto pecuniario o patrimonial de la cuestión.

La solución de la ley es ciertamente riesgosa (para el juez –o funcionario– y para las partes), ya que para establecer si el acuerdo es una *justa composición* de los intereses de las partes intervinientes, deberá necesariamente formular un juicio anticipatorio –y muchas veces explícito– del posible resultado del litigio, lo que estará en todos los casos muy cercano al prejuzgamiento. Los resultados perniciosos de tal actividad del juez quedarán claramente en evidencia cuando se trata del rechazo de la homologación, en que el proceso judicial (donde se deberá incluir la prueba) deberá desenvolverse después de conocerse ese esbozo de anticipación de la sentencia, puesto que si el juez debe fundar la homologación, también deberá fundar su rechazo.

§ 3. Intervención de la Administración Federal de Ingresos Públicos.

– El art. 44 de la ley 25.345 (conocida como "ley antievasión") agregó tres párrafos al artículo comentado.

El segundo párrafo agregado al art. 15 de la LCT dispone –con relación obviamente a los acuerdos transaccionales, conciliatorios o liberatorios–, en las condiciones que fija la norma, el deber de las autoridades administrativas o judiciales intervinientes de remitir las actuaciones a la AFIP, con el objeto de que ésta establezca si existen obligaciones omitidas y proceda en consecuencia.

Si bien la redacción de la norma nos da la certeza de que la autoridad administrativa o judicial debe remitir –en las situaciones previstas– las actuaciones a la AFIP, a la vez plantea dudas interpretativas con respecto a estos casos. Así, no es claro si debe abstenerse o no de homologar y, por consiguiente, si la remisión ordenada debe tener lugar necesariamente antes o también puede verificarse después de la homologación.

En ninguno de sus enunciados se establece la imposición a la autoridad administrativa o judicial de "abstenerse de homologar", lo que parece dejar la situación librada a la discreción de la autoridad interviniente o de las partes. Esto significa que si ellas entienden que con la finalidad de establecer si existe una justa composición de los derechos e intereses de las partes, para homologar el acuerdo celebrado deben previamente requerir la opinión o intervención de los organismos de la seguridad social, remitirán las actuaciones a la repartición competente, antes de proceder a la homologación. También podrían hacerlo con posterioridad a ella, porque, como se desprende del tercer párrafo agregado por el art. 44 de la ley 25.345, los acuerdos homologados no son oponibles (es decir, no adquieren los caracteres de firmeza y certeza que otorga la cosa juzgada) respecto de los organismos de recaudación de la seguridad social.

También podrá quedar la remisión librada a la petición (y, por consiguiente, a la discreción de la autoridad) de una o de ambas partes, que subordinen la existencia misma del acuerdo o sus efectos respecto de la seguridad social a las definiciones de los organismos de este último sistema.

La norma también ordena la remisión de las actuaciones a la AFIP si de las constancias disponibles surgieren indicios de que el trabajador afectado no se encuentra regularmente registrado o de que ha sido registrado tardíamente o con indicación de una remuneración inferior a la realmente percibida o de que no se han ingresado parcial o totalmente los aportes y contribuciones a la seguridad social. Por "constancias disponibles" debe entenderse toda forma de prueba –con sus características de objetividad–, sea documental, testimonial o informativa. No puede entenderse, entonces, como "constancias disponibles" las meras manifestaciones de una de las partes, salvo cuando se tratare de una manifestación de la empleadora que adquiera las características de un reconocimiento. Estas constancias deben dar lugar a "indicios". Recordemos que "indicio" es la "acción o señal que da a conocer lo oculto".

El empleo total o parcialmente no registrado es "trabajo clandestino", o sea, "oculto" para eludir la ley. En consecuencia, toda vez que la autoridad administrativa o judicial advierta constancias en las actuaciones de las que surgieren indicios de evasión total o parcial a las normas de recaudación de la seguridad social, deberá obrar como ordena el artículo. Resulta pertinente recordar que el art. 17 de la LE –norma que se encuentra vigente– estatuye: "Será nulo y sin ningún valor todo pago por los conceptos indicados en los arts. 8°, 9° y 10 [evasión total o parcial] que no se realizare ante la autoridad administrativa o judicial".

También agrega que "dentro de los diez días hábiles siguientes a la fecha en que quede firme la resolución que reconozca el derecho a percibir dichas indemnizaciones o de la resolución homologatoria del acuerdo conciliatorio o transaccional que versare sobre ellas, la autoridad administrativa o judicial según el caso, deberá poner en conocimiento del Sistema Único de Registro Laboral..." y allí la disposición enumera diversos datos que hacen a la individualización de la relación laboral. Como se ve, en este caso la LE no ordena la remisión del expediente sino un oficio que debe librar la autoridad interviniente, en el que deben incluirse determinadas circunstancias que se consideran relevantes para el organismo recaudador.

El art. 2° del decr. regl. 146/01 ha reducido sensiblemente el alcance de la norma reglamentada, al limitar la obligación de la autoridad administrativa del trabajo a informar a la AFIP la totalidad de los acuerdos individuales y pluriindividuales sometidos a su jurisdicción y formalizados durante el período mensual de que se tratare. La misma norma reglamentaria impone a la autoridad administrativa del trabajo el deber de llevar un registro de tales actuaciones, a fin de que esté a disposición de la AFIP.

§ 4. **Cosa juzgada.** – El último párrafo agregado por la ley 25.345 al artículo comentado establece que los efectos de la cosa juzgada que tiene para las partes el acuerdo homologado, no serán oponibles "a los organismos encargados de la recaudación de los aportes, contribuciones y demás cotizaciones destinados a los sistemas de la seguridad social, en cuanto se refiera a la calificación de la naturaleza de los vínculos habidos entre las partes y a la exigibilidad de las obligaciones que de esos vínculos se deriven para con los sistemas de seguridad social".

Esta norma parte del presupuesto de que la cosa juzgada no debe perjudicar a terceros (en este caso, los organismos de recaudación). La solución legal es cuestionable puesto que debió considerarse que la intervención de un funcionario administrativo o judicial investido de la representación del Estado en la homologación del acuerdo, otorga suficiente garantía de resguardo del interés social que esas autoridades están obligadas a proteger. No es lógicamente sostenible concebir una representación escindida del Estado que dé al acuerdo efectos de cosa juzgada respecto de unos sujetos y lo prive de dichos efectos con relación a otros.

Jurisprudencia

1. *Imputación.* Las partes en las conciliaciones pueden imputar a rubros sobre los que no deben efectuarse aportes jubilatorios, sumas mayores a las reclamadas en la demanda (CNTrab, plenario 49, 1/12/58, "Vidal Piñeiro, Francisco c/Miñambres Arca y Cía.", *DT*, 1959-250).

2. *Manifestación. Cosa juzgada.* La manifestación de la parte actora en un acuerdo conciliatorio de que "una vez percibida íntegramente la suma acordada en esta conciliación nada más tiene que reclamar de la demandada por ningún concepto emergente del vínculo laboral que las uniera", hace cosa juzgada en juicio posterior donde se reclama un crédito que no fue objeto del proceso conciliado (CNTrab, plenario 137, 29/9/70, "Lafalce, Ángel, y otros c/Casa Enrique Schuster SA", *DT*, 1970-718).

3. *Manifestación del trabajador.* La manifestación del trabajador en un acuerdo conciliatorio de que nada más tiene que reclamar del empleador por ningún concepto emergente del vínculo laboral que los uniera, no comprende la acción fundada en el art. 1113 del Cód. Civil (CNTrab, plenario 239, 25/8/82, "Aizaga, Jorge A. c/IPSAM SACIIF", *DT*, 1982-1341).

4. *Acuerdo privado no homologado. Irrenunciabilidad de derechos. a*) La fórmula "nada más tendrá que reclamar" incluida en un convenio que no fue formalizado ante la autoridad administrativa o judicial, ni cuenta con la debida homologación (art. 15, LCT), implica una renuncia de derechos en violación de normas de orden público, que regulan los arts. 7°, 9°, 12, 14, 15 y concs. de la LCT (CNTrab, Sala I, 31/3/93, *DT*, 1994-A-37).

b) El convenio celebrado entre las partes en ocasión de la extinción por mutuo acuerdo de la relación laboral, no homologado ni administrativa ni judicialmente, no tiene efecto liberatorio en los términos del art. 15 de la LCT, aun cuando fuera firmado y reconocido por el trabajador, por lo que cabe considerar el monto acordado como pago a cuenta (CNTrab, Sala VI, 15/5/00, *TSS*, 2000-801).

c) Si de los términos del acta notarial que extinguió el vínculo laboral quedó en claro que la suma entregada por la demandada al trabajador era genéricamente compensable con todo crédito que éste tuviese derivado o con motivo del contrato de trabajo (incluso reclamos por accidente), dicho convenio, conforme la doctrina de la CSJN expresada en el caso "Gatarri, Alfredo c/Cometarsa Construcciones Metálicas Argentinas SAIC", resulta válido aunque no haya sido homologado ante la autoridad administrativa. El principio de irrenunciabilidad establecido con carácter general en el art. 12 de la LCT, a cuya protección se dirige el requisito de homologación prevista en el art. 15 de dicho cuerpo legal no se ve afectado en modo alguno cuando del acuerdo no surge la renuncia a algún beneficio establecido en las leyes laborales (CNTrab, Sala V, 31/8/01, *DT*, 2002-A-763).

5. *Acuerdo homologado. Manifestación liberatoria.* Si el actor negoció su renuncia por medio de un convenio homologado administrativamente, en el cual manifestó que nada más tendría que reclamar por concepto alguno, ello determina la suerte adversa del litigio en el que reclama otro rubro (CNTrab, Sala V, 12/4/94, *DT*, 1994-B-1187).

6. *Extinción por mutuo acuerdo. Homologación. Redargución de falsedad.* *a*) La homologación ministerial de la rescisión por mutuo acuerdo del contrato de trabajo veda al trabajador la posibilidad de discutir la naturaleza jurídica de ese acto rescisorio, que sólo podría considerarse oponible mediante redargución de falsedad que conlleva la nulidad de la homologación en acción que debería sustanciarse en forma conjunta contra la empleadora y la autoridad administrativa (CNTrab, Sala X, 27/6/96, *DT*, 1996-B-3039).

b) La homologación efectuada por el Ministerio de Trabajo del acuerdo mutuo por el cual las partes rescindieron el contrato que los uniera, impide al trabajador la posibilidad de discutir la naturaleza jurídica del acto transaccional, el que sólo le será inoponible si se hubiera iniciado el incidente de redargución de falsedad (CNTrab, Sala I, 27/2/98, *DT*, 1998-A-1214).

7. *Cosa juzgada.* Un acuerdo conciliatorio celebrado en los términos del art. 15 de la LCT, homologado judicialmente, adquiere el carácter de cosa juzgada. Desconocer los efectos de dicho carácter sin que se invoque la existencia de un vicio de la voluntad que pudiera invalidar lo pactado o un hecho imprevisible posterior que justifique la modificación de lo acordado en virtud de lo previsto por el art. 1198 del Cód. Civil, llevaría a afectar garantías constitucionales que han sido instituidas para resguardar la seguridad jurídica (CNTrab, Sala III, 30/3/90, *TSS*, 1990-810).

8. *Pago compensatorio de reclamos posteriores.* Resulta válido el pago gratificatorio efectuado al actor mediante un instrumento privado homologado por autoridad competente y compensable en forma genérica con reclamos posteriores que pudieran verificarse por cualquier causa vinculada con el contrato de trabajo, sin que ello implique de modo alguno afectar el principio de irrenunciabilidad contemplado por el art. 12 de la LCT (CNTrab, Sala VIII, 7/5/97, *DT*, 1997-B-2292).

9. *Acuerdo disolutorio. Impugnación.* El acuerdo disolutorio celebrado entre los trabajadores y su empleadora ante el Ministerio de Trabajo y homologado ante otros funcionarios del mismo organismo, es válido y goza de presunción de legitimidad

porque el art. 15 de la LCT prevé expresamente esa vía y su invalidez total o parcial sólo puede ser cuestionada por los medios establecidos en la ley 19.549, no resultando admisible una demanda judicial directa (CNTrab, Sala I, 29/9/00, *TSS*, 2000-1078).

10. *Cláusula de conversión de la deuda pactada.* Si de común acuerdo convinieron las partes que de alterarse la paridad cambiaria el saldo de la deuda del acuerdo conciliatorio se deberá abonar en dólares estadounidenses respetando la paridad tenida en cuenta a los efectos del mismo y sin reducción alguna del monto equivalente a dicha moneda extranjera, esta convención implicó prever que de alterarse la paridad cambiaria se produciría una novación de la obligación originaria en pesos y el nacimiento de una nueva en dólares, en los términos del art. 801 del Cód. Civil (CNTrab, Sala I, 30/12/02, *DT*, 2003-A-827).

Art. 16. [APLICACIÓN ANALÓGICA DE LAS CONVENCIONES COLECTIVAS DE TRABAJO. SU EXCLUSIÓN] – **Las convenciones colectivas de trabajo no son susceptibles de aplicación extensiva o analógica, pero podrán ser tenidas en consideración para la resolución de casos concretos, según la profesionalidad del trabajador.**

CONCORDANCIAS: LCT, arts. 8°, 11 y 245.

§ 1. **Ubicación de la norma.** – La norma se refiere a la interpretación y la aplicación de los convenios colectivos de trabajo y en tal sentido parecería más correcta su ubicación en la ley que regula esas fuentes particulares del derecho del trabajo. Sin embargo, su inserción en la LCT se justifica en tanto la norma se refiere a la *resolución de casos concretos* por lo que se trata de reglar la interpretación y aplicación de los convenios como fuente de regulación del contrato individual de trabajo.

§ 2. **A quién se dirige la norma.** – La norma está dirigida principalmente al juez, pero también a los demás operadores jurídicos (funcionarios, mediadores, conciliadores, árbitros) incluidas las partes mismas, ya que ellas pueden encauzar sus respectivas conductas en un sentido coincidente en tanto compartan una misma interpretación de la norma.

§ 3. **Características de las convenciones colectivas.** – La divergencia en torno al sentido que cabe otorgar a la interpretación y aplicación de los convenios colectivos de trabajo está estrechamente vinculada con los caracteres de esa fuente normativa emparentada tanto con lo contractual como con lo legal. El interrogante al respecto consiste en saber si los principios de hermenéutica jurídica aplicables a las convenciones colectivas deben ser recogidos del sistema de interpretación de las leyes o del sistema de interpretación de los contratos[1].

Si se adoptara el criterio de interpretación de los contratos, cabría tener como punto de referencia la "manifestación conjunta de las voluntades contratantes". Si, al contrario, se asimilara el convenio colectivo más a la ley que al contrato, habría lugar a una remisión automática a los principios de interpretación y aplicación de ésta, por ejemplo, los del art. 11 de la LCT.

Es necesario resaltar que quienes conciertan el convenio colectivo de trabajo (asociaciones profesionales de trabajadores y de empleadores) no son aquellos (los trabajadores y empleadores singulares) a quienes se les va a aplicar su aspecto principal llamado *normativo,* aunque sí las llamadas *cláusulas obligacionales.* Esta separación quita sentido a la aplicación sin más de las reglas de interpretación de los contratos[2].

§ 4. **Directivas de interpretación y aplicación.** – La norma prefiere eludir el camino de una remisión a las reglas de interpretación y aplicación de los contratos y de la ley, para formular muy escuetamente reglas de interpretación específicas para los convenios colectivos de trabajo.

La redacción de la norma es insuficiente, confusa, ambivalente y hasta contradictoria, porque comienza desechando la aplicación extensiva o analógica de los convenios colectivos y finaliza admitiéndola en alguna medida.

§ 5. **Exclusión de la aplicación extensiva o analógica.** – El texto legal descarta tanto la aplicación extensiva como analógica de los convenios colectivos. La doctrina señala diferencias entre estos dos métodos interpretativos. Interpretación *extensiva* sería aquella que otorga un sentido más amplio a la expresión normativa (en este caso, la cláusula del convenio colectivo). Interpretación *analógica* es aquella en que, en virtud

---

[1] Russomano, *Interpretación de las convenciones colectivas de trabajo,* en "Estudios sobre la negociación colectiva en memoria de Francisco De Ferrari", p. 111.
[2] López - Centeno - Fernández Madrid, *Ley de contrato de trabajo,* t. I, p. 127.

de la *ratio legis*, se aplica la norma a casos no previstos con los que guarda similitud en los aspectos esenciales[3].

Según López, no existe razón para que la ley prohíba la interpretación extensiva y sí la hay, en cambio, para prohibir la analogía. De ahí que, concluye, la expresión "aplicación extensiva" está tomada en el texto del artículo como sinónimo de analogía o aplicación analógica[4].

La analogía en la LCT es un procedimiento de integración de normas para el caso de laguna o carencia de ellas por lo que la prohibición establecida en el artículo significa que las normas de un determinado convenio no pueden ser llevadas fuera de su ámbito de validez personal, ya sea para aplicarlas a sectores de trabajadores carentes de convención colectiva que los ampare, ya para completar (o integrar) las normas de otro convenio[5].

§ 6. **Aplicación a los laudos.** – Aunque no expresamente mencionados en el texto del artículo, la prohibición de éste, referida a los convenios colectivos de trabajo, es también aplicable a los laudos con fuerza de convenios colectivos a que se refiere el art. 1°, inc. *c*, de la LCT[6].

§ 7. **"Toma en consideración" de un convenio.** – Luego de rechazar la aplicación extensiva o analógica de un convenio, la ley admite su *toma en consideración* "para la resolución de casos concretos, según la profesionalidad del trabajador". Como dijimos anteriormente, la expresión es ambivalente y hasta contradictoria, porque "tomar en consideración" un convenio para resolver casos concretos es una forma de admitir su aplicación extensiva o analógica, pues es claro que de esta forma se autoriza su aplicación a situaciones, actividades o tareas no regidas por el convenio de que se trata, dado que, desde otro punto de vista, la referencia de la ley sería innecesaria o sobreabundante.

La poco técnica expresión "ser tenidas en consideración" no puede significar más que una remisión de la ley al criterio y prudencia del juez para la resolución de los casos concretos

---

[3] Villar Palasi, *La interpretación y los apotegmas jurídicos-lógicos*, p. 178 y ss.; Klug, *Lógica jurídica*, p. 139.
[4] López - Centeno - Fernández Madrid, *Ley de contrato de trabajo*, t. I, p. 219.
[5] López - Centeno - Fernández Madrid, *Ley de contrato de trabajo*, t. I, p. 221.
[6] López - Centeno - Fernández Madrid, *Ley de contrato de trabajo*, t. I, p. 225.

a que ella se refiere. Se ha señalado, al respecto, que la convención colectiva sólo puede ser considerada como pauta de interpretación en caso de que un mismo trabajador se desempeñe en una actividad diferente de la que corresponde a su oficio. Así podemos ejemplificar cuando se da el caso de que un obrero de la construcción trabaja en una empresa de la industria de la alimentación[7].

Jurisprudencia

1. *Aplicación por analogía.* Las convenciones colectivas no son aplicables por analogía, y de la misma manera que tal principio veda la aplicación de un convenio a una actividad distinta de la que regla, de igual forma no permite extender sus cláusulas normativas a quienes no se encuentran incluidos dentro del ámbito personal de aplicación de la convención (CNTrab, Sala II, 29/10/74, *LL*, 1975-B-303, y *JA*, 26-1975-251).

2. *Representación empresaria. Empleador no representado.* Los convenios colectivos sólo son aplicables a los empleadores de una determinada actividad, si estuvieron representados en la concertación, en tanto la obligatoriedad del convenio no resulta de lo que se disponga en su ámbito de aplicación personal sino de la que surja del examen de las representaciones de una y otra parte (CNTrab, Sala IV, 29/11/74, *TSS*, 1975-330).

3. *Representación de la entidad que lo suscribió.* La obligatoriedad de un convenio colectivo de trabajo –se ha sostenido– no puede extenderse más allá del ámbito propio de la actividad que representa la entidad que lo suscribió (CNTrab, Sala VI, 28/7/77, *DT*, 1977-996).

Art. 17. [Prohibición de hacer discriminaciones] **Por esta ley se prohíbe cualquier tipo de discriminación entre los trabajadores por motivos de sexo, raza, nacionalidad, religiosos, políticos, gremiales o de edad.**

Concordancias: LCT, arts. 63, 72, 73, 81 y 172; ley 25.013, art. 11.

§ 1. **Principio constitucional.** – Esta norma encuentra fundamento en el art. 16 de la Const. nacional, que establece: *"Todos sus habitantes son iguales ante la ley, y admisibles en los empleos sin otra condición que la idoneidad"*. Por su parte, su art. 14 *bis* garantiza *"igual remuneración por igual tarea"*.

---

[7] Fernández Madrid - Caubet, *Leyes fundamentales del trabajo*, p. 19.

§ 2. **Pactos y convenciones con jerarquía constitucional.** Algunos de los pactos y convenciones que ostentan jerarquía constitucional (art. 75, inc. 22, Const. nacional) contienen disposiciones prohibitivas del trato discriminatorio. Así, el art. 26 del Pacto Internacional de Derechos Civiles y Políticos establece: "Todas las personas son iguales ante la ley y tienen derecho sin discriminación a igual protección de la ley. A este respecto, la ley prohibirá toda discriminación y garantizará a todas las personas protección igual y efectiva contra cualquier discriminación por motivos de raza, color, sexo, idioma, religión, opiniones políticas o de cualquier índole, origen nacional o social, posición económica, nacimiento o cualquier otra condición social". De manera concordante, la Convención Internacional sobre la Eliminación de todas las Formas de Discriminación Racial, en su art. 5°, dispone: "... los Estados partes se comprometen a prohibir y eliminar la discriminación racial en todas sus formas y a garantizar el derecho de toda persona a la igualdad ante la ley, sin distinción de raza, color u origen nacional o étnico, particularmente en el goce de los derechos siguientes: ... e) los derechos económicos, sociales y culturales, en particular: i) el derecho al trabajo, a la libre elección de trabajo, a condiciones equitativas y satisfactorias de trabajo, a la protección contra el desempleo, a igual salario por trabajo igual y a una remuneración equitativa y satisfactoria".

§ 3. **Principio de igualdad de trato y no discriminación.** La norma de la ley constituye una manifestación del principio de igualdad de trato y no discriminación que es uno de los principios generales del derecho del trabajo (ver art. 11).

§ 4. **Concepto de discriminación.** – El convenio 111 de la OIT define la discriminación como "cualquier distinción, exclusión o preferencia basada en motivos de raza, color, sexo, religión, opinión política, ascendencia nacional u origen social que tenga por efecto anular o alterar la igualdad de oportunidades o de trato en el empleo y la ocupación". Tal conceptualización es perfectamente aplicable a la interpretación del texto del artículo en comentario.

§ 5. **Enumeración enunciativa.** – La enumeración de los motivos de discriminación que formula la ley es meramente enunciativa y no taxativa[1]. Ello significa que está incluida en

---

[1] López - Centeno - Fernández Madrid, *Ley de contrato de trabajo*, t. I, p. 227; Meilij, *Contrato de trabajo*, t. I, p. 96.

la prohibición toda distinción que tenga por efecto anular o alterar la igualdad de oportunidades o de trato de un trabajador fundada en un motivo arbitrario (p.ej., aspecto físico).

§ 6. **Alcance de la norma.** – Aunque el texto del artículo no lo exprese literalmente, la prohibición de discriminación rige no sólo en las circunstancias de celebrar el contrato de trabajo sino también en el momento de ejecutarlo o extinguirlo (art. 63, LCT).

§ 7. **Convenios de la Organización Internacional del Trabajo.** – La República Argentina ha ratificado los convenios 100, relativo a la igualdad de remuneración entre la mano de obra masculina y la mano de obra femenina por un trabajo de igual valor (decr. ley 11.595/56), y 111, relativo a la discriminación en materia de empleo y ocupación (ley 17.677), por lo que, después de la reforma constitucional de 1994, sus normas tienen una jerarquía superior a las leyes (art. 75, inc. 22, Const. nacional).

El convenio 111 obliga a los países que lo hayan ratificado a "formular y llevar a cabo una política nacional que promueva, por métodos adecuados a las condiciones y a la práctica nacionales, la igualdad de oportunidades y de trato en materia de empleo y ocupación, con objeto de eliminar cualquier discriminación a este respecto" (art. 2°). El art. 1° del mismo convenio aclara que "las distinciones, exclusiones o preferencias basadas en las calificaciones para un empleo determinado no serán consideradas como discriminación" (p.ej., una asociación mutual de nacionales de un determinado país que exigiera como requisito para ser empleado ser nativo del país en cuestión).

§ 8. **Disposiciones concordantes.** – En la LCT existen otras disposiciones concordantes con la del artículo comentado. En su art. 81 dispone que el empleador debe dispensar a todos los trabajadores igual trato en identidad de situaciones. Por su parte, el art. 172 determina que la mujer podrá celebrar toda clase de contrato de trabajo, no pudiendo consagrarse por las convenciones colectivas o reglamentaciones autorizadas ningún tipo de discriminación en su empleo fundada en el sexo o estado civil, aunque este último se altere en el curso de la relación laboral. Agrega que en las convenciones colectivas o tarifas de salarios se garantizará la plena observancia del principio de igualdad de retribución por trabajo de igual valor. El art. 178 de la LCT sanciona con una indemnización especial el despido de la mujer trabajadora por razones de maternidad y embarazo, y el art. 180 de la LCT declara la nulidad de los actos o contratos de cualquier naturaleza que se celebren o las reglamentaciones internas que se dicten, que establezcan para el personal el despido por causa de matrimonio, estableciendo el art. 182 de la LCT una indemnización especial para el caso de incumplimiento de la prohibición.

En cuanto a los derechos sindicales, el art. 7º de la ley 23.551 determina que las asociaciones sindicales no podrán establecer diferencias por razones ideológicas, políticas, sociales, de credo, nacionalidad, raza o sexo, debiendo abstenerse de dar un trato discriminatorio a los afiliados.

§ 9. **La ley 23.592.** – Esta ley de 1988 establece en su art. 1º una disposición de orden general que expresa lo siguiente: "Quien arbitrariamente impida, obstruya, restrinja o de algún modo menoscabe el pleno ejercicio sobre bases igualitarias de los derechos y garantías fundamentales reconocidos en la Constitución nacional, será obligado, a pedido del damnificado, a dejar sin efecto el acto discriminatorio o cesar en su realización y a reparar el daño moral y material ocasionados". Agrega que: "A los efectos del presente artículo se considerarán particularmente los actos u omisiones discriminatorios determinados por motivos tales como raza, religión, nacionalidad, ideología, opinión política o gremial, sexo, posición económica, condición social o caracteres físicos". Como se ve, la enumeración de los actos discriminatorios es más extensa que en la LCT.

Art. 18. [Tiempo de servicio] – **Cuando se concedan derechos al trabajador en función de su antigüedad, se considerará tiempo de servicio el efectivamente trabajado desde el comienzo de la vinculación, el que corresponda a los sucesivos contratos a plazo que hubieren celebrado las partes y el tiempo de servicio anterior, cuando el trabajador, cesado en el trabajo por cualquier causa, reingrese a las órdenes del mismo empleador.**

Concordancias: LCT, arts. 19, 90, 93, 97, 150, 152, 184, 185, 214, 215, 225, 227, 228, 231 y 255; LE, arts. 8º, 9º, 14 y 119; decrs. 2725/91, arts. 3º y 4º, y 2726/91, art. 10.

§ 1. Definición de antigüedad.

La ley intenta una definición legal de *antigüedad* y *tiempo de servicio* a todos los efectos laborales, pero su definición no es exacta porque establece como principio el considerar como tal el tiempo *efectivamente trabajado*, siendo que a lo largo de su articulado establece excepciones en las que se computan como antigüedad períodos que no han sido efectivamente trabajados.

Por ello, no cabe realizar una interpretación literal del artículo, ya que aferrarse rígidamente a los términos de la norma dejaría fuera del cómputo un cúmulo de *momentos* de la relación laboral en los que, en puridad, no existiría *tiempo efectivamente trabajado*[1].

De atenerse estrictamente a la literalidad de la expresión, cabría admitir que no hay *trabajo efectivo* durante los descansos entre jornada y jornada, descanso semanal, licencias ordinarias, especiales, extraordinarias, preaviso con relevamiento de cumplir tareas, suspensiones disciplinarias y por causas económicas, huelga, *lock out*, suspensiones preventivas y precautorias, pausas para amamantar, suspensión de hecho por cierre de establecimiento por vacaciones, plazo de reserva del empleo por enfermedad, por licencia gremial, por desempeño de cargos electivos o servicio militar, etcétera[2]. No obstante ello, la mayoría de estas situaciones son computadas como tiempo de servicio.

§ 2. Relevancia de la antigüedad.

En la mayoría de los casos, la ley no exige una determinada antigüedad como requisito para el goce de los derechos que reconoce. En otros, por el contrario, exige una cierta antigüedad, como en el caso del beneficio de excedencia reconocido a la mujer trabajadora (art. 185, LCT), la indemnización por clientela de los viajantes de comercio (art. 14, ley 14.546).

En otros casos, la ley subordina a determinada antigüedad la extensión del beneficio, como en el caso del período de las vacaciones (art. 150, LCT), el plazo del preaviso (art. 231, LCT).

Igualmente la ley utiliza la antigüedad como módulo de referencia para el cálculo de la indemnización por despido, también llamada, precisamente, *indemnización por antigüedad* (art. 245, LCT).

---

[1] ACKERMAN, *La antigüedad del trabajador en el empleo*, p. 60.
[2] ACKERMAN, *La antigüedad del trabajador en el empleo*, p. 61.

Por último, la antigüedad es tomada en consideración para la adquisición o cómputo de adicionales remuneratorios o de derechos escalafonarios o de promoción, según los diversos estatutos, convenios colectivos o contratos individuales de trabajo.

§ 3. **Supuestos contemplados por la ley.** – No obstante la definición genérica incluida en el artículo, tanto éste como diversas disposiciones de la LCT resuelven distintas situaciones específicas relativas al cómputo de la antigüedad en el servicio.

a) *Contratos sucesivos a plazo fijo.* La celebración sucesiva de contratos a plazo fijo impone sumar el tiempo de servicio en cada uno de ellos a los efectos del cómputo de la antigüedad. La ley, por otra parte, asimila esta situación a un contrato por tiempo indeterminado (art. 90, parte última, LCT). Se trata, de este modo, de evitar el fraude a la ley que podría configurarse si se pretendiera que en cada nuevo reingreso se iniciara un nuevo cómputo de la antigüedad. El mismo criterio es aplicable a los contratos de trabajo eventual[3].

b) *Reingreso del trabajador.* El artículo comentado considera como computable, a los efectos de la antigüedad, todo el tiempo de servicio anterior y posterior, cuando el trabajador, cesado en el trabajo por cualquier causa (renuncia, despido), reingrese a las órdenes del mismo empleador, cualquiera que hubiera sido la modalidad de contratación. El art. 255 de la LCT, por su parte, establece para el caso de despido del trabajador reingresado, que se deducirá de las indemnizaciones lo percibido por igual concepto por despidos anteriores.

c) *Trabajo de temporada.* El texto del artículo resuelve la discrepancia originada en torno del cómputo de la antigüedad en el contrato de trabajo de temporada, al considerar tiempo de servicio "el efectivamente trabajado desde el comienzo de la vinculación", por lo que corresponde tomar en consideración, a estos efectos, sólo el tiempo de trabajo efectivo y no los períodos de receso. La solución legal es coincidente con la que había establecido la jurisprudencia[4].

JURISPRUDENCIA

1. *Trabajo de temporada. Indemnizaciones. Antigüedad. Cómputo.* En el trabajo de temporada, a los efectos de estable-

---

[3] VAZQUEZ VIALARD, en ALTAMIRA GIGENA (coord.), "Ley de contrato de trabajo", t. 1, p. 192.

[4] CNTrab, plenario 50, 13/5/59, *DT*, 1959-383.

6. Etala, *Contrato*.

cer el monto de las indemnizaciones derivadas del despido, se computa como antigüedad el tiempo trabajado durante los períodos de actividad de la explotación (CNTrab, plenario 50, 13/5/59, "Bonanata, Gorizia E. c/Nestlé SA", *DT*, 1959-383).

d) **Período de prueba.** Según el art. 92 *bis*, inc. 7, de la LCT, el período de prueba se computa como tiempo de servicio a todos los efectos laborales y de la seguridad social.

e) **Servicio militar.** No obstante la falta de efectiva prestación de servicio, la ley considera como período de trabajo, a los efectos del cómputo de la antigüedad, el tiempo en que el trabajador debía prestar el servicio militar obligatorio (art. 214, LCT).

f) **Desempeño de cargos electivos.** Aunque tampoco, en este caso, media una efectiva prestación de servicios, la ley considera período de trabajo a los efectos del cómputo de la antigüedad, el tiempo durante el cual el trabajador hubiera desempeñado un cargo electivo en el orden nacional, provincial o municipal –senador, diputado, concejal, intendente– (art. 215, LCT).

g) **Desempeño de cargos sindicales.** El período durante el cual el trabajador desempeñara cargos electivos o representativos en asociaciones sindicales de trabajadores con personería gremial o en organismos o comisiones que requieran representación sindical, es también considerado período de trabajo, a los efectos del cómputo de la antigüedad (art. 217, LCT).

§ 4. **Casos no contemplados por la ley.** – Existe una diversidad de casos que no han sido contemplados expresamente por la ley y que han sido motivo de elaboración en la doctrina y jurisprudencia.

a) **Criterio general.** Como criterio general para la adquisición de la antigüedad en el empleo, puede establecerse el siguiente: haya o no *trabajo efectivo*, la mera circunstancia de que el empleador pueda disponer, durante un período de tiempo definido, de la capacidad de trabajo del trabajador es lo que determina que éste devengue antigüedad[5].

b) **Eximición de prestar servicios.** A los efectos del cómputo de la antigüedad deben considerarse, también, como tiempo

---

[5] ACKERMAN, *La antigüedad del trabajador en el empleo*, p. 91.

de servicio los lapsos en los cuales el trabajador esté eximido del deber de prestarlo por causa que no le es imputable, con independencia de que durante esos períodos perciba o no remuneración. De acuerdo con ello, deben computarse como tiempo de servicio los períodos de suspensión por fuerza mayor y falta o disminución de trabajo (arts. 220 y 221, LCT), así como los períodos de ausencia por accidente o enfermedad inculpable (art. 208), incluido el período de reserva del empleo previsto por el art. 211 de la LCT[6].

c) *Falta de prestación de servicios por causa imputable al trabajador.* Cuando la falta de prestación de servicios es imputable al propio trabajador, el período que corresponda no es computable a los efectos de la determinación de antigüedad. Tal el caso de las ausencias injustificadas, las debidas a su adhesión a huelgas ilícitas, a incapacitación por enfermedad originada en culpa del propio trabajador y los períodos de suspensión disciplinaria[7].

d) *Prestaciones discontinuas.* En aquellas contrataciones en que la discontinuidad de las prestaciones va más allá de las habituales pausas diarias, semanales, mensuales o anuales, sólo cabe computar como antigüedad en el servicio el *período efectivamente trabajado.* Al caso más típico del trabajo de temporada cabe agregar el de los trabajadores de las empresas de servicios eventuales que son destinados a diversas misiones en las empresas usuarias y que tienen con su empleadora una relación laboral de carácter permanente discontinuo (art. 29, parte última, LCT, texto según art. 75, ley 24.013).

JURISPRUDENCIA

1. *Empresa continuadora. Ingreso.* El ingreso de un trabajador a una empresa continuadora de otra que fue anteriormente empleadora de aquél, se halla encuadrado en el art. 225 de la LCT por lo que para el cómputo de la antigüedad corresponde adicionar los años de servicios en cada una de ellas (CN Trab, Sala III, 7/6/84, *DT*, 1984-B-1607).

2. *Licencia sin goce de sueldo.* El uso de una licencia sin goce de sueldo no implica que el período por el cual se la utilice no deba ser computado a los efectos de la antigüedad sino todo lo contrario. Repárese que una licencia excepcional constituye una liberalidad de la empleadora y, por tal motivo, no puede per-

---

[6] ACKERMAN, *La antigüedad del trabajador en el empleo*, p. 93.
[7] ACKERMAN, *La antigüedad del trabajador en el empleo*, p. 94.

judicar los derechos que el trabajador adquiere en función de su antigüedad (CNTrab, Sala II, 28/7/94, *DT*, 1994-B-1997).

Art. 19. [PLAZO DE PREAVISO] – Se considerará igualmente tiempo de servicio el que corresponde al plazo de preaviso que se fija por esta ley o por los estatutos especiales, cuando el mismo hubiere sido concedido.

CONCORDANCIAS: LCT, arts. 18, 94, 231 y 232.

§ 1. **Determinación.** – La LCT determina el plazo de preaviso, según la antigüedad del trabajador, en su art. 231. El empleador puede otorgarlo o bien pagar una indemnización sustitutiva (art. 232, LCT). Lo que este artículo aclara es que sólo corresponde computar como tiempo de servicio del trabajador, a los efectos de su antigüedad, el plazo de preaviso cuando hubiera sido otorgado y no cuando fuera omitido. Esto es aplicable aunque el empleador hubiera concedido el preaviso y dispusiera el despido del trabajador antes de la finalización del plazo de preaviso, salvo que el despido estuviera justificado por injuria del trabajador[1].

JURISPRUDENCIA

1. *Despido intempestivo. Plazo de preaviso omitido.* Cuando el dependiente ha sido despedido intempestivamente no corresponde sumar a la antigüedad el plazo de preaviso omitido (CNTrab, plenario 138, 1/10/70, "Quevedo, Clara Luz c/Consorcio de Propietarios Gascón 899", *DT*, 1970-786).

Art. 20. [GRATUIDAD] – El trabajador o sus derechohabientes gozarán del beneficio de la gratuidad en los procedimientos judiciales o administrativos derivados de la aplicación de esta ley, estatutos profesionales o convenciones colectivas de trabajo.

Su vivienda no podrá ser afectada al pago de costas en caso alguno.

En cuanto de los antecedentes del proceso resultase pluspetición inexcusable, las costas debe-

---

[1] LÓPEZ - CENTENO - FERNÁNDEZ MADRID, *Ley de contrato de trabajo*, t. I, p. 234; ver, además, CNTrab, plenario 138, 1/10/70, *DT*, 1970-786.

rán ser soportadas solidariamente entre la parte y el profesional actuante.

CONCORDANCIAS: LCT, arts. 240 y 275; leyes 23.789; 24.487; 24.522, art. 32, y 24.635, art. 3º.

§ 1. **Principio protectorio.** – El beneficio que otorga al trabajador este artículo es sin duda una manifestación del principio protectorio, uno de los principios generales del derecho del trabajo (ver art. 11). La norma responde a una exigencia básica: no basta que la ley consagre derechos, es necesario que facilite el acceso del trabajador a los estrados judiciales o a la administración del trabajo a fin de obtener su reconocimiento[1].

§ 2. **Aplicación automática.** – La gratuidad que establece el artículo es automática, a diferencia de los beneficios que establecen las normas procesales generales, como el *beneficio de pobreza* o el de *litigar sin gastos*, en que la parte que reclama el beneficio tiene que realizar una petición ante el juez, quien debe resolver en definitiva. El solo hecho de reclamar un derecho fundado en normas laborales produce la automática aplicación del principio de gratuidad[2].

a) *Invocación de normas laborales.* Aunque el texto del artículo sólo se refiere a "esta ley, estatutos profesionales o convenciones colectivas de trabajo", la protección abarca todos los derechos fundados en normas laborales, cualesquiera que sean su carácter o fuente, ya que la misma LCT enuncia, en su art. 1º, otras fuentes que exceden las enumeradas por el artículo para fundamentar los reclamos del trabajador.

b) *Irrelevancia de la solvencia del trabajador.* La norma beneficia al trabajador dependiente, siendo indiferente su solvencia personal, por lo que ampara también a los gerentes y altos empleados[3].

c) *Alcance de la gratuidad.* La gratuidad que establece el artículo alcanza en todo caso al pago de la tasa de justicia, pero no al de las costas judiciales cuando el trabajador es ven-

---

[1] VAZQUEZ VIALARD, en ALTAMIRA GIGENA (coord.), "Ley de contrato de trabajo", t. 1, p. 203.

[2] VAZQUEZ VIALARD, en ALTAMIRA GIGENA (coord.), "Ley de contrato de trabajo", t. 1, p. 204 y 205.

[3] VAZQUEZ VIALARD, en ALTAMIRA GIGENA (coord.), "Ley de contrato de trabajo", t. 1, p. 205.

cido en el pleito. Tampoco alcanza a los honorarios de los profesionales que representen o asistan al trabajador[4].

JURISPRUDENCIA

1. *Procedimiento en la provincia de Buenos Aires.* El beneficio de pobreza, establecido por el decr. 7718/71 de la provincia de Buenos Aires, no ampara a quienes no acreditan en juicio la subordinación o dependencia propia de la relación o contrato de trabajo (SCBA, 23/9/75, *TSS*, 1976-91).

2. *Vínculo laboral.* Si la demanda ha sido rechazada por no haberse demostrado la existencia del vínculo laboral, carece de fundamento la pretensión de la parte actora de ampararse en disposiciones legales, como la del art. 22 de la ley 20.744 (actual art. 20) sobre gratuidad, que tienen como presupuesto la existencia de ese nexo (SCBA, 22/6/76, *TSS*, 1976-514).

3. *Trabajador dependiente.* El beneficio de pobreza consagrado por el art. 22 de la ley 20.744 (actual art. 20) opera a favor del trabajador dependiente y no puede ser invocado cuando la sentencia excluye la existencia de ese vínculo (SCBA, 8/2/77, *TSS*, 1977-692).

4. *Recurso de queja ante la Corte Suprema.* En materia laboral rige el beneficio de gratuidad (art. 20, LCT, y art. 41, LO), por lo que la imposición de cauciones reales para la percepción del capital de condena contraría el espíritu de la normativa del trabajo (CNTrab, Sala X, 14/12/99, *DT*, 2000-A-1265).

§ 3. **Telegrama obrero.** – La misma ley prevé la gratuidad del despacho telegráfico en que el trabajador formalice su renuncia al empleo (art. 240, LCT).

La ley 23.789 establece un servicio de telegrama y carta documento gratuito para el trabajador dependiente, para cualquier comunicación dirigida a su empleador que deba efectuar vinculada con su contrato o relación de trabajo, tanto si la remite en forma personal como representado por la organización gremial correspondiente (arts. 1° y 2°, inc. *a*).

§ 4. **Inembargabilidad de la vivienda del trabajador.** – La vivienda del trabajador –determina el artículo– no podrá ser *afectada* al pago de costas. Esto significa que la vivienda no podrá ser embargada, ni, desde luego, subastada como consecuencia de un proceso judicial. Tampoco podrá ser hipotecada o afectada con otro gravamen como requisito para la celebración de un acuerdo con el empleador, que derivara fi-

---

[4] MEILIJ, *Contrato de trabajo*, t. I, p. 109.

nalmente en un juicio en que el trabajador fuera condenado en costas.

a) *Alcance de la protección.* El resguardo de la ley alcanza sólo a la *vivienda*, es decir, el lugar en que el trabajador vive, pero no a aquellos inmuebles de su propiedad que no estuvieran destinados a ese fin.

La protección de la ley no está limitada a la vivienda que fuera propiedad del trabajador en el momento del juicio, sino que alcanza a toda aquella que estuviera afectada a ese objeto y que el trabajador adquiriera en su reemplazo después del juicio[5].

Tampoco se extingue la protección porque el trabajador dependiente deviniera *trabajador autónomo* antes, en el curso o después del juicio, si el juicio que diera lugar al pago de las costas hubiera estado fundado en la existencia de un contrato de trabajo[6].

b) *Irrelevancia del valor de la vivienda.* El valor de la vivienda del trabajador es indiferente a los efectos del beneficio que establece la ley, por lo que está comprendida toda clase de vivienda, incluso la de alto valor de cambio[7].

c) *Costas en juicio laboral.* Aunque la letra de la ley habla de *"en caso alguno"* se entiende que el beneficio abarca exclusivamente el proceso judicial laboral al que se refiere el párr. 1° del artículo. Si el trabajador quisiera tener a cubierto su vivienda de los efectos de otros créditos o juicios no laborales, deberá recurrir al procedimiento de resguardo del *bien de familia* previsto en el art. 34 de la ley 14.394[8].

d) *Inembargabilidad del salario y otros beneficios del trabajador.* Aunque no lo diga expresamente la norma en examen, que se refiere exclusivamente a la vivienda del trabajador, resultan aplicables a las costas en juicio laboral las demás disposiciones que rigen respecto de la inembargabilidad del salario (arts. 120 y 147, LCT; decr. 484/87), las indemnizaciones

---

[5] Vazquez Vialard, en Altamira Gigena (coord.), "Ley de contrato de trabajo", t. 1, p. 207.

[6] Vazquez Vialard, en Altamira Gigena (coord.), "Ley de contrato de trabajo", t. 1, p. 207.

[7] Vazquez Vialard, en Altamira Gigena (coord.), "Ley de contrato de trabajo", t. 1, p. 206.

[8] Vazquez Vialard, en Altamira Gigena (coord.), "Ley de contrato de trabajo", t. 1, p. 206.

Art. 20

(art. 149, LCT) y los haberes jubilatorios (art. 14, inc. *c*, ley 24.241).

Jurisprudencia

1. **Vivienda del trabajador. Bien de familia.** La diferencia entre la norma del art. 20 de la LCT, que establece que la vivienda del trabajador no puede ser afectada al pago de costas en ningún caso, y el bien de familia, estriba en que, en el caso del trabajador, no se requiere que formule petición al respecto, y su inscripción aparezca en el Registro de la Propiedad, sino que la exención se funda en que el deudor es trabajador y el acreedor lo es en virtud de un crédito que tiene su causa en una condena al pago de costas procesales en un juicio laboral (CNTrab, Sala II, 16/2/98, *TSS*, 1998-983).

2. **Juicio con varios demandados.** El art. 20 de la LCT dispone la inembargabilidad de la vivienda del trabajador sin establecer excepciones en el caso de que se pruebe que la condición de dependiente lo fue exclusivamente con respecto a una sola de las co-demandadas en autos (CNTrab, Sala IX, 24/9/03, *DT*, 2004-A-495).

§ 5. **Pluspetición inexcusable. Responsabilidad solidaria.** – La pluspetición consiste en reclamar en juicio un derecho sin fundamento en norma alguna (o con grave error en la interpretación de ella), o invocando hechos o situaciones inexistentes con clara conciencia de su falsedad[9]. La ley establece la responsabilidad solidaria de la parte y el profesional por las costas del juicio en tanto resulte de los antecedentes del proceso la pluspetición inexcusable. Esto, independientemente de que la responsabilidad del letrado pueda ser mayor en la invocación del derecho y la de la parte en cuanto a la transmisión de los hechos a su representante.

La solidaridad significa que la parte vencedora puede reclamar el total del importe de las sumas que correspondan en concepto de costas procesales tanto al litigante como a su letrado[10]. Esto es lo que surge del art. 699 del Cód. Civil. Quien definitivamente pague al acreedor el importe total, podrá, sin embargo, reclamar al otro deudor solidario la mitad que le corresponde, según lo establecido por los arts. 689, 716 y 717 del Cód. Civil.

---

[9] Vazquez Vialard, en Altamira Gigena (coord.), "Ley de contrato de trabajo", t. 1, p. 208 y 209.

[10] Vazquez Vialard, en Altamira Gigena (coord.), "Ley de contrato de trabajo", t. 1, p. 209.

Jurisprudencia

1. ***Pluspetición inexcusable. Dolo o culpa grave.*** La sanción por pluspetición inexcusable no puede ser confundida con una sanción aplicada por vencimiento parcial, ya que sólo se configura cuando existe un comportamiento agraviante de la parte, o ésta ha actuado con dolo o culpa grave al reclamar, debiendo actuarse con extrema ponderación y suma prudencia al momento de adoptar sanciones que pueden afectar el principio constitucional de defensa en juicio (CNTrab, Sala VII, 18/6/98, *DT*, 1998-B-1845).

Título II

DEL CONTRATO DE TRABAJO EN GENERAL

Capítulo I

DEL CONTRATO Y LA RELACIÓN DE TRABAJO

Art. 21. [Contrato de trabajo] – Habrá contrato de trabajo, cualquiera sea su forma o denominación, siempre que una persona física se obligue a realizar actos, ejecutar obras o prestar servicios en favor de la otra y bajo la dependencia de ésta, durante un período determinado o indeterminado de tiempo, mediante el pago de una remuneración. Sus cláusulas, en cuanto a la forma y condiciones de la prestación, quedan sometidas a las disposiciones de orden público, los estatutos, las convenciones colectivas o los laudos con fuerza de tales y los usos y costumbres.

Concordancias: LCT, arts. 4° a 6°, 10, 14, 22, 24 a 27, 29, 37, 45, 46, 62, 64 a 69, 74, 99 y 115; Cód. Civil, arts. 1137 y 1138; leyes 24.522, art. 196, y 25.013, art. 1°.

§ 1. **Definición legal.** – El artículo contiene la definición legal de contrato de trabajo que es, en general, concordante con la que la misma LCT determina para el *trabajador* (art. 25), el *empleador* (art. 26), el *trabajo* (art. 4°), la *empresa* y el *empresario* (art. 5°).

Advertimos que el régimen legal distingue además entre el *contrato de trabajo* y la *relación de trabajo*; sobre ésta en particular la define el art. 22 de la LCT, al cual nos remitimos.

§ 2. **Primacía de la realidad.** – En una aplicación de este principio, uno de los principios generales del derecho del trabajo (ver art. 11), el artículo establece que habrá contrato de trabajo "cualquiera sea su forma o denominación", lo que significa que habrá que atenerse a la realidad de los hechos más que a la denominación o forma jurídica que le hubieran otorgado las partes.

Por tanto, habrá contrato de trabajo si así surge de las circunstancias de hecho, aunque las partes le hubieran dado otra designación (p.ej., contrato de sociedad, de concesión, locación de servicios).

Jurisprudencia

1. *Calificación del contrato. Primacía de la verdad objetiva.* La circunstancia de que se haya firmado un contrato en que se califica la prestación como *locación de servicios* o que la demandante percibiera una retribución bajo la denominación de *honorarios*, no reviste relevancia a los fines de la caracterización de la relación pues debe prevalecer el contenido real de la vinculación, ya que el rigorismo de las formas cede para que prime la verdad objetiva y la naturaleza concreta de la relación existente (CNTrab, Sala I, 31/5/ 99, *DT*, 1999-B-2276).

2. *Facturas de honorarios.* No puede asignársele ninguna virtualidad probatoria a la existencia de las facturas abonadas a la trabajadora en concepto de honorarios, pues lo determinante son los hechos tal como se dan y no lo que las partes quieren decir de su relación o las denominaciones o formas que de buena o mala fe adopten para poner un velo sobre lo realmente ocurrido (CNTrab, Sala X, 13/12/99, *DT*, 2000-A-1266).

3. *Locación de obra.* Para distinguir la locación de obra del contrato de trabajo se debe considerar la índole y la finalidad del trabajo a cumplir, la asunción de riesgos con respecto al resultado del trabajo y la falta de dependencia personal, teniendo en cuenta que en el contrato de trabajo ordinariamente se contemplan prestaciones repetidas no individualizadas *ab initio*, mientras que la locación de obra se limita, por lo general, a la ejecución de un solo trabajo (en el caso, el actor se desempeñó durante diecinueve años en la empresa demandada realizando tareas de mantenimiento, tanto en la sede central como en sus distintas sucursales) (CNTrab, Sala VI, 14/9/01, *DT*, 2002-A-85).

§ 3. **Sujetos del contrato de trabajo.** – La ley determina quiénes son los sujetos del contrato de trabajo. El *trabajador* siempre es una persona física (art. 25, LCT) y nunca puede ser una persona jurídica (ver, sin embargo, art. 102). Al contrario, el *empleador* puede ser tanto una persona física (o conjunto de ellas), como jurídica (tenga o no personalidad jurídica –art. 26–). Ello, porque el objeto del contrato de trabajo es la prestación por parte del trabajador de una actividad personal e infungible (art. 37).

§ 4. **Autonomía relativa de las partes.** – La figura del contrato de trabajo supone un margen de autonomía de la voluntad de las partes. Sin embargo, esta autonomía no es absoluta sino sólo relativa. Gran parte del contrato de trabajo tiene un *contenido obligatorio* integrado por las *disposiciones de orden público* que resultan irrenunciables y, por consiguiente, inderogables para las partes (ver art. 12, LCT). Cuando no existe estipulación expresa de las partes sobre algunos aspectos del contrato, entra en juego un *contenido supletorio* que es aportado por las leyes, estatutos, convenciones colectivas, laudos, usos y costumbres y demás fuentes de regulación que pudieran regir la relación (art. 46, LCT).

§ 5. **Relación de dependencia.** – La dependencia constituye la nota distintiva fundamental para tipificar el contrato de trabajo y distinguirlo de otros contratos. Ello es así a punto tal que *contrato de trabajo* y *relación de dependencia* son tomadas como expresiones equivalentes.

a) *Caracterización.* La ley no define la *dependencia* y, en consecuencia, ha quedado como tarea confiada a la doctrina y la jurisprudencia. Muchas veces esta faena ha tenido resultados poco alentadores, no ciertamente por deficiencia de nuestros juristas, sino por la imposibilidad de aprehender conceptualmente la multiplicidad de situaciones de hecho que plantea la realidad. La LE ha dado cuenta de la dificultad que en ocasiones se presenta para establecer la existencia o no de un contrato de trabajo al punto de autorizar al juez o tribunal a reducir las indemnizaciones por falta de registro de la relación laboral en los casos de razonable duda del empleador (art. 16, LE).

No obstante las dificultades apuntadas, la doctrina y la jurisprudencia han aportado importantes criterios orientadores para dar solución, con la mayor precisión posible, a los problemas que plantea la práctica concreta.

b) *Notas características.* Varias han sido las notas que la doctrina y la jurisprudencia han tomado en cuenta como pautas o criterios válidos para determinar la existencia de relación de dependencia y, por consiguiente, de un contrato de trabajo.

Es tradicional la distinción que se ha aceptado entre tres tipos de dependencia o subordinación: *1*) la *jurídica* o dependencia *jurídico-personal*; *2*) la *económica*, y *3*) la *técnica*. Éstos se presentan con diferentes grados de intensidad, según las características de la relación que se anuda entre las partes, las tareas que despliega quien presta el servicio y la actividad en que la vinculación se desarrolla.

1) *Dependencia jurídica o dependencia jurídico-personal*. Se manifiesta en la circunstancia de que el trabajador está sujeto al derecho de dirección del empleador (arts. 65 y 66, LCT) en cualquier momento, debe cumplir las órdenes o instrucciones que se le impartan (art. 86, LCT), y carece de autonomía al respecto[1]; se expresa también en la potestad disciplinaria del empleador (art. 67, LCT). Desde luego, el grado de sujeción del trabajador al derecho de dirección del empleador depende de su posición jerárquica en la empresa, de su categoría o especialidad técnica. No es necesario que este derecho se ejerza constantemente, basta sólo con la posibilidad de hacerlo.

Otra de las características de la dependencia jurídica es la facultad que se concede al empleador (y que ejerce por sí o por medio de sus representantes) de sustituir, cuando lo creyera conveniente, su propia voluntad a la del trabajador[2]. La falta de autonomía de este último se manifiesta en la sujeción a cierta disciplina (u orden interno de la empresa), lo cual implica obligaciones –que no comparte el trabajador autónomo o colaborador libre– relativas, por ejemplo, al lugar y tiempo de trabajo (horarios), prestación estrictamente personal (indelegable) y reconocimiento de la autoridad funcional del empleador a quien debe "obediencia", sea cual fuere el grado en que ésta se exija[3].

La jurisprudencia ha indicado la dependencia jurídico-personal como el dato esencial del contrato de trabajo.

2) *Dependencia económica*. Se identifica con el "trabajo por cuenta ajena", es decir, el trabajador presta los servicios en beneficio o provecho de otro, quien asume los riesgos del negocio o de la empresa. Este tipo de dependencia está mentado en la definición legal del artículo comentado, cuando se indica que los actos, obras o servicios que el trabajador ejecu-

---

[1] Krotoschin, *Tratado práctico*, t. I, p. 103.
[2] Krotoschin, *Tratado práctico*, t. I, p. 103.
[3] Krotoschin, *Tratado práctico*, t. I, p. 104.

ta los hace "en favor de la otra" (persona). Ello subsiste aunque el trabajador estuviera remunerado por rendimiento o participara en las utilidades de la empresa (formas éstas de retribución autorizadas por la ley –arts. 104 y 110, LCT–), puesto que no ha de participar normalmente en las pérdidas, salvo el caso excepcional del socio-empleado, situación también prevista por la ley (art. 27, LCT).

3) *Dependencia técnica.* Se expresa en la exigencia de que el trabajador se ajuste a los procedimientos y modalidades de ejecución de sus tareas indicados por el empleador, para la producción de los bienes o la prestación de servicios en que consiste la actividad de éste. También en este aspecto de la ejecución del trabajo, el empleador ostenta la facultad –que ejerce por sí o por medio de sus representantes– de sustituir la voluntad del trabajador por su propia voluntad.

En otros supuestos, se ha señalado que la "incorporación" del trabajador en un establecimiento ajeno, lleva consigo y determina el carácter del trabajo como dependiente o heterónomo[4]. La incorporación, sobre cuya importancia ha enfatizado la teoría de la relación de trabajo, significa en el lenguaje ordinario unir una persona a otras o a un conjunto, de modo que forme con ellas un todo. Sin embargo, en los hechos podrán generarse dudas acerca de las situaciones en que esta incorporación o inserción en una organización total o parcialmente ajena se produce efectivamente y también si ella tiene un carácter comercial o laboral. Muchos proveedores y contratistas, algunos con exclusividad o semiexclusividad, se insertan en una organización ajena más amplia (p.ej., los concesionarios de automotores con sus terminales, los distribuidores con las empresas que les proveen los productos a distribuir, etcétera). En estos casos, para distinguir los contratos civiles y comerciales de los contratos de trabajo habrá que discernir sobre todo si quien presta el servicio lo hace no sólo en forma subordinada –nota que también puede existir en ciertos contratos civiles o comerciales–, sino en forma *personal* e *infungible* (art. 37, LCT) y no mediante una organización empresaria autónoma (art. 5°, LCT).

§ 6. **Actividad personal del trabajador.** – El trabajador presta en favor del empleador, sin mediación alguna, una actividad personal e infungible que constituye el objeto del contra-

---

[4] KROTOSCHIN, *Tratado práctico*, t. I, p. 104; FERNÁNDEZ MADRID, *Tratado práctico*, t. I, p. 582.

to de trabajo (art. 37, LCT). La definición legal del artículo comentado describe esta actividad personal como "realizar actos, ejecutar obras o prestar servicios". Quiere con ello enfatizar que resulta irrelevante la especie del trabajo prestado (puede ser manual o intelectual), la modalidad de la prestación, así como su duración, siempre que se realice en condiciones de dependencia o subordinación.

§ 7. **Irrelevancia de la modalidad de contratación.** – Siempre que exista prestación de trabajo en condiciones de dependencia o subordinación, existirá contrato de trabajo, siendo indiferente la modalidad de contratación, así como la duración de la vinculación. Por ello, este art. 21 aclara que la relación puede tener lugar durante "un período determinado o indeterminado de tiempo".

Existirá, por consiguiente, relación laboral en el caso del contrato de trabajo por tiempo indeterminado (arts. 90 y 91, LCT), permanente discontinuo (art. 29, LCT), a plazo fijo (arts. 90, 93 a 95), de trabajo a tiempo parcial (art. 92 *ter*), de trabajo eventual (arts. 99 y 100), de temporada (arts. 96 a 98), de grupo o por equipo (art. 101) y contrato de trabajo de aprendizaje (art. 1°, ley 25.013).

§ 8. **Riesgo empresario.** – El trabajo dependiente se presta *por cuenta ajena*, lo que significa que el trabajador no asume los riesgos económicos de la empresa. Aunque la empresa arroje pérdidas, sus derechos a la remuneración se mantienen intactos. En cambio, el hecho de que el trabajador pueda participar de las ganancias de la empresa no obsta a su condición de dependiente (art. 110, LCT)[5].

§ 9. **La remuneración.** – La remuneración es un elemento esencial del contrato de trabajo. El trabajo no se presume gratuito (art. 115, LCT), aunque en ciertas ocasiones pueda serlo (caso del trabajo familiar, religioso, benévolo o de buena vecindad), pero en esos supuestos no habrá contrato de trabajo. La remuneración es la contraprestación que debe percibir el trabajador como consecuencia del contrato de trabajo (art. 103, LCT) y resulta irrelevante la forma o modalidad que asuma ella. Así la remuneración puede ser medida por unidad de tiempo (horas, días, semanas, meses) o por unidad de resultado (por pieza o medida), puede consistir en una comisión indi-

---

[5] KROTOSCHIN, *Tratado práctico*, t. I, p. 107.

vidual o colectiva, habilitación, premios, participación en las utilidades, propinas, pagos en dinero o en especie. En todo caso, cualquiera que sea la forma de remuneración, habrá contrato de trabajo.

§ 10. **Caracteres.** – Dentro del esquema clasificatorio de los contratos, el de trabajo puede ser ubicado como *bilateral* o *sinalagmático*, ya que las partes se obligan recíprocamente la una hacia la otra (art. 1138, Cód. Civil), a *título oneroso*, puesto que las ventajas que procuran a una u otra de las partes no les es concedida sino por una prestación que ella le ha hecho o que se obliga a hacerle (art. 1139, Cód. Civil); *conmutativo*, porque las ventajas para ambas partes no dependen de un acontecimiento incierto (art. 2051, Cód. Civil); de *ejecución continuada*, de *tracto sucesivo* o de *duración*, porque existe una ejecución fluyente, repetida y no instantánea, aun en las modalidades contractuales que habitualmente son de corta duración como el contrato de trabajo eventual; de *colaboración*, porque en su ejecución media una función de cooperación entre las partes para alcanzar el fin que se han propuesto al contratar (art. 62, LCT). Tiene también carácter *consensual* porque queda concluido para producir sus efectos propios desde que las partes hubiesen recíprocamente manifestado su consentimiento (art. 1140, Cód. Civil), y *no formal*, porque la ley no le impone una forma determinada para su validez, como queda de manifiesto en el contrato de trabajo por tiempo indeterminado y el de temporada. Sin embargo, algunas modalidades de contratación tienen carácter *formal*, porque la ley subordina su validez como tales a la observancia de ciertas formas, como el contrato de trabajo a plazo fijo (art. 90, LCT) y el eventual (arts. 69 y 72, LE). En estos casos, si no se observaren las formas impuestas por la ley, dichos contratos se entienden celebrados por tiempo indeterminado (art. 90, LCT, y art. 27, LE).

§ 11. **Contrato de trabajo de aprendizaje.** – La ley 24.465 de 1995 había incorporado el contrato de aprendizaje pero como contrato no laboral. La ley 25.013 derogó las normas que regulaban este contrato, y en sustitución su art. 1° instituyó el *contrato de trabajo de aprendizaje* y especificó las distintas condiciones en que puede celebrarse.

a) *Finalidad.* El contrato debe cumplir una finalidad formativa teórico-práctica, la que debe ser descripta con precisión en un programa adecuado al plazo de duración del contrato.

---

7. Etala, *Contrato.*

b) *Partes.* En este contrato, un empleador y un joven sin empleo de entre quince y veintiocho años son partes. No podrán ser contratados como aprendices los que hayan tenido una relación laboral previa con el mismo empleador.

c) *Forma.* El contrato debe celebrarse por escrito.

d) *Duración.* El contrato tendrá una duración mínima de tres meses y una máxima de un año. Agotado el plazo máximo, no podrá celebrarse nuevo contrato de aprendizaje respecto del mismo aprendiz.

e) *Jornada.* La jornada no podrá superar las cuarenta horas semanales, incluidas las correspondientes a la formación teórica. Para la jornada de los menores rigen las normas específicas.

f) *Número máximo de aprendices.* Éste no podrá superar el 10% de los contratados por tiempo indeterminado en el establecimiento de que se trate. Cuando ese total no supere los diez trabajadores será admitido un aprendiz. El empresario que no tuviera personal en relación de dependencia, también podrá contratar un aprendiz.

g) *Preaviso.* El empleador debe preavisar con treinta días de anticipación la terminación del contrato o abonar una indemnización sustitutiva de medio mes de sueldo.

h) *Extinción.* El contrato se extingue por cumplimiento del plazo pactado, caso en el cual el empleador no está obligado al pago de indemnización alguna, salvo el deber de preavisar. En caso de ruptura anticipada sin justa causa rige el art. 245 de la LCT.

i) *Certificado.* A la finalización del contrato, el empleador deberá entregar al aprendiz un certificado suscripto por el responsable legal de la empresa, que acredite la experiencia o especialidad adquirida.

j) *Conversión en contrato por tiempo indeterminado.* Si el empleador incumple las obligaciones establecidas en la ley, el contrato se convierte a todos sus fines en uno por tiempo indeterminado.

JURISPRUDENCIA

1. *Continuidad en el empleo luego del vencimiento.* La existencia de un contrato de aprendizaje y la continuidad en el empleo luego de su vencimiento acredita que entre las partes medió un contrato de trabajo por tiempo indeterminado y no uno de

aprendizaje como pretende la accionada (CNTrab, Sala X, 18/6/03, *DT*, 2004-A-52).

k) **Prohibiciones.** Las cooperativas de trabajo y las empresas de servicios eventuales no pueden hacer uso del contrato de aprendizaje.

Jurisprudencia

1. *Notas tipificantes. a*) Los aspectos integrantes de la relación de subordinación (económica, técnica y jurídico-personal) constituyen notas que en cada relación que se estructure pueden llegar a variar de intensidad y, hasta a veces, algunas de ellas no existir, sin que ello conduzca necesariamente a considerar la inexistencia de subordinación, importando en tales casos atender a las tareas desempeñadas y a las calidades de la persona a cargo de éstas (CNTrab, Sala I, 20/3/89, *DT*, 1990-A-1167).

b) La dependencia técnica y la económica no revisten en la mayoría de los casos importancia decisiva para tener por configurado el vínculo laboral; la nota esencial es la dependencia jurídica o subordinación, que no siempre se manifiesta por el dictado de órdenes, sino también de la posibilidad de sustituir –aunque más no sea de modo potencial– la voluntad del trabajador por la de la empresa (CNTrab, Sala IV, 6/8/84, *DT*, 1984-B-1614).

c) El hecho de que la empresa accionada fuera quien organizaba la labor y que la accionante estuviera sujeta a las directivas que aquélla le impartiera, revelan la existencia de las notas típicas de dependencia (CNTrab, Sala VI, 29/9/99, *DT*, 2000-A-610).

d) Resulta insuficiente para descartar la naturaleza laboral del vínculo, la circunstancia de que la trabajadora se encontrase inscripta en la DGI, pues ello constituye una forma de intentar encubrir la verdadera esencia de la relación (CNTrab, Sala VI, 29/9/99, *DT*, 2000-A-610).

e) Si la accionante prestaba sus servicios en forma personal y en tareas de colaboración permanente, en la forma expresamente reglada por el contrato suscripto, percibiendo rubros propios de un vínculo laboral (sueldo anual complementario, vacaciones), en forma continua y con asistencia diaria, de acuerdo con el horario fijado por la empresa, y era un medio necesario para que la demandada cumpliera su objetivo, realizando sus tareas insertas en una organización que le era ajena, poniendo sus energías de trabajo al servicio del empleador, sometiéndose al control y dirección –actual o potencial de la de la accionada– (arts. 4°, 5°, 21, 23, 25, 26 y concs., LCT), cabe concluir que existió relación laboral entre las partes (CNTrab, Sala I, 31/5/99, *DT*, 1999-B-2276).

f) A los efectos de determinar la existencia o no de una relación dependiente es relevante la circunstancia de que el actor estuviese inscripto como trabajador autónomo y que hubiese percibido sus remuneraciones en concepto de *honorarios* o *reintegro de gastos*, así como la circunstancia de que extendiera recibos impresos con el membrete de su nombre y apellido de los que se desprendía su inscripción previsional como trabajador autónomo, si la tarea que desarrollaba era la de administrador del establecimiento de propiedad de la demandada, máxime si se acredita que el actor no concurría con frecuencia a efectuar sus tareas, que no prestaba servicios en forma exclusiva para la demandada y que había adoptado con otros clientes idéntica modalidad remuneratoria (CSJN, 30/6/99, "Alonso, Jorge R. c/Rumdi SA", *DT*, 1999-B-2545).

g) El hecho de que el actor facturara sus servicios en concepto de honorarios, que posea número de clave única de identificación tributaria (CUIT) y que esté inscripto como contribuyente del impuesto a las ganancias, es irrelevante para determinar la inexistencia de relación laboral cuando se encuentran acreditadas circunstancias que son determinantes y características de la dependencia personal propia del contrato de trabajo, como lo constituye la posibilidad del empleador de dar órdenes y de sustituir en todo momento la voluntad del trabajador por la suya propia en horarios, modalidades, etc. (dependencia jurídica) (CNTrab, Sala X, 20/11/00, *DT*, 2001-A-808).

h) La exclusividad no constituye, per se, nota distintiva del contrato laboral, ni excluye, por ende, la viabilidad de su configuración cuando la prestación personal del actor, acorde a los usos y reglas inherentes a la actividad de la demandada, ha quedado acreditada (CNTrab, Sala IV, 16/8/01, *DT*, 2002-A-742).

i) A los efectos de evaluar la existencia o no de una relación laboral, cabe tener en cuenta el comportamiento de las partes durante la ejecución del negocio ya que si en un lapso temporal prolongado de la vinculación –en el caso treinta y cinco años– la actora no probó haber reclamado el pago de aguinaldo, vacaciones ni beneficio social alguno, esto constituye una grave presunción en contra de sus aspiraciones, ya que el silencio en cuestión no se compadece con el curso ordinario y natural de las cosas en el trato laboral (CNTrab, Sala I, 23/12/02, *DT*, 2003-A-548).

j) Donde no hay empresa, no hay contrato de trabajo, porque necesariamente el sujeto empleador debe ser un empresario (CNTrab, Sala VIII, 24/9/03, *TSS*, 2003-1043).

2. **Artistas.** *a*) El trabajo artístico por lo común se inserta en una organización empresaria; cuando así ocurre, se presume que es un contrato de trabajo y sólo podrá llegarse a una conclusión diferente cuando por la propia modalidad de la contratación resulta excluida la posibilidad de dicha relación (CNTrab, Sala VI, 14/12/79, *DT*, 1980-355).

b) El desempeño como artista de variedades (mago) en emisiones de un canal de cable determina la aplicación de los arts. 23 y 115 de la LCT, que hacen presumir la existencia de un contrato de trabajo y que éste no era gratuito (CNTrab, Sala V, 29/7/94, *DT*, 1994-B-2123).

3. *Árbitros.* *a*) La relación existente entre los árbitros o jueces de basquetbol y la Federación Regional de Basquetbol de la Capital Federal contiene todas las notas tipificantes de un contrato de trabajo. Dicha Federación es quien establece el monto de las remuneraciones, quien asigna los partidos a dirigir y detenta las facultades disciplinarias y reglamentarias, programando todas las actividades a realizar por parte de aquéllos (CNTrab, Sala VI, 6/5/94, *DT*, 1994-B-1757).

b) La continuidad de las prestaciones del árbitro y su papel necesario para cumplir los fines de la institución deportiva no bastan para calificar la relación laboral si no se consideró que podían constituir notas comunes a otras formas de vinculación jurídica (CSJN, 30/4/96, "Aballay, Enrique O. c/Federación Regional de Basquetbol de Capital Federal", *TSS*, 1996-966).

4. *Auditores médicos.* La circunstancia de que el auditor médico no cumpliera tareas médicas directas, sino que autorizara los reintegros a los afiliados, ratifica la configuración de un contrato de trabajo, pues el médico aparece inserto en la organización empresaria, efectuando una tarea de control administrativo necesario para el debido funcionamiento de la obra social (CNTrab, Sala VI, 30/11/93, *DT*, 1994-A-965).

5. *Becarios.* *a*) No existe relación laboral entre las partes cuando los que suscribieron *becas* por tres meses con la empleadora no tenían responsabilidad en el resultado de las tareas que realizaban, concurrían en un horario menor al resto del personal de la empresa, gozaban de flexibilización horaria en función de sus estudios y podían usufructuar dos semanas de licencia (CNTrab, Sala II, 1/2/94, *DT*, 1994-B-1449).

b) Concertado un contrato de beca para la formación técnica y práctica sobre la aplicación del régimen de la ley 24.241, con una evaluación al final del período que habilitaría al becario para el desempeño como promotor de servicios de afiliación, previa inscripción en un registro especial, cabe concluir que el objetivo específico era la capacitación y no la prestación de un servicio en los términos de los arts. 21 y 22 de la LCT (CNTrab, Sala II, 27/5/97, *TSS*, 1997-592).

c) Hay inserción en una empresa ajena, que permite calificar la relación como laboral en el tiempo que duró el llamado *contrato de beca*, en que el accionante realizó un curso de nueve días y luego pasó a desempeñar funciones dirigidas por un supervisor cumpliendo un horario de lunes a viernes, efectuando una cantidad determinada de promociones diarias y rindiendo cuentas de la actividad cumplida en la jornada (CNTrab, Sala X, 31/10/96, *TSS*, 1997-595).

6. *Colaborador gremial.* *a*) El *colaborador gremial* (representante no electo del sindicato) si bien recibe una compensación por sus tareas gremiales de tiempo completo, equivalente al salario diario del oficial albañil, no tiene relación de dependencia

con respecto al sindicato, en tanto el propio régimen jurídico que instituyó tal figura explica que las compensaciones establecidas no implican que se les atribuya la calidad de trabajadores en el sentido del derecho del trabajo, salvo que se hubiera tachado de ilegítima tal reglamentación o se hubiera sostenido que dicho régimen constituye instrumento de un fraude laboral, procurando su anulación (CNTrab, Sala VI, 19/9/89, *DT*, 1990-A-400).

b) Si el actor no era un representante gremial en los términos del art. 217 de la LCT o de los arts. 49 a 51 de la ley 22.105 [derogada por ley 23.551], ni se ha probado que sus funciones hubiesen sido de carácter sindical, mientras que percibía un salario del sindicato y estaba sujeto a las órdenes que le impartían las autoridades de éste, corresponde considerar que, a pesar de la denominación de *colaborador gremial*, no fue más que un empleado administrativo que prestó servicios generales dentro del régimen de la LCT y, por lo tanto, su cese incausado debe ser indemnizado según esta ley (CNTrab, Sala IV, 12/2/90, *DT*, 1990-A-622).

c) Aunque la tarea cumplida por un colaborador gremial pueda tener cierta similitud con las condiciones fijadas para el cumplimiento de un contrato de trabajo, las figuras jurídicas difieren y no es posible considerar la existencia de una relación laboral subordinada respecto de la asociación profesional cuando un trabajador del gremio, previa licencia de su empleador, pasa a colaborar en la institución para el cumplimiento de los fines que son propios al objeto asociacional (CNTrab, Sala II, 23/10/92, *DT*, 1992-B-2285).

7. **Cónyuges.** En la legislación no existe prohibición genérica de contratar entre cónyuges, ni específica de celebrar contrato de trabajo; por otra parte, la independencia de los patrimonios –aun gananciales– de los cónyuges que estableció en primer término la ley 11.357 y perfeccionó la ley 17.711 (arts. 1276 y 1277, Cód. Civil) permite conciliar sus derechos y deberes en la órbita matrimonial con la relación de dependencia propia del mencionado contrato, que se limita a las actividades de la empresa (CSJN, 26/11/02, "Segurotti, Luciana c/Anses s/prestaciones varias", *TSS*, 2003-113, y *RJP*, 2003-72-774).

8. **Cuidado de ancianos en el hogar.** *a*) Las tareas vinculadas con el cuidado de ancianos en el hogar familiar no pueden ser encuadradas en la esfera laboral, puesto que no puede considerarse a la accionada como titular de una organización de medios instrumentales destinados a la producción de bienes, ni a la prestación de servicios, en la que el referido aporte personal pudiera subsumirse, lo que torna inaplicable la LCT y la legislación complementaria, pero, como se trata de una relación contractual, debe ser regida por la normativa civil (CNTrab, Sala VI, 12/12/95, *DT*, 1996-B-1801).

b) Si la actividad principal de la trabajadora era el cuidado de una persona de avanzada edad con dificultades para movilizarse, por lo que necesitaba asistencia personal permanente, cabe concluir que nos encontramos en presencia de una inequívoca locación de servicios (art. 1623 y concs, Cód. Civil), no amparada por la normativa laboral (CNTrab, Sala I, 24/4/03, *DT*, 2003-B-1227; íd., íd., 29/8/03, *DT*, 2003-B-1853).

9. *Cuidado de enfermos.* a) Si la demandada contrató a la actora para que cuidara a su esposo enfermo, no puede afirmarse que entre las partes haya existido un contrato de trabajo. Distinta sería la solución si la primera hubiera explotado una empresa dedicada al cuidado de personas enfermas, con fines de lucro o –eventualmente– para satisfacer sentimientos altruistas (art. 5°, LCT), caso en el cual el desempeño en *tareas de cuidado de enfermos* podría describir el comportamiento de un trabajador en el sentido del derecho del trabajo (CNTrab, Sala VIII, 14/3/00, *DT*, 2001-A-479).

b) Si el sentenciante había establecido como principio general que es posible que las tareas del enfermero profesional en el domicilio de los pacientes se desarrollen en forma autónoma, como también que es frecuente que se presente el caso de que la accionada no sea empresaria ni cuente con una organización de esa índole, en dicho contexto era preciso extremar el cuidado para verificar si se presentaban las notas que tipifican el contrato de trabajo, máxime cuando la norma aplicada contempla la caída de la presunción si concurrieran circunstancias, relaciones o causas que demostrasen lo contrario (CSJN, 30/9/03, "Mastrotefano de González Mir, Marta D. c/Roemmers de Mocorrea, Hildegar y otros", *TSS*, 2004-116).

10. *Changarín.* La naturaleza del trabajo de changarín por sí sola, no excluye la posibilidad de establecer una relación con vocación de permanencia, puesto que la exclusividad y el cumplimiento de labores todos los días no son imprescindibles para tipificar un contrato de trabajo, por lo que si se comprueba que existió una incorporación permanente del trabajador a la empresa, por mínima que sea, alcanzaría para configurar el trabajo eventual caracterizado en la LCT (CNTrab, Sala X, 10/8/00, *DT*, 2001-A-302, y *TSS*, 2001-247).

11. *Despachante de aduana.* La circunstancia de que el despachante de aduana haya suscripto ciertos remitos no permite concluir que se desempeñara como trabajador en forma autónoma, toda vez que conforme a lo informado por el Registro de Despachantes de Aduana, figuraba inscripto como dependiente del demandado, contando con facultades para presentar manifiestos, guías internacionales y listas de provisiones y suministros con sus respectivas traducciones firmadas por el agente de transporte, tramitar las relaciones de carga, conformes, transbordos y giros, presenciar la carga y descarga y firmar los recibos de mercadería removida (CNTrab, Sala I, 15/9/03, *DT*, 2004-A-496).

12. *"Disk jockey"*. No hay contrato de trabajo entre quienes se desempeñaban como *disk jockey* con sus propios equipos de música, ambientación y complementos y quien adquirió un complejo de cosas y servicios (CNTrab, Sala VI, 20/9/94, *TSS*, 1994-1104).

13. *Director de sociedad anónima*. a) El director de una sociedad anónima integra el órgano de la sociedad y, por ende, no puede aceptarse que se lo considere un subordinado más de la entidad a no ser que se acredite fehacientemente la prestación de servicios realizados bajo relación de dependencia, y la circunstancia de que el director tuviera una oficina propia en la entidad y se encargase del giro de los negocios se corresponde con su condición de director de la sociedad, sin que ello en modo alguno implique que recibiese órdenes de su superior o que estuviese subordinado a alguna autoridad que fiscalizase su gestión y pudiese darle órdenes o instrucciones (CNTrab, Sala V, 15/4/98, *DT*, 1998-B-1666).

b) A los fines de demostrar su relación de dependencia, los directores deben probar que su labor en la empresa accionada excede la natural y necesaria para cumplir su cometido de socio y director, puesto que si por esa sola razón se convirtiera en dependiente de la sociedad, se estaría desnaturalizando la causa misma del contrato social (CNTrab, Sala X, 17/2/99, *TSS*, 1999-1083).

c) En principio, los directores de una sociedad anónima, al investir ese cargo, constituyen el órgano directivo de la sociedad y no pueden, por lo tanto, encontrarse subordinados jurídicamente al ente societario, vale decir que no se da el presupuesto de recibir órdenes sino que como integrante del directorio contribuye a la elaboración de ellas, y ese vínculo del director con la sociedad queda encuadrado dentro del marco del derecho comercial y no del laboral (CNTrab, Sala III, 31/8/00, *TSS*, 2001-239, y *DT*, 2001-A-824).

d) El presidente del directorio de una sociedad anónima no puede, en principio, solicitar en su beneficio la tutela de la legislación laboral, a no ser que acredite que hubiera existido fraude a la ley laboral y que sus servicios, en verdad, hubiesen sido prestados bajo un esquema de subordinación jurídica (CNTrab, Sala VIII, 30/3/01, *DT*, 2001-B-2284).

e) El director de una sociedad anónima puede ser al mismo tiempo dependiente de la misma cuando realiza tareas distintas a las que le competen en tal carácter (CNTrab, Sala X, 8/4/03, *DT*, 2003-B-1549).

14. *Fleteros*. a) En principio, los acarreadores, fleteros, porteadores, etc., no están amparados por las disposiciones que rigen las relaciones laborales, pero sí tienen derecho a tales beneficios cuando prueban fehacientemente que, pese a la denominación de tal relación contractual, se encuentran ligados por un verdadero contrato de trabajo (CNTrab, plenario 31, 26/6/56, "Mancarella, Sebastián, y otros c/Viñedos y Bodegas Arizu SA", *DT*, 1956-469).

b) Si el fletero debía respetar horarios de carga, hojas de ruta, manejaba papelería impresa provista por la empresa y se encontraba en la imposibilidad de variar los fletes, cabe concluir que tanto el poder de dirección como el disciplinario eran ejercidos exclusivamente por la demandada por lo que medió entre las partes un verdadero contrato de trabajo en subordinación (arts. 5º, 21, 23 y 25, LCT) máxime si no se demuestra que el fletero era un verdadero empresario autónomo y con establecimiento propio, según el art. 23, parte 2ª, de la LCT (CNTrab, Sala VII, 22/11/90, *DT*, 1991-B-1215).

c) Para determinar el carácter subordinado de la relación del fletero, adquieren especial relevancia circunstancias tales como el aporte del vehículo por parte del actor, el hecho de que éste asumiera los gastos de mantenimiento, así como los riesgos del transporte y los de las mercaderías, y la posibilidad prevista de hacerse sustituir por otro chofer (CNTrab, Sala I, 8/7/92, *DT*, 1993-A-70).

d) Si ambas partes coinciden en que el actor realizaba fletes con un vehículo de su propiedad, tarea por la que percibía 85% del precio facturado al cliente, mientras la agencia de fletes recibía el 15% restante, ha de considerarse que el vínculo era de naturaleza laboral dependiente, pues se trata de una persona física que prestó servicios personales bajo la dependencia jurídico-personal y económica, ya que la clientela correspondía a la agencia, que determinaba el orden y condiciones de prestación, aunque el poder disciplinario estuviese latente (CNTrab, Sala IV, 28/6/93, *DT*, 1993-B-1630).

e) No existe relación dependiente si se demuestra que los fleteros solventaban los gastos de mantenimiento del vehículo, asumían la responsabilidad por el transporte de la mercadería, corrían con los gastos de mantenimiento del elemento de trabajo, no existía control horario, podían (aunque eventualmente) nombrar su propio reemplazante en su ausencia y percibían importes por su publicidad de las empresas con las que contrataron, en los vehículos, máxime si se acredita asimismo que los fleteros tenían más de un camión y que en caso de tener vehículos afectados al servicio, el fletero nombraba a su propio hijo o a un tercero para que prestase, a su vez, servicios en calidad de tal (CNTrab, Sala IV, 20/8/96, *DT*, 1996-B-2767).

f) Si los fleteros tenían una hoja de ruta, obligación de visitar determinado número de clientes diarios, zona limitada, obligación de presentarse todos los días, la empresa tenía poder disciplinario, que hay suspensiones para controlar el trabajo, venden por cuenta y orden de la empresa, los papeles y talonarios de venta llevan membrete de la empresa y cobraban un porcentaje fijo por cajón, se configura el presupuesto del art. 23 de la LCT, existiendo relación de dependencia (CNTrab, Sala VIII, 13/9/84, *DT*, 1984-B-1822).

g) Son notas tipificantes de un verdadero trabajo autónomo y, por tanto, ajeno a la normativa laboral, la falta de fiscalización en el recorrido del fletero, la propiedad del camión, el mantenimiento, guarda y seguro de éste por su cuenta, la asunción de los riesgos de la mercadería, la falta de poder disciplinario del superior sobre ellos, la ausencia de ciertos beneficios laborales y previsionales a su respecto, etcétera (CNTrab, Sala I, 27/11/98, *DT*, 1999-A-1135).

h) La sumisión del fletero a una serie de directivas y condiciones de la empresa no resulta concluyente por sí sola para acreditar un vínculo de subordinación, pues ello puede estar presente tanto en una relación comercial como en un contrato de trabajo, lo que responde al orden propio de toda organización empresarial (CNTrab, Sala I, 19/10/99, *DT*, 2000-A-606).

i) Cuando en la ley 24.653 (art. 4º, inc. *h*) se establece que el transportista que presta el servicio por cuenta de otro que actúa como principal (el denominado "fletero") no tiene relación laboral ni dependencia, se refiere, inequívocamente, al *contratante*, vale decir, a quien requirió sus servicios. Dicho en otras palabras, se aclara definitivamente que no existe vinculación laboral con el llamado "cargador", según la descripción efectuada en el Título V del Código de Comercio. Si se trata de una relación anudada entre una persona física y una sociedad dedicada al transporte de carga, al no contener ninguna definición expresa en la ley citada (ni en ninguna otra) se encuentra sujeta a las disposiciones del art. 21 y concs. de la LCT (CNTrab, Sala X, 29/6/01, *DT*, 2002-A-102).

15. *Guías de turismo*. Resulta de carácter laboral la vinculación entre la agencia de turismo y el guía dedicado a una función programada por aquélla para realizar sus actividades específicas y como un elemento humano necesario para el cumplimiento de sus fines, aunque el contrato sea discontinuo por la naturaleza de la actividad turística, variable en su intensidad y sujeto a la afluencia de pasajeros (CNTrab, Sala VII, 6/9/01, *DT*, 2002-A-87).

16. *Jugadores de fútbol*. El jugador profesional de fútbol y la entidad que utiliza sus servicios están vinculados por un contrato de trabajo (CNTrab, plenario 125, 15/10/69, "Ruiz, Silvio R. c/Club Atlético Platense", *DT*, 1969-737).

17. *Locación de un automóvil*. Si se acredita la existencia de un contrato locativo celebrado entre las partes que, entre otras características, estipulaba el pago por parte del actor de una cifra de dinero fija diaria en concepto de canon por el uso de un automóvil y éste no demuestra que el pago se calculaba en base a un porcentaje de lo recaudado por jornada como invocó, no corresponde asignar a esta relación naturaleza laboral ya que en tal contexto puede aseverarse que no prestaba ningún servicio personal a favor de la accionada, lo que torna inoperante la presun-

ción contenida en el art. 23 de la LCT, porque al haberse pactado ese canon fijo es obvio que a la accionada le era indiferente si el actor retiraba el automóvil para hacer pocos o muchos viajes, puesto que el resultado sería idéntico, mientras los beneficios y perjuicios vinculados a la cantidad de viajes recaería exclusivamente sobre el actor (CNTrab, Sala X, 31/3/98, *DT*, 1999-B-1836).

18. *Martillero público.* Tratándose de un martillero público que realizaba remates de carne por cuenta de la demandada, con periodicidad y a cambio de una suma fija mensual, su actividad se encuentra regulada por la ley 20.266, que no prevé la hipótesis de que el agente de comercio celebre contrato de trabajo con el dueño de los bienes cuyo remate se le encomienda, por lo cual no es operativo el art. 23 de la LCT, ya que no concurre la nota de tipicidad que explica y justifica la presunción que establece (CNTrab, Sala VIII, 31/10/02, *TSS*, 2003-155).

19. *Médicos.* *a*) Si la profesional oftalmóloga atendía en los consultorios de la demandada a los pacientes que se derivaban o la elegían en forma directa, empleando la infraestructura de la institución que extendía los recibos de pago a los atendidos, organizaba el trabajo y al fin de cada mes liquidaba importes en función de la cantidad de pacientes atendidos y tareas realizadas, cabe concluir que la médica trabajó en relación de dependencia (CNTrab, Sala III, 28/2/95, *DT*, 1995-B-1631).

b) Si la institución demandada tenía pautado el horario y número de días en que el médico debía estar a disposición de los afiliados, también el monto de la retribución, el modo de abonarla, la cantidad de consultas por paciente, la modalidad de recetar medicamentos, así como la sujeción de las recetas y órdenes de internación al control y autorización de la accionada, cabe concluir en la existencia de relación de dependencia (CNTrab, Sala IV, 14/2/92, *DT*, 1992-A-903).

c) En principio, la modalidad de desempeño de los profesionales médicos en las llamadas guardias pasivas no excluye la posibilidad de existencia de relación de dependencia, ya que durante un horario determinado el profesional debe permanecer dentro de un radio en el que pueda ser localizado por la institución, pero, por tratarse de una situación límite, corresponde analizar en cada caso si la relación tiene o no características laborales, siendo el detalle determinante al efecto el grado de control que ejerza la institución sobre el profesional y la obligatoriedad del carácter personal de la prestación (CNTrab, Sala III, 22/10/92, *DT*, 1993-A-192).

d) Las limitaciones impuestas a los médicos en el ejercicio de su actividad profesional, manifestadas por medio de la imposición de horarios, planillas, recetarios, uniformes, tiempo de consulta, controles regulares, imposición de nómina de pacientes, percepciones independientes de la concurrencia de enfermos, rendiciones periódicas, sometimiento a fiscalizaciones, imposición de sanciones mediante anotaciones en el legajo personal, etc., son notas tipificantes de una vinculación laboral (CNTrab, Sala VIII, 30/6/93, *DT*, 1994-B-1193).

e) Cabe concluir que se encuentra acreditada la relación de dependencia (arts. 23 y 25, LCT), si la accionante, profesional médico, se encontraba a disposición de la demandada en días y horarios prefijados, debiendo atender a los pacientes que esta última le ordenaba, ubicados en un radio predeterminado y en un lapso máximo también fijado por la empleadora (CNTrab, Sala VII, 4/10/96, *DT*, 1997-A-314).

f) Tiene relación de dependencia el médico que atiende enfermos en un sanatorio percibiendo por cada paciente honorarios que se liquidan mensualmente, previo un descuento de un 20% para gastos de administración del establecimiento, si los pacientes no eran del médico sino de una obra social que los derivaba al sanatorio, y éste al médico (CNTrab, Sala VII, 30/11/84, *DT*, 1985-A-208).

g) Para que sea aplicable la presunción contenida en el art. 23 de la LCT, es preciso que se dé la situación de prestación del trabajo en establecimiento ajeno, lo que no se configura si el actor, profesional médico, es contratado para realizar el control de los enfermos trasladados por el demandado en la ambulancia, sin estar sujeto al poder disciplinario, que es una nota esencial del contrato de trabajo (CNTrab, Sala VII, 9/3/93, *DT*, 1993-B-1860).

h) Si el personal médico que brindaba sus servicios profesionales en beneficio de la empresa no se encontraba sometido a órdenes o directiva alguna de la entidad, no estaba a disposición de ella, no cumplía horarios determinados y no guardaban, dichas prestaciones, las condiciones de habitualidad y exclusividad propia de toda relación de trabajo, debe concluirse que la relación entre médicos y empresa tuvo carácter autónomo, puesto que la falta de subordinación económica y técnica hace decaer el concepto de relación de dependencia laboral (CFedSegSocial, Sala III, 4/12/97, *DT*, 1998-B-1751).

i) Si se acredita que el profesional médico que cumple tareas inherentes a su función en un centro de salud perteneciente a la demandada, que atendía los pacientes que eran de ésta y que no podía negarse a hacerlo, que los atendía dentro de los horarios de planilla que imponía la accionada, que el centro de los servicios a pacientes lo hacía la demandada según facturación procedente de obras sociales y centros de salud subcontratados por ésta, cabe considerar configurada una relación laboral entre el profesional y la entidad demandada de acuerdo a lo previsto en los arts. 21 y 23 de la LCT (CNTrab, Sala IV, 10/3/99, *DT*, 1999- B-1310).

j) Aunque los actores prestaban servicio personal en su propio consultorio y en el domicilio de los pacientes, redundando ello en beneficio de la demandada, al no probarse que cumplían órdenes de trabajo por parte de ésta, con horario asignado o que fueran controlados en cuanto a la cantidad de servicios o sujetos a poder disciplinario alguno, no puede concluirse que entre las partes haya existido un verdadero contrato de trabajo (CNTrab, Sala I, 24/5/99, *DT*, 1999-B-1867).

k) Si la actividad de la demandada consiste en prestar asistencia médica a sus afiliados, los médicos vinculados a ella que cumplen sus tareas en forma habitual en el propio sanatorio se encuentran ligados por un vínculo de subordinación en los términos de los arts. 21 a 23 de la LCT, dado que están integrados, junto con otros medios personales y materiales, a la empresa (entendida ésta bajo la conceptualización del art. 5º, LCT) para el logro de sus fines (CNTrab, Sala X, 31/3/00, *DT*, 2000-B-1828).

l) Se encuentran reunidas las notas típicas de una relación laboral si se prueba que el actor estaba inserto en la organización empresaria de la demandada (clínica médica), desempeñándose en su establecimiento, a quien beneficiaba con los servicios que prestaba en forma personal atendiendo pacientes que eran exclusivamente de la clínica, percibiendo como contraprestación pagos mensuales y resultando controlado en sus labores por los auditores que tenía la empleadora (CNTrab, Sala I, 29/9/00, *DT*, 2001-A-112).

m) Cuando de los elementos de juicio se infirió la existencia de una relación de trabajo, el hecho de que la actora (médica que prestaba servicios en la Liga Israelita contra la Tuberculosis) emitiera facturas o percibiera honorarios y estuviera inscripta en autónomos, no obsta a tal conclusión. Esto es así porque debe regir el principio de *primacía de la realidad* y válidamente puede concluirse que la entrega de dicha documentación, así como la mencionada inscripción, constituyen exigencias formales de la empleadora para eludir la aplicación de las normas laborales que resultan indisponibles para las partes (art. 12, LCT) (CNTrab, Sala III, 14/7/00, *DT*, 2001-A-824).

n) La naturaleza jurídica del vínculo existente entre un profesional y el establecimiento asistencial en el que presta servicios, depende de las circunstancias fácticas que en cada caso concurran. Éstos, aun permitiendo el tránsito entre una típica relación de dependencia hasta el libre ejercicio profesional, atraviesan zonas intermedias en las que resulta necesario desbrozar y despejar con nitidez los perfiles que definen la configuración del vínculo jurídico existente entre las partes. Por ello, resultan estériles los principios que pudieran desarrollarse en abstracto, correspondiendo en cada caso concreto verificar las circunstancias fácticas que concurran a los fines de la determinación de la eventual existencia de subordinación jurídica, económica y técnica que caracterizan la relación de dependencia laboral (CNTrab, Sala X, 31/7/00, *DT*, 2001-A-830).

ñ) Las particularidades que presenta el sistema de contratación de profesionales por parte de una obra social para la atención de sus afiliados requiere un minucioso estudio de la situación planteada, a fin de determinar si hubo o no relación de dependencia. En ese marco, no resulta debidamente fundada la sentencia que asignó valor decisivo a las restricciones impuestas a la actividad profesional del actor como producto de la fijación de horarios para la atención de pacientes, sometimiento a un cierto control, etc., sin examinar si constituían una genuina manifestación del ejercicio del poder de dirección patronal, o si, en cambio, eran consecuencia necesaria de la organización y funcionamiento del sistema médico asistencial al que el actor se había incorporado en calidad de prestador (CSJN, 29/8/00, "Amerise, Antonio c/Obra Social de la Actividad de Seguros, Reaseguros, Capitalización y Ahorro y Préstamo para la Vivienda", *DT*, 2001-A-839).

o) Reconocida por el demandado la prestación de servicios por parte del actor –médico– en tareas propias de su actividad, se crea una presunción inicial favorable al dependiente que invoca la existencia de un contrato de trabajo, por aplicación del art. 23 de la LCT (CNTrab, Sala X, 17/4/02, *DT*, 2003-A-76).

p) Es descalificable la sentencia que dejó firme la resolución que consideró que mediaba contrato de trabajo entre el establecimiento de salud y el médico, si surge de la causa que éste era nombrado anualmente y hasta el momento en que se le comunicó que en adelante no lo sería, no hubo conflictos atinentes al encuadramiento jurídico del vínculo mantenido durante catorce años; que en el ámbito de la institución había médicos que se desempeñaban en relación de dependencia y otros cuya designación anual los autorizaba a atender pacientes y a cobrar honorarios por tal atención, liquidados por el hospital una vez percibidos, y que contaba con amplias facultades de organización, determinación de horarios y licencias (CSJN, 26/8/03, "Bertola, Rodolfo P. c/Hospital Británico de Buenos Aires", *TSS*, 2003-1003).

q) Corresponde tener por configurado un contrato de trabajo, y no una locación de servicios, cuando el ejercicio de una profesión liberal se desarrolla bajo el poder de dirección y organización del empleador –en el caso, los pacientes que debía atender el actor eran derivados por la obra social demandada–, sin que obste a ello la circunstancia de que el dependiente facture por la prestación de sus servicios y que se califiquen como "honorarios" las sumas de dinero entregadas periódicamente por el principal (CNTrab, Sala X, 29/9/03, *DT*, 2004-A-821).

20. **Piloto de avión particular.** El contrato para pilotear un avión particular cuyos vuelos estaban destinados al traslado de la accionada, su familia y/o amigos a diversos puntos turísticos y en otros casos a simples vuelos de placer, no tiene carácter laboral (CNTrab, Sala VIII, 24/9/03, *TSS*, 2003-1043).

21. **Profesionales.** *a*) Si el reclamante con su trabajo personal era un medio necesario para que la demandada cumpliera su objetivo, realizando las tareas inserto en una organización que

le era ajena, poniendo sus energías de trabajo al servicio del empleador, sometiéndose al control y dirección –actual o potencial– de la empresa (arts. 4°, 5°, 21, 23, 25, 26 y concs., LCT), cabe concluir que estuvo unido a la reclamada por un vínculo de tipo laboral (CNTrab, Sala I, 30/11/90, *DT*, 1991-B-2201).

b) Que un profesional, cualquiera que sea el área en que se desempeña, no esté sometido técnicamente a aquellos para quienes presta servicios no implica en modo alguno que deba descartarse la existencia de una relación laboral, si se dan en el caso los demás elementos que la configuren. Lo que importa considerar es si la trabajadora estaba integrada con otros medios personales y materiales a la empresa demandada para el logro de los fines de ésta (CNTrab, Sala IV, 21/3/94, *DT*, 1994-B-1450).

c) Si bien cuando se trata de trabajadores con conocimientos específicos del área que les compete, como en el caso de los profesionales, suele faltarle fuerza a la nota de dependencia técnica, presente en otros contratos de trabajo, ello no implica, en modo alguno, que deba descartarse la existencia de una relación laboral. Porque es justamente esa capacidad de desenvolverse con independencia dentro del marco del área específica de sus conocimientos, uno de los extremos tenidos en cuenta por el empleador a la hora de incorporar a su plantel este tipo de profesionales. Lo determinante en estos casos es la subordinación con su empleadora, la integración a su estructura y la sujeción del profesional a las directivas de sus superiores (CNTrab, Sala X, 26/3/01, *DT*, 2001-B-2332).

d) En el análisis de los casos de profesiones liberales no corresponde partir de premisas fijadas, dado el carácter particular que reviste cada caso, por lo que corresponde al juez mediante el examen de los hechos cuestionados y de las relaciones existentes entre los litigantes, darles su auténtico sentido desentrañando la verdadera figura jurídica que prevalece en una situación dada (en el caso, el actor invocó haberse desempeñado en calidad de sociólogo a las órdenes de la demandada para realizar trabajos de consultoría en recursos humanos) (CNTrab, Sala I, 28/2/03, *DT*, 2003-A-831).

22. *Profesores.* *a*) Si la actora se desempeñaba como profesora de danzas nativas en la sede de la demandada, durante la mayor parte del año, se le pagaba una parte proporcional de lo recaudado por tal concepto, con regularidad mensual y la demandada fijaba el horario de las clases, cabe concluir que medió entre las partes una relación de trabajo subordinado (CNTrab, Sala VII, 3/3/93, *DT*, 1993-B-1428).

b) Se dan las notas tipificantes de la relación subordinada si el trabajador da clases a alumnos de una escuela de tenis, sin posibilidad de elegir turnos ni horarios, percibiendo mensualmente de su empleadora una remuneración por hora dada de clase equivalente a un porcentaje del arancel fijado por ella, con el deber de pedir permiso en caso de ausentarse por examen y de compensar las ausencias en horas no habituales, como también si tiene horarios establecidos y turnos de clases a recuperar por lluvias, feriados o torneos (CNTrab, Sala I, 22/8/88, *LT*, XXXVII-770).

c) Si por un lado hay una organización que explota una determinada actividad comercial que permanece (canchas de squash) y, por el otro, el actor que como profesor de dicho deporte contribuye a la realización de la mencionada actividad y a que se obtengan los beneficios consiguientes, es claro que no se configura una relación societaria y cabe concluir que se trata de un contrato de trabajo en los términos del art. 21 de la LCT y que el salario es la parte en la que el profesor participaba en los honorarios abonados (CNTrab, Sala VI, 19/3/97, *DT*, 1997-B-2031).

d) Existe contrato de trabajo si se acreditó el desempeño bajo subordinación jurídica y el pago de una remuneración, siendo determinante el hecho de que el actor –profesor de educación física– se insertó en una organización ajena, cumpliendo servicios personales en funciones normales del empleador sin que se acredite la condición de empresario de aquél; siendo insuficiente para probar lo contrario la circunstancia de que el trabajador se encuentre inscripto como contribuyente y que hubiere emitido facturas para cobrar sus emolumentos (CNTrab, Sala VII, 27/3/03, *DT*, 2003-B-1416).

23. *Remiseros.* *a*) Corresponde calificar como relación laboral la existente entre un remisero y la agencia, pues si bien en el caso los vehículos conducidos por el actor no eran de la agencia ni de sus propietarios, integraban los medios materiales de la organización de ésta ya que dichos rodados eran proporcionados por sus dueños a la agencia para que ésta los explotase (CNTrab, Sala III, 18/7/03, *DT*, 2003-B-1859).

b) Si de acuerdo con las condiciones pactadas entre el remisero y la agencia, el primero podía resignar un viaje que no le gustara sin temer sanción alguna, también establecía sus días de trabajo (sin perjuicio del cumplimiento de un sistema de guardias), tenía libertad para efectuar por su cuenta contrataciones autónomas, percibía el 80% del precio del viaje –del cual sólo 20% recibía la agencia– y tomaba a su cargo los gastos del vehículo, cabe concluir en la inexistencia de relación laboral, puesto que la potestad jurídica y de control efectivo se encuentra diluida y la distribución del rédito obtenido es impropia de una relación de trabajo, donde la enajenación del resultado se produce en beneficio del empleador (CNTrab, Sala V, 18/10/89, *DT*, 1990-A-398).

c) El factor más importante en la determinación de la existencia de la relación laboral lo constituye, en principio, el carácter personal de las tareas a prestar por el subordinado. Por ello, la facultad concedida a los remiseros de la empresa de prestar el servicio por medio de peones contratados y pagados por ellos, quita a la prestación gran parte de su contenido personal y autoriza a delimitarla como servicio de transporte, no susceptible de ser alcanzado por las normas laborales y resultando, en consecuencia, improcedente la determinación de deuda por falta de aportes previsionales (CFedSegSocial, Sala III, 4/12/97, *DT*, 1998-B-1751).

d) La modalidad con que se desarrolla la actividad de *remisero*, en la que éste aporta su propio vehículo y tiene a cargo el mantenimiento del mismo, quedándose con el 80% de los importes recaudados por los viajes efectuados, y sin que esté sometido al poder disciplinario de el o los titulares de las agencias que los nuclea, excluye la existencia de una relación dependiente, por lo que cabe concluir que se trata de un trabajo autónomo. No empece a dicha conclusión la circunstancia de que, conforme las ordenanzas vigentes, la actividad desarrollada por el servicio de autos de remises debe ser efectuada a través de *agencias* que obran como *proveedora de clientes* y representante de los propietarios de los vehículos para lo cual deba mantener un local con personal que diagrame los viajes y efectúe un contralor del estado de aquéllos, servicios éstos por los que percibe dicha agencia el 20% de lo recaudado (CNTrab, Sala IV, 30/3/99, *DT*, 1999-B-1857; íd, íd., 27/12/01, *DT*, 2002-B-1554).

24. *Transporte colectivo. Sociedad de componentes.* Las sociedades de componentes, conocidas también como de accionista explotante, constituyen un sistema de organización empresaria, tradicionalmente destinado en nuestro país para explotar líneas de transporte de colectivos. Ante la complejidad de normas jurídicas que las rigen, en principio, correspondería excluir al llamado *componente* de la tutela de la legislación laboral. No obstante, ha de ser una cuestión exclusiva de hecho y prueba, el determinar cuándo el *socio* se encuentra cumpliendo una actividad subordinada y dependiente de la sociedad (CNTrab, Sala VIII, 28/12/93, *DT*, 1994-B-1201).

25. *Trabajo a domicilio.* Si a la actora se le entregaron en comodato tres máquinas para realizar tareas de costura de prendas que le proveía la demandada para que cumpliera dicho trabajo en su domicilio, de acuerdo con remitos donde figuraban las cantidades, los talles y las prendas que debía confeccionar, cabe concluir que ello configura un quehacer infungible sujeto a la dirección del dador de trabajo, en la medida de lo que es exigible en el trabajo a domicilio, circunstancia que califica la existencia de una relación contractual laboral en los términos del art. 21 de la LCT (CNTrab, Sala VI, 29/7/91, *DT*, 1991-B-2027).

26. *Vendedores ambulantes.* En el caso de los vendedores ambulantes que desarrollan tareas en la calle, debe determinarse la existencia de contrato de trabajo entre éste y la empresa que le provee la mercadería y los elementos para comercializarla. En los casos en que pretenden ser presentados como dudosos, corresponde ponderar algunos elementos que prevalecen sobre

8. Etala, *Contrato.*

otros, y a tal efecto uno de los definitorios es la asunción de riesgos. Si se demostró que el actor no tomaba a su cargo ningún riesgo económico, no ponía capital propio para soportar pérdidas y obtener ganancias y únicamente aportaba su trabajo, sería irreal concluir que se trataba de un empresario (CNTrab, Sala X, 30/4/97, *DT*, 1998-A-738).

Art. 22. [Relación de trabajo] – Habrá relación de trabajo cuando una persona realice actos, ejecute obras o preste servicios en favor de otra, bajo la dependencia de ésta en forma voluntaria y mediante el pago de una remuneración, cualquiera sea el acto que le dé origen.

Concordancias: LCT, arts. 4° a 6°, 10, 21, 23 a 27, 29, 37, 74, 99 y 115.

§ 1. **Primacía de la realidad.** – El artículo vuelve a hacer aplicación del principio de primacía de la realidad, uno de los principios generales del derecho del trabajo (ver art. 11), ya que otorga preeminencia al hecho de la efectiva prestación de servicios en relación de dependencia por sobre el acto jurídico que le haya dado origen. Aunque el contrato de trabajo sea nulo por tener el objeto prohibido (p.ej., se emplea un menor de edad inferior a la mínima fijada por el art. 189, LCT), ello no afecta el derecho del trabajador a percibir las remuneraciones e indemnizaciones (art. 42). Se excluyen, desde luego, los contratos de objeto ilícito (contrario a la moral y a las buenas costumbres) que no produce consecuencias jurídicas entre las partes (p.ej., prostitución, bandas delictivas –art. 41–).

§ 2. **Teoría de la relación de trabajo.** – Nuestra ley ha aceptado la teoría que, en doctrina, distingue el contrato de la relación de trabajo y que ha originado vivas polémicas tanto en el plano nacional como comparado. Excepto en algunos casos de nulidad del contrato de trabajo, la distinción adquiere una faz más bien doctrinal que práctica[1]. Según la tesis que identifica el contrato con la relación de trabajo, esta última sólo se constituye como relación jurídica por la celebración del contrato de trabajo[2]. Contrariamente, la teoría de la relación de trabajo independiza a ésta de la forma jurídica

---

[1] Krotoschin, *Tratado práctico*, t. I, p. 164.
[2] Hueck - Nipperdey, *Compendio de derecho del trabajo*, p. 84.

contractual, privilegiando la situación de hecho representada por la efectiva incorporación del trabajador a la empresa[3].

§ 3. Contrato de trabajo sin relación de trabajo. – Consecuente con la admisión de la teoría de la relación de trabajo, la ley, en el art. 24, otorga efectos particulares al incumplimiento del contrato antes de iniciarse la efectiva prestación de los servicios.

Art. 23. [Presunción de la existencia del contrato de trabajo] – **El hecho de la prestación de servicios hace presumir la existencia de un contrato de trabajo, salvo que por las circunstancias, las relaciones o causas que lo motiven se demostrase lo contrario.**

Esa presunción operará igualmente aun cuando se utilicen figuras no laborales, para caracterizar al contrato, y en tanto que por las circunstancias no sea dado calificar de empresario a quien presta el servicio.

Concordancias: LCT, arts. 5°, 9°, 10, 12, 14, 22, 29, 50, 56, 58, 63, 102, 103 y 115; LE, arts. 8°, 15 y 16.

§ 1. Alcance de la presunción. – El artículo establece una presunción cuyo alcance ha originado divergencias interpretativas, tanto en la doctrina como en la jurisprudencia. Una primera tesis, denominada *amplia*, dominante en la doctrina y jurisprudencia, sostiene que la sola prestación de servicios hace operar la presunción de existencia del contrato de trabajo, estando a cargo del beneficiario la prueba de que esos servicios no tuvieron como causa un contrato de trabajo[1]. La segunda tesis, denominada *restringida*, postula que para que opere la presunción legal, el trabajador deberá probar que los servicios prestados lo fueron en relación de dependencia[2].

---

[3] Blanco, *El contrato de trabajo*, p. 145 y ss.; De la Cueva, *Derecho mexicano del trabajo*, t. I, p. 453 y siguientes.

[1] Fernández Madrid, *Tratado práctico*, t. I, p. 626; De la Fuente, en Vazquez Vialard (dir.), "Tratado", t. 3, p. 441.

[2] López - Centeno - Fernández Madrid, *Ley de contrato de trabajo*, t. I, p. 263; Vazquez Vialard (dir.), *Tratado*, t. 3, p. 441.

a) *Tesis amplia*. Para esta tesis, la sola comprobación del servicio prestado para un tercero permite presumir la existencia de las demás notas que caracterizan a un contrato de trabajo, invirtiéndose la carga de la prueba. El pretendido empleador deberá probar que los servicios de que se trata constituyen una excepción a la regla general. La presunción legal opera como una norma de garantía para la aplicación del tipo legal imperativo, dirigida a evitar el fraude a la ley, tal como lo impone el art. 14 de la LCT. Por lo demás, la norma es una manifestación del principio protectorio, facilitando al trabajador la prueba del contrato en el proceso y compensando la desigualdad de las partes. Así lo confirma el art. 50 de la LCT, que establece que el contrato de trabajo se prueba por los modos autorizados por las leyes procesales y "lo previsto en el art. 23 de esta ley"[3]. La tesis restringida, para esta postura, desnaturaliza la presunción, que pierde toda eficacia, pues si se tiene que probar que el servicio es dependiente, esto equivale a probar la existencia misma del contrato de trabajo[4].

Jurisprudencia

1. *Alcance de la presunción legal*. *a*) La exigencia de probar previamente la relación de dependencia para la aplicación de la presunción emergente del art. 23 de la LCT, no resulta en forma alguna del texto expreso de dicho artículo y tal interpretación violenta tanto la letra como el espíritu de la disposición legal, contradiciendo el principio sentado por la Corte Suprema de Justicia de la Nación en materia de interpretación que expresamente excluye aquella que equivalga a la prescindencia cierta de la norma aplicable, en tanto no medie declaración de inconstitucionalidad (CNTrab, Sala X, 19/7/96, *DT*, 1996-B-3030; íd., íd., 28/12/01, *DT*, 2002-A-986).

b) No es procedente la interpretación del art. 23 de la LCT que restringe la operatividad de la presunción al caso en que se hayan acreditado servicios prestados en relación de dependencia. De ese modo se esterilizaría el propósito de la norma. La relación de dependencia es, precisamente, la piedra de toque de ese concepto, por momentos inasible, que es el contrato de trabajo. Si existe relación de dependencia existe seguramente contrato laboral, hasta tal punto que ambas expresiones suelen usarse como sinónimos en el ámbito de las relaciones jurídicas. En estas condiciones, afirmar que "la prestación de servicios hace presumir la existencia de un contrato de trabajo" tan solo cuando estamos seguros de que tal prestación se ha cumplido en relación de

---

[3] Fernández Madrid, *Tratado práctico*, t. I, p. 626.
[4] Fernández Madrid - Caubet, *Leyes fundamentales del trabajo*, p. 22.

dependencia equivaldría, en la práctica, a sostener que la presunción del contrato de trabajo requiere previa prueba del mismo contrato (CNTrab, Sala III, 19/8/97, *DT*, 1998-B-1882).

c) Si la demandada no demostró que la relación que la ligaba con la actora fuese de una connotación civil o que se hallase vinculada con el actor a raíz de una supuesta locación de servicios, lo que necesariamente requiere como locatario a una organización o empresario independiente, con una estructura autónoma, cobra operatividad la presunción prevista en el art. 23 de la LCT, dado que la prestación de servicios personales hace presumir *iuris tantum* que la obligación de prestarlos reconoce su fuente en un contrato, aun cuando se hayan utilizado figuras no laborales para caracterizar la relación (CNTrab, Sala VII, 6/4/99, *DT*, 1999-B-2100).

d) Resulta desvirtuada la presunción contemplada en la primera parte del art. 23 de la LCT si la actuación del accionante no reconoce como causa un contrato de trabajo, máxime si efectuó gastos para equipar a la sociedad demandada (compra de un fax y estanterías) con su tarjeta de crédito personal, acto notoriamente incompatible con la figura del trabajador dependiente (arts. 21, 22 y 25, LCT) (CNTrab, Sala VIII, 8/9/00, *DT*, 2001-A-121).

e) Afirmar que "la prestación de servicios hace presumir la existencia de un contrato de trabajo" sólo cuando estamos seguros de que tal prestación se ha cumplido en relación de dependencia, equivaldría, en la práctica, a sostener que la presunción del contrato de trabajo requiere la previa prueba del mismo contrato (CNTrab, Sala III, 8/3/01, *TSS*, 2002-34).

f) En los casos de conductores de automóviles propios afectados a un servicio de remises no es operativa la presunción laboral contenida en el art. 23 de la LCT y, quien se dice trabajador, debe acreditar que las partes en ejercicio de su autonomía, celebraron efectivamente un contrato de trabajo, o se comportaron en la ejecución de la relación como trabajador y empleador (art. 1197, Cód. Civil; arts. 21 y 22, LCT), pero el accionante ya no está asistido por una presunción que invierte el *onus probandi* (CNTrab, Sala VIII, 9/8/02, *DT*, 2002-B-1974).

2. *Presunción.* Si bien en el caso de acreditarse la prestación de servicios personales el art. 23 de la LCT hace presumir la calificación jurídica de un contrato de trabajo, tal consecuencia no es absoluta ya que el destinatario de esos servicios puede demostrar que la índole del vínculo era ajena al régimen laboral (CNTrab, Sala II, 12/12/91, *DT*, 1992-A-52).

3. *Actividad ajena al objeto de la empresa.* La circunstancia de que los actores desarrollen una actividad que no constituye el objeto de la demandada, obsta a la operatividad de la presunción del art. 23 de la LCT (CNTrab, Sala VI, 10/9/96, *DT*, 1996-B-2768).

Art. 23

4. *Prueba de la dependencia.* Para hacer jugar la presunción contenida en el art. 23 de la LCT, no resulta menester probar, además, la existencia de dependencia (en el caso, se admitió en el responde que el actor concurría al local de la demandada a realizar tareas de trocero esporádicamente) (CNTrab, Sala X, 20/9/00, *DT*, 2001-A-122).

b) *Tesis restringida.* Para esta tesis, la prestación de servicios que genera la presunción legal es la de servicios bajo la dependencia de otro, pues sólo éstos son los que se contemplan en la tipificación legal del contrato y de la relación de trabajo (arts. 21 y 22, LCT) y, por tanto, la carga de la prueba de la posición de dependencia o subordinación no resulta alterada por la presunción, sino que, al contrario, de esa prueba depende que la presunción entre a jugar. Se critica entonces la tesis amplia porque en ella se hacen dos presunciones (la de la relación de trabajo y la del contrato) donde la ley sólo pone una (la del contrato). En la restringida, en cambio, la prueba de la prestación de servicios subordinados permite la presunción del contrato de trabajo, como fuente de una relación de trabajo, salvo que se prueben en contra circunstancias, relaciones o causas que lo excluyan, las cuales sólo pueden ser las que excluyen la onerosidad del servicio, como el trabajo familiar, religioso, benéfico o los servicios amistosos o de buena vecindad[5].

Jurisprudencia

1. *Prueba de la relación de trabajo dirigido.* La aplicación de la presunción establecida en el art. 23 de la LCT –existencia de contrato de trabajo–, debe sujetarse a la acreditación de actos propios de una relación de trabajo dirigido (CNTrab, Sala I, 8/10/02, *DT*, 2003-A-673).

§ 2. **Desvirtuación de la presunción.** – Desde luego la presunción legal es sólo *iuris tantum* y, por consiguiente, admite prueba en contrario. Para desvirtuar la existencia de un contrato de trabajo corresponderá al beneficiario de los servicios acreditar que "el hecho de la prestación de servicios" está motivado en otras *circunstancias, relaciones* o *causas* distintas de un contrato laboral. Cuáles son ellas ha sido definido por la doctrina y la jurisprudencia.

a) *Trabajo familiar.* No puede existir contrato de trabajo entre esposos, con fundamento en las específicas prohibiciones

---

[5] López - Centeno - Fernández Madrid, *Ley de contrato de trabajo*, t. I, p. 262 y siguientes.

de celebrar el contrato de compraventa (art. 1358, Cód. Civil) o del art. 27 de la ley 19.550, según el cual los esposos pueden integrar entre sí sociedades por acciones y de responsabilidad limitada[6].

Los trabajos que presten los hijos que viven con sus padres en favor de éstos no tienen carácter laboral, aunque la prestación sea remunerada, con fundamento en el art. 277 del Cód. Civil, que expresa: *"Los padres pueden exigir que los hijos que están bajo su autoridad y cuidado les presten la colaboración propia de su edad, sin que ellos tengan derecho a reclamar pago o recompensa"*. Por su parte, el art. 279 del Cód. Civil determina: *"Los padres no pueden hacer contrato alguno con los hijos que están bajo su patria potestad"*, lo que excluye, obviamente, todo tipo de contratación laboral entre padres e hijos menores de edad. Respecto de los mayores no existe impedimento alguno[7].

Tratándose del trabajo de otros parientes, en principio, no existe prohibición legal de celebrar un contrato de trabajo, aunque no debe descartarse la posibilidad de que la tarea se cumpla en razón de la convivencia dentro de una comunidad familiar. Pero, se ha señalado que, para presumir el carácter familiar del trabajo, es necesario que se den los siguientes presupuestos de hecho que lo justifiquen: *1)* convivencia con el empresario; *2)* una tarea que haga al sostén del grupo y no al enriquecimiento del cabeza de familia, y *3)* que el trabajo no corresponda al medio de vida de quien lo prestó[8].

JURISPRUDENCIA

1. **Contrato entre esposos.** *a)* No puede haber contrato de trabajo entre esposos, por lo que queda excluido del régimen previsional para el personal en relación de dependencia, el cónyuge que realiza una actividad lucrativa en beneficio de la sociedad conyugal (CNTrab, Sala II, 30/6/95, *DT*, 1995-B-2069).

b) En la legislación no existe prohibición genérica de contratar entre cónyuges, ni específica de celebrar contrato de trabajo; por otra parte, la independencia de los patrimonios –aun gananciales– de los cónyuges que estableció en primer término la ley 11.357 y perfeccionó la ley 17.711 (arts. 1276 y 1277, Cód. Civil) permite conciliar sus derechos y deberes en la órbita matrimonial con la relación de dependencia propia del mencionado

---

[6] FERNÁNDEZ MADRID, *Tratado práctico*, t. I, p. 650.
[7] VAZQUEZ VIALARD (dir.), *Tratado*, t. 3, p. 444.
[8] FERNÁNDEZ MADRID, *Tratado práctico*, t. I, p. 652.

contrato, que se limita a las actividades de la empresa (CSJN, 26/11/02, "Segurotti, Luciana c/Anses s/prestaciones varias", *TSS*, 2003-113, y *RJP*, 2003-72-774).

2. **Relación familiar.** Es factible aceptar la existencia de una relación de trabajo entre un sujeto mayor de edad y su madrastra. Para exonerarse de responsabilidad laboral, el demandado debería acreditar que el servicio prestado fue realizado con motivo del vínculo familiar, por razones que lo justifiquen, tales como la convivencia con el empresario, la realización de una labor que haga al sostén del grupo familiar, o que el trabajo no corresponde al medio de vida de quien lo prestó (CNTrab, Sala III, 30/10/95, *DT*, 1996-A-1195).

3. **Concubinato.** *a*) Si bien no puede haber contrato de trabajo entre cónyuges con fundamento en las específicas prohibiciones de celebrar contrato de compraventa que establece el art. 1358 del Cód. Civil, y art. 27 de la ley de sociedades, el concubinato y la relación laboral no son incompatibles, dependiendo la resolución del caso de la situación fáctica acreditada en la causa (CNTrab, Sala II, 3/6/99, *DT*, 1999-B-1858).

b) Si la actora reconoció su carácter de conviviente con quien luego dijo que era su empleador, sindicando como lugar de trabajo la vivienda respecto de la cual manifestó en la causa civil ser *sede del hogar conyugal*, mal puede peticionar que se aplique en su beneficio la presunción del art. 23 de la LCT y el principio *in dubio pro operario*, a fin de legitimar su reclamo laboral (CNTrab, Sala IV, 29/2/00, *DT*, 2000-B-1417).

b) *Trabajo de religiosos.* Un religioso que ha profesado, ha efectuado votos y se integró a una comunidad religiosa no puede ser considerado *trabajador* en el sentido del art. 25 de la LCT, por cuanto en el trabajo de los religiosos para las órdenes a las que pertenecen, el voto de pobreza, con su esquema de comunidad de bienes reemplaza a la dependencia económica y el voto de obediencia con sujeción a una disciplina monástica, a la dependencia jurídico-personal[9]. Ello es así cualquiera sea la confesión religiosa de que se trate y aunque el servicio realizado lo reciba un tercero (en hospitales, establecimientos de enseñanza, etcétera)[10].

c) *Trabajos benévolos, amistosos o de buena vecindad.* En este caso, el prestador del servicio no tiene como finalidad poner su capacidad laboral a disposición de otra persona que la dirige con el fin de obtener una remuneración, sino realizar

---

[9] Fernández Madrid, *Tratado práctico*, t. I, p. 655.
[10] Vazquez Vialard (dir.), *Tratado*, t. 3, p. 448.

una obra de benevolencia, benéfica o un acto de mera cortesía, ayudando a una persona, un vecino o una institución que lo necesita[11].

d) *Trabajo voluntario.* La ley 25.855 de 2004 reguló la actividad de voluntariado social. El art. 2º de esta ley define como organizaciones en las que se ejerce el voluntariado social a las personas de existencia ideal, públicas o privadas, sin fines de lucro, cualquiera sea su forma jurídica, que participen de manera directa o indirecta en programas y/o proyectos que persigan finalidades u objetivos propios del bien común y del interés general, con desarrollo en el país o en el extranjero, ya sea que cuenten o no con el apoyo, subvención o auspicio estatal. Por actividades de "bien común y de interés general" la ley entiende a las asistenciales de servicios sociales, cívicas, educativas, culturales, científicas, deportivas, sanitarias, de cooperación al desarrollo, de defensa del medio ambiente o cualquier otra de naturaleza semejante, enunciación que no tiene carácter taxativo (art. 5º, ley citada). El art. 3º de la misma ley define a los "voluntarios sociales" como "las personas físicas que desarrollan, por su libre determinación, de un modo gratuito, altruista y solidario tareas de interés general en dichas organizaciones, sin recibir por ello remuneración, salario, ni contraprestación económica alguna". El art. 4º prescribe que la prestación de servicios por parte del voluntario no podrá reemplazar al trabajo remunerado y se presume ajena al ámbito de la relación laboral y de la previsión social. Debe tener carácter gratuito, sin perjuicio del derecho al reembolso de los gastos ocasionados en el desempeño de la actividad, cuando la organización lo establezca de manera previa y en forma expresa. Estos reembolsos en ningún caso serán considerados remuneración (art. 6º, inc. *e*, ley mencionada).

Jurisprudencia

1. *Trabajo voluntario.* Es improcedente la invocación de una contratación laboral por parte de quien prestó servicios en un hogar de menores, en tanto los testimonios son contestes acerca del trabajo voluntario que se realiza en la entidad accionada, revelando la pericia contable el carácter asistencial de la institución, la ausencia de empleados y la conformación de sus ingresos a través de donaciones y subsidios, por lo que las tareas prestadas por la actora no lo fueron en el marco de una organización empresarial con las notas de subordinación jurídica, técnica y

---

[11] Vazquez Vialard (dir.), *Tratado*, t. 3, p. 449; Fernández Madrid, *Tratado práctico*, t. I, p. 658.

económica propias de la contratación laboral, sino en lugar dedicado al cuidado y protección de menores desamparados, sin *animus obligandi* alguno entre las partes, al ser la caridad, la solidaridad y la asistencialidad las razones que motivan tales servicios (CNTrab, Sala VIII, 29/8/03, *DT*, 2004-A-519).

e) **Trabajo "amateur".** Pueden darse formas de trabajo dirigido que no respondan a una finalidad laboral, sino a otras de carácter cultural, recreativo, deportivo, etcétera. Tal puede ser el caso de los integrantes de un conjunto de teatro vocacional, coro musical, equipo deportivo, entre otros[12].

Jurisprudencia

1. **Jugador de basquetbol "amateur".** Si bien la caracterización como *amateur* del jugador no constituye, por sí sola, un elemento determinante para discernir si existe o no vínculo laboral, no puede considerárselo configurado cuando no se acreditaron las condiciones de la contratación, días de trabajo, obligatoriedad de prácticas, sanciones y demás circunstancias que revelen la real existencia de subordinación, máxime si se demostró que no se pactó ningún tipo de remuneración sino sólo se abonaban viáticos, mientras que las normas que regulan la actividad no permiten la profesionalidad, ya que son esencialmente actividades de carácter *amateur*, de aficionados (CNTrab, Sala II, 2/6/95, *DT*, 1996-A-55).

e) **Trabajo autónomo.** El carácter de autónomo se presenta cuando existe independencia del trabajo o ausencia de subordinación, incompatible con la posición de trabajador en el sentido del art. 25 de la LCT y quien presta los servicios desenvuelve su actividad en una organización propia, de la cual el mismo sujeto es el organizador, de modo que no queda sometido a poderes directivos de una organización de los cuales él mismo no sea titular. A ello precisamente se refiere la última parte del artículo cuando declara aplicable la presunción laboral "en tanto que por las circunstancias no sea dado calificar de empresario a quien presta el servicio"[13].

Entonces, la autonomía –por oposición a la dependencia– se define por la autoorganización del trabajo. El trabajador autónomo no se incorpora a la organización de un tercero (el acreedor de las obras o de los servicios), sino que organiza su propia actividad y como consecuencia asume sus riesgos, tra-

---

[12] Vazquez Vialard (dir.), *Tratado*, t. 3, p. 451.
[13] López - Centeno - Fernández Madrid, *Ley de contrato de trabajo*, t. I, p. 281 y 282.

bajando por sí y para sí (por cuenta propia y no por cuenta ajena), obteniendo una ganancia distinguible del salario[14].

JURISPRUDENCIA

1. **Productor de seguros. Trabajo autónomo.** La producción de seguros es una actividad que puede desempeñarse en relación de dependencia, pero, también, en forma independiente. En virtud de ello, si de la testimonial surge que la actividad de los productores respecto de la demandada era libre, no exclusiva y sin que se acreditase el sometimiento a órdenes o instrucciones, debe considerar la relación como autónoma y enervada la presunción derivada del art. 23 de la LCT (CNTrab, Sala III, 28/6/96, *DT*, 1997-A-60).

f) *Becas.* El art. 7° de la ley 24.241, del sistema integrado de jubilaciones y pensiones, excluye del concepto de remuneración, a los efectos del pago de aportes y contribuciones de la seguridad social, a "las asignaciones pagadas en concepto de becas". La ley no define qué se entiende por becas, pero se trata generalmente de contratos *atípicos* celebrados entre empresas y entidades educativas o estudiantiles que tienen como objeto desde la simple *práctica* de un oficio hasta la fase experimental de los estudios teóricos de distintos niveles, estando signado su desarrollo por el objetivo específico de capacitación y perfeccionamiento. Se trata de vinculaciones no laborales que se desenvuelven al margen de la legislación del trabajo, salvo el caso de fraude (art. 14, LCT)[15].

JURISPRUDENCIA

1. **Becarios. Inexistencia de relación laboral.** No existe relación laboral entre las partes cuando quienes suscribieron *becas* por tres meses con la empleadora no tenían responsabilidad en el resultado de las tareas que realizaban, concurrían en un horario menor al resto del personal de la empresa, gozaban de flexibilización horaria en función de sus estudios y podían usufructuar dos semanas de licencia (CNTrab, Sala II, 1/2/94, *DT*, 1994-B-1449).

2. **Becas. Promotor de servicios de afiliación.** Concertado un contrato de beca para la formación técnica y práctica sobre la aplicación del régimen de la ley 24.241, con una evaluación al final del período que habilitaría al becario para desempeñarse como promotor de servicios de afiliación, previa inscripción en un registro especial, cabe concluir que el objetivo específico era la capacitación y no la prestación de un servicio en los términos de los arts. 21 y 22 de la LCT (CNTrab, Sala II, 27/5/97, *TSS*, 1997-592).

---

[14] FERNÁNDEZ MADRID, *Tratado práctico*, t. I, p. 141 y 142.
[15] CARCAVALLO, *Aprendizaje, becas, pasantías y modalidades*, *TSS*, 1994-1093.

3. *Becas. Inserción en una empresa ajena. Relación laboral.* Hay inserción en una empresa ajena, que permite calificar la relación como laboral en el tiempo que duró el llamado "contrato de beca", en que el accionante realizó un curso de nueve días y luego pasó a desempeñar funciones dirigidas por un supervisor cumpliendo un horario de lunes a viernes, efectuando una cantidad determinada de promociones diarias y rindiendo cuentas de la actividad cumplida en la jornada (CNTrab, Sala X, 31/10/96, *TSS*, 1997-595).

4. *Contratos de becas. Asignación de estímulo.* Los contratos de becas se entienden, por su naturaleza, destinados a quienes requieran una particular capacitación, recibiendo los becarios, como contraprestación, además de la formación brindada por la empresa oferente, una beca que constituye una asignación estímulo o bonificación para solventar sus gastos que no posee carácter remuneratorio. En general se encuentran destinados a menores de veinticinco años, con escasa o ninguna experiencia laboral, que se encuentran estudiando alguna carrera o profesión relacionada con la actividad becada y la contraprestación por el trabajo es una mera asignación de estímulo (CNTrab, Sala X, 12/3/01, *DT*, 2001-B-2331).

g) *Pasantías.* La ley 25.013, sin derogar el decr. 340/92, dedica un artículo al régimen de pasantías, acentuando los rasgos laborales de este tipo de contrataciones. El art. 2° de esta ley determina que habrá contrato de pasantía "cuando la relación se configure entre un empleador y un estudiante y tenga como fin primordial la práctica relacionada con su educación y formación". El mismo artículo delegó en el Ministerio de Trabajo la misión de establecer las normas a las que quedará sujeto dicho régimen. El decr. 1227/01, bastante tiempo después, procedió a reglamentar dicha norma legal, aunque introduciendo conceptos y efectos que no pueden razonablemente extraerse de la norma reglamentada. Así, el decreto designa la figura reglamentada como "contrato de pasantía de formación profesional" y lo define como el "celebrado entre un empleador privado y un estudiante de quince a veintiséis años que se encuentre desocupado"; además prescribe que el contrato "no tiene carácter laboral". Atribuye al Ministerio de Trabajo las facultades de aprobar los programas de formación profesional que elaboren las empresas, visar cada contrato y asegurar el cumplimiento de su finalidad (art. 1°). El contrato debe celebrarse por escrito y especificar el contenido de la pasantía, su duración y horario (art. 2°). La duración del contrato será acorde con el nivel de calificación a obtener y en ningún caso podrá superar los dos años ni ser inferior a tres meses (art. 3°). El empleador debe asegurar al pasante una formación metódica y completa que conduzca a la obtención de la formación profesional comprometida, confiándole tareas que tengan relación directa con la capacitación prevista en el contrato. Las normas de higiene y seguridad deberán ser las que rigen para los trabajadores del establecimiento donde se lleve a cabo la pasantía (art. 5°). La extensión de la concurrencia del pasante no podrá ser superior a seis horas (se entiende diarias), salvo autorización fundada de la autoridad de aplicación (art. 7°). El pasante, por el desarrollo de su actividad, tiene derecho a percibir una compensación dineraria de carácter no remuneratorio. Su monto no podrá ser inferior al de la remuneración mínima convencional correspondiente a la actividad, oficio, profesión o categoría en la cual se esté formando, y en las actividades no convencionadas no debe ser inferior al salario mínimo, vital y móvil (art. 6°). Según el art. 8° del decreto reglamentario, el empleador debe otorgar al pasante una cobertura de salud con las prestaciones previstas por el programa médico obligatorio del decr. 492/95 y la cobertura de riesgos del trabajo de la ley 24.557, según lo dispuesto por el art. 3° del decr. 491/97, que se refiere a las personas comprendidas en el sistema de pasantías del decr. 340/92 o que realicen tareas en cumplimiento de una beca. El art. 10 del reglamento establece límites para el número de pasantes en proporción al personal permanente de cada establecimiento. Por último, el art. 12 del decreto determina que el incumplimiento de las normas del régimen instaurado convertirá al contrato de pasantía en un contrato de trabajo por tiempo indeterminado, sin perjuicio de las sanciones administrativas que correspondan por infracciones a las leyes laborales.

Junto a las dos formas de pasantías señaladas precedentemente coexiste la derivada de la ley 25.165 que, sin derogar norma alguna, creó el *sistema de pasantías educativas*. Éste es el régimen que actualmente parece tener mayor desarrollo en la práctica.

El art. 2° de la ley 25.165 define la pasantía como "la extensión orgánica del sistema educativo en el ámbito de empresas u organismos públicos o privados, en los cuales los alumnos realizarán residencias programadas u otras formas de prácticas supervisadas relacionadas con su formación y especialización, llevadas a cabo bajo la organización y control de las unidades educativas que lo integran y a las que aquéllos pertenecen".

Por su parte, el art. 9° determina que "la situación de pasantía no generará ningún tipo de relación jurídica entre el pasante y el organismo o empresa en la que aquél preste servicios".

El art. 11 de la ley, modificado por el art. 7º del decr. NU 487/00, dispone que las pasantías se extenderán durante un mínimo de dos meses y un máximo de cuatro años, con una actividad semanal no mayor de cinco días, en cuyo transcurso el pasante cumplirá jornadas de hasta seis horas de labor.

Los ámbitos en que se lleven a cabo las actividades de pasantías deben reunir las condiciones de higiene y seguridad previstas en la ley 19.587. Asimismo, las instituciones educativas deben extender a los pasantes las coberturas de seguros y asistencia de urgencia que posean (art. 12, ley 25.165).

El art. 15 de la misma ley dispone que los pasantes deberán recibir durante el transcurso de su prestación una retribución en calidad de estímulo para viajes, gastos escolares y erogaciones derivadas de su ejercicio. Su monto debe ser fijado por las empresas u organismos solicitantes, en acuerdo con las instituciones educativas. Los pasantes deben recibir, además, conforme a las características del trabajo que realicen, todos los beneficios regulares que se acuerden al personal de las empresas u organismos en los que se desempeñen (comedor, vianda, transporte, francos y descansos). Paralelamente deben cumplir con los reglamentos internos (art. 16, ley 25.165).

Respecto de la situación de vigencia de las normas de los decrs. 340/92 y 93/95 (pasantías de la Administración pública), el art. 5º de la ley dispone que "sólo serán reconocidos los convenios que se celebren con acuerdo a las presentes normas y sólo la firma, y el debido registro de los mismos hará posible la situación de pasantía", por lo que se ha interpretado que las normas de los mencionados decretos han perdido vigencia y que los contratos suscriptos bajo su régimen se extinguirán a su vencimiento, y en todo caso no más allá del 22 de octubre de 2000, fecha del término del plazo fijado por el decr. 1200/99 para la adecuación de los contratos de pasantías en curso de ejecución al sistema de la ley 25.165[16]. Sin embargo, a nuestro entender, la derogación de las normas del decr. 340/92 es sólo parcial, de manera tal que dentro del ámbito del sistema educativo nacional las nuevas pasantías que se celebren respecto de estudiantes de educación superior deben ser efectuadas de acuerdo con las prescripciones de la ley 25.165[17], rigiéndose por el mencionado decreto las no alcanzadas por las normas de la ley[18].

---

[16] Foglia, *El nuevo régimen de pasantías de la ley 25.165*, TSS, 1999-1218.

[17] Gnecco, *Nuevo régimen legal de pasantías educativas*, TSS, 1999-1021.

[18] Dorlass - Llerena Melik, *Análisis de la ley 25.165 con relación a las normas vigentes*, DT, 2000-A-334.

Jurisprudencia

1. ***Pasantías. Objeto.*** El objeto fundamental del sistema de pasantías, según el decr. 340/92, está dado por el aprendizaje, por parte de los alumnos y docentes, de prácticas que se encuentran relacionadas con su educación y formación, bajo la organización y control de la institución educativa a la cual pertenecen. Desde esa perspectiva, no puede perderse de vista que las pasantías constituyen una extensión orgánica del sistema educativo y difieren de un vínculo laboral, por ser sui géneris, pero la genuinidad jurídica debe ser auténtica, de manera que no sirva para encubrir, fraude mediante, relaciones de trabajo subordinadas (CN Trab, Sala X, 31/8/00, *DT*, 2001-A-823).

2. ***Pasantías. Inaplicabilidad de la presunción del artículo 23 de la LCT.*** La presunción del art. 23 de la LCT no resulta aplicable frente al régimen de pasantías regulado por los decrs. 340/92 y 93/95 que no imponen la asignación de cierto tiempo para capacitación teórica en la sede de la entidad en la que se desempeñe el pasante (CNTrab, Sala II, 8/11/00, *DT*, 2001-A-982).

3. ***Pasantías. Intervención de una entidad educativa.*** El contrato de pasantía requiere, para ser operativo, de la intervención y fiscalización de una entidad educativa. Si en el caso concreto ella no existió, la relación no puede calificarse como "pasantía" en los términos del decr. 340/92 (CNTrab, Sala IV, 6/10/00, *DT*, 2001-B-1455).

Art. 24. [Efectos del contrato sin relación de trabajo] – Los efectos del incumplimiento de un contrato de trabajo, antes de iniciarse la efectiva prestación de los servicios, se juzgarán por las disposiciones del derecho común, salvo lo que expresamente se dispusiera en esta ley.

Dicho incumplimiento dará lugar a una indemnización que no podrá ser inferior al importe de un mes de la remuneración que se hubiere convenido, o la que resulte de la aplicación de la convención colectiva de trabajo correspondiente.

Concordancias: LCT, arts. 11, 21, 32, 35, 36, 45, 50, 95, 97 y 98; Cód. Civil, arts. 505, inc. 3°, 506, 508, 511, 512, 519 a 522.

§ 1. **Contrato de trabajo sin relación de trabajo.** – No siempre la estipulación del contrato de trabajo coincide con la prestación del trabajo, puesto que no es infrecuente el caso de un contrato por el cual el trabajador se obliga a prestar sus servicios solamente a partir de una determinada fecha futura. En este caso, ya existe un contrato de trabajo, el cual importa obligaciones recíprocas para ambas partes; pero la relación de trabajo, en sentido propio, existirá recién desde el momento en que el trabajador comience a prestar su trabajo por cuenta del empleador[1]. Fiel a su admisión de la teoría de la relación de trabajo (ver art. 22), la ley regula en este artículo los efectos de la situación en que se incumple un contrato de trabajo que no ha tenido todavía principio de ejecución.

§ 2. **Efectos del incumplimiento.** – El artículo, para reglar las consecuencias jurídicas del incumplimiento de un contrato de trabajo, antes de iniciarse la efectiva prestación de los servicios, remite al derecho común. No habría, en este caso, lugar para exigir el cumplimiento del contrato sino sólo su rescisión con indemnización de daños[2].

Los efectos del incumplimiento, de todos modos, no se determinan en su totalidad por las disposiciones del derecho común, porque el mismo artículo establece una indemnización mínima equivalente a un mes de la remuneración que se hubiera convenido o que resulte de la aplicación de la convención colectiva de trabajo correspondiente, en una forma de estimación mínima de los daños presuntos irrogados por la inejecución. En lo demás rigen los arts. 505, inc. 3°, 506, 508, 511, 512, 519 a 522 y concordantes del Cód. Civil, con fundamento en los cuales la parte perjudicada por el incumplimiento (empleador o trabajador) puede invocar y probar daños mayores al mínimo legal[3].

Capítulo II

DE LOS SUJETOS DEL CONTRATO DE TRABAJO

Art. 25. [Trabajador] – Se considera "trabajador", a los fines de esta ley, a la persona física que se obligue o preste servicios en las condiciones

---

[1] Deveali, *Lineamientos*, p. 161.
[2] Hueck - Nipperdey, *Compendio de derecho del trabajo*, p. 85.
[3] Etala, *Los efectos del contrato*, LT, XXVI-742.

previstas en los arts. 21 y 22 de esta ley, cualesquiera que sean las modalidades de la prestación.

CONCORDANCIAS: LCT, arts. 4°, 21 a 24, 28, 32, 37, 62, 102 y 103; ley 25.013, art. 1°.

§ 1. **Concepto de trabajador.** – El contrato de trabajo da origen a una relación jurídica entre dos sujetos, trabajador y empleador, que se obligan recíprocamente a cumplir determinadas prestaciones. El artículo da un concepto de "trabajador" que armoniza básicamente con las definiciones de "contrato de trabajo" y de "relación de trabajo", establecidas en los arts. 21 y 22, respectivamente. Cuando la ley utiliza el vocablo "trabajador" lo hace, entonces, siempre como sinónimo de "trabajador en relación de dependencia" y nunca comprende al llamado "trabajador autónomo".

El "trabajador" siempre es una persona física (o persona de existencia visible, como la llama el Código Civil) y no puede ser nunca una persona jurídica. Si la que se obliga a prestar servicios es una persona jurídica, no habrá contrato de trabajo sino otro tipo de contrato, salvo el caso de fraude por interposición de personas (art. 14, LCT). Precisamente, la previsión del art. 102 de la LCT que parece concebir la posibilidad de que una sociedad, asociación o persona jurídica preste servicios que pudieran calificarse de laborales, establece una forma de prevención del fraude laboral.

El trabajador, persona física, puede celebrar el contrato de trabajo individualmente con su empleador, o bien integrando un grupo de trabajadores, caso en el cual se verificará la modalidad de contratación denominada "contrato de trabajo de grupo", "de equipo" o "de cuadrilla" (art. 101, LCT). También, si estuviera autorizado (por la ley, el contrato, el convenio colectivo o los usos y costumbres) puede servirse de auxiliares para prestar su trabajo (art. 28, LCT).

Art. 26. [EMPLEADOR] – Se considera "empleador" a la persona física o conjunto de ellas, o jurídica, tenga o no personalidad jurídica propia, que requiera los servicios de un trabajador.

CONCORDANCIAS: LCT, arts. 4° a 6°, 21 a 23, 62 a 69 y 74; ley 24.467, art. 83.

§ 1. **Noción de empleador.** – El artículo da una sucinta noción de "empleador", definiéndolo como el que "requiera los servicios de un trabajador", siendo indiferente que quien lo haga sea una persona física (o conjunto de ellas) o jurídica, tenga o no personalidad jurídica. Esta noción debe conjugarse con la de "trabajador" del art. 25 de la LCT, puesto que el trabajador requerido debe ser necesariamente un trabajador dependiente y no autónomo, y principalmente con la definición de contrato y relación de trabajo de los arts. 21 y 22. Igualmente, la noción debe correlacionarse con la de "empresario" del art. 5° de la LCT.

§ 2. **Personas jurídicas.** – El art. 33 del Cód. Civil enumera las personas jurídicas, dividiéndolas entre las de *carácter público* (el Estado nacional, las provincias, los municipios, las entidades autárquicas y la Iglesia Católica) y las de *carácter privado* que son las asociaciones y fundaciones y las sociedades civiles y comerciales o entidades que, conforme a la ley, tengan capacidad para adquirir derechos y contraer obligaciones. Todas ellas pueden ser empleadoras, con la salvedad de que el Estado nacional, los Estados provinciales, las municipalidades y sus respectivas entidades autárquicas, según el art. 2°, inc. *a*, de la LCT sólo pueden serlo cuando por acto expreso se incluya a sus dependientes en este régimen legal o en el de las convenciones colectivas de trabajo[1].

§ 3. **Sujetos de derecho.** – Las asociaciones constituidas según el art. 46 del Cód. Civil, que no tienen personalidad jurídica, son, sin embargo, sujetos de derecho y pueden, por consiguiente, asumir el carácter de empleadoras.

§ 4. **Sociedades irregulares o de hecho.** – Las sociedades irregulares o de hecho, tanto civiles (arts. 1663 y 1664, Cód. Civil) como comerciales (arts. 21 a 26, ley 19.550) pueden ser empleadoras[2].

Jurisprudencia

1. *Sociedades en formación. Responsabilidad.* Los socios y aquellos que contraten en nombre de una sociedad en formación, quedan ilimitada y solidariamente obligados por las operaciones sociales que realicen, asumiendo una responsabilidad personal frente a los terceros. Esto es así porque la sociedad no existe hasta tanto finalice el proceso de constitución (arts. 21 a

---

[1] López - Centeno - Fernández Madrid, *Ley de contrato de trabajo*, t. I, p. 346.
[2] López - Centeno - Fernández Madrid, *Ley de contrato de trabajo*, t. I, p. 345.

26, ley 19.550), finalización que no tiene eficacia retroactiva (CN Trab, Sala VII, 20/5/99, *DT*, 1999-B-1859).

§ 5. **Conjunto de personas físicas.** – El artículo comentado abre la posibilidad de que un conjunto de personas físicas pueda ser considerado *empleador*, a los efectos de la ley. Así, se pone como ejemplo el caso de un grupo de profesionales del arte de curar (médicos, dentistas) que se turnen en uno o varios consultorios instalados en un ambiente común (como puede ser una casa, piso o departamento) y contraten *todos* para cumplir funciones auxiliares a una persona (enfermera o recepcionista). En este supuesto, la relación la establecen *todos* en conjunto (y no puramente cada uno en particular) con ella, sin que por esto sea necesario que integren una sociedad. Esto significa que la función de empleadores la cumplirían en conjunto[3].

Jurisprudencia

1. *Empleador múltiple. Solidaridad.* Para que exista condena solidaria basta con que se dé la figura del empleador múltiple que contempla el art. 26 de la LCT, aunque no resulte un grupo económico (CNTrab, Sala IV, 30/11/89, *DT*, 1990-A-228).

2. *Sociedades vinculadas. Condena solidaria.* Si una de las accionadas remitió al viajante un telegrama reclamándole la devolución de talonarios de pedidos no utilizados correspondientes a la otra codemandada, ello prueba de manera cabal que prestó también servicios para sociedades vinculadas que utilizaban de tal forma un mismo viajante, se justifica la condena solidaria (CNTrab, Sala V, 25/2/92, *DT*, 1992-B-1439).

3. *Socio gerente.* Si se acredita que la persona física demandada junto con la sociedad, es socio gerente y que en tal calidad tenía a su cargo la administración y dirección de la misma, no puede responsabilizársele como empleador, aun cuando, por medio de los elementos de juicio aportados, se lo haya designado como dueño de la sociedad por aportar la mayoría del capital social, ya que tal circunstancia no implica necesariamente una modificación en la responsabilidad asumida como integrante de la sociedad, máxime cuando no se acreditó su calidad de empleador en forma individual, ni que el trabajador hubiera desempeñado tareas bajo su relación de dependencia, sino que lo hizo para la sociedad (CNTrab, Sala III, 31/5/96, *DT*, 1996-B-2761).

§ 6. **Unión transitoria de empresas.** – El art. 377 de la ley de sociedades comerciales 19.550 establece que las socieda-

---

[3] López - Centeno - Fernández Madrid, *Ley de contrato de trabajo*, t. I, p. 345.

des constituidas en la República y los empresarios individuales domiciliados en ella, podrán, mediante un contrato de unión transitoria, reunirse para el desarrollo o ejecución de una obra, servicio o suministro concreto. Las UTE no constituyen sociedades ni son sujetos de derecho. Según el art. 378 de la ley citada, el contrato respectivo, que debe otorgarse por instrumento público o privado, debe contener la especificación de las obligaciones asumidas, las contribuciones debidas al fondo común operativo y los modos de financiar o sufragar las actividades comunes (inc. 6), así como la proporción o método para determinar la participación de las empresas en la distribución de los resultados o, en su caso, los ingresos o gastos de la unión (inc. 8). Por último, el art. 381 de la ley de sociedades determina que, salvo disposición en contrario del contrato, no se presume la solidaridad de las empresas por los actos y operaciones que deban desarrollar o ejecutar, ni por las obligaciones contraídas frente a terceros. Esto significa que, salvo convención en contrario en el instrumento constitutivo y para el caso en que el empleo de trabajadores no haya sido asumido directamente por alguna de las sociedades o empresarios individuales que constituya la UTE, la obligación laboral de ésta es simplemente mancomunada y no solidaria y se divide en tantas partes iguales como deudores haya (art. 691, Cód. Civil), si en el instrumento constitutivo no se hubiera estipulado una división de las deudas en una proporción distinta (art. 692, Cód. Civil).

Jurisprudencia

    1. *UTE. Solidaridad.* *a*) Cuando la empleadora es una UTE, la relación de trabajo se da con los integrantes de dicha UTE, quienes responden frente al dependiente en los términos acordados (art. 378, incs. 6 y 8, ley 19.550). No hay solidaridad entre ellos si no fue estipulada (art. 381, ley 19.550), y si se ha omitido toda estipulación al respecto, sus integrantes responden en partes iguales (arts. 691 y 698, Cód. Civil) (CNTrab, Sala IX, 31/10/00, *DT*, 2001-B-1457).

    b) Cuando una UTE es el empleador la relación se da con sus integrantes, quienes responden frente al dependiente en los términos acordados, por lo que no hay solidaridad entre ellos si no está estipulada y, de omitirse toda estipulación al respecto, responderán en partes iguales (CNTrab, Sala III, 23/9/97, *TSS*, 2003-138).

    c) No se impone la solidaridad de las empresas participantes de la UTE por los actos, operaciones y obligaciones de la organización frente a terceros, salvo que se haya pactado en el acuerdo (CNTrab, Sala III, 20/8/99, *TSS*, 2003-139).

d) Si en el contrato celebrado entre las empresas integrantes de la UTE se establece la responsabilidad indivisible y solidaria de aquéllas sobre todos los efectos derivados de la licitación, adjudicación y contratación frente a la obra social licitante y nada se dice sobre el personal de cada una de ellas, ni se brinda ninguna pauta que permita extenderla a su respecto, no corresponde su admisión (CNTrab, Sala V, 28/12/01, *TSS*, 2003-140).

2. *Responsabilidad laboral de la UTE.* Cuando se dice que una UTE es el empleador, en realidad significa que la relación laboral existe con sus integrantes, que son los que responden frente al dependiente (art. 378, incs. 6 y 8, ley 19.550). Ello es así porque conforme la normativa correspondiente (ley 22.903, modificatoria de la ley 19.550) las UTE no son sujetos de derecho ni configuran sociedades (CNTrab, Sala II, 9/6/99, *TSS*, 2003-130; íd., Sala VII, 28/2/01, *DT*, 2001-B-2333).

Art. 27. [Socio-empleado] – **Las personas que, integrando una sociedad, prestan a ésta toda su actividad o parte principal de la misma en forma personal y habitual, con sujeción a las instrucciones o directivas que se les impartan o pudieran impartírseles para el cumplimiento de tal actividad, serán consideradas como trabajadores dependientes de la sociedad a los efectos de la aplicación de esta ley y de los regímenes legales o convencionales que regulan y protegen la prestación de trabajo en relación de dependencia.**

Exceptúanse las sociedades de familia entre padres e hijos.

Las prestaciones accesorias a que se obligaren los socios, aun cuando ellas resultasen del contrato social, si existieran las modalidades consignadas, se considerarán obligaciones de terceros con respecto a la sociedad y regidas por esta ley o regímenes legales o convencionales aplicables.

Concordancias: LCT, arts. 21, 22, 25 y 102.

§ 1. **La figura del socio-empleado.** – El artículo reproduce la solución que, al respecto, había aportado en su momento la ley 16.593. La norma cumple una doble finalidad: prevenir el fraude a la ley cuando, mediante la adopción de una figura contractual no laboral, como es la sociedad y con una simulación ilícita, se pretendiera evadir la aplicación de la legislación laboral y de la seguridad social haciendo aparecer al trabajador dependiente como integrante de la sociedad, y resolver la cuestión del *status* jurídico-laboral del socio que presta a la sociedad toda o parte principal de su actividad en forma personal y habitual, con sujeción a instrucciones o directivas que se le impartan, definiéndola en el sentido de permitir la acumulación de ambas calidades, la de socio y la de empleado.

La última parte del artículo asimila la situación indicada en el primer párrafo con aquella en que el socio se haya obligado por el contrato social en hacer como aporte social un aporte de trabajo, lo que es admitido tanto por la ley civil (art. 1649, Cód. Civil) como por la comercial (arts. 38, 50 y 141, ley 19.550); ello si se dan las condiciones que el mismo artículo señala para adquirir la calidad de socio-empleado[1].

JURISPRUDENCIA

1. *Cooperativas de trabajo.* a) En las cooperativas de trabajo, el empleo de la fuerza de trabajo de los asociados constituye el objeto mismo de la sociedad y el aporte que aquéllos comprometen al constituirla o adherirse a ella, es lo que torna improcedente la aplicación de las previsiones del art. 27 de la LCT, en tales entidades (CNTrab, Sala VI, 29/12/95, *DT*, 1996-A-1199).

b) Si se acredita que la cooperativa cumplió los requisitos legales de inscripción, registro contable, celebración de asambleas, renovación periódica de autoridades e incorporación como asociados de los integrantes del ente, la invocación de lo dispuesto en el art. 27 de la LCT, por quien prestó servicios personales a la cooperativa, sólo es viable si se demuestra que existió una situación de fraude laboral (CNTrab, Sala V, 7/2/96, *DT*, 1996-B-1481).

c) En una cooperativa de trabajo genuina, la calidad de socio excluye la de trabajador dependiente y, por tanto, la figura del socio empleado, ya que el art. 27 de la LCT se refiere a aquellos casos en que la prestación del trabajo personal es escindible de la categoría de socio (CNTrab, Sala I, 28/2/89, *DT*, 1990-A-389).

d) A la relación del socio con una cooperativa de trabajo genuina no le son aplicables las normas pertinentes de la LCT, sino las disposiciones de la ley 20.337 (CNTrab, Sala I, 20/7/01, *DT*, 2001-B-2109).

e) Tratándose de una genuina sociedad cooperativa, en cuyo funcionamiento no ha mediado fraude o irregularidad que desnaturalice sus fines, no corresponde asimilar la subordinación que

---

[1] LÓPEZ - CENTENO - FERNÁNDEZ MADRID, *Ley de contrato de trabajo*, t. I, p. 348.

tipifica el contrato de trabajo con la obligación del socio cooperativo de ajustarse a las instrucciones imprescindibles al ordenamiento interno que se exige para un adecuado trabajo en conjunto (CNTrab, Sala VIII, 23/8/02, *DT*, 2002-B-1977).

2. *Director de sociedad anónima.* *a*) El carácter de director de una sociedad anónima no es óbice para que exista una relación de subordinación jurídica, al cumplirse los requisitos propios de ésta (CNTrab, Sala V, 30/4/73, *TSS*, 1973/74-242).

b) El director de una sociedad anónima integra el órgano de la sociedad y, por ende, no puede aceptarse que se lo considere un subordinado más de la entidad a no ser que se acredite fehacientemente la prestación de servicios realizados bajo relación de dependencia y la circunstancia de que el director tuviera una oficina propia en la entidad y se encargase del giro de los negocios, se corresponde con su condición de director de la sociedad, sin que ello en modo alguno implique que recibiese órdenes de su superior o que estuviese subordinado a alguna autoridad que fiscalizase su gestión y pudiese darle órdenes o instrucciones (CNTrab, Sala V, 15/4/98, *DT*, 1998-B-1666).

c) Para la aplicación de la norma contenida en el art. 27 de la LCT es condición necesaria que el socio que la invoca actúe en cumplimiento de órdenes e instrucciones, esto es, sometido al poder de dirección (en el caso, el actor presidente del directorio era quien ejercía, por la sociedad, ese poder) (CNTrab, Sala VIII, 16/2/01, *DT*, 2001-A-806).

d) El presidente de una sociedad anónima es su representante legal y no está tutelado por el art. 27 de la LCT, pues de lo contrario el propio órgano de la persona jurídica estaría subordinado a sí mismo, y no es lógico suponer que quien obliga a la sociedad con sus actos contrate con sí mismo y pueda revestir el doble carácter de empleador y empleado (CNTrab, Sala VIII, 30/3/01, *DT*, 2001-B-2284).

3. *Socio comanditado.* La condición de titular de la dirección y administración que tiene el socio comanditado hace que invista los poderes de dirección indispensables para llevar adelante la actividad empresaria que realiza la sociedad; tal situación determina que no le sea aplicable lo normado por el art. 27 de la LCT, pues la función que presta no está sujeta a las instrucciones o directivas de ninguna otra persona (CNTrab, Sala VII, 26/3/90, *TSS*, 1990-823).

4. *Empresa de transporte colectivo. Componente.* No resulta de aplicación la figura del socio empleado al accionista de una empresa de transporte colectivo, aunque se hubiese desempeñado como conductor, si se ha acreditado que tenía la posibilidad de contratar choferes no socios, que remuneraba con parte de la ganancia que le correspondía por la explotación de la unidad (CNTrab, Sala V, 31/5/94, *DT*, 1994-B-2121).

5. *Director técnico de una farmacia*. Si el director técnico de una farmacia debía poner al servicio de ésta su trabajo personal e intransferible, de ello no resulta acreditado el carácter laboral de la relación, en tanto las mismas obligaciones tienen el socio comanditado que ejerce la administración de la sociedad, lo que impide la aplicación del art. 27 de la LCT (CNTrab, Sala II, 28/6/00, *DT*, 2001-A-825).

§ 2. Socios de cooperativas de trabajo. – El art. 40 de la ley 25.877, en un artículo que reproduce con algunas variantes el texto del derogado art. 4° de la ley 25.250, expresa lo siguiente: "Los servicios de inspección del trabajo están habilitados para ejercer el contralor de las cooperativas de trabajo a los efectos de verificar el cumplimiento de las normas laborales y de la seguridad social en relación con los trabajadores dependientes a su servicio así como a los socios de ella que se desempeñaren en fraude a la ley laboral. Estos últimos serán considerados trabajadores dependientes de la empresa usuaria para la cual presten servicios, a los efectos de la aplicación de la legislación laboral y de la seguridad social. Si durante esas inspecciones se comprobare que se ha incurrido en una desnaturalización de la figura cooperativa con el propósito de sustraerse, total o parcialmente, a la aplicación de la legislación del trabajo denunciarán, sin perjuicio del ejercicio de su facultad de constatar las infracciones a las normas laborales y proceder a su juzgamiento y sanción, esa circunstancia a la autoridad específica de fiscalización pública a los efectos del art. 101 y concordantes de la ley 20.337. Las cooperativas de trabajo no podrán actuar como empresas de provisión de servicios eventuales, ni de temporada, ni de cualquier otro modo brindar servicios propios de las agencias de colocación".

La cuestión referida a la posibilidad para un socio de una cooperativa de trabajo de reunir la calidad de socio y empleado en los términos del art. 27 de la LCT ha originado profundas divergencias en la doctrina. Mientras una tesitura doctrinal se pronuncia por la afirmativa[2], otra postura sostiene que la prestación de trabajo personal por parte del asociado, si bien sometido a un cierto orden jerárquico, constituye precisamente el acto cooperativo que atañe a la finalidad de la constitución de la sociedad[3].

---

[2] Deveali, *Lineamientos*, p. 474 y 475; López - Centeno - Fernández Madrid, *Ley de contrato de trabajo*, t. I, p. 289 a 294.

[3] Meilij, *Aspectos laborales de las cooperativas de trabajo*, LT, XXIX-507; Cuesta, *Las cooperativas de trabajo en Argentina*, DT, 2000-B-2315.

Tanto la inspección laboral como los jueces del trabajo han apreciado con desconfianza la figura de la cooperativa de trabajo como vehículo de fraude laboral, puesto que frecuentemente ha sido utilizada como instrumento de evasión de las normas laborales y de la seguridad social por interposición de personas (arts. 14 y 102, LCT). La norma citada de la ley 25.877 consagra normativamente lo que judicialmente se había establecido en numerosas oportunidades cuando se verificaba la utilización de esta forma societaria como medio de comisión de un fraude laboral.

Art. 28. [Auxiliares del trabajador] – Si el trabajador estuviese autorizado a servirse de auxiliares, éstos serán considerados como en relación directa con el empleador de aquél salvo excepción expresa prevista por esta ley o los regímenes legales o convencionales aplicables.

Concordancias: LCT, arts. 14, 25, 29, 30, 47, 100 y 101.

§ 1. **Autorización.** – El contrato de trabajo tiene por objeto la prestación de una actividad personal e infungible (art. 37), por lo cual se trata de un contrato *intuitu personæ* respecto de la persona del trabajador. Esto significa que el trabajador no puede delegar en otro la prestación del trabajo. Sin embargo, el artículo comentado prevé la posibilidad de que el trabajador se sirva de auxiliares o ayudantes. Para ello debe estar *autorizado*. La autorización puede provenir de la ley, el convenio colectivo, el contrato o los usos y costumbres. Es común que suceda con los fleteros, en los casos en que éstos estén en relación de dependencia.

La circunstancia de que el trabajador pueda servirse de auxiliares contribuye en algunos casos a hacer más confusa la delimitación de la existencia de relación de dependencia, ya que los trabajadores constituyen los *medios personales* a los cuales se refiere el art. 5° como uno de los elementos instrumentales que integran la organización que define a la *empresa* y al *empresario*.

§ 2. **Previsiones legales.** – El art. 2° de la ley 12.981 –estatuto de los encargados de casas de renta– prevé la existencia de ayudantes que asimila a los encargados a los efectos de la ley. También menciona a los ayudantes la ley 12.713, de trabajo a domicilio (art. 3°, inc. *a*, ley 12.713, y art. 2°, inc. *i*, decr. regl. 118.755/42 para la Capital Federal).

§ 3. **Relación directa con el empleador.** – La norma comentada establece que los auxiliares del trabajador serán considerados en relación directa con el empleador. Ello significa que el empleador principal es responsable, respecto del auxiliar, del cumplimiento de todas las normas laborales y de la seguridad social, excluyéndose la responsabilidad del trabajador que se vale de ayudantes. Se trata de una norma destinada a prevenir el fraude por *interposición de personas* (art. 14), situación en la que se utiliza a un trabajador como empleador aparente.

Art. 29. [INTERPOSICIÓN Y MEDIACIÓN. SOLIDARIDAD] Los trabajadores que habiendo sido contratados por terceros con vista a proporcionarlos a las empresas, serán considerados empleados directos de quien utilice su prestación.

En tal supuesto, y cualquiera que sea el acto o estipulación que al efecto concierten, los terceros contratantes y la empresa para la cual los trabajadores presten o hayan prestado servicios responderán solidariamente de todas las obligaciones emergentes de la relación laboral y de las que se deriven del régimen de la seguridad social.

Los trabajadores contratados por empresas de servicios eventuales habilitadas por la autoridad competente para desempeñarse en los términos de los arts. 99 de la presente y 77 a 80 de la ley nacional de empleo, serán considerados en relación de dependencia, con carácter permanente continuo o discontinuo, con dichas empresas. [Párrafo agregado por ley 24.013, art. 75]

CONCORDANCIAS: LCT, arts. 14, 21 a 23, 28, 89, 99, 100 y 115; LE, arts. 75 a 80; ley 24.648; ley 25.877, art. 40; decr. 342/92; decr. 489/01.

§ 1. **Suministro de mano de obra.** – El artículo en su primer y segundo párrafo prevé el caso del contratista de mano de obra que suministra trabajadores a otras empresas (*usuarias*). Estos trabajadores se consideran empleados directos de quien utiliza su prestación. En tal caso, ambas empresas –la suministradora y la usuaria– son solidariamente responsables de todas las obligaciones emergentes de las normas laborales y de la seguridad social.

El art. 40 de la ley 25.877 prohíbe a las cooperativas de trabajo actuar como empresas de provisión de servicios eventuales, ni de temporada, ni de cualquier otro modo brindar servicios propios de las agencias de colocación (conf. decr. 489/01).

Jurisprudencia

 1. *Intermediación de mano de obra.* El art. 29 de la LCT contempla el supuesto de provisión de mano de obra por un tercero a favor de una empresa principal, para que ésta se sirva de los servicios del trabajador, debiendo el intermediario aparecer cumpliendo la función de una agencia de colocaciones (CNTrab, Sala I, 13/6/95, *DT*, 1995-B-2267).

 2. *Suministro de personal.* Carece de validez y es, por lo tanto, inoponible a los trabajadores afectados, el contrato por el cual una empresa suministra a otra, mediante el pago de una tarifa, personal para desempeñarse a las órdenes de esta última, asumiendo la primera las obligaciones y responsabilidad emergentes de la relación laboral (CNTrab, Sala II, 29/11/73, *TSS*, 1973/74-551).

 3. *Intermediación. Empresa de limpieza.* Si la empresa de limpieza es una empresa real dedicada a la prestación de servicios de limpieza para terceros que contrató esos servicios de empresa a empresa y no una empresa prestadora de servicios temporarios que contrata trabajadores con vista a proporcionarlos a las empresas, que es el supuesto contemplado en el art. 29 de la LCT, no resulta aplicable dicha norma (CNTrab, Sala IV, 26/7/91, *DT*, 1991-B-2021).

 4. *Trabajador contratado por una empresa para ser proporcionado a otra.* Si un trabajador fue contratado por una empresa para ser proporcionado a un consorcio de propiedad horizontal (sin que se trate de servicios eventuales), debe ser considerado como empleado directo de quien utilice su prestación por aplicación de la presunción contenida en el párr. 1° del art. 29 de la LCT (CNTrab, Sala X, 28/12/98, *DT*, 1999-B-1320).

 5. *Cooperativas de trabajo.* *a*) Las cooperativas de trabajo no pueden actuar como las empresas de servicios eventuales, es decir, como colocadoras de personal en terceros establecimientos, pues ésta es una forma sencilla de alterar toda la estructura de la ley laboral y de privar de la tutela respectiva al personal, so pretexto de la existencia de actos cooperativos entre el trabajador y la empresa donde presta servicios, por lo que en tal supuesto, la empresa usuaria debe responder como empleadora directa y la cooperativa como intermediaria, solidariamente en los términos del art. 29 de la LCT (CNTrab, Sala I, 21/4/97, *DT*, 1997-B-2484).

b) Los miembros de una cooperativa no pueden ser colocados como mano de obra para terceros, porque, en ese caso, pasan a tener una relación dependiente con todas las características propias (CNTrab, Sala VI, 31/10/97, *DT*, 1998-A-718).

c) Las cooperativas de trabajo no pueden actuar como colocadoras de personal en establecimientos de terceros, pues ésa es una forma de alterar toda la estructura de la ley laboral so pretexto de la existencia de actos cooperativos entre el trabajador y la empresa donde presta servicios (CNTrab, Sala I, 23/6/98, *DT*, 1999-B-1305).

d) Las cooperativas de trabajo no pueden actuar como colocadoras de personal en terceros establecimientos, pues ésta es una forma sencilla para alterar toda la estructura de la ley laboral y privar de la tutela respectiva al personal so pretexto de la existencia de actos cooperativos entre el trabajador y la empresa en donde presta servicios. En tal caso, se torna aplicable lo normado en el art. 29 de la LCT y el trabajador será considerado empleado directo de quien utilice su prestación, pues ello evidencia la existencia de una interposición fraudulenta, que justifica la responsabilidad solidaria de la cooperativa por todas las obligaciones derivadas de dicha relación laboral (CNTrab, Sala I, 30/11/99, *DT*, 2000-A-880).

§ 2. **Agencias retribuidas de colocaciones.** – El art. 10 de la ley 13.591 prohibió el funcionamiento de las agencias privadas de colocaciones con fines de lucro, entendiéndose comprendida en la prohibición toda actividad lucrativa relacionada con la colocación de trabajadores. Esta prohibición subsistió hasta la sanción de la ley 24.648, que ratificó el convenio 96 de la OIT sobre las agencias retribuidas de colocación (revisado) de 1949, aceptándose las disposiciones de la Parte III de dicho convenio sobre "Reglamentación de las agencias retribuidas de colocación". El art. 2° del referido convenio establece que todo miembro que ratifique el convenio debe indicar en su instrumento de ratificación si acepta las disposiciones de la Parte II, que prevén la supresión progresiva de las agencias retribuidas de colocación con fines lucrativos, o si acepta las disposiciones de la Parte III, que prevén la reglamentación de las agencias retribuidas de colocación, comprendidas las agencias de colocación con fines lucrativos. La República Argentina, al ratificar el convenio, aceptó las disposiciones de la Parte III y admitió la existencia de las agencias retribuidas de colocación, reglamentando su funcionamiento.

Esta regulación se concretó mediante el decr. 489/01 que reglamentó el art. 1° de la Parte I y los arts. 10 a 12 de la Parte III del convenio 96 de la OIT.

La reglamentación distingue tres tipos de agencias de colocaciones: *a)* gratuitas; *b)* retribuidas con fines lucrativos, y *c)* retribuidas sin fines lucrativos.

El reglamento dispone que podrán habilitarse como agencias de colocación retribuidas con fines lucrativos las personas físicas y las sociedades regulares contempladas en la ley de sociedades 19.550. En cambio, se prohíbe la actuación como agencias de colocación de las cooperativas y de las empresas de servicios eventuales. La reglamentación regula también las tarifas máximas autorizadas en concepto de retribución y gastos.

§ 3. **Empresas de selección de personal.** – Estas empresas no deben ser confundidas con las agencias de colocaciones. Las empresas de selección de personal sustituyen al empleador, mediante un acuerdo previo, en la búsqueda del trabajador idóneo para un empleo determinado, y el servicio prometido es la búsqueda del empleado que se adapte a las exigencias del cargo, a quien se le pueden realizar los exámenes y pruebas pertinentes, debiéndosele requerir todos los antecedentes que permitan formar juicio para determinar si la persona es adecuada para cubrir el puesto vacante[1].

Jurisprudencia

1. *Empresas de selección de personal.* Las agencias de colocaciones no pueden ser asimiladas a las agencias que seleccionan personal para terceros, pues en este último caso se opera una sustitución del empleador en la búsqueda de personal idóneo para un empleo determinado. En cambio, a la agencia de colocaciones concurren los trabajadores y la ubicación sólo se materializa ante el pedido sobreviniente de un dador de trabajo (CN Trab, Sala III, 31/3/77, *LT*, XXV-542).

§ 4. **Empresas de servicios eventuales.** – El último párrafo del artículo ha sido agregado por el art. 75 de la LE. Por medio de esta norma se autoriza el funcionamiento de empresas de servicios eventuales –verdaderas suministradoras de mano de obra a terceros–, pero limitado exclusivamente a la provisión de trabajo eventual (art. 99, LCT).

a) *Actividad reglamentada.* Entre la prohibición absoluta y su funcionamiento sin limitaciones, la ley optó por el sistema del funcionamiento reglamentado, estableciendo severas

---

[1] Fernández Madrid, *Práctica laboral empresaria*, t. I, p. 213.

restricciones a la actividad de mediación en el suministro de mano de obra transitoria a las empresas usuarias[2].

b) *Definición.* No es la ley sino el art. 2° del decr. 342/92 el que, atendiendo a las notas características incluidas en el texto legal, formula la siguiente definición de empresa de servicios eventuales: "se considera *empresa de servicios eventuales* a la entidad que, constituida como persona jurídica, tenga por objeto exclusivo poner a disposición de terceras personas –en adelante *usuarias*– a personal industrial, administrativo, técnico o profesional, para cumplir en forma temporaria, servicios extraordinarios determinados de antemano o exigencias extraordinarias y transitorias de la empresa, explotación o establecimiento, toda vez que no pueda preverse un plazo cierto para la finalización del contrato".

c) *Forma jurídica y objeto.* La LE (art. 77) exige que las empresas de servicios eventuales se constituyan exclusivamente como personas jurídicas, lo que significa que no pueden ser sus titulares personas físicas o sociedades irregulares. En cuanto a su forma jurídica societaria, la ley no formula limitación alguna, lo que implica que pueden constituirse como sociedades anónimas, en comandita por acciones, de responsabilidad limitada, etcétera.

Sin embargo, el art. 40 de la ley 25.877 prohíbe expresamente a las cooperativas de trabajo actuar como empresas de provisión de servicios eventuales.

La LE impone a dichas empresas el objeto único, es decir, exige que tengan por finalidad exclusiva la prestación de servicios eventuales a empresas usuarias y no otras, por más vinculadas o conexas que pudieran estimarse, como selección de personal, psicología laboral, higiene y seguridad en el trabajo.

Jurisprudencia

    1. *Cooperativas de trabajo. Prohibición.* La cooperativa de trabajo no es una empresa de servicios eventuales, actividad ésta que le está vedada, según res. 2015/94 del Instituto Nacional de Acción Cooperativa (CNTrab, Sala VI, 31/10/97, *DT*, 1998-A-718).

d) *Habilitación administrativa.* No pueden funcionar como tales más que las empresas habilitadas por el Ministerio de Trabajo, Empleo y Seguridad Social que hubieran cumplido los requisitos exigidos por la ley y su reglamentación, a los fi-

---

[2] Etala - Etala (h.) - De Virgiliis, *Análisis práctico*, p. 59.

nes de obtener su inscripción en el Registro de Empresas de Servicios Eventuales. El art. 14 del decr. 342/92, modificado por decr. 951/99, determina los requisitos indispensables que deben reunir las empresas para gestionar su habilitación. Entre ellos se encuentra la obligación de caucionar una suma de dinero o valores, además de una fianza o garantía real (art. 78, LE). Se trata de asegurar de esta forma su solvencia frente a los trabajadores y el sistema de seguridad social[3]. Los montos y condiciones de esa caución son determinados por la reglamentación (art. 18, decr. 342/92, modificado por decr. 951/99).

e) *Sanciones administrativas.* Los incumplimientos de las empresas de servicios eventuales a las disposiciones de la ley y su reglamentación pueden ser sancionados, según su gravedad, con multas, clausura o cancelación de la habilitación para funcionar, que serán aplicadas por la autoridad administrativa, según lo determina la reglamentación (art. 79, LE). La ley parece distinguir entre la clausura, que podría ser preventiva o temporaria, y la cancelación, que importaría la inhabilitación definitiva para funcionar[4]. El decr. 342/92, modificado por decr. 951/99, establece en su art. 16 los distintos tipos de sanciones.

En caso de inobservancias de la empresa usuaria, ésta estará sujeta a sanciones administrativas, según las disposiciones vigentes sobre infracciones laborales. Asimismo, la empresa usuaria es solidariamente responsable del pago de la multa aplicada a la empresa que hubiera actuado como suministradora de mano de obra, sin estar habilitada legalmente para hacerlo. El art. 17 del decr. 342/92 aclara que, en este caso, el personal proporcionado será considerado como personal permanente continuo de la empresa usuaria.

f) *Cancelación de la habilitación.* El art. 80 de la LE determina: "Si la empresa de servicios eventuales fuera sancionada con la cancelación de la habilitación para funcionar, la caución no será devuelta y la autoridad de aplicación la destinará a satisfacer los créditos laborales que pudieran existir con los trabajadores y los organismos de la seguridad social. En su caso, el remanente será destinado al Fondo Nacional de Empleo. En todos los demás casos en que se cancela la habilitación, la caución será devuelta en el plazo que fije la reglamentación".

---

[3] Etala - Etala (h.) - De Virgiliis, *Análisis práctico*, p. 60.
[4] Etala - Etala (h.) - De Virgiliis, *Análisis práctico*, p. 61.

g) **Prestación de servicios eventuales.** El art. 77 de la LE establece que las empresas de servicios eventuales sólo podrán mediar en la contratación de trabajadores bajo la modalidad de trabajo eventual. Esto significa que la empresa de servicios eventuales podrá suministrar personal a la empresa usuaria "para la satisfacción de resultados concretos, tenidos en vista por éste, en relación a servicios extraordinarios determinados de antemano o exigencias extraordinarias y transitorias de la empresa, explotación o establecimiento, toda vez que no pueda preverse un plazo cierto para la finalización del contrato. Se entenderá además que media tal tipo de relación cuando el vínculo comienza y termina con la realización de la obra, la ejecución del acto o la prestación del servicio para el que fue contratado el trabajador" (art. 99, LCT, y art. 2°, decr. 342/92).

La literalidad de los términos del art. 77 de la LE parecería excluir como modalidad de contratación la de plazo fijo. Sin embargo, esta conclusión parece excesiva si se tiene en cuenta que tanto el contrato de trabajo a plazo fijo como el eventual son modalidades de contratación por tiempo determinado, de plazo cierto la primera (art. 567, Cód. Civil) e incierto la segunda (art. 568, Cód. Civil). La intención de la ley es que bajo la prestación de servicios eventuales no se encubra el suministro de personal permanente a las empresas usuarias y asegurar que se destine efectivamente el personal eventual a cubrir necesidades transitorias de las empresas, tengan estas necesidades un plazo cierto o incierto de finalización, siempre que estén destinadas a agotarse en algún momento[5].

JURISPRUDENCIA

1. *Prestación de servicios permanentes.* Es la eventualidad de los servicios requeridos por la empresa usuaria la que delimita el campo de acción de la empresa de servicios temporarios, por lo que cuando lo que se suministra es la prestación por parte del trabajador de servicios que en sí mismos no son eventuales sino permanentes, la relación cae bajo el principio general que rige a la sub-empresa de mano de obra: se establece una relación directa y permanente con el empresario que utilizó los servicios del trabajador, sin perjuicio de la responsabilidad solidaria del intermediario (CNTrab, Sala X, 29/9/00, *DT*, 2001-B-1456).

h) **Causas que justifican el requerimiento de la empresa usuaria.** Con ligeras variantes con relación a su antecedente –el decr. 1455/85–, el decr. 342/92 enumera en su art. 3° las

---

[5] ETALA - ETALA (H.) - DE VIRGILIIS, *Análisis práctico*, p. 62.

causas que pueden dar lugar al requerimiento de la empresa usuaria: *1)* en caso de ausencia de un trabajador permanente, durante el período de ausencia; *2)* en caso de licencias o suspensiones legales o convencionales, durante el período en que se extiendan, excepto cuando la suspensión sea producto de una huelga o por fuerza mayor, falta o disminución de trabajo; *3)* en caso de incremento en la actividad de la empresa que requiera, en forma ocasional y extraordinaria, un mayor número de trabajadores; *4)* en caso de organización de congresos, conferencias, ferias, exposiciones o programaciones; *5)* en caso de un trabajo que requiera ejecución inaplazable para prevenir accidentes, por medidas de seguridad urgentes o para reparar equipos del establecimiento, instalaciones o edificios que hagan peligrar a los trabajadores o a terceros, siempre que las tareas no puedan ser realizadas por personal regular de la empresa usuaria, y *6)* cuando atendiendo a necesidades extraordinarias o transitorias hayan de cumplirse tareas ajenas al giro normal y habitual de la empresa usuaria.

Jurisprudencia

1. *Contrato de trabajo eventual. Exigencias extraordinarias del mercado. Instrumentación por escrito.* La ley 24.013 exige que en los casos en que el contrato tenga por objeto atender exigencias extraordinarias del mercado, deberá consignar con precisión y claridad la causa que los justifique (art. 72, inc. *a*) e identificar a la empresa usuaria, todo lo cual presupone la necesidad de instrumentarlo por escrito (CNTrab, Sala X, 17/9/99, *DT*, 2000-A-413).

i) *Trabajadores de las empresas de servicios eventuales.* La empresa de servicios eventuales emplea dos tipos de trabajadores: los trabajadores que contrata para prestar servicios en su sede, filiales, agencia u oficinas, que están vinculadas con ella por un "contrato de trabajo permanente continuo" (art. 4°, párr. 1°, decr. 342/92), y los trabajadores que contrata para prestar servicios en las empresas usuarias bajo la modalidad de contrato de trabajo eventual, que están vinculados con la empresa de servicios eventuales por un "contrato de trabajo permanente discontinuo" (art. 4°, párr. último, decr. 342/92).

Art. 29 bis. – El empleador que ocupe trabajadores a través de una empresa de servicios eventuales habilitada por la autoridad competente, será solidariamente responsable con aquélla por todas

---

10. Etala, *Contrato.*

las obligaciones laborales, y deberá retener de los pagos que efectúe a la empresa de servicios eventuales los aportes y contribuciones respectivos para los organismos de la seguridad social y depositarlos en término. El trabajador contratado a través de una empresa de servicios eventuales estará regido por la convención colectiva, será representado por el sindicato y beneficiado por la obra social de la actividad o categoría en la que efectivamente preste servicios en la empresa usuaria. [Incorporado por ley 24.013, art. 76]

Concordancias: decr. 342/92.

§ 1. **Empresas de servicios eventuales. Remisión.** – Las cuestiones vinculadas con la reglamentación de la actividad, la definición, la forma jurídica y el objeto, habilitación administrativa, las sanciones, la cancelación de la habilitación, las causas que justifican el requerimiento de la usuaria, la prestación de trabajo eventual y los trabajadores de las empresas de servicios eventuales, han sido considerados en el art. 29 (ver § 4).

§ 2. **Trabajadores destinados a prestar servicios en las empresas usuarias.** – Distinguiremos algunos aspectos.

a) *Carácter de la relación.* Los trabajadores contratados por las empresas de servicios eventuales para prestar servicios en las empresas usuarias están vinculados a la empresa de servicios por un contrato de trabajo permanente discontinuo (art. 4°, párr. último, decr. 342/92).

Sin embargo, como lo admite la propia ley en el último párrafo del art. 29, el trabajador también puede estar vinculado por un contrato de trabajo permanente continuo. La continuidad o discontinuidad de las prestaciones del trabajador dependerá de la continuidad o discontinuidad de las misiones o destinos que pueda asignarle la empresa de servicios eventuales.

Lo que está absolutamente descartado por la ley y el decr. 342/92 es que la relación que liga a un trabajador con la empresa de servicios eventuales pueda ser considerada de carácter eventual[1].

---

[1] Etala - Etala (h.) - De Virgiliis, *Análisis práctico*, p. 66.

b) *Períodos de actividad y períodos de receso.* Si la permanencia del trabajador puede ser con prestaciones discontinuas, existirán para éste períodos de actividad laboral y períodos de inactividad. Según el art. 6°, inc. 1, del decr. 342/92, estos períodos de interrupción no podrán superar los sesenta días corridos o los ciento veinte días alternados en un año aniversario.

Durante esos períodos de inactividad laboral, derivados de la imposibilidad de la empresa de servicios eventuales de asignar al trabajador una misión acorde con la categoría y especialidad para la que fue contratado, cesa el deber de ocupación de la empresa de servicios eventuales y el trabajador no percibe remuneración. Si se exceden, en cambio, los plazos de interrupción autorizados por la ley, renacen los derechos remuneratorios del trabajador, aunque la empresa no tenga ocupación efectiva para darle[2].

c) *Deber de ocupación.* La empresa de servicios eventuales debe otorgar ocupación al trabajador siempre que la hubiera para la categoría y especialidad para la que fue contratado el trabajador, aunque el nuevo destino que se le asignara fuera en otra actividad o convenio colectivo (art. 6°, inc. 2, decr. 342/92).

Excedidos los plazos máximos de inactividad previstos en el art. 6°, inc. 1, del decr. 342/92, sin que la empresa de servicios le hubiera asignado nueva ocupación, el trabajador podrá denunciar el contrato de trabajo, haciéndose acreedor de las indemnizaciones establecidas en los arts. 232 y 245 de la LCT (o, en su caso, arts. 6° y 7°, ley 25.013), previa intimación en forma fehaciente por un plazo de veinticuatro horas (art. 6°, inc. 6, decr. 342/92).

d) *Deber de remunerar.* Es obvio que la empresa de servicios eventuales deberá remunerar al trabajador en los períodos en que lo ocupe efectivamente. Pero también deberá abonar la remuneración al trabajador cuando se excedan los plazos máximos de inactividad del art. 6°, inc. 1, del decr. 342/92, sin que pueda otorgarle nueva ocupación y el trabajador se mantenga a su disposición sin hacer uso del derecho de rescindir el contrato de trabajo por injuria de la empresa[3].

e) *Nuevo destino laboral.* Agotada la misión asignada al trabajador, la empresa de servicios eventuales podrá asignarle

---

[2] Etala - Etala (h.) - De Virgiliis, *Análisis práctico*, p. 66.
[3] Etala - Etala (h.) - De Virgiliis, *Análisis práctico*, p. 67.

nuevo destino laboral, en las siguientes condiciones: *1)* el nuevo destino debe asignarse sin menoscabo de los derechos correspondientes del trabajador, esto es, en la categoría laboral y especialidad para la que fue contratado, aunque lo sea en otra actividad o convenio colectivo (art. 6°, inc. 2, decr. 342/92); *2)* el nuevo destino de trabajo podrá variar el horario de la jornada, pero el trabajador no está obligado a aceptar un trabajo nocturno o insalubre cuando no lo haya aceptado anteriormente (art. 6°, inc. 3, decr. 342/92), y *3)* cuando la empresa de servicios eventuales comunique al trabajador su nuevo destino laboral en el período de inactividad previsto en el art. 6°, inc. 1, del decr. 342/92, deberá notificarlo, con intervención de la autoridad administrativa, por telegrama colacionado o carta documento, informándole el nombre y domicilio de la empresa usuaria donde deberá presentarse a prestar servicios, categoría laboral, régimen de remuneraciones y horario de trabajo (art. 6°, inc. 5, decr. 342/92).

f) ***Despido indirecto del trabajador.*** El trabajador de una empresa de servicios eventuales destinado a prestar servicios en las empresas usuarias está expuesto a sufrir inobservancias, por parte de su empleadora, de tal gravedad aptas para configurar injuria que no consienta la prosecución de la relación (arts. 242 y 246, LCT). Entre los casos específicos de injuria se encuentran los siguientes: *1)* si se pretendiera asignarle nuevo destino laboral en menoscabo de la categoría laboral o especialidad para la que fue contratado por la empresa; *2)* si se le pretendiera asignar una jornada de trabajo nocturno o insalubre cuando no lo haya aceptado anteriormente; *3)* si se le pretendiera asignar nuevo destino laboral fuera del radio de treinta kilómetros de su domicilio, y *4)* si se hubiera excedido el plazo máximo de inactividad previsto en el art. 6°, inc. 1, del decr. 342/92 (sesenta días corridos o ciento veinte días alternados en un año aniversario) y no se le otorgare nuevo destino laboral en las condiciones legales. La ruptura del contrato de trabajo podrá formalizarse por el trabajador previa intimación dirigida a su empleador a fin de que cese su conducta incumplidora[4].

Jurisprudencia

1. ***Omisión de reasignar funciones dentro del plazo legal.*** Actuó con justa causa la trabajadora al considerarse despedida, si intimó a ambas codemandadas a fin de que le proporcionen

---

[4] Etala - Etala (h.) - De Virgiliis, *Análisis práctico*, p. 68.

tareas habituales, negando el verdadero carácter de la relación el usuario de los servicios y prometiendo la empresa de trabajo eventual que le reasignaría funciones sin que lo hiciera dentro del plazo legal (CNTrab, Sala I, 30/12/02, *TSS*, 2003-234).

g) *Abandono del trabajo*. En caso de que la empresa de servicios eventuales hubiese asignado al trabajador nuevo destino laboral en forma fehaciente y éste no retomara sus tareas en el término de cuarenta y ocho horas, la empresa podrá denunciar el contrato de trabajo por la causal prevista en el art. 244 de la LCT (art. 6°, inc. 7, decr. 342/92). El trabajador incurre en este caso en abandono del trabajo que, como acto de incumplimiento contractual, se configura previa constitución en mora mediante intimación hecha en forma fehaciente a fin de que tome las nuevas tareas[5].

JURISPRUDENCIA

1. *Intimación a retomar tareas. Cómputo del plazo*. El art. 6°, inc. 7, del decr. 342/92 que regula las empresas de servicios eventuales posibilita la denuncia del contrato de trabajo por la causal del art. 244 de la LCT en caso de que el trabajador, a quien se hubiese asignado nuevo destino laboral en forma fehaciente, no retome sus tareas en el término de cuarenta y ocho horas, plazo que se computa en días hábiles (CNTrab, Sala X, 29/3/01, *DT*, 2001-B-2333).

h) *Cómputo de la antigüedad del trabajador*. A los efectos del cómputo de la antigüedad del trabajador, se considerará como tiempo de servicio sólo el efectivamente trabajado (ver art. 18). No se computan, entonces, los períodos de interrupción de la actividad laboral previstos en el art. 6°, inc. 1, del decr. 342/92[6].

§ 3. **Responsabilidad solidaria de la empresa usuaria.** – El artículo comentado erige a la empresa usuaria en solidariamente responsable con la empresa de servicios eventuales respecto de todas las obligaciones laborales con el trabajador eventual contratado. Ello significa que la empresa usuaria no sólo se constituye en codeudora, junto con la empresa suministradora, de todas las obligaciones laborales frente al trabajador, sino también que éste puede demandar a cualquiera de ellas el cumplimiento de la totalidad del objeto debido (art. 699, Cód. Civil). La solidaridad se extiende no sólo respecto de las obli-

---

[5] ETALA - ETALA (H.) - DE VIRGILIIS, *Análisis práctico*, p. 68.
[6] ETALA - ETALA (H.) - DE VIRGILIIS, *Análisis práctico*, p. 68.

gaciones monetarias sino también de aquellas que no lo son (entrega de ropa de trabajo, adopción de medidas de seguridad en el trabajo, entre otras). Aunque la ley no lo diga expresamente, debe entenderse que la solidaridad de la empresa usuaria se limita exclusivamente a las obligaciones laborales originadas o devengadas durante el tiempo que ella aprovechó de los servicios del trabajador eventual contratado y no más allá de dicho lapso[7].

JURISPRUDENCIA

1. *Responsabilidad solidaria de la empresa usuaria. Certificados de trabajo.* Si en el marco de lo establecido por el art. 29, párrs. 1º y 2º, de la LCT, se consideró configurado un contrato de trabajo por tiempo indeterminado y consecuentemente la responsabilidad solidaria entre la empresa prestataria y la receptora de los servicios, esta última también será responsable en relación a la entrega de los certificados previstos en el art. 80 de la LCT ya que la norma citada alude a las obligaciones derivadas del contrato de trabajo y de la seguridad social (CNTrab, Sala X, 29/5/98, *DT*, 1999-B-2297).

§ 4. **Convención colectiva, sindicato y obra social del trabajador.** – Para evitar la fragmentación del colectivo obrero y la división en distintos segmentos en el seno del personal de la empresa usuaria, la ley determina que el trabajador contratado mediante una empresa de servicios eventuales, estará regido por la convención colectiva, será representado por el sindicato y beneficiado por la obra social de la actividad o categoría en la que efectivamente preste servicios en la empresa usuaria.

Art. 30. [SUBCONTRATACIÓN Y DELEGACIÓN. SOLIDARIDAD] – Quienes cedan total o parcialmente a otros el establecimiento o explotación habilitado a su nombre, o contraten o subcontraten, cualquiera sea el acto que le dé origen, trabajos o servicios correspondientes a la actividad normal y específica propia del establecimiento, dentro o fuera de su ámbito, deberán exigir a sus contratistas o subcontratistas el adecuado cumplimiento de las normas relativas al trabajo y los organismos de seguridad social.

---

[7] ETALA - ETALA (H.) - DE VIRGILIIS, *Análisis práctico*, p. 64 y 65.

Los cedentes, contratistas o subcontratistas deberán exigir además a sus cesionarios o subcontratistas el número del código único de identificación laboral de cada uno de los trabajadores que presten servicios y la constancia de pago de las remuneraciones, copia firmada de los comprobantes de pago mensuales al sistema de la seguridad social, una cuenta corriente bancaria de la cual sea titular y una cobertura por riesgos del trabajo.

Esta responsabilidad del principal de ejercer el control sobre el cumplimiento de las obligaciones que tienen los cesionarios o subcontratistas respecto de cada uno de los trabajadores que presten servicios, no podrá delegarse en terceros y deberá ser exhibido cada uno de los comprobantes y constancias a pedido del trabajador y/o de la autoridad administrativa.

El incumplimiento de alguno de los requisitos hará responsable solidariamente al principal por las obligaciones de los cesionarios, contratistas o subcontratistas respecto del personal que ocuparen en la prestación de dichos trabajos o servicios y que fueren emergentes de la relación laboral incluyendo su extinción y de las obligaciones de la seguridad social. [Párrs. 2° a 4° sustituidos por ley 25.013, art. 17]

CONCORDANCIAS: LCT, arts. 5°, 6°, 14, 28, 29, 31, 79, 80, 136, 138 a 146, 225, 227 y 228; leyes 24.522, arts. 161 y 172, y 24.241, art. 12.

§ 1. **Los contratistas.** – El contratista a que se refiere el artículo es alguien que formaliza con otro un "contrato de empresa" (locación de obra) por el cual toma a su cargo una obra o tarea o parte de ella[1].

El artículo contempla, entonces, a cesionarios, contratistas o subcontratistas auténticos y no a "hombres de paja" o seudoempleadores que están contemplados por el art. 29. Es decir que la responsabilidad solidaria prevista en el artículo se configura en presencia de una cesión, contratación o subcontratación con empresas reales[2].

---

[1] LÓPEZ - CENTENO - FERNÁNDEZ MADRID, *Ley de contrato de trabajo*, t. I, p. 363.
[2] FERNÁNDEZ MADRID, *Tratado práctico*, t. I, p. 927.

Sin embargo, aunque se debe distinguir el contrato o subcontrato de empresa (locación de obra) de la exclusiva contratación o subcontratación (suministro) de mano de obra, no cabe ignorar que aquélla a menudo se utiliza para encubrir prácticas de empleo de mano de obra en subempresas[3].

§ 2. **Cesión, contratación y subcontratación.** – Los obligados por el artículo son: "quienes cedan total o parcialmente a otros el establecimiento o explotación habilitado a su nombre", y quienes "contraten o subcontraten, cualquiera sea el acto que les dé origen, trabajos o servicios correspondientes a la actividad normal y específica propia del establecimiento, dentro o fuera de su ámbito".

§ 3. **Actividad normal y específica.** – Actividad "normal y específica" es la habitual y permanente del establecimiento, o sea, la relacionada con la "unidad técnica o de ejecución destinada al logro de los fines de la empresa" (art. 6°, LCT). Es la referida al proceso normal de producción de bienes o servicios, debiendo, en consecuencia, descartarse la actividad accidental, accesoria o concurrente[4]. Aquello que es "específico" del establecimiento resulta a la vez "normal" en su desenvolvimiento. Inversamente, otras actividades pueden ser "normales" en el establecimiento por su persistencia y reiteración en el tiempo, pero no hacer a su "actividad específica". Es indudable que lo que es "normal y específico" del establecimiento se halla involucrado en la norma.

En cambio, aquello que no es ni lo uno ni lo otro –lo "accidental", por ejemplo– queda fuera de la norma. El interrogante se plantea en ciertas actividades que, resultando de ejecución normal en el giro del establecimiento, devienen ajenas a la especificidad de su finalidad productiva; la cuestión puede revestir importancia en algunas tareas que parecen accesorias respecto del fin específico, pero que se integran en la operación normal del establecimiento, como, por ejemplo, las tareas de manutención de maquinarias y equipos[5].

Jurisprudencia

1. **Actividad normal y específica.** *a)* La actividad normal y específica a la que alude el art. 30 de la LCT, es la habitual y per-

---

[3] López - Centeno - Fernández Madrid, *Ley de contrato de trabajo*, t. I, p. 364.
[4] Lima, *Interposición*, p. 581.
[5] Brito Peret - Goldin - Izquierdo, *La reforma*, p. 57 y 58.

manente del establecimiento, o sea la relacionada con la unidad técnica de ejecución destinada al logro de los fines de la empresa; es la referida al proceso normal de fabricación, debiendo descartarse la actividad accidental, accesoria o concurrente (CNTrab, Sala I, 22/10/79, *DT*, 1980-221; íd., íd., 13/6/95, *DT*, 1995-B-2267).

b) No corresponde la aplicación del art. 30 de la LCT, cuando un empresario suministre a otro un producto determinado, desligándose expresamente de su ulterior procesamiento, elaboración y distribución. Este efecto se logra en la práctica comercial por contratos de concesión, distribución, franquicia y otros que permiten a los fabricantes o, en su caso, a los concedentes de una franquicia comercial, vincularse exclusivamente con una empresa determinada sin contraer riesgo crediticio alguno por las actividades de esta última, que actúa en nombre propio y a su riesgo. Ello sin perjuicio de los derechos del trabajador en supuestos de fraude, según lo previsto por los arts. 14 y 31 de la LCT (CSJN, 15/4/93, "Rodríguez, Juan R. c/Compañía Embotelladora Argentina SA y otro", *DT*, 1993-A-753).

c) Las directivas del art. 30 de la LCT no implican que todo empresario deba responder por las relaciones laborales que tengan todos aquellos otros empresarios con quienes establece contratos que atañen a la cadena de comercialización o producción de los bienes o servicios que elabore. El sentido de la norma es que las empresas que, teniendo una actividad propia normal y específica y estimen conveniente o pertinente no realizarla por sí, en todo o en parte, no puedan desligarse de sus obligaciones laborales, sin que corresponda ampliar las previsiones de tal regla (CSJN, 2/7/93, "Luna, Antonio R. c/Agencia Marítima Rigal SA y otros", *DT*, 1993-B-1407).

d) La actividad normal y específica del establecimiento comprende no sólo la principal sino también las secundarias de aquélla, con tal de que se encuentren integradas habitual y permanentemente al establecimiento y con las cuales se persiga el logro de los fines empresariales, máxime si se desarrollan dentro de su ámbito (SCBA, 8/9/92, *DT*, 1993-B-1118; íd., 19/10/99, *DT*, 2000-A-1269).

2. *Tareas de limpieza.* *a*) Las tareas de limpieza no son susceptibles de comprometer solidariamente a una fundación (CN Trab, Sala I, 13/6/95, *DT*, 1995-B-2267).

b) Las tareas de limpieza resultan propias e imprescindibles para cualquier establecimiento por lo que si se contrata a una empresa de limpieza para que las realice, ambas son solidariamente responsables en los términos del art. 30 de la LCT (CN Trab, Sala VI, 8/11/95, *DT*, 1996-A-1221).

c) La limpieza de los buques que transportan personas debe ser admitida como integrante de la *unidad técnica* de la empresa, dado que no es concebible el funcionamiento de éstos sin una adecuada higiene. En consecuencia, si bien la actividad de la compañía naviera demandada no es la *limpieza*, no podría imaginarse su funcionamiento normal sin ella, ni desconocerse que integra el servicio que presta a sus usuarios, y que aun cuando se encomendara a terceros, resulta habitual y específica. Por ello, corresponde la aplicación del art. 30 de la LCT (CNTrab, Sala III, 3/9/93, *DT*, 1994-A-537).

d) Las tareas de limpieza son accesorias y conceptualmente escindibles de la actividad financiera desarrollada por un banco. La CSJN, en "Rodríguez, Juan c/Cía. Embotelladora Argentina SA" (15/4/93, *DT*, 1993-A-753), señaló concretamente que la aplicabilidad del art. 30 de la LCT quedará ceñida a aquellas contrataciones vinculadas a facetas o a aspectos de actividad específica de la empresa (CNTrab, Sala V, 21/10/93, *DT*, 1994-A-537).

e) La limpieza diaria de las propias instalaciones dedicadas a la fabricación de automotores no hace a la actividad normal y específica del establecimiento, no existiendo solidaridad en la contratación o subcontratación de dichos tratamientos, siempre y cuando se trate de empresas reales y no de simulación o fraude a la ley laboral (CNTrab, Sala I, 22/10/79, *DT*, 1980-221).

f) Las tareas de limpieza efectuadas en un centro médico constituyen una actividad que debe considerarse integrante de la *unidad técnica* de la empresa, puesto que no es concebible el funcionamiento del centro asistencial sin una adecuada higiene en sus instalaciones (CNTrab, Sala II, 10/3/00, *DT*, 2001-A-642).

g) La limpieza ordinaria de las instalaciones de un club participa necesariamente de las funciones de la entidad, pues sin limpieza no puede concebirse siquiera que el objeto social de la institución pueda cumplirse eficientemente. Es conveniente señalar que no sólo se trata de un servicio imprescindible que se cumple de manera permanente, sino que también se efectúa por personal que trabaja dentro de los ámbitos físicos del establecimiento. Por otra parte, la finalidad de la ley es evitar que por vía de delegación el empleador reduzca su débito frente al trabajador, sin perjuicio de reclamar al contratista a fin de que resarza el perjuicio sufrido (CNTrab, Sala III, 13/2/01, *DT*, 2001-B-2332).

h) Las tareas de limpieza coadyuvan a la actividad de un establecimiento dedicado a la venta de productos alimenticios, pues tales labores constituyen una parte necesaria para el normal desarrollo de la actividad empresaria y posibilitan el cumplimiento de su finalidad, es decir, la confiabilidad de los productos provenientes de un lugar adecuadamente limpio e higiénico (CNTrab, Sala X, 11/4/03, *TSS*, 2003-538).

i) La condena al pago de una indemnización por despido, impuesta a la empresa de limpieza demandada, no puede hacerse extensiva al supermercado codemandado que contrata los servicios de aquélla en virtud de la solidaridad del art. 30 de la LCT, pues la limpieza no es un servicio que complete o complemente la actividad normal y específica propia del supermercado (CN Trab, Sala I, 28/10/02, *DT*, 2003-B-1387).

3. *Vigilancia.* *a*) Si la vigilancia y protección de las instalaciones es imprescindible para el cumplimiento de los fines propios de la empresa, resulta aplicable la solidaridad del art. 30 de la LCT (CNTrab, Sala III, 31/10/89, *DT*, 1990-A-66).

b) El servicio de vigilancia resulta inescindible de la actividad normal y específica propia del establecimiento cuando se trata de un banco, institución precisamente destinada a la custodia de los valores en ella depositados. En el mismo sentido, puede extenderse tal criterio a una compañía financiera, cuando surge una evidente similitud entre las actividades desarrolladas por ambas instituciones –intermediación entre la oferta y la demanda de dinero, plazo fijo, caja de ahorro– (CNTrab, Sala VIII, 28/2/94, *DT*, 1994-B-1451).

c) Aun cuando se considere que la vigilancia es normal, conveniente, necesaria y complementaria, no puede considerarse que sea específica y propia de la distribución de energía eléctrica, extremo que no se configura en el caso de los bancos, ya que la tarea de vigilancia es inescindible del objeto social de éstos, pues los particulares no confían sus caudales a quien no les asegure previamente que ellos estarán adecuadamente resguardados (CN Trab, Sala IV, 15/7/99, *DT*, 2000-A-397).

d) La circunstancia de que la vigilancia no sea actividad normal y específica de la codemandada (en el caso, Telefónica de Argentina) resulta relevante para que se la exima de responsabilidad solidaria en los términos del art. 30 de la LCT (CNTrab, Sala I, 30/11/99, *DT*, 2000-A-880).

e) Si se acredita que una empresa de correos sólo comenzó a contratar servicios de vigilancia a partir de los robos que sufrieron algunos carteros, que éstos no siempre salían con custodia ya que tal extremo lo decidía la empresa en cada caso –generalmente si se repartían tarjetas de crédito–, no corresponde calificar esta tarea de vigilancia como normal y específica de la empresa de correos, aunque no pueda desconocerse que ésta debe asegurar que los envíos lleguen a destino, por lo que no resulta procedente responsabilizar solidariamente a ésta y a la empresa con la que contrató los servicios de vigilancia ante un reclamo efectuado por dependientes de la última (CNTrab, Sala III, 6/6/00, *DT*, 2001-A-447, y *TSS*, 2001-326).

f) Si bien la principal actividad de la empresa Trenes de Buenos Aires SA consiste en el transporte de personas y cosas por vía ferroviaria, para ser llevada a cabo se torna necesaria la venta de boletos y el consiguiente control para evitar la evasión del pago correspondiente. Por ello, las tareas desempeñadas por el personal de vigilancia que efectúa el control de pasajes y seguridad fuera de los trenes, en los accesos a las estaciones, constituye una actividad sin la cual la empresa no podría funcionar eficazmente. Sobre esa base, Trenes de Buenos Aires SA es responsable solidariamente por las obligaciones emergentes del contrato de trabajo de los dependientes de las empresas que prestan tal servicio de vigilancia (CNTrab, Sala VII, 30/8/00, *DT*, 2001-A-825).

g) No es concebible que una empresa que se dedica al negocio bursátil pueda cumplir con su objetivo sin ninguna custodia, sobre todo teniendo en cuenta la constante y permanente existencia de títulos y valores de toda clase, asimilable a la operatoria de una entidad bancaria, por lo que es solidariamente responsable por las consecuencias que se deriven de la relación laboral que el empleado mantuviera con aquella para la que prestaba los servicios efectivamente (CNTrab, Sala V, 22/2/02, *TSS*, 2003-141).

h) Las tareas de vigilancia y seguridad en un edificio no constituyen actividad normal y específica, según art. 30 de la LCT, del consorcio que contrató dicho servicio, por ello éste se encuentra eximido de responder en forma solidaria con la empresa que lo presta por las obligaciones laborales de esta última –en el caso, derivadas de un despido sin causa, horas extra impagas y pagos no registrados–, pues se trata de una típica actividad accesoria y conceptualmente escindible, pudiendo dejar de brindársela sin afectar el funcionamiento normal del edificio (CNTrab, Sala III, 29/11/02, *DT*, 2003-B-1402).

i) Las actividades desarrolladas por el accionante, tareas de vigilancia dentro del inmueble de propiedad horizontal en forma habitual y exclusiva, se encuentran comprendidas en las labores o servicios que se hallan dentro de los propios del consorcio, de acuerdo a lo previsto por el art. 2º de la ley 12.981, aun cuando para su realización se contrate a una empresa, por lo que es clara la invocación de solidaridad laboral –art. 30, LCT– entre el consorcio y la empresa de vigilancia contratada por éste y empleadora directa del actor (CNTrab, Sala V, 24/4/03, *DT*, 2004-A-40).

j) Sin perjuicio de la utilidad y seguridad que las tareas de vigilancia que desarrollan empresas contratadas a tal efecto pueden brindar a los clubes de fútbol, no se encuentran comprendidas en el objetivo de dichos establecimientos, por lo que no comprometen su responsabilidad solidaria (CNTrab, Sala I, 21/3/03, *TSS*, 2003-827).

k) A los fines de la aplicación de la solidaridad prevista en el art. 30 de la LCT, es claro que las tareas de vigilancia no son normales ni específicas propias de una empresa dedicada a la televisión y radiodifusión (CNTrab, Sala I, 29/8/03, *DT*, 2003-B-1854).

4. *Concesión gastronómica.* *a*) La responsabilidad solidaria del art. 30 de la LCT no puede atribuirse al club deportivo codemandado en un juicio de despido contra una empresa gastronómica, que presta sus servicios dentro del predio de titulari-

dad de aquél, pues la actividad normal y específica propia de la codemandada es facilitar la práctica de deportes y no la de dar de comer y beber a sus socios (CNTrab, Sala I, 8/11/02, *DT*, 2003-B-1389).

b) Las tareas gastronómicas que realiza el concesionario no resultan susceptibles de comprometer en forma solidaria a la Universidad de Belgrano, que tiene como objeto (actividad normal, específica y propia) la enseñanza universitaria y la investigación, y aquélla ni siquiera es una actividad accesoria coadyuvante y necesaria para sus fines principales (CNTrab, Sala I, 29/6/90, *DT*, 1991-B-1641).

c) La actividad normal y específica del Colegio de Escribanos es el control de la matrícula de dichos profesionales y la prestación de servicios relacionados con la actividad de sus miembros, por lo que el servicio de restaurante existente en su sede no hace a dicha actividad, ya que no constituye una actividad normal y específica sino accesoria (CNTrab, Sala III, 29/8/97, *DT*, 1998-A-269).

d) El comedor de un club, destinado a los socios, es una actividad comprendida en el art. 30 de la LCT, pues se trata de un servicio más que se presta a los miembros de la institución (CNTrab, Sala VI, 29/9/99, *DT*, 2000-A-87).

e) Dado que la actividad de la Sociedad Rural consiste, básicamente, en la defensa, fomento y promoción de todo lo concerniente al patrimonio agropecuario del país, no cabe aplicar en su contra las previsiones del art. 30 de la LCT en mérito a las obligaciones laborales asumidas por el prestador de servicios gastronómicos dentro del predio ferial que explota la referida entidad, sin que la circunstancia de que dicha actividad resulte coadyuvante a su fin societario permita una conclusión diferente (CSJN, 14/9/00, "Escudero, Segundo R., y otros c/Nueve A SA y otro", *DT*, 2001-A-97, y *TSS*, 2001-131).

f) La concesión de servicios gastronómicos no integra la actividad normal y específica propia del establecimiento dedicado al negocio de apuestas a carreras de caballos, dado que, en caso de ser suprimida, no se alterarían los fines y propósitos de este último (CNTrab, Sala I, 23/3/01, *TSS*, 2001-323).

g) No corresponde extender la responsabilidad solidaria a la Sociedad Rural Argentina por deudas en concepto de salarios e indemnizaciones por despido de trabajadores de una sociedad que explota, mediante un contrato de concesión, un servicio de gastronomía y bar dentro del predio de aquella entidad civil (CSJN, 14/9/00, "Escudero, Segundo R., y otros c/Nueve A SA y otro") (CNTrab, Sala V, 14/2/01, *DT*, 2001-B-1162).

h) La Administración pública municipal no es responsable con fundamento en el art. 30 de la LCT por las deudas laborales del particular adjudicatario del permiso precario de explotación del servicio gastronómico en un espacio público de la República de los Niños con su dependiente, máxime cuando no medió ninguna actuación ni sujeción de la Municipalidad pasibles de someterla a las normas del derecho laboral (SCBA, 3/7/02, *TSS*, 2002-834).

i) El servicio de restaurante no constituye uno de los fines sociales de la asociación cuya actividad consiste en el fomento de la solidaridad entre residentes entrerrianos en la Capital Federal, difusión de los valores históricos, culturales, morales y económicos de la Provincia y estímulo de obras, etc., por lo que no corresponde admitir la condena dispuesta en contra de ésta con fundamento en el art. 30 de la LCT (CNTrab, Sala V, 19/11/02, *TSS*, 2003-136).

j) Para que exista solidaridad frente a las obligaciones laborales es menester que una empresa contrate o subcontrate servicios que complementen o completen su actividad normal y específica, de modo tal que exista una unidad técnica de ejecución entre empresa y contratista, extremo que no concurre en el caso de una asociación deportiva que otorgó en concesión el servicio de bar y restaurante situado en un predio de su propiedad, pues el concesionario actúa en nombre propio y a su riesgo (CS JN, 28/10/03, "Pegullo, Pablo G. c/Comedores Administrados, Comad SRL y otro", *DT*, 2004-A-798).

5. *Tareas de mantenimiento.* Las tareas de mantenimiento en una empresa de envergadura resultan alcanzadas por la solidaridad prevista en el art. 30 de la LCT, por lo que en el caso de optarse por ponerlas a cargo de otra empresa corresponde igualmente responder por ellas en forma solidaria (CNTrab, Sala IV, 23/6/92, *DT*, 1992-B-2166).

6. *Planes de ahorro previo.* *a*) La subcontratación de la venta de planes de ahorro torna operativa la responsabilidad del art. 30 de la LCT, contra la empresa dedicada a la administración de tales planes, dado que tal actividad no puede escindirse de su promoción y venta (CNTrab, Sala V, 19/8/91, *DT*, 1992-A-269).

b) Corresponde imponer una condena solidaria a la codemandada que administra planes de ahorro previo para la adquisición de automotores y la empresa concesionaria que comercializa dichos planes, por las obligaciones laborales respecto de un dependiente de ésta, puesto que existía entre ambas un circuito comercial cuyo objetivo final era la conformación del grupo de adherentes al plan de ahorro y ello importa un encadenamiento del cual no puede escindirse ninguna de las empresas intervinientes en la operatoria (CNTrab, Sala I, 23/10/02, *DT*, 2003-B-1383).

7. *Distribución de guías telefónicas.* La distribución de las guías telefónicas no puede considerarse una actividad específica de la empresa telefónica, aunque perciba su valor y el costo de distribución y lo haga por medio de las facturas telefónicas (CN Trab, Sala VIII, 31/8/94, *DT*, 1995-A-673).

8. *Servicio de radiodifusión.* No se encuentra prohibida la contratación directa entre el anunciante y el titular del servicio de radiodifusión, por lo que si éste optó por contratar una agencia de publicidad en los términos que exige la ley de radiodifusión, no puede desconocer su responsabilidad solidaria con la agencia en cuestión, toda vez que la publicidad integra la actividad específica de quien fuera demandada en los términos del art. 30 de la LCT (CNTrab, Sala III, 16/3/99, *DT*, 1999-B-1859).

9. *Telefonía celular.* *a*) Quien comercializa aparatos de telefonía celular contribuye a lograr el fin de la empresa que presta tales servicios, porque sin la comercialización de los aparatos la prestación del servicio sería inútil. Por ello, la empresa Miniphone SA resulta solidariamente responsable, en los términos del art. 30 de la LCT, con el agente que comercializaba los aparatos celulares por aquélla provistos (CNTrab, Sala VII, 28/6/00, *DT*, 2001-A-825).

b) Si la empresa codemandada (Compañía de Radiocomunicaciones Móviles SA) no tenía como actividad normal específica propia la venta o alquiler de aparatos celulares, sino que su giro empresarial lo constituía la prestación de servicios de telefonía celular, contratando agentes para la comercialización de ellos (conforme surge de su estatuto social), tales circunstancias permiten inferir que no resulta aplicable la solidaridad emergente del art. 30 de la LCT, con relación a la agencia demandada (CNTrab, Sala II, 28/2/01, *DT*, 2001-B-2332).

c) La sociedad licenciataria de telefonía móvil obtiene ingresos mediante la prestación del servicio que, en el aspecto técnico, consiste en la recepción y emisión de las señales a los usuarios, para lo cual promociona y vende los aparatos necesarios para el acceso a las comunicaciones, por lo que si contrata o subcontrata con personas físicas o jurídicas la venta o alquiler de los aparatos, estos "trabajos o servicios" en la terminología del art. 30 de la LCT, corresponden a la actividad normal y propia del empresario principal (CNTrab, Sala VIII, 10/8/01, *DT*, 2002-A-310).

10. *Tareas de cobranza.* Si la empresa demandada delegó en otra las tareas de cobranza de los servicios a sus clientes, al ser ésta una de las instancias más importantes en el proceso de comercialización, no resulta aplicable al caso lo resuelto por la CSJN en el caso "Rodríguez, Juan c/Cía. Embotelladora Argentina SA", dado que no es admisible la fragmentación artificial del citado proceso, ni la pretensión de que él ha programado esta organización en su beneficio, ni tenga responsabilidad para con aquellos que gestionaban las operaciones que hacían a su giro comercial. Por ello, tal situación queda comprendida en las disposiciones del art. 30 de la LCT (CNTrab, Sala VII, 6/7/00, *DT*, 2001-A-825).

11. *Empresas explotadoras de taxímetros.* *a*) La empresa que presta un servicio de radiocomunicación entre el potencial

Art. 30

pasajero y la explotadora de una flota de automóviles taxímetros, no puede ser responsabilizada solidariamente con la principal, en los términos del art. 30 de la LCT. No corresponde extender desmesuradamente el ámbito de aplicación de esta última norma, pues la asignación de responsabilidad no ha sido establecida por la ley sin más requisito que la sola noción de que algunas actividades resulten coadyuvantes o necesarias para el desenvolvimiento empresario (CNTrab, Sala I, 23/6/00, *DT*, 2001-A-826).

b) Los propietarios de los vehículos que se limitaron a alquilarlos a una empresa explotadora de una flota de taxis, sin asunción de riesgo empresario y mediante la percepción de un canon, no pueden ser responsabilizados solidariamente por las obligaciones emanadas del contrato de trabajo entre los choferes y la empresa explotadora del servicio (CNTrab, Sala I, 23/6/00, *DT*, 2001-A-826).

12. *Enseñanza de natación en un club de fútbol.* La práctica o enseñanza de natación en un club cuya actividad predominante es el fútbol (Club Atlético All Boys) constituye una actividad normal y específica de éste, toda vez que, con criterio amplio, se trata de una institución destinada a la actividad atlética y deportiva, aunque predomine un deporte sobre otros. Por ello, corresponde la condena solidaria entre el club demandado y la concesionaria del natatorio donde prestaba servicios la actora (art. 30, LCT) (CNTrab, Sala I, 29/5/00, *DT*, 2001-A-826).

13. *Venta de gaseosas en un estadio deportivo.* La sentencia que responsabilizó solidariamente al club de fútbol y a la concesionaria de bebidas gaseosas por las indemnizaciones por despido del dependiente de la subconcesionaria de ésta, haciendo hincapié en la integración habitual y permanente de actividades accesorias o secundarias con la principal del establecimiento, soslaya la apreciación rigurosa de los presupuestos del art. 30 de la LCT y el escrutinio estricto de los recaudos legales que condicionan la obligación de garantía de un tercero (CSJN, 19/11/02, "Fernández, Juan R. c/Buenos Aires Magic SRL y otros", *TSS*, 2003-222).

14. *Servicio de laboratorio de un sanatorio.* El servicio de laboratorio integra las prestaciones de un sanatorio, en la medida en que no puede sostenerse la existencia de un centro de salud sin dicho servicio, por lo que corresponde declarar la solidaridad en los términos del art. 30 de la LCT (CNTrab, Sala VI, 29/8/01, *DT*, 2001-B-2116).

15. *Suministro de materia prima.* Resultan inaplicables las previsiones del art. 30 de la LCT contra la empresa cuya actividad principal y propia es la de producir una vacuna animal, con referencia a las obligaciones laborales asumidas por la empresa contratada a fin de suministrarle la materia prima necesaria para producir el medicamento de referencia (CSJN, 9/8/01, "Barreto, Roberto M. c/Instituto Rosenbusch SA y otro", *DT*, 2002-A-67).

16. *Tendido de cables de televisión por cable.* Toda vez que el potencial de ganancia facturado por la empresa de televisión por cable demandada depende directamente de la instalación y cableado domiciliario, tal actividad debe calificarse como necesaria y coadyuvante de la principal, y si aquélla la delegó en otra empresa, ambas son responsables solidariamente de las obligaciones derivadas de las relaciones laborales en los términos del art. 30 de la LCT (CNTrab, Sala X, 19/4/01, *DT*, 2002-A-103).

17. *Comercialización de servicios bancarios.* La comercialización y promoción de productos y servicios bancarios, que llega hasta la concertación de una operación, forman parte del giro habitual de negocios de banco y comprometen la responsabilidad de la entidad financiera en los términos del art. 30 de la LCT (CNTrab, Sala I, 30/5/01, *TSS*, 2002-533).

18. *Fletero del distribuidor de bebidas sin alcohol.* Corresponde atribuir responsabilidad solidaria en los términos del art. 30 de la LCT a una empresa dedicada a la producción y elaboración de bebidas sin alcohol y agua mineral por las obligaciones laborales de un fletero dependiente del distribuidor de los mencionados productos, toda vez que la demandada ha contratado a un tercero para un aspecto o faceta de su actividad normal y específica (CNTrab, Sala X, 25/4/02, *DT*, 2002-B-2312).

19. *Obra social y sindicato. a*) Aun cuando el estatuto social del sindicato mencione entre los propósitos el de "administrar sus obras sociales", lo relevante es lo que constituye su actividad –la defensa de los intereses de los trabajadores en el marco de la ley 23.551–, pues el art. 30 de la LCT no se refiere al objeto ni a la capacidad societaria, sino a la actividad real propia del establecimiento y a la existencia de una unidad técnica o de ejecución entre la empresa y su contratista, por lo que no procede la condena solidaria por las deudas de la obra social (CNTrab, Sala VIII, 19/11/02, *TSS*, 2003-841).

b) La participación del sindicato en la dirección técnica, jurídica y económica de la obra social, así como el hecho de tener ambos el mismo domicilio, son elementos más que suficientes para fundar la solidaridad entre ambos (CNTrab, Sala VI, 26/5/03, *TSS*, 2003-839).

§ 4. **Interpretación restrictiva.** – A partir del fallo "Rodríguez, Juan R. c/Compañía Embotelladora Argentina SA", la Corte Suprema de Justicia de la Nación ha sentado doctrina que tiene indudables repercusiones sobre la inteligencia a otorgar a la norma del artículo comentado. En esa ocasión, dijo la Corte que "las gravísimas consecuencias que derivan de la extensión de responsabilidad patrimonial a terceros ajenos en principio a la relación sustancial, requieren la comprobación rigurosa de los presupuestos fácticos establecidos en el art. 30 de la LCT. Esta exigencia de un escrutinio estricto de los recaudos legales que condicionan la obligación de garantía de un tercero, tiene su fundamento en la fuerte presunción de inconstitucionalidad que brota de toda norma –o de su interpretación– que obligue al pago de una deuda en principio ajena, solución que se aparta de la regla general consagrada por los arts. 1195 y 1713 del Cód. Civil y 56 de la ley 19.550, vinculados, en este aspecto, con la intangibilidad del patrimonio establecida por el art. 17 de la Const. nacional"[6].

§ 5. **Recaudos exigibles.** – El art. 17 de la ley 25.013 ha sustituido el párr. 2º del art. 30 de la LCT, incorporando diversos recaudos que los cedentes, contratistas o subcontratistas deben exigir a sus cesionarios o subcontratistas.

Se trata de las siguientes exigencias: *a*) número de código único de identificación laboral (CUIL) de cada uno de los trabajadores que presten servicios para los cesionarios o subcontratistas; *b*) constancia de pago de las remuneraciones de esos trabajadores; *c*) copia firmada de los comprobantes de pago mensuales al sistema de la seguridad social; *d*) una cuenta corriente bancaria de la que sea titular el cesionario o subcontratista, y *e*) cobertura por riesgos de trabajo de sus trabajadores.

El vocablo "además" que incluye el párr. 2º del artículo parece indicar que estos recaudos no son sólo una especificación de lo que debe entenderse por "el adecuado cumplimiento de las normas relativas al trabajo y los organismos de seguridad social" que menciona el párr. 1º, sino nuevas exigencias precisas que se agregan a las expresadas genéricamente en el primer tramo del artículo comentado.

El artículo determina que la responsabilidad del principal de ejercer el control sobre el cumplimiento de las obligaciones que tienen los cesionarios o subcontratistas debe ejercitarse directamente, ya que ella "no podrá delegarse en terceros".

El empresario principal está además obligado a exhibir cada uno de los comprobantes y constancias, a pedido del trabajador y de la autoridad administrativa.

JURISPRUDENCIA

1. *Controles requeridos*. El párr. 2º del art. 30 de la LCT, modificado por el art. 17 de la ley 25.013, debe integrarse a la primera parte no modificada. En tal sentido, el empresario que cede, contrata o subcontrata parte de la actividad específica de

---

[6] CSJN, 15/4/93, *DT*, 1993-A-753.

su explotación, debe requerir todos los controles que la propia normativa establece, a fin de no cargar con la responsabilidad solidaria emergente de la relación laboral (CNTrab, Sala II, 16/4/01, *DT*, 2001-A-103).

§ 6. **Responsabilidad solidaria.** – El artículo dispone que "el incumplimiento de alguno de los requisitos" hará responsable solidariamente al principal por las obligaciones de los cesionarios, contratistas o subcontratistas respecto del personal que ocuparen en la prestación de dichos trabajos o servicios. Estas obligaciones son las emergentes de la relación laboral incluyendo su extinción, y las de la seguridad social.

La solidaridad está impuesta legalmente, por lo que el trabajador podrá reclamar a cualquiera de los deudores la totalidad de la deuda (arts. 699 a 701, Cód. Civil), aunque no corresponde condenar al deudor solidario en virtud del art. 30 de la LCT, si no se condena simultáneamente al deudor principal[7].

Dicha solidaridad abarca sólo las obligaciones contraídas durante el lapso de duración de la obra y con motivo de su realización; por tanto, no se le podrán exigir al empresario principal obligaciones que comprendan períodos ajenos a la contratación respectiva[8].

Además, la solidaridad surge en caso de contratación o subcontratación con empresas reales, ya que los casos de fraude o simulación dan lugar a responsabilidad directa[9].

La ley no aclara debidamente si el empresario principal se exime de la responsabilidad solidaria acreditando sólo haber exigido a sus cesionarios o subcontratistas los recaudos impuestos. Pueden al respecto hacerse las siguientes consideraciones: si el empresario principal ha exigido a su contratista el debido cumplimiento de los recaudos legales y éste no los ha cumplido, es indudable que la responsabilidad solidaria se impone, y si el empresario ha exigido a su contratista el debido cumplimiento de los recaudos legales y éste los ha cumplido sólo formalmente, pero ha ocultado al empresario algún o algunos incumplimientos a las normas laborales y de la seguridad social (p.ej., trabajadores no registrados), cabe preguntarse si el empresario principal es alcanzado igualmente por la responsabilidad solidaria. Militan a favor de la respuesta afirmativa los términos genéricos en que se encuentra redactado el párr.

---

[7] Fernández Madrid, *Tratado práctico*, t. I, p. 938.
[8] Fernández Madrid, *Tratado práctico*, t. I, p. 938.
[9] Fernández Madrid, *Tratado práctico*, t. I, p. 939.

1º del artículo comentado: "adecuado cumplimiento de las normas relativas al trabajo y los organismos de la seguridad social" y la aplicación del principio de que el empresario debe asumir los riesgos del negocio.

En cambio, una interpretación restrictiva de la aplicación de la responsabilidad solidaria encuentra respaldo en la jurisprudencia de la Corte Suprema de Justicia de la Nación que advirtió sobre las consecuencias gravísimas que derivan de la extensión de responsabilidad patrimonial a terceros ajenos a la relación sustancial y a la fuerte presunción de inconstitucionalidad que emana de toda norma que obliga al pago de una deuda en principio ajena, lo que impone una comprobación rigurosa de los presupuestos fácticos establecidos por el art. 30 de la LCT.

Jurisprudencia

1. *Intimación previa a la responsable solidaria.* La circunstancia de que no se haya intimado previamente a la codemandada responsable en los términos del art. 30 de la LCT, no es óbice para que se la condene, por cuanto la empresa contratante no es la empleadora y sólo es responsable solidaria por las obligaciones patrimoniales de la organización empresaria contratista empleadora, frente a la cual se activan los deberes y derechos del trabajador, al que no cabe exigirle la intimación previa respecto de la responsable solidaria (CNTrab, Sala VII, 18/12/00, *DT*, 2001-A-990).

2. *Certificaciones de trabajo.* La solidaridad del art. 30 de la LCT se extiende incluso a la entrega de certificaciones de trabajo (CNTrab, Sala III, 24/10/89, *DT*, 1990-A-224).

3. *Certificado de trabajo.* En los supuestos contemplados en el art. 30 de la LCT en los que el dueño del establecimiento es condenado solidariamente con el concesionario por las obligaciones contraídas por éste con los agentes bajo su cargo, dicha solidaridad no puede hacerse extensiva a la obligación de entrega de certificado de trabajo (CNTrab, Sala VIII, 26/6/93, *DT*, 1994-A-534).

4. *Deudor principal no demandado.* Debe extenderse la responsabilidad solidaria en los términos del art. 30 de la LCT al demandado –Automóvil Club Argentino–, por las obligaciones derivadas de las relaciones laborales de los dependientes de la empresa contratada para brindar auxilio mecánico a los socios de la institución, aun cuando la demanda ha sido tenida por no presentada contra quien fuera el deudor principal (CNTrab, Sala X, 31/10/02, *DT*, 2003-A-801).

§ 7. **Aplicación a la industria de la construcción.** – El último párrafo del art. 17 de la ley 25.013 hace aplicable el régimen de solidaridad establecido a la regulación legal del trabajo en la industria de la construcción modificando de esta forma lo dispuesto en el art. 32 de la ley 22.250.

§ 8. **Retención por el empresario principal.** – Cabe señalar que el art. 136 de la LCT consagra el derecho para los trabajadores contratados por contratistas o intermediarios de exigir al empresario principal que retenga, de los montos que deban percibir esos contratistas, y les paguen el importe de lo adeudado en concepto de remuneraciones u otros créditos de los trabajadores. El artículo referido extiende esa posibilidad a los importes que los contratistas o intermediarios adeudaren a los organismos de seguridad social.

Art. 31. [EMPRESAS SUBORDINADAS O RELACIONADAS. SOLIDARIDAD] – Siempre que una o más empresas, aunque tuviesen cada una de ellas personalidad jurídica propia, estuviesen bajo la dirección, control o administración de otras, o de tal modo relacionadas que constituyan un conjunto económico de carácter permanente, serán a los fines de las obligaciones contraídas por cada una de ellas con sus trabajadores y con los organismos de seguridad social, solidariamente responsables, cuando hayan mediado maniobras fraudulentas o conducción temeraria.

CONCORDANCIAS: LCT, arts. 5°, 6°, 14 y 30; ley 24.522, arts. 161 y 172.

§ 1. **Conjunto económico.** – El artículo comentado se refiere a "conjunto económico de carácter permanente" lo que ha llevado a interrogarse si la ley se refiere exclusivamente a conjuntos cuya finalidad es el lucro. Esta limitación es contraria a la noción de *empresa* que acepta la misma ley (ver art. 5°), por lo cual habrá que admitir la posibilidad de que exista conjunto económico cuando exista unidad, o sea, uso común de los medios personales, materiales e inmateriales que menciona el art. 5° de la LCT[1]. Un grupo de interés económico concreta una unión de empresas, pero no su fusión. El grupo

---

[1] LÓPEZ - CENTENO - FERNÁNDEZ MADRID, *Ley de contrato de trabajo*, t. I, p. 373 y 374.

económico y sus miembros se mantienen entonces como empresas distintas en el sentido del derecho del trabajo. Pero a menudo los lazos entre el grupo económico y sus miembros se refuerzan a punto tal de constituir una sola y misma empresa. En tal caso, el verdadero empleador es el grupo en su conjunto[2].

Jurisprudencia

  1. *Desempeño laboral para un grupo económico.* Si el trabajador cumplía un horario determinado dentro del cual se desempeñaba cumpliendo idéntica tarea para tres empresas, que pretendieron encuadrar su relación en los términos del art. 92 *ter* de la LCT, cabe concluir que no se configura una situación de pluriempleo, sino la prestación de tareas a favor de un mismo grupo económico, por lo que el trabajador es acreedor a un solo salario mínimo de convenio que se devenga por el cumplimiento de la jornada normal de trabajo (CNTrab, Sala I, 31/10/02, *DT*, 2002-B-2293).

  2. *Grupo económico como sujeto empleador.* La existencia de varias sociedades jurídicamente diferenciadas desde el punto de vista privado, no empece a la consideración del grupo económico como sujeto empleador (CNTrab, Sala II, 29/11/02, *TSS*, 2003-523).

§ 2. **Solidaridad.** – Aunque exista conjunto económico, no por ello habrá solidaridad entre las empresas que lo integran, sino que se individualizará como empleadora a la empresa respecto de la cual el trabajador prestó efectivamente servicios y a cuya autoridad se subordinó, debiendo remitirse para ello a las manifestaciones concretas del poder de dirección[3]. Distinto es el supuesto en que el trabajador se ha desempeñado simultáneamente para diversas empresas del grupo, caso en el cual el trabajador tendrá una pluralidad de empleadores[4] y todos ellos serán responsables de sus obligaciones laborales. Si el trabajador se desempeña para una empresa del grupo y posteriormente pasa a prestar tareas en otra empresa del mismo grupo, existirá cambio de empleador si las relaciones con su empleador originario se extinguen simultáneamente; si no fuera así, el trabajador tendrá dos empleadores[5].

---

 [2] Vacarie, *L'employeur*, p. 139 y 140.
 [3] Catala, *L'entreprise*, en Camerlynck (dir.), "Droit du travail", p. 50.
 [4] Vacarie, *L'employeur*, p. 141; Catala, *L'entreprise*, en Camerlynck (dir.), "Droit du travail", p. 51.
 [5] Vacarie, *L'employeur*, p. 141.

El conjunto económico será solidariamente responsable, aunque no haya sido empleador del trabajador, en dos supuestos señalados por la ley: cuando hayan mediado maniobras fraudulentas o conducción temeraria.

Jurisprudencia

1. *Empresas de un mismo grupo. Vínculo único.* Cabe revocar la condena al pago de diferencias salariales derivadas de la falta de pago del salario básico por las tareas desempeñadas para varias empresas de un mismo grupo, ya que de la prueba rendida surge que la actora cumplía un horario determinado y que dentro del mismo se desempeñaba para todas ellas, confundiéndose su trabajo en una misma tarea, cual es la promoción y venta de los productos comercializados por aquéllas, por lo cual, existiendo un solo vínculo la trabajadora es acreedora a un solo salario mínimo de convenio (CNTrab, Sala I, 29/8/03, *DT*, 2004-A-649).

§ 3. **Maniobras fraudulentas.** – Habrá maniobras fraudulentas cuando se elaboren artificios o se efectúen manejos con la finalidad de sustraerse a las obligaciones laborales o de la seguridad social en perjuicio del trabajador. Habrá acciones de este tipo cuando exista empleo total o parcialmente no registrado, o se haga aparecer al trabajador como empleado de una empresa en la que efectivamente no presta servicios con la finalidad de evitar la aplicación de un convenio, juzgado más oneroso que es el que rige en la que trabaja en realidad.

§ 4. **Conducción temeraria.** – En este supuesto, aparece una idea de conducta reprochable en la dirección de las actividades del conjunto económico. Esta conducta perjudicial dolosa (p.ej., el vaciamiento de una de las empresas integrantes del conjunto económico) desencadena la responsabilidad solidaria[6].

Jurisprudencia

1. *Conductas fraudulentas.* La circunstancia de que las sociedades codemandadas conformen un conjunto económico, resulta insuficiente para responsabilizarlas por la condena en forma solidaria de acuerdo con el art. 31 de la LCT, si no se acredita la existencia de conductas fraudulentas, simuladas o temerarias, tendientes a perjudicar intereses ajenos al grupo o que propendan al vaciamiento económico de éste o de alguna empresa integrante (CNTrab, Sala II, 31/8/95, *DT*, 1995-B-2071).

---

[6] López - Centeno - Fernández Madrid, *Ley de contrato de trabajo*, t. I, p. 379.

2. *Responsabilidad solidaria. Intención fraudulenta. Evasión de normas.* Si bien el fraude a la ley laboral es un recaudo esencial para que se configure la responsabilidad solidaria del art. 31 de la LCT, ello no significa que deba probarse el dolo del empleador o su intención fraudulenta. No se requiere una intención subjetiva de evasión respecto de las normas laborales, sino que basta que la conducta empresarial se traduzca en una sustracción de dichas normas (CNTrab, Sala VII, 18/10/93, *DT*, 1994-A-537).

3. *Contrato de marca.* No resulta demostrativo ni implica la conformación de un grupo económico, la existencia de un contrato de marca entre las partes, ni el hecho de que una de ellas haya sido en alguna época accionista de la otra (CNTrab, Sala V, 21/10/93, *DT*, 1994-A-538).

4. *Grupo económico. Único vínculo laboral con prestaciones indiscriminadas.* Resulta improcedente la pretensión de percibir distintas remuneraciones de cada una de las sociedades integrantes de un grupo económico, si se demuestra la existencia de un único vínculo laboral con prestaciones indiscriminadas en atención a la vinculación existente entre tales sociedades y se admite en el inicio la configuración de un solo acto rescisorio, circunstancia de la que se infiere el reconocimiento de que existía unidad de vínculo laboral (CNTrab, Sala IV, 24/3/97, *DT*, 1997-B-2278).

5. *Conjunto económico. Empresa bajo control de integrantes de otra sociedad. Concordancia de actividades. Vinculación familiar. Responsabilidad solidaria.* Si el trabajador inició y mantuvo un contrato de trabajo con una empresa que ha estado bajo la dirección, control y administración de personas que luego han sido integrantes de otra sociedad, ambas empresas constituyen un conjunto económico de sociedades integrantes, sobre todo si existe concordancia de actividades y las personas que componen ambas sociedades están vinculadas familiarmente. Ello así, porque, acreditada una continuidad en el giro empresario, cabe considerar configurada una hipótesis de responsabilidad solidaria de las codemandadas a los fines de las obligaciones contraídas por cada una de ellas con sus trabajadores (CNTrab, Sala X, 16/7/99, *DT*, 2000-A-90).

6. *Conjunto económico. Evasión de normas laborales.* A los efectos de establecer la solidaridad del art. 31 de la LCT no es necesario probar el dolo de los involucrados o un propósito fraudulento en ellos, dado que no se exige una intención subjetiva de evasión de las normas laborales, bastando que la conducta empresarial se traduzca en una sustracción de esas normas, con intenciones o sin ellas (CNTrab, Sala X, 21/6/00, *TSS*, 2000-1093; íd., íd., 20/11/00, *DT*, 2001-A-1000).

7. *Ausencia de conductas fraudulentas.* Toda vez que el conjunto económico está integrado por empresas con estrechos

puntos de contacto, reveladores de intereses comunes, ello necesariamente lleva a concluir que deben responder solidariamente en las obligaciones laborales con su personal. Y la apariencia formal no impide la consideración de la real situación subyacente, aun en ausencia de conductas fraudulentas (CNTrab, Sala X, 20/4/01, *DT*, 2002-A-104).

8. *Maniobras fraudulentas o conducción temeraria.* *a*) No puede extenderse la responsabilidad solidaria a las sociedades integrantes de un grupo económico si, en el marco de lo dispuesto por el art. 31 de la LCT no se acredita que hayan existido maniobras fraudulentas o una conducta temeraria (CNTrab, Sala VI, 28/10/02, *DT*, 2003-A-227).

b) La asignación de responsabilidad solidaria respecto de obligaciones laborales a todos los miembros de un grupo económico requiere como presupuesto que se demuestre la realización de maniobras defraudatorias o de conducción temeraria por parte del empleador (CNTrab, Sala V, 10/9/03, *DT*, 2004-A-499).

Capítulo III

DE LOS REQUISITOS ESENCIALES Y FORMALES DEL CONTRATO DE TRABAJO

Art. 32. [Capacidad] – Los menores desde los dieciocho años y la mujer casada, sin autorización del marido, pueden celebrar contrato de trabajo.

Los mayores de catorce años y menores de dieciocho, que con conocimiento de sus padres o tutores vivan independientemente de ellos, gozan de aquella misma capacidad.

Los menores a que se refiere el párrafo anterior que ejercieren cualquier tipo de actividad en relación de dependencia, se presumen suficientemente autorizados por sus padres o representantes legales, para todos los actos concernientes al mismo.

Concordancias: LCT, arts. 24, 25, 33 a 36, 172, 187 y 189; Cód. Civil, arts. 128 y 283; ley 24.650.

§ 1. **Capacidad del trabajador.** – La disposición del artículo que reconoce plena capacidad para celebrar el contrato de trabajo desde los dieciocho años es concordante con el art. 128, párr. 2°, del Cód. Civil, que expresa textualmente: *"Desde los dieciocho años el menor puede celebrar contrato de trabajo en actividad honesta sin consentimiento ni autorización de su representante, quedando a salvo al respecto las normas del derecho laboral".* Gozan de la misma capacidad de los mayores de dieciocho años, los mayores de catorce años que "con conocimiento de sus padres o tutores vivan independientemente de ellos". Para estos supuestos, sin necesidad de autorización expresa se presume que estos menores la tienen de sus padres o representantes legales con lo que se introduce en la ley un elemento para facilitar la prueba respectiva[1]. La presunción contenida en la última parte del artículo comentado es concordante con el art. 283 del Cód. Civil que, en su parte pertinente, dice: *"Se presume que los menores adultos, si ejercieren algún empleo, profesión o industria, están autorizados por sus padres para todos los actos y contratos concernientes al empleo, profesión o industria".*

Asimismo, cabe señalar que los menores se emancipan por el matrimonio que pueden celebrar desde los dieciséis años; en este supuesto, también adquieren plena capacidad laboral.

Los menores de catorce años no pueden celebrar contrato de trabajo (art. 189, LCT).

§ 2. **Demente.** – Tienen incapacidad absoluta para contratar los dementes declarados judicialmente, o sea, las personas que por causa de incapacidad mental no tengan aptitud para dirigir su persona o administrar sus bienes (arts. 140 y 141, Cód. Civil); en cambio, no son incapaces los dementes no declarados aunque el acto que realicen puede invalidarse si al momento de su otorgamiento estaban privados de razón (art. 1045, Cód. Civil), dado que carecían del discernimiento que establece el art. 921 del mismo Código[2]. La obligación contraída por el propio demente en un intervalo lúcido, sólo podría ser válida como obligación natural, de modo que el empleador que se hubiera encontrado en tal situación no podría repetir la remuneración pagada[3].

§ 3. **Inhabilitado judicialmente.** – Son también incapaces los inhabilitados judicialmente por embriaguez habitual, uso

---

[1] Fernández Madrid, *Tratado práctico*, t. I, p. 623.
[2] De la Fuente, en Vazquez Vialard (dir.), *Tratado*, t. 3, p. 340.
[3] Krotoschin, *Tratado práctico*, t. I, p. 177.

de estupefacientes, disminución mental o prodigalidad (art. 152 *bis*, Cód. Civil), pero como la persona inhabilitada puede otorgar por sí sola actos de administración, en principio, puede celebrar contrato de trabajo sin que sea necesaria la conformidad del curador, a no ser que, por las circunstancias del caso, el juez considere conveniente restringir esa capacidad (art. 152 *bis*, parte última, Cód. Civil).

§ 4. **Fallido.** – Éste, si bien no puede contratar como empleador, a menos que se trate de una actividad no comprendida en la quiebra ni nociva para ella, puede celebrar un contrato de trabajo en calidad de trabajador, pues la quiebra le impide administrar su patrimonio comprendido en la masa, pero no el ejercicio de los derechos inherentes a su persona, como el derecho a trabajar[4].

§ 5. **Extranjero.** – El hecho de ser extranjero no modifica la capacidad de celebrar el contrato de trabajo. Los extranjeros que se hallen ilegalmente en el país y los que hubieran ingresado y permanezcan en calidad de residentes temporarios, sin estar habilitados por la autoridad migratoria para desarrollar actividades remuneradas, sufren una prohibición que acarrea la nulidad del contrato de trabajo (ver art. 40)[5].

§ 6. **Capacidad para actuar en asociaciones sindicales.** – Analizaremos los casos siguientes: *a*) los mayores de catorce años sin necesidad de autorización pueden afiliarse a asociaciones sindicales (art. 13, ley 23.551); *b*) para integrar los órganos directivos de las asociaciones sindicales se requiere la mayoría de edad (art. 18, inc. *a*), y *c*) para ser delegado de personal, miembro de comisión interna u órgano similar, la edad mínima es de dieciocho años (art. 41, inc. *b*).

Art. 33. [Facultad para estar en juicio] – **Los menores, desde los catorce años, están facultados para estar en juicio laboral en acciones vinculadas al contrato o relación de trabajo y para hacerse representar por mandatarios mediante el instrumento otorgado en la forma que prevén las leyes lo-**

---

[4] Krotoschin, *Tratado práctico*, t. I, p. 177.
[5] Krotoschin, *Tratado práctico*, t. I, p. 178.

cales, con la intervención promiscua del Ministerio Público.

CONCORDANCIAS: LCT, arts. 32 y 34 a 36.

§ 1. **Capacidad procesal.** – La capacidad procesal a la que se refiere el artículo es la relativa al ejercicio de derechos provenientes del contrato de trabajo celebrado por el menor y no a aquellos otros supuestos en que el menor resulta titular de un crédito laboral derivado del fallecimiento de alguno de sus progenitores (art. 248, LCT)[1], supuestos en los cuales debe ser representado por el progenitor supérstite o por un tutor[2].

§ 2. **Otorgamiento de poder.** – Desde luego su capacidad procesal comprende la de otorgar poder para hacerse representar judicialmente por mandatario.

Art. 34. [FACULTAD DE LIBRE ADMINISTRACIÓN Y DISPOSICIÓN DE BIENES] – Los menores desde los dieciocho años de edad tienen la libre administración y disposición del producido del trabajo que ejecuten, regidos por esta ley, y de los bienes de cualquier tipo que adquieran con ello, estando a tal fin habilitados para el otorgamiento de todos los actos que se requieran para la adquisición, modificación o transmisión de derechos sobre los mismos.

CONCORDANCIAS: LCT, arts. 32, 33, 35 y 36; Cód. Civil, art. 128.

§ 1. **Norma civil.** – La norma comentada es plenamente coincidente con lo dispuesto en el art. 128 del Cód. Civil que, en su parte pertinente, dice: *"Desde los dieciocho años el menor puede celebrar contrato de trabajo en actividad honesta sin consentimiento ni autorización de su representante, quedando a salvo al respecto las normas del derecho laboral"*; y agrega, más adelante: *"el menor puede administrar y disponer libremente los bienes que adquiere con el producto de su trabajo y estar en juicio civil o penal por acciones vinculadas a ellos"*.

---

[1] LÓPEZ - CENTENO - FERNÁNDEZ MADRID, *Ley de contrato de trabajo*, t. I, p. 389.
[2] FERNÁNDEZ MADRID, *Tratado práctico*, t. I, p. 624.

Art. 35. [Menores emancipados por matrimonio] Los menores emancipados por matrimonio gozarán de plena capacidad laboral.

Concordancias: LCT, arts. 24, 32 a 34; Cód. Civil, art. 131.

§ 1. **Capacidad laboral por emancipación.** – El artículo determina que los menores emancipados gozan de plena capacidad para celebrar el contrato de trabajo, solución que es coincidente con el art. 131 del Cód. Civil, respecto de la capacidad civil.

Art. 36. [Actos de las personas jurídicas] – A los fines de la celebración del contrato de trabajo, se reputarán actos de las personas jurídicas los de sus representantes legales o de quienes, sin serlo, aparezcan como facultados para ello.

Concordancias: LCT, arts. 5°, 14 y 26.

§ 1. **Representantes legales.** – Tratándose de personas jurídicas, es lógico que éstas se manifiesten y obliguen mediante sus representantes legales. Debe tenerse presente, sin embargo, que en las empresas de cierta envergadura, siendo el empleador una persona colectiva, es el representante convencional (factor, gerente, capataz, etc.), quien concluye el contrato en nombre del empleador. La validez depende entonces del poder que tenga el representante convencional o que aparente tener[1].

§ 2. **Representante aparente.** – La ley otorga facultades de representación de la persona jurídica a quienes, sin ser efectivamente representantes, aparentan serlo. Esta representación aparente se admite literalmente sólo para la celebración del contrato de trabajo, pero no resulta excesivo extender su aplicación, atendiendo a las circunstancias de cada caso, a otros actos vinculados con el desenvolvimiento del contrato e incluso a su terminación. El fundamento de la norma debe buscarse en la informalidad que caracteriza las relaciones laborales y en la imposibilidad para el trabajador de reclamar

---

[1] Krotoschin, *Tratado práctico*, t. I, p. 177.

en todo momento la exhibición de los instrumentos acreditativos de una representación que aparece como verosímil.

Jurisprudencia

1. **Representación del empleador. Imagen pública de representación.** El trabajador no tiene la obligación de indagar el carácter y alcance de la representación que ejerce la persona física que actúa en nombre de la persona jurídica cuando celebra y luego cumple el contrato de trabajo y, a tal efecto, sus actos deben considerarse válidos y como emergentes del principal (SCBA, 6/7/84, *DT*, 1984-B-1601).

Capítulo IV

DEL OBJETO DEL CONTRATO DE TRABAJO

Art. 37. [Principio general] – El contrato de trabajo tendrá por objeto la prestación de una actividad personal e infungible, indeterminada o determinada. En este último caso, será conforme a la categoría profesional del trabajador si se la hubiese tenido en consideración al tiempo de celebrar el contrato o en el curso de la relación, de acuerdo a lo que prevean los estatutos profesionales y convenciones colectivas de trabajo.

Concordancias: LCT, arts. 4°, 21, 22, 25, 38 a 43, 46, 62 y 66.

§ 1. **El objeto contractual.** – El contrato de trabajo, como todo contrato, tiene un objeto en el sentido de los arts. 953 y 1167 a 1169 del Cód. Civil. El artículo comentado se refiere al objeto del contrato de trabajo sólo parcialmente porque se ocupa de una de las dos prestaciones que tipifican la relación de trabajo, la prestación a cargo del trabajador. La otra prestación típica, a cargo del empleador, la de pagar la remuneración, es tratada en los arts. 21, 22, 26, 74 y 103 de la LCT[1]. El artículo en consideración define el objeto del contrato de trabajo como "la prestación de una actividad personal e infungible, indeterminada o determinada". La prestación de una actividad es un hacer, por lo que la principal obligación del

---

[1] López - Centeno - Fernández Madrid, *Ley de contrato de trabajo*, t. I, p. 394.

trabajador es una obligación de hacer, pero al mismo tiempo es un hacer personalizado, puesto que para el empleador la persona del trabajador no es indiferente, sino que, al contrario, la contratación se efectúa en consideración a su persona (formación, calidades, habilidades, antecedentes laborales, etc.), a punto tal que normalmente la contratación está precedida por un proceso de selección.

La prestación también es *infungible* y, por ello, no intercambiable, sin que quepa ninguna posibilidad de sustitución novatoria de la persona del trabajador[2], por las mismas razones que se dieron anteriormente. De ahí que no celebren contratos de trabajo quienes no se comprometen personalmente a la realización de un servicio o trabajo, sino que se limitan a obligarse a un resultado cuyo autor resulta indiferente para quien encarga los trabajos o las obras[3]. Esta necesidad de que la prestación comprometida sea personal convierte el contrato de trabajo en un contrato *intuitu personæ* respecto del trabajador[4]. No lo es, en cambio, respecto del empleador –salvo el caso previsto en el art. 249 de la LCT–, ya que en los demás supuestos la persona del empleador puede cambiar aun sin consentimiento del trabajador (ver art. 226, LCT), sin que esta circunstancia traiga aparejada, como consecuencia inevitable, la extinción del contrato de trabajo.

§ 2. **Determinación de la prestación**. – El artículo menciona que la actividad personal e infungible que constituye la prestación objeto del contrato de trabajo puede ser indeterminada o determinada. Esto alude simultáneamente a la duración, a la modalidad de contratación o al contenido general del contrato. Es usual que las partes, al celebrar el contrato verbalmente, se pongan de acuerdo sólo en aspectos básicos de la relación que los ha de ligar (voluntad del trabajador de trabajar y del empleador de recibir sus servicios para realizar determinada tarea), quedando todo lo restante, incluida la remuneración, jornada y demás condiciones de trabajo que han de regir, sujetas a lo que dispongan las leyes, convenios colectivos y demás normas aplicables (art. 46, LCT). Incluso el artículo comentado prevé que la misma categoría profesional del trabajador pueda adquirir determinación *en el curso de la relación*, porque así se pacte expresamente o porque después de realizar

---

[2] Montoya Melgar, *Derecho del trabajo*, p. 34.
[3] Fernández Madrid, *Tratado práctico*, t. I, p. 134.
[4] López - Centeno - Fernández Madrid, *Ley de contrato de trabajo*, t. I, p. 395.

tareas diversas e indeterminadas se lo destine a prestar servicios en una determinada categoría o especialidad.

§ 3. Calificación profesional y calificación contractual. El contenido y calidad del trabajo comprometido lo determina la *calificación contractual*, también llamada *categoría*, que es aquella tarea, conjunto o género de tareas sobre las cuales hubo acuerdo de partes como constitutivas de la prestación del trabajador. No debe confundírsela con la *calificación profesional* que es una cualidad subjetiva del trabajador y no el objeto de un acuerdo de partes y que puede haber quedado fuera del contrato de trabajo (p.ej., el abogado que es contratado sólo como empleado administrativo)[5].

La *calificación contractual* es una de las modalidades (más propiamente *elementos*) esenciales del contrato de trabajo que, según el art. 66 de la LCT, no pueden ser alteradas unilateralmente por el empleador en ejercicio del *ius variandi*.

Jurisprudencia

1. **Tipicidad. Prestación infungible.** Si se ha acreditado que otras personas habrían efectuado por la actora las tareas de cobranza que ésta había pactado con el demandado, uno de los elementos insustituibles de tipicidad del vínculo laboral es la infungibilidad de las prestaciones (CNTrab, Sala II, 12/12/91, *DT*, 1992-A-52).

Art. 38. [Servicios excluidos] – **No podrá ser objeto del contrato de trabajo la prestación de servicios ilícitos o prohibidos.**

Concordancias: LCT, arts. 14, 37 y 38 a 44.

§ 1. Nulidad del contrato de trabajo. – La ley trata todo lo relativo a la nulidad del contrato de trabajo en sus arts. 38 a 44. Sin embargo, estas disposiciones no agotan el tratamiento de esta temática, sino que deben ser complementadas por las normas de derecho común, en cuanto no sean incompatibles con las expresas del derecho del trabajo o sus principios generales, supuesto este último en que deberán buscarse las respectivas soluciones en la forma que indica el art. 11 de la LCT[1].

---

[5] López - Centeno - Fernández Madrid, *Ley de contrato de trabajo*, t. I, p. 396.
[1] López - Centeno - Fernández Madrid, *Ley de contrato de trabajo*, t. I, p. 398.

§ 2. **Servicios ilícitos o prohibidos.** – El artículo establece que no podrá ser objeto del contrato de trabajo la prestación de servicios ilícitos o prohibidos. El art. 39 de la LCT define el trabajo ilícito y el art. 40 analiza lo relacionado con el trabajo prohibido, por lo que cabe remitirse al comentario de esos artículos.

Art. 39. [Trabajo ilícito] – **Se considerará ilícito el objeto cuando el mismo fuese contrario a la moral y a las buenas costumbres pero no se considerará tal si, por las leyes, las ordenanzas municipales o los reglamentos de policía se consintiera, tolerara o regulara a través de los mismos.**

Concordancias: LCT, arts. 38, 41 y 44; Cód. Civil, arts. 953 y 1626.

§ 1. **Objeto ilícito.** – El artículo es coincidente con lo dispuesto en el art. 953 del Cód. Civil, que determina que el objeto de los actos jurídicos deben ser hechos que no sean imposibles, ilícitos o contrarios a las buenas costumbres. Sería ilícito el contrato para trabajar en una organización de juego clandestino o en el contrabando u otra asociación delictiva. Distinto es el caso en que una actividad, reprochable en principio desde el punto de vista moral, fuese consentida, tolerada o regulada por las reglamentaciones respectivas.

En caso de duda sobre si la actividad debe considerarse inmoral, se ha señalado que, dado el carácter protectorio del derecho del trabajo y que la consideración de ilicitud ha de privar al trabajador de todo derecho (art. 41, LCT), la calificación de inmoral debe juzgarse con criterio restrictivo[1].

§ 2. **Efectos del trabajo ilícito.** – Según art. 41 de la LCT: "El contrato de objeto ilícito no produce consecuencias entre las partes que se deriven de esta ley". El art. 1626 del Cód. Civil, de manera coincidente, determina: *"Si la locación tuviese por objeto prestaciones de servicios imposibles, ilícitos o inmorales, aquel a quien tales servicios fuesen prestados, no tendrá derecho para demandar a la otra parte por la prestación de esos servicios, ni para exigir la restitución del precio que hubiese pagado".*

[1] De la Fuente, en Vazquez Vialard (dir.), *Tratado*, t. 3, p. 371.

Art. 40. [Trabajo prohibido] – Se considerará prohibido el objeto cuando las normas legales o reglamentarias hubieren vedado el empleo de determinadas personas o en determinadas tareas, épocas o condiciones.

La prohibición del objeto del contrato está siempre dirigida al empleador.

Concordancias: LCT, arts. 38, 42 a 44, 176, 177, 189, 190 y 197; Cód. Civil, art. 953; ley 25.871.

§ 1. **Objeto prohibido.** – El artículo legisla sobre el trabajo prohibido, siendo coincidente con el art. 953 del Cód. Civil, que expresa: *"El objeto de los actos jurídicos deben ser... hechos que no sean... prohibidos por las leyes... Los actos jurídicos que no sean conformes a esta disposición, son nulos como si no tuviesen objeto".*

Se trata de una norma protectoria, porque prohíbe el empleo de determinadas personas, o en determinadas tareas, épocas o condiciones para proteger al trabajador. Por eso, la prohibición sólo está dirigida al empleador, lo que significa que en caso de no respetarse ésta, las consecuencias de la infracción no pueden cargarse al trabajador.

§ 2. **Prohibiciones legales o reglamentarias.** – El artículo menciona normas legales y reglamentarias que establezcan las siguientes prohibiciones: *a)* empleo de determinadas personas, tales como la ocupación de menores de catorce años (art. 189, LCT); *b)* empleo en determinadas tareas, caso de la prohibición de ocupar a mujeres en trabajos penosos, peligrosos o insalubres (art. 176, LCT); *c)* empleo en determinadas épocas (prohibición del trabajo de la mujer embarazada en el período pre y posparto –art. 177, LCT–), y *d)* el empleo en determinadas condiciones (prohibición del trabajo nocturno para los menores –art. 190, LCT–).

§ 3. **Prohibición dirigida al empleador.** – Dado que se trata de una norma protectoria, la prohibición sólo está dirigida al empleador. Esto significa que la prohibición sólo puede ser invocada por el trabajador y no por el empleador, quien si no, estaría invocando su propia torpeza, y las consecuencias de la violación de la prohibición deben recaer sobre el empleador y no sobre el trabajador.

§ 4. **Prohibición del trabajo de inmigrantes ilegales.** – La prohibición del trabajo de diferentes personas, en determinadas tareas, épocas o condiciones tiene, la mayoría de las veces, un carácter tuitivo. Sin embargo, existen otras circunstancias en que estas prohibiciones se asientan en consideraciones de orden público general y no exclusivamente laboral. Éste es el caso de la prohibición de trabajo de los inmigrantes ilegales o clandestinos.

El párr. 2º del art. 55 de la ley de migraciones 25.871, en su parte pertinente, dice así: "ninguna persona de existencia visible o ideal, pública o privada, podrá proporcionar trabajo u ocupación remunerada, con o sin relación de dependencia, a los extranjeros que residan irregularmente". El art. 56 de la ley prescribe que su aplicación "no eximirá al empleador o dador de trabajo del cumplimiento de las obligaciones emergentes de la legislación laboral respecto del extranjero, cualquiera sea su condición migratoria; asimismo, en ningún modo se afectarán los derechos adquiridos por los extranjeros, como consecuencia de los trabajos ya realizados, cualquiera sea su condición migratoria".

Jurisprudencia

1. *Inmigrante indocumentado. Deberes del empleador.* La contratación en infracción a la ley (en el caso, inmigrante indocumentado, art. 30, ley 22.439) no exime del cumplimiento de los deberes propios de todo empleador en condiciones normales (art. 53, ley citada, y art. 40, LCT) (CNTrab, Sala VII, 4/2/99, *DT*, 1999-A-1145).

2. *Inmigrante ilegal. Derechos indemnizatorios.* En el caso de la trabajadora inmigrante ilegal, que reclama derechos indemnizatorios, es aplicable el art. 42 de la LCT, que dispone que el contrato de objeto prohibido no afectará el derecho a percibir remuneraciones e indemnizaciones derivadas de la extinción por tal causa, máxime teniendo en cuenta el art. 109 de la ley migratoria 22.439, según la cual el empleador no se exime del cumplimiento de tales obligaciones, salvo dolo del trabajador que ocultó su condición de residente ilegal (CNTrab, Sala X, 28/4/99, *TSS*, 1999-1000).

§ 5. **Efectos del trabajo prohibido.** – En caso de prohibición del objeto, la ley impone la nulidad absoluta, lo que significa que los servicios prohibidos no pueden continuarse prestando bajo ninguna circunstancia ni condición, imponiéndose a la autoridad administrativa el deber de hacer cesar los actos que tengan tales vicios (art. 44, LCT). De conformidad con los principios generales, la invalidez no podrá ser subsanada por confirmación, deberá ser declarada de oficio por el juez y podrá ser alegada por el Ministerio Público, así como por cualquier otro interesado (art. 1047, Cód. Civil)[1].

Art. 41. [Nulidad del contrato de objeto ilícito] **El contrato de objeto ilícito no produce consecuencias entre las partes que se deriven de esta ley.**

Concordancias: LCT, arts. 14, 38, 39 y 44; Cód. Civil, art. 1047.

§ 1. **Nulidad por ilicitud del objeto.** – Cuando el objeto del contrato fuese contrario a la moral y a las buenas costumbres, o sea, en caso de trabajo ilícito (art. 39, LCT), la nulidad del contrato es absoluta por estar interesado el orden público y debe ser declarada por el juez, aun sin petición de parte; puede pedirse su declaración por el Ministerio Público y no es susceptible de confirmación (art. 1047, Cód. Civil).

§ 2. **Efectos de la nulidad.** – En el caso de nulidad por objeto ilícito, no se produce consecuencia alguna entre las partes. Esto ocurre porque ni siquiera se ha formado una relación efectiva de trabajo, ya que el ordenamiento jurídico debe negar todo reconocimiento a una ocupación inmoral[1].

Art. 42. [Nulidad del contrato de objeto prohibido. Inoponibilidad al trabajador] – **El contrato de objeto prohibido no afectará el derecho del trabajador a percibir las remuneraciones e indemnizaciones que se deriven de su extinción por tal causa, conforme a las normas de esta ley y a las previstas en los estatutos profesionales y las convenciones colectivas de trabajo.**

Concordancias: LCT, arts. 38, 40, 43 y 44.

§ 1. **Efectos del contrato de objeto prohibido.** – Puesto que la prohibición del objeto está siempre dirigida al empleador (art. 40, LCT) y, por consiguiente, establecida en beneficio del trabajador, la cesación de la ejecución del contrato para el

---

[1] De la Fuente, en Vazquez Vialard (dir.), *Tratado*, t. 3, p. 375.
[1] *(Art. 41)* Krotoschin, *Tratado práctico*, t. I, p. 189.

futuro que necesariamente trae aparejada la nulidad, no debe acarrear efectos perjudiciales al trabajador respecto del tramo ya cumplido.

Jurisprudencia

1. *Falta de título habilitante. Objeto prohibido.* Si el trabajador carecía de título habilitante para desempeñar la función que cumplió a las órdenes de la empleadora, ello no afecta su derecho a percibir remuneraciones e indemnizaciones que deriven del distracto, puesto que, en todo supuesto, se estaría en presencia de un contrato de objeto prohibido, según lo previsto en la ley (CNTrab, Sala II, 30/6/95, *DT*, 1995-B-2069).

Art. 43. [Prohibición parcial] – Si el objeto del contrato fuese sólo parcialmente prohibido, su supresión no perjudicará lo que del mismo resulte válido, siempre que ello sea compatible con la prosecución de la vinculación.

En ningún caso tal supresión parcial podrá afectar los derechos adquiridos por el trabajador en el curso de la relación.

Concordancias: LCT, arts. 10, 13, 38, 40, 42, 44, 189, 190 y 197.

§ 1. **Nulidad parcial del contrato.** – La solución que suministra el artículo es concordante con la del art. 13 de la LCT que, en el caso de cláusulas del contrato de trabajo que sean violatorias del orden público laboral, las considera nulas y sustituidas de pleno derecho por las normas imperativas que corresponda aplicar. Es el caso en que no se respetara la pausa no inferior a doce horas entre el cese de una jornada de trabajo y el comienzo de la otra (art. 197, parte última, LCT). Esta infracción no trae aparejada la nulidad del contrato de trabajo ni tampoco impide su prosecución reduciendo la jornada a sus límites legales. La jornada deberá reducirse para el futuro respetando la pausa legal, pero el trabajador no perderá, desde luego, su derecho a la retribución por las jornadas trabajadas en exceso, incluso con el recargo respectivo por las horas suplementarias.

§ 2. **Nulidad parcial y prosecución de la relación.** – La compatibilidad entre la supresión del objeto prohibido y la prosecución de la relación, si existe controversia de partes, deberá ser decidida por el juez, quien en caso de duda deberá pronunciarse por la subsistencia del contrato (art. 10, LCT)[1].

Art. 44. [Nulidad por ilicitud o prohibición. Su declaración] – La nulidad del contrato por ilicitud o prohibición de su objeto tendrá las consecuencias asignadas en los arts. 41 y 42 de esta ley y deberá ser declarada por los jueces, aun sin mediar petición de parte. La autoridad administrativa, en los límites de su competencia, mandará cesar los actos que lleven aparejados tales vicios.

Concordancias: LCT, arts. 7°, 37 a 44 y 50; Cód. Civil, art. 1047; leyes 18.695 y 25.212.

§ 1. **Efectos de la nulidad. Remisión.** – El artículo trata de las consecuencias jurídicas de la nulidad del contrato de trabajo por ilicitud o prohibición del objeto, remitiendo para ello a los arts. 41 y 42 de la LCT.

§ 2. **Declaración de nulidad.** – La nulidad del contrato cuando ella tenga lugar, debe ser declarada por los jueces de oficio, aun sin mediar petición de parte. La norma es coincidente con el art. 1047 del Cód. Civil.

§ 3. **Actuación de la autoridad administrativa.** – El artículo determina que la autoridad administrativa, en los límites de su competencia, mandará cesar los actos que lleven aparejados los vicios de nulidad. La autoridad administrativa del trabajo competente puede inspeccionar y, en caso de infracción, aplicar la sanción que corresponda.

Capítulo V

DE LA FORMACIÓN DEL CONTRATO DE TRABAJO

Art. 45. [Consentimiento] – El consentimiento debe manifestarse por propuestas hechas por una

---

[1] López - Centeno - Fernández Madrid, *Ley de contrato de trabajo*, t. I, p. 418.

de las partes del contrato de trabajo, dirigidas a la otra y aceptadas por ésta, se trate de ausentes o presentes.

CONCORDANCIAS: LCT, arts. 21, 24, 46 y 63; Cód. Civil, arts. 1145 y 1146.

§ 1. **Expresión del consentimiento.** – Del mismo modo que para cualquier contrato, también para la existencia del contrato de trabajo se requiere el mutuo consentimiento de ambas partes[1]. *"El consentimiento puede ser expreso o tácito"*, dice el art. 1145 del Cód. Civil, refiriéndose a los contratos en general, y agrega: *"Es expreso cuando se manifiesta verbalmente, por escrito, o por signos inequívocos. El consentimiento tácito resultará de hechos, o de actos que lo presupongan, o que autoricen a presumirlo".* Por su parte, el art. 1146 del Cód. Civil determina: *"El consentimiento tácito se presumirá si una de las partes entregare, y la otra recibiere la cosa ofrecida o pedida; o si una de las partes hiciere lo que no hubiera hecho, o no hiciere lo que hubiera hecho si su intención fuese no aceptar la propuesta u oferta".* La expresión positiva de voluntad es una *declaración*, la expresión tácita, un *comportamiento*[2].

Normalmente, el consentimiento se manifiesta por medio de la prestación efectiva del servicio, es decir, por la existencia de la relación de trabajo[3].

Como lo expresa el art. 46 de la LCT, a los fines de la expresión del consentimiento, basta el enunciado de lo esencial del objeto de la contratación, quedando regido lo restante por lo que dispongan las leyes, convenios colectivos y demás normas aplicables.

§ 2. **La oferta.** – Es la manifestación unilateral de voluntad, mediante la cual una persona ofrece a otra u otras, la celebración de un contrato[4]. La oferta debe ser dirigida a persona determinada (art. 1148, Cód. Civil) y autosuficiente conteniendo lo esencial de la propuesta de contrato (art. 46, LCT).

Es frecuente que el futuro empleador o trabajador haga ofertas públicas a personas indeterminadas por los periódicos o anuncios de publicidad. No se trata propiamente de una oferta sino de una invitación a contratar, dirigida a quienes se en-

---

[1] KROTOSCHIN, *Tratado práctico*, t. I, p. 175.
[2] LÓPEZ - CENTENO - FERNÁNDEZ MADRID, *Ley de contrato de trabajo*, t. I, p. 423.
[3] FERNÁNDEZ MADRID - CAUBET, *Leyes fundamentales de trabajo*, p. 38.
[4] BERNASCONI, en VAZQUEZ VIALARD (dir.), "Tratado", t. 3, p. 351.

cuentren en las condiciones requeridas por el oferente, a entablar conversaciones tendientes a llegar a un acuerdo. Estas ofertas públicas, aunque contengan lo esencial de la contratación, carecen de efecto vinculante.

Si bien en ciertos supuestos del derecho comercial puede sostenerse razonablemente la fuerza vinculante de la oferta al público, de ninguna manera parece sostenible lo mismo en el ámbito laboral, dado el carácter personal de la relación derivada del contrato de trabajo[5].

La oferta se perfecciona cuando llega a la esfera de conocimiento del destinatario, es decir, tiene carácter *recepticio*.

§ 3. **La aceptación.** – La aceptación, al igual que la oferta, es una manifestación de voluntad unilateral y recepticia, por lo que se perfecciona cuando llega a la esfera de conocimiento del oferente[6].

Toda modificación que se hiciere en la oferta, al aceptarla, importa la propuesta de un nuevo contrato (art. 1152, Cód. Civil).

JURISPRUDENCIA

1. *Oferta. Aceptación. Modificación.* Para que haya promesa, el Código Civil exige que lo sea a persona o personas determinadas sobre un contrato especial, con todos los antecedentes constitutivos de los contratos (art. 1148) y establece, por otro lado, que cualquier modificación que se hiciere en la oferta, al aceptarla, importará la propuesta de un nuevo contrato (art. 1152) (CNTrab, Sala VIII, 2/5/97, *DT*, 1997-B-2491).

Art. 46. [ENUNCIACIÓN DEL CONTENIDO ESENCIAL. SUFICIENCIA] – **Bastará, a los fines de la expresión del consentimiento, el enunciado de lo esencial del objeto de la contratación, quedando regido lo restante por lo que dispongan las leyes, los estatutos profesionales o las convenciones colectivas de trabajo, o lo que se conceptúe habitual en la actividad de que se trate, con relación al valor e importancia de los servicios comprometidos.**

CONCORDANCIAS: LCT, arts. 7° a 12, 21, 37, 45, 114 y 117.

---

[5] BERNASCONI, en VAZQUEZ VIALARD (dir.), *Tratado*, t. 3, p. 351.
[6] BERNASCONI, en VAZQUEZ VIALARD (dir.), *Tratado*, t. 3, p. 353.

§ 1. **Contenido esencial.** – El artículo determina que para que haya consentimiento, respecto del contrato de trabajo, basta que las partes se pongan de acuerdo sobre lo esencial del objeto de la contratación.

Este contenido esencial del contrato de trabajo consiste en las prestaciones principales a las que se comprometen las partes, esto es, el trabajador a prestar el trabajo y el empleador a pagar la remuneración. No es necesaria la determinación por las partes de la remuneración porque ésta siempre es determinable (arts. 114 y 117, LCT)[1].

§ 2. **Facultades de las partes.** – Desde luego, las partes pueden remitir el contenido restante de la contratación a lo que dispongan las demás fuentes de regulación del contrato de trabajo, ley, convenio colectivo, usos y costumbres, etc., o bien estipular otras condiciones que no vulneren el orden público laboral (arts. 7º y 12, LCT).

Art. 47. [Contrato por equipo. Integración] – Cuando el contrato se formalice con la modalidad prevista en el art. 101 de esta ley, se entenderá reservada al delegado o representante del grupo de trabajadores o equipo, la facultad de designar las personas que lo integran y que deban adquirir los derechos y contraer las obligaciones que se derivan del contrato, salvo que por la índole de las prestaciones resulte indispensable la determinación anticipada de los mismos.

Concordancias: LCT, arts. 101 y 102.

§ 1. **Definición.** – La ley define el contrato de trabajo por equipo como "el que se celebrase por un empleador con un grupo de trabajadores que, actuando por intermedio de un delegado o representante, se obligue a la prestación de servicios propios de la actividad de aquél" (art. 101, LCT). También es llamado *contrato de grupo* o *de cuadrilla*.

El grupo contrata con el empleador por medio de un delegado o representante, también denominado *jefe de equipo*.

---

[1] López - Centeno - Fernández Madrid, *Ley de contrato de trabajo*, t. I, p. 436.

§ 2. **Formas de integrar el equipo.** – El artículo prevé dos formas de integrar el equipo: por designación del delegado, representante o jefe de equipo, y por determinación anticipada. La primera es la forma habitual y que la norma considera como principal, conceptuándose como excepcional la segunda forma de integrar el equipo[1].

Cuando un integrante deja el grupo o equipo, es el delegado o jefe de equipo quien lo sustituye por otro, sin necesidad de aceptación del empleador, salvo que así lo requiriese la modalidad de las tareas a efectuarse y las calidades personales exigidas en la integración del grupo, caso en el cual el representante deberá proponer el nuevo integrante a la aceptación del empleador (art. 101, párr. 2°, LCT).

Capítulo VI

DE LA FORMA Y PRUEBA DEL CONTRATO DE TRABAJO

Art. 48. [Forma] – Las partes podrán escoger libremente sobre las formas a observar para la celebración del contrato de trabajo, salvo lo que dispongan las leyes o convenciones colectivas en casos particulares.

Concordancias: LCT, arts. 24, 49 a 51, 53, 54, 59, 90, 91, 93, 99, 240 y 241; decr. 1434/87, art. 15, inc. e.

§ 1. **Principio de libertad de las formas.** – En la vida de relación, un acto no es reconocible para los otros, sino en virtud de su forma. Es común la clasificación de los negocios jurídicos en *formales* y *no formales* o, mejor dicho, con *forma forzada* o *libre*[1].

El artículo establece el principio de libertad de las formas en las contrataciones laborales, dejando a salvo las disposiciones de orden público, incluidas las leyes o normas de convenios colectivos que impusieran una forma determinada, la escrita.

---

[1] López - Centeno - Fernández Madrid, *Ley de contrato de trabajo*, t. I, p. 437.
[1] (Art. 48) Betti, *Teoría general*, p. 98.

Aunque la ley no exija una determinada forma, las partes, de común acuerdo, pueden estipular una (instrumentar por escrito un contrato de trabajo por tiempo indeterminado). Esto es bastante frecuente en las contrataciones de altos empleados, técnicos, artistas, etc., en que ambas partes desean establecer con la mayor precisión las obligaciones recíprocas.

§ 2. **Forma escrita.** – La ley establece imperativamente la forma escrita en los contratos de trabajo a plazo fijo (art. 90, inc. *a*, LCT), y eventual (arts. 69 y 72, inc. *a*, LE).

§ 3. **Registro y comunicación del contrato.** – El art. 19 de la ley 25.013 ha impuesto, a partir de su vigencia, la obligación de registrar todos los contratos de trabajo, así como las pasantías, ante los organismos de seguridad social y tributarios "en la misma forma y oportunidad que los contratos de trabajo por tiempo indeterminado".

El mencionado artículo agrega que las comunicaciones pertinentes deberán indicar el tipo de contrato de que se trate y, en su caso, sus fechas de inicio y finalización.

La última parte del artículo citado garantiza al Ministerio de Trabajo, Empleo y Seguridad Social el libre acceso a las bases de datos que contengan tales informaciones.

Cabe señalar, además, que el art. 39 de la ley 25.877 determinó que el Ministerio establecerá el organismo encargado y los procedimientos destinados a la simplificación y unificación en materia de inscripción laboral y de la seguridad social, con el objeto de que la registración de empleadores y trabajadores se cumpla en un solo acto y a través de un único trámite.

Art. 49. [Nulidad por omisión de la forma] – **Los actos del empleador para cuya validez esta ley, los estatutos profesionales o las convenciones colectivas de trabajo exigieran una forma instrumental determinada se tendrán por no sucedidos cuando esa forma no se observare.**

No obstante el vicio de forma, el acto no es oponible al trabajador.

Concordancias: LCT, arts. 48, 50 a 54, 140 a 142, 154, 218 y 240.

§ 1. **Actos formales.** – Los actos formales o formas *ad solemnitatem* son siempre requeridos por la ley con un sentido

Art. 50

protectorio, es decir, para resguardar los derechos del trabajador (p.ej., la renuncia al empleo, art. 240, LCT). En esos casos, cuando no se observaren las formas, el acto se considera *inexistente* ("se tendrán por no sucedidos", tal como lo dispone textualmente el artículo).

§ 2. **Legitimación para invocar el vicio de forma.** – En el último párrafo del artículo, con una redacción harto deficiente, la ley quiso decir que, no obstante el vicio de forma, el trabajador podrá invocar la existencia del acto, si éste lo beneficia, no así el empleador quien, en cambio, no puede alegar su propia torpeza.

Art. 50. [Prueba] – **El contrato de trabajo se prueba por los modos autorizados por las leyes procesales y lo previsto en el art. 23 de esta ley.**

Concordancias: LCT, arts. 23, 24, 48 a 51, 53, 54, 90 y 92.

§ 1. **Libertad de prueba.** – El artículo consagra lo que se podría llamar el *principio de la libertad de prueba*[1]. El contrato de trabajo se prueba por todos los medios comunes (art. 1190, Cód. Civil, y art. 208, Cód. de Comercio), a los cuales se agrega la presunción derivada del mero hecho de la prestación de los servicios del art. 23 de la LCT[2].

El obstáculo que el art. 1193 del Cód. Civil y el art. 209 del Cód. de Comercio podrían oponer a la prueba de testigos, no existe cuando el trabajador ha prestado servicios, puesto que esta prestación puede probarse de cualquier manera y su prueba constituiría presunción suficiente de la existencia del contrato[3].

§ 2. **Dificultades probatorias.** – Las dificultades de la prueba para el trabajador quedan sensiblemente reducidas por la disposición del art. 23 de la LCT, que determina que el hecho de la prestación de servicios hace presumir la existencia de un contrato de trabajo, salvo la demostración en contrario que efectuare quien niega su concertación.

---

[1] López - Centeno - Fernández Madrid, *Ley de contrato de trabajo*, t. I, p. 443.
[2] Krotoschin, *Tratado práctico*, t. I, p. 182.
[3] Krotoschin, *Tratado práctico*, t. I, p. 182.

Art. 51. [Aplicación de estatutos profesionales o convenciones colectivas de trabajo] – Cuando por las leyes, estatutos profesionales o convenciones colectivas de trabajo se exigiera algún documento, licencia o carné para el ejercicio de una determinada actividad, su falta no excluirá la aplicación del estatuto o régimen especial, salvo que se tratara de profesión que exija título expedido por la autoridad competente.

Ello sin perjuicio que la falta ocasione la aplicación de las sanciones que puedan corresponder de acuerdo con los respectivos regímenes aplicables.

Concordancias: LCT, arts. 48 a 50.

§ 1. **Documentos, licencias o carné exigidos.** – En algunos casos, las leyes, estatutos especiales, convenios colectivos o reglamentos particulares, exigen algún documento, licencia o carné para el ejercicio por el trabajador de una actividad determinada. Tal el caso de la libreta de trabajo exigida a los encargados de casas de renta (arts. 14 a 18, ley 12.981), la del personal del servicio doméstico (art. 11, decr. ley 326/56), la de los trabajadores a domicilio (art. 7°, ley 12.713), el carné exigido a los periodistas profesionales (arts. 11 a 17, ley 12.908), entre otros. En estos casos, la falta de documentos no obsta a la aplicación del estatuto o régimen especial respectivo.

§ 2. **Título habilitante.** – Se excluye, obviamente, el caso en que se tratara de profesión que exige título habilitante expedido por la autoridad competente (médico, arquitecto, psicólogo, etc.) o bien otra forma de habilitación profesional, así a los docentes particulares (art. 8°, ley 13.047), ejecutantes musicales (arts. 2° y 3°, ley 14.597), etcétera.

Art. 52. [Libro especial. Formalidades. Prohibiciones] – Los empleadores deberán llevar un libro especial, registrado y rubricado, en las mismas condiciones que se exigen para los libros principales de comercio, en el que se consignará:

a) Individualización íntegra y actualizada del empleador.

b) Nombre del trabajador.

c) Estado civil.

d) Fecha de ingreso y egreso.

e) Remuneraciones asignadas y percibidas.

f) Individualización de personas que generen derecho a la percepción de asignaciones familiares.

g) Demás datos que permitan una exacta evaluación de las obligaciones a su cargo.

h) Los que establezca la reglamentación.

Se prohíbe:

1) Alterar los registros correspondientes a cada persona empleada.

2) Dejar blancos o espacios.

3) Hacer interlineaciones, raspaduras o enmiendas, las que deberán ser salvadas en el cuadro o espacio respectivo, con firma del trabajador a que se refiere el asiento y control de la autoridad administrativa.

4) Tachar anotaciones, suprimir fojas o alterar su foliatura o registro. Tratándose de registro de hojas móviles, su habilitación se hará por la autoridad administrativa, debiendo estar precedido cada conjunto de hojas, por una constancia extendida por dicha autoridad, de la que resulte su número y fecha de habilitación.

CONCORDANCIAS: LCT, arts. 49, 51 a 55, 138, 143 y 144; LE, arts. 7° a 12, 15 a 20 y 27; ley 24.467, arts. 84 a 88; decrs. 2725/91, arts. 2° a 4°, 397/92 y 688/92.

§ 1. **Deber de llevar el libro especial.** – La ley establece la obligación de llevar el libro especial a todos los empleadores, sean o no comerciantes, y cualquiera que sea el número de empleados que revisten en la empresa. Ante la inexistencia de relación de trabajo, carece de consecuencias la omisión del supuesto empleador de llevar los libros legalmente exigidos[1].

[1] MEILIJ, *Contrato de trabajo*, t. I, p. 231.

JURISPRUDENCIA

　　　1. *Registro especial. Empresa unipersonal. Incumplimiento. Presunciones.* Si el empresario tiene personal a su servicio, debe llevar los registros, aunque invoque que se trata de una empresa unipersonal pequeña de escasa actividad, excusa que de modo alguno justifica el incumplimiento, por lo cual le son aplicables las presunciones de los arts. 52 a 55 de la LCT (CNTrab, Sala I, 18/2/ 92, *DT*, 1992-B-1223).

　　　2. *Valor probatorio.* Los libros de la empleadora, aun llevados en legal forma, no hacen plena prueba de su contenido si existen otros elementos de juicio que los contradigan, pues los datos allí volcados son inoponibles al trabajador, puesto que las registraciones contables son unilaterales por lo que, aun cuando se adecuen a las previsiones del art. 52 de la LCT, quedan sujetas a la valoración judicial (CNTrab, Sala VII, 25/4/02, *DT*, 2002-B-1971).

§ 2. **Deber de registrar la relación de trabajo.** – La obligación de registrar la relación de trabajo en el libro especial que exige llevar al empleador el artículo comentado, se complementa con la impuesta por el art. 7º de la LE, que expresa textualmente: "Se entiende que la relación o contrato de trabajo ha sido registrado cuando el empleador hubiere inscripto al trabajador:

a) En el libro especial del art. 52 de la ley de contrato de trabajo (t.o. 1976) o en la documentación laboral que haga sus veces, según lo previsto en los regímenes jurídicos particulares.

b) En los registros mencionados en el art. 18, inc. *a*.

Las relaciones laborales que no cumplieren con los requisitos fijados en los incisos precedentes se considerarán no registradas".

JURISPRUDENCIA

　　　1. *Grupo económico internacional. Filial local.* No corresponde imponer a la sociedad local la obligación de registrar la relación por los períodos en que el dependiente prestara servicios para otras personas jurídicas radicadas en el extranjero, integrantes del mismo grupo económico, como tampoco la de efectuar los aportes al sistema de seguridad social por tales períodos (CNTrab, Sala II, 29/11/02, *TSS*, 2003-523).

§ 3. **Sistema único de registro laboral.** – Los registros a que se refiere el art. 7º, inc. *b*, de la LE son los enumerados en el art. 18, inc. *a*, del mismo texto legal y que debe concentrar el sistema único de registro laboral, a saber: "la inscripción del empleador y la afiliación del trabajador al Instituto Nacional de Previsión Social, a las cajas de subsidios familiares y a la obra social correspondiente". El Instituto Nacional de Previsión Social y las cajas de subsidios familiares fueron suprimidos por los arts. 96 y 91, respectivamente, del decr. 2284/91 de *desregulación*, por lo que hasta tanto se unifiquen efectivamente todas las inscripciones ante un único registro, el empleador debe, en la actualidad, efectuar el registro ante la Administración Federal de Ingresos Públicos que ha unificado el registro de los empleadores por medio de la clave única de identificación tributaria (CUIT) y el de los trabajadores en la Administración Nacional de la Seguridad Social (Anses), mediante el código único de identificación laboral y además ante la obra social que corresponda al trabajador.

Cabe señalar, además, que el art. 39 de la ley 25.877 determinó que el Ministerio de Trabajo, Empleo y Seguridad Social establecerá el organismo encargado y los procedimientos destinados a la simplificación y unificación en materia de inscripción laboral y de la seguridad social, con el objeto de que la registración de empleadores y trabajadores se cumpla en un solo acto y a través de un único trámite.

§ 4. **Efectos de la falta de registro.** – La omisión de registro de la relación o contrato de trabajo por parte del empleador, además de una falta administrativa que debe sancionarse por la autoridad respectiva, constituye una justa causa de despido para el trabajador (arts. 242 y 246, LCT).

La omisión de registro permite, asimismo, al trabajador prevalerse del mecanismo reglamentado en los arts. 7° a 11 y 14 a 17 de la LE para obtener su regularización laboral, con los efectos allí previstos (arts. 8° y 15, LE).

§ 5. **Efectos del registro insuficiente.** – Además de la omisión total del registro puede presentarse un registro insuficiente por haberse omitido parcialmente o registrado de una manera falsa o defectuosa algunos datos de la relación o contrato de trabajo. Existen dos datos que la LE considera relevantes a los efectos de poner en movimiento el mecanismo de *regularización del empleo no registrado* previsto en el capítulo I, título II, de la misma ley. Se trata del caso del empleador que consigna en la documentación laboral una fecha de ingreso del trabajador posterior a la real (art. 9°), y del empleador que consigna en la documentación laboral una remuneración menor que la percibida por el trabajador (art. 10).

§ 6. **Omisión de otros datos o formalidades.** – Salvo los defectos y omisiones señalados en el apartado anterior que la ley considera relevantes y a los que otorga efectos especiales, los demás defectos y la omisión de algunas formalidades prescriptas en el artículo comentado serán meritadas por los jueces, en función de las particulares circunstancias de cada caso, a fin de otorgarles efectos jurídicos particulares, según lo señalen las normas específicas. Ello, sin perjuicio de las sanciones administrativas a que hubiere lugar.

§ 7. **Obligación de llevar el libro desde el punto de vista administrativo.** – El régimen general de sanciones por infracciones laborales –ley 25.212, Anexo II– establece en su art. 3º como infracciones graves: "*a*) la falta, en los libros de registro de los trabajadores, de alguno de los datos esenciales del contrato o relación de trabajo". Esta infracción se sanciona con multa (art. 5º, inc. 2, ley citada).

§ 8. **Registro único de personal para la pequeña empresa.** – El régimen laboral para la pequeña empresa, título III, ley 24.467, creó el *registro único de personal* para las pequeñas empresas, cuya definición surge del art. 83 de la ley citada. El art. 86 de la misma ley expresa: "en el registro único de personal quedarán unificados los libros, registros, planillas y demás elementos de contralor que se señalan a continuación: *a*) El libro especial del art. 52 del régimen de contrato de trabajo (LCT, t.o. 1976). *b*) La sección especial establecida en el art. 13, ap. 1, del decr. 342/92. *c*) Los libros establecidos por la ley 12.713 y su decreto reglamentario 118.755/42 de trabajadores a domicilio. *d*) El libro especial del art. 122 del régimen nacional de trabajo agrario de la ley 22.248". El art. 87 de la ley 24.467 indica los datos que deben consignarse: "En el registro único de personal se hará constar el nombre y apellido o razón social del empleador, su domicilio y número de CUIT, y además se consignarán los siguientes datos: *a*) Nombre y apellido del trabajador y su documento de identidad. *b*) Número de CUIL. *c*) Domicilio del trabajador. *d*) Estado civil e individualización de sus cargas de familia. *e*) Fecha de ingreso. *f*) Tarea a desempeñar. *g*) Modalidad de contratación. *h*) Lugar de trabajo. *i*) Forma de determinación de la remuneración asignada, monto y fecha de su pago. *j*) Régimen previsional por el que haya optado el trabajador y, en su caso, individualización de su administradora de fondos de jubilaciones y pensiones (AFJP). *k*) Toda modificación que se

13. Etala, *Contrato*.

opere respecto de los datos consignados precedentemente y, en su caso, la fecha de egreso. La autoridad de aplicación establecerá un sistema simplificado de denuncia individualizada de personal a los organismos de seguridad social". La sustitución de los libros y registros exigidos por la LCT y otras normas laborales por el "registro único de personal" no es obligatorio sino facultativo para las pequeñas empresas (art. 84, ley 24.467).

§ 9. **Clave de alta temprana.** Por res. AFIP 899/00, modificada por su res. gral. 943/00, se instituyó la "clave de alta temprana" (CAT). Según esta resolución, los empleadores responsables del sistema único de seguridad social están obligados a presentar una solicitud denominada "clave de alta temprana", con anterioridad a la fecha de inicio de las tareas de los nuevos trabajadores. Se considera como fecha de inicio de la prestación de tareas la de comienzo efectivo de la relación laboral, cualquiera que fuera la modalidad de contratación celebrada.

Los empleadores pueden solicitar la CAT por estas vías: *a*) por Internet, a través de la página *web* de la AFIP (http://www.afip.gov.ar); *b*) mediante nota por duplicado presentada ante la dependencia de la AFIP en la que se encuentre inscripto el empleador o la que corresponda a su domicilio, y *c*) por la línea telefónica gratuita 0-800-999-2347, o el que lo sustituya en el futuro. La "constancia de aceptación" generada por la AFIP constituirá el comprobante válido de cada operación realizada. Las "constancias de aceptación" deben conservarse a disposición del personal de la AFIP.

Para solicitar la CAT, el empleador deberá informar los siguientes datos: *a*) clave única de identificación tributaria (CUIT) del empleador; *b*) código único de identificación laboral (CUIL) de cada trabajador para el cual se solicita el alta; *c*) fecha de inicio de la relación laboral de cada trabajador; *d*) código de modalidad de contratación de cada trabajador; *e*) código de obra social de cada trabajador, y *f*) código de la aseguradora de riesgos del trabajo (ART) contratada.

Jurisprudencia

1. *Registro de la antigüedad ficta.* Tanto en los casos de transferencia del establecimiento que implica la de los contratos de trabajo, incluida la antigüedad anterior (art. 225 y ss., LCT), como en los de cesión del contrato, sin transferencia del establecimiento (art. 229, LCT), como en los de acumulación normativa o convencionalmente dispuesta, como en los simples reconocimien-

tos, unilaterales o convenidos, de antigüedad, las cargas de registración que el art. 52 impone a los empresarios se cumplen solamente con el asiento de la fecha de ingreso real. No existe norma que obligue al registro de la antigüedad ficta, lo que importaría falsedad de los asientos, susceptible de ser sancionada (CNTrab, Sala VIII, 14/8/01, DT, 2002-A-762).

Art. 53. [Omisión de formalidades] – Los jueces meritarán en función de las particulares circunstancias de cada caso los libros que carezcan de algunas de las formalidades prescriptas en el art. 52 o que tengan algunos de los defectos allí consignados.

Concordancias: LCT, arts. 48 a 50, 52, 54, 56, 142 y 144.

§ 1. **Apreciación judicial.** – Aparte de las sanciones administrativas que pudieren merecer y de los datos a cuya omisión o defecto la ley otorga efectos especiales (arts. 8° a 10, LE), la eficacia probatoria de los libros que contengan defectos u omisiones queda librada a la apreciación judicial, según las circunstancias de cada caso. Esto significa que el defecto o carencia importante por sus consecuencias en algún caso, puede resultar intrascendente en otro[1].

Art. 54. [Aplicación a los registros, planillas u otros elementos de contralor] – La validez de los registros, planillas u otros elementos de contralor, exigidos por los estatutos profesionales o convenciones colectivas de trabajo, queda sujeta a la apreciación judicial según lo prescripto en el artículo anterior.

Concordancias: LCT, arts. 48 a 53, 55, 56, 142 y 144.

§ 1. **Apreciación judicial. Remisión.** – Las consideraciones hechas al artículo anterior, respecto de los libros, son aplicables a los registros, planillas u otros elementos de control.

---

[1] Brito Peret - Goldin - Izquierdo, *La reforma*, p. 62.

Art. 55. [OMISIÓN DE SU EXHIBICIÓN] – La falta de exhibición a requerimiento judicial o administrativo del libro, registro, planilla u otros elementos de contralor previstos por los arts. 52 y 54 será tenida como presunción a favor de las afirmaciones del trabajador o de sus causahabientes, sobre las circunstancias que debían constar en tales asientos.

CONCORDANCIAS: LCT, arts. 52, 54 y 57; ley 25.212, Anexo II, art. 3°, inc. a.

§ 1. **Inversión de la carga de la prueba.** – El artículo comentado establece una presunción a favor de las afirmaciones del trabajador o de sus derechohabientes sobre las circunstancias que debían constar en tales asientos, en caso de falta de exhibición a requerimiento judicial o administrativo de los libros, registros, planillas u otros elementos de control. Se trata de una presunción *iuris tantum* que admite prueba en contrario, por cuanto la ley no la establece como *iuris et de iure*[1].

Las afirmaciones del trabajador a que se refiere el artículo serán las que formule al promover la demanda[2].

§ 2. **Requerimiento administrativo.** – Las controversias a que da lugar la exhibición de los libros y registros a los que se refiere el artículo se ventilan habitualmente en el ámbito judicial por lo que no se advierte cuándo el incumplimiento administrativo apareja los efectos de la norma, puesto que la falta de exhibición del libro ante la policía del trabajo se da en el marco de un procedimiento que vincula al empleador y no al trabajador[3].

JURISPRUDENCIA

1. *Falta de libros. Presunción.* Una vez acreditada la relación de trabajo, la falta de libros que indica la legislación laboral crea una presunción favorable a la procedencia del crédito reclamado (CNTrab, Sala VII, 30/11/94, *DT*, 1995-B-1260).

2. *Falta de registraciones laborales.* Ante la falta de registraciones laborales cabe hacer aplicación de la presunción procesal establecida en el art. 55 de la LCT, en tanto el importe de-

---

[1] LÓPEZ - CENTENO - FERNÁNDEZ MADRID, *Ley de contrato de trabajo*, t. I, p. 451.
[2] BRITO PERET - GOLDIN - IZQUIERDO, *La reforma*, p. 65.
[3] BRITO PERET - GOLDIN - IZQUIERDO, *La reforma*, p. 65.

nunciado en la demanda no sea desproporcionado en relación con el horario de trabajo y las tareas profesionales cumplidas (CNTrab, Sala VI, 29/9/99, *DT*, 2000-A-610).

3. *Horas extra.* *a*) El cumplimiento de horas extraordinarias no forma parte del conjunto de hechos susceptibles de probarse por medio de la presunción contenida en el art. 55 de la LCT, no sólo porque en los datos que deben constar en el registro (arts. 52 y 55, LCT), no se asienta el horario, sino porque las horas extraordinarias, que por definición exceden el horario legal, no podrían integrar dicho registro con carácter permanente (CNTrab, Sala VII, 28/11/95, *DT*, 1996-A-1223).

b) La presunción del art. 55 de la LCT no resulta aplicable en materia de horas extra porque el horario de tareas no es uno de los requisitos que debe constar en el libro que manda llevar el art. 52 de dicha ley (CNTrab, Sala IV, 3/4/97, *DT*, 1998-A-745).

c) La realización de trabajo en exceso no se puede presumir a partir de la no presentación por parte de la demandada de las llamadas "tarjeta reloj" o planillas de ingreso o egreso. La presunción contenida en el art. 55 de la LCT sólo es operativa en caso de falta de presentación de la documentación de los registros laborales de los que habla el art. 52 del mismo cuerpo legal y las pautas para justificar las horas extra no se apartan del régimen general de la prueba aplicable al resto de los hechos litigiosos (CNTrab, Sala II, 11/4/01, *DT*, 2002-A-108).

d) No corresponde acoger el reclamo por horas extra si las pruebas aportadas en tal sentido no revisten el carácter riguroso que deben tener para habilitar esta pretensión, mientras que la presunción que establece el art. 55 de la LCT no resulta aquí operante porque la realización de horas extra no es un hecho que deba asentarse en el libro del art. 52 de la LCT (CNTrab, Sala VI, 25/8/00, *DT*, 2001-A-117).

4. *Registro de horas extraordinarias. Falta de presentación. Presunción. Fichas reloj.* Es correcta la aplicación de la presunción contenida en el art. 55 de la LCT cuando el empleador, que está obligado a llevar un registro con todas las horas extraordinarias trabajadas (art. 6°, inc. *c*, ley 11.544), no presenta dicha documentación y ni siquiera intenta suplir tal incumplimiento conservando las respectivas fichas reloj que acreditan el régimen horario cumplido por el trabajador (CNTrab, Sala VII, 30/11/93, *DT*, 1994-A-968).

5. *Tarjetas horarias. Falta de exhibición. Efectos.* La falta de exhibición de tarjetas horarias no trae aparejada ninguna consecuencia para la accionada, por cuanto no existe disposición legal o reglamentaria que obligue a conservarlas ni tampoco a exhibirlas, por lo que es carga del accionante acompañar la prueba respectiva para acreditar el horario laborado (CNTrab, Sala I, 3/12/93, *DT*, 1994-B-1204; íd., íd., 27/11/98, *DT*, 1999-B-2092; íd., íd., 30/11/00, *DT*, 2001-B-1160).

6. *Asignaciones familiares. Prueba del estado civil. Presunción.* A los fines de la percepción de las asignaciones familiares, la prueba del estado civil de las personas no puede suplirse con la presunción derivada del art. 55 de la LCT (CNTrab, Sala X, 19/7/96, *DT*, 1996-B-3030).

7. *Recibos reconocidos. Falta de recaudos mínimos. Omisión de exhibir los libros.* Corresponde aplicar la presunción prevista en el art. 55 de la LCT, aun cuando los recibos acompañados hayan sido reconocidos por el trabajador, si no cumplen los recaudos mínimos exigidos por el art. 140 de la LCT y la demandada no exhibió los libros exigidos por su art. 52, de modo que tales recibos tampoco pudieron ser cotejados con dicha documentación laboral (CNTrab, Sala III, 31/5/96, *DT*, 1996-B-2761).

8. *Presunción a favor del trabajador. Control judicial de razonabilidad.* *a*) Aunque los arts. 55 de la LCT, 56 de la LO y 165 del Cód. Proc. Civil y Com. de la Nación crean una presunción a favor de las afirmaciones del trabajador y facultan a los magistrados a fijar el importe del crédito, esto debe hacerse por decisorio fundado "siempre que su existencia esté legalmente comprobada", teniendo presentes los salarios mínimos, vitales y móviles y las retribuciones habituales de la actividad, puesto que es deber del juez el "control de razonabilidad" de la remuneración invocada conforme pautas objetivas (CNTrab, Sala I, 29/9/00, *DT*, 2001-A-112).

b) Si el empleador no posee registraciones laborales rige en plenitud la presunción contenida en el art. 55 de la LCT, si la cifra invocada en el inicio no resulta exagerada ni inverosímil, teniendo en cuenta que los parámetros convencionales poseen un carácter mínimo que puede ser superado a favor de los trabajadores (CNTrab, Sala X, 20/9/00, *DT*, 2001-A-122).

c) Si la demandada ha quedado incursa en la presunción prevista por el art. 55 de la LCT, corresponde tener por cierto el salario denunciado en el inicio cuando no resulta desproporcionado con las tareas realizadas, sin que obste a tal conclusión la circunstancia de que el convenio colectivo de trabajo aplicable prevea salarios inferiores, pues no necesariamente el trabajador debe percibir el básico de convenio (CNTrab, Sala III, 6/6/00, *DT*, 2001-A-447).

Art. 56. [Remuneraciones. Facultad de los jueces] – En los casos en que se controvierta el monto de las remuneraciones y la prueba rendida fuera insuficiente para acreditar lo pactado entre las partes, el juez podrá, por decisión fundada, fijar el importe del crédito de acuerdo a las circunstancias de cada caso.

CONCORDANCIAS: LCT, arts. 50, 53, 54, 114 y 142.

§ 1. **Norma procesal.** – El texto del artículo consagra una solución ya adoptada por el Código Procesal Civil y Comercial de la Nación (art. 165), y por la ley de organización y procedimiento de la Justicia Nacional del Trabajo (art. 56, ley 18.345).

§ 2. **Facultades del juez.** – Para que opere la facultad conferida al juez por el artículo comentado deben reunirse los siguientes requisitos: *a*) estar probado el crédito por remuneraciones; *b*) existir controversia sobre su monto, y *c*) insuficiencia de la prueba rendida para acreditar lo pactado entre las partes[1].

JURISPRUDENCIA

1. *Omisión de llevar libros. Remuneración desmedida invocada en la demanda. Facultades judiciales.* Aun cuando la demandada no lleve registro contable alguno, si la remuneración denunciada en la demanda resulta a todas luces desmedida en relación a la índole de la relación profesional de que se trata, ésta debe ser estimada por el juzgador, en virtud de las facultades conferidas por los arts. 56 y 114 de la LCT (CNTrab, Sala VII, 5/9/96, *DT*, 1996-B-3020).

2. *Fijación por los jueces del importe del crédito.* Aunque el art. 55 de la LCT, el art. 56 de la LO y el art. 165 del CPCCN crean una presunción a favor de las afirmaciones del trabajador y facultan a los magistrados a fijar el importe del crédito de que se trate, esto debe hacerse por "decisorio fundado" y "siempre que su existencia esté legalmente comprobada", teniendo presentes los salarios mínimos vitales y móviles y las retribuciones habituales de la actividad (CNTrab, Sala I, 28/2/02, *DT*, 2002-A-964; íd., íd., 9/10/02, *DT*, 2003-A-825).

Art. 57. [INTIMACIONES. PRESUNCIÓN] – Constituirá presunción en contra del empleador su silencio ante la intimación hecha por el trabajador de modo fehaciente, relativa al cumplimiento o incumplimiento de las obligaciones derivadas del contrato de trabajo sea al tiempo de su formalización,

---

[1] MEILIJ, *Contrato de trabajo*, t. I, p. 238.

ejecución, suspensión, reanudación, extinción o cualquier otra circunstancia que haga que se creen, modifiquen o extingan derechos derivados del mismo. A tal efecto dicho silencio deberá subsistir durante un plazo razonable, el que nunca será inferior a dos días hábiles.

Concordancias: LCT, arts. 55, 62 y 63; LE, arts. 11 y 14; ley 24.487; decr. 2725/91, art. 3°.

§ 1. **Carga para el empleador de explicarse.** – El artículo establece para el empleador "una carga de explicarse o contestar" frente a la intimación del trabajador, cuya omisión o incumplimiento originará una consecuencia desfavorable para el empleador: una presunción en su contra[1]. La ley asigna valor al silencio del empleador ante la intimación del trabajador[2].

Este deber o carga de explicarse deriva del principio de buena fe que debe presidir la celebración, ejecución y extinción del contrato de trabajo (art. 63, LCT).

Jurisprudencia

1. *Intimación. Operatividad. Presunción.* La presunción del art. 57 de la LCT requiere, para ser operativa, que previamente se acredite la existencia de un contrato de trabajo (CNTrab, Sala III, 18/12/92, *DT*, 1993-A-633).

§ 2. **La presunción opera contra el empleador.** – La presunción opera contra el empleador y no contra el trabajador, ya que el art. 58 de la LCT rechaza la posibilidad de admitir presunciones en contra del trabajador derivadas de su silencio, salvo el caso de comportamiento inequívoco.

Jurisprudencia

1. *Silencio del trabajador después del despido.* Una vez notificado el despido al trabajador, éste no tiene obligación de impugnarlo o rechazarlo. No existe ninguna norma que otorgue valor a su silencio en tal situación, pues el art. 57 de la LCT sólo acuerda valor presuncional al silencio del empleador (CNTrab, Sala X, 14/2/01, *DT*, 2001-B-2334).

§ 3. **Plazo para la respuesta.** – Si una intimación requiere una respuesta, es preciso determinar qué plazo debe trans-

---

[1] López - Centeno - Fernández Madrid, *Ley de contrato de trabajo*, t. I, p. 453.
[2] Meilij, *Contrato de trabajo*, t. I, p. 239.

currir para que se considere omitida la respuesta. La ley requiere un plazo razonable que nunca será inferior a dos días hábiles. El trabajador que intima puede otorgar un plazo mayor y el juez puede apreciar, según las circunstancias del caso, que el plazo concedido ha sido insuficiente. Esta cuestión también está regida por el principio de buena fe (art. 63, LCT).

Para determinar qué debe entenderse por *días hábiles* hay que remitirse a las disposiciones sobre descanso semanal, feriados nacionales y días no laborables. Deben considerarse no hábiles los días no laborables para las empresas, que no tienen la opción de trabajar en ellos y, respecto de las demás empresas, cuando el empleador haya optado por no trabajar[3].

Jurisprudencia

1. *Intimación. Plazo. Días hábiles.* Cuando el art. 57 de la LCT se refiere a *días hábiles*, tal expresión no se refiere a *día hábil procesal*, sino a *día laboral en la empresa*. Tales términos variarán según cada actividad, pues en el comercio se trabaja de lunes a sábado, mientras que en algunos servicios el ciclo se extiende de lunes a domingo. En todo caso, quien intima debe asegurarse en qué día ingresó la comunicación a la esfera del intimado, ya que a partir del día hábil siguiente comienza el plazo de razonabilidad expresado en la norma (CNTrab, Sala VI, 12/12/93, *DT*, 1994-B-1204).

§ 4. **Intimación a la regularización del empleo no registrado.** – La intimación prevista por el art. 11 de la LE constituye el acto impulsor básico para la puesta en movimiento del mecanismo instituido por el capítulo 1 del título II de esa ley para la regularización de las relaciones laborales no registradas o deficientemente registradas. Para ello el trabajador o la asociación sindical que lo represente deberá: *a*) intimar en forma fehaciente al empleador para que proceda a la inscripción del contrato de trabajo, establezca la fecha real de ingreso o el verdadero monto de las remuneraciones, y *b*) proceda de inmediato y, en todo caso, no después de las veinticuatro horas hábiles siguientes, a remitir a la AFIP copia del requerimiento a que se refiere el inciso anterior (art. 11, párr. 1°, LE). La intimación, para que produzca los efectos previstos por la ley, debe efectuarse estando vigente la relación laboral (art. 3°, inc. 1, decr. regl. 2725/91).

Con la intimación el trabajador debe indicar la real fecha de ingreso y las circunstancias verídicas que permitan calificar

---

[3] López - Centeno - Fernández Madrid, *Ley de contrato de trabajo*, t. I, p. 455.

la inscripción como defectuosa. Si el empleador contestare y diere total cumplimiento a la intimación dentro del plazo de treinta días corridos (art. 3°, inc. 2, decr. regl. 2725/91), queda eximido del pago de las indemnizaciones por falta de registro total (art. 8°, LE), fecha de ingreso posterior a la real (art. 9°, LE) y consignación en la documentación laboral de una remuneración menor a la percibida por el trabajador (art. 10, LE), según fuere el caso.

El texto originario de la LE preveía el plazo para dar cumplimiento a la intimación del trabajador, pero no el de su respuesta. La modificación dispuesta al art. 11 de la LE por el art. 47 de la ley 25.345, cubrió el vacío legislativo y aclaró que el empleador cuenta con el plazo de treinta días corridos tanto para contestar como para dar cumplimiento a la intimación.

Jurisprudencia

1. *Remuneraciones variables.* El hecho de que el trabajador tuviese remuneraciones variables no configura un eximente de la obligación de indicar con precisión sus pretensiones en la intimación a que se alude en el art. 11 de la ley 24.013, porque el trabajador podría individualizar las circunstancias que generaban derecho a las comisiones de igual modo que el que empleara para precisar sus reclamos en la demanda (CNTrab, Sala II, 29/4/94, *DT*, 1994-B-2127).

2. *Indemnización. Intimación fehaciente.* Para que proceda la indemnización establecida en el art. 8° de la ley 24.013, se requiere la intimación fehaciente al empleador, para que dentro de determinado plazo –treinta días– cumpla con la obligación de registrar el empleo no regularizado, para lo cual se debe indicar "la fecha de ingreso y las circunstancias verídicas que permitan calificar a la inscripción como defectuosa". De tal manera, además de los datos necesarios para el registro, es indispensable un requerimiento para que se inscriba la relación, circunstancia fundamental que no puede soslayarse (CNTrab, Sala III, 9/9/93, *DT*, 1994-A-538).

3. *Intimación del artículo 11 de la LE.* Este artículo, en su párr. 2°, impone al trabajador que precise, en la intimación, todas las circunstancias propias y esenciales del vínculo que legalmente deben ser registradas (CNTrab, Sala VII, 16/11/98, *DT*, 1999-B-2097).

4. *Ley de empleo. Intimación. Plazo.* Encontrándose vigente la relación laboral, la ley presume que durante el plazo de treinta días, salvo una manifestación en contrario, el empleador pueda reflexionar acerca de la conveniencia de inscribir al trabajador, y finalmente cumplir con su obligación (CNTrab, Sala III, 29/10/93, *DT*, 1994-A-538).

§ 5. **Obligación del empleador de recibir las comunicaciones.** – La ley 24.487 de 1995 ha establecido la obligación del empleador de recibir las comunicaciones escritas que, por asuntos referidos a una relación de trabajo, le curse cualquier trabajador dependiente. La obligación incluye las comunicaciones cursadas por el apoderado del trabajador o por la entidad gremial que lo represente (art. 1°).

Esta obligación, impuesta expresamente por la ley, siempre se ha considerado implícita en el deber de buena fe (art. 63, LCT) y no limitada al empleador sino que alcanza a ambas partes de la relación de trabajo[4].

Jurisprudencia

1. *Comunicaciones entre las partes. Notificación al trabajador.* El principio general que rige el tema de las comunicaciones que se cursan durante la vigencia del contrato de trabajo y aun, en ciertos casos, con posterioridad a su expiración, es el que el trabajador debe ser notificado en el domicilio real, denunciado a la empresa en el momento de formalizarse el contrato de trabajo, el que corresponde sea actualizado cada vez que haya sufrido un cambio (CNTrab, Sala VII, 19/9/89, *DT*, 1990-A-69).

2. *Falta de respuesta. Excusa inadmisible.* A los efectos de aplicar la presunción prevista en el art. 57 de la LCT y ante la falta de prueba en torno a una respuesta a la intimación del trabajador dentro del plazo que prevé la norma, carece de sustento jurídico argumentar que no hubo tiempo material para contestar oportunamente dada la cantidad de personas en la empresa y la documentación a revisar (CNTrab, Sala VII, 28/11/95, *DT*, 1996-A-1223).

3. *Silencio. Respuesta ambigua.* El silencio a que hace referencia el art. 57 de la LCT no se configura únicamente ante la falta de contestación al telegrama, sino también cuando se da una respuesta ambigua que no se refiere concretamente a las causas o motivos de la intimación (CNTrab, Sala II, 18/12/86, *LT*, XXXV-958, n° 59).

4. *Comunicación del trabajador. Acto recepticio. Plazo de contestación. Presunción.* No opera la presunción del art. 57 si el emplazamiento formulado por el dependiente al principal fue contestado y recibido por aquél dentro del plazo de dos días hábiles que vence a la medianoche del día de su vencimiento, según el art. 24 del Cód. Civil (SCBA, 21/5/91, *DT*, 1991-B-1484).

5. *Falta de remisión de copia a la AFIP.* a) La falta de cumplimiento de la exigencia prevista en el art. 11, inc. b, de la

---

[4] Carcavallo, *Las comunicaciones entre los sujetos del contrato de trabajo (nota a la ley 24.487)*, *TSS*, 1995-914.

Art. 57

LE, agregada por el art. 47 de la ley 25.345, sólo puede traer como consecuencia la pérdida del derecho a obtener cualquiera de las multas previstas en los arts. 8°, 9° ó 10 de la ley 24.013, pero en modo alguno obsta a la procedencia de la aplicación de la duplicación a que alude el art. 15 de la LE, en tanto se hubiera cursado la intimación dirigida al empleador, de manera plenamente justificada (CNTrab, Sala X, 27/6/02, *DT*, 2002-B-1978).

b) La procedencia de la multa prevista por el art. 10 de la ley 24.013 está condicionada al cumplimiento de los requisitos contenidos en el art. 11 de dicha ley, según modificación introducida por la ley 25.345 (en el caso, se consideró que no se cumplió con el inc. *b*: remisión de copia de la intimación a la AFIP) (CNTrab, Sala VI, 30/6/03, *DT*, 2003-B-1543).

6. *Deuda salarial. Falta de precisión. Ineficacia.* Si la deuda salarial invocada en respaldo de la decisión de considerarse despedido fue planteada con ausencia de precisión en el emplazamiento, ello priva al reclamo de virtualidad a la luz de lo normado por el art. 63 de la LCT (CNTrab, Sala VIII, 29/11/91, *DT*, 1992-B-1446).

7. *Comunicaciones entre las partes. Medio elegido. Negligencia del destinatario.* No es posible hacer recaer sobre el remitente de un telegrama, por el solo hecho de haber elegido el medio de transmisión de la declaración de voluntad, las consecuencias que no derivan del medio escogido sino de la negligencia del destinatario (CNTrab, Sala II, 31/10/79, *DT*, 1980-223).

8. *Intimación del trabajador que se domicilia fuera del radio de distribución.* *a*) Un trabajador que se domicilia fuera del radio de distribución de telegramas pero intima él por telegrama, debe poner la diligencia adecuada para enterarse de la respuesta concurriendo a la sucursal de correos respectiva (CNTrab, Sala II, 28/10/70, *LT*, XIX-68).

b) Si el actor inició el intercambio telegráfico e intimó la dación de tareas sabiendo o debiendo saber que su domicilio está fuera del radio del que hace reparto del correo, debe actuar con responsabilidad y diligencia y concurrir diariamente a la estafeta para averiguar si hay correspondencia para él (art. 63 y concs., LCT), por lo que no se justifica su actitud rescisoria si la respuesta de la empleadora no pudo entregarse porque el domicilio denunciado en la empresa por aquél, se encontraba "fuera de radio" (CNTrab, Sala IV, 27/10/97, *DT*, 1999-B-2553).

9. *Riesgos de la falta de notificación.* El declarante debe soportar los riesgos de la falta de notificación cuando la declaración de voluntad ha carecido de efectos por su propia culpa o como consecuencia de circunstancias extrañas a las partes (pérdida de una carta, huelga de ferrocarriles, etc.) (CNTrab, Sala II, 28/10/70, *LT*, XIX-68).

10. *Falta de respuesta a la intimación. Conflicto de puro derecho.* La falta de respuesta a las intimaciones cursadas por el trabajador sólo constituye una presunción *iuris tantum*, en contra del empleador, relativa al cumplimiento o incumplimiento de las obligaciones derivadas del contrato de trabajo, pero no implica, por sí sola, circunstancia definitoria de la solución de un conflicto de puro derecho (CNTrab, Sala X, 31/3/98, *TSS*, 1998-794).

11. *Comunicaciones entre las partes. Domicilio en que se notifica positivamente la demanda.* Quien elige un medio de comunicación corre con los riesgos que ello implica pero, si las intimaciones fueron enviadas infructuosamente a un domicilio en el que luego se dio traslado de la demanda con resultado positivo, cabe tener por correctamente dirigidas dichas intimaciones y, ante la falta de respuesta, aplicable la presunción del art. 57 de la ley de contrato de trabajo (CNTrab, Sala VII, 16/11/98, *DT*, 1999-B-2097).

12. *Intimaciones durante el procedimiento preventivo de crisis.* La circunstancia de que, al tiempo de las comunicaciones telegráficas, la empleadora se encontrara llevando a cabo actuaciones, procedimientos y negociaciones con la entidad sindical bajo el marco de lo dispuesto por la ley 24.013, no obstaculiza las intimaciones cursadas por el trabajador en relación con el contrato individual de trabajo (CNTrab, Sala VII, 26/4/99, *DT*, 2000-A-404).

13. *Aviso dejado al destinatario.* Si bien la regla en materia de comunicaciones es que quien elige un medio asume el riesgo del fracaso, que un despacho no entregado constituye una no-comunicación y que las partes de un contrato de trabajo, o cualquier otra relación jurídica, no se encuentran obligados a permanecer en todo momento a disposición de recibir eventuales mensajes con ellas relacionado, no lo es menos que cuando la empresa postal, ante el fracaso del intento de entrega, deja aviso haciendo saber al destinatario que la pieza queda en sus oficinas a efectos de que concurra a retirarla, ésta debe cargar con las consecuencias de su legítima renuncia a recogerlo, y el irreprochable incumplimiento de esa carga obsta a la alegación posterior de no haber llegado a enterarse de su contenido, consecuencia a la que no es ajeno el principio de buena fe (arts. 62 y 63, LCT) (CNTrab, Sala VIII, 29/5/03, *DT*, 2003-B-1247).

Art. 58. [Renuncia al empleo. Exclusión de presunciones a su respecto] – No se admitirán presunciones en contra del trabajador ni derivadas de la ley ni de las convenciones colectivas de trabajo, que conduzcan a sostener la renuncia al empleo o a cualquier otro derecho, sea que las mismas deriven de su silencio o de cualquier otro modo que no implique una forma de comportamiento inequívoco en aquel sentido.

CONCORDANCIAS: LCT, arts. 10, 12, 23, 98, 145, 240, 241 y 260.

§ 1. **Concordancias de la norma.** – La norma contenida en el artículo resulta concordante con otras de la LCT: la del art. 12 que consagra el principio de irrenunciabilidad (que integra el más amplio principio protectorio) al declarar nula y sin valor toda convención de partes que suprima o reduzca los derechos provenientes de la ley, estatutos profesionales o convenciones colectivas de trabajo; la del art. 145 que prohíbe que los recibos contengan renuncias de ninguna especie; la del art. 240 de la LCT que impone para la renuncia al empleo formas determinadas, despacho telegráfico cursado personalmente por el trabajador o formalización ante la autoridad administrativa del trabajo; la del art. 260 que considera todo pago insuficiente efectuado por el empleador como entrega a cuenta del total adeudado, aunque se reciba sin reservas, quedando expedita al trabajador la acción para reclamar el pago de la diferencia que correspondiere, por todo el tiempo de la prescripción.

§ 2. **Presunciones inadmisibles.** – El texto legal comentado declara inadmisibles las presunciones de "renuncia al empleo o cualquier otro derecho" que deriven de su silencio o de "cualquier otro modo que no implique una forma de comportamiento inequívoco en aquel sentido". Contrariamente a lo que sostienen algunos autores[1], en el sentido de que la renuncia por medio de comportamiento inequívoco sólo puede referirse a la renuncia al empleo, dado que la renuncia a derechos es incompatible con el orden público laboral consagrado por el art. 12 de la LCT, deben distinguirse los derechos irrenunciables de los que sí lo son. Son irrenunciables "los derechos previstos en esta ley, los estatutos profesionales o las convenciones colectivas" (art. 12, LCT) que integran el *orden público laboral*, pero no aquellos que emergen del contrato de trabajo y que superan los mínimos inderogables o irrenunciables. Estos derechos pueden renunciarse por el trabajador en tanto su voluntad exteriorizada de manera expresa o por comporta-

---

[1] LÓPEZ - CENTENO - FERNÁNDEZ MADRID, *Ley de contrato de trabajo*, t. I, p. 457; FERNÁNDEZ MADRID - CAUBET, *Leyes fundamentales de trabajo*, p. 42.

miento inequívoco (y no por su mero silencio) no esté afectada por vicio alguno, en especial el vicio de lesión previsto en el art. 954 del Cód. Civil[2].

JURISPRUDENCIA

1. *Cláusulas del contrato de trabajo. Modificación. Novación objetiva. Mínimos inderogables. Derechos adquiridos. Renuncia. Comportamiento inequívoco.* Nada empece a que las partes modifiquen hacia el futuro las condiciones inicialmente pactadas, siempre que ello no signifique derogar los mínimos establecidos por las leyes o convenios colectivos aplicables, ya que la novación objetiva de las cláusulas contractuales no afecta derechos adquiridos, y que debe presumirse la existencia de tal novación cuando, luego de la modificación, las partes han mantenido sin objeciones la vigencia del vínculo durante un lapso prolongado, pues ello constituye el comportamiento inequívoco a que hace referencia el art. 58 de la LCT (CNTrab, Sala I, 27/9/91, *DT*, 1992-B-1648).

2. *Modificaciones contractuales. Comportamiento inequívoco. Remuneración. Tareas efectivamente prestadas.* La admisión por parte del empleado del cambio de funciones y de la remuneración correspondiente a su nueva tarea que ya no incluía el adicional por comisiones que devengaba cuando se desempeñó en sus anteriores labores, situación que se mantuvo por varios años sin que mediara impugnación del trabajador en tiempo oportuno, implica una forma de comportamiento inequívoco en favor de la aceptación por aquél de la modificación de las condiciones contractuales en cuanto a sus funciones y remuneraciones asignadas (SCBA, 31/7/84, *DT*, 1984-B-1812).

3. *Reducción salarial.* Si el monto de la remuneración total del peticionante fue reducido sin razones objetivas para justificar dicha rebaja, esto es, que se haya debido a una modificación en sus funciones, la falta de reclamos en tal sentido no produce consecuencias en virtud de lo normado por el art. 58 de la LCT (CNTrab, Sala I, 19/6/02, *DT*, 2002-B-1803).

4. *Silencio del trabajador. Transcurso de tiempo suficiente.* Si bien es cierto que el silencio del trabajador no puede ser concebido como renuncia a sus derechos, también lo es que tal principio cede a la exigencia de seguridad jurídica, por una parte, en atención a circunstancias relativas a las personas y por otra, cuando ha transcurrido un tiempo suficiente para entender que la situación ha sido consentida (CSJN, 11/6/98, "Zorzin, Víctor R. c/YPF SA", *TSS*, 1998-974).

---

[2] ETALA, *El orden público laboral*, LT, XXXIII-561, *La rebaja remuneratoria y el consentimiento del trabajador*, LT, XXXIV-99, y *El orden público laboral y la modificación del contrato de trabajo*, Tercera parte, *DT*, 2003-B-953.

5. *Falta de reclamo de quien invoca una relación laboral.* Si en el transcurso del lapso durante el cual se habría prolongado la vinculación entre las partes, el actor no probó haber reclamado el pago de aguinaldo, vacaciones ni de beneficio social alguno, su comportamiento constituye una grave presunción en contra de sus aspiraciones, ya que su silencio al respecto no se compadece con el curso ordinario y natural de las cosas en el trato laboral (CNTrab, Sala I, 27/11/98, *DT*, 1999-A-1135).

6. *Invocación de relación prolongada sin reclamos.* Si bien es cierto que el silencio del trabajador no puede ser concebido como renuncia a sus derechos, también lo es que tal principio cede a la exigencia de seguridad jurídica, por una parte, en atención a las circunstancias relativas a las personas, y por otra, cuando ha transcurrido tiempo suficiente para entender que tal situación ya ha sido consentida y constituye una excepción a lo previsto en el art. 58 de la LCT (en el caso, se invoca una relación de cinco años sin reclamos de ninguna especie) (CNTrab, Sala I, 29/9/00, *DT*, 2001-A-445).

Art. 59. [Firma. Impresión digital] – **La firma es condición esencial en todos los actos extendidos bajo forma privada, con motivo del contrato de trabajo. Se exceptúan aquellos casos en que se demostrara que el trabajador no sabe o no ha podido firmar, en cuyo caso bastará la individualización mediante impresión digital, pero la validez del acto dependerá de los restantes elementos de prueba que acrediten la efectiva realización del mismo.**

Concordancias: LCT, arts. 48, 52 y 138; Cód. Civil, arts. 1012 y 1014.

§ 1. **La firma en el contrato de trabajo.** – El artículo comprende no sólo el momento de la celebración del contrato de trabajo, sino todos aquellos actos vinculados con su ejecución o extinción en los que se requiere la firma del trabajador (recibo de pago, art. 138, LCT; interlineaciones, raspaduras o enmiendas salvadas en el libro especial, art. 52, inc. 3, LCT).

La parte primera del texto del artículo es coincidente con lo dispuesto por el art. 1012 del Cód. Civil que establece: *"La firma de las partes es una condición esencial para la existencia de todo acto bajo forma privada. Ella no puede ser reemplazada por signos ni por las iniciales de los nombres o apellidos"*. Además, el art. 1014 del mismo Código, a este último respecto, dispone: *"Ninguna persona puede ser obligada a reconocer un instrumento que esté sólo firmado por iniciales o signos; pero si el que así lo hubiese firmado lo reconociera voluntariamente, las iniciales o signos valen como la verdadera firma"*.

Por otra parte, "la firma no es la simple escritura que una persona hace de su nombre o apellido; es el nombre escrito de una manera particular, según el modo habitual seguido por la persona en diversos actos sometidos a esta formalidad" (nota del codificador al art. 3639, Cód. Civil). No es necesario que la firma sea completa, vale decir, que lleve el nombre y apellido, ni siquiera que sea legible o que se individualicen las letras: basta que sea el *modo habitual* con que la persona (en este caso el trabajador) escribe su nombre[1].

§ 2. **Impresión digital.** – Para el caso de los trabajadores que no saben o no pueden firmar, la ley opta por admitir la impresión digital, cuya ventaja indudable es la de ser un medio de identificación más seguro que la firma misma. El artículo desecha, en cambio, la *firma a ruego*[2]. La impresión no deberá ser necesariamente la del dedo pulgar del trabajador, sino que bastará con que corresponda a cualquiera de los dedos de su mano[3].

Art. 60. [Firma en blanco. Invalidez. Modos de oposición] – **La firma no puede ser otorgada en blanco por el trabajador, y éste podrá oponerse al contenido del acto, demostrando que las declaraciones insertas en el documento no son reales.**

Concordancias: LCT, arts. 7°, 12 a 15, 62, 63 y 146; Cód. Civil, arts. 1016 y 1017.

§ 1. **Ilicitud.** – El artículo comentado rechaza expresamente la solución dada a la cuestión en el Código Civil, que en su art. 1016 dice: *"La firma puede ser dada en blanco antes de la redacción por escrito. Después de llenado el acto por la parte a la cual se ha confiado, hace fe siendo reconocida la firma"*. De esta manera, la firma dada en blanco, que es perfec-

---

[1] Centeno, *Validez del recibo firmado con iniciales*, TSS, 1973/74-545.

[2] López - Centeno - Fernández Madrid, *Ley de contrato de trabajo*, t. I, p. 461.

[3] Meilij, *Contrato de trabajo*, t. I, p. 247; De Diego, *La firma del trabajador*, DT, 1978-453.

tamente lícita en el derecho común, se transforma en un acto ilícito en el campo de las relaciones jurídico-laborales[1].

§ 2. Demostración contraria. – En la demostración contraria que haga el trabajador al contenido del acto suscripto bajo firma otorgada en blanco, resulta admisible todo medio de prueba[2], incluida la prueba testimonial, no obstante lo dispuesto por la parte última del art. 1017 del Cód. Civil[3].

Jurisprudencia

1. *Rechazo de la firma en blanco.* La firma en blanco permitida en el derecho común, donde generalmente se le asigna el sentido de un mandato, no es receptada por el derecho laboral (CNTrab, Sala VIII, 30/11/94, *DT*, 1995-B-1260).

2. *Reconocimiento de la firma. Presunción de veracidad.* La firma inserta en un instrumento hace presumir la veracidad de su contenido (art. 1028, Cód. Civil, y art. 60, LCT), si no se prueba que fue puesta bajo presión o en blanco (CNTrab, Sala VIII, 6/6/91, *DT*, 1991-B-2225).

3. *Firma reconocida. Prueba.* Probado o reconocido que la firma pertenece a una de las partes, a ésta corresponde acreditar de manera fehaciente su invocación de haber suscripto el instrumento en blanco (CNTrab, Sala V, 25/2/92, *DT*, 1992-B-1228).

Art. 61. [Formularios] – **Las cláusulas o rubros insertos en formularios dispuestos o utilizados por el empleador, que no correspondan al impreso, la incorporación a los mismos de declaraciones o cantidades, cancelatorias o liberatorias por más de un concepto u obligación, o diferentes períodos acumulados, se apreciarán por los jueces, en cada caso, en favor del trabajador.**

Concordancias: LCT, arts. 7°, 9°, 12 a 15, 62, 63, 141 y 142.

§ 1. Declaraciones o cantidades insertas en formularios. – El artículo comentado se refiere a la interpretación que cabe otorgar a los agregados, sean declaraciones o cantidades, intercalados en formularios impresos. Aunque el caso más

---

[1] Meilij, *Contrato de trabajo*, t. I, p. 248.
[2] López - Centeno - Fernández Madrid, *Ley de contrato de trabajo*, t. I, p. 465.
[3] Meilij, *Contrato de trabajo*, t. I, p. 248.

frecuente es el de la simulación de pagos, la ley extiende la prevención a todos los aspectos de la relación laboral, incluidas declaraciones o cantidades referidas a cualquier etapa de su desarrollo.

Es lamentablemente frecuente que, a la constancia del pago de un rubro o correspondiente a determinado lapso, se le agreguen menciones referidas a otros rubros o a otros períodos[1].

§ 2. **Interpretación de las declaraciones y cantidades.** – La ley no niega absolutamente eficacia probatoria a las declaraciones o cantidades insertas en formularios sino que determina que tales constancias "se apreciarán por los jueces, en cada caso, en favor del trabajador". Es decir, no se invalida la práctica viciosa sino que se establece una determinada pauta interpretativa desfavorable para el empleador que utiliza este medio de prueba[2].

La apreciación favorable al trabajador, en estos casos, significa que los jueces pueden estimar como no integrantes de la prueba documental propiamente dicha las constancias que resultan dudosas a que se refiere el artículo y no considerarlas, por sí solas, prueba suficiente de las cláusulas o los pagos que expresen, previo examen de su fuerza de convicción[3].

Capítulo VII

DE LOS DERECHOS Y DEBERES DE LAS PARTES

Art. 62. [Obligación genérica de las partes] – Las partes están obligadas, activa y pasivamente, no sólo a lo que resulta expresamente de los términos del contrato, sino a todos aquellos comportamientos que sean consecuencia del mismo, resulten de esta ley, de los estatutos profesionales o convenciones colectivas de trabajo, apreciados con criterio de colaboración y solidaridad.

Concordancias: LCT, arts. 7°, 9°, 12 a 15, 62, 63, 141 y 142.

---

[1] López - Centeno - Fernández Madrid, *Ley de contrato de trabajo*, t. I, p. 467.
[2] Meilij, *Contrato de trabajo*, t. I, p. 249.
[3] López - Centeno - Fernández Madrid, *Ley de contrato de trabajo*, t. I, p. 467.

§ 1. Deberes de cumplimiento y deberes de conducta. –

El artículo comentado reproduce sustancialmente el principio que estaba incluido en el art. 1198 del Cód. Civil, antes de su reforma por la ley 17.711, y cuyo texto decía así: "Los contratos obligan no sólo a lo que está formalmente expresado en ellos, sino a todas las consecuencias que puedan considerarse que hubiesen sido virtualmente comprendidas en ellos". Asimismo, el art. 63 de la LCT impone a las partes el deber de buena fe, al celebrar, ejecutar o extinguir el contrato de trabajo.

El núcleo del contrato está constituido por prestaciones básicas que están a cargo de cada una de las partes; para el trabajador, prestar el trabajo; para el empleador, pagar la remuneración. Junto a éstas existen prestaciones accesorias que completan el plexo de los deberes de cumplimiento que corresponden a cada una de ellas.

Pero al lado de los deberes de cumplimiento, están los deberes de conducta que envuelven todo el comportamiento de las partes en la ejecución del contrato de trabajo. Puede esbozarse esta enumeración de los deberes de conducta de las partes: *a*) deben evitar todo abuso de derecho y cuidar de no frustrar los valores protegidos legalmente, manteniendo recíproca lealtad; *b*) deben actuar con claridad, teniendo en mira la subsistencia del vínculo –no su disolución–, a tal efecto no debe guardarse silencio frente a los reclamos de la otra parte y siempre debe acordarse la posibilidad de que se enmiende el error en que pueda haberse incurrido o se remedie el daño causado; *c*) cada una de las partes debe tratar que la otra obtenga un resultado útil de su prestación; *d*) cualquier ejercicio caprichoso o negligente del derecho es irregular o antifuncional; *e*) la conducta exigible tiene que ser coherente con la actuación en una comunidad organizada para la obtención de una finalidad común (la producción de bienes o la prestación de servicios) y, por lo tanto, queda excluida toda actividad que tienda a frustrar la vida en dicha comunidad o la obtención de sus fines propios, y *f*) el empleador debe excluir toda actividad que tienda a perjudicar la persona del dependiente y a alterar fundamentalmente su condición laboral[1]. Éste es, además, el contenido del deber de buena fe que envuelve todo el contrato de trabajo (ver art. 63, LCT).

Jurisprudencia

1. ***Violación de la intimidad del trabajador.*** Nadie puede inmiscuirse en la vida privada de una persona, ni violar áreas de

---

[1] Fernández Madrid, *Práctica laboral empresaria*, t. I, p. 276 y 277.

su intimidad, no destinadas a ser difundidas sin su consentimiento (CNTrab, Sala II, 12/5/03, *TSS*, 2004-121).

2. *Exhibición pública de la imagen de la trabajadora.* La exhibición pública de la imagen de la trabajadora va más allá de los límites del ámbito contractual, máxime cuando el empleador no contaba con autorización para ello, sin que obste que la accionante no opusiera ningún reparo, por lo que corresponde fijar un resarcimiento por este concepto (CNTrab, Sala II, 12/5/03, *TSS*, 2004-121).

3. *Publicación de la fotografía del trabajador.* La publicación de la fotografía del trabajador sin su consentimiento expreso, configura una violación al derecho a la imagen que por sí sola constituye un agravio que debe ser reparado (CNTrab, Sala VI, 16/9/03, *TSS*, 2004-143).

Art. 63. [Principio de buena fe] – **Las partes están obligadas a obrar de buena fe, ajustando su conducta a lo que es propio de un buen empleador y de un buen trabajador, tanto al celebrar, ejecutar o extinguir el contrato o la relación de trabajo.**

Concordancias: LCT, arts. 7°, 11, 14, 17, 23, 25, 26, 45, 57, 68, 70, 74, 78, 79, 81, 83 a 89, 178, 181, 209 y 275; Cód. Civil, art. 1198.

§ 1. **Caracterización.** – Este artículo es concreción, en el derecho individual del trabajo, del principio general sentado en el derecho común por la parte primera del art. 1198 del Cód. Civil, que dispone: "*Los contratos deben celebrarse, interpretarse y ejecutarse de buena fe y de acuerdo con lo que verosímilmente las partes entendieron o pudieron entender, obrando con cuidado y previsión*". El de la buena fe es uno de los principios generales del derecho del trabajo y constituye por eso una directiva de aplicación, interpretación e integración de la ley laboral (ver art. 11, en especial, § 6)[1].

§ 2. **Concepto de la buena fe.** – Se suele distinguir entre la *buena fe-creencia* y la *buena fe-lealtad*. La *buena fe-creencia* es la posición de quien ignora determinados hechos y piensa, por tanto, que su conducta es perfectamente legítima y no provoca perjuicios a nadie. En este sentido se habla de poseedor de buena fe. La *buena fe-lealtad* se refiere a la conducta

---

[1] Etala, *Interpretación y aplicación de las normas laborales*, p. 158 a 163, § 31.

de la persona que considera cumplir realmente con su deber. Supone una posición de honestidad y honradez en el comercio jurídico, en cuanto lleva implícita la plena conciencia de no engañar ni perjudicar ni dañar. Más aún: implica la convicción de que las transacciones se cumplen normalmente, sin trampas ni abusos ni desvirtuaciones[2].

§ 3. **Alcanza a ambas partes del contrato.** – Tal como lo establece el artículo comentado, el deber de buena fe abarca a ambas partes del contrato y no a una sola de ellas[3].

Jurisprudencia

1. *Obrar de buena fe. Obligación de ambas partes.* El obrar de buena fe contemplado por el art. 63 de la LCT resulta de aplicación para ambas partes en el contrato de trabajo (CNTrab, Sala VIII, 31/10/94, *DT*, 1995-A-843; íd., íd., 2/5/97, *DT*, 1997-B-2491).

2. *Deber de buena fe. Principio de continuidad laboral.* El deber de buena fe y el de adoptar comportamientos acordes con el de preservación del vínculo incumbe a ambas partes (CNTrab, Sala VII, 21/5/93, *DT*, 1994-B-2149).

§ 4. **Alcanza a todas las obligaciones contractuales.** – Este principio debe ser tenido en cuenta para la aplicación de todos los derechos y obligaciones que las partes adquieren como consecuencia del contrato de trabajo[4], dado que el artículo señala que el obrar de buena fe debe existir "tanto al celebrar, ejecutar o extinguir el contrato o la relación de trabajo".

§ 5. **Contenido del deber de buena fe.** – El contenido del deber de buena fe se ha intentado condensar en diversas directivas generales, a las cuales deben adecuar su actuación el empleador y sus dependientes: *a*) deben evitar todo abuso de derecho y cuidar de no frustrar los valores protegidos legalmente, manteniendo recíproca lealtad; *b*) deben actuar con claridad, teniendo en mira la subsistencia del vínculo, no su disolución; *c*) no debe guardarse silencio frente a los reclamos de la otra parte; *d*) siempre debe acordarse a la otra parte la posibilidad de que se enmiende el error en que pueda haberse incurrido o se remedie el daño causado; *e*) cada una de las partes debe tratar de que la otra obtenga un resultado útil de su presta-

---

[2] Plá Rodríguez, *Los principios del derecho del trabajo*, p. 310 y 311.
[3] Plá Rodríguez, *Los principios del derecho del trabajo*, p. 311.
[4] Plá Rodríguez, *Los principios del derecho del trabajo*, p. 312.

ción; *f*) cualquier ejercicio caprichoso o negligente del derecho es irregular o antifuncional; *g*) el deber de prestación está condicionado por valores superiores vinculados con la persona del trabajador o con el recto ejercicio de sus derechos; *h*) el empleador debe excluir toda actividad que tienda a perjudicar la persona del dependiente y a alterar fundamentalmente su condición laboral, e *i*) debe evitarse la aplicación de criterios discriminatorios[5].

JURISPRUDENCIA

1. *Acuerdo. Inexistencia de vicios.* Por aplicación del principio de buena fe contemplado por el art. 63 de la LCT, quien firma un instrumento sin acreditar la existencia de vicios que invalidaran su voluntad de hacerlo, debe respetar sus términos (CNTrab, Sala VIII, 31/10/94, *DT*, 1995-A-843; íd., íd., 2/5/97, *DT*, 1997-B-2491).

2. *Actualización del domicilio real.* Un principio elemental de lógica y fundamentalmente de buena fe (arts. 62 y 63, LCT) impone el deber a cargo del dependiente de hacer conocer toda alteración –aunque sea accidental– de su domicilio real, asumiendo las debidas consecuencias en caso de no haber procedido de tal manera (CNTrab, Sala VII, 19/9/89, *DT*, 1990-A-69).

3. *Deber de actuar como un buen empleador. Incumplimiento.* Cabe considerar que la demandada no cumple con su deber de actuar como un buen empleador (art. 63, LCT), si pretende derivar hacia sus dependientes las consecuencias negativas de su actuar empresario, intentando que éstos asuman las consecuencias de la deficiente administración empresarial que, como tal, queda exclusivamente en cabeza del principal conforme lo dispone el art. 64 de la LCT (CNTrab, Sala VII, 11/9/91, *DT*, 1992-A-910).

4. *Comunicación telegráfica. Aviso de su libramiento. Destino sin reparto domiciliario. Obligación de concurrir al correo. Deber de buena fe.* Si se da aviso del libramiento del telegrama de ruptura y se trata de destino sin reparto domiciliario de correo, pesa en cabeza del dependiente la obligación de concurrir oportunamente a tomar conocimiento de éste con toda la diligencia del caso (art. 63, LCT), sin que la demora pueda beneficiarlo cuando no acredita impedimentos que obstacularizaran un anoticiamiento anterior (CNTrab, Sala VII, 22/11/91, *DT*, 1992-B-1444).

5. *Intimación del trabajador. Deuda salarial. Falta de precisión en el reclamo. Deber de buena fe.* Si la deuda salarial invocada en respaldo de la decisión de considerarse despedido

---

[5] LÓPEZ - CENTENO - FERNÁNDEZ MADRID, *Ley de contrato de trabajo*, t. I, p. 480.

fue planteada con ausencia de precisión en el emplazamiento, ello priva al reclamo de virtualidad a la luz de lo normado por el art. 63 de la LCT (CNTrab, Sala VIII, 29/11/91, *DT*, 1992-B-1446).

6. *Resolución del vínculo. Requerimiento previo al empleador.* Integra el derecho de proceder de buena fe el requerimiento al empleador previo a resolver el vínculo, puesto que el deber de tender a la conservación del empleo con base en la norma del art. 10 de la LCT se impone en virtud de la compaginación de dicha norma con la de sus arts. 62 y 63 (CNTrab, Sala VII, 21/5/93, *DT*, 1994-B-2149).

7. *Relaciones laborales. Vínculo personal.* La buena fe debida, ingrediente de orden moral indispensable para el adecuado cumplimiento del derecho, reviste carácter esencial en las relaciones laborales, porque es preciso tener presente que el contrato de trabajo no crea sólo derechos y obligaciones de orden exclusivamente patrimonial, sino también una vinculación personal que, al prolongarse en el tiempo, necesita de la confianza y lealtad recíproca de las partes (SCBA, 3/10/95, *TSS*, 1996-44).

8. *Invalidez de la renuncia al empleo.* La norma que impone el deber genérico de *buena fe*, tanto en el transcurso como al tiempo de la extinción del vínculo (art. 63, LCT) y con respecto a la conducta de las partes en el proceso (art. 163, inc. 5°, Cód. Proc. Civil y Com. de la Nación), configura un marco jurídico valedero que, más allá de lo que disponen los arts. 936 y 937 del Cód. Civil, justifican declarar inválida la aparente *renuncia* al empleo (CNTrab, Sala VII, 10/10/00, *DT*, 2001-A-119).

9. *Modificaciones del contrato de trabajo.* Las modificaciones introducidas en el contrato de trabajo deben analizarse de conformidad con los principios contemplados por los arts. 62 y 63 de la LCT, que imponen al trabajador la obligación de expedirse, basada en el deber de buena fe, a la luz del cual debe juzgarse el comportamiento de las partes (CNTrab, Sala II, 12/5/03, *TSS*, 2004-121).

Art. 64. [Facultad de organización] – El empleador tiene facultades suficientes para organizar económica y técnicamente la empresa, explotación o establecimiento.

Concordancias: LCT, arts. 5°, 6°, 21, 26, 62, 63, 65 a 69, 73 a 79, 81, 197, 210, y 245 a 247.

§ 1. **Facultades del empresario.** – La empresa para funcionar precisa de la articulación en un centro jerárquico de toma de decisiones que se refieren a lo técnico, a lo económico y a lo laboral, aspectos que se entrelazan y se enderezan a la obtención de fines económicos o benéficos[1].

La organización técnica y económica o los poderes de gestión sobre el capital (inversiones, elección de tecnologías, sistemas de captación de clientela, etc.) constituyen una zona reservada al empresario como titular del capital y de la iniciativa de la organización[2].

JURISPRUDENCIA

    1. *Elaboración del organigrama funcional.* La decisión del empleador de elaborar un organigrama funcional en el que coloca jerárquicamente a los dependientes –contador público y licenciado en administración– por debajo de personas carentes de habilitación y, consecuentemente –se sostiene–, de aptitud para sus funciones, se encuentra dentro de las facultades reconocidas por el art. 64 de la LCT (CNTrab, Sala X, 30/8/02, *TSS*, 2003-42).

Art. 65. [FACULTAD DE DIRECCIÓN] – **Las facultades de dirección que asisten al empleador deberán ejercitarse con carácter funcional, atendiendo a los fines de la empresa, a las exigencias de la producción, sin perjuicio de la preservación y mejora de los derechos personales y patrimoniales del trabajador.**

CONCORDANCIAS: LCT, arts. 5°, 6°, 21, 26, 62 a 64, 66 a 69, 72 a 79, 81, 86, 197, 210 y 245 a 247.

§ 1. **Derecho de dirección del empleador.** – Es el corolario de la dependencia personal en la que el trabajador se encuentra colocado. Se manifiesta bajo distintos aspectos. El empleador debe y puede indicar la especie de trabajo que el trabajador ha de ejecutar y la manera en que ha de realizarlo; debe y puede fijar el tiempo y el lugar de trabajo, etcétera[1].

§ 2. **Límites del derecho de dirección.** – El derecho de dirección del empleador encuentra sus límites en las normas imperativas de la ley (p.ej., con respecto a la duración del tiempo de trabajo), de la convención colectiva aplicable, así

---

[1] FERNÁNDEZ MADRID, *Tratado práctico*, t. II, p. 979.
[2] FERNÁNDEZ MADRID, *Tratado práctico*, t. II, p. 979 y 980.
[1] (Art. 65) KROTOSCHIN, *Tratado práctico*, t. I, p. 196.

como también en todas las demás fuentes del contrato de trabajo[2].

§ 3. **Reglamento de empresa.** – En ejercicio de sus facultades de dirección, el empresario puede dictar válidamente un reglamento de empresa (ver art. 1°, § 9), de cumplimiento obligatorio para su personal, y que contenga sus instrucciones y especificaciones sobre el modo, formas y demás aspectos técnicos relativos al cumplimiento del trabajo en su empresa, a la par que establezca las sanciones a aplicar en caso de inobservancia, siempre que se ajuste en su formulación a las leyes, estatutos específicos, convenciones colectivas y a los contratos individuales concertados con sus trabajadores[3].

Art. 66. [Facultad de modificar las formas y modalidades del trabajo] – **El empleador está facultado para introducir todos aquellos cambios relativos a la forma y modalidades de la prestación del trabajo, en tanto esos cambios no importen un ejercicio irrazonable de esa facultad, ni alteren modalidades esenciales del contrato, ni causen perjuicio material ni moral al trabajador.**

Cuando el empleador disponga medidas vedadas por este artículo, al trabajador le asistirá la posibilidad de considerarse despedido sin causa.

Concordancias: LCT, arts. 21, 37, 62 a 65, 67 a 69, 78, 86 y 246.

§ 1. **El "ius variandi".** – Como derivación de las facultades de dirección que la ley acuerda al empresario (art. 65, LCT), éste tiene también la posibilidad de modificar de modo no esencial la forma y modalidades de la prestación del trabajo. El elemento fundamental de esta facultad es su *unilateralidad*[1]. Esta facultad, otorgada por la ley al empleador, debe emanar de una necesidad funcional de la empresa, por lo que se excluye todo uso caprichoso o arbitrario. Asimismo, el *ius variandi* está acotado por ciertos límites y condiciones: *a*) razonabili-

---

[2] Krotoschin, *Tratado práctico*, t. I, p. 196.
[3] Livellara, en Vazquez Vialard (dir.), "Tratado", t. 3, p. 635 y 636.
[1] López - Centeno - Fernández Madrid, *Ley de contrato de trabajo*, t. I, p. 497 y 498.

dad; *b*) no alteración esencial del contrato, y *c*) ausencia de perjuicio material o moral para el trabajador[2].

a) *Razonabilidad*. El cambio debe ser razonable, es decir, debe responder a necesidades funcionales de la empresa, excluyéndose todo uso arbitrario, antifuncional o discriminatorio del *ius variandi*, como, por ejemplo, el que surge de la situación descripta por el art. 69 de la LCT. Ello constituye una aplicación del principio de razonabilidad que debe regir la ejecución del contrato de trabajo (ver art. 11, § 4).

b) *No alteración esencial del contrato*. El ejercicio legítimo del *ius variandi* es unilateral para el empleador por lo que éste por sí no puede alterar los elementos esenciales del contrato de trabajo, como la remuneración, el tiempo de trabajo o la calificación contractual. Estas modificaciones sustanciales requieren necesariamente del consentimiento del trabajador que lo puede prestar voluntariamente, en tanto no se afecte el orden público laboral y su voluntad no se encuentre viciada.

c) *Ausencia de perjuicio material o moral*. El empleador no puede disponer la modificación unilateralmente si con ello afecta intereses legítimos del trabajador de orden material o moral. Es una aplicación del principio de indemnidad (ver art. 11, § 4).

§ 2. **Pautas generales de interpretación de la facultad patronal**. – Se han señalado las siguientes pautas generales para establecer la legitimidad del ejercicio del *ius variandi*: *a*) la legitimidad de la decisión del empleador es una cuestión de hecho que está condicionada a la necesidad funcional de la empresa y a la situación personal del trabajador; *b*) todo perjuicio material que origine el cambio debe ser compensado; *c*) la medida tiene que ser impugnada oportunamente por el trabajador invocando los perjuicios concretos que le ocasiona, y *d*) los cambios pueden ser consentidos por el trabajador, pero la aceptación debe ser personal, expresa o tácita[3].

Jurisprudencia

1. *Principios generales*. *a*) Tres son los recaudos que debe observar el ejercicio de la facultad de modificar las formas y las

---

[2] López - Centeno - Fernández Madrid, *Ley de contrato de trabajo*, t. I, p. 499 y 500.

[3] López - Centeno - Fernández Madrid, *Ley de contrato de trabajo*, t. I, p. 502.

modalidades del trabajo: que sea razonable, no perjudicial al trabajador, no inherente a las modalidades esenciales del contrato (CNTrab, Sala II, 17/10/78, *TSS*, 1978-737).

b) La legitimidad del ejercicio del *ius variandi* se subordina a los siguientes requisitos: *1*) no alteración sustancial del contrato; *2*) indemnidad (ausencia de perjuicio material y moral), y *3*) razonabilidad y carácter funcional (debe responder a los fines de la empresa y exigencias de la producción, lo que significa que es justificable cuando median objetivas razones derivadas de la organización, que obligan a tomar esa medida o por lo menos la justifican). Dichos requisitos legales no son alternativos sino acumulativos (CNTrab, Sala VII, 24/5/95, *DT*, 1995-B-1648; íd., íd., 12/7/96, *DT*, 1996-B-2770).

c) Si el cambio de las condiciones de trabajo se refiere a aspectos estructurales de la relación laboral (denominado "formas y modalidades de la prestación del trabajo") es imposible que el empleador proceda unilateralmente sobre ellos (CNTrab, Sala VI, 24/5/89, *DT*, 1990-A-919).

d) Si el cambio de las condiciones de trabajo se refiere a aspectos estructurales de la relación laboral, es imposible que el empleador proceda unilateralmente sobre ellos. Entre los elementos estructurales de la relación de trabajo se encuentran el horario, la calificación, la remuneración y el lugar de trabajo (CN Trab, Sala VII, 12/7/96, *DT*, 1996-B-2770).

e) El art. 66 de la LCT integra el orden público laboral y limita la posibilidad de modificaciones unilaterales de las condiciones de trabajo, las que –sin embargo– pueden ser fruto de la voluntad bilateral de los contratantes, lo que sucede si el trabajador consiente el cambio impuesto, sea en forma expresa o implícita (CNTrab, Sala II, 25/2/91, *DT*, 1991-B-1194).

f) Aun en el supuesto de ejercicio abusivo del *ius variandi*, la conducta autorizada por la ley respecto del trabajador es disolver el contrato por culpa del empleador, pero no negarse indefinidamente a cumplir las órdenes impartidas por éste, pues, ante dicha hipótesis, al trabajador sólo le cabe rechazar el cambio y solicitar sea dejado sin efecto y, en caso de persistir el mismo, darse por despedido, sin que sea admisible que pretenda continuar prestando su débito como lo hacía anteriormente (CNTrab, Sala I, 30/4/92, *DT*, 1992-B-2057).

g) La razonabilidad exigida por el art. 66 de la LCT no es otra que el cambio responda a necesidades de la producción de bienes y servicios, es decir, que excluye un uso arbitrario del *ius variandi* (CNTrab, Sala VIII, 17/12/91, *DT*, 1992-B-2072).

h) Si las partes suscribieron un contrato en el que el trabajador aceptaba desempeñarse en cualquiera de los establecimientos en que la empresa desarrolla sus prestaciones de vigilancia y que se le asignaran turnos fijos o rotativos, así como la modificación del régimen inicial cuando las circunstancias o las necesidades de las tareas de seguridad lo hicieran necesario, no puede imputar a la empleadora ejercicio abusivo del *ius variandi* a menos que la facultad sea utilizada al margen de razones de mejor servicio (CNTrab, Sala I, 31/8/84, *DT*, 1984-B-1815).

i) Una empresa de limpieza puede tener un tratamiento más amplio en cuanto al análisis de si el ejercicio del *ius variandi* responde a las exigencias de las organizaciones del trabajo en la empresa, conforme al art. 68 de la LCT, pero ninguna norma la coloca fuera del cumplimiento de los requisitos que esa disposición y el art. 66 de la LCT establecen como para admitir que, en el caso concreto, la modificación de las condiciones de trabajo de la empleada sean legítimas (CNTrab, Sala IV, 11/3/94, *DT*, 1994-B-1455).

j) Ante cualquier modificación del contrato de trabajo que perjudique al trabajador, su silencio no puede interpretarse como consentimiento en los términos del art. 58 de la LCT. Esto es así porque cuando se trata de una modificación *in peius* del contrato de trabajo el consentimiento del trabajador y en especial los alcances de su silencio, deben interpretarse muy restrictivamente, en especial si se tiene en cuenta que nuestra disciplina aparece como limitativa del principio de autonomía de la voluntad (art. 1197, Cód. Civil) (CNTrab, Sala IV, 30/4/99, *DT*, 1999-B-1866).

k) La conducta del trabajador que consintió la prosecución de la relación laboral a pesar de la rebaja salarial y de categoría dispuesta por la empleadora, no tiene ningún efecto porque se hallan en juego las disposiciones de los arts. 66 y 131 de la LCT que determina que se trataba de un acto nulo, de nulidad absoluta (CNTrab, Sala VI, 27/4/01, *DT*, 2002-A-108).

l) En principio, la aceptación anticipada de cambios de elementos de la relación de trabajo resulta válida en los casos de empresas que habitualmente cambian los destinos de trabajo (como son las empresas de limpieza), pero las modificaciones siempre deben ser razonables (en el caso se consideró que no había racionalidad en el cambio de destino debido a la gran distancia y al cambio de horario) (CNTrab, Sala VI, 24/3/03, *DT*, 2003-A-841).

2. *Cambio de categoría.* *a*) La categoría laboral configura una característica estructural de la relación de trabajo no susceptible de ser afectada en mérito a las prescripciones del art. 66 de la LCT (CNTrab, Sala VI, 20/7/95, *DT*, 1995-B-1799).

b) Si el trabajador rebajado en su categoría y remuneración no hizo en su momento uso de la opción que le brinda el art. 66 de la LCT, no le corresponden diferencias salariales calculadas con respecto al cargo que no desempeñó, porque fue retribuido de acuerdo a la categoría que se le asignó y las tareas que desarrolló (CNTrab, Sala II, 26/3/90, *DT*, 1990-A-1196).

c) En el caso de que al trabajador se lo rebaje unilateralmente de categoría, si optó por mantener el vínculo sólo tiene derecho a percibir la remuneración fijada para aquélla en la cual efectivamente prestó servicios (CNTrab, plenario 177, "Serra, Héctor V. c/Empresa de Ferrocarriles del Estado Argentino", 25/4/72, *DT*, 1972-450).

d) La rebaja unilateral de categoría sólo da derecho al trabajador a considerarse injuriado y a disolver el contrato, pero, en modo alguno, puede pretender el reclamo de diferencias salariales o de reintegro a la categoría superior (CNTrab, Sala I, 29/5/92, *DT*, 1992-B-2280; íd., íd., 7/8/92, *DT*, 1994-A-517).

e) Carece de valor jurídico la aplicación analógica del plenario 177, en cuanto acuerda efectos jurídicos a la rebaja de categoría dispuesta por el empleador, porque se encuentra en pugna y por lo tanto derogado por el art. 66 de la LCT, dictada con posterioridad, que fulmina con la nulidad absoluta a la modificación unilateral de las condiciones esenciales del contrato (CNTrab, Sala VI, 27/4/01, *DT*, 2002-A-108).

3. ***Cambio de horario.*** *a*) El horario laboral integra la estructura de la relación y no puede ser modificado unilateral y arbitrariamente por el empleador, salvo en condiciones especiales que debe acreditar (CNTrab, Sala VII, 24/5/95, *DT*, 1995-B-1648).

b) El cambio de un turno diurno a otro nocturno altera condiciones esenciales del contrato, no constituye un ejercicio legítimo del *ius variandi* y faculta al empleado a considerarse injuriado (CNTrab, Sala I, 20/5/91, *DT*, 1991-B-1849).

c) Independientemente de que el actor haya o no demostrado el perjuicio que le ocasionaba el cambio de horario dispuesto por su empleadora, la sola omisión por parte de ésta de acreditar las razones organizativas en las que intentó fundamentar el cambio aludido, torna irrazonable el ejercicio del *ius variandi* por parte de aquélla. Ninguna prueba hay en el pleito que acredite que la medida en cuestión se justificara por su relación con el fin común de la empresa (CNTrab, Sala VII, 5/7/96, *DT*, 1997-A-99).

d) Si la modificación dispuesta por la demandada no sólo implicó para el trabajador un cambio parcial del horario sino un cambio de turno, cabe concluir que constituyó una modificación esencial del contrato de trabajo (CNTrab, Sala VII, 13/9/96, *DT*, 1997-A-313).

e) El cambio de horario puede significar una alteración esencial del contrato de trabajo o, por el contrario, conceptualizarse como una modificación accidental (no estructural) de las condiciones de labor, lo que ha de depender de la magnitud y calidad de la variación impuesta, por lo que la variación en dos horas y media entre el primitivo horario de labor y el que la empresa fijó con posterioridad, implica una alteración de las condiciones de vida del dependiente y un ejercicio abusivo de la facultad prevista en el art. 66 de la LCT, máxime si el empleador no acredita la necesidad del cambio y el trabajador se desempeñó durante un extenso período en el horario que la demandada intentó rectificar arbitrariamente (CNTrab, Sala V, 23/9/96, *DT*, 1997-A-526).

f) El cambio de horario nocturno a diurno implica una verdadera novación del contrato de trabajo que constituye un ejercicio abusivo del *ius variandi* (CNTrab, Sala III, 31/8/94, *TSS*, 1995-217).

4. *Cambio de lugar de trabajo.* *a*) El trabajador que sin reserva inmediata aceptó el cambio de lugar de trabajo prestando servicios en su nuevo destino, en igualdad de condiciones, no tiene derecho a compensación por gastos, daños o perjuicios que le haya causado el traslado (CNTrab, plenario 131, "Morillo, Carlos c/Frigorífico Armour de La Plata", 4/6/70, *DT*, 1970-475).

b) La suscripción por parte del trabajador, al momento de su ingreso en la empresa, de cláusulas de aceptación anticipada de traslados indeterminados no resulta en principio válida y le es inoponible, a menos que se invoquen circunstancias que justifiquen objetivamente tal previsión, como aquellas tareas en las que la movilidad está en la naturaleza del contrato (CNTrab, Sala II, 22/8/94, *DT*, 1994-B-2327; íd., íd., 18/7/97, *DT*, 1998-A-1260).

c) Si por las particulares características de la empleadora, compañía de aviación, del trabajador que ocupa un cargo importante en la empresa (jefe de base), convinieron en que éste podía ser trasladado de lugar, corresponde descartar que el dependiente tenga un derecho adquirido a la permanencia en su último destino si, en el contrato firmado entre las partes, la empresa se reservó la facultad de disponer el traslado en virtud de las necesidades funcionales que pudieran presentarse (CNTrab, Sala VI, 22/2/96, *DT*, 1996-B-3012).

d) Si bien se puede considerar que una empresa de limpieza tenga a su favor una apreciación más elástica de las causas que puedan llevarla a decidir el cambio del lugar de trabajo de una de sus dependientes, también se debe admitir que aun con esa elasticidad, debe demostrarse que alguna razón funcional hubo, porque de otro modo no cumpliría el requisito de los arts. 66 y 68 de la LCT (CNTrab, Sala X, 23/9/99, *DT*, 2000-B-1607).

e) Aun cuando el actor, al ingresar a la empresa, haya suscripto la conformidad con que su lugar de trabajo podía ser cambiado, esa condición, que encuadra en el concepto de *ius variandi*, sólo es válida si es razonable, no altera una modalidad esencial del contrato, ni causa perjuicio material o moral al trabajador (art. 66, LCT) y además satisface la exigencia del art. 68 de la LCT (CNTrab, Sala VII, 20/12/99, *DT*, 2000-A-1259).

5. *Cambio de tareas.* *a*) Si el trabajador sabía que el traspaso de sección era temporario y que el plazo de dicha modificación se hallaba sujeto a la conclusión del trámite interno que estaba siendo impulsado a los efectos de esclarecer un faltante de caja, no cabe considerar que la demandada incurrió en ejercicio

Art. 66

abusivo del *ius variandi* (CNTrab, Sala VII, 16/8/95, *DT*, 1996-A-457).

b) Cabe considerar que el principal excede las atribuciones que corresponden al empleador conforme las directivas contenidas en el art. 66 de la LCT, al disponer unilateralmente el cambio de sector del trabajador con pérdida de la especialización que ejercitaba desde su ingreso y en su mérito, la expectativa de progreso en una actividad específica y sus posibilidades de desarrollo futuro, siendo indiferente que hubiera cumplido funciones durante cuatro días luego de la modificación introducida en su contrato de trabajo, antes de intimar en forma fehaciente para que se reviera tal actitud, pues ello sólo se traduce en el hecho de que necesitó un escaso lapso temporal para analizar la decisión a adoptar sobre el particular (CNTrab, Sala VIII, 17/12/91, *DT*, 1992-B-2072).

6. *Jornada.* *a*) La asignación de tareas en período de descanso semanal, nunca cumplidas anteriormente, luego de haberse modificado el lugar de prestación de servicios con la expresa reserva del mantenimiento de los diagramas horarios, exorbita el ámbito del art. 66 de la LCT, puesto que incide sobre una estipulación esencial del contrato (la jornada), ligada inescindiblemente a la disposición del tiempo libre, lo que requiere el concurso de la voluntad de las personas afectadas, que están legitimadas para negar *ad libitum*, con la sola reserva de no incurrir en abuso, de conformidad con los arts. 1071 y 1197 del Cód. Civil (CNTrab, Sala VI, 26/7/91, *DT*, 1991-B-1663).

b) La jornada constituye una modalidad esencial del contrato de trabajo, integra su núcleo, por lo que no puede ser modificada unilateralmente por el empleador (art. 66, LCT), salvo que se trate de una modificación ínfima que no cause perjuicio al dependiente (CNTrab, Sala VI, 5/8/93, *DT*, 1993-B-1424).

7. *Modificación salarial.* *a*) El salario, en cuanto elemento esencial del contrato, no puede ser modificado por decisión unilateral del empleador, pues excede el ámbito del *ius variandi*, por lo que no es aceptable la reducción directa de los ingresos del actor provocada por la empleadora al derogar la cláusula de actualización mensual de los haberes, según costo de vida (CNTrab, Sala VI, 21/11/94, *DT*, 1995-A-1036).

b) La materia salarial se halla excluida de la potestad de la empleadora de variar las condiciones o modos de trabajo, puesto que se trata de una *modalidad esencial del contrato* que no puede ser alterada unilateralmente por esa vía, pues, de lo contrario, el trabajador tiene motivo suficiente para decidir la ruptura del vínculo (arts. 62, 63, 74 y 242, LCT) (CNTrab, Sala VII, 31/3/98, *DT*, 1998-B-1475).

c) La rebaja injustificada de la remuneración dispuesta unilateralmente es nula de nulidad absoluta en cuanto viola lo dispuesto por normas imperativas (arts. 66 y 131, LCT), que imponen límites al *ius variandi* al prohibir que se alteren modificaciones esenciales del contrato, y por tratarse de una nulidad absoluta ésta resulta inconfirmable e irrenunciable, por lo que la decisión patronal no puede ser convalidada por conformidad posterior del trabajador (CNTrab, Sala VI, 21/8/03, *DT*, 2004-A-514).

8. *Supresión de horas extra.* Resulta violatoria de las directivas del art. 66 de la LCT, la decisión empresaria de no otorgar a sus dependientes la posibilidad de efectuar prestaciones extraordinarias, causándoles perjuicio patrimonial al reducir su nivel remuneratorio de modo unilateral e inconsulto y alterar una modalidad esencial del contrato de trabajo (CNTrab, Sala VI, 20/11/00, *DT*, 2001-A-437).

9. *Supresión unilateral de un plan de pensión.* La modificación unilateral efectuada por el empleador de las condiciones esenciales del contrato de trabajo –en el caso, del derecho de gozar en el futuro del plan de pensión hasta entonces vigente–, por estar viciada de nulidad absoluta, no puede ser saneada con el consentimiento posterior del trabajador, aun cuando éste sea manifestado de modo expreso (CNAT, Sala VI, 29/5/02, *DT*, 2003-A-64).

Art. 67. [Facultades disciplinarias. Limitación] **El empleador podrá aplicar medidas disciplinarias proporcionadas a las faltas o incumplimientos demostrados por el trabajador.**

Dentro de los treinta días corridos de notificada la medida, el trabajador podrá cuestionar su procedencia y el tipo o extensión de la misma, para que se la suprima, sustituya por otra o limite según los casos. Vencido dicho término se tendrá por consentida la sanción disciplinaria.

Concordancias: LCT, arts. 5°, 21, 62 a 66, 68, 69, 81, 84 a 86, 131, 218 a 220, 222, 223 y 246.

§ 1. **Potestad disciplinaria del empleador.** – Como derivación de los poderes jerárquicos otorgados al empleador, dentro de la empresa, emergentes de sus facultades de dirección y organización (arts. 5°, 64 y 65, LCT) como contrapartida de los deberes de diligencia, fidelidad y obediencia del trabajador (arts. 84 a 86, LCT), el ordenamiento jurídico otorga al empleador la potestad de corregir los incumplimientos contractuales y las faltas cometidas por el trabajador por medio de

15. Etala, *Contrato*.

sanciones previstas por la ley o creadas por el derecho consuetudinario con efectos sobre el contrato de trabajo, puesto que pueden ocasionar la pérdida de salarios (como en el caso de la suspensión) o servir, en todo caso, como antecedente para la aplicación de sanciones mayores.

§ 2. **Presupuesto de la sanción.** – En el derecho disciplinario laboral, las conductas antijurídicas en que pudiere incurrir el trabajador no se encuentran tipificadas con el rigor o precisión como lo están en el derecho penal. Los presupuestos de hecho necesarios para la justificación de la sanción aplicada por el empleador deben consistir en faltas o incumplimientos a los deberes de cumplimiento o de conducta que la ley impone al trabajador (deberes de diligencia, fidelidad, obediencia, entre otros).

§ 3. **Tipos de sanciones.** – Las sanciones tienen distintas gradaciones proporcionadas a las faltas cometidas. Los tipos de sanciones aplicadas por el empleador han sido creadas por la ley o han sido creación del derecho consuetudinario y de las prácticas de empresa y admitidas por la jurisprudencia. Se pueden distinguir los siguientes tipos de sanciones.

a) *El llamado de atención, la advertencia, la amonestación o el apercibimiento.* Se trata de sanciones morales ya que no ocasionan ningún perjuicio material para el trabajador como la pérdida de salarios. Tienen el significado de hacer saber al trabajador que la falta cometida por él no ha sido tolerada en esta ocasión (como tal vez sucedió en ocasiones anteriores) y no se tolerará en el futuro, advirtiéndole que en el caso de reiteración se adoptarán sanciones mayores. Constituye un mal antecedente para el trabajador que se registrará en su legajo.

b) *La suspensión.* Es una sanción de mayor gravedad, puesto que ocasiona un perjuicio material al trabajador al privarlo del salario. El empleador puede graduar la sanción de suspensión adecuándola a la gravedad de la falta. Así puede aplicar uno, tres, cinco, quince, etc., días de suspensión como sanción, según fuere la gravedad de la inobservancia del trabajador.

c) *El despido.* Es la máxima sanción que puede aplicarse al trabajador, dado que se trata de una medida expulsiva de la comunidad empresaria que lo priva del empleo, al configurar una justa causa de rescisión del contrato de trabajo. Puede constituir la culminación de una serie de sanciones anteriores en el caso de las pequeñas faltas reiteradas o bien de una única sanción como respuesta a la gravedad del único incumplimiento en que incurrió el trabajador.

§ 4. **Sanciones prohibidas.** – La ley prohíbe expresamente que la sanción consista en una modificación del contrato (art. 69, LCT), como, por ejemplo, un traslado o rebaja remuneratoria o en la imposición de multas (art. 131, LCT) consistentes en privar al trabajador de todo o parte del salario sin que éste deba dejar de trabajar.

§ 5. **Requisitos para aplicar sanciones legítimas.** – El ejercicio de la potestad disciplinaria del empleador debe estar encuadrado en las normas específicas que lo gobiernan (ley, convenio colectivo de trabajo, reglamento de empresa, usos y costumbres, etcétera)[1]. Se señalan como requisitos para la legitimidad de su ejercicio los siguientes:

a) *Juridicidad.* La sanción debe estar admitida por el ordenamiento jurídico.

b) *Proporcionalidad.* La sanción aplicada debe ser proporcionada a la falta cometida por el trabajador. La comisión de la falta no requiere necesariamente dolo en el agente, pero la intensidad del elemento subjetivo (culpa leve, culpa grave, dolo) interesa para valorar la gravedad de la falta y graduar la sanción[2].

c) *Razonabilidad.* La medida debe tener justa causa, excluyéndose todo abuso de derecho o toda medida que so pretexto de sanciones menoscabe la dignidad del trabajador, según el art. 68 de la LCT[3]. Constituye una aplicación del principio de razonabilidad (ver art. 11, § 4).

d) *Oportunidad o contemporaneidad.* La sanción debe aplicarse en un tiempo razonablemente inmediato al de comisión de la falta o al de su conocimiento por el empleador cuando la falta ha sido cometida mucho tiempo antes de su conocimiento.

e) *Notificación por escrito.* El art. 218 de la LCT establece este requisito para la sanción de suspensión, pero cabe ex-

---

[1] López - Centeno - Fernández Madrid, *Ley de contrato de trabajo*, t. I, p. 526.
[2] López - Centeno - Fernández Madrid, *Ley de contrato de trabajo*, t. II, p. 1016.
[3] López - Centeno - Fernández Madrid, *Ley de contrato de trabajo*, t. I, p. 527.

tenderlo a las demás sanciones disciplinarias porque se trata de fijar con claridad los hechos y la posición de las partes y de acordar al trabajador las mayores posibilidades de defensa inmediata y de cuestionamiento futuro[4].

f) *No duplicación de sanciones.* Es un viejo aforismo jurídico el que determina que no puede aplicarse una doble sanción por la misma falta (*non bis in idem*).

§ 6. **Impugnación de las medidas disciplinarias.** – El trabajador puede cuestionar la procedencia, el tipo o extensión de la medida disciplinaria aplicada y la decisión puede consistir en su supresión, sustitución o reducción.

a) *Ante quién debe impugnarse.* Si bien el artículo comentado no aclara ante quién debe ser impugnada la medida disciplinaria, lo habitual es que la impugnación se remita al empleador. Nada impide, sin embargo, que dentro del plazo de treinta días fijado por la ley se inicie directamente acción judicial con el objetivo de lograr la supresión, sustitución o limitación de la sanción[5].

b) *Plazo para impugnar.* El artículo establece un plazo de treinta días corridos de notificada la medida para impugnarla. Vencido el término sin mediar impugnación del trabajador, la sanción disciplinaria se tendrá por consentida y ya no podrá ser motivo de cuestionamiento futuro.

Art. 68. [Modalidades de su ejercicio] – El empleador, en todos los casos, deberá ejercitar las facultades que le están conferidas en los artículos anteriores, así como la de disponer suspensiones por razones económicas, en los límites y con arreglo a las condiciones fijadas por la ley, los estatutos profesionales, las convenciones colectivas de trabajo, los consejos de empresa y, si los hubiere, los reglamentos internos que éstos dictaren. Siempre se cuidará de satisfacer las exigencias de la organización del trabajo en la empresa y el respeto debido a la dignidad del trabajador y sus derechos

---

[4] López - Centeno - Fernández Madrid, *Ley de contrato de trabajo*, t. I, p. 527.
[5] López - Centeno - Fernández Madrid, *Ley de contrato de trabajo*, t. I, p. 527.

patrimoniales, excluyendo toda forma de abuso del derecho.

CONCORDANCIAS: LCT, arts. 5°, 21, 26, 63 a 67, 69, 70, 72, 75, 78, 79, 81, 86, 218 a 220 y 222; Cód. Civil, art. 1071.

§ 1. **Límites del ejercicio del poder disciplinario.** – El artículo establece límites jurídicos al ejercicio de la potestad disciplinaria reconocida al empleador y constituye una aplicación del principio de juridicidad de las sanciones, de razonabilidad y de buena fe, estos últimos principios generales del derecho individual del trabajo (ver art. 11, § 4).

Art. 69. [MODIFICACIÓN DEL CONTRATO DE TRABAJO. SU EXCLUSIÓN COMO SANCIÓN DISCIPLINARIA] – No podrán aplicarse sanciones disciplinarias que constituyan una modificación del contrato de trabajo.

CONCORDANCIAS: LCT, arts. 21 y 66 a 68.

§ 1. **Fundamento de la norma.** – Los tipos de sanciones a aplicar son las señaladas (art. 67, § 3). De acuerdo con el principio de juridicidad de las sanciones disciplinarias, no pueden aplicarse aquellas que hayan sido vedadas por el ordenamiento. La solución del artículo es coherente con el distinto carácter que se reconoce al poder disciplinario y al poder de dirección: el primero implica sanciones y el último organización del trabajo con sentido funcional dentro de la empresa[1].

Art. 70. [CONTROLES PERSONALES] – Los sistemas de controles personales del trabajador destinados a la protección de los bienes del empleador deberán siempre salvaguardar la dignidad del trabajador y deberán practicarse con discreción y se harán por medios de selección automática destinados a la totalidad del personal.

Los controles del personal femenino deberán estar reservados exclusivamente a personas de su mismo sexo.

CONCORDANCIAS: LCT, arts. 17, 62, 63, 68, 71 y 72.

---

[1] LÓPEZ - CENTENO - FERNÁNDEZ MADRID, *Ley de contrato de trabajo*, t. I, p. 528.

§ 1. **Potestad del empleador.** – El poder de dirección implica poderes de control sobre: *a*) la prestación del trabajo (su cantidad, calidad y procedimientos técnicos de ejecución); *b*) sobre la asistencia del trabajador al empleo y cumplimiento del horario (planillas, registros, fichas reloj, tarjetas magnéticas, etc.), y *c*) sobre los bienes de la empresa (controles de entrada y de salida).

§ 2. **Controles de puerta o de salida.** – Estos controles suponen para el trabajador la obligación de dejarse registrar al salir de la empresa (haya o no concluido el trabajo)[1]. También puede haber controles de entrada para evitar que el trabajador ingrese con bultos u objetos extraños al establecimiento.

§ 3. **Carácter de los controles.** – Según la norma comentada, los controles deben respetar la dignidad del trabajador, es decir, no humillarlo ni menoscabarlo y ser: *a*) discretos; *b*) automáticos; *c*) generales; *d*) conocidos por la autoridad de aplicación, y *e*) efectuados por mujeres en el caso de revisación de personal femenino[2].

Art. 71. [Conocimiento] – **Los sistemas, en todos los casos, deberán ser puestos en conocimiento de la autoridad de aplicación.**

Concordancias: LCT, arts. 70 y 72.

§ 1. **Fiscalización de la autoridad de aplicación.** – La autoridad de aplicación de la ley es el Ministerio de Trabajo, Empleo y Seguridad Social de la Nación (art. 9º, ley 20.744). El artículo en comentario establece el deber del empleador de poner en conocimiento del Ministerio los sistemas de control adoptados para posibilitar la fiscalización administrativa.

Art. 72. [Verificación] – **La autoridad de aplicación está facultada para verificar que los sistemas de control empleados por la empresa no**

---

[1] López - Centeno - Fernández Madrid, *Ley de contrato de trabajo*, t. I, p. 529.
[2] López - Centeno - Fernández Madrid, *Ley de contrato de trabajo*, t. I, p. 529.

afecten en forma manifiesta y discriminada la dignidad del trabajador.

CONCORDANCIAS: LCT, arts. 17, 68, 70, 71 y 81.

§ 1. **Facultades de la autoridad de aplicación.** – El artículo regula las facultades de la autoridad de aplicación para verificar que los sistemas de control adoptados por el empleador no excedan los límites fijados por los arts. 68 y 70 para el ejercicio de las potestades empresarias.

Art. 73. [PROHIBICIÓN] – El empleador no podrá durante la duración del contrato de trabajo o con vista a su disolución, obligar al trabajador a manifestar sus opiniones políticas, religiosas o sindicales.

CONCORDANCIAS: LCT, arts. 17, 65, 68 y 81.

§ 1. **Resguardo de la libertad de pensamiento.** – El art. 17 de la LCT prohíbe toda discriminación entre los trabajadores por motivos religiosos, políticos o gremiales. El artículo comentado es una norma complementaria de esa prohibición destinada a resguardar la libertad de pensamiento del trabajador en esos aspectos.

§ 2. **Fundamento.** – Se entiende que estando sometido el trabajador a los poderes jerárquicos del empleador, éste podría conocer mediante encuestas, investigaciones o pesquisas sus ideas o creencias religiosas, políticas o gremiales y posibilitar eventuales persecuciones por esos motivos.

Art. 74. [PAGO DE LA REMUNERACIÓN] – El empleador está obligado a satisfacer el pago de la remuneración debida al trabajador en los plazos y condiciones previstos en esta ley.

CONCORDANCIAS: LCT, arts. 21, 22, 26, 62, 63, 103 a 124, 126 a 134, 136 a 143, 147 y 148.

§ 1. **Deber principal del empleador.** – El deber de pagar la remuneración constituye la principal obligación del empleador, la contraprestación del trabajo prestado por el trabajador (art. 103, LCT) y una de las características definitorias del contrato y la relación de trabajo (arts. 21, 22 y 115, LCT).

§ 2. Elemento esencial del contrato de trabajo. – Dado que la remuneración es una de las características definitorias del contrato de trabajo, constituye, por consiguiente, un elemento esencial de éste que no puede ser motivo de alteración unilateral por el empleador de modo que cause perjuicio al trabajador. Para ello debe contar con el consentimiento libremente expresado por el trabajador, en tanto no se vulnere el orden público laboral, es decir, se respeten los mínimos inderogables.

§ 3. Normas que regulan el pago de la remuneración. Remisión. – En el tít. IV de la LCT, que comprende los arts. 103 a 149, se establecen las normas que regulan todo lo vinculado con el pago de la remuneración, por lo que cabe remitir a su comentario.

Jurisprudencia

1. *Supresión o rebaja de "premios" y "plus". Integración de la remuneración.* Ante la supresión o rebaja de *premios* y *plus* acordados al margen del salario establecido por ley o convención colectiva, el trabajador que no disolvió el contrato por injuria tiene derecho a la integración de su remuneración con los rubros excluidos (CNTrab, plenario 161, "Bonnet, Ángel, y otros c/Sadema SA", 5/8/71, *DT*, 1971-608).

2. *Rebaja unilateral de salarios. Impugnación. Diferencias.* Si ante la decisión unilateral del empleador de reducir el salario, el trabajador manifestó expresamente su disconformidad y al firmar los recibos dejó a salvo sus derechos, resulta procedente su reclamo por las diferencias (CNTrab, Sala VI, 21/11/94, *DT*, 1995-A-1036).

3. *Sistema remuneratorio. Falta de perjuicio. Diferencias salariales.* Si la empleadora modificó el sistema remuneratorio de modo tal que, si bien fueron reemplazados varios rubros, el estudio comparativo de las sumas que hubiese cobrado el trabajador de no producirse las modificaciones con las que en definitiva cobró no revela perjuicio, no son procedentes los reclamos por diferencias (CNTrab, Sala III, 27/2/95, *DT*, 1995-B-1244).

4. *Incorporación de adicional al básico.* Si se ha probado que las cantidades percibidas con posterioridad a la modificación del sistema de liquidación de salarios fueron idéntica o levemente superiores a las que hubiesen correspondido de continuarse con el sistema anterior, no corresponde admitir el reclamo por diferencias por la incorporación al básico de un adicional cuya

percepción no estaba sujeta a condición alguna (CNTrab, Sala II, 20/5/91, *DT*, 1992-A-892).

5. *Estructura remuneratoria distinta a la convencional.* Nada impide, en tanto se respete la pauta mínima fijada por el convenio colectivo, que las partes convengan o el empleador decida unilateralmente establecer una estructura distinta a la convencional o inclusive pagar un solo rubro, circunstancia que, por sí misma, no da derecho a reclamar diferencias si no se ha probado que el trabajador percibiese en total menos de lo que le correspondía de liquidarse por separado los adicionales conforme al convenio (CNTrab, Sala IV, 31/3/92, *DT*, 1992-B-1884).

6. *Falta de pago de salarios. Retención de tareas.* Los trabajadores que decidieron no concurrir a trabajar por falta de pago de las remuneraciones, ejercieron el derecho que les reconoce el art. 1201 del Cód. Civil, sin que la circunstancia de que fueran varios los afectados modifique la naturaleza individual del conflicto, ni lo convierta en ejercicio irregular del derecho de huelga (CNTrab, Sala VIII, 31/3/98, *TSS*, 1998-907).

7. *Supresión de rubros adicionales. Inexistencia de rebaja remuneratoria.* Para que pueda hablarse de violación al principio de intangibilidad salarial, debe examinarse si las modificaciones alegadas importaron alteraciones irrazonables en la composición del salario, si lo disminuyeron o implicaron la desjerarquización respecto del nivel alcanzado por el subordinado, esto es, un perjuicio concreto derivado de la modalidad remuneratoria. Y si se ha producido una modificación en el sistema retributivo, no es factible reclamar diferencias salariales por la mera supresión de rubros adicionales, si no se prueba fehacientemente que existió rebaja remuneratoria (CNTrab, Sala V, 24/11/99, *DT*, 2001-A-315).

8. *Perjuicio concreto.* La modalidad salarial puede sufrir ciertas modificaciones aunque sin que importen alteraciones irrazonables, se introduzcan para el futuro y no impliquen desjerarquización respecto del nivel salarial adquirido. Para considerar que se ha violado el principio de irrenunciabilidad e intangibilidad de la remuneración debe existir un perjuicio concreto, consistente en una rebaja de las remuneraciones, una merma con motivo del reemplazo de un rubro por otro (CNTrab, Sala IV, 4/11/99, *DT*, 2001-A-315).

9. *Reducción salarial. Inexistencia de causas objetivas.* Es procedente el reclamo por diferencias salariales en tanto la decisión de la demandada de reducir la remuneración del actor no surge justificada por ninguna causa objetiva, atento a la falta de alegación y prueba con relación a que se le hubiesen asignado tareas diferentes a las que ya venía realizando desde su ingreso o que fueran de menor responsabilidad (CNTrab, Sala V, 28/8/03, *DT*, 2004-A-393).

Art. 75. [DEBER DE SEGURIDAD] – *1*) El empleador está obligado a observar las normas legales sobre higiene y seguridad en el trabajo, y a hacer observar las pausas y limitaciones a la duración del trabajo establecidas en el ordenamiento legal.

2) Los daños que sufra el trabajador como consecuencia del incumplimiento de las obligaciones del apartado anterior, se regirán por las normas que regulan la reparación de los daños provocados por accidentes en el trabajo y enfermedades profesionales, dando lugar únicamente a las prestaciones en ellas establecidas. [Texto según ley 24.557, art. 49, disp. 1ª]

CONCORDANCIAS: LCT, arts. 26, 62 a 65, 68, 76, 77, 196 a 200 y 202 a 207; leyes 19.587 y 24.557; decr. 351/79.

§ 1. **Origen de la norma.** – El texto del artículo comentado ha sido introducido por el art. 49 de la ley 24.557 de riesgos de trabajo (LRT), de 1995. El texto sustituido decía así: "El empleador debe hacer observar las pausas y limitaciones a la duración del trabajo establecidas en esta ley y demás normas reglamentarias, y adoptar las medidas que según el tipo de trabajo, la experiencia y la técnica sean necesarias para tutelar la integridad psicofísica y la dignidad de los trabajadores, debiendo observar las disposiciones legales y reglamentarias pertinentes sobre higiene y seguridad del trabajo".

§ 2. **Deber contractual del empleador.** – El párr. 1º del artículo comentado impone al empleador la obligación de "observar las normas legales sobre higiene y seguridad en el trabajo, y a hacer observar las pausas y limitaciones a la duración del trabajo establecidas en el ordenamiento legal".

Las *normas legales* a que se refiere el artículo son, en materia de higiene y seguridad en el trabajo, principalmente la ley 19.587, su reglamento (decr. 351/79) y la LRT.

En cuanto a "las pausas y limitaciones a la duración del trabajo" están reguladas básicamente en la ley 11.544, las numerosas disposiciones reglamentarias y las normas pertinentes de la LCT.

Si al art. 75 se le diera solamente el alcance de una mera remisión a otras disposiciones legales cuyo cumplimiento ya está impuesto al empleador, se trataría de una norma redundante que nada agregaría a lo existente. Pero esta remisión a "normas reglamentarias de protección del trabajo"[1], incluida en la LCT en el cap. VII, "De los derechos y deberes de las partes", bajo el rubro de "deber de seguridad", tiene el importante significado de asignar a esas obligaciones el carácter de deber contractual del empleador y, por consiguiente, un comportamiento exigible jurídicamente no sólo por la autoridad administrativa del trabajo que vigila el cumplimiento de las disposiciones reglamentarias, sino también por la otra parte de la relación contractual, el trabajador (arts. 62 y 79, LCT).

§ 3. **La excepción de incumplimiento contractual.** – El art. 83 de la LCT –en su texto originario de la ley 20.744– autorizaba al trabajador a "rehusar la prestación de trabajo, sin que ello le ocasione pérdida o disminución de la remuneración, si el mismo le fuera exigido en transgresión a tales condiciones [de higiene y seguridad en el trabajo], siempre que exista peligro inminente de daño o se hubiera configurado el incumplimiento de la obligación mediante constitución en mora o si habiendo el organismo competente declarado la insalubridad del lugar, el empleador no realizara los trabajos o proporcionara los elementos que dicha autoridad establezca". La ley 21.297 modificó ese artículo de la LCT, que en el texto ordenado por el decr. 390/76 pasó a ser el art. 75, y suprimió la facultad del trabajador de retener su prestación de trabajo en los casos señalados. No obstante esa modificación, se continuó sosteniendo la posibilidad de que el trabajador pudiera hacer uso de este derecho de rehusar la prestación[2].

Cabe preguntarse si, con la nueva redacción del artículo comentado, la facultad del trabajador de retener su prestación de trabajo en caso de inobservancia del empleador a su deber de seguridad, sigue subsistente. La respuesta debe ser afirmativa[3], en tanto no existe impedimento alguno para la aplicación de los arts. 510 y 1201 del Cód. Civil, al ámbito del contrato de trabajo. Quedan, sin embargo, al respecto dos importantes cuestiones que esperan definición legislativa: si la excepción de incumplimiento contractual es sólo aplicable a incumplimientos graves del empleador, o por el contrario su aplicación puede extenderse a todo género de inobservancia, y

---

[1] KROTOSCHIN, *Tratado práctico*, t. I, p. 587.
[2] ETALA, *La excepción de incumplimiento contractual*, DLE, VI-201.
[3] FERNÁNDEZ MADRID - CAUBET, *Leyes fundamentales de trabajo*, p. 47.

si la retención de tareas por parte del trabajador que supone el ejercicio de la excepción de incumplimiento contractual, ocasiona a éste la pérdida total o parcial de su retribución o, por el contrario, mantiene intactos sus derechos remuneratorios[4].

§ 4. **Daños a la integridad psicofísica del trabajador.** – El párr. 2° del artículo comentado tiene el inequívoco propósito de limitar las acciones y prestaciones de reparación de accidentes del trabajo y enfermedades profesionales exclusivamente a las incluidas en la LRT.

La Corte Suprema de Justicia de la Nación con fecha 21 de septiembre de 2004, en "Aquino, Isacio c/Cargo Servicios Industriales SA", declaró la inconstitucionalidad del art. 39, inc. 1, de la LRT, en cuanto exime al empleador de la responsabilidad civil mediante la prestación del art. 15, inc. 2, párr. 2° de dicha ley, y abre las puertas para la promoción de acciones que persigan la reparación integral de los daños sufridos por el damnificado.

Art. 76. [Reintegro de gastos y resarcimiento de daños] – **El empleador deberá reintegrar al trabajador los gastos suplidos por éste para el cumplimiento adecuado del trabajo, y resarcirlo de los daños sufridos en sus bienes por el hecho y en ocasión del mismo.**

Concordancias: LCT, arts. 64, 65 y 68.

§ 1. **Deber de previsión.** – La obligación de garantía que regula el artículo comentado se considera incluida dentro del más amplio "deber de previsión" del empleador. Se entiende por tal la obligación del empleador de tomar las medidas adecuadas, conforme a las condiciones especiales del trabajo, para evitar que el trabajador sufra daños en su persona o en sus bienes (aplicación del principio de indemnidad)[1].

§ 2. **Reintegro de gastos.** – La parte primera del artículo alude al reintegro de los gastos suplidos por el trabajador. El cumplimiento de la labor puede requerir erogaciones que el

---

[4] Etala, *La excepción de incumplimiento contractual*, DLE, VI-201.
[1] López - Centeno - Fernández Madrid, *Ley de contrato de trabajo*, t. I, p. 533 y 534.

empleador deberá restituir en la medida en que se demuestre que el gasto ha sido necesario y estrictamente relacionado con la tarea asignada. El trabajador tiene una acción de reintegro en caso de incumplimiento[2].

§ 3. **Resarcimiento de los daños sufridos. Cosas y no bienes.** – Si bien el artículo comentado, en lo vinculado al resarcimiento de daños sufridos, alude a "bienes", es evidente que se refiere a cosas, o sea, objetos materiales susceptibles de tener un valor (art. 2311, Cód. Civil)[3]. Este deber de seguridad que impone el artículo comprende todos aquellos supuestos en que es normal la introducción en el lugar de trabajo de cosas propias del trabajador, como el vehículo en que se traslada (bicicleta, motocicleta, automotor), herramientas que aporta, ropa de trabajo, etcétera[4].

JURISPRUDENCIA

1. *Indemnización de daños.* Cuando el art. 76 de la LCT menciona a los "bienes" del trabajador, lo hace en el sentido jurídico de "cosas" (objetos materiales susceptibles de tener un valor) y, más propiamente, las que han sido introducidas en el lugar de trabajo (CNTrab, Sala X, 17/7/98, *TSS*, 1998-1336).

2. *Daños en la vivienda del trabajador.* Es responsable el empleador por los daños sufridos por el encargado del consorcio de propietarios en la vivienda que le asignó, que se encontraba por debajo del nivel de la vereda, que fue alcanzada por una inundación importante, consecuencia de un diluvio (CNTrab, Sala VI, 12/11/03, *TSS*, 2004-235).

§ 4. **Por el hecho o en ocasión del trabajo.** – Esta locución está tomada de la derogada ley 9688 de accidentes de trabajo y comprende todo acontecimiento que reconozca como antecedente la realización del trabajo[5].

§ 5. **Responsabilidad objetiva del empleador.** – El supuesto previsto por el artículo es uno de responsabilidad objetiva porque prescinde de la culpabilidad del empleador y éste para eximirse de responsabilidad debe acreditar la culpa del trabajador[6].

---

[2] López - Centeno - Fernández Madrid, *Ley de contrato de trabajo*, t. I, p. 540.
[3] Krotoschin, *Tratado práctico*, t. I, p. 321.
[4] López - Centeno - Fernández Madrid, *Ley de contrato de trabajo*, t. I, p. 539.
[5] López - Centeno - Fernández Madrid, *Ley de contrato de trabajo*, t. I, p. 539.
[6] Krotoschin, *Tratado práctico*, t. I, p. 321; López - Centeno - Fernández Madrid, *Ley de contrato de trabajo*, t. I, p. 539.

§ 6. **Prueba a cargo del trabajador.** – El trabajador que reclame el resarcimiento debe probar: *a)* la introducción de la cosa en el trabajo; *b)* el daño, y *c)* la relación causal[7].

§ 7. **Cosas exceptuadas de la protección.** – Aunque el artículo no es claro en este punto, se suele establecer la diferencia entre las cosas que el trabajador introduce en el lugar de trabajo por razones de su labor y las cosas de valor excepcional sin ninguna relación con el trabajo. Estas últimas quedarían fuera del alcance de la norma[8].

Jurisprudencia

1. *Daños exceptuados.* El art. 76 de la LCT se refiere a valores de instrumentos, herramientas y útiles de trabajo que aporte el trabajador para el cumplimiento de sus tareas, no comprendiendo ni el daño moral ni los objetos de valor personales (CN Trab, Sala VI, 12/11/03, *TSS*, 2004-235).

§ 8. **Valuación de los daños.** – Para la valuación de los daños y la fijación de la indemnización se aplican las reglas del derecho común[9].

Jurisprudencia

1. *Daños en el vehículo del trabajador. Desgaste natural. Improcedencia del resarcimiento.* Si no se acreditó que se hubiese pactado el pago del desgaste del vehículo de propiedad del trabajador, que éste empleaba en sus tareas, es improcedente el reclamo de tal concepto con fundamento en el art. 76 de la LCT, pues el desgaste natural, provocado por el uso de un bien, no es de los daños cuyo resarcimiento establece esa norma (CNTrab, Sala III, 26/6/91, *DT*, 1991-B-1652).

2. *Uso laboral. Indemnización de daños y perjuicios.* El trabajador debe permanecer indemne patrimonialmente por los gastos que hubiera efectuado de su peculio y por los daños sufridos en los bienes que hubiera introducido para desempeñar sus funciones, siempre que unos y otros hayan sido ocasionados por el desarrollo de su trabajo o en ocasión del mismo. De acuerdo con el texto del art. 76 de la LCT, esta indemnidad se logra con el reintegro que el empleador debe efectuar al trabajador respecto de los gastos referidos y con el resarcimiento por los daños mencionados (en el caso concreto se trataba del uso laboral de

---

[7] López - Centeno - Fernández Madrid, *Ley de contrato de trabajo*, t. I, p. 539.

[8] López - Centeno - Fernández Madrid, *Ley de contrato de trabajo*, t. I, p. 539; Krotoschin, *Tratado práctico*, t. I, p. 321.

[9] Krotoschin, *Tratado práctico*, t. I, p. 322.

un automóvil, propiedad del empleado) (CNTrab, Sala III, 28/6/96, *DT*, 1996-B-3043).

3. *Ropa de trabajo. Obligación convencional de proveerla. Incumplimiento. Compensación por desgaste.* La inobservancia de la obligación convencional a entregar ropa de trabajo torna viable una compensación por el mayor desgaste de la ropa propia cuando el trabajador tenía derecho a usar durante la jornada laboral la que se le proveyera, con fundamento en el art. 76 de la LCT, en ausencia de una previsión expresa que valorice tal incumplimiento (CNTrab, Sala II, 28/2/94, *DT*, 1994-A-727; íd., íd., 19/2/97, *DT*, 1997-B-2513).

Art. 77. [DEBER DE PROTECCIÓN. ALIMENTACIÓN Y VIVIENDA] – **El empleador debe prestar protección a la vida y bienes del trabajador cuando éste habite en el establecimiento. Si se le proveyese de alimentación y vivienda, aquélla deberá ser sana y suficiente, y la última, adecuada a las necesidades del trabajador y su familia. Debe efectuar a su costa las reparaciones y refecciones indispensables, conforme a las exigencias del medio y confort.**

CONCORDANCIAS: LCT, arts. 26, 64, 65, 68, 75 y 105.

§ 1. **Extensión de la protección.** – El deber de previsión es más amplio cuando el trabajador convive con el empleador, puesto que en este caso el empleador, por lo general, tiene deberes especiales relativos a la habitación, alimentación, etc., del trabajador. Este deber es mucho más individualizado que el genérico deber de previsión, dado que al convivir el trabajador con el patrono, éste ha de tener en cuenta especialmente las necesidades de aquél en cuanto a salud, edad, sexo, entre otras[1]. Se advierte que en la redacción dada al artículo, el legislador agudiza el deber de previsión del empleador, extendiéndolo a la familia del trabajador y a los bienes de su pertenencia[2].

§ 2. **Concepto de familia del trabajador.** – Dentro del concepto de *familia*, mentado por el artículo, cabe comprender no

---

[1] KROTOSCHIN, *Tratado práctico*, t. I, p. 390.
[2] MEILIJ, *Contrato de trabajo*, t. I, p. 310.

sólo al cónyuge e hijos del trabajador sino también a otros familiares directos a su cargo[3].

Art. 78. [DEBER DE OCUPACIÓN] – El empleador deberá garantizar al trabajador ocupación efectiva, de acuerdo a su calificación o categoría profesional, salvo que el incumplimiento responda a motivos fundados que impidan la satisfacción de tal deber. Si el trabajador fuese destinado a tareas superiores, distintas de aquellas para las que fue contratado, tendrá derecho a percibir la remuneración correspondiente por el tiempo de su desempeño, si la asignación fuese de carácter transitorio.

Se reputarán las nuevas tareas o funciones como definitivas si desaparecieran las causas que dieron lugar a la suplencia y el trabajador continuase en su desempeño o transcurrieran los plazos que se fijen al efecto en los estatutos profesionales o las convenciones colectivas de trabajo.

CONCORDANCIAS: LCT, arts. 4°, 26, 62 a 66, 68, 84, 103, 112 y 236.

§ 1. **Obligación del empleador.** – Tal como lo establece el artículo, el empleador deberá dar al trabajador trabajo efectivo. Se considera que no se justifica, e incluso es contrario a la buena fe, no hacer uso de la fuerza de trabajo que el trabajador pone a disposición del empleador. Tal actitud del empleador no es compatible con la esencia del contrato de trabajo, cuyo principal objeto es "la actividad productiva y creadora del hombre en sí" (art. 4°, LCT), máxime que el contrato impone al trabajador el deber de no concurrencia[1]. El deber de ocupación comprende el de procurar las herramientas y la materia prima necesarias y, de manera general, todos los instrumentos indispensables para el trabajo[2].

§ 2. **Ocupación en la categoría contractual.** – El deber de ocupación se limita a la obligación del empleador de brin-

---

[3] MEILIJ, *Contrato de trabajo*, t. I, p. 311.
[1] KROTOSCHIN, *Tratado práctico*, t. I, p. 241 y 242.
[2] KROTOSCHIN, *Tratado práctico*, t. I, p. 242; LÓPEZ - CENTENO - FERNÁNDEZ MADRID, *Ley de contrato de trabajo*, t. I, p. 541.

dar trabajo al dependiente en la categoría profesional para la que fue contratado o se le asignó por promoción posterior. No podrá reclamar la asignación de otras funciones, aunque ellas concuerden con su capacitación personal o habilitación profesional, si este aspecto no fue tenido en cuenta al momento de la contratación[3].

Pero si el trabajador es destinado a cumplir tareas de carácter superior a aquellas para las que fue inicialmente contratado, tiene derecho a percibir la remuneración correspondiente a las tareas que desempeñe, a fin de respetar el sinalagma del contrato.

Jurisprudencia

1. **Cumplimiento de tareas de rango superior. Retribución.** Si la trabajadora acreditó que pese a su condición de simple auxiliar de enfermería realizaba tareas para la demandada que eran propias de una enfermera diplomada, por la condición sinalagmática y onerosa de la relación de trabajo, tiene derecho a percibir las retribuciones correspondientes a las tareas de rango superior, tenga o no título habilitante (art. 78, LCT) (CNTrab, Sala V, 6/5/99, *DT*, 1999-B-1869).

§ 3. **Trabajo a destajo.** – Según el art. 112 de la LCT, el empleador está obligado a garantizar la dación de trabajo en cantidad adecuada, de modo de permitir al trabajador percibir en una jornada de trabajo (de ocho horas) un salario no inferior al salario básico del convenio o, en su defecto, al salario vital mínimo.

§ 4. **Excepciones al deber de ocupación.** – El empleador no debe dar ocupación al trabajador en los casos de suspensión disciplinaria, por falta o disminución de trabajo o por fuerza mayor, supuestos en los que tampoco pagará el salario. También puede relevar al trabajador de prestar servicios durante el plazo de preaviso otorgado (art. 236, párr. 2°, LCT), pero en este caso debe abonarle la remuneración correspondiente.

§ 5. **Efectos del incumplimiento del deber de ocupación.** – Si el empleador viola el deber de ocupación, el trabajador a quien sin causa justificada se le niega ocupación efectiva podrá considerar el incumplimiento de esta obligación del em-

---

[3] Vazquez Vialard (dir.), *Tratado*, t. 3, p. 740.

16. Etala, *Contrato*.

pleador como injuria a sus intereses y darse por despedido (despido indirecto), según los arts. 242 y 246 de la LCT.

Art. 79. [DEBER DE DILIGENCIA E INICIATIVA DEL EMPLEADOR] – El empleador deberá cumplir con las obligaciones que resulten de esta ley, de los estatutos profesionales, convenciones colectivas de trabajo y de los sistemas de seguridad social, de modo de posibilitar al trabajador el goce íntegro y oportuno de los beneficios que tales disposiciones le acuerdan. No podrá invocar en ningún caso el incumplimiento de parte del trabajador de las obligaciones que le están asignadas y del que se derive la pérdida total o parcial de aquellos beneficios, si la observancia de las obligaciones dependiese de la iniciativa del empleador y no probase el haber cumplido oportunamente de su parte las que estuviesen a su cargo como agente de retención, contribuyente u otra condición similar.

CONCORDANCIAS: LCT, arts. 26, 52, 62 a 65, 68 y 80; LE, art. 7°.

§ 1. **Deber contractual de iniciativa y diligencia.** – El sentido de este artículo es convertir en un deber contractual el cumplimiento de todas las obligaciones que las leyes y otras normas, especialmente de seguridad social, ponen en cabeza del empleador y que han de "posibilitar al trabajador el goce íntegro y oportuno de los beneficios que tales disposiciones le acuerdan". La norma se refiere a una variedad de supuestos (registración de la relación laboral, seguro de vida obligatorio, percepción de asignaciones familiares, servicios de obras sociales, prestaciones por desempleo, etcétera).

§ 2. **Deber del empleador de registrar el contrato de trabajo.** – Si bien no está explícito en el texto del artículo, del juego armónico de esta norma, los arts. 52 y 62 de la LCT y la del art. 7° de la LE, puede extraerse sin dificultad, el deber del empleador de registrar debidamente el contrato de trabajo (ver comentario al art. 52).

§ 3. **Efectos.** – Si el trabajador o sus derechohabientes se ven impedidos de gozar del beneficio pertinente y dicho impedimento obedece a la negligencia del empleador, éste será responsable del pago de la prestación o del monto del servicio requerido y no prestado[1]. En el caso de falta de registro o de registro insuficiente de la relación laboral, rigen al respecto los arts. 8°, 9°, 10, 11 y 15 de la LE.

Jurisprudencia

1. *Seguro de vida obligatorio.* El empleador es responsable directo del pago del seguro de vida obligatorio a favor de los herederos del trabajador si no acreditó la efectiva suscripción de la póliza y que se encontraba vigente a la fecha del deceso (CNTrab, Sala X, 29/11/01, *TSS*, 2002-176).

2. *Asignaciones familiares.* Si bien el derecho a la percepción de las asignaciones familiares nace de su acreditación ante el principal, cabe considerar que ello deviene de imposible cumplimiento frente a la postura negativa de la empleadora en cuanto a la naturaleza y vigencia de la relación laboral, supuesto en el que corresponde diferir a condena su pago en forma retroactiva (CNTrab, Sala I, 8/10/02, *DT*, 2003-A-673).

Art. 80. [Deber de observar las obligaciones frente a los organismos sindicales y de la seguridad social. Certificado de trabajo] – La obligación de ingresar los fondos de seguridad social por parte del empleador y los sindicales a su cargo, ya sea como obligado directo o como agente de retención, configurará asimismo una obligación contractual. El empleador, por su parte, deberá dar al trabajador, cuando éste lo requiriese a la época de extinción de la relación, constancia documentada de ello. Durante el tiempo de la relación deberá otorgar tal constancia cuando medien causas razonables.

Cuando el contrato de trabajo se extinguiere por cualquier causa, el empleador estará obligado a entregar al trabajador un certificado de trabajo, conteniendo las indicaciones sobre el tiempo de prestación de servicios, naturaleza de éstos, constancia de los sueldos percibidos y de los aportes y contribuciones efectuados con destino a los organismos de la seguridad social.

---

[1] López - Centeno - Fernández Madrid, *Ley de contrato de trabajo*, t. I, p. 543; Meilij, *Contrato de trabajo*, t. I, p. 317 y 318.

Art. 80

Si el empleador no hiciera entrega de la constancia o del certificado previstos respectivamente en los apartados segundo y tercero de este artículo dentro de los dos días hábiles computados a partir del día siguiente al de la recepción del requerimiento que a tal efecto le formulare el trabajador de modo fehaciente, será sancionado con una indemnización a favor de este último que será equivalente a tres veces la mejor remuneración mensual, normal y habitual percibida por el trabajador durante el último año o durante el tiempo de prestación de servicios, si éste fuere menor. Esta indemnización se devengará sin perjuicio de las sanciones conminatorias que para hacer cesar esa conducta omisiva pudiere imponer la autoridad judicial competente. [Párrafo agregado por ley 25.345, art. 45]

CONCORDANCIAS: LCT, arts. 26, 64, 65 y 79; LE, arts. 18 a 20 y 146; leyes 23.449; 24.241, art. 12, incs. *c*, *d*, y *g*; 24.576 y 25.013, art. 1°; decr. 146/01, art. 3°.

§ 1. **Deber contractual de observar las obligaciones.** – El artículo comentado eleva a la categoría de deber contractual la obligación del empleador de ingresar los fondos sindicales (cuotas sindicales para los afiliados y contribuciones pactadas en los convenios colectivos de trabajo para afiliados y no afiliados) y los de seguridad social (la contribución unificada de seguridad social que comprende los aportes por asignaciones familiares, régimen de jubilaciones y pensiones, Fondo Nacional de Empleo y régimen de obras sociales y que recauda la AFIP).

La ley 23.449 faculta al trabajador para efectuar el control del pago de los aportes y contribuciones, así como el cumplimiento de las obligaciones formales con los organismos previsionales (art. 1°). Similares facultades son otorgadas a la respectiva asociación sindical (arts. 2° a 6°).

Por su parte, la ley 24.241, de 1993, del sistema integrado de jubilaciones y pensiones, en su art. 12, pone a cargo del empleador, entre otras, las siguientes obligaciones: inscribirse como tal ante la autoridad de aplicación y comunicar a ésta toda modificación en su situación como empleador (inc. *a*), practicar en las remuneraciones los descuentos correspondientes al aporte personal (inc. *c*) y depositarlos a la orden del SUSS (sistema único de seguridad social), depositar las contribuciones a su cargo (inc. *d*), remitir a la autoridad de aplicación las planillas de sueldos y aportes correspondientes al personal (inc. *e*).

Jurisprudencia

1. **Aportes y contribuciones a los organismos de seguridad social. Falta de acción del trabajador.** El trabajador carece de acción para solicitar se condene al empleador a abonar las sumas que omitió pagar a los organismos de seguridad social, pues son éstos los acreedores legitimados para perseguir el cobro (CNTrab, Sala III, 26/6/91, *DT*, 1991-B-1652).

§ 2. **Obligación de extender constancia documentada.** – El artículo impone además al empleador la obligación de extender constancia documentada del cumplimiento de su obligación de ingresar los fondos sindicales y de seguridad social. Ello es de rigor en el momento de extinción de la relación, pero también podrá ser exigido durante el decurso de la relación laboral "cuando medien causas razonables". Estas causas pueden presentarse cuando el empleador incurriera en maniobras fraudulentas tendientes a ocultar la relación de trabajo bajo figuras contractuales no laborales o registrar sólo parcialmente la remuneración o denunciar una falsa fecha de ingreso del trabajador.

§ 3. **Incumplimiento del deber.** – En el caso de incumplimiento del empleador de su obligación de ingresar los fondos sindicales o de seguridad social, el trabajador puede invocarlo como causa rescisoria del contrato de trabajo si es de tal gravedad que impide la prosecución de la relación laboral (arts. 242 y 246, LCT). Esta injuria específica debe ser valorada con especial cautela y requerirse la intimación previa del trabajador por un plazo razonable para que el empleador cumpla la respectiva obligación[1].

Jurisprudencia

1. **Despido indirecto. Omisión de ingreso de aportes jubilatorios.** La falta de ingreso de los aportes jubilatorios retenidos no justifica la ruptura del vínculo laboral si se dan circunstancias tales como: *a*) la edad de la actora al momento del distracto (treinta y seis años); *b*) los descuentos estaban reconocidos en los recibos de sueldos, lo cual ponía a salvo los derechos previsionales de la interesada; *c*) conforme lo previsto en el art. 13 de la ley 24.241, la trabajadora podía haber formulado la correspondiente denuncia; *d*) la empleadora se acogió al plan de facilidades de

---

[1] López - Centeno - Fernández Madrid, *Ley de contrato de trabajo*, t. I, p. 545.

pago instituido por el decr. 93/00 (CNTrab, Sala II, 22/4/02, *RJP*, 2003-72-785).

2. *Despido indirecto. Incumplimiento de obligaciones previsionales.* El empleado carece de un perjuicio propio frente al incumplimiento patronal de las obligaciones previsionales, puesto que para lograr el beneficio jubilatorio sólo debe demostrar los servicios prestados y no los aportes ingresados que es obligación del principal (SCBA, 24/11/92, *TSS*, 1993-514).

3. *Despido indirecto. Omisión de realizar aportes previsionales y sociales.* La omisión de realizar los aportes previsionales y sociales no es un incumplimiento meramente formal sino un verdadero agravio, desde el momento en que el trabajador ha de verse perjudicado al perder no sólo el derecho a que se le computen los períodos trabajados y por los cuales el empleador no hizo los depósitos correspondientes, sino también el de obtener las correspondientes prestaciones médico-asistenciales de la obra social con la cual el empleador no contribuyó y ante la cual es responsable del aporte de sus trabajadores (ley 23.660) (CN Trab, Sala VII, 6/8/98, *DT*, 1998-B-2442).

4. *Falta de aportes previsionales. Daños y perjuicios.* No corresponde acoger el reclamo por daños y perjuicios con fundamento en la falta de aportes previsionales porque el hecho de resultar todo trabajador un potencial jubilado no lo habilita para reclamar un eventual daño futuro, en especial, cuando existen medios adecuados que permiten la regularización pretendida en el ámbito de la seguridad social (CNTrab, Sala II, 30/8/99, *DT*, 1999-B-2549).

5. *Aportes previsionales no cumplidos. Titular de la acción. Organismo recaudador.* Sin perjuicio de que es deber legal subsistente del empleador responder por los aportes no cumplidos antes de la regularización laboral del trabajador, la acción por la percepción de las sumas no depositadas no le incumbe al trabajador (aun cuando sea futuro o eventual beneficiario de la jubilación), sino al organismo recaudador, que es el que está en condiciones de cuantificar en la medida adecuada lo debido, con sus recargos e intereses legales (CNTrab, Sala VII, 6/4/99, *DT*, 1999-B-2099).

6. *Falta de exhibición de constancias de aportes. Injuria.* Ante la falta de depósito de los aportes correspondientes, la trabajadora tiene derecho a urgir la conducta de su empleadora tendiente a comprobar el cumplimiento de su obligación (art. 18, ley 20.147). La falta de exhibición de tales comprobantes ha sido considerada por el legislador con el mismo grado de injuria que el proveniente del no pago del salario (CNTrab, Sala IV, 8/6/99, *DT*, 1999-B-1860).

§ 4. Régimen de regularización del empleo no registrado. – Dentro de este régimen que establecen los arts. 7° a 17 de la LE, la obligación de ingresar los fondos a la seguridad social no es jurídicamente relevante. La obligación de registro no implica la obligación de pago. Esta última obligación consiste en un deber contractual emergente del art. 80 de la LCT y también resulta de las normas de fiscalización y recaudación del sistema de seguridad social, pero la LE impone sólo el deber de registrar la relación debidamente. Esta ley da por sentado que una vez reconocida plenamente por el empleador la posición jurídica de trabajador subordinado se han de poner naturalmente en movimiento los mecanismos de fiscalización y recaudación correspondientes[2].

§ 5. **Certificado de trabajo.** – El párr. 2º del artículo comentado impone al empleador la obligación de entregar al momento de la extinción de la relación un certificado de trabajo que debe contener las siguientes indicaciones: *a*) tiempo de prestación de los servicios (fecha de ingreso y egreso); *b*) naturaleza de los servicios (categoría del trabajador o tareas desempeñadas); *c*) remuneraciones percibidas; *d*) aportes y contribuciones efectuadas a los organismos de seguridad social, y *e*) calificación profesional obtenida en el o los puestos de trabajo desempeñados (ley 24.576). En el certificado referido no pueden asentarse constancias relativas a la forma de extinción de la relación (despido, renuncia, etc.), ni concepto alguno relativo a la aptitud o corrección del trabajador. Si se consignare en el certificado de trabajo alguna circunstancia indebida, resulta procedente que el empleador extienda otro conforme a las prescripciones legales[3].

Jurisprudencia

1. *Falta de constancia de aportes y contribuciones.* Procede el reclamo indemnizatorio con sustento en el art. 80 de la LCT, último párrafo incorporado por el art. 45, ley 25.345, si el empleador sólo hizo entrega al accionante de la certificación de servicios y remuneraciones y no del certificado de trabajo con los datos consignados en el ap. 3º de dicha norma, que incluye constancia de aportes y contribuciones con destino a los organismos de seguridad social (CNTrab, Sala I, 24/3/03, *TSS*, 2003-516).

§ 6. **Certificaciones de servicios, remuneraciones y aportes.** – Por su parte, la ley 24.241, del sistema integrado de jubilaciones y pensiones, impone al empleador la obligación de

---

[2] Etala, *La regularización del empleo no registrado*, p. 53.
[3] López - Centeno - Fernández Madrid, *Ley de contrato de trabajo*, t. I, p. 546.

"otorgar a los afiliados y beneficiarios y sus derechohabientes, cuando éstos lo soliciten, y en todo caso a la extinción de la relación laboral, las certificaciones de los servicios prestados, remuneraciones percibidas y aportes retenidos, y toda otra documentación necesaria para el reconocimiento de servicios u otorgamiento de cualquier prestación" (art. 12, inc. g).

§ 7. **Indemnización por falta de entrega de constancias y certificaciones.** – El párrafo agregado por el art. 45 de la ley 25.345, llamada "ley antievasión", crea una nueva indemnización para el supuesto de que el empleador no entregara al trabajador, dentro de un plazo determinado, ciertas constancias y certificaciones laborales y de la seguridad social.

Dichas constancias y certificaciones previstas en los párrs. 1° y 2° del artículo en comentario, son las siguientes: *a*) constancia de cumplimiento de la obligación del empleador de ingresar los fondos de seguridad social; *b*) certificado de trabajo de exclusivo contenido laboral, y *c*) certificación de servicios, remuneraciones y aportes prevista por el art. 12, inc. g, de la ley 24.241.

a) *Plazo de entrega.* En cuanto al plazo de entrega, las normas vigentes antes de la sanción de la ley 25.345 no establecían plazo alguno. El último párrafo agregado al artículo comentado establece que la entrega debe efectuarse "dentro de los dos días hábiles computados a partir del día siguiente al de la recepción del requerimiento que a tal efecto le formulare [al empleador] el trabajador de modo fehaciente". El plazo señalado en la norma sustancial aparecía como extremadamente exiguo, si se tiene en cuenta que la disposición se dirige a todo tipo de empleadores (unipersonales, pequeñas empresas), y que puede tratarse de la extinción de relaciones laborales de larga data, caso en que su elaboración puede exigir una engorrosa tarea. El art. 3° del decr. regl. 146/01 aclaró, de manera razonable, que el trabajador queda habilitado para hacer el requerimiento cuando el empleador no hubiera hecho entrega de las constancias o certificados dentro de los treinta días de extinguido, por cualquier causa, el contrato de trabajo.

b) *Indemnización tarifada.* En cuanto a la indemnización que corresponde en caso de omisión del empleador, ella consiste en una reparación *tarifada* equivalente "a tres veces la mejor remuneración mensual, normal y habitual". Para la delimitación de este concepto cabe remitirse a la profusa elaboración jurisprudencial creada en torno de la misma locución utilizada por el art. 245 de la LCT. La parte última de la norma comentada agrega que la indemnización es acumulable con las sanciones conminatorias que pudiere imponer al empleador la autoridad judicial.

Cabe señalar que la "mejor remuneración mensual, normal y habitual", a estos efectos, se computa sin el tope máximo fijado por el art. 245 de la LCT para la indemnización por antigüedad.

JURISPRUDENCIA

1. *Responsabilidad solidaria de la empresa usuaria. Certificados de trabajo.* a) Si en el marco de lo establecido por el art. 29, párrs. 1º y 2º, de la LCT, se consideró configurado un contrato de trabajo por tiempo indeterminado y consecuentemente la responsabilidad solidaria entre la empresa prestataria y la receptora de los servicios, esta última también será responsable con relación a la entrega de los certificados previstos en el art. 80 de la LCT, puesto que la norma citada alude a las obligaciones derivadas del contrato de trabajo y de la seguridad social (CNTrab, Sala X, 29/5/98, *DT*, 1999-B-2297).

b) En el caso de una empresa que ocupa trabajadores mediante una agencia de servicios eventuales habilitada por la autoridad administrativa para tal fin, los efectos de la solidaridad previstos en el art. 29 de la LCT no pueden extenderse a la entrega del certificado que establece el art. 80 de dicha ley, pues la agencia de trabajo es la responsable directa de todas las obligaciones y, por esto, cuenta con los elementos necesarios para expedirlo (CNTrab, Sala III, 11/4/00, *DT*, 2000-B-1819).

c) La entrega de los certificados de trabajo por uno de los demandados condenados libera al otro de esa obligación (CN Trab, Sala VII, 18/12/00, *DT*, 2001-A-992; íd., íd., 6/6/01, *DT*, 2001-B-2311).

d) La empresa usuaria del servicio no está imposibilitada material ni lógicamente de confeccionar el certificado de trabajo del art. 80 de la LCT con las constancias que surgen de la causa, sin perjuicio de dejar expresado en él en qué carácter obra y lo extiende (CNTrab, Sala V, 11/12/02, *TSS*, 2003-240).

2. *Transferencia del establecimiento. Responsabilidad del adquirente.* Operada una transferencia del establecimiento en los términos del art. 225 de la LCT, la responsabilidad solidaria del adquirente se extiende a la entrega del certificado de trabajo del art. 80 de la LCT por todo el período de desempeño (CNTrab, Sala IV, 22/2/01, *TSS*, 2001-932).

3. *Certificado de trabajo. Condena solidaria. Falta de la condición de empleador.* La persona jurídica responsable en base a una vinculación de solidaridad que no ha sido empleadora en sentido estricto, no puede ser condenada a hacer entrega de

certificados de trabajo porque carece de los elementos necesarios para confeccionarlos (CNTrab, Sala III, 17/5/96, *DT*, 1996-B-3036).

4. *Consignación judicial.* El cumplimiento de la obligación de entrega de los certificados de servicios no depende, en lo que se refiere a su aspecto temporal, de que el trabajador concurra a la sede de la empresa a retirarlos; en caso de que no ocurra así el empleador, debe, previa intimación, consignarlos judicialmente (CNTrab, Sala III, 11/2/02, *TSS*, 2002-540).

5. *Puesta a disposición en la sede de la empresa.* El art. 45 de la ley 25.345 sanciona al empleador con una indemnización a favor del trabajador, equivalente a tres veces la mejor remuneración mensual, normal y habitual percibida durante el último año o el tiempo de prestación de servicios, si éste fuera menor cuando, intimado fehacientemente respecto de la entrega de los certificados previstos en el art. 80 de la LCT, no cumpla en el término de dos días hábiles desde que recibió el requerimiento, incumplimiento que no se verifica si dichos certificados fueron puestos a disposición del trabajador quien debe concurrir a retirarlos a la sede de la empresa por ser el lugar de cumplimiento de la obligación (CNTrab, Sala VIII, 23/10/02, *DT*, 2002-B-2311).

6. *Conducta de la empleadora. Inexistencia de perjuicio alguno.* Si no se advierte una conducta por parte de la empleadora que evidencie su intención de vulnerar el bien jurídico protegido por la normativa de la ley 25.345 (evasión fiscal), no es procedente hacer lugar a la indemnización regulada en el art. 80 de la LCT, pues se haría un ejercicio abusivo del derecho (en el caso, ante el emplazamiento fehaciente formulado por el trabajador, la accionada no sólo no evadió su responsabilidad sino que procedió a dar cumplimiento a lo requerido, incluso acercando el certificado hasta el domicilio del reclamante, que no invocó haber sufrido perjuicio alguno por no contar con los certificados durante el tiempo habido entre su renuncia y la efectiva entrega) (CNTrab, Sala X, 9/9/02, *DT*, 2003-A-81).

7. *Grupo económico internacional. Filial local.* La filial argentina de un grupo económico radicado en el extranjero no está obligado a hacer entrega de las certificaciones previstas por el art. 80 de la LCT, respecto de los períodos en que el dependiente trabajó para otras filiales del extranjero (CNTrab, Sala II, 29/11/02, *TSS*, 2003-523).

8. *Alcance de la condena solidaria.* Los efectos de la solidaridad deben extenderse a la condena a hacer entrega de las certificaciones del art. 80 de la LCT (CNTrab, Sala X, 11/4/03, *TSS*, 2003-538).

9. *Entrega del certificado por el juez.* El art. 80 de la LCT se refiere a dos elementos documentales distintos: por un lado el certificado de trabajo que, dado el caso, puede ser expedido por

el juzgado, y por otro, la constancia de los aportes y contribuciones, cuya extensión por el juez resulta materialmente imposible (CNTrab, Sala II, 30/11/01, *TSS*, 2003-634).

10. *Plazo fijado en el decreto reglamentario 146/01.* A los fines de la indemnización prevista por el art. 80 de la LCT, resulta irrelevante que no se haya otorgado el plazo fijado en el decr. regl. 146/01, es decir, treinta días una vez extinguido el contrato de trabajo por cualquier causa, por cuanto parece obvio que quien ha desconocido totalmente el vínculo laboral y ha guardado silencio frente a las intimaciones del trabajador, no va a cumplir con la norma mencionada, con o sin intimación válida y antes, durante o después del término contenido en el mencionado decreto (CNTrab, Sala X, 27/6/03, *DT*, 2004-A-49).

11. *Aplicación de la multa.* Corresponde aplicar al empleador una multa equivalente a tres salarios conforme lo dispone el art. 80 *in fine* de la LCT por la falta de entrega de los certificados de trabajo, si el empleado intimó a su entrega con resultado negativo, sin que resulten eficaces los adjuntados en la contestación de la demanda, en tanto en los mismos no figuran los datos reales de la relación (CNTrab, Sala VI, 20/11/02, *DT*, 2003-A-839).

§ 8. **Certificado de aprendizaje.** – El art. 1° de la ley 25.013, que regula el contrato de trabajo de aprendizaje, establece en su párr. 3° que a la finalización del contrato el empleador deberá entregar al aprendiz un certificado suscripto por el responsable legal de la empresa, que acredite la experiencia o especialidad adquirida.

Art. 81. [Igualdad de trato] – **El empleador debe dispensar a todos los trabajadores igual trato en identidad de situaciones. Se considerará que existe trato desigual cuando se produzcan discriminaciones arbitrarias fundadas en razones de sexo, religión o raza, pero no cuando el diferente tratamiento responda a principios de bien común, como el que se sustente en la mayor eficacia, laboriosidad o contracción a sus tareas por parte del trabajador.**

Concordancias: LCT, arts. 17, 26, 62, 63 y 80; leyes 20.392 y 23.592.

§ 1. **Principio de igualdad de trato y no discriminación.** El contenido del artículo implica una manifestación del principio de igualdad de trato y no discriminación, uno de los principios generales del derecho del trabajo (ver art. 11). Su aplicación se impone en todo el desarrollo del contrato de trabajo, es decir, tanto al celebrarlo y ejecutarlo como en el momento de su extinción. Su manifestación más importante se expresa en el principio constitucional de *"igual remuneración por igual tarea"* (art. 14 *bis*, Const. nacional).

El deber de igualdad de trato se fundamenta en el deber de buena fe y de previsión del empleador. Pertenece a los comportamientos que son consecuencia del contrato de trabajo, porque hace posible la colaboración entre las partes (art. 62, LCT)[1].

§ 2. **Distinciones arbitrarias.** – El artículo veda al empleador realizar distinciones arbitrarias como las "fundadas en razones de sexo, religión o raza". Esta enumeración es meramente enunciativa ya que pueden concebirse otros motivos de discriminación arbitraria que no están mentados por el artículo, como los relacionados con la edad, inclinaciones sexuales, militancia política o sindical, nacionalidad, que también deben considerarse prohibidas por la norma (art. 17, LCT).

§ 3. **Principio de orden público.** – El principio sentado por el artículo es de orden público, por lo que resulta irrenunciable para el trabajador e inderogable para las partes[2].

§ 4. **Identidad de situaciones.** – Debe dispensarse igual trato en *identidad de situaciones*. Se prohíbe la discriminación arbitraria, pero no aquella que es consecuencia de la diferencia de situaciones objetivas[3].

§ 5. **Distinciones permitidas.** – No están prohibidas, en cambio, las distinciones no arbitrarias que el empleador efectúe entre sus dependientes "cuando el diferente tratamiento responda a principios de bien común, como el que se sustente en la mayor eficacia, laboriosidad o contracción a sus tareas por parte del trabajador". Es obvio que estas motivaciones deben ser sinceras y objetivamente comprobables y no sólo una cobertura para encubrir las verdaderas motivaciones arbitrarias, en cuyo caso se configuraría un comportamiento fraudulento del empleador (art. 14, LCT).

---

[1] Krotoschin, *Tratado práctico*, t. I, p. 323.
[2] López - Centeno - Fernández Madrid, *Ley de contrato de trabajo*, t. I, p. 547.
[3] Krotoschin, *Tratado práctico*, t. I, p. 324.

§ 6. **Causa objetiva.** – La cuestión fundamental implicada en la interpretación de este artículo consiste en determinar si para discriminar se requiere en todo caso una causa objetiva o si, por el contrario, basta la subjetividad del empleador para otorgar ventajas a unos trabajadores y no a otros. Si se otorgan, por ejemplo, gratificaciones a un cierto grupo de empleados de similar categoría o de similares funciones, la exclusión de uno o de algunos de los trabajadores pertenecientes a la misma categoría de los beneficiados será legítima si existe una causa especial relativa a la persona de los desplazados que justifique objetivamente el trato desigual[4].

§ 7. **Despido.** – El despido es una facultad potestativa del empleador, quien no puede considerarse obligado a ejercer el derecho de despido en todos los casos en que tal vez pudiera ejercerlo. La aplicación del principio, en el caso del despido, podría conducir a graves injusticias, pues aun existiendo los mismos motivos para la cesantía, las situaciones de los trabajadores afectados pueden ser diferentes (antigüedad, cargas de familia, antecedentes laborales, etcétera)[5].

§ 8. **Reincorporación.** – Una vez cesado en su empleo, el trabajador se convierte en un ajeno a la empresa, y como tal, no tiene ya ningún derecho a igualdad de trato. La readmisión de algunos y el rechazo de otros de los trabajadores despedidos por la misma causa (p.ej., por huelga) no es por sí ilegítima, aunque podría constituir un indicio de que el despido no obedeció, verdaderamente, a justa causa sino que sólo fue un pretexto para desligarse de ciertos trabajadores, con consecuencias en el plano indemnizatorio[6].

§ 9. **Prueba de la discriminación.** – Está a cargo del trabajador probar la identidad de situaciones y el trato desigual y al empleador le incumbe demostrar las razones que justificaron la desigualdad[7].

§ 10. **La ley 20.392.** – Esta ley, vigente desde 1973, fue dictada con el objeto de adecuar la legislación nacional a las disposiciones del convenio 100 de la OIT, sobre igualdad de

---

[4] López - Centeno - Fernández Madrid, *Ley de contrato de trabajo*, t. I, p. 549.
[5] Krotoschin, *Tratado práctico*, t. I, p. 326.
[6] Krotoschin, *Tratado práctico*, t. I, p. 327.
[7] López - Centeno - Fernández Madrid, *Ley de contrato de trabajo*, t. I, p. 550.

remuneración entre la mano de obra masculina y la mano de obra femenina por un trabajo de igual valor, ratificado por la República Argentina por decr. ley 11.595/56. El art. 1º de la ley dice textualmente: "No se podrá establecer diferencias de remuneración entre la mano de obra masculina y la mano de obra femenina por un trabajo de igual valor. Será nula cualquier disposición en contrario que se establezca en las convenciones colectivas de trabajo que se celebren a partir de la entrada en vigencia de la presente ley".

§ 11. **La ley 23.592.** – En su art. 1º, esta ley establece una disposición de orden general que expresa lo siguiente: "Quien arbitrariamente impida, obstruya, restrinja o de algún modo menoscabe el pleno ejercicio sobre bases igualitarias de los derechos y garantías fundamentales reconocidos en la Constitución nacional, será obligado, a pedido del damnificado, a dejar sin efecto el acto discriminatorio o cesar en su realización y a reparar el daño moral y material ocasionados". Agrega: "A los efectos del presente artículo se considerarán particularmente los actos u omisiones discriminatorios determinados por motivos tales como raza, religión, nacionalidad, opinión política o gremial, sexo, posición económica, condición social o caracteres físicos".

Es evidente que las normas de esta ley, al referirse a "los derechos y garantías fundamentales reconocidos en la Constitución nacional", comprenden también los de naturaleza laboral. Igualmente no cabe formular ninguna objeción para la aplicación de la ley al ámbito laboral en cuanto a la posibilidad de que, a pedido del damnificado, se disponga el cese en su realización o se deje sin efecto el acto discriminatorio, sobre todo cuando éste tiene lugar durante el desarrollo de la relación laboral. Más dificultoso resulta conciliar las reparaciones del daño moral y material ocasionados que dispone la ley, con el carácter tarifado de las indemnizaciones laborales por despido.

Los motivos de discriminación enumerados por la ley 23.592 son más numerosos que los mentados por el artículo en comentario que limita las causas de discriminación sólo a motivos de raza, sexo o religión.

Jurisprudencia

1. ***Principio de igualdad. Identidad de situaciones.*** El principio de igualdad de trato se refiere a quienes están también en igualdad de condiciones o circunstancias, criterio contenido en

el art. 81 de la LCT, en cuanto impone el deber legal de trato igual para con aquellos trabajadores que se encuentran en *identidad de situaciones* (CNTrab, Sala VII, 7/8/95, *DT*, 1995-B-2278).

2. *Delegado sindical.* Es obvio que quien inviste función de delegado sindical no está en identidad de situaciones respecto de sus demás compañeros que no son delegados (CNTrab, Sala VII, 7/8/95, *DT*, 1995-B-2278).

3. *Igual remuneración por igual tarea.* *a*) El principio constitucional de *igual remuneración por igual tarea* impone que, en los casos en que concurren circunstancias parejas, la conducta empresaria debe ser la misma, habida cuenta de que una actitud diversa concretaría un obrar arbitrario (CNTrab, Sala VIII, 15/12/89, *DT*, 1990-A-633).

b) La facultad reconocida al empleador por el art. 81 de la LCT tiene, como vallado natural de su ejercicio, el límite de razonabilidad que se materializa, a contrario de la arbitrariedad, en la observancia de similitud de actitudes frente a situaciones que pueden predicarse similares, operando el principio constitucional de *igual remuneración por igual tarea* (CNTrab, Sala VIII, 26/9/91, *DT*, 1992-A-914).

c) Cuando se acredita que el personal que ha ingresado con posterioridad a una determinada fecha percibe un adicional no abonado a los trabajadores que ingresaron con anterioridad a dicha fecha –sin que tal comportamiento obedezca a una categorización diferente o lugar de trabajo–, implica diferenciar al personal que ingresó con anterioridad, contrariándose así el principio de *igual remuneración por igual tarea* (CNTrab, Sala II, 23/12/99, *DT*, 2000-B-1989).

4. *Principio de igualdad de trato. Despido.* El principio de igualdad de trato no es aplicable en materia de despido, pues aun habiéndose incurrido en la misma injuria la situación de los trabajadores podría ser diferente por sus antecedentes, por su situación familiar o por otra causa que puede merecer consideración especial (CNTrab, Sala V, 11/9/91, *DT*, 1992-A-270).

5. *Reconocimiento de retroactividad. Trabajadores egresados. Discriminación.* Si con posterioridad al egreso de los actores, la empresa reconoció a todos sus dependientes un retroactivo que involucra un período trabajado por aquéllos, el reconocimiento de la obligación los alcanza ya que de otro modo se produciría una discriminación no justificada (CNTrab, Sala II, 28/2/92, *DT*, 1992-A-682).

6. *Identidad de situaciones. Trato desigual. Prueba.* Nada impide privilegiar a algunos trabajadores, pues lo que la ley prohíbe es que se perjudique la situación laboral de algunos de ellos respecto de la generalidad, sin una causa objetiva que lo justifique. En estos casos, el trabajador debe probar la identidad de situaciones y el trato desigual y al empleador le incumbe

demostrar las razones que justifican dicha desigualdad (CNTrab, Sala I, 14/2/92, *DT*, 1992-B-1421).

7. *Jefe con menor remuneración que los de similar jerarquía.* Si se ha acreditado que el actor, como jefe de departamento, percibía menos de la mitad del salario de los demás jefes departamentales y apenas más que lo que percibían sus subordinados, de no acreditarse qué elementos (p.ej., antigüedad, títulos, grado de capacitación) constituían la razón válida para el mantenimiento de esa situación y tampoco que el departamento a su cargo tuviera menor importancia dentro del funcionamiento integral de la empresa, corresponde acoger el reclamo por diferencias y declarar justificado el despido indirecto por tal causa (CN Trab, Sala III, 27/12/90, *DT*, 1991-A-817).

8. *Gerente con salario notoriamente menor al promedio de sus colegas.* Ante la discriminación a un dependiente de nivel gerencial consistente en abonarle salarios inferiores al promedio de sus colegas, no resulta válida la argumentación basada en la política de la empresa para retribuir a sus dependientes por encima de los mínimos legales y a la inexistencia de norma que le obligue a remunerar mediante determinados parámetros al plantel gerencial, ya que si bien el principal tiene amplias facultades en tal sentido reconocidas tanto por la Constitución nacional en su art. 17, como por la LCT en su art. 64, ninguno de esos ordenamientos permite justificar aquella conducta discriminatoria y es justamente para impedir estas actitudes que el art. 14 *bis* de la Const. nacional consigna que las leyes asegurarán al trabajador, entre otras cosas, condiciones equitativas de labor e igual remuneración por igual tarea, mientras los arts. 17 y 81 de la LCT, al tiempo que prohíben toda discriminación, exigen que el patrono dispense igualdad de trato a todos sus dependientes (CNTrab, Sala X, 31/12/97, *DT*, 1998-A-1235).

9. *Acto ilícito. Reparación.* El acto discriminatorio está prohibido por la Constitución nacional (arts. 14 *bis* y 16) y por la ley (art. 81, LCT, y art. 1°, ley 23.592), razón por la cual, además de ser nulo (art. 1044, Cód. Civil), produce los efectos de un acto ilícito (art. 1056, Cód. Civil), motivo por el cual, al causarse un daño consistente en el pago de remuneraciones inferiores a las debidas (arts. 1067 y 1068, también del Cód. Civil) es obvio que el perjuicio debe ser reparado reponiendo las cosas a su estado anterior al del acto lesivo (art. 1083, Cód. Civil), existiendo entre las facultades del magistrado la de igualar y reconocer el crédito pertinente según la naturaleza del derecho conculcado (CNTrab, Sala X, 31/12/97, *DT*, 1998-A-1235).

10. *Discriminación salarial arbitraria.* Se configura este supuesto, si los aumentos otorgados por la empresa al personal que se desempeña en la misma sección y que reviste igual categoría, son significativamente inferiores –inexistentes o no mayores al 11,96%– para los trabajadores que habían reclamado judicial-

mente la supuesta supresión de rubros, mientras que los dependientes "sin juicio" recibieron un mínimo del 15% y un máximo del 71%, sin ninguna razón objetiva que justificara un trato diferente (CNTrab, Sala III, 13/10/98, *TSS*, 1999-894).

11. *Diferencias objetivas de tratamiento salarial. Facultades de los jueces.* Fuera del marco establecido en los arts. 17 y 81 de la LCT, las diferencias objetivas de tratamiento salarial no son susceptibles de tacha de discriminaciones arbitrarias, ni existe norma legal que obligue a los empleadores a pagar idénticas remuneraciones a todos los trabajadores de un determinado nivel, ni que limite la libre determinación por los interesados de las de los empleados jerárquicos no comprendidos en convenios, ni que erija a los jueces en censores de las políticas salariales de las empresas o les otorgue facultades para reformularlas en los casos concretos sometidos a su decisión (CNTrab, Sala VIII, 25/2/98, *TSS*, 1999-948, n° 2).

12. *Mayor salario a quien desempeñaba iguales funciones en distinto turno.* Si el empleador no demostró razones reales para satisfacer mayor salario al jefe del establecimiento que a quien desempeñaba iguales funciones en distinto turno, siendo que ambos ejercían similar cargo, la discriminación es evidente y sus consecuencias han de ser indemnizadas (CNTrab, Sala VI, 30/12/98, *TSS*, 1999-948, n° 6).

13. *Trato diferencial arbitrario.* En el marco de lo normado por el art. 81 de la LCT, si bien no puede privarse al empleador de su derecho a premiar a quienes revelen méritos suficientes como una forma de estimular el trabajo, la eficacia y la lealtad, resulta imperioso evitar un trato diferencial arbitrario, que responda a razones no objetivas y del que puedan resultar perjuicios para otros trabajadores (CNTrab, Sala X, 22/11/99, *DT*, 2000-B-1826).

14. *Prueba a cargo del empleador.* Incumbe a la empleadora demostrar las razones objetivas que la llevaron a aplicar aumentos salariales no igualitarios entre sus dependientes, con el fin de descartar la configuración de una conducta arbitraria (CNTrab, Sala X, 22/11/99, *DT*, 2000-B-1826).

15. *Diferencia que responde a causa justificada.* El art. 81 de la LCT no impide que pueda asignarse distinto salario a personas que realicen idénticas funciones, siempre que no haya una discriminación arbitraria y la diferencia responda a una causa justificada (en el caso, se disolvió una división y el personal, con la remuneración que tenía asignada, fue trasladado a otra dependencia en la que el sueldo era inferior) (CNTrab, Sala X, 8/8/00, *DT*, 2000-B-2361).

16. *Alcance del concepto de discriminación. Monto de la remuneración.* Los alcances del concepto de discriminación, utilizado a veces con una excesiva latitud, no refieren a casos en los

---

17. Etala, *Contrato*.

Art. 82

que hay niveles salariales diferentes, ya que el empleador se encuentra plenamente facultado para pactar con cada empleado el monto de la remuneración, supuesto el respeto a los mínimos legales y convencionales (CNTrab, Sala VIII, 19/9/02, *TSS*, 2003-40).

Art. 82. [INVENCIONES DEL TRABAJADOR] – **Las invenciones o descubrimientos personales del trabajador son propiedad de éste, aun cuando se haya valido de instrumentos que no le pertenecen.**

Las invenciones o descubrimientos que se deriven de los procedimientos industriales, métodos o instalaciones del establecimiento o de experimentaciones, investigaciones, mejoras o perfeccionamiento de los ya empleados, son propiedad del empleador. Son igualmente de su propiedad las invenciones o descubrimientos, fórmulas, diseños, materiales y combinaciones que se obtengan habiendo sido el trabajador contratado con tal objeto.

CONCORDANCIAS: LCT, arts. 25, 83, 85 y 87; ley 24.481; decr. regl. 260/96.

§ 1. **Régimen jurídico de las invenciones.** – La sanción de la ley 24.481 y su reglamento, el decr. 260/96, ha modificado sustancialmente el régimen jurídico de las invenciones producidas en el curso de la relación laboral, que establecían los arts. 82 y 83 de la LCT, por lo que es necesario analizar el texto de estos artículos a la luz de las reformas introducidas.

§ 2. **Invenciones en la empresa.** – El artículo comentado y la ley 24.481 consideran distintas situaciones que pueden presentarse con invenciones o descubrimientos realizados en el curso de la relación de trabajo, deslindando los diferentes efectos para empleador y trabajador, y asignando la propiedad de esas invenciones.

a) *Invenciones personales del trabajador.* En su párr. 1°, el artículo considera las llamadas "invenciones libres" que son aquellas que el trabajador hiciere con total prescindencia de su obligación de prestar trabajo[1], pero que han sido concretadas en el curso de la relación laboral, pese a que el trabajador no ha sido contratado para realizar esos descubrimientos. La

---

[1] KROTOSCHIN, *Tratado práctico*, t. I, p. 240.

ley define la cuestión asignando al trabajador la propiedad de la invención o descubrimiento, "aun cuando se haya valido de instrumentos que no le pertenecen" (como son los de la empresa). Ello, con independencia de que el desvío de las energías del trabajador hacia actividades ajenas al objeto de la prestación del trabajo hubiera constituido una falta disciplinaria en el plano del contrato de trabajo. La ley privilegia la acción creativa y el progreso tecnológico, aun cuando la conducta del trabajador pudiera haber configurado un incumplimiento contractual. En el caso de cesión de sus derechos sobre la invención o el descubrimiento, el trabajador, en igualdad de condiciones con los terceros, deberá dar derecho de preferencia al empleador (art. 83, párr. 1°, LCT). Respecto de esta clase de invenciones, la ley 24.481 no ha introducido modificación alguna, confiriendo la propiedad al inventor (art. 10, inc. *e*).

b) *Inventos obtenidos por conocimientos o medios de la empresa.* El art. 10 de la ley 24.481 determina que cuando la actividad del trabajador no tuviera por objeto total o parcialmente la realización de actividades inventivas y el trabajador realizara una invención en cuya obtención hubieran influido predominantemente conocimientos adquiridos en la empresa o la utilización de medios proporcionados por ella, "el empleador tendrá derecho a la titularidad de la invención o a reservarse el derecho de explotación de la misma". El empleador deberá ejercer esta opción dentro de los noventa días de realizada la invención (art. 10, inc. *b*, párr. 2°, ley 24.481).

c) *Derecho a una compensación para el trabajador inventor.* El inc. *c* del art. 10 de la ley 24.481 determina que el trabajador inventor tendrá derecho a una *compensación económica justa*, cuando el empresario asuma la titularidad de una invención o se reserve el derecho de explotación de ésta. Para fijar esta compensación se ha de atender a la importancia industrial y comercial del invento, el valor de los medios o conocimientos facilitados por la empresa y los aportes del propio trabajador.

El decr. regl. 260/96 determina que en caso de desacuerdo entre el trabajador y su empleador sobre el monto de la compensación, cualquiera de las partes puede requerir la intervención del Instituto Nacional de Propiedad Industrial (INPI) para resolver la disputa. Del requerimiento se confiere traslado a la otra parte por el término de diez días. El INPI debe dictar resolución fundada dentro del plazo de veinte días siguientes a la contestación del traslado o de la producción de las pruebas que se ofrezcan, estableciendo la remuneración suplementaria que, a su criterio, considere equitativa. La resolución dictada será recurrible ante el juzgado federal en lo civil y comercial con competencia territorial en el lugar de trabajo dentro de los veinte días hábiles de su notificación.

Jurisprudencia

1. *Acuerdo rescisorio.* El trabajador que intervino en la invención de elementos de seguridad para el envío de correspondencia, se encuentra comprendido en las previsiones de los incs. *a* y *b* del art. 10 de la ley 24.481, por lo que debió percibir una remuneración suplementaria, pero si suscribió un acuerdo rescisorio con el empleador consignando que nada más tenía que reclamar por "ningún concepto", también renunció a peticionar diferencias salariales por tal concepto (CNTrab, Sala IX, 8/2/02, *TSS*, 2003-159).

d) *Participación del trabajador en las regalías.* El art. 10, inc. *c*, de la ley 24.481 determina que si el empleador otorga una licencia a terceros, el trabajador inventor podrá reclamar al titular de la patente de invención el pago de hasta el 50% de las regalías percibidas por éste.

e) *Mejoras en los procedimientos de la empresa.* El artículo, en la parte primera de su párr. 2°, determina que son propiedad del empleador "las invenciones o descubrimientos que se deriven de los procedimientos industriales, métodos o instalaciones del establecimiento o de experimentaciones, investigaciones, mejoras o perfeccionamiento de los ya empleados". Son las llamadas *invenciones* o *descubrimientos de explotación* o *de empresa*[2], porque se han realizado en el curso de la relación laboral y han contribuido a mejorar o perfeccionar los procedimientos, métodos o productos de la empresa. En este supuesto, la ley 24.481 ha introducido modificaciones que se relacionan con los inventos obtenidos por los medios dispuestos por la empresa, el derecho de compensación para el trabajador inventor y la participación de éste en las regalías.

f) *Invenciones de servicio o contractuales.* Son aquellas que el trabajador hace en ejecución directa de su obligación de prestar trabajo, cuando éste consiste, total o parcialmente, en la investigación o experimentación para obtenerlas. Es decir, cuando el trabajador fue contratado con tal objeto (inventor

---

[2] Krotoschin, *Tratado práctico*, t. I, p. 238.

asalariado)[3]. Como lo expresa la última parte del artículo, estas invenciones o descubrimientos son propiedad del empleador.

La ley 24.481 coincide con la solución del artículo comentado al establecer en su art. 10, inc. *a*, que "las [invenciones] realizadas por el trabajador durante el curso de su contrato o relación de trabajo o de servicios con el empleador, que tengan por objeto total o parcialmente la realización de actividades inventivas, pertenecerán al empleador".

Sin embargo, el art. 10, inc. *b*, de la ley 24.481 ha otorgado al trabajador, autor de la invención, para este supuesto, un derecho adicional consistente en una *remuneración suplementaria* por su realización "si su aporte personal a la invención y la importancia de la misma para la empresa y empleador excede de manera evidente el contenido explícito o implícito de su contrato o relación de trabajo".

Para el caso de desacuerdo entre el trabajador y su empleador sobre el monto de esta remuneración suplementaria, el decr. regl. 260/96 prevé el mismo procedimiento referido, con intervención del INPI y recurso ante el juzgado federal en lo civil y comercial con competencia territorial en el domicilio del lugar de trabajo.

Art. 83. [Preferencia del empleador. Prohibición. Secreto] – **El empleador deberá ser preferido en igualdad de condiciones a los terceros, si el trabajador decidiese la cesión de los derechos a la invención o descubrimiento, en el caso del primer párrafo del art. 82 de esta ley.**

Las partes están obligadas a guardar secreto sobre las invenciones o descubrimientos logrados en cualquiera de aquellas formas.

Concordancias: LCT, arts. 25, 26, 62, 63, 82, 85 y 87; ley 24.481; decr. regl. 260/96.

§ 1. **Principio general.** – El artículo otorga un derecho de preferencia al empleador –en igualdad de condiciones con los terceros– en los casos de las invenciones o descubrimientos personales del trabajador que son propiedad de éste (art. 82, párr. 1°, LCT).

---

[3] Krotoschin, *Tratado práctico*, t. I, p. 239.

§ 2. **Cesación.** – El artículo se refiere a las llamadas "invenciones libres" que el trabajador ha realizado en el curso de la relación laboral. Cesa, por consiguiente, el derecho de preferencia del empleador cuando se extingue el contrato de trabajo.

Art. 84. [DEBERES DE DILIGENCIA Y COLABORACIÓN] **El trabajador debe prestar el servicio con puntualidad, asistencia regular y dedicación adecuada a las características de su empleo y a los medios instrumentales que se le provean.**

CONCORDANCIAS: LCT, arts. 25, 62, 63, 78 y 86 a 89.

§ 1. **Condiciones de la prestación del servicio por el trabajador.** – La prestación personal del trabajador constituye el objeto del contrato o la relación de trabajo (arts. 21, 22 y 37, LCT). El artículo comentado da cuenta de las condiciones en que debe concretarse esa prestación del trabajador.

§ 2. **Puntualidad.** – Esta obligación de puntualidad del trabajador se refiere no sólo al horario diario de trabajo, sino a todos los aspectos en que el tiempo y la oportunidad de la ejecución del trabajo tiene efectos sobre su resultado (concurrencia a reuniones, coordinación de su acción con los demás compañeros de trabajo, trabajo en equipos, etcétera).

§ 3. **Asistencia regular.** – El trabajador debe asistir regularmente a su empleo. Sus inasistencias deben estar justificadas por disposiciones de la ley (feriados, enfermedad, licencias, etc.), por las normas del convenio colectivo (día del gremio), del reglamento interno o por autorización del empleador. La obligación de prestar el servicio con asistencia regular se complementa con la de avisar las ausencias, pues el proceso productivo se desarrolla de acuerdo con un programa que puede verse alterado si no se prevén reemplazos oportunos o de adecuación de los medios técnicos al plantel activo[1].

§ 4. **Dedicación adecuada.** – Esta dedicación supone una actitud de colaboración en el trabajador. Para apreciarla deberán conjugarse sus posibilidades personales (aptitud) con las

---

[1] LÓPEZ - CENTENO - FERNÁNDEZ MADRID, *Ley de contrato de trabajo*, t. I, p. 554.

de las maquinarias y útiles puestos a disposición de aquél por el empleador (eficacia del medio técnico)[2].

La cantidad y calidad del trabajo a prestar depende de la posición del trabajador en la empresa, de su cargo y calificación profesional. Su rendimiento debe ser normal. Del art. 902 del Cód. Civil puede inferirse que cuanto más alta sea la categoría y función del trabajador, mayor será su deber de diligencia[3].

Jurisprudencia

1. *Deber de diligencia. Quite de colaboración.* El art. 84 de la LCT establece que el trabajador debe prestar el servicio con puntualidad, asistencia regular y dedicación adecuada; por lo tanto, el sometimiento a la égida patronal –puesta a disposición de la fuerza de trabajo– implica el compromiso activo de utilizar toda la capacidad productiva en beneficio de la dadora de empleo (CN Trab, Sala V, 23/9/91, *DT*, 1991-B-2223).

2. *Comportamiento del trabajador.* Diligente es el comportamiento del trabajador-deudor que permite al empleador-acreedor la obtención de la utilidad que tuvo en vista al contratar (CNTrab, Sala VIII, 30/8/96, *DT*, 1997-A-84).

3. *Incumplimiento patronal. Abstención de trabajar. Excepción de incumplimiento contractual.* La abstención de trabajar, mientras dure el acto de incumplimiento patronal, no constituye una indisciplina del trabajador sino el ejercicio de una potestad especial de autotutela que le reconoce el ordenamiento jurídico, según el art. 1201 del Cód. Civil (CNTrab, Sala VII, 2/7/96, *DT*, 1997-A-95).

4. *Atención y dedicación.* Actuar diligentemente equivale a prestar el trabajo con el interés que suele ponerse en los asuntos propios, poniendo toda la atención, preocupación y dedicación adecuadas a la tarea a realizar (CNTrab, Sala VIII, 30/8/96, *DT*, 1997-A-84).

Art. 85. [Deber de fidelidad] – **El trabajador debe observar todos aquellos deberes de fidelidad que deriven de la índole de las tareas que tenga asignadas, guardando reserva o secreto de las informaciones a que tenga acceso y que exijan tal comportamiento de su parte.**

Concordancias: LCT, arts. 25, 62, 63, 77, 82, 83 y 87 a 89; ley 24.766, arts. 3° y 11.

---

[2] López - Centeno - Fernández Madrid, *Ley de contrato de trabajo*, t. I, p. 554.
[3] Krotoschin, *Tratado práctico*, t. I, p. 230 y 231.

§ 1. **Fundamento.** – Este deber, que deriva del más genérico de buena fe, obliga al trabajador a omitir todo lo que pueda ser perjudicial al empleador y se concreta de las más diversas maneras: *a)* deber de avisar al empleador cualquier inconveniente que impida la normal ejecución del trabajo (desperfecto en las máquinas, insuficiencia de la materia prima, etc.); *b)* deber de conservar los instrumentos de trabajo (art. 86, LCT); *c)* deber de no inducir a los otros trabajadores a cometer negligencias; *d)* deber de no difundir noticias desfavorables sobre la empresa o el empleador; *e)* deber del trabajador de someterse a revisión al entrar o salir del lugar de trabajo; *f)* deber del trabajador de prevenir hurtos y otras irregularidades; *g)* deber de no concurrencia (art. 88, LCT); *h)* deber de no aceptar sobornos o dádivas de clientes o proveedores, e *i)* deber de comunicar los riesgos y peligros a que se encuentren sometidos los bienes y personas de la empresa. El deber de fidelidad es exigible en todos los niveles jerárquicos en la medida en que lo imponga la naturaleza de la función encomendada[1].

§ 2. **Deber de guardar reserva o secreto.** – Es una derivación del deber de fidelidad y puede ser referido tanto a los aspectos de un determinado proceso productivo (fórmulas, inventos, uso de materiales, empleo de sistemas), como a las fases de comercialización y distribución del producto (investigaciones de mercado efectuadas por la empresa, lista de clientes o proveedores, etcétera)[2]. El comportamiento del trabajador, en este aspecto, debe juzgarse conforme a su función en la empresa, la importancia de las informaciones y la real posibilidad de perjuicio para la empresa[3].

Debemos recordar, a este respecto, que el art. 156 del Cód. Penal sanciona con multa de mil quinientos a noventa mil pesos e inhabilitación especial, en su caso, por seis meses a tres años, a quien *"teniendo noticia, por razón de su estado, oficio, empleo, profesión o arte, de un secreto cuya divulgación pueda causar daño, lo revelare sin justa causa".*

Por su parte, el art. 3° de la ley 24.766 dispone que toda persona que con motivo de su trabajo, empleo, cargo, puesto, desempeño de su profesión o relación de negocios, tenga acceso a una información secreta de valor comercial, sobre cuya

---

[1] López - Centeno - Fernández Madrid, *Ley de contrato de trabajo*, t. I, p. 555.
[2] López - Centeno - Fernández Madrid, *Ley de contrato de trabajo*, t. I, p. 556.
[3] Krotoschin, *Tratado práctico*, t. I, p. 225.

confidencialidad se los haya prevenido, deberá abstenerse de usarla y de revelarla sin causa justificada o sin consentimiento de la persona que guarda dicha información o de su usuario autorizado. El art. 11 de la misma ley da derecho al que posea o hubiera desarrollado la información a ejercer las siguientes acciones: solicitar medidas cautelares destinadas a hacer cesar las conductas ilícitas, y ejercer acciones civiles destinadas a prohibir el uso de la información no divulgada y obtener la reparación económica del perjuicio sufrido.

Art. 86. [Cumplimiento de órdenes e instrucciones] – El trabajador debe observar las órdenes e instrucciones que se le impartan sobre el modo de ejecución del trabajo, ya sea por el empleador o sus representantes. Debe conservar los instrumentos o útiles que se le provean para la realización del trabajo, sin que asuma responsabilidad por el deterioro que los mismos sufran derivados del uso.

Concordancias: LCT, arts. 5°, 25, 62 a 65, 68, 75, 76, 85, 87 y 135.

§ 1. **Deber de obediencia.** – El trabajador se relaciona jerárquicamente con el empleador (art. 5°, LCT), quien es el titular de las facultades de organización y dirección de la empresa (arts. 64 y 65, LCT). El deber de obediencia del trabajador es el natural corolario de esas facultades del empresario.

Las órdenes e instrucciones que el trabajador debe observar se limitan al modo de ejecución del trabajo y lo que entra en el marco del contrato de trabajo; no, en cambio, las que excedan de éste y le impongan restricciones a su conducta, innecesarias desde el punto de vista del interés de la empresa y fuera de lo normal[1].

§ 2. **Deber de conservar los instrumentos y útiles.** – El comportamiento impuesto por la ley al trabajador de conservar los instrumentos y útiles que se le confían para la realización del trabajo es una derivación de los deberes de fidelidad y buena fe (arts. 85 y 63, LCT). De alguna manera relacionado con el art. 76 de la LCT, sobre reintegro de gastos y resarcimiento de daños producidos en la conservación de los ins-

---

[1] Hueck - Nipperdey, *Compendio de derecho del trabajo*, p. 119.

trumentos o útiles provistos, este deber del trabajador encuentra sanción por su incumplimiento en los arts. 87 y 135 de la LCT[2].

Art. 87. [Responsabilidad por daños] – El trabajador es responsable ante el empleador de los daños que cause a los intereses de éste, por dolo o culpa grave en el ejercicio de sus funciones.

Concordancias: LCT, arts. 25, 62, 63, 84 a 86 y 135.

§ 1. **Daños por dolo o culpa grave.** – La norma responsabiliza al trabajador sólo en aquellos casos en que el daño hubiera sido cometido por su dolo o culpa grave. No habrá responsabilidad en los supuestos de simple culpa o negligencia del trabajador[1], y en los daños no culposos, provocados por defectos de las maquinarias o de las materias primas o por el hecho de un tercero[2].

§ 2. **El concepto de culpa grave.** – El concepto de dolo no trae mayores problemas, pero la noción de culpa grave ha provocado serias dificultades para su delimitación. Se suele remitir a la frondosa doctrina y jurisprudencia construida al interpretar el concepto de *culpa grave* incluido en el art. 4°, inc. *a*, de la vieja ley –ya derogada– de accidentes de trabajo 9688. El criterio actual de la jurisprudencia parte de la base de definir la culpa grave del trabajador como una conducta voluntaria y consciente, con una temeridad equivalente al dolo o inexplicable en el espíritu menos prevenido[3].

§ 3. **Prueba del dolo o culpa grave.** – Corresponde al empleador probar la existencia de dolo o culpa grave del trabajador, presumiéndose su inculpabilidad *iuris tantum*[4].

§ 4. **Acción judicial del empleador.** – Es competente la justicia del trabajo para entender en la acción promovida por el empleador, fundada en este art. 87 (art. 20, ley 18.345, en

---

[2] Meilij, *Contrato de trabajo*, t. I, p. 340.
[1] Meilij, *Contrato de trabajo*, t. I, p. 340.
[2] López - Centeno - Fernández Madrid, *Ley de contrato de trabajo*, t. I, p. 556.
[3] Meilij, *Contrato de trabajo*, t. I, p. 342.
[4] López - Centeno - Fernández Madrid, *Ley de contrato de trabajo*, t. I, p. 556.

la jurisdicción nacional, y normas procesales provinciales). Producido el daño, el empleador puede consignar judicialmente el porcentaje previsto por el art. 133 de la LCT (20%) de la remuneración del trabajador, a las resultas del juicio, pero deberá promover la acción de responsabilidad dentro de los noventa días, puesto que de lo contrario caducará su derecho (art. 135, LCT).

Jurisprudencia

1. *Procedencia de la acción.* Es procedente por aplicación del art. 87 de la LCT una acción de daños y perjuicios iniciada por el empleador contra los trabajadores que incurrieron en culpa grave al omitir la realización de diligencias o realizar menos de lo debido en lo relativo al cumplimiento de normas de seguridad establecidas por el principal (CNTrab, Sala IV, 26/6/95, *DT*, 1995-B-1806).

2. *Culpa grave del empleado.* Configura culpa grave del empleado que torna de aplicación lo establecido en el art. 87 de la LCT, el incumplimiento de la norma impuesta por el banco de destruir la clave o combinación de acceso al cajero automático para que éste fuese inaccesible a personas extrañas a la función de responsable de la carga y mantenimiento del mismo (CNTrab, Sala IV, 26/6/95, *DT*, 1995-B-1806).

Art. 88. [Deber de no concurrencia] – El trabajador debe abstenerse de ejecutar negociaciones por cuenta propia o ajena, que pudieran afectar los intereses del empleador, salvo autorización de éste.

Concordancias: LCT, arts. 25, 62, 63 y 85.

§ 1. **Manifestación del deber de fidelidad.** – La prohibición de hacer competencia al empleador, mientras exista la relación de trabajo, es una exigencia del deber de fidelidad[1].

§ 2. **Concurrencia prohibida.** – La concurrencia prohibida por el artículo debe ser una verdadera competencia o, por lo menos, la posibilidad ("pudieran afectar", dice el texto) de que la actividad del trabajador, ejercida al margen del contrato de trabajo, redunde en perjuicio para el empleador y afecte sus intereses. No importa que la actividad paralela del empleado sea autónoma o dependiente ni que la desempeñe di-

---

[1] Krotoschin, *Tratado práctico*, t. I, p. 220.

rectamente o que la realice a través de terceros –generalmente parientes– que le sirven de pantalla[2]. La posibilidad de competencia no existe, normalmente, tratándose de puestos inferiores, de simple ejecución de trabajos no especializados[3].

§ 3. **Autorización del empleador.** – La competencia no significa una falta al deber de fidelidad cuando el empleador autoriza expresamente la negociación por cuenta propia o ajena. Debe equipararse a esta situación el caso en que el empleador conociese la actividad del dependiente en el momento de celebrar el contrato y no exigiera expresamente su abandono[4].

§ 4. **Cesación del deber de no concurrencia.** – La prohibición de concurrencia se extingue, normalmente, con la terminación del contrato de trabajo, cualquiera que fuera la causa de la extinción. Sólo excepcionalmente la prohibición de competencia se extiende a un período posterior a la finalización del contrato. Se trata del caso en que las partes celebran un convenio especial de no concurrencia[5].

§ 5. **Convenios de no concurrencia.** – Las partes pueden celebrar un convenio especial de no concurrencia para tener efectos después de terminado el contrato de trabajo. Este convenio crea una obligación de no hacer y, en caso de incumplimiento, acarrea las consecuencias jurídicas propias de esta clase de obligaciones, según el derecho común[6].

§ 6. **Incumplimiento del deber de no concurrencia.** – La violación del deber de no concurrencia, durante el contrato de trabajo, puede constituir *justa causa* de despido si se dan las circunstancias del art. 242 de la LCT.

Jurisprudencia

1. *Concurrencia desleal. Despido. Justa causa.* Existe causa para justificar el despido con fundamento en concurrencia desleal, cuando se acredita el desempeño de un trabajador de confianza en una actividad del mismo o similar ramo que el principal, o el ofrecimiento por cuenta propia o de un tercero de servicios que constituyen el objeto de la empresa, o supuestos

---

[2] Fernández Madrid, *Tratado práctico*, t. II, p. 1152.
[3] Krotoschin, *Tratado práctico*, t. I, p. 221.
[4] Krotoschin, *Tratado práctico*, t. I, p. 221.
[5] Krotoschin, *Tratado práctico*, t. I, p. 222.
[6] Krotoschin, *Tratado práctico*, t. I, p. 224.

que impliquen cualquier forma de captación de clientela en provecho propio o de un competidor (CNTrab, Sala VII, 3/9/96, *DT*, 1997-A-536).

Art. 89. [Auxilios o ayudas extraordinarias] – El trabajador estará obligado a prestar los auxilios que se requieran, en caso de peligro grave o inminente para las personas o para las cosas incorporadas a la empresa.

Concordancias: LCT, arts. 25, 62, 63, 85, 201 y 203.

§ 1. **Manifestación del deber de buena fe.** – La obligación impuesta por este artículo deriva del principio de buena fe y se sustenta en elementales razones humanitarias y de colaboración.

§ 2. **Trabajo extraordinario obligatorio.** – La prestación de tareas en horas suplementarias es, en general, facultativo para el trabajador. En las situaciones previstas en este artículo, la prestación de trabajo, aunque exceda del horario normal, debe conceptuarse obligatoria dadas las excepcionales circunstancias.

§ 3. **Trabajo remunerado.** – Aunque se trata de circunstancias extraordinarias, ello no exime al empleador del deber de pagar la remuneración, puesto que, aunque la norma no lo imponga expresamente, el trabajo no se presume gratuito (art. 115, LCT)[1].

Capítulo VIII

DE LA FORMACIÓN PROFESIONAL*

Art. ... – La promoción profesional y la formación en el trabajo, en condiciones igualitarias de

---

[1] Meilij, *Contrato de trabajo*, t. I, p. 345.

* Este capítulo de la LCT fue incorporado por la ley 24.576 (BO, 13/11/95) y sus artículos carecen de numeración, puesto que hasta el presente el Poder Ejecutivo nacional no ha dictado el decreto que resuelva el nuevo ordenamiento del articulado de la LCT, en cumplimiento de lo establecido por el art. 2° de la ley mencionada.

Art. ...

acceso y trato será un derecho fundamental para todos los trabajadores y trabajadoras.

Concordancias: LCT, arts. 17 y 81; LE, arts. 81 a 86.

§ 1. **Contenido del capítulo.** – Las normas que ha incorporado son heterogéneas, en cuanto muchas de ellas no se refieren exclusivamente a los derechos y deberes de las partes, empleador y trabajador, en el marco del contrato de trabajo, propio del contenido específico de la LCT, sino a políticas de formación profesional que involucran principalmente al Estado y también a las organizaciones profesionales.

§ 2. **Derechos a la promoción y formación.** – El contenido del artículo es principalmente declarativo, ya que enuncia los derechos del trabajador a la promoción profesional y a la formación en el trabajo, formulación que parece integrar más el contenido de una política de formación profesional y no los deberes concretos a cargo del empleador en el marco del contrato de trabajo.

Si bien no se determina frente a quiénes se ejercería este derecho del trabajador, es evidente que estos derechos subjetivos deberían generar los correlativos deberes a cargo del Estado y los empleadores, deberes que sólo se mencionan de una manera vaga en los artículos siguientes.

Art. ... – El empleador implementará acciones de formación profesional y/o capacitación con la participación de los trabajadores y con la asistencia de los organismos competentes al Estado.

Concordancias: LE, arts. 81 a 86, 128 y 129.

§ 1. **Acciones de formación profesional.** – El contenido del artículo es muy vago, dado que fuera de la genérica obligación del empleador de implementar acciones de formación y capacitación del personal, no se precisan las circunstancias en que esos programas deberán instrumentarse ni los deberes concretos a cargo del empresario. Esas acciones, agrega el artículo, deberán realizarse con la participación de los trabajadores y la asistencia de los organismos competentes del Estado.

§ 2. **Asistencia del Estado.** – El capítulo I del título V de la LE trata de la "Formación profesional para el empleo" y establece, en su art. 128, que el Ministerio de Trabajo, Empleo y Seguridad Social deberá elaborar programas de formación para el empleo que incluirán acciones de formación, calificación, capacitación, reconversión, perfeccionamiento y especialización de los trabajadores. A tal efecto, el Ministerio está facultado para coordinar la ejecución de programas de formación profesional con el sector público y privado, mediante la celebración de convenios (art. 129, inc. *b*, LE). Estos programas cuentan con el financiamiento del Fondo Nacional del Empleo creado por la misma ley (art. 143, LE).

Art. ... – La capacitación del trabajador se efectuará de acuerdo a los requerimientos del empleador, a las características de las tareas, a las exigencias de la organización del trabajo y a los medios que le provea el empleador para dicha capacitación.

CONCORDANCIAS: LCT, arts. 64, 65 y 79.

§ 1. **Modalidades de la capacitación.** – El artículo determina los modos y las condiciones que permiten la capacitación del trabajador.

Art. ... – La organización sindical que represente a los trabajadores de conformidad a la legislación vigente tendrá derecho a recibir información sobre la evolución de la empresa, sobre innovaciones tecnológicas y organizativas y toda otra que tenga relación con la planificación de acciones de formación y capacitación profesional.

CONCORDANCIAS: ley 23.551, arts. 23, inc. *b*, y 31, inc. *a*; ley 23.546 (t.o. decr. 1135/04), art. 4°, incs. *b*, *c* y *d*; ley 25.877, arts. 25 a 27.

§ 1. **Derecho de información para la formación profesional.** – El artículo consagra un derecho de información para la organización sindical que represente a los trabajadores. Esta organización es el sindicato con personería gremial (art. 31, inc. *a*, ley 23.551) o el simplemente inscripto cuando no hubiere en la misma actividad o categoría asociación con personería gremial (art. 23, inc. *b*, ley 23.551). El derecho de información para el sindicato es concordante con la participación de los trabajadores que, en las acciones de formación profesional que se instrumenten, instituye el segundo artículo del presente capítulo.

§ 2. **Contenido.** – La información a la que se refiere el artículo y que el sindicato tiene derecho a recibir de la empresa no es genérica sino específica vinculada con las acciones de formación y capacitación profesional. Las materias sobre las que versará la información son: *a*) evolución de la empresa; *b*) innovaciones tecnológicas y organizativas, y *c*) toda otra que tenga relación con la planificación de acciones de formación y capacitación profesional. La información sobre evolución de la empresa y las innovaciones tecnológicas y organizativas tienden a poner en conocimiento del sindicato representativo los presupuestos fácticos necesarios para permitir la participación de los trabajadores en la planificación de las acciones de formación y capacitación profesional a realizarse.

§ 3. **Negociación colectiva.** – El art. 4º de la ley 23.546, modificado por la ley 25.877 (t.o. decr. 1135/04), sobre procedimiento para la negociación colectiva, impone a las partes en la negociación colectiva entablada a nivel de empresa el intercambio de información acerca de determinadas materias, entre las cuales se encuentra los "planes y acciones en materia de formación profesional" (inc. *b*, VII). Igualmente, en caso de procedimiento de crisis, la empresa debe informar sobre la "recalificación y formación profesional de los trabajadores" (inc. *c*, IV).

§ 4. **Balance social.** – La obligación impuesta por el art. 25 de la ley 25.877, a las empresas que ocupen a más de trescientos trabajadores, de elaborar anualmente un balance social que recoja información relativa a condiciones de trabajo y empleo, costo laboral y prestaciones sociales a cargo de la empresa y que debe ser girado al sindicato con personería gremial, incluye, entre otros datos, lo relativo a "capacitación" (art. 26, inc. *g*, ley 25.877).

Art. ... – La organización sindical que represente a los trabajadores de conformidad a la legislación vigente ante innovaciones de base tecnológica y organizativa de la empresa, podrá solicitar al empleador la implementación de acciones de formación profesional para la mejor adecuación del personal al nuevo sistema.

CONCORDANCIAS: ley 23.551, arts. 4°, inc. *d*, 23, inc. *b*, y 31, inc. *a*.

§ 1. **Solicitud de acciones de formación profesional.** – El contenido de este artículo es jurídicamente irrelevante en tanto no agrega nada nuevo a las facultades y atribuciones con que cuenta el sindicato. En efecto, el derecho de los trabajadores de peticionar, por sí o por medio de sus organizaciones, se encuentra debidamente garantizado por la ley sindical (arts. 4°, inc. *d*; 23, inc. *b*, y 31, inc. *a*, ley 23.551), sin que exista restricción alguna acerca de la materia objeto de la petición.

Art. ... – En el certificado de trabajo que el empleador está obligado a entregar a la extinción del contrato de trabajo deberá constar además de lo prescripto en el art. 80, la calificación profesional obtenida en el o los puestos de trabajo desempeñados, hubiere o no realizado el trabajador acciones regulares de capacitación.

CONCORDANCIAS: LCT, art. 80; ley 25.013, art. 1°.

§ 1. **Nuevo contenido para el certificado de trabajo.** – El artículo comentado agrega un nuevo contenido al certificado de trabajo que se suma a los ya establecidos por el art. 80 de la LCT que regula la obligación de entrega del empleador al trabajador de este tipo de certificado. Se trata de "la calificación profesional obtenida en el o los puestos de trabajo desempeñados", constancia que ha de incluirse en el certificado respectivo, "hubiere o no realizado el trabajador acciones regulares de capacitación".

Art. ... – El trabajador tendrá derecho a una cantidad de horas del tiempo total anual del trabajo, de acuerdo a lo que se establezca en el convenio colectivo, para realizar, fuera de su lugar de trabajo actividades de formación y/o capacitación que él juzgue de su propio interés.

CONCORDANCIAS: ley 14.250, t.o. decr. 1135/04, arts. 4°, 7° a 9° y 13.

18. Etala, *Contrato*.

§ 1. **Horas anuales convencionales de formación.** – El artículo consagra el derecho del trabajador de gozar de una cantidad de horas en el año para su formación fuera del lugar de trabajo. Se trata de una norma que no es directamente operativa ya que requiere la respectiva habilitación por el convenio colectivo de la actividad de que se trate, que deberá fijar el número de horas que constituirá el crédito anual del trabajador. También el convenio colectivo deberá determinar si el tiempo de formación ha de ser o no remunerado, ya que las actividades de formación o capacitación son para cumplirse "fuera de su lugar de trabajo" y en el "tiempo total anual del trabajo", con lo que se resta al tiempo de trabajo efectivo el tiempo que el trabajador ha de insumir en las actividades de formación, debiendo aclararse en el convenio si este tiempo dedicado a la capacitación será sin merma o disminución de la remuneración del trabajador o solamente excusará la ausencia del trabajador en dichas horas en el cumplimiento de sus tareas habituales, pero sin derecho al cobro de la retribución en tanto no se presta el trabajo. Nada dice al respecto el texto del artículo, con lo que el vacío legislativo deberá ser llenado por el respectivo convenio colectivo de trabajo.

Título III

DE LAS MODALIDADES DEL CONTRATO DE TRABAJO

Capítulo I

PRINCIPIOS GENERALES

Art. 90. [Indeterminación del plazo] – El contrato de trabajo se entenderá celebrado por tiempo indeterminado, salvo que su término resulte de las siguientes circunstancias:

a) Que se haya fijado en forma expresa y por escrito el tiempo de su duración.

b) Que las modalidades de las tareas o de la actividad, razonablemente apreciadas, así lo justifiquen.

La formalización de contratos por plazo determinado en forma sucesiva, que exceda de las exigencias previstas en el apartado *b* de este artículo, convierte al contrato en uno por tiempo indeterminado.

Concordancias: LCT, arts. 10, 11, 14, 21, 23, 24, 48, 50, 91 a 95, 99 y 250; Cód. Civil, art. 567; LE, art. 27.

§ 1. **Principio de indeterminación.** – La ley, primero, consagra el principio de indeterminación del plazo del contrato, dedicando el resto del artículo a regular el contrato a plazo fijo. La indeterminación del plazo significa que el contrato tiene una duración indefinida y debe subsistir en tanto no se configure una causa que impida su continuación (renuncia, despido, jubilación, muerte del trabajador, etc.), según el art. 91 de la LCT. Ésta es una manifestación del principio de continuidad laboral o subsistencia del contrato, que es uno de los principios generales del derecho del trabajo (ver art. 11, § 4).

Jurisprudencia

1. *Contrato de trabajo. Duración. Presunción.* El contrato de trabajo se presume por tiempo indeterminado en tanto no medien circunstancias concretas que permitan inferir otra modalidad (CNTrab, Sala VII, 23/9/91, *DT*, 1991-B-2029).

§ 2. **Contrato de trabajo a plazo fijo.** – Éste, que regula la mayor parte del artículo comentado, es una excepción al principio de indeterminación del plazo, al establecer los requisitos formales y sustanciales para que este contrato tenga legitimidad.

a) *Requisito formal. Forma escrita.* El inc. *a* impone la forma escrita. De no observarse, el contrato no valdría como uno a plazo fijo sino como uno por tiempo indeterminado.

b) *Tiempo de duración.* Debe fijarse en forma expresa y por escrito. El plazo del contrato debe ser cierto (art. 567, Cód. Civil), porque si fuera incierto se trataría de un contrato de trabajo eventual (art. 99, LCT, y art. 568, Cód. Civil).

Jurisprudencia

1. *Contrato de trabajo a plazo cierto o incierto. Requisitos.* Para generar un contrato de trabajo de plazo cierto o incierto, en nuestro ordenamiento jurídico, no basta el acuerdo de voluntades sanas y la observancia de las formalidades legales sino que debe mediar, además, una necesidad objetiva del proceso productivo, que legitime el recurso a alguna de esas modalidades (CNTrab, Sala VI, 19/7/96, *DT*, 1997-A-311).

2. *Modalidades de contratación. Trabajo eventual a plazo fijo.* El contrato de trabajo admite la estipulación de un plazo cierto o de un plazo incierto –eventual–, pero no simultáneamente de ambos, por lo que la celebración de un *contrato de trabajo eventual a plazo fijo* encierra una *contradictio in terminis* (CNTrab, Sala VI, 14/10/91, *DT*, 1992-A-51).

3. *Requisitos del contrato de tiempo determinado.* Es improcedente calificar como de tiempo determinado al contrato de trabajo celebrado entre el actor y la demandada, puesto que ésta no hizo referencia a alguna circunstancia especial, extraordinaria o particular vinculada con la tarea desarrollada que justifique la contratación por dicho tiempo, ni acompañó al expediente el o

los instrumentos que darían cuenta de la formalización por escrito del contrato y que permitirían tener por cumplimentado por lo menos el requisito de fijación del plazo de duración en forma expresa (CNTrab, Sala V, 28/8/03, *DT*, 2004-A-393).

c) *Exigencias objetivas.* La celebración del contrato a plazo fijo no depende exclusivamente de la voluntad de las partes de vincularse mediante este tipo de contrato. Deben existir causas objetivas fundadas en las modalidades de las tareas o de la actividad de que se trate que lo justifiquen[1]. De no darse estas exigencias, el contrato se juzgará como de tiempo indeterminado.

Jurisprudencia

1. *Contrato de trabajo a plazo fijo. Reemplazo de personal. Requisitos. Individualización. Enunciación vaga.* En el marco legal previsto por el inc. *b* del art. 90 de la LCT, si la modalidad escogida es la del contrato de trabajo celebrado a plazo fijo, no es suficiente una enunciación vaga en el texto del contrato tal como el reemplazo de personal en un determinado período, pues debe exigirse que se individualice al reemplazado –o reemplazados–, dado que, obviamente, la fijación de un plazo cierto supone que el objeto del contrato es reemplazar a personas determinadas, e incumplido tal recaudo en el texto del contrato, si el empleador pretende demostrar que se reunían los requisitos necesarios para considerar ajustado a derecho el contrato a plazo determinado, debe invocar concreta y certeramente a quién o quiénes había reemplazado efectivamente el trabajador, y luego probar sus afirmaciones en los términos del art. 377 del Cód. Proc. Civil y Com. de la Nación (CNTrab, Sala X, 26/8/96, *DT*, 1997-A-92).

2. *Tareas de carga y descarga normales.* Si las tareas de carga y descarga desempeñadas por el trabajador eran normales, estaban incorporadas a la estructura organizativa y formaban parte necesaria del desenvolvimiento laboral habitual, no se justifica la contratación a plazo fijo (CNTrab, Sala I, 31/8/01, *DT*, 2002-A-73).

3. *Exclusión del período de prueba.* Resulta discordante desde el punto de vista jurídico que para contratar a un obrero se acuda a la figura del *período de prueba* y que a posteriori a ese mismo dependiente se lo contrate por tiempo determinado. Se configura en este caso una situación de abuso del régimen de modalidades contractuales, reñido con la finalidad objetiva que tuvo el legislador para autorizar la contratación por tiempo determinado (arts. 18, 90 y 95, LCT; arg. art. 1071, Cód. Civil) (CNTrab, Sala V, 31/8/99, *DT*, 2000-B-1846).

---

[1] López - Centeno - Fernández Madrid, *Ley de contrato de trabajo*, t. I, p. 562.

d) *Requisitos acumulativos.* Los requisitos que establecen los incs. *a* y *b* del artículo comentado son acumulativos y no alternativos[2], es decir, deben darse conjuntamente para que el contrato se considere de plazo fijo.

JURISPRUDENCIA

1. *Requisitos acumulativos.* Las condiciones que establece el art. 90 de la LCT son acumulativas y no alternativas (CNTrab, Sala I, 20/3/89, *DT*, 1990-A-1167; íd., Sala III, 18/8/95, *DT*, 1996-A-1193; íd., Sala IV, 24/5/91, *DT*, 1991-B-1655; íd., Sala VII, 29/12/94, *DT*, 1995-A-672).

e) *Contratos a plazo sucesivos.* El último párrafo del artículo comentado establece que la celebración de contratos por plazo determinado en forma sucesiva (contratos *en serie*), que exceda de las exigencias previstas en el inc. *b* del artículo, convierte al contrato en uno por tiempo indeterminado. La solución se justifica no sólo por la vía de la nulidad por fraude laboral (art. 14, LCT), sino porque la contratación sucesiva del trabajador, más allá de las exigencias del inc. *b*, torna aplicable el principio de la indeterminación del plazo[3].

JURISPRUDENCIA

1. *Sucesiva renovación de contratos. Obra teatral.* Si la sucesiva renovación de contratos a plazo estuvo sujeta al éxito de la obra teatral en la que se desempeñaban los actores, cabe concluir que la suscripción continuada de dichos contratos no configuró la situación contemplada en el último párrafo del art. 90 de la LCT, en tanto no se excedieron las exigencias previstas en el inc. *b* de dicha norma legal (CNTrab, Sala VIII, 23/10/97, *DT*, 1998-A-724).

Art. 91. [ALCANCE] – **El contrato por tiempo indeterminado dura hasta que el trabajador se encuentre en condiciones de gozar de los beneficios que le asignan los regímenes de seguridad social, por límites de edad y años de servicios, salvo que se configuren algunas de las causales de extinción previstas en la presente ley.**

CONCORDANCIAS: LCT, arts. 10, 48, 90, 212 a 232, 240 a 242, 244, 246 a 249, 251, 252 y 254; LE, art. 27; ley 24.241.

---

[2] LÓPEZ - CENTENO - FERNÁNDEZ MADRID, *Ley de contrato de trabajo*, t. I, p. 770.
[3] LÓPEZ - CENTENO - FERNÁNDEZ MADRID, *Ley de contrato de trabajo*, t. I, p. 563.

§ 1. **Estabilidad impropia.** – El art. 14 *bis* de la Const. nacional establece como derecho del trabajador la *protección contra el despido arbitrario*. El legislador reglamentó este derecho, pero no estableció ni el derecho a la reinstalación en su puesto para el trabajador despedido injustificadamente, ni la ineficacia del acto rescisorio del empleador, salvo para los representantes gremiales. Es decir, no ha establecido la llamada estabilidad *absoluta* o *propia*, sino la llamada *impropia* que consiste en admitir la eficacia del despido del trabajador, aunque no exista causa justificada, pero imponiendo en este caso una carga indemnizatoria para el empleador (arts. 242 y 245, LCT).

§ 2. **Duración del contrato por tiempo indeterminado.** – Este contrato tiene vocación de perdurabilidad, aunque no se descarta que pueda cesar antes de que el trabajador esté en condiciones de obtener una de las prestaciones de la ley 24.241 (art. 252, LCT). El contrato cesa antes por algunas de las causales de extinción previstas en la ley (renuncia, despido, muerte del trabajador, quiebra del empleador, etcétera).

Es necesario aclarar que el art. 252 de la LCT otorga al empleador la facultad de dar por terminado el contrato por causa de encontrarse el trabajador en condiciones de obtener una de las prestaciones del sistema integrado de jubilaciones y pensiones. Pero la ley no ha establecido una edad máxima para el trabajo, ni una causal de extinción fatal del contrato por edad. El trabajador podría mantener su empleo aun cuando estuviera en condiciones de obtener una de esas prestaciones, si el empleador no toma la iniciativa de extinguir el contrato por dicha causal[1].

Art. 92. [PRUEBA] – La carga de la prueba de que el contrato es por tiempo determinado estará a cargo del empleador.

CONCORDANCIAS: LCT, arts. 14, 48, 50, 57, 90, 94 y 99.

§ 1. **Carga probatoria.** – No obstante que el artículo establece que la carga de la prueba de que el contrato es por tiempo determinado está a cargo del empleador, en rigor, la carga de la prueba está a cargo de quien invoca el contrato, ya que el trabajador, en ciertas circunstancias, podría tener interés en

---

[1] FERNÁNDEZ MADRID, *Tratado práctico*, t. I, p. 768.

invocar el contrato a plazo fijo, por ejemplo, si de ello resultara una indemnización por despido mayor que la establecida para el contrato por tiempo indeterminado[1].

§ 2. **Aplicación de la norma.** – La disposición del artículo comentado es aplicable no sólo al contrato a plazo fijo sino también al contrato de trabajo eventual (art. 99, LCT).

Jurisprudencia

1. *Carga de la prueba. Trabajo eventual.* La carga de la prueba del carácter eventual y transitorio de la prestación corresponde a la empresa usuaria del servicio (CNTrab, Sala I, 30/12/02, *TSS*, 2003-234).

Art. 92 bis. El contrato de trabajo por tiempo indeterminado, excepto el referido en el art. 96, se entenderá celebrado a prueba durante los primeros tres meses de vigencia. Cualquiera de las partes podrá extinguir la relación durante ese lapso sin expresión de causa, sin derecho a indemnización con motivo de la extinción, pero con obligación de preavisar según lo establecido en los arts. 231 y 232.

El período de prueba se regirá por las siguientes reglas:

1) Un empleador no puede contratar a un mismo trabajador, más de una vez, utilizando el período de prueba. De hacerlo, se considerará de pleno derecho, que el empleador ha renunciado al período de prueba.

2) El uso abusivo del período de prueba con el objeto de evitar la efectivización de trabajadores será pasible de las sanciones previstas en los regímenes sobre infracciones a las leyes de trabajo. En especial, se considerará abusiva la conducta del empleador que contratare sucesivamente a distintos trabajadores para un mismo puesto de trabajo de naturaleza permanente.

---

[1] Fernández Madrid, *Tratado práctico*, t. I, p. 774.

3) El empleador debe registrar al trabajador que comienza su relación laboral por el período de prueba. Caso contrario, sin perjuicio de las consecuencias que se deriven de ese incumplimiento, se entenderá de pleno derecho que ha renunciado a dicho período.

4) Las partes tienen los derechos y obligaciones propias de la relación laboral, con las excepciones que se establecen en este artículo. Tal reconocimiento respecto del trabajador incluye los derechos sindicales.

5) Las partes están obligadas al pago de los aportes y contribuciones a la seguridad social.

6) El trabajador tiene derecho, durante el período de prueba, a las prestaciones por accidente o enfermedad del trabajo. También por accidente o enfermedad inculpable, que perdurará exclusivamente hasta la finalización del período de prueba si el empleador rescindiere el contrato de trabajo durante ese lapso. Queda excluida la aplicación de lo prescripto en el cuarto párrafo del art. 212.

7) El período de prueba, se computará como tiempo de servicio a todos los efectos laborales y de la seguridad social. [Artículo sustituido por ley 25.877, art. 2°]

CONCORDANCIAS: LCT, arts. 10, 18, 48, 52, 62 a 89, 90, 91, 208 a 212, 231 a 233; Cód. Civil, art. 1071; leyes 24.013, arts. 7° y 27; 24.241; 24.557 y 25.212.

§ 1. **El período de prueba en el régimen general.** – La ley 24.465 incorporó, por primera vez, el período de prueba en el régimen general de contrato de trabajo, mediante la inclusión de un nuevo art. 92 *bis* dentro de la LCT. Hasta la sanción de esa ley, sólo algunos estatutos jurídicos particulares, como el del servicio doméstico (art. 8°, decr. ley 326/56), médicos, odontólogos y farmacéuticos (art. 3°, decr. 22.212/45), periodistas profesionales (art. 25, ley 12.908), empleados administrativos de empresas periodísticas (art. 4°, decr. ley 13.839/46), encargados de casas de renta (art. 6°, ley 12.981) y trabajadores agrarios (art. 63, ley de facto 22.248), preveían, con distintos efectos, la existencia de un período de prueba.

El art. 3° de la ley 25.013 sustituyó totalmente el texto del art. 92 bis de la LCT, incorporado por la ley 24.465, modificación que se aplicó a partir de la vigencia de la ley posterior, vale decir, a los contratos de trabajo celebrados desde el 3 de octubre de 1998.

La ley 25.250, por su art. 1°, sustituyó el texto de la ley 25.013 y dio al art. 92 bis de la LCT una nueva redacción que rigió para los contratos celebrados a partir del 11 de junio de 2000.

El art. 2° de la ley 25.877 sustituyó totalmente el texto del art. 92 bis. Por aplicación del art. 43 de la ley citada, la modificación legislativa sólo se aplicará a los contratos celebrados a partir de su vigencia, es decir, la hora cero del día 28 de marzo de 2004.

Respecto de los contratos en curso de ejecución al momento de entrada en vigencia de la ley 25.877, las normas de ésta no tienen ninguna incidencia con relación al período de prueba que continuará rigiéndose hasta su finalización conforme a la ley vigente al momento de la celebración del contrato de trabajo.

§ 2. **Finalidades del período de prueba.** – La previsión de un período de prueba en el contrato de trabajo pretende cumplir la finalidad de permitir al empleador apreciar las aptitudes y destrezas que ostenta el trabajador para cubrir el puesto de trabajo vacante y al trabajador darle ocasión de conocer en la práctica la tarea que debe desempeñar, saber si puede efectuarla y valorar si las funciones asignadas resultan acordes con la remuneración convenida.

§ 3. **Período de prueba implícito en el contrato de trabajo por tiempo indeterminado, salvo el de temporada.** – El período de prueba se considera implícito en todo contrato por tiempo indeterminado, salvo el de temporada.

La exclusión de la aplicación del período de prueba al contrato de temporada se ha explicado por la mayor posibilidad que se presenta, en esta modalidad de prestación discontinua, de eludir las consecuencias del contrato por tiempo indeterminado, valiéndose de la duración del período de prueba que puede coincidir fácilmente con la extensión de la temporada.

No rige tampoco, el período de prueba, para las modalidades contractuales de tiempo determinado, como el contrato a plazo fijo (arts. 90, 92, 94 y 95, LCT) y eventual (art. 99, LCT, y arts. 69 a 74, LE) y en el contrato de trabajo de tiempo parcial del art. 93 *ter* de la LCT, cuando no adopta la forma de contrato de trabajo por tiempo indeterminado sino a plazo fijo o eventual, o bien de temporada.

Jurisprudencia

1. *Contrato de trabajo a plazo fijo. Exclusión del período de prueba.* Resulta discordante desde el punto de vista jurídico que para contratar a un obrero se acuda a la figura del *período de prueba* y que a posteriori a ese mismo dependiente se lo contrate por tiempo determinado. Se configura en este caso una situación de abuso del régimen de modalidades contractuales, reñido con la finalidad objetiva que tuvo el legislador para autorizar la contratación por tiempo determinado (arts. 18, 90 y 95, LCT; arg. art. 1071, Cód. Civil) (CNTrab, Sala V, 31/8/99, *DT*, 2000-B-1846).

§ 4. **Carácter jurídico del período de prueba.** – Se ha caracterizado al período de prueba como un *período de carencia*, cuyo transcurso es necesario para que puedan encontrar aplicación en plenitud las normas de protección que corresponden a un contrato de trabajo de tiempo indeterminado[1].

§ 5. **Plazo del período de prueba.** – Según el texto legal vigente, el contrato de trabajo por tiempo indeterminado se entiende celebrado a prueba durante los primeros tres meses de vigencia. No establece distinción alguna según la actividad, la categoría de los trabajadores o su calificación profesional. A diferencia de sus precedentes legislativos, el nuevo texto legal no habilita la ampliación del plazo por negociación colectiva.

La ampliación del plazo que consintiera individualmente el trabajador, en exceso del plazo legal establecido, sería nula por afectar el orden público laboral (art. 12, LCT), teniéndose por concluido el período de prueba una vez transcurrido el tiempo de su duración fijado legalmente (art. 13, LCT).

El empleador puede, en cambio, renunciar al período de prueba o convenir la reducción de su duración[2], puesto que, en este caso, no se vería afectado el orden público (arts. 19 y 21, Cód. Civil).

§ 6. **Período de prueba único.** – El inc. 1 del texto del artículo prohíbe que un mismo trabajador pueda ser contrata-

---

[1] Deveali, *Período de prueba y permanencia*, DT, 1946-505.
[2] Alonso Olea - Casas Baamonde, *Derecho del trabajo*, p. 211.

do con período de prueba, por el mismo empleador, más de una vez. Se trata de una norma destinada a prevenir el fraude laboral, dado que, por la vía que la ley prohíbe, se estaría convalidando una ampliación indirecta del plazo del período de prueba. Esta disposición es aplicable tanto al caso del trabajador que se aleja de la empresa sin completar el período de prueba, como del que habiendo sido incorporado a la empresa como efectivo después de cumplir el período de prueba se desvincula de su empleador para reingresar posteriormente. En este caso, el período de prueba sería inútil, puesto que ya ha transcurrido anteriormente y se entiende que la ley presume que el plazo determinado por ella es suficiente para apreciar las habilidades y destrezas del trabajador. Más dudoso es el caso en que el trabajador se aleja de la empresa sin haber completado el tiempo fijado para el período de prueba. Parecería admisible que, en el reingreso posterior del trabajador, el empleador pudiera utilizar los días necesarios para completar el plazo total no utilizado en la primera contratación.

Para hacer efectiva la prohibición de reiterar respecto de un mismo trabajador la utilización del período de prueba, la norma apela al recurso de la "ficción" jurídica al considerar de pleno derecho que el empleador, en este caso, "ha renunciado" al período de prueba. Hubiera bastado con poner al período de prueba único como presupuesto sustancial de su ejercicio, sancionando con la nulidad su reiteración respecto de un mismo trabajador (art. 12, LCT), con lo que resultarían aplicables, de pleno derecho, las normas imperativas consagradas por la ley o el convenio colectivo de trabajo respectivo (art. 13, LCT).

§ 7. **Uso abusivo del período de prueba.** – El inc. 2 del art. 92 *bis* de la LCT, en su nueva redacción, considera como conducta punible, conforme a los "regímenes sobre infracciones a las leyes del trabajo", el "uso abusivo del período de prueba con el objeto de evitar la efectivización de trabajadores". Ejemplifica la conducta abusiva considerando tal la "del empleador que contratare sucesivamente a distintos trabajadores para un mismo puesto de trabajo de naturaleza permanente".

El "uso abusivo" resulta una forma de *abuso de derecho* en el sentido del art. 1071 del Cód. Civil, que es sustancialmente una cuestión de valoración jurídica que debe ser apreciada ineludiblemente por los jueces y no por los inspectores de trabajo. El *uso abusivo* exige un elemento intencional en la conducta del empleador expresado en la locución "con el objeto de evitar la efectivización de trabajadores", que, además de la dificultad que presenta para su acreditación, inherente a toda intención subjetiva, resulta igualmente de excluyente apreciación judicial.

La objetiva conducta de contratar "sucesivamente a distintos trabajadores para un mismo puesto de trabajo de naturaleza permanente" conduce a la dificultad evidente de lograr discernir cuándo ella es resultado de la intención subjetiva del empleador "de evitar la efectivización de trabajadores" y cuándo, simplemente, de la imposibilidad de lograr la elección del trabajador idóneo o con el perfil adecuado para cubrir el puesto de trabajo vacante.

§ 8. **Forma del período de prueba.** – El período de prueba se entiende implícito en el contrato de trabajo por tiempo indeterminado. Como éste no requiere forma alguna y puede celebrarse incluso verbalmente, ninguna forma especial es exigible.

§ 9. **Deber de registrar el contrato de trabajo.** – El inc. 3 del texto legal impone al empleador el deber de registrar al trabajador que comienza su relación laboral por el período de prueba. Esto significa que el contrato de trabajo por tiempo indeterminado debe registrarse, como cualquier otro, en el libro especial del art. 52 de la LCT y en el sistema único de registro laboral, lo que en la actualidad significa que debe inscribirse el empleador como tal, si no lo estuviere, y denunciar al trabajador ante la AFIP y la obra social correspondiente, cumpliendo los recaudos exigidos por el art. 7º de la LE para que la relación de trabajo se considere registrada.

"Las consecuencias que se deriven de ese incumplimiento" (de registrar el contrato de trabajo) son las que se desprenden de los arts. 8º, 11 y 15 de la LE o las del art. 1º de la ley 25.323 si la relación laboral se hubiera extinguido sin haber ejercido el trabajador su derecho de intimar a la regularización laboral, vigente el contrato de trabajo, según el art. 11 de la LE y art. 3º del decr. regl. 2725/91.

En el orden administrativo, la falta de inscripción del trabajador en los libros de registro del empleador se considera "infracción muy grave" según el art. 4º, inc. c (que se sanciona como tal –art. 5º, inc. 3–), dentro del régimen general de sanciones por infracciones laborales aprobado por el Anexo II de la ley 25.212.

JURISPRUDENCIA

1. *Falta de registro del contrato.* a) Para que el período de prueba tenga vigencia, el trabajador no sólo debe ser registrado

en los libros especiales de la empresa, sino que también debe ser registrado en el sistema único de registro laboral (denunciar al trabajador ante la AFIP y la obra social), extremos que si no se cumplen revelan que el empleador ha optado por "salirse" del diseño creado por la ley y ha preferido comenzar su relación con un contrato firme, lo que le acarrea la pérdida de los *incentivos* que aquél le ofrecía, entre ellos, la posibilidad de despedir durante dicho período sin expresión de causa y sin derecho, por parte del trabajador, a indemnización alguna con motivo de la extinción (CNTrab, Sala VII, 18/12/00, *DT*, 2001-A-992).

b) Frente al incumplimiento del deber de inscribir el contrato a prueba debe interpretarse inequívocamente que se ha renunciado al período en cuestión, lo que trae aparejada la pérdida de los beneficios previstos en el art. 92 *bis* de la LCT y el deber de abonar las indemnizaciones de rigor, aun cuando la ruptura se hubiera producido dentro del plazo contemplado en esta norma (CNTrab, Sala VII, 16/3/04, *TSS*, 2004-351).

§ 10. **Derechos de las partes durante el período de prueba.** – Durante este período, las partes tienen los derechos y obligaciones propias de la relación laboral, con las excepciones específicas que establece la ley y que emergen del período de prueba. En consecuencia, rigen los derechos y deberes de las partes, especialmente los que surgen de los arts. 62 a 89 de la LCT, los relativos a la duración del trabajo, descansos, normas de higiene y seguridad, etcétera.

Igualmente el trabajador goza de los derechos sindicales como los de constituir asociaciones sindicales, afiliarse a ellas, elegir representantes, entre otros. Debe dispensarse al trabajador igualdad de trato (arts. 17 y 81, LCT) en identidad de situaciones. Goza del derecho a percibir asignaciones familiares y de las prestaciones de la obra social respectiva, en tanto la ley obliga a efectuar la pertinente inscripción y los aportes y contribuciones con tales destinos.

Jurisprudencia

1. *Disminución salarial. Lesión subjetiva.* Si el trabajador durante el lapso de prueba no rindió conforme lo esperado, el empleador tiene derecho a disolver el vínculo sin consecuencias indemnizatorias, pero no puede imponer unilateralmente una rebaja salarial arbitraria y contraria a los principios propios de nuestra disciplina, y tampoco puede invocar que medió consentimiento del trabajador a las nuevas condiciones salariales impuestas, porque resultaría aplicable la figura de la lesión subjetiva reglamentada por el art. 954 del Cód. Civil de existir una notable desproporción de las prestaciones (CNTrab, Sala V, 28/2/01, *DT*, 2001-B-1163).

§ 11. **Derechos en caso de enfermedad o accidente.** – Según el inc. 6 del texto legal comentado, el trabajador, durante el período de prueba, tiene los derechos relativos al caso de accidente o enfermedad del trabajo o de accidente o enfermedad inculpable, con excepción de lo prescripto en el párr. 4º del art. 212 de la LCT, es decir, se excluye expresamente la indemnización por incapacidad absoluta.

En caso de accidente o enfermedad del trabajo rigen las normas pertinentes de la ley de riesgos del trabajo 24.557. En el supuesto de accidente o enfermedad inculpable los derechos y obligaciones que emergen de los arts. 208 a 210 de la LCT. No son aplicables los arts. 211 a 213 de la LCT. El art. 212, por haber sido excluido expresamente por la norma en examen, y los arts. 211 y 213 por ser incompatibles con el período de prueba.

La norma determina que el trabajador tendrá los derechos mencionados "durante el período de prueba", lo que significa que cuando se trate de prestaciones de ejecución sucesiva, como los salarios de enfermedad o de incapacidad laboral temporaria (ILT) en caso de accidente de trabajo, la prestación se extinguirá al finalizar el plazo de dicho período de prueba, si el empleador optare por rescindir el contrato durante ese período.

§ 12. **Aportes y contribuciones a la seguridad social.** – El inc. 5 del artículo comentado impone al trabajador y empleador el deber de pago de los aportes y contribuciones a la seguridad social.

De este modo, el empleador debe retener y depositar los importes correspondientes a los siguientes regímenes que integran el sistema de seguridad social: *a*) el sistema integrado de jubilaciones y pensiones (SIJP); *b*) el régimen de obras sociales; *c*) el régimen de asignaciones familiares; *d*) el Instituto Nacional de Servicios Sociales para Jubilados y Pensionados; *e*) el Fondo Nacional de Empleo, y *f*) la cuota de la ART si no estuviera el empleador autoasegurado.

§ 13. **Cómputo como tiempo de servicio.** – El lapso durante el cual se extiende el período de prueba que determina la ley se ha de computar como tiempo de servicio a todos los efectos laborales y de la seguridad social (inc. 7). La norma es concordante con el art. 18 de la LCT y con las disposiciones pertinentes del SIJP.

§ 14. **Extinción del contrato de trabajo durante el período de prueba.** – El carácter distintivo del período de prueba y su efecto principal se presenta en el caso de la extinción del contrato de trabajo durante ese lapso. El texto legal, según la modificación de la ley 25.877, innovó respecto de los textos anteriores. En efecto, el artículo modificado introduce el deber de preavisar la finalización del contrato de trabajo, deber que impone a ambas partes de la relación y que no existía en los antecedentes legislativos.

El art. 231 dispone, en la parte pertinente, que "el preaviso, cuando las partes no lo fijen en un término mayor, deberá darse con la anticipación siguiente: *a*) por el trabajador, de quince días; *b*) por el empleador, de quince días cuando el trabajador se encontrare en período de prueba".

También el trabajador está obligado a otorgar el preaviso durante el período de prueba porque el plazo de preaviso fijado por la ley en quince días para el trabajador lo es con independencia de su antigüedad en el servicio, es decir, cualquiera sea ésta.

Por expresa disposición del último párrafo del art. 233 de la LCT, "la integración del mes de despido no procederá cuando la extinción se produzca durante el período de prueba establecido en el art. 92 *bis*".

Si, como consecuencia del otorgamiento del preaviso por el empleador, el contrato prosiguiera más allá del plazo de tres meses fijado por la ley para el período de prueba, el trabajador adquiriría automáticamente la estabilidad impropia que garantiza la cláusula constitucional de *"protección contra el despido arbitrario"* (art. 14 *bis*).

Jurisprudencia

1. *Notificación de la extinción. Naturaleza recepticia.* La parte que desee extinguir el contrato –sea durante el transcurso del período, sea antes de la expiración del término fijado– deberá notificar a la otra *por escrito* (formalidad necesaria para la extinción y resultante de los arts. 240 y 243, LCT); de lo contrario, se consolidará el vínculo por *tiempo indeterminado* y se computará la antigüedad adquirida (inc. 7, art. 92 *bis*, LCT). La notificación de la extinción del contrato se considera producida con la recepción de la comunicación, como consecuencia de que es un acto de naturaleza recepticia (CNTrab, Sala VII, 9/12/99, *DT*, 2001-A-313).

§ 15. **El período de prueba en la pequeña empresa.** – El texto del art. 92 *bis*, derogado por la ley 25.877, establecía en su párr. 2°: "Si el empleador es una pequeña empresa definida por el art. 83 de la ley 24.467, el contrato de trabajo por tiempo indeterminado se entenderá celebrado a prueba durante los primeros seis meses. En este último caso los convenios colectivos de trabajo pueden modificar ese plazo hasta un máximo de doce meses cuando se trate de trabajadores calificados según definición que efectuarán los convenios".

Ante la supresión de esta norma, ya no existe diferenciación alguna del período de prueba según la dimensión de la empresa.

Los períodos de prueba celebrados al amparo de la ley anterior, mantendrán su vigencia hasta la finalización de su plazo (art. 43, ley 25.877), puesto que la ley determina que el nuevo texto del art. 92 *bis* de la LCT regirá el período de prueba en las relaciones laborales iniciadas a partir de su entrada en vigencia.

§ 16. **Los períodos de prueba estipulados en los convenios colectivos de trabajo.** – Todos los precedentes legislativos de la ley 25.877 preveían la posibilidad de extender el plazo del período de prueba por negociación colectiva, estableciendo asimismo un plazo máximo como límite a la disponibilidad colectiva. Varios convenios, habilitados por las normas legales anteriores, dispusieron la ampliación del plazo legal del período de prueba. La norma sancionada no prevé la posibilidad de extender por convenio colectivo de trabajo el plazo del período de prueba. Tampoco la nueva norma se pronuncia expresamente sobre el estado de vigencia, después de la modificación legislativa, que han de tener las cláusulas convencionales pactadas por las partes colectivas.

El párr. 1° del art. 7° de la ley 14.250 establece: "Las disposiciones de las convenciones colectivas deberán ajustarse a las normas legales que rigen las instituciones del derecho del trabajo, a menos que las cláusulas de la convención relacionadas con cada una de esas instituciones resultaran más favorables a los trabajadores y siempre que no afectaran disposiciones dictadas en protección del interés general".

De forma coincidente con el art. 9° de la LCT, la disposición transcripta, en caso de concurrencia de normas, hace aplicable el criterio de la prevalencia del derecho más favorable al trabajador. El art. 7° de la ley 14.250, de modo igualmente concordante con el citado art. 9° de la LCT, establece además un criterio de comparación para determinar la prevalencia de una norma o conjunto de normas sobre otra u otras. De en-

19. Etala, *Contrato*.

tre los sistemas de comparación posibles, la ley escoge el llamado criterio del *conglobamiento por instituciones*. Esto significa que la ley toma como unidad de comparación no norma con norma, ni conjunto global de normas con otro conjunto global, sino normas o conjuntos de normas en función de cada *institución* de derecho del trabajo.

Un período de prueba más corto da más rápida efectivización al trabajador en su empleo, dentro de la estabilidad impropia en que está comprendido, ampliando el plazo de preaviso de que goza (art. 231, inc. *b*, LCT) y otorgándole derecho a la integración del mes de despido (art. 233). En tales condiciones debe prevalecer la norma más favorable al trabajador y si el período de prueba previsto en el convenio colectivo de trabajo es más prolongado que el consagrado legalmente, resultará imperativa y prevalente la norma legal del art. 92 *bis* de la LCT.

De todos modos, los períodos de prueba en curso de ejecución en virtud de cláusulas de los convenios colectivos de trabajo, mantendrán su vigencia hasta la finalización de su plazo (art. 43, ley 25.877), puesto que la ley citada determina que el nuevo texto del art. 92 *bis* de la LCT regirá el período de prueba en las relaciones laborales iniciadas a partir de su entrada en vigencia.

Art. 92 ter. [CONTRATO DE TRABAJO A TIEMPO PARCIAL] – *1*) El contrato de trabajo a tiempo parcial es aquel en virtud del cual el trabajador se obliga a prestar servicios durante un determinado número de horas al día o a la semana o al mes, inferiores a las dos terceras partes de la jornada habitual de la actividad. En este caso la remuneración no podrá ser inferior a la proporcional que le corresponda a un trabajador a tiempo completo, establecida por ley o convenio colectivo, de la misma categoría o puesto de trabajo.

2) Los trabajadores contratados a tiempo parcial no podrán realizar horas extraordinarias, salvo el caso del art. 89 de la presente ley.

3) Las cotizaciones a la seguridad social y las demás que se recaudan con ésta, se efectuarán en proporción a la remuneración del trabajador y serán unificadas en caso de pluriempleo. En este último supuesto, el trabajador deberá elegir entre las obras sociales a las que aporte, a aquella a la cual pertenecerá.

4) Las prestaciones de la seguridad social se determinarán reglamentariamente teniendo en cuenta el tiempo trabajado, los aportes y las contribuciones efectuadas. Las prestaciones de obra social serán las adecuadas para una cobertura satisfactoria en materia de salud, aportando el Estado los fondos necesarios a tal fin, de acuerdo al nivel de las prestaciones y conforme lo determine la reglamentación.

5) Los convenios colectivos de trabajo podrán establecer para los trabajadores a tiempo parcial prioridad para ocupar las vacantes a tiempo completo que se produjeren en la empresa. [Incorporado por ley 24.465, art. 2°]

CONCORDANCIAS: LCT, art. 89; decr. regl. 492/95.

§ 1. **Definición legal.** – La ley define el contrato de trabajo a tiempo parcial como "aquel en virtud del cual el trabajador se obliga a prestar servicios durante un determinado número de horas al día o a la semana o al mes inferiores a las dos terceras partes de la jornada habitual de la actividad". Es decir que el carácter del contrato como de tiempo parcial no tiene que ver con la duración del contrato (que por eso puede ser por tiempo indeterminado, a plazo fijo, eventual, de temporada, etc.), sino con la duración de las tareas que presta el trabajador, tomando como módulo de comparación la jornada *habitual* diaria, semanal o mensual, *de la actividad*.

a) ***Concepto de "jornada habitual de la actividad".*** El concepto de *jornada habitual de la actividad* no se confunde necesariamente con el de *jornada legal de la actividad,* aunque sucede normalmente en la mayor parte de las actividades que la *jornada habitual* coincide con la *jornada legal*. Sin embargo, podría suceder que por convenio colectivo de trabajo se fijara para la actividad una jornada *normal* (sea diaria, semanal o mensual) inferior a la fijada legalmente. En este caso, ésta será la *jornada habitual* para la actividad de que se trate.

La ley utiliza como módulo de referencia la jornada habitual *de la actividad*. Por tal razón debe estimarse que, de existir un convenio colectivo de empresa que estableciera una duración de tareas inferior, ésta sería irrelevante a estos efectos, manteniéndose como módulo de referencia sólo la *jornada habitual de la actividad*.

b) **Definición de "tiempo parcial"**. Sentado que el módulo de referencia del contrato a tiempo parcial es la *jornada habitual de la actividad*, no cualquier prestación de tareas inferior a la jornada habitual permite configurar un contrato de trabajo a tiempo parcial, sino que la ley establece imperativamente que el número de horas trabajadas al día, la semana o el mes debe ser inferior a las dos terceras partes de esa jornada habitual.

Una duración de las tareas, aunque fuera levemente superior a esas dos terceras partes, no permitiría hacer aplicables los efectos del contrato a tiempo parcial.

§ 2. **Efectos del contrato.** – El contrato a tiempo parcial produce efectos en dos ámbitos diversos: en el ámbito laboral, y en el ámbito de la seguridad social.

a) **En el ámbito laboral.** En este ámbito, el contrato de trabajo a tiempo parcial produce efectos sobre dos aspectos: la remuneración, y las horas extraordinarias.

1) *Remuneración.* En cuanto a la remuneración del trabajador a tiempo parcial, ésta "no podrá ser inferior a la proporcional que le corresponda a un trabajador a tiempo completo, establecida por ley o convenio colectivo, de la misma categoría o puesto de trabajo" (art. 92 *ter*, inc. 1).

Consecuentemente, la ley establece el principio de la *proporcionalidad* en la fijación del salario mínimo del trabajador a tiempo parcial, en función de la duración de las tareas con relación a la remuneración que fija la ley (salario mínimo vital) o el convenio colectivo para el trabajador a tiempo completo.

2) *Horas extraordinarias.* Los trabajadores a tiempo parcial tienen vedado laborar horas extraordinarias, salvo el caso del art. 89 de la LCT (art. 92 *ter*, inc. 2), es decir, con excepción de las situaciones en que el trabajador deba prestar al empleador ayudas extraordinarias por "peligro grave o inminente para las personas o para las cosas incorporadas a la empresa".

b) *En el ámbito de la seguridad social.* En este ámbito, la contratación a tiempo parcial trae aparejados efectos en dos aspectos: las cotizaciones y las prestaciones.

1) *Cotizaciones.* La ley establece que las cotizaciones a la seguridad social (y las demás que se recaudan con ésta), "se efectuarán en proporción a la remuneración del trabajador" y será única aunque el trabajador tenga otros empleos en relación de dependencia (art. 92 *ter*, inc. 3). También la obra social será única quedando la elección de aquella a la que aporte a cargo del trabajador; en tal caso, ésta le brindará las prestaciones.

El art. 8° del decr. regl. 492/95, modificado por el art. 7° del decr. 1867/02, determina que cuando la remuneración que corresponda al trabajador sea inferior a tres MOPRE (módulos previsionales decr. 833/97), el trabajador a tiempo parcial podrá optar por los beneficios de obra social, integrando el aporte a su cargo y la contribución del empleador con más los porcentajes del fondo solidario de redistribución, correspondientes a un salario de tres MOPRE. Cuando no se ejerza esta opción, el trabajador y el empleador quedan eximidos de sus respectivos aportes y contribuciones para este régimen.

2) *Prestaciones.* La determinación de las prestaciones de la seguridad social, la ley la defiere a la reglamentación, la que deberá tener en cuenta "el tiempo trabajado, los aportes y las contribuciones efectuadas" (art. 92 *ter*, inc. 4). Igualmente se hace remisión a la reglamentación para la determinación de las prestaciones de obra social que deben ser "las adecuadas para una cobertura satisfactoria en materia de salud".

El art. 7° del decr. regl. 492/95 establece que cuando las remuneraciones que perciban los trabajadores a tiempo parcial, sean iguales o superiores a tres MOPRE, las prestaciones de la seguridad social serán las previstas en la legislación vigente. Cuando las remuneraciones sean inferiores a ese importe, las prestaciones de la seguridad social serán proporcionales al tiempo trabajado y a los aportes y contribuciones efectuados, salvo lo que se dispone en el ya señalado art. 8° del mismo decreto, respecto del régimen de obras sociales.

§ 3. **Negociación colectiva.** – El inc. 5 habilita a los convenios colectivos para establecer la prioridad de los trabajadores a tiempo parcial para ocupar las vacantes a tiempo completo que se produjeren en la empresa.

Capítulo II

DEL CONTRATO DE TRABAJO A PLAZO FIJO

Art. 93. [Duración] – El contrato de trabajo a plazo fijo durará hasta el vencimiento del plazo convenido, no pudiendo celebrarse por más de cinco años.

Concordancias: LCT, arts. 13, 40, 43 y 90.

§ 1. **Plazo máximo de duración.** – A diferencia del contrato de trabajo por tiempo indeterminado que no tiene un plazo predeterminado de duración, el contrato de trabajo a plazo fijo tiene una duración convenida por las partes de antemano de modo expreso y por escrito (art. 90, inc. *a*, LCT). Este plazo no puede ser superior a los cinco años, según lo establece la ley en este artículo.

La fijación de una duración máxima para este tipo de contratos está fundada en la protección de la libertad de contratar del trabajador, ya que el contrato a plazo fijo establece una ligazón más exigente entre los contratantes, puesto que, pendiente el plazo convenido, sólo puede rescindirse por la voluntad común de las partes o bien por una justa causa de rescisión, a diferencia del contrato de trabajo por tiempo indeterminado que puede dar lugar a la rescisión libre de las partes en cualquier momento.

§ 2. **Fijación de un plazo de duración superior al máximo legal permitido.** – Si los contratantes a plazo fijo determinaran un plazo para el contrato superior al máximo autorizado por la ley (p.ej., siete años), la nulidad del contrato afectaría sólo al plazo excedente (art. 43, LCT). La cláusula nula es sustituida de pleno derecho por la cláusula legal (art. 13, LCT), pero como la prohibición del objeto está dirigida al empleador, quien no puede invocarla (art. 40, LCT), de hecho, en este caso, queda a voluntad del trabajador elegir entre las siguientes opciones: *a*) dar por finalizado el contrato una vez vencido el plazo de cinco años; *b*) considerar el contrato convertido en uno por tiempo indeterminado[1], y *c*) invocar el pla-

---

[1] Meilij, *Contrato de trabajo*, t. I, p. 356.

zo del contrato superior al legalmente permitido si esto lo beneficia, puesto que esa limitación está fijada en su resguardo.

Art. 94. [DEBER DE PREAVISAR. CONVERSIÓN DEL CONTRATO] – Las partes deberán preavisar la extinción del contrato con antelación no menor de un mes ni mayor de dos, respecto de la expiración del plazo convenido, salvo en aquellos casos en que el contrato sea por tiempo determinado y su duración sea inferior a un mes. Aquella que lo omitiera, se entenderá que acepta la conversión del mismo como de plazo indeterminado, salvo acto expreso de renovación de un plazo igual o distinto del previsto originariamente, y sin perjuicio de lo dispuesto en el art. 90, segunda parte, de esta ley.

CONCORDANCIAS: LCT, arts. 62, 63, 90, 95, 231, 235, 237 y 250.

§ 1. **Caracterización.** – En el artículo comentado se regula el deber de preavisar de las partes en el contrato a plazo fijo de un modo distinto a como lo hace el art. 231 de la LCT, para el contrato de trabajo por tiempo indeterminado. Ambas regulaciones tienen en común que considerar el preaviso como un aviso anticipado de finalización del contrato. Pero se distinguen en otros aspectos: *a*) en el contrato a plazo fijo, el preaviso cumple la función de evitar su conversión en uno por tiempo indeterminado; *b*) los plazos de preaviso son distintos en ambos tipos de contratos, y *c*) en el contrato a plazo fijo cuya duración sea inferior a un mes no rige el deber de preavisar.

JURISPRUDENCIA

1. *Contrato a plazo fijo. Actividad teatral. Preaviso.* Nada hay en la actividad teatral que justifique la omisión de preavisar a los actores conforme lo dispone el art. 94 de la LCT (CN Trab, Sala IV, 27/9/84, *DT*, 1984-B-1817).

§ 2. **Plazo del preaviso.** – A diferencia del art. 231 de la LCT que establece plazos de preaviso diferentes para trabajador y empleador en el contrato por tiempo indeterminado, el art. 94 determina un plazo único para ambas partes "no menor de un mes ni mayor de dos". Igualmente, el texto legal no formula ninguna distinción en el plazo del preaviso según sea la antigüedad del trabajador.

Jurisprudencia

1. *Preaviso otorgado al concertarse el contrato. Invalidez.* No es válido el preaviso otorgado al concertarse un contrato de trabajo a plazo fijo por cuatro meses (CNTrab, plenario 182, 5/10/72, "Natale, Susana E. c/Bonafide SA", *DT*, 1972-789).

§ 3. **Comienzo del cómputo.** – En el preaviso del contrato a plazo fijo, el plazo comienza a correr a partir del día siguiente al de su notificación, solución que es similar a la adoptada por el art. 6° de la ley 25.013.

§ 4. **Omisión del preaviso.** – Si se omite el preaviso, el contrato a plazo fijo se entiende convertido en uno por tiempo indeterminado. Las partes pueden, de común acuerdo, renovar el contrato por un plazo igual o distinto del previsto originariamente, pero siempre que se respete la necesidad objetiva que requiere la contratación a plazo fijo.

Art. 95. [Despido antes del vencimiento del plazo. Indemnización] – En los contratos a plazo fijo, el despido injustificado dispuesto antes del vencimiento del plazo, dará derecho al trabajador, además de las indemnizaciones que correspondan por extinción del contrato en tales condiciones, a la de daños y perjuicios provenientes del derecho común, la que se fijará en función directa de los que justifique haber sufrido quien los alegue o los que, a falta de demostración, fije el juez o tribunal prudencialmente, por la sola ruptura anticipada del contrato.

Cuando la extinción del contrato se produjere mediante preaviso, y estando el contrato íntegramente cumplido, el trabajador recibirá una suma de dinero equivalente a la indemnización prevista en el art. 250 de esta ley.

En los casos del párrafo primero de este artículo, si el tiempo que faltare para cumplir el plazo del contrato fuese igual o superior al que corresponda al de preaviso, el reconocimiento de la indemnización por daño suplirá al que corresponde por omisión de éste, si el monto reconocido fuese también igual o superior a los salarios del mismo.

CONCORDANCIAS: LCT, arts. 24, 94, 97, 98, 100, 231 a 233, 235, 242, 243, 246, 247 y 250; Cód. Civil, arts. 511 y 519 a 522.

§ 1. **Ruptura anticipada del contrato a plazo fijo.** – Este artículo regula los efectos del despido injustificado del trabajador antes del vencimiento del plazo del contrato (ruptura anticipada o *ante tempus*). El art. 250 de la LCT se refiere, en cambio, a la extinción del contrato por vencimiento del plazo pactado. Por otro lado, el contrato de trabajo a plazo fijo puede extinguirse por las demás causales de extinción previstas en los arts. 231 a 255 de la LCT, como la muerte del trabajador, su renuncia, la quiebra del empleador, etcétera.

a) *Despido injustificado.* El supuesto previsto por el artículo es el del despido injustificado del trabajador, dispuesto por el empleador, antes del vencimiento del plazo pactado. Se regulan los efectos indemnizatorios que produce tal situación. Aunque literalmente el artículo se refiere al despido *directo* (dispuesto por el empleador), las consecuencias indemnizatorias son similares en caso del despido *indirecto*, es decir, el supuesto en que el mismo trabajador se da por despedido o se coloca en situación de despido.

b) *Acumulación de indemnizaciones.* La primera novedad que introduce el artículo, en contraste con las indemnizaciones por ruptura de un contrato de trabajo por tiempo indeterminado, es la acumulación de dos tipos de indemnización: la indemnización común por despido, y la indemnización de daños y perjuicios provenientes del derecho común.

1) *Indemnizaciones comunes por despido.* En primer lugar, la ruptura injustificada y anticipada de un contrato de trabajo a plazo fijo da lugar al pago en beneficio del trabajador de la indemnización por despido o por antigüedad, esto es, la prevista en el art. 245 de la LCT. No son aplicables, en cambio, a la ruptura anticipada de un contrato a plazo fijo, las normas que regulan la indemnización sustitutiva del preaviso para el contrato por tiempo indeterminado, es decir, los arts. 231 a 233 de la LCT, ya que la indemnización por omisión del preaviso en este tipo de contratos está prevista especialmente en el párr. 3º de este artículo.

2) *Indemnizaciones de derecho común.* El artículo prevé, a favor del trabajador, además de las indemnizaciones comu-

nes por despido, "la de daños y perjuicios provenientes del derecho común". Es otra de las pocas remisiones expresas que la ley contiene al derecho común. Por "derecho común" debe entenderse el "derecho civil". Como la remisión se refiere a consecuencias indemnizatorias provenientes de la ruptura de un contrato, las normas aplicables deben ser las del Código Civil que regulan los efectos del incumplimiento de los contratos, como los arts. 511 y 519 a 522 y sus complementarias y concordantes.

c) *Fijación de la indemnización de derecho común.* Según el artículo, la indemnización debe ser fijada "en función directa de los [daños y perjuicios] que justifique haber sufrido quien los alegue o los que a falta de demostración fije el juez o tribunal prudencialmente, por la sola ruptura anticipada del contrato". El daño emergente y el lucro cesante se determinarán según las circunstancias de cada caso. Consistirán normalmente en los salarios dejados de percibir por el trabajador hasta la finalización del plazo previsto originariamente para el contrato.

Pero también podrá, el juez o tribunal, fijar una suma mayor (cuando el trabajador probare gastos de traslado efectuados con motivo de la celebración del contrato) o una menor (cuando se acreditare que el trabajador encontró nuevo empleo, antes del vencimiento del plazo previsto para la terminación del contrato).

A ese daño material acreditado, deberá adicionarse el daño moral producido, ya que el art. 522 del Cód. Civil prevé la reparación de este tipo de daño *"de acuerdo con la índole del hecho generador de la responsabilidad y circunstancias del caso".* Esta situación se da especialmente en materia propia del contrato de trabajo, cuando la ocupación efectiva (art. 78, LCT) del trabajador reporta no sólo ventajas materiales para éste, sino de otra índole (caso de deportistas, actores, ejecutantes musicales u otras formas de trabajo artístico), que no caben estrictamente en aquellos involucrados en las pérdidas sufridas y utilidades materiales dejadas de percibir (art. 519, Cód. Civil)[1]. Con fundamento en el art. 1083 del Cód. Civil, el damnificado puede optar por la reparación del daño moral sobre la base del pago de una suma de dinero[2].

---

[1] López - Centeno - Fernández Madrid, *Ley de contrato de trabajo*, t. I, p. 571.

[2] Ackerman, *Ruptura "ante tempus"*, LT, XXIX-85; López - Centeno - Fernández Madrid, *Ley de contrato de trabajo*, t. I, p. 782.

Jurisprudencia

1. *Ruptura anticipada. Indemnización de derecho común.*
a) La indemnización de derecho común que prevé el art. 95 de la LCT debe comprender el perjuicio efectivamente causado o la ganancia de que se privó al damnificado por el incumplimiento contractual, es decir, no sólo las remuneraciones pactadas sino también todas las demás prestaciones que derivarían de haberse agotado normalmente el plazo (CNTrab, Sala II, 12/9/91, *DT*, 1991-B-2015).

b) Producido un despido *ante tempus*, sin justa causa, el trabajador tiene derecho a percibir la indemnización del art. 245 de la LCT y, como indemnización de daños y perjuicios, las remuneraciones que hubiera percibido hasta el vencimiento del contrato de plazo cierto (CNTrab, Sala VI, 9/2/95, *TSS*, 1996-235).

c) El trabajador, ante la rescisión en forma incausada antes de su vencimiento del contrato a plazo fijo, tiene derecho a la indemnización tarifada más la indemnización de daños y perjuicios provenientes del derecho común, la que se fijará a falta de prueba, en una suma equivalente al total de las remuneraciones que al trabajador le hubiera correspondido percibir hasta la finalización del contrato (CNTrab, Sala X, 19/6/02, *DT*, 2002-B-2314).

d) *Indemnización por falta de preaviso.* Según los términos de este artículo, la indemnización por falta de preaviso se dará en función del término que falta para la expiración del contrato, entendiéndose que cuando el plazo faltante es igual o mayor al que corresponde por preaviso, la indemnización sustitutiva no procede, dado que la que se reconozca por lucro cesante sustituye el plazo de preaviso y juega el mismo rol[3]. De otro modo, vendrían a superponerse dos indemnizaciones por la misma causa, lo que es juzgado inadmisible por la propia Exposición de motivos de la ley[4].

§ 2. **Derechos del empleador.** – Aunque no esté literalmente previsto por el texto del artículo, la indemnización de daños y perjuicios también corresponde al empleador. Sin embargo, los criterios para determinar el daño presuntivo no han de ser los mismos que para el trabajador, o sea, fijarse en función de los salarios dejados de percibir. En este caso deberá atenderse a la producción perdida o a las condiciones personales irreemplazables del trabajador, artista, deportista,

---

[3] López - Centeno - Fernández Madrid, *Ley de contrato de trabajo*, t. I, p. 569.
[4] Meilij, *Contrato de trabajo*, t. I, p. 363.

profesional o técnico especializado y los perjuicios derivados de su falta de prestación de los servicios[5].

§ 3. Despido con justa causa. – Si bien la situación no está prevista en este artículo, nada obsta a la extinción del contrato a plazo fijo dispuesta por el empleador con justa causa. En este caso, la disolución del contrato se produce de modo inmediato, sin requerirse preaviso y sin derecho a indemnización alguna para el trabajador.

§ 4. Contrato a plazo fijo íntegramente cumplido. – Cuando el contrato a plazo fijo se cumple íntegramente y se ha otorgado el pertinente preaviso, el trabajador es acreedor a una indemnización equivalente a la prevista por el art. 247 de la LCT por despido por causa de fuerza mayor o falta o disminución de trabajo no imputable al empleador, siempre que el tiempo del contrato no haya sido inferior a un año. Es lo que dispone el art. 250 de la LCT. Se trata, en rigor, de una compensación por el tiempo de servicio, dado que, en este caso, no puede hablarse en verdad de *despido*, puesto que el contrato ha sido íntegramente cumplido en función de lo pactado por las partes[6]. Si la duración del contrato ha sido inferior a un año, no corresponde indemnización alguna.

Capítulo III

DEL CONTRATO DE TRABAJO DE TEMPORADA

Art. 96. [Caracterización] – Habrá contrato de trabajo de temporada cuando la relación entre las partes, originada por actividades propias del giro normal de la empresa o explotación, se cumpla en determinadas épocas del año solamente y esté sujeta a repetirse en cada ciclo en razón de la naturaleza de la actividad. [Texto según ley 24.013, art. 66]

Concordancias: LCT, arts. 92 *bis*, 97, 98 y 163.

---

[5] Fernández Madrid, *Tratado práctico*, t. I, p. 782.
[6] Meilij, *Contrato de trabajo*, t. I, p. 362.

§ 1. **Definición.** – Este artículo determina las características más salientes del contrato de trabajo de temporada. Es un contrato por tiempo indeterminado aun cuando las prestaciones sean discontinuas y no continuas como en el contrato de trabajo más común. Existen, por consiguiente, en el desarrollo de la relación contractual, "períodos de actividad" y "períodos de receso" que están sujetos a repetirse en cada ciclo en razón de "la naturaleza de la actividad" y no por la voluntad de las partes. No existe trabajo de temporada si el trabajo se presta sólo en algunas épocas del año por decisión del empleador y no por la naturaleza de la actividad.

Jurisprudencia

1. *Configuración. Decisión del empleador.* La naturaleza del trabajo y no lo que las partes decidan debe, en todo caso, conferir la especial modalidad a la relación, por lo que no reviste la condición de trabajo de temporada el que se presta durante una o más épocas del año, si ello proviene de la organización que el empleador ha dado a su empresa (CNTrab, Sala VIII, 8/8/96, *DT*, 1996-B-2773).

§ 2. **Necesidades permanentes de la empresa.** – La relación de trabajo de temporada se origina en necesidades permanentes de la empresa, esto la distingue de los trabajos eventuales o transitorios y lo que impone que el cumplimiento de la prestación de trabajo que es objeto del contrato "esté sujeta a repetirse en cada ciclo"[1]. El carácter permanente del contrato excluye que éste se extinga al finalizar cada temporada, manteniéndose latente y presto a reiniciarse al comienzo de la nueva temporada.

§ 3. **Ciclos de la temporada.** – La relación de trabajo de temporada se desenvuelve por *ciclos* con períodos de actividad y períodos de receso. Durante el período de actividad (la *temporada*), el contrato se desenvuelve plenamente, mientras que durante el lapso de receso cesan los deberes de cumplimiento y, por consiguiente, el trabajador no presta servicios y el empleador no paga la remuneración. En el período de receso, la relación contractual se mantiene latente y está dispuesta a renacer plenamente con el comienzo de la nueva temporada, subsistiendo mientras tanto sólo los deberes de conducta de ambas partes (deber de lealtad, de guardar secretos, de buena fe, etcétera).

---

[1] López - Centeno - Fernández Madrid, *Ley de contrato de trabajo*, t. I, p. 573.

La duración de los períodos de trabajo y el receso pueden variar según las características de la actividad.

Jurisprudencia

1. *Personal de un comedor escolar.* Si la actora se desempeñaba en un comedor escolar prestando tareas durante el ciclo lectivo (de marzo a noviembre), cabe calificar su contrato como de temporada. Por ello, es contraria a derecho su actitud de darse por despedida al ser notificada por la demandada de que cesaba su actividad en los meses de diciembre a febrero, período de receso escolar en el que tampoco se devengarían salarios (CN Trab, Sala VII, 20/10/00, *DT*, 2001-B-1456).

§ 4. **Actividades de temporada.** – Se ha distinguido entre los trabajos de temporada *típicos* y los *atípicos*. Los *típicos* son aquellos en los que durante el período de receso cesa todo tipo de tareas (p.ej., zafra, vendimia), mientras que en los *atípicos* la actividad empresaria se mantiene continua durante todo el año, pero crece notoriamente en algunas épocas (hotelería, venta de gaseosas, librerías para escolares, entre otras). Esta mayor demanda estacional exige la incorporación de personal para atenderla, con lo que coexisten de este modo un plantel de personal permanente continuo que se desenvuelve todo el año y otro que se incorpora durante esa época para atender las exigencias de la temporada y se liga a la empresa mediante este tipo de contrato permanente discontinuo.

No configura, en cambio, trabajo de temporada, el aumento en determinadas épocas del año, de la producción de artículos duraderos para la estación que se avecina, susceptible de almacenamiento (p.ej., la fabricación de calefactores y estufas)[2].

§ 5. **Inexistencia de período de prueba.** – No obstante que el contrato de trabajo de temporada es un contrato por tiempo indeterminado, aunque de prestaciones discontinuas, el art. 92 *bis*, en el texto vigente según la ley 25.877, excluye a su respecto el período de prueba.

§ 6. **Vacaciones de los trabajadores de temporada.** – En razón de las particularidades del trabajo de temporada, el art. 163 de la LCT determina que estos trabajadores tendrán derecho a un período anual de vacaciones al concluir cada ciclo de

---

[2] Novillo Saravia, en Altamira Gigena (coord.), "Ley de contrato de trabajo", t. 1, p. 481.

trabajo, cuya extensión se gradúa de acuerdo al art. 153 de la LCT, es decir, en proporción de un día de descanso por cada veinte días de trabajo efectivo.

§ 7. **Asignaciones familiares del trabajador de temporada.** – Las asignaciones familiares, aun cuando son prestaciones de la seguridad social, siguen en este caso la suerte del salario y son percibidas por el trabajador durante los períodos de actividad pero no en los de receso. Sin embargo, las trabajadoras de temporada tienen derecho al cobro íntegro de la asignación por maternidad, en aquellos casos en que el período de licencia preparto se hubiera iniciado durante la temporada, a pesar de la finalización de ésta (res. SSS 14/02, cap. II, 29).

En cuanto al cobro de las asignaciones por nacimiento, matrimonio, adopción y maternidad, los trabajadores de temporada deberán encontrarse en el período de prestación efectiva de servicios, al producirse el hecho generador (normas complementarias, aclaratorias y de aplicación, res. SSS 14/02, cap. I, 5).

§ 8. **Enfermedad inculpable en el trabajo de temporada.** En el trabajo de temporada, los salarios por enfermedad inculpable son debidos por el empleador sólo durante los períodos de actividad. Esto significa además que si al comienzo de la nueva temporada se mantiene la enfermedad inculpable renace el derecho del trabajador a percibir los salarios respectivos[3].

§ 9. **Muerte del trabajador en el período de receso.** – Puesto que el contrato se mantiene latente durante el período de receso, el fallecimiento del trabajador en ese lapso hace acreedores a sus causahabientes de la indemnización prevista en el art. 248 de la LCT.

§ 10. **Prohibición para las cooperativas de trabajo.** – El art. 40 de la ley 25.877 prohíbe expresamente a las cooperativas de trabajo actuar como empresas de provisión de servicios de temporada.

Art. 97. [Equiparación a los contratos a plazo fijo. Permanencia] – **El despido sin causa del trabajador, pendiente los plazos previstos o previsi-**

---

[3] López - Centeno - Fernández Madrid, *Ley de contrato de trabajo*, t. I, p. 575.

bles del ciclo o temporada en los que estuviere prestando servicios, dará lugar al pago de los resarcimientos establecidos en el art. 95, primer párrafo, de esta ley.

El trabajador adquiere los derechos que esta ley asigna a los trabajadores permanentes de prestación continua, a partir de su contratación en la primera temporada, si ello respondiera a necesidades también permanentes de la empresa o explotación ejercida, con la modalidad prevista en este capítulo.

CONCORDANCIAS: LCT, arts. 18, 94 a 96, 98, 231 a 233, 245 y 252.

§ 1. **Despido sin justa causa durante el período de actividad.** – Si el despido del trabajador de temporada se dispone sin justa causa, estando pendiente el período de actividad, la ley asimila la situación a una ruptura anticipada y arbitraria de un contrato a plazo fijo, por lo que remite a la solución prevista en el art. 95, párr. 1º, de la LCT. Por consiguiente, en este caso, el trabajador es acreedor a la indemnización por antigüedad y a la de daños y perjuicios, fundada en las normas del derecho común que, si se dan las circunstancias del párr. 3º del art. 95, sustituye a la que corresponde por omisión de preaviso.

JURISPRUDENCIA

1. *Despido durante la prestación laboral.* Tratándose de un trabajador de temporada despedido durante el desenvolvimiento de la prestación laboral al que ha sido concedida la indemnización por daño prevista por la LCT, en su art. 95, no corresponde liquidar los rubros preaviso e integración del mes de despido (CN Trab, Sala VI, 18/5/98, *TSS*, 1998-1330).

§ 2. **Despido durante el período de receso.** – Durante el período de receso, la relación contractual se mantiene latente, subsistiendo mientras tanto los deberes de conducta de ambas partes (deber de lealtad, de guardar secretos, de buena fe, etcétera). Un hecho injurioso, con las características del art. 242 de la LCT, puede dar lugar a la ruptura contractual justificada decidida por la parte afectada. El despido sin causa, sea directo o indirecto, durante el período de receso, da lugar a la aplicación de las normas comunes en materia de indemnización por despido como son las de los arts. 231 a 233 y 245 de la LCT.

§ 3. Cómputo de la antigüedad del trabajador de temporada.

– El texto del art. 18 de la LCT resuelve la discrepancia originada en torno del cómputo de la antigüedad en el contrato de trabajo de temporada, al considerar tiempo de servicio "al efectivamente trabajado desde el comienzo de la vinculación", por lo que corresponde tomar en consideración, a estos efectos, sólo el tiempo de trabajo efectivo y no los períodos de receso.

Jurisprudencia

1. *Trabajo de temporada. Indemnización por despido. Antigüedad computable.* En el trabajo de temporada, a los efectos de establecer el monto de las indemnizaciones derivadas del despido, se computa como antigüedad el tiempo trabajado durante los períodos de actividad de la explotación (CNTrab, plenario 50, "Bonanata Gorizia, Emma c/Nestlé SA", 13/5/59, *DT*, 1959-383).

§ 4. Estabilidad impropia del trabajador de temporada.

En algún momento, un sector de la doctrina y jurisprudencia había sostenido el criterio de que el trabajador de temporada sólo adquiría la estabilidad (*impropia*), a partir de la repetición de la prestación en temporadas sucesivas. El párr. 2º del artículo comentado define la cuestión en el sentido de que el trabajador adquiere esos derechos "a partir de su contratación en la primera temporada", ya que ello responde naturalmente a la circunstancia de que las necesidades de la empresa también son permanentes y están sujetas "a repetirse en cada ciclo en razón de la naturaleza de la actividad" (art. 96, LCT).

Art. 98. [Comportamiento de las partes a la época de la reiniciación del trabajo. Responsabilidad] – Con una antelación no menor a treinta días respecto del inicio de cada temporada, el empleador deberá notificar en forma personal o por medios públicos idóneos a los trabajadores de su voluntad de reiterar la relación o contrato en los términos del ciclo anterior. El trabajador deberá manifestar su decisión de continuar o no la relación laboral en un plazo de cinco días de notificado, sea por escrito o presentándose ante el empleador. En caso que el empleador no cursara la notificación a que se hace referencia en el párrafo anterior, se considerará que rescinde unilateralmente

Art. 98

el contrato y, por lo tanto, responderá por las consecuencias de la extinción del mismo. [Texto según ley 24.013, art. 67]

CONCORDANCIAS: LCT, arts. 24, 57, 58, 78, 95 a 97, 231, 241, 244 y 245.

§ 1. **Consideraciones generales.** – Dado que en el contrato de trabajo de temporada existen períodos de actividad y períodos de receso, el artículo comentado regula las condiciones de reiniciación de la nueva temporada, a fin de despejar la incertidumbre sobre las siguientes circunstancias: *a*) disposición del empleador para reiniciar la temporada, retomando al trabajador; *b*) disposición del trabajador para continuar la relación, y *c*) plazos y medios para manifestar la voluntad de ambas partes.

§ 2. **Disposición del empleador para reiniciar la temporada.** – En su redacción anterior, el artículo imponía al trabajador la carga de comunicar al empleador su disposición de desempeñar el cargo o empleo en cada temporada. El art. 67 de la LE sustituyó ese texto por el actualmente vigente, imponiendo al empleador la carga de notificar en forma personal o por medios públicos idóneos a los trabajadores su voluntad de reiterar la relación o contrato en los términos del ciclo anterior. La omisión de cursar esta notificación es interpretada por la ley como una rescisión unilateral del contrato por parte del empleador, con las correspondientes consecuencias indemnizatorias.

JURISPRUDENCIA

1. *Comunicación de reinicio.* El art. 98 de la LCT, después de la reforma por la LE, estableció la obligación del empleador de notificar a sus trabajadores dependientes, en forma personal o por otros medios idóneos, su voluntad de reiterar la continuación de la relación o contrato de trabajo por temporada con el alcance otorgado en el ciclo anterior, y tal directiva, que es de orden público, no es susceptible de ser enervada por negociación particular de las partes, ya que la intención legislativa fue imponer a la parte empresaria una carga legal no dispensable siguiendo los lineamientos del principio protectorio (CNTrab, Sala V, 17/7/98, *TSS*, 1998-1327).

§ 3. **Disposición del trabajador para continuar la relación.** – El artículo impone al trabajador la obligación de manifestar al empleador su decisión de continuar o no la relación laboral, dentro de los cinco días contados a partir de la recepción de la notificación del empleador, ya sea por escrito o presentándose personalmente ante el empleador. La ley no dispone específicamente sobre los efectos de la omisión del trabajador en contestar por escrito o presentarse ante el empleador. Cabrá, entonces, remitirse a las disposiciones más generales e interpretar la actitud del trabajador de no presentarse a retomar sus tareas como un *comportamiento inequívoco* en el sentido de la parte última del art. 58 de la LCT, asimilable a una renuncia tácita al empleo. Si hubiera mediado una previa intimación del empleador, la situación resultaría análoga a la del abandono del trabajo prevista por el art. 244 de la LCT.

Jurisprudencia

1. *Trabajador que no tuvo acceso al aviso.* Cuando un trabajador no tuvo acceso al aviso previsto en el art. 98 de la LCT y, después de la fecha fijada para la reanudación de las tareas, manifiesta su decisión de continuar la relación y la empleadora se limita a rechazar la comunicación afirmando que la temporada ya fue iniciada, el trabajador está habilitado para considerarse despedido (CNTrab, Sala VIII, 7/7/00, *DT*, 2000-B-1994).

§ 4. **Plazos y medios idóneos para manifestarse.** – El artículo también regula los plazos y medios para manifestar la voluntad de ambas partes. El empleador debe notificar al trabajador con una antelación no menor de treinta días respecto del inicio de la temporada su voluntad de reiterar la relación en los términos del ciclo anterior. Esta notificación debe realizarla "en forma personal o por medios públicos idóneos". Por medios públicos idóneos debe entenderse aquellos medios de comunicación no individuales aptos para producir en los destinatarios del mensaje el efectivo conocimiento de su contenido. Ello no quiere decir que el empleador, para demostrar la idoneidad del medio elegido deba acreditar, en cada caso, que el trabajador tomó efectivo conocimiento de la comunicación. Le basta probar la aptitud del medio para efectivizarla. La publicación en diarios del lugar o la difusión del mensaje por radio y televisión deben considerarse, a estos efectos, medios idóneos.

El trabajador, por su parte, dentro del plazo de cinco días de notificado, debe manifestar al empleador su decisión de continuar o no la relación. Puede hacerlo por escrito o presentándose personalmente ante el empleador.

Jurisprudencia

1. *Medio público idóneo.* Cuando el art. 98 de la LCT autoriza la publicación "por medios públicos idóneos" a los tra-

bajadores, de su intención de reiterar la relación, incluye a los medios periodísticos de mayor circulación, entre los que se encuentra el diario "La Nación". La suposición de que los trabajadores no leen ese diario porque prefieren otros, constituye una apreciación subjetiva, aun cuando su valor de verdad sea elevado. Pero cualquiera que fuera el medio utilizado, la demandada debió, obrando de buena fe (art. 1198, Cód. Civil; arts. 62 y 63, LCT), hacer saber a los trabajadores cuál era el diario que se proponía usar (CNTrab, Sala VIII, 7/7/00, *DT*, 2001-A-824).

Capítulo IV

DEL CONTRATO DE TRABAJO EVENTUAL

Art. 99. [Caracterización] – Cualquiera sea su denominación, se considerará que media contrato de trabajo eventual cuando la actividad del trabajador se ejerce bajo la dependencia de un empleador para la satisfacción de resultados concretos, tenidos en vista por éste, en relación a servicios extraordinarios determinados de antemano, o exigencias extraordinarias y transitorias de la empresa, explotación o establecimiento, toda vez que no pueda preverse un plazo cierto para la finalización del contrato. Se entenderá además que media tal tipo de relación cuando el vínculo comienza y termina con la realización de la obra, la ejecución del acto o la prestación del servicio para el que fue contratado el trabajador. El empleador que pretenda que el contrato inviste esta modalidad, tendrá a su cargo la prueba de su aseveración. [Texto según ley 24.013, art. 68]

Concordancias: LCT, arts. 21, 22, 37, 48, 50, 90 y 100; LE, arts. 69 a 72.

§ 1. **Reforma del texto.** – El texto, en su redacción actualmente vigente, fue introducido por el art. 68 de la LE. La modificación consistió en incluir en su formulación lo siguiente: "toda vez que no pueda preverse un plazo cierto para la finalización del contrato".

§ 2. **Significado de la reforma.** – El alcance de la reforma se dirige a otorgar mayor precisión técnica a la distinción entre el contrato a plazo fijo y el contrato de trabajo eventual. Ambos contratos pertenecen al género de los contratos de trabajo por tiempo determinado, porque no están destinados a perdurar indefinidamente, pero el plazo del contrato de trabajo a plazo fijo es cierto (art. 567, Cód. Civil) y el del contrato de trabajo eventual es incierto (art. 99, LCT, y art. 568, Cód. Civil). Así, por ejemplo, se contrata a plazo fijo a un trabajador por seis meses, por un año, o hasta el 31 de diciembre de 2005. En cambio, se contrata a un trabajador con la modalidad eventual, hasta que se reincorpore el operario *R*, ausente por enfermedad, o la empleada *F*, ausente por maternidad, o el medio oficial *P*, ausente por desempeño de cargo gremial, hasta satisfacer la demanda extraordinaria de trabajo derivada de la licitación *X* o del pedido del cliente *W*, o para desempeñarse mientras dure la exposición tal, etcétera.

§ 3. **Excepción al principio de indeterminación del plazo.** – Siendo un contrato por tiempo determinado, aunque de plazo incierto, el contrato de trabajo eventual constituye, al igual que el contrato a plazo fijo, una excepción al principio de indeterminación del plazo establecido en el encabezamiento del art. 90 de la LCT. Por ello, en caso de duda ha de estarse por la continuación de la relación (art. 10, LCT).

Jurisprudencia

1. *Excepción al principio de continuidad.* El contrato de trabajo eventual está siempre signado por el objetivo de cumplir tareas o satisfacer exigencias extraordinarias de la empresa, y configura una excepción al principio que le adjudica una normal vocación de continuidad (CNTrab, Sala VII, 19/2/93, *DT*, 1993-B-1111).

2. *Artista. Expectativa de permanencia.* No puede hablarse de una contratación *a bolo* del artista cuya vinculación tuvo expectativas de permanencia, no involucró una única actuación ("bolo"), ni el desempeño del actor revistió carácter excepcional en los términos del art. 99 de la LCT (CNTrab, Sala II, 13/12/94, *TSS*, 1997-1011).

§ 4. **Contrato de plazo causado.** – Aunque de plazo incierto, el contrato de trabajo eventual, para justificar la determinación del tiempo de duración del contrato, debe tener una causa que lo fundamente. La celebración del contrato de trabajo eventual no depende exclusivamente de la voluntad de las partes de vincularse por medio de este tipo de contrato. Deben existir necesariamente causas objetivas que justifiquen este tipo de contratación (arts. 69 y 72, inc. *a*, LE). De no darse estas exigencias, el contrato se juzgará como de tiempo indeterminado.

§ 5. **Causas que justifican la contratación eventual.** – De los textos del art. 99 de la LCT y arts. 69 a 72 de la LE puede extraerse una enumeración de las causales que permiten justificar la contratación por la modalidad de trabajo eventual. Son las siguientes:

a) Satisfacción de resultados concretos, tenidos en vista por el empleador, en relación a servicios extraordinarios determinados de antemano o exigencias extraordinarias y transitorias de la empresa, explotación o establecimiento, como en las contrataciones para atender picos extraordinarios de trabajo (art. 99, LCT).

b) Sustitución transitoria de trabajadores permanentes de la empresa que gozaren de licencias legales o convencionales o que tuvieran derecho a reserva del puesto, como el reemplazo transitorio de trabajadores con licencia gremial, por maternidad, estado de excedencia, enfermedad, vacaciones, etc. (art. 69, LE). Se excluye la posibilidad de sustituir trabajadores ausentes por estar ejercitando medidas legítimas de acción sindical, como el derecho de huelga (art. 70) o suspendidos o despedidos por falta o disminución de trabajo, durante los seis meses anteriores (art. 71).

c) Cuando el vínculo comienza y termina con la realización de la obra, la ejecución del acto o la prestación del servicio para el cual fue contratado el trabajador, como en las contrataciones laborales por obra determinada para tareas ajenas al giro normal y habitual del negocio, para ferias, exposiciones, muestras, promociones transitorias, el bolo en el trabajo artístico, labores de las modelos profesionales, tareas de carga y descarga transitorias, estibadores portuarios eventuales, etc. (art. 99, LCT).

JURISPRUDENCIA

1. *Modelo profesional.* Dada la actividad de la modelo profesional y el hecho de que la contratación para desfiles de moda supone normalmente un trabajo de los comprendidos en el art. 99 de la LCT, cabe concluir que dicha actividad encuadra dentro de la figura del trabajo eventual (CNTrab, Sala VI, 14/6/91, *DT*, 1991-B-1866).

2. *Tareas normales de la empresa. Pico de producción.* En principio, para que se pueda invocar contrato de trabajo eventual

para la realización de tareas normales de la empresa, debe darse una situación extraordinaria que haga necesario un brusco aumento de producción en un lapso breve (CNTrab, Sala III, 24/2/92, *DT*, 1992-A-684).

3. *Changarín.* El trabajador que concurría habitualmente al establecimiento de la empleadora y que, según las necesidades de ésta, podía o no trabajar en la recolección de residuos, cobrando según los días que trabajaba, se desempeñaba como "changarín", en los términos del art. 99 de la LCT, sin vocación de permanencia en el desarrollo del contrato (CNTrab, Sala VIII, 28/12/00, *TSS*, 2001-244).

4. *Actor teatral.* La relación entre el artista y el empresario teatral puede considerarse de carácter eventual en los términos del art. 99 de la LCT, puesto que se trata de un negocio jurídico transitorio cuyo plazo cierto de finalización no podría preverse, ya que depende de la permanencia del espectáculo (CNTrab, Sala V, 31/5/01, *TSS*, 2002-404).

§ 6. **Forma del contrato.** – La ley impone ciertas formalidades para la celebración del contrato eventual, que determinan, de modo implícito, la forma escrita.

Si la causa de la contratación es la sustitución de un trabajador en los casos en que la ley lo autoriza, en el contrato deberá indicarse el nombre del trabajador reemplazado (art. 69, LE).

Si el contrato tiene por objeto atender exigencias extraordinarias del mercado, en el instrumento deberá consignarse con precisión y claridad la causa que lo justifique (art. 72, inc. *a*, LE).

§ 7. **Prueba del contrato.** – La parte última del artículo comentado impone al empleador la carga de la prueba de que el contrato inviste la modalidad eventual, solución coincidente con lo dispuesto por el art. 92 de la LCT para todo contrato de trabajo por tiempo determinado.

Jurisprudencia

1. *Contratación: razones.* Quien invoca la existencia de un contrato de trabajo eventual debe demostrar en qué consisten las tareas extraordinarias y transitorias, cuál es la razón por la que se necesita contratar trabajadores eventuales, cuál es el resultado concreto perseguido y cuáles son los servicios extraordinarios determinados de antemano (CNTrab, Sala VII, 16/8/96, *DT*, 1996-B-3016).

2. *Prueba del carácter eventual.* Conforme lo disponen el art. 99 de la LCT y el art. 72 de la LE, el empleador que pretenda que el contrato inviste la modalidad de eventual tendrá a su car-

go la prueba de su aseveración, y en los casos en que el contrato tenga por objeto atender exigencias extraordinarias del mercado, se consignará con precisión y claridad la causa que lo justifique, sin obviar que la duración de la causa que diera origen a esos contratos no podrá exceder de seis meses por año y hasta un máximo de un año en un período de tres años (CNTrab, Sala VI, 22/11/00, *DT*, 2001-A-988).

3. *Razones objetivas*. La mera circunstancia de que se redacte por escrito un contrato no es suficiente para tipificarlo como eventual, pues es preciso que se demuestren las razones objetivas que llevaron a la empresa a recurrir a este tipo de vinculación, dado que, de lo contrario, se estaría creando artificialmente un medio para eludir el principio establecido por el art. 90 de la LCT (CNTrab, Sala I, 30/12/02, *TSS*, 2003-234).

4. *Demostración de las tareas extraordinarias y transitorias*. Si la demandada invoca que con el accionante medió una relación de carácter eventual, debe demostrar en qué consistieron las tareas extraordinarias y transitorias, cuál fue la razón por la cual se necesitó contratar personal con tales características y cuáles eran los servicios extraordinarios determinados de antemano que se pretendían brindar (art. 99, LCT; CNTrab, Sala I, 8/10/02, *DT*, 2003-A-673).

§ 8. **Límites temporales a ciertas contrataciones eventuales.** – La ley impone limitaciones temporales para las contrataciones eventuales destinadas a atender exigencias del mercado. Dispone que la causa que da origen a estos contratos no podrá exceder de seis meses por año y hasta un máximo de un año en un período de tres años (art. 72, inc. *b*, LE). Aunque la ley no lo dice expresamente, si se excedieran estos plazos, el contrato se considerará permanente aunque de prestaciones discontinuas o por tiempo indeterminado con prestaciones continuas, según los casos.

§ 9. **Conversión del contrato en uno por tiempo indeterminado.** – Un contrato de trabajo nacido como eventual puede convertirse en uno por tiempo indeterminado cuando se prolonga la relación no obstante haber cesado las causas que justificaban la contratación eventual. Es lo que ejemplifica el párr. 2º del art. 69 de la LE, al determinar que se producirá la conversión del contrato en uno por tiempo indeterminado cuando habiéndose contratado a un trabajador eventual para sustituir a uno ausente, el trabajador reemplazante continuare prestando servicios aun después de reincorporado el trabajador reemplazado o de vencido el plazo de licencia o de reserva del puesto que dio origen a la contratación eventual.

Aunque la ley no lo diga expresamente, la misma conversión se produce en los casos en que el contrato ha tenido por objeto atender exigencias extraordinarias del mercado, si la relación se prolonga aun después de satisfechas esas exigencias.

§ 10. **Extinción natural del contrato.** – El contrato de trabajo eventual se extingue naturalmente por agotamiento de la tarea, obra o servicio que motivó la contratación o por la satisfacción de la necesidad extraordinaria y transitoria que le dio origen. En tal caso, el empleador está eximido del deber de preavisar (art. 73, LE) y de pagar indemnización alguna al trabajador (art. 74, LE).

§ 11. **Eximición del deber de preavisar.** – A diferencia de lo que ocurre con el contrato de trabajo por tiempo indeterminado (art. 231, LCT) y en el contrato a plazo fijo (art. 94, LCT), en el contrato de trabajo eventual el empleador está eximido del deber de preavisar la finalización del contrato (art. 73, LE).

§ 12. **Eximición de pago de indemnización.** – Cuando la relación eventual se extingue naturalmente por finalización de la obra o de la tarea asignada o del cese de la causa que le dio origen, no hay lugar a indemnización alguna a favor del trabajador (art. 74, LE).

§ 13. **Ruptura anticipada del contrato eventual.** – Como todo contrato de trabajo, el contrato eventual puede ser motivo de rescisión anticipada por justa causa, sin obligación de indemnizar por parte del empleador.

Sin embargo, cuando el contrato fuera resuelto anticipadamente por el empleador sin justa causa, el trabajador tiene derecho a una indemnización por daños y perjuicios que debe ser fijada prudencialmente por el juez, por cuanto se entiende que el trabajador eventual, aunque transitorio, tiene estabilidad y expectativas de perdurabilidad dentro de esa transitoriedad[1]. La situación es asimilable a la del contrato a plazo fijo que, como el eventual, es otro contrato por tiempo determinado (art. 95, LCT)[2]. Esta interpretación analógica (art. 11, LCT) surge de lo dispuesto en la última parte del art. 74 de la LE.

---

[1] FERNÁNDEZ MADRID, *Tratado práctico*, t. I, p. 821.
[2] MEILIJ, *Contrato de trabajo*, t. I, p. 389.

Art. 100. [Aplicación de la ley. Condiciones] – Los beneficios provenientes de esta ley se aplicarán a los trabajadores eventuales, en tanto resulten compatibles con la índole de la relación y reúnan los requisitos a que se condiciona la adquisición del derecho a los mismos.

Concordancias: LCT, arts. 92, 94, 95, 99 y 250; LE, arts. 69 a 74.

§ 1. **Beneficios laborales. Compatibilidad con la relación eventual.** – La ley no priva al trabajador eventual de los beneficios laborales, sino sólo de aquellos que son incompatibles con el carácter transitorio de la relación. Así, además de las normas específicas que regulan la relación eventual (art. 99, LCT, y arts. 69 a 74, LE), le son aplicables a estos trabajadores las normas generales sobre jornada, descansos, licencias, salud y seguridad, riesgos del trabajo, salario mínimo, remuneración, asignaciones familiares, convenio colectivo que rige la actividad u oficio, derechos y deberes de las partes, enfermedad aunque limitada a la duración del contrato, etc., en tanto sean compatibles con la naturaleza de la relación.

Capítulo V

DEL CONTRATO DE TRABAJO DE GRUPO O POR EQUIPO

Art. 101. [Caracterización. Relación directa con el empleador. Sustitución de integrantes. Salario colectivo. Distribución. Colaboradores] – Habrá contrato de trabajo de grupo o por equipo, cuando el mismo se celebrase por un empleador con un grupo de trabajadores que, actuando por intermedio de un delegado o representante, se obligue a la prestación de servicios propios de la actividad de aquél. El empleador tendrá respecto de cada uno de los integrantes del grupo, individualmente, los mismos deberes y obligaciones previstos en esta ley, con las limitaciones que resulten de la modalidad de las tareas a efectuarse y la conformación del grupo.

Si el salario fuese pactado en forma colectiva, los componentes del grupo tendrán derecho a la participación que les corresponda según su contribución al resultado del trabajo. Cuando un trabajador dejase el grupo o equipo, el delegado o representante deberá sustituirlo por otro, proponiendo el nuevo integrante a la aceptación del empleador, si ello resultare indispensable en razón de la modalidad de las tareas a efectuarse y a las calidades personales exigidas en la integración del grupo.

El trabajador que se hubiese retirado, tendrá derecho a la liquidación de la participación que le corresponda en el trabajo ya realizado.

Los trabajadores incorporados por el empleador para colaborar con el grupo o equipo no participarán del salario común y correrán por cuenta de aquél.

CONCORDANCIAS: LCT, arts. 28, 47 y 102.

§ 1. **Definición legal.** – La ley, en este artículo, define y regula el contrato de trabajo de grupo o por equipo, también llamado *de cuadrilla*, el que no debe ser confundido con el *trabajo por equipos* o en turnos rotativos a que se refiere, con relación a la jornada y descansos, el art. 202 de la LCT.

En este contrato, la contratación de una pluralidad de trabajadores se hace por medio de otro trabajador que actúa como director o jefe de equipo. No obstante la intermediación del jefe de equipo, se establece una relación laboral individualizada entre cada uno de los trabajadores integrantes del equipo y el empleador beneficiario de los servicios. Se trata de una relación laboral pluriindividual y no un vínculo jurídico del empleador con el equipo[1], aunque resulta indispensable que se trate de la realización de un trabajo en común y no simplemente de labores yuxtapuestas. Esto quiere decir que el empleador tiene respecto de cada uno de los integrantes del grupo los mismos deberes emergentes del contrato de trabajo

---

[1] Novillo Saravia, en Altamira Gigena (coord.), "Ley de contrato de trabajo", t. 1, p. 520.

en general, lo que significa que, en caso de incumplimiento del dador de trabajo, los integrantes del grupo pueden demandarlo judicialmente, en forma conjunta o separada.

El equipo es un grupo de trabajadores o, más exactamente, algunos trabajadores organizados espontánea y exclusivamente para realizar un trabajo en común. Tal, por ejemplo, el caso de una orquesta que se compone de un director y de varios músicos que tocan distintos instrumentos, y el de las cuadrillas para máquinas trilladoras[2], donde aun teniendo asignada una tarea distinta, todos los trabajadores concurren a la realización de un trabajo en común. En la misma situación se encuentran aquellos grupos, equipos o cuadrillas de estibadores o cargadores (*mano*, como se conoce en el lenguaje corriente de los lugares de trabajo) que toman a su cargo las tareas de movimientos de bolsas, bultos o mercaderías en puertos, mercados o estaciones y en los cuales todos realizan un mismo trabajo por igual razón de no poder efectuarlo uno solo[3].

La circunstancia de que el empleador se vincule con el grupo por medio del jefe de equipo, no implica otorgar al equipo una personalidad distinta de los miembros que la integran, continuando siempre como sujeto del contrato el trabajador (persona física), como lo establece claramente el art. 25 de la LCT. No hay contrato de trabajo que pueda formalizarse con una persona ideal, por lo que no puede admitirse que el grupo o equipo sea sujeto del contrato de trabajo, aparte de que tampoco reviste la calidad de persona jurídica[4].

§ 2. **Jefe de equipo.** – Al organizador del grupo se lo llama *director, delegado, representante, cabecilla* o *jefe de equipo*, y es un trabajador más del conjunto. Tiene a su cargo la facultad de designar las personas que lo han de integrar, salvo que por la índole de las prestaciones resulte indispensable su determinación anticipada (art. 47, LCT).

Cuando un trabajador deja el grupo o equipo, el delegado o representante designa a su reemplazante. Debe requerir la aceptación del empleador para el nuevo integrante "si ello resultare indispensable en razón de la modalidad de las tareas a efectuarse y a las calidades personales exigidas en la integración del grupo".

---

[2] Deveali, *Lineamientos*, p. 176.
[3] López - Centeno - Fernández Madrid, *Ley de contrato de trabajo*, t. I, p. 590.
[4] López - Centeno - Fernández Madrid, *Ley de contrato de trabajo*, t. I, p. 591.

El jefe de equipo acuerda con el empresario el monto de la remuneración y con los integrantes del grupo su distribución[5].

§ 3. Integrantes del grupo. – Una vez designados por el jefe del grupo, sus integrantes adquieren individualmente todos los derechos y asumen todos los deberes propios del contrato de trabajo. No resulta admisible que el incumplimiento de uno de los integrantes del grupo signifique causal suficiente para considerar que hay incumplimiento contractual y posibilidad de despido de todos los integrantes del grupo, puesto que no existe, en este caso, posibilidad de aplicación de las normas del derecho civil y considerar que estamos ante acreedores conjuntos de una obligación de las llamadas *mancomunadas*[6].

§ 4. Salario colectivo. – El salario de los integrantes del grupo puede pactarse en forma individual o colectiva. El artículo comentado establece que si el salario es pactado en forma colectiva, los componentes del grupo tienen derecho a la participación que les corresponde según su contribución al resultado del trabajo. La fijación de un salario en común no exime al empleador de pagar en forma personal y directa la remuneración. Lo que hace el representante es fijar las bases de distribución entre los integrantes del grupo o conjunto[7].

El pago de la remuneración debe ser hecho al trabajador (arts. 74, 124 y 129, LCT) no siendo susceptible de efectuarse a terceros, salvo en ciertas circunstancias previstas en la misma ley (arts. 124 y 129). Dado que el empleador es el obligado directo frente a los trabajadores, si efectuase el pago del salario común al representante del equipo, deberá adoptar las medidas necesarias para asegurar la efectiva percepción y distribución del salario entre los integrantes del grupo[8].

Art. 102. [Trabajo prestado por integrantes de una sociedad. Equiparación. Condiciones] – **El contrato por el cual una sociedad, asociación, comunidad o grupo de personas, con o sin personalidad jurídica, se obligue a la prestación de servicios,**

---

[5] Fernández Madrid, *Tratado práctico*, t. I, p. 885.
[6] Fernández Madrid, *Tratado práctico*, t. I, p. 884.
[7] Fernández Madrid, *Tratado práctico*, t. I, p. 885.
[8] Fernández Madrid, *Tratado práctico*, t. I, p. 885.

obras o actos propios de una relación de trabajo por parte de sus integrantes, a favor de un tercero, en forma permanente y exclusiva, será considerado contrato de trabajo por equipo y cada uno de sus integrantes, trabajador dependiente del tercero a quien se hubieran prestado efectivamente los mismos.

CONCORDANCIAS: LCT, arts. 14, 21 a 23, 25 y 27; ley 25.250, art. 4°.

§ 1. **Fraude por interposición de personas.** – Este artículo intenta neutralizar una forma de fraude laboral que se configura mediante la interposición de sociedades, asociaciones, comunidades o grupos de personas para simular una relación no laboral, civil o comercial, evadiendo de ese modo la aplicación de las normas laborales y de la seguridad social. Ya el art. 14 de la LCT trata de prevenir el fraude sancionando con la nulidad todo contrato por el cual las partes hayan procedido con simulación o fraude laboral, mediante la *interposición de personas*, caso en el cual hace aplicable la ley laboral.

El art. 40 de la ley 25.877 dispone que los socios de cooperativas de trabajo que se desempeñaren en fraude a la ley laboral "serán considerados trabajadores dependientes de la empresa usuaria para la cual presten servicios, a los efectos de la aplicación de la legislación laboral y de la seguridad social".

El último párrafo del mismo artículo de la ley citada reduce sensiblemente el campo de actuación de las cooperativas de trabajo, puesto que les prohíbe funcionar como empresas de servicios eventuales y de provisión de trabajo de temporada o brindar servicios propios de las agencias de colocaciones.

§ 2. **Caracterización.** – En el caso mentado por el artículo, las *personas interpuestas* no son sólo conjuntos de personas físicas (comunidades o grupos de personas), sino principalmente sociedades y asociaciones, con o sin personería jurídica. Se trata de desarticular el fraude intentado al presentar a los trabajadores que prestan servicios en relación de dependencia para un empleador, como integrantes de una *sociedad*, generalmente de responsabilidad limitada o cooperativa, aunque en la práctica puede adoptar cualquier forma societaria. De esa manera se aparentaría que la contratación se realiza de *empresa a empresa*, cuando en realidad se trata de simples trabajadores dependientes contratados por un empleador.

El antecedente de la norma se encuentra en la ley 16.593, derogada por la ley 20.744 (art. 7°).

Título IV

DE LA REMUNERACIÓN DEL TRABAJADOR

Capítulo I

DEL SUELDO O SALARIO EN GENERAL

Art. 103. [Concepto] – A los fines de esta ley se entiende por remuneración la contraprestación que debe percibir el trabajador como consecuencia del contrato de trabajo. Dicha remuneración no podrá ser inferior al salario mínimo vital. El empleador debe al trabajador la remuneración, aunque éste no preste servicios, por la mera circunstancia de haber puesto su fuerza de trabajo a disposición de aquél.

Concordancias: LCT, arts. 4°, 21, 22, 74, 115, 116, 118, 119, 121, 124 a 134, 136 a 143, 147, 148, 201, 260, 261, 266 y 268; LE, arts. 139 a 142; ley 24.241, arts. 6° y 7°.

§ 1. **Remuneración.** – El contrato de trabajo es un contrato bilateral (art. 1138, Cód. Civil) en el que las obligaciones principales de ambas partes consisten, básicamente, para el trabajador, en poner su fuerza de trabajo a disposición de quien lo contrata y para el empleador, en pagar un precio que se denomina *remuneración* (art. 21, LCT). Por eso, el artículo describe a la remuneración como una *contraprestación* que debe percibir el trabajador como *consecuencia* del contrato de trabajo. Por otra parte, la ley dispone que el trabajo no se presume gratuito (art. 115, LCT), dado que el contrato de trabajo es un contrato a título oneroso (art. 1139, Cód. Civil).

JURISPRUDENCIA

1. ***Principios generales.*** *a*) Toda prestación que recibe el trabajador por parte del empleador y que represente una ganancia para el mismo, que satisfaga total o parcialmente su consumo, debe considerarse salario, ya que de no existir ella el trabajador sólo hubiera podido producir dicha prestación a su propia expensa (CNTrab, Sala II, 12/5/95, *DT*, 1995-B-1626).

b) Es remuneración tanto lo que percibe el empleado como lo que le evita un desembolso (CNTrab, Sala II, 12/5/95, *DT*, 1995-B-1626).

2. ***Pago en el curso de la relación laboral. Presunción.*** Toda relación que se traba entre trabajadores y empleadores es de naturaleza laboral, también todo pago que se efectúa al dependiente durante el curso de dicha relación o con motivo de su extinción, se presume que tiene fundamento en el contrato de trabajo, es decir, que es un acto espontáneo, pero retributivo de la labor prestada –oneroso– (CNTrab, Sala I, 15/2/94, *DT*, 1995-A-220).

3. ***Elementos integrantes. Horas extra.*** Si el trabajador laboró habitualmente horas extra, los haberes percibidos por aquéllas integran su remuneración, debiendo en consecuencia computarse su incidencia en la base salarial para el pago de salarios correspondientes al plazo de suspensión preventiva (SCBA, 20/8/91, *DT*, 1992-A-452).

4. ***Compensación. Libre disponibilidad.*** Cualesquiera hayan sido las pautas tenidas en cuenta por las partes para fijar una "compensación", si el trabajador tenía la libre disponibilidad de la suma respectiva, debe ser considerada remuneración (CNTrab, Sala VIII, 9/11/99, *DT*, 2000-A-615).

5. ***Gastos de protocolo y representación.*** Los gastos de protocolo y representación encuadran en el concepto amplio de salario establecido en la ley laboral, en tanto constituyen una contraprestación que percibe el trabajador como consecuencia del contrato de trabajo y como compensación por la puesta a disposición de la fuerza de trabajo (art. 103 y concs., LCT) (CNTrab, Sala I, 19/6/02, *DT*, 2002-B-1803).

6. ***Rubro "falla de caja".*** Teniendo en cuenta que el rubro "falla de caja" se abona al trabajador para cubrir las eventuales diferencias que podrían surgir al rendir su caja, cabe concluir que no reviste carácter remuneratorio y que por ello no debe ser incluido para liquidar otros rubros cuyo monto tiene como módulo la remuneración (en el caso, se revocó la sentencia de primera instancia en cuanto le otorgó al rubro "falla de caja" carácter remuneratorio porque era liquidado con habitualidad) (CNTrab, Sala I, 12/9/02, *DT*, 2002-B-2294).

§ 2. **Derecho a la remuneración.** – Cabe hacer notar, como lo señala el artículo, que la remuneración no se debe por el trabajo efectivamente prestado, sino que es debida "aunque éste [el trabajador] no preste servicios, por la mera circunstancia de haber puesto su fuerza de trabajo a disposición de aquél [el empleador]". Este concepto de remuneración permite extraer la consecuencia de que el trabajador tiene derecho a la remuneración, aun cuando el trabajo no se preste, porque el empleador no puede o no quiere ocuparlo efectivamente. El trabajador pierde el derecho a la remuneración, en principio, sólo cuando la no prestación se debe a su propia culpa[1]. Cabe recordar que el art. 78 de la LCT impone al empleador el deber de garantizar al trabajador ocupación efectiva, de acuerdo con su calificación o categoría profesional, salvo que el incumplimiento responda a motivos fundados que impidan la satisfacción de tal deber. Por ello, si el trabajador ofrece o pone a disposición del empleador su trabajo y éste no lo utiliza o lo rechaza, la prestación, desde un punto de vista legal, se considera cumplida por mora del acreedor (arts. 78 y 103, LCT, y art. 510, Cód. Civil). En consecuencia, si el empleador no puede invocar una justificación legal (arts. 78, 220 y 221, LCT), debe pagar los salarios correspondientes al lapso no trabajado[2].

Las circunstancias en que el trabajador tendrá derecho a la remuneración, no obstante no haber prestado servicios, están principalmente fijadas por la ley, como en los casos de enfermedad inculpable (art. 208), los días no laborables en que el empleador opta por no trabajar (art. 167), las vacaciones (art. 150), las licencias especiales (art. 159) y los feriados (art. 166). Otras circunstancias que producen el mismo efecto estarán normalmente especificadas en el convenio colectivo de trabajo de la actividad de que se tratare, serán determinadas por los usos y costumbres o las prácticas de empresa o, en su defecto, fijadas por el juez al aplicar la ley o los principios generales.

JURISPRUDENCIA

    1. *Falta de prestación de servicios.* Si el trabajador no prestó servicios y no probó que le hubieran sido negadas tareas por el empleador, no es procedente el reclamo por los salarios correspondientes (CNTrab, Sala IV, 30/6/95, *DT*, 1995-B-2077).

    2. *Inasistencias. Derecho al salario.* Si el empleador había intimado al trabajador a justificar inasistencias y éste no acreditó haber prestado servicios en esos días, carece de derecho a reclamar salarios por los días en cuestión (CNTrab, Sala II, 18/12/89, *DT*, 1990-A-907).

---

[1] Krotoschin, *Tratado práctico*, t. I, p. 245.
[2] López - Centeno - Fernández Madrid, *Ley de contrato de trabajo*, t. I, p. 604.

21. Etala, *Contrato*.

§ 3. **Caso de accidente de trabajo.** – Según el art. 13 de la ley 24.557, llamada ley de riesgos del trabajo (LRT), en caso de incapacidad laboral temporaria (ILT) derivada de un accidente de trabajo, el trabajador damnificado, a partir de la primera manifestación invalidante y mientras dure el período de incapacidad, percibirá una prestación de pago mensual, de cuantía igual al valor mensual del ingreso base, definido por el art. 12 de la misma ley, modificado por el art. 4° del decr. NU 1278/00. El ingreso base es "la cantidad que resulte de dividir la suma total de las remuneraciones sujetas a aportes y contribuciones, con destino al SIJP, devengadas en los doce meses anteriores a la primera manifestación invalidante o en el tiempo de prestación de servicio si fuera menor a un año, por el número de días corridos comprendidos en el período considerado". La prestación dineraria correspondiente a los primeros diez días está a cargo del empleador. Las prestaciones dinerarias siguientes estarán a cargo de la ART, la que, en todo caso, debe asumir las prestaciones en especie (art. 13, LRT).

El pago de las prestaciones dinerarias debe efectuarse en el plazo y forma establecida en la LCT para el pago de las remuneraciones a los trabajadores (art. 13, inc. 1, LRT).

No obstante tratarse claramente de una prestación de la seguridad social, la LRT dispone que "el responsable del pago de la prestación dineraria retendrá los aportes y efectuará las contribuciones correspondientes a los subsistemas de seguridad social que integran el SUSS o los de ámbito provincial que los reemplazaran, exclusivamente, conforme a la normativa previsional vigente debiendo abonar, asimismo, las asignaciones familiares" (art. 13, inc. 2, modif. por art. 5°, decr. NU 1278/00).

§ 4. **La remuneración desde el punto de vista de la seguridad social.** – Existe un concepto de la remuneración de la seguridad social que es en términos generales similar a la del derecho del trabajo, pero no estrictamente coincidente. Se encuentra definida a esos efectos en el art. 6° de la ley 24.241, enumerándose los conceptos excluidos en el art. 7° de la misma ley. El art. 6° dice lo siguiente: "Se considera remuneración, a los fines del SIJP, todo ingreso que percibiere el afiliado en dinero o en especie susceptible de apreciación pecuniaria, en retribución o compensación o con motivo de su actividad personal, en concepto de sueldo, sueldo anual complementario, salario, honorarios, propinas, gratificaciones y suplementos adicionales que tengan el carácter de habituales y regulares, viáticos y gastos de representación excepto en la parte efectivamente gastada y acreditada por medio de comprobantes, y toda otra retribución, cualquiera fuere la denominación que se le asigne, percibida por servicios ordinarios o extraordinarios prestados en relación de dependencia.

La autoridad de aplicación determinará las condiciones en que los viáticos y gastos de representación no se considerarán sujetos a aportes ni contribuciones, no obstante la inexistencia total o parcial de comprobantes que acrediten el gasto.

Las propinas y las retribuciones en especie de valor incierto serán estimadas por el empleador. Si el afiliado estuviera disconforme, podrá reclamar ante la autoridad de aplicación, la que resolverá teniendo en cuenta la naturaleza y modalidades de la actividad y de la retribución. Aun mediando conformidad del afiliado, la autoridad de aplicación podrá rever la estimación que no considerara ajustada a estas pautas".

Se consideran, asimismo, remuneración las sumas a distribuir a los agentes de la Administración pública o que éstos perciban en carácter de:

1) Premio estímulo, gratificaciones u otros conceptos de análogas características. En este caso también las contribuciones estarán a cargo de los agentes, a cuyo efecto antes de proceder a la distribución de dichas sumas se deberá retener el importe correspondiente a la contribución.

2) Cajas de empleados o similares, cuando ello estuviere autorizado. En este caso, el organismo o entidad que tenga a su cargo la recaudación y distribución de estas sumas deberá practicar los descuentos correspondientes a los aportes personales y depositarlos dentro del plazo pertinente".

Por su parte, el art. 7º de la ley 24.241 se refiere a los conceptos excluidos; expresa lo siguiente: "No se consideran remuneración las asignaciones familiares, las indemnizaciones derivadas de la extinción del contrato de trabajo, por vacaciones no gozadas y por incapacidad permanente provocada por accidente del trabajo o enfermedad profesional, las prestaciones económicas por desempleo, ni las asignaciones pagadas en concepto de becas. Tampoco se consideran remuneración las sumas que se abonen en concepto de gratificaciones vinculadas con el cese de la relación laboral en el importe que exceda del promedio anual de las percibidas anteriormente en forma habitual y regular".

JURISPRUDENCIA

1. *Salario laboral y previsional.* Hay que distinguir entre salario laboral y previsional y valorar que una misma contrapres-

tación puede tener carácter salarial en el ámbito laboral y carecer de él en el previsional (v.gr., gratificación pagada por una sola vez; CNTrab, Sala VI, 28/10/97, *DT*, 1998-A-542).

2. *Vales por descuentos de mercaderías. Carácter no remuneratorio.* Los "vales de descuento" que consisten en una reducción del precio de los productos adquiridos por los empleados respecto del valor de venta al público no tienen carácter remuneratorio en el sentido del art. 10 de la ley 18.037 (actual art. 6°, ley 24.241), puesto que no representan un ingreso que percibe el trabajador por su actividad personal, sino un beneficio que la empresa pone a su disposición en forma voluntaria para mejorar su calidad de vida y la de su familia (CFedSegSocial, Sala II, 12/9/97, *TSS*, 1998-141).

3. *Compensación.* La empleadora carece de competencia en materia fiscal y previsional y para diseñar el cuadro de las cargas propias y de sus empleados, por lo que es irrelevante que haya dispuesto que la suma pagada como "compensación" no sería tenida en cuenta a los fines impositivos y previsionales (CNTrab, Sala VIII, 9/11/99, *DT*, 2000-A-615).

§ 5. **Remuneración mínima.** – Las partes, al pactar la remuneración, no pueden vulnerar las disposiciones sobre salario mínimo vital que constituyen normas de orden público. Las normas que regulan el salario mínimo se establecen en los arts. 116 a 119 de la LCT y los arts. 139 a 142 de la LE.

Cuando en la actividad u oficio en que se desempeña el trabajador estuviera vigente un convenio colectivo de trabajo, la remuneración pactada no puede resultar inferior a los mínimos convencionales fijados para la categoría del trabajador (arts. 7° y 8°, LCT). A esta remuneración mínima emergente de los convenios colectivos se la denomina *salario mínimo profesional*[3].

Jurisprudencia

1. *Salario básico. Concepto. Finalidad.* La razón de la determinación de un sueldo básico reside en la certeza de que el trabajo de cierta categoría profesional "vale" por lo menos lo que se estipula y su finalidad radica en asegurar a los trabajadores ese mínimo inderogable (CNTrab, Sala II, 9/3/95, *TSS*, 1995-464).

§ 6. **Protección de la remuneración.** – Nuestro país, en materia de protección de la remuneración, ha ratificado, por decr. ley 11.594/56, el convenio 95 de la OIT, conocido como convenio sobre la protección del salario, 1949.

---

[3] Rodríguez Mancini, en Vazquez Vialard (dir.), "Tratado", t. 4, p. 604.

Art. 103 bis. [Beneficios sociales] – Se denominan beneficios sociales a las prestaciones de naturaleza jurídica de seguridad social, no remunerativas, no dinerarias, no acumulables ni sustituibles en dinero, que brinda el empleador al trabajador por sí o por medio de terceros, que tiene como objeto mejorar la calidad de vida del dependiente o de su familia a cargo. Son beneficios sociales las siguientes prestaciones:

a) Los servicios de comedor de la empresa.

b) Los vales del almuerzo y tarjetas de transporte hasta un tope máximo por día de trabajo que fije la autoridad de aplicación. [Texto según decr. NU 815/01, art. 1º]

c) Los vales alimentarios y las canastas de alimentos otorgados a través de empresas habilitadas por la autoridad de aplicación, hasta un tope máximo de un 20% de la remuneración bruta de cada trabajador comprendido en convenio colectivo de trabajo y hasta un 10% en el caso de trabajadores no comprendidos.

d) Los reintegros de gastos de medicamentos y gastos médicos y odontológicos del trabajador y su familia que asumiera el empleador, previa presentación de comprobantes emitidos por farmacia, médico u odontólogo, debidamente documentados.

e) La provisión de ropa de trabajo y de cualquier otro elemento vinculado a la indumentaria y al equipamiento del trabajador para uso exclusivo en el desempeño de sus tareas.

f) Los reintegros documentados con comprobantes de gastos de guardería y/o sala maternal, que utilicen los trabajadores con hijos de hasta seis años de edad cuando la empresa no contare con esas instalaciones.

g) La provisión de útiles escolares y guardapolvos para los hijos del trabajador, otorgados al inicio del período escolar.

h) El otorgamiento o pago debidamente documentado de cursos o seminarios de capacitación o especialización.

i) El pago de los gastos de sepelio de familiares a cargo de trabajador debidamente documentados con comprobantes. [Artículo incorporado por ley 24.700, art. 1°]

CONCORDANCIAS: LCT, arts. 105 y 223 *bis*; ley 24.241, art. 7°.

§ 1. **Caracterización jurídica.** – El texto normativo caracteriza los *beneficios sociales* como una "prestación de naturaleza jurídica de la seguridad social". Sin embargo, su pago está a cargo del mismo empleador y no de una agencia de la seguridad social y se trata de prestaciones no contributivas, ya que respecto de la mayoría de ellas, salvo el beneficio social de vales alimentarios o cajas de alimentos (art. 4°, ley 24.700), el empleador no efectúa contribución alguna a la seguridad social. Precisamente el art. 3° del decr. 137/97 aclaró que "los beneficios sociales, las prestaciones complementarias que no integran la remuneración y la prestación no remunerativa definidos por los arts. 103 *bis*, 105 y 223 *bis* de la ley 20.744 (t.o. 1976) y sus modificatorias, serán considerados de carácter no remunerativo y en consecuencia no sujetos a aportes y contribuciones".

Por otra parte, no es dudoso que se trata de una *contraprestación* (proveniente del empleador) que percibe el trabajador "como consecuencia del contrato de trabajo" (art. 103, LCT) y, en este sentido, nada parece alejar al beneficio social de un concepto remuneratorio. Pero, en definitiva, el legislador, debido a que se trata de prestaciones no dinerarias –a veces de difícil estimación monetaria– y que tienen por objeto mejorar la calidad de vida del trabajador y de su familia, ha juzgado conveniente no otorgar a los beneficios sociales carácter remuneratorio y eximir estos conceptos del pago de contribuciones a la seguridad social (con la ya aludida excepción de los vales alimentarios y cajas de alimentos) y no computarlos a ningún otro efecto laboral (para la liquidación del aguinaldo, indemnización por despido, salario de vacaciones, etcétera). El legislador ha entendido que, de haber asignado a estos beneficios carácter remuneratorio, esta decisión habría tenido como efecto disuadir al empleador de otorgar estas prestaciones a sus trabajadores, con el consiguiente deterioro de la calidad de vida de éstos y de su familia.

§ 2. **Servicios de comedor de la empresa.** – Este servicio se puede cumplir en el establecimiento para lo cual la empresa presta el servicio directamente u otorga la explotación a un concesionario; puede ser gratuito o bien el trabajador abona un porcentaje inferior al precio, así como al del propio costo, en la medida en que el empleador subsidia el correspondiente déficit[1].

Como la ley no distingue, en todos los supuestos apuntados y en otras variantes que pudieran presentarse, el servicio de comedor tiene carácter de beneficio social y, por consiguiente, no remuneratorio.

Jurisprudencia

1. *Alimentación suministrada en el establecimiento.* La alimentación suministrada en el establecimiento –desayuno, almuerzo, merienda y cena– carece de carácter remuneratorio (art. 103 *bis*, inc. *a*, LCT) (CNTrab, Sala I, 19/3/03, *TSS*, 2003-592).

§ 3. **Los vales de almuerzo.** – Aunque un sector de la doctrina y la jurisprudencia habían caracterizado a los vales de almuerzo como una forma de pago en especie, con anterioridad a su inclusión expresa como beneficio social, la Cámara Nacional del Trabajo ya había sentado la siguiente doctrina: "Los vales que los empleadores entregan a su personal para comidas o refrigerios fuera del establecimiento, no están comprendidos en el concepto de remuneración del art. 10 de la ley 18.037 (t.o. 1976)".

El art. 2º del decr. 137/97 aclaró que la autoridad de aplicación, a los efectos de fijar el tope máximo por día de trabajo que señala el inciso para considerar los vales de almuerzo como beneficio social no remuneratorio, será el Ministerio de Trabajo, Empleo y Seguridad Social. La autoridad de aplicación no ha modificado hasta el presente el importe máximo de quince pesos por día hábil por persona fijado oportunamente por el art. 6º del decr. 592/95.

Jurisprudencia

1. *Vales de comida. Concepto no remuneratorio.* Los vales que los empleadores entregan a su personal para comidas o refrigerios a consumir fuera del establecimiento no están comprendidos en el concepto de remuneración del art. 10 de la ley 18.037, t.o. 1976 (CNTrab, plenario 264, 27/12/88, "Ángel Estrada y Cía. SA", *DT*, 1989-A-422).

2. *Vales de almuerzo.* Los *tickets* para restaurante integran los denominados beneficios sociales que unilateralmente cualquier

---

[1] Brito Peret, *Hacia un concepto de salario previsional*, *DT*, 1990-A-1065.

empleador razonable puede ofrecer a los trabajadores, sin por eso aumentar los costos indirectos de la empresa, ya que no son remuneratorios (CNTrab, Sala VI, 17/8/94, *DT*, 1995-A-239).

3. *Reintegro de gastos de comida.* Corresponde otorgarle carácter salarial al reintegro de gastos por comida que la demandada abonaba a su personal, toda vez que, a diferencia de los *luncheon tickets*, tal reintegro consistía en una suma de dinero, cuyo destino final podía ser la compra de alimentos o no, pero que representaba una ganancia para el trabajador, quien podía utilizarla para cubrir distintos tipos de necesidades, en tanto ingresaba a su patrimonio (CNTrab, Sala II, 29/7/94, *DT*, 1994-B-1999).

4. *Adicional por almuerzo.* El rubro "adicional por almuerzo" consistente en una suma de dinero que la empresa otorgaba al personal jerárquico por la puesta a disposición de su fuerza de trabajo, tiene carácter remuneratorio, por no estar incluido entre las prestaciones que la ley 24.700 conceptúa como beneficios sociales (CNTrab, Sala V, 9/11/98, *TSS*, 1998-1327).

§ 4. **Tarjetas de transporte.** – El art. 1º del decr. NU 815/01, agregó en el inc. *b* del artículo comentado las tarjetas de transporte como beneficio social no remuneratorio, hasta un tope máximo por día de trabajo que fije la autoridad de aplicación. Ésta, por res. MTEFRH 335/01, en su art. 10, estableció como tope máximo, para cada trabajador, la sumatoria del costo mensual de su traslado en medio público de transporte, excluido automóvil de taxímetro y remise, desde su domicilio al lugar de trabajo y de regreso, por día de efectivo trabajo de cada trabajador.

§ 5. **Vales alimentarios y canastas de alimentos.** – Este beneficio social había sido incorporado a la LCT como art. 105 *bis* por el decr. 1477/89, cuya constitucionalidad era claramente impugnable. El decreto citado fue derogado por el decr. 773/96. El decr. 1478/89 reglamenta la habilitación de empresas por la autoridad de aplicación que es el Ministerio de Trabajo y Seguridad Social (actualmente, Ministerio de Trabajo, Empleo y Seguridad Social) con las cuales los empleadores deben contratar el otorgamiento del mencionado beneficio.

Respecto de los porcentajes fijados como límite (20% para trabajadores comprendidos en convenios colectivos de trabajo y 10% para trabajadores no comprendidos), los beneficios adquirirán carácter remuneratorio, en la medida en que se sobrepasen los mencionados límites porcentuales[2].

---

[2] Brito Peret, *Hacia un concepto de salario previsional*, *DT*, 1990-A-1065.

Cabe señalar que el art. 4º de la ley 24.700 estableció una contribución de la seguridad social con destino al financiamiento del sistema de asignaciones familiares del 14% sobre los montos que sean abonados por los empleadores a sus trabajadores en vales alimentarios o cajas de alimentos.

El art. 2º del decr. NU 815/01 facultó a los empleadores para incrementar, con vigencia a partir del 1º de julio de 2001, en hasta ciento cincuenta pesos mensuales los beneficios sociales previstos en el inc. *c* del art. 103 *bis* de la LCT, a favor de los trabajadores en relación de dependencia cuyos salarios brutos mensuales fueran iguales o inferiores a la suma de un mil quinientos pesos.

El incremento no se computa a los fines de la aplicación de los topes fijados legalmente. Asimismo, estos incrementos están exceptuados de la contribución prevista por el art. 4º de la ley 24.700 (art. 3º, decr. NU 815/01).

El mismo decreto facultó a la autoridad de aplicación para dictar la normativa complementaria necesaria a los fines de instrumentar el régimen y extender la aplicación del incremento a la adquisición de otros bienes y servicios. Por res. MT EFRH 335/01, modificada por res. MTESS 343/02, la autoridad de aplicación reglamentó el funcionamiento del referido régimen, estableciendo sus límites, y autorizó la utilización de los vales comprendidos en el decreto para la adquisición, para el trabajador y su familia conviviente, de los siguientes bienes y servicios: *a*) alimentos; *b*) medicamentos, gastos médicos y odontológicos; *c*) útiles escolares y guardapolvos, material didáctico y recreativo, para los hijos del trabajador; *d*) productos electrodomésticos, electrónicos e informáticos y sus accesorios para su uso en el hogar, y *e*) gastos de hotelería y servicios turísticos en la República Argentina, conforme a las normas que dicte la Secretaría de Turismo de la Nación.

El decr. 815/01 establece que el régimen instituido es transitorio y de excepción y regiría hasta el 31 de marzo de 2003, pudiendo el Poder Ejecutivo nacional prorrogar su vigencia. El decr. 510/03 prorrogó hasta el 31 de marzo de 2005 la vigencia del régimen.

JURISPRUDENCIA

1. ***Constitucionalidad de la ley 24.700.*** Corresponde confirmar la resolución que no hizo lugar al pedido de inconstitucionalidad de la ley 24.700 en cuanto agrega el art. 103 *bis*, inc. *c*, de la LCT, pues siendo que por decisión legal los vales alimentarios son catalogados como beneficios sociales, no remuneratorios, el intérprete se debe ajustar a la norma positiva, sin que resulte

aplicable al respecto la doctrina elaborada por la CSJN en "Della Blanca, Luis E. y otro c/Industria Metalúrgica Pescarmona SA" (CNTrab, Sala VII, 25/4/02, *DT*, 2003-A-53).

2. *Falta de registración. "Tickets" canasta. Multas de la ley de empleo.* La multa establecida en el art. 10 de la ley 24.013 está referida a la falta de registración de remuneraciones y como los *tickets* canasta no revisten tal carácter, no hay obligación por parte de la empleadora de registrar su pago (CNTrab, Sala X, 31/5/99, *DT*, 1999-B-1860).

3. *"Tickets" canasta. Derechos adquiridos. Supresión unilateral.* *a*) Si bien los *tickets* canasta no poseen naturaleza remuneratoria (decrs. 1477/89 y 333/94 y ley 24.700, desde 1996 en adelante), su calidad *asistencial* impide que puedan ser otorgados, modificados o suprimidos a su antojo por el empleador. En consecuencia, si se vinieron abonando por un tiempo considerable, dicho rubro se incorporó al plexo de derechos y obligaciones derivados de la relación trabada entre las partes y no puede ser cancelado unilateralmente (CNTrab, Sala X, 31/5/99, *DT*, 1999-B-1869; íd., íd., 19/5/00, *TSS*, 2000-722).

b) En el marco de lo normado por la ley 24.700 y la doctrina del fallo plenario 264 de la CNTrab, el rubro *tickets* canasta no tiene condición salarial y, al encontrarse despojado de los alcances del principio de intangibilidad, constituye un beneficio marginal derivado de la unilateral voluntad del empleador y su persistencia o no en el tiempo depende del arbitrio de aquél. Con tal premisa, corresponde desestimar el reclamo fundado en la falta de pago de tal rubro, si la accionada dejó de suministrarlo muchos años antes de que se efectúe el reclamo judicial, aun cuando en el ínterin hubiese mediado una actuación administrativa tendiente a su restablecimiento en el ámbito de una reclamación colectiva (CNTrab, Sala II, 31/5/00, *DT*, 2000-B-2349).

c) Aun cuando los *tickets* canasta no tengan carácter salarial, su calidad asistencial no implica que puedan ser otorgados, modificados o suprimidos por el empleador a su antojo, porque si la empresa los venía abonando regularmente, se han incorporado al plexo de derechos y obligaciones de las partes y, por tanto, no pueden ser cancelados unilateralmente (CNTrab, Sala I, 19/6/02, *DT*, 2002-B-1803).

3. *"Tickets" canasta. Falta de entrega. Indemnización.* Procede la pretensión del trabajador de que se lo indemnice por la falta de entrega oportuna de los *tickets* canasta, desde la fecha en que dejó de recibirlos y hasta el distracto (CNTrab, Sala X, 19/5/00, *TSS*, 2000-722).

4. *"Tickets" canasta. Monto superior al legalmente permitido.* Cuando se otorga un importe en concepto de *tickets* canasta que es superior al legalmente permitido de acuerdo con lo dispuesto por el art. 103 *bis*, inc. *c*, de la LCT (20% de la remuneración bruta), sólo corresponde considerar como remuneración el equivalente al monto que supera el tope máximo (CNTrab, Sala I, 19/12/02, *TSS*, 2003-229).

§ 6. Gastos médicos. – El inc. *d* del artículo establece que son también beneficios sociales no remunerativos los reintegros de gastos de medicamentos y gastos médicos y odontológicos del trabajador y su familia que asuma el empleador, previa presentación de comprobantes emitidos por farmacia, médico u odontólogo, debidamente documentados. El decr. 137/97, reglamentando la norma, determinó que los gastos efectuados para el pago de servicios médicos de asistencia y prevención al trabajador o su familia a cargo se considerarán como *gastos médicos*, y su reintegro por parte del empleador tendrá el carácter de beneficio social no remuneratorio.

JURISPRUDENCIA

1. *Gastos de prestación médica.* No corresponde incluir como remuneración las sumas correspondientes a la prestación médica, ya que no se concede en función del tiempo trabajado ni de su rendimiento. No es una contraprestación del trabajo sino una protección que se otorga en ocasión y en la medida de ciertas necesidades emergentes del trabajo, constituyendo un modo de asunción, por parte del empleador, de una contingencia social que puede aleatoriamente afectar o no a sus empleados (CNTrab, Sala III, 3/9/93, *DT*, 1994-A-542).

§ 7. Gastos de guardería o sala maternal. – Antes de su incorporación expresa al texto legal, la jurisprudencia había desechado el carácter remuneratorio de los pagos por esos conceptos.

JURISPRUDENCIA

1. *Pagos de guardería o sala maternal. Concepto no remuneratorio.* Los pagos efectuados en concepto de guardería o sala maternal no se conceden en función del tiempo trabajado ni de su rendimiento, y tampoco constituye un premio, por lo que no es una contraprestación del trabajo, sino una protección que se otorga en ocasión y en la medida de ciertas necesidades emergentes del trabajo, constituyendo una asunción por parte del empleador de una contingencia social que puede aleatoriamente afectar o no a sus empleados (CNTrab, Sala IV, 15/4/86, *DT*, 1986-A-881; íd., Sala VIII, 28/8/84, *DT*, 1984-B-1621).

2. *Convenio colectivo de trabajo. Beneficio "gasto de guardería".* El beneficio "gasto de guardería" establecido en el convenio colectivo de la actividad, que impone a los empleadores que no tengan guardería el pago de una compensación monetaria

a las dependientes con hijos menores contra la exhibición del respectivo comprobante, no puede ser calificada como prestación remuneratoria susceptible de generar aportes al sistema; atento lo dispuesto en el art. 103 de la LCT, y por no constituir una ventaja patrimonial sino una compensación por lo que debería desembolsar si no tuviera el establecimiento guardería propia (CFed SegSocial, Sala II, 6/5/98, *DT*, 1998-B-1533).

§ 8. **Provisión de útiles escolares.** – Con anterioridad a su incorporación expresa al texto legal, la jurisprudencia había descartado su carácter remuneratorio.

Jurisprudencia

1. *Entrega de textos escolares.* No tiene naturaleza remuneratoria y, por ende, no está sujeto a aportes jubilatorios, el valor de los libros o textos escolares que el empleador entrega para los hijos de sus dependientes, ya que dicha entrega no se efectúa como contraprestación del trabajo sino como una ayuda más que la empresa aporta a un fin social más que particular y que por su esencia incrementaría la asignación por escolaridad primaria (CNTrab, Sala VII, 31/10/84, *DT*, 1985-A-401).

§ 9. **Cursos de capacitación.** – Son también beneficios sociales no remuneratorios el otorgamiento y pago de cursos o seminarios de capacitación o especialización destinados a mejorar la formación profesional de los dependientes.

Jurisprudencia

1. *Pago de cursos de capacitación.* El pago de cursos de capacitación que se efectuó durante un año y parte del siguiente cuando el trabajador concurría a los mismos, y no en otras ocasiones, no tiene carácter remuneratorio (art. 103 *bis*, inc. *h*, LCT) (CNTrab, Sala IV, 22/10/02, *TSS*, 2003-597).

§ 10. **Enumeración enunciativa.** – La jurisprudencia, tanto laboral como de la seguridad social, ha considerado que las enumeraciones de los arts. 103 *bis* (beneficios sociales) y 105 de la LCT (prestaciones complementarias no remunerativas) son meramente enunciativas y no taxativas.

Jurisprudencia

1. *Otorgamiento de tarjeta de crédito.* Si el trabajador disponía de una tarjeta de crédito en función de su condición de empleado de la demandada, no corresponde escindir su actuación como usuario de aquélla de su carácter de dependiente, ya que en definitiva se trata de un beneficio que ciertas empresas

conceden a sus empleados para mejorar su calidad de vida (CN Trab, Sala V, 6/10/88, *DT*, 1988-B-2145).

2. *Copa de leche.* La copa de leche que se da a los trabajadores en cumplimiento de disposiciones de un convenio colectivo, no se otorga principal o exclusivamente como retribución del trabajo prestado sino que obedece fundamentalmente a una obligación con sentido higiénico, tendiente a la preservación de la salud, no implica una ventaja patrimonial sino la implementación concreta del deber de seguridad del empleador, por lo que no cabe realizar a su respecto contribuciones para la seguridad social (CNTrab, Sala VI, 26/3/81, *LT*, XXIX-669).

3. *Vales por descuentos de mercaderías. Carácter no remuneratorio.* Los *vales de descuento* que consisten en una reducción del precio de los productos adquiridos por los empleados respecto al valor de venta al público no tienen carácter remuneratorio en el sentido del art. 10 de la ley 18.037 (actual art. 6° de la ley 24.241), puesto que no representan un ingreso que percibe el trabajador por su actividad personal, sino un beneficio que la empresa pone a su disposición en forma voluntaria para mejorar su calidad de vida y la de su familia (CFedSegSocial, Sala I, 3/10/97, *TSS*, 1998-138; íd., Sala II, 12/9/97, *TSS*, 1998-141).

4. *Diferencias en concepto de obra social.* El pago de la diferencia entre lo abonado por algunos trabajadores en concepto de obra social y el aumento operado en la cuota por dicho servicio, tiende a mejorar la calidad de vida de los dependientes al obtener mejor calidad en la prestación médica, por lo que no es susceptible de generar aportes de naturaleza previsional (CFedSegSocial, Sala II, 28/4/98, *TSS*, 1998-778).

5. *Pasajes entregados por motivos de origen familiar o laboral.* La entrega de pasajes por motivos familiares al personal que se ha trasladado a otras provincias para obtener una fuente de trabajo, tiende a mejorar la calidad de vida de los empleados, por lo que debe descartarse que este beneficio tenga carácter remuneratorio (CFedSegSocial, Sala II, 13/3/98, *TSS*, 1998-779).

6. *Compensación por tarifa telefónica.* La compensación por tarifa telefónica no puede ser considerada como remunerativa sino como beneficio social (CNTrab, Sala VI, 31/10/97, *DT*, 1998-A-1219).

7. *Pasajes sin cargo en período vacacional.* El otorgamiento de pasajes por parte de la empleadora al trabajador cuando goza de su licencia anual, constituye una franquicia que no tiene carácter remuneratorio, sino que debe ser caracterizada como beneficio social. Pero si el dependiente fue despedido arbitrariamente sin que pudiera gozar de la licencia ordinaria que le correspondía, tiene derecho a que se le entreguen dichos pasajes (aplicación analógica del plenario 154, "Pereyra, Juan c/Flota Fluvial del Estado Argentino", 15/6/71), dentro de un plazo que en

Art. 104

el proceso de ejecución de sentencia se considere razonable, en virtud de las especiales particularidades de tal franquicia, bajo apercibimiento de resolverse la obligación en daños y perjuicios (arts. 628 y concs., Cód. Civil) (CNTrab, Sala I, 10/3/00, *DT*, 2001-A-477).

8. *Cajas de golosinas.* La entrega de cajas de obsequios con golosinas no constituye condición de la contraprestación laboral, ni una compensación por los servicios prestados, pudiendo asimilarse con los beneficios sociales, dado que mejoran la calidad de vida del dependiente y de su grupo familiar sin destruir la onerosidad de la relación o alterar su base contractual, por lo que no tienen carácter contributivo (CFedSegSocial, Sala II, 15/3/02, *TSS*, 2002-1074).

Art. 104. [Formas de determinar la remuneración] El salario puede fijarse por tiempo o por rendimiento del trabajo, y en este último caso, por unidad de obra, comisión individual o colectiva, habilitación, gratificación o participación en las utilidades e integrarse con premios en cualquiera de sus formas o modalidades.

Concordancias: LCT, arts. 74, 103, 105 a 115.

§ 1. **Clasificación primaria.** – La determinación de la remuneración puede hacerse de muy variadas maneras. Sin embargo, existe una primera y principal división en las formas de determinar la remuneración, en tanto se fije *por tiempo* o *por rendimiento*. En la primera forma de determinar la remuneración, el monto de ésta no se fija en relación a la cantidad o calidad del trabajo efectivamente prestado, sino solamente al tiempo en que el trabajador está a disposición del empleador. Así, se fija la remuneración a tanto por hora, día, semana o mes. El salario *por rendimiento*, en cambio, tiene en cuenta el resultado del trabajo. Su modalidad más típica es la de la remuneración por *unidad de obra* o salario *a destajo*, a tanto por pieza o medida.

Jurisprudencia

1. *Remuneración por tiempo.* Habiéndose determinado un salario sobre la base de la contraprestación de las cuarenta y ocho horas semanales determinadas por la ley, la disminución de uno de los extremos de la ecuación, necesariamente acarrea la disminución de la otra, salvo que las partes decidieran modificar la convención (CSJN, 19/12/86, "Fábrica Argentina de Calderas SRL c/Provincia de Santa Fe", *DT*, 1987-A-675).

§ 2. **Enumeración no taxativa**. – El artículo comentado hace una enumeración de las formas de remuneración que no tiene carácter taxativo[1].

§ 3. **Remuneración a comisión. Comisiones indirectas.** Es una modalidad de remuneración por rendimiento, ya que su monto está vinculado con el éxito o resultado del trabajo prestado. El trabajador a comisión recibe una participación porcentual sobre el valor –no sobre la utilidad–, de determinado negocio[2], que, según el art. 108 de la LCT, deberá liquidarse sobre las operaciones concertadas. Es la forma usual de retribución para ciertos empleados de comercio, como los vendedores o viajantes de comercio. La ley 14.546, estatuto para viajantes de comercio, regula con detenimiento la fijación de la comisión para estos trabajadores, imponiéndola como forma de retribución obligatoria, por lo menos en parte (art. 7°, ley citada), aunque este porcentaje nunca podrá tener carácter irrisorio[3].

Esta forma de retribución se vincula directamente con el valor del negocio o transacción que constituye el ingreso del empleador, con prescindencia de que de ello se siga o no una ganancia para éste. Esto es lo que, precisamente, diferencia la comisión de la "participación en las utilidades", en la que, como lo indica la expresión, será necesario que existan éstas para que se genere el crédito salarial[4].

Una de las características destacables de esta forma de remuneración es su *variabilidad*, derivada de las bases sobre las cuales se la calcula, lo que puede hacer que aumente o disminuya el monto del salario de un período a otro. Sin embargo, esta característica no influye sobre el mantenimiento o respeto de las pautas ya convenidas para el cálculo de la comisión, dado que ésta es justamente la cláusula económica que debe considerarse esencial y por lo tanto inmutable, mientras no se disponga, por mutuo acuerdo de las partes, su modificación[5].

Las comisiones pueden ser individuales o colectivas. El art. 109 de la LCT regula el caso particular de las comisiones colectivas que son aquellas calculadas sobre las ventas para ser distribuidas entre la totalidad del personal.

[1] De Diego, *La remuneración del trabajador*, p. 238.
[2] Krotoschin, *Tratado práctico*, t. I, p. 267.
[3] Fernández Madrid, *Tratado práctico*, t. II, p. 1224.
[4] Rodríguez Mancini, en Vazquez Vialard (dir.), "Tratado", t. 4, p. 625.
[5] Rodríguez Mancini, en Vazquez Vialard (dir.), "Tratado", t. 4, p. 623.

En cuanto a las *comisiones indirectas*, según la ley 14.546 –estatuto de los viajantes de comercio–, el trabajador tiene igualmente derecho a la comisión en el caso de ventas concertadas por el empresario o por un tercero, sin intervención del viajante, con un cliente de la zona o lista previamente asignada al viajante. Éstas son las llamadas *comisiones indirectas* que corresponden al viajante y que deben tener una tasa o porcentaje igual a la directa (art. 6°, ley citada).

Jurisprudencia

1. *Comisiones por cobranza.* La comisión es un tipo de remuneración estrechamente vinculada a la actividad del trabajador y que puede configurar la forma de remuneración de cualquier clase de tarea, aun cuando la misma no esté vinculada a la intervención del trabajador en la negociación y aunque esta última no sea la concertación de un negocio, ni su ejecución, tal como ocurre en el caso de la comisión por cobranza (CNTrab, Sala II, 23/12/93, *DT*, 1994-B-1205).

§ 4. **Habilitación.** – La habilitación, como retribución del trabajo, consiste en un porcentaje, que, según el art. 110 de la LCT, debe fijarse sobre utilidades netas. Por consiguiente, esta forma de remuneración debe considerarse como un sinónimo de la "participación en las utilidades"[6], aunque la designación de "habilitación" es generalmente reservada para la participación individual que se conviene en favor de determinados trabajadores, por lo general empleados de alta categoría y que no abarca al conjunto del personal[7].

§ 5. **Gratificación.** – La gratificación es una recompensa pecuniaria que se otorga al trabajador por un motivo especial, casi siempre a fin de año, o en ocasión del balance anual de la empresa. También suelen pagarse gratificaciones en ocasiones aisladas, como, por ejemplo, aniversarios de algún suceso importante en la vida de la empresa o del propio trabajador. Se trata de una retribución por los servicios prestados y, por consiguiente, tiene carácter oneroso, no gratuito, y por eso no es donación[8].

Jurisprudencia

1. *Espontaneidad.* La gratificación es un pago en su origen espontáneo y discrecional de carácter complementario que

---

[6] De Diego, *La remuneración del trabajador*, p. 212.
[7] Krotoschin, *Tratado práctico*, t. I, p. 273.
[8] Krotoschin, *Tratado práctico*, t. I, p. 280.

los empleadores hacen a sus dependientes, pero espontaneidad, liberalidad o discrecionalidad no implica donación ni gratuidad o acto gratuito (CNTrab, Sala I, 15/2/94, *DT*, 1995-A-220).

2. *Naturaleza remuneratoria*. Las gratificaciones tienen naturaleza remuneratoria, por lo cual queda excluida la posibilidad de asimilarlas a las donaciones, salvo que se demuestre fehacientemente que el pago obedeció a una causa no vinculada con el contrato de trabajo; por ejemplo: amistad, parentesco u otros servicios personales no comprendidos en los que constituyen el objeto de aquel contrato (CNTrab, Sala I, 15/2/94, *DT*, 1995-A-220).

3. *Reajuste automático de salarios por desvalorización monetaria*. No corresponde caracterizar como gratificación el sistema de reajuste automático por desvalorización monetaria establecido por la empresa (CNTrab, Sala II, 28/2/92, *DT*, 1992-A-682).

4. *Sueldo anual complementario*. Corresponde el pago de sueldo anual complementario sobre las gratificaciones, puesto que éstas tienen carácter remuneratorio según el art. 103 de la LCT (CNTrab, Sala VII, 7/5/93, *DT*, 1994-A-955).

5. *Calificación de no remuneratoria*. El hecho de que los delegados de personal que firmaron el acuerdo que otorgó la gratificación por productividad la califiquen como de excepción y no remuneratoria, no es sustento válido para negar el carácter salarial a prestaciones que no encuadran en el concepto de excepción de los arts. 103 *bis* y 105 de la LCT (CNTrab, Sala VI, 7/11/02, *TSS*, 2003-648).

a) ***Gratificación e igualdad de trato.*** En el otorgamiento de las gratificaciones, el empleador debe respetar el principio de igualdad de trato (art. 81, LCT), lo que implica evitar toda discriminación arbitraria. Puede hacer depender la gratificación de ciertas condiciones objetivas (p.ej., la pertenencia a determinado grupo o sector del personal, determinada edad o antigüedad, trabajadores con cargas de familia), pero no puede hacer excepciones, en principio, dentro de los grupos elegidos[9].

b) ***Adquisición del derecho a la gratificación.*** La adquisición del derecho a la percepción de la gratificación puede inferirse del pago repetido, hecho sin reservas, durante varios períodos seguidos[10], por lo menos dos. En cambio, no se genera el derecho cuando el empleador hubiese acompañado cada

---

[9] Krotoschin, *Tratado práctico*, t. I, p. 280; Fernández Madrid, *Tratado práctico*, t. II, p. 1283.

[10] Krotoschin, *Tratado práctico*, t. I, p. 281.

pago con la expresa reserva de que no pensaba comprometerse o cuando el pago fue subordinado al cumplimiento de ciertas condiciones (p.ej., beneficios obtenidos por la empresa), y tales condiciones no se realizan[11].

La repetición de pagos de gratificación sin salvedad de ninguna especie por parte del empleador, aunque las bases adoptadas sean diversas, constituye un acto de reconocimiento del mantenimiento de la voluntad gratificatoria y si no es posible encontrar una pauta cierta para fijar el monto del crédito, se podrá recurrir al procedimiento de fijación judicial previsto en el art. 114 de la LCT[12].

JURISPRUDENCIA

    1. *Habitualidad.* Las gratificaciones otorgadas en forma habitual dan derecho, en principio, a reclamar su pago en períodos sucesivos y, por consiguiente, autorizan a recurrir a la vía judicial para exigirlas compulsivamente; salvo que se acredite, por quien lo afirma, que reconocieron como causa servicios extraordinarios o que no se hayan cumplido las condiciones sobre cuya base se liquidaron en otras oportunidades (CNTrab, plenario 35, 13/9/56, "Piñol, Cristóbal A. c/Genovesi SA", *DT*, 1956-647).

    2. *Habitualidad. Falta de pago durante un lapso prolongado.* Al haber transcurrido siete años sin que la gratificación anual que acostumbraba pagar la demandada fuera abonada, cabe considerar que la habitualidad en su pago fue dejada de lado con consentimiento de las partes, lo cual obsta a la aplicación del plenario 35 del 13/9/56 (CNTrab, Sala I, 27/9/91, *DT*, 1992-B-1648).

    3. *Falta de pago durante varios años. Silencio del trabajador.* Si la empresa no probó que la gratificación que abonó durante tres años haya estado sujeta a la condición de tener ganancias o cualquier otra, ante la reiteración del pago cabe considerar que el derecho a cobrarla se incorporó al estatuto que constituye la relación laboral entre el trabajador y el principal, mientras que la falta de pago por un número considerable de años no obsta al derecho a reclamarla por el período no prescripto en tanto el silencio del trabajador, durante ese lapso, no permite presumir una renuncia a un derecho (CNTrab, Sala IV, 31/7/91, *DT*, 1991-B-2220).

    4. *Cese anterior al cumplimiento del año. Derecho a la cuantía proporcional.* La *gratificación anual* es procedente, aun cuando el cese se produzca antes de que el actor cumpli-

---

[11] KROTOSCHIN, *Tratado práctico*, t. I, p. 282; FERNÁNDEZ MADRID, *Tratado práctico*, t. II, p. 1280.

[12] RODRÍGUEZ MANCINI, en VAZQUEZ VIALARD (dir.), "Tratado", t. 4, p. 639.

mente el año de trabajo completo, cuando se trata de un derecho adquirido por aquél en función de la alternativa señalada, debiéndose proporcionar su cuantía al tiempo de desempeño (CN Trab, Sala VIII, 22/11/91, *DT*, 1992-B-1444).

c) *Gratificación por cese de la relación laboral.* El art. 7º de la ley 24.241 del SIJP, no considera remuneración y, por lo tanto, no sujeta al pago de aportes y contribuciones de seguridad social, "las sumas que se abonen en concepto de gratificaciones vinculadas con el cese de la relación laboral, en el importe que exceda del promedio anual de las percibidas anteriormente en forma habitual y regular".

Jurisprudencia

1. *Imputación a indemnización por despido.* La entrega de una gratificación al empleado al momento del cese de la relación, no deviene de una obligación contractual ni tampoco legal, sino de una determinación unilateral del principal, por lo cual no debe imputarse a la indemnización por su despido incausado, regulado específicamente en el art. 245 de la LCT (SCBA, 2/4/03, *TSS*, 2003-508).

§ 6. **Participación en las utilidades.** – La participación en las utilidades constituye una forma o método de remuneración complementaria, en virtud de la cual un empleador asigna a sus empleados una parte del total de las utilidades netas de la empresa[13].

Para que se devengue este tipo de remuneración complementaria deben darse tres condiciones: *a*) que existan tales utilidades; *b*) que éstas sean netas, y *c*) que se haya pactado expresamente la participación o surja de la voluntad unilateral del empleador[14].

La participación en las utilidades no convierte al trabajador en socio de la empresa (art. 310, Cód. de Comercio) ni lo faculta para hacer responsable al empleador por mala gestión. En principio, el trabajador debe reconocer como base para el cálculo de su participación, el balance presentado, siempre que éste se haya elaborado conforme a las reglas legales y usuales del comercio, en forma correcta e inobjetable. El art. 111 de la LCT faculta al trabajador o quien lo represente (p.ej., delegado sindical) a inspeccionar la documentación que fuere necesaria para verificar las utilidades. Las medidas de control

---

[13] López - Centeno - Fernández Madrid, *Ley de contrato de trabajo*, t. II, p. 1286.

[14] De Diego, *La remuneración del trabajador*, p. 211 a 213.

también pueden ser ordenadas por el juez, sin que para ello sea necesaria la existencia de juicio (p.ej., mediante la designación de un veedor)[15].

En caso de extinción del contrato durante el período por el cual debe calcularse la participación, el trabajador tiene derecho a una parte de los beneficios, en proporción al tiempo de presencia, salvo pacto en contrario. Esta parte no podría pagársele inmediatamente al separarse de la empresa, pero debe serlo cuando se conozca el resultado del ejercicio o en el momento que se haya fijado de antemano como época de pago (art. 127, párr. 2°, LCT)[16].

Cabe recordar que el art. 14 *bis* de la Const. nacional establece como cláusula programática en beneficio del trabajador la *"participación en las ganancias de las empresas"*.

§ 7. **Bonos de participación para el personal.** – La ley de sociedades 19.550, en su art. 230, prevé la posibilidad de que las sociedades anónimas emitan bonos de participación que pueden ser adjudicados a su personal computándose las ganancias que se repartan por ese motivo como gastos. Estos bonos son intransferibles y caducan con la extinción de la relación laboral, cualquiera sea su causa. Esta participación se abona contemporáneamente con el dividendo (art. 231, ley citada). Estos bonos concretan una modalidad de participación en las ganancias y tienen indudable carácter salarial[17].

§ 8. **Premios.** – Las primas o premios tienen como origen el deseo del empleador de motivar a los trabajadores para que éstos mejoren el rendimiento de su trabajo o cumplan determinadas metas fijadas de antemano. Para ello se establecen sumas de dinero en forma unitaria o proporcional al salario básico o a la tarea realizada, las que se pagan cuando se cumplen los requisitos fijados para su percepción[18]. Aunque no es frecuente, no cabe descartar la posibilidad de que el incentivo se pague en especie, siempre que no se supere el límite establecido en el art. 107 de la LCT del 20% del total de la remuneración[19].

---

[15] Krotoschin, *Tratado práctico*, t. I, p. 275.
[16] Krotoschin, *Tratado práctico*, t. I, p. 276.
[17] Fernández Madrid, *Tratado práctico*, t. II, p. 1291.
[18] Meilij, *Contrato de trabajo*, t. II, p. 17.
[19] De Diego, *La remuneración del trabajador*, p. 193.

En general, cuando el salario se estructura en base a un premio, una parte del salario es el básico, que retribuye determinados rendimientos normales y otra es la prima o premio que retribuye un rendimiento superior[20]. El pago con primas en sí es independiente de las formas de remuneración (por tiempo o a destajo) y es aplicable en ambos sistemas[21].

Los sistemas de salarios por premios adoptan las formas más diversas que se adecuan a la naturaleza de la actividad comercial o industrial de que se trate[22]. Pueden abarcar a toda la empresa, a un establecimiento, un sector dentro del establecimiento o sólo un grupo de trabajadores, lo que suele ocurrir cuando se trata de operaciones o tareas que se realizan en común.

El resultado premiado puede ser muy variado y consistir en la puntualidad, asistencia, producción, eficiencia, esfuerzo, observancia de reglamentos, actuación destacada, condiciones personales, ahorro de materias primas, aprovechamiento de desperdicios, orden e higiene, calidad, regularidad en la tarea, cuidado de máquinas y herramientas, etcétera[23].

Art. 105. [Formas de pago. Prestaciones complementarias] – **El salario debe ser satisfecho en dinero, especie, habitación, alimentos o mediante la oportunidad de obtener beneficios o ganancias.**

Las prestaciones complementarias, sean en dinero o en especie, integran la remuneración del trabajador, con excepción de:

***a*) Los retiros de socios de gerentes de sociedades de responsabilidad limitada, a cuenta de las utilidades del ejercicio debidamente contabilizada en el balance.**

***b*) Los reintegros de gastos sin comprobantes correspondientes al uso del automóvil de propiedad de la empresa o del empleado, calculado en base a kilómetro recorrido, conforme los paráme-**

---

[20] Fernández Madrid, *Tratado práctico*, t. II, p. 1204.
[21] Krotoschin, *Tratado práctico*, t. I, p. 265.
[22] Fernández Madrid, *Tratado práctico*, t. II, p. 1204.
[23] De Diego, *La remuneración del trabajador*, p. 195.

tros fijados o que se fijen como deducibles en el futuro por la Dirección General Impositiva.

c) Los viáticos de viajantes de comercio acreditados con comprobantes en los términos del art. 6° de la ley 24.241, y los reintegros de automóvil en las mismas condiciones que las especificadas en el inciso anterior.

d) El comodato de casa-habitación de propiedad del empleador, ubicado en barrios o complejos circundantes al lugar de trabajo, o la locación, en los supuestos de grave dificultad en el acceso a la vivienda. [Texto según ley 24.700, art. 2°]

Concordancias: LCT, arts. 77, 103, 103 bis, 104, 107, 110, 113, 208 y 223 bis; ley 24.241, arts. 6° y 7°.

§ 1. **Salario monetario.** – El salario debe ser principalmente fijado en dinero, ya que el empleador no puede imputar a pagos en especie más del 20% del total de la remuneración (art. 107, LCT).

Las remuneraciones en dinero deben pagarse, bajo pena de nulidad, en efectivo, cheque a la orden del trabajador para ser cobrado personalmente por éste o quien él indique o mediante la acreditación en cuenta abierta a su nombre en entidad bancaria o en institución de ahorro oficial. Sin embargo, en todos los casos el trabajador podrá exigir que su remuneración le sea abonada en efectivo (ver art. 124, § 3).

El salario mínimo vital debe pagarse en efectivo (art. 116, LCT) y las remuneraciones que se fijen por las convenciones colectivas, deben expresarse, en su totalidad, en dinero (art. 107).

§ 2. **Salario en especie.** – Salario en especie es toda remuneración que no consiste en dinero y suele consistir en el alojamiento (uso de habitación), la alimentación, la entrega de comestibles, o combustibles, etcétera[1]. Según el art. 107, párr. 2°, de la LCT, el empleador no puede imputar los pagos en especie a más del 20% del total de la remuneración. Por tal razón, la remuneración en especie es siempre una remuneración complementaria[2]. El contrato es el que debe fijar la propor-

---

[1] Krotoschin, *Tratado práctico*, t. I, p. 290.
[2] Rodríguez Mancini, en Vazquez Vialard (dir.), "Tratado", t. 4, p. 669.

ción entre el salario en dinero y el salario en especie, sin vulnerar el porcentaje máximo establecido por la ley.

Si la calidad de la prestación en especie no está determinada en el contrato o en la ley (art. 77, LCT), debe corresponder a las circunstancias y satisfacer siempre las exigencias de la buena fe[3].

El hecho de que la remuneración se pague parcialmente en especie no es óbice de que se la valorice cuantitativamente en dinero. Esto tiene importancia, sobre todo, cuando es necesario sustituir la remuneración en especie por su equivalente en dinero (p.ej., en caso de vacaciones, o a los efectos de la indemnización)[4]. Esta valorización en dinero de las remuneraciones en especie suele hacerse en los convenios colectivos de trabajo.

a) *Habitación o vivienda.* En los casos en que la remuneración en especie consiste en el uso de habitación, se trata de un contrato único de trabajo, con contenido complejo, y no de un contrato de trabajo y, además, de un contrato de locación. Pero también es posible que el empleador alquile al trabajador una habitación situada en la misma fábrica o en otro edificio, en cuyo caso el contrato de locación que se establece está en íntima relación con el contrato de trabajo, pero debe regirse por las reglas propias de la locación[5]. Tratándose, en cambio, de la prestación de habitación o vivienda otorgada por el empleador con motivo del contrato de trabajo, terminada la relación, el trabajador debe desocupar la habitación en el plazo pactado en el contrato o señalado por la ley. Numerosos estatutos especiales prevén la provisión de vivienda en el curso de la relación laboral. Así, el estatuto para encargados de casas de renta (art. 13, ley 12.981), el del servicio doméstico (art. 4°, inc. *f*, decr. ley 326/56), el de contratistas de viñas y frutales (art. 11, inc. *a*, ley 20.589), el de choferes particulares (art. 7°, ley 12.867), para trabajadores agrarios (arts. 92 y 93, ley 22.248). En la mayoría de ellos o en su reglamentación se establece el plazo de que goza el trabajador para desocupar la vivienda en caso de extinción del contrato de trabajo.

Cabe destacar que el art. 77 de la LCT establece que si el empleador proveyese al trabajador de vivienda, ésta debe ser

---

[3] KROTOSCHIN, *Tratado práctico*, t. I, p. 291.
[4] KROTOSCHIN, *Tratado práctico*, t. I, p. 291.
[5] KROTOSCHIN, *Tratado práctico*, t. I, p. 292.

"adecuada a las necesidades del trabajador y su familia". Asimismo, el empleador "debe efectuar a su costa las reparaciones y refecciones indispensables, conforme a las exigencias del medio y confort".

Jurisprudencia

1. *Uso de vivienda suministrada por el empresario.* *a*) El uso de una vivienda suministrada por la demandada a su dependiente, para evitar los perjuicios de falta de habitación que le acarreaban los traslados desde su lugar de residencia al de prestación de tareas, importaba una ganancia patrimonial para aquél. Por ello, puede deducirse que la vivienda de la que gozó (y que le fue entregada con motivo de la relación de trabajo) constituyó remuneración en especie (arts. 103, 105 y concs., LCT), por lo que corresponde tener en cuenta su incidencia en el cálculo de las indemnizaciones por despido y fijar el monto del rubro en el 20% del salario que debió abonar la demandada (CNTrab, Sala III, 23/ 6/94, *DT*, 1994-B-1999).

b) Si bien la ley 24.700 asigna carácter no remuneratorio a la locación de inmuebles en beneficio del trabajador, esto es a condición de que exista grave dificultad en el acceso a la vivienda, lo que no ocurre cuando se trata de la Capital Federal (CN Trab, Sala V, 22/10/99, *TSS*, 2000-715, y *DT*, 2000-B-1850).

b) *Alimentación.* El art. 77 de la LCT determina que cuando el empleador provea al trabajador de alimentación, ésta "debe ser sana y suficiente". Algunos estatutos especiales contienen disposiciones similares.

c) *Estimación del salario en especie para la seguridad social.* El art. 6° de la ley 24.241, a los efectos de la tributación de aportes y contribuciones para la seguridad social, determina que las retribuciones en especie de valor incierto serán estimadas por el empleador. Si el afiliado está disconforme, podrá reclamar ante la autoridad de aplicación, la que resolverá teniendo en cuenta la naturaleza y modalidades de la actividad y de la retribución. Sin embargo, aun mediando conformidad del afiliado, la autoridad de aplicación puede rever la estimación que no considere ajustada.

d) *Pago del salario en especie.* La República Argentina ha ratificado por decr. ley 11.594/56 el convenio 95 de la OIT, sobre la protección del salario, 1949. Este convenio determina que la legislación nacional, los contratos colectivos o los laudos arbitrales podrán permitir el pago parcial del salario con prestaciones en especie en las industrias u ocupaciones en que esta forma de pago sea de uso corriente o conveniente a causa de la naturaleza de la industria u ocupación de que se trate. En ningún caso se deberá permitir el pago de salario con bebidas espirituosas o con drogas nocivas (art. 4°.1). En los casos en que se autorice el pago parcial del salario con prestaciones en especie, se deberán tomar medidas pertinentes para garantizar que aquéllas sean apropiadas al uso personal del trabajador y de su familia, y redunden en su beneficio, y el valor atribuido a estas prestaciones sea justo y razonable (art. 4°.2).

Jurisprudencia

1. *Gastos efectuados mediante tarjeta de crédito.* Acreditada la condición de trabajadores de los sujetos beneficiados por su empleadora con la cobertura de los gastos efectuados mediante tarjeta de crédito, cabe presumir, tanto desde el punto de vista previsional como laboral, la naturaleza remuneratoria de tal beneficio que constituye un salario en especie, al darse al trabajador la oportunidad de obtener beneficios o ganancias al utilizar tarjeta de crédito en beneficio propio (CFedSegSocial, Sala I, 1/3/99, *DT*, 2000-A-951).

§ 3. **Ocasión de ganancia.** – La remuneración puede consistir también para el trabajador en la oportunidad de obtener beneficios o ganancias que le otorga el empleador. En tal sentido, la ocasión de ganancia puede consistir en una prestación de dar, de hacer o de no hacer[6]. Así, el hacer puede consistir en facilitar un lugar para la realización de las tareas; el no hacer, en no impedir la percepción de la ganancia (p.ej., la propina entregada por el cliente) y el dar, en la entrega de una parcela de tierra, animales para laboreo o útiles para el trabajo[7].

Esta modalidad del salario tiene la particularidad de que, en definitiva, origina un ingreso en efectivo cuyo monto queda librado a un álea determinada, en el común de los casos, por la discrecionalidad de los terceros clientes que pueden o no requerir los servicios del trabajador.

Cabe señalar que el salario mínimo vital siempre será el piso salarial mínimo, de modo tal que si se verificaran ingresos en efectivo inferiores al monto respectivo, el empleador deberá integrar la diferencia hasta completarlo[8].

El pago del salario, por medio de la ocasión de ganancia por pagos de terceros, no exime al empleador de las prestacio-

---

[6] Fernández Madrid, *Tratado práctico*, t. II, p. 1252.
[7] Fernández Madrid, *Tratado práctico*, t. II, p. 1253.
[8] Fernández Madrid, *Tratado práctico*, t. II, p. 1253.

nes a su cargo que tienen como base o punto de referencia el salario (el aguinaldo, las vacaciones, la indemnización por despido, etcétera)[9].

La forma más típica de remuneración a través de la ocasión de ganancia es la propina a que se refiere el art. 113 de la LCT.

§ 4. **Prestaciones complementarias no remuneratorias.** La última parte del artículo, en cuatro incisos, enumera lo que se ha dado en llamar "prestaciones complementarias no remuneratorias", que, en cuanto tales, no resultan computables, no sólo a los fines del ingreso de cotizaciones a la seguridad social, sino también a todos los demás efectos laborales[10].

La res. gral. DGI 2169/79, actualizada por res. gral. DGI 3503/92, establece las deducciones por gastos estimativos de movilidad, viáticos y representación de los corredores y viajantes de comercio, a los efectos del impuesto a las ganancias, distinguiendo por zona de trabajo, por día de trabajo o estadía y si el desempeño es con o sin auto propio. En las sumas mencionadas por dicha resolución por día de trabajo o estadía, con auto propio, se incluyen los gastos de nafta, aceite, seguro, cambio de bujías y filtros, lavado común y de cárter, engrase, reparaciones comunes, cambio de cubiertas, alquiler de garaje, patente, impuestos, etc., no así la amortización del rodado.

La resolución mencionada se aplica a los reintegros de automóvil para los viajantes de comercio que prevé el inc. *c* del artículo comentado, pero igualmente es aplicable, por analogía, a los reintegros de gastos sin comprobantes correspondientes al uso de automóvil de propiedad de la empresa o del empleado, aunque no se trate de viajante, a que se refiere el inc. *b* del mismo artículo. Si se excedieren los límites fijados por dicha resolución, los importes excedentes son considerados remuneratorios.

Jurisprudencia

1. *Ropa de trabajo.* *a*) Cuando el convenio colectivo establece la obligación de entregar ropa de trabajo, el empleador que no acreditó el cumplimiento de ésta, debe ser condenado a pagar su equivalente en dinero de acuerdo con el valor corriente de esos artículos (CNTrab, Sala III, 31/10/89, *DT*, 1990-A-66).

b) El incumplimiento de la obligación de entregar ropa de trabajo –provenga de una disposición del convenio colectivo o del

---

[9] Fernández Madrid, *Tratado práctico*, t. II, p. 1253.
[10] Gnecco, *La nueva regulación por ley de los beneficios sociales*, TSS, 1996-829.

contrato individual– trae aparejado el deber de resarcir el perjuicio producido (aun presuntivamente), pero el valor de dicha indumentaria no forma parte del salario (CNTrab, Sala III, 21/3/93, *DT*, 1994-A-523).

2. *Uso de habitación.* *a*) La provisión de vivienda por parte de la demandada al personal que trabaja en Villa Alicurá, es una consecuencia de la vigencia del contrato de trabajo y se traduce, en definitiva, en un gasto a cargo del empleador, sin el cual aquél no podría cumplirse por lo que no es asimilable a remuneración en los términos del art. 103 de la LCT y del art. 10 de la ley 18.037 [actual art. 6º, ley 24.241] (CNTrab, Sala VIII, 29/11/85, *DT*, 1986-A-353).

b) La dación de vivienda al personal gerencial que debe ser trasladado temporariamente constituye un beneficio social y no una prestación remuneratoria susceptible de ser gravada con aportes al sistema jubilatorio (CFedSegSocial, Sala III, 22/3/96, *DT*, 1996-B-2880).

c) La provisión de habitación en la hostería establecida en un parque nacional que se da a los trabajadores es, en el caso, necesaria e imprescindible para cumplir el contrato de trabajo, por lo que se encuentra comprendida en la excepción prevista por el art. 105, inc. *d*, de la LCT (ley 24.700) (CNTrab, Sala I, 19/3/03, *TSS*, 2003-592).

3. *Rubro "provisión de útiles".* Los rubros "provisión de útiles" y "reposición elemento linterna" no tienen carácter remuneratorio, puesto que no responden a una situación que hace a la prestación del trabajo, sino que tienden a compensar el desgaste o adquisición de un bien que utiliza el trabajador y que es afectado a la realización de la tarea, no se trata de un importe de libre disponibilidad sino del reintegro de gastos derivados, necesarios para la utilización de tales herramientas (CNTrab, Sala I, 30/8/02, *DT*, 2002-B-1968).

Art. 105 bis. [Introducido por decr. 1477/89; derogado por decr. 773/96]

Art. 106. [Viáticos] – **Los viáticos serán considerados como remuneración excepto en la parte efectivamente gastada y acreditada por medio de comprobantes, salvo lo que en particular dispongan los estatutos profesionales o convenciones colectivas de trabajo.**

Concordancias: LCT, arts. 74, 76, 103 y 127; leyes 14.546, art. 7º, y 24.241, art. 6º.

§ 1. **Concepto**. – El viático es la suma de dinero que se entrega al empleado para soportar ciertos gastos que le impone su trabajo fuera de la empresa, generalmente relativos a alojamiento, comidas, transportes, comunicaciones telefónicas, etcétera. Estos gastos también pueden ser afrontados en forma directa por el trabajador y reembolsados a posteriori por el principal[1].

Jurisprudencia

1. *Remuneración. Falta de exigencia de comprobantes.* Toda cantidad entregada en concepto de viáticos sin obligación de rendir cuentas o sin la posibilidad de comprobar documentadamente el gasto, tiene carácter salarial (CNTrab, Sala II, 17/5/90, *DT*, 1990-B-1383).

2. *Viajantes de comercio. Reintegros previa rendición de cuentas. Remuneración.* Conforme el art. 7° de la ley 14.546, los gastos de movilidad, hospedaje, comida, viáticos y desgaste de automóvil, reintegrados al viajante previa rendición de cuentas, forman parte de su remuneración (CNTrab, plenario 139, 14/10/70, "Fidalgo, Armando c/Nestlé SA", *DT*, 1970-773).

3. *Gastos de comida, traslado o alojamiento. Convenio colectivo de trabajo o laudo arbitral. Falta de rendición de cuentas. Carácter no remuneratorio.* El art. 106 de la LCT autoriza que un convenio colectivo de trabajo o laudo arbitral atribuya carácter no remuneratorio a gastos de comida, traslado o alojamiento, sin exigencia de rendición de cuentas (CNTrab, plenario 247, 28/8/85, "Aiello, Aurelio c/Transportes Automotores Chevallier SA", *DT*, 1985-B-1435).

4. *Viáticos. Gastos de traslación del empleado.* En ciertas circunstancias, el empleador se hace cargo de algunos gastos del empleado, típicamente los de traslación, y así nacen los viáticos, al margen de la remuneración (CNTrab, Sala VIII, 9/11/99, *DT*, 2000-A-615).

5. *Rubro "divisas".* El rubro "divisas", que es una suerte de viáticos que se otorga al personal embarcado que hace viajes al exterior a fin de facilitarle su permanencia en puerto extranjero, reviste carácter remuneratorio por cuanto constituye una ventaja patrimonial para el dependiente, que puede utilizarla discrecionalmente sin que se le exija su afectación a un destino determinado, ni comprobantes de gastos, por lo que dicho rubro debe computarse a los fines indemnizatorios (CNTrab, Sala I, 12/8/02, *DT*, 2002-B-2294).

§ 2. **Los viáticos desde el punto de vista de la seguridad social.** – El art. 6° de la ley 24.241, que fija el concepto de re-

---

[1] Fernández Madrid, *Tratado práctico*, t. II, p. 1257 y 1258.

muneración a los efectos de la seguridad social, determina que se considera tal los "viáticos y gastos de representación, excepto en la parte efectivamente gastada y acreditada por medio de comprobantes...", agregando: "La autoridad de aplicación determinará las condiciones en que los viáticos y gastos de representación no se considerarán sujetos a aportes ni contribuciones, no obstante la inexistencia total o parcial de comprobantes que acrediten el gasto".

Jurisprudencia

1. *Viáticos. Aportes y contribuciones.* Toda cantidad entregada sin obligación de rendir cuentas o sin la posibilidad de comprobar documentalmente el gasto es salario (CFedSegSocial, Sala II, 24/9/96, *TSS*, 1997-325).

Art. 107. [Remuneración en dinero] – Las remuneraciones que se fijen por las convenciones colectivas deberán expresarse, en su totalidad, en dinero.

El empleador no podrá imputar los pagos en especies a más del 20% del total de la remuneración.

Concordancias: LCT, arts. 74, 103 a 106, 108 a 112, 114, 115, 127 y 131 a 135.

§ 1. **Remuneración principal y accesoria.** – Las remuneraciones que se fijen en las convenciones colectivas de trabajo deben expresarse en su totalidad en dinero y sólo el 20% de ellas puede ser imputado por el empleador a pagos en especie. Esto revela que la parte principal de la remuneración se debe satisfacer en dinero, por lo que la prestación en especie debe ser considerada una remuneración accesoria o complementaria[1].

Jurisprudencia

1. *Propinas. Remuneración no monetaria. Porcentaje máximo.* Las propinas constituyen supuestos de remuneración no monetaria y, a falta de norma específica, rige la limitación del art. 107 de la LCT (CNTrab, Sala VIII, 23/2/99, *DT*, 1999-B-1831).

§ 2. **Evaluación convencional del salario en especie.** – Este artículo de la LCT induce a los convenios colectivos a valorizar en dinero las prestaciones en especie a fin de fijar el monto total de la remuneración. Algunos convenios así lo ha-

---

[1] López - Centeno - Fernández Madrid, *Ley de contrato de trabajo*, t. I, p. 618.

cen, estableciendo el valor en dinero de los pagos en especie, lo que tiene importancia sobre todo cuando hubiera que sustituir la remuneración en especie por una equivalente en dinero (p.ej., en caso de vacaciones, o a los efectos de la indemnización)[2]. La evaluación efectuada por el convenio colectivo de trabajo tiene plena validez, y el juez no puede apartarse de ella, porque la fijación judicial del salario procede únicamente cuando no hay salario convenido (art. 114, LCT)[3].

§ 3. **Salario en especie.** – El convenio 95 de la OIT, ratificado por la República Argentina, permite sólo el pago parcial del salario con prestaciones en especie (art. 4°.1) e impone que el valor atribuido a esas prestaciones sea *justo y razonable* (art. 4°.2.b).

Art. 108. [Comisiones] – Cuando el trabajador sea remunerado en base a comisión, ésta se liquidará sobre las operaciones concertadas.

Concordancias: LCT, arts. 74, 103 a 105, 107, 109, 111, 114 y 127; ley 14.546, art. 5°.

§ 1. **Liquidación sobre operaciones concertadas.** – El texto del artículo despeja la discusión sobre si para que nazca el derecho a la comisión es preciso que la operación no sea sólo concertada sino también "ejecutada". El empleador no puede abusar de su facultad de confirmar o perfeccionar, según sea el caso, la operación concertada por el dependiente. Podrá hacerlo, si el dependiente se ha apartado de las instrucciones que le fueron impartidas con relación al precio, condiciones de venta, cantidades, etcétera[1].

§ 2. **Las circunstancias posteriores a la conclusión del negocio.** – No afectan el derecho del dependiente a la comisión si después de celebrar el negocio las partes se ponen de acuerdo para abandonarlo, o alguna de ellas no lo cumple o lo cumple sólo en parte; ninguna de estas circunstancias puede oponerse al trabajador para desconocerle el derecho a percibir la comisión. Por el contrario, si la inejecución del contrato pro-

---

[2] Krotoschin, *Tratado práctico*, t. I, p. 291.
[3] López - Centeno - Fernández Madrid, *Ley de contrato de trabajo*, t. I, p. 622.
[1] Rodríguez Mancini, en Vazquez Vialard (dir.), "Tratado", t. 4, p. 625 y 626.

DE LA REMUNERACIÓN DEL TRABAJADOR   *Arts. 109 y 110*

viene de culpa del empleado o si el fracaso se debe a situaciones anteriores a la concertación del negocio que aquél conocía, se pierde el derecho a la comisión[2].

Jurisprudencia

1. *Promotores de AFJP.* Una vez aprobada la afiliación realizada por un promotor de AFJP, por parte de la autoridad de superintendencia, se genera el derecho del trabajador al cobro de la comisión respectiva, siendo un riesgo ajeno a aquél el efectivo ingreso por parte del aportante, del pago que le correspondiera (CNTrab, Sala IV, 28/2/01, *DT*, 2001-B-2337).

Art. 109. [Comisiones colectivas o porcentajes sobre ventas] – Si se hubiesen pactado comisiones o porcentajes colectivos sobre ventas, para ser distribuidos entre la totalidad del personal, esa distribución deberá hacerse de modo tal que aquéllas beneficien a todos los trabajadores, según el criterio que se fije para medir su contribución al resultado económico obtenido.

Concordancias: LCT, arts. 74, 103 a 105, 107, 108, 111, 113, 114 y 127.

§ 1. **Totalidad del personal.** – La expresión utilizada por la disposición legal, "totalidad del personal", puede ser tomada igualmente para considerar sectores de él, caso en el cual la previsión tendrá repercusión respecto de *todo el personal* que esté comprendido en ese sector[1].

Art. 110. [Participación en las utilidades. Habilitación o formas similares] – Si se hubiese pactado una participación en las utilidades, habilitación o formas similares, éstas se liquidarán sobre utilidades netas.

Concordancias: LCT, arts. 74, 103 a 105, 111, 114 y 127.

§ 1. **Utilidades netas.** – El artículo aclara que cuando se hubiera pactado una participación en las utilidades u otras similares de retribución, la liquidación deberá realizarse sobre

---

[2] López - Centeno - Fernández Madrid, *Ley de contrato de trabajo*, t. I, p. 638.
[1] Rodríguez Mancini, en Vazquez Vialard (dir.), "Tratado", t. 4, p. 622.

utilidades netas y no sobre los ingresos brutos, vale decir que, sobre éstos, se deberán deducir los gastos necesarios para obtener las ganancias.

Jurisprudencia

> 1. *Falta de pago. Lapso prolongado. Habitualidad.* El haber transcurrido un lapso prolongado (en el caso, cuatro años) sin que la *participación en las utilidades* se abonara, permite concluir que la habitualidad en su pago fue dejada de lado con consentimiento de las partes (CNTrab, Sala I, 9/9/93, *DT*, 1994-A-947).

Art. 111. [Verificación] – En los casos de los arts. 108, 109 y 110, el trabajador o quien lo represente tendrá derecho a inspeccionar la documentación que fuere necesaria para verificar las ventas o utilidades, en su caso. Esas medidas podrán ser ordenadas a petición de parte, por los órganos judiciales competentes.

Concordancias: LCT, arts. 62, 63, 108 a 110 y 127.

§ 1. **Derecho de verificación.** – Cuando el trabajador está remunerado sobre la base de comisiones individuales (art. 108, LCT) o colectivas (art. 109), o si se hubiese pactado participación en las utilidades, habilitación o formas similares (art. 110), la ley faculta al trabajador o a quien lo represente a inspeccionar la documentación de la empleadora a fin de verificar la corrección de las cuentas que determinan la parte que le corresponde en las ventas o en las utilidades. Para ello podrá también recurrir a la justicia, en caso de negativa total o parcial del patrono.

§ 2. **Legitimación.** – La facultad concedida por el artículo al trabajador puede ejercitarla por sí mismo, mediante un representante que puede ser un mandatario o bien el sindicato que lo represente, el que según la reglamentación de la ley de asociaciones sindicales 23.551, de 1988, deberá acreditar el consentimiento por escrito del interesado (art. 22, decr. 467/88).

Jurisprudencia

> 1. *Salarios. Libros de la empresa. Derecho de verificación.* En tanto las medidas de verificación y control previstas en el art. 120 de la ley 20.744 (actual 111, LCT) tienen como objeto proteger el salario del trabajador durante el desempeño de éste, es

presupuesto de su viabilidad la existencia de una relación de trabajo vigente y no extinguida (CNTrab, Sala V, 29/9/75, *TSS*, 1976-107).

Art. 112. [Salarios por unidad de obra] – En la formulación de las tarifas de destajo se tendrá en cuenta que el importe que perciba el trabajador en una jornada de trabajo no sea inferior al salario básico establecido en la convención colectiva de trabajo de la actividad o, en su defecto, al salario vital mínimo, para igual jornada.

El empleador estará obligado a garantizar la dación de trabajo en cantidad adecuada, de modo de permitir la percepción de salarios en tales condiciones, respondiendo por la supresión o reducción injustificada de trabajo.

Concordancias: LCT, arts. 74, 103 a 105, 107, 114 y 127.

§ 1. **Finalidad de la norma.** – El párr. 1º del artículo está destinado a evitar que el trabajador se vea obligado a realizar esfuerzos inadecuados para alcanzar el nivel de ingreso que se ha establecido como mínimo en la convención colectiva para una jornada de trabajo, medido el salario por tiempo, o el salario mínimo legal si no existe convención aplicable[1].

Jurisprudencia

1. *Indemnización por despido.* Tratándose de un salario por resultado y que la reducción en su rendimiento no le es imputable al trabajador, sino que fuera dispuesta por el empleador –independientemente de su justificación– debe aplicarse la disposición del art. 112 de la LCT, el cual pone a cargo del empleador la responsabilidad de suministrar la suficiente cantidad de trabajo para que el salario obtenido llegue al nivel que determine un monto salarial que no sea inferior al básico de convenio de la actividad (CNTrab, Sala II, 29/8/01, *DT*, 2002-A-772).

§ 2. **Trabajo a domicilio.** – La ley 12.713, de 1941, estatuto del trabajo a domicilio, establece penas de multa a favor del afectado para "el empresario, intermediario o tallerista que reduzca, suspenda o suprima arbitraria o injustificadamente la dación de trabajo al obrero a domicilio" (art. 32).

[1] Rodríguez Mancini, en Vazquez Vialard (dir.), "Tratado", t. 4, p. 617 y 618.

23. Etala, *Contrato*.

Art. 113. [PROPINAS] – Cuando el trabajador, con motivo del trabajo que preste, tuviese oportunidad de obtener beneficios o ganancias, los ingresos en concepto de propinas o recompensas serán considerados formando parte de la remuneración, si revistieran el carácter de habituales y no estuviesen prohibidas.

CONCORDANCIAS: LCT, arts. 74, 103 a 105 y 114; ley 24.241, art. 6°.

§ 1. **Condiciones de viabilidad.** – La forma más típica de remuneración a través de la ocasión de ganancia es la propina. La propina obedece a una liberalidad del cliente, por la cual éste quiere mostrar su satisfacción por el servicio recibido, o recompensarlo en una forma especial independientemente del precio que por este mismo servicio tiene que pagar al empresario[1].

Este artículo subordina el derecho a la percepción de las propinas como remuneración a que no estén prohibidas, como ocurría con los trabajadores gastronómicos que tenían prohibida su recepción por el laudo del 4 de septiembre de 1945, ratificado por decr. 4148/46, que quedó derogado por la ley 22.310.

El trabajador, en cambio, tiene derecho a que el empleador le facilite la percepción de propinas y que le dé oportunidad para ello, cuando tal percepción es usual y las partes han convenido que el trabajador busque la recompensa de su trabajo, principal o accesoriamente, por esa vía. No importa si la propina es recibida directamente por el trabajador o que se forme una *caja común*, en donde entra la totalidad de las propinas percibidas para su posterior reparto, como en el caso de los casinos[2].

JURISPRUDENCIA

1. *Gastronómicos. Ley 22.310. Carácter remuneratorio.* Al derogar la ley 22.310, el decr. 4148/46 que prohibía a los gastronómicos aceptar propinas, se ha devuelto a éstas el carácter remuneratorio (CNTrab, Sala VII, 17/7/92, *DT*, 1993-A-760).

2. *Retribución en especie. Asimilación.* Siendo la oportunidad de recibir propinas aquella que concede el empleador para

---

[1] KROTOSCHIN, *Tratado práctico*, t. I, p. 278.
[2] KROTOSCHIN, *Tratado práctico*, t. I, p. 278.

obtener beneficios o ganancias, debe ser conceptualizada como una retribución en especie, lo que hace que rija el límite del art. 107 de la LCT, puesto que no se podrá imputar a tales pagos más del 20% del total de la retribución (CNTrab, Sala V, 15/12/93, *DT*, 1994-B-1205).

3. *Propinas. Convenio colectivo. Inconstitucionalidad.* El art. 21 del CCT 17/88, en tanto no considera remuneratorias las propinas, vulnera la directiva del art. 14 *bis* de la Const. nacional, al disminuir los niveles legales, siendo, por tanto, nulo (CN Trab, Sala VI, 31/12/97, *TSS*, 1998-501).

4. *Adicional por complemento de servicio.* El art. 44 del CCT 125/90 de la actividad gatronómica, prevé la aplicación de un adicional por complemento de servicio equivalente al 12% del salario básico y, además, establece la prohibición de recibir propinas por parte del personal. En virtud de ello, la eventual entrega de propina al trabajador por parte del cliente se considera un mero acto de liberalidad de este último, sin ninguna consecuencia a ningún efecto para la relación de empleo entre trabajador y empleador y no origina derecho alguno a favor del trabajador en cuanto a la determinación del salario (CNTrab, Sala III, 16/9/96, *DT*, 1997-B-2473).

5. *Propinas. Remuneración no monetaria. Porcentaje máximo.* Las propinas constituyen supuestos de remuneración no monetaria y, a falta de norma específica, rige la limitación del art. 107 de la LCT (CNTrab, Sala VIII, 23/2/99, *DT*, 1999-B-1831).

6. *Ocasión de ganancia.* Las propinas son, según la definición del art. 105 de la LCT (con la modificación introducida por la ley 24.700, art. 2º), un supuesto de remuneración que se traduce en la oportunidad de obtener ganancias. En tal sentido, lo que constituye remuneración no son las sumas no obligatorias que espontáneamente donan los terceros fuera del control del empleador, sino la oportunidad de ganancia. Desde tal óptica, el art. 106 del CCT 130/90 se ajusta a las normas legales que rigen las instituciones del derecho del trabajo, no presenta condiciones menos favorables para el trabajador que las previstas en la norma legal, ni afectan las disposiciones que constituyen el basamento del orden público laboral; no mediando en la especie concurrencia conflictiva de normas legales y convencionales (arts. 7º, 8º, 9º y 13, LCT; 1º, 4º, 5º y 7º, ley 14.250) (CNTrab, Sala VIII, 28/9/01, *DT*, 2002-A-771).

7. *Prohibición convencional.* La LCT subordina el carácter remuneratorio de las propinas a la condición de que no se encuentren prohibidas y, en este contexto, si el convenio colectivo aplicable –en el caso el CCT 125/90– dispone expresamente tal prohibición corresponde excluir su monto de la base remunerato-

ria a considerar para el cálculo de las reparaciones tarifadas del despido (CNTrab, Sala IV, 11/12/02, *DT*, 2003-A-684).

§ 2. **Cuantía de la propina.** – La cuantía de la propina no modifica ni afecta su naturaleza jurídica remuneratoria y originada en la contraprestación del trabajador[3].

Jurisprudencia

1. *Naturaleza remuneratoria. Escaso monto.* El escaso monto de la propina percibida por los peones conductores de taxis no influye en su naturaleza remunerativa (CNTrab, plenario 116, "Ollaburo, Armando A. c/Salgado, Ramón", 7/6/68, *DT*, 1968-413).

§ 3. **Propinas y salario mínimo.** – Cabe señalar que el salario mínimo vital siempre será el piso salarial mínimo, de modo tal que si las propinas constituyeran el único concepto remuneratorio para el trabajador y se verificaran ingresos, en ese concepto, inferiores al monto respectivo, el empleador deberá integrar la diferencia hasta completarlo[4].

§ 4. **Propinas y otros beneficios laborales.** – El pago del salario a través de la ocasión de ganancia por pagos de terceros, como es el caso de las propinas, no exime al empleador de las prestaciones a su cargo que tienen como base o punto de referencia el salario (p.ej., el aguinaldo, las vacaciones, la indemnización por despido)[5].

§ 5. **Las propinas y la seguridad social.** – La ley 24.241, del sistema integrado de jubilaciones y pensiones, considera a las propinas como remuneración a los efectos de la tributación de aportes y contribuciones para la seguridad social. A tal efecto, el art. 6° determina: "Las propinas y las retribuciones en especie de valor incierto serán estimadas por el empleador. Si el afiliado estuviera disconforme, podrá reclamar ante la autoridad de aplicación, la que resolverá teniendo en cuenta la naturaleza y modalidades de la actividad y de la retribución. Aun mediando conformidad del afiliado, la autoridad de aplicación podrá rever la estimación que no considera ajustada a estas pautas".

---

[3] De Diego, *La remuneración del trabajador*, p. 240.
[4] Fernández Madrid, *Tratado práctico*, t. II, p. 1253.
[5] Fernández Madrid, *Tratado práctico*, t. II, p. 1253.

Art. 114. [Determinación de la remuneración por los jueces] – Cuando no hubiese sueldo o salario fijado por convenciones colectivas o actos emanados de autoridad competente o convenidos por las partes, su cuantía será fijada por los jueces ateniéndose a la importancia de los servicios y demás condiciones en que se prestan los mismos, al esfuerzo realizado y a los resultados obtenidos.

Concordancias: LCT, arts. 37, 46, 56 y 115.

§ 1. **Ámbito de aplicación del artículo.** – El margen de aplicación de este artículo es muy reducido en tanto existen convenios colectivos de trabajo que cubren la mayor parte de las actividades; el organismo respectivo fija el salario mínimo vital para las actividades no cubiertas por la negociación colectiva y el resto de las remuneraciones se establecen por acuerdos individuales entre empleador y trabajador. Debe estimarse que el ámbito de aplicación de esta norma queda limitado a la situación de aquellos trabajadores de jerarquía superior o de categorías profesionales no comprendidas en los convenios colectivos de trabajo, cuya remuneración se encuentra discutida y respecto de cuyo monto no existe documentación alguna respaldatoria de las afirmaciones de las partes. Se confiere, entonces, al juez la facultad de determinar la cuantía de la remuneración, para lo cual deberá atender a "la importancia de los servicios", al "esfuerzo realizado" y a los "resultados obtenidos".

Jurisprudencia

1. *Monto discutido. Ausencia de prueba. Facultad del juez.* Si no existe prueba alguna respecto del monto de la remuneración denunciada al demandar y ésta está discutida, corresponde a los jueces efectuar un control de razonabilidad de la remuneración invocada conforme a pautas objetivas y al salario mínimo vital (CNTrab, Sala I, 25/6/91, *DT*, 1991-B-1851).

2. *Prestación extraordinaria. Presunción de onerosidad. Compensación.* Si el empleador utilizó la imagen de uno de sus dependientes para ilustrar sus folletos de propaganda, debe a aquél una compensación –que ha de determinarse según el art. 114 de la LCT, toda vez que no haya mediado perjuicio–, puesto que el trabajo se presume oneroso y se trató de una prestación extraordinaria respecto de la que cumplió habitualmente (CNTrab, Sala V, 28/9/84, *DT*, 1984-B-1619).

Art. 115. [Onerosidad. Presunción] – El trabajo no se presume gratuito.

Concordancias: LCT, arts. 4°, 21 a 23, 46, 74, 103, 105 a 107; Cód. Civil, art. 1139.

§ 1. **Fundamento.** – El contrato de trabajo es un contrato *oneroso* porque *"las ventajas que procuran a una u otra de las partes no les es concedida sino por una prestación que ella le ha hecho, o que se obliga a hacerle"* (art. 1139, Cód. Civil). Ello surge del art. 4° de la LCT que considera trabajo "toda actividad lícita que se preste en favor de quien tiene la facultad de dirigirla mediante una remuneración", coincidente con la definición de contrato de trabajo del art. 21 de la misma ley, en que los servicios se prestan a cambio de una remuneración.

§ 2. **Caracterización.** – La presunción de onerosidad resulta concordante con la presunción del art. 23 de la LCT, porque cuando se cumplen labores personales para un tercero operan ambas presunciones: que existe un contrato de trabajo y que las tareas respectivas son remuneradas[1]. La onerosidad de la prestación del trabajo se desvirtúa cuando "por las circunstancias, las relaciones o causas que lo motiven se demostrase lo contrario" (art. 23, LCT), como en el caso de los servicios que los hijos prestan a sus padres, los cónyuges entre sí, los religiosos o los trabajos amistosos, benévolos o de buena vecindad.

Jurisprudencia

1. *Artista de variedades. Onerosidad.* El desempeño como artista de variedades (mago) en emisiones de un canal de cable determina la aplicación de los arts. 23 y 115 de la LCT, que hacen presumir la existencia de un contrato de trabajo y que éste no era gratuito (CNTrab, Sala V, 29/7/94, *DT*, 1994-B-2123).

Capítulo II

DEL SALARIO MÍNIMO VITAL Y MÓVIL

Art. 116. [Concepto] – Salario mínimo vital, es la menor remuneración que debe percibir en efectivo el trabajador sin cargas de familia, en su jor-

---
[1] López - Centeno - Fernández Madrid, *Ley de contrato de trabajo*, t. I, p. 686.

nada legal de trabajo, de modo que le asegure alimentación adecuada, vivienda digna, educación, vestuario, asistencia sanitaria, transporte y esparcimiento, vacaciones y previsión.

CONCORDANCIAS: LCT, arts. 12, 13, 37, 46, 103, 115, 117 a 120 y 183, inc. *b*; LE, arts. 139 a 142; decr. 2725/91, arts. 23 a 28.

§ 1. **Regulación del salario mínimo vital y móvil.** – El salario mínimo vital y móvil se encuentra regulado por los arts. 116 a 120 de la LCT, los arts. 139 a 142 de la LE y, a su vez, por los arts. 135 a 138 de esta última ley, que reglamenta la constitución y funcionamiento del Consejo Nacional del Empleo, la Productividad y el Salario Mínimo Vital y Móvil, el organismo encargado de fijarlo.

§ 2. **Derecho constitucional.** – El art. 14 *bis* de la Const. nacional enumera, entre los derechos laborales del trabajador, el *"salario mínimo vital móvil"*. Según surge del debate en la Convención Constituyente de 1957, el salario mínimo se considera vital y debe permitir al trabajador cubrir no solamente las necesidades físicas de vivienda, vestido y alimentación, sino también las relacionadas con la educación, cultura y esparcimiento. Además debe ser móvil y seguir las fluctuaciones del costo de la vida para mantener su poder adquisitivo[1].

§ 3. **Pautas para fijar el salario mínimo vital.** – La fijación del salario mínimo vital y móvil se hace por el Consejo Nacional del Empleo, la Productividad y el Salario Mínimo Vital y Móvil (art. 135, inc. *a*, LE), "teniendo en cuenta los datos de la situación socioeconómica, los objetivos del instituto y la razonabilidad de la adecuación entre ambos" (art. 139). A esos efectos, entre las funciones del Consejo está la de aprobar los lineamientos, metodología, pautas y normas para la definición de una canasta básica que se convierta en un elemento de referencia para la determinación del salario mínimo (art. 135, inc. *c*).

§ 4. **Integración y funcionamiento del Consejo del Empleo, la Productividad y el Salario Mínimo Vital y Móvil.** – El Consejo está integrado por dieciséis representantes de los empleadores y dieciséis de los trabajadores, designados *ad honorem* por el Poder Ejecutivo nacional, que duran cuatro años en

---

[1] JAUREGUIBERRY, *El artículo nuevo*, p. 112 y 113.

sus funciones y un presidente designado por el Ministerio de Trabajo y Seguridad Social (art. 136, LE), actualmente, Ministerio de Trabajo, Empleo y Seguridad Social. Las decisiones del Consejo son tomadas por mayoría de dos tercios. En caso de no lograrse esa mayoría en dos sesiones, el presidente del Consejo debe laudar respecto de los puntos en controversia (art. 137). El decr. 2725/91 (arts. 23 a 27) reglamenta más detalladamente el funcionamiento del Consejo, autorizando a éste a dictar sus propias normas internas de procedimiento.

§ 5. **Fijación del salario mínimo vital y móvil.** – El salario mínimo vital y móvil es fijado por decisión del Consejo o laudo de su presidente (art. 137, LE).

§ 6. **Publicación.** – Dentro de los tres días de haberse tomado la decisión, ésta debe publicarse por un día en el Boletín Oficial o en otros órganos periodísticos que garanticen una satisfactoria divulgación y certeza sobre la autenticidad de su texto (art. 142, párr. 2º, LE).

§ 7. **Fecha de entrada en vigencia.** – El salario mínimo, una vez fijado, tendrá vigencia y será de aplicación obligatoria a partir del primer día del mes siguiente de la publicación (art. 142, párr. 1º, LE).

§ 8. **Prohibición.** – Por expresa imposición del art. 141 de la LE, el salario mínimo vital y móvil no puede ser tomado como índice o base para la determinación cuantitativa de ningún otro instituto legal o convencional. Se trata con ello de evitar un uso distorsivo del salario mínimo que pueda desnaturalizar su función.

Art. 117. [ALCANCE] – **Todo trabajador mayor de dieciocho años, tendrá derecho a percibir una remuneración no inferior al salario mínimo vital que se establezca, conforme a la ley y por los organismos respectivos.**

CONCORDANCIAS: LCT, arts. 32, 74, 103, 105, 107, 114 a 116, 118, 119 y 187; LE arts. 140 a 142; decr. 2725/91, arts. 23 a 28.

§ 1. **Salario mínimo absoluto.** – El artículo impone el pago de un "salario mínimo absoluto", que es el menor salario que se puede pagar a cualquier trabajador subordinado, con la salvedad de las reducciones que la ley autorice, por ejemplo, para los aprendices (art. 119, LCT)[1].

§ 2. Trabajadores comprendidos. – A pesar de la enfática formulación del artículo: "todo trabajador mayor de dieciocho años", existen trabajadores excluidos de la protección del salario mínimo vital y móvil. El art. 140 de la LE determina que tienen derecho a percibir una remuneración no inferior al salario mínimo, vital y móvil que se establezca, los trabajadores comprendidos en la LCT, los de la Administración pública *nacional* y los de las entidades y organismos en que el Estado nacional actúe como empleador. Se excluye, entonces, a los trabajadores de la Administración pública *provincial* y *municipal*, a los trabajadores del servicio doméstico y a los trabajadores agrarios (art. 2°, LCT). Asimismo, el art. 119 de la LCT autoriza reducciones en el salario mínimo para aprendices y menores, trabajadores de capacidad manifiestamente disminuida o que cumplan jornada de trabajo reducida.

§ 3. Jornada legal de trabajo. – Por jornada legal de trabajo a que se refiere el art. 116 de la LCT debe entenderse la jornada de ocho horas diarias o cuarenta y ocho horas semanales que prevé la ley 11.544. Esto reviste importancia para determinar qué salario mínimo corresponde percibir a un trabajador mensualizado, según sea su jornada de trabajo.

§ 4. Trabajadores a comisión. – Una cuestión discutida es la relativa a la aplicación del salario mínimo a los trabajadores a comisión y, en especial, a los viajantes de comercio no exclusivos. En este caso, debe reconocerse el derecho al salario mínimo cuando se acredite una actividad normal de ventas o de promoción de ventas, de modo que pueda considerarse cumplida una jornada legal de trabajo. En estas condiciones, se estima que el vendedor tiene derecho a la retribución mínima, aun cuando no se hubieran concretado operaciones[2].

Art. 118. [Modalidades de su determinación] – **El salario mínimo vital se expresará en montos mensuales, diarios u horarios.**

---

[1] López, *El salario*, en Deveali (dir.), "Tratado", t. II, p. 356.
[2] Fernández Madrid, *Tratado práctico*, t. II, p. 1214.

Los subsidios o asignaciones por carga de familia, son independientes del derecho a la percepción del salario mínimo vital que prevé este capítulo, y cuyo goce se garantizará en todos los casos al trabajador que se encuentre en las condiciones previstas en la ley que los ordene y reglamente.

Concordancias: LCT, arts. 116, 117, 119 y 120; LE, arts. 135 a 138; decr. 2725/91, arts. 23 a 28.

§ 1. **Unidades de determinación del salario mínimo.** – El salario mínimo vital y móvil se puede expresar en montos mensuales, diarios u horarios, según sea la modalidad de determinación del salario de las distintas clases de trabajadores.

La res. CNEPSMVM 2/93 fijó a partir del 1° de agosto de 1993, para los trabajadores sin cargas de familia comprendidos en el art. 140 de la LE, el salario mínimo vital en un peso por hora y doscientos pesos por mes para el personal mensualizado que cumpliere la jornada legal de trabajo. Como lo expresa este artículo, con independencia de ese salario deben computarse las asignaciones familiares a que tenga derecho el trabajador.

El decr. NU 388/03 fijó, a partir del 1° de julio de 2003, el salario mínimo vital y móvil en un peso con veinticinco centavos por hora, para los trabajadores jornalizados, y en doscientos cincuenta pesos por mes, para los trabajadores mensualizados que cumplieran la jornada legal de trabajo a tiempo completo, comprendidos en el art. 140 de la LE. Asimismo dispuso el incremento de dichos montos en forma mensual, escalonada y progresiva, en cinco centavos por hora para los trabajadores jornalizados y en diez pesos adicionales por mes, para los trabajadores mensualizados hasta llegar en el mes de diciembre de 2003, a un peso con cincuenta centavos por hora para los jornalizados y trescientos pesos para los mensualizados.

El decr. NU 1349/03 fijó, a partir del 1° de enero de 2004, el monto del salario mínimo vital y móvil en un peso con setenta y cinco centavos por hora, para los trabajadores jornalizados, y en trescientos cincuenta pesos por mes, para los trabajadores mensualizados, que cumplieren la jornada legal de trabajo a tiempo completo, comprendidos en el art. 140 de la LE.

Actualmente, por res. CNEPSMVM 2/04, a partir del 1° de septiembre de 2004, se fijó el salario mínimo vital en dos pesos con veinticinco centavos por hora y cuatrocientos cincuenta pesos para los trabajadores mensualizados.

Art. 119. [Prohibición de abonar salarios inferiores] – Por ninguna causa podrán abonarse salarios inferiores a los que se fijen de conformidad al presente capítulo, salvo los que resulten de reducciones para aprendices o menores, o para trabajadores de capacidad manifiestamente disminuida o que cumplan jornadas de trabajo reducida, no impuesta por la calificación, de acuerdo a lo dispuesto en el art. 200.

Concordancias: LCT, arts. 12, 13, 74, 103, 116 a 118, 187, 189 y 192.

§ 1. **Norma de orden público.** – El salario mínimo vital está protegido por el orden público laboral, de modo tal que el trabajador no puede renunciar a él ni pactar con el empleador un salario inferior (arts. 12 y 103, LCT). Tal estipulación sería nula y sustituida esa cláusula de pleno derecho por la norma imperativa que correspondiera aplicar (art. 13, LCT). El artículo comentado deja a salvo las excepciones que prevé él mismo. Tampoco rige el salario mínimo para los trabajadores excluidos, según surge de la interpretación *a contrario sensu* del art. 140 de la LE.

§ 2. **Distinción con el salario mínimo profesional.** – El salario mínimo vital y móvil que fija el Consejo –también denominado *salario mínimo absoluto*– no debe ser confundido con el llamado *salario mínimo profesional* que se establece en las convenciones colectivas para cada actividad, como resultado de la negociación llevada a cabo por la parte empresaria y la sindical[1].

Jurisprudencia

1. *Remuneración. Salarios convencionales. Jornada reducida.* Si las normas convencionales no determinan la jornada que corresponde a una determinada escala salarial, es razonable entender que se trata de la jornada de ocho horas diarias, por lo que si no se invoca un supuesto de reducción legal de la jornada en el marco de lo dispuesto en el art. 119 *in fine* de la LCT, no existe infracción a norma alguna si el empleador abonó el salario proporcionalmente reducido (CNTrab, Sala III, 23/8/95, *DT*, 1996-A-435).

[1] Rodríguez Mancini, en Vazquez Vialard (dir.), "Tratado", t. 4, p. 604.

Art. 120. [INEMBARGABILIDAD] – El salario mínimo vital es inembargable en la proporción que establezca la reglamentación, salvo por deudas alimentarias.

CONCORDANCIAS: LCT, arts. 116 a 119 y 147; decr. 484/87.

§ 1. **Reglamentación.** – El decr. 484/87 ha reglamentado los límites de embargabilidad de salarios e indemnizaciones. De su art. 1º surge que el importe mensual del salario mínimo vital resulta inembargable en su totalidad, excepto en el caso de cuotas por alimentos o litisexpensas (art. 4º, decr. citado).

§ 2. **Excepciones a la inembargabilidad.** – Este artículo pone como excepción a la inembargabilidad del salario mínimo vital, las deudas alimentarias. La obligación de pasar alimentos está determinada en el Código Civil para los padres con relación a sus hijos (arts. 265 y 267), los cónyuges entre sí (art. 209) y los parientes (arts. 367 y 368).

CAPÍTULO III

DEL SUELDO ANUAL COMPLEMENTARIO

Art. 121. [CONCEPTO] – Se entiende por sueldo anual complementario la doceava parte del total de las remuneraciones definidas en el art. 103 de esta ley, percibidas por el trabajador en el respectivo año calendario.

CONCORDANCIAS: LCT, arts. 74, 103 a 105, 122, 123 y 127.

§ 1. **Noción.** – El sueldo anual complementario tiene como antecedente el *aguinaldo*, gratificación ésta que tenía carácter voluntario y se entregaba a fin de año y que por imperio de la ley se ha convertido en un complemento remuneratorio obligatorio que se paga en determinadas épocas del año[1]. Actualmente ambas expresiones (*aguinaldo* y *sueldo anual complementario*) tienen un uso y significado equivalente.

---

[1] RODRÍGUEZ MANCINI, en VAZQUEZ VIALARD (dir.), "Tratado", t. 4, p. 644.

§ 2. **Carácter jurídico.** – Se admite pacíficamente en la doctrina y jurisprudencia que el sueldo anual complementario es un salario diferido[2], lo que implica que se devengue día por día, juntamente con el salario, y se abona en las épocas fijadas por la ley, y en caso de ruptura contractual deba pagarse la parte proporcional devengada al momento de la extinción.

§ 3. **Modificación según ley 23.041.** – El régimen de pago del sueldo anual complementario fue modificado por la ley 23.041, de 1984, con la finalidad de atenuar los efectos del impacto inflacionario, dado que no resultaba apropiado promediar los últimos seis meses para efectuar el pago del sueldo anual complementario[3]. Esta ley determinó, en consecuencia, que el sueldo anual complementario se calculara como el 50% de la mayor remuneración mensual devengada por todo concepto dentro de los semestres que culminan en los meses de junio y diciembre de cada año. El decr. 1078/84, reglamentario de la mencionada ley, establece que la liquidación del sueldo anual complementario será proporcional al tiempo trabajado por los beneficiarios en cada uno de los semestres en que se devenguen las remuneraciones computables, a fin de dar solución a las situaciones en que el trabajador no se hubiera desempeñado todo el semestre o hubiera ejecutado, durante el período, prestaciones discontinuas.

El art. 2° del mencionado decreto agrega que la proporcionalidad se efectuará sobre la base del 50% de la mayor remuneración mensual nominal devengada por todo concepto en el semestre que se considere.

La norma reglamentaria faculta al Ministerio de Trabajo, en el área de su competencia, para interpretar las disposiciones del decreto y adoptar decisiones pertinentes para su cumplimiento, cuando resulte necesario por las particulares características de la actividad de que se trate o por especiales situaciones o modalidades de la prestación laboral (art. 4°, decr. 1078/84).

§ 4. **Forma de liquidarlo.** – El sueldo anual complementario se liquida, entonces, en proporción al tiempo trabajado en el semestre (art. 1°, decr. 1078/84), es decir que la mitad de la mejor remuneración mensual se divide por seis y se multiplica por el número de meses trabajados en el semestre. Se

---

[2] DE DIEGO, *La remuneración del trabajador*, p. 298.
[3] ACKERMAN, *El nuevo régimen del sueldo anual complementario*, LT, XXXII-289.

considera como tiempo trabajado, los períodos de enfermedad, de accidentes y de vacaciones, entre otros. No se consideran, en cambio, los lapsos en los que no hay derecho a salario, como el período de excedencia, plazo de reserva del empleo en el caso de enfermedad, etcétera[4].

A los efectos del cálculo deben computarse tanto las remuneraciones principales, como las complementarias, sean en dinero o en especie –las que deben ser valorizadas a este fin–, y sea que correspondan a prestaciones efectivas de trabajo o que hayan sido abonadas por mandato de la ley por lapsos en que no se prestaron servicios (por enfermedad, accidentes, vacaciones, etc.); quedan excluidos los pagos que correspondan a prestaciones no remuneratorias, como los beneficios sociales y las asignaciones familiares[5].

Jurisprudencia

1. *Procedimiento de cálculo más beneficioso.* Si la empresa empleó durante ocho años un determinado procedimiento para el cálculo del SAC y no hizo valer frente a los dependientes su derecho a integrar la base sólo con la doceava parte de dicho subsidio, debe entenderse que realizó actos que se consumaron íntegramente en beneficio de terceros, cuya buena fe debe ser protegida frente a una conducta contradictoria que les causa un perjuicio actual (CNTrab, Sala V, 31/8/01, *TSS*, 2002-40).

§ 5. **Aportes y contribuciones a la seguridad social.** – El art. 6º de la ley 24.241, del sistema integrado de jubilaciones y pensiones, incluye el sueldo anual complementario como integrante del concepto de remuneración y, por consiguiente, sujeto al pago de aportes y contribuciones.

Art. 122. [Épocas de pago] – **El sueldo anual complementario será abonado en dos cuotas: la primera de ellas el 30 de junio y la segunda el 31 de diciembre de cada año.** El importe a abonar en cada semestre, será igual a la doceava parte de las retribuciones devengadas en dichos lapsos, determinados de conformidad al art. 121 de la presente ley.

Concordancias: LCT, arts. 74, 103, 121 y 123; ley 23.041; decr. 1078/84.

---

[4] Fernández Madrid - Caubet, *Leyes fundamentales de trabajo*, p. 65.
[5] Rodríguez Mancini, en Vazquez Vialard (dir.), "Tratado", t. 4, p. 647.

§ 1. **Evolución. Precedentes.** – El art. 45 del decr. ley 33.302/45, ratificado por la ley 12.921, que había hecho obligatorio el pago del sueldo anual complementario, fijó como fecha de pago el 31 de diciembre. La ley 17.620 introdujo la periodicidad semestral para el pago, criterio mantenido por el texto del artículo que tiene plena vigencia.

§ 2. **Importe a abonar en cada semestre.** – El importe a abonar en cada semestre ha sido modificado por la ley 23.041 que establece que el sueldo anual complementario se calculará como el 50% de la mayor remuneración mensual devengada por todo concepto dentro de los semestres que culminan en los meses de junio y diciembre de cada año. El decr. 1078/84 determina que la liquidación del sueldo anual complementario será proporcional al tiempo trabajado por los beneficiarios en cada uno de los semestres.

§ 3. **Plazo máximo para el pago.** – Aunque el plazo máximo para el pago de cada semestre no está previsto en norma alguna, una aplicación analógica del art. 128 de la LCT (art. 11, LCT) permite concluir que el empleador puede abonar su importe dentro de los cuatro días hábiles de vencido cada período.

Jurisprudencia

1. *Sueldo anual complementario. Plazo máximo para el pago.* El juego armónico de las disposiciones de los arts. 122 y 128 de la LCT determina que no resulta extemporáneo el pago del *aguinaldo* dentro de los cuatro días hábiles posteriores al vencimiento de cada uno de los semestres del año (CNTrab, Sala X, 30/9/99, *DT*, 2000-B-1850).

§ 4. **Régimen laboral para la pequeña empresa.** – El art. 91 de la ley 24.467 de 1995, que estatuye el régimen laboral para la pequeña empresa, dispone textualmente: "Los convenios colectivos de trabajo referidos a la pequeña empresa podrán disponer el fraccionamiento de los períodos de pago del sueldo anual complementario siempre que no excedan de tres períodos en el año". Como se advierte, esta norma no es directamente operativa sino que está sujeta a la disponibilidad colectiva.

Art. 123. [Extinción del contrato de trabajo. Pago proporcional] – **Cuando se opere la extinción del contrato de trabajo por cualquier causa, el tra-**

bajador o los derechohabientes que determina esta ley, tendrán derecho a percibir la parte del sueldo anual complementario que se establecerá como la doceava parte de las remuneraciones devengadas en la fracción del semestre trabajado, hasta el momento de dejar el servicio.

Concordancias: LCT, arts. 74, 103, 121 y 122; ley 23.041.

§ 1. **Pago proporcional en caso de extinción.** – El derecho del trabajador y sus derechohabientes a percibir la parte proporcional del sueldo anual complementario en caso de extinción del contrato de trabajo por cualquier causa se mantiene invariable, pero la ley 23.041 ha modificado el modo de cálculo, dado que la proporcionalidad se establece sobre la base del 50% de la mayor remuneración mensual devengada por todo concepto dentro del semestre en cuestión.

Capítulo **IV**

DE LA TUTELA Y PAGO DE LA REMUNERACIÓN

Art. 124. [Medios de pago. Control. Ineficacia de los pagos] – Las remuneraciones en dinero debidas al trabajador deberán pagarse, bajo pena de nulidad, en efectivo, cheque a la orden del trabajador para ser cobrado personalmente por éste o quien él indique o mediante la acreditación en cuenta abierta a su nombre en entidad bancaria o en institución de ahorro oficial.

La autoridad de aplicación podrá disponer que en determinadas actividades, empresas, explotaciones o establecimientos, o en determinadas zonas o épocas, el pago de las remuneraciones en dinero debidas al trabajador se haga exclusivamente mediante alguna o algunas de las formas previstas y con el control y supervisión de funcionarios o agentes dependientes de dicha autoridad. El pago que se formalizare sin dicha supervisión podrá ser declarado nulo.

En todos los casos el trabajador podrá exigir que su remuneración le sea abonada en efectivo.

CONCORDANCIAS: LCT, arts. 125 a 129, 131 a 134 y 149; decr. 847/97.

§ 1. **Medios de pago.** – El artículo comentado establece las condiciones de validez del acto de pago de la remuneración[1]. La ley exige para que sea válido como acto extintivo de la obligación emergente del contrato de trabajo, medios de pago sin los cuales el acto es nulo. Son los siguientes: *a)* en efectivo; *b)* cheque a la orden del trabajador, y *c)* acreditación en cuenta abierta a nombre del trabajador en entidad bancaria oficial. Estas dos últimas formas de pagar la remuneración requieren la conformidad del trabajador, ya que en todo caso éste puede exigir que le sea abonada en efectivo.

§ 2. **Pagos bajo supervisión administrativa.** – El párr. 2º del artículo faculta a la autoridad administrativa de aplicación a controlar o supervisar el pago de las remuneraciones en determinadas actividades, empresas, explotaciones, establecimientos, o en diversas zonas o épocas del año. Esta facultad otorgada a la autoridad tiende a prevenir maniobras o actos fraudulentos en perjuicio del trabajador, como, por ejemplo, pagos insuficientes, en negro o mediante el sistema del *truck* (ver art. 131, párr. 2º). En el caso de que, no obstante haberse resuelto dicha supervisión, el pago se efectuare igualmente, podrá ser declarado nulo.

§ 3. **Pagos por cajeros automáticos.** – La res. MTEFRH 360/01 impuso a todos los empleadores la obligación de abonar las remuneraciones en dinero de su personal permanente y contratado bajo cualquiera de las modalidades previstas en la legislación, en cuentas abiertas a nombre de cada trabajador (art. 1º). Dichas cuentas deben ser abiertas en entidades bancarias con cajeros automáticos en un radio de influencia no superior a dos kilómetros del lugar de trabajo en zonas urbanas y a diez kilómetros en zonas no urbanas o rurales (art. 2º). El BCRA es el encargado de establecer las condiciones de funcionamiento de las cuentas respectivas, debiendo asegurar el beneficio de la gratuidad del servicio para el trabajador y la no imposición de límites en los montos de las extracciones. Asimismo, la resolución propende a que la gratuidad alcance a los empleadores de las pequeñas empresas (art. 4º).

---

[1] RODRÍGUEZ MANCINI, en VAZQUEZ VIALARD (dir.), "Tratado", t. 4, p. 722.

Art. 125

El ejercicio del control y supervisión por parte del Ministerio de Trabajo no exime a los empleadores del cumplimiento de las pertinentes obligaciones que, en materia de recibos de pago, prevén los arts. 138 a 141, 143 y 144 de la LCT (art. 2°, decr. 847/97).

§ 4. **Convenio 95 de la Organización Internacional del Trabajo.** – La República Argentina ha ratificado, por decr. ley 11.594/56, el convenio 95 de la OIT, lo que adquiere especial relevancia en atención a que el art. 75, inc. 22, de la Const. nacional atribuye a estos convenios jerarquía superior a las leyes.

Este convenio determina, entre numerosas disposiciones, que los salarios que deban pagarse en efectivo se pagarán exclusivamente en moneda de curso legal, y deberá prohibirse el pago con pagarés, vales, cupones o en cualquier otra forma que se considere representativa de la moneda de curso legal (art. 3°.1).

La autoridad competente podrá permitir o prescribir el pago del salario por cheque contra un banco o por giro postal, cuando: *a*) este modo de pago sea de uso corriente o sea necesario a causa de circunstancias especiales; *b*) un contrato colectivo o un laudo arbitral así lo establezca, y *c*) en defecto de las anteriores disposiciones, el trabajador preste su consentimiento (art. 3°.2). Cuando la legislación nacional autorice el pago parcial en especie, en ningún caso se deberá permitir el pago con bebidas espirituosas o con drogas nocivas (art. 4°.1).

Art. 125. [Constancias bancarias. Prueba de pago] – La documentación obrante en el banco o la constancia que éste entregare al empleador constituirá prueba suficiente del hecho del pago.

Concordancias: LCT, arts. 74, 124, 138 a 143 y 146.

§ 1. **Prueba del pago bancario.** – El pago de la remuneración en efectivo se prueba mediante el respectivo recibo firmado por el trabajador (art. 138, LCT). Pero cuando el pago se efectúa mediante cheque a la orden del trabajador o por acreditación en cuenta abierta a nombre del trabajador en entidad bancaria habilitada, tal como lo autoriza el art. 124 de la LCT, la prueba del pago también puede realizarse por medio de la documentación obrante en el banco o con la documentación idónea que el banco entregue al empleador. Lo dispuesto en este artículo no elimina la obligación patronal de otorgar al trabajador el recibo de pago, con las enunciaciones del art. 140 de la LCT[1].

Art. 126. [PERÍODOS DE PAGO] – El pago de las remuneraciones deberá realizarse en uno de los siguientes períodos:

a) Al personal mensualizado, al vencimiento de cada mes calendario.

b) Al personal remunerado a jornal o por hora, por semana o quincena.

c) Al personal remunerado por pieza o medida, cada semana o quincena respecto de los trabajos concluidos en los referidos períodos, y una semana proporcional al valor del resto del trabajo realizado, pudiéndose retener como garantía una cantidad no mayor de la tercera parte de dicha suma.

CONCORDANCIAS: LCT, arts. 124, 127 a 130 y 137.

§ 1. **Concepto.** – El período de pago es el lapso que se debe computar a los fines de la liquidación y pago del salario[1]. El personal mensualizado a que se refiere el inc. *a* es generalmente el que está afectado a tareas administrativas; el jornalizado del inc. *b*, el dedicado a tareas de producción, y el mencionado en el inc. *c*, el que percibe salario a destajo. La ley no fija el período de pago para las comisiones, pero la ley 14.546 –estatuto para los viajantes de comercio, trabajadores remunerados principalmente a comisión– impone la liquidación mensual de las comisiones (art. 5°, inc. *d*). Las remuneraciones accesorias deben pagarse junto con la principal (art. 127, LCT).

§ 2. **Períodos de pago y plazos de pago.** – No se deben confundir los períodos de pago con los plazos de pago. Los primeros se refieren a la periodicidad que deberá observar el

---

[1] LÓPEZ - CENTENO - FERNÁNDEZ MADRID, *Ley de contrato de trabajo*, t. I, p. 706; MEILIJ, *Contrato de trabajo*, t. II, p. 75.

[1] (Art. 126) DE DIEGO, *La remuneración del trabajador*, p. 344.

empleador para liquidar los salarios de los trabajadores. Los plazos de pago son el término perentorio que tiene el empleador para que esos salarios ya liquidados sean pagados efectivamente a los dependientes[2]. Los períodos de pago son los regulados por el artículo comentado. Los plazos de pago están fijados por el art. 128 de la LCT.

Art. 127. [Remuneraciones accesorias] – **Cuando se hayan estipulado remuneraciones accesorias, deberán abonarse juntamente con la retribución principal.**

En caso que la retribución accesoria comprenda como forma habitual la participación en las utilidades o la habilitación, la época de pago deberá determinarse de antemano.

Concordancias: LCT, arts. 74, 103, 105, 106, 108 a 110, 126, 128 y 129.

§ 1. **Concepto.** – Son también llamadas *adicionales*[1] o *prestaciones complementarias* (art. 105, LCT)[2]. Como la expresión misma lo indica, se trata de remuneraciones que se agregan a otras, sin las cuales no se las puede concebir. Siempre son complementarias de la remuneración principal, tanto en el sentido de que constituyen una proporción de menor importancia en la estructura del salario, así como también porque en algunos casos se las calcula tomando como base la remuneración principal[3]. El artículo de la ley impone que sean abonadas junto con la retribución principal.

§ 2. **Participación en las utilidades o habilitación.** – Para la época de pago de la participación en las utilidades o la habilitación no hay reglas legales, por lo que deberá ser pactada de antemano por las partes en forma individual o colectiva. A falta de acuerdos pueden existir usos o costumbres de empresa[4]; en tal caso serán exigibles en los plazos en que fueron liquidadas en períodos anteriores[5].

[2] De Diego, *La remuneración del trabajador*, p. 345.
[1] Rodríguez Mancini, en Vazquez Vialard (dir.), "Tratado", t. 4, p. 690.
[2] De Diego, *La remuneración del trabajador*, p. 349.
[3] Rodríguez Mancini, en Vazquez Vialard (dir.), "Tratado", t. 4, p. 690.
[4] De Diego, *La remuneración del trabajador*, p. 349.
[5] Meilij, *Contrato de trabajo*, t. II, p. 77.

Art. 128. [Plazo] – El pago se efectuará una vez vencido el período que corresponda, dentro de los siguientes plazos máximos: cuatro días hábiles para la remuneración mensual o quincenal y tres días hábiles para la semanal.

Concordancias: LCT, arts. 74, 103, 124, 126, 127 y 137.

§ 1. **Término de pago.** – El plazo de pago es el término perentorio que tiene el empleador para pagar efectivamente a sus dependientes, contado a partir del vencimiento del período de pago que corresponda a los trabajadores, según lo dispone el art. 126 de la LCT.

§ 2. **Cómputo de días hábiles.** – La ley no define qué considera, a los efectos de este artículo, *días hábiles*. No pueden asimilarse a los días hábiles administrativos o judiciales porque éstos no incluyen los días no laborables, en que ambos sectores normalmente no trabajan. Por consiguiente, para la actividad privada, y partiendo de la base de que el descanso hebdomadario se inicia a partir de la hora trece del sábado, deben considerarse hábiles únicamente los días que van de lunes a viernes, e inhábiles los sábados, domingos y feriados. En cuanto a los días no laborables, si en éstos el empleador resolviera trabajar se consideran hábiles; en caso contrario se asimilaría a los feriados nacionales y, por consiguiente, serían inhábiles[1].

§ 3. **Plazos máximos de pago.** – Los plazos de pago fijados por el artículo comentado son plazos máximos, de modo tal que no existe impedimento alguno para que el empleador abone los salarios antes del vencimiento del plazo o incluso del mismo período de pago, en tanto se trata de un mayor beneficio para el trabajador[2].

§ 4. **Punto de partida de la mora.** – El vencimiento del plazo de pago, sin que el empleador haya dado cumplimiento a su obligación de satisfacer el pago del salario, produce la mora automática (art. 137, LCT) y comienza desde entonces el curso de los intereses que correspondan.

---

[1] De Diego, *La remuneración del trabajador*, p. 346.
[2] De Diego, *La remuneración del trabajador*, p. 345 y 346.

Art. 129

JURISPRUDENCIA

1. *Mora en el pago de salarios. Infracción laboral.* La infracción consistente en la inobservancia de los plazos de pago de la remuneración se verifica por el mero incumplimiento, sin que corresponda tener en cuenta la intención del infractor (CNTrab, Sala VII, 10/7/98, *TSS*, 1998-902).

2. *Horas extra.* *a*) El pago de las horas extra más allá del límite establecido por el art. 128 de la LCT, es lógica consecuencia de que por la naturaleza aleatoria y variable de este rubro, aparece como materialmente imposible su liquidación junto con la remuneración del mes en el cual se devengaron (en el caso se abonaban con la retribución del mes siguiente) (CNTrab, Sala VIII, 26/5/99, *TSS*, 2000-721).

b) Es procedente el reclamo del actor por diferencias salariales fundado en el pago atrasado de horas extraordinarias, toda vez que ante la inexistencia de norma convencional que disponga que el pago de ese rubro debe realizarse en las oportunidades elegidas por la demandada –en el caso, al vencimiento del mes siguiente–, es imperativa la aplicación de la LCT (CNTrab, Sala VI 25/6/01, *DT*, 2002-A-303).

Art. 129. [DÍAS, HORAS Y LUGARES DE PAGO] – El pago de las remuneraciones deberá hacerse en días hábiles, en el lugar de trabajo y durante las horas de prestación de servicios, quedando prohibido realizarlo en sitio donde se vendan mercaderías o se expendan bebidas alcohólicas como negocio principal o accesorio, con excepción de los casos en que el pago deba efectuarse a personas ocupadas en establecimientos que tengan dicho objeto.

Podrá realizarse el pago a un familiar del trabajador imposibilitado o a otro trabajador acreditado por una autorización suscripta por aquél, pudiendo el empleador exigir la certificación de la firma. Dicha certificación podrá ser efectuada por la autoridad administrativa laboral, judicial o policial del lugar o escribano público.

El pago deberá efectuarse en los días y horas previamente señalados por el empleador. Por cada mes no podrán fijarse más de seis días de pago.

La autoridad de aplicación podrá autorizar a modo de excepción y atendiendo a las necesidades de la actividad y a las características del vínculo laboral, que el pago pueda efectuarse en una mayor cantidad de días que la indicada.

Si el día de pago, coincidiera con un día en que no desarrolla actividad la empleadora, por tratarse de días sábado, domingo, feriado o no laborable, el pago se efectuará el día hábil inmediato posterior, dentro de las horas prefijadas.

Si hubiera fijado más de un día de pago, deberá comunicarse del mismo modo previsto anteriormente, ya sea nominalmente, o con número de orden al personal que percibirá sus remuneraciones en cada uno de los días de pago habilitados. La autoridad de aplicación podrá ejercitar el control y supervisión de los pagos en los días y horas previstos en la forma y efectos consignados en el art. 124 de esta ley, de modo que el mismo se efectúe en presencia de los funcionarios o agentes de la administración laboral.

CONCORDANCIAS: LCT, arts. 73, 103, 124, 126 a 128, 138, 139, 141, 142, 146 y 149.

§ 1. **Condiciones del pago.** – El convenio 95 de la OIT, sobre la protección del salario, de 1949, ratificado por la República Argentina por decr. ley 11.594/56, determina que cuando el pago del salario se haga en efectivo, se deberá efectuar únicamente los días laborables, en el lugar de trabajo o en un lugar próximo a éste, a menos que la legislación nacional, un contrato colectivo o un laudo arbitral disponga otra forma o que otros arreglos conocidos por los trabajadores interesados se consideren más adecuados (art. 13.1).

JURISPRUDENCIA

1. *Lugar de pago. Carga de colaboración del acreedor.* El art. 129 de la LCT dispone que el pago de las remuneraciones debe hacerse en el lugar de trabajo, por lo que es carga de los acreedores prestar su colaboración para el cumplimiento de su obligación, carga que consiste en hacerse presente en el lugar de pago (CNTrab, Sala VIII, 6/10/98, *DT*, 1999-B-2102).

Art. 130. [ADELANTOS] – **El pago de los salarios deberá efectuarse íntegramente en los días y horas señalados.**

Art. 130

El empleador podrá efectuar adelantos de remuneraciones al trabajador hasta un 50% de las mismas, correspondientes a no más de un período de pago.

La instrumentación del adelanto se sujetará a los requisitos que establezca la reglamentación y que aseguren los intereses y exigencias del trabajador, el principio de intangibilidad de la remuneración y el control eficaz por la autoridad de aplicación.

En caso de especial gravedad y urgencia el empleador podrá efectuar adelantos que superen el límite previsto en este artículo, pero si se acreditare dolo o un ejercicio abusivo de esta facultad el trabajador podrá exigir el pago total de las remuneraciones que correspondan al período de pago sin perjuicio de las acciones a que hubiere lugar.

Los recibos por anticipo o entregas a cuenta de salarios, hechos al trabajador, deberán ajustarse en su forma y contenido a lo que se prevé en los arts. 138, 139 y 140, incs. *a*, *b*, *g*, *h* e *i*, de la presente ley.

CONCORDANCIAS: LCT, arts. 74, 103, 131 a 135, 138 a 144 y 146.

§ 1. **Principio del pago íntegro y oportuno.** – El artículo comentado, en su párr. 1°, sienta como principio el del pago íntegro y oportuno de la remuneración[1].

§ 2. **El adelanto de remuneraciones como excepción.** – Sentado el principio del pago íntegro del salario en los días y horas señalados, la ley admite la posibilidad de que se efectúe un adelanto con carácter de excepción[2].

§ 3. **Adelantos ordinarios y de urgencia.** – Las circunstancias por las cuales el trabajador solicita el adelanto pueden ser de dos tipos: *ordinarios*, cuando sobreviene alguna circunstancia imprevista, pero que no denota gravedad, y *de urgencia*,

---

[1] LÓPEZ - CENTENO - FERNÁNDEZ MADRID, *Ley de contrato de trabajo*, t. I, p. 711.
[2] DE DIEGO, *La remuneración del trabajador*, p. 368.

cuando por la especial gravedad del evento que aqueja al trabajador la necesidad fuere imperiosa[3]. En los casos ordinarios, el adelanto podrá ser hasta de un 50% del importe de las remuneraciones, pero sólo correspondiente a un período de pago (semana, quincena, mes). En los casos de urgencia, el empleador puede efectuar adelantos que superen esos límites, es decir, se podrá superar el 50% de la retribución, teniéndose en cuenta períodos mayores que los de la base de liquidación o más de un período[4].

§ 4. **Solicitud del trabajador.** – Se ha señalado que, por razones elementales de prueba, el requerimiento del trabajador deberá efectuarse por escrito, dado que, a pesar de que la ley no exige tal requisito, se impone una suerte de sanción por lo que la norma denomina "ejercicio abusivo de esta facultad"[5].

§ 5. **Recibos de adelantos.** – La ley impone que la acreditación del pago de adelanto de remuneraciones se sujete a los siguientes requisitos: *a)* se instrumente mediante recibo firmado por el trabajador (art. 138, LCT); *b)* el recibo debe confeccionarse en doble ejemplar, recibiendo el empleador el original firmado por el trabajador y entregándose el duplicado a éste (art. 139); *c)* el recibo debe contener el nombre íntegro o razón social del empleador, su domicilio y clave única de identificación tributaria (CUIT), el nombre y apellido del trabajador, su calificación profesional y su código único de identificación laboral (CUIL), el importe neto del adelanto percibido expresado en números y letras, la constancia de recepción del duplicado por el trabajador y el lugar y fecha del pago del adelanto.

§ 6. **Falta de reglamentación.** – Aunque la reglamentación a que alude el texto no se ha dictado hasta la fecha, los requisitos exigidos por el artículo son suficientes para su aplicación[6].

Art. 131. [Retenciones, deducciones y compensaciones] – **No podrá deducirse, retenerse o compensarse suma alguna que rebaje el monto de las**

---

[3] De Diego, *La remuneración del trabajador*, p. 368.
[4] De Diego, *La remuneración del trabajador*, p. 368 y 369.
[5] De Diego, *La remuneración del trabajador*, p. 369.
[6] De Diego, *La remuneración del trabajador*, p. 369.

remuneraciones. Quedan comprendidos especialmente en esta prohibición los descuentos, retenciones o compensaciones por entrega de mercaderías, provisión de alimentos, vivienda o alojamiento, uso o empleo de herramientas o cualquier otra prestación en dinero o en especie. No se podrá imponer multas al trabajador ni deducirse, retenerse o compensarse por vía de ellas el monto de las remuneraciones.

Concordancias: LCT, arts. 74, 103, 107, 120, 124, 132 a 135 y 147.

§ 1. **Límite y condiciones.** – El convenio 95 de la OIT, sobre la protección del salario, 1949, ratificado por la República Argentina por decr. ley 11.594/56, determina que "los descuentos de los salarios solamente se deberán permitir de acuerdo con las condiciones y dentro de los límites fijados por la legislación nacional, un contrato colectivo o un laudo arbitral" (art. 8°, párr. 1°), debiéndose "indicar a los trabajadores, en la forma que la autoridad competente considere más apropiada, las condiciones y los límites que hayan de observarse para poder efectuar dichos descuentos" (art. 8°, párr. 2°). El art. 9° agrega: "Se deberá prohibir cualquier descuento de los salarios que se efectúe para garantizar un pago directo o indirecto por un trabajador al empleador, a su representante o a un intermediario cualquiera (tales como los agentes encargados de contratar la mano de obra) con objeto de obtener o conservar un empleo". Por lo demás, el convenio dispone en forma genérica que "se deberá prohibir que los empleadores limiten en forma alguna la libertad del trabajador de disponer de su salario" (art. 6°).

§ 2. **Prohibición del "truck system".** – Este artículo consagra la prohibición del llamado sistema del *truck*, por el cual se entiende la costumbre de entregar a los trabajadores mercaderías o vales canjeables por mercaderías, a título de remuneración. Este sistema estaba difundido, sobre todo al principio de la Revolución Industrial, especialmente en Inglaterra, de donde proviene la palabra *truck*, de uso universal para designar ese sistema. En la actualidad está prohibido en todos los países[1].

---

[1] Krotoschin, *Tratado práctico*, t. I, p. 302.

§ 3. **Alcance de la prohibición.** – El artículo comentado prohíbe deducir, retener o compensar suma alguna que rebaje el monto de las remuneraciones por concepto de entrega de mercaderías, provisión de alimentos u otras prestaciones en especie. La prohibición se refiere sólo a la remuneración, o parte de ella, pagadera en dinero. En tanto la remuneración, según el contrato, el convenio colectivo o la ley, deba pagarse en especie, queda permitido tal pago. Se prohíbe el pago por entrega de bienes cuando se efectúa en sustitución de la entrega de dinero, pero no cuando la entrega de bienes es precisamente lo que se debe prestar[2].

Sin embargo, no le está prohibido al empleador vender mercaderías, acciones y otros bienes al trabajador y deducir, retener o compensar su importe, como surge de las excepciones consagradas en los incs. *g*, *h* e *i* del art. 132 de la LCT.

El artículo comentado sienta el principio general de prohibición de las deducciones, retenciones o compensaciones que rebajen el monto de las remuneraciones del trabajador, pero el art. 132 de la LCT autoriza excepciones taxativas y de interpretación restrictiva a este principio[3], bajo las condiciones que establece ese artículo.

Jurisprudencia

1. *Prohibición de retención. Carácter de orden público.* Los arts. 131 y 149 de la LCT son disposiciones de orden público por imperativo de lo establecido en el art. 7° de dicho cuerpo legal y no pueden ser dejadas de lado aun por acuerdo de partes, criterio que se encuentra corroborado por la disposición del art. 133 de la ley citada (CNTrab, Sala X, 16/9/97, *DT*, 1998-B-1860).

2. *Prohibición de compensar. Buena fe. Retención indebida.* De acuerdo con lo que establece el art. 131 de la LCT, el crédito laboral no es compensable con otros, pero interpretada dicha norma a la luz de la buena fe, cabe concluir que se halla exento de esa prohibición el crédito del empleador contra el trabajador, cuando éste ha retenido fondos indebidamente (CNTrab, Sala I, 30/6/99, *DT*, 1999-B-1551).

§ 4. **Efectos de la deducción, retención o compensación ilegal.** – La violación de la prohibición establecida en este artículo, siempre que la deducción no esté contemplada entre las

---

[2] Krotoschin, *Tratado práctico*, t. I, p. 302.
[3] De Diego, *La remuneración del trabajador*, p. 360.

excepciones al principio enumeradas en el art. 132 de la LCT, es la nulidad del acto de retención, deducción o compensación, quedando el empleador como deudor del trabajador afectado por las sumas no pagadas[4].

a) *Deducción, retención o compensación consentida por el trabajador.* Se ha entendido que la prohibición legal consagrada en el artículo se refiere sólo al pacto que autoriza la retención y a la retención efectuada contra la voluntad del trabajador, pero no a la consentida por éste. De acuerdo con ello, el trabajador podría hacer cesar a su arbitrio las retenciones no autorizadas legalmente o por un porcentaje mayor que el debido, pero no puede repetir su importe si las ha consentido, salvo el caso de fraude. De otro modo se concretaría una hipótesis de abuso de derecho[5].

b) *Error del empleador.* La prohibición legal establecida en el artículo tiende a proteger al trabajador contra disminuciones de la remuneración a que legítimamente tiene derecho, pero no cuando ha recibido algo sin tener derecho a ello, por un error del empleador o por otra causa. Esto rige especialmente para los excesos de anticipos que el trabajador hubiera recibido. Puede ocurrir que el contrato de trabajo termine antes de que se hubiere devengado toda o alguna parte de la remuneración adelantada. En este caso, el trabajador debe devolver el exceso, por enriquecimiento sin causa, y la compensación sería posible si el empleador adeudara algo al trabajador, con motivo de la terminación del contrato[6].

§ 5. **Prohibición de las multas.** – El artículo en comentario prohíbe imponer multas al trabajador. Se denomina así una forma de sanción disciplinaria, siempre condenada por ilícita y arbitraria por la doctrina y la jurisprudencia, por la cual se impone al trabajador una sanción consistente en el pago de una suma de dinero[7].

Esta prohibición refuerza el principio de intangibilidad del salario y resulta coherente con la disposición del art. 68 de la LCT, según la cual toda sanción disciplinaria debe satis-

---

[4] Meilij, *Contrato de trabajo*, t. II, p. 88; Krotoschin, *Tratado práctico*, t. I, p. 304.

[5] López - Centeno - Fernández Madrid, *Ley de contrato de trabajo*, t. I, p. 713.

[6] Krotoschin, *Tratado práctico*, t. I, p. 309.

[7] De Diego, *La remuneración del trabajador*, p. 361.

facer las exigencias de la organización del trabajo en la empresa y el respeto debido a la dignidad del trabajador y a sus derechos patrimoniales, excluyendo toda forma de abuso de derecho[8].

§ 6. **Estatuto del jugador profesional de fútbol.** – No obstante la categórica prohibición de las multas, el art. 20, inc. *b*, del estatuto del jugador profesional de fútbol (ley 20.160) autoriza al club para el caso de falta de cumplimiento de las obligaciones por parte del jugador a "aplicarle multa cuyo monto, en un mismo mes, no podrá exceder de hasta un 20% del sueldo mensual y premios que percibe", disposición que es derogatoria para la profesión de las normas y principios generales[9].

§ 7. **Compensación judicial.** – Se considera, en general, admisible la compensación judicial dentro de los límites de la embargabilidad, en los casos en que habiendo demanda y reconvención, la sentencia reconoce créditos recíprocos a los litigantes. Se acepta esta tesitura con fundamento en razones de economía procesal y en la circunstancia de no otorgar al empleador un tratamiento menos favorable que a los demás acreedores del trabajador[10].

JURISPRUDENCIA

1. *Préstamo otorgado al trabajador.* El importe de un préstamo otorgado al trabajador por la demandada en carácter de avalista no puede deducirse de las indemnizaciones que le corresponde percibir, teniendo en cuenta el carácter alimentario del salario (CNTrab, Sala VIII, 20/6/01, *TSS*, 2001-878).

2. *Reconvención.* La compensación judicial sólo procede por vía de reconvención que implique una pretensión, un reclamo, resultando insuficiente que se alegue como simple medio de defensa (CNTrab, Sala VIII, 20/6/01, *TSS*, 2001-878).

§ 8. **Orden judicial de retención.** – La prohibición establecida en el artículo no alcanza a las retenciones que el empleador hiciera en cumplimiento de una orden judicial de embargo, aun cuando éste hubiera sido ordenado a su propio pedido[11].

---

[8] LÓPEZ - CENTENO - FERNÁNDEZ MADRID, *Ley de contrato de trabajo*, t. I, p. 713.
[9] MIROLO, *El trabajo del futbolista profesional*, p. 213 y 214.
[10] LÓPEZ - CENTENO - FERNÁNDEZ MADRID, *Ley de contrato de trabajo*, t. I, p. 714.
[11] KROTOSCHIN, *Tratado práctico*, t. I, p. 310.

Art. 132. [Excepciones] – La prohibición que resulta del art. 131 de esta ley no se hará efectiva cuando la deducción, retención o compensación responda a algunos de los siguientes conceptos:

a) Adelanto de remuneraciones hechas con las formalidades del art. 130 de esta ley.

b) Retención de aportes jubilatorios y obligaciones fiscales a cargo del trabajador.

c) Pago de cuotas, aportes periódicos o contribuciones a que estuviesen obligados los trabajadores en virtud de normas legales o provenientes de las convenciones colectivas de trabajo, o que resulte de su carácter de afiliados a asociaciones profesionales de trabajadores con personería gremial, o de miembros de sociedades mutuales o cooperativas, así como por servicios sociales y demás prestaciones que otorguen dichas entidades.

d) Reintegro de precios por la adquisición de viviendas o arrendamientos de las mismas, o por compra de mercadería de que sean acreedores entidades sindicales, mutualistas o cooperativistas.

e) Pago de cuotas de primas de seguros de vida colectivos del trabajador o su familia, o planes de retiro y subsidios aprobados por la autoridad de aplicación.

f) Depósitos en caja de ahorro de instituciones del Estado nacional, de las provincias, de los municipios, sindicales o de propiedad de asociaciones profesionales de trabajadores, y pago de cuotas por préstamos acordados por esas instituciones al trabajador.

g) Reintegro del precio de compra de acciones de capital, o de goce adquirido por el trabajador a su empleador, y que corresponda a la empresa en que presta servicios.

h) Reintegro del precio de compra de mercaderías adquiridas en el establecimiento de propiedad del empleador, cuando fueran exclusivamente de las que se fabrican o producen en él o de las propias del género que constituye el giro de su comercio y que se expenden en el mismo.

i) Reintegro del precio de compra de vivienda del que sea acreedor el empleador, según planes aprobados por la autoridad competente.

Concordancias: LCT, arts. 74, 80, 103, 105, 107, 130, 131, 133 a 135 y 193; ley 23.551, art. 38; ley 24.241, art. 12, inc. *c*.

§ 1. **Principio general.** – El art. 131 de la LCT establece el principio general de prohibición de las deducciones, retenciones o compensaciones que rebajen el monto de las remuneraciones del trabajador, pero el artículo autoriza excepciones taxativas y de interpretación restrictiva a ese principio[1], bajo las condiciones que este mismo artículo establece, pero aun las deducciones autorizadas no pueden insumir, en conjunto, más del 20% del monto total de la remuneración en dinero que tenga que percibir el trabajador (art. 133, LCT).

Las excepciones consagradas por el artículo se complementan con las establecidas en el art. 135 de la LCT (caso de daño intencional) y se refieren a tres órdenes diferentes: *a*) adelanto de remuneraciones; *b*) créditos de terceros (Estado, instituciones del Estado, sindicatos y entidades privadas), y *c*) créditos del empleador[2].

§ 2. **Adelanto de remuneraciones.** – La primera excepción que este artículo comentado establece es la del art. 130 de la LCT. Éste, en su párr. 1°, sienta como principio el del pago íntegro y oportuno de la remuneración, pero admite la posibilidad de que se efectúe un adelanto con carácter de excepción.

Las circunstancias por las cuales el trabajador puede solicitar el adelanto son de dos tipos: *ordinarias*, cuando sobreviene alguna circunstancia imprevista, pero que no denota gravedad, y *de urgencia*, cuando por la especial gravedad del evento que aqueja al trabajador la necesidad fuere imperiosa[3]. En los casos ordinarios, el adelanto puede ser de hasta un 50% del importe de las remuneraciones, pero sólo correspondiente

---

[1] De Diego, *La remuneración del trabajador*, p. 360.
[2] López - Centeno - Fernández Madrid, *Ley de contrato de trabajo*, t. I, p. 716.
[3] De Diego, *La remuneración del trabajador*, p. 368.

a un período de pago (semana, quincena, mes). En los casos de urgencia, el empleador puede efectuar adelantos que superen esos límites, es decir, se podrá superar el 50% de la retribución, teniéndose en cuenta períodos mayores que los de la base de liquidación o más de un período[4].

La ley impone que la acreditación del pago de adelanto de remuneraciones se sujete a los siguientes requisitos: *a*) se instrumente mediante recibo firmado por el trabajador (art. 138, LCT); *b*) el recibo debe confeccionarse en doble ejemplar, recibiendo el empleador el original firmado por el trabajador y entregándose el duplicado a éste (art. 139, LCT), y *c*) el recibo debe contener el nombre íntegro o razón social del empleador, su domicilio y clave única de identificación tributaria (CUIT), el nombre y apellido del trabajador, su calificación profesional y su código único de identificación laboral (CUIL), el importe neto del adelanto percibido expresado en números y letras, la constancia de recepción del duplicado por el trabajador y el lugar y fecha del pago del adelanto (art. 140, incs. *a*, *b*, *g*, *h* e *i*, LCT).

§ 3. **Retención de aportes jubilatorios.** – Según la ley 24.241, del sistema integrado de jubilaciones y pensiones (SIJP), es obligación del empleador practicar en las remuneraciones los descuentos correspondientes al aporte personal de los trabajadores en relación de dependencia y, luego, depositarlos a la orden del sistema único de seguridad social (SUSS), según el art. 12, inc. *c*, de la ley citada.

§ 4. **Obligaciones fiscales a cargo del trabajador.** – Están constituidas por las deducciones correspondientes al *impuesto a las ganancias*, que imponen la retención al trabajador de determinado porcentual después de restar al total bruto de la remuneración el llamado *mínimo no imponible*. Del resultado, que *a contrario sensu* se denomina "monto" o "base imponible", se calcula la retención que luego es depositada a la orden de la AFIP. El empleador, en este caso, actúa como *agente de retención* y, por lo tanto, el incumplimiento de esta obligación será reclamado por la agencia de recaudación al principal y no al trabajador. Todo ello sin perjuicio de las sanciones que puedan generarse, con aplicación de intereses, recargos, multas y arresto o prisión en ciertas hipótesis[5].

---

[4] De Diego, *La remuneración del trabajador*, p. 368 y 369.
[5] De Diego, *La remuneración del trabajador*, p. 362.

§ 5. **Incompetencia de la Justicia del Trabajo.** – La Justicia del Trabajo de la Capital Federal se ha pronunciado, de manera uniforme, declarando su incompetencia para resolver en los casos en que la retención efectuada por el empleador por razones fiscales, chocaba con el porcentual máximo de retención permitido por la ley laboral[6].

§ 6. **Pago de cuotas sindicales, mutuales o sociales.** – El artículo autoriza la retención de cuotas, aportes periódicos o contribuciones a que estuviesen obligados los trabajadores: *a)* en virtud de normas legales; *b)* por las normas de las convenciones colectivas de trabajo que establecen contribuciones a favor de la asociación de trabajadores participante, las que, según la ley respectiva, son válidas no sólo para los afiliados, sino también para los no afiliados comprendidos en el ámbito de la convención (art. 9°, ley 14.250, t.o. decr. 1135/04); *c)* las que resulten del carácter de afiliado a asociaciones profesionales de trabajadores con personería gremial, caso en el cual los empleadores están obligados a actuar como agentes de retención, debiendo mediar una resolución del Ministerio de Trabajo, Empleo y Seguridad Social disponiendo la retención. Si el empleador no efectúa la retención, se transforma en deudor directo, produciéndose la mora de pleno derecho (art. 38, ley 23.551), y *d)* las que resulten de su carácter de miembros de sociedades mutuales (ley 20.321) o cooperativas (ley 20.337), así como por servicios sociales como los de obras sociales (ley 23.660).

§ 7. **Reintegro de precios por la adquisición o arrendamiento de viviendas o compra de mercaderías para ciertos acreedores.** – La ley admite la deducción del salario de cuotas que constituyan el reintegro de precios por la adquisición o arrendamiento de vivienda o por compra de mercaderías, respecto de las cuales sean acreedores *entidades sindicales, mutualistas* o *cooperativistas*. Para la compra de mercaderías se deben cumplir los recaudos fijados en el art. 134 de la LCT.

§ 8. **Pago de cuotas de primas de seguros de vida colectivos del trabajador o planes de retiro y subsidios.** – El trabajador puede, voluntariamente, adherirse a un sistema de seguro de vida, accidentes personales e incapacidad total y absoluta en el cual el empleador resulta el tomador-contratante de la póliza, que actúa como un *sistema flotante*, al cual cada traba-

---

[6] Fernández Madrid, *Tratado práctico*, t. II, p. 1312.

25. Etala, *Contrato*.

jador se puede adherir, si así lo desea, cumpliendo ciertas condiciones. La prima es de naturaleza promediada, es decir que se cobra en sumas idénticas a los trabajadores de diversas edades, y para ello se practica la retención del salario en forma mensual. Este seguro es colectivo voluntario y se rige por la ley 17.418, de seguros[7].

Los planes de retiros y subsidios, para que la retención sea procedente, deben ser aprobados por la autoridad de aplicación.

§ 9. **Depósitos en cajas de ahorro y préstamos de ciertas instituciones.** – Se admiten las deducciones destinadas a depósitos en cajas de ahorro y pago de cuotas de préstamos acordados al trabajador por instituciones del Estado nacional, de las provincias, municipios o de propiedad de asociaciones sindicales de trabajadores.

§ 10. **Reintegro del precio de compra de acciones de la empresa.** – Este tipo de retención se refiere a la compra de acciones y bonos de goce efectuada voluntariamente por el trabajador de la empresa en la que presta servicios.

§ 11. **Reintegro del precio de compra de mercaderías adquiridas al empleador.** – La ley autoriza –bajo ciertas condiciones– la compra del trabajador al empleador de mercaderías cuando sean exclusivamente de las que se fabrican o producen en el establecimiento o de las propias del género que constituye el giro de su comercio y que se expenden en él. Para que estas compras sean admisibles, el art. 134 de la LCT exige el cumplimiento de los siguientes recaudos: *a*) que el precio de las mercaderías no sea superior al corriente en plaza; *b*) que el empleador haya acordado al trabajador adquirente una bonificación razonable sobre los precios; *c*) que la venta no sea ficticia y no encubra una maniobra dirigida a disminuir el monto de la remuneración del trabajador, y *d*) que no haya mediado exigencia por parte del empleador para la adquisición de tales mercaderías, es decir, que la compra sea voluntaria y que el acto del trabajador no esté afectado por ningún vicio.

Jurisprudencia

1. ***Descuento en el precio del servicio.*** El descuento del 50% del precio del servicio de TV por cable que la empresa practicaba al dependiente no tiene naturaleza salarial, dado que el empleador tiene la facultad de vender el producto que fabrica a sus tra-

---

[7] De Diego, *La remuneración del trabajador*, p. 363 y 364.

bajadores, siempre que les otorgue una bonificación razonable (arts. 132, inc. *h*, y 134, inc. *b*, LCT) (CNTrab, Sala II, 11/11/02, *TSS*, 2003-594).

§ 12. **Reintegro del precio de compra de vivienda.** – Este supuesto es el previsto por el inc. *i* que trata los casos en que el acreedor del precio es el empleador y los planes de construcción y venta de la vivienda han sido aprobados por la autoridad competente.

§ 13. **Depósito en cuenta de ahorro del menor trabajador.** – Esta excepción a la prohibición de efectuar deducciones o retenciones al salario del trabajador no está incluida en la enumeración de este artículo, sino que surge como obligación impuesta por los arts. 192 y 193 de la LCT para el empleador que ocupe a un trabajador menor comprendido entre los catorce y dieciséis años, caso en que deberá gestionar la apertura de una cuenta de ahorro y deducir y depositar en ella el 10% de la remuneración que corresponda abonar al menor, dentro de los tres días subsiguientes a su pago.

§ 14. **Daños graves e intencionales producidos por el trabajador.** – Si bien este supuesto no está previsto en el artículo, se encuentra regulado en el art. 135 de la LCT, y constituye otra hipótesis de excepción a la prohibición de retener parte del salario que establece como principio el art. 131.

Si bien la ley mantiene el principio de la no compensación, faculta al empleador a retener y consignar judicialmente hasta un 20% del importe de la remuneración bruta del trabajador, en el caso de que éste hubiera causado daños graves e intencionales en el establecimiento del empleador.

La posibilidad de retener está condicionada a que el empleador inicie la correspondiente acción de responsabilidad dentro de los noventa días. Si en el plazo fijado el empleador no promueve la pertinente acción, ésta caduca debiendo cesar la retención y restituir el empleador al trabajador los salarios retenidos con sus respectivos intereses.

Art. 132 bis. [Retenciones indebidas] – Si el empleador hubiere retenido aportes del trabajador con destino a los organismos de la seguridad social, o cuotas, aportes periódicos o contribuciones a que estuviesen obligados los trabajadores en virtud de normas legales o provenientes de las convenciones colectivas de trabajo, o que resulten de su carácter de afiliados a asociaciones profesionales de trabajadores con personería gremial, o de miembros de sociedades mutuales o cooperativas, o por servicios y demás prestaciones que otorguen dichas entidades, y al momento de producirse la extinción del contrato de trabajo por cualquier causa no hubiere ingresado total o parcialmente esos importes a favor de los organismos, entidades o instituciones a los que estuvieren destinados, deberá a partir de ese momento pagar al trabajador afectado una sanción conminatoria mensual equivalente a la remuneración que se devengaba mensualmente a favor de este último al momento de operarse la extinción del contrato de trabajo, importe que se devengará con igual periodicidad a la del salario hasta que el empleador acreditare de modo fehaciente haber hecho efectivo el ingreso de los fondos retenidos. La imposición de la sanción conminatoria prevista en este artículo no enerva la aplicación de las penas que procedieren en la hipótesis de que hubiere quedado configurado un delito del derecho penal. [Artículo agregado por ley 25.345, art. 43]

CONCORDANCIAS: LCT, arts. 103 a 110, 113, 114, 128 y 132; Cód. Civil, art. 622; Cód. Penal, art. 173; ley 19.032, art. 8°; ley 23.660, arts. 16 y 19; ley 24.241, arts. 6° y 7°; ley 24.769, art. 9°; decr. regl. 146/01.

§ 1. Sanciones conminatorias por retención indebida. – El artículo comentado, agregado por el art. 43 de la ley 25.345, llamada "ley antievasión", ha instituido una sanción conminatoria mensual a favor del trabajador afectado cuyo empleador no hubiera ingresado total o parcialmente los aportes retenidos a él con destino a los organismos de la seguridad social, o cuotas, aportes periódicos o contribuciones a que estuviesen obligados los trabajadores en virtud de normas legales o convenciones colectivas de trabajo, o que resulten de su carácter de afiliados a asociaciones profesionales de trabajadores con personería gremial, o de miembros de sociedades mutuales o cooperativas, o por servicios y demás prestaciones que otorguen dichas entidades.

La ley 25.345 fue publicada el 17 de noviembre de 2000 y, al no establecer una fecha determinada para su entrada en vigencia, comenzó a regir el 26 de noviembre de ese año (art. 2º, Cód. Civil).

La sanción que determina la norma tiene como hechos antecedentes: *a*) un acto, que consistiría en la retención por parte del empleador de los aportes a que se refiere la norma; *b*) una omisión, es decir, la de ingresar en tiempo propio total o parcialmente los mencionados aportes; *c*) el momento en que se aprecia la omisión, la cual debe existir al tiempo de la extinción del contrato de trabajo, y *d*) los aportes, que deben ser los taxativamente enumerados por la ley.

Si faltasen algunos de los hechos antecedentes enunciados, la sanción no es aplicable.

Jurisprudencia

1. *Trabajo "en negro".* *a*) Cuando se trata de una relación "en negro", donde no se efectúan aportes ni contribuciones, ni se registra la relación, no existe retención alguna que torne aplicable la reparación contenida en el art. 132 *bis* de la LCT, salvo que se invoque y demuestre que, no obstante la falta de registración, el patrono retenía algún aporte o cuota del dependiente (CNTrab, Sala X, 27/6/02, *DT*, 2002-B-1978, íd., íd., 28/10/02, *DT*, 2003-A-566).

b) Si no se acreditó que la demandada haya incurrido en la retención de aportes referida en el art. 132 *bis* de la LCT, no corresponde habilitar el reclamo fundado en dicha norma, aun cuando se demuestre que las remuneraciones fueron abonadas en forma extraoficial (CNTrab, Sala III, 7/11/02, *DT*, 2003-A-224, *TSS*, 2003-644).

c) La multa establecida en el art. 132 *bis* de la LCT se encuentra dirigida a sancionar la falta de ingreso a los organismos de la seguridad social de los aportes y contribuciones, por lo que no es aplicable tratándose de empleo clandestino, donde no hay ninguna retención por parte del empleador (CNTrab, Sala II, 30/11/01, *TSS*, 2003-634).

d) En los casos de trabajo en negro no es aplicable la sanción del art. 43 de la ley 25.345 porque el empleador no retiene los aportes de los trabajadores, sino que directamente los mantiene fuera del sistema (CNTrab, Sala VI, 19/2/03, *TSS*, 2003-649).

2. *Prueba de la retención.* No procede la sanción del art. 43 de la ley 25.345 si no se probó efectivamente que el empleador retuvo parte del salario del trabajador y ni siquiera se invocó el hecho en la demanda y mucho menos en qué porcentaje (CNTrab, Sala X, 30/4/02, *TSS*, 2003-660).

§ 2. **Enumeración de los aportes.** – Los aportes retenidos y no ingresados en tiempo oportuno por el empleador son los taxativamente enumerados por la norma, enumeración que coincide básicamente con los conceptos a que se refieren los incs. *b* y *c* del art. 132 de la LCT, aunque la mención del artículo en comentario omite las "obligaciones fiscales" y, en cambio, sustituye la de "retención de aportes jubilatorios" por la más amplia de "aportes del trabajador con destino a los organismos de la seguridad social", con lo que comprende no sólo los aportes al SIJP sino además los que corresponde efectuar a las obras sociales (arts. 16, inc. *b*, y 19, ley 23.660) y al INSSJP (art. 8º, inc. *d*, ley 19.032).

La enumeración es taxativa y dado que las disposiciones que establecen penas o gravámenes son de interpretación restrictiva, no cabe una inteligencia analógica o extensiva de la norma.

La omisión de ingreso de los aportes retenidos debe existir "al momento de producirse la extinción del contrato de trabajo por cualquier causa", por lo que si el empleador hubiese ingresado los aportes –aunque con retardo– antes de perfeccionarse la extinción, la sanción prevista no tiene lugar.

§ 3. **Causales de extinción.** – Como lo expresa la norma, la extinción del contrato de trabajo puede producirse por cualquier causa, lo que incluye la renuncia, sea expresa (art. 240, LCT) o tácita (art. 58), el despido directo como indirecto, y con o sin invocación de justa causa (art. 242) o por fuerza mayor o falta o disminución de trabajo no imputable al empleador (art. 247, LCT, y art. 10, ley 25.013), la muerte del trabajador, la muerte del empleador en los casos en que ella trae aparejada la extinción de la relación de trabajo (art. 249), la extinción por quiebra (art. 251, LCT, y art. 196, LCQ), la extinción anticipada o por vencimiento del plazo del contrato a plazo fijo (arts. 95 y 250, LCT), el abandono de trabajo (art. 241), la extinción por voluntad concurrente de las partes (art. 241, párrs. 1º y 2º) y el abandono de la relación por comportamiento concluyente y recíproco de ambas partes (art. 241, párr. último).

De todas las formas de extinción del contrato de trabajo, las que mayores dificultades pueden acarrear son seguramente la renuncia tácita (art. 58, LCT) y el abandono de la relación por comportamiento concluyente y recíproco de ambas partes (art. 241, párr. último, LCT), por la falta de precisión que puede presentarse, en algunos casos, en cuanto a la fecha de su perfeccionamiento frente a un ingreso de los aportes por parte del empleador.

En cuanto a la extinción del contrato de trabajo por muerte del trabajador, el importe de la sanción le pertenece a sus herederos (arts. 3279, 3280, 3410, 3545, 3606 y 3607, Cód. Civil).

§ 4. **Intimación previa.** – La norma comentada no prevé una intimación previa del trabajador al empleador para generar el derecho a percibir las sanciones conminatorias. Sin embargo, el art. 1º del decr. regl. 146/01 ha introducido dicho requisito para su procedencia. La norma reglamentaria ha determinado que para que sea procedente la sanción conminatoria, el trabajador deberá intimar previamente al empleador para que, dentro del término de treinta días corridos a partir de la recepción de la intimación fehaciente, ingrese los aportes adeudados, más los intereses y multas que pudieren corresponder, a los respectivos organismos recaudadores.

Una vez configurados los hechos antecedentes, el empleador de manera automática, sin necesidad de interpelación alguna, es pasible de la aplicación de la sanción conminatoria a favor del trabajador afectado, que consiste en un importe mensual equivalente a la remuneración que éste devengaba mensualmente al momento de operarse la extinción del contrato de trabajo.

JURISPRUDENCIA

    1. *Falta de intimación.* No cumplido el requisito de intimación fehaciente exigido por el art. 43 de la ley 25.345, no procede establecer la sanción conminatoria prevista en dicha norma (CNTrab, Sala I, 20/3/03, *TSS*, 2003-513).

§ 5. **Remuneración.** – El concepto de remuneración es el que fija el art. 103 de la LCT y se complementa con lo dispuesto por los arts. 104, 105, párr. 1º, 106 a 110, 113 y 114 del mismo cuerpo legal, excluyéndose los conceptos enumerados por el art. 7º de la ley 24.241, las prestaciones de la seguridad social, los beneficios sociales del art. 103 *bis*, las prestaciones complementarias no remunerativas enumeradas en los incisos *a*, *b*, *c* y *d* del art. 105 y las asignaciones en dinero no remunerativas del art. 223 *bis* de esta misma ley. El art. 1º del decr. regl. 146/01 aclara debidamente que las remuneraciones en especie deben ser cuantificadas en dinero.

A los efectos de la determinación de la sanción, el artículo establece el cómputo mensual de la remuneración, aunque ésta se hubiera fijado o pagado contractualmente según otras pautas temporales (horaria, diaria, semanal o quincenal).

La norma determina que el importe de la sanción se devengará con igual periodicidad a la del salario, pero al establecer que la sanción conminatoria es "mensual" y equivalente a la remuneración "que se devengaba mensualmente", debe entenderse que el pago de la sanción debe hacerse con esa periodicidad, lo que es relevante para determinar cuándo se produce la mora en el pago, que es después de cuatro días hábiles de vencido el período mensual respectivo (art. 128, LCT), fecha en que comienza el curso de los intereses (art. 622, Cód. Civil).

El importe de la sanción es *equivalente* a la remuneración pero *no es remuneración*, en tanto no es contraprestación de trabajo o retribución de la actividad personal del trabajador (art. 103, LCT, y art. 6°, ley 24.241), por lo cual no está sujeta al pago de aportes y contribuciones de la seguridad social.

La conducta del empleador pudo haber configurado la acción típica prevista por el art. 9° de la ley 24.769 (apropiación indebida de recursos de la seguridad social), respecto de los aportes retenidos al trabajador con destino a los organismos de la seguridad social, y por el art. 173, inc. 2°, del Cód. Penal, con relación a las otras cuotas, aportes periódicos o contribuciones retenidos y no ingresados. La última parte del artículo comentado aclara que la aplicación de la sanción conminatoria no enerva la condena penal por el delito cometido.

Art. 133. [PORCENTAJE MÁXIMO DE RETENCIÓN. CONFORMIDAD DEL TRABAJADOR. AUTORIZACIÓN ADMINISTRATIVA] Salvo lo dispuesto en el art. 130 de esta ley, en el caso de adelanto de remuneraciones, la deducción, retención o compensación no podrá insumir en conjunto más del 20% del monto total de la remuneración en dinero que tenga que percibir el trabajador en el momento en que se practique.

Las mismas podrán consistir además, siempre dentro de dicha proporción, en sumas fijas y previamente determinadas. En ningún caso podrán efectuarse las deducciones, retenciones o compensaciones a las que hace referencia el art. 132 de esta ley sin el consentimiento expreso del trabajador, salvo aquellas que provengan del cumplimiento de las leyes, estatutos profesionales o convenciones colectivas de trabajo.

Las deducciones, retenciones o compensaciones, en todos los restantes casos, requerirán además la previa autorización del organismo competente, exigencias ambas que deberán reunirse en cada caso particular, aunque la autorización puede ser conferida, con carácter general, a un empleador o grupo de empleadores, a efectos de su utilización respecto de la totalidad de su personal y mientras no le fuese revocada por la misma autoridad que la concediera.

La autoridad de aplicación podrá establecer, por resolución fundada, un límite porcentual distinto para las deducciones, retenciones o compensaciones cuando la situación particular lo requiera.

CONCORDANCIAS: LCT, arts. 12, 74, 79, 103, 105, 107, 114, 120, 124, 130 a 132, 135, 147 y 193.

§ 1. **Porcentaje máximo de deducción.** – La ley establece como porcentaje máximo de deducción, retención o compensación, el 20% del monto total de la remuneración en dinero que debe percibir el trabajador, dejando a salvo los adelantos de remuneraciones autorizados por el art. 130 de la LCT que, en casos ordinarios, pueden llegar hasta un 50% de las remuneraciones y en casos de gravedad y urgencia, aun más.

El artículo, en su párrafo último, habilita a la autoridad de aplicación para establecer, por resolución fundada, un límite porcentual distinto, cuando lo requiera la situación particular.

JURISPRUDENCIA

1. *Adelantos de remuneraciones.* El art. 133 de la LCT establece como porcentaje máximo de deducción, retención o compensación, el 20% del monto total de la remuneración en dinero que debe percibir el trabajador, dejando expresamente a salvo los adelantos de salarios autorizados por el art. 130 que, en casos ordinarios, pueden llegar hasta un 50% de las remuneraciones y en casos de gravedad o urgencia a uno mayor (en el caso, el trabajador sostuvo que la suma descontada por el empleador afectó el límite impuesto por el art. 133 de la LCT) (CNTrab, Sala VIII, 12/11/02, *DT*, 2003-A-564).

§ 2. **Retención de sumas fijas y predeterminadas.** – Las deducciones, retenciones y compensaciones admitidas pueden consistir en sumas fijas y previamente determinadas en tanto no se supere el porcentaje máximo de deducción del 20% autorizado por la ley.

§ 3. Consentimiento expreso del trabajador. – Las deducciones, retenciones o compensaciones autorizadas por el art. 132 de la LCT suponen el consentimiento expreso del trabajador, sin el cual no pueden ser legalmente realizadas. Sin embargo, el consentimiento del trabajador no es requerido cuando la retención es dispuesta por mandato de la ley, los estatutos profesionales o convenciones colectivas de trabajo.

§ 4. Autorización administrativa. – Cuando la deducción, retención o compensación no es dispuesta por la ley, estatuto profesional o convención colectiva de trabajo, para que sea admisible en cada caso particular requerirá, además del consentimiento del trabajador, la previa autorización del organismo administrativo competente.

La autorización administrativa puede ser conferida, sin embargo, con carácter general a un empleador o grupo de empleadores a efectos de su utilización respecto de la totalidad de su personal. La misma autoridad que la concedió puede asimismo revocarla cuando cesaren los motivos que justificaron la autorización anterior.

§ 5. Autorización de un límite porcentual mayor. – El párrafo último del artículo en comentario habilita a la autoridad de aplicación para establecer, por resolución fundada, un límite porcentual *distinto* (obviamente mayor) para las deducciones, retenciones o compensaciones cuando la situación particular lo requiera.

Así lo hizo, en su momento, el entonces Ministerio de Trabajo y Seguridad Social, con relación a la retención que dispuso la Dirección General Impositiva para la percepción del ahorro obligatorio creado por la ley 23.549, fijando los siguientes porcentuales máximos: para abril de 1988, 35%; para mayo y junio del mismo año, 30%; y a partir de julio de 1988, 25% de la remuneración total (res. MTSS 339/88).

Art. 134. [Otros recaudos. Control] – Además de los recaudos previstos en el art. 133 de esta ley, para que proceda la deducción, retención o compensación en los casos de los incs. *d, g, h* e *i* del art. 132 se requerirá el cumplimiento de las siguientes condiciones:

a) Que el precio de las mercaderías no sea superior al corriente en plaza.

b) Que el empleador o vendedor, según los casos, haya acordado sobre los precios una bonificación razonable al trabajador adquirente.

c) Que la venta haya existido en realidad y no encubra una maniobra dirigida a disminuir el monto de la remuneración del trabajador.

d) Que no haya mediado exigencia de parte del empleador para la adquisición de tales mercaderías.

La autoridad de aplicación está facultada para implantar los instrumentos de control apropiados, que serán obligatorios para el empleador.

Concordancias: LCT, arts. 14, 62, 63, 74, 103, 105, 107, 114, 120, 124, 130 a 133 y 147.

§ 1. **Resguardo del trabajador.** – Los recaudos exigidos por el artículo comentado están dirigidos a extremar los controles con el fin de impedir abusos en perjuicio del trabajador, protegiendo la integridad de su remuneración en los casos de adquisición o arrendamiento de viviendas, compras de mercaderías y de acciones de la empresa en que presta servicios.

Art. 135. [Daños graves e intencionales. Caducidad] – Exceptúase de lo dispuesto en el art. 131 de esta ley el caso en que el trabajador hubiera causado daños graves e intencionales en los talleres, instrumentos o materiales de trabajo. Producido el daño, el empleador deberá consignar judicialmente el porcentaje de la remuneración prevista en el art. 133 de esta ley, a las resultas de las acciones que sean pertinentes. La acción de responsabilidad caducará a los noventa días.

Concordancias: LCT, arts. 62, 63, 74, 87, 103, 105, 107, 131, 133 y 259.

§ 1. **Daños causados por el trabajador.** – Ésta constituye otra hipótesis de excepción a la prohibición de retener parte del salario que establece como principio el art. 131 de la LCT.

Si bien la ley mantiene el principio de la no compensación, faculta al empleador a retener y consignar judicialmente hasta un 20% del importe de la remuneración bruta del trabajador, en el caso de que éste hubiera causado daños graves e intencionales en el establecimiento del empleador.

La posibilidad de retener está condicionada a que el empleador inicie la correspondiente acción de responsabilidad dentro de los noventa días. Se trata de días hábiles y se cuentan a partir de la fecha en que se produjo el daño[1]. Si dentro del plazo fijado, el empleador no promueve la pertinente acción, ésta caduca debiendo cesar la retención y restituir el empleador al trabajador los salarios retenidos con sus respectivos intereses.

§ 2. **Caducidad.** – La caducidad de la acción de responsabilidad prevista por este artículo significa que el empleador, una vez vencido el plazo de noventa días, no podrá prevalerse más de la facultad de retener parte del salario del trabajador para afectarlo a la responsabilidad de éste, pero no por eso perderá su derecho a promover el pertinente juicio civil mientras la acción no prescriba según las reglas del derecho común.

Jurisprudencia

1. *Remuneraciones. Retención por parte del empleador.* Aun en la hipótesis de que el trabajador pueda ser considerado responsable de un daño patrimonial a los intereses empresarios, al empleador le está vedado hacerse justicia por mano propia y ejercer retención directa sobre los haberes del subordinado. Debe, por el contrario, respetar los lineamientos del art. 135 de la LCT, en cuanto a la demanda por consignación judicial ejercitada antes de que caduque la posibilidad de ejercer tal acción (CN Trab, Sala VI, 14/2/92, *DT*, 1993-B-1617).

Art. 136. [Contratistas e intermediarios] – Sin perjuicio de lo dispuesto en los arts. 29 y 30 de esta ley, los trabajadores contratados por contratistas o intermediarios tendrán derecho a exigir al empleador principal, solidario, para los cuales dichos contratistas o intermediarios presten servicios o ejecuten obras, que retengan, de lo que deben percibir

---

[1] De Diego, *La remuneración del trabajador*, p. 367.

éstos, y les haga pago del importe de lo adeudado en concepto de remuneraciones u otros derechos apreciables en dinero provenientes de la relación laboral.

El empleador principal solidario podrá, asimismo, retener de lo que deben percibir los contratistas o intermediarios, los importes que éstos adeudaren a los organismos de seguridad social con motivo de la relación laboral con los trabajadores contratados por dichos contratistas o intermediarios, que deberá depositar a la orden de los correspondientes organismos dentro de los quince días de retenidos. La retención procederá aunque los contratistas o intermediarios no adeudaren a los trabajadores importe alguno por los conceptos indicados en el párrafo anterior.

CONCORDANCIAS: LCT, arts. 29, 30, 62, 63, 74, 80, 103, 105, 107, 131 a 134 y 259.

§ 1. **Complemento de la solidaridad.** – El texto del artículo comentado constituye un complemento de la solidaridad impuesta por los arts. 29 y 30 de la LCT (a cuyos comentarios remitimos) al empresario principal y a sus contratistas y subcontratistas. En tal sentido configura un refuerzo de la garantía establecida a favor de los trabajadores[1].

Con esta norma se amplía el ámbito de protección del salario del trabajador, arbitrándose los medios para garantizar la efectiva percepción de los haberes cuando el empleador directo sea un contratista o intermediario que preste servicios o ejecute obras para un empleador principal[2].

§ 2. **Operatividad de la norma.** – La norma opera sin necesidad de promover actuaciones judiciales u otro tipo de gestión extrajudicial o intimatoria[3]. Sin embargo, se ha considerado necesario el conocimiento del reclamo (y del pago) por el contratista, pues se trata de un pago realizado por un tercero y ulteriormente ha de originarse la compensación de deudas y de créditos entre los distintos empresarios[4].

---

[1] LÓPEZ - CENTENO - FERNÁNDEZ MADRID, *Ley de contrato de trabajo*, t. I, p. 721.
[2] MEILIJ, *Contrato de trabajo*, t. II, p. 96.
[3] MEILIJ, *Contrato de trabajo*, t. II, p. 97.
[4] LÓPEZ - CENTENO - FERNÁNDEZ MADRID, *Ley de contrato de trabajo*, t. I, p. 721.

Art. 137. [Mora] – La mora en el pago de las remuneraciones se producirá por el solo vencimiento de los plazos señalados en el art. 128 de esta ley, y cuando el empleador deduzca, retenga o compense todo o parte del salario, contra las prescripciones de los arts. 131, 132 y 133.

CONCORDANCIAS: LCT, arts. 74, 126 a 129, 131 a 135; Cód. Civil, arts. 508 y 509.

§ 1. **Automaticidad.** – La mora en el pago de las remuneraciones es automática, es decir, se produce por el solo vencimiento de los plazos establecidos para su pago, sin necesidad de requerimiento alguno por parte del trabajador.

La solución del artículo comentado sigue los lineamientos del derecho común, de acuerdo a lo que prescribe el art. 509 del Cód. Civil, luego de la reforma introducida por la ley 17.711.

La mora automática significa que el acreedor trabajador queda habilitado para demandar judicialmente el cobro de la suma adeudada y comienza el curso de los intereses (art. 508, Cód. Civil).

Jurisprudencia

1. *Comienzo del curso de los intereses.* Habiendo mora en el pago de los créditos, los intereses corren desde el día de la exigibilidad de cada uno de dichos créditos (CNTrab, Sala V, 28/9/79, *DT*, 1980-9).

§ 2. **Mora automática e injuria.** – La mora automática en el pago de salarios no debe asimilarse mecánicamente a la injuria por falta de pago. Esta última (la injuria) constituye una inobservancia de las obligaciones resultantes del contrato de trabajo que "por su gravedad, no consienta la prosecución de la relación" (art. 242, LCT). Con fundamento en el principio de continuidad que rige la relación laboral, que tiende a preservar –en lo posible– el mantenimiento de la relación evitando su ruptura, sumado al principio de buena fe (art. 63, LCT), la doctrina y jurisprudencia, homogéneamente, han exigido una intimación previa del trabajador como paso anterior y necesario para decidir la ruptura contractual por falta de pago de salarios.

Art. 138. [Recibos y otros comprobantes de pago] Todo pago en concepto de salario u otra forma de remuneración deberá instrumentarse mediante recibo firmado por el trabajador, o en las condiciones del art. 59 de esta ley, si fuese el caso, los que deberán ajustarse en forma y contenido a las disposiciones siguientes.

CONCORDANCIAS: LCT, arts. 52, 53, 55, 59, 60, 74, 103 a 105, 107, 124, 125, 130, 139 a 146, 223 bis y 260.

§ 1. **Prueba de los pagos laborales.** – El pago de toda suma de dinero se instrumenta habitualmente por medio de un *recibo*, pero en el caso de los pagos laborales la ley rodea este documento de una serie de exigencias tendientes a otorgar certeza acerca de la individualización del empleador, la efectividad del pago, su monto y su fecha. A tal fin impone que los recibos laborales reúnan los requisitos que establece el art. 140 de la LCT.

§ 2. **Ausencia de recibo.** – A falta de recibo, el pago no podrá ser probado de otro modo, salvo confesión judicial[1].

JURISPRUDENCIA

1. *Prueba del pago de salarios.* a) Las únicas pruebas del pago de salarios son el recibo o la confesión del trabajador (CN Trab, Sala II, 6/2/97, *DT*, 1997-B-2514; íd., Sala VI, 20/3/95, *DT*, 1995-B-1410).

b) El recibo es la prueba por excelencia del pago de cualquier rubro salarial o indemnizatorio y en principio, excluyendo la confesión, el único medio para rebatir los reclamos formulados en tal sentido (CNTrab, Sala X, 28/4/99, *DT*, 1999-B-2293).

§ 3. **Recaudos para pagos en dinero.** – Los recaudos impuestos a los recibos de salarios sólo son exigibles para los pagos en dinero. En los restantes casos, la prueba del pago puede hacerse por cualquier medio, aunque la entrega de ciertas remuneraciones complementarias, como pagos en especie, puede instrumentarse también mediante recibos[2].

§ 4. **Pagos mediante cheques o acreditación en cuenta.** La ley habilita el pago de la remuneración mediante cheque a la orden del trabajador o mediante la acreditación en cuenta

---

[1] LÓPEZ - CENTENO - FERNÁNDEZ MADRID, *Ley de contrato de trabajo*, t. I, p. 723; RODRÍGUEZ MANCINI, en VAZQUEZ VIALARD (dir.), "Tratado", t. 4, p. 735.

[2] LÓPEZ - CENTENO - FERNÁNDEZ MADRID, *Ley de contrato de trabajo*, t. I, p. 723.

abierta a su nombre en entidad bancaria o en institución de ahorro oficial (art. 124, LCT), indicando además que la documentación obrante en el banco o la constancia que éste entregare al empleador constituirá prueba suficiente del hecho del pago (art. 125). No obstante la categórica enunciación del art. 125, se ha señalado que, aun en estos casos, debe obtenerse del dependiente el recibo con las especificaciones de su art. 140, con la indicación de que el importe ha sido pagado con cheque o mediante acreditación en cuenta[3].

§ 5. **Individualización mediante impresión digital.** – Si el trabajador no sabe o no puede firmar, puede obviarse la firma; en tal caso bastará la individualización mediante impresión digital, aunque la validez del acto dependerá de los restantes elementos de prueba que acrediten su efectiva realización (art. 59, LCT).

§ 6. **Firma en blanco.** – Contra lo dispuesto por el art. 1016 del Cód. Civil para los actos civiles, en la documentación laboral la firma no puede ser otorgada en blanco por el trabajador y, en consecuencia, éste puede oponerse al contenido del acto, demostrando que las declaraciones insertas en el documento no son reales (art. 60, LCT).

Los recibos firmados en blanco por el trabajador no extinguen las obligaciones en él mencionadas[4]. El trabajador puede probar en contra del contenido del acto por todos los medios de prueba previstos en el art. 1190 del Cód. Civil, no rigiendo la limitación para la prueba testimonial a que se refiere el art. 1017 del Cód. Civil[5]. Pero, más que los testimonios, han de pesar otros elementos como las constancias contables demostrativas del movimiento de fondos, la regularidad de la situación del empleador ante los organismos de la seguridad social, la forma de liquidar otras prestaciones que tienen como base el salario anteriormente pagado, etc.; todo lo cual –globalmente considerado– ha de permitir establecer la existencia de una situación de fraude y referirla a la validez del recibo cuestionado[6].

---

[3] López - Centeno - Fernández Madrid, *Ley de contrato de trabajo*, t. I, p. 706, Meilij, *Contrato de trabajo*, t. II, p. 75.

[4] Meilij, *Contrato de trabajo*, t. II, p. 106.

[5] López - Centeno - Fernández Madrid, *Ley de contrato de trabajo*, t. I, p. 724 y 725.

[6] López - Centeno - Fernández Madrid, *Ley de contrato de trabajo*, t. I, p. 725.

§ 7. Iniciales del trabajador.

El art. 1012 del Cód. Civil dispone: *"La firma de las partes es una condición esencial para la existencia de todo acto bajo forma privada. Ella no puede ser reemplazada por signos ni por las iniciales de los nombres o apellidos"*.

En consecuencia, el recibo de salarios firmado mediante iniciales carece de eficacia para probar ese pago, salvo que medie el reconocimiento voluntario que menciona el art. 1014 del Cód. Civil[7].

§ 8. Aplicabilidad a otros pagos laborales.

Las normas sobre pago de remuneraciones son aplicables a las indemnizaciones, vacaciones, licencias pagas, a los beneficios sociales del art. 103 *bis*, las prestaciones complementarias no remuneratorias del art. 105, las asignaciones en dinero del art. 223 *bis* y a las prestaciones de la seguridad social como son las asignaciones familiares, ya que todos son pagos que se reciben "con motivo del contrato de trabajo" (arts. 141 y 149, LCT).

Art. 139. [DOBLE EJEMPLAR] – El recibo será confeccionado por el empleador en doble ejemplar, debiendo hacer entrega del duplicado al trabajador.

CONCORDANCIAS: LCT, arts. 52, 53, 55, 59 a 61, 74, 103 a 105, 107, 124 a 136, 138, 141 a 146, 223 *bis* y 260.

§ 1. Exigencia del doble ejemplar.

El artículo comentado impone al empleador una doble obligación: confeccionar el recibo en doble ejemplar, y entregar el duplicado al trabajador.

El recibo de pago de remuneraciones debe reunir las especificaciones detalladas en el art. 140 de la LCT. La obligación de entrega del duplicado cumple la finalidad de permitir al trabajador la verificación de la correcta individualización de su empleador, la exactitud de la calificación profesional asignada y de la fecha de ingreso atribuida, del monto de su remuneración, así como los distintos rubros que lo integran, de la procedencia de las deducciones realizadas y de las otras constancias que debe contener.

---

[7] MEILIJ, *Contrato de trabajo*, t. II, p. 105; RODRÍGUEZ MANCINI, en VAZQUEZ VIALARD (dir.), "Tratado", t. 4, p. 736.

Por otra parte, la posesión del duplicado del recibo permitirá al trabajador una mayor facilidad en la prueba de todas las enunciaciones y circunstancias que deben constar en el documento.

Art. 140. [Contenido necesario] – El recibo de pago deberá necesariamente contener, como mínimo, las siguientes enunciaciones:

a) Nombre íntegro o razón social del empleador, su domicilio y su clave única de identificación tributaria (CUIT). [Modificado por ley 24.692, art. 1º]

b) Nombre y apellido del trabajador, su calificación profesional y su código único de identificación laboral (CUIL). [Modificado por ley 24.692, art. 1º]

c) Todo tipo de remuneración que perciba, con indicación sustancial de su determinación. Si se tratase de porcentajes o comisiones de venta, se indicarán los importes totales de estas últimas y porcentaje o comisión asignada al trabajador.

d) Los requisitos del art. 12 del decr. ley 17.250/67.

e) Total bruto de la remuneración básica o fija y porcentual devengado y tiempo que corresponda. En los trabajadores remunerados a jornal o por hora, número de jornadas u horas trabajadas, si se tratase de remuneración por pieza o medida, número de éstas, importe por unidad adoptado y monto global correspondiente al plazo liquidado.

f) Importe de las deducciones que se efectúan por aportes jubilatorios y otras autorizadas por esta ley; embargos y demás descuentos que legalmente correspondan.

g) Importe neto percibido, expresado en números y letras.

h) Constancia de la recepción del duplicado por el trabajador.

i) Lugar y fecha que deberán corresponder al pago real y efectivo de la remuneración al trabajador.

j) En el caso de los arts. 124 y 129 de esta ley, firma y sello de los funcionarios o agentes dependientes de la autoridad y supervisión de los pagos.

k) Fecha de ingreso y tarea cumplida o categoría en que efectivamente se desempeñó durante el período de pago.

Concordancias: LCT, arts. 74, 103 a 105, 107, 124 a 136, 138, 139, 142 a 144, 146 y 149.

§ 1. **Contenido mínimo.** – Este artículo impone al empleador confeccionar el recibo de pago incluyendo en él *como mínimo* diversas enunciaciones que constituyen su contenido necesario. Sin embargo, la falta de alguna de estas especificaciones no afecta automáticamente su validez probatoria, que queda sujeta a la apreciación judicial (art. 142, LCT).

La ley impone las enunciaciones enumeradas en el artículo como contenido *mínimo*, lo que supone que el recibo podrá contener otras especificaciones adicionales que guarden atingencia con datos relativos al contrato de trabajo y otorguen mayor información a las partes y, consiguientemente, mayor transparencia a la relación.

§ 2. **Finalidad perseguida por la norma.** – La exigencia de la cantidad de recaudos que impone la norma para los recibos de pago, tiende a concretar distintas finalidades. Las principales son las siguientes:

a) Permite dar certeza sobre la identidad de los sujetos del contrato, sobre la fecha de ingreso, la calificación del trabajador y sobre el hecho mismo del pago (lugar, fecha, monto).

b) Facilita el conocimiento de la composición de los distintos rubros de la remuneración (adicionales, premios, comisiones, etc.), clarificando la situación de las partes y evitando posibles conflictos.

c) Posibilita la fiscalización por parte de los organismos laborales y de la seguridad social.

d) Facilita la prueba de la remuneración, de la relación laboral misma y de otros distintos aspectos de ella (ingreso, categoría profesional, actividad).

Art. 140

§ 3. Distintas enunciaciones. – A continuación comentaremos las distintas enunciaciones que constituyen el contenido mínimo y necesario de los recibos de pago.

a) *Identificación de empleador y trabajador.* Las menciones que hace el artículo, en los incs. *a* y *b*, de la CUIT y el CUIL fueron agregadas por ley 24.692 y cumplen el objetivo de facilitar la identificación de empleador y trabajador, especialmente a los efectos del cumplimiento de las obligaciones de la seguridad social.

La inclusión del nombre íntegro o razón social del empleador (inc. *a*) permite al trabajador tener certeza sobre quién se atribuye la condición del empleador, lo que resulta sustancial en situaciones complejas en que existe entrecruzamiento de diversas empresas relacionadas, contratistas, subcontratistas, intermediarios, grupos económicos, pluralidad de empleadores, etc., lo que puede dar lugar a situaciones de fraude laboral.

En el caso del trabajador que se desempeña para una empresa de servicios eventuales, el recibo debe identificar a ésta como su empleadora y no a la empresa usuaria, beneficiaria de sus servicios.

b) *Calificación profesional del trabajador.* El inc. *b* impone la inclusión en el recibo de la calificación profesional del trabajador. En rigor, debió decir *calificación contractual*, porque las tareas para las que es contratado un trabajador no siempre coinciden con su calificación profesional (p.ej., contador que ha sido contratado como empleado administrativo).

Además, la determinación de la calificación o categoría profesional, para un trabajador comprendido en un convenio colectivo de trabajo, permite verificar si se ha respetado el salario mínimo profesional establecido para esa categoría en el convenio aplicable.

El inc. *k* del artículo determina que debe incluirse también en el recibo la "tarea cumplida o categoría en que efectivamente se desempeñó durante el período de pago". La aparente superposición entre las especificaciones de los incs. *b* y *k* se resuelve en el sentido de que el inc. *b* se refiere a la categoría y tareas desempeñadas de manera permanente en la empresa, aludiendo el inc. *k* a aquellas asignadas transitoriamente al trabajador y que corresponden al período de pago y en el que puede haber variado también la remuneración fijada (p.ej., trabajador destinado transitoriamente a cumplir tareas superiores –art. 78, LCT–).

c) *Domicilio del empleador.* El artículo no impone consignar en el recibo el lugar de trabajo que no siempre coincide con el domicilio del empleador.

Al domicilio del empleador consignado en los recibos, el trabajador debe remitir todas las comunicaciones que necesite realizar tanto en los distintos momentos del desarrollo de la relación laboral como al tiempo de su extinción.

Es a ese domicilio real adonde deben cursarse las eventuales notificaciones judiciales dirigidas al empleador (notificación de una demanda del trabajador, de audiencias, etcétera).

d) *Tipo de remuneraciones y su determinación.* La inclusión de los tipos de remuneraciones percibidas y los datos sobre su determinación, permiten dar certeza a este elemento sustancial de la relación, verificar al trabajador la corrección de su liquidación, otorgar mayor transparencia a la vinculación y evitar conflictos.

e) *Datos sobre aportes jubilatorios.* El inc. *d* del artículo comentado impone incluir en el recibo los requisitos del art. 12 del decr. ley 17.250/67. Esta disposición obliga a extender los recibos de pago de remuneraciones "indicando la fecha en que se efectuó el último depósito de las contribuciones y de los aportes retenidos en el período inmediatamente anterior, con expresión del lapso a que corresponde el depósito y el banco en que se efectuó".

La norma tiende a facilitar la labor de fiscalización de la agencia de recaudación de la seguridad social al tiempo que permite al trabajador efectuar un control personal sobre la efectiva retención y depósito de sus aportes jubilatorios, en concordancia con el deber contractual impuesto al empleador por el art. 80 de la LCT.

f) *Total bruto de la remuneración y detalle de su composición.* Las especificaciones exigidas por el inc. *e* tienden a permitir una mayor claridad respecto del procedimiento de liquidación de los distintos tipos de remuneraciones, posibilitar la verificación del trabajador a fin de determinar su corrección y dar lugar a la rectificación de eventuales errores.

g) *Deducciones legales.* La inclusión en el inc. *f* de los datos sobre el monto de conceptos de las diversas deducciones autorizadas por el art. 132 de la LCT y otras disposiciones legales, permite al trabajador efectuar un control sobre su procedencia y corrección.

h) *Importe neto percibido.* El concepto incluido en el inc. g corresponde a lo que se llama "salario de bolsillo". Permite al trabajador verificar la coincidencia entre lo consignado como tal en el recibo y lo efectivamente percibido.

i) *Recepción del duplicado.* El inc. *h* impone como recaudo la constancia de la recepción del duplicado del recibo. El art. 139 de la LCT determina la obligación del empleador de confeccionar el recibo en doble ejemplar y entregar el duplicado al trabajador. La firma del trabajador en el recibo original en el que se incluye el requisito del inc. *h*, implica la constancia de la recepción del duplicado por parte del dependiente.

j) *Lugar y fecha del pago.* Las especificaciones del inc. *i* tienden a permitir verificar si el lugar y fecha del pago responden a las exigencias legales (arts. 126, 128 y 129, LCT).

k) *Firma de los funcionarios de control.* Los funcionarios de la administración laboral pueden ejercitar –en ciertas circunstancias especificadas por los arts. 124 y 129 de la LCT– funciones de control y supervisión de los pagos. Cuando ello ocurra, según el inc. *j* de este artículo, los funcionarios intervinientes deben firmar y sellar los recibos pertinentes.

l) *Fecha de ingreso.* El inc. *k* impone entre las determinaciones que debe contener el recibo la de la fecha de ingreso. Permite verificar al trabajador si ha sido correctamente consignada, dado que muchos derechos que le corresponden (tanto laborales como de seguridad social) se conceden en función de su antigüedad.

Por lo demás, el haber consignado el empleador una fecha de ingreso posterior a la real habilita al trabajador para poner en movimiento el mecanismo de regularización del empleo no registrado previsto en la LE, intimando al empleador para que establezca la fecha real de ingreso (art. 11), bajo apercibimiento de verificarse las consecuencias jurídicas previstas en la ley (arts. 9° y 15), si no cumpliera la intimación dentro de los treinta días.

m) *Categoría efectivamente desempeñada.* El inc. *k* del artículo determina que debe incluirse también en el recibo la "tarea cumplida o categoría en que efectivamente se desempeñó durante el período de pago". Como ya se señaló al comentar el inc. *b*, la aparente superposición entre las especificaciones de los incs. *b* y *k* se resuelve en el sentido de que el inc. *b* se refiere a la categoría y tareas desempeñadas por el trabajador de manera permanente en la empresa, aludiendo el inc. *k* a aquellas asignadas transitoriamente y que corresponden al período de pago y en el que puede haber variado también la remuneración asignada.

§ 4. **Enunciación omitida.** – Ni el art. 139 ni este artículo dicen que el recibo debe ser firmado por el trabajador, pero la firma es condición esencial en todos los actos extendidos en forma privada, con motivo del contrato de trabajo (art. 59, LCT, concordante con lo dispuesto por el art. 1012, Cód. Civil).

La ley tampoco dice que el recibo debe ser firmado por el empleador, pero parece obvio que debe ser autenticado por éste para que pueda cumplir su finalidad de dar certeza al pago y de otorgar al trabajador un elemento probatorio del hecho del pago y de las demás circunstancias que se detallan en el mismo instrumento[1].

Art. 141. [Recibos separados] – El importe de remuneraciones por vacaciones, licencias pagas, asignaciones familiares y las que correspondan a indemnizaciones debidas al trabajador con motivo de la relación de trabajo o su extinción, podrá ser hecho constar en recibos por separado de los que correspondan a remuneraciones ordinarias, los que deberán reunir los mismos requisitos en cuanto a su forma y contenido que los previstos para éstos en cuanto sean pertinentes. En caso de optar el empleador por un recibo único o por la agrupación en un recibo de varios rubros, éstos deberán ser debidamente discriminados en conceptos y cantidades.

Concordancias: LCT, arts. 139, 140, 142 y 149.

§ 1. **Recibos por vacaciones, licencias pagas, asignaciones familiares e indemnizaciones.** – Esta disposición establece una opción para el empleador de pagar en recibos separados o en un único recibo que agrupe varios rubros (vacaciones, licencias pagas, asignaciones familiares, indemnizaciones), junto con las remuneraciones ordinarias, con la condición de que

[1] López - Centeno - Fernández Madrid, *Ley de contrato de trabajo*, t. I, p. 727.

los distintos rubros sean debidamente discriminados en conceptos y cantidades para que se pueda apreciar claramente si han sido correctamente liquidados.

En la práctica se abonan juntamente con el salario las prestaciones de pago mensual, como las asignaciones familiares, y suelen pagarse por separado las vacaciones, el sueldo anual complementario y las indemnizaciones[1].

Art. 142. [Validez probatoria] – Los jueces apreciarán la eficacia probatoria de los recibos de pago, por cualquiera de los conceptos referidos en los arts. 140 y 141 de esta ley, que no reúnan algunos de los requisitos consignados, o cuyas menciones no guarden debida correlación con la documentación laboral, previsional, comercial y tributaria.

Concordancias: LCT, arts. 53, 54, 138, 140, 141, 143 y 144.

§ 1. **Apreciación judicial de los recibos de pago.** – El art. 156 del texto original de la LCT determinaba que el recibo de pago que no reuniera algunos de los requisitos exigidos por la ley carecía de eficacia probatoria para acreditar el pago total o parcial. La aplicación de la norma generó dificultades y conflictos interpretativos, puesto que, en numerosos casos, la omisión de un requisito no esencial para la resolución de la controversia, traía aparejada, sin embargo, la pérdida de eficacia probatoria del recibo, cuando era evidente que el pago se había efectivamente realizado.

Por otra parte, la jurisprudencia interpretativa trató de mitigar la rigidez de la solución legal distinguiendo requisitos que se consideraban esenciales de otros que no lo eran. Finalmente, la ley 21.297 sustituyó el art. 156 por el texto que lleva el número 142.

§ 2. **Fundamentos.** – La solución legal desdeña parámetros legales rígidos y abstractos y remite a la apreciación de los jueces, quienes, para otorgar o no eficacia probatoria a los recibos de pago en relación con una controversia concreta, habrán de ponderar las circunstancias particulares de la cuestión debatida en cada causa, los datos consignados en el reci-

---

[1] López - Centeno - Fernández Madrid, *Ley de contrato de trabajo*, t. I, p. 729.

bo, los datos omitidos y su correlación con otra documentación laboral, previsional, comercial y tributaria llevada por el empleador.

Jurisprudencia

    1. *Recibos. Correlación con otra documentación.* Si bien es cierto que conforme lo dispone el art. 138 de la LCT, el recibo firmado por el trabajador es el único medio idóneo para instrumentar los pagos realizados a éste, también lo es que, según el art. 142 de la misma normativa, los jueces se hallan facultados para apreciar la eficacia probatoria de aquellos recibos que contengan menciones que no guarden debida correlación con la documentación laboral, previsional, comercial y tributaria. Esto permite al juzgador privar de eficacia cancelatoria al recibo sólo cuando su examen, en correlación con otros elementos, cree dudas acerca de la realidad del pago o traduzca una maniobra fraudulenta en perjuicio del trabajador (CNTrab, Sala III, 25/6/97, *DT*, 1998-A-1263).

    2. *Firma reconocida. Falta de requisitos legales.* No obstante la firma reconocida por el trabajador, si el recibo no reúne los requisitos fijados por el art. 139 y ss. de la LCT, cabe declararlo insuficiente para tener por cancelado el crédito a que se refiere (CNTrab, Sala II, 30/12/91, *DT*, 1992-A-438).

Art. 143. [Conservación. Plazo] – El empleador deberá conservar los recibos y otras constancias de pago durante todo el plazo correspondiente a la prescripción liberatoria del beneficio de que se trate.

El pago hecho por un último o ulteriores períodos no hace presumir el pago de los anteriores.

Concordancias: LCT, arts. 52, 139, 140, 142, 149 y 256; Cód. de Comercio, arts. 43 y 67.

§ 1. **Plazo de conservación de los recibos.** – El artículo delimita cuál es el plazo por el que el empleador deberá conservar los recibos, asimilándolo al plazo de prescripción liberatoria del beneficio de que se trate. Este plazo, según el art. 256 de la LCT, es de dos años, tiene carácter de orden público y no puede ser modificado por convenciones individuales o colectivas. Transcurrido ese plazo prescriben "las acciones relativas a créditos provenientes de las relaciones individuales de trabajo y, en general, de disposiciones de convenios colectivos, laudos con eficacia de convenios colectivos y disposiciones legales o reglamentarias del derecho del trabajo".

El plazo fijado legalmente parece estrecho si se tiene en cuenta que en razón del prolongado tiempo que insumen los procedimientos judiciales, llegada la etapa de la producción de la prueba, documentos relevantes para la resolución de la causa pudieron haber sido ya destruidos, en razón de haber transcurrido el lapso legal en que se mantiene la obligación de conservarlos.

Por otra parte, se ha señalado con acierto que en el ámbito del derecho comercial las constancias de los libros se complementan con la documentación respectiva (art. 43, Cód. de Comercio), que debe ser conservada durante diez años contados desde su fecha (art. 67, Cód. de Comercio), por lo que, en definitiva, los recibos de pagos laborales, en la medida en que se reflejan en la contabilidad de la empresa, deben ser conservados por el lapso que fija la ley mercantil[1].

§ 2. **Prueba de cada período de pago.** – En el párrafo último de este artículo se sienta el principio de que cada recibo prueba el pago del período al que se refiere y que, en consecuencia, el pago hecho por un último período no hace presumir el pago de los anteriores.

En consecuencia, se trata de una directiva dirigida a los jueces, quienes no podrán invocar una presunción de tal tipo para dar por acreditado el pago de algún período por el cual no exista recibo.

Art. 144. [LIBROS Y REGISTROS. EXIGENCIA DEL RECIBO DE PAGO] – **La firma que se exigiera al trabajador en libros, planillas o documentos similares no excluye el otorgamiento de los recibos de pago con el contenido y formalidades previstas en esta ley.**

CONCORDANCIAS: LCT, arts. 52 a 54, 59 y 138 a 142.

§ 1. **Exigencia del recibo de pago.** – El artículo tiene el sentido de enfatizar el valor que la ley asigna al recibo como instrumento idóneo para acreditar el pago, no obstante la existencia de libros, planillas o documentos similares en los cuales se exigiera la firma del trabajador.

---

[1] LÓPEZ - CENTENO - FERNÁNDEZ MADRID, *Ley de contrato de trabajo*, t. I, p. 732.

Art. 145. [Renuncia. Nulidad] – El recibo no debe contener renuncia de ninguna especie, ni puede ser utilizado para instrumentar la extinción de la relación laboral o la alteración de la calificación profesional en perjuicio del trabajador. Toda mención que contravenga esta disposición será nula.

Concordancias: LCT, arts. 12, 13, 58, 61, 63, 240 y 241.

§ 1. **Prohibición de menciones extrañas.** – Este artículo atribuye al recibo una función específica: la de instrumentar los pagos laborales, para lo cual establece la prohibición de que cumpla otras funciones vinculadas con el desarrollo y extinción de la relación laboral. La norma veda introducir en el recibo toda mención extraña a la finalidad específica de instrumentar el pago. Y a título de ejemplo se refiere a su utilización para instrumentar la renuncia u otra forma de extinción de la relación laboral o la alteración de la calificación profesional del dependiente. Podrían mencionarse otras situaciones alcanzadas por la prohibición, como la de notificar sanciones mediante recibo o incluir menciones sobre los antecedentes disciplinarios del trabajador, etcétera.

La ley presume que, dado que el recibo ha de tener como requisito para su validez, la firma del trabajador, lo que supone la conformidad de éste con su contenido, ha de evitarse la inclusión de declaraciones extrañas al acto de instrumentación del pago, a fin de prevenir actos de fraude, sea que las declaraciones ajenas al objeto principal del acto hayan sido insertadas con anterioridad a la firma del documento, sea que fueren agregadas posteriormente, abusando de la firma del trabajador.

§ 2. **Nulidad.** – La última parte del artículo determina que "toda mención que contravenga esta disposición será nula". Esto significa que la inclusión de las declaraciones extrañas no acarrea la nulidad de todo el instrumento, sino sólo de las menciones ajenas que se deben tener por no escritas (art. 13, LCT, y art. 1039, Cód. Civil).

Art. 146. [Recibos y otros comprobantes de pago especiales] – La autoridad de aplicación, mediante resolución fundada, podrá establecer, en actividades determinadas, requisitos o modalidades que aseguren la validez probatoria de los recibos, la veracidad de sus enunciaciones, la intangibilidad de la remuneración y el más eficaz contralor de su pago.

CONCORDANCIAS: LCT, arts. 14, 59 a 61, 124, 138 a 142.

§ 1. **Facultades de la autoridad de aplicación.** – El artículo otorga a la autoridad de aplicación, que es el Ministerio de Trabajo y Seguridad Social de la Nación (art. 9°, ley 20.744 –actualmente, Ministerio de Trabajo, Empleo y Seguridad Social–), amplias facultades para variar los requisitos o modalidades de emisión de los recibos y para un más eficaz control del pago, *en actividades determinadas*. Esta facultad debe concordarse con la otorgada en el art. 124 de la LCT y tiene como finalidad la de permitir a la autoridad de aplicación adecuar los instrumentos de prevención del fraude en materia de pago de salarios, adaptándolos a las particularidades de cada actividad.

§ 2. **Resolución fundada.** – Para la actuación de las facultades otorgadas por la ley, se exige una *resolución fundada*, que –suscripta por el ministro del ramo– justifique ante los administrados el ejercicio por la autoridad, para la actividad determinada, de las facultades conferidas genéricamente por la ley.

Art. 147. [CUOTA DE EMBARGABILIDAD] – Las remuneraciones debidas a los trabajadores serán inembargables en la proporción resultante de la aplicación del art. 120, salvo por deudas alimentarias.

En lo que exceda de este monto, quedarán afectadas a embargo en la proporción que fije la reglamentación que dicte el Poder Ejecutivo nacional, con la salvedad de las cuotas por alimentos o litisexpensas, las que deberán ser fijadas dentro de los límites que permita la subsistencia del alimentante.

CONCORDANCIAS: LCT, arts. 103, 107, 120, 131 a 135; decr. 484/87.

§ 1. **Límites.** – El convenio 95 de la OIT, sobre la protección del salario, de 1949, ratificado por la República Argentina por decr. ley 11.594/56, determina que "el salario no podrá embargarse o cederse sino en la forma y dentro de los límites fijados por la legislación nacional" (art. 10, párr. 1°), agregando que "el salario deberá estar protegido contra su embargo o cesión en la proporción que se considere necesaria para garantizar el mantenimiento del trabajador y de su familia" (art. 10, párr. 2°).

§ 2. **Inembargabilidad del salario mínimo.** – El artículo, al igual que el art. 120 –al que remite–, deriva a la reglamentación la determinación del porcentaje de inembargabilidad del salario.

La reglamentación se ha concretado mediante el decr. 484/87 que ha establecido la inembargabilidad de las remuneraciones devengadas por los trabajadores en cada período mensual y cada cuota del sueldo anual complementario hasta una suma equivalente al importe mensual del salario mínimo vital, fijado de conformidad al mecanismo legal (art. 116, LCT). De esta manera, del art. 1° del citado decreto surge que el importe mensual del salario mínimo vital resulta inembargable en su totalidad, excepto en el caso de cuotas por alimentos o litisexpensas (art. 4°).

§ 3. **Embargabilidad de remuneraciones superiores al importe del salario mínimo.** – El art. 1° del decr. 484/87 fija también el porcentaje de embargabilidad de los salarios superiores al salario mínimo vital.

a) *Remuneraciones no superiores al doble del salario mínimo vital mensual.* Para estas remuneraciones, el porcentaje de embargabilidad es de hasta el 10% del importe que excediere del salario mínimo vital mensual (art. 1°, inc. 1, decr. 484/87).

b) *Remuneraciones superiores al doble del salario mínimo vital mensual.* Para estas remuneraciones, el porcentaje máximo de embargabilidad se fija en hasta el 20% del importe que excediere del de un salario mínimo vital (art. 1°, inc. 2, decr. 484/87).

§ 4. **Importe sujeto a embargo.** – El decreto reglamentario, a los efectos de determinar los importes sujetos a embargo, establece que sólo se tendrán en cuenta las remuneraciones en dinero por su importe bruto, con independencia de lo dispuesto por el art. 133 de la LCT (art. 2°, decr. 484/87). Esto significa que sólo resultan embargables las remuneraciones en dinero –no en especie– y que la remuneración sujeta a embargo cabe computarla por su importe bruto, es decir, sin efectuar descuentos.

§ 5. **Excepción a los límites de embargabilidad.** – El art. 4° del decr. 484/87 determina que los límites de embargabilidad establecidos no serán de aplicación en el caso de cuotas por alimentos o litisexpensas, las que serán fijadas de modo que permitan la subsistencia del alimentante. Compete a la prudente decisión del juez la determinación del adecuado porcentaje de embargo que corresponde fijar en cada caso para permitir la subsistencia del alimentante.

§ 6. **Embargabilidad de indemnizaciones.** – El art. 3° del decr. 484/87 fija también las proporciones de embargabilidad de las indemnizaciones debidas al trabajador (ver art. 149).

JURISPRUDENCIA

1. *Remuneraciones. Créditos laborales. Límite de embargabilidad. Intereses.* Los intereses devengados por los créditos laborales resultan beneficiados por el límite de embargabilidad que fija el decr. 484/87 dada su naturaleza accesoria (CNTrab, Sala II, 8/9/92, *DT*, 1992-B-2059).

Art. 148. [CESIÓN] – Las remuneraciones que deba percibir el trabajador, las asignaciones familiares y cualquier otro rubro que configuren créditos emergentes de la relación laboral, incluyéndose las indemnizaciones que le fuesen debidas con motivo del contrato o relación de trabajo o su extinción no podrán ser cedidas ni afectadas a terceros por derecho o título alguno.

CONCORDANCIAS: LCT, arts. 12, 103, 107 y 120.

§ 1. **Prohibición absoluta de cesión o afectación de los créditos laborales.** – El artículo establece la prohibición absoluta de la cesión o afectación a terceros de las remuneraciones y, en general, de los créditos laborales. Se trata de una concreción del principio protectorio que es uno de los generales del derecho del trabajo (ver art. 11).

Del texto del artículo surge entonces que el empleador a quien se le notifique una cesión prohibida debe abstenerse de pagar al tercero, so pena de quedar sujeto a una eventual acción del trabajador cedente por el importe de su crédito disminuido ilegalmente[1].

---

[1] LÓPEZ - CENTENO - FERNÁNDEZ MADRID, *Ley de contrato de trabajo*, t. I, p. 737.

§ 2. **Pacto de cuota litis.** – No obstante los términos absolutos en que está redactado el artículo, la disposición del art. 277 de la LCT, que autoriza el "pacto de cuota litis", debe reputarse una excepción, legalmente admitida, al principio sentado en este artículo[2].

Art. 149. [Aplicación al pago de indemnizaciones u otros beneficios] – **Lo dispuesto en el presente capítulo, en lo que resulte aplicable, regirá respecto de las indemnizaciones debidas al trabajador o sus derechohabientes, con motivo del contrato de trabajo o de su extinción.**

Concordancias: LCT, arts. 24, 95, 124, 130 a 143, 145 a 148, 156, 232 y 245; ley 25.323, art. 2º; decr. 484/87.

§ 1. **Normas aplicables.** – El artículo hace aplicable al pago de indemnizaciones –en lo que fuere compatible con su carácter– los recaudos de protección establecidos en el capítulo IV del título IV de la ley designado como "De la tutela y pago de la remuneración".

Son especialmente aplicables las normas de la LCT sobre la mora (art. 137), los recibos (arts. 138 a 146), la embargabilidad (art. 147) y la cesión (art. 148).

§ 2. **Pago de las indemnizaciones por despido.** – La ley no fija expresamente cómo debe hacerse el pago de las indemnizaciones por despido, pero de una interpretación armónica de los arts. 129 y 149 de la LCT puede concluirse que debe efectivizarse en el lugar de trabajo y durante las horas de prestación de servicios.

Jurisprudencia

1. *Extinción del contrato de trabajo. Indemnizaciones. Plazo para su pago.* a) La interpretación conjunta de lo normado en los arts. 128 y 149 de la LCT permite concluir que las indemnizaciones derivadas de la extinción del contrato de trabajo son exigibles a los cuatro días hábiles de operada (CNTrab, Sala I, 19/3/92, *DT*, 1993-B-1241).

b) El plazo de cuatro días del art. 128 de la LCT rige también para el pago de las indemnizaciones por aplicación de lo dispuesto en el art. 149 del mismo régimen (CNTrab, Sala II, 5/10/88, *DT*, 1989-B-1141).

[2] Centeno, *Normas procesales en la ley de contrato de trabajo*, *DT*, 1976-447.

§ 3. **Embargabilidad de indemnizaciones.** – El art. 4° del decr. 484/87 determina el porcentaje de embargabilidad de las indemnizaciones.

a) *Indemnizaciones no superiores al doble del salario mínimo.* Para las indemnizaciones no superiores al doble del salario mínimo vital mensual, el porcentaje máximo de embargabilidad es del 10% del importe de ellas (art. 3°, inc. 1, decr. 484/87).

b) *Indemnizaciones superiores al doble del salario mínimo.* Para las indemnizaciones superiores al doble del salario mínimo vital mensual, el porcentaje máximo de embargabilidad es del 20% del importe de ellas (art. 3°, inc. 2, decr. 484/87).

c) *Determinación del porcentaje de embargabilidad.* El art. 4° del decr. 484/87 establece que, a los efectos de determinar el porcentaje de embargabilidad de las indemnizaciones, corresponde considerar conjuntamente todos los conceptos derivados de la extinción del contrato de trabajo.

§ 4. **Sanción por mora en el pago de las indemnizaciones por despido.** – El art. 2° de la ley 25.323 establece un recargo indemnizatorio del 50% para el caso en que el empleador, fehacientemente intimado por el trabajador, no le abonare las indemnizaciones por despido previstas en los arts. 232, 233 y 245 de la LCT y, por tal razón, lo obligare a iniciar acciones judiciales o cualquier instancia previa de carácter obligatoria para percibirlas. Esta norma será analizada más detenidamente al comentar el art. 275.

Título V

DE LAS VACACIONES Y OTRAS LICENCIAS

Capítulo I

RÉGIMEN GENERAL

Art. 150. [Licencias ordinarias] – El trabajador gozará de un período mínimo y continuado de descanso anual remunerado por los siguientes plazos:

a) De catorce días corridos cuando la antigüedad en el empleo no exceda de cinco años.

b) De veintiún días corridos cuando siendo la antigüedad mayor de cinco años no exceda de diez.

c) De veintiocho días corridos cuando la antigüedad siendo mayor de diez años no exceda de veinte.

d) De treinta y cinco días corridos cuando la antigüedad exceda de veinte años.

Para determinar la extensión de las vacaciones atendiendo a la antigüedad en el empleo, se computará como tal aquella que tendría el trabajador al 31 de diciembre del año que correspondan las mismas.

Concordancias: LCT, arts. 151 a 155, 157, 162 y 194.

§ 1. **La norma constitucional.** – Los arts. 150 a 157 de la LCT constituyen la reglamentación legal de la norma constitucional incorporada al art. 14 *bis* de la Const. nacional por la reforma de 1957, que determina: "*El trabajo en sus diversas formas gozará de la protección de las leyes, las que asegurarán al trabajador... descanso y vacaciones pagados*".

§ 2. **Aplicación**. – El convenio 52 de la OIT, sobre las vacaciones pagadas, de 1936, fue ratificado por la República Argentina por ley 13.560. Sus disposiciones son aplicables a todas las personas empleadas en empresas o establecimientos comerciales, industriales y de servicios, estando habilitada la autoridad competente para exceptuar de la aplicación del convenio a las personas empleadas en empresas o establecimientos donde solamente estén ocupados los miembros de la familia del empleador y las personas empleadas en la Administración pública (art. 1°). El convenio determina que toda persona comprendida en sus disposiciones tendrá derecho, después de un año de servicio continuo, a unas vacaciones anuales pagadas de seis días laborales, por lo menos (art. 2°, párr. 1°). Las personas menores de dieciséis años, incluidos los aprendices, tienen derecho, después de un año de servicio continuo, a vacaciones anuales pagadas de doce días laborables, por lo menos (art. 2°, párr. 2°).

No se computan a los efectos de las vacaciones anuales pagadas, los días feriados oficiales o establecidos por la costumbre y las inasistencias debidas a enfermedad (art. 2°, párr. 3°). El convenio habilita a la legislación nacional para autorizar, a título excepcional, el fraccionamiento de la parte de las vacaciones anuales que exceda de la duración mínima establecida (art. 2°, párr. 4°). El convenio impone además que la duración de las vacaciones anuales pagadas deberá aumentar progresivamente con la duración del servicio, en la forma que determine la legislación nacional (art. 2°, párr. 5°).

En cuanto al pago que debe recibir el trabajador durante las vacaciones es el de su remuneración habitual, aumentado con la equivalencia de su remuneración en especie, si la hubiere, o la remuneración fijada por contrato colectivo (art. 3°). Se considera nulo todo acuerdo que implique el abandono del derecho a las vacaciones anuales pagadas o la renuncia a éstas (art. 4°). Toda persona despedida por una causa imputable al empleador, antes de haber tomado vacaciones, deberá recibir, por cada día de vacaciones a que tenga derecho, la remuneración prevista en el art. 3° (art. 6°).

Como una forma de facilitar la aplicación efectiva de sus disposiciones, el convenio impone a cada empleador la obligación de inscribir en un registro, en la forma aprobada por la autoridad competente, la fecha en que entren a prestar servicios sus empleados y la duración de las vacaciones anuales pagadas a que cada uno tenga derecho, las fechas en que cada empleado tome sus vacaciones y la remuneración recibida por cada empleado durante el período de vacaciones (art. 7°). Todo miembro que ratifique el convenio deberá establecer un sistema de sanciones que garantice su aplicación (art. 8°).

Por último, el convenio determina que ninguna de sus disposiciones menoscabará en modo alguno las leyes, sentencias, costumbres o acuerdos celebrados entre empleadores y trabajadores que garanticen condiciones más favorables que las prescriptas en el convenio (art. 9°).

§ 3. **Noción legal de vacaciones.** – De la regulación de las vacaciones establecida en los arts. 150 a 157 de la LCT puede extraerse una noción legal de vacaciones que debe entenderse como el período continuado de descanso anual remunerado, fijado por la ley o el convenio colectivo de trabajo, a que tiene derecho el trabajador que ha prestado un mínimo de servicios, en función de su antigüedad en la empresa, para lograr su restablecimiento físico y psíquico.

§ 4. **Regulación convencional de las vacaciones.** – Las vacaciones son objeto de regulación frecuente por parte de los convenios colectivos de trabajo. En tal caso, los convenios sólo pueden modificar el derecho otorgado por la LCT en favor de los trabajadores (art. 8°, LCT, y art. 7°, ley 14.250, t.o. decr. 1135/04)[1]. Una excepción en esta materia la constituye la *disponibilidad colectiva* establecida en el régimen laboral para la pequeña empresa.

§ 5. **Disponibilidad colectiva en el régimen laboral para la pequeña empresa. Límites.** – Este régimen, aprobado por la ley 24.467, habilita a los convenios colectivos de trabajo referidos a la pequeña empresa para modificar *en cualquier sentido* las formalidades, requisitos, aviso y oportunidad de goce de la licencia anual ordinaria, con excepción de lo dispuesto en el párrafo último del art. 154 de la LCT (art. 90, ley 24.467). Esto significa que estos convenios pueden modificar la ley en materia de vacaciones en los aspectos autorizados, aun en perjuicio del trabajador.

---

[1] Krotoschin, *Tratado práctico*, t. I, p. 385.

Sin embargo, cabe señalar que no obstante la disponibilidad colectiva que para distintos aspectos de las vacaciones autoriza el régimen laboral para la pequeña empresa, existen límites a la derogabilidad, en perjuicio del trabajador, de normas por parte de los convenios colectivos de trabajo para la pequeña empresa, a saber: *a*) las normas del convenio 52 de la OIT, que no pueden ser derogadas en perjuicio del trabajador, en tanto después de la reforma constitucional de 1994, estas normas *"tienen jerarquía superior a las leyes"* (art. 75, inc. 22, Const. nacional), en virtud de lo cual el art. 2° del decr. 146/99 establece que cada uno de los períodos en que se fraccione convencionalmente la licencia anual ordinaria deberá mínimamente ser de seis días laborables continuos; *b*) la norma del párrafo último del art. 154 de la LCT que el mismo régimen laboral para la pequeña empresa (art. 90, ley 24.467) establece como excepción a la disponibilidad colectiva; *c*) los plazos de descanso anual previstos en los incs. *a*, *b*, *c* y *d* del artículo en comentario que no son disponibles convencionalmente (art. 2°, inc. 1, decr. 146/99); *d*) la obligación de pago de la retribución de vacaciones al inicio de las mismas, según lo establecido por el art. 155 de la LCT (art. 2°, inc. 2, decr. 146/99); *e*) la indemnización en caso de extinción del contrato de trabajo; *f*) las facultades del trabajador en caso de omisión de otorgamiento, y *g*) la prohibición de la compensación en dinero. En todos estos aspectos, las normas legales resultan inderogables en perjuicio del trabajador.

§ 6. **Duración de las vacaciones.** – El artículo establece como derecho del trabajador el de gozar de un período *mínimo y continuado* de descanso anual remunerado, por plazos que varían según la antigüedad del trabajador en la empresa (de catorce a treinta y cinco días corridos).

a) *Goce continuado de las vacaciones.* Este artículo sienta el principio del goce continuado de las vacaciones ("El trabajador gozará de un período mínimo y continuado de descanso anual remunerado", dice la norma). Esto significa que la ley se pronuncia por la continuidad del período de vacaciones, desechando, en principio, su fraccionamiento y acumulabilidad con períodos posteriores. Sin embargo, el art. 164 de la LCT establece una excepción al principio mencionado, determinando la posibilidad de acumular vacaciones si se observan las condiciones fijadas por la ley.

b) *Cómputo de la antigüedad.* El párrafo último del artículo establece que para determinar la extensión de las vacaciones atendiendo a la antigüedad en el empleo, debe computarse como tal aquella que tendría el trabajador al 31 de diciembre del año a que éstas correspondan. De este modo, aunque el descanso sea otorgado al trabajador antes del 31 de diciembre, su antigüedad, a los efectos de determinar cuántos días le corresponden, ha de computarse según la que eventualmente tendría en la fecha indicada. Igualmente, si las vacaciones le son otorgadas al trabajador en el año calendario siguiente, su antigüedad –a los efectos de determinar el período de que ha de gozar– también se computará al 31 de diciembre del año al que corresponden las vacaciones.

c) *Días corridos.* Según el artículo comentado, para determinar la duración de los diferentes plazos de vacaciones de acuerdo con la antigüedad del trabajador, deben computarse los días corridos (art. 28, Cód. Civil). Esto significa que deben contarse todos los días abarcados en el período respectivo, sean sábados, domingos, feriados o días no laborables.

El modo legal de computar los días de vacaciones entra en colisión con lo dispuesto por el art. 3°, párr. 2°, inc. *a*, del convenio 52 de la OIT, sobre las vacaciones pagas, que determina que a los efectos de las vacaciones anuales pagas no se computarán "los días feriados oficiales o establecidos por la costumbre". Este conflicto de normas debe resolverse a favor de la de mayor jerarquía (art. 75, inc. 22, Const. nacional), es decir, el convenio.

d) *Duración de las vacaciones de los menores.* El art. 194 de la LCT determina que los menores de uno u otro sexo gozarán de un período mínimo de licencia anual no inferior a quince días. El artículo no aclara si los días son corridos o hábiles, por lo que a fin de armonizar la norma con lo dispuesto por el art. 3°, párr. 2°, inc. *a*, del convenio 52 de la OIT, no deben computarse los días feriados oficiales o establecidos por la costumbre.

§ 7. **Las vacaciones en los estatutos especiales.** – Algunos estatutos particulares regulan las vacaciones de manera diversa al régimen general, tanto en cuanto a la duración del período como al modo de contar los días de vacaciones, computando sólo los días hábiles (art. 35, ley 12.908, para periodistas profesionales; art. 3°, inc. *d*, ley 12.981, para encargados de casas de renta; art. 4°, inc. *c*, decr. ley 326/56, para empleados del servicio doméstico; art. 48, decr. ley 22.212/45, para médicos, odontólogos y farmacéuticos).

Para cada actividad y profesión es aplicable en su integridad el régimen especial. Sólo sería aplicable la ley general frente a una regulación especial incompleta y en la medida en que hubiera compatibilidad de la ley general con la naturaleza y modalidades de la actividad de que se trate y con el específico régimen jurídico a que se halle sujeta (art. 2º, LCT).

Art. 151. [Requisitos para su goce. Comienzo de la licencia] – El trabajador, para tener derecho cada año al beneficio establecido en el art. 150 de esta ley, deberá haber prestado servicios durante la mitad, como mínimo, de los días hábiles comprendidos en el año calendario o aniversario respectivo. A este efecto se computarán como hábiles los días feriados en que el trabajador debiera normalmente prestar servicios.

La licencia comenzará en día lunes o el siguiente hábil si aquél fuese feriado. Tratándose de trabajadores que presten servicios en días inhábiles, las vacaciones deberán comenzar al día siguiente a aquel en que el trabajador gozare del descanso semanal o el subsiguiente hábil si aquél fuese feriado.

Para gozar de este beneficio no se requerirá antigüedad mínima en el empleo.

Concordancias: LCT, arts. 150, 153 y 162.

§ 1. **Inexigibilidad de antigüedad mínima en el empleo.** El párrafo último del artículo declara que para gozar del beneficio de las vacaciones no se requerirá antigüedad mínima en el empleo. Sí, en cambio, la ley exige un tiempo mínimo de prestación de servicios por parte del trabajador, quien para tener cada año derecho al beneficio, deberá haber prestado servicios durante la mitad, como mínimo, de los días hábiles comprendidos en el año calendario o aniversario. De todos modos, aun cuando el trabajador no llegase a totalizar el tiempo mínimo de trabajo requerido, gozará de un período de descanso anual, en proporción de un día de descanso por cada veinte días de trabajo efectivo (art. 153, LCT).

§ 2. **Tiempo mínimo de servicios. Año aniversario y año calendario.** – El trabajador, para tener derecho cada año al beneficio de las vacaciones, deberá haber prestado servicios durante la mitad, como mínimo, de los días hábiles comprendidos en el año calendario o aniversario respectivo.

El art. 152 de la LCT determina que se computarán como trabajados los días en que el trabajador no preste servicios por gozar de una licencia legal o convencional, o por estar afectado por una enfermedad inculpable o por infortunio en el trabajo, o por causas que no le son imputables. De esta forma, deben computarse como trabajados los días de goce de licencias especiales (art. 158, LCT), de licencia por maternidad (art. 177), por servicio militar obligatorio (art. 214), por licencia para ocupar cargos electivos (art. 215), por licencia gremial (art. 217), por enfermedad inculpable (art. 208) y por incapacidad laboral temporaria derivada de un accidente de trabajo o enfermedad profesional (arts. 7° y 13, LRT).

La opción de computar el año calendario o el año aniversario, a los efectos de considerar cumplido el tiempo mínimo de prestación de servicios exigido, constituye un derecho del trabajador que debe conjugarse con el derecho del empleador de otorgar el descanso, a todo o parte de su personal, dentro de un lapso considerable abarcado por los meses de octubre a abril[1].

Como principio puede establecerse que el trabajador tiene derecho a que se le postergue la concesión de las vacaciones hasta que venza el período calendario o se cumpla el aniversario de su ingreso en la empresa, siempre que esto ocurra dentro del plazo legal de otorgamiento de las vacaciones[2].

§ 3. **Comienzo del período de vacaciones.** – El goce de la licencia debe comenzar en día hábil para el trabajador, posterior al descanso semanal o feriado que lo prolongue, lo que evita la superposición de descansos que tienen distinto fundamento y asegura que se impute específicamente a vacaciones el plazo legalmente establecido[3].

Art. 152. [TIEMPO TRABAJADO. SU CÓMPUTO] – **Se computarán como trabajados, los días en que el trabajador no preste servicios por gozar de una li-**

---

[1] LÓPEZ - CENTENO - FERNÁNDEZ MADRID, *Ley de contrato de trabajo*, t. II, p. 762.
[2] LÓPEZ - CENTENO - FERNÁNDEZ MADRID, *Ley de contrato de trabajo*, t. II, p. 762.
[3] LÓPEZ - CENTENO - FERNÁNDEZ MADRID, *Ley de contrato de trabajo*, t. II, p. 751.

cencia legal o convencional, o por estar afectado por una enfermedad inculpable o por infortunio en el trabajo, o por otras causas no imputables al mismo.

Concordancias: LCT, arts. 150, 158, 184, 194, 208, 220 y 221.

§ 1. **Cómputo del tiempo mínimo de servicios.** – El artículo establece el modo de computar el tiempo mínimo de servicios a que se refiere el párr. 1º del art. 151 de la LCT. Determina que se computarán como trabajados los días en que el trabajador no preste servicios por gozar de una licencia legal o convencional, o por estar afectado por una enfermedad inculpable o por infortunio en el trabajo, o por causas que no le son imputables.

De esta forma, deben computarse como trabajados los días de goce de licencias especiales (art. 158), de licencia por maternidad (art. 177), por servicio militar obligatorio (art. 214), por licencia para ocupar cargos electivos (art. 215), por licencia gremial (art. 217), por enfermedad inculpable (art. 208) y por incapacidad laboral temporaria derivada de un accidente de trabajo o enfermedad profesional (arts. 7º y 13, LRT). El plazo de excedencia no es computable, puesto que no se considera tiempo de servicio (art. 184, párr. último, LCT).

Art. 153. [Falta de tiempo mínimo. Licencia proporcional] – Cuando el trabajador no llegase a totalizar el tiempo mínimo de trabajo previsto en el art. 151 de esta ley, gozará de un período de descanso anual, en proporción de un día de descanso por cada veinte días de trabajo efectivo, computable de acuerdo al artículo anterior. En el caso de suspensión de las actividades normales del establecimiento por vacaciones por un período superior al tiempo de licencia que le corresponda al trabajador sin que éste sea ocupado por su empleador en otras tareas, se considerará que media una suspensión de hecho hasta que se reinicien las tareas habituales del establecimiento. Dicha suspensión de hecho quedará sujeta al cumplimiento de los requisitos previstos por los arts. 218 y siguientes, debiendo ser previamente admitida por

DE LAS VACACIONES Art. 154

la autoridad de aplicación la justa causa que se invoque.

CONCORDANCIAS: LCT, arts. 150 a 152, 158, 163, 164, 208 y 218 a 221.

§ 1. **Falta de tiempo mínimo de servicios.** – La primera parte del artículo da solución al caso en que el trabajador no ha completado el tiempo mínimo de servicios fijado por el párr. 1° del art. 151 de la LCT, para generar el derecho al goce de las vacaciones correspondientes al respectivo año calendario. A fin de no despojar al trabajador de un mínimo de tiempo de descanso reparador, la ley le concede días de vacaciones, en proporción de un día de descanso por cada veinte días de trabajo efectivo, computados estos últimos según lo determina el art. 152 de la LCT.

JURISPRUDENCIA

    1. *Vacaciones. Falta de tiempo mínimo de servicios.* Si durante la relación laboral el actor no llegó a totalizar el tiempo mínimo de trabajo previsto en el art. 151 de la LCT (la mitad, como mínimo, de los días hábiles comprendidos en el año calendario o aniversario respectivo), no es de aplicación el sistema de prorrateo establecido en el art. 156, sino que debe acudirse a la forma de cálculo establecida en el art. 153 de la ley citada, es decir, un día por cada veinte trabajados (CNTrab, Sala VII, 22/5/98, *DT*, 1998-B-1852).

§ 2. **Cierre del establecimiento por vacaciones.** – La última parte del artículo legisla el caso de suspensión total de las actividades normales del establecimiento por vacaciones por un lapso superior al período de licencia que le corresponde al trabajador, considerando en ese supuesto que media una *suspensión de hecho* hasta que se reinicien las tareas habituales del establecimiento. Esta suspensión está sujeta al cumplimiento de los requisitos del art. 218 y ss. de la LCT, es decir, fundarse en justa causa, plazo fijo y ser notificada por escrito al trabajador.

La justa causa que se invoque debe ser previamente admitida por la autoridad de aplicación que es el Ministerio de Trabajo y Seguridad Social de la Nación (art. 9°, ley 20.744), actualmente Ministerio de Trabajo, Empleo y Seguridad Social.

Art. 154. [ÉPOCA DE OTORGAMIENTO. COMUNICACIÓN] El empleador deberá conceder el goce de vacaciones de cada año dentro del período comprendido entre el

1º de octubre y el 30 de abril del año siguiente. La fecha de iniciación de las vacaciones deberá ser comunicada por escrito, con una anticipación no menor de cuarenta y cinco días al trabajador, ello sin perjuicio de que las convenciones colectivas puedan instituir sistemas distintos acordes con las modalidades de cada actividad.

La autoridad de aplicación, mediante resolución fundada, podrá autorizar la concesión de vacaciones en períodos distintos a los fijados, cuando así lo requiera la característica especial de la actividad de que se trate.

Cuando las vacaciones no se otorguen en forma simultánea a todos los trabajadores ocupados por el empleador en el establecimiento, lugar de trabajo, sección o sector donde se desempeñan y las mismas se acuerden individualmente o por grupo, el empleador deberá proceder en forma tal para que a cada trabajador le corresponda el goce de éstas por lo menos en una temporada de verano cada tres períodos.

CONCORDANCIAS: LCT, arts. 150, 157, 163, 164 y 194.

§ 1. **Facultad de determinar la fecha de las vacaciones.** La ley otorga al empleador la facultad de determinar la fecha del goce de las vacaciones, pero esta potestad está limitada temporalmente por cuanto la concesión de las vacaciones debe hacerse dentro del período comprendido entre el 1º de octubre de cada año y el 30 de abril del año siguiente.

§ 2. **Limitaciones a la facultad del empleador.** – La ley pone, sin embargo, diversas restricciones a la facultad del empleador de determinar la fecha de las vacaciones de sus dependientes. Ellas son las siguientes:

a) *Vacaciones que no se otorgan a la totalidad de los trabajadores.* Esta limitación para el empleador deriva del último párrafo del artículo comentado que dispone que cuando las vacaciones no se otorguen en forma simultánea a todos los trabajadores ocupados en el establecimiento, lugar de trabajo, sección o sector y éstas se acuerden individualmente o por grupo, el empleador deberá proceder en forma tal que a cada trabajador le corresponda el goce de las vacaciones por lo menos en una temporada de verano cada tres períodos.

b) *Goce de las vacaciones juntamente con la licencia por matrimonio.* La ley obliga al empleador a conceder el goce de las vacaciones acumuladas con la licencia por matrimonio, a solicitud del trabajador, aun cuando ello implique alterar la oportunidad de su concesión de acuerdo con lo establecido en el artículo comentado (art. 164, párr. 2°, LCT).

c) *Matrimonio dependiente del mismo empleador.* El último párrafo del art. 164 de la LCT determina que cuando un matrimonio se desempeñe a las órdenes del mismo empleador, las vacaciones deberán otorgarse en forma conjunta y simultánea, siempre que no se afecte notoriamente el normal desenvolvimiento del establecimiento.

§ 3. **Comunicación por escrito.** – El artículo determina que la fecha de iniciación de las vacaciones debe ser comunicada al trabajador por escrito, con una anticipación no menor de cuarenta y cinco días. Se trata de una norma destinada a permitir que el trabajador planifique sus vacaciones con la anticipación necesaria. El plazo de cuarenta y cinco días debe considerarse de días corridos (art. 28, Cód. Civil)[1].

Si el período de concesión de las vacaciones transcurriera sin que el empleador hubiera comunicado por escrito su otorgamiento, el trabajador podrá tomarse por sí las vacaciones en las condiciones determinadas por el art. 157 de la LCT.

Jurisprudencia

1. *Período de vacaciones. Plazo de excedencia.* La circunstancia de que debido a la fecha de vencimiento del plazo de excedencia, las vacaciones hubieran debido otorgarse fuera del período establecido por el art. 154 de la LCT, no afecta el derecho a gozar íntegramente de ambos institutos, ya que la ley regula el otorgamiento de las vacaciones fuera del plazo legal en otras situaciones excepcionales, lo que deberá aplicarse por analogía (CN Trab, Sala I, 28/2/89, *DT*, 1990-A-221).

Art. 155. [Retribución] – **El trabajador percibirá retribución durante el período de vacaciones, la que se determinará de la siguiente manera:**

---

[1] Meilij, *Contrato de trabajo*, t. II, p. 155.

a) Tratándose de trabajos remunerados con sueldo mensual, dividiendo por veinticinco el importe del sueldo que perciba en el momento de su otorgamiento.

b) Si la remuneración se hubiere fijado por día o por hora, se abonará por cada día de vacación el importe que le hubiere correspondido percibir al trabajador en la jornada anterior a la fecha en que comience en el goce de las mismas; tomando a tal efecto la remuneración que deba abonarse conforme a las normas legales o convencionales o a lo pactado, si fuere mayor. Si la jornada habitual fuere superior a la de ocho horas, se tomará como jornada la real, en tanto no exceda de nueve horas. Cuando la jornada tomada en consideración sea, por razones circunstanciales, inferior a la habitual del trabajador, la remuneración se calculará como si la misma coincidiera con la legal. Si el trabajador remunerado por día o por hora hubiere percibido además remuneraciones accesorias tales como por horas complementarias, se estará a lo que prevén los incisos siguientes.

c) En caso de salario a destajo, comisiones individuales o colectivas, porcentajes u otras formas variables, de acuerdo al promedio de los sueldos devengados durante el año que corresponda al otorgamiento de las vacaciones o, a opción del trabajador, durante los últimos seis meses de prestación de servicios.

d) Se entenderá integrando la remuneración del trabajador todo lo que éste perciba por trabajos ordinarios o extraordinarios, bonificación por antigüedad u otras remuneraciones accesorias.

La retribución correspondiente al período de vacaciones deberá ser satisfecha a la iniciación del mismo.

CONCORDANCIAS: LCT, arts. 150, 159, 163 y 169.

§ 1. **Condiciones generales.** – El convenio 52 de la OIT sobre las vacaciones pagadas, de 1936, ratificado por la República Argentina por ley 13.560, determina que toda persona que tome vacaciones deberá percibir su remuneración habitual, calculada en la forma que prescriba la legislación nacional, aumentada con la equivalencia de su remuneración en especie, si la hubiere, o la remuneración fijada por contrato colectivo (art. 3°).

§ 2. **Retribución de las vacaciones.** – Para el cálculo de la retribución que se debe recibir durante las vacaciones, el artículo comentado remite a todo lo que el trabajador perciba "por trabajos ordinarios o extraordinarios, bonificación por antigüedad u otras remuneraciones accesorias" (inc. *d*), por lo que, con las salvedades que establece el mismo artículo, es aplicable aquí el concepto de remuneración fijado en el art. 103 de la LCT.

Jurisprudencia

1. *Remuneración. Rubros que se deben computar.* Cuando se retribuye al dependiente por vacaciones o enfermedad corresponde computar el ingreso por horas extra, gastos de comida y viáticos; de lo contrario, se efectuaría una discriminación infundada que no tendría justificativo jurídico, máxime cuando la convención colectiva nada dice sobre el particular (CNTrab, Sala I, 29/7/83, *DT*, 1983-B-1638).

2. *Vacaciones anuales pagas. Base de cálculo. Horas extra.* Frente al silencio de la norma convencional respecto a la inclusión de las horas extra en el cálculo de las vacaciones anuales pagas, corresponde aplicar lo dispuesto en el art. 155 de la LCT, según el art. 9° de dicho cuerpo legal (CNTrab, Sala VI, 22/11/93, *DT*, 1994-A-969).

§ 3. **Trabajadores con sueldo mensual.** – Para los trabajadores remunerados mensualmente, la ley fija como pauta para determinar el monto de cada día de vacaciones, la de dividir por veinticinco el importe del sueldo mensual (inc. *a*). La aplicación de este criterio trae como consecuencia un incremento del salario del período de descanso con relación al salario normal, puesto que la utilización del divisor veinticinco supone calcular los días del mes restando algunos días a éste (sea que el mes tuviera veintiocho, veintinueve, treinta o treinta y uno).

Jurisprudencia

1. *Remuneración de las vacaciones. Divisor treinta. Conflicto entre la ley y el convenio colectivo. Interpretación. Conglobamiento por instituciones.* Corresponde rechazar el re-

clamo de diferencias salariales por incorrecto pago de las vacaciones, aun cuando el divisor utilizado por la demandada sea el guarismo treinta en contravención con lo dispuesto por el art. 155 de la LCT, si el conflicto entre la norma laboral y el convenio colectivo revela que este último (convenio colectivo de trabajo 165/75), apreciado globalmente y con referencia al instituto, resulta más favorable a los trabajadores al computar sólo los días hábiles y otorgar otras prerrogativas al trabajador telefónico no contempladas en la LCT (CNTrab, Sala II, 16/11/93, *DT*, 1994-A-339).

§ 4. **Pago de los días del mes que no son de vacaciones.** El criterio resultante de dividir por veinticinco el sueldo mensual para pagar los días de vacaciones, plantea la cuestión relativa al pago a los trabajadores mensualizados de los restantes días del mes que no son de vacaciones. Para resolver este problema es necesario atenerse al principio de que el trabajador debe percibir por el tiempo de trabajo efectivo exactamente lo que hubiera devengado con prescindencia de las vacaciones. Por esta razón, no debe realizarse ningún cálculo ficticio (como tomar como valor diario el sueldo dividido por treinta) sino que debe dividirse el sueldo por el número de días que tenga el mes correspondiente (veintiocho, veintinueve, treinta o treinta y uno) y el cociente debe ser multiplicado por el número de días (corridos) no comprendidos en el período de vacaciones[1].

§ 5. **Trabajadores con remuneraciones variables.** – En el caso de remuneraciones variables como salario a destajo, comisión (individual o colectiva), porcentajes, participación en las ganancias, horas suplementarias, se computarán de acuerdo al promedio de lo devengado durante el año que corresponda al otorgamiento de las vacaciones, o durante los últimos seis meses de prestación de servicios, a opción del trabajador (inc. *c*).

El promedio aludido resultará de dividir el monto total de los salarios percibidos en el período elegido (el año o los seis últimos meses) por el número de días efectivamente trabajados en el mismo período[2].

§ 6. **Trabajadores remunerados por día o por hora.** – En el inc. *b* del artículo se legisla sobre la retribución de vacacio-

---

[1] Fernández Madrid, *Tratado práctico*, t. II, p. 1503; Carcavallo, en Vazquez Vialard (dir.), "Tratado", t. 4, p. 119.

[2] Fernández Madrid, *Tratado práctico*, t. II, p. 1504.

nes que corresponde al trabajador jornalizado. La norma establece como principio que "se abonará por cada día de vacación el importe que le hubiera correspondido percibir al trabajador en la jornada anterior a la fecha en que comience en el goce de las mismas". Si la jornada habitual fuere superior a la de ocho horas se tomará como jornada la real, en tanto no exceda de nueve horas. Cuando la jornada tomada en consideración sea, por razones circunstanciales, inferior a la habitual del trabajador, la remuneración de vacaciones se calculará como si ésta coincidiera con la legal.

§ 7. **Trabajadores con remuneraciones mixtas.** – Cuando se trate de trabajadores remunerados en parte con remuneración fija (mensual o diaria) y otra variable, a cada tipo de remuneración debe aplicársele el criterio normativo correspondiente, sea el determinado en los incs. *a, b* o *c*.

Jurisprudencia

1. *Trabajadores con remuneraciones fijas y variables.* Para calcular lo que deben percibir en concepto de retribución por el período de vacaciones, los trabajadores cuya remuneración se compone de sueldo fijo mensual y de otros rubros variables por trabajos extraordinarios, se deben realizar dos cómputos separados: dividiendo el sueldo mensual por veinticinco, y calculando el promedio de las remuneraciones variables del último semestre, según lo establecido en el inc. *c* del art. 155 de la LCT, solución que resulta por vía analógica de lo dispuesto, para el trabajador a jornal, por el inc. *d* del art. 155 de la LCT (CNTrab, Sala I, 18/11/96, *DT*, 1997-A-518).

§ 8. **Momento del pago del salario de vacaciones.** – El último párrafo del artículo comentado determina que "la retribución correspondiente al período de vacaciones deberá ser satisfecha a la iniciación del mismo". Debe entenderse, al respecto, que la retribución de vacaciones debe ser abonada el último día laborado por el trabajador, sin que quepa esperar al día en que comienzan las vacaciones. Este criterio sirve además para establecer el momento en que se verifica la mora en el pago de la retribución vacacional[3].

Jurisprudencia

1. *Momento del pago. Mora.* La única forma de hacer efectivo el objetivo legal previsto en el art. 155, parte última, de la

---

[3] Meilij, *Contrato de trabajo*, t. II, p. 164 y 165.

LCT es que el trabajador que ha de entrar en vacaciones reciba el salario en forma anticipada y ese pago debe verificarse el último día laborado.

No debe entenderse que el patrono tenga tiempo para pagar las vacaciones hasta el mismo día en que éstas comienzan, pues si no se tornaría inconciliable la intención de la ley cuando ordena que las vacaciones deben comenzar el primer día hábil después de un feriado o de un descanso hebdomadario, con miras indiscutibles a que el licenciado cuente con la retribución del período vacacional al iniciarse el efectivo descanso.

La mora en el pago de la retribución vacacional se verifica por el transcurso del último día de trabajo, al no abonarse lo que correspondiere (CNTrab, Sala V, 28/9/79, *DT*, 1980-9).

Art. 156. [INDEMNIZACIÓN] – Cuando por cualquier causa se produjera la extinción del contrato de trabajo, el trabajador tendrá derecho a percibir una indemnización equivalente al salario correspondiente al período de descanso proporcional a la fracción del año trabajada.

Si la extinción del contrato de trabajo se produjera por muerte del trabajador, los causahabientes del mismo tendrán derecho a percibir la indemnización prevista en el presente artículo.

CONCORDANCIAS: LCT, arts. 162, 194 y 240 a 254.

§ 1. **Excepción al principio de no compensabilidad en dinero.** – La ley establece el principio de que las vacaciones no son compensables en dinero, poniendo como única excepción la situación prevista en el artículo comentado, esto es, la de la extinción del contrato (art. 162, LCT).

La ley ha estimado que en los casos de extinción del contrato de trabajo, habrá una imposibilidad práctica para el goce efectivo de las vacaciones, por lo que en este único caso admite su conversión en dinero, estableciendo el derecho a la percepción de una indemnización por el trabajador o por sus causahabientes en caso de muerte de éste.

§ 2. **Están comprendidas todas las causas de extinción del contrato.** – La ley admite el pago de una indemnización por vacaciones no gozadas en los casos de extinción del contrato de trabajo "por cualquier causa". Quedan comprendidos, entonces, los casos de muerte del trabajador, extinción del contrato por culpa del trabajador o del empleador, fuerza mayor, quiebra, jubilación, incapacidad absoluta, renuncia y todas las demás causas que dan lugar a la extinción del contrato.

§ 3. Cálculo de la indemnización por vacaciones no gozadas.

– Para fijar la indemnización por vacaciones no gozadas, el artículo remite a una suma equivalente al "salario correspondiente al período de descanso proporcional a la fracción del año trabajada". La solución es discordante con la establecida por el art. 151 de la LCT para adquirir el derecho al goce de las vacaciones, por cuanto en caso de ruptura del contrato de trabajo aunque haya trabajado más de la mitad de los días hábiles del año, el trabajador sólo adquirirá el derecho a la indemnización por vacaciones en forma proporcional a la fracción del año trabajada.

Jurisprudencia

1. *Fracción del año trabajada.* Si por cada año el trabajador tiene derecho a los diferentes plazos vacacionales previstos en el art. 150 de la LCT, en caso de interrupción definitiva del vínculo tendrá derecho a tantos días del plazo que corresponda como *fracción del año* al que se imputan esas vacaciones, haya trabajado (CNTrab, Sala V, 25/10/79, *DT*, 1980-487).

2. *Sueldo anual complementario.* a) Para calcular la indemnización de vacaciones se debe tener en cuenta el sueldo anual complementario correspondiente (CNTrab, Sala I, 9/5/94, *DT*, 1995-A-660; íd., Sala II, 25/8/93, *DT*, 1994-A-372; íd., íd., 22/8/94, *DT*, 1994-B-2327; íd., Sala IV, 28/10/96, *DT*, 1997-A-72; íd., Sala VI, 17/8/94, *DT*, 1995-A-239).

b) No corresponde el cálculo del sueldo anual complementario sobre las vacaciones (CNTrab, Sala III, 30/8/96, *DT*, 1997-A-950; íd., Sala VII, 18/10/96, *DT*, 1997-A-964; íd., Sala VIII, 29/12/92, *DT*, 1993-B-1115).

§ 4. Falta de prestación mínima de servicios.

– Si el trabajador no hubiera cumplido el requisito de prestación mínima de servicios en el año calendario o aniversario correspondiente (art. 151, LCT), no es de aplicación el sistema de prorrateo establecido en el artículo comentado sino que debe acudirse a la forma de cálculo establecida en el art. 153 de la LCT, es decir, de un día por cada veinte trabajados[1].

---

[1] López - Centeno - Fernández Madrid, *Ley de contrato de trabajo*, t. II, p. 787 y 788.

Art. 156

JURISPRUDENCIA

> 1. *Vacaciones. Falta de tiempo mínimo de servicios.* Si durante la relación laboral el actor no llegó a totalizar el tiempo mínimo de trabajo previsto en el art. 151 de la LCT (la mitad, como mínimo, de los días hábiles comprendidos en el año calendario o aniversario respectivo), no es de aplicación el sistema de prorrateo establecido en su art. 156, sino que debe acudirse a la forma de cálculo establecida en el art. 153 de la ley citada, es decir, un día por cada veinte trabajados (CNTrab, Sala VII, 22/5/98, *DT*, 1998-B-1852).

§ 5. **Causahabientes del trabajador.** – En caso de muerte del trabajador son sus causahabientes quienes tienen derecho a percibir la indemnización por vacaciones no gozadas.

Por analogía con la situación del art. 248 de la LCT, los causahabientes a que se refiere el artículo deben considerarse las personas enumeradas por el art. 53 de la ley 24.241, que regula actualmente el derecho a pensión, ya que si bien aquella norma remite a tal efecto al art. 38 de la ley 18.037 (t.o. 1974), esta disposición se encuentra derogada (art. 168, ley 24.241).

La norma reconoce a los causahabientes un derecho directo (*iure proprio* y no *iure successionis*) lo que excluye la necesidad de una apertura previa de la sucesión[2].

JURISPRUDENCIA

> 1. *Causahabientes. "Iure proprio".* A los efectos de determinar quiénes son los causahabientes de un trabajador, en los términos del art. 156 de la LCT, no resulta apropiado analizar la cuestión desde el punto de vista sucesorio, puesto que la redacción de la norma no deja lugar a dudas a que el acceso de los beneficiarios a ese resarcimiento tiene carácter *iure proprio* y no *iure successionis*, ya que se le reconoce un derecho *directo* que excluye la necesidad de una apertura de la sucesión (CNTrab, Sala X, 15/9/97, *DT*, 1998-A-317).

§ 6. **Indemnización no sujeta al pago de aportes y contribuciones.** – El importe que percibe el trabajador en el caso de vacaciones no gozadas es caracterizado por el artículo comentado como *indemnización*. Así lo considera también la ley 24.241 por lo que ese importe no está sujeto al pago de aportes y contribuciones a la seguridad social (art. 7°).

---

[2] LÓPEZ - CENTENO - FERNÁNDEZ MADRID, *Ley de contrato de trabajo*, t. II, p. 789.

Art. 157. [Omisión del otorgamiento] – Si vencido el plazo para efectuar la comunicación al trabajador de la fecha de comienzo de sus vacaciones, el empleador no la hubiere practicado, aquél hará uso de ese derecho previa notificación fehaciente de ello, de modo que aquéllas concluyan antes del 31 de mayo.

Concordancias: LCT, arts. 150, 154, 162, 194 y 207.

§ 1. **Goce de las vacaciones no otorgadas.** – El artículo comentado habilita al trabajador para tomar por sí las vacaciones en las condiciones fijadas por la norma, de modo similar al que fija en el art. 207 de la LCT para el caso de omisión del empleador de otorgar el descanso compensatorio del trabajo efectuado en los días sábado por la tarde y domingo, aunque en el caso de las vacaciones no prevé una sanción para el empleador. El reconocimiento de este derecho del trabajador deriva de la circunstancia de que el descanso no gozado se pierde y no es compensable en dinero (art. 162, LCT). Se ha interpretado jurídicamente esta facultad del trabajador otorgada por la ley como el ejercicio de un derecho de retención: frente al incumplimiento del empleador, el trabajador, mediante la *exceptio non adimpleti contractus*, retiene la prestación del trabajo por el lapso que le corresponde como vacaciones, sin perder su derecho a la contraprestación, es decir, al pago[1].

Las vacaciones de cada año deben ser otorgadas en un período comprendido entre el 1° de octubre y 30 de abril del año siguiente (art. 154, LCT). El mecanismo legal regulado en el artículo comentado prevé una fecha límite para el otorgamiento de las vacaciones que resulta de contar regresivamente a partir del 30 de abril el número de días que resulte de sumar al período que corresponde al trabajador (catorce, veintiuno, veintiocho o treinta y cinco días; art. 150, LCT), los cuarenta y cinco días de aviso previo (art. 154, LCT). A partir de la fecha que resulte en cada caso, el trabajador estará habilitado para tomar por sí las vacaciones[2].

§ 2. **Requisitos para el ejercicio del derecho por el trabajador.** – Para habilitar al trabajador a hacer uso por sí del

---

[1] Krotoschin, *Tratado práctico*, t. I, p. 389.
[2] López - Centeno - Fernández Madrid, *Ley de contrato de trabajo*, t. II, p. 790.

derecho a tomar vacaciones, la norma comentada le impone dos requisitos: que comunique fehacientemente al empleador su decisión, indicando la fecha en que tomará sus vacaciones, y que escoja la fecha de vacaciones de modo que su finalización no supere el 31 de mayo.

JURISPRUDENCIA

1. *Vacaciones. Caducidad del derecho al goce.* Por imperio del art. 162 de la LCT, las vacaciones no gozadas no son compensables en dinero y el derecho a gozar de las mismas caduca en la oportunidad que establece el art. 157 de la LCT, en su correlación con la última parte del art. 150 de dicho régimen (CN Trab, Sala I, 18/10/94, *DT*, 1995-A-1019).

CAPÍTULO II

RÉGIMEN DE LAS LICENCIAS ESPECIALES

Art. 158. [CLASES] – El trabajador gozará de las siguientes licencias especiales:

a) Por nacimiento de hijo, dos días corridos.

b) Por matrimonio, diez días corridos.

c) Por fallecimiento del cónyuge o de la persona con la cual estuviese unido en aparente matrimonio, en las condiciones establecidas en la presente ley, de hijos o de padres, tres días corridos.

d) Por fallecimiento de hermano, un día.

e) Para rendir examen en la enseñanza media o universitaria, dos días corridos por examen, con un máximo de diez días por año calendario.

CONCORDANCIAS: LCT, arts. 150 y 155; leyes 20.596, 20.732 y 23.759.

§ 1. **Licencias especiales.** – La ley designa como *licencias especiales*, a una clase particular de lapsos, medidos en días corridos, pagados por el empleador, que el trabajador puede disponer en su beneficio, para compartir con sus allegados acontecimientos familiares o para rendir examen en la enseñanza media o universitaria.

a) *Por nacimiento de hijo.* Comprende dos días corridos, de los cuales uno de ellos debe ser hábil cuando la licencia coincidiera con domingo, feriado o día no laborable (art. 160, LCT).

La licencia será otorgada mediante simple comunicación del nacimiento al empleador, aunque posteriormente el trabajador deberá acreditar fehacientemente el nacimiento presentando la pertinente partida.

En el caso de no haber contraído matrimonio, corresponderá la licencia si el hijo es reconocido por el trabajador[1].

b) *Por matrimonio.* Comprende diez días corridos, se otorga en cualquier época del año y, a solicitud del trabajador, el empleador debe concederla acumulada con las vacaciones, aun cuando implicase alterar la oportunidad de concesión prevista en la ley (arts. 154 y 164, LCT).

El matrimonio debe acreditarse con la pertinente partida.

c) *Por fallecimiento de cónyuge o conviviente.* El artículo otorga tres días corridos de los cuales uno necesariamente deberá ser hábil si la licencia coincidiera con domingo, feriados o días no laborables (art. 160, LCT).

Para determinar qué debe entenderse por "persona con la cual estuviese unido en aparente matrimonio", el inciso remite a "las condiciones establecidas en la presente ley" que son las especificadas en el art. 248 de la LCT, o sea, "la mujer [u hombre] que hubiese vivido públicamente con el mismo [o la misma], en aparente matrimonio, durante un mínimo de dos años anteriores al fallecimiento".

d) *Por fallecimiento de hijos.* Comprende tres días corridos, uno de los cuales debe ser hábil (art. 160, LCT). Los hijos pueden ser matrimoniales o extramatrimoniales.

Se otorga la licencia mediante simple comunicación al empleador, sin perjuicio de su acreditación posterior mediante la pertinente partida.

e) *Por fallecimiento de padres.* Comprende tres días corridos, uno de los cuales deberá ser hábil (art. 160, LCT). El concepto de "padres" comprende obviamente a los adoptivos, dado que la ley no hace distinción alguna.

La licencia debe concederse por la simple comunicación al empleador aunque después deban acreditarse, mediante

---

[1] De Diego, *Jornada de trabajo y descansos*, p. 360.

las pertinentes partidas, tanto el fallecimiento como la paternidad.

f) *Por fallecimiento de hermano.* Comprende un día que necesariamente deberá ser hábil (art. 160, LCT). Como la ley no distingue, deben considerarse hermanos tanto los bilaterales como unilaterales (art. 360, Cód. Civil) y también los adoptivos si se dan las condiciones previstas por la ley (art. 329, Cód. Civil, según ley 24.779).

g) *Por examen.* Se concede una licencia de dos días corridos por examen, con un máximo de diez días por año calendario para rendir en la enseñanza media o universitaria. Los exámenes deben estar referidos a planes de enseñanza oficiales o privados autorizados por organismos provinciales o nacionales competentes. El beneficiario debe acreditar haber rendido el examen mediante certificado (art. 161, LCT).

§ 2. **Licencias especiales en los convenios colectivos.** – Numerosos convenios colectivos de trabajo contienen disposiciones que regulan las licencias especiales, ya sea ampliando las causales para su otorgamiento, ya sea mejorando los beneficios en cuanto a su goce. Estas normas, en tanto mejoran las condiciones de trabajo pactadas en el contrato o fijadas por la ley, son plenamente válidas y tienen prevalencia con relación a otras fuentes de regulación legal (arts. 7° y 8°, LCT, y art. 8°, ley 14.250).

§ 3. **Licencia especial deportiva.** – La ley 20.596, de 1974, instituyó esta licencia cuyos beneficiarios son los deportistas aficionados, dirigentes, representantes, jueces, árbitros o jurados y entrenadores y directores técnicos que, como consecuencia de su actividad, sean designados para intervenir en campeonatos regionales selectivos, dispuestos por los organismos competentes de su deporte en los campeonatos argentinos, para integrar delegaciones que figuren regular y habitualmente en el calendario de las organizaciones internacionales (arts. 1° y 2°). La licencia especial abarca las obligaciones laborales, tanto en el sector público como en el privado, para la preparación o participación en esos eventos deportivos, estando el empleador obligado a su otorgamiento (arts. 1° y 7°). Para gozar de la licencia se requiere una antigüedad en el trabajo no inferior a seis meses (art. 5°). El término de la licencia no podrá extenderse por más de sesenta días para los deportistas aficionados y de treinta días para los demás beneficiarios (art. 6°). Cuando se trata de empleados del sector privado, el sueldo del licenciado y los aportes previsionales correspondientes serán entregados al empleador por el órgano de aplicación y con recursos provenientes del Fondo Nacional del Deporte (art. 8°). La *licencia especial deportiva* es autónoma, no pudiéndose imputar a ninguna otra clase de licencias, ni a vacaciones (art. 9°).

§ 4. **Licencia para bomberos voluntarios.** – En 1974, la ley 20.732 determinó que los trabajadores bajo relación de dependencia que simultáneamente prestaren servicios como bomberos voluntarios tendrán derecho a percibir los salarios correspondientes a las horas o días en que deban interrumpir sus prestaciones habituales, en virtud de las exigencias de dicho servicio público, ejercidas a requerimiento del respectivo cuerpo de bomberos (art. 1°). Los empleadores serán resarcidos de los salarios que deban abonar, mediante la creación de un fondo compensador (art. 4°).

§ 5. **Licencia especial para extranjeros.** – La ley 23.759, de 1990, instituyó una licencia de hasta cuatro días de duración para aquellos trabajadores radicados en territorio argentino que sean ciudadanos de países limítrofes, a los fines de que puedan concurrir a emitir su voto en las elecciones que se realicen en su país de origen. Esta licencia se considera a cuenta de la que por ley les corresponde (art. 2°, ley citada), es decir, la licencia anual ordinaria de vacaciones. Cumplido el trámite, el trabajador deberá presentar a su empleador el documento electoral expedido por la autoridad de su país de origen en el que debe constar la emisión del voto (art. 3°, ley mencionada).

Art. 159. [SALARIO. CÁLCULO] – **Las licencias a que se refiere el art. 158 serán pagas, y el salario se calculará con arreglo a lo dispuesto en el art. 155 de esta ley.**

CONCORDANCIAS: LCT, arts. 155 y 158.

§ 1. **Licencia paga.** – El carácter de licencia que la ley otorga a las circunstancias que enumera en el art. 158 de la LCT, significa no sólo que el empleador debe conceder al trabajador esos días suspendiéndose la prestación de trabajo y que, consecuentemente, esas ausencias deben considerarse justificadas y no una falta del dependiente que podría ser motivo de sanción, sino que por expresa imposición del artículo comentado esta licencia debe ser paga.

§ 2. Forma de calcular la retribución. – La licencia comprende tanto a los trabajadores mensualizados como jornalizados y la ley remite al art. 155 de la LCT –que legisla sobre el salario de vacaciones– para calcular la retribución que corresponderá al trabajador en los días de licencia.

§ 3. Oportunidad del pago de la licencia. – El capítulo referido a las licencias especiales no contiene una disposición similar a la del último párrafo del art. 155 de la LCT que impone al empleador el pago de la retribución de las vacaciones en el momento de su iniciación. La remisión del artículo a la norma del art. 155 es sólo a los efectos del cálculo del salario, pero no cabe extenderla a la oportunidad del pago, por lo que la retribución de las licencias debe hacerse en los plazos fijados por la ley para la satisfacción de la remuneración normal (art. 128, LCT).

Art. 160. [Día hábil] – En las licencias referidas en los incs. *a, c* y *d* del art. 158, deberá necesariamente computarse un día hábil, cuando las mismas coincidieran con días domingo, feriados o no laborables.

Concordancias: LCT, art. 158.

§ 1. Cómputo. – En las licencias por nacimiento o fallecimiento, la ley impone que dentro del lapso de licencia otorgado, un día, por lo menos, necesariamente deberá ser hábil. Se trata de acontecimientos que, además de su significación familiar, traen aparejada la necesidad de realizar tramitaciones que se verían impedidas si el trabajador no contara al menos con un día hábil para concretarlas.

Art. 161. [Licencia por exámenes. Requisitos] – A los efectos del otorgamiento de la licencia a que alude el inc. *e* del art. 158, los exámenes deberán estar referidos a los planes de enseñanza oficiales o autorizados por organismo provincial o nacional competente.

El beneficiario deberá acreditar ante el empleador haber rendido el examen mediante la presentación del certificado expedido por el instituto en el cual curse los estudios.

CONCORDANCIAS: LCT, art. 158.

§ 1. **Institutos autorizados.** – La licencia por exámenes no se otorga en cualquier caso. El artículo comentado exige que sean en determinadas instituciones que enumera: instituciones de enseñanza media o universitaria oficiales, e instituciones de enseñanza privada media o universitaria autorizadas por organismo nacional o provincial. No se prevé el examen rendido ante instituciones privadas autorizadas por organismo municipal.

§ 2. **Prueba del examen.** – La licencia por examen debe ser otorgada a simple solicitud del trabajador, pero subordinada a la posterior acreditación de haberse rendido la prueba mediante la presentación del correspondiente certificado. Si se omitiera la acreditación, la ausencia del trabajador dejaría de considerarse justificada y sería procedente el descuento de los salarios respectivos, ello sin perjuicio de considerar dicha conducta como configuradora de una falta disciplinaria pasible de sanción.

Capítulo III

DISPOSICIONES COMUNES

Art. 162. [COMPENSACIÓN EN DINERO. PROHIBICIÓN] Las vacaciones previstas en este título no son compensables en dinero, salvo lo dispuesto en el art. 156 de esta ley.

CONCORDANCIAS: LCT, arts. 12, 150, 151 y 156.

§ 1. **Principio de no compensabilidad en dinero.** – La ley sienta el principio de que las vacaciones no son compensables en dinero, directriz normativa que puede ser extendida a toda otra forma de descanso. Solamente pone como excepción el caso de ruptura del contrato prevista en el art. 156 de la LCT.

La ley pretende, en virtud de esta prohibición, obtener la finalidad de que los trabajadores gocen efectivamente de sus vacaciones, evitando que el descanso se transforme en objeto de transacción lucrativa entre empleador y trabajador.

Esta disposición es de orden público y por consiguiente irrenunciable para el trabajador por lo que su aplicación no puede ser restringida o suprimida por acuerdo de partes (contrato o convenio colectivo) o por decisión unilateral del empleador (art. 12, LCT).

Jurisprudencia

1. *Descansos obligatorios no gozados. Compensación en dinero. Encargados de casas de renta.* El descanso no gozado por el personal comprendido en el régimen de la ley 12.981 y sus concordantes no es compensable en dinero (CNTrab, plenario 33, 5/7/56, "Casabone de Becerra, Blanca c/Consorcio de Propietarios Alberdi 1626", *DT*, 1956-503).

2. *Vacaciones no gozadas. Caducidad del derecho.* Por imperio del art. 162 de la LCT, las vacaciones no gozadas no son compensables en dinero y el derecho a gozar de las mismas caduca en la oportunidad que establece el art. 157 de la LCT (CN Trab, Sala I, 28/2/02, *DT*, 2002-A-964).

Art. 163. [Trabajadores de temporada] – **Los trabajadores que presten servicios discontinuos o de temporada, tendrán derecho a un período anual de vacaciones al concluir cada ciclo de trabajo, graduada su extensión de acuerdo a lo dispuesto en el art. 153 de esta ley.**

Concordancias: LCT, arts. 96 a 98 y 153 a 155.

§ 1. **Regulación del trabajo de temporada. Remisión.** – El contrato de trabajo de temporada se regula en los arts. 96 a 98 de la LCT, a cuyo comentario cabe remitirse.

§ 2. **Vacaciones del trabajador de temporada.** – Las particularidades del trabajo de temporada imponen la solución prevista en el artículo, en la que el trabajador goza de un período anual de vacaciones al término de cada ciclo de trabajo a razón de un día de descanso por cada veinte días de trabajo efectivo (art. 153, LCT).

Jurisprudencia

1. *Vacaciones. Constitucionalidad.* Tratándose de trabajos discontinuos cuyo caso típico son los trabajadores de temporada, frente a la imposibilidad de reunir los días de labor que cumplen quienes laboran todo el año, se optó por otorgarles un día de vacación por cada veinte trabajados. Es por ello que cabe rechazar la impugnación con base constitucional del art. 163 de la LCT y su remisión al art. 153 de dicha norma legal (CNTrab, Sala II, 9/9/94, *TSS*, 1995-795).

Art. 164. [Acumulación] – Podrá acumularse a un período de vacaciones la tercera parte de un período inmediatamente anterior que no se hubiere gozado en la extensión fijada por esta ley. La acumulación y consiguiente reducción del tiempo de vacaciones en uno de los períodos, deberá ser convenida por las partes.

El empleador, a solicitud del trabajador, deberá conceder el goce de las vacaciones previstas en el art. 150 acumuladas a las que resulten del art. 158, inc. *b*, aun cuando ello implicase alterar la oportunidad de su concesión frente a lo dispuesto en el art. 154 de esta ley. Cuando un matrimonio se desempeñe a las órdenes del mismo empleador, las vacaciones deberán otorgarse en forma conjunta y simultánea, siempre que no afecte notoriamente el normal desenvolvimiento del establecimiento.

Concordancias: LCT, arts. 150, 154 y 158.

§ 1. **Goce continuado de las vacaciones.** – El art. 150 de la LCT sienta el principio del goce continuado de las vacaciones ("El trabajador gozará de un período mínimo y continuado de descanso anual remunerado", dice la norma). Esto significa que la ley se pronuncia por la continuidad, desechando, en principio, el fraccionamiento del período de vacaciones y su acumulabilidad con períodos posteriores. El mismo artículo establece una excepción al principio mencionado, determinando la posibilidad de acumular vacaciones si se observan las condiciones fijadas por la ley.

§ 2. **Requisitos para la acumulación.** – El artículo regula las condiciones en que es admisible la acumulación de las vacaciones. Ellas son: *a*) que exista acuerdo de partes; *b*) que la acumulación se limite al tercio de los días de vacaciones de un período inmediatamente anterior, y *c*) que los días de vacaciones no gozados se acumulen al período inmediatamente posterior.

La acumulación sólo es admisible si existe acuerdo de partes, de lo que resulta que ella no será posible si media la oposición de alguna de ellas.

§ 3. **Acumulación de las vacaciones con la licencia por matrimonio.** – El artículo habilita la acumulación del período de vacaciones con la licencia por matrimonio del art. 158, inc. *b*, de la LCT, cuando así lo solicita el trabajador. Ello es procedente aunque implicase alterar la oportunidad de goce de las vacaciones fijada por el art. 154 de la LCT. El verbo utilizado por la norma (*deberá*) indica que el otorgamiento de la acumulación no es facultativo para el empleador, sino imperativo cuando lo solicite el trabajador y se den las condiciones establecidas por la ley.

§ 4. **Matrimonio dependiente de un mismo empleador.** – Cuando un matrimonio se desempeñe a las órdenes del mismo empleador –establece la última parte del artículo–, las vacaciones deben otorgarse en forma conjunta y simultánea a ambos cónyuges. Se trata de preservar la institución matrimonial y resguardar el principio de convivencia que es deber recíproco de los cónyuges (art. 199, Cód. Civil).

Si la antigüedad de ambos cónyuges es disímil, el otorgamiento deberá efectuarse de modo tal que coincida el plazo menor dentro del mayor, a fin de preservar la simultaneidad[1].

El artículo faculta al empleador a denegar la solicitud del matrimonio cuando ello "afecte notoriamente el normal desenvolvimiento del establecimiento". Se trata del caso en que por causas funcionales u operativas no se pueda conceder el beneficio de esta forma como ocurre en las actividades que no admiten interrupción y en que los cónyuges son esenciales para mantener esa continuidad y no se puede suplir la prestación con otros trabajadores[2].

---

[1] DE DIEGO, *Jornada de trabajo y descansos*, p. 323.
[2] DE DIEGO, *Jornada de trabajo y descansos*, p. 323.

Título VI

DE LOS FERIADOS OBLIGATORIOS Y DÍAS NO LABORABLES

Art. 165. – Serán feriados nacionales y días no laborables los establecidos en el régimen legal que los regule.

Concordancias: LCT, arts. 166 a 171; leyes 21.329, 22.655, 22.769, 23.555, 24.023, 24.254, 24.360, 24.445, 24.571 y 24.757.

§ 1. **Feriados nacionales.** – Feriado nacional es el día en que por disposición del Estado y con motivo de una celebración o festividad de carácter cívico, histórico o religioso, no se trabaja en todo el ámbito del país[1].

De conformidad con la legislación vigente, son feriados nacionales: 1º de enero, Viernes Santo, 2 de abril, 1º de mayo, 25 de mayo, 20 de junio, 9 de julio, 17 de agosto, 12 de octubre, 8 y 25 de diciembre.

Por la ley 23.555 y sus modificaciones (leyes 24.023 y 24.360) se determinó el traslado de los feriados entre semana a los días lunes anteriores (si coinciden con los martes o miércoles) o posteriores (si coinciden con jueves o viernes); este régimen de movilidad se aplica al 2 de abril y 12 de octubre. Los días lunes que resulten feriados por aplicación de la ley 23.555, gozan en el aspecto remunerativo de los mismos derechos que establece la legislación para los feriados nacionales obligatorios. Por el art. 4º de la ley 24.445 se estableció que los feriados nacionales del 20 de junio y del 17 de agosto serán cumplidos el día que corresponda al tercer lunes del mes respectivo. Quedan exceptuados de su traslado a otros días los feriados na-

---

[1] Fernández Madrid, *Tratado práctico*, t. I, p. 1478.

cionales correspondientes al 1° de enero, Viernes Santo, 1° de mayo, 25 de mayo, 9 de julio, 8 y 25 de diciembre.

Por ley 24.254 de 1993 se declaró feriado nacional el día de cada año en el que se efectúe el Censo Nacional de Población y Vivienda.

§ 2. **Día no laborable.** – El día no laborable es aquel en que los empleadores pueden optar por trabajar o no. Como día no laborable para la totalidad de los habitantes ha quedado únicamente el Jueves Santo.

Por ley 24.571 se declaró día no laborable para todos los habitantes de la Nación Argentina que profesen la religión judía los días de Año Nuevo Judío (*Rosh Hashana*), dos días, y el Día del Perdón (*Iom Kipur*), un día.

Por ley 24.757 se declaró día no laborable para todos los habitantes que profesen la religión islámica, el día de Año Nuevo Musulmán (*Hegira*), el día posterior a la culminación del ayuno (*Id al-Fitr*) y el día de la Fiesta del Sacrificio (*Id al-Adha*).

La ley 25.151 dispuso que los trabajadores comprendidos en las leyes 24.571 y 24.757, que no prestaren servicios en las festividades religiosas indicadas en éstas, devengarán remuneración y los demás derechos emergentes de la relación laboral como si hubieran prestado servicio.

§ 3. **Días del gremio.** – Numerosos convenios colectivos de trabajo instituyen días conmemorativos del trabajador de cada una de esas actividades. Para considerar el régimen de descanso y remunerativo que corresponden a esos días habrá que remitirse a las disposiciones específicas de cada una de esas regulaciones convencionales.

Art. 166. [Aplicación de las normas sobre descanso semanal. Salario. Suplementación] – En los días feriados nacionales rigen las normas legales sobre el descanso dominical. En dichos días los trabajadores que no gozaren de la remuneración respectiva percibirán el salario correspondiente a los mismos, aun cuando coincidan con domingo.

En caso que presten servicios en tales días, cobrarán la remuneración normal de los días laborables más una cantidad igual.

Concordancias: LCT, arts. 165, 167 a 171, 201, 203, 204 y 207.

§ 1. **Régimen de los días feriados.** – El cálculo de la remuneración por horas o por días (*a jornal*), como todo cómputo que se hace exclusivamente sobre la base del trabajo efectivamente prestado, había conducido, antes de la sanción de las normas sobre feriados obligatorios, a la situación de que esos trabajadores no percibían remuneración en los días feriados o de descanso. Esta situación poco satisfactoria condujo a la sanción de normas que establecieron el pago de los días feriados o de descanso obligatorio[1].

Los principales beneficiarios del régimen de feriados son los trabajadores jornalizados que, al cobrar por día o por horas efectivamente trabajados, podrían verse perjudicados por la prohibición de trabajar en esos días. En cambio, el sueldo mensual, a diferencia del jornal, cubre todo el mes, por lo que los trabajadores mensualizados no sufren merma económica alguna por la existencia de los días feriados.

§ 2. **Asimilación al descanso dominical.** – El artículo comentado hace aplicable a los días feriados nacionales el régimen jurídico sobre descanso dominical, asimilación que, sin embargo, no es total (ver § 4). Por consiguiente, ello implica que queda prohibido el trabajo en días feriados (art. 204, LCT), siendo aplicables las excepciones previstas en la ley (arts. 203 y 204, LCT). Sólo podrán prestarse servicios en los casos de excepciones admitidas para el descanso dominical y no cuando el empleador lo disponga o lo acuerden las partes[2].

§ 3. **Remuneración en los días feriados.** – Si no trabajan en tales días, los trabajadores jornalizados y retribuidos a comisión perciben la remuneración correspondiente al día feriado, porque, al no trabajar, perderían la remuneración respectiva. Si se trata de trabajadores remunerados a sueldo fijo y comisión u otra forma de remuneración variable, el empleador les debe abonar la parte correspondiente a la comisión o remuneración variable. La remuneración que percibe el trabajador mensualizado no varía.

En el caso de que los trabajadores presten servicios en día feriado, si son jornalizados cobran doble y en el caso de los mensualizados perciben su sueldo mensual habitual más el importe correspondiente al día feriado trabajado.

---

[1] KROTOSCHIN, *Tratado práctico*, t. I, p. 255.
[2] CARCAVALLO, en VAZQUEZ VIALARD (dir.), "Tratado", t. 4, p. 147.

Si se trabajan horas extra en días feriados corresponde un recargo del 100% (art. 201, LCT).

Jurisprudencia

1. *Feriados. Trabajadores remunerados a sueldo y comisión.* Los trabajadores remunerados a sueldo y comisión o solamente en esta última forma tienen derecho a percibir la remuneración correspondiente a los días feriados nacionales, pero excluyendo con respecto a los primeros la suma correspondiente al sueldo mensual (CNTrab, plenario 69, "Nucifora, Domingo c/Siam Di Tella", 28/11/60, DT, 1961-137).

2. *Trabajadores mensualizados.* Salvo norma convencional en contrario, los trabajadores mensualizados no tienen derecho al cobro de salarios diferenciales por día feriado, a no ser que los hubiesen trabajado (CNTrab, Sala V, 29/6/01, TSS, 2001-872).

§ 4. **Inexistencia del deber de otorgar el descanso compensatorio.** – Si bien el artículo comentado parece asimilar la situación de los feriados a la del descanso dominical, esta asimilación no es total, ya que en el trabajo en los días feriados sólo corresponde el pago duplicado de la remuneración normal, rasgo que lo distingue del trabajo durante el descanso semanal, para el que, en principio, procede el descanso compensatorio y no el pago de recargos, salvo en la situación excepcional del art. 207 de la LCT[3]. Ello está justificado en la circunstancia de que el descanso en los días feriados no persigue fines higiénicos sino el de permitir al trabajador asociarse a determinadas festividades, sin mengua de su salario[4].

Jurisprudencia

1'. *Feriados. Descanso compensatorio.* El trabajo que por motivos excepcionales deba efectuarse en sábados y domingos genera como único derecho el del franco compensatorio, situación que no se da respecto a los feriados nacionales, pues la celebración o conmemoración no puede efectuarse en día distinto, en cuya consecuencia el franco compensatorio no tiene sentido (CNTrab, Sala II, 29/5/79, LT, XXVIII-353).

Art. 167. [Días no laborables. Opción] – **En los días no laborables, el trabajo será optativo para el empleador, salvo en bancos, seguros y actividades**

---

[3] Carcavallo, en Vazquez Vialard (dir.), "Tratado", t. 4, p. 147.
[4] Brito Peret - Goldin - Izquierdo, La reforma, p. 132.

afines, conforme lo determine la reglamentación. En dichos días, los trabajadores que presten servicio, percibirán el salario simple.

En caso de optar el empleador como día no laborable, el jornal será igualmente abonado al trabajador.

CONCORDANCIAS: LCT, arts. 165, 166 y 168 a 170.

§ 1. **Régimen legal.** – Los días no laborables son los señalados por la ley. En la actualidad, para la totalidad de los habitantes el único día no laborable es el Jueves Santo; para los habitantes que profesen la religión judía, los días señalados por la ley 24.571 y para quienes profesen la religión islámica, los indicados por la ley 24.757.

§ 2. **Opción.** – El artículo comentado otorga una opción a favor del empleador, quien podrá decidir trabajar o no en los días no laborables, garantizando la percepción del salario simple por parte de los trabajadores, se preste o no el servicio.

Esta disposición legal deja a salvo las actividades bancarias, de seguros y afines, para las cuales es obligatorio no trabajar[1].

§ 3. **Salario.** – El pago de los salarios en los días no laborables, según las distintas formas de remuneración, se rige por las siguientes reglas: para los *trabajadores mensualizados* no habrá variantes en su remuneración mensual fija, trabaje o no por decisión del empleador, y para los *trabajadores jornalizados* o *remunerados a destajo, comisión* u *otras formas variables de remuneración*, si prestan servicios cobran su remuneración habitual por el trabajo prestado y si no trabajan tienen derecho a su salario calculado según lo establecido por el art. 169, siempre que reúnan los requisitos exigidos por el art. 168 de la LCT[2], normas referidas a los feriados que son aplicables por analogía a los días no laborables[3].

---

[1] LIVELLARA, en ALTAMIRA GIGENA (coord.), "Ley de contrato de trabajo", t. 2, p. 149.

[2] LÓPEZ - CENTENO - FERNÁNDEZ MADRID, *Ley de contrato de trabajo*, t. II, p. 801; LIVELLARA, en ALTAMIRA GIGENA (coord.), "Ley de contrato de trabajo", t. 2, p. 150.

[3] LÓPEZ - CENTENO - FERNÁNDEZ MADRID, *Ley de contrato de trabajo*, t. II, p. 801.

29. Etala, *Contrato.*

La ley 25.151 dispuso que los trabajadores comprendidos en las leyes 24.571 (que profesan la religión judía) y 24.757 (que profesan la religión islámica), que no prestaren servicios en las festividades religiosas indicadas en ellas, devengarán igualmente su remuneración.

Art. 168. [Condiciones para percibir el salario]. Los trabajadores tendrán derecho a percibir la remuneración indicada en el art. 166, párrafo primero, siempre que hubiesen trabajado a las órdenes de un mismo empleador cuarenta y ocho horas o seis jornadas dentro del término de diez días hábiles anteriores al feriado.

Igual derecho tendrán los que hubiesen trabajado la víspera hábil del día feriado y continuaran trabajando en cualquiera de los cinco días hábiles subsiguientes.

Concordancias: LCT, arts. 165 a 167, 169 y 170.

§ 1. **Requisitos para percibir el salario de los días feriados.** – Con el objeto de evitar el ausentismo que frecuentemente se produce en los días que rodean a un feriado, el artículo, para habilitar la percepción del salario del día feriado por parte del trabajador, exige una prestación mínima de servicios anterior al feriado (cuarenta y ocho horas o seis jornadas dentro de los diez días hábiles anteriores) o anterior y posterior al feriado (la víspera hábil del feriado y por lo menos uno de los cinco días hábiles subsiguientes).

En ciertos casos, aun cuando no exista trabajo efectivo, debe considerarse cumplido el requisito legal, si la falta de prestación obedece a un hecho imputable al empleador (trabajo puesto a disposición y no utilizado, trabajo rehusado o suspensión por falta de trabajo) y en general en aquellas situaciones en que la ley legitima la inasistencia poniendo al trabajador en la misma condición en que estaría si prestara servicios (enfermedad, accidente, licencias, etcétera). No es así, en cambio, cuando la ausencia es imputable al trabajador (p.ej., suspensión disciplinaria)[1].

---

[1] López - Centeno - Fernández Madrid, *Ley de contrato de trabajo*, t. II, p. 802 y 803.

Art. 169. [Salario. Su determinación] – Para liquidar las remuneraciones se tomará como base de su cálculo lo dispuesto en el art. 155. Si se tratase de personal a destajo, se tomará como salario base el promedio de lo percibido en los seis días de trabajo efectivo inmediatamente anteriores al feriado, o el que corresponde al menor número de días trabajados.

En el caso de trabajadores remunerados por otra forma variable, la determinación se efectuará tomando como base el promedio percibido en los treinta días inmediatamente anteriores al feriado.

Concordancias: LCT, arts. 155, 165 a 168 y 170.

§ 1. **Cálculo de la remuneración de los feriados.** – El artículo comentado trata del procedimiento que debe seguirse para calcular el salario que corresponde por los días feriados. Para ello se remite parcialmente al art. 155 de la LCT (para los trabajadores mensualizados y jornalizados) o elabora un específico procedimiento de liquidación (para los trabajadores remunerados a destajo o en otra forma variable).

§ 2. **Trabajadores mensualizados.** – Para este cálculo, el artículo remite al art. 155 de la LCT. En virtud de esa remisión debe entenderse que si los trabajadores mensualizados trabajan en el feriado, la retribución duplicada que les corresponde por ese día debe ser calculada dividiendo por veinticinco el último sueldo percibido[1].

§ 3. **Trabajadores jornalizados.** – Respecto de estos trabajadores rige la remisión al art. 155 de la LCT, por lo que deberán percibir por el feriado el mismo jornal percibido el día anterior[2].

§ 4. **Trabajadores remunerados a destajo.** – Para el cálculo del salario que corresponde a estos trabajadores en los días feriados no cabe remitirse al art. 155 de la LCT, sino al procedimiento específico de cálculo que establece el artículo comen-

---

[1] Carcavallo, en Vazquez Vialard (dir.), "Tratado", t. 4, p. 149.
[2] Carcavallo, en Vazquez Vialard (dir.), "Tratado", t. 4, p. 149.

tado tomando como referencia un período para determinar el promedio que es sustancialmente menor al establecido para las vacaciones. En el caso del salario del feriado del personal a destajo, se toma como salario base el promedio de lo percibido en los seis días de trabajo efectivo inmediatamente anterior al feriado o el que corresponde al menor número de días trabajados (en el art. 155 de la LCT es el promedio del año de vacaciones o de los últimos seis meses de prestación de servicios).

§ 5. **Trabajadores con remuneraciones variables.** – Para estos trabajadores, el artículo comentado fija un procedimiento específico de cálculo del salario de los feriados que toma como base el promedio percibido en los treinta días inmediatamente anteriores al feriado. Se aparta así del régimen del art. 155 de la LCT que establece un procedimiento similar al del personal a destajo. Dentro de las remuneraciones variables, a los efectos del artículo comentado deben considerarse incluidas las comisiones y los premios.

§ 6. **Trabajadores con remuneración en parte fija y parte variable.** – Para los trabajadores con remuneraciones mixtas, en parte fija y en parte variable, para el cálculo del salario del feriado, debe darse a cada parte de la retribución el tratamiento legal que corresponde a cada una de ellas.

JURISPRUDENCIA

1. *Feriados nacionales. Remuneración. Trabajadores remunerados a sueldo fijo y comisión.* Los trabajadores remunerados a sueldo fijo y comisión o solamente en esta última forma tienen derecho a percibir la remuneración correspondiente a los días feriados nacionales, pero excluyendo con respecto a los primeros la suma correspondiente al sueldo mensual (CNTrab, plenario 69, 28/11/60, "Nucifora, Domingo c/Siam Di Tella", *DT*, 1961-137).

Art. 170. [CASO DE ACCIDENTE O ENFERMEDAD] – En caso de accidente o enfermedad, los salarios correspondientes a los días feriados se liquidarán de acuerdo a los arts. 166 y 167 de esta ley.

CONCORDANCIAS: LCT, arts. 165 a 169 y 208.

§ 1. **Feriados durante la enfermedad o accidente.** – El art. 208 de la LCT determina la remuneración que debe percibir el trabajador en caso de accidente o enfermedad inculpable. Sin embargo, el artículo comentado determina un procedimiento específico para calcular el salario de los feriados durante la enfermedad que remite en estos casos a lo establecido por los arts. 166 y 167 de la LCT. Corresponde, en consecuencia, atenerse a este régimen especial con relación al general del art. 208 de la LCT.

§ 2. **Feriado en el período de reserva del empleo.** – Si el feriado coincide con el período de reserva del empleo del art. 211 de la LCT no corresponde el pago de remuneración alguna[1].

§ 3. **Feriado durante la licencia por maternidad.** – Durante la licencia por maternidad sólo corresponde el pago de las asignaciones del art. 177 de la LCT, que son prestaciones de la seguridad social, no siendo procedente el pago de los salarios[2].

§ 4. **Feriado durante las suspensiones.** – Cuando media una suspensión legítima, disciplinaria, por falta de trabajo o por alguna otra causa, no procede pagar el feriado dada la falta de cumplimiento de los recaudos exigibles[3].

Art. 171. [TRABAJO A DOMICILIO] – **Los estatutos profesionales y las convenciones colectivas de trabajo regularán las condiciones que debe reunir el trabajador y la forma del cálculo del salario en el caso del trabajo a domicilio.**

CONCORDANCIAS: ley 12.713; decrs. 118.755/42 y 24.252/44.

§ 1. **Goce de los feriados.** – Siendo la LCT una ley general, parece significativa la mención en ella del régimen de trabajo de una regulación particular. Se trata indudablemente de una norma que pretende asegurar en el estatuto especial y convención colectiva respectiva, la inclusión de disposiciones que garanticen el goce del feriado a los trabajadores a domicilio, dada la modalidad singular de esta forma de prestación del trabajo.

[1] CARCAVALLO, en VAZQUEZ VIALARD (dir.), "Tratado", t. 4, p. 150.
[2] CARCAVALLO, en VAZQUEZ VIALARD (dir.), "Tratado", t. 4, p. 150.
[3] CARCAVALLO, en VAZQUEZ VIALARD (dir.), "Tratado", t. 4, p. 150.

§ 2. Cálculo. – El decr. 24.252/44, modificado por la ley 14.343, determina las reglas a que deberá ajustarse el derecho de los trabajadores a domicilio de percibir los salarios por los días feriados nacionales. El salario a abonar en tal concepto será igual a la cantidad que resulte de dividir por veinticinco la suma que arroje la adición de lo percibido en la quincena en que esté comprendido el feriado, más lo ganado en la quincena anterior.

Título VII

TRABAJO DE MUJERES

Capítulo I

DISPOSICIONES GENERALES

Art. 172. [Capacidad. Prohibición de trato discriminatorio] – La mujer podrá celebrar toda clase de contrato de trabajo, no pudiendo consagrarse por las convenciones colectivas de trabajo, o reglamentaciones autorizadas, ningún tipo de discriminación en su empleo fundada en el sexo o estado civil de la misma, aunque este último se altere en el curso de la relación laboral.

En las convenciones colectivas o tarifas de salarios que se elaboren se garantizará la plena observancia del principio de igualdad de retribución por trabajo de igual valor.

Concordancias: LCT, arts. 17, 32, 35, 81 y 187; leyes 20.392 y 23.592.

§ 1. **Capacidad de la mujer.** – La primera formulación de la norma establece la plena capacidad de la mujer para celebrar el contrato de trabajo, de manera coincidente con lo dispuesto por los arts. 32, 35 y 187 de la LCT. No cabe hacer distinción alguna entre la mujer soltera, viuda o divorciada ni requiere la casada autorización del marido.

§ 2. **Prohibición de discriminación.** – El art. 17 de la LCT prohíbe claramente cualquier tipo de discriminación entre los trabajadores por motivos de sexo, no estableciendo ninguna distinción, según que la discriminación provenga de una fuente normativa o se trate de una discriminación de hecho. El artículo comentado particulariza, en cambio, en dos fuentes normativas: "las convenciones colectivas de trabajo" y las "reglamentaciones autorizadas".

§ 3. **Fundamento constitucional. Convención sobre la Eliminación de todas las Formas de Discriminación contra la Mujer.** – La norma comentada encuentra fundamento en el art. 16 de la Const. nacional, que establece: *"Todos sus habitantes son iguales ante la ley, y admisibles en los empleos sin otra condición que la idoneidad..."*. Por su parte, el art. 14 *bis* garantiza *"... igual remuneración por igual tarea"*.

El art. 75, inc. 22, de la Const. nacional eleva a la jerarquía constitucional esta Convención, ratificada por ley 23.179, cuyas normas deben ser entendidas como complementarias de los derechos y garantías reconocidos por la Constitución.

En su parte pertinente, la Convención dispone: *"Art. 11.1. Los Estados partes adoptarán todas las medidas apropiadas para eliminar la discriminación contra la mujer en la esfera del empleo con el fin de asegurar, en condiciones de igualdad entre hombres y mujeres los mismos derechos, en particular: a) el derecho al trabajo como derecho inalienable de todo ser humano; b) el derecho a las mismas oportunidades de empleo, inclusive a la aplicación de los mismos criterios de selección en cuestiones de empleo; c) el derecho a elegir libremente profesión y empleo, el derecho al ascenso, a la estabilidad en el empleo y a todas las prestaciones y otras condiciones de servicio, y el derecho al acceso a la formación profesional y al readiestramiento, incluido el aprendizaje, la formación profesional superior y el adiestramiento periódico; d) el derecho a igual remuneración, inclusive prestaciones, y a igualdad de trato con respecto a un trabajo de igual valor, así como igualdad de trato con respecto a la evaluación de la calidad del trabajo; e) el derecho a la seguridad social, en particular en casos de jubilación, desempleo, enfermedad, invalidez, vejez u otra incapacidad para trabajar, así como el derecho a vacaciones pagadas; f) el derecho a la protección de la salud y a la seguridad en las condiciones de trabajo, incluso la salvaguardia de la función de reproducción"*.

§ 4. **Manifestación del principio de igualdad de trato y no discriminación.** – La norma incluida en el artículo comentado constituye una manifestación del principio de igualdad de trato y no discriminación que es uno de los principios generales del derecho del trabajo (ver art. 11, § 4).

§ 5. **Igualdad de remuneración.** – La República Argentina ha ratificado, por decr. ley 11.595/56, el convenio 100 de la OIT, sobre igualdad de remuneración, de 1951, por lo que, después de la reforma constitucional de 1994, sus normas tienen una jerarquía superior a las leyes (art. 75, inc. 22, Const. nacional).

El art. 2°.1 del convenio determina: *"Todo miembro deberá, empleando métodos adaptados a los métodos vigentes de fijación de tasas de remuneración, promover y, en la medida en que sea compatible con dichos métodos, garantizar la aplicación a todos los trabajadores del principio de igualdad de remuneración entre la mano de obra masculina y la mano de obra femenina por un trabajo de igual valor"*. El párr. 2° del mismo artículo agrega: *"Este principio se deberá aplicar sea por medio de:* a) *la legislación nacional;* b) *cualquier sistema para la fijación de la remuneración, establecido o reconocido por la legislación;* c) *contratos colectivos celebrados entre empleadores y trabajadores, o* d) *la acción conjunta de estos diversos métodos"*.

§ 6. **Igualdad de oportunidades.** – El convenio 111 de la OIT, sobre la discriminación (empleo y ocupación), ratificado por la República Argentina por ley 17.677, dispone: *"Todo miembro para el cual este convenio se halle en vigor se obliga a formular y llevar a cabo una política nacional que promueva, por métodos adecuados a las condiciones y a la práctica nacionales, la igualdad de oportunidades y de trato en materia de empleo y ocupación, con objeto de eliminar cualquier discriminación a este respecto"* (art. 2°).

§ 7. **Ley 20.392.** – La norma que constituye una de las fuentes del artículo, prohíbe que se establezcan diferencias de remuneraciones entre la mano de obra masculina y la femenina, por un trabajo de igual valor.

§ 8. **Ley 23.592.** – Esta ley, de 1985, que persigue las prácticas discriminatorias, entre las que se cuentan los actos u omisiones determinados por motivos de sexo, dispone: "Quien arbitrariamente impida, obstruya, restrinja o de algún modo menoscabe el pleno ejercicio sobre bases igualitarias de los derechos y garantías fundamentales reconocidos en la Constitución nacional, será obligado, a pedido del damnificado, a dejar sin efecto el acto discriminatorio o cesar en su realización y a reparar el daño moral y material ocasionados" (art. 1°).

Art. 173. [Derogado por ley 24.013, art. 26]

§ 1. **Derogación de la prohibición de trabajo nocturno para las mujeres.** – El artículo derogado establecía la prohibición del trabajo nocturno para las mujeres. El art. 26 de la LE derogó el artículo, con lo que consagró la igualdad del trabajador varón y mujer a los efectos de ser contratados para cumplir horario nocturno. Trabajo nocturno es el que se cumple entre la hora veintiuna de un día y la hora seis del siguiente (art. 200, LCT).

En el régimen derogado, la prohibición del trabajo nocturno de las mujeres traía aparejado el desplazamiento del personal femenino en la contratación para cubrir ese turno por parte de los trabajadores varones o la contratación de mujeres, pero a través de *empleo no registrado*.

§ 2. **Denuncia de los convenios 4 y 41 de la Organización Internacional del Trabajo.** – El mismo art. 26 de la LE que derogó el art. 173 de la LCT, consecuentemente denunció los convenios de la OIT que establecen la prohibición del trabajo nocturno de las mujeres. Así se dispuso la denuncia del convenio 4, sobre el trabajo nocturno (mujeres), de 1919, ratificado por ley 11.726, y del convenio 41, convenio (revisado) sobre el trabajo nocturno (mujeres), de 1934, ratificado por ley 13.560.

Art. 174. [Descanso al mediodía] – Las mujeres que trabajen en horas de la mañana y de la tarde dispondrán de un descanso de dos horas al mediodía, salvo que por la extensión de la jornada a que estuviese sometida la trabajadora, las características de las tareas que realice, los perjuicios que la interrupción del trabajo pudiese ocasionar a las propias beneficiarias o al interés general, se autorizare la adopción de horarios continuos, con supresión o reducción de dicho período de descanso.

Concordancias: LCT, art. 191.

§ 1. **Finalidad de la norma.** – El descanso de dos horas establecido por el artículo tiene como finalidad que la trabajadora disponga de una pausa para realizar la comida y tome un descanso a la mitad de la jornada[1].

§ 2. **Trabajadoras comprendidas.** – Del descanso dispuesto por el artículo sólo son acreedoras las trabajadoras que cumplen su jornada en horas de la mañana y de la tarde. En cambio, no procede el descanso cuando las tareas se prestan en horario corrido cuya hora de iniciación o terminación está cercana al mediodía[2].

§ 3. **Descanso no remunerado.** – Durante el descanso previsto en este artículo la trabajadora no está a disposición de su empleador, sino que dispone del tiempo en beneficio propio y por consiguiente no tiene derecho a la remuneración (art. 103, LCT)[3].

§ 4. **Reducción o supresión del descanso.** – El artículo habilita a la autoridad de aplicación para reducir o suprimir el descanso en los siguientes casos: *a)* la extensión (menor) de la jornada a que estuviese sometida la trabajadora; *b)* las características de las tareas que realice, y *c)* los perjuicios que la interrupción del trabajo pudiese ocasionar a las propias beneficiarias o al interés general.

Aunque el artículo no lo dice expresamente, quien debe autorizar la reducción o supresión del descanso es el Ministerio de Trabajo y Seguridad Social de la Nación (actualmente, Ministerio de Trabajo, Empleo y Seguridad Social), que es la autoridad de aplicación de la ley (art. 9°, ley 20.744), puesto que el carácter imperativo de la norma torna indisponible para las partes un acuerdo sobre el particular[4]. Sin embargo, la reducción o supresión podría ser pactada en un convenio colectivo de trabajo, ya que la homologación de éste actuaría como la debida autorización.

§ 5. **Omisión de otorgar el descanso.** – En el caso de que no haya mediado autorización de la autoridad administrativa y no se concediera el descanso a mediodía, debe reconocerse a

---

[1] López - Centeno - Fernández Madrid, *Ley de contrato de trabajo*, t. II, p. 820.
[2] Podetti - Banchs, *Trabajo de mujeres*, p. 62.
[3] López - Centeno - Fernández Madrid, *Ley de contrato de trabajo*, t. II, p. 820; Podetti - Banchs, *Trabajo de mujeres*, p. 62.
[4] Podetti - Banchs, *Trabajo de mujeres*, p. 64.

la trabajadora el derecho de tomarlo por sí, previa comunicación al empleador, solución ésta que para el descanso semanal y el anual adoptan los arts. 157 y 207 de la LCT[5].

Art. 175. [Trabajo a domicilio. Prohibición] – Queda prohibido encargar la ejecución de trabajos a domicilio a mujeres ocupadas en algún local u otra dependencia de la empresa.

Concordancias: LCT, art. 191.

§ 1. Finalidad de la prohibición. – La finalidad de la norma comentada es la de prohibir el trabajo en el domicilio de la trabajadora y no tiene ninguna vinculación con el régimen de trabajo a domicilio regulado por la ley 12.713.

Lo que prohíbe el artículo es encomendar al personal femenino ocupado en el establecimiento de la empresa, y obviamente fuera del horario de trabajo, tareas a ejecutar en el domicilio de la trabajadora. Se trata de evitar con ello la violación a los límites de la jornada máxima de trabajo y una sobrecarga abusiva en el trabajo de las mujeres[1].

Art. 176. [Tareas penosas, peligrosas o insalubres] – Queda prohibido ocupar a mujeres en trabajos que revistan carácter penoso, peligroso o insalubre.

La reglamentación determinará las industrias comprendidas en esta prohibición.

Regirá con respecto al empleo de mujeres lo dispuesto en el art. 195.

Concordancias: LCT, arts. 191, 195 y 200; leyes 11.317, arts. 10 y 11, y 18.609.

§ 1. Conceptos. – El artículo prohíbe ocupar a mujeres en trabajos penosos, peligrosos o insalubres.

---

[5] Podetti - Banchs, *Trabajo de mujeres*, p. 64; Vazquez Vialard, *Derecho del trabajo y de la seguridad social*, t. 1, p. 308.

[1] Podetti - Banchs, *Trabajo de mujeres*, p. 66; Carcavallo, en Vazquez Vialard (dir.), "Tratado", t. 4, p. 182.

Por trabajo penoso ha de entenderse el que exige mayor esfuerzo[1] o aquellas tareas que llevan aparejada incomodidad de mayor grado en su realización[2]. Tareas peligrosas son aquellas que implican un necesario riesgo en su ejecución[3] o las que producen o aumentan la inminencia de un daño que puede ser no solamente físico sino también moral[4].

Tareas insalubres son las que por la forma y demás circunstancias en que se las cumple exponen a quien las realiza a contraer enfermedades[5]. Esta clase de tareas necesariamente deben vincularse con las normas que regulan la extensión de la jornada, reduciendo su duración cuando ha mediado la calificación de las tareas o condiciones como insalubres, según el art. 200 de la LCT[6]. Mientras que para los trabajadores varones rige la reducción de la jornada a seis horas en este tipo de tareas, para las mujeres está absolutamente prohibido su desempeño en trabajos insalubres.

§ 2. **Determinación de los trabajos penosos, peligrosos o insalubres.** – Según el artículo corresponde a la reglamentación determinar los trabajos (*las industrias*) comprendidos en la prohibición.

a) *Convenios de la Organización Internacional del Trabajo.* Según el convenio 13 de la OIT sobre la cerusa (pintura), de 1921, ratificado por la República Argentina por ley 12.232, queda prohibido emplear a las mujeres en trabajos de pintura industrial que entrañen el empleo de cerusa, de sulfato de plomo o de cualquier otro producto que contenga dichos pigmentos (art. 3°).

El convenio 45 de la OIT, sobre el trabajo subterráneo (mujeres), de 1935, también ratificado por la Argentina por ley 13.560, prohíbe para las mujeres de cualquier edad los trabajos subterráneos de las minas (art. 2°).

b) *Normas reglamentarias vigentes.* Los arts. 10 y 11 de la ley 11.317 –que se mantienen vigentes– hacen una larga

---

[1] PODETTI - BANCHS, *Trabajo de mujeres*, p. 79.
[2] LÓPEZ - CENTENO - FERNÁNDEZ MADRID, *Ley de contrato de trabajo*, t. II, p. 823; MARTÍNEZ VIVOT, *Los menores y las mujeres*, p. 89.
[3] LÓPEZ - CENTENO - FERNÁNDEZ MADRID, *Ley de contrato de trabajo*, t. II, p. 823; MARTÍNEZ VIVOT, *Los menores y las mujeres*, p. 89.
[4] PODETTI - BANCHS, *Trabajo de mujeres*, p. 80.
[5] LÓPEZ - CENTENO - FERNÁNDEZ MADRID, *Ley de contrato de trabajo*, t. II, p. 823; MARTÍNEZ VIVOT, *Los menores y las mujeres*, p. 89.
[6] PODETTI - BANCHS, *Trabajo de mujeres*, p. 80.

enumeración de las tareas o industrias peligrosas o insalubres en que queda prohibido el empleo de mujeres.

El decreto reglamentario de la ley 11.317, del 28/5/25, amplió el listado de los arts. 10 y 11 de la mencionada ley e indicó que la enumeración podrá ser ampliada en el futuro (art. 1°), pero la prohibición podrá ser derogada total o parcialmente si la introducción de nuevos métodos de fabricación o la adopción de disposiciones de prevención hicieran desaparecer su carácter de peligrosas o insalubres (art. 2°).

La ley 18.609, de conformidad con el compromiso asumido por el país al ratificar el convenio 13 de la OIT, prohibió el empleo de mujeres en trabajos de fabricación y manipulación de pinturas, esmaltes o barnices que contengan cerusa, sulfato de plomo, arsénico o cualquier otra materia tóxica (art. 3°).

Jurisprudencia

1. *Trabajo de mujeres. Tareas prohibidas.* Las tareas peligrosas para la vida o la moral, a que se refiere el art. 176 de la LCT, son las enumeradas en los arts. 10 y 11 de la ley 11.317 y en su decreto reglamentario del 28/5/25 (CNTrab, Sala II, 18/12/89, *DT*, 1990-A-907).

§ 3. **Efectos de la prohibición.** – Si el objeto del contrato consiste en el desempeño de la trabajadora en tareas penosas, peligrosas o insalubres, la situación encuadra en lo dispuesto por el art. 40 de la LCT, sobre trabajo prohibido, con la consecuencia de la nulidad del contrato, sin perjuicio del derecho de la trabajadora a la percepción de las remuneraciones por las tareas cumplidas y las indemnizaciones que se deriven de la extinción del contrato (art. 42, LCT), pues se trata de una nulidad *ex nunc* cuyos efectos no se retrotraen al comienzo de la relación[7].

§ 4. **Derogación del artículo 195 de la ley de contrato de trabajo.** – El art. 195 de la LCT –al que remite el artículo comentado– debe considerarse derogado tácitamente por la ley de riesgos de trabajo 24.557 (LRT), ya que esta ley sustituye un sistema de reparación de los accidentes y enfermedades del trabajo fundado en la responsabilidad por riesgo del empleador, que preveía para el trabajador la opción por la acción de derecho común basada en la responsabilidad por culpa del empleador (o bien por el riesgo o vicio de la cosa), por un régimen de cobertura, propio del sistema de seguridad social, de

---

[7] Podetti - Banchs, *Trabajo de mujeres*, p. 74 y 75.

gestión privada por medio de las aseguradoras de riesgos del trabajo (ART), bajo la supervisión y vigilancia del Estado mediante la Superintendencia de Riesgos del Trabajo. El art. 39 de la LRT dispone que las prestaciones de la ley eximen a los empleadores de toda responsabilidad civil, frente a sus trabajadores y sus derechohabientes, con la sola excepción de la derivada del art. 1072 del Cód. Civil, es decir, la responsabilidad por dolo del empleador.

Capítulo II

DE LA PROTECCIÓN DE LA MATERNIDAD

Art. 177. [Prohibición de trabajar. Conservación del empleo] – Queda prohibido el trabajo del personal femenino durante los cuarenta y cinco días anteriores al parto y hasta cuarenta y cinco días después del mismo. Sin embargo, la interesada podrá optar por que se le reduzca la licencia anterior al parto, que en tal caso no podrá ser inferior a treinta días; el resto del período total de licencia se acumulará al período de descanso posterior al parto. En caso de nacimiento pretérmino se acumulará al descanso posterior todo el lapso de licencia que no se hubiere gozado antes del parto, de modo de completar los noventa días.

La trabajadora deberá comunicar fehacientemente su embarazo al empleador, con presentación de certificado médico en el que conste la fecha presunta del parto, o requerir su comprobación por el empleador. La trabajadora conservará su empleo durante los períodos indicados, y gozará de las asignaciones que le confieren los sistemas de seguridad social, que garantizarán a la misma la percepción de una suma igual a la retribución que corresponda al período de licencia legal, todo de conformidad con las exigencias y demás requisitos que prevean las reglamentaciones respectivas.

Garantízase a toda mujer durante la gestación el derecho a la estabilidad en el empleo. El mismo tendrá carácter de derecho adquirido a partir del momento en que la trabajadora practique la notificación a que se refiere el párrafo anterior.

En caso de permanecer ausente de su trabajo durante un tiempo mayor, a consecuencia de enfermedad que según certificación médica deba su origen al embarazo o parto y la incapacite para reanudarlo vencidos aquellos plazos, la mujer será acreedora a los beneficios previstos en el art. 208 de esta ley. [Texto según ley 21.824, art. 1°]

CONCORDANCIAS: LCT, arts. 178, 186 y 208; ley 25.013, art. 11.

§ 1. **Las normas constitucionales.** – El art. 75 de la Const. nacional establece expresamente como materia que corresponde al Congreso: *"Dictar un régimen de seguridad social especial e integral en protección del niño en situación de desamparo, desde el embarazo hasta la finalización del período de enseñanza elemental, y de la madre durante el embarazo y el tiempo de lactancia"* (inc. 23).

Por su parte, la Convención sobre la Eliminación de Todas las Formas de Discriminación contra la Mujer, ratificada por ley 23.179, que a partir de la reforma constitucional de 1994 tiene jerarquía constitucional (art. 75, inc. 22, Const. nacional), en su art. 11, inc. 2, dispone: *"Con el fin de impedir la discriminación contra la mujer por razones de matrimonio o maternidad y asegurar la efectividad de su derecho a trabajar, los Estados partes tomarán medidas adecuadas para:* a) *prohibir, bajo pena de sanciones, el despido por motivo de embarazo o licencia de maternidad y la discriminación en los despidos sobre la base del estado civil;* b) *implantar la licencia de maternidad con sueldo pagado o con prestaciones sociales comparables sin pérdida del empleo previo, la antigüedad o beneficios sociales;* c) *alentar el suministro de los servicios sociales de apoyo necesario para permitir que los padres combinen las obligaciones para con la familia con las responsabilidades del trabajo y la participación en la vida pública, especialmente mediante el fomento de la creación y desarrollo de una red de servicios destinados al cuidado de los niños;* d) *prestar protección especial a la mujer durante* [el] *embarazo en los tipos de trabajo que se haya probado puedan resultar perjudiciales para ella"*.

Jurisprudencia

1. ***Protección contra la discriminación.*** Los arts. 177 y 178 de la LCT concretan con relación a la mujer gestante el principio de no discriminación consagrado por el art. 16 de la Const. nacional y los arts. 17 y 81 de la LCT –con mayor vigor estos últimos dado que la ley 23.592 también sanciona todo acto discriminatorio– y, a partir de la reforma de 1994, por los pactos internacionales, que tienen rango constitucional (CNTrab, Sala III, 5/3/98, *TSS*, 1998-1037).

§ 2. Convenio 3 de la Organización Internacional del Trabajo. – Este convenio, sobre protección a la maternidad, de 1919, ratificado por la República Argentina por ley 11.726, dispone en su art. 3°: "En todas las empresas industriales o comerciales, públicas o privadas, o en sus dependencias, con excepción de las empresas en que sólo estén empleados los miembros de una misma familia, la mujer: *a*) no estará autorizada para trabajar durante un período de seis semanas después del parto; *b*) tendrá derecho a abandonar el trabajo mediante la presentación de un certificado que declare que el parto sobrevendrá probablemente en un término de seis semanas; *c*) recibirá, durante todo el período en que permanezca ausente en virtud de los aps. *a* y *b*, prestaciones suficientes para su manutención y la del hijo en buenas condiciones de higiene; dichas prestaciones, cuyo importe exacto será fijado por la autoridad competente en cada país, serán satisfechas por el Tesoro público o se pagarán por un sistema de seguro. La mujer tendrá además derecho a la asistencia gratuita de un médico o de una comadrona. El error del médico o de la comadrona en el cálculo de la fecha del parto no podrá impedir que la mujer reciba las prestaciones a que tiene derecho, desde la fecha del certificado médico hasta la fecha en que sobrevenga el parto; *d*) tendrá derecho en todo caso, si amamanta a su hijo, a dos descansos de media hora para permitir la lactancia".

Por su parte, el art. 4° estatuye: "Cuando una mujer esté ausente de su trabajo en virtud de los aps. *a* o *b* del art. 3° de este convenio, o cuando permanezca ausente de su trabajo por un período mayor a consecuencia de una enfermedad, que de acuerdo con un certificado médico esté motivada por el embarazo o el parto, será ilegal que, hasta que su ausencia haya excedido de un período máximo fijado por la autoridad competente de cada país, su empleador le comunique su despido durante dicha ausencia o se lo comunique de suerte que el plazo estipulado en el aviso expire durante la mencionada ausencia".

30. Etala, *Contrato*.

§ 3. **Finalidad de la protección.** – El objetivo de la norma atiende a no perturbar el curso normal de la gravidez y el puerperio, sin afectar la propia relación de trabajo, cuidando del hijo tanto en la gestación como en su nacimiento y hasta en su primer tiempo de vida[1].

§ 4. **Alcance de la protección.** – La protección de la maternidad prevista en el capítulo II del título VII de la LCT no se condiciona a que el embarazo provenga de un vínculo matrimonial[2].

El personal del servicio doméstico está excluido de la protección (art. 2°, inc. *b*, LCT)[3].

El régimen nacional de trabajo agrario aprobado por la ley 22.248, no obstante la exclusión de la aplicación de las normas que dispone el art. 2° de la LCT, establece en sus arts. 113 a 118 una regulación protectora del embarazo y la maternidad que distingue entre las trabajadoras permanentes y no permanentes.

Respecto de las trabajadoras a domicilio, les son aplicables las disposiciones de la LCT, en tanto éstas sean compatibles con la naturaleza y las características de la actividad y el específico régimen a que se halla sujeta, según el art. 2° de la LCT[4].

Jurisprudencia

1. *Protección de la maternidad. Licencia por adopción. Derecho a la remuneración.* El supuesto de adopción no está contemplado en la LCT, dentro de la normativa que comprende la protección a la maternidad. En consecuencia, si la trabajadora solicitó una licencia a causa de que había obtenido la guarda de un menor, el empleador no debe remuneración por dicha licencia y tampoco goza la empleada de las asignaciones de la seguridad social. Por ello, el pago de dicha licencia carece de causa, de conformidad con el art. 499 del Cód. Civil (CNTrab, Sala III, 15/12/93, *DT*, 1994-B-1203).

§ 5. **Trabajo prohibido.** – El contrato de trabajo se suspende en algunos de sus efectos durante los plazos fijados en

---

[1] Martínez Vivot, *Los menores y las mujeres*, p. 230; Carcavallo, en Vazquez Vialard (dir.), "Tratado", t. 4, p. 184.

[2] Martínez Vivot, *Los menores y las mujeres*, p. 230; Podetti - Banchs, *Trabajo de mujeres*, p. 98.

[3] Martínez Vivot, *Los menores y las mujeres*, p. 231.

[4] Martínez Vivot, *Los menores y las mujeres*, p. 232; Carcavallo, en Vazquez Vialard (dir.), "Tratado", t. 4, p. 186.

la parte primera del artículo comentado, ya que por mandato de la ley queda prohibido el trabajo durante los cuarenta y cinco días anteriores al parto y hasta cuarenta y cinco días después de éste. La prohibición está regida por el art. 40 de la LCT y, como tal, dirigida al empleador[5].

La ley considera los plazos anteriores y posteriores al parto como de *licencia*, lo que debe ser entendido como *interrupción no periódica de la relación*[6]. Durante este plazo de *licencia*, el empleador no debe la remuneración a la trabajadora, ya que ella no está a su disposición (art. 103, LCT), pero "gozará de las asignaciones que le confieren los sistemas de seguridad social" (art. 177, párr. 2°).

La violación de la prohibición de trabajar no origina un crédito a favor de la trabajadora que admitió continuar trabajando, ello sin perjuicio de la aplicación al empleador de las sanciones de policía del trabajo[7]. Asimismo, la autoridad administrativa puede disponer la cesación inmediata de las tareas[8].

§ 6. **Derecho a la "estabilidad" en el empleo.** – El párr. 3° del artículo garantiza a la mujer trabajadora "durante la gestación el derecho a la estabilidad en el empleo". Se trata de una estabilidad *relativa* o *impropia*, porque la voluntad arbitraria del empleador resulta eficaz para poner fin a la relación, aunque el acto sea ilícito por violar una prohibición legal[9]. No existe, en este caso, estabilidad *absoluta* o *propia*, supuesto en el que la voluntad del empleador sería ineficaz para extinguir la relación, el despido sería nulo y correspondería a la trabajadora un derecho a la reinstalación en el puesto de trabajo.

El artículo comentado no establece la nulidad del despido que decidiere el empleador respecto de la mujer trabajadora que se encuentre en el supuesto previsto por la norma. El art. 178 de la LCT, por su parte, prevé que cuando el despido obedezca a razones de maternidad o embarazo, se aplicará lo dispuesto en el art. 182, o sea, el derecho a la indemnización del art. 245 de la LCT, acumulada a la indemnización especial de

---

[5] López - Centeno - Fernández Madrid, *Ley de contrato de trabajo*, t. II, p. 824 y 825.

[6] López - Centeno - Fernández Madrid, *Ley de contrato de trabajo*, t. II, p. 825.

[7] Martínez Vivot, *Los menores y las mujeres*, p. 235; Podetti - Banchs, *Trabajo de mujeres*, p. 103.

[8] Podetti - Banchs, *Trabajo de mujeres*, p. 103.

[9] Podetti - Banchs, *Trabajo de mujeres*, p. 106.

Art. 177

un año de remuneraciones. Como se ve, la garantía prevista en el artículo consagra una estabilidad *relativa*, pero con una mayor intensidad protectoria ya que hace el despido más oneroso para el empleador que en los casos comunes[10].

Jurisprudencia

1. **Contrato en período de prueba.** *a*) Aun tratándose de un contrato a prueba rige la protección consagrada por los arts. 177 y 178 de la LCT (CNTrab, Sala III, 5/3/98, *TSS*, 1998-1037; íd., Sala IV, 24/4/98, *TSS*, 1998-1042).

b) Si la trabajadora embarazada fue despedida durante el período de prueba, debe acreditar que la maternidad fue el motivo determinante del despido dispuesto por el empresario, sin dejar duda de que se configure un acto discriminatorio y sin poder invocar en su beneficio la presunción del art. 178 de la LCT (CNTrab, Sala III, 29/2/00, *DT*, 2000-B-1981).

§ 7. **Comunicación al empleador.** – El derecho a la estabilidad en el empleo de la mujer embarazada cubre el período de la gestación, o sea, el tiempo comprendido entre la fecundación y el nacimiento del hijo, pero en relación con su ejercicio, recién se adquiere a partir del momento en que se practique la notificación al empleador, prevista en el párr. 2º del artículo comentado. Esto significa que antes de dicha notificación, pese a hallarse la mujer durante la gestación, no tiene adquirido el derecho a la estabilidad que garantiza la norma, pero desde la fecha de esa comunicación y aun antes de los siete meses y medio a que se refiere el art. 178 de la LCT, rige la garantía[11].

Jurisprudencia

1. **Despido por embarazo. Comunicación fehaciente. Configuración.** En principio no constituye *comunicación fehaciente*, en los términos del art. 177 de la LCT, la constancia de un análisis clínico (prueba de orina) presentada por la trabajadora en la empresa como prueba de su embarazo, toda vez que tal documentación requiere de una persona con conocimientos médicos básicos para ser admitida como tal. Por otra parte, la norma citada requiere expresamente "una certificación médica donde conste la fecha presunta de parto" (CNTrab, Sala VI, 13/9/93, *DT*, 1994-A-539).

§ 8. **Certificado médico en caso de interrupción del embarazo.** – Por aplicación del principio de buena fe, se ha soste-

---

[10] Podetti - Banchs, *Trabajo de mujeres*, p. 106 y 107.
[11] Podetti - Banchs, *Trabajo de mujeres*, p. 107.

nido que la trabajadora debe presentar un certificado médico si ocurre la interrupción de su embarazo notificado, en razón de las obligaciones y limitaciones que impone al empleador dicha circunstancia[12].

§ 9. Revisación por un médico del empleador. – Frente a la comunicación, con o sin presentación del certificado por la mujer trabajadora, el empleador puede a su vez requerir la comprobación mediante su propio médico, siendo en tal supuesto obligatorio el sometimiento al examen por el mismo de parte de aquélla[13].

§ 10. Asignaciones familiares. – Durante el período de licencia, la mujer trabajadora no percibe remuneración ya que no se encuentra a disposición del empleador (art. 103, LCT), pero goza "de las asignaciones que le confieren los sistemas de seguridad social, que garantizarán a la misma la percepción de una suma igual a la retribución que corresponda al período de licencia legal, todo de conformidad con las exigencias y demás requisitos que prevean las reglamentaciones respectivas".

En nuestro régimen de asignaciones familiares de la ley 24.714, las contingencias de maternidad y nacimiento de hijo dan lugar a las asignaciones por hijo, por maternidad, prenatal y por nacimiento (art. 6°, incs. *a, c, e* y *f*). Si el hijo naciere con discapacidad, corresponde el pago de una asignación por tal causa (art. 8°, ley 24.714).

§ 11. Enfermedad originada en el embarazo o el parto. El último párrafo de este artículo prevé el supuesto de la posible ausencia de la trabajadora por un tiempo mayor al de la licencia de noventa días, a consecuencia de una enfermedad originada en el embarazo o el parto. En este caso, la trabajadora goza de los derechos que el art. 208 de la LCT reconoce cuando se producen accidentes o enfermedades inculpables, o sea, la remuneración por los períodos señalados en la norma según la antigüedad y cargas de familia. A diferencia del lapso anterior o posterior al parto, en que lo percibido por la trabajadora se paga a título de asignación familiar por maternidad,

---

[12] Martínez Vivot, *Los menores y las mujeres*, p. 238.
[13] Martínez Vivot, *Los menores y las mujeres*, p. 237; Podetti - Banchs, *Trabajo de mujeres*, p. 102.

en esta nueva licencia sobreviniente, lo que se percibe tiene carácter remuneratorio[14].

En el caso de que durante el embarazo, pero antes de la licencia por maternidad, la mujer trabajadora padeciera de una enfermedad originada en dicho estado –supuesto éste no contemplado en el último párrafo del artículo comentado– igualmente tiene derecho a los beneficios del art. 208 de la LCT, ya que se trata de una enfermedad inculpable[15].

Jurisprudencia

1. *Embarazo interrumpido. Protección legal. Enfermedad inculpable.* Si el embarazo se interrumpió, cesan las razones tenidas en cuenta por el legislador para evitar que por su mayor labilidad laboral la empleada sea despedida, por lo que cesa también la protección especial por despido del art. 178 de la LCT; pero si con motivo de la interrupción del embarazo la trabajadora sufre las consecuencias de un debilitamiento físico o psíquico entran en acción las previsiones del art. 208 y siguientes de la LCT (CNTrab, Sala III, 30/3/90, *DT*, 1990-A-1198).

§ 12. **Licencia especial por nacimiento de hijo con síndrome de Down.** – La ley 24.716, de 1996, otorga a la madre trabajadora en relación de dependencia, por el nacimiento de un hijo con síndrome de Down, el derecho a seis meses de licencia sin goce de sueldo desde la fecha del vencimiento del período de prohibición de trabajo por maternidad (art. 1º). Para el ejercicio de ese derecho la trabajadora debe comunicar fehacientemente al empleador el diagnóstico del recién nacido con certificado médico expedido por autoridad sanitaria oficial, por lo menos con quince días de anticipación al vencimiento del período de prohibición de trabajo por maternidad (art. 2º). Durante el período de licencia, la madre percibirá una asignación familiar cuyo monto será igual a la remuneración que habría percibido si hubiera prestado servicios (art. 3º).

Art. 178. [Despido por causa de embarazo. Presunción] – **Se presume, salvo prueba en contrario, que el despido de la mujer trabajadora obedece a razones de maternidad o embarazo cuando fuese dispuesto dentro del plazo de siete y medio meses**

---

[14] Podetti - Banchs, *Trabajo de mujeres*, p. 113.
[15] Podetti - Banchs, *Trabajo de mujeres*, p. 114.

anteriores o posteriores a la fecha del parto, siempre y cuando la mujer haya cumplido con su obligación de notificar y acreditar en forma el hecho del embarazo así como, en su caso, el del nacimiento. En tales condiciones, dará lugar al pago de una indemnización igual a la prevista en el art. 182 de esta ley.

Concordancias: LCT, arts. 177 y 182; Cód. Civil, art. 77; ley 25.013, art. 11.

§ 1. **Presunción legal**. – La presunción legal opera durante el lapso previsto. Se trata de una presunción *iuris tantum*, ya que está condicionada a que no se produzca una prueba en contrario. El empleador puede probar la legitimidad del despido que puede darse como en cualquier otro momento de la relación laboral. Pero en atención al propósito protectorio de las normas sobre maternidad debe hacerse una rigurosa apreciación de la prueba a fin de evitar que prosperen excusas fraudulentas[1]. No hay que excluir como posible justa causa de despido los supuestos del art. 247 de la LCT, como la falta o disminución de trabajo y la fuerza mayor[2].

Aunque la presunción legal opera con independencia del nacimiento con vida del hijo o de su más o menos inmediato fallecimiento, en estos casos, como en los de interrupción del embarazo, la resolución de las situaciones concretas debe dejarse a la prudente apreciación judicial[3].

El vencimiento del contrato a plazo (art. 93, LCT) o el cumplimiento del servicio extraordinario objeto de la relación eventual (art. 99, LCT), no se asimilan a un despido y consecuentemente no dan lugar a la indemnización agravada, la que sí procedería de producirse una ruptura injustificada *ante tempus*[4].

a) *Período de protección*. El plazo de siete meses y medio ha sido tomado por la ley teniendo en cuenta el parto que ocurre dentro de los plazos presuntivos previstos por el art. 77 del Cód. Civil para la duración del embarazo (ciento ochenta días de mínimo y trescientos días de máximo).

Los quince meses de protección aparecen divididos en dos períodos iguales de siete meses y medio cada uno, cuyo límite

---

[1] Podetti - Banchs, *Trabajo de mujeres*, p. 121.
[2] Podetti - Banchs, *Trabajo de mujeres*, p. 122.
[3] López - Centeno - Fernández Madrid, *Ley de contrato de trabajo*, t. II, p. 834.
[4] Carcavallo, en Vazquez Vialard (dir.), "Tratado", t. 4, p. 195.

es el día del parto. En el primer período lo que debe notificar la mujer trabajadora es su estado de embarazo. En el segundo, la notificación se refiere al nacimiento, con o sin vida, y, en su caso, la interrupción de la gestación[5].

b) *Caso de aborto.* Si la gestación se interrumpe, produciéndose el aborto, no hay motivo para excluir de la presunción el despido producido dentro de los siete meses y medio posteriores al día en que se produjo la interrupción, pero en este supuesto, de acuerdo con las concretas circunstancias de cada caso, ha de reconocerse a los jueces una amplia facultad para investigar primero, y prudentemente apreciar después, el motivo que tuvo el despido[6].

JURISPRUDENCIA

1. *Aborto.* No cabe descartar de plano que la finalidad social que inspira el art. 178 de la LCT se cumpla negando en caso de aborto la tutela especial, porque precisamente ante interrupciones de una gestación relativamente avanzada, es cuando más pueden producirse en la mujer consecuencias negativas en el plano psíquico y en su equilibrio y compensación orgánica susceptibles de repercutir en su desempeño laboral, dejándola expuesta a eventuales criterios de conveniencia o eficacia desde una rígida óptica empresarial y conducirla a la pérdida del empleo (CNTrab, Sala V, 19/5/03, *TSS*, 2004-131).

c) *Prueba en contrario.* Dado que la presunción legal es *iuris tantum*, admite prueba en contrario. Esta demostración en contrario no puede hacerse si el despido fue sin invocación de causa. La prueba en contrario que exige la ley, requiere de la demostración de la causa invocada y de su eficiencia[7].

El empleador debe probar que su actitud de despedir no se originó en el embarazo o en el parto. Ello quiere decir que para liberarse de la sanción prevista en el art. 182 de la LCT debe probar que existe una causa suficiente, capaz de determinar un acto de despido[8].

JURISPRUDENCIA

1. *Despido. Medida general. Cierre de la empresa.* Si el despido de la trabajadora embarazada fue decidido dentro de un contexto que abarcó a la generalidad del personal de la empresa,

---

[5] PODETTI - BANCHS, *Trabajo de mujeres*, p. 124.
[6] PODETTI - BANCHS, *Trabajo de mujeres*, p. 124 y 125.
[7] LÓPEZ - CENTENO - FERNÁNDEZ MADRID, *Ley de contrato de trabajo*, t. II, p. 835.
[8] MARTÍNEZ VIVOT, en ALTAMIRA GIGENA (coord.), "Ley de contrato de trabajo", t. 2, p. 177.

seguida por el cierre de ésta, cabe considerar que no obedeció a causa de embarazo, por lo que debe rechazarse la indemnización especial por despido por causa de maternidad ya que el reclamo carece de causa según se desprende del art. 178 de la LCT, y del art. 499 del Cód. Civil (CNTrab, Sala I, 31/10/92, *DT*, 1992-A-1037; íd., íd., 28/2/02, *DT*, 2002-A-968).

2. *Contrato en período de prueba. Demostración del acto discriminatorio.* En un contrato a prueba la trabajadora debe probar que la cesantía constituye una práctica discriminatoria; que fue la maternidad el motivo determinante del despido, sin dejar dudas de que se configuró un acto de discriminación. El empleador, a su vez, debe demostrar que no discriminó o que medió una razón objetiva no discriminatoria para extinguir el vínculo (CNTrab, Sala III, 5/3/98, *TSS*, 1998-1037; íd., íd., 29/2/00, *DT*, 2001-A-480).

3. *Adopción. Aplicación de la presunción.* Es aplicable la presunción del art. 178 de la LCT al despido de la trabajadora producido dos meses después de que notificara al empleador que se había hecho cargo de un menor a los efectos de su adopción (CNTrab, Sala V, 30/9/99, *TSS*, 1999-1164).

4. *Parto prematuro.* La pérdida del embarazo a consecuencia del parto prematuro, justifica con mayor razón la protección legal (art. 178, LCT), dado que ante un acontecimiento tan desgraciado debe protegerse aún más la salud espiritual, física y psíquica de la madre (CNTrab, Sala VII, 20/3/00, *DT*, 2000-B-1993).

§ 2. **Notificación.** – Como requisito para que opere la presunción, la norma exige que la mujer trabajadora haya cumplido con su obligación de notificar y acreditar en forma el hecho del embarazo y, en su caso, el del nacimiento.

Debe estimarse, por aplicación del principio de buena fe, que, en las empresas de poco personal, cuando la situación de embarazo configura un hecho externo ostensible, no podría invocarse la falta de comunicación formal para sustraerse a los efectos de la presunción[9].

Esta obligación está impuesta en el párr. 2° del art. 177 de la LCT, complementada con la exigencia establecida en el artículo comentado de que también se notifique y acredite el nacimiento del hijo, notificación que también ha de ser *fehaciente* como la dispuesta en el artículo anterior.

El nacimiento se acredita con la respectiva partida o certificado expedido por el Registro Civil, una copia del cual debe ponerse a disposición del empleador[10].

---

[9] Martínez Vivot, *Los menores y las mujeres*, p. 252.
[10] Podetti - Banchs, *Trabajo de mujeres*, p. 126.

La interrupción del embarazo, en su caso, debe acreditarse mediante el pertinente certificado médico[11].

JURISPRUDENCIA

1. *Hecho del embarazo. Carga de notificar.* El cumplimiento de la carga que el art. 178 de la LCT impone a la trabajadora, requiere una notificación formalmente dirigida a la empresa, a fin de que sus órganos competentes tengan conocimiento del embarazo. El supuesto conocimiento que podrían tener los médicos o las constancias que pudieran existir en la obra social son insuficientes a los fines de considerar cumplido el recaudo establecido por la LCT (CNTrab, Sala IV, 26/6/95, *DT*, 1995-B-1634).

2. *Despido. Embarazo. Presunción legal. Conocimiento por el empleador.* Cuando el empleador conoce el embarazo de la trabajadora no puede alegar no haber sido informado del mismo para desligarse de la responsabilidad indemnizatoria especial contenida en el art. 178 de la LCT, porque la finalidad de la carga informativa ha sido cumplida por otros medios (CNTrab, Sala VI, 11/8/95, *DT*, 1996-A-455).

3. *Embarazo. Notificación. Emisión del telegrama de despido. Retractación.* Si entre la emisión del telegrama de despido y su recepción la trabajadora notificó su estado de embarazo, el empleador debió retractar el despido ya que el mismo no se encontraba consumado (CNTrab, Sala VII, 9/12/99, *DT*, 2000-A-612).

4. *Entrega de certificado médico.* La trabajadora debe probar que comunicó y acreditó fehacientemente el hecho de su embarazo mediante la entrega del correspondiente certificado médico, pues ante el incumplimiento de tales condiciones pierde el derecho a la indemnización especial (CNTrab, Sala IV, 11/4/01, *DT*, 2001-B-2295).

5. *Conocimiento del empleador.* Si la empleadora admite haber tenido conocimiento de que la trabajadora se encontraba embarazada, el requisito de la notificación por escrito de dicho estado implica un exceso de rigor formal (CNTrab, Sala I, 26/2/99, *DT*, 2000-B-424).

6. *Reconocimiento del empleador.* Corresponde hacer lugar a la indemnización especial por embarazo reclamada por quien fue despedida por su maternidad, aun cuando aquélla haya omitido realizar la comunicación formal al empleador de su estado y la presentación del certificado médico exigidos por el art. 178 de la LCT, toda vez que la demandada reconoció expresamente conocer el avanzado estado de embarazo de la accionante (CNTrab, Sala VI, 15/9/03, *DT*, 2004-A-188).

---

[11] LÓPEZ - CENTENO - FERNÁNDEZ MADRID, *Ley de contrato de trabajo*, t. II, p. 833.

7. *Falta de notificación a una persona jurídica*. En principio, la ausencia de notificación fehaciente del estado de embarazo condiciona liminarmente el acceso al derecho reclamado con fundamento en el art. 178 de la LCT, sin que obste a ello la notoriedad del estado de gravidez al tiempo del distracto cuando la empleadora es una persona de existencia ideal, a la que no cabe atribuirle percepciones sensoriales ajenas a su naturaleza (CNTrab, Sala IV, 31/5/02, *DT*, 2002-B-2300).

§ 3. Procedencia de la indemnización agravada. – De acuerdo con la jurisprudencia se presume que el despido es por maternidad cuando no existe otra causa que lo justifique. Esto es, cuando el despido puede atribuirse únicamente a la existencia del embarazo y no cuando haya sido originado por otros motivos. También corresponde la indemnización agravada cuando no se prueba la causa invocada[12].

§ 4. Cuantía de la indemnización agravada. – El artículo comentado remite al art. 182 de la LCT, para determinar el monto de la indemnización por maternidad. Esta indemnización, según este último artículo, es "equivalente a un año de remuneraciones, que se acumulará a la establecida en el art. 245". A este importe debe adicionarse la indemnización sustitutiva del preaviso y la integración del mes de despido (arts. 232 y 233, LCT)[13].

La indemnización especial debe calcularse tomando como base las retribuciones del último año trabajado y no los salarios que hubiera percibido la trabajadora si hubiera subsistido la relación laboral en el año posterior al despido[14]. Dado su carácter remuneratorio, el sueldo anual complementario debe calcularse en el año de remuneraciones.

El importe de la indemnización agravada cubre todos los daños sufridos por la trabajadora por el despido dispuesto por el empleador, comprendiendo la pérdida de las asignaciones familiares previstas con tal motivo, incluso la correspondiente al nacimiento[15].

---

[12] Martínez Vivot, en Altamira Gigena (coord.), "Ley de contrato de trabajo", t. 2, p. 177.

[13] Podetti - Banchs, *Trabajo de mujeres*, p. 129.

[14] Martínez Vivot, en Altamira Gigena (coord.), "Ley de contrato de trabajo", t. 2, p. 178.

[15] Martínez Vivot, en Altamira Gigena (coord.), "Ley de contrato de trabajo", t. 2, p. 178.

También la indemnización especial cubre la reparación del daño moral sufrido por la trabajadora[16].

Jurisprudencia

1. *Despido por matrimonio. No acumulación de indemnizaciones.* a) Cuando concurren dos fuentes generadoras de indemnización –matrimonio y embarazo, en el caso–, no deben acumularse ambas indemnizaciones, pues responden al mismo fundamento que es proteger bienes jurídicos íntimamente ligados en la valoración de política legislativa que plasmó el ordenamiento vigente (CNTrab, Sala V, 24/8/98, *TSS*, 1998-1047).

b) No resulta factible acumular los resarcimientos por maternidad y matrimonio por cuanto la ley laboral no prevé expresamente tal posibilidad limitándose a establecer el derecho al cobro de una indemnización agravada en beneficio de la trabajadora que es despedida en virtud de su nueva situación familiar (CNTrab, Sala IV, 11/12/02, *DT*, 2003-A-815).

2. *Despido por matrimonio. Acumulación de indemnizaciones.* No es óbice para el progreso de la indemnización por embarazo el haberse otorgado la agravada por matrimonio y corresponde su acumulación ya que el bien jurídico tutelado en el título VII de la LCT es tanto la mujer como familia que se consolida y tiene su origen en el matrimonio, instituto éste que también está protegido –tanto respecto a la mujer como al hombre– (CNTrab, Sala X, 30/3/98, *DT*, 1998-B-2453).

3. *Empleo no registrado.* En atención a que ninguna norma excluye a las indemnizaciones agravadas de la suma que corresponde cobrar al trabajador por imperio del art. 15 de la LE, cabe la duplicación de la reparación fijada por el art. 178 de la LCT en beneficio de la trabajadora embarazada despedida durante el período de estabilidad (CNTrab, Sala VI, 31/7/00, *DT*, 2000-B-2146).

§ 5. **Despido indirecto.** – La indemnización agravada por maternidad también procede en caso de despido indirecto (art. 246, LCT)[17]. De admitirse lo contrario, el empleador podría encubrir el despido por maternidad o embarazo, forzando, con actitudes injuriantes, a que la trabajadora adopte la decisión de darse por despedida por una causa que aparentemente nada tiene que ver con la maternidad. Pero en este caso, las conductas de las partes deben valorarse por los jueces con sufi-

---

[16] Podetti - Banchs, *Trabajo de mujeres*, p. 130.

[17] Fernández Madrid, *Tratado práctico*, t. II, p. 1886; Podetti - Banchs, *Trabajo de mujeres*, p. 127.

ciente prudencia, para preservar la buena fe y acreditarse debidamente los hechos injuriosos imputados al empleador[18].

Jurisprudencia

1. *Mujer embarazada. Presunción legal.* Cuando la mujer embarazada se considera despedida, configurándose un supuesto de despido indirecto, no opera la presunción legal en orden a que el cese fue debido a su maternidad y sólo tendrá derecho a la indemnización reclamada, si demuestra que el distracto obedeció a tal situación personal (CNTrab, Sala II, 29/2/96, *DT*, 1996-A-1213).

2. *Despido indirecto. Persecución del empleador.* La protección específica de la mujer durante el período de maternidad y embarazo tiene por objeto contrarrestar los daños que pudiere ocasionarle la situación de despido, por lo que si el empleador adopta una vía indirecta para perseguir a su dependiente con la finalidad de inducirla a retirarse, el amparo legal ha de extenderse también en este caso y pesa sobre quien decide el despido acreditar los presupuestos fácticos en que ha basado su decisión (CNTrab, Sala II, 29/2/96, *DT*, 1996-A-1213).

3. *Indemnización especial. Despido indirecto.* Dado que la finalidad de la ley es la protección de la maternidad, y no obstante la literalidad de los términos de los arts. 177 y 178 de la LCT, es procedente también la indemnización especial prevista para la cesantía por causa de embarazo aun tratándose de despido indirecto (SCBA, 5/9/89, *TSS*, 1990-213).

4. *Denuncia efectuada por la trabajadora.* La presunción prevista por el art. 178 de la LCT alcanza también a los *despidos indirectos*, toda vez que la facultad de denuncia es bilateral, hallándose en cabeza de cada una de las partes de la relación laboral, a punto tal que cuando la denuncia es efectuada por la trabajadora fundada en justa causa, tiene derecho, una vez acreditada judicialmente, a las indemnizaciones que le hubieren correspondido en caso de que el contrato hubiese sido rescindido por la declaración patronal sin justa causa (art. 246, LCT) (CNTrab, Sala V, 28/2/01, *DT*, 2001-B-2334).

Art. 179. [Descansos diarios por lactancia] – Toda trabajadora madre de lactante podrá disponer de dos descansos de media hora para amamantar a su hijo, en el transcurso de la jornada de trabajo, y por un período no superior a un año posterior a la

---

[18] Martínez Vivot, en Altamira Gigena (coord.), "Ley de contrato de trabajo", t. 2, p. 178 y 179; Podetti - Banchs, *Trabajo de mujeres*, p. 127 y 128.

fecha del nacimiento, salvo que por razones médicas sea necesario que la madre amamante a su hijo por un lapso más prolongado.

En los establecimientos donde preste servicios el número mínimo de trabajadoras que determine la reglamentación, el empleador deberá habilitar salas maternales y guarderías para niños hasta la edad y en las condiciones que oportunamente se establezcan.

CONCORDANCIAS: LCT, art. 177.

§ 1. **Convenio 3 de la Organización Internacional del Trabajo.** – El art. 3° del convenio 3 de la OIT, sobre protección de la maternidad, de 1919, ratificado por la República Argentina por ley 11.726 dispone: "En todas las empresas industriales o comerciales, públicas o privadas, o en sus dependencias, con excepción de las empresas en que sólo estén empleados los miembros de una misma familia, la mujer: ... d) tendrá derecho en todo caso, si amamanta a su hijo, a dos descansos de media hora para permitir la lactancia".

§ 2. **Descansos diarios por lactancia.** – De conformidad con lo dispuesto por el convenio 3 de la OIT, el artículo comentado establece dos descansos diarios de media hora para la madre trabajadora que amamanta a su hijo, por un período de un año posterior a la fecha de nacimiento, salvo que por razones médicas resulte necesario prolongar el beneficio. En el supuesto de que sea necesario proceder a esta ampliación, la trabajadora debe dar aviso al empleador, con el consiguiente derecho de éste de verificar por su propio facultativo la existencia de dichas razones[1].

La ubicación de los descansos dentro de la jornada es privativo de la trabajadora y según convenga al hijo, pero en principio han de ser estables para no perturbar la organización interna del establecimiento[2].

La ausencia de la mujer durante el tiempo necesario para amamantar al niño no debe significar reducción de la remuneración fijada por tiempo o rendimiento, reconociéndose en este

---

[1] PODETTI - BANCHS, *Trabajo de mujeres*, p. 136.

[2] PODETTI - BANCHS, *Trabajo de mujeres*, p. 135; CARCAVALLO, en VAZQUEZ VIALARD (dir.), "Tratado", t. 4, p. 196.

último caso el salario en base al promedio que corresponda al trabajo que se preste en el resto de la jornada[3].

§ 3. **Salas maternales y guarderías.** – Con el funcionamiento de las salas maternales y guarderías que dispone este artículo, se procura la mejora de las condiciones de vida y de trabajo, y en general de la vida social, por lo que cabe conceptuarlas como una especie de servicios sociales, que complementan las prestaciones de la seguridad social[4].

Las salas maternales son las destinadas al cuidado y custodia de los lactantes y las guarderías destinadas a niños mayores[5].

La reglamentación a la que remite el artículo –no dictada hasta el presente– debería contemplar lo relativo al número mínimo de trabajadores que se desempeñen en el establecimiento, la edad de los niños, las condiciones mínimas a observarse y el horario de funcionamiento[6].

Capítulo III

DE LA PROHIBICIÓN DEL DESPIDO
POR CAUSA DE MATRIMONIO

Art. 180. [Nulidad] – Serán nulos y sin valor los actos o contratos de cualquier naturaleza que se celebren entre las partes o las reglamentaciones internas que se dicten, que establezcan para su personal el despido por causa de matrimonio.

Concordancias: LCT, arts. 12, 13, 172 y 182; Cód. Civil, art. 1047.

§ 1. **Alcance.** – El artículo comentado declara la nulidad de actos, contratos o reglamentaciones que establezcan el despido por causa de matrimonio. No se declara la nulidad del despido por esta causa, lo cual llevaría a que no tuviera efecto extintivo sobre la relación y daría lugar a la reinstalación del

---

[3] López - Centeno - Fernández Madrid, *Ley de contrato de trabajo*, t. II, p. 836.
[4] Podetti - Banchs, *Trabajo de mujeres*, p. 138.
[5] Fernández Humble, *La obligación de habilitar salas maternales*, DT, 1979-671.
[6] Podetti - Banchs, *Trabajo de mujeres*, p. 141.

trabajador en el puesto de trabajo, sino sólo de los actos que menciona el artículo[1]. De esta manera aunque el despido sea por causa de matrimonio, resulta eficaz para poner fin a la relación, dando solamente lugar al pago de la indemnización por despido (art. 245, LCT) y la especial del art. 182. Se trata sólo de una estabilidad relativa, pero con una mayor intensidad en la protección, puesto que hace al despido más oneroso que en los casos comunes[2].

La nulidad es absoluta y manifiesta (art. 1047, Cód. Civil), rigiendo lo dispuesto en el art. 13 de la LCT[3].

§ 2. **Extensión al trabajador varón.** – Si bien la protección de despido en caso de matrimonio se explica con mayor evidencia respecto de la mujer, no por eso ha de excluirse al trabajador varón, pero en este caso la causal de despido debe apreciarse con criterio restrictivo[4].

Art. 181. [PRESUNCIÓN] – Se considera que el despido responde a la causa mencionada cuando el mismo fuese dispuesto sin invocación de causa por el empleador, o no fuese probada la que se invocare, y el despido se produjere dentro de los tres meses anteriores o seis meses posteriores al matrimonio y siempre que haya mediado notificación fehaciente del mismo a su empleador, no pudiendo esta notificación efectuarse con anterioridad o posterioridad a los plazos señalados.

CONCORDANCIAS: LCT, arts. 180, 182, 242 y 243.

§ 1. **Legalidad.** – La presunción legal es *iuris tantum* lo que posibilita al empleador probar que el despido obedeció a una causa distinta del matrimonio[1].

---

[1] LÓPEZ - CENTENO - FERNÁNDEZ MADRID, *Ley de contrato de trabajo*, t. II, p. 838.

[2] PODETTI - BANCHS, *Trabajo de mujeres*, p. 151.

[3] PODETTI - BANCHS, *Trabajo de mujeres*, p. 152; MARTÍNEZ VIVOT, *Los menores y las mujeres*, p. 296; LÓPEZ - CENTENO - FERNÁNDEZ MADRID, *Ley de contrato de trabajo*, t. II, p. 838.

[4] PODETTI - BANCHS, *Trabajo de mujeres*, p. 149 y 150; LÓPEZ - CENTENO - FERNÁNDEZ MADRID, *Ley de contrato de trabajo*, t. II, p. 839.

[1] (Art. 181) PODETTI - BANCHS, *Trabajo de mujeres*, p. 157.

Presupuesto necesario para que producido el despido se aplique la presunción, es la existencia del matrimonio, celebrado con las formas que exige la ley civil, tanto en el país como en el extranjero[2].

Para que opere la presunción establecida por el artículo comentado, además de la previa notificación fehaciente del matrimonio al empleador, el despido debe carecer de justa causa o no probarse la que se hubiese invocado, y producirse dentro de un lapso prefijado de tres meses anteriores y seis meses posteriores a su celebración[3].

Jurisprudencia

1. *Despido por matrimonio. Falta de invocación de causa.*
a) Si el despido se produjo sin expresión de causa, la presunción del art. 181 de la LCT opera plenamente (CNTrab, Sala VII, 19/2/93, *DT*, 1993-B-1111).

b) Ante la ausencia de justificación del despido del trabajador dispuesto dentro del plazo de protección establecido por el art. 182 de la LCT, cobra operatividad la presunción contenida en dicha norma y corresponde el pago de la indemnización agravada dispuesta en el art. 182 del mismo cuerpo legal (SCBA, 16/2/00, *DT*, 2001-A-124).

2. *Despido por matrimonio. Notificación fehaciente.* El hecho de que la trabajadora haya comunicado verbalmente a la supervisora su casamiento, del que había participado e invitado a la misma juntamente con parte del personal de la planta, implica una notificación fehaciente en los términos del art. 181 de la LCT (CNTrab, Sala VI, 17/11/93, *DT*, 1994-A-967).

3. *Conocimiento por el empleador.* Si el empleador tiene conocimiento del matrimonio contraído por el dependiente, el recaudo de la *notificación fehaciente* previsto en el art. 181 de la LCT se convierte en una exigencia puramente formal, resultando su imposición contraria al principio general de buena fe que debe gobernar la conducta de las partes en un contrato de trabajo (SCBA, 8/11/94, *TSS*, 1996-228).

4. *Asistencia a la reunión social.* Para que sea aplicable el art. 182 de la LCT, el peticionante tiene la carga de demostrar rigurosamente que practicó la notificación fehaciente y documentada o individualizada del matrimonio, lo que no se suple por la asistencia del responsable de la firma a la reunión social, pues este hecho no implica la celebración formal de un acto reconocido como válido por la ley argentina (CNTrab, Sala V, 24/8/98, *TSS*, 1998-1047).

---

[2] Podetti - Banchs, *Trabajo de mujeres*, p. 158.
[3] Podetti - Banchs, *Trabajo de mujeres*, p. 159.

§ 2. **Trabajador varón.** – En el caso de trabajador varón, la presunción legal no resulta aplicable, por lo que está a cargo de aquél la prueba de que la cesantía fue motivada por el matrimonio[4].

Jurisprudencia

    1. **Prueba.** *a*) En caso de acreditarse que el despido del trabajador varón obedece a causas de matrimonio, es procedente la indemnización del art. 182 de la LCT (CNTrab, plenario 272, 23/3/90, "Drewes, Luis A. c/Coselec SA", *DT*, 1990-A-893).

    b) Si se acredita que la causa de la extinción del contrato de trabajo no estaba relacionada con el matrimonio del trabajador varón (en el caso se demostraron sanciones que precedieron al despido), en el marco de la doctrina plenaria sentada en el acuerdo 272, "Drewes, Luis A. c/Coselec SA s/cobro de pesos", es improcedente la indemnización prevista en el art. 182 de la LCT, ya que, respecto a la presunción contenida en dicha norma, no existió doctrina fijada en el plenario citado (CNTrab, Sala III, 13/9/95, *DT*, 1996-A-436).

    c) Si bien el acuerdo plenario 272 otorga al trabajador varón el derecho a la indemnización especial del art. 182 de la LCT, no rige en su favor la presunción expresada en el art. 181 de dicha ley por lo que, aunque el despido se produzca antes de los seis meses de celebrado el matrimonio, aquél debe acreditar que el distracto es consecuencia de su enlace (CNTrab, Sala VI, 20/4/92, *DT*, 1992-B-2069).

    d) El caso del trabajador varón que invoca que su cesantía tuvo relación con el matrimonio, debe ser juzgado con criterio restrictivo y está a su cargo la prueba de la causal invocada (CNTrab, Sala VI, 14/5/92, *DT*, 1992-B-2301).

    e) Si bien en el plenario "Drewes, Luis A. c/Coselec SA" se ha sentado la doctrina acerca de que el trabajador varón tiene derecho a la indemnización especial cuando su cesantía se debe al hecho de haber contraído matrimonio, ello no implica acordarle la protección amplia que se le reconoce a la mujer en el título VII de la LCT en materia de presunciones, sino que dicho supuesto debe ser juzgado con criterio restrictivo, por lo que el trabajador debe probar que su cesantía tuvo relación con su matrimonio (CNTrab, Sala X, 17/2/00, *DT*, 2000-B-1609).

    2. **Presunción.** Un despido producido dentro de los tres meses anteriores o seis meses posteriores al matrimonio, sin demostración de la causa por parte del empleador, afecta por igual a ambos integrantes de la pareja porque en definitiva atenta contra la institución matrimonial (SCBA, 27/9/00, *TSS*, 2001-23).

---

[4] Podetti - Banchs, *Trabajo de mujeres*, p. 159.

§ 3. **Prueba del matrimonio.** – La prueba del matrimonio ha de hacerse con la copia de la respectiva acta[5].

Jurisprudencia

1. *Despido por matrimonio. Denuncia de estado civil al ingreso. Regularización legal de una convivencia de hecho. Presunción. Inaplicabilidad.* Si al ingresar la trabajadora denunció como estado civil *casada*, aunque no lo estaba legalmente, la posterior regularización de su estado conforme a la ley argentina no torna aplicable la presunción contenida en el art. 181 de la LCT (CNTrab, Sala II, 11/12/91, *DT*, 1992-A-51).

§ 4. **Despido indirecto.** – Por vía de un incumplimiento grave de las obligaciones o deberes a su cargo, el empleador podría maliciosamente forzar la ruptura de la relación, por lo cual no debe excluirse la posibilidad de ponerse en situación de despido indirecto, con derecho a la indemnización especial. Debe en este caso extremarse la prudencia judicial para la apreciación de la causa de despido, no jugando para ello la presunción legal[6].

Art. 182. [Indemnización especial] – En caso de incumplimiento de esta prohibición, el empleador abonará una indemnización equivalente a un año de remuneraciones, que se acumulará a la establecida en el art. 245.

Concordancias: LCT, arts. 178, 180, 242 y 245.

§ 1. **Monto y cálculo.** – El artículo comentado fija el monto de la indemnización agravada por matrimonio. Esta indemnización es "equivalente a un año de remuneraciones, que se acumulará a la establecida en el art. 245". A este importe debe adicionarse la indemnización sustitutiva del preaviso y la integración del mes de despido (arts. 232 y 233, LCT)[1].

La indemnización especial debe calcularse tomando como base las retribuciones del último año trabajado y no los salarios que hubiera percibido el trabajador si hubiera subsistido

---

[5] López - Centeno - Fernández Madrid, *Ley de contrato de trabajo*, t. II, p. 844.

[6] Podetti - Banchs, *Trabajo de mujeres*, p. 163.

[1] Podetti - Banchs, *Trabajo de mujeres*, p. 129; López - Centeno - Fernández Madrid, *Ley de contrato de trabajo*, t. II, p. 842.

la relación laboral en el año posterior al despido[2]. Dado su carácter remuneratorio, el sueldo anual complementario debe calcularse en el año de remuneraciones.

El sueldo a tomarse en cuenta es el íntegro, sin el tope máximo que por año de servicio fija el art. 245 de la LCT[3].

El importe de la indemnización agravada cubre todos los daños sufridos por el despido dispuesto por el empleador[4]. También la indemnización especial cubre la reparación del daño moral sufrido[5].

JURISPRUDENCIA

1. *Despido por embarazo. No acumulación de indemnizaciones.* Cuando concurren dos fuentes generadoras de indemnización –matrimonio y embarazo, en el caso–, no deben acumularse ambas indemnizaciones, pues responden al mismo fundamento que es proteger bienes jurídicos íntimamente ligados en la valoración de política legislativa que plasmó el ordenamiento vigente (CN Trab, Sala V, 24/8/98, *TSS*, 1998-1047).

Capítulo IV

DEL ESTADO DE EXCEDENCIA

Art. 183. [DISTINTAS SITUACIONES. OPCIÓN EN FAVOR DE LA MUJER] – La mujer trabajadora que, vigente la relación laboral, tuviera un hijo y continuara residiendo en el país, podrá optar entre las siguientes situaciones:

a) Continuar su trabajo en la empresa, en las mismas condiciones en que lo venía haciendo.

b) Rescindir su contrato de trabajo, percibiendo la compensación por tiempo de servicios que se le asigna por este inciso o los mayores beneficios

---

[2] MARTÍNEZ VIVOT, en ALTAMIRA GIGENA (coord.), "Ley de contrato de trabajo", t. 2, p. 178.

[3] PODETTI - BANCHS, *Trabajo de mujeres*, p. 168.

[4] MARTÍNEZ VIVOT, en ALTAMIRA GIGENA (coord.), "Ley de contrato de trabajo", t. 2, p. 178.

[5] PODETTI - BANCHS, *Trabajo de mujeres*, p. 130.

que surjan de los estatutos profesionales o convenciones colectivas de trabajo.

En tal caso, la compensación será equivalente al 25% de la remuneración de la trabajadora, calculada en base al promedio fijado en el art. 245 por cada año de servicio, la que no podrá exceder de un salario mínimo vital por un año de servicio o fracción mayor de tres meses.

c) Quedar en situación de excedencia por un período no inferior a tres meses ni superior a seis meses.

Se considera situación de excedencia la que asuma voluntariamente la mujer trabajadora que le permite reintegrarse a las tareas que desempeñaba en la empresa a la época del alumbramiento, dentro de los plazos fijados. La mujer trabajadora que hallándose en situación de excedencia formalizara nuevo contrato de trabajo con otro empleador quedará privada de pleno derecho de la facultad de reintegrarse.

Lo normado en los incs. *b* y *c* del presente artículo es de aplicación para la madre en el supuesto justificado de cuidado de hijo enfermo menor de edad a su cargo, con los alcances y limitaciones que establezca la reglamentación.

CONCORDANCIAS: LCT, arts. 177, 184 a 186 y 245.

§ 1. **Finalidad de la norma**. – La norma comentada dispone medidas tendientes a proteger a la familia y las necesidades que se derivan de tales circunstancias[1].

§ 2. **Contenido de la norma**. – Este artículo versa sobre tres situaciones perfectamente diferenciadas. La primera, la de continuar la mujer su trabajo en la empresa, al concluir la licencia por maternidad; la segunda, la opción por rescindir el contrato con derecho a la compensación por tiempo de servicios; y la tercera, quedar en situación de excedencia, o sea, con una licencia especial sin goce de sueldo[2].

---

[1] LÓPEZ - CENTENO - FERNÁNDEZ MADRID, *Ley de contrato de trabajo*, t. II, p. 844.

[2] PODETTI - BANCHS, *Trabajo de mujeres*, p. 172 y 173; CARCAVALLO, en VAZQUEZ VIALARD (dir.), "Tratado", t. 4, p. 200.

§ 3. **Continuación del trabajo en la empresa.** – Concluida la licencia por maternidad, al cabo del total de noventa días a que tiene derecho, la suspensión de las prestaciones a cargo de la trabajadora deja de tener justificación, por lo que corresponde que ella se reintegre a sus tareas. Así lo prevé en forma expresa el inc. *a* del artículo comentado como una de las opciones a favor de la trabajadora[3].

La reincorporación debe efectuarla la mujer inmediatamente de vencido el plazo de la licencia por maternidad del párr. 1º del art. 177 de la LCT, o desde el vencimiento de la licencia que por enfermedad derivada de embarazo o parto comenzara a gozar sin solución de continuidad. El silencio de la trabajadora o su imputable pasividad en invocar una enfermedad inculpable, salvo que se demostrare después que hubo imposibilidad del aviso (art. 209, LCT), u otra causal justificativa de la ausencia, puede dar lugar a que se interprete que se configuró la opción tácita a que se refiere el art. 186 de la LCT[4].

§ 4. **Rescisión del contrato de trabajo.** – Si la mujer trabajadora desecha la opción de continuar su trabajo en la empresa o la de quedar en situación de excedencia, puede optar expresa o tácitamente por la rescisión del contrato de trabajo con derecho al pago de una compensación por tiempo de servicios.

a) *Opción expresa por la rescisión.* La opción expresa de la trabajadora por la rescisión del contrato de trabajo, debe formularse mediante comunicación dirigida al empleador que tiene carácter receptivo, ya que se perfecciona con la llegada al ámbito de conocimiento y control de aquel a quien va dirigida. Esta comunicación debe formularse antes de que concluyan los plazos de licencia previstos por el art. 177 de la LCT, ya que según su art. 186, si dentro de las cuarenta y ocho horas anteriores a la finalización de esos plazos no se comunicara la opción por la licencia denominada *situación de excedencia*, se entiende que tácitamente ha optado por percibir la compensación por tiempo de servicio, o sea, la rescisión del contrato[5].

Este acto voluntario de rescisión importa la renuncia al empleo con derecho a una asignación por tiempo de servicio[6].

---

[3] Podetti - Banchs, *Trabajo de mujeres*, p. 173.
[4] Podetti - Banchs, *Trabajo de mujeres*, p. 173 y 174.
[5] Podetti - Banchs, *Trabajo de mujeres*, p. 177 y 178.
[6] Martínez Vivot, en Altamira Gigena (coord.), "Ley de contrato de trabajo", t. 2, p. 188; Podetti - Banchs, *Trabajo de mujeres*, p. 177; Carcavallo, en Vazquez Vialard (dir.), "Tratado", t. 4, p. 202.

b) *Opción tácita por la rescisión.* El art. 186 de la LCT dispone que si la mujer no se reincorpora al empleo luego de vencidos los plazos de licencia previstos por su art. 177 y no comunica a su empleador, dentro de las cuarenta y ocho horas anteriores a la finalización de esos plazos, que se acoge a los plazos de excedencia, se entiende que opta por la rescisión del contrato de trabajo con percepción de la compensación por tiempo de servicios establecida en el inc. *b* del artículo en comentario.

c) *Inexigibilidad del preaviso.* Cuando la trabajadora opta por la rescisión del contrato de trabajo, conforme al inc. *b* del artículo en comentario, queda eximida del deber de preavisar[7].

d) *Compensación por tiempo de servicios.* Tanto cuando la trabajadora ha optado expresamente por rescindir el contrato de trabajo, según el inc. *b* de este artículo, o cuando haya habido una opción tácita en tal sentido, conforme al art. 186 de la LCT, en ambos casos, le corresponde la compensación por tiempo de servicios prevista en el inc. *b* de este art. 183.

1) *Carácter jurídico de la compensación.* La compensación por tiempo de servicios prevista en el artículo comentado, no tiene carácter indemnizatorio por cuanto no debe resarcirse daño alguno, ni carácter remuneratorio dado que no es retributiva de servicios ni contraprestación de servicios prestados, en el sentido del art. 103 de la LCT. Cabe caracterizarla más bien como una prestación de la seguridad social que la ley pone a cargo del empleador[8].

2) *Monto de la compensación.* El párr. 2° del inc. *b* del artículo determina que la compensación será equivalente al 25% de la remuneración de la trabajadora, calculada sobre la base del promedio fijado por el art. 245 por cada año de servicio, la que no podrá exceder de un salario mínimo vital por año de servicio o fracción mayor de tres meses.

La remisión al *promedio* del art. 245 de la LCT es errónea, ya que el art. 245 –en su texto luego de la modificación introducida por el art. 153 de la ley 24.013– sólo menciona al *pro-*

---

[7] López - Centeno - Fernández Madrid, *Ley de contrato de trabajo*, t. II, p. 847; Podetti - Banchs, *Trabajo de mujeres*, p. 178; Carcavallo, en Vazquez Vialard (dir.), "Tratado", t. 4, p. 202.

[8] Podetti - Banchs, *Trabajo de mujeres*, p. 179 y 180; Martínez Vivot, en Altamira Gigena (coord.), "Ley de contrato de trabajo", t. 2, p. 189; Carcavallo, en Vazquez Vialard (dir.), "Tratado", t. 4, p. 204.

medio de las remuneraciones del convenio colectivo aplicable, a los efectos de determinar el tope máximo (de tres veces el importe mensual) de la indemnización por despido. Ante la discordancia entre lo establecido por el artículo comentado que se refiere al *promedio* de remuneraciones y lo determinado por el art. 245 de la LCT, al que también remite la norma, que toma como base "la mejor remuneración mensual, normal y habitual, percibida durante el último año o durante el tiempo de prestación de servicios si éste fuera menor", cabe optar interpretativamente por esta última solución que resulta más favorable a la trabajadora (art. 9°, párr. 2°, LCT)[9].

En cuanto a la mención del "salario mínimo vital", como tope de la compensación por año de servicio, debe considerarse derogada tácitamente por el art. 141 de la LE y, en consecuencia, tenerse por no escrita, en tanto el legislador no ha sustituido esta pauta limitativa por otra no prohibida.

3) *Plazo para el pago de la compensación.* Por aplicación analógica de los arts. 128 y 149 de la LCT, el pago de la compensación debe hacerse dentro de los cuatro días hábiles de extinguida la relación[10].

§ 5. **Situación de excedencia.** – Se llama "situación de excedencia" la que asume voluntariamente la mujer trabajadora y le permite postergar su reincorporación a las tareas por un plazo no inferior a tres meses ni superior a seis meses.

Se trata de un supuesto de suspensión de la exigibilidad de los deberes de prestación de ambas partes, principalmente la prestación de servicios y el pago de la remuneración[11]. Es potestativa para la mujer trabajadora e implica una especie de *licencia especial*, no enumerada entre las previstas por el art. 158 de la LCT y que, a diferencia de éstas, no se paga[12].

a) *Finalidad de la excedencia.* Se trata de una institución destinada a proteger a la familia, al asegurar la presencia de la madre en el hogar, junto a su hijo recién nacido y también del hijo enfermo[13].

---

[9] Martínez Vivot, en Altamira Gigena (coord.), "Ley de contrato de trabajo", t. 2, p. 188; Carcavallo, en Vazquez Vialard (dir.), "Tratado", t. 4, p. 205.
[10] Carcavallo, en Vazquez Vialard (dir.), "Tratado", t. 4, p. 203.
[11] Podetti - Banchs, *Trabajo de mujeres*, p. 182; Carcavallo, en Vazquez Vialard (dir.), "Tratado", t. 4, p. 206.
[12] Podetti - Banchs, *Trabajo de mujeres*, p. 182 y 183.
[13] Podetti - Banchs, *Trabajo de mujeres*, p. 184.

b) *Extensión de la excedencia.* La mujer trabajadora puede quedar en situación de excedencia "por un período no inferior a tres meses ni superior a seis meses". Nada obsta, sin embargo, a que estos plazos legales sean extendidos por acuerdo de partes o convenio colectivo[14].

c) *Comunicación al empleador.* La opción de la trabajadora por "quedar en situación de excedencia" implica una expresión positiva de la voluntad (art. 917, Cód. Civil) que, como tal, puede manifestarse verbalmente o por escrito, ya que el artículo comentado no prevé una forma determinada.

1) *Oportunidad de la comunicación.* La comunicación de la trabajadora de la opción por la situación de excedencia debe efectuarse "dentro de las cuarenta y ocho horas" anteriores a la finalización de los plazos de licencia por maternidad previstos por el art. 177 de la LCT.

2) *Contenido de la comunicación.* La comunicación de la trabajadora debe indicar que se opta por la situación de excedencia por un plazo determinado, dentro de los límites mínimo y máximo de tres y seis meses. La elección no debe considerarse definitiva, ya que puede ser ampliada hasta el máximo de seis meses o lo que convencionalmente se haya acordado, o reducida si desapareció el motivo de la excedencia[15].

Jurisprudencia

1. *Enfermedad durante la excedencia.* No corresponde el pago de los salarios de enfermedad previstos en el art. 208 de la LCT a la trabajadora en situación de excedencia, porque expresamente el legislador impuso que cada accidente o enfermedad inculpable no afectará el derecho del trabajador a percibir su remuneración cuando el primero o la segunda *impida la prestación del servicio*, y la enfermedad padecida por la trabajadora en situación de excedencia no impide tal prestación por cuanto ésta ya se encontraba suspendida por la opción que aquélla había efectuado y que le acarreaba la falta de percepción de sus haberes durante la vigencia de la excedencia, por lo que no se encuentra privada de derecho alguno ya que no existían salarios a su favor que hubiera que resguardar (CNTrab, Sala IX, 8/2/01, *DT*, 2002-A-91).

§ 6. **Retribución durante la excedencia.** – Mientras dure la situación de excedencia la trabajadora no percibe remunera-

---

14 Podetti - Banchs, *Trabajo de mujeres*, p. 184.

15 Podetti - Banchs, *Trabajo de mujeres*, p. 185; Martínez Vivot, en Altamira Gigena (coord.), "Ley de contrato de trabajo", t. 2, p. 191; Carcavallo, en Vazquez Vialard (dir.), "Tratado", t. 4, p. 207.

ción, ni tampoco ningún subsidio o asignación especial por excedencia, por no estar previsto dentro del sistema de seguridad social. Tampoco continúa percibiendo las asignaciones familiares de pago mensual o anual[16].

§ 7. **Extinción de la situación de excedencia.** – La situación de excedencia concluye normalmente con la expiración del plazo por el cual optara la mujer, debiendo reingresar a la empresa en las condiciones que fija el art. 184 de la LCT, en cuanto lo resuelva el empleador.

§ 8. **Formalización de contrato de trabajo con otro empleador.** – El artículo comentado expresa que "la mujer trabajadora que hallándose en situación de excedencia formalizara nuevo contrato de trabajo con otro empleador quedará privada de pleno derecho de la facultad de reintegrarse". Debe entenderse que en este caso se configuró una renuncia tácita, extintiva de la relación, quedando liberado el primer empleador de toda responsabilidad indemnizatoria[17] y teniendo el derecho de negarse a reintegrarla, considerando automáticamente resuelto el contrato de trabajo[18].

El efecto mentado por la norma no se produce si la trabajadora continúa con otro empleo preexistente, pues lo que se prohíbe es la concertación de nuevo contrato[19].

§ 9. **Requisitos para optar por la rescisión del contrato o por la situación de excedencia.** – Para que la mujer trabajadora pueda ejercer las opciones que le otorgan los incs. *b* y *c* del artículo comentado, debe reunir ciertos requisitos.

a) *Nacimiento de un hijo o cuidado de un hijo menor enfermo.* La norma protege a la mujer trabajadora que "vigente la relación, tuviera un hijo" y también a la madre "en el supuesto justificado de cuidado de hijo enfermo menor de edad a su cargo".

---

[16] Martínez Vivot, en Altamira Gigena (coord.), "Ley de contrato de trabajo", t. 2, p. 191 y 192.

[17] Podetti - Banchs, *Trabajo de mujeres*, p. 187 y 188.

[18] Martínez Vivot, en Altamira Gigena (coord.), "Ley de contrato de trabajo", t. 2, p. 191.

[19] Carcavallo, en Vazquez Vialard (dir.), "Tratado", t. 4, p. 205; Martínez Vivot, en Altamira Gigena (coord.), "Ley de contrato de trabajo", t. 2, p. 191; Podetti - Banchs, *Trabajo de mujeres*, p. 188.

La enfermedad del hijo debe ser sobreviniente a la celebración del contrato de trabajo, pues los derechos reconocidos por el artículo comentado deben generarse estando vigente la relación laboral y no ser preexistentes a ella, salvo el agravamiento de una afección que antes no requería el intensivo cuidado materno[20].

La expresión "cuidado del hijo enfermo" menta una situación permanente y no transitoria como sería si la ley se hubiera referido a la *enfermedad del hijo*[21].

Por hijo *a cargo* debe entenderse que el menor se encuentre conviviendo con la madre, excluyendo los casos en que el hijo haya sido internado en un establecimiento asistencial, público o privado[22].

b) *Residencia en el país.* El artículo comentado exige, para gozar de la opción, la residencia en el país de la mujer trabajadora. La voluntad legislativa es la de no extender el beneficio a la mujer que, por cualquier motivo, pasa a residir en el extranjero[23].

c) *Antigüedad mínima de un año.* El art. 185 de la LCT impone como requisito para que la mujer trabajadora esté en condiciones de gozar de los derechos del art. 183, incs. *b* y *c*, la antigüedad de un año, como mínimo, en la empresa.

§ 10. **Reglamentación.** – El artículo remite a una reglamentación –que no se ha dictado– para determinar aspectos que no han sido definidos por la ley como, por ejemplo, si la mujer puede obtener la excedencia tantas veces como nacimientos tenga, o una sola vez, o sólo después de cierto tiempo luego de producido su reingreso al trabajo, ni si puede acumular la excedencia por nacimiento de hijo a la que corresponde por su cuidado o atención[24].

Jurisprudencia

1. *Vacaciones. Excedencia. Armonización.* Si las vacaciones coinciden con el plazo de excedencia, ambos términos deben

---

[20] López - Centeno - Fernández Madrid, *Ley de contrato de trabajo*, t. II, p. 847; Podetti - Banchs, *Trabajo de mujeres*, p. 175.

[21] Martínez Vivot, en Altamira Gigena (coord.), "Ley de contrato de trabajo", t. 2, p. 192.

[22] Martínez Vivot, en Altamira Gigena (coord.), "Ley de contrato de trabajo", t. 2, p. 192.

[23] Podetti - Banchs, *Trabajo de mujeres*, p. 176.

[24] López - Centeno - Fernández Madrid, *Ley de contrato de trabajo*, t. II, p. 845.

concederse en forma correlativa, para evitar que se conculquen los derechos provenientes de ambos institutos (CNTrab, Sala I, 28/2/89, *DT*, 1990-A-221).

Art. 184. [Reingreso] – El reingreso de la mujer trabajadora en situación de excedencia deberá producirse al término del período por el que optara.

El empleador podrá disponerlo:

a) En cargo de la misma categoría que tenía al momento del alumbramiento o de la enfermedad del hijo.

b) En cargo o empleo superior o inferior al indicado de común acuerdo con la mujer trabajadora.

Si no fuese admitida, será indemnizada como si se tratara de despido injustificado, salvo que el empleador demostrara la imposibilidad de reincorporarla, en cuyo caso la indemnización se limitará a la prevista en el art. 183, inc. *b*, párrafo final.

Los plazos de excedencia no se computarán como tiempo de servicio.

Concordancias: LCT, arts. 183, 232, 233 y 245.

§ 1. **Reincorporación de la trabajadora.** – La situación de excedencia constituye una *licencia especial* por lo que a su término corresponde la reincorporación de la mujer trabajadora a sus tareas[1].

No se trata de un *reingreso* en los términos del art. 18 de la LCT, dado que si así fuera habría que admitir que la opción por quedar en situación de excedencia del inc. *c* del art. 183, tuvo el efecto de extinguir la relación, lo que no es exacto y sí se da en cambio en el caso del inc. *b* del mismo artículo[2].

Conocido por el empleador el plazo por el cual optó la mujer trabajadora, pues ésta debió indicarlo al comunicar su acogimiento a la situación de excedencia, basta con que la tra-

---

[1] Podetti - Banchs, *Trabajo de mujeres*, p. 190.
[2] Martínez Vivot, en Altamira Gigena (coord.), "Ley de contrato de trabajo", t. 2, p. 193; Podetti - Banchs, *Trabajo de mujeres*, p. 190 y 191.

bajadora se presente a prestar tareas al día hábil siguiente del que venció la licencia para que corresponda la reincorporación inmediata, sin necesidad de aviso, notificación o trámite alguno[3].

§ 2. **Falta de presentación de la trabajadora.** – Si la trabajadora no se presentara a retomar sus tareas, como no cabe presumir la renuncia al empleo (art. 58, LCT), antes de decidir el empleador la extinción de la relación por abandono de trabajo, debe previamente constituirla en mora, mediante intimación fehaciente para que se reintegre al trabajo, por el plazo que impongan las modalidades del caso (art. 244, LCT)[4].

Si la falta de presentación de la trabajadora se prolongara en el tiempo y no mediara intimación del empleador para el reintegro, podría inferirse que esa conducta omisiva configura un *comportamiento inequívoco* (art. 58, parte última, LCT), equivalente a una *renuncia tácita* al empleo o un *abandono de la relación* por ambas partes (art. 241, párr. 3°, LCT).

§ 3. **Cargo en que se reincorpora.** – El término *podrá* utilizado por el artículo no debe interpretarse en el sentido de que al empleador le es facultativo disponer o no el reingreso de su dependiente. Él *debe* hacerlo y si no lo hace deberá indemnizar a la trabajadora como en el caso de despido injustificado, salvo que demostrara su imposibilidad, supuesto este último en el que la indemnización será la del inc. *b* del art. 183. El término *podrá* sólo se refiere a la alternativa del reingreso en igual o distinto cargo, y poco tiene de facultativo para el empleador en tanto esta última posibilidad (distinto cargo) requiere el acuerdo de la trabajadora[5].

El artículo en comentario no exige la reincorporación de la trabajadora en el mismo puesto, bastando que lo sea en *cargo de la misma categoría* que tenía al momento del alumbramiento o de la enfermedad del hijo. Se trata del reconocimiento de la facultad organizativa del empleador y de su posibilidad de ejercicio del *ius variandi* dentro de los límites impuestos por el art. 66 de la LCT[6].

---

[3] Martínez Vivot, en Altamira Gigena (coord.), "Ley de contrato de trabajo", t. 2, p. 194; Carcavallo, en Vazquez Vialard (dir.), "Tratado", t. 4, p. 208.

[4] Podetti - Banchs, *Trabajo de mujeres*, p. 191.

[5] Brito Peret - Goldin - Izquierdo, *La reforma*, p. 148; Martínez Vivot, en Altamira Gigena (coord.), "Ley de contrato de trabajo", t. 2, p. 195.

[6] Podetti - Banchs, *Trabajo de mujeres*, p. 193; Martínez Vivot, en Altamira Gigena (coord.), "Ley de contrato de trabajo", t. 2, p. 194.

De común acuerdo, las partes pueden convenir la reincorporación en cargo superior o inferior, lo que resulta legítimo en tanto la voluntad de las partes no esté viciada (art. 922 y ss., Cód. Civil)[7].

§ 4. **Negativa del empleador a la reincorporación.** – Si el empleador, sin invocación de causa, se negara a admitir la reincorporación de la trabajadora, la situación se equipara a la de un despido injustificado, correspondiendo las indemnizaciones por despido y falta de preaviso (arts. 232, 233 y 245, LCT). Si la extinción de la relación de trabajo se produjera dentro del plazo de siete meses y medio posteriores al parto (art. 178, LCT) corresponde también la indemnización especial del art. 182[8]. Esta situación puede darse en forma de despido directo o indirecto, como sería el caso de una negativa de trabajo verbal o fáctica por parte del empleador, en que la mujer trabajadora, previa intimación para que se aclare la situación laboral, se diera por despedida (art. 246, LCT) con derecho a las indemnizaciones mencionadas[9].

§ 5. **Imposibilidad de reincorporación.** – Si el empleador invocare como causal la imposibilidad de reincorporación, la comunicación que cursare debe reunir los recaudos del art. 243 de la LCT. La carga probatoria de la imposibilidad le corresponde al empleador que, en caso de acreditarla, en lugar de la indemnización por antigüedad del art. 245 de la ley sólo deberá la prevista en el art. 183, inc. *b*, que en este supuesto tendrá carácter resarcitorio, no obstante la limitación en su monto.

La *imposibilidad* a que alude el artículo no tiene que ser necesariamente una verdadera *fuerza mayor*. Debe producirse una desaparición del cargo o empleo que no sea imputable al empleador, causa que debe aparecer por completo objetivada[10]. Esta inimputabilidad no tiene por qué derivar sólo de una *fuerza mayor*, dado que variaciones del mercado, cambios tecnológicos, etc., que no encuadran en las previsiones de los arts. 513 y 514 del Cód. Civil, pueden obligar a reestructuraciones, con la consiguiente supresión de puestos y hasta de secciones del establecimiento[11].

---

[7] Podetti - Banchs, *Trabajo de mujeres*, p. 193.

[8] Carcavallo, en Vazquez Vialard (dir.), "Tratado", t. 4, p. 209; Podetti - Banchs, *Trabajo de mujeres*, p. 193 y 194.

[9] Podetti - Banchs, *Trabajo de mujeres*, p. 195.

[10] López - Centeno - Fernández Madrid, *Ley de contrato de trabajo*, t. II, p. 849.

[11] Carcavallo, en Vazquez Vialard (dir.), "Tratado", t. 4, p. 210.

Jurisprudencia

1. *Estado de excedencia. Imposibilidad de reincorporación. Vacante ocupada.* La imposibilidad de reincorporación de una trabajadora al vencer el período de excedencia a que se refiere la ley, debe ser cierta, no bastando la demostración de que la vacante está ocupada (CNTrab, Sala V, 28/8/79, *DT*, 1980-117).

§ 6. **Fuerza mayor o falta o disminución de trabajo.** – Si se invocara la fuerza mayor o la falta o disminución de trabajo como causal de no reincorporación de una trabajadora que estuvo en situación de excedencia, deben acreditarse los supuestos legales previstos por el art. 247 de la LCT[12].

§ 7. **Falta de cómputo como tiempo de servicio.** – A diferencia de lo dispuesto para otros casos de suspensión, originados en razones ajenas al empleador, en que el tiempo de duración de ellas se considera como período de trabajo a los efectos de la antigüedad (servicio militar, art. 214; desempeño de cargos electivos, art. 215; desempeño de cargos gremiales, art. 217), el plazo de excedencia no se computa como tiempo de servicio.

Jurisprudencia

1. *Plazo de excedencia. Tiempo de servicios. Indemnización por antigüedad.* No computándose los plazos de excedencia como tiempo de servicios, no corresponde incorporar dicho período a los efectos del cálculo de la indemnización por despido (CNTrab, Sala V, 28/9/79, *DT*, 1980-117).

Art. 185. [Requisito de antigüedad] – Para gozar de los derechos del art. 183, apartados *b* y *c*, de esta ley, la trabajadora deberá tener un año de antigüedad como mínimo en la empresa.

Concordancias: LCT, art. 183.

§ 1. **Cómputo de la antigüedad.** – El año de antigüedad que exige este artículo como uno de los requisitos para gozar de los beneficios previstos en los incs. *b* y *c* del art. 183, debe contarse hacia atrás, tomando como punto de partida el día en que termina la licencia por maternidad[1].

---

[12] Podetti - Banchs, *Trabajo de mujeres*, p. 196.
[1] Martínez Vivot, en Altamira Gigena (coord.), "Ley de contrato de trabajo", t. 2, p. 188; Carcavallo, en Vazquez Vialard (dir.), "Tratado", t. 4, p. 202.

Art. 186. [Opción tácita] – Si la mujer no se reincorporara a su empleo luego de vencidos los plazos de licencia previstos por el art. 177, y no comunicara a su empleador dentro de las cuarenta y ocho horas anteriores a la finalización de los mismos, que se acoge a los plazos de excedencia, se entenderá que opta por la percepción de la compensación establecida en el art. 183, inc. *b*, párrafo final.

El derecho que se reconoce a la mujer trabajadora en mérito a lo antes dispuesto no enerva los derechos que le corresponden a la misma por aplicación de otras normas.

Concordancias: LCT, arts. 177 y 183.

§ 1. **Conductas encuadradas en la norma.** – Junto a la declaración expresa de la voluntad de la mujer trabajadora de optar por la rescisión del contrato y la percepción de la compensación prevista en el art. 183, inc. *b*, este artículo considera, como opción tácita, las conductas omisivas descriptas en el texto, a saber: la no reincorporación a su empleo luego de vencidos los plazos de licencia previstos en el art. 177 de la LCT, y la falta de comunicación dentro de las cuarenta y ocho horas anteriores a la finalización de la licencia por maternidad, que se acoge a los plazos de excedencia[1].

§ 2. **Excepción al régimen general de presunciones.** – Con esta disposición, el legislador se aparta del principio general contenido en el art. 58 de la LCT, que no admite presunciones en contra del trabajador, ni derivadas de la ley, que conduzcan a sostener la renuncia al empleo, aunque deriven de su silencio o de cualquier otro modo que no implique una forma de comportamiento inequívoco en tal sentido. La interpretación de esta norma debe hacerse con cuidado, ya que la trabajadora podría no reintegrarse al concluir el término de la licencia y existir una causa justificada para haber procedido así, por ejemplo, una enfermedad, un accidente, una situación de fuerza mayor (paro o atraso de transportes), etcétera[2].

---

[1] Podetti - Banchs, *Trabajo de mujeres*, p. 203.
[2] Martínez Vivot, en Altamira Gigena (coord.), "Ley de contrato de trabajo", t. 2, p. 197.

Título VIII

DEL TRABAJO DE LOS MENORES

Art. 187. [Disposiciones generales. Capacidad. Igualdad de remuneración. Aprendizaje y orientación profesional] – Los menores de uno y otro sexo, mayores de catorce años y menores de dieciocho podrán celebrar toda clase de contratos de trabajo, en las condiciones previstas en los arts. 32 y ss. de esta ley. Las reglamentaciones, convenciones colectivas de trabajo o tablas de salarios que se elaboren, garantizarán al trabajador menor la igualdad de retribución, cuando cumpla jornadas de trabajo o realice tareas propias de trabajadores mayores.

El régimen de aprendizaje y orientación profesional aplicable a los menores de catorce a dieciocho años estará regido por las disposiciones respectivas vigentes, o que al efecto se dicten.

Concordancias: LCT, arts. 17, 32, 33, 35, 81, 116, 117, 119, 188 y 206; Cód. Civil, arts. 128 y 283; ley 25.013, art. 1°.

§ 1. **Régimen laboral de los menores.** – El trabajo que realizan los menores está regulado básicamente por la Constitución nacional, los convenios de la OIT, ratificados por la República Argentina, las normas de los arts. 187 a 195 de la LCT, las pocas disposiciones que subsistieron de la ley 11.317 –antigua ley de trabajo de mujeres y menores–, las del decr. 14.538/44, de aprendizaje y orientación profesional y las del contrato de trabajo de aprendizaje del art. 1° de la ley 25.013, algunas disposiciones que se refieren a ellos en los estatutos particulares que rigen actividades especiales y las cláusulas pactadas al respecto en los convenios colectivos de trabajo.

§ 2. La Constitución nacional. – La Constitución, antes de la reforma de 1994, no contenía prácticamente disposición alguna que se refiriera al trabajo de los menores. Sólo existían en ella referencias indirectas que comprendían a los menores, como las cláusulas incluidas en el art. 14 *bis* sobre *"protección integral de la familia"* y la *"compensación económica familiar"*, que protegen a los menores, pero no en cuanto trabajadores sino como integrantes de una familia[1].

La reforma constitucional de 1994 introdujo importantes disposiciones vinculadas con el trabajo de los menores. Ante todo, eleva la Convención sobre los Derechos del Niño, adoptada por la Asamblea General de las Naciones Unidas en 1989, y ratificada por nuestro país por ley 23.849, a la jerarquía constitucional, incorporando sus normas como complementarias de los derechos y garantías de la Parte Primera de la misma Constitución (art. 75, inc. 22). Impone al Congreso de la Nación: *"Legislar y promover medidas de acción positiva que garanticen la igualdad real de oportunidades y de trato, y el pleno goce y ejercicio de los derechos reconocidos por esta Constitución y por los tratados internacionales vigentes sobre derechos humanos, en particular respecto de los niños"*, y *"dictar un régimen de seguridad social especial e integral en protección del niño en situación de desamparo, desde el embarazo hasta la finalización del período de enseñanza elemental"* (inc. 23).

§ 3. La Convención sobre los Derechos del Niño. – Esta Convención adoptada por la Asamblea General de las Naciones Unidas en 1989, y ratificada por la República Argentina por ley 23.849, en su art. 32 establece textualmente: *"1. Los Estados partes reconocen el derecho del niño a estar protegido contra la explotación económica y contra el desempeño de cualquier trabajo que pueda ser peligroso o entorpecer su educación, o que sea nocivo para su salud o para su desarrollo físico, mental, espiritual, moral o social. 2. Los Estados partes adoptarán medidas legislativas, administrativas, sociales y educacionales para garantizar la aplicación del presente artículo. Con ese propósito y teniendo en cuenta las disposiciones pertinentes de otros instrumentos internacionales, los Estados partes, en particular: a) fijarán una edad o edades mínimas para trabajar; b) dispondrán*

---

[1] ETALA - FELDMAN, *Regulación del trabajo de menores en Argentina*, p. 11.

la reglamentación apropiada de los horarios y condiciones de trabajo; c) *estipularán las penalidades u otras sanciones apropiadas para asegurar la aplicación efectiva del presente artículo".* A los efectos de esta convención se entiende por *niño* todo ser humano menor de dieciocho años (art. 1°).

§ 4. **Convenios de la Organización Internacional del Trabajo.** – Estos convenios, ratificados por la República Argentina, tienen desde la reforma constitucional de 1994 jerarquía superior a las leyes (art. 75, inc. 22). Sobre el trabajo de los menores y la edad mínima de admisión en los empleos, la República Argentina ha ratificado los siguientes convenios: convenio 5, sobre la edad mínima (industria), de 1919, ratificado por la ley 11.726; convenio 7, sobre la edad mínima (trabajo marítimo), de 1920, ratificado por ley 11.727; convenio 10, sobre la edad mínima (agricultura), de 1921, ratificado por ley 12.232; convenio 33, sobre la edad mínima (trabajos no industriales), de 1932, ratificado por ley 12.727; convenio 138, sobre la edad mínima, de 1973, ratificado por ley 24.650, y convenio 182, sobre la prohibición de las peores formas de trabajo infantil y la acción inmediata para su eliminación, de 1999, ratificado por ley 25.255.

El convenio 138 en muchos aspectos modifica y sustituye a los anteriores. Establece como principio general que la edad mínima de admisión en el empleo no deberá ser inferior a la edad en que cesa la obligación escolar, o en todo caso, a los quince años (art. 2°.3). No obstante, la República Argentina, al ratificar el convenio, hizo uso de la opción prevista en el art. 2°.4, que autoriza al "miembro cuya economía y medios de educación estén insuficientemente desarrollados" para "previa consulta con las organizaciones de empleadores y de trabajadores interesadas especificar inicialmente una edad mínima de catorce años".

§ 5. **Capacidad para celebrar contratos de trabajo.** – El artículo en comentario remite, en este aspecto, al art. 32 de la LCT, que establece que los menores desde los dieciocho años pueden celebrar libremente contratos de trabajo, norma que coincide con el art. 128 del Cód. Civil. La misma disposición aclara que los mayores de catorce años y menores de dieciocho, que con conocimiento de sus padres o tutores viven independientemente de ellos, gozan de la misma capacidad que los mayores de dieciocho para celebrar contrato de trabajo. Por lo demás, el mismo artículo agrega que los menores entre catorce y dieciocho años que ejercieren cualquier tipo de actividad en relación de dependencia, se presumen suficientemente autorizados por sus padres o representantes legales para todos los actos concernientes al empleo, norma coincidente con el art. 283 del Cód. Civil. Esto significa que los menores que hayan cumplido catorce años y ejercieran algún empleo, se presumen por este solo hecho suficientemente autorizados por sus representantes legales, sin necesidad de una autorización expresa. Por otra parte, los menores emancipados por matrimonio gozan de plena capacidad laboral (art. 35, LCT).

§ 6. **Capacidad para formar parte de sindicatos.** – Si los mayores de catorce años pueden celebrar contratos de trabajo, es congruente la solución legal de admitir a partir de esa edad la afiliación de los trabajadores menores a los sindicatos para la defensa de sus intereses gremiales. Así lo dispone el art. 13 de la ley 23.551, que aclara que en este caso no se requiere ninguna autorización de los representantes legales ni del Ministerio Público. En cambio, los menores no pueden integrar los órganos directivos de los sindicatos, cargos para los que la ley exige la mayoría de edad, a diferencia de los delegados de personal de establecimiento que, para estar en condiciones de ser elegidos, deben contar con dieciocho años de edad como mínimo.

§ 7. **Capacidad para estar en juicio.** – Los menores desde los catorce años están facultados para estar en juicio laboral en acciones vinculadas al contrato de trabajo, pudiendo hacerse representar por mandatarios, con la intervención promiscua del Ministerio Público (art. 33, LCT).

§ 8. **La remuneración de los menores.** – Por aplicación del principio constitucional de *"igual remuneración por igual tarea"* (art. 14 *bis*, Const. nacional), el artículo determina: "Las reglamentaciones, convenciones colectivas de trabajo o tablas de salarios que se elaboren, garantizarán al trabajador menor la igualdad de retribución, cuando cumpla jornadas de trabajo o realice tareas propias de trabajadores mayores".

Según el art. 117 de la LCT, el trabajador mayor de dieciocho años goza del derecho a percibir una remuneración no inferior al salario mínimo vital que se establezca. En cambio, el art. 119 de la LCT autoriza reducciones en el salario mínimo vital para aprendices o menores (se entiende de dieciocho años). En virtud de esta disposición, la res. 2/64 del Consejo Nacional del Salario Mínimo Vital determinó una reducción en el salario mínimo de los menores del 10% para los de diecisiete años, del 20% para los de dieciséis, del 30% para los de quince y del 40% para los de catorce. La res. 2/93 del presidente del Consejo Nacional de Empleo, la Productividad y el Salario Mínimo Vital y Móvil fijó, a partir del 1º de agosto de 1993, el salario mínimo vital en un peso por hora y doscientos pesos por mes para el personal mensualizado que cumpliere la jornada legal de trabajo, pero no estableció montos diferenciales para los menores.

Los decrs. NU 388/03 y 1349/03 que fijaron el salario mínimo vital y móvil, a partir del 1º de julio de 2003 y del 1º de enero de 2004, tampoco establecieron montos diferenciales para los menores.

Actualmente, por res. CNEPSMVM 2/04 se fijó el salario vital móvil por hora en dos pesos con veinticinco centavos y para los mensualizados el salario es de cuatrocientos cincuenta pesos.

§ 9. **Régimen de aprendizaje y orientación profesional.** El aprendizaje y la orientación profesional fueron regulados en su momento por el decr. ley 14.138/44, ratificado por la ley 12.921, muchas de cuyas disposiciones han caído en desuso. La LE prevé programas de empleo para jóvenes desocupados de entre catorce y veinticuatro años que incluyen capacitación y orientación profesionales prestadas en forma gratuita y complementadas con otras ayudas económicas cuando se consideren indispensables (art. 83). Pero la innovación más importante introducida en el campo de la formación profesional de los jóvenes es el contrato de trabajo de aprendizaje regulado por el art. 1º de la ley 25.013.

Art. 188. [CERTIFICACIÓN DE APTITUD FÍSICA] – **El empleador, al contratar trabajadores de uno u otro sexo, menores de dieciocho años, deberá exigir de los mismos o de sus representantes legales, un certificado médico que acredite su aptitud para el trabajo y someterlos a los reconocimientos médicos periódicos que prevean las reglamentaciones respectivas.**

CONCORDANCIAS: LCT, art. 206; ley 25.013, art. 1º.

§ 1. **Certificado y reconocimientos médicos.** – El artículo exige para los trabajadores menores de dieciocho años un *certificado médico* que acredite su aptitud para el trabajo.

Pueden existir actividades para las cuales algunos menores, por razón de su desarrollo, de su constitución psicofísica o por su salud, no se hallen en condiciones de desempeñarlas sin detrimento para su organismo. Éstas son las razones que justifican el examen médico[1]. La ley no precisa si el certificado debe ser otorgado por una institución oficial o, simplemente, lo puede dar cualquier médico[2], lo que debe llevar a concluir en este último sentido, ya que la ley no distingue a este respecto.

La exigencia del artículo rige para los menores de quince a dieciocho años contratados en virtud de un contrato de trabajo de aprendizaje regido por el art. 1º de la ley 25.013.

§ 2. *Régimen general.* – No existen reglamentaciones específicas para los reconocimientos médicos periódicos de los menores, por lo que, hasta que éstas no sean dictadas, deben regir las disposiciones aplicables a todos los trabajadores.

Art. 189. [Menores de catorce años. Prohibición de su empleo] – **Queda prohibido a los empleadores ocupar menores de catorce años en cualquier tipo de actividad, persiga o no fines de lucro.**

Esa prohibición no alcanzará cuando medie autorización del ministerio pupilar a aquellos menores ocupados en las empresas en que sólo trabajen los miembros de la misma familia y siempre que no se trate de ocupaciones nocivas, perjudiciales o peligrosas.

Tampoco podrá ocuparse a menores de edad superior a la indicada que, comprendidos en la edad escolar, no hayan completado su instrucción obligatoria, salvo autorización expresa extendida por el ministerio pupilar, cuando el trabajo del menor fuese considerado indispensable para la subsistencia del mismo o de sus familiares directos, siempre que se llene en forma satisfactoria el mínimo de instrucción escolar exigida.

Concordancias: LCT, arts. 32, 111 y 206; leyes 24.195, art. 10, y 25.013, art. 1º.

---

[1] Martínez Vivot, en Altamira Gigena (coord.), "Ley de contrato de trabajo", t. 2, p. 203.

[2] Martínez Vivot, *Los menores y las mujeres*, p. 101.

§ 1. **Convenio 138 de la Organización Internacional del Trabajo.** – La edad mínima de admisión en el empleo que establece el párr. 1º del artículo es consistente con la normativa de este convenio, ya que si bien éste establece como principio general que la edad mínima de admisión en el empleo no deberá ser inferior a la edad en que cesa la obligación escolar, o en todo caso, a los quince años (art. 2º.3), la República Argentina, al ratificar el convenio, hizo uso de la opción prevista en el art. 2º.4, que autoriza al miembro cuya economía y medios de educación estén insuficientemente desarrollados para, previa consulta con las organizaciones de empleadores y de trabajadores interesadas, especificar inicialmente una edad mínima de catorce años.

§ 2. **Trabajo de los menores que no han cumplido la edad mínima.** – El párr. 2º de este artículo introduce una excepción a la terminante prohibición establecida en el primero. Permite, previa *autorización del ministerio pupilar*, el trabajo de los "menores ocupados en las empresas en que sólo trabajen los miembros de la misma familia y siempre que no se trate de ocupaciones nocivas, perjudiciales o peligrosas", prohibición esta última que reitera el art. 191 de la LCT, por remisión a su art. 176, relativo al trabajo de mujeres.

§ 3. **La mención del "ministerio pupilar".** – En los párrs. 2º y 3º del artículo se menciona erróneamente al *ministerio pupilar* (o Ministerio Público de Menores) como el encargado de otorgar las autorizaciones señaladas en el texto[1]. Se trata de una materia de competencia del Ministerio de Trabajo, Empleo y Seguridad Social.

§ 4. **La instrucción obligatoria.** – La ley federal de educación 24.195 prevé un ciclo de educación básica inicial, entre los tres a cinco años, al que sigue el de educación básica obligatoria, de nueve años de duración a partir de los seis años (art. 10, inc. *b*).

Art. 190. [JORNADA DE TRABAJO. TRABAJO NOCTURNO] – No podrá ocuparse menores de catorce a dieciocho años en ningún tipo de tareas durante más

---

[1] MARTÍNEZ VIVOT, en ALTAMIRA GIGENA (coord.), "Ley de contrato de trabajo", t. 2, p. 206.

de seis horas diarias o treinta y seis semanales, sin perjuicio de la distribución desigual de las horas laborales.

La jornada de los menores de más de dieciséis años, previa autorización de la autoridad administrativa, podrá extenderse a ocho horas diarias o cuarenta y ocho semanales.

No se podrá ocupar a menores de uno u otro sexo en trabajos nocturnos, entendiéndose como tales el intervalo comprendido entre las veinte y las seis horas del día siguiente. En los casos de establecimientos fabriles que desarrollen tareas en tres turnos diarios que abarquen las veinticuatro horas del día el período de prohibición absoluta en cuanto al empleo de menores, estará regido por este título y lo dispuesto en el art. 173, última parte, de esta ley, pero sólo para los menores varones de más de dieciséis años.

CONCORDANCIAS: LCT, arts. 173 y 206; ley 25.013, art. 1°.

§ 1. **Convenio 6 de la Organización Internacional del Trabajo.** – El convenio 6 de la OIT, sobre el trabajo nocturno de los menores (industria), de 1919, ratificado por la Argentina, prohíbe emplear durante la noche a personas menores de dieciocho años en empresas industriales, públicas o privadas, o en sus dependencias, con excepción de aquellas en que únicamente estén empleados los miembros de una misma familia (art. 2°, párr. 1°). El mismo convenio establece como excepción a este principio general, el caso de las personas mayores de dieciséis años empleadas en las industrias que enumera (fábricas de hierro y acero, fábricas de vidrio, fábricas de papel, ingenios en los que se trata el azúcar en bruto, reducción del mineral de oro), en trabajos que, por razón de su naturaleza, deben necesariamente continuarse día y noche (art. 2°, párr. 2°).

El convenio define el término *noche* como el período de once horas consecutivas, por lo menos, que comprende el intervalo que media entre las diez de la noche y las cinco de la mañana (art. 3°, párr. 1°).

El mismo convenio exceptúa de la aplicación de sus disposiciones el trabajo nocturno de los menores que tengan de dieciséis a dieciocho años, en caso de fuerza mayor, que no pueda preverse ni impedirse, que no presente un carácter periódico, y que constituya un obstáculo al funcionamiento normal de una empresa industrial (art. 4°).

§ 2. **Distribución desigual de la jornada.** – La distribución desigual de la jornada de trabajo que autoriza el artículo comentado para los menores se ajusta a lo dispuesto en la reglamentación de la ley 11.544, sobre jornada de trabajo, y así el exceso de la jornada diaria normal podrá ser de una hora (art. 1°, inc. *b*, decr. 16.115/33), sin necesidad de autorización alguna[1].

§ 3. **Horas extra.** – Debe considerarse implícitamente prohibida para los menores la realización de horas extraordinarias de trabajo, porque ello importaría superar los límites señalados como máximos. Sólo, por su excepcionalidad, podrían cumplirse en caso de accidente o fuerza mayor, de acuerdo con lo previsto en el art. 3°, inc. *c*, de la ley 11.544, coincidente con lo dispuesto en el art. 89 de la LCT, "en caso de peligro grave o inminente para las personas o para las cosas incorporadas a la empresa"[2].

Art. 191. [Descanso al mediodía. Trabajo a domicilio. Tareas penosas, peligrosas o insalubres. Remisión] – Con relación a los menores de dieciocho años de uno u otro sexo, que trabajen en horas de la mañana y de la tarde, regirá lo dispuesto en los arts. 174, 175 y 176 de esta ley.

Concordancias: LCT, arts. 174 a 176 y 206.

§ 1. **Alcances.** – Por remisión al art. 174 de la LCT, referido al trabajo de mujeres, los menores de dieciocho años también gozan de un descanso al mediodía. Se trata de una pausa para la comida y el descanso en la mitad de la jornada, que la autoridad administrativa puede suprimir o reducir, según la extensión de la jornada a que estuviese sometido el menor, las características de las tareas que realice o los perjuicios que la interrupción del trabajo pudiese ocasionar a los propios bene-

---

[1] Martínez Vivot, en Altamira Gigena (coord.), "Ley de contrato de trabajo", t. 2, p. 209.

[2] Martínez Vivot, en Altamira Gigena (coord.), "Ley de contrato de trabajo", t. 2, p. 209.

ficiarios o al interés general. Durante este descanso no se devenga salario[1]. Si el menor trabajara sólo a la *mañana* o sólo a la *tarde*, el descanso no corresponde[2].

§ 2. **Límites al trabajo a domicilio.** – Por remisión al art. 175 de la LCT, referido al trabajo de mujeres, queda prohibido también a los menores de dieciocho años encargarles la ejecución de trabajos a domicilio, cuando estén simultáneamente ocupados en algún local u otra dependencia de la empresa. La finalidad perseguida por esta norma es evitar el exceso de la jornada legal de trabajo máxima a que daría lugar el cumplimiento por el menor de estas tareas adicionales encargadas por el empleador para ser ejecutadas en su domicilio, luego de finalizadas sus tareas habituales. Cabe aclarar, sin embargo, que no existe prohibición de trabajo a domicilio para los menores, trabajos que pueden ser cumplidos como aprendiz o ayudante, mayor de catorce años y menor de dieciocho (art. 3°, ley 12.713, de trabajo a domicilio, y art. 2°, decr. 118.755/42)[3].

§ 3. **Carácter de penosos, peligrosos o insalubres.** – Por remisión al art. 176 de la LCT, referido al trabajo de mujeres, tampoco se puede ocupar a los menores de dieciocho años "en trabajos que revistan carácter penoso, peligroso o insalubre". El mismo artículo agrega que la reglamentación determinará las industrias comprendidas en esta prohibición. Subsisten, a este respecto, los arts. 10 y 11 de la vieja ley de trabajo de mujeres y menores, ley 11.317, que enumeran una serie de actividades con carácter enunciativo y no exhaustivo[4]. Numerosos convenios colectivos de trabajo han especificado normas vinculadas con estas situaciones de riesgo, nocivas o peligrosas[5].

Este artículo es coincidente con el art. 3°.1 del convenio 138 que dispone: "La edad mínima de admisión a todo tipo de empleo o trabajo que por su naturaleza o las condiciones en que se realice pueda resultar peligroso para la salud, la seguridad o la moralidad de los menores no deberá ser inferior a los dieciocho años".

[1] Fernández Madrid - Caubet, *Leyes fundamentales del trabajo*, p. 81.
[2] Martínez Vivot, en Altamira Gigena (coord.), "Ley de contrato de trabajo", t. 2, p. 213.
[3] Etala - Feldman, *Regulación del trabajo de menores en Argentina*, p. 14.
[4] Martínez Vivot, en Altamira Gigena (coord.), "Ley de contrato de trabajo", t. 2, p. 215.
[5] Etala - Feldman, *Regulación del trabajo de menores en Argentina*, p. 14.

Art. 192. [Ahorro] – El empleador, dentro de los treinta días de la ocupación de un menor comprendido entre los catorce y dieciséis años, deberá gestionar la apertura de una cuenta de ahorro en la Caja Nacional de Ahorro y Seguro. Dicha entidad otorgará a las mismas el tratamiento propio de las cuentas de ahorro especial. La documentación respectiva permanecerá en poder y custodia del empleador mientras el menor trabaje a sus órdenes, debiendo ser devuelta a éste o a sus padres o tutores al extinguirse el contrato de trabajo, o cuando el menor cumpla los dieciséis años de edad. [Texto según ley 22.276, art. 1°]

Concordancias: LCT, art. 132.

§ 1. **Cuenta de ahorro.** – El texto anterior a la reforma del artículo por la ley 22.276 establecía los dieciocho años como edad máxima del menor al que se le debía abrir la cuenta de ahorro. La reducción a dieciséis años que dispuso la mencionada ley se fundó en la circunstancia de que desde la sanción de la ley 21.451 se efectuaba el descuento de aportes para el régimen de jubilaciones y pensiones a partir de los dieciséis años y se argumentaba que la aplicación simultánea de ambas retenciones produciría una disminución importante en los ingresos mensuales del menor. Sin embargo, el régimen vigente de la ley 24.241 incorpora obligatoriamente al SIJP a las personas físicas mayores de dieciocho años de edad (art. 2°), sin que se haya dispuesto hasta el presente la correlativa modificación del artículo comentado[1].

§ 2. **Privatización de la Caja Nacional de Ahorro y Seguro.** – La privatización de este organismo ha dejado sin efecto la obligatoriedad de gestionar la apertura de la cuenta de ahorro exclusivamente ante esa entidad financiera. Si se mantuviera dicha prioridad para una entidad privada se afectaría la cláusula constitucional que garantiza la *"defensa de la competencia contra toda forma de distorsión de los mercados"* (art. 42, Const. nacional).

Por consiguiente, debe entenderse que resulta admisible la apertura de la cuenta de ahorro ante cualquier entidad banca-

---

[1] Etala, *Reseña, TSS,* 1997-885.

ria o financiera, estatal o privada, en tanto garantice para ella el tratamiento propio de las cuentas de ahorro especial, tal como lo exige el artículo[2].

Art. 193. [IMPORTE A DEPOSITAR. COMPROBACIÓN]. El empleador deberá depositar en la cuenta del menor el 10% de la remuneración que le corresponda, dentro de los tres días subsiguientes a su pago, importe que le será deducido de aquélla.

El empleador deberá acreditar ante la autoridad administrativa, el menor o sus representantes legales, el cumplimiento oportuno de lo dispuesto en el presente artículo.

CONCORDANCIAS: LCT, arts. 132 y 192.

§ 1. **Ahorro obligatorio.** – La ley dispone un ahorro obligatorio en beneficio del menor, obligatoriedad que resulta justificada en la necesidad de ejecutar acciones de previsión en resguardo de su futuro.

Art. 194. [VACACIONES] – Los menores de uno u otro sexo gozarán de un período mínimo de licencia anual, no inferior a quince días, en las condiciones previstas en el título V de esta ley.

CONCORDANCIAS: LCT, arts. 150 a 157 y 206.

§ 1. **Vacaciones del menor.** – El artículo otorga a los menores un período mínimo de licencia anual no inferior a quince días, un día más del mínimo establecido para los adultos por el art. 150 de la LCT.

Este artículo no aclara si los días son corridos o hábiles, por lo que a fin de armonizar la norma con lo dispuesto por el art. 3°, párr. 2°, inc. *a*, del convenio 52 de la OIT, sobre las vacaciones pagadas, de 1936, ratificado por la República Argentina por ley 13.560, para determinar la duración de las vacaciones del menor, no deben computarse los días feriados oficiales o establecidos por la costumbre.

---

[2] ETALA, *Reseña, TSS*, 1997-885.

Algunas disposiciones de los convenios colectivos mejoran la protección de la ley, al disponer que se deberá otorgar vacaciones en el mismo período a los menores y sus padres que trabajen en el mismo establecimiento o en otro establecimiento de la misma actividad, siempre que no se perjudique notoriamente el normal desenvolvimiento de las tareas[1].

§ 2. **Convenio 52 de la Organización Internacional del Trabajo.** – Este convenio sobre vacaciones pagadas, de 1936, ratificado por la República Argentina por ley 13.560 de 1950, establece que las personas menores de dieciséis años, incluidos los aprendices, tienen derecho, después de un año de servicio continuo, a vacaciones anuales pagadas de doce días laborables, por lo menos (art. 2°, párr. 2°). El convenio agrega que, a los efectos de las vacaciones anuales pagadas, no se computan los días feriados oficiales o establecidos por la costumbre y las inasistencias al trabajo debidas a enfermedad (art. 2°, párr. 3°).

Art. 195. [Accidente o enfermedad. Presunción de culpa del empleador] – **A los efectos de las responsabilidades e indemnizaciones previstas en la legislación laboral, en caso de accidente de trabajo o de enfermedad de un menor, si se comprueba ser su causa alguna de las tareas prohibidas a su respecto, o efectuada en condiciones que signifiquen infracción a sus requisitos, se considerará por ese solo hecho al accidente o a la enfermedad como resultante de culpa del empleador, sin admitirse prueba en contrario.**

Si el accidente o enfermedad obedecieren al hecho de encontrarse circunstancialmente el menor en sitio de trabajo en el cual fuere ilícita o prohibida su presencia, sin conocimiento del empleador, éste podrá probar su falta de culpa.

Concordancias: LCT, arts. 176 y 206; ley 24.557.

§ 1. **Vigencia de la norma.** – El art. 39 de la LRT dispone que las prestaciones de la ley eximen a los empleadores de

---

[1] Etala - Feldman, *Regulación del trabajo de menores en Argentina*, p. 15.

toda responsabilidad civil, frente a sus trabajadores y sus derechohabientes, con la sola excepción de la derivada del art. 1072 del Cód. Civil, es decir, la responsabilidad por dolo del empleador. Esto veda la aplicación del artículo comentado que se funda en la culpa presunta del empleador sin admitirse prueba en contrario.

La Corte Suprema de Justicia de la Nación, con fecha 21 de septiembre de 2004, en "Aquino, Isacio c/Cargo Servicios Industriales SA", declaró la inconstitucionalidad del art. 39, inc. 1, de la LRT, en cuanto exime al empleador de la responsabilidad civil mediante la prestación del art. 15, inc. 2, párr. 2º, de dicha ley, abre nuevamente la posibilidad para la aplicación de la norma comentada y la promoción de acciones que persigan la reparación integral de los daños sufridos por el menor damnificado.

Título IX

DE LA DURACIÓN DEL TRABAJO Y DESCANSO SEMANAL

Capítulo I

JORNADA DE TRABAJO

Art. 196. [Determinación] – La extensión de la jornada de trabajo es uniforme para toda la Nación y se regirá por la ley 11.544, con exclusión de toda disposición provincial en contrario, salvo en los aspectos que en el presente título se modifiquen o aclaren.

Concordancias: LCT, arts. 197, 198, 200, 202 y 204; ley 11.544.

§ 1. **La norma constitucional.** – El art. 14 *bis* de la Const. nacional, introducido por la reforma constitucional de 1957, entre los derechos del trabajador, enumera el de *jornada limitada*, derecho que debe considerarse incluido en el más amplio de *condiciones dignas* y *equitativas de labor*, también garantizado constitucionalmente. Estos derechos, junto con el de *descanso* y *vacaciones pagados*, están orientados al logro de la *humanización del trabajo*[1]. El texto no fija horas, lo que hubiera sido muy rígido; podría paralizar, tal vez, progresos futuros. Habla solamente de jornada limitada. La limitación se mide con una pauta de razonabilidad, incluso relacionada con la clase de actividad y el lugar donde se desarrolla el trabajo.

---

[1] Jaureguiberry, *El artículo nuevo*, p. 105.

Es la ley la que marca el número de horas; también los convenios colectivos y el contrato individual[2]. La Constitución impone una jornada máxima, pero no ha fijado el número de horas dejando abierta la posibilidad de su reducción en el futuro, según el adelanto técnico[3].

§ 2. **Legislación nacional.** – El artículo determina enfáticamente que la legislación sobre jornada de trabajo es materia de competencia de la Nación y no de las provincias. Esta terminante declaración normativa cumple la finalidad de despejar cualquier duda en el sentido de excluir las facultades provinciales para regular la jornada, ya que el anterior texto del art. 213 de la LCT (actual art. 196), modificado por la ley 21.297, incorporaba a la normativa federal en materia de jornada "las normas legales que las provincias hubieren sancionado o sancionaren atendiendo a la modalidad o características de la actividad y/o de las zonas o provincias de que se trate, en miras de adecuar la extensión de la jornada en sus respectivos ámbitos, en tanto no establezcan límites inferiores a cuarenta y cuatro horas semanales". El texto del artículo es concordante con el del art. 198 de la LCT, que determina: "La reducción de la jornada máxima legal solamente procederá cuando lo establezcan disposiciones nacionales reglamentarias de la materia...", y con el art. 200, que expresa: "Por ley nacional se fijarán jornadas reducidas que correspondan para tareas penosas, mortificantes o riesgosas".

Este criterio legislativo es ajustado al reconocimiento constitucional del carácter de las normas que regulan el trabajo como derecho de *fondo* o *común*, materia de un Código del Trabajo y Seguridad Social que el Congreso de la Nación debe dictar en *"cuerpos unificados o separados"* (art. 75, inc. 12, Const. nacional).

Jurisprudencia

1. ***Facultades legislativas. Normas provinciales.*** La ley 21.297, al establecer que la jornada de trabajo es uniforme para todo el país, tiende a preservar la facultad de legislar para el ámbito nacional, impidiendo que la jornada de trabajo fuera establecida por normas provinciales en violación de la competencia que fija el art. 67 de la Const. nacional [actual art. 75] (CNTrab, Sala II, 31/5/91, *TSS*, 1991-719).

---

[2] Bidart Campos, *Principios constitucionales*, p. 481.
[3] Jaureguiberry, *El artículo nuevo*, p. 107.

§ 3. **Regulación de la jornada de trabajo.** – La jornada de trabajo se halla regida por dos textos legales: la LCT y la ley 11.544, de 1929. La LCT reproduce parcialmente disposiciones de la segunda, con variantes y agregados. Así, de los tres tipos de jornada que establece la ley 11.544, diurna salubre, nocturna e insalubre, el art. 200 de la LCT sólo se refiere a las dos últimas, sin mencionar en ninguna parte a la jornada común de ocho horas, por lo que, para examinar este tipo de jornada, resulta necesario coordinar ambos cuerpos legales[4].

§ 4. **Otras regulaciones de la jornada laboral.** – La misma ley 11.544 excluye de la aplicación de sus disposiciones los trabajos agrícolas ganaderos (regulados por el régimen nacional del trabajo agrario, ley 22.248), los servicios domésticos (regidos por el estatuto del servicio doméstico, decr. ley 326/56) y "los establecimientos en que trabajen solamente miembros de la familia del jefe, dueño, empresario, gerente, director o habilitado principal" (art. 1º).

También la materia de jornada puede ser objeto de "estipulación particular de los contratos individuales o convenios colectivos de trabajo" (art. 198, LCT).

§ 5. **Convenios de la Organización Internacional del Trabajo.** – La República Argentina ha ratificado por ley 11.726 el convenio 1 de la OIT, relativo a horas de trabajo (industria), Washington, de 1919, que establece que la duración del trabajo no podrá exceder de ocho horas por día y de cuarenta y ocho por semana (art. 2º), incluyendo una serie de excepciones a esta regla principal y autorizando una distribución desigual de la jornada en la semana, siempre que el exceso no sea mayor de una hora diaria (art. 2º, ap. *b*). El convenio 30, sobre las horas de trabajo (comercio y oficinas), de 1930, ratificado por ley 13.560, fija igual número de horas de trabajo (art. 3º), aunque autoriza una distribución semanal de suerte que el trabajo de cada día no exceda de diez horas (art. 4º).

Art. 197. [Concepto. Distribución del tiempo de trabajo. Limitaciones] – **Se entiende por jornada de trabajo todo el tiempo durante el cual el trabajador esté a disposición del empleador en tanto no pueda disponer de su actividad en beneficio propio.**

---

[4] Carcavallo, en Vazquez Vialard (dir.), "Tratado", t. 4, p. 23.

Integrarán la jornada de trabajo los períodos de inactividad a que obligue la prestación contratada, con exclusión de los que se produzcan por decisión unilateral del trabajador.

La distribución de las horas de trabajo será facultad privativa del empleador y la diagramación de los horarios, sea por el sistema de turnos fijos o bajo el sistema rotativo del trabajo por equipos no estará sujeta a la previa autorización administrativa, pero aquél deberá hacerlos conocer mediante anuncios colocados en lugares visibles del establecimiento para conocimiento público de los trabajadores.

Entre el cese de una jornada y el comienzo de la otra deberá mediar una pausa no inferior a doce horas.

CONCORDANCIAS: LCT, arts. 64 a 66, 68, 69, 152, 173, 190, 196, 198, 200 y 202; ley 11.544.

§ 1. **Contenido del artículo.** – El contenido del artículo comentado está integrado por las siguientes materias: *a*) definición de jornada de trabajo; *b*) distribución de las horas de trabajo; *c*) publicidad del tiempo de trabajo, y *d*) pausa entre jornada y jornada.

§ 2. **Definición legal de jornada de trabajo.** – El artículo en comentario, en su párr. 1°, define la jornada de trabajo como "todo el tiempo durante el cual el trabajador esté a disposición del empleador en tanto no pueda disponer de su actividad en beneficio propio". Esta definición se complementa con la aclaración incluida en su párr. 2°, en el sentido de considerar como integrativos de la jornada "los períodos de inactividad a que obligue la prestación contratada, con exclusión de los que se produzcan por decisión unilateral del trabajador". Debe distinguirse entre las pausas durante las cuales el trabajador no está obligado a trabajar, ni a estar dispuesto para ello, y el tiempo en que el trabajador no trabaja, pero tiene que mantenerse a disposición del empleador. Este tiempo *vacío*, durante el cual el trabajador debe mantenerse a disposición o en reserva, forma parte de la duración del trabajo efectivo[1].

---

[1] KROTOSCHIN, *Tratado práctico*, t. I, p. 596.

Esta conclusión es consistente con lo dispuesto por el art. 103 de la LCT, sobre remuneración.

JURISPRUDENCIA

1. *Tiempo a disposición. Reporte telefónico. Aviadores.* El piloto que, más allá del tiempo dedicado a volar, tenía la obligación de reportarse telefónicamente dos veces por día para saber si había necesidad de vuelo, no se encuentra, por ello, a disposición del empleador veinticuatro horas por día, trescientos sesenta y cinco al año (CNTrab, Sala VI, 9/12/92, *TSS*, 1993-891).

2. *Jornada de trabajo. Guardias de disponibilidad.* a) La llamada "guardia de disponibilidad" –en que el trabajador está a disposición de la empresa desde la hora de salida normal del servicio hasta la hora de ingreso del día siguiente, lapso en que puede ser requerido telefónica o personalmente para evacuar consultas–, no integra la jornada de trabajo, porque la *disponibilidad* exigida por la empleadora no coincide con la referida por el art. 197 de la LCT y no altera la libre utilización del receso por el dependiente en beneficio propio (CNTrab, Sala VIII, 29/5/92, *TSS*, 1993-891).

b) No obstante tener que limitarse el desplazamiento del actor a un radio de distancia determinado, podía utilizar el tiempo en cualquier actividad, situación que se contrapone con el requisito establecido por el art. 197 de la LCT, el cual exige que "no puede disponer de su actividad en beneficio propio"; por lo tanto, resulta lógico concluir que las horas correspondientes a las *guardias de disponibilidad* no pueden conceptualizarse como jornada en los términos que la ley laboral le otorga a esta última, ello sin perjuicio de que fuera admitido en autos que cuando el trabajador concurría a prestar servicios, dichas horas le eran abonadas al valor legal de horas extra, lo que marca la diferencia al respecto (CNTrab, Sala IX, 30/5/97, *DT*, 1998-A-744).

3. *Comienzo de la jornada de trabajo.* La jornada laboral no comienza en el momento en que los trabajadores se reúnen para ser transportados, sino cuando ponen su capacidad de trabajo a "disposición del empleador" en el lugar que cumplen sus tareas, resultando intrascendente que la empresa se haga cargo del transporte (CNTrab, Sala VI, 10/6/03, *TSS*, 2003-730).

4. *Tiempo para almorzar.* El tiempo otorgado para almorzar durante el cual trabajador puede ser requerido para cumplir alguna prestación –aunque no sea con habitualidad–, o durante el cual al trabajador no se le permite ausentarse del establecimiento sin autorización, integra la jornada de trabajo y por lo tanto debe ser retribuido (CNTrab, Sala X, 13/2/03, *TSS*, 2003-735).

a) *Tiempo del trayecto.* El art. 1°, inc. *d*, del decr. 16.115/33, reglamentario de la ley 11.544, determina que "no se computará en el trabajo el tiempo del traslado del domicilio de los empleados u obreros hasta el lugar en que esas órdenes fueran impartidas". De este modo, la ley desecha la tesis que –por analogía con el accidente *in itinere*– postula que la jornada se integra con el tiempo *in itinere*, abarcando el lapso que el trabajador permanece a disposición del empleador, desde que sale de su domicilio hasta que regresa a él[2]. De todos modos, nada impide que, por acuerdo de partes, por contrato individual o colectivo se disponga en sentido diverso.

b) *Traslados del lugar de trabajo.* Si bien no es computable como tiempo de trabajo el tiempo *in itinere*, es posible, sin embargo, que por el sitio en que se desarrollan los trabajos o por su naturaleza resulte inequitativo hacer soportar al trabajador (considerándolo como tiempo libre), el lapso abarcado por el trayecto. Pero estos supuestos, de por sí excepcionales, deben ser motivo de reglamentación especial o de convenio de partes[3], como se hace en algunos convenios colectivos de trabajo.

§ 3. **Distribución del tiempo de trabajo.** – Según el párr. 3º de este artículo, la distribución de las horas de trabajo y la diagramación de los horarios, sea por el sistema de turnos fijos o por el sistema rotativo de trabajo por equipos, es *facultad privativa* del empleador y no está sujeta a la previa autorización administrativa. Esta formulación del texto concuerda con los principios básicos plasmados en los arts. 64 a 66, 68 y 69, que reconocen y condicionan las facultades de organización y de dirección del empleador[4].

Cabe señalar, sin embargo, que esta *facultad privativa* del empleador no es irrestricta y reconoce dos órdenes de limitaciones: las normas de orden público sobre limitación de la duración del trabajo y las demás que resguardan la salud y seguridad del trabajador, y las normas que regulan el *ius variandi* del empleador y que imponen que los cambios en la forma y modalidades de la prestación del trabajo (en este caso, en cuanto al tiempo de trabajo) no sean irrazonables, no alteren modalidades esenciales del contrato o causen perjuicio material o moral al trabajador (art. 66, LCT), se ejerciten excluyendo toda forma de abuso del derecho (art. 68) y no sean aplicadas como sanciones disciplinarias (art. 69).

---

[2] Sureda Graells, *Jornada de trabajo y descansos*, en Deveali (dir.), "Tratado", t. II, p. 32.

[3] López - Centeno - Fernández Madrid, *Ley de contrato de trabajo*, t. II, p. 892.

[4] Carcavallo, en Vazquez Vialard (dir.), "Tratado", t. 4, p. 17.

§ 4. **Publicidad del tiempo de trabajo.** – La última parte del párr. 3º del artículo determina que el empleador deberá hacer conocer la diagramación de los horarios "mediante anuncios colocados en lugares visibles del establecimiento para conocimiento público de los trabajadores". Esta disposición es coincidente con lo establecido por el art. 8º del convenio 1 de la OIT, sobre horas de trabajo (industria), de 1919, que impone como deber del empleador: "*a*) dar a conocer, por medio de carteles colocados en un sitio visible de su establecimiento u otro lugar conveniente, o en cualquier otra forma aprobada por el gobierno, las horas en que comience y termine el trabajo, y si el trabajo se realiza por equipos, las horas en que comience y termine el trabajo de cada equipo; *b*) dar a conocer, en la misma forma, los descansos concedidos durante la jornada de trabajo que no se consideren comprendidos en las horas de trabajo".

§ 5. **Pausa entre jornada y jornada.** – El párrafo último del artículo determina: "Entre el cese de una jornada y el comienzo de la otra deberá mediar una pausa no inferior a doce horas". La disposición es aplicable a toda forma de diagramación horaria y no solamente al trabajo por equipos, dado que el texto no formula distinción alguna.

JURISPRUDENCIA

1. *Infracción. Compensación en dinero. Finalidad higiénica.* La violación de la pausa mínima de descanso entre jornadas de doce horas constituye un ilícito administrativo que no genera sobretasa salarial, pues como todo descanso tiene una finalidad higiénica que se distorsionaría con su compensación dineraria (CNTrab, Sala V, 28/12/90, *TSS*, 1991-329).

Art. 198. [JORNADA REDUCIDA] – **La reducción de la jornada máxima legal solamente procederá cuando lo establezcan las disposiciones nacionales reglamentarias de la materia, estipulación particular de los contratos individuales o convenios colectivos de trabajo. Estos últimos podrán establecer métodos de cálculo de la jornada máxima en base a promedio, de acuerdo con las características de la actividad.** [Texto según ley 24.013, art. 25]

CONCORDANCIAS: LCT, arts. 92 *ter* y 190; ley 25.013, art. 1º.

§ 1. **Jornada máxima legal.** – El art. 1º de la ley 11.544 fija la duración máxima de la jornada diurna salubre, ya que los topes máximos de la jornada nocturna e insalubre están regulados en el art. 200 de la LCT, que establece: "La duración del trabajo no podrá exceder de ocho horas diarias o cuarenta y ocho semanales para toda persona ocupada por cuenta ajena en explotaciones públicas o privadas aunque no persigan fines de lucro". Como se ve, la ley fija al mismo tiempo los límites diario y semanal, aunque debe señalarse que la limitación diaria no es del todo estricta, mientras, en cambio, no puede excederse la limitación semanal[1].

Nuestra ley establece una diferencia con el convenio 1 de la OIT, sobre horas de trabajo (industria), de 1919, que utilizó la expresión ocho horas "y" cuarenta y ocho horas por semana, fórmula más rígida que la argentina, cuya flexibilidad proviene del uso de la conjunción disyuntiva "o", en vez de la conjunción copulativa "y", lo que permite sostener que para nuestra ley, lo *principal* es la duración semanal y lo *secundario* la jornada diaria[2]. El decr. 16.115/33, reglamentario de la ley, admite así la posibilidad de una distribución desigual de las cuarenta y ocho horas semanales siempre que el exceso de tiempo no sea superior a una hora diaria y las tareas del sábado terminen a la hora trece (art. 1º, inc. *b*). De este modo, el horario que prevé nueve horas diarias de trabajo de lunes a viernes y el descanso completo los sábados se ajusta a la ley[3]. De excederse este tope de nueve horas diarias se configurarían las *horas suplementarias* legisladas en el art. 201 de la LCT y art. 5º de la ley 11.544[4].

§ 2. **Reducción de la jornada máxima legal.** – El artículo autoriza la reducción de la jornada máxima legal, pero solamente por medio de tres fuentes normativas: *a*) disposiciones nacionales reglamentarias; *b*) contratos individuales de trabajo, y *c*) convenios colectivos de trabajo. Se excluye la posibilidad de que esta reducción tenga lugar mediante disposiciones provinciales o municipales.

Jurisprudencia

1. *Jornada de trabajo. Reducción por convenio colectivo.* La reforma de la LCT no impide que por vía de convención co-

---

[1] Krotoschin, *Tratado práctico*, t. I, p. 594.
[2] Carcavallo, en Vazquez Vialard (dir.), "Tratado", t. 4, p. 26.
[3] Krotoschin, *Tratado práctico*, t. I, p. 594, nota 17.
[4] Carcavallo, en Vazquez Vialard (dir.), "Tratado", t. 4, p. 26.

lectiva se fije una jornada laboral menor y en cuanto esto se concrete y se encuentre homologado por la autoridad administrativa de trabajo, debe conferírsele validez legal en mérito a lo prescripto por el art. 8º de la LCT y el art. 9º de la ley 14.250 (CNTrab, Sala II, 31/5/91, *TSS*, 1991-719).

2. *Jornada legal. Reducción por convenio colectivo. Horas extra.* La ley 21.297 no excluye la posibilidad de que las convenciones colectivas establezcan la jornada de trabajo, por lo cual si en ellas se pacta una menor a la legal y en base a ello se establece la remuneración, todo el trabajo prestado en exceso de la misma corresponde que se retribuya como extraordinario (CN Trab, Sala X, 17/2/99, *DT*, 1999-B-1867).

a) *Contrato de trabajo a tiempo parcial.* La misma LCT en su art. 92 *ter* por medio de la incorporación dispuesta por el art. 2º de la ley 24.465, regula el contrato a tiempo parcial que se define como "aquel en virtud del cual el trabajador se obliga a prestar servicios durante un determinado número de horas al día o a la semana o al mes, inferiores a las dos terceras partes de la jornada habitual de la actividad" (inc. 1). La jornada reducida que es característica definitoria de esta modalidad contractual, trae consecuencias en cuanto al monto de la remuneración (inc. 1), la posibilidad de realizar horas extraordinarias (inc. 2), las cotizaciones a la seguridad social (inc. 3) y las prestaciones de seguridad social y de obra social (inc. 4).

b) *Tareas penosas, mortificantes o riesgosas.* El párrafo último del art. 200 de la LCT determina: "Por ley nacional se fijarán las jornadas reducidas que correspondan para tareas penosas, mortificantes o riesgosas, con indicación precisa e individualizada de las mismas".

c) *Jornada de trabajo de los menores.* La jornada máxima de los menores de catorce a dieciocho años es de seis horas diarias o treinta y seis semanales. La jornada de los menores de más de dieciséis años, previa autorización administrativa, puede extenderse a ocho horas diarias o cuarenta y ocho semanales. No se puede ocupar a menores en trabajos nocturnos (art. 190, LCT).

d) *Aprendices.* La jornada de trabajo de los aprendices no puede superar las cuarenta horas semanales, incluidas las correspondientes a la formación teórica (art. 1º, ley 25.013).

§ 3. **Fijación de la jornada máxima sobre la base de promedio.** La derogación del art. 15 de la ley 25.013 por el art. 34 de la ley 25.250, ha restituido a la última parte del artículo comentado su significado originario dado por el texto del art. 25 de la ley 24.013.

Esta parte del artículo habilita a los convenios colectivos de trabajo para "establecer métodos de cálculo de la jornada máxima en base a promedio, de acuerdo con las características de la actividad". Esta autorización legal no alcanza al contrato individual de trabajo ni a otras fuentes del derecho del trabajo, incluidos los laudos. Queda en claro que lo que la ley ha querido permitir es que sean las propias partes sociales del convenio colectivo las que acuerden la modalidad de la jornada "de acuerdo con las características de la actividad".

La fijación del promedio por las partes colectivas no debe vulnerar el orden público. A nuestro juicio, esta afectación tiene lugar cuando: *a*) no se respete el límite máximo para la jornada nocturna (art. 200, párr. 1°, LCT); *b*) no se respete el límite máximo de seis horas diarias o treinta y seis semanales para la jornada insalubre (art. 200, párr. 3°); *c*) no se respete la pausa de doce horas entre el cese de una jornada y el comienzo de la otra (art. 197, párr. 4°), y *d*) la duración media del trabajo, calculada para el número de semanas determinado en los convenios, exceda de cuarenta y ocho horas por semana (art. 5°.2, convenio 1 de la OIT).

Promedio significa "suma de varias cantidades dividida por el número de ellas". El artículo en comentario alude en plural a métodos de cálculo, con lo que deja librado a las partes colectivas la elección del método que ellas consideren adecuado para la actividad de que se trate, así como la fijación del período respecto del cual deberá calcularse el promedio, sea aquél mensual, semestral, anual o algún otro que determinen las mismas partes colectivas.

Art. 199. [Límite máximo: excepciones] – El límite de duración del trabajo admitirá las excepciones que las leyes consagren en razón de la índole de la actividad, del carácter del empleo del trabajador y de las circunstancias permanentes o temporarias que hagan admisibles las mismas, en las condiciones que fije la reglamentación.

Concordancias: LCT, arts. 89, 200, 202, 203 y 206; ley 11.544.

§ 1. **Excepciones al límite de la jornada máxima.** – El artículo remite a las excepciones al límite de la jornada máxima que las leyes autoricen por las siguientes razones: *a*) la índole de la actividad; *b*) el carácter del empleo del trabajador, y *c*) circunstancias permanentes o temporarias que las justifiquen.

a) *Fundadas en la índole de la actividad.* Son las actividades excluidas de la LCT (art. 2°) y de la ley 11.544 (art. 1°): *1*) servicio doméstico; *2*) trabajos agrarios, y *3*) establecimientos en que trabajen solamente miembros de la familia del jefe, dueño, empresario, gerente, director o habilitado principal.

b) *Fundadas en el carácter del empleo del trabajador.* Los siguientes supuestos responden a la variedad de circunstancias fácticas.

1) *Empleos de dirección o vigilancia.* Se incluye en esta excepción a los *empleos de dirección o vigilancia* (art. 3°, inc. *a*, ley 11.544). El convenio 1 de la OIT, sobre las horas de trabajo (industria), de 1919, excluye de la aplicación de sus disposiciones a "las personas que ocupen un puesto de inspección o de dirección o un puesto de confianza" (art. 2°, inc. *a*). El art. 11 del decr. 16.115/33, reglamentario de la ley 11.544, enumera, de manera enunciativa, diversos empleos considerados de dirección o vigilancia. Se trata de una excepción permanente no sujeta a autorización administrativa y acompaña el empleo como una nota que lo caracteriza[1]. La excepción a las normas legales sobre jornada máxima vale tanto para el trabajo diurno como para el trabajo nocturno o efectuado en lugares insalubres[2]. Los empleados exceptuados no tienen derecho a percibir con recargo las horas que trabajen por encima de la jornada máxima legal, aunque rige para ellos la pausa de doce horas entre jornada y jornada que establece el art. 197 de la LCT[3].

Jurisprudencia

1. *Personal jerárquico. Trabajo extraordinario.* De conformidad a lo dispuesto en el art. 11 del decr. 16.115/33, reglamentario de la ley 11.544, el personal jerárquico que cumple funciones gerenciales o directivas se encuadra en la excepción al régimen de jornada y está excluido del derecho a percibir suplementos por el trabajo cumplido en horario extraordinario (CNTrab, Sala III, 28/6/96, *DT*, 1997-A-308).

---

[1] López - Centeno - Fernández Madrid, *Ley de contrato de trabajo*, t. II, p. 899.

[2] Krotoschin, *Tratado práctico*, t. I, p. 599; Carcavallo, en Vazquez Vialard (dir.), "Tratado", t. 4, p. 50.

[3] López - Centeno - Fernández Madrid, *Ley de contrato de trabajo*, t. II, p. 900.

2. *Serenos.* El sereno está comprendido en las tareas llamadas de vigilancia y, en consecuencia, incluido en las excepciones consagradas por el art. 3º, inc. *a*, de la ley 11.544 (CNTrab, Sala II, 31/5/91, *TSS*, 1991-722).

3. *Empleados de dirección o vigilancia.* A los empleados de dirección o vigilancia no corresponde aplicar ninguna de las disposiciones de la ley sobre jornada de trabajo, no solamente la que se refiere a la duración máxima de la jornada sino tampoco la del último inciso del art. 5º de la ley 11.544 que determina el tipo de salario debido para las horas suplementarias (CNTrab, Sala III, 31/3/92, *DT*, 1992-A-899).

4. *Vigiladores.* *a*) Los vigiladores están excluidos de las normas sobre jornada máxima de acuerdo con lo previsto en el art. 3º de la ley 11.544 (CNTrab, Sala III, 31/3/93, *DT*, 1994-A-523).

b) Las tareas de un vigilador, en tanto no tenga asignada una función jerárquica en la empresa, no están exceptuadas de lo normado por las leyes laborales en materia de jornada de trabajo. Tal situación se halla confirmada por la circunstancia de que tanto el convenio colectivo 15/75, como el celebrado entre las partes habilitadas para la negociación en el ámbito de la vigilancia (CCT 194/92), invocado por el recurrente, fijan una jornada de trabajo de ocho horas diarias y cuarenta y ocho semanales, regulando el pago de horas extra, en el caso de trabajadores que superen ese lapso (CNTrab, Sala II, 13/8/01, *DT*, 2002-A-770).

5. *Personal de dirección y vigilancia. Tareas ajenas. Horas extra.* El art. 3º, inc. *a*, de la ley 11.544 se aplica a quienes realizan exclusivamente tareas de dirección o vigilancia, no rigiendo la excepción al pago de haberes por horas extra cuando el empleado efectúa otro tipo de trabajos ajenos a los específicos de dirección (SCBA, 13/11/84, *DT*, 1985-A-639).

6. *Personal de vigilancia activa.* Las tareas de vigilancia activa se diferencian de las intermitentes o de mera vigilancia subalterna, en que exigen una atención sostenida, generalmente necesitan la portación de armas e incluso se pone en riesgo la vida del vigilador, quien realiza dicha tarea en beneficio de terceros. Por ello puede asemejarse tal actividad a la función de custodia que ejercen las fuerzas de seguridad y en consecuencia no pueden estar excluidos sin más de las limitaciones de la jornada. Ello fue plasmado en la convención colectiva de trabajo 15/75 retribuyéndose las horas suplementarias (CNTrab, Sala X, 25/2/99, *DT*, 1999-B-1867).

7. *Supervisores de ventas.* A los efectos de las retribuciones por trabajo suplementario, los supervisores de ventas están comprendidos en la excepción del art. 3º, inc. *a*, de la ley 11.544, máxime cuando perciben sueldos superiores a los previstos por las convenciones colectivas, que deben entenderse comprensivos

de los excesos en la jornada pactada o la máxima legal (CNTrab, Sala VIII, 22/2/99, *TSS*, 1999-1167).

8. *Guías de turismo.* No puede encuadrarse al guía de turismo ni como personal de dirección ni como personal de vigilancia superior, pues sólo representa a la empresa en cuanto al trato con el público en el transcurso de los viajes. Es una figura que podría asemejarse al vendedor placista, promotor o bien personal destinado a la "atención al público". Como consecuencia, no se encuentra comprendido en las excepciones contempladas por la ley 11.544, art. 3°, inc. *a*, y en el decr. 16.115/33 (CNTrab, Sala II, 22/2/01, *DT*, 2001-B-2336).

2) *Trabajos especialmente intermitentes.* El art. 4°, inc. *a*, de la ley 11.544 autoriza como excepción permanente, mediando reglamentación, la labor de "ciertas categorías de personas cuyo trabajo sea especialmente intermitente". El convenio 30 de la OIT, sobre las horas de trabajo (comercio y oficinas), de 1930, ratificado por la República Argentina por ley 13.560, establece que los reglamentos de la autoridad pública determinarán las excepciones permanentes que puedan concederse para "ciertas clases de personas cuyo trabajo sea intermitente, a causa de la naturaleza del mismo, como, por ejemplo, los conserjes y las personas empleadas en trabajos de vigilancia y conservación de locales y depósitos" (art. 7°, 1.a). El trabajo intermitente se presta a una extensión de la duración porque, precisamente, no exige del trabajador un esfuerzo continuado y una atención o dedicación permanentes. Un caso especial considerado como trabajo intermitente es el de los serenos[4]. La res. STP 146/45 autorizó para los serenos una jornada de doce horas diarias, en tanto las tareas respectivas no requieran sino la acción de mera presencia o estadía en el lugar confiado a su custodia.

c) *Fundadas en circunstancias permanentes o temporarias que las justifiquen.* La ley prevé diversas excepciones a la jornada máxima legal fundadas en determinadas circunstancias permanentes o temporarias. Ellas se tratan a continuación.

1) *El trabajo por equipos.* Ésta es una excepción a la jornada máxima legal que está regulada por el art. 3°, inc. *b*, de la ley 11.544, y por el art. 202 de la LCT. Siempre que se haya adoptado este sistema de trabajo por equipos o turnos rotativos, regirá la excepción, sea que la decisión empresaria respon-

---

[4] Krotoschin, *Tratado práctico*, t. I, p. 601 y 602; López - Centeno - Fernández Madrid, *Ley de contrato de trabajo*, t. II, p. 905 a 907.

da a la finalidad de "asegurar la continuidad de la explotación, sea por necesidad o conveniencia económica o por razones técnicas inherentes a aquélla" (art. 202, LCT).

2) *Casos de accidente, trabajos de urgencia o fuerza mayor.* El art. 3°, inc. *c*, de la ley 11.544 admite igualmente una excepción a la jornada máxima legal "en caso de accidente ocurrido o inminente, o en caso de trabajo de urgencia a efectuarse en las máquinas, herramientas o instalaciones, o en caso de fuerza mayor, pero tan sólo en la medida necesaria para evitar que un inconveniente serio ocurra en la marcha regular del establecimiento y únicamente cuando el trabajo no pueda ser efectuado durante la jornada normal, debiendo comunicarse el hecho de inmediato a las autoridades encargadas de velar por el cumplimiento de la presente ley". El art. 203 de la LCT determina que, en estos casos, el trabajador estará obligado a prestar servicios en horas suplementarias. Se trata de una excepción transitoria que rige respecto de trabajadores con jornada máxima, quienes circunstancialmente pueden ser obligados a cumplir tareas extraordinarias, sin necesidad de autorización previa, abonándoseles los recargos correspondientes[5].

El art. 3° del convenio 1 de la OIT, sobre horas de trabajo (industria), de 1919, ratificado por la República Argentina por ley 11.726, determina: "El límite de horas de trabajo previsto en el art. 2° podrá ser sobrepasado en caso de accidente o grave peligro de accidente, cuando deben efectuarse trabajos urgentes en las máquinas o en las instalaciones, o en caso de fuerza mayor, pero solamente en lo indispensable para evitar una grave perturbación en el funcionamiento normal de la empresa". En términos similares, como excepción temporal, está redactado el art. 7°, 2.a, del convenio 30 de la OIT, sobre las horas de trabajo (comercio y oficinas), de 1930, ratificado por la República Argentina por ley 13.560, convenio que asimila a esta situación los casos necesarios "para prevenir la pérdida de materias perecederas o evitar que se comprometa el resultado técnico del trabajo" (art. 7°, 2.b).

3) *Trabajos preparatorios y complementarios.* El art. 4°, inc. *a*, de la ley 11.544 autoriza a los reglamentos del Poder Ejecutivo a fijar por industria, comercio y oficio y por región "las excepciones permanentes admisibles para los trabajos preparatorios y complementarios que deban necesariamente ser

---

[5] Carcavallo, en Vazquez Vialard (dir.), "Tratado", t. 4, p. 63; Krotoschin, *Tratado práctico*, t. I, p. 603, nota 36; López - Centeno - Fernández Madrid, *Ley de contrato de trabajo*, t. II, p. 904.

ejecutados fuera del límite asignado al trabajo general del establecimiento". Este inciso repite casi a la letra el art. 6°, 1.a, del convenio 1 de la OIT, sobre las horas de trabajo (industria). Se trata del tiempo que, en toda empresa, insume la puesta en marcha o el cierre de la actividad, que por lo general no coincide con los horarios de producción o de atención al público, pues se utiliza precisamente en trabajos preparatorios de la actividad productiva (v.gr., encendido de hornos o calderas, puesta en marcha de la fuerza motriz) o complementarios o subsiguientes a ella (p.ej., conservación o limpieza de locales, instalaciones o máquinas)[6]. A estos trabajos complementarios cabe asimilar la excepción temporal prevista por el convenio 30 de la OIT, sobre las horas de trabajo (comercio y oficinas), de 1930, ratificado por la Argentina, según ley 13.560, "para permitir trabajos especiales como inventarios y balances, vencimientos, liquidaciones y cierres de cuentas de todas clases" (art. 7°, 2.c). Esta misma situación está prevista por el art. 15 del decr. 16.115/33, reglamentario de la ley 11.544.

4) *Demandas extraordinarias de trabajo*. El art. 4°, inc. b, de la ley 11.544 prevé que los reglamentos administrativos pueden fijar por industria, comercio, oficio y región, "las excepciones temporarias admisibles para permitir a las empresas hacer frente a las demandas extraordinarias de trabajo". En la última parte, el mismo artículo agrega que para acordar estas autorizaciones se debe tener en cuenta el grado de desocupación existente. El art. 13 del decr. 16.115/33 determina que los reglamentos especiales que se dicten para cada actividad específica fijarán los límites máximos de prolongación de la jornada.

El convenio 1 de la OIT, sobre las horas de trabajo (industria), de 1919, ratificado por la República Argentina por ley 11.726, en su art. 6°, 1, dispone: "La autoridad pública determinará, por medio de reglamentos de industrias o profesiones: ... b) las excepciones temporales que puedan admitirse para permitir que las empresas hagan frente a aumentos extraordinarios de trabajo". El párr. 2° del mismo artículo agrega que "dichos reglamentos deberán dictarse previa consulta a las organizaciones interesadas de empleadores y de trabajadores, cuando dichas organizaciones existan, y deberán determinar el número máximo de horas extraordinarias que puedan ser autorizadas en cada caso. La tasa de salario de dichas horas extraordinarias será aumentada, por lo menos, en un 25% con

---

[6] López - Centeno - Fernández Madrid, *Ley de contrato de trabajo*, t. II, p. 903.

relación al salario normal". En similares términos se expresa el convenio 30 de la OIT, sobre las horas de trabajo en comercio y oficinas (arts. 7°, párrs. 2°, ap. *d*, 3° y 4°, y 8°).

5) *Límite máximo de horas extra autorizadas.* El art. 13 del decr. 16.115/33, modificado por decr. 2882/79, fijó los límites máximos de horas extra autorizadas que no podían ser más de tres horas por día, cuarenta y ocho mensuales y trescientas veinte horas anuales. El decr. 484/00, a partir de la fecha de su entrada en vigencia, 29 de junio de 2000, estableció como número máximo de horas suplementarias previsto en el mencionado art. 13 del decr. 16.115/33, el de treinta horas mensuales y doscientas horas anuales. Además derogó la exigencia de autorización administrativa previa, sin perjuicio de la aplicación de las previsiones legales relativas a jornada y descanso.

Art. 200. [Trabajo nocturno e insalubre] – La jornada de trabajo íntegramente nocturna no podrá exceder de siete horas, entendiéndose por tal la que se cumpla entre la hora veintiuna de un día y la hora seis del siguiente. Esta limitación no tendrá vigencia cuando se apliquen los horarios rotativos del régimen de trabajo por equipos. Cuando se alternen horas diurnas con nocturnas se reducirá proporcionalmente la jornada en ocho minutos por cada hora nocturna trabajada o se pagarán los ocho minutos de exceso como tiempo suplementario según las pautas del art. 201.

En caso de que la autoridad de aplicación constatara el desempeño de tareas en condiciones de insalubridad, intimará previamente al empleador a adecuar ambientalmente el lugar, establecimiento o actividad para que el trabajo se desarrolle en condiciones de salubridad dentro del plazo razonable que a tal efecto determine. Si el empleador no cumpliera en tiempo y forma la intimación practicada, la autoridad de aplicación procederá a calificar las tareas o condiciones ambientales del lugar de que se trate.

La jornada de trabajo en tareas o condiciones declaradas insalubres no podrá exceder de seis horas diarias o treinta y seis semanales. La insalubridad no existirá sin declaración previa de la autoridad de aplicación, con fundamento en dictámenes médicos de rigor científico y sólo podrá ser dejado sin efecto por la misma autoridad si desaparecieran las circunstancias determinantes de la insalubridad. La reducción de jornada no importará disminución de las remuneraciones.

Agotada la vía administrativa, toda declaración de insalubridad, o la que deniegue dejarla sin efecto, será recurrible en los términos, formas y procedimientos que rijan para la apelación de sentencias en la jurisdicción judicial laboral de la Capital Federal. Al fundar este recurso el apelante podrá proponer nuevas pruebas.

Por ley nacional se fijarán las jornadas reducidas que correspondan para tareas penosas, mortificantes o riesgosas, con indicación precisa e individualizada de las mismas.

Concordancias: LCT, arts. 173, 176, 190, 191, 195, 196 y 202; ley 11.544.

§ 1. **Jornada nocturna.** – El artículo fija la duración máxima de la jornada nocturna la que no podrá exceder de siete horas, definiendo luego lo que ha de entenderse por tal al señalar que es "la que se cumpla entre la hora veintiuna de un día y la hora seis del siguiente". Sin embargo, cabe destacar que ésta no es la única definición de *jornada nocturna* que contiene la LCT, sino que ésta es la aplicable a los trabajadores, varones o mujeres, que tengan dieciocho o más años de edad. Existen en la misma ley otras dos, aplicables una, a los menores en general y la otra, a los menores, varones o mujeres, de más de dieciséis años, cuando trabajen en establecimientos fabriles que desarrollen tareas en tres turnos diarios que abarquen las veinticuatro horas del día (art. 190).

En suma, existen tres definiciones de jornada nocturna, previstas por la LCT: *a*) de veintiuna a seis horas del día siguiente, para los trabajadores que tengan dieciocho o más años de edad (art. 200); *b*) de veinte a seis horas del día siguiente, para los menores en general (art. 190), y *c*) de veintidós a seis horas del día siguiente, para los menores de más de dieciséis años, en los casos de establecimientos fabriles que desarrollen tareas en tres turnos diarios que abarquen las veinticuatro horas del día (art. 190, no obstante la derogación del art. 173, por el art. 26, LE).

§ 2. **Requisitos de habitualidad e integralidad.** – El art. 9º del decr. 16.115/33, reglamentario de la ley 11.544, expresa textualmente: "La jornada de trabajo nocturno no podrá exceder de siete horas, entendiéndose como tal la que se realice habitual e íntegramente entre las veintiuna y las seis horas". Estos requisitos de *habitualidad* e *integralidad* deben considerarse derogados por el artículo comentado. La *habitualidad* no es un elemento que sea exigido por el texto legal actual, ya que la ley no efectúa un distingo de tal especie. Lo que importa es que el trabajo se realice de noche, ya sea en forma habitual o excepcional, transitoria o permanente[1]. Tampoco interesa que el trabajo se realice íntegramente de noche, ya que el mismo artículo comentado prevé la posibilidad de la jornada *mixta*, estableciendo el método para calcular la equivalencia entre las horas diurnas y nocturnas, a los efectos de no superar el tope semanal.

§ 3. **Tope semanal.** – El artículo comentado fija el límite diario para la jornada nocturna, pero –a diferencia que para la jornada normal y la jornada insalubre– no fija un tope semanal. No obstante ello, no hay obstáculo alguno para admitir una distribución desigual en la semana de la jornada nocturna[2].

§ 4. **Duración de la jornada íntegramente nocturna.** – La duración de la jornada íntegramente nocturna no podrá exceder de siete horas diarias, pero esta limitación no tiene lugar cuando se apliquen los horarios rotativos del régimen de trabajo por equipos.

Jurisprudencia

1. *Trabajo por equipos. Horarios rotativos.* El art. 200 de la LCT, que reduce la duración de la jornada nocturna, no rige cuando se aplican horarios rotativos al régimen de trabajo por equipos (CNTrab, Sala III, 28/2/95, *DT*, 1995-B-1393).

2. *Trabajo por equipos. Horas extra.* En el trabajo por equipos no corresponde el pago de diferencias de remuneración por nocturnidad, ni considerar como suplementaria la octava hora nocturna (CNTrab, Sala VI, 20/2/95, *TSS*, 1995-290).

---

[1] López - Centeno - Fernández Madrid, *Ley de contrato de trabajo*, t. II, p. 1422.

[2] López - Centeno - Fernández Madrid, *Ley de contrato de trabajo*, t. II, p. 909; Carcavallo, en Vazquez Vialard (dir.), "Tratado", t. 4, p. 30 y 31.

§ 5. **Caso de la jornada mixta.** – La jornada *mixta* es la que combina horas diurnas con nocturnas. En este caso, la ley da opción (debe entenderse al empleador) para su tratamiento tanto respecto de su duración como de su retribución. Al respecto, el empleador podrá reducir proporcionalmente la jornada en ocho minutos por cada hora trabajada, o pagar los ocho minutos de exceso como tiempo suplementario, según las pautas del art. 201 de la LCT.

El patrón de medida, en estos casos, es la jornada máxima legal, a cuyo efecto, a las horas diurnas trabajadas, se les suman las horas nocturnas computadas a razón de una hora y ocho minutos cada una, hasta completar las ocho horas. Si efectuado el cómputo se excede la jornada máxima, el tiempo en exceso se abona con recargos[3].

Jurisprudencia

1. *Cómputo de las horas nocturnas. Finalidad. Límite legal.* El cómputo de las horas nocturnas como una hora ocho minutos, tiene exclusivamente por objeto la determinación de una jornada que no sobrepase el límite legal, es decir, tiene en miras razones estrictamente higiénicas. Por lo tanto, si el conjunto de horas nocturnas y diurnas no sobrepasa las ocho horas o nueve en el caso, no corresponde el pago de adicional alguno. Dicho en otros términos, no existe un adicional especial para el trabajo nocturno (CNTrab, Sala II, 28/5/96, *DT*, 1996-B-3044).

2. *Límite legal. Inexistencia de derecho a recargos.* La sola circunstancia de que se hubiese prestado el trabajo parte en horario diurno y parte en horario nocturno no justifica el reclamo de los ocho minutos de recargo, cuando, como en el caso, el trabajo efectivo duró sólo siete horas por jornada, no superando el patrón de medida que es la jornada máxima legal de ocho horas para la jornada mixta (art. 9°, inc. 2, decr. 16.115/33), o establece con relación al trabajo nocturno el art. 200 de la LCT (CNTrab, Sala III, 31/5/96, *DT*, 1996-B-3044).

3. *Trabajo extraordinario. Tope semanal.* Si al adicionarse los ocho minutos por cada hora nocturna la jornada mixta diaria supera las ocho horas sin alcanzar las nueve, de manera que la semanal es inferior al límite de cuarenta y ocho, no existe el derecho al cobro de horas extra (CNTrab, Sala V, 10/12/91, *DT*, 1992-A-440).

§ 6. **Horas extra en el trabajo nocturno.** – Las horas extra pueden cumplirse en una jornada íntegramente nocturna o

---

[3] López - Centeno - Fernández Madrid, *Ley de contrato de trabajo*, t. II, p. 910; Carcavallo, en Vazquez Vialard (dir.), "Tratado", t. 4, p. 32.

en una jornada mixta (diurna y nocturna). En el primer caso, la ley no las prohíbe y en el segundo admite la posibilidad de su ejecución al prescribir que, si no se reduce proporcionalmente la jornada, se pagarán los ocho minutos de exceso por cada hora nocturna como tiempo suplementario según las pautas del art. 201 de la LCT. Tratándose de una jornada íntegramente nocturna, la octava y la novena hora se pagarán como una hora y ocho minutos cada una, con los recargos correspondientes, y las primeras siete horas se pagan en forma normal[4].

§ 7. **Tareas y condiciones insalubres.** – El párr. 3º del art. 201 determina la jornada de trabajo en tareas o condiciones declaradas insalubres. La insalubridad no es tal si no existe declaración previa de la autoridad administrativa de aplicación, por lo que no es válida la declaración judicial de insalubridad si no se sustenta en una previa resolución administrativa. La norma impone que la declaración de insalubridad tenga fundamento en dictámenes de rigor científico y sólo podrá ser dejada sin efecto por la misma autoridad si desaparecieran las circunstancias determinantes de la insalubridad.

La jornada en tareas o condiciones declaradas insalubres no podrá exceder de seis horas diarias o treinta y seis semanales. La reducción de la jornada no podrá significar la disminución de las remuneraciones.

La res. MTESS 434/02, modificada por la res. MTESS 860/02, estableció que la declaración de insalubridad del lugar, tarea o ambiente del trabajo resulta competencia exclusiva de la administración laboral provincial o de la Ciudad Autónoma de Buenos Aires correspondiente al domicilio del establecimiento laboral. Por res. MTESS 212/03 se aprobó el "procedimiento para calificar el carácter de lugares, tareas o ambientes como normales o insalubres".

JURISPRUDENCIA

1. *Declaración administrativa previa.* *a*) No mediando resolución administrativa de declaración de insalubridad, no hay ninguna posibilidad de que los jueces dispongan dicha calificación (CNTrab, Sala X, 13/9/02, *TSS*, 2002-1071).

b) Sin la declaración de la autoridad administrativa no corresponde la calificación de la tarea como insalubre o riesgosa (CNTrab, Sala VI, 16/9/03, *TSS*, 2004-143).

c) El sistema de declaración genérica de insalubridades que establece la ley 11.544 y las normas dictadas en su consecuencia,

---

[4] LÓPEZ - CENTENO - FERNÁNDEZ MADRID, *Ley de contrato de trabajo*, t. II, p. 910.

como el decr. 6996/46 se encuentra derogado por el art. 200 de la LCT que requiere una declaración expresa en un caso concreto y mediante el proceso en él fijado (CNTrab, Sala III, 27/5/03, *TSS*, 2003-645).

Art. 201. [Horas suplementarias] – **El empleador deberá abonar al trabajador que prestare servicios en horas suplementarias, medie o no autorización del organismo administrativo competente, un recargo del 50% calculado sobre el salario habitual, si se tratare de días comunes, y del 100% en días sábado después de las trece horas, domingo y feriados.**

Concordancias: LCT, arts. 203 y 204; ley 11.544.

§ 1. **Caracterización.** – Es trabajo extraordinario y debe ser pagado con los recargos legales el que se ejecuta en exceso de la jornada máxima legal determinada por la ley 11.544 o por el convenio colectivo de trabajo aplicable, pero no aquel que excede la jornada contractual que no supera esos límites.

Existen horas extraordinarias voluntarias para el trabajador (art. 201, LCT) y horas extraordinarias obligatorias (art. 203, LCT)[1].

Jurisprudencia

1. *Supresión de horas extra.* La dación de horas extra por parte de la empleadora depende de las necesidades y requerimientos de la empresa y no existe ni un derecho adquirido del trabajador a realizar tareas extraordinarias, ni la obligación de llevarlas a cabo (art 203, LCT), aun en el caso de un representante gremial amparado por la ley (CNTrab, Sala X, 20/7/01, *DT*, 2002-A-762).

2. *Jornada regulada por el propio trabajador.* No corresponde el pago de horas extras por el lapso excedente de la jornada legal máxima, cuando es el trabajador quien regula la cantidad de tiempo que le dedica a la actividad –en el caso, venta de planes de ahorro previo– y su principal retribución consiste en comisiones (CNTrab, Sala I, 23/10/02, *DT*, 2003-B-1383).

§ 2. **Personal exceptuado de la jornada legal.** – El personal exceptuado de la observancia de la jornada legal carece de

---

[1] De Diego, *Jornada de trabajo y descansos*, p. 145.

derecho al pago por trabajo extraordinario, no correspondiendo el pago de horas extra a quien desempeñó funciones de dirección[2].

§ 3. **Reglamentación legal.** – El art. 13 del decr. regl. 16.115/33, modificado por decr. 2882/79, reglamentario de la ley 11.544, había fijado como límites máximos de horas extra autorizadas el de tres horas por día, cuarenta y ocho horas mensuales y trescientas veinte anuales. El decr. 484/00, a partir de la fecha de su entrada en vigencia, 29 de junio de 2000, estableció como número máximo de horas suplementarias previsto en el mencionado artículo, el de treinta horas mensuales y doscientas horas anuales. Asimismo derogó la exigencia de autorización administrativa previa, sin perjuicio de la aplicación de las previsiones legales relativas a jornada y descanso. El art. 2° de la res. MTEFRH 303/00 aclaró que el número máximo de horas suplementarias anuales se computa por año calendario.

§ 4. **Horas extra no autorizadas.** – Las horas extra no autorizadas o las que exceden el tope de la autorización legal, deben ser pagadas igualmente con recargos, pues se trata de un trabajo de objeto prohibido cuya responsabilidad corresponde al empleador (art. 40, LCT)[3]. Por lo demás, el mismo artículo comentado señala que los recargos proceden "medie o no autorización del organismo administrativo competente". Además, como hemos señalado, el decr. 484/00, con vigencia a partir del 29 de junio de 2000, con fundamento en la reducción de la utilización mensual y anual de horas suplementarias a "límites razonables", derogó el decr. 23.696/44 y la res. MT 436/74 y consiguientemente la necesidad de autorización administrativa previa para realizar horas extra.

§ 5. **Valor de la hora extra.** – El cálculo del valor de la hora extra presenta diferencias, según que el trabajador esté remunerado por hora o en forma mensual.

a) *Trabajadores retribuidos por hora.* Si la hora trabajada estuviere retribuida por el jornal básico más un adicional voluntario otorgado por la empresa, el recargo se debe practicar sobre ambos[4].

---

[2] Meilij, *Contrato de trabajo*, t. II, p. 301.
[3] Fernández Madrid, *Tratado práctico*, t. II, p. 1403.
[4] De Diego, *Jornada de trabajo y descansos*, p. 153.

b) *Trabajadores mensualizados*. Para estos trabajadores, el valor horario para liquidar las horas extra trabajadas se obtiene dividiendo el sueldo por el número de horas que constituyen su jornada normal efectiva, trabajadas en el mes[5].

JURISPRUDENCIA

1. *Divisor*. El divisor a emplear para el cálculo de las horas extra debe ser "veintidós", como promedio de días hábiles en el mes, pues es el que mejor se adecua a las pautas de normalidad que es dable seguir, ya que resultaría de deducir del mes comercial normal de treinta días, cuatro sábados y otros tantos domingos (CNTrab, Sala VIII, 28/2/95, *DT*, 1995-B-1414).

2. *Cálculo*. *a*) Para calcular el valor horario cuando éste se liquida en forma mensual, corresponde dividir por el total de las horas que las partes han convenido como integrantes del ciclo mensual de tareas (CNTrab, Sala II, 30/4/91, *DT*, 1991-B-1200).

b) Para calcular el valor horario de la remuneración, cuando ésta se liquida en forma de sueldo mensual, corresponde dividir la remuneración por el total de las horas normales del ciclo mensual de trabajo, establecido en el convenio colectivo aplicable a la actividad (CNTrab, Sala VII, 31/8/95, *DT*, 1996-A-716).

§ 6. **Prueba**. – La carga de la prueba de la realización de horas extraordinarias corresponde al trabajador y debe ser categórica, no tomándose en cuenta las meras presunciones[6].

JURISPRUDENCIA

1. *Prueba*. Las horas extraordinarias deben probarse de modo asertivo, efectivo, categórico y convincente, tanto en lo que respecta a los servicios prestados como al tiempo en que se cumplieron (CNTrab, Sala I, 17/9/93, *DT*, 1994-B-1977; íd., íd., 6/10/94, *DT*, 1995-A-1016).

2. *Presunción. Prueba*. El trabajo extraordinario debe ser probado por quien lo alega, dado que lo que se presume es que la jornada no excede el máximo legal (CNTrab, Sala I, 17/9/93, *DT*, 1994-B-1977).

3. *Prueba terminante. Insuficiencia de las presunciones*. La prueba del trabajo en horas extra, a cargo del trabajador, debe ser terminante y asertiva, en razón de tratarse de prestaciones totalmente excepcionales y ajenas al desenvolvimiento común del contrato de trabajo, resultando insuficientes las presunciones (CNTrab, Sala I, 27/11/98, *DT*, 1999-B-2092).

---

[5] FERNÁNDEZ MADRID, *Tratado práctico*, t. II, p. 1416.
[6] LÓPEZ - CENTENO - FERNÁNDEZ MADRID, *Ley de contrato de trabajo*, t. II, p. 919 y 920.

Art. 201

4. *Prueba terminante. Reclamo posterior a la extinción del contrato.* La prueba de la realización de horas extra debe ser terminante y asertiva, en razón de tratarse de prestaciones extraordinarias, más aún si el requerimiento respectivo fue efectuado recién luego de extinguido el contrato de trabajo (CNTrab, Sala VIII, 30/3/99, *DT*, 1999-B-2103).

5. *Valoración del cumplimiento del trabajo extraordinario.* No existe norma legal alguna que establezca que la valoración del cumplimiento de labores durante tiempo extraordinario deba ser hecha con mayor estrictez, o que la convicción que arroje la prueba producida deba ser más contundente que la necesaria para acreditar cualquier otro hecho litigioso (CNTrab, Sala X, 8/4/99, *DT*, 1999-B-1839; íd., íd., 17/1/01, *TSS*, 2001-880).

6. *Horas extra. Libro especial del artículo 52 de la LCT.* No corresponde acoger el reclamo por horas extra si las pruebas aportadas en tal sentido no revisten el carácter riguroso que deben tener para habilitar esta pretensión, mientras que la presunción que establece el art. 55 de la LCT no resulta aquí operante porque la realización de horas extra no es un hecho que deba asentarse en el libro del art. 52 de la LCT (CNTrab, Sala VI, 25/8/00, *DT*, 2001-A-117).

§ 7. **Registro de horas suplementarias.** – De manera coincidente con el art. 8°, 1.c, del convenio 1 de la OIT, ratificado por la Argentina, el art. 6°, inc. *c*, de la ley 11.544 impone al empleador el deber de inscribir en un registro todas las horas suplementarias de trabajo hechas efectivas.

§ 8. **Contrato de trabajo a tiempo parcial.** – En el contrato de trabajo a tiempo parcial se prohíbe la realización de horas extraordinarias, salvo el caso del art. 89 de la LCT (art. 92 *ter*, inc. 2).

JURISPRUDENCIA

1. *Jornada convencional. a)* El trabajo realizado fuera de la jornada convenida por las partes sin exceder el máximo legal, debe pagarse sin el recargo previsto en el art. 201 del régimen de contrato de trabajo (CNTrab, plenario 226, 25/6/81, "D'Aloi, Salvador c/Selsa SA", *DT*, 1981-1207).

b) La doctrina del plenario "D'Aloi c/Selsa", según el cual el trabajo realizado fuera de la jornada convenida por las partes sin exceder el máximo legal debe pagarse sin el recargo previsto en el art. 201 de la LCT, es aplicable aun cuando la jornada haya sido fijada en un convenio colectivo (CNTrab, Sala V, 9/12/92, *DT*, 1993-A-453).

c) La doctrina del acuerdo plenario 226, *in re* "D'Aloi c/Selsa SA", no es aplicable cuando el convenio colectivo establece una jornada reducida y se trabajan horas extra por encima de dicho tope máximo, pues las partes colectivas han adecuado la extensión del tiempo de trabajo a la naturaleza de la actividad y dicho tope máximo reemplaza al determinado por ley, operando de la misma forma que este último en todos sus aspectos, incluso en lo que respecta a recargos (CNTrab, Sala VII, 31/8/95, *DT*, 1996-A-716).

d) Si bien el acuerdo plenario 226 se limitó a establecer que el trabajo realizado fuera de la jornada convenida por las tareas sin exceder el máximo legal, debe pagarse sin el recargo previsto en el art. 201 de la LCT, lo cierto es que no veda la posibilidad de que, por convenio colectivo, se mejoren los derechos del trabajador, y se considere hora extra a toda la que exceda la jornada habitual cumplida (CNTrab, Sala V, 13/2/96, *DT*, 1996-B-1500).

e) La doctrina emergente del fallo plenario "D'Aloi c/Selsa SA" es aplicable a la jornada convenida entre las partes contratantes de la relación laboral, pero no puede extenderse a supuestos en que es fijada por un convenio colectivo con validez *erga omnes*, en tanto configura una disposición proveniente de la autonomía negocial colectiva reconocida por la ley 14.250, y consecuentemente aplicable a las relaciones individuales comprendidas en su ámbito (CNTrab, Sala II, 31/5/91, *TSS*, 1991-719).

f) La ley 21.297 no excluye la posibilidad de que las convenciones colectivas establezcan la jornada de trabajo, por lo cual si en ellas se pacta una menor a la legal y en base a ello se establece la remuneración, todo el trabajo prestado en exceso de la misma corresponde que se retribuya como extraordinario (CNTrab, Sala X, 17/2/99, *DT*, 1999-B-1867).

2. *Trabajos preparatorios.* Los repartidores de productos lácteos (conductores y acompañantes) que realizan trabajos preparatorios antes de comenzar sus tareas específicas y rinden cuenta de sus gestiones en exceso de la jornada de trabajo, tienen derecho a resarcimiento extraordinario (CNTrab, plenario 136, 7/9/70, "Castillo, José c/La Martona SA", *DT*, 1970-802).

3. *Cálculo.* Las comisiones constantes y el presentismo deben ser computados para el pago de las horas extraordinarias (CNTrab, Sala VI, 20/3/96, *DT*, 1996-A-953).

4. *Régimen integral.* Si la empleadora adoptó un sistema de liquidación de pago de horas extra consistente en computar únicamente el básico, pero con recargo de 200%, que resulta globalmente más beneficioso que el legal, no existe derecho al cobro de diferencias ya que el sistema debe aceptarse de manera integral (CNTrab, Sala V, 10/12/91, *DT*, 1991-A-440).

Art. 202. [TRABAJO POR EQUIPOS] – En el trabajo por equipo o turnos rotativos regirá lo dispuesto por la ley 11.544, sea que haya sido adoptado a fin de asegurar la continuidad de la explotación, sea por necesidad o conveniencia económica o por razones técnicas inherentes a aquélla. El descanso semanal de los trabajadores que presten servicios bajo el régimen de trabajo por equipos se otorgará al término de cada ciclo de rotación y dentro del funcionalismo del sistema.

La interrupción de la rotación al término de cada ciclo semanal no privará al sistema de su calificación como trabajo por equipos.

Concordancias: LCT, arts. 64, 65, 190, 197 y 200; ley 11.544.

§ 1. **Convenio 1 de la Organización Internacional del Trabajo.** – Este convenio sobre las horas de trabajo (industria), de 1919, ratificado por la Argentina por ley 11.726, en su art. 2°, dice lo siguiente: "En todas las empresas industriales públicas o privadas, o en sus dependencias, cualquiera que sea su naturaleza, con excepción de aquellas en que sólo estén empleados los miembros de una misma familia, la duración del trabajo del personal no podrá exceder de ocho horas por día y de cuarenta y ocho por semana, salvo las excepciones previstas a continuación: ... c) cuando los trabajos se efectúen por equipos, la duración del trabajo podrá sobrepasar de ocho horas al día, y de cuarenta y ocho por semana, siempre que el promedio de horas de trabajo, calculado para un período de tres semanas, o un período más corto, no exceda de ocho horas diarias ni de cuarenta y ocho por semana".

A su vez, el art. 4° expresa: "También podrá sobrepasarse el límite de horas de trabajo establecido en el art. 2° en los trabajos cuyo funcionamiento continuo, por razón de la naturaleza misma del trabajo, deba ser asegurado por equipos sucesivos, siempre que el promedio de horas de trabajo no exceda de cincuenta y seis por semana".

El art. 8°, 1, dice: "Con objeto de facilitar la aplicación de las disposiciones del presente convenio, cada empleador deberá: a) dar a conocer, por medio de carteles colocados en un sitio visible de su establecimiento u otro lugar conveniente, o en cualquier otra forma aprobada por el gobierno, las horas en que comience y termine el trabajo, y si el trabajo se realiza por equipos, las horas en que comience y termine el trabajo de cada equipo. Las horas se fijarán de manera que no excedan de los límites señalados en el presente convenio y, una vez notificadas, no podrán modificarse sino en el modo y con el aviso aprobados por el gobierno".

§ 2. **La ley 11.544.** – El art. 3° de la ley 11.544 dispone: "En las explotaciones comprendidas en el art. 1° se admiten las siguientes excepciones: ... *b*) cuando los trabajos se efectúen por equipos, la duración del trabajo podrá ser prolongada más allá de las ocho horas por día y de cuarenta y ocho horas semanales, a condición de que el término medio de las horas de trabajo sobre un período de tres semanas a lo menos, no exceda de ocho horas por día o de cuarenta y ocho horas semanales".

El decr. 16.115/33, reglamentario de la ley 11.544, en su art. 2° establece: "Cuando el trabajo se efectúe por equipos la duración podrá ser prolongada más allá de las ocho horas por día y de cuarenta y ocho horas semanales distribuyendo las horas de labor sobre un período de tres semanas consecutivas o sea un total de ciento cuarenta y cuatro horas, en dieciocho días laborales, en forma que el término de las horas de trabajo dentro del ciclo no exceda de ocho horas por día o cuarenta y ocho semanales, sin que en ningún caso el trabajo semanal exceda de cincuenta y seis horas". El art. 3° del mismo decreto agrega que el pago de la jornada establecida en esa forma "no dará lugar a recargo de sueldos o salarios".

El art. 9° del decr. 16.115/33, respecto del trabajo nocturno por equipos, dice: "Cuando el trabajo se realice por equipos, el personal podrá efectuar jornadas de ocho horas desde las veintiuna a las seis, pero en compensación por cada siete días de trabajo nocturno tendrá descanso equivalente a una jornada de trabajo".

El art. 6°, inc. *a*, de la ley 11.544, dice: "Para facilitar la aplicación de esta ley, cada patrono deberá: *a*) hacer conocer por medio de avisos colocados en lugares visibles en su establecimiento o en cualquier otro sitio conveniente las horas en que comienza y termina el trabajo, o si el trabajo se efectúa por equipos. Las horas en que comienza y termina la tarea de cada equipo, serán fijadas de tal modo que no excedan los límites prescriptos en la presente ley, y una vez modificadas, regirán en esa forma, no pudiendo modificarse sin nueva comunicación hecha con la anticipación que determine el Poder Ejecutivo".

§ 3. **Concepto de trabajo por equipos.** – Bajo la acepción de *trabajo por equipos* o *turnos rotativos*, el artículo incluye tanto a aquel que responda a necesidad o conveniencia económica, como el que se derive de una razón técnica inherente a la explotación de que se trate[1]. Además, el art. 10 del decr. regl. 16.115/33 define así el trabajo por equipos: "Se entiende por equipo: *a*) un número cualquiera de empleados u obreros cuya tarea comienza y termina a una misma hora en trabajos en que, por su naturaleza, no admitan interrupciones, y *b*) un número cualquiera de empleados u obreros cuya tarea esté en tal forma coordinada que el trabajo de unos no puede realizarse sin la cooperación de los demás".

§ 4. **Facultades del empleador.** – Por las atribuciones derivadas de las facultades de *organización* y de *dirección* (arts. 64 y 65, LCT), el empleador puede diagramar los horarios de acuerdo al sistema de turnos fijos o al sistema rotativo de trabajo por equipos, sin necesidad de autorización administrativa previa (art. 197), sea que hayan sido adoptados a fin de asegurar la continuidad de la explotación, sea por necesidad o conveniencia económica o por razones técnicas inherentes a la misma explotación.

§ 5. **Anuncios en lugares visibles.** – Tanto el convenio 1 de la OIT (art. 8°, 1.a), como la ley 11.544 (art. 6°, inc. *a*) y la LCT (art. 197) imponen al empleador la obligación de hacer conocer la diagramación de los horarios, que adopten el sistema de turnos fijos o el sistema rotativo de trabajo por equipos, mediante anuncios colocados en lugares visibles del establecimiento para conocimiento público de los trabajadores.

§ 6. **Efectos del régimen legal.** – El efecto de la adopción del régimen autorizado por la ley es que, cuando se trabaja por equipos y se exceden las jornadas legales pero se respeta el límite horario en tres semanas y se gozan los descansos compensatorios, ello no da derecho a remuneraciones complementarias[2].

Jurisprudencia

1. *Duración de la jornada.* Cuando el trabajo se organiza por equipos, la duración de la jornada podrá ser prolongada más allá de las ocho horas por día y de cuarenta y ocho horas semanales a condición de que el término medio de las horas de trabajo, sobre un período de tres semanas a lo menos, no exceda de ocho horas por día o de cuarenta y ocho semanales, mientras

---

[1] Brito Peret - Goldin - Izquierdo, *La reforma*, p. 167.
[2] Fernández Madrid, *Tratado práctico*, t. II, p. 1457.

que el art. 2° del decr. regl. 16.115/33 establece el tope horario de ciento cuarenta y cuatro horas de trabajo sobre la base de tres semanas de labor (CNTrab, Sala III, 28/2/95, *DT*, 1995-B-1393).

2. *Recargos por horas extra.* Los recargos por horas extra por haberse excedido el tope horario de ciento cuarenta y cuatro horas en tres semanas de labor en el supuesto de trabajo por equipos no pueden compensarse con un plus adicional por trabajo rotativo (CNTrab, Sala III, 28/2/95, *DT*, 1995-B-1393).

3. *Nulidad de acuerdo homologado.* El acuerdo que fija la jornada diaria en doce horas, durante catorce días y siete francos, aun cuando fue homologado por la autoridad administrativa, es nulo de nulidad absoluta dado que trata de sustituir las normas legales imperativas sobre trabajo por equipos, que son de aplicación (ley 11.544 y normas reglamentarias), que de pleno derecho, automáticamente, pasan a regir la relación (CNTrab, Sala VI, 10/6/03, *TSS*, 2003-730).

4. *Procedencia de horas extra.* Es procedente la pretensión de cobro por trabajo en sobretiempo si se probó que el actor trabajaba por equipos superando el límite del art. 2° del decr. regl. 16.115/33 –en el caso, seis días de once horas y gozaba de tres días de franco–, porque laboraba ciento sesenta y cinco horas, mientras que la citada establece que cuando el trabajo se efectúe por equipos, la duración podrá ser prolongada más allá de las ocho horas por día y de cuarenta y ocho semanales distribuyendo las horas de labor sobre un período de tres semanas consecutivas o sea un total de ciento cuarenta y cuatro horas, en dieciocho días laborales, en forma que el término medio de las horas de trabajo dentro del ciclo no exceda de ocho horas por día o cuarenta y ocho semanales, sin que en ningún caso el trabajo semanal exceda de cincuenta y seis horas (CNTrab, Sala VIII, 23/10/03, *DT*, 2004-A-667).

§ 7. **Descanso hebdomadario.** – Por la índole misma del mecanismo establecido por la ley 11.544, la actuación de equipos o de turnos los sábados a la tarde y los domingos, constituye una modalidad de trabajo que no infringe la obligación del descanso semanal y que, consecuentemente, no genera el pago de recargos. La extensión del límite de la semana laboral que el sistema significa, lleva implícito el reconocimiento de que el descanso hebdomadario no debe necesariamente cumplirse los sábados a la tarde y los domingos[3].

§ 8. **Trabajo nocturno por equipos.** – El art. 200 de la LCT, que reduce la duración de la jornada nocturna, establece

---

[3] Carcavallo, en Vazquez Vialard (dir.), "Tratado", t. 4, p. 59 y 60.

expresamente que esa limitación no tendrá vigencia cuando se apliquen los horarios rotativos del régimen de trabajo por equipos, lo que significa que, en estos casos, se aplican los topes promedio de ocho horas diarias o cuarenta y ocho horas semanales medidos en un lapso de tres semanas[4].

El art. 9º del decr. regl. 16.115/33 expresa que en compensación del trabajo realizado por equipos por cada siete días de trabajo nocturno deberá concederse un descanso equivalente a una jornada de trabajo. Esta pausa se suma al descanso hebdomadario, pues se trata de una jornada especial de reposo por trabajo nocturno, no del descanso que corresponde normalmente por el trabajo semanal[5].

En el caso de trabajo nocturno por equipos, la octava hora nocturna no debe sufrir recargo alguno ni corresponde tampoco el adicional horario de ocho minutos, debido a que se efectúan normalmente las compensaciones por medio de todo el ciclo de los equipos o turnos rotativos[6].

JURISPRUDENCIA

1. *Horarios rotativos.* El art. 200 de la LCT, que reduce la duración de la jornada nocturna, no rige cuando se aplican horarios rotativos al régimen de trabajo por equipos (CNTrab, Sala III, 28/2/95, *DT*, 1995-B-1393).

2. *Horas extra.* En el trabajo por equipos no corresponde el pago de diferencias de remuneración por nocturnidad, ni considerar como suplementaria la octava hora nocturna (CNTrab, Sala VI, 20/2/95, *TSS*, 1995-290).

§ 9. **Trabajo por equipos en jornada insalubre.** – La ley nada dice acerca de la posibilidad de que se trabaje por equipos rotativos en trabajo insalubre, lo que debe interpretarse como una exclusión[7].

Art. 203. [OBLIGACIÓN DE PRESTAR SERVICIOS EN HORAS SUPLEMENTARIAS] – **El trabajador no estará obligado a prestar servicios en horas suplementarias salvo casos de peligro o accidente ocurrido o inminente de fuerza mayor, o por exigencias excepcionales de la**

---

[4] FERNÁNDEZ MADRID, *Tratado práctico*, t. II, p. 1457.
[5] FERNÁNDEZ MADRID, *Tratado práctico*, t. II, p. 1457.
[6] FERNÁNDEZ MADRID, *Tratado práctico*, t. II, p. 1459.
[7] FERNÁNDEZ MADRID, *Tratado práctico*, t. II, p. 1457.

economía nacional o de la empresa, juzgando su comportamiento en base al criterio de colaboración en el logro de los fines de la misma.

CONCORDANCIAS: LCT, arts. 62, 84, 89 y 201; ley 11.544.

§ 1. **Horas extra obligatorias.** – El artículo establece como principio que "el trabajador no estará obligado a prestar servicios en horas suplementarias", pero inmediatamente señala las excepciones: *a)* casos de peligro o accidente ocurrido o inminente de fuerza mayor; *b)* por exigencias excepcionales de la economía nacional, y *c)* exigencias excepcionales de la empresa. Estas dos últimas causales han sido juzgadas, con razón, como circunstancias de difícil y a veces imprecisa caracterización[1].

JURISPRUDENCIA

1. *Negativa de prestar servicios.* El trabajador no está constreñido a desarrollar labor en exceso de su jornada si no se dan las causas excepcionales que se contemplan como habilitantes del requerimiento patronal (CNTrab, Sala II, 29/4/91, *DT*, 1991-B-1198).

§ 2. **Normas concordantes.** – La norma comentada tiene un sentido concordante con otras normas de la ley, como el art. 62 de la LCT que dispone que las partes están obligadas no sólo a lo que resulta expresamente de los términos del contrato, sino a todos aquellos comportamientos que sean consecuencia de éste, apreciados con criterio de colaboración y solidaridad, y el art. 89 que obliga al trabajador a prestar los auxilios que se requieran, en caso de peligro grave o inminente para las personas o para las cosas incorporadas a la empresa.

CAPÍTULO II

DEL DESCANSO SEMANAL

Art. 204. [PROHIBICIÓN DE TRABAJAR] – Queda prohibida la ocupación del trabajador desde las trece horas del día sábado hasta las veinticuatro horas del día siguiente, salvo en los casos de excepción

---

[1] LÓPEZ - CENTENO - FERNÁNDEZ MADRID, *Ley de contrato de trabajo*, t. II, p. 928.

previstos en el artículo precedente y los que las leyes o reglamentaciones prevean, en cuyo caso el trabajador gozará de un descanso compensatorio de la misma duración, en la forma y oportunidad que fijen esas disposiciones atendiendo a la estacionalidad de la producción u otras características especiales.

CONCORDANCIAS: LCT, arts. 166, 201 a 203 y 207.

§ 1. **Descanso semanal.** – A fin de garantizar el descanso semanal del trabajador, el artículo establece la prohibición legal de trabajar desde la hora trece del día sábado hasta la hora veinticuatro del domingo (es decir, treinta y cinco horas). Esta prohibición general reconoce excepciones que no implican, en ningún caso, la supresión del descanso semanal en sí, sino que sólo facultan para reemplazar el tiempo ordinario de este descanso por otro período de igual duración[1], es decir, por un descanso compensatorio.

JURISPRUDENCIA

1. *Labor discontinua.* El trabajo que se cumple dos o tres días durante la semana constituye una labor discontinua y menor que la del resto de los trabajadores, que no origina derecho al descanso semanal (CNTrab, Sala VI, 12/7/90, *TSS*, 1990-652).

§ 2. **Normas de estatutos particulares.** – Las normas generales sobre descanso semanal sufren modificaciones por la prevalecencia de las reglamentaciones específicas de los estatutos particulares (art. 2°, inc. 1, LCT)[2].

§ 3. **Excepciones.** – Las excepciones admitidas se han establecido por normas legales o decretos reglamentarios. El artículo remite al art. 203 de la LCT para determinar, en primer lugar, las excepciones aplicables. Se trata de los "casos de peligro o accidente ocurrido o inminente de fuerza mayor, o por exigencias excepcionales de la economía nacional o de la empresa". Otra excepción contemplada en la propia LCT para el trabajo por equipos o turnos rotativos surge del art. 202, que expresa: "El descanso semanal de los trabajadores que presten servicios bajo el régimen de trabajo por equipos se otorgará al

---

[1] KROTOSCHIN, *Tratado práctico*, t. I, p. 608.
[2] KROTOSCHIN, *Tratado práctico*, t. I, p. 610.

término de cada ciclo de rotación y dentro del funcionalismo del sistema".

Por otra parte, las excepciones al principio general están minuciosamente reglamentadas en el decr. regl. 16.117/33, de aplicación a la Capital Federal y en los lugares y materias de jurisdicción de la Nación (art. 1º).

La reglamentación prevé distintas clases de excepciones, las que se consideran a continuación.

a) *De carácter general y permanente.* Son las que, según el art. 7º, se reconocen sin necesidad de previa autorización, están detalladas en los arts. 8º a 12 de la reglamentación y obedecen a las siguientes causas: *1) por la índole de las necesidades que satisfacen*, como fabricación y venta de alimentos especiales para enfermos, alquiler de sillas y artículos de ornamentos para fiestas y banquetes, alquiler de automóviles, bibliotecas públicas y de instituciones privadas, alquiler de bicicletas, motocicletas y similares, exposiciones de arte, industriales y comerciales, venta de flores y plantas naturales, fotógrafos ambulantes, establecimientos de baños, limpieza de cloacas, hospitales, clínicas, sanatorios y establecimientos similares, museos en general, servicio de auxilio de automóviles, estaciones de servicios, transporte para la conducción de equipajes o encomiendas a muelles, estaciones, embarcaderos, etc., carros, camiones y otros medios de transporte de mercaderías; *2) por motivos de carácter técnico*, como los trabajos cuya naturaleza exija la presencia continuada de equipos que se turnen en forma rotativa y periódica, transporte, carga y descarga, elaboración y trabajos cuya materia prima pueda alterarse espontáneamente si no se somete a tratamientos industriales en el acto de su extracción o preparación, trabajos necesarios para mantener temperaturas constantes, etc.; *3) por el grave perjuicio que su interrupción ocasionaría al interés público*, como automóviles y coches de alquiler, ferrocarriles, ómnibus y colectivos, radiocomunicación y navegación aérea, servicios fúnebres, servicios portuarios, marítimos y aduaneros, entrada y salida de aviones, tranvías y subterráneos, teléfonos; *4)* cuando *motivos de carácter técnico* no admitiesen interrupción en los servicios y ésta ocasionase graves perjuicios al interés público, como los trabajos de producción, distribución, vigilancia y reparación de cables, maquinarias, medidores, conexiones, cámaras, artefactos, etc., que efectúen las empresas productoras y distribuidoras de alumbrado, fuerza motriz o calefacción, y *5)* por la *revisión, reparación* y *limpieza* indispensables para no interrumpir las faenas de la semana en los establecimientos industriales o comerciales, como los trabajos materiales de revisión, limpieza y reparación de máquinas, accesorios, útiles, locales, sus anexos y vías de acceso, los que sea preciso efectuar por inminencia de daños o por accidentes naturales y los originados en circunstancias transitorias que sea menester aprovechar en los establecimientos industriales y en los comerciales, oficinas, bancos, servicios públicos, casas de departamentos, se autorizan los trabajos indispensables de refacción y limpieza.

El art. 13 del mismo decreto concede excepción general y permanente a los trabajos que a continuación enumera, siempre que sean observadas las condiciones especiales que se imponen. Ellos son almacenes, instituciones de asistencia social, asociaciones culturales, balances e inventarios a puertas cerradas, barraqueros de frutos del país, elaboración y reparto de bebidas gaseosas, bombonerías y puestos de venta de caramelos, carnicerías y venta de aves y huevos, exportación de cereales, cerveza, cigarrerías, clubes, centros de recreo y similares, cooperativas de consumo, garajes, despachos de bebidas, diarios, exportadores de granos, establecimientos educacionales y de instrucción, farmacias, fotografías, venta y reparto de fruta y verdura, gráficos, helados, hielo, hoteles, restaurantes, cafés, bares, confiterías, chocolaterías y similares, quioscos en la vía pública, lavaderos, lecherías y reparto de leche, librerías, loterías, lustrabotas, maquinarias agrícolas, molinos harineros, mudanzas, mutualidades, pajarerías, panaderías, personas ocupadas en la conducción de automóviles particulares, peluquerías, venta y reparto de pescado fresco, instituciones de previsión, queserías, rotiserías y venta de pastas frescas, rematadores, reparaciones eléctricas, agencias de viajes y turismo y establecimientos fabriles que desarrollan tareas que abarcan las veinticuatro horas del día.

b) *De carácter circunstancial.* El art. 14 del decr. regl. 16.117/33 prevé las excepciones que se reconocen de *forma circunstancial*. Son los trabajos materiales que sean perentorios por inminencia de daños y los autorizados por circunstancias transitorias que es menester aprovechar, como ser, la fabricación de dulces y elaboración de conservas, en la época de la cosecha de la fruta y otros debidamente justificados.

c) *Para casos eventuales.* El art. 16 del decr. regl. 16.117/33 determina que el Poder Ejecutivo podrá establecer por decretos especiales los casos eventuales para cada industria, en que la autoridad de aplicación pueda conceder excepciones para el trabajo en domingo y tarde del sábado. Se requiere un grave perjuicio causado al interés público o motivos de carácter técnico cuya inobservancia ocasione grave perjuicio a la industria y a la economía nacional.

d) *Por reglamentos especiales.* En este sentido, el art. 17 del decr. regl. 16.117/33 prevé la posibilidad del dictado por el Poder Ejecutivo de reglamentos conteniendo disposiciones especiales cuando el interés público esté gravemente comprometido.

§ 4. **Remuneración.** – La remuneración que debe percibir el trabajador que efectúe tareas en el transcurso del descanso hebdomadario debe ser similar, en principio, a la habitual, pues existiendo una excepción de carácter general y permanente que justifica el trabajo en tales días, la prestación se convierte en cumplimiento normal del contrato, no resultando procedente ningún recargo, a menos que exista una norma convencional o individual que lo disponga[3].

JURISPRUDENCIA

1. *Personal de dirección y vigilancia. Trabajo en días sábados por la tarde y domingo. Trabajo extraordinario.* Estando comprendido el trabajador en la excepción contemplada por el art. 3°, inc. *a*, de la ley 11.544, no puede considerarse extraordinario el trabajo prestado después de la hora trece del sábado y hasta la hora veinticuatro del domingo por la sola circunstancia de desempeñarse en días normalmente destinados al descanso (SC BA, 5/3/91, *TSS*, 1991-713).

2. *Trabajo prestado los sábados a la tarde y domingos. Trabajo extraordinario. Recargos.* a) El trabajo prestado en las tardes de sábado y domingos no reviste el carácter de *extraordinario* por la sola circunstancia de haberse ejecutado en ese lapso normalmente destinado al descanso, si no media exceso de la jornada de trabajo (SCBA, 21/12/82, *DT*, 1983-B-961; íd., 30/11/84, *DT*, 1985-A-501).

b) Se trate o no de actividades exceptuadas de la prohibición de trabajar los sábados a la tarde y los domingos, las horas de labor cumplidas esos días no dan lugar a los recargos salariales establecidos por el art. 6° de la ley 11.544 cuando por ellas se conceden los correlativos descansos compensatorios (SCBA, 28/6/66, *DT*, 1966-400; íd., 2/5/67, *DT*, 1967-247; íd., 14/10/69, *DT*, 1969-678).

---

[3] MONTERO, *Descanso compensatorio*, *DT*, 1977-670.

35. Etala, *Contrato.*

c) Si en el caso se han otorgado descansos compensatorios, las pretendidas horas extraordinarias no son tales ya que la compensación horaria mantiene las jornadas y horas cumplidas fuera de los días habituales dentro del lapso normal y habitual de tareas cumplidas por todo trabajador (CNTrab, Sala VII, 20/9/82, *TSS*, 1983-388).

d) El trabajo que, en virtud de excepciones legales, se presta durante los días destinados al descanso hebdomadario, no reviste el carácter de extraordinario, con derecho a sobrecargo (CNTrab, Sala III, 28/6/71, *DT*, 1972-147).

e) La jornada de trabajo y el descanso semanal son institutos diferentes, cuyo ámbito de actuación no debe confundirse, por lo cual no corresponde abonar con el recargo que establece el art. 207 de la LCT las horas trabajadas los días sábados después de las trece horas y los domingos si no se ha laborado en exceso de la jornada legal de cuarenta y ocho horas (CNTrab, Sala X, 11/10/02, *TSS*, 2002-1072, y *DT*, 2003-A-245).

f) El desempeño de un trabajador en días sábados –después de las trece horas– y domingos, no configura trabajo extraordinario susceptible de ser encuadrado en las previsiones del art. 201 de la LCT por formar parte del trabajo habitual en tanto gozaba de los francos compensatorios, y siendo que cuando, como en el caso, en esas jornadas, el tope máximo era superado, la prestación de servicios debe ser abonada con el recargo del 50% correspondiente a días comunes (CNTrab, Sala VIII, 23/10/03, *DT*, 2004-A-667).

3. *Panaderías.* El descanso hebdomadario de las panaderías se encuentra regido por el decr. regl. 16.117/33 que establece que "podrán estar abiertas al público durante la tarde del sábado y el día domingo". En consecuencia, las horas trabajadas durante los días sábados y domingos, se computan como normales (CNTrab, Sala I, 31/3/97, *DT*, 1997-B-2512).

§ 5. **Descanso compensatorio.** – Los trabajadores ocupados después de la hora trece del sábado y hasta la hora veinticuatro del domingo, deberán gozar de un *descanso compensatorio* de la misma duración, en la forma y oportunidad que fijen esas disposiciones (las leyes y reglamentaciones) atendiendo a la estacionalidad de la producción u otras características especiales.

Los arts. 18 y 19 del decr. regl. 16.117/33 fijan las reglas a las que deberá ajustarse el otorgamiento del descanso compensatorio a los trabajadores. Ellas son: *a*) si han descansado el domingo, pero han estado ocupados el sábado después de la hora trece, gozarán de un descanso de once horas consecutivas a partir de la hora trece de un día de la semana subsiguiente; *b*) si han descansado el sábado después de la hora trece, pero han estado ocupados el domingo, gozarán de un descanso de veinticuatro horas a partir de la hora cero de un día de la semana subsiguiente, y *c*) si han estado ocupados el sábado después de la hora trece y el domingo, gozarán de un descanso de treinta y cinco horas consecutivas a partir de la hora trece de un día de la semana subsiguiente. Cuando se trate de trabajos cuya naturaleza exige la presencia de equipos que se turnen en forma rotativa y periódica, el descanso compensatorio de la tarde del sábado y día domingo tendrá efecto dentro del ciclo de tres semanas u otro mayor que impongan las necesidades del servicio o industria.

§ 6. **Omisión de otorgar el descanso compensatorio.** – En caso de omitirse el otorgamiento del descanso compensatorio, en la forma y oportunidad prevista, el trabajador puede hacer uso del derecho a partir del primer día hábil de la semana subsiguiente, previa comunicación formal de ello efectuada con una anticipación no menor de veinticuatro horas. En tal caso, el empleador está obligado a pagar el salario habitual con el 100% de recargo (art. 207, LCT).

JURISPRUDENCIA

1. *Trabajo en días sábados por la tarde y domingos. Omisión de otorgar descanso compensatorio. Trabajo extraordinario. Recargos.* Las horas trabajadas sin descanso compensatorio los domingos o los sábados a la tarde por los empleados de dirección o vigilancia son suplementarias o extraordinarias en cuanto significan labor excepcional, desarrollada más allá de lo legalmente permitido incluso respecto de tales empleados y deben, por prestarse en días festivos, retribuirse con un 100% de recargo, según el art. 5° de la ley 11.544 (SCBA, 6/10/76, *DT*, 1977-462).

2. *Descanso semanal. Omisión de otorgar el descanso compensatorio. Retribución. Recargo.* La omisión del empleador de otorgar el descanso compensatorio en los casos de ocupación del trabajador durante el período de descanso semanal, trae aparejado el derecho del trabajador a tomar por sí mismo el descanso, previa comunicación formal al empleador, con anticipación no menor de veinticuatro horas y a partir del primer día hábil de la semana subsiguiente a aquella en la que el descanso compensatorio debió ser otorgado y el pago por vía de sanción, de las remuneraciones que el trabajador hubiera percibido el día en que hizo uso del descanso compensatorio, con el 100% de recargo, sin perjuicio de los que correspondiere abonar por el trabajo prestado en período de descanso semanal si fuere extraordinario (CNTrab, Sala IV, 16/3/77, *DT*, 1977-670).

Art. 205. [SALARIOS] – La prohibición de trabajo establecida en el art. 204 no llevará aparejada la disminución o supresión de la remuneración que tuviere asignada el trabajador en los días y horas a que se refiere la misma ni importará disminución del total semanal de horas de trabajo.

CONCORDANCIAS: LCT, arts. 204 y 207; ley 11.544.

§ 1. **Descanso semanal y remuneración.** – El texto de este artículo tiene sólo una explicación histórica por sus antecedentes, pero en la actualidad es valor entendido que a los trabajadores *mensualizados*, es decir, los que cobran un sueldo mensual, no cabe hacerles ningún descuento por el descanso semanal, mientras que los trabajadores *jornalizados*, o sea, los que ganan un jornal por día o por hora de trabajo, carecen de derecho a percibir suma alguna por los lapsos de descanso[1].

Art. 206. [EXCEPCIONES. EXCLUSIÓN] – En ningún caso se podrán aplicar las excepciones que se dicten a los trabajadores menores de dieciséis años.

CONCORDANCIAS: LCT, arts. 187 a 195.

§ 1. **Protección de los menores de dieciséis años.** – La ley categóricamente determina que ninguna excepción al descanso semanal será aplicable a los menores de dieciséis años. En consecuencia, estos menores deberán descansar obligatoriamente los días sábado después de la hora trece y los días domingo.

Art. 207. [SALARIOS POR DÍAS DE DESCANSO NO GOZADOS] – Cuando el trabajador prestare servicios en los días y horas mencionados en el art. 204, medie o no autorización, sea por disposición del empleador o por cualquiera de las circunstancias previstas en el art. 203, o por estar comprendido en las excepciones que con carácter permanente o transi-

---

[1] CARCAVALLO, en VAZQUEZ VIALARD (dir.), "Tratado", t. 4, p. 90; KROTOSCHIN, *Tratado práctico*, t. I, p. 610, nota 48.

torio se dicten, y se omitiere el otorgamiento de descanso compensatorio en tiempo y forma, el trabajador podrá hacer uso de ese derecho a partir del primer día hábil de la semana subsiguiente, previa comunicación formal de ello efectuada con una anticipación no menor de veinticuatro horas. El empleador, en tal caso, estará obligado a abonar el salario habitual con el 100% de recargo.

Concordancias: LCT, arts. 166, 168, 169, 203 y 204.

§ 1. Trabajo en días sábado y domingo. – El trabajo en días sábado y domingo, se trate de actividades exceptuadas o no, debe respetar los límites de la jornada establecida (convencional o legalmente), y el trabajo será o no extraordinario, según la aplicación de las reglas comunes en esta materia, teniendo siempre en cuenta que en nuestro sistema legal la duración semanal de cuarenta y ocho horas es lo principal y la jornada diaria, lo secundario[1]. Siempre que se trabaje en días sábado o domingo, en actividades exceptuadas o no, y sin atender al salario devengado (simple o doble), corresponde el otorgamiento del descanso compensatorio.

No es admisible indemnizar con dinero el descanso no gozado, pues la ley no contiene ninguna disposición que lo autorice y, por el contrario, regula el derecho del trabajador a gozarlo efectivamente, tomando el descanso por sí[2].

Si se trabaja en sábado o en domingo con autorización y se otorga el descanso compensatorio en la semana siguiente, las horas trabajadas durante el fin de semana se deben abonar sin recargo[3].

De trabajarse en sábado o domingo sin autorización y otorgarse el descanso compensatorio en la semana siguiente, las horas trabajadas durante el fin de semana se deben abonar sin recargo alguno, aunque se configurará una infracción sancionable por la autoridad administrativa por no contar con la autorización de la excepción[4].

---

[1] López - Centeno - Fernández Madrid, *Ley de contrato de trabajo*, t. II, p. 935; Carcavallo, en Vazquez Vialard (dir.), "Tratado", t. 4, p. 95.

[2] López - Centeno - Fernández Madrid, *Ley de contrato de trabajo*, t. II, p. 936; Carcavallo, en Vazquez Vialard (dir.), "Tratado", t. 4, p. 95.

[3] Carcavallo, en Vazquez Vialard (dir.), "Tratado", t. 4, p. 96.

[4] Carcavallo, en Vazquez Vialard (dir.), "Tratado", t. 4, p. 96 y 97.

Si se trabaja en sábado o domingo, con o sin autorización, y se omite otorgar el descanso compensatorio durante la semana siguiente, en la hipótesis de no tomarse *per se* el trabajador el descanso a partir de la semana subsiguiente, además de configurarse una infracción administrativa, las horas trabajadas el fin de semana serán indiscutiblemente extraordinarias o suplementarias, dando lugar al pago del recargo respectivo[5]; por otra parte, en la hipótesis de tomarse el trabajador *per se* el descanso en la semana subsiguiente, pese a no existir horas extra puesto que, en definitiva, hubo descanso, a título de sanción al empleador por no conceder tal descanso en tiempo y forma, las horas trabajadas el fin de semana se deben abonar con el 100% de recargo[6].

§ 2. **Omisión de otorgar el descanso compensatorio.** – El artículo comentado establece que cuando se omitiere el otorgamiento del descanso compensatorio en tiempo y forma, "el trabajador podrá hacer uso de ese derecho a partir del primer día hábil de la semana subsiguiente, previa comunicación formal de ello efectuada con una anticipación no menor de veinticuatro horas. El empleador, en tal caso, estará obligado a abonar el salario habitual con el 100% de recargo".

a) *Comunicación formal.* El artículo habla de "comunicación formal", pero no aclara cuál es la forma que debe tener la comunicación, aunque hay consenso de que debe ser escrita y por razones de mayor seguridad resulta aconsejable la vía telegráfica o la carta documento[7].

b) *Límite temporal al derecho del trabajador.* El artículo establece el momento a partir del cual se puede tomar el descanso, pero no fija un límite temporal para el ejercicio de este derecho. Debe considerarse que la finalidad de la institución se cumple sólo si se pone en ejercicio dicha facultad en tiempo hábil y es razonable admitir que si no se ejercita el derecho a descansar en el curso de esa otra semana, caduca la opción legal. De otro modo queda desvirtuada la institución que puede ser desnaturalizada por la vía de la acumulación de días francos[8].

---

[5] Carcavallo, en Vazquez Vialard (dir.), "Tratado", t. 4, p. 97.
[6] Carcavallo, en Vazquez Vialard (dir.), "Tratado", t. 4, p. 97.
[7] López - Centeno - Fernández Madrid, *Ley de contrato de trabajo*, t. II, p. 937; Carcavallo, en Vazquez Vialard (dir.), "Tratado", t. 4, p. 99.
[8] López - Centeno - Fernández Madrid, *Ley de contrato de trabajo*, t. II, p. 937; Carcavallo, en Vazquez Vialard (dir.), "Tratado", t. 4, p. 98; Izquierdo, *Régimen*, p. 645.

Jurisprudencia

1. ***Descanso compensatorio.*** Respecto del trabajo en sábados, domingos y feriados, el trabajador no tiene derecho a reclamar los recargos establecidos por el art. 201 de la LCT, sino el goce del descanso compensatorio de la misma duración, según el art. 204 de la LCT (CNTrab, Sala I, 18/10/94, *DT*, 1995-A-1018).

2. ***Descanso compensatorio no gozado.*** El descanso compensatorio no gozado no es compensable en dinero (CNTrab, Sala VI, 13/3/80, *LT*, XXVIII-A-571).

3. ***Pago.*** No hay disposición alguna en la LCT que obligue al pago del descanso no gozado, sólo corresponde el pago con recargo del descanso gozado unilateralmente por el trabajador por no haberlo concedido en su momento el empleador (CNTrab, Sala III, 30/11/76, *LT*, XXV-A-183).

4. ***Compensación en dinero.*** No procede la compensación en dinero de los francos compensatorios que no hubieren sido tomados por los dependientes (CNTrab, Sala I, 30/6/80, *DT*, 1981-138).

5. ***Descanso semanal.*** La pretensión de compensar en dinero la falta de descanso semanal no halla sustento en disposiciones legales, ni responde a la filosofía que impone su cumplimiento, pues lo que se quiere es que el trabajador descanse y no que cobre más por no descansar (CNTrab, Sala V, 29/12/80, *DT*, 1981-269).

6. ***Franco trabajado. Recargo salarial.*** Para que se genere derecho a cobrar el salario recargado en un 100% a que se refiere el art. 207 de la LCT, es necesario que el trabajador a quien se le omitiera compensar con descanso el franco laborado, se lo tome por sí previo aviso al empleador (CNTrab, Sala V, 25/10/79, *DT*, 1980-487).

7. ***Descanso compensatorio no otorgado.*** Cuando el principal hubiese omitido el otorgamiento del franco compensatorio, es necesario que el dependiente haga uso del derecho que le confiere el art. 207 de la LCT, a partir del primer día hábil de la semana subsiguiente, ya que, si no lo hace, caduca la opción legal, pues, de otro modo, queda desvirtuada la institución, que puede ser borrada por vía de la acumulación de francos (CNTrab, Sala I, 18/10/94, *DT*, 1995-A-1018).

8. ***Franco compensatorio no otorgado.*** Es improcedente la pretensión de que se abone el recargo por haber laborado los días sábados después de las trece horas y los domingos sin exceso de la jornada legal de cuarenta y ocho horas, puesto que el art. 207 de la LCT, procura que el trabajador disfrute efectivamente del descanso semanal y no su compensación dineraria; por ello la ley lo autoriza a que ejerza compulsivamente su derecho –previo aviso formal al empleador– al descanso compensatorio que se le debió otorgar cuando ha prestado servicios un día fran-

co y en caso que así no lo haga no procede el pago del recargo (CNTrab, Sala X, 16/7/99, *DT*, 2000-A-411).

9. *Francos compensatorios. Falta de ejercicio de su derecho por el trabajador.* La falta de ejercicio del derecho previsto en el art. 207 de la LCT en relación a los francos compensatorios obsta al derecho de reclamarlos, pues, en caso contrario, se desvirtuaría la finalidad higiénica de la norma (CNTrab, Sala VIII, 30/3/99, *DT*, 1999-B-2103).

Título X

DE LA SUSPENSIÓN DE CIERTOS EFECTOS DEL CONTRATO DE TRABAJO

Capítulo I

DE LOS ACCIDENTES Y ENFERMEDADES INCULPABLES

Art. 208. [Plazo. Remuneración] – Cada accidente o enfermedad inculpable que impida la prestación del servicio no afectará el derecho del trabajador a percibir su remuneración durante un período de tres meses, si su antigüedad en el servicio fuere menor de cinco años, y de seis meses si fuera mayor. En los casos que el trabajador tuviere carga de familia y por las mismas circunstancias se encontrara impedido de concurrir al trabajo, los períodos durante los cuales tendrá derecho a percibir su remuneración se extenderán a seis y doce meses respectivamente, según si su antigüedad fuese inferior o superior a cinco años. La recidiva de enfermedades crónicas no será considerada enfermedad, salvo que se manifestara transcurridos los dos años. La remuneración que en estos casos corresponda abonar al trabajador se liquidará conforme a la que perciba en el momento de la interrupción de los servicios, con más los aumentos que durante el período de interrupción fueren acordados a los de su misma categoría por aplicación de una norma legal, convención colectiva de trabajo o decisión del empleador. Si el salario estuviere integrado por remuneraciones variables, se liquidará en cuanto a esta parte según el promedio de lo percibido en el último semestre de prestación de servicios, no pudiendo, en ningún caso, la remuneración del trabajador enfermo o accidentado ser inferior a la que hubiese percibido de no haberse operado el impedimento. Las prestaciones en especie que el trabajador dejare de percibir como consecuencia del accidente o enfermedad serán valorizadas adecuadamente.

La suspensión por causas económicas o disciplinarias dispuesta por el empleador no afectará el derecho del trabajador a percibir la remuneración por los plazos previstos, sea que aquélla se dispusiera estando el trabajador enfermo o accidentado o que estas circunstancias fuesen sobrevinientes.

CONCORDANCIAS: LCT, arts. 77, 79, 92 *bis*, 152, 153, 170 y 177.

§ 1. **Concepto de accidente o enfermedad inculpable.** – El artículo no se refiere a los accidentes ocurridos en o por el trabajo ni a las enfermedades profesionales, sino a los accidentes y enfermedades comunes, desvinculados de la actividad laboral[1]. La cobertura legal de los accidentes de trabajo y las enfermedades profesionales está regida por la ley 24.557 (LRT).

La protección que dispensa la ley a los trabajadores afectados por accidentes o enfermedades inculpables exige la concurrencia de tres requisitos: *a*) que el accidente o enfermedad sea incapacitante; *b*) que sea inculpable, y *c*) que se manifieste durante la relación laboral[2].

a) *Incapacitación del trabajador.* La incapacitación del trabajador consiste en una alteración de su salud que impide o desaconseja el cumplimiento de su prestación laboral[3]. Queda

---

[1] KROTOSCHIN, *Tratado práctico*, t. I, p. 401.
[2] LÓPEZ - CENTENO - FERNÁNDEZ MADRID, *Ley de contrato de trabajo*, t. II, p. 943.
[3] ACKERMAN, *Incapacidad temporaria*, p. 40.

configurada la enfermedad tanto cuando existe la imposibilidad física de trabajar como en aquellos otros casos en que un tratamiento –aun deambulatorio– torna desaconsejable la prestación de servicios. En cambio, quedan fuera de la protección legal las indisposiciones pasajeras, que no gravitan en el estado general del trabajador[4].

1) *Incapacitación transitoria y permanente.* La afectación de la capacidad de trabajo del dependiente puede tener carácter transitorio (incapacidad temporaria o temporal) o permanente (incapacidad permanente o definitiva), y cada una de ellas tendrá una proyección diferente sobre los recíprocos débitos y créditos laborales, ya que la primera producirá efectos suspensivos sobre el contrato de trabajo, en tanto que la segunda acarreará consecuencias modificatorias y aun extintivas de la vinculación[5].

2) *Prueba de la incapacidad.* La incapacidad para el trabajo debe ser probada por el trabajador[6].

b) **Inculpabilidad. Prueba.** La incapacitación deja de ser inculpable cuando ella encuentra su origen exclusivamente en una conducta voluntaria del trabajador que, valorada según sus circunstancias personales y con la naturaleza de sus obligaciones contractuales, en el contexto material y temporal de su vinculación laboral, indique que, aunque no querida, tal incapacitación fue –o debió ser– prevista por el dependiente, siempre que éste –también según las circunstancias– pudiera haberla evitado absteniéndose de aquel comportamiento[7].

No es culpable toda conducta del trabajador que pueda tener consecuencias ingratas, sino que sólo lo es un proceder netamente atrevido, ligero, de modo que la incapacidad para el trabajo parece provocada. Debe haberse producido el impedimento en circunstancias que harían totalmente inequitativa cualquier obligación del empleador[8].

La jurisprudencia dominante ha interpretado el criterio de culpa en forma amplia en beneficio del trabajador, excluyendo del concepto de inculpable el hecho intencional, los accidentes

---

[4] López - Centeno - Fernández Madrid, *Ley de contrato de trabajo*, t. II, p. 944.

[5] Ackerman, *Incapacidad temporaria*, p. 41 y 42.

[6] Krotoschin, *Tratado práctico*, t. I, p. 402; Ackerman, *Incapacidad temporaria*, p. 56.

[7] Ackerman, *Incapacidad temporaria*, p. 40.

[8] Krotoschin, *Tratado práctico*, t. I, p. 401.

o enfermedades producidos por la temeridad casi intencional o por culpa grave de la víctima[9].

En casos concretos, la jurisprudencia ha considerado que el trabajador tiene derecho a salarios por enfermedad en las hipótesis de *delirium tremens*, angina pectoral de origen tabáquico, cirugía estética, enfermedades venéreas, lesiones por prácticas deportivas, disparos de armas o incapacidad derivada de intento de suicidio[10].

El empleador que afirma la culpabilidad del trabajador en la enfermedad tiene a su cargo la prueba respectiva[11].

JURISPRUDENCIA

1. **Consumo de drogas.** Si el actor, debido a un cuadro de "labilidad emocional" que lo condujo al consumo de drogas, debió hacer uso de licencia para internarse en el CENARESO, tal situación encuadra en las disposiciones del art. 208 y ss. de la LCT. El criterio adoptado en tal sentido debe reputar tal afección como enfermedad inculpable semejante al alcoholismo o a las secuelas derivadas de un intento de suicidio, toda vez que las causas del consumo de drogas, en este caso, son la consecuencia de componentes psicológicos y sociales, como compulsión adictiva, violencia doméstica y marginalidad (CNTrab, Sala II, 8/2/00, *DT*, 2001-A-483).

c) **Manifestación durante la relación laboral.** La incapacidad producida por la enfermedad o accidente debe manifestarse durante la relación de trabajo para que opere la protección legal.

El origen de la enfermedad puede ser anterior a la celebración del contrato y consistir incluso en un proceso reagravado o crónico, sujeto a manifestaciones periódicas[12].

Si la incapacitación se produce luego de la celebración del contrato, la protección legal tiene vigencia, aun cuando no se hubiera iniciado la efectiva prestación de los servicios[13].

La cobertura legal tiene lugar aunque la enfermedad o accidente tenga su origen en otra actividad laboral paralela, sea

---

[9] LÓPEZ - CENTENO - FERNÁNDEZ MADRID, *Ley de contrato de trabajo*, t. II, p. 946 y 947.

[10] LÓPEZ - CENTENO - FERNÁNDEZ MADRID, *Ley de contrato de trabajo*, t. II, p. 947 y 948.

[11] ACKERMAN, *Incapacidad temporaria*, p. 58; LÓPEZ - CENTENO - FERNÁNDEZ MADRID, *Ley de contrato de trabajo*, t. II, p. 948.

[12] LÓPEZ - CENTENO - FERNÁNDEZ MADRID, *Ley de contrato de trabajo*, t. II, p. 948; KROTOSCHIN, *Tratado práctico*, t. I, p. 402; ACKERMAN, *Incapacidad temporaria*, p. 50.

[13] ACKERMAN, *Incapacidad temporaria*, p. 48.

por cuenta propia o en relación de dependencia[14]. Un accidente de trabajo o enfermedad profesional ocurrido por el hecho o en ocasión del trabajo respecto de un empleador es un accidente o enfermedad inculpable respecto de otro empleador, en caso de pluriempleo[15].

Queda excluida la responsabilidad del empleador por la enfermedad que se manifieste con posterioridad a la terminación del contrato, en forma incapacitante, aun cuando se haya gestado durante su desarrollo[16].

§ 2. **Efectos del accidente o enfermedad inculpable.** – El primer efecto que produce la incapacitación del trabajador derivada de un accidente o enfermedad inculpable es que obsta a la exigibilidad de la prestación del trabajador y al deber de ocupación del empleador[17].

El impedimento opera para el dependiente en forma automática como eximente de su obligación de prestar el servicio[18].

Pero además, por imperio de la ley, la enfermedad crea obligaciones a cargo del empleador de pagar los salarios respectivos, durante un período que varía según la antigüedad del trabajador, de reservar el puesto al trabajador enfermo durante el tiempo que la ley indica (art. 211), de reincorporarlo cuando haya cesado la incapacidad en el mismo cargo o en otro adecuado a la capacidad que posea (art. 212) o de pagarle la indemnización en caso de incapacidad absoluta (arts. 212 y 254). El trabajador, por su parte, debe notificar su enfermedad al empleador (art. 209), permitir el control de la dolencia (art. 210) y reincorporarse a sus tareas una vez dado de alta.

§ 3. **Obligación del empleador de pagar los salarios de enfermedad.** – El artículo impone al empleador la obligación de pagar al trabajador enfermo los salarios que le hubiera correspondido percibir de haber continuado trabajando por todo el tiempo que dure su enfermedad y hasta un máximo de tres meses, si su antigüedad en el servicio fuera menor de cinco años y de seis meses si fuera mayor. Estos períodos se duplican si el trabajador tuviera carga de familia.

---

[14] López - Centeno - Fernández Madrid, *Ley de contrato de trabajo*, t. II, p. 948.
[15] Krotoschin, *Tratado práctico*, t. I, p. 404.
[16] López - Centeno - Fernández Madrid, *Ley de contrato de trabajo*, t. II, p. 949.
[17] Ackerman, *Incapacidad temporaria*, p. 52.
[18] Ackerman, *Incapacidad temporaria*, p. 54.

Jurisprudencia

    1. **Salarios de enfermedad. Derecho al cobro. Despido.** A partir del despido con justa causa cesa todo derecho del trabajador al cobro de salarios por enfermedad, rubro que sólo es exigible cuando el vínculo subsiste o se ha dispuesto un despido arbitrario (CNTrab, Sala V, 12/12/94, *DT*, 1995-A-669).

    2. **Acuerdo de extensión de la licencia por enfermedad.** Corresponde mantener la licencia por enfermedad acordada entre las partes y formalizada ante el SECLO –en el caso, se convino una licencia por enfermedad por el plazo de treinta meses– hasta el alta del trabajador, toda vez que al constituir este tipo de convenios una fuente autónoma de derechos deben interpretarse con base en el principio *in dubio pro operario*, y no en los que rigen la interpretación de los contratos de derecho común, todo ello en virtud de lo previsto por el art. 9º de la LCT (CNTrab, Sala X, 10/9/03, *DT*, 2004-A-196).

    a) **Concepto de carga de familia.** Para determinar la extensión del período pago de cobertura de la enfermedad o accidente inculpable, la ley se refiere a la carga de familia. Debe entenderse que se da tal supuesto cuando el trabajador percibe asignaciones familiares. Para determinar tal condición se han propuesto otras soluciones, como remitirse a los beneficiarios de obras sociales[19] o de las obligaciones alimentarias que para los parientes fija la ley común[20].

Jurisprudencia

    1. **Percepción de asignación prenatal.** La trabajadora embarazada que percibe asignación familiar prenatal tiene derecho, según su antigüedad, a la extensión del plazo máximo de licencia que establece el art. 208 de la LCT (CNTrab, Sala VI, 27/2/04, *TSS*, 2004-437).

    b) **Protección por cada enfermedad.** El artículo comentado otorga al trabajador la protección por "cada" enfermedad o accidente inculpable. Esto significa que las enfermedades que padezca el trabajador se juzgan independientemente, por lo que carece de importancia la frecuencia con que se presenten, basta que se trate de dolencias distintas, aunque sean de la misma naturaleza, por ejemplo, varias gripes[21].

    c) **Enfermedades crónicas.** Según lo dispone el artículo comentado, cuando una misma enfermedad crónica produce

---

[19] López - Centeno - Fernández Madrid, *Ley de contrato de trabajo*, t. II, p. 952.
[20] García Martínez, *Enfermedades y accidentes culpables*, *LT*, XXIV-A-5.
[21] López - Centeno - Fernández Madrid, *Ley de contrato de trabajo*, t. II, p. 951.

manifestaciones incapacitantes en distintos momentos dentro de los dos años de su primera exteriorización, se considera que se trata de una sola dolencia que da derecho al cobro de los salarios respectivos hasta agotar los períodos de pago garantizados por la ley. Finalizado el período de dos años fijado por el artículo, a los efectos legales, se la considera una nueva enfermedad[22].

d) *Contratos de trabajo por tiempo determinado.* En los contratos a plazo fijo o eventual, la obligación del empleador de pagar la remuneración en caso de enfermedad no se extiende más allá del plazo de estos contratos[23].

JURISPRUDENCIA

　　1. *Salarios de enfermedad. Pago durante la vigencia del contrato.* Los salarios de enfermedad, cuyo pago impone el art. 208 de la LCT, terminan cuando se agota el plazo del contrato porque la enfermedad no tiene aptitud para modificar la modalidad contractual (CNTrab, Sala VI, 10/12/92, *DT*, 1993-B-1248).

§ 4. **Contratos de trabajo de temporada.** – Los trabajadores de temporada gozan de la protección legal durante los períodos de actividad, pero no en los de receso[24].

§ 5. **Período de prueba.** – En el período de prueba, el trabajador tiene derecho a las prestaciones por accidente o enfermedad inculpable, pero perduran sólo hasta la finalización del período de prueba si el empleador rescinde el contrato de trabajo durante ese lapso. No es de aplicación, sin embargo, lo prescripto en el párr. 4º del art. 212 de la LCT (art. 92 *bis*, inc. 6).

§ 6. **Remuneración.** – Durante los períodos señalados en este artículo, el trabajador enfermo tiene derecho a percibir la remuneración convenida. Según lo indica el mismo artículo, esa prestación la recibe el trabajador a título de salario, no estando enumerada entre las prestaciones no remuneratorias del art. 7º de la ley 24.241, por lo que se trata de una suma sujeta a aportes y contribuciones de la seguridad social.

a) *Salario que debe percibir el trabajador.* El artículo comentado determina que la remuneración que perciba el traba-

---

[22] LÓPEZ - CENTENO - FERNÁNDEZ MADRID, *Ley de contrato de trabajo*, t. II, p. 951.
[23] KROTOSCHIN, *Tratado práctico*, t. I, p. 402 y 403.
[24] KROTOSCHIN, *Tratado práctico*, t. I, p. 403.

jador enfermo o accidentado, en ningún caso puede "ser inferior a la que hubiese percibido de no haberse operado el impedimento". Deben computarse todos los tipos de remuneración que perciba el trabajador, tanto las principales como las accesorias, las fijas como las variables[25].

b) *Aumentos salariales.* La retribución al trabajador enfermo o accidentado debe comprender los aumentos salariales que se hubieran otorgado al personal de su misma categoría durante el plazo de suspensión del servicio, sea que este incremento haya sido dispuesto por aplicación de una norma legal, convención colectiva de trabajo o decisión del empleador.

c) *Remuneraciones variables.* Cuando se trate de remuneraciones variables corresponde dividir el total de lo percibido en los seis meses anteriores por los días efectivamente trabajados para obtener el valor día y para calcular de esa forma el importe de los días de enfermedad o accidente[26].

Jurisprudencia

1. *Salarios de enfermedad. Rubros que lo integran.* La LCT (art. 208) coloca en cabeza del empleador la responsabilidad de abonar la remuneración al trabajador enfermo durante el tiempo de licencia paga y estable, en base a la pauta general de que lo que pague no puede ser menos de lo que el trabajador habría percibido si no se hubiera operado el impedimento de prestar servicios, por lo que debe abonar no sólo los rubros *fijos* sino también los *variables*, como las horas extra y los gastos de viajes y comidas que se perciban sin rendición de cuentas (CNTrab, Sala IV, 28/5/92, *DT*, 1992-B-1438).

2. *Mejor remuneración.* Es improcedente la pretensión de tomar la mejor remuneración a efectos de calcular los salarios por enfermedad, ya que el art. 208, párr. 1º *in fine*, de la LCT, dispone de modo expreso que corresponde liquidar promedios (CNTrab, Sala III, 30/9/97, *TSS*, 1998-985).

d) *Remuneraciones complementarias.* Deben computarse dentro del salario de enfermedad todas las remuneraciones complementarias como las horas suplementarias, los viáticos que se liquiden sin rendición de cuentas, los premios o primas a la producción, los adicionales especiales (por título, idiomas, antigüedad, etcétera)[27].

---

[25] Conf. López - Centeno - Fernández Madrid, *Ley de contrato de trabajo*, t. II, p. 957.

[26] López - Centeno - Fernández Madrid, *Ley de contrato de trabajo*, t. II, p. 956.

[27] López - Centeno - Fernández Madrid, *Ley de contrato de trabajo*, t. II, p. 957.

Jurisprudencia

1. *Horas extra.* Las propias normas de la LCT expresamente contemplan la liquidación de las formas variables de salarios y otras remuneraciones accesorias a los efectos del cálculo de los salarios por accidentes y enfermedades inculpables (art. 208). En este contexto no puede invocarse una norma convencional que recorte el concepto de remuneración legal sin colocar a la propia convención fuera del marco legal (art. 6°, ley 14.250). En consecuencia, determinada la efectiva prestación de horas extra por parte del trabajador, deben incluirse al momento de calcular los salarios previstos por el art. 208 ya citado (CNTrab, Sala IV, 18/3/97, *DT*, 1997-B-2508).

e) *Prestaciones en especie.* Este artículo dispone que "las prestaciones en especie que el trabajador dejare de percibir como consecuencia del accidente o enfermedad serán valorizadas adecuadamente". Queda en claro que el cómputo del valor de las prestaciones en especie sólo corresponde en el caso de que exista privación de la prestación que origine una disminución efectiva en el patrimonio del trabajador[28].

Si la prestación ha sido valorizada en el convenio colectivo, debe estarse a esa valuación. En caso contrario, se determinará el valor real[29].

§ 7. **Pago del salario.** – Según lo dispone el art. 129 de la LCT, el pago del salario a un trabajador imposibilitado por enfermedad o accidente, puede hacerse a un familiar o a otro trabajador acreditado por una autorización suscripta por aquél, pudiendo el empleador exigir la certificación de la firma. Esta certificación puede ser efectuada por la autoridad administrativa laboral, judicial o policial del lugar o escribano público.

Art. 209. [Aviso al empleador] – **El trabajador, salvo casos de fuerza mayor, deberá dar aviso de la enfermedad o accidente y del lugar en que se encuentra, en el transcurso de la primera jornada de trabajo respecto de la cual estuviere imposibilitado de concurrir por alguna de esas causas. Mientras no lo haga, perderá el derecho a percibir la remuneración correspondiente salvo que la exis-**

---

[28] López - Centeno - Fernández Madrid, *Ley de contrato de trabajo*, t. II, p. 958.
[29] López - Centeno - Fernández Madrid, *Ley de contrato de trabajo*, t. II, p. 958.

tencia de la enfermedad o accidente, teniendo en consideración su carácter y gravedad, resulte luego inequívocamente acreditada.

CONCORDANCIAS: LCT, arts. 62, 63, 170, 208 y 210.

§ 1. **Aviso de la enfermedad.** – Como una manifestación del deber de fidelidad[1], el trabajador está obligado a dar aviso al empleador de la enfermedad o accidente y del lugar en que se encuentra en el transcurso de la primera jornada de trabajo del impedimento.

La ley no requiere forma determinada para efectuar el aviso, por lo que podrá recurrir al telegrama o carta-documento. Tampoco está excluido el aviso telefónico o por medio de un tercero, aunque es posible que este medio acarree dificultades probatorias.

JURISPRUDENCIA

1. *Comunicación del trabajador.* Si se acredita que el trabajador comunicó a su empleadora que sus ausencias respondían a motivos de salud, obró en consonancia con las previsiones del art. 209 de la LCT y no puede sostenerse que sus ausencias fueron injustificadas o que su actuar fue contrario a la buena fe, de modo que –en este contexto– el despido resulta injustificado (CN Trab, Sala I, 28/11/00, *DT*, 2001-A-984).

§ 2. **Requisito para la percepción del salario.** – El aviso al empleador está impuesto por la ley como un requisito para la percepción del salario de enfermedad ("mientras no lo haga perderá el derecho a percibir la remuneración correspondiente", dice el artículo), pero la omisión puede ser subsanada posteriormente –con lo que el trabajador recupera su derecho a la percepción de salarios– si se trata de una enfermedad o accidente que por su carácter o gravedad ha ocasionado una razonable imposibilidad de dar aviso oportuno, siempre que se acredite inequívocamente la existencia de la enfermedad y su carácter y gravedad.

La imposición del requisito del aviso como condición para la percepción de los salarios de enfermedad, está justificado en tanto el conocimiento de la enfermedad por el empleador es presupuesto indispensable para que éste pueda ejercer su derecho de control (art. 210, LCT). Por tal razón, el trabajador en el aviso debe indicar el lugar donde se encuentra o

---

[1] KROTOSCHIN, *Tratado práctico*, t. I, p. 402.

donde se asiste. Si se omite esta mención, debe entenderse que el enfermo se asiste en su domicilio[2].

Jurisprudencia

    1. *Enfermedad inculpable. Control de la enfermedad. Certificado médico.* Dentro del juego de los arts. 209 y 210 de la LCT, el trabajador está obligado a dar aviso en el transcurso de la primera jornada y a someterse al control del facultativo del empleador. Éste puede realizar el control establecido por el art. 210, pero, si no lo hace, debe los salarios porque se entiende que el incumplimiento de esa especie de carga lleva a admitir que consideró justificada la ausencia por enfermedad. Lo del certificado médico es una carga que tiene el trabajador cuando no avisa oportunamente y, en consecuencia, para cobrar los salarios, debe acreditar inequívocamente la enfermedad (CNTrab, Sala IV, 30/9/93, *DT*, 1994-A-541).

Art. 210. [Control] – **El trabajador está obligado a someterse al control que se efectúe por el facultativo designado por el empleador.**

Concordancias: LCT, arts. 63, 64, 208 y 209.

§ 1. **Derecho de control del empleador.** – El deber de dar aviso de la enfermedad o accidente impuesto al trabajador por el art. 209 de la LCT está estrechamente ligado al derecho de control atribuido al empleador por el artículo en comentario.

El derecho de control está justificado no sólo porque resulta razonable otorgar al empleador la facultad de verificar la existencia de la dolencia del trabajador, su carácter incapacitante y su presumible duración, en tanto la ley le impone la obligación de continuar abonando los salarios no obstante la ausencia del trabajador, sino también porque, de acuerdo con las facultades de organización que le corresponden (art. 64, LCT), debe estar de inmediato en condiciones de planificar lo necesario para que la ausencia del trabajador no redunde en perjuicio de la continuidad y eficacia de la producción o del servicio, a fin de contratar reemplazos, disponer traslados, reorganizar equipos de trabajo, etcétera.

El derecho de control puede o no ser ejercido por el empleador, pero si lo ejerce, el trabajador debe ineludiblemente so-

---

[2] López - Centeno - Fernández Madrid, *Ley de contrato de trabajo*, t. II, p. 961.

meterse a dicho control como condición necesaria de su derecho a percibir los salarios de accidente o enfermedad inculpable[1].

La conducta del trabajador en la emergencia debe responder a las pautas exigibles de acuerdo con el principio de buena fe (art. 63, LCT), admitiendo, facilitando y colaborando con la realización del control[2].

JURISPRUDENCIA

1. **Falta de ejercicio de la facultad del empleador.** El art. 210 de la LCT acuerda al empleador el derecho de control de la enfermedad por el facultativo que éste designe y el empleador que recibe el aviso de enfermedad del trabajador es libre de utilizar o no la facultad de verificar su estado, por lo que si no ejerce este derecho, pierde la posibilidad de cuestionar la aptitud física de su dependiente para trabajar, en tanto no estará en condiciones de aportar una opinión profesional para controvertir la imposibilidad que aquél invocó (CNTrab, Sala I, 28/11/00, *DT*, 2001-A-984).

§ 2. **Forma del control.** – El artículo impone que el control sea efectuado por un *facultativo* designado por el empleador. El control debe, entonces, hacerse por un médico; es decir que tiene un carácter científico y no puede ser reemplazado por una simple constatación realizada por visitadores no profesionales o por un empleado de la empresa[3].

La facultad que se le otorga al empleador, mediante sus médicos, implica que el profesional puede revisar al enfermo para formar su propio juicio acerca de la existencia de la enfermedad, pero no suplir la atención médica del trabajador, quien tiene derecho de elegir su propio médico y seguir sus prescripciones terapéuticas[4].

La verificación que debe efectuar el facultativo del empleador no puede ir más allá del control personal que pueda realizar y de la compulsa de los antecedentes que se encuentran en poder del trabajador enfermo, pero no puede requerir al paciente exámenes o estudios complementarios[5].

---

[1] LÓPEZ - CENTENO - FERNÁNDEZ MADRID, *Ley de contrato de trabajo*, t. II, p. 962.

[2] ACKERMAN, *Incapacidad temporaria*, p. 263; LÓPEZ - CENTENO - FERNÁNDEZ MADRID, *Ley de contrato de trabajo*, t. II, p. 962.

[3] LÓPEZ - CENTENO - FERNÁNDEZ MADRID, *Ley de contrato de trabajo*, t. II, p. 963; ACKERMAN, *Incapacidad temporaria*, p. 264.

[4] LÓPEZ - CENTENO - FERNÁNDEZ MADRID, *Ley de contrato de trabajo*, t. II, p. 963; ACKERMAN, *Incapacidad temporaria*, p. 265.

[5] LÓPEZ - CENTENO - FERNÁNDEZ MADRID, *Ley de contrato de trabajo*, t. II, p. 963; ACKERMAN, *Incapacidad temporaria*, p. 264.

§ 3. **Discrepancia entre los médicos.** – Si existiera discrepancia entre los médicos del empleador y del trabajador acerca de la existencia o efectos incapacitantes del accidente o enfermedad inculpable, no puede otorgarse preeminencia a una de las certificaciones sobre la otra[6].

La discrepancia debe dirimirse actualmente por decisión judicial, ya que la ley 21.297 suprimió la solución administrativa consistente en la designación de un médico oficial, anteriormente prevista por el derogado art. 227 de la LCT, en su texto originario.

Art. 211. [Conservación del empleo] – Vencidos los plazos de interrupción del trabajo por causa de accidente o enfermedad inculpable, si el trabajador no estuviera en condiciones de volver a su empleo, el empleador deberá conservárselo durante el plazo de un año contado desde el vencimiento de aquéllos. Vencido dicho plazo, la relación de empleo subsistirá hasta tanto alguna de las partes decida y notifique a la otra su voluntad de rescindirla. La extinción del contrato de trabajo en tal forma exime a las partes de responsabilidad indemnizatoria.

Concordancias: LCT, arts. 10, 152, 208 y 239.

§ 1. **Plazo de conservación del empleo.** – Si la incapacitación del trabajador derivada del accidente o enfermedad inculpable no cesara durante el período en que la ley le garantiza el pago de las remuneraciones, vencido ese plazo, el artículo impone al empleador la obligación de mantenerle el empleo por el término de un año, contado desde el vencimiento del período de pago, esta vez sin obligación de abonarle retribución alguna.

Una vez iniciado el plazo de conservación del empleo, el empleador debe readmitir al trabajador tan pronto esté en condiciones de volver a sus tareas. El límite de un año no se ha establecido para que dentro de este lapso el trabajador decida a su arbitrio si volverá o no al servicio. Debe presentarse en cuanto esté en condiciones de hacerlo[1].

---

[6] López - Centeno - Fernández Madrid, *Ley de contrato de trabajo*, t. II, p. 964; Ackerman, *Incapacidad temporaria*, p. 268.

[1] Krotoschin, *Tratado práctico*, t. I, p. 405.

Si, restablecido de su dolencia, el trabajador no pide su reincorporación inmediatamente o dentro de un plazo prudencial, su conducta puede ser interpretada como una manifestación en el sentido de que no piensa seguir cumpliendo el contrato[2].

Por su parte, el empleador está obligado a reincorporar al trabajador, aun cuando su estado de salud no le permita reanudar sus tareas en las mismas condiciones de antes, es decir, cuando una disminución definitiva de la capacidad laboral le impida ejecutar las tareas que anteriormente cumplía; en tal caso, el empleador deberá asignarle otras, compatibles con su estado de salud (art. 212, párr. 1°, LCT).

§ 2. **Cómputo del año de reserva del empleo.** – El año de espera debe computarse a partir del último día de la licencia paga y corresponde por cada accidente o enfermedad inculpable[3].

§ 3. **Extinción del contrato de trabajo.** – El vencimiento del plazo de conservación del empleo no trae aparejada la ruptura automática del contrato de trabajo, sino que "la relación de empleo subsiste hasta tanto alguna de las partes decida y notifique a la otra su voluntad de rescindirla".

En tal caso, la rescisión del contrato de trabajo por alguna de las partes no trae responsabilidad indemnizatoria.

JURISPRUDENCIA

1. *Enfermedad inculpable. Plazo de conservación del empleo. Vencimiento. Solicitud de reintegro. Indemnizaciones por despido.* No tiene derecho a las indemnizaciones por despido el trabajador que solicita su reingreso al puesto vencidos los plazos establecidos en el art. 155 del Cód. de Comercio –ley 11.729– (actualmente, art. 211, LCT) y no es admitido (CNTrab, plenario 79, "Romero, Jesús L. c/Frigorífico Anglo SA", 10/8/61, *DT*, 1962-108).

2. *Enfermedad inculpable. Plazo de reserva del empleo. Vencimiento. Silencio del trabajador.* Si la actora concurrió mensualmente a la sede de su empleadora con el fin de someterse a los controles médicos de rigor, no cabe adjudicar a tal actitud la virtualidad de un pedido formal de reintegro, más aún, si tenía a su alcance, y no los usó, los medios para manifestar su disconformidad con los diagnósticos médicos y requerir la dación de tareas acordes con la capacidad que entendía detentaba. Dicho comportamiento omisivo legitima la determinación disolu-

---

[2] KROTOSCHIN, *Tratado práctico*, t. I, p. 405.
[3] LÓPEZ - CENTENO - FERNÁNDEZ MADRID, *Ley de contrato de trabajo*, t. II, p. 966.

toria de la empleadora, sin obligación resarcitoria, de conformidad con lo preceptuado por el art. 211 de la LCT (CNTrab, Sala VIII, 30/4/93, *DT*, 1993-B-1861).

§ 4. **Abandono de la relación.** – Si bien de la literalidad de los términos del artículo pareciera desprenderse que la relación laboral –en tanto alguna de las partes no decida y notifique a la otra su voluntad de rescindirla– quedaría vigente de manera indefinida, debe entenderse que una prolongada inacción de ambas partes configura un comportamiento concluyente y recíproco que traduce inequívocamente el abandono de la relación (art. 241, LCT)[4].

§ 5. **Despido durante el plazo de reserva del empleo.** – El despido del trabajador enfermo, sin justa causa, durante el año de conservación del empleo, da lugar al pago de las indemnizaciones por despido arbitrario (arts. 231 a 233 y 245, LCT), pero no al pago de salarios[5].

Jurisprudencia

1. *Vencimiento. Contrato vigente. Incapacidad absoluta. Indemnización.* Si el contrato estuviere vigente, tiene derecho a la indemnización del art. 212, párr. 4°, de la LCT, el trabajador que se incapacita definitivamente, vencido el plazo del art. 211 (CNTrab, plenario 254, "Villagra de Juárez, Eumelia del C. c/Instituto de Previsión Social para el Personal Ferroviario", 10/10/86, *DT*, 1987-335).

Art. 212. [Reincorporación] – Vigente el plazo de conservación del empleo, si del accidente o enfermedad resultase una disminución definitiva en la capacidad laboral del trabajador y éste no estuviere en condiciones de realizar las tareas que anteriormente cumplía, el empleador deberá asignarle otras que pueda ejecutar sin disminución de su remuneración.

Si el empleador no pudiera dar cumplimiento a esta obligación por causa que no le fuera imputable, deberá abonar al trabajador una indemnización igual a la prevista en el art. 247 de esta ley.

---

[4] Ackerman, *Incapacidad temporaria*, p. 193.
[5] Krotoschin, *Tratado práctico*, t. I, p. 408.

Si estando en condiciones de hacerlo no le asignare tareas compatibles con la aptitud física o psíquica del trabajador, estará obligado a abonarle una indemnización igual a la establecida en el art. 245 de esta ley.

Cuando de la enfermedad o accidente se derivara incapacidad absoluta para el trabajador, el empleador deberá abonarle una indemnización de monto igual a la expresada en el art. 245 de esta ley.

Este beneficio no es incompatible y se acumula con los que los estatutos especiales o convenios colectivos puedan disponer para tal supuesto.

CONCORDANCIAS: LCT, arts. 37, 245, 247 y 254.

§ 1. **Disminución definitiva de la capacidad laboral.** – Los arts. 208 a 211 de la LCT se refieren a los casos de incapacidad temporaria derivada de un accidente o enfermedad inculpable. El artículo en examen, en cambio, regula las distintas situaciones que pueden darse en el caso de una disminución definitiva de la capacidad laboral del trabajador, que puede ser parcial o absoluta.

§ 2. **Trabajador imposibilitado de desempeñar las tareas que anteriormente cumplía.** – Según el artículo comentado, si del accidente o enfermedad inculpable resultare para el trabajador una disminución definitiva de la capacidad laboral y éste no estuviere en condiciones de realizar las tareas que anteriormente cumplía, "el empleador deberá asignarle otras que pueda ejecutar". Estas nuevas tareas deben serle asignadas "sin disminución de la remuneración", ya que la ley no autoriza tal reducción en proporción al menor trabajo realizado[1]. El trabajador debe acreditar que ha sido dado de alta, con incapacidad y que ha requerido tareas adecuadas (p.ej., tareas livianas)[2].

Esta obligación existe en tanto el empleador tenga para ofrecer al trabajador tareas adecuadas a su capacidad laboral disminuida.

JURISPRUDENCIA

1. *Accidentes y enfermedades inculpables. Período de conservación del empleo. Reincorporación. Tareas compatibles con*

---

[1] KROTOSCHIN, *Tratado práctico*, t. I, p. 406.
[2] LÓPEZ - CENTENO - FERNÁNDEZ MADRID, *Ley de contrato de trabajo*, t. II, p. 967.

el estado de salud del trabajador. Imposibilidad. Indemnizaciones. Durante el período de conservación del puesto a que se refiere el ap. 3 del art. 155 del Cód. de Comercio (ley 11.729; actualmente, art. 211, LCT), el trabajador que no está en condiciones físicas para realizar sus tareas habituales, sino para desempeñar otras más livianas, compatibles con su estado de salud, tiene derecho a que el patrono lo reintegre, asignándole este último tipo de tareas. En caso negativo, es acreedor a las indemnizaciones duplicadas emergentes de despido y falta de preaviso (art. 67, decr. 33.302/45, ley 12.921), salvo que el empleador justifique la imposibilidad de asignarle tareas acordes con su estado; en tal caso, solamente le corresponderán las indemnizaciones de referencia liquidadas en forma simple –ley 11.729– (CNTrab, plenario 58, 7/10/59, "Álvarez, Juan c/Feit Olivari Ltda.", *DT*, 1960-43).

§ 3. **Imposibilidad del empleador de otorgar tareas adecuadas.** – Si el empleador no pudiera dar cumplimiento a la obligación de otorgar al trabajador tareas adecuadas a su estado de salud "por causa que no le fuera imputable", cesa la obligación de reincorporarlo, pero entonces el empleador debe pagar al trabajador una indemnización reducida igual a la que corresponde por extinción del contrato por fuerza mayor o por falta o disminución de trabajo prevista en el art. 247 de la LCT.

La prueba de la imposibilidad corresponde al empleador[3].

Jurisprudencia

1. *Incapacidad. Despido. Tareas compatibles con la capacidad residual. Imposibilidad de otorgarlas.* Cuando el empleador despide con la invocación de no poder otorgar tareas acordes con la capacidad residual del trabajador, no sólo debe acreditar la inexistencia de vacantes en las mismas sino además la imposibilidad de efectuar una rotación que permita al empleado una ocupación compatible con su estado (CNTrab, Sala III, 21/9/90, *DT*, 1991-B-1647).

2. *Incapacidad laborativa. Tareas compatibles. Carga de la prueba.* La prueba acerca de la imposibilidad de otorgar tareas compatibles con el estado físico de disminución del trabajador, debe hacerla la patronal, o sea que incumbe al empleador acreditar, en el juicio, que le fue imposible el cumplimiento de la exigencia contenida en el art. 212 de la LCT, por no tener tareas para asignar al trabajador compatibles con su reducida aptitud física (CNTrab, Sala VI, 3/7/91, *DT*, 1991-B-1662).

3. *Aptitud física y psíquica del trabajador. Tareas adecuadas. Inexistencia. Carga de la prueba.* Se encuentra a cargo

---

[3] López - Centeno - Fernández Madrid, *Ley de contrato de trabajo*, t. II, p. 967.

de la empleadora probar que no tiene tareas adecuadas a la aptitud física y psíquica de la trabajadora (CNTrab, Sala I, 27/7/93, *DT*, 1994-A-359).

4. *Inexistencia de tareas adecuadas. Carga de la prueba.* Incumbe al empleador la carga de probar la falta de puestos con tareas para el trabajador parcialmente incapacitado, en los términos del art. 212 de la LCT, máxime si se tiene en cuenta el principio de las cargas probatorias dinámicas, en virtud del cual el *onus probandi* se desplaza del actor al demandado y viceversa según las circunstancias del caso, para hacerlo recaer sobre la parte que está en mejores condiciones profesionales, técnicas o fácticas para producir la prueba respectiva, sin que interese su emplazamiento como actor o demandado (CNTrab, Sala VII, 17/9/03, *DT*, 2004-A-190).

§ 4. Negativa arbitraria del empleador de otorgar tareas adecuadas. – Si el empleador estuviera en condiciones de otorgar al trabajador tareas compatibles con su capacidad disminuida y no se las asignare, la situación se asimila a un despido arbitrario y, en consecuencia, debe abonarle una indemnización de monto igual a la del art. 245 de la LCT.

§ 5. Incapacidad absoluta. – El párr. 4° de este artículo determina que "cuando de la enfermedad o accidente se derivara incapacidad absoluta para el trabajador, el empleador deberá abonarle una indemnización de monto igual a la expresada en el art. 245 de esta ley", es decir, la indemnización por antigüedad derivada de un despido arbitrario.

Esta indemnización no rige durante el período de prueba (art. 92 *bis*, inc. 6).

Jurisprudencia

1. *Extinción de la relación laboral. Indemnización.* Los requisitos que sujetan normativamente el acceso a la indemnización establecida en el art. 212, párr. 4°, de la LCT, son dos: déficit laborativo de una magnitud que impida al agente su reintegro al trabajo, aun en tareas livianas, y extinción de la relación (CNTrab, Sala VIII, 23/9/91, *DT*, 1992-A-706).

2. *Indemnización. Finalidad.* La indemnización acordada con fundamento en el párr. 4° del art. 212 de la LCT tiene la finalidad de resarcir a quien, por su estado de salud, se encuentra imposibilitado de reinsertarse en el mercado laboral para obtener los medios necesarios para proveer a su subsistencia (CNTrab, Sala VI, 5/8/92, *DT*, 1992-B-1663).

3. *Indemnización. Validez constitucional.* La indemnización por incapacidad absoluta prevista en el art. 212 de la LCT

configura un modo de patrimonialización de los servicios prestados por el dependiente para un determinado empleador, por lo que, aun cuando revistiese carácter asistencial, no resulta violatoria del derecho de propiedad del principal, ya que no se lo obliga a indemnizar por toda la vida laboral del dependiente sino sólo en proporción al tiempo en que se desempeñó a sus órdenes (CN Trab, Sala V, 11/6/92, *DT*, 1992-B-2063).

4. *Plazo de reserva del empleo. Vencimiento. Contrato vigente. Indemnización.* Si el contrato estuviere vigente, tiene derecho a la indemnización del art. 212, párr. 4°, de la LCT, el trabajador que se incapacita definitivamente, vencido el plazo del art. 211 (CNTrab, plenario 254, 10/10/86, "Villagra de Juárez, Eumelia del C. c/Instituto de Previsión Social para el Personal Ferroviario", *DT*, 1987-335).

5. *Gente de mar. Exclusión.* La indemnización por incapacidad absoluta establecida en el art. 212 de la LCT (t.o. 1976) no es aplicable a la gente de mar comprendida en el acta convenio del 25/2/72, CCT 370/71 (CNTrab, plenario 227, 25/6/81, "Molinari, Elbio A. c/Elma", *DT*, 1981-1224).

6. *Obreros de la construcción. Exclusión.* Contrariamente a lo que ocurre en el régimen general del contrato de trabajo, en el de la industria de la construcción, en principio, no hay tutela a la estabilidad de los trabajadores, por lo que resulta ajena a su esquema una indemnización como la del párr. 4° del art. 212 de la LCT que tiene en mira la patrimonialización del tiempo de servicio (CNTrab, Sala V, 31/10/89, *DT*, 1990-A-231).

a) ***Concepto de incapacidad absoluta.*** Existe incapacidad absoluta cuando el trabajador por cualquier motivo que no le sea imputable no puede realizar las tareas que cumplía ni ninguna otra dentro o fuera de la empresa. Se trata de una situación (incapacidad) que desde un punto de vista físico es impeditiva de la prestación de los servicios actuales del dependiente y se proyecta sobre sus posibilidades de empleo futuro, pues afecta definitivamente su posibilidad de ganancia al imposibilitarle la reinserción en el mercado de trabajo[4].

No es necesario que dicha incapacidad sea del 100%, pues no se requiere que el trabajador se encuentre en un estado de postración total, habiéndose establecido una equivalencia con el grado de incapacidad que en el orden previsional justificaba el otorgamiento de la jubilación por invalidez (66% de la total)[5], lo que resulta aplicable actualmente en razón de lo dis-

---

[4] LÓPEZ - CENTENO - FERNÁNDEZ MADRID, *Ley de contrato de trabajo*, t. II, p. 969.
[5] LÓPEZ - CENTENO - FERNÁNDEZ MADRID, *Ley de contrato de trabajo*, t. II, p. 969.

Art. 212

puesto por el art. 48, inc. *a*, de la ley 24.241, para el retiro por invalidez.

J<small>URISPRUDENCIA</small>

1. *Determinación. Capacidad residual.* *a*) Si bien la ley no establece porcentajes para la determinación de la incapacidad absoluta, permanente y definitiva, el art. 33 de la ley 18.037 (actual art. 48, inc. *a*, ley 24.241) que considera total una disminución del 66% de la total obrera, constituye, en principio, la norma de evaluación más equitativa a los fines del otorgamiento de la indemnización del art. 212, párr. 4°, de la LCT. Esta disposición de la seguridad social puede aplicarse en materia laboral, conforme el art. 11. En tales casos, la existencia de una capacidad residual puede valorarse útil, desde el punto de vista médico, para algún tipo de laborterapia o de rehabilitación, pero no puede computarse como posibilidad seria de ejercer un cargo (CNTrab, Sala I, 17/9/93, *DT*, 1994-A-540).

b) La circunstancia de que el trabajador se haya retirado voluntariamente del trabajo y, una vez extinguido el vínculo, haya reclamado la indemnización del art. 212, párr. 4°, de la LCT, no constituye un obstáculo para reconocer su derecho al cobro de tal compensación, ya que el único requisito exigido por el legislador es que la incapacidad se haya manifestado durante la existencia del contrato de trabajo (CNTrab, Sala IX, 24/9/01, *DT*, 2002-B-1412).

2. *Concepto.* *a*) Para acceder al beneficio previsto en el párr. 4° del art. 212 de la LCT, el trabajador debe estar absolutamente incapacitado, no sólo con relación a sus actividades habituales, conforme con sus aptitudes profesionales, sino también con relación a cualquier tarea compatible con su estado, de tal modo que le resulte imposible insertarse en el mercado laboral (CNTrab, Sala VI, 11/5/84, *DT*, 1984-B-1111).

b) Para la procedencia de la indemnización especial contenida en el art. 212, párr. 4°, de la LCT, es requisito esencial que el trabajador posea una incapacidad laborativa de una magnitud que le impida su reintegro al trabajo, aun en tareas livianas (incapacidad absoluta) (CNTrab, Sala VI, 31/7/00, *DT*, 2001-A-450).

3. *Incapacidad laborativa. Porcentaje.* En principio, el porcentaje de incapacidad laborativa del 66% de la total obrera indica la presencia de una incapacidad absoluta en los términos del párr. 4° del art. 212 de la LCT (CNTrab, Sala VI, 11/5/84, *DT*, 1984-B-1111).

b) *Hecho configurante.* La incapacidad absoluta es un hecho revelado por la terminación de la posibilidad física de prestar servicios, lo que conlleva la finalización de hecho del contrato. Se trata, por consiguiente, de una causa de cese que la ley ampara con prescindencia de la expresión de la voluntad de disolver el contrato por las partes, por lo que no la afectan los actos disolutorios posteriores a la aparición de la incapacidad, como la renuncia o el despido con causa[6].

JURISPRUDENCIA

1. *Renuncia.* El hecho de que el trabajador haya renunciado no le impide reclamar el beneficio previsto en el párr. 4° del art. 212 de la LCT (CNTrab, Sala VI, 22/5/84, *DT*, 1984-B-1266).

2. *Extinción del contrato de trabajo. Falta de reclamo anterior.* a) El art. 212 de la LCT no exige que el reclamo de la indemnización por incapacidad absoluta se formalice estando vigente el contrato, sino que la incapacidad absoluta exista antes de su finalización (CNTrab, Sala VI, 22/5/84, *DT*, 1984-B-1266).

b) El hecho de que el trabajador haya reclamado la indemnización especial establecida en el párr. 4° del art. 212 de la LCT, ya disuelto el vínculo laboral por renuncia, no lo priva de su derecho a la percepción de la misma, porque tal resarcimiento nace cuando la incapacidad laborativa absoluta y permanente torna de hecho imposible la continuidad del vínculo sin que este acto dependa de la formalidad de la rescisión. Basta con que la incapacidad del trabajador se haya configurado con anterioridad a la ruptura del vínculo (CNTrab, Sala VII, 29/8/97, *DT*, 1998-B-1879).

3. *Situación de hecho. Acto formal de rescisión. Indemnización. Exigibilidad.* El derecho a la indemnización por incapacidad absoluta y permanente nace cuando la incapacidad torna de hecho imposible la continuidad del vínculo, pero, aunque no depende estrictamente del acto formal de rescisión, sólo es exigible cuando el contrato de trabajo deja de regir (CNTrab, Sala VII, 20/6/91, *DT*, 1991-B-1482).

4. *Indemnización por incapacidad absoluta. Muerte del trabajador.* a) Si la disolución del vínculo se produjo por la muerte del causante, sería en principio aplicable sólo la norma contemplada en el régimen laboral en su art. 248, pero si se constata que con anterioridad a ese hecho el actor ya se encontraba incapacitado en forma absoluta y permanente, la situación debe ubicarse en la órbita del art. 212, párr. 4°, de la LCT (CNTrab, Sala VII, 20/6/91, *DT*, 1991-B-1482).

b) Las actuaciones sustanciadas por el trabajador ante la comisión médica para obtener el beneficio de jubilación por invalidez es un acto administrativo que goza de la presunción de legitimidad estatuida por el art. 12 de la ley 19.549 (en el caso, en sede administrativa se determinó que el actor portaba una incapacidad del 70% por insuficiencia cardíaca) (CNTrab, Sala IV, 23/8/01, *DT*, 2002-A-970).

---

[6] LÓPEZ - CENTENO - FERNÁNDEZ MADRID, *Ley de contrato de trabajo*, t. II, p. 968.

5. *Plazo de conservación del empleo.* Si el dependiente falleció vigente el plazo de conservación del empleo, corresponde se le abone la indemnización establecida por el art. 212 de la LCT, puesto que más allá de que el instituto en cuestión exige, para su viabilidad, la expectativa de vida del trabajador, es necesario tener en cuenta que el derecho a percibir tal indemnización nace con la incapacidad absoluta, siendo indiferente la forma de extinción del contrato (CNTrab, Sala VII, 29/6/94, *DT*, 1994-B-1998).

6. *Extinción por mutuo acuerdo.* a) Si el objeto del vínculo laboral es la prestación de servicios en relación de dependencia, resulta obvio que la disminución laboral absoluta y permanente del trabajador provoca la disolución del vínculo, y en tales condiciones, el empleado es acreedor a la reparación que el art. 212, párr. 4°, de la LCT, contempla para dicha forma de desvinculación, sin que resulte óbice para ello la circunstancia de haberse invocado una causal diferente, como fue en la especie la rescisión del contrato por mutuo acuerdo (SCBA, 17/11/99, *DT*, 2000-A-894).

b) Incapacitado totalmente el trabajador para desempeñar cualquier tipo de labores a la época de la extinción del vínculo, la causal invocada resulta indiferente, ya se funde en despido directo, indirecto, renuncia o mutuo acuerdo, porque la rescisión se produce por imposibilidad de cumplimiento de su objeto (SC BA, 20/12/00, *TSS*, 2001-321).

c) *Indemnización por incapacidad absoluta.* El artículo, para fijar la indemnización por incapacidad absoluta, remite a la indemnización por antigüedad del art. 245 de la LCT. No corresponde, en cambio, la indemnización por falta de preaviso, ya que la incapacidad absoluta descarta la posibilidad de que el trabajador obtenga nueva ocupación, con lo que la institución del preaviso carece de sentido[7].

Jurisprudencia

1. *Extinción de la relación laboral. Indemnización por omisión de preaviso.* Si la disolución contractual quedó encuadrada en la normativa contenida en el párr. 4° del art. 212 de la LCT resulta improcedente la indemnización por omisión de preaviso (CNTrab, Sala VIII, 23/9/91, *DT*, 1992-A-706).

2. *Incapacidad. Acumulación. Improcedencia.* Si la relación contractual se ha resuelto con motivo de un despido injustificado, no procede que al pago de la indemnización del art. 245 de la LCT se sume la que fija el art. 212, párr. 4°, que se remite a la misma norma (CNTrab, Sala VIII, 18/12/84, *DT*, 1985-A-514).

---

[7] López - Centeno - Fernández Madrid, *Ley de contrato de trabajo*, t. II, p. 971.

3. *Indemnización por incapacidad absoluta. No acumulabilidad con otras indemnizaciones.* La indemnización del art. 212, párr. 4º, de la LCT repara la extinción del contrato de trabajo por imposibilidad de su subsistencia en razón de la incapacidad absoluta y permanente del trabajador y no es acumulable con otras indemnizaciones como las previstas para supuestos de desvinculación originados en distintos motivos legales como el despido sin causa, porque el contrato de trabajo se extingue por única vez y por una causa legal determinada (SCBA, 17/11/99, *DT*, 2000-A-894).

4. *Inexistencia del deber de preavisar.* Sólo en el supuesto del párr. 4º del art. 212 de la LCT, que regula el caso de extinción de la relación por imposibilidad absoluta de ejecución, no rige la obligación de preavisar, exigencia que sí rige en los supuestos de los párrs. 2º y 3º, obligación que es conceptual y prácticamente adecuada a situaciones en las que el trabajador conserva un grado de capacidad de trabajo que le permite aspirar a un nuevo empleo (CNTrab, Sala VIII, 8/2/01, *DT*, 2001-A-999).

d) *Compatibilidad con otros beneficios.* El párr. 5º del artículo determina que *este beneficio* (la indemnización por incapacidad absoluta) "no es incompatible y se acumula con los que los estatutos especiales o convenios colectivos [también otras leyes] puedan disponer para tal supuesto". Por otra parte, las indemnizaciones y prestaciones que por la misma causa pudieran estar establecidas en otras leyes, estatutos particulares o convenios colectivos de trabajo, la indemnización por incapacidad absoluta se acumula y no es incompatible con el retiro por invalidez (arts. 17, inc. *c*, 27, 46, inc. *b*, y 48, ley 24.241) y con las prestaciones de la LRT.

Jurisprudencia

1. *Compatibilidad.* La incapacidad absoluta otorga derecho al trabajador a la concesión del beneficio jubilatorio por invalidez y al cobro de las indemnizaciones que establece el párr. 4º del art. 212 de la LCT (CNTrab, Sala I, 19/11/79, *DT*, 1980-348).

Art. 213. [Despido del trabajador] – **Si el empleador despidiese al trabajador durante el plazo de las interrupciones pagas por accidente o enfermedad inculpable, deberá abonar, además de las indemnizaciones por despido injustificado, los salarios correspondientes a todo el tiempo que faltare para el vencimiento de aquélla o a la fecha del alta, según demostración que hiciese el trabajador.**

Concordancias: LCT, arts. 208, 239 y 245.

§ 1. **Despido durante los plazos pagos de enfermedad.** – La incapacitación temporaria del trabajador, debida a accidente o enfermedad inculpable, no impide al empleador extinguir por su exclusiva voluntad la relación laboral. El despido, en este caso, tiene plena eficacia extintiva, y la circunstancia de que se imponga al empleador el mantenimiento del pago de las remuneraciones hasta el vencimiento de los plazos pagos de enfermedad o hasta la fecha del alta médica, si ésta tuviera lugar con anterioridad a ese vencimiento, no tiene fundamento en la subsistencia del vínculo laboral, sino en el refuerzo de la tutela dispensada al trabajador por enfermedad[1].

§ 2. **Prueba de la fecha del alta.** – Se ha señalado que, por un error material, se ha dejado a cargo del trabajador la prueba de la fecha del alta. Razonablemente esta prueba debería estar a cargo del empleador, ya que resulta de su interés la acreditación de la fecha del alta médica cuando ésta se produce con anterioridad al vencimiento del plazo pago de enfermedad; en tal caso se reducen los salarios que debe pagar en función de lo dispuesto por el artículo comentado[2].

JURISPRUDENCIA

1. *Salarios de enfermedad. Derecho al cobro.* A partir del despido con justa causa cesa todo derecho del trabajador al cobro de salarios por enfermedad, rubro que sólo es exigible cuando el vínculo subsiste o se ha dispuesto un despido arbitrario (CNTrab, Sala V, 12/12/94, *DT*, 1995-A-669).

2. *Dolencia crónica. Manifestación antes del despido. Salarios.* Si la dolencia crónica que padece el trabajador no se había manifestado hasta el momento del despido, por lo menos en forma laboralmente incapacitante, no procede el pago de salarios del art. 213 de la LCT (CNTrab, Sala X, 28/6/99, *TSS*, 1999-1276).

Capítulo II

SERVICIO MILITAR Y CONVOCATORIAS ESPECIALES

Art. 214. [RESERVA DEL EMPLEO. CÓMPUTO COMO TIEMPO DE SERVICIO] – **El empleador conservará el empleo al trabajador cuando éste deba prestar ser-**

---

[1] ACKERMAN, *Incapacidad temporaria*, p. 364.
[2] MEILIJ, *Contrato de trabajo*, t. II, p. 354.

vicio militar obligatorio, por llamado ordinario, movilización o convocatorias especiales desde la fecha de su convocación y hasta treinta días después de concluido el servicio.

El tiempo de permanencia en el servicio será considerado período de trabajo a los efectos del cómputo de su antigüedad, frente a los beneficios que por esta ley, estatutos profesionales o convenciones colectivas de trabajo le hubiesen correspondido en el caso de haber prestado servicios. El tiempo de permanencia en servicio no será considerado para determinar los promedios de remuneraciones a los fines de la aplicación de las mismas disposiciones.

CONCORDANCIAS: LCT, arts. 18, 215 y 217; ley 24.429.

§ 1. **Servicio militar voluntario.** – El artículo ha perdido en la actualidad la importancia que revestía con anterioridad a la sanción de la ley 24.429. Por esta ley se instituyó el *servicio militar voluntario* que consiste en la prestación que efectúan por propia decisión los argentinos, varones y mujeres, nativos, por opción o ciudadanos naturalizados, con la finalidad de contribuir a la defensa nacional brindando su esfuerzo y dedicación personales. El cupo para cada una de las fuerzas armadas lo fija anualmente el presidente de la Nación, a propuesta del Ministerio de Defensa (art. 3º).

Sin embargo, el *servicio militar obligatorio* no ha perdido vigencia de manera absoluta, puesto que en el supuesto excepcional de que no se llegara a cubrir con soldados voluntarios los cupos fijados, el Poder Ejecutivo –previa autorización por ley del Congreso, expresando las circunstancias que motivan la solicitud y las razones por las cuales no pudieron cubrirse los cupos pertinentes– podrá convocar, en los términos establecidos por la ley 17.531, a los ciudadanos que en el año de la prestación cumplan dieciocho años de edad y por un período que no podrá exceder de un año (art. 19).

§ 2. **Alcance de la norma.** – El artículo mantiene, entonces, su vigencia para el *servicio militar obligatorio* regulado por el art. 19 de la ley 24.429, no siendo, en cambio, aplicable a los que se incorporen al *servicio militar voluntario*, porque dicha interpretación se apartaría de la literalidad de los términos del artículo y de la *ratio legis* que fundamentó su sanción.

37. Etala, *Contrato*.

§ 3. **Deber del empleador de conservar el empleo.** – El párr. 1° del artículo impone al empleador el deber de conservar el empleo al trabajador que debe prestar servicio militar obligatorio "desde la fecha de su convocación y hasta treinta días después de concluido el servicio", pero no establece sanción específica alguna para la inobservancia de este deber. En consecuencia, como toda inobservancia que constituye injuria que, por su gravedad, no consienta la prosecución de la relación (art. 242, LCT), el trabajador, previa intimación fehaciente al empleador solicitando su reincorporación, podrá darse por despedido por justa causa, siendo acreedor a las indemnizaciones por despido injustificado.

§ 4. **Falta de reincorporación del trabajador.** – El trabajador, después de concluido el servicio, cuenta con treinta días (corridos, art. 28, Cód. Civil) para solicitar su reincorporación al puesto de trabajo. Se trata de un deber de reincorporarse dentro del plazo fijado que emana del principio de buena fe, puesto que él, mejor que el empleador, conoce la fecha de finalización del servicio y el término que la ley le otorga para reintegrarse. Por tal razón, de no concretarse el requerimiento al empleador dentro de los treinta días que la ley establece para su reingreso, debe entenderse que medió una renuncia tácita (art. 58, parte última, LCT), un abandono de la relación por comportamiento concluyente y recíproco de ambas partes (art. 241, parte última, LCT), si no existió intimación del empleador requiriendo el reintegro del trabajador a su puesto de trabajo, y abandono de trabajo si el empleador, previa constitución en mora al dependiente, mediante intimación hecha en forma fehaciente a que se reintegre al trabajo, por un plazo razonable, decidiera la rescisión del contrato de trabajo por tal causal (art. 244).

§ 5. **Cómputo como tiempo de servicio.** – El párr. 2° del artículo determina que el tiempo de permanencia en el servicio será considerado período de trabajo a los efectos del cómputo de su antigüedad, frente a los beneficios que por la ley, estatutos profesionales o convenciones colectivas de trabajo le hubiesen correspondido de haber prestado servicios.

El artículo extiende el concepto de *tiempo de servicio* establecido por el art. 18 de la LCT ("el efectivamente trabajado desde el comienzo de la vinculación"), recurriendo a la ficción de considerar como habiendo continuado la prestación de servicios sin suspensión alguna. Esto a los efectos del derecho a la adquisición de adicionales remuneratorios por antigüedad, determinación del período de vacaciones, plazo del preaviso, indemnización por antigüedad y otros beneficios otorgados por las normas legales o cláusulas convencionales.

Capítulo III

DEL DESEMPEÑO DE CARGOS ELECTIVOS

Art. 215. [Reserva del empleo. Cómputo como tiempo de servicio] – Los trabajadores que por razón de ocupar cargos electivos en el orden nacional, provincial o municipal, dejaran de prestar servicios, tendrán derecho a la reserva de su empleo por parte del empleador y a su reincorporación hasta treinta días después de concluido el ejercicio de sus funciones.

El período de tiempo durante el cual los trabajadores hubieran desempeñado las funciones precedentemente aludidas será considerado período de trabajo a los efectos del cómputo de su antigüedad frente a los beneficios que por esta ley, estatutos profesionales y convenciones colectivas de trabajo le hubiesen correspondido en el caso de haber prestado servicios. El tiempo de permanencia en tales funciones no será considerado para determinar los promedios de remuneración a los fines de la aplicación de las mismas disposiciones.

Concordancias: LCT, arts. 18, 214, 216 y 217.

§ 1. **Derecho de reserva.** – El artículo concede a los trabajadores que se desempeñen en cargos electivos, en el orden nacional, provincial o municipal, el derecho a la reserva del empleo por parte del empleador y a su reincorporación hasta treinta días después de concluido el ejercicio de sus funciones. No quedan comprendidos quienes desempeñen cargos ejecutivos[1].

---

[1] López - Centeno - Fernández Madrid, *Ley de contrato de trabajo*, t. II, p. 993; Fernández Madrid - Caubet, *Leyes fundamentales del trabajo*, p. 105.

Se trata de una licencia que determina una suspensión de la relación de trabajo, que se traduce en la suspensión no sólo de la obligación de prestar el trabajo sino también de remunerarlo. La ley no contempla el cumplimiento parcial de la prestación del trabajo, por lo que ninguna de las partes podrá imponerlo a la otra. Pero, salvo incompatibilidad legal, nada impide que ambas partes se pongan de acuerdo para un cumplimiento parcial de las respectivas obligaciones[2].

§ 2. **Reincorporación.** – Los beneficiarios de la licencia, según este artículo, pueden reclamar su reincorporación hasta treinta días (corridos, art. 28, Cód. Civil) después de concluido el ejercicio de sus funciones. La omisión de presentarse a retomar sus tareas o solicitar su reintegro en el plazo aludido configura un comportamiento inequívoco del trabajador asimilable a una renuncia tácita al empleo (art. 58, parte última, LCT), ya que por su propia voluntad dejó transcurrir el plazo legal establecido sin formular petición alguna, salvo, desde luego, que hubiera existido un impedimento material para hacerlo.

§ 3. **Cómputo como tiempo de servicio.** – El artículo –al igual que los arts. 214 y 217– determina que el tiempo de desempeño de las funciones electivas será considerado período de trabajo a los efectos del cómputo de su antigüedad, frente a los beneficios que por la ley, estatutos profesionales o convenciones colectivas de trabajo le hubiesen correspondido de haber prestado servicios.

El *tiempo de servicio* establecido por el art. 18 de la LCT es el "efectivamente trabajado", pero la norma recurre a la ficción de considerar como habiendo continuado la prestación de servicios sin suspensión alguna. Esto a los efectos del derecho a adquirir adicionales por antigüedad, determinación del período de vacaciones, plazo del preaviso, indemnización por antigüedad y otros beneficios que otorgan las normas legales o cláusulas convencionales.

Art. 216. [Despido o no reincorporación del trabajador] – **Producido el despido o no reincorporación de un trabajador que se encontrare en la situación de los arts. 214 ó 215, éste podrá reclamar**

---

[2] López - Centeno - Fernández Madrid, *Ley de contrato de trabajo*, t. II, p. 992.

el pago de las indemnizaciones que le correspondan por despido injustificado y por falta u omisión del preaviso conforme a esta ley, a los estatutos profesionales o convenciones colectivas de trabajo. A los efectos de dichas indemnizaciones la antigüedad computable incluirá el período de reserva del empleo.

CONCORDANCIAS: LCT, arts. 18, 214, 215 y 217; ley 24.429.

§ 1. **Despido del trabajador.** – Si el trabajador se presenta dentro del lapso de treinta días previsto por los arts. 214 ó 215 y no se lo admite en su puesto, esa violación del deber de ocupación autoriza al dependiente a considerarse en situación de despido indirecto (art. 246, LCT), con derecho a las indemnizaciones por despido arbitrario (arts. 231 a 233 y 245, LCT).

§ 2. **No reincorporación.** – El artículo en comentario parece asimilar el hecho de la *no reincorporación* al despido, por lo que la situación resulta equivalente a un despido *tácito* que trae aparejadas las mismas consecuencias reparatorias que el decidido formalmente[1].

CAPÍTULO **IV**

DEL DESEMPEÑO DE CARGOS ELECTIVOS O REPRESENTATIVOS EN ASOCIACIONES PROFESIONALES DE TRABAJADORES CON PERSONERÍA GREMIAL O EN ORGANISMOS O COMISIONES QUE REQUIERAN REPRESENTACIÓN SINDICAL

Art. 217. [RESERVA DEL EMPLEO. CÓMPUTO COMO TIEMPO DE SERVICIO. FUERO SINDICAL] – Los trabajadores que se encontraren en las condiciones previstas en el presente capítulo y que por razón del desempeño de esos cargos, dejaren de prestar ser-

---

[1] LÓPEZ - CENTENO - FERNÁNDEZ MADRID, *Ley de contrato de trabajo*, t. II, p. 995.

vicios, tendrán derecho a la reserva de su empleo por parte del empleador y a su reincorporación hasta treinta días después de concluido el ejercicio de sus funciones, no pudiendo ser despedidos durante los plazos que fije la ley respectiva, a partir de la cesación de las mismas. El período de tiempo durante el cual los trabajadores hubieran desempeñado las funciones precedentemente aludidas será considerado período de trabajo en las mismas condiciones y con el alcance de los arts. 214 y 215, segunda parte, sin perjuicio de los mayores beneficios que sobre la materia establezca la ley de garantía de la actividad sindical.

Concordancias: LCT, arts. 214 y 215; ley 23.551, art. 48.

§ 1. Trabajadores con licencia gremial. – El artículo se refiere a los trabajadores que, ejerciendo cargos electivos o representativos en asociaciones sindicales de trabajadores con personería gremial, gozan de la llamada *licencia gremial*.

La licencia gremial consiste en la suspensión de ciertos efectos del contrato de trabajo que se verifica sin necesidad de autorización del empleador, cuando las obligaciones derivadas del cargo que el representante gremial desempeña, exige una dedicación exclusiva a su función que resulta de hecho incompatible con el cumplimiento simultáneo de las obligaciones emergentes del contrato de trabajo[1].

Jurisprudencia

1. *Licencia gremial.* La licencia gremial produce una verdadera suspensión del contrato de trabajo, que sólo juega sobre los aspectos decisivos de la relación, cuales son el deber de prestar tareas (por parte del trabajador) y el consiguiente de abonar la remuneración debida (en cabeza del empleador); en cambio, subsisten otros deberes tales como fidelidad, no concurrencia, etc., consagrados básicamente en los arts. 85, 88 y concs. de la LCT (CNTrab, Sala VII, 28/12/00, *DT*, 2001-B-1433).

§ 2. Reserva y licencia automática. – Como corolario del derecho a gozar de la licencia automática, el art. 48 de la ley 23.551 garantiza a los representantes gremiales el derecho a *la*

---

[1] Etala, *Derecho colectivo del trabajo*, p. 213.

reserva del puesto y a "ser reincorporados al finalizar el ejercicio de sus funciones".

§ 3. **Reincorporación.** – Los beneficiarios de la licencia gremial vencida, según el artículo, pueden reclamar su reincorporación hasta treinta días corridos (art. 28, Cód. Civil) después de concluido el ejercicio de sus funciones. La omisión de presentarse a retomar sus tareas o solicitar su reintegro en el plazo aludido configura un comportamiento inequívoco del trabajador asimilable a una renuncia tácita al empleo (art. 58, parte última, LCT), dado que por su propia voluntad dejó transcurrir el plazo legal establecido sin formular petición alguna, salvo, desde luego, que hubiera existido un impedimento material para hacerlo[2]. En una postura diversa se ha sostenido que en el caso de que el trabajador no se presentare ni cursare comunicación alguna, el empleador tiene derecho, una vez vencido el término, de despedirlo por abandono de trabajo, previa constitución en mora, mediante intimación a presentarse a trabajar dentro de un plazo razonable según las circunstancias (art. 244, LCT)[3].

§ 4. **Cómputo como tiempo de servicio.** – Este artículo –al igual que los arts. 214 y 215– determina que el tiempo de desempeño de las funciones gremiales será considerado período de trabajo a los efectos del cómputo de su antigüedad, frente a los beneficios que por la ley, estatutos profesionales o convenciones colectivas de trabajo le hubiesen correspondido de haber prestado servicios.

El artículo extiende el concepto de *tiempo de servicio* establecido por el art. 18 de la LCT ("el efectivamente trabajado desde el comienzo de la vinculación"), recurriendo a la ficción de considerar como habiendo continuado la prestación de servicios sin suspensión alguna. Esto a los efectos del derecho a la adquisición de adicionales remuneratorios por antigüedad, determinación del período de vacaciones, plazo del preaviso (art. 231, inc. *b*, LCT), indemnización por antigüedad (art. 245, LCT) y otros beneficios otorgados por las normas legales o cláusulas convencionales.

---

[2] ETALA, *Derecho colectivo del trabajo*, p. 215.

[3] LÓPEZ - CENTENO - FERNÁNDEZ MADRID, *Ley de contrato de trabajo*, t. II, p. 1003; TORRE - MORANDO, *Régimen legal de los sindicatos*, p. 155; VAZQUEZ VIALARD, *El sindicato en el derecho argentino*, p. 316.

Capítulo V

DE LAS SUSPENSIONES POR CAUSAS ECONÓMICAS Y DISCIPLINARIAS

Art. 218. [Requisitos de su validez] – Toda suspensión dispuesta por el empleador para ser considerada válida, deberá fundarse en justa causa, tener plazo fijo y ser notificada por escrito al trabajador.

CONCORDANCIAS: LCT, arts. 49, 62 a 64, 67 a 69, 153, 219 a 224 y 243; LE, art. 98.

§ 1. **Suspensiones dispuestas por el empleador.** – En los arts. 218 a 224, la LCT regula las suspensiones dispuestas por el empleador. Es un acto unilateral del empleador que produce una modificación transitoria en la relación de trabajo[1]. La suspensión tiene como principal efecto el de liberar al trabajador de su obligación de estar a disposición del empleador y a éste de su deber de pagar la remuneración[2].

En consecuencia, la suspensión libera a las partes de los deberes de cumplimiento o prestación (deber de prestar el servicio, deber de remunerar), pero deja subsistentes los deberes de conducta (deber de fidelidad, deber de guardar los secretos de la empresa, deber de buena fe)[3].

§ 2. **Justa causa.** – La suspensión debe estar siempre motivada en una *justa causa* (arts. 218 y 219, LCT). El empleador que suspendiera arbitrariamente a un trabajador, violaría su deber de cumplir debidamente el contrato (art. 62), el deber de ocupación (art. 78), no ajustando su conducta a lo que es propio de un *buen empleador*, tal como lo exige el deber de buena fe (art. 63).

Según el art. 219 de la LCT tienen *justa causa* las suspensiones: *a*) por "falta o disminución de trabajo no imputable al

---

[1] LÓPEZ - CENTENO - FERNÁNDEZ MADRID, *Ley de contrato de trabajo*, t. II, p. 1005.
[2] KROTOSCHIN, *Tratado práctico*, t. I, p. 421 y 422; LÓPEZ - CENTENO - FERNÁNDEZ MADRID, *Ley de contrato de trabajo*, t. II, p. 1005.
[3] FERNÁNDEZ MADRID, *Tratado práctico*, t. II, p. 1527.

empleador"; *b*) por "razones disciplinarias", y *c*) por "fuerza mayor debidamente comprobada". A estas causales justificadas debe agregarse la *suspensión preventiva* regulada en el art. 224, la llamada "suspensión de hecho" del art. 153 de la ley y la llamada "suspensión precautoria o precaucional", creación de la jurisprudencia.

§ 3. **Plazo fijo**. – El artículo exige, como requisito para su validez, que la suspensión tenga *plazo fijo*. También la ley impone un plazo máximo de suspensión según sea la causal invocada: por razones disciplinarias o debidas a falta o disminución de trabajo no imputable al empleador, treinta días en un año, contados a partir de la primera suspensión (art. 220, LCT), y por fuerza mayor, hasta setenta y cinco días en el término de un año, contados de la misma forma (art. 221).

El tiempo de cada suspensión debe contarse en forma corrida incluyéndose los días inhábiles, conforme a los arts. 28 y 29 del Cód. Civil, aun cuando la suspensión sea por días[4].

El plazo total de suspensión podría prolongarse por más tiempo que el fijado por la ley, por mutuo acuerdo de las partes ("no aceptada", dice el art. 222, LCT)[5].

§ 4. **Notificación por escrito**. – El artículo pone como condición para la validez de la suspensión que ella sea "notificada por escrito al trabajador". La norma es concordante con el art. 49. En la notificación debe constar la *justa causa* invocada y el plazo por el que se ha dispuesto la suspensión. Por derivación del deber de buena fe (art. 63) y por analogía con el art. 243, para la causa de despido, el empleador, al notificar la suspensión, debe invocar con suficiente claridad la justa causa de suspensión, bajo pena de no poder después oponer una causa no invocada al notificar la suspensión[6].

Se cumple debidamente con la notificación por escrito cuando se hace suscribir una nota al trabajador, se cursa un telegrama o carta documento o se labra un acta notarial o ante autoridad administrativa o judicial.

Se trata de la suspensión de un acto recepticio que sólo existe y se perfecciona por el conocimiento que de él tenga el destinatario o, al menos, por la llegada de la notificación al

---

[4] Krotoschin, *Tratado práctico*, t. I, p. 424.
[5] Krotoschin, *Tratado práctico*, t. I, p. 425.
[6] López - Centeno - Fernández Madrid, *Ley de contrato de trabajo*, t. II, p. 1007.

ámbito de posible conocimiento o de la esfera de control del trabajador[7].

La notificación por escrito no puede ser suplida por otro medio, ni aun por el reconocimiento judicial, pues se trata de una forma impuesta por la ley para dar certeza al acto[8].

Jurisprudencia

1. **Suspensión. Requisitos. Notificación. Publicación en la pizarra.** La notificación exigida por el art. 218 de la LCT no puede ser sustituida por la mera comunicación de los programas de trabajo semanal emitidos por la oficina de producción y publicados mediante una pizarra (CNTrab, Sala VII, 27/6/86, *DT*, 1986-B-1845).

2. **Notificación por escrito.** El art. 218 de la LCT al imponer la notificación por escrito de las suspensiones determina un requisito *ad solemnitatem*, que no puede ser suplido por otro medio. En consecuencia, si el empleador no respetó la forma instrumental determinada en la ley, los actos de que se trate se tendrán por no sucedidos (art. 49, LCT) (CNTrab, Sala X, 31/5/99, *DT*, 1999-B-1870).

Art. 219. [Justa causa] – Se considera que tiene justa causa la suspensión que se deba a falta o disminución de trabajo no imputable al empleador, a razones disciplinarias o a fuerza mayor debidamente comprobada.

Concordancias: LCT, arts. 64, 65, 67, 68, 153 y 220 a 224.

§ 1. **Enumeración de las justas causas de suspensión.** – La enumeración que formula el artículo no es taxativa sino enunciativa[1], dado que no menciona la suspensión preventiva del art. 224 de la LCT ni la llamada suspensión *de hecho* prevista en su art. 153.

§ 2. **Suspensión por fuerza mayor.** – La ley laboral omite definir la *fuerza mayor*, por lo que, a tal efecto, cabe remitirse al derecho común[2]. Caso fortuito (o de fuerza mayor) *"es el que no ha podido preverse, o que previsto, no ha podido evitarse"* (art. 514, Cód. Civil).

---

[7] López - Centeno - Fernández Madrid, *Ley de contrato de trabajo*, t. II, p. 1005.
[8] Fernández Madrid, *Tratado práctico*, t. II, p. 1530.
[1] López - Centeno - Fernández Madrid, *Ley de contrato de trabajo*, t. II, p. 1008.
[2] López - Centeno - Fernández Madrid, *Ley de contrato de trabajo*, t. II, p. 1009.

No hay una *fuerza mayor* específicamente laboral distinta de la del derecho común y que no se traduzca en la imposibilidad de cumplimiento[3].

No constituyen casos de fuerza mayor las disminuciones temporarias de trabajo y, de modo general, ningún hecho previsible que es consecuencia de un riesgo genérico de la actividad respectiva, o que no puede escapar a las normales previsiones de un empresario diligente[4].

§ 3. **Suspensión por falta o disminución de trabajo no imputable al empleador.** – Al igual que la *fuerza mayor*, la *falta o disminución de trabajo* se caracteriza por la *ajenidad del evento* que la ocasiona, que debe ser "no imputable al empleador".

La falta o disminución de trabajo no hace imposible el cumplimiento del empleador, sino que lo hace más oneroso. Se trata de un caso de *excesiva onerosidad sobreviniente*, como el que contempla para otros fines el art. 1198, párr. 2°, del Cód. Civil[5].

Un caso típico de falta o disminución de trabajo es el de la crisis económica general o sectorial que no hay que confundir con la disminución de las ventas, porque si la crisis generalizada en la actividad demuestra una situación ajena a la responsabilidad del empleador, la mera disminución de las ventas en una empresa de finalidad lucrativa, no implica necesariamente la ajenidad (*inimputabilidad*) del evento[6].

JURISPRUDENCIA

1. *Procedencia de la causal.* Acreditado que en la sección donde se desempeñó el trabajador se cumplieron horas extra mientras se encontraba suspendido, no pueden considerarse procedentes las causales de falta o disminución de trabajo (CNTrab, Sala VIII, 26/2/87, *TSS*, 1988-236).

§ 4. **Suspensión disciplinaria.** – La ley reconoce la potestad disciplinaria del empleador (art. 67, LCT), como manifestación de sus facultades de organización y dirección de la empresa (arts. 64 y 65). Esta potestad lo habilita para "aplicar medidas disciplinarias proporcionadas a las faltas o incumplimientos demostrados por el trabajador" (art. 67).

---

[3] LÓPEZ - CENTENO - FERNÁNDEZ MADRID, *Ley de contrato de trabajo*, t. II, p. 1010.
[4] KROTOSCHIN, *Tratado práctico*, t. I, p. 428.
[5] LÓPEZ - CENTENO - FERNÁNDEZ MADRID, *Ley de contrato de trabajo*, t. II, p. 1013.
[6] LÓPEZ - CENTENO - FERNÁNDEZ MADRID, *Ley de contrato de trabajo*, t. II, p. 1013.

Entre esas medidas está la suspensión disciplinaria (para las otras medidas, ver art. 67).

El hecho antecedente que justifica la suspensión disciplinaria debe ser una *falta* o incumplimiento del trabajador a los deberes impuestos por el contrato de trabajo.

No se requiere dolo por parte del agente, pero la intensidad del elemento subjetivo (culpa leve, culpa grave, dolo) se debe tomar en consideración para valorar la gravedad de la falta y graduar la sanción[7].

Art. 220. [Plazo máximo. Remisión] – Las suspensiones fundadas en razones disciplinarias o debidas a falta o disminución de trabajo no imputable al empleador, no podrán exceder de treinta días en un año, contados a partir de la primera suspensión.

Las suspensiones fundadas en razones disciplinarias deberán ajustarse a lo dispuesto por el art. 67, sin perjuicio de las condiciones que se fijaren en función de lo previsto en el art. 68.

Concordancias: LCT, arts. 67, 68, 153, 219, 222 y 223.

§ 1. **Plazo máximo de suspensiones disciplinarias o por falta o disminución de trabajo.** – El artículo establece un plazo máximo para las suspensiones dispuestas por el empleador por razones disciplinarias o por falta o disminución de trabajo. No podrán exceder cada una de ellas de treinta días en un año, contados a partir de la primera suspensión[1].

Para determinar el plazo excluye las suspensiones por fuerza mayor, ya que para éstas se establece en el art. 221 de la LCT un plazo máximo de setenta y cinco días en un año.

Todas las suspensiones, en conjunto, cualquiera que sea su causa, no pueden exceder del plazo de noventa días en un año (art. 222).

§ 2. **Modo de contar el plazo.** – El artículo dispone que el plazo de treinta días en un año debe contarse "a partir de la

---

[7] López - Centeno - Fernández Madrid, *Ley de contrato de trabajo*, t. II, p. 1016.

[1] López - Centeno - Fernández Madrid, *Ley de contrato de trabajo*, t. II, p. 1028; Fernández Madrid, *Tratado práctico*, t. II, p. 1543.

primera suspensión". En realidad, el plazo de un año es retrospectivo y se cuenta a partir de la última suspensión y hacia atrás[2], puesto que si el empleador pretende disponer una suspensión por una determinada cantidad de días deberá remontarse en el tiempo un año hacia atrás y si las suspensiones durante ese período anual superan los treinta días, queda en evidencia que, de disponer una nueva suspensión, estaría infringiendo la prohibición legal[3].

§ 3. **Límites a las suspensiones disciplinarias.** – El segundo y último párrafo del artículo se refiere a los límites de las suspensiones disciplinarias, para lo cual remite a los arts. 67 y 68 de la LCT.

JURISPRUDENCIA

1. *Justa causa.* La negativa de un médico de colaborar en la atención de una paciente sometida de urgencia a una intervención quirúrgica, por el solo hecho de discrepar profesionalmente, constituye un acto reprochable que justifica una suspensión (CN Trab, Sala VII, 26/12/94, *DT*, 1995-A-411).

2. *Despido indirecto. a)* Conforme a las prescripciones del art. 220 de la LCT, las suspensiones menores a los treinta días fundadas en falta de trabajo, en principio no dan derecho al dependiente a considerarse despedido, pero ello no obsta que el despido indirecto proceda cuando quede establecido que las suspensiones han sido impuestas con la sola finalidad de injuriar o perseguir al trabajador (CNTrab, Sala VIII, 3/10/91, *DT*, 1992-A-1060).

b) En el caso de una suspensión injustificada menor de treinta días, la doctrina y la jurisprudencia han sustentado que, en principio, no da derecho al trabajador a rescindir el contrato, con excepción de los supuestos en que la conducta reprochada como presupuesto de la sanción injustificada involucre autónomamente una injuria que se independice de la mera privación de los salarios (CNTrab, Sala II, 23/12/93, *DT*, 1994-A-724).

Art. 221. [FUERZA MAYOR] – **Las suspensiones por fuerza mayor debidamente comprobadas podrán extenderse hasta un plazo máximo de setenta y cinco días en el término de un año contado desde la primera suspensión cualquiera sea el motivo de ésta.**

[2] FERNÁNDEZ MADRID, *Tratado práctico*, t. II, p. 1543.
[3] LÓPEZ - CENTENO - FERNÁNDEZ MADRID, *Ley de contrato de trabajo*, t. II, p. 1024.

En este supuesto, así como en el de suspensión por falta o disminución de trabajo, deberá comenzarse por el personal menos antiguo dentro de cada especialidad.

Respecto del personal ingresado en un mismo semestre, deberá comenzarse por el que tuviere menos cargas de familia, aunque con ello se alterase el orden de antigüedad.

CONCORDANCIAS: LCT, arts. 153, 219, 222 y 223; LE, arts. 98 a 104.

§ 1. **Suspensiones por fuerza mayor.** – La ley laboral omite definir la *fuerza mayor*, por lo que, a tal efecto, cabe remitirse al derecho común[1]. Caso fortuito (o de fuerza mayor) *"es el que no ha podido preverse, o que previsto, no ha podido evitarse"* (art. 514, Cód. Civil). Por consiguiente, en el derecho del trabajo, la fuerza mayor consiste en la imposibilidad de cumplimiento del deber de dar ocupación (art. 78, LCT) por un hecho que no ha podido preverse o que previsto no ha podido evitarse y que debe obedecer a causas externas, graves y ajenas al giro y a la previsión empresarial. Debe tratarse de impedimentos insuperables y no de circunstancias que sólo hagan más onerosas las prestaciones[2].

JURISPRUDENCIA

1. *Atraso en el cumplimiento de obligaciones laborales.* Las previsiones del art. 221 de la LCT, referidas a la suspensión del contrato de trabajo por fuerza mayor, no autorizan a legitimar un atraso en la efectivización del salario (art. 128) o en la entrega de la ropa de trabajo (CNTrab, Sala V, 31/5/84, *DT*, 1984-B-1268).

2. *Duración de la medida. Reparación de un horno.* Aunque la reparación o reconstrucción del horno de la fábrica haya podido revestir el carácter de irresistibilidad propio de la fuerza mayor, esta circunstancia no pudo invocarse válidamente más que durante el lapso necesario para efectuar aquella reparación o reconstrucción; de modo que, si el lapso de refacción del horno fue de diez días y el de reparación de un mes, las suspensiones posteriores a los lapsos expresados resultarán injustificadas (CNTrab, Sala VI, 21/6/74, *LT*, XXII-B-943).

§ 2. **Orden de antigüedad.** – El párr. 2º del artículo determina que tanto en las suspensiones por falta o disminución

---

[1] LÓPEZ - CENTENO - FERNÁNDEZ MADRID, *Ley de contrato de trabajo*, t. II, p. 1009.
[2] FERNÁNDEZ MADRID, *Tratado práctico*, t. II, p. 1532.

de trabajo como en las que son por fuerza mayor "deberá comenzarse por el personal menos antiguo dentro de cada especialidad".

Respecto del personal ingresado en el mismo semestre, deberá comenzarse por el que tuviere menos cargas de familia, aunque con ello se alterase el orden de antigüedad. Por semestre no debe entenderse cada una de las dos mitades del año calendario, sino el lapso de los seis meses siguientes al ingreso de un trabajador determinado[3].

Quedan excluidos del orden de antigüedad los trabajadores que estén gozando de vacaciones, quienes se encuentren enfermos o accidentados (art. 208, párr. último, LCT), y los representantes gremiales (art. 52, ley 23.551)[4].

§ 3. **Procedimiento preventivo de crisis de empresas.** – La LE, en sus arts. 98 a 105, regula el *procedimiento preventivo de crisis de empresas*, que debe sustanciarse ante el Ministerio de Trabajo, Empleo y Seguridad Social, con carácter previo a la comunicación de despidos o suspensiones por razones de fuerza mayor, causas económicas o tecnológicas, que afecten a más del 15% de los trabajadores, en empresas de menos de cuatrocientos trabajadores; a más del 10% en empresas de entre cuatrocientos y un mil trabajadores; y a más del 5% en empresas de más de un mil trabajadores.

Art. 222. [Situación de despido] – Toda suspensión dispuesta por el empleador de las previstas en los arts. 219, 220 y 221 que excedan de los plazos fijados o en su conjunto y cualquiera fuese la causa que la motivara, de noventa días en un año, a partir de la primera suspensión y no aceptada por el trabajador, dará derecho a éste a considerarse despedido.

Lo estatuido no veda al trabajador la posibilidad de optar por ejercitar el derecho que le acuerda el artículo siguiente.

Concordancias: LCT, arts. 219 a 221, 223, 231 a 233, 242 y 245; ley 25.013, arts. 6° a 8°; LE, arts. 96, 98, 104 y 105.

---

[3] López - Centeno - Fernández Madrid, *Ley de contrato de trabajo*, t. II, p. 1014; Fernández Madrid, *Tratado práctico*, t. II, p. 1534.

[4] Fernández Madrid, *Tratado práctico*, t. II, p. 1534.

§ 1. Despido indirecto por suspensión excesiva.

El artículo faculta al trabajador a ponerse en situación de despido indirecto (art. 246, LCT), si no aceptara la suspensión que excede de los plazos fijados legalmente.

El derecho del trabajador a resolver el contrato surge cuando se exceden los siguientes plazos: *a*) treinta días para las suspensiones disciplinarias; *b*) treinta días para las suspensiones por falta o disminución de trabajo; *c*) setenta y cinco días para las suspensiones por fuerza mayor, y *d*) noventa días, acumulando suspensiones disciplinarias, por fuerza mayor y por falta o disminución de trabajo, dentro de los límites señalados para cada una de ellas[1].

JURISPRUDENCIA

1. *Suspensión por fuerza mayor. Plazo máximo. Exceso. Despido indirecto.* Cuando la suspensión obedece a razones de fuerza mayor, el trabajador se encuentra habilitado para considerarse despedido cuando exceda del plazo de setenta y cinco días (SCBA, 26/7/94, *TSS*, 1995-788).

§ 2. Aceptación de la prolongación de la suspensión.

El artículo comentado admite la posibilidad de que el trabajador consienta la prolongación de la suspensión más allá de los plazos máximos legales ("y no aceptada por el trabajador", dice el artículo, admitiendo implícitamente la posibilidad de la aceptación). Esta aceptación puede ser expresa o tácita[2].

JURISPRUDENCIA

1. *Aceptación de suspensiones anteriores.* El trabajador es libre de aceptar suspensiones por un tiempo mayor que el legal, pero puede darse por despedido si impugna la suspensión excesiva, sin que resulte exigible al efecto que hubiese impugnado todas las anteriores si lo que cuestiona es el plazo y no la causa (CNTrab, Sala II, 23/10/92, *DT*, 1992-B-2287).

§ 3. Rechazo de la suspensión.

La falta de aceptación de la suspensión obliga al trabajador a impugnar la medida, en forma contemporánea a su aplicación[3].

Para darse por despedido, el trabajador debe previamente exteriorizar su intención de considerarse injuriado, colocando

---

[1] Fernández Madrid, *Tratado práctico*, t. II, p. 1544; López - Centeno - Fernández Madrid, *Ley de contrato de trabajo*, t. II, p. 1030.

[2] López - Centeno - Fernández Madrid, *Ley de contrato de trabajo*, t. II, p. 1031.

[3] López - Centeno - Fernández Madrid, *Ley de contrato de trabajo*, t. II, p. 1031.

al empleador en la disyuntiva de rever la medida o mantenerla, y sólo en este caso resolver el contrato. La buena fe que debe presidir la relación entre las partes de un contrato de trabajo (art. 63, LCT) obliga al trabajador a reclamar por la suspensión antes de darse por despedido, para dar así oportunidad al empleador para rectificar su actitud[4].

Jurisprudencia

1. *Plazo de las suspensiones anteriores.* Al manifestar el empleado su voluntad de no admitir prolongación de las suspensiones que ya excedieron el máximo legal, la empleadora tiene la obligación de reincorporarlo no pudiendo sostener que las suspensiones pasadas han quedado borradas y que es necesario el transcurso de un nuevo plazo legal para que el empleado tenga la facultad de considerarse despedido (CNTrab, Sala V, 15/5/67, *DT*, 1967-498).

§ 4. **Impugnación por el sindicato.** – El art. 31, inc. *a*, de la ley 23.551 faculta a la asociación sindical con personería gremial para defender y representar ante el empleador los *intereses individuales* de los trabajadores. El decr. 467/88, que la reglamenta, subordina esa facultad del sindicato a la acreditación del consentimiento por escrito de los interesados (art. 22). De ello se desprende que el sindicato, mediando ese consentimiento, está habilitado para rechazar la suspensión en representación del trabajador.

Jurisprudencia

1. *Suspensión por causas económicas. Asociación gremial. Representación del trabajador.* Frente a una suspensión por causas económicas no es válida en el marco de la ley 22.105 (actual ley 23.551) una impugnación formulada por la asociación gremial que no cuenta con poder otorgado por cada trabajador afectado (CNTrab, plenario 263, "Silva, Albino S., y otros c/Viplastic SACI", 15/12/88, *DT*, 1989-A-413).

§ 5. **Despido indirecto por suspensiones menores de treinta días.** – La suspensión injustificada menor de treinta días, en principio, no da derecho al trabajador a disolver el contrato, pues se entiende usualmente que, pudiéndose reclamar los salarios correspondientes, el contrato debe mantenerse (arts. 223 y 242, LCT)[5].

---

[4] Fernández Madrid, *Tratado práctico*, t. II, p. 1545.
[5] Fernández Madrid, *Tratado práctico*, t. II, p. 1544.

Sin embargo, no puede descartarse a priori la posibilidad de que se configure una injuria (art. 242) en toda suspensión no mayor de treinta días, la que podría tener lugar, a título de ejemplo, si ésta se hubiera adoptado con el propósito de agraviar a un trabajador en particular privándolo de sus salarios con fines persecutorios[6].

Jurisprudencia

1. *Suspensión disciplinaria. Salarios. Despido indirecto.* La suspensión, aun injustificada, impuesta por razones disciplinarias, que reconozca un plazo razonable, menor de treinta días, sólo confiere derecho al trabajador a reclamar los importes correspondientes a los salarios adeudados, pero no lo faculta a disolver el contrato de trabajo, invocando tal proceder como configurativo de justa causa (CNTrab, Sala II, 29/2/96, *DT*, 1996-A-1214).

2. *Suspensión disciplinaria menor de treinta días. Despido indirecto.* Esta suspensión autoriza al trabajador a considerarse despedido sólo en aquellos casos excepcionales en que la medida es tan manifiestamente desdorosa que no admite la prosecución del vínculo. Esto persigue compatibilizar la existencia de un poder disciplinario a favor del empleador (art. 67, LCT) con el principio de la continuidad de la relación laboral (art. 10) y juega tanto a favor como en contra del dependiente, pues si la patronal no puede despedir si la causa no fue grave, tampoco puede el dependiente considerarse injuriado cuando procede resguardar sus derechos preservando el vínculo laboral (CNTrab, Sala I, 17/2/99, *DT*, 1999-B-1869).

Art. 223. [Salarios de suspensión] – Cuando el empleador no observare las prescripciones de los arts. 218 a 221 sobre causas, plazo y notificación en el caso de sanciones disciplinarias, el trabajador tendrá derecho a percibir la remuneración por todo el tiempo que estuviere suspendido si hubiere impugnado la suspensión, hubiere o no ejercido el derecho que le está conferido por el art. 222 de esta ley.

Concordancias: LCT, arts. 74, 103 y 218 a 222.

§ 1. **Derecho a percibirlos.** – Para el caso de que no se hubieran observado por el empleador los requisitos de validez

---

[6] Fernández Madrid, *Tratado práctico*, t. II, p. 1545.

impuestos por la ley para las suspensiones, el trabajador tendrá derecho a percibir su remuneración por todo el tiempo en que hubiera estado suspendido.

Si bien el legislador –por un error– alude solamente a las suspensiones disciplinarias, el artículo debe aplicarse a toda clase de suspensión[1].

Es condición indispensable para el reclamo de los salarios por suspensión arbitraria que el trabajador haya impugnado la medida.

§ 2. **Impugnación de la medida.** – Aunque no se requieren fórmulas rituales, la manifestación de voluntad impugnatoria o de rechazo debe ser expresada en forma clara. Sin embargo, se ha señalado que la expresión "reservo derechos" es suficiente para dar a entender que la medida no se consiente[2].

JURISPRUDENCIA

1. *Impugnación. Asociación sindical. Facultades.* Para que la asociación gremial revista representación jurídica suficiente para impugnar, en nombre de cada uno de los trabajadores, las suspensiones aplicadas por la empleadora, debe actuar a solicitud de parte, conforme los términos de la ley 23.551, que en el art. 23, al mencionar los derechos de las asociaciones sindicales inscriptas, menciona (inc. *a*) "peticionar y representar a solicitud de parte, los intereses individuales de sus afiliados" (CNTrab, Sala VIII, 18/8/95, *DT*, 1996-A-459).

2. *Falta o disminución de trabajo. Impugnación. Reserva de derechos.* La reserva de derechos implica disconformidad con la suspensión hecha conocer al principal, por lo que configura impugnación válida en los términos del art. 223 de la LCT (CNTrab, Sala VIII, 26/2/87, *TSS*, 1988-236).

3. *Suspensión por causas económicas. Derecho a los salarios caídos. Impugnación.* La impugnación de las suspensiones por causas económicas es requisito habilitante de la pretensión de obtener el pago de los salarios perdidos (CNTrab, Sala VI, 17/10/91, *DT*, 1992-A-441).

§ 3. **Plazo para el rechazo.** – La ley sólo fija el plazo para exteriorizar el rechazo con relación a la suspensión disciplinaria, fijándolo en treinta días (art. 67, LCT). Para las demás causales cabe aplicar el criterio de la contemporaneidad razo-

---

[1] FERNÁNDEZ MADRID, *Tratado práctico*, t. II, p. 1538.
[2] FERNÁNDEZ MADRID, *Tratado práctico*, t. II, p. 1539.

Art. 223 bis

nablemente apreciada en cada caso[3], aunque existe una tendencia a admitir el plazo de treinta días como aplicable a todo tipo de suspensiones[4].

§ 4. **Derecho a salarios y despido indirecto.** – Como lo expresa claramente la última parte del artículo, el derecho del trabajador a los salarios en caso de suspensión arbitraria, le corresponde hubiera o no ejercido el derecho de darse por despedido.

Art. 223 bis. – Se considerará prestación no remunerativa las asignaciones en dinero que se entreguen en compensación por suspensiones de la prestación laboral y que se fundaren en las causales de falta o disminución de trabajo, no imputables al empleador, o fuerza mayor debidamente comprobada, pactadas individual o colectivamente y homologadas por la autoridad de aplicación, conforme normas legales vigentes, y cuando en virtud de tales causales el trabajador no realice la prestación laboral a su cargo. Sólo tributará las contribuciones establecidas en las leyes 23.660 y 23.661. [Incorporado por ley 24.700, art. 3°]

CONCORDANCIAS: LCT, arts. 103 *bis*, 105 y 219 a 221; ley 24.241, art. 7°.

§ 1. **Suspensiones con prestaciones dinerarias.** – En caso de suspensiones por falta o disminución de trabajo no imputables al empleador, o fuerza mayor, debidamente comprobadas, se suspende el deber del empleador de pagar la remuneración, puesto que el trabajador no se encuentra a su disposición (art. 103, LCT). Sin embargo, en ocasiones, el empleador pacta con sus trabajadores, individual o colectivamente, la entrega de sumas de dinero que sustituyen, total o parcialmente, los ingresos salariales que hubiera percibido el trabajador de no haberse dispuesto la suspensión. Según el artículo comentado, incorporado a la LCT por el art. 3° de la ley 24.700, estas prestaciones dinerarias no tienen carácter remuneratorio, por lo que no deben servir de base para la tributación de aportes

[3] BRITO PERET - GOLDIN - IZQUIERDO, *La reforma*, p. 192.
[4] FERNÁNDEZ MADRID, *Tratado práctico*, t. II, p. 1539.

y contribuciones para la seguridad social, con excepción de los de obra social a que se refieren las leyes 23.660 y 23.661. Tampoco deben computarse a otros efectos laborales (para el cómputo del sueldo anual complementario).

En consecuencia, es condición para la aplicación de lo dispuesto en este artículo que los respectivos acuerdos en que se instrumenten estos pagos, que se celebren con los trabajadores o el sindicato que los represente, sean debidamente homologados por la autoridad de aplicación, lo que supone la aceptación, por parte de los afectados, del carácter justificado de la suspensión.

El texto del artículo excluye la posibilidad de que la entrega de estas sumas no remunerativas tenga origen en un acto voluntario unilateral del empleador.

Art. 224. [SUSPENSIÓN PREVENTIVA. DENUNCIA DEL EMPLEADOR Y DE TERCEROS] – Cuando la suspensión se origine en denuncia criminal efectuada por el empleador y ésta fuera desestimada o el trabajador imputado, sobreseído provisoria o definitivamente, aquél deberá reincorporarlo al trabajo y satisfacer el pago de los salarios perdidos durante el tiempo de la suspensión preventiva, salvo que el trabajador optase, en razón de las circunstancias del caso, por considerarse en situación de despido. En caso de negativa del empleador a la reincorporación, pagará la indemnización por despido, a más de los salarios perdidos durante el tiempo de la suspensión preventiva.

Si la suspensión se originara en denuncia criminal efectuada por terceros o en proceso promovido de oficio y se diese el caso de la privación de la libertad del trabajador, el empleador no estará obligado a pagar la remuneración por el tiempo que dure la suspensión de la relación laboral, salvo que se tratara de hecho relativo o producido en ocasión del trabajo.

CONCORDANCIAS: LCT, arts. 62 a 65, 67, 78, 103, 218, 232, 233, 239, 245 y 246.

§ 1. Facultad del empleador. – La suspensión preventiva es una facultad del empleador derivada de su poder de dirección, que puede ejercer respecto del trabajador que está sometido a proceso penal, sea por denuncia o querella del propio empleador, sea por denuncia criminal efectuada por terceros o en virtud de un proceso promovido de oficio por la autoridad competente. La causa de la suspensión es el presunto delito injurioso que habría cometido el trabajador, y en virtud de esta medida se produce el cese temporal de ciertos efectos del contrato de trabajo a las resultas del proceso penal. Los efectos principales que cesan temporariamente son los deberes de ocupación y pago de salarios a cargo del empleador[1].

La suspensión preventiva sólo se justifica cuando el resultado del proceso puede influir en la calificación de la conducta del trabajador[2].

§ 2. **Requisitos sustanciales.** – Los requisitos que se exigen para justificar la suspensión preventiva son: la existencia de un proceso penal contra el trabajador, y que el hecho imputado tenga entidad suficiente para que en caso de declararse su responsabilidad penal, se pueda disponer la ruptura del vínculo laboral, por su repercusión injuriosa en la esfera laboral[3].

Los delitos injuriosos que justifican la suspensión preventiva son aquellos que pueden causar perjuicio al empleador, por la naturaleza del hecho delictuoso y por la calificación profesional del procesado. Es decir, son los que tornan incompatible la prosecución del contrato de trabajo, por razones de confianza, de seguridad o de prestigio[4].

En sentido contrario, no procede la suspensión preventiva frente a los delitos considerados no injuriosos, por carecer de relevancia respecto de la vinculación laboral del trabajador sometido a proceso penal[5].

§ 3. **Requisitos formales.** – No obstante el vacío del texto legal sobre los requisitos formales que debe reunir la suspensión preventiva, la doctrina y la jurisprudencia se han pronunciado al respecto.

---

[1] Moreno, *La suspensión preventiva*, LT, XXIX-769.

[2] Guibourg, *La suspensión precautoria*, LT, XIX-A-3; Livellara, *Suspensión preventiva y precautoria*, p. 81.

[3] Fernández Madrid, *Tratado práctico*, t. II, p. 1548; Livellara, *Suspensión preventiva y precautoria*, p. 81.

[4] Moreno, *La suspensión preventiva*, LT, XXIX-771.

[5] Livellara, *Suspensión preventiva y precautoria*, p. 82.

a) *Notificación por escrito.* Por aplicación analógica del art. 218 de la LCT y derivado del deber de buena fe del empleador (arts. 62 y 63) se considera exigible el requisito de la notificación por escrito[6].

b) *Plazo incierto.* A diferencia de las suspensiones fundadas en razones disciplinarias o debidas a fuerza mayor o falta o disminución de trabajo no imputable al empleador, en las que rige un plazo máximo de duración y deben tener un plazo fijo (arts. 218, 220 a 222, LCT), la suspensión preventiva no tiene plazo máximo de duración, ya que se trata de una suspensión por plazo incierto, pero referido a un hecho futuro necesario (conclusión del proceso)[7]. Por consiguiente, la suspensión preventiva se puede prolongar por todo el tiempo que se extienda el procesamiento o detención del trabajador[8].

§ 4. **Despido por injuria laboral.** – En el caso de procesamiento del trabajador por posible delito injurioso, el empleador puede optar entre despedir al trabajador por injuria cuya gravedad no consienta la prosecución de la relación (art. 242) o suspenderlo preventivamente a las resultas del proceso (art. 224). Para disolver el contrato deben existir hechos que demuestren en forma objetiva la pérdida de la confianza laboral, la violación de los deberes de buena fe, colaboración y solidaridad, o un grave incumplimiento del trabajador[9]. La valoración de esos hechos debe ser realizada por el juez laboral, con prescindencia de lo que se resuelva en sede penal. La culpa laboral se informa en principios distintos a los que constituyen la culpa penal, y debido a ello no tienen por qué guardar siempre y necesariamente obligada correspondencia. Un hecho puede no constituir un delito por no encuadrar con precisión en el tipo penal, por falta de pruebas adecuadas o por cualquier otra razón, lo que no obsta a que, analizado según las normas que regulan el comportamiento laboral del trabajador, pueda constituir injuria que justifique la cesantía[10].

Distinta es la situación si se despide al trabajador imputándole como injuria la misma comisión de un delito. En este caso es preciso esperar la sentencia penal que establezca la

---

[6] Livellara, *Suspensión preventiva y precautoria*, p. 82; Moreno, *La suspensión preventiva*, LT, XXIX-771.

[7] Fernández Madrid, *Tratado práctico*, t. II, p. 1549.

[8] Livellara, *Suspensión preventiva y precautoria*, p. 83.

[9] Moreno, *La suspensión preventiva*, LT, XXIX-771.

[10] Moreno, *La suspensión preventiva*, LT, XXIX-772.

existencia del hecho delictuoso y la responsabilidad del acusado[11].

§ 5. Suspensión por denuncia penal o querella promovida por el empleador.

– El párr. 1° del artículo se refiere a la suspensión preventiva originada en denuncia criminal o querella promovida por el empleador. Esta suspensión puede derivar en distintas situaciones.

a) *Condena en sede penal.* De acuerdo con lo dispuesto por el art. 1102 del Cód. Civil, *"después de la condenación del acusado en el juicio criminal, no se podrá contestar en el juicio civil la existencia del hecho principal que constituya el delito, ni impugnar la culpa del condenado".* Por consiguiente, si el trabajador es condenado por un delito con relevancia laboral, la suspensión habrá sido legítima y el empleador podrá transformarla en despido con justa causa. En este caso no tendrá obligación de abonar los salarios perdidos, ni las indemnizaciones por despido[12].

b) *Denuncia desestimada, sobreseimiento provisorio o definitivo.* El artículo dispone que cuando la suspensión se origine en denuncia efectuada por el empleador y ésta fuera desestimada o el trabajador imputado, sobreseído provisional o definitivamente, éste tiene dos posibilidades: reintegrarse al trabajo reclamando el pago de los salarios perdidos; o "en razón de las circunstancias del caso" considerarse en situación de despido indirecto (párr. 1°). Si opta por la primera posibilidad, debe notificar al empleador, dentro de un plazo prudencial y en forma fehaciente, la absolución o el sobreseimiento dictado en la causa penal y el pedido de reincorporación a sus tareas. Si el empleador lo reincorporase, debe abonarle los salarios caídos correspondientes al período de suspensión. Si, por el contrario, se negase a reintegrarlo, el trabajador puede disolver el contrato de trabajo, correspondiéndole "la indemnización por despido, a más de los salarios perdidos durante el tiempo de la suspensión preventiva" (párr. 1°, parte última).

Las *circunstancias del caso* que dan lugar al trabajador para disolver el contrato son las que se derivan de una denuncia pe-

---

[11] Moreno, *La suspensión preventiva*, LT, XXIX-773; Fernández Madrid, *Tratado práctico*, t. II, p. 1552; Livellara, *Suspensión preventiva y precautoria*, p. 104 y 105.

[12] Moreno, *La suspensión preventiva*, LT, XXIX-773; Livellara, *Suspensión preventiva y precautoria*, p. 105 y 106; Fernández Madrid, *Tratado práctico*, t. II, p. 1552.

nal infundada y maliciosa violatoria del principio de buena fe que debe regir la conducta de las partes en el contrato de trabajo[13].

§ 6. Suspensión por denuncia efectuada por terceros o proceso promovido de oficio. – El párr. 2º del artículo determina que "si la suspensión se originara en denuncia criminal efectuada por terceros o en proceso promovido de oficio y se diese el caso de la privación de la libertad del trabajador, el empleador no estará obligado a pagar la remuneración por el tiempo que dure la suspensión de la relación laboral, salvo que se tratara de hecho relativo o producido en ocasión del trabajo". Si bien la ley guarda silencio al respecto, el empleador debe considerarse facultado para suspender preventivamente al trabajador, cuando éste es procesado en virtud de una denuncia criminal efectuada por terceros o en razón de un proceso promovido de oficio por la autoridad competente[14]. Esto cuando el hecho penal imputado, en caso de ser comprobado, permitiera denunciar, por injuria, el contrato de trabajo[15].

De acuerdo con el resultado del proceso penal, la situación resulta, en términos generales, similar a la de la suspensión preventiva por denuncia del empleador. Si media sentencia condenatoria, el patrono puede transformar la suspensión en despido con justa causa[16]. Si, por el contrario, se dictase sobreseimiento definitivo o provisorio, el empleado deberá comunicar, dentro de un plazo prudencial y en forma fehaciente, ese sobreseimiento y el pedido de reincorporación. Como el proceso penal no se ha promovido por denuncia del empleador, no pueden darse las *circunstancias del caso* que autoricen al dependiente a optar por disolver el contrato en vez de reintegrarse[17].

En cuanto a los salarios caídos, en caso de absolución, debe considerarse que si el empleador adoptó la decisión de continuar la relación laboral a las resultas del proceso penal, ello significa haber admitido que la absolución del trabajador im-

---

[13] Moreno, *La suspensión preventiva*, LT, XXIX-774; Livellara, *Suspensión preventiva y precautoria*, p. 105; Krotoschin, *Tratado práctico*, t. I, p. 427.

[14] Moreno, *La suspensión preventiva*, LT, XXIX-774.

[15] López - Centeno - Fernández Madrid, *Ley de contrato de trabajo*, t. II, p. 1053; Guibourg, *La suspensión precautoria*, LT, XIX-A-3; Fernández Madrid, *Tratado práctico*, t. II, p. 1552; Livellara, *Suspensión preventiva y precautoria*, p. 121.

[16] Livellara, *Suspensión preventiva y precautoria*, p. 122; Moreno, *La suspensión preventiva*, LT, XXIX-774.

[17] Moreno, *La suspensión preventiva*, LT, XXIX-774.

plicaba su derecho a ser reintegrado. En este supuesto debe cargar con los salarios caídos desde la fecha de suspensión, porque no hay norma alguna que lo libere y la opción por la continuidad del contrato trae aparejada esta consecuencia[18].

Jurisprudencia

1. *Sobreseimiento por prescripción. Reincorporación del trabajador.* El trabajador preventivamente suspendido por encontrarse sujeto a proceso penal (art. 224, LCT) tiene derecho a exigir su reincorporación al ser sobreseído definitivamente con carácter firme, aunque la medida haya sido dictada por la prescripción de la acción penal (CNTrab, Sala III, 31/10/89, *DT*, 1990-A-225).

2. *Excarcelación. Pedido de reincorporación. Causa penal no concluida.* No es procedente el reintegro pedido por un dependiente detenido y sometido a proceso por un hecho ajeno al trabajo –lo cual motivó su suspensión– cuya causa penal no ha concluido, pese a que haya obtenido excarcelación bajo caución juratoria (CNTrab, Sala VI, 14/8/79, *LT*, XXVII-1072).

§ 7. **La detención del trabajador.** – El arresto de un trabajador acusado de un delito no constituye un caso de suspensión en sentido propio, ya que la interrupción de la relación no obedece, en principio, a la voluntad del empleador[19], sino a la imposibilidad en que pone al trabajador de cumplir con la prestación laboral[20]. Si el trabajador obtiene la libertad, ya sea que se desestime la denuncia o por sobreseimiento definitivo o provisorio, el trabajador debe reincorporarse a sus tareas dentro de un plazo prudencial, a fin de no incurrir en abandono de trabajo[21]. El empleador debe reintegrarlo al trabajo y si la detención obedeció a la denuncia penal del propio empleador, deberá abonarle los salarios caídos correspondientes al período de privación de la libertad. Ello en razón de que la imposibilidad de prestar servicios constituye un caso de fuerza mayor para el trabajador, inculpable de su propia detención, pero no para el empleador que provocó la detención[22]. Distinta es la situación si el arresto del trabajador obedeció a la denuncia de un tercero o a un proceso penal promovido de oficio por la autoridad competente. En estos casos, el empleador

---

[18] Fernández Madrid, *Tratado práctico*, t. II, p. 1553; Moreno, *La suspensión preventiva*, LT, XXIX-774; Livellara, *Suspensión preventiva y precautoria*, p. 122.
[19] Moreno, *La suspensión preventiva*, LT, XXIX-772.
[20] López - Centeno - Fernández Madrid, *Ley de contrato de trabajo*, t. II, p. 1054.
[21] Moreno, *La suspensión preventiva*, LT, XXIX-772.
[22] Moreno, *La suspensión preventiva*, LT, XXIX-772.

queda obligado a pagar los salarios por el lapso de una detención a la que es ajeno cuando se trata de un hecho *relativo o producido en ocasión del trabajo* y el trabajador ha sido sobreseído o absuelto. El fundamento de esta solución es que el empleador debe cargar con los riesgos de la empresa[23].

Jurisprudencia

1. *Suspensión. Trabajador detenido. Obligación de pagar la remuneración.* La obligación de pagar la remuneración al trabajador que se encuentra privado de libertad (art. 224, LCT) se refiere a los supuestos en que la situación que dio origen al proceso se produzca con motivo de la prestación (CNTrab, Sala III, 11/5/88, *TSS*, 1988-635).

§ 8. **Salarios caídos.** – No obstante que el artículo alude al pago de los *salarios perdidos durante el tiempo de la suspensión preventiva*, al no haber mediado prestación de servicios, falta el elemento esencial que caracteriza a las prestaciones remuneratorias (art. 103, LCT), por lo que cabe asignarle un carácter indemnizatorio (art. 505, inc. 3, Cód. Civil)[24].

Jurisprudencia

1. *Suspensión preventiva. Salarios. Horas extra.* Si el trabajador laboró habitualmente horas extra, los haberes percibidos por aquéllas integran su remuneración, debiendo en consecuencia computarse su incidencia en la base salarial para el pago de salarios correspondientes al plazo de suspensión preventiva (SC BA, 20/8/91, *DT*, 1992-A-452).

§ 9. **Prescripción.** – El plazo de prescripción para reclamar los salarios caídos, durante la suspensión preventiva, comienza a correr desde el momento en que se encuentra firme la sentencia absolutoria[25].

§ 10. **La suspensión precautoria.** – Junto a la suspensión preventiva, regulada en este artículo, la doctrina y la jurisprudencia han reconocido, bajo la denominación de *suspensión precautoria* o *precaucional*, la facultad del empleador de disponer la suspensión del trabajador en caso de investigación interna de la empresa, cuando se procura establecer la posible comisión de una falta laboral y se trata de separar a aquél de

---

[23] Fernández Madrid, *Tratado práctico*, t. II, p. 1553; Krotoschin, *Tratado práctico*, t. I, p. 427.
[24] Livellara, *Suspensión preventiva y precautoria*, p. 113.
[25] Fernández Madrid, *Tratado práctico*, t. II, p. 1556.

su cargo a fin de que no entorpezca la diligencia[26]. El ejercicio de esta potestad se extrae de las facultades jerárquicas o directrices de la empresa (art. 64 y concs., LCT) y tiene como fundamento los deberes éticos del contrato de trabajo (buena fe, confianza, solidaridad y lealtad) y los principios de continuidad y equidad[27].

Esta potestad del empleador, fundada en su poder de dirección, sólo permite liberar al empleador transitoriamente de la obligación de dar ocupación efectiva prevista en el art. 78 de la LCT, pero no excluye, en ningún caso, el derecho del trabajador a su remuneración. Si el hecho configura una falta laboral, dará lugar a la aplicación de una sanción disciplinaria, incluso el despido si el hecho tiene carácter injurioso[28].

Algunas otras corrientes doctrinales y jurisprudenciales han asimilado esta suspensión a las disciplinarias y exigen que se cumplan a su respecto las exigencias de los arts. 218 a 222 de la LCT, entre otras, que no se supere el plazo de treinta días. Otras decisiones judiciales las consideran análogas a las suspensiones preventivas y dejan librado el derecho a los salarios a las resultas del sumario administrativo, no debiendo superar el plazo de treinta días[29].

JURISPRUDENCIA

1. ***Facultad del empleador.*** *a*) La suspensión precautoria no ha sido objeto de regulación normativa, pero, desde antaño, ha sido admitida por la doctrina y la jurisprudencia encuadrándola entre las facultades que asisten al principal para disponer ese tipo de medida durante el desarrollo de un sumario interno tendiente a investigar un hecho que, por sus características, configure una inobservancia contractual grave y cuya autoría y la eventual imputabilidad del presunto infractor genera dudas razonables que impongan esa actuación previa (CNTrab, Sala II, 17/7/92, *DT*, 1992-B-1651).

b) La facultad de disponer suspensiones precautorias está incluida entre las atribuciones de dirección que incumben al empleador fundadas directamente en los principios de confianza, seguridad y buena fe que deben presidir la relación laboral, resultando ajena a la regulación de los arts. 220 y 224 de la LCT (SCBA, 10/5/94, *TSS*, 1995-29).

---

[26] ETALA, *La llamada suspensión precautoria*, *LT*, XXIX-385.
[27] LIVELLARA, *Suspensión preventiva y precautoria*, p. 126.
[28] ETALA, *La llamada suspensión precautoria*, *LT*, XXIX-387; FERNÁNDEZ MADRID, *Tratado práctico*, t. II, p. 1558; CONFALONIERI (H.), *La suspensión precautoria*, *DT*, 1990-1129.
[29] FERNÁNDEZ MADRID, *Tratado práctico*, t. II, p. 1558.

2. *"Non bis in idem"*. *a*) La suspensión precautoria no tiene carácter sancionatorio en tanto no configura una sanción disciplinaria y, en tal inteligencia, el despido dispuesto con posterioridad a la misma y con fundamento en la causa que motivara el sumario interno, adquiere vigencia retroactiva desde el primer día de la medida sin que ello implique transgredir el principio *non bis in idem* (CNTrab, Sala II, 17/7/92, *DT*, 1992-B-1651).

b) La suspensión precautoria debe considerarse una excepción al principio *non bis in idem* en el supuesto de que, de las conclusiones del sumario, surja una responsabilidad del dependiente susceptible de ser considerada justa causa de cesantía (CN Trab, Sala II, 17/7/92, *DT*, 1992-B-1651).

3. *Deber de pagar la remuneración*. *a*) Si el empleador en su propio interés dispone promover una investigación interna a fin de esclarecer algún hecho y la responsabilidad que pudo caber en él a uno o más de sus dependientes y para ello estima necesario eximir al trabajador de su deber de prestar el servicio, por su unilateral decisión no puede engendrar una causal justificativa eximente de su deber de pago de la remuneración, que no tiene fundamento normativo (CNTrab, Sala II, 9/8/88, *TSS*, 1988-997).

b) La potestad del empleador para aplicar suspensiones precautorias, fundada en su poder de dirección, sólo permite liberarlo transitoriamente de la obligación de dar ocupación efectiva al trabajador afectado por la medida, pero no excluye el derecho de éste a percibir su remuneración mientras se encuentra suspendido (CNTrab, Sala VIII, 22/9/00, *DT*, 2001-B-1406).

4. *Requisitos. Reglas de la suspensión disciplinaria*. Cuando el empleador impone al trabajador una suspensión –llamada en la emergencia "precautoria"– que impide la prestación laboral por estar sometido a una investigación de su conducta, deben aplicarse al caso las reglas no exclusivas o pertinentes de la suspensión disciplinaria. Si la causa determinante no es extrínseca a las partes –como sería una detención por causa penal– deberá fundarse en justa causa, ser notificada por escrito al trabajador y tener plazo fijo (conf. art. 218, LCT) (CNTrab, Sala II, 3/6/99, *DT*, 1999-B-1870).

5. *Plazo*. Es abusiva la suspensión preventiva con motivo de un sumario interno por falta de eficiencia o diligencia en el desempeño de la función, por un plazo mayor de treinta días (CNTrab, Sala VII, 27/4/95, *TSS*, 1996-109).

6. *Despido indirecto*. *a*) Resulta injustificado el despido indirecto resuelto por el trabajador que se dio por despedido a diez días de hallarse cumpliendo una suspensión precautoria, pues si bien tal figura no contiene un plazo cierto, el cual depende en general de la sustanciación del sumario respectivo, no debe perderse de vista el carácter especial de dicha suspensión y la nece-

sidad, cuanto menos, de tener en cuenta el límite de treinta días que la ley impone para otro tipo de suspensiones (CNTrab, Sala VII, 30/11/93, *DT*, 1994-A-969).

b) La jurisprudencia ha admitido la suspensión precautoria del trabajador para la instrucción de un sumario o una investigación interna, pero como toda suspensión, debe fundarse en hechos reales y *prima facie* injuriosos, ya que sólo de esta forma puede justificarse la separación provisional de la trabajadora de sus tareas, recaudos que si no se cumplen la autorizan a considerarse despedida, si ha intimado fehacientemente el reintegro (arts. 62, 63, 78, 79, 242, 246 y concs., LCT) (CNTrab, Sala I, 31/7/97, *DT*, 1999-A-67).

Título XI

DE LA TRANSFERENCIA DEL CONTRATO DE TRABAJO

Art. 225. [Transferencia del establecimiento] – En caso de transferencia por cualquier título del establecimiento, pasarán al sucesor o adquirente todas las obligaciones emergentes del contrato de trabajo que el transmitente tuviera con el trabajador al tiempo de la transferencia, aun aquellas que se originen con motivo de la misma. El contrato de trabajo, en tales casos, continuará con el sucesor o adquirente, y el trabajador conservará la antigüedad adquirida con el transmitente y los derechos que de ella se deriven.

Concordancias: LCT, arts. 10, 18 y 227 a 230; ley 24.522, arts. 198 y 199.

§ 1. **Conceptos generales.** – Existe transferencia de establecimiento siempre que haya un cambio de empleador y de los créditos y deudas relacionados con la actividad del establecimiento[1]. Cabe comprender dentro de esta noción amplia de transferencia, no sólo la venta, la cesión, la donación, la transferencia mercantil de un fondo de comercio, según la ley 11.867, el arrendamiento o cesión transitoria del establecimiento (art. 227, LCT), sino también el caso del usufructuario o tenedor a título precario (art. 228). También la sucesión *mortis causa* y la fusión de sociedades prevista en el art. 82 de la ley 19.550, de sociedades comerciales, no así el caso de transformación de sociedades reglado en el art. 74 y ss. de la misma

---

[1] López - Centeno - Fernández Madrid, *Ley de contrato de trabajo*, t. II, p. 1074.

ley, en que se mantiene el mismo sujeto con un tipo societario distinto[2]. No existe, tampoco, transferencia en el caso de regularización de sociedades de hecho, en tanto no existe sucesión, porque permanece el mismo sujeto bajo una forma distinta[3].

El traspaso mediante compraventa en subasta pública no es transferencia. Tampoco se produce la transferencia en el sentido de la ley, cuando la explotación del negocio pasa a otro por habérsele adjudicado por licitación. Para que se concrete la hipótesis de transferencia debe haber un vínculo de sucesión directa y convencional[4].

§ 2. *Sucesión "mortis causa"*. – La muerte del empleador sólo en casos excepcionales implica la extinción de la empresa (art. 249, LCT). Por aplicación de las normas civiles, los herederos del causante son continuadores jurídicos de su persona *iure successionis* de los derechos y obligaciones del causante, continuando de pleno derecho las actividades empresariales entre las que se hallan los contratos de trabajo (arts. 3410 y 3412, Cód. Civil). Por consiguiente, esta forma de transferencia, si bien no mencionada expresamente por el art. 225, debe ser considerada comprendida en su ámbito de aplicación[5].

JURISPRUDENCIA

1. *Licitación*. *a*) Para la aplicación del art. 225 de la LCT es necesario que la transferencia se realice mediante un vínculo de sucesión que no se da cuando el cambio de empleador responde a una licitación (CNTrab, Sala II, 16/5/95, *DT*, 1995-B-1388).

b) Para que se aplique el art. 225 y ss. de la LCT es necesario que la transferencia se realice mediante un vínculo de sucesión directa o convencional, por lo que falta la sucesión propiamente dicha cuando el cambio de empleador responde a una licitación en que no existe un vínculo que une al propietario primitivo con el posterior (CNTrab, Sala II, 11/9/92, *DT*, 1992-B-2061).

2. *Concesión*. *a*) Cuando es el Estado el que adjudica la concesión del servicio público a una empresa, no hay transmitente ni cedente, porque la adquisición por la adjudicataria tiene como causa jurídica un acto de autoridad administrativa competente y no un contrato privado de transferencia (CNTrab, Sala VII, 30/11/93, *DT*, 1994-A-965).

---

[2] López - Centeno - Fernández Madrid, *Ley de contrato de trabajo*, t. II, p. 1075.

[3] Fernández Madrid, *Tratado práctico*, t. II, p. 965.

[4] Krotoschin, *Tratado práctico*, t. I, p. 435.

[5] López - Centeno - Fernández Madrid, *Ley de contrato de trabajo*, t. II, p. 1070; Herrera, en Altamira Gigena (coord.), "Ley de contrato de trabajo", t. 2, p. 342.

b) No cabe considerar la existencia de cesión o transferencia entre una concesión que cesó y la nueva del mismo restaurante, pues no existe vínculo jurídico alguno entre ambos; el hecho de que los trabajadores hayan sido empleados por el nuevo concesionario no exime al anterior de su deber de darles ocupación o indemnizarlos (CNTrab, Sala VI, 15/2/85, *DT*, 1985-A-504).

c) No se opera una transferencia de establecimiento en los términos de la LCT si el empleador entró en la explotación de la línea de transporte automotor de pasajeros por concesión a través de un acto administrativo (CNTrab, Sala VIII, 21/9/01, *TSS*, 2002-173).

3. *Alquiler del local.* No resulta alcanzado por las disposiciones del art. 225 quien no adquirió el establecimiento por un acto negocial bilateral con el anterior empleador, sino alquiló el local a su propietario para establecer una explotación similar (CN Trab, Sala II, 28/6/94, *DT*, 1994-B-1744).

4. *Sociedad de hecho.* Como las sociedades de hecho y las no constituidas regularmente carecen de personalidad jurídica, no puede mediar, en el transcurso de su existencia, una suerte de identidad esencial no afectada por cambios en las personas de sus integrantes, como ocurre en una sociedad anónima, por lo cual, cada vez que uno de sus titulares cede a terceros su interés en el negocio, dicha sociedad desaparece y otra es creada, pero, por expresa disposición del art. 225 de la LCT, tal cambio no afecta la subsistencia de los contratos de trabajo, aunque haya variado la persona del empleador (CNTrab, Sala VI, 19/2/92, *DT*, 1992-A-1054).

§ 3. **Concepto de establecimiento.** – El vocablo *establecimiento*, incluido en este artículo de la LCT, se halla utilizado en el sentido del art. 6°, es decir, como "unidad técnica o de ejecución destinada al logro de los fines de la empresa a través de una o más explotaciones", lo que significa que la transferencia no tiene por qué ser de toda la empresa y que puede ser de parte de ella (secciones, dependencias o sucursales). Lo que sí cabe exigir es que la parte de la empresa transferida constituya, por lo menos, una unidad técnica productiva que pueda funcionar como tal[6].

§ 4. **Efectos de la transferencia.** – Del artículo comentado se infiere la existencia de dos principales efectos de la transferencia del establecimiento: la transferencia de las relaciones

---

[6] López - Centeno - Fernández Madrid, *Ley de contrato de trabajo*, t. II, p. 1079; Fernández Madrid, *Tratado práctico*, t. II, p. 964; Herrera, en Altamira Gigena (coord.), "Ley de contrato de trabajo", t. 2, p. 337.

de trabajo, y la transferencia de las deudas del transmitente al adquirente, incluidos los créditos devengados del trabajador, aun cuando no fueran exigibles por mediar un plazo de pago[7].

Las obligaciones pasan *ope legis* al nuevo adquirente, sin que se le puedan oponer al trabajador los pactos en contrario que las partes de la transferencia hubieran celebrado[8].

§ 5. **Transferencia de deudas.** – La norma comentada protege indistintamente los créditos laborales impagos a la fecha de la transferencia, provengan de contratos vigentes o extinguidos a la fecha de la transferencia[9].

JURISPRUDENCIA

1. *Cesión y cambio de firma. Condición. Renuncia previa al empleo. Ineficacia.* El convenio celebrado entre el enajenante del establecimiento y sus trabajadores, por el cual se condicionaba la incorporación a las órdenes del adquirente a la renuncia previa al empleo, aniquilándose la antigüedad anterior, es ineficaz, pues configura una evasión a la protección brindada por la LCT que responsabiliza solidariamente al enajenante y al adquirente por el incumplimiento de las normas laborales (CNTrab, Sala I, 30/11/83, *LT*, XXXII-372, n° 19).

2. *Empresa continuadora. Antigüedad. Cómputo.* El ingreso de un trabajador a una empresa continuadora de otra que fue anteriormente empleadora de aquél, se halla encuadrada en el art. 225 de la LCT, por lo que para el cómputo de la antigüedad corresponde adicionar los años de servicios en cada una de ellas (CNTrab, Sala III, 7/6/84, *DT*, 1984-B-1607).

§ 6. **Adquirente por quiebra.** – El art. 199 de la ley 24.522, de concursos y quiebras (LCQ), establece una excepción al principio establecido en el artículo en comentario. Dice así: "Obligaciones laborales del adquirente de la empresa. El adquirente de la empresa cuya explotación haya continuado, no es considerado sucesor del fallido y del concurso respecto de todos los contratos laborales existentes a la fecha de la transferencia. Los importes adeudados a los dependientes por el fallido o por el concurso, los de carácter indemnizatorio y los derivados de accidentes del trabajo y enfermedades profesionales con causa u origen anterior a la enajenación, serán obje-

---

[7] LÓPEZ - CENTENO - FERNÁNDEZ MADRID, *Ley de contrato de trabajo*, t. II, p. 1080 y 1081.

[8] LÓPEZ - CENTENO - FERNÁNDEZ MADRID, *Ley de contrato de trabajo*, t. II, p. 1084; HERRERA, en ALTAMIRA GIGENA (coord.), "Ley de contrato de trabajo", t. 2, p. 338.

[9] LÓPEZ - CENTENO - FERNÁNDEZ MADRID, *Ley de contrato de trabajo*, t. II, p. 1084.

to de verificación o pago en el concurso, quedando liberado el adquirente respecto de los mismos".

Como el contrato de trabajo, por el hecho de la adquisición de la empresa, se extingue (art. 198, LCQ), y el adquirente no es considerado sucesor del anterior empleador fallido (art. 199), el trabajador que continúa trabajando a las órdenes del nuevo empleador pierde todos los derechos que tenía en función de su antigüedad en el empleo[10].

JURISPRUDENCIA

1. *Adquisición por quiebra.* El art. 199 de la ley 24.522, de concursos y quiebras, establece una excepción al principio establecido en el art. 225 de la LCT, pues como el contrato de trabajo se extingue por el hecho de la adquisición de la empresa (art. 198, LCQ) y el adquirente no es considerado sucesor del anterior empleador fallido (art. 199), el trabajador que continúa a las órdenes del nuevo empleador pierde todos los derechos que tenía en función de su antigüedad en el empleo (CNTrab, Sala VII, 18/9/02, *DT*, 2003-A-71).

Art. 226. [SITUACIÓN DE DESPIDO] – El trabajador podrá considerar extinguido el contrato de trabajo si, con motivo de la transferencia del establecimiento, se le infiriese un perjuicio que, apreciado con el criterio del art. 242, justificare el acto de denuncia. A tal objeto se ponderarán especialmente los casos en que, por razón de la transferencia, se cambia el objeto de la explotación, se alteran las funciones, cargo o empleo, o si mediara una separación entre diversas secciones, dependencias o sucursales de la empresa, de modo que se derive de ello disminución de la responsabilidad patrimonial del empleador.

CONCORDANCIAS: LCT, arts. 10, 66, 231 a 233, 242, 245 y 246.

§ 1. **Injuria.** – Del texto del artículo surge que, en principio, el trabajador no puede considerarse en situación de despido por el solo hecho de haberse operado la transferencia[1], sino

---

[10] MAZA - LORENTE, *Créditos laborales en los concursos*, p. 174. Ver, además, FASSI - GEBHARDT, *Concursos y quiebras*, p. 480.

[1] KROTOSCHIN, *Tratado práctico*, t. I, p. 439; HERRERA, en ALTAMIRA GIGENA (coord.), "Ley de contrato de trabajo", t. 2, p. 346.

que exige que, con motivo de la transferencia, se genere un perjuicio para el trabajador susceptible de ser valorado como injuria, en el sentido del art. 242 de la LCT[2].

Los cambios y la situación injuriosa a la que alude el artículo se hallan en íntima vinculación con el ejercicio del *ius variandi* regulado en el art. 66 de la LCT, por lo cual, cuando con motivo u ocasión de la transferencia se introducen modificaciones esenciales al contrato de trabajo, se requiere el consentimiento de ambas partes para incorporarlas al contrato. Lo que prohíbe la ley –tanto en el art. 66 como en el art. 226– es que se impongan unilateralmente al trabajador modificaciones esenciales que no esté dispuesto a aceptar, por lo que, ante la pretensión abusiva, el trabajador puede darse por despedido[3].

En el caso de despido indirecto justificado del trabajador, el adquirente del establecimiento, y no sólo el transmitente, resulta responsable de su pago, ya que el art. 225 de la LCT pone a su cargo, también, los créditos del trabajador que se originen con motivo de la transferencia[4].

Jurisprudencia

§ 1. ***Transferencia del negocio. Indemnizaciones por despido.*** A pesar de la transferencia del negocio, el contrato de trabajo continúa produciendo para el empleado los mismos efectos que el anterior; por lo tanto, el empleado no puede –salvo situaciones especiales– reclamar las indemnizaciones por despido (CN Trab, Sala IV, 26/5/71, *DT*, 1971-543).

§ 2. **Enumeración meramente enunciativa.** – La enumeración que hace el artículo de las situaciones que pueden dar lugar al despido indirecto del trabajador no es taxativa sino meramente enunciativa[5].

§ 3. **Cambio de régimen jurídico.** – Un caso especial de los mencionados en este artículo se presenta cuando la transferencia ocasiona para el trabajador un cambio de régimen jurídico por la aplicabilidad de normas legales o convencionales distintas y menos favorables a las vigentes con anterioridad. No es necesario, en este caso, para legitimar la situación de

---

[2] Krotoschin, *Tratado práctico*, t. I, p. 439; López - Centeno - Fernández Madrid, *Ley de contrato de trabajo*, t. II, p. 1086.

[3] Herrera, en Altamira Gigena (coord.), "Ley de contrato de trabajo", t. 2, p. 346 y 347.

[4] López - Centeno - Fernández Madrid, *Ley de contrato de trabajo*, t. II, p. 1087.

[5] Krotoschin, *Tratado práctico*, t. I, p. 439.

despido en que se coloque el trabajador, que el nuevo régimen sea en su conjunto menos favorable que el anterior, sino que basta con que, al modificarse el régimen jurídico-laboral del trabajador, éste pierda ciertos derechos adquiridos, tales como la antigüedad[6], para apreciar lo cual habrá que recurrir al criterio de *conglobamiento por instituciones* consagrado en el art. 9º de la LCT.

§ 4. **Transferencia "libre de personal".** – Cuando la transferencia se opera *libre de personal*, ello significa el automático despido de todos los trabajadores de la empresa, razón por la cual los trabajadores que continúan su desempeño con el nuevo empleador tienen derecho a las indemnizaciones por despido. Se trata de una nueva relación laboral directamente concertada por el trabajador con el nuevo empleador y no de una transferencia de la anterior, razón por la cual no corresponde el reconocimiento de la antigüedad[7], en tanto el trabajador ha de ser indemnizado por la antigüedad anterior. Tanto el adquirente como el transmitente son responsables ante el trabajador del pago de la indemnización, no obstante lo convenido entre ellos (art. 228, LCT).

Art. 227. [Arrendamiento o cesión transitoria del establecimiento] – Las disposiciones de los arts. 225 y 226 se aplican en caso de arrendamiento o cesión transitoria del establecimiento.

Al vencimiento de los plazos de éstos, el propietario del establecimiento, con relación al arrendatario y en todos los demás casos de cesión transitoria, el cedente, con relación al cesionario, asumirá las mismas obligaciones del art. 225, cuando recupere el establecimiento cedido precariamente.

Concordancias: LCT, arts. 10, 30, 225 y 226.

§ 1. **Concepto de transferencia.** – El artículo ratifica el concepto amplio de *transferencia* que adopta la ley, entendiendo por tal no sólo aquella que tiene carácter definitivo sino también la meramente transitoria. De acuerdo con ello, el ar-

---

[6] Krotoschin, *Tratado práctico*, t. I, p. 440.
[7] Herrera, en Altamira Gigena (coord.), "Ley de contrato de trabajo", t. 2, p. 348.

tículo hace aplicables los arts. 225 y 226 de la LCT también a los casos de *arrendamiento* o *cesión transitoria del establecimiento*, lo que supone que el propietario ha de recuperar, en algún momento, la tenencia del establecimiento.

§ 2. **Efectos**. – A causa de la transitoriedad de la cesión, se opera un doble traspaso: del primer empleador cedente al nuevo, que tendrá a su cargo exclusivo la gestión transitoria de la empresa, y terminado el contrato, el reintegro del segundo empleador al cedente originario, de la explotación del establecimiento. En este caso, el cedente es solidariamente responsable por las obligaciones emergentes en el momento de la recuperación del establecimiento[1].

Art. 228. [SOLIDARIDAD] – El transmitente y el adquirente de un establecimiento serán solidariamente responsables respecto de las obligaciones emergentes del contrato de trabajo existentes a la época de la transmisión y que afectaran a aquél.

Esta solidaridad operará ya sea que la transmisión se haya efectuado para surtir efectos en forma permanente o en forma transitoria.

A los efectos previstos en esta norma se considerará adquirente a todo aquel que pasare a ser titular del establecimiento aun cuando lo fuese como arrendatario o como usufructuario o como tenedor a título precario o por cualquier otro modo.

La solidaridad, por su parte, también operará con relación a las obligaciones emergentes del contrato de trabajo existentes al tiempo de la restitución del establecimiento cuando la transmisión no estuviere destinada a surtir efectos permanentes y fuese de aplicación lo dispuesto en la última parte del art. 227.

La responsabilidad solidaria consagrada por este artículo será también de aplicación cuando el cambio de empleador fuese motivado por la transferencia de un contrato de locación de obra, de explo-

---

[1] HERRERA, en ALTAMIRA GIGENA (coord.), "Ley de contrato de trabajo", t. 2, p. 349.

tación u otro análogo, cualquiera sea la naturaleza y el carácter de los mismos.

CONCORDANCIAS: LCT, arts. 30, 225 y 227; ley 24.522, arts. 198 y 199.

§ 1. **Responsabilidad solidaria.** – El artículo establece la responsabilidad solidaria entre transmitente y adquirente por "las obligaciones emergentes del contrato de trabajo existentes a la época de la transmisión". Las obligaciones "existentes a la época de la transmisión" son las obligaciones exigibles en ese momento y las obligaciones devengadas a favor del trabajador, aunque no tengan el plazo vencido. A título de ejemplo, si la transferencia se produce en marzo, el trabajador ya tiene devengada una parte del aguinaldo proporcional al tiempo trabajado en el respectivo semestre, parte que todavía no es exigible, por lo que el adquirente tendrá que pagar no sólo la parte del sueldo anual complementario correspondiente a la fracción del semestre en que el trabajador trabajó para él (de marzo a junio), sino también la que estaba devengada antes de la transferencia (de enero a marzo)[1]. En cambio, las obligaciones nacidas después de la transferencia son exclusivas del adquirente[2].

El transmitente no queda obligado indefinidamente, ya que si el trabajador tuviera motivo para temer el incumplimiento del contrato en el futuro, la ley lo faculta para darse por despedido con motivo de la transferencia (art. 226, LCT), siendo en este caso responsables ambos empleadores del pago de las indemnizaciones[3].

La solidaridad comprende tanto las deudas con los trabajadores que continúan trabajando para el adquirente como las de aquellos cuya relación de trabajo cesó antes de la transferencia y, por consiguiente, no se transmitió[4].

JURISPRUDENCIA

1. *Relaciones laborales extinguidas con anterioridad a la transmisión.* El adquirente de un establecimiento en las condiciones previstas en el art. 228 de la LCT es responsable por las obligaciones del transmitente derivadas de relaciones laborales extinguidas con anteriorioridad a la transmisión (CNTrab, plenario 289, 8/8/97, "Baglieri, Osvaldo D. c/Nemec, Francisco y Cía. SRL y otro", *DT*, 1997-B-2013).

---

[1] LÓPEZ - CENTENO - FERNÁNDEZ MADRID, *Ley de contrato de trabajo*, t. II, p. 1090.

[2] KROTOSCHIN, *Tratado práctico*, t. I, p. 438; LÓPEZ - CENTENO - FERNÁNDEZ MADRID, *Ley de contrato de trabajo*, t. II, p. 1091.

[3] KROTOSCHIN, *Tratado práctico*, t. I, p. 438.

[4] LÓPEZ - CENTENO - FERNÁNDEZ MADRID, *Ley de contrato de trabajo*, t. II, p. 1092.

2. *Obligaciones laborales anteriores a la transferencia.* El acuerdo plenario 289 del 8 de agosto de 1997 concierne a los trabajadores cuyo vínculo laboral se haya extinguido con anterioridad a la cesión o transferencia del establecimiento y que eran titulares de obligaciones laborales aún no saldadas (CNTrab, Sala VIII, 23/10/97, *DT*, 1998-A-548).

3. *Privatizaciones. Solidaridad.* La ley 23.696 establece una normativa específica para las privatizaciones, que desplaza a los arts. 225, 228 y concs. de la LCT, impidiendo invocar la solidaridad pasiva por la transferencia (CNTrab, Sala III, 10/8/94, *TSS*, 1995-44).

4. *Responsabilidad solidaria del adquirente. Certificado de trabajo.* Operada una transferencia del establecimiento en los términos del art. 225 de la LCT, la responsabilidad solidaria del adquirente se extiende a la entrega del certificado de trabajo del art. 80 de la LCT por todo el período de desempeño (CNTrab, Sala IV, 22/2/01, *TSS*, 2001-932).

5. *Ruptura contractual posterior a la transferencia.* Si la ruptura del contrato de trabajo se produjo con posterioridad a la transferencia del fondo de comercio y por una causa distinta (el enlace de la trabajadora), sólo resulta responsable por las indemnizaciones emergentes de dicha ruptura quien decidió la misma, es decir, el nuevo empleador, pues, por aplicación de lo normado en el art. 225 de la LCT, la solidaridad sólo abarca los créditos devengados a favor del trabajador hasta el momento de la transmisión del establecimiento, incluyendo los derivados de la denuncia del contrato de trabajo a raíz de la injuria que le puede provocar al trabajador dicha transmisión, pero no comprende las deudas devengadas con posterioridad, salvo el caso de fraude laboral, según el art. 14 de la LCT (CNTrab, Sala VIII, 23/10/97, *DT*, 1998-A-548).

6. *Obligaciones existentes a la época de la transmisión. Maniobras fraudulentas.* Debe entenderse por "obligaciones existentes a la época de la transmisión" las devengadas anterior o contemporáneamente a la transferencia, pero no aquellas que, aunque tengan su fundamento (principio de su existencia) en el contrato transferido, se devengaron con posterioridad, pues el único deudor de éstas será el adquirente. Salvo que se acreditara que el transmitente ha realizado maniobras fraudulentas (CNTrab, Sala III, 3/3/99, *DT*, 1999-B-1857).

§ 2. **Alcance del concepto de transferencia.** – En los párrs. 2° a 5° del artículo comentado, el legislador confirma la amplitud del concepto de transferencia que se manifiesta en los arts. 225, 226, última parte, y 227 de la LCT[5].

---

[5] López - Centeno - Fernández Madrid, *Ley de contrato de trabajo*, t. II, p. 1092.

Conforme con este concepto, el artículo extiende la solidaridad a los siguientes casos: *a)* sea la transmisión permanente o transitoria (párr. 2°); *b)* al arrendatario, usufructuario o tenedor a título precario (párr. 3°); *c)* restitución del establecimiento, en caso de cesión transitoria (párr. 4°), y, por último, *d)* transferencia de un contrato de locación de obra, de explotación u otro análogo (párr. 5°).

Art. 229. [Cesión del personal] – La cesión del personal sin que comprenda el establecimiento, requiere la aceptación expresa y por escrito del trabajador.

Aun cuando mediare tal conformidad, cedente y cesionario responden solidariamente por todas las obligaciones resultantes de la relación de trabajo cedida.

Concordancias: LCT, arts. 225 y 228.

§ 1. **Transferencia de la relación de trabajo.** – En el artículo se regula la transferencia de la relación de trabajo que se da independientemente de la transferencia del establecimiento. En este caso no hay transferencia del establecimiento, sino transferencia de la relación de trabajo sin transferencia de aquél[1].

§ 2. **Requisitos.** – Para que la cesión del personal sea jurídicamente admisible, el artículo impone exigencias de fondo y de forma: como exigencia de fondo, la aceptación del trabajador, y como exigencia de forma, que la aceptación sea *expresa* y *por escrito*[2].

Jurisprudencia

1. *Conformidad expresa.* El art. 229 de la LCT exige la conformidad del subordinado, que debe resultar de manera expresa, por lo que no pueden tomarse en consideración las inferencias o presunciones, en tanto ellas no denotan una manifestación de voluntad de contenido asertivo que permita entender, de manera indubitable, que el subordinado ha aceptado pasar a depender de otro patrono (CNTrab, Sala X, 28/12/98, *DT*, 1999-B-1320).

---

[1] López - Centeno - Fernández Madrid, *Ley de contrato de trabajo*, t. II, p. 1093 y 1094.

[2] López - Centeno - Fernández Madrid, *Ley de contrato de trabajo*, t. II, p. 1094.

2. *Conformidad escrita.* Si dos personas explotan dos negocios diferentes, con contabilidades independientes y registros laborales individuales aunque suelan desplazar personal de uno a otro establecimiento, ello no los convierte en socios o partícipes de un emprendimiento único. Y si alguno de los empleados pasa a trabajar de uno a otro establecimiento, o bien la primera relación queda extinguida y comienza una nueva con diferente empleador, o si concurren las circunstancias del art. 229 de la LCT, se produce la cesión del personal, inoponible al trabajador si no ha mediado su conformidad expresada por escrito (art. 229, LCT) (CNTrab, Sala VIII, 27/5/99, *DT*, 1999-B-1856).

§ 3. **Caso del futbolista profesional.** – El estatuto del jugador profesional de fútbol, ley 20.160, prevé la transferencia o cesión del jugador a otro club, con el "consentimiento expreso del jugador" (art. 14).

§ 4. **Solidaridad.** – De manera opuesta a una interpretación meramente literal del párr. 2º del artículo, cabe entender que la solidaridad establecida se limita a las deudas devengadas en el momento de la transferencia de la relación y no alcanza a las que se generen en el curso posterior de la relación transferida, salvo el caso de fraude laboral (art. 14, LCT)[3].

Jurisprudencia

1. *Establecimiento. Unidad técnica. Cocina de un sanatorio.* No puede diferenciarse la unidad técnica sanatorio de la unidad técnica cocina, y sobre tal base es aplicable el art. 229 de la LCT; es procedente que la trabajadora se considere injuriada si lo que se pretendió hacer fue una cesión de la prestación de trabajo que la ley no autoriza, al separarse distintas secciones de un establecimiento resultando ser la actora empleada del sanatorio y no de la concesionaria de la cocina (CNTrab, Sala V, 27/9/84, *DT*, 1984-B-1818).

Art. 230. [Transferencia a favor del Estado] – Lo dispuesto en este título no rige cuando la cesión o transferencia se opere a favor del Estado. En todos los casos, hasta tanto se convengan estatutos o convenios particulares, los trabajadores podrán regir-

---

[3] López - Centeno - Fernández Madrid, *Ley de contrato de trabajo*, t. II, p. 1096; Fernández Madrid, *Tratado práctico*, t. II, p. 972; Herrera, en Altamira Gigena (coord.), "Ley de contrato de trabajo", t. 2, p. 355.

se por los estatutos o convenios de empresas del Estado similares.

CONCORDANCIAS: LCT, arts. 225 y 226.

§ 1. **Relación laboral.** – El artículo establece que "lo dispuesto en este título [se refiere al título XI, "De la transferencia del contrato de trabajo"] no rige cuando la cesión o transferencia se opere a favor del Estado". Esto significa que cuando el destinatario de la transferencia sea el Estado, entonces, no se verifica ni transferencia de la relación de trabajo, ni traspaso de las deudas devengadas, ni responsabilidad solidaria. En todo caso, si el trabajador sigue trabajando en el establecimiento cedido al Estado, habrá constitución de una nueva relación, con pérdida de la antigüedad[1]. El artículo no prevé, en cambio, la situación inversa, es decir, las transferencias del Estado a favor de empresas privadas (privatizaciones)[2].

Cuando la ley se refiere al Estado, debe entenderse en forma amplia, comprensiva de la Administración pública central o descentralizada como las empresas del Estado y aquellas en las que el Estado tenga participación mayoritaria[3].

§ 2. **Despido indirecto.** – La transferencia al Estado puede tener lugar de dos modos: por un acuerdo entre el transferente y el Estado, o mediante expropiación. En el primer caso, a menos que el acuerdo contemple la continuación de la relación laboral con la antigüedad adquirida, se debe aplicar el artículo en comentario, por lo que aunque el trabajador continúe trabajando en el mismo establecimiento, se trata de una relación nueva con el ente de propiedad del Estado, con pérdida de la antigüedad. En este caso, resulta fundado el despido indirecto en que se coloca el trabajador que no acepta el cambio[4]. La situación es similar en el caso de expropiación, ya que habría igualmente una nueva relación de trabajo y la consiguiente pérdida de la antigüedad adquirida por el trabajador.

§ 3. **Aplicación de convenios.** – La parte última del artículo dispone que "hasta tanto se convengan estatutos o con-

---

[1] LÓPEZ - CENTENO - FERNÁNDEZ MADRID, *Ley de contrato de trabajo*, t. II, p. 1097.
[2] FERNÁNDEZ MADRID, *Tratado práctico*, t. II, p. 971.
[3] FERNÁNDEZ MADRID, *Tratado práctico*, t. II, p. 970.
[4] KROTOSCHIN, *Tratado práctico*, t. I, p. 442; LÓPEZ - CENTENO - FERNÁNDEZ MADRID, *Ley de contrato de trabajo*, t. II, p. 1099.

venios particulares, los trabajadores podrán regirse por los estatutos o convenios de empresas del Estado similares". Se otorga al Estado una especie de opción entre la incorporación del personal transferido a regímenes similares vigentes y la aplicación del régimen al cual estaban sometidos anteriormente, sin que haya indicación alguna en el sentido de que deba aplicarse, necesariamente, el más favorable. En este caso, el trabajador podría no aceptar el cambio y darse por despedido[5].

Jurisprudencia

1. *Transferencia del sector privado al público. Derecho a indemnización.* La sola transferencia del contrato de trabajo privado al del ámbito público, por sí sola, no da derecho a ser indemnizado, en virtud de lo dispuesto en el art. 230 de la LCT (CNTrab, Sala VII, 17/5/93, *DT*, 1994-B-1439).

§ 4. **Privatizaciones.** – Como señalamos en el § 1, el artículo regula las transferencias a favor del Estado, pero no la situación inversa, que es el caso de las privatizaciones. La ley 23.696, de reforma del Estado, en su art. 42 dispuso que "durante el proceso de privatización ejecutado según las disposiciones de esta ley, por cualesquiera de las modalidades y procedimientos previstos en sus arts. 17 y 18 el trabajador seguirá amparado por todas las instituciones legales, convencionales y administrativas del derecho del trabajo". Del texto se desprende que los arts. 225, 226 y 228 de la LCT son plenamente aplicables en los procesos de privatización[6]. Por tal razón, se ha juzgado inconstitucional, por exceso en la reglamentación, el art. 44 del decr. 1105/89, en cuanto prescribe que podrá convenirse que el Estado nacional se hará cargo, total o parcialmente, de aquellas obligaciones cuyas causas se originen antes de la privatización, aunque se exterioricen con posterioridad a ella o que "en ningún caso será responsable el ente privatizado por los incumplimientos laborales o previsionales anteriores a la privatización, los que estarán a cargo del Estado nacional"[7].

Jurisprudencia

1. *Privatizaciones. Solidaridad. Inaplicabilidad de la ley de contrato de trabajo.* La ley 23.696 establece una normativa específica para las privatizaciones, que desplaza a los arts. 225,

---

[5] Krotoschin, *Tratado práctico*, t. I, p. 442.
[6] Hutchinson - Barraguirre - Grecco, *Reforma del Estado*, p. 188.
[7] Hutchinson - Barraguirre - Grecco, *Reforma del Estado*, p. 188.

228 y concs. de la LCT, impidiendo invocar la solidaridad pasiva por la transferencia (CNTrab, Sala III, 10/8/94, *TSS*, 1995-44).

2. *Privatización. Aplicabilidad del régimen laboral.* La Corte Suprema de Justicia de la Nación, en el caso "Di Tulio, Hilda en autos González, Carlos y otros c/Entel s/cobro de australes", del 17 de diciembre de 1996, indicó que el art. 42 de la ley 23.696 establece claramente que el trabajador seguirá amparado por todas las instituciones legales, convencionales y administrativas del derecho del trabajo, entre las que se cuentan las que tutelan el crédito laboral en los casos de transferencia de establecimientos, directiva legal que no puede ser desconocida por el Poder Ejecutivo mediante los decrs. 1105/89 (art. 44, párr. último) y 1803/92, pues ello implicaría transgredir el marco legislativo que el Congreso ha impuesto a la ejecución de la política de reforma del Estado y, por ende, quebrar el principio constitucional de la subordinación del reglamento a la ley. Por ello, resulta aplicable a los procesos de privatización lo dispuesto por los arts. 225 a 228 de la LCT (CNTrab, Sala X, 30/6/97, *DT*, 1998-A-1258).

3. *Privatizaciones. Aplicación del artículo 225 y siguientes de la LCT.* En razón de lo dispuesto en el art. 42 de la ley 23.696, el Poder Ejecutivo no puede válidamente desconocer en los procesos de privatización lo dispuesto en los arts. 225 a 228 de la LCT, pues ello implica transgredir el marco legislativo que el Congreso ha impuesto a la ejecución de la política de reforma del Estado y, por ende, importa quebrar el principio constitucional de la subordinación del reglamento a la ley (CSJN, 21/3/00, "Taschowsky, Dionisio E. c/Entel y otro", *TSS*, 2000-706).

4. *Privatización del servicio postal. Responsabilidad solidaria.* La empresa de servicio postal, que revistió el carácter de adquirente de los contratos laborales a la fecha de la privatización, es responsable solidaria con el anterior empleador en los términos del art. 228 de la LCT, respecto de las obligaciones emergentes del contrato de trabajo existentes a la época de la transmisión (CNTrab, Sala IX, 20/10/00, *TSS*, 2001-244).

5. *Privatización. Normas sobre transferencia de establecimiento.* Cuando ha mediado la transferencia de un establecimiento en los términos del art. 225 y concs. de la LCT en un proceso de privatización, ya que el mecanismo seguido para concretarla consistió en la constitución –como licenciataria– de sociedades anónimas, resulta aplicable al caso la tutela que la LCT otorga a los créditos laborales en ocasión de la transferencia de establecimientos (arts. 225 y 228, LCT), razón por la cual corresponde responsabilizar solidariamente a las empresas privatizadas y a la ex empresa estatal (CNTrab, Sala III, 20/3/01, *DT*, 2001-A-797).

6. *Privatización. Aplicación de los artículos 225 a 228 de la LCT.* En razón de lo dispuesto por el art. 42 de la ley 23.696, el Poder Ejecutivo nacional no puede desconocer la aplicación de

lo dispuesto en los arts. 225 a 228 de la LCT, pues ello implica transgredir el marco legislativo que el Congreso ha impuesto a la ejecución de la política de reforma del Estado y, por ende, importa quebrar el principio constitucional de la subordinación del reglamento a la ley (CNTrab, Sala I, 30/8/02, *DT*, 2002-B-1968).

Título XII

DE LA EXTINCIÓN DEL CONTRATO DE TRABAJO

Capítulo I

DEL PREAVISO

Art. 231. [Plazos] – El contrato de trabajo no podrá ser disuelto por voluntad de una de las partes, sin previo aviso, o en su defecto, indemnización además de la que corresponda al trabajador por su antigüedad en el empleo, cuando el contrato se disuelva por voluntad del empleador.

El preaviso, cuando las partes no lo fijen en un término mayor, deberá darse con la anticipación siguiente:

a) Por el trabajador, de quince días.

b) Por el empleador, de quince días cuando el trabajador se encontrare en período de prueba; de un mes cuando el trabajador tuviese una antigüedad en el empleo que no exceda de cinco años y de dos meses cuando fuere superior. [Texto según ley 25.877, art. 3°]

Concordancias: LCT, arts. 62, 63, 94, 95, 231 a 233, 235 y 245; LE, art. 73; ley 24.467, art. 95.

§ 1. **Concepto de preaviso**. – El preaviso es la notificación que debe efectuar una de las partes a la otra, de la finalización del contrato de trabajo, al término de determinado plazo, cuyo límite mínimo ha sido fijado por la ley[1].

Durante el preaviso, el vínculo entre las partes sigue en pleno vigor hasta el vencimiento del plazo de preaviso (art. 238, LCT).

§ 2. **Fundamento del deber de preavisar.** – La finalidad perseguida por la institución del preaviso en el contrato de trabajo, respecto al empleado, es la de evitar que caiga bruscamente en la desocupación, y en lo que se refiere al empleador, que pueda contratar un reemplazante para el trabajador que se retira[2].

§ 3. **Plazos de preaviso.** La ley 25.877 sustituyó totalmente el anterior texto del artículo comentado. En tanto la misma ley derogó los arts. 5° y 6° de la ley 25.013, ha reunificado el régimen jurídico del preaviso, que, desde la vigencia de esta última ley, estaba desdoblado en dos regulaciones: el régimen de la LCT para los contratos de trabajo celebrados antes de la entrada en vigencia de la ley 25.013, regido por los arts. 231 a 239 de la LCT, y el régimen de la ley 25.013, para los contratos celebrados a partir de la entrada en vigencia de esta ley, vale decir el 3 de octubre de 1998.

Con relación a los plazos establecidos por la anterior redacción del art. 231 de la LCT, la ley 25.877 redujo el plazo de preaviso a otorgar por el trabajador de un mes a quince días, fue introducido el deber de preavisar del empleador durante el período de prueba y se mantuvieron los plazos de preaviso a otorgarse por el empleador según la antigüedad del trabajador en el empleo. Los plazos de quince días fijados por el texto legal –el preaviso a otorgar por el trabajador y el del período de prueba– deben computarse como días corridos (art. 28, Cód. Civil, y art. 45, ley 25.877).

Los plazos de preaviso son obligatorios y no pueden ser derogados ni reducidos por convenio de partes[3]; en cambio pueden ser ampliados ("cuando las partes no lo fijen en un término mayor", dice el artículo) conforme al principio del derecho del trabajo de que las normas legales son normas mínimas[4].

---

[1] Krotoschin, *Tratado práctico*, t. I, p. 464 y 465.
[2] Russomano, *El preaviso*, p. 2 y 3.
[3] Krotoschin, *Tratado práctico*, t. I, p. 467.
[4] Krotoschin, *Tratado práctico*, t. I, p. 468.

Jurisprudencia

1. *Anticipación menor a la que fija la ley.* El preaviso dado con una anticipación inferior a la que fija la ley es nulo, por lo que el patrono debe satisfacer la indemnización sustitutiva íntegramente y por todo el término legal. Si el trabajador ha percibido alguna suma de dinero en concepto de indemnización por preaviso, se considerará como entrega a cuenta debiendo deducírsela de la que legalmente corresponda (CNTrab, plenario 37, 20/5/57, "Barrera, Raúl c/Ducilo", *DT*, 1957-352).

§ 4. **Carácter recepticio.** – El preaviso es una declaración unilateral *recepticia* en cuanto no sólo debe dirigirse a la otra parte sino también debe ser recibida por ella. En cambio, no es necesario que sea aceptado. Entre presentes, la recepción es instantánea. Entre ausentes es necesario, pero también suficiente para tenerla por recibida, que la parte afectada esté en condiciones de tomar conocimiento de la declaración, aunque en realidad no se entere (p.ej., porque no abre el telegrama que recibe, o la persona que lo recibe en el domicilio de la otra parte no se lo entrega). El preaviso debe considerarse como recibido cuando haya llegado a la esfera de conocimiento del denunciado de tal manera que éste, normalmente, pueda conocerlo[5].

§ 5. **Revocación.** – El preaviso es un acto unilateral recepticio que una vez perfeccionado no puede ser revocado. Desde que la notificación es recibida por su destinatario surte los efectos contractuales pertinentes y no puede ser dejada sin efecto, si no media acuerdo de ambas partes[6].

§ 6. **Adquisición del derecho al preaviso.** – Según el texto del artículo, en los contratos de trabajo por tiempo indeterminado, el derecho al preaviso por el trabajador se adquiere durante el período de prueba y su plazo, en este caso, es de quince días. Superado el período de prueba, el plazo de preaviso a otorgar por el empleador al trabajador se extiende a un mes.

§ 7. **Preaviso en los contratos a plazo fijo.** – Según lo determinado en el art. 94 de la LCT, el preaviso en los contratos de trabajo a plazo fijo debe darse con una antelación no menor de un mes ni mayor de dos, salvo en aquellos contratos en que su duración sea inferior a un mes, en los que el deber

---

[5] Krotoschin, *Tratado práctico*, t. I, p. 463.
[6] Fernández Madrid, *Tratado práctico*, t. II, p. 1584.

de preavisar no rige[7]. Si se omite el preaviso, el contrato se entiende convertido en uno por tiempo indeterminado.

§ 8. Contratos de trabajo eventual. – En esta modalidad contractual, el empleador no tiene el deber de preavisar la finalización del contrato (art. 73, LE).

Art. 232. [INDEMNIZACIÓN SUSTITUTIVA] – **La parte que omita el preaviso o lo otorgue de modo insuficiente deberá abonar a la otra una indemnización sustitutiva equivalente a la remuneración que correspondería al trabajador durante los plazos señalados en el art. 231.**

CONCORDANCIAS: LCT, arts. 231, 233, 245 y 246; ley 24.467, art. 95.

§ 1. Incumplimiento del deber de preavisar. – El artículo regula el incumplimiento del deber de preavisar en forma total o parcial. En tal caso, presume el daño y evalúa su equivalente monetario: la indemnización equivale a "la remuneración que correspondería al trabajador durante los plazos señalados en el art. 231"[1].

JURISPRUDENCIA

1. *Despido indirecto del trabajador. Indemnización sustitutiva del preaviso. Derecho del empleador.* El empleador no tiene derecho a reclamar la indemnización por falta de preaviso prevista por el art. 157, inc. 6, del Cód. de Comercio (ley 11.729), cuando el trabajador se da por despedido, salvo que quede acreditada la mala fe de éste (CNTrab, plenario 206, 22/5/75, "Podestá, Olivo c/Antártida Argentina SA de Transportes", *DT*, 1975-563).

§ 2. Indemnización sustitutiva del preaviso. – Para fijar la cuantía del daño causado por la omisión del preaviso, la ley no remite a ningún promedio o remuneración precedente, sino a la misma que debería haber percibido el trabajador de haber trabajado durante el lapso de preaviso omitido[2].

JURISPRUDENCIA

1. *Omisión del preaviso. Aumentos salariales.* Los aumentos salariales que rigieron durante el lapso de preaviso omitido

---

[7] LÓPEZ - CENTENO - FERNÁNDEZ MADRID, *Ley de contrato de trabajo*, t. II, p. 1153.
[1] LÓPEZ - CENTENO - FERNÁNDEZ MADRID, *Ley de contrato de trabajo*, t. II, p. 1159.
[2] LÓPEZ - CENTENO - FERNÁNDEZ MADRID, *Ley de contrato de trabajo*, t. II, p. 1159.

deben tomarse en cuenta para el cálculo de la indemnización sustitutiva (CNTrab, plenario 235, 21/6/82, "Rodríguez, Tarcisio c/Coquificadora Argentina SACIM", *DT*, 1982-989).

2. *Indemnización sustitutiva del preaviso. Cálculo.* El art. 232 de la LCT dispone que la indemnización sustitutiva de preaviso debe ser equivalente a la remuneración que hubiese correspondido al trabajador durante su plazo, por lo que el cálculo efectuado en base a los días laborales correspondientes a dicho plazo –y no a los correspondientes al último mes trabajado– resulta correcto (CNTrab, Sala III, 14/9/95, *DT*, 1996-A-437).

3. *Preaviso. Cálculo. Remuneraciones variables. Promedio de los últimos seis meses.* En el caso de remuneraciones variables, la indemnización por preaviso omitido debe calcularse en función del promedio de lo percibido durante los últimos seis meses (CNTrab, Sala II, 29/9/95, *TSS*, 1995-903; íd., íd., 14/8/98, *TSS*, 1998-984; íd., Sala III, 30/12/03, *DT*, 2004-A-654; íd., Sala IV, 6/8/84, *DT*, 1984-B-1614).

4. *Preaviso omitido. Indemnización. Criterio de la normalidad próxima. a)* Para el cálculo del preaviso omitido debe aplicarse el principio de la *normalidad próxima*, noción que supone e intenta poner al agente en situación remuneratoria lo más cercana posible a aquella en que se hubiera encontrado si la rescisión no se hubiera operado y cuyo resarcimiento tiene como base la remuneración que el trabajador habría percibido durante el lapso de preaviso omitido (CNTrab, Sala I, 18/11/96, *DT*, 1997-B-2507).

b) Resulta adecuado el cálculo de la indemnización sustitutiva del preaviso, si el juez, con invocación de la doctrina de la normalidad próxima, recurrió a tal fin, a un promedio de la suma efectivamente percibida en el último semestre por el actor con más otra derivada de lo que le hubiere correspondido de cumplimentar la empleadora en debida forma su prestación (CNTrab, Sala IX, 29/3/99, *DT*, 1999-B-2291).

c) La indemnización sustitutiva del preaviso debe ser establecida acudiendo al concepto de normalidad próxima, noción que supone e intenta poner al agente en una situación remuneratoria lo más cercana posible a aquella en que se hubiera encontrado si la rescisión no se hubiese operado, y cuyo resarcimiento tiene como base la retribución que el operario habría percibido durante el lapso de preaviso omitido (CNTrab, Sala V, 31/8/99, *TSS*, 1999-1263).

§ 3. **Aguinaldo proporcional.** – La indemnización sustitutiva debe integrarse con la parte proporcional del sueldo anual complementario[3].

---

[3] Fernández Madrid, *Tratado práctico*, t. II, p. 1605.

Art. 233

Jurisprudencia

1. *Preaviso. Indemnización sustitutiva. Cálculo. Parte proporcional del aguinaldo.* Para establecer la indemnización por preaviso cabe considerar en la remuneración la parte proporcional del sueldo anual complementario (CNTrab, Sala II, 14/8/98, *TSS*, 1998-984; íd., Sala IV, 28/12/79, *DT*, 1980-640).

§ 4. **Prestaciones de la seguridad social.** – No integran la indemnización los rubros no salariales que se abonan mes a mes al trabajador como las asignaciones familiares, que son prestaciones de la seguridad social[4]. Tampoco deben computarse, por la misma razón, los llamados *beneficios sociales*, en tanto no tienen carácter remuneratorio.

Jurisprudencia

1. *Indemnización sustitutiva del preaviso. Vales alimentarios.* A los fines del cálculo del preaviso deben computarse los vales alimentarios, ya que éstos hubieran sido percibidos por el trabajador de no mediar la ruptura del vínculo (CNTrab, Sala IX, 30/12/98, *DT*, 1999-A-1150).

§ 5. **Aportes a la seguridad social.** – Como se trata de una indemnización, no está sujeta a aportes y contribuciones de la seguridad social (art. 7°, ley 24.241)[5].

Art. 233. – Los plazos del art. 231 correrán a partir del día siguiente al de la notificación del preaviso.

Cuando la extinción del contrato de trabajo dispuesta por el empleador se produzca sin preaviso y en fecha que no coincida con el último día del mes, la indemnización sustitutiva debida al trabajador se integrará con una suma igual a los salarios por los días faltantes hasta el último día del mes en el que se produjera el despido.

La integración del mes de despido no procederá cuando la extinción se produzca durante el período de prueba establecido en el art. 92 *bis*. [Texto según ley 25.877, art. 4°]

Concordancias: LCT, arts. 94, 95, 231, 232 y 245; leyes 24.467, art. 95.

---

[4] Fernández Madrid, *Tratado práctico*, t. II, p. 1607.
[5] Fernández Madrid, *Tratado práctico*, t. II, p. 1605.

§ 1. **Modificación legal.** – La modificación en el texto del artículo introducida por el art. 4º de la ley 25.877 es significativa, porque el texto derogado decía lo siguiente: "Los plazos del art. 231 correrán a partir del primer día del mes siguiente al de la notificación del preaviso". Esta disposición solía traer inconvenientes en su aplicación práctica. En efecto, como el preaviso es un acto recepticio, podía suceder –y de hecho ocurría– que si se remitía el telegrama o carta documento de notificación del preaviso, por ejemplo, el día 30 de marzo, y llegaba a la esfera de conocimiento del destinatario el día 1º de abril, el plazo comenzaba a correr el día 1º de mayo, asumiendo el remitente el riesgo de la transmisión, aunque estuviera motivada por demora imputable al correo, dado que es de aplicación el principio según el cual quien elige un determinado medio de comunicación asume los riesgos que ese medio implica[1]. Como consecuencia de ello, la duración del preaviso podía, por tal causa, prolongarse excesivamente.

La solución legislativa consagrada por el nuevo texto es similar a la que adoptara el art. 95 de la ley 24.467 sobre "régimen laboral para la pequeña empresa" y del derogado art. 6º de la ley 25.013. De este modo, se unifican, en este particular aspecto, los regímenes de preaviso, homogeneizándose las soluciones de la regulación general y la que rige en la "pequeña empresa", no obstante que subsiste la diferencia, entre ambos regímenes, con relación a la "integración del mes de despido".

§ 2. **Integración del mes de despido.** – Este instituto, denominado también como los "días faltantes", tenía sentido, en tanto, como lo expresaba el texto derogado del párr. 2º del art. 233 de la LCT, "cuando la extinción del contrato de trabajo dispuesta por el empleador se produzca sin preaviso y en fecha que no coincida con el último día del mes, la indemnización sustitutiva debida al trabajador se integrará con una suma igual a los salarios por los días faltantes hasta el último día del mes en que se produjera el despido".

El nuevo párr. 2º del art. 233 de la LCT, según la modificación por el art. 4º de la ley 25.877, prescribe que cuando la extinción del contrato de trabajo dispuesta por el empleador se produzca sin preaviso y en fecha que no coincida con el último día del mes, la indemnización sustitutiva al trabajador se integrará con una suma igual a los salarios por los días faltantes hasta el último del mes en el que se produjera el despido.

---

[1] López - Centeno - Fernández Madrid, *Ley de contrato de trabajo*, t. II, p. 1165.

Resulta difícil encontrar justificación a esta norma, puesto que el instituto de la "integración del mes de despido" puede explicarse en un régimen de comunicación del preaviso en que, como el que regía anteriormente, determinaba que el plazo respectivo comenzaba a correr "a partir del primer día del mes siguiente al de la notificación del preaviso". Pero, al disponer el nuevo texto legal que los plazos de preaviso corren a partir del día siguiente al de su notificación, no puede encontrarse fundamento para justificar jurídicamente la nueva solución legal, salvo que se la estime como un recargo indemnizatorio –o tal vez, sancionatorio– para el empleador que no otorgara el preaviso.

§ 3. **La integración del mes de despido no rige en el período de prueba.** – El último párrafo del artículo comentado dispone que la integración del mes de despido no procederá cuando la extinción se produzca durante el período de prueba establecido en el art. 92 *bis*.

§ 4. **La integración del mes de despido en el régimen de la pequeña empresa.** – Se ha planteado la duda acerca de la pertinencia de la integración del mes de despido en los casos de despido decidido en la "pequeña empresa" sin otorgarse el preaviso. La duda interpretativa se expresa en los siguientes términos: si debe prevalecer la ley específica anterior o por el contrario, la ley general pero posterior. Cabe aplicar, a nuestro juicio, el régimen específico del art. 95 de la ley 24.467 que no prevé el instituto de la integración mes de despido, por las siguientes razones: el art. 95 de la ley 24.467 sustituyó, para la "pequeña empresa", en el instituto del preaviso, tanto el art. 231 como el art. 233 de la LCT. Quedó subsistente para la aplicación en el referido régimen, el art. 232 de la LCT que se refiere a la "indemnización sustitutiva del preaviso" y que resulta perfectamente compatible con el régimen jurídico especial (art. 2°, LCT); y es de aplicación, en este caso, el principio *specialia generalibus derogant*, según el cual lo especial deroga a lo general.

Art. 234. [Retractación] – El despido no podrá ser retractado, salvo acuerdo de partes.

Concordancias: LCT, arts. 237 y 238.

§ 1. **Fundamento.** – La denuncia del contrato de trabajo tiene carácter unilateral y recepticio, por lo que se perfecciona con la entrada de la notificación en la esfera de conocimiento del denunciado. Como la disolución del contrato se ha verificado a partir de esa notificación, para hacer renacer el contrato se requiere el acuerdo de ambas partes.

Jurisprudencia

1. *Indemnización por embarazo. Retractación del despido.* Debe abonar la indemnización por embarazo reclamada por la trabajadora, el empleador que decidió el distracto, abonó la indemnización por despido y un mes después adujo haber incurrido en un error involuntario y pretendió que la trabajadora regresara a su puesto –en el caso, la intimó a retomar tareas lo que no fue aceptado por la empleada–, puesto que el despido no puede ser retractado salvo que medie acuerdo de partes (CNTrab, Sala I, 30/4/03, *DT*, 2004-A-169).

§ 2. **Acuerdo tácito.** – Sin embargo, nada impide que la retractación se produzca por acuerdo tácito, como cuando las partes continúan la relación después de expirado el plazo del preaviso[1].

Jurisprudencia

1. *Trabajador despedido. Acuerdo con la asociación sindical. Reincorporación.* No obliga al trabajador despedido el posterior acuerdo celebrado entre la asociación profesional que lo agrupa y la empleadora, pactando su reincorporación (CNTrab, plenario 59, 2/12/59, "Ramírez, Miguel c/Piccaluga, Francisco y Cía.", *DT*, 1960-265).

2. *Renuncia. Retractación tácita.* La renuncia produce, en principio, la extinción del contrato de trabajo, pero nada impide que sea retractada de común acuerdo de las partes (art. 234, LCT), ni tampoco que esa retractación sea tácita (CNTrab, Sala I, 26/11/87, *DT*, 1988-B-1101).

3. *Renuncia. Restablecimiento de la relación extinguida. Acuerdo de partes.* Nada impide que las partes de común acuerdo restablezcan una relación laboral extinguida o la mantengan a pesar de haber expresado unilateralmente su voluntad rescisoria, puesto que el art. 234 de la LCT contempla expresamente tal posibilidad (CNTrab, Sala IV, 23/5/84, *DT*, 1984-B-1106).

Art. 235. [Prueba] – **La notificación del preaviso deberá probarse por escrito.**

Concordancias: LCT, arts. 48, 49, 232 a 234, 237 y 238.

---

[1] López - Centeno - Fernández Madrid, *Ley de contrato de trabajo*, t. II, p. 1166.

§ 1. **Prueba del preaviso por escrito.** – El preaviso es un acto unilateral y recepticio que se perfecciona con la entrada de la notificación dentro de la esfera de conocimiento del denunciado. Esta notificación debe probarse por escrito. Los medios utilizados normalmente son la nota firmada por el trabajador, el telegrama, la carta documento o el acta notarial.

Jurisprudencia

1. *Preaviso. Notificación. Prueba. Instrumento privado firmado por dos testigos.* No es prueba válida de la notificación del preaviso el instrumento privado firmado por dos testigos, al afirmar que el trabajador se negó a hacerlo, dándole lectura al contenido en su presencia (CNTrab, plenario 124, 1/10/69, "Tovarovich, Pedro P. c/Fernando Vannelli e Hijos SA", *DT*, 1970-29).

2. *Prueba por escrito. Absolución de posiciones.* Tal como lo dispone el art. 235 de la LCT, el preaviso debe probarse por escrito. Por ello, aunque el trabajador haya reconocido en la absolución de posiciones que fue informado de que la empresa cerraría en una fecha determinada, esa sola circunstancia no exime a la demandada de la prueba que exige la ley (CNTrab, Sala VII, 20/5/99, *DT*, 1999-B-1869).

Art. 236. [Extinción. Renuncia al plazo faltante. Eximición de la obligación de prestar servicios] – Cuando el preaviso hubiera sido otorgado por el empleador, el trabajador podrá considerar extinguido el contrato de trabajo, antes del vencimiento del plazo, sin derecho a la remuneración por el período faltante del preaviso, pero conservará el derecho a percibir la indemnización que le corresponda en virtud del despido. Esta manifestación deberá hacerse en la forma prevista en el art. 240.

El empleador podrá relevar al trabajador de la obligación de prestar servicios durante el plazo de preaviso abonándole el importe de los salarios correspondientes.

Concordancias: LCT, arts. 21, 103, 231 y 238.

§ 1. **Renuncia del trabajador al plazo de preaviso.** – El párr. 1° del artículo permite al trabajador renunciar al plazo de preaviso otorgado, sin que ello signifique un incumplimiento contractual o la pérdida de la indemnización por despido. Esa renuncia debe respetar la forma exigida por el art. 240 de la LCT, lo que significa que debe ser una renuncia expresa, quedando descartada la posibilidad de la renuncia tácita o por comportamiento inequívoco prevista en el art. 58[1].

§ 2. Eximición al trabajador de la obligación de prestar servicios. – Dado que la presencia del trabajador durante el transcurso del período de preaviso puede resultar incómoda para el empleador y potencial generadora de fricciones en el ámbito laboral, el párr. 2° del artículo autoriza al empleador para relevar al trabajador de la obligación de prestar servicios durante el plazo de preaviso, imponiéndole la carga del pago de los salarios correspondientes. Correlativamente este derecho para el empleador significa que no es exigible por el trabajador el cumplimiento del deber de ocupación (art. 78, LCT) y que la falta de dación de tareas no constituye un incumplimiento contractual.

Art. 237. [Licencia diaria] – Salvo lo dispuesto en la última parte del art. 236, durante el plazo del preaviso el trabajador tendrá derecho, sin reducción de su salario, a gozar de una licencia de dos horas diarias dentro de la jornada legal de trabajo, pudiendo optar por las dos primeras o las dos últimas de la jornada. El trabajador podrá igualmente optar por acumular las horas de licencia en una o más jornadas íntegras.

Concordancias: LCT, arts. 62, 63, 231, 233 y 236.

§ 1. Derecho de goce. – El artículo otorga al trabajador, sin reducción de su salario, el derecho a gozar de una licencia de dos horas diarias, con la finalidad de que la utilice en la búsqueda de nuevo empleo. El trabajador puede optar por las dos primeras o las dos últimas horas de la jornada o acumular las horas de licencia en una o más jornadas íntegras.

La licencia emerge directamente de la ley por lo que el trabajador no precisa una concesión patronal de licencia[1].

§ 2. Licencia no otorgada. – Si la licencia no es otorgada por el empleador, el trabajador la puede tomar por sí, por lo

---

[1] López - Centeno - Fernández Madrid, *Ley de contrato de trabajo*, t. II, p. 1169.

[1] (Art. 237) López - Centeno - Fernández Madrid, *Ley de contrato de trabajo*, t. II, p. 1170.

que la omisión de su otorgamiento no es motivo de anulación del preaviso[2].

Jurisprudencia

1. *Omisión de otorgar la licencia diaria. Efectos.* El hecho de que el trabajador no haya gozado de la licencia diaria de dos horas durante el lapso del preaviso, no anula éste (CNTrab, Sala VI, 20/11/74, *LT*, XXIII-A-551).

2. *Omisión de utilizar la licencia diaria. Efectos.* El hecho de que el trabajador no utilice la licencia de dos horas durante el preaviso no anula éste si no se prueba que el empleador le negó autorización para retirarse anticipadamente del empleo (CNTrab, Sala I, 31/12/68, *LT*, XVII-A-169).

3. *Licencia diaria. Omisión de otorgarla. Efectos. Facultad del trabajador.* La falta de goce de la licencia diaria no invalida el preaviso, toda vez que, aun en caso de negativa patronal, el trabajador puede tomarla por sí (CNTrab, Sala I, 31/5/66, *DT*, 1966-533).

4. *Otorgamiento de modo insuficiente. Licencia diaria de dos horas.* Cuando en el art. 232 de la LCT se establece la consecuencia de la omisión del preaviso a que se lo *otorgue de modo suficiente*, no se está hablando sólo de la notificación del preaviso, que es un aspecto de la institución en cuestión, sino de su otorgamiento, ya que éste debe incluir el goce de la licencia diaria de dos horas, la que debe ser otorgada por el empleador y no tomada por el trabajador (CNTrab, Sala VII, 30/6/92, *DT*, 1992-B-1664).

Art. 238. [Obligaciones de las partes] – Durante el transcurso del preaviso subsistirán las obligaciones emergentes del contrato de trabajo.

Concordancias: LCT, arts. 62 a 89, y 235 a 237.

§ 1. **Subsistencia de las obligaciones contractuales.** – Durante el decurso del plazo de preaviso subsisten todas las obligaciones emergentes del contrato de trabajo, las que incluyen tanto los deberes de prestación como los deberes de conducta. Sin embargo, tal como lo determina el art. 236 de la LCT, el trabajador está facultado para considerar extinguido el contrato antes del vencimiento del plazo del preaviso, con lo que cesan las obligaciones respectivas y el empleador puede relevar al trabajador de la obligación de prestar servicios du-

---

[2] Fernández Madrid, *Tratado práctico*, t. II, p. 1591.

rante dicho plazo, aunque sin quedar liberado del deber de pagar los salarios correspondientes.

Como durante el plazo de preaviso el contrato de trabajo sigue subsistente, la relación laboral puede resultar finalmente extinguida por cualquiera de los otros modos de extinción: renuncia, mutuo consentimiento, muerte del trabajador, denuncia de cualquiera de las dos partes por injuria, etcétera. Por la misma razón, durante el lapso de preaviso se deben aplicar las nuevas normas de la ley o convenio colectivo que entren en vigencia (p.ej., aumento salarial dispuesto por convenio colectivo)[1].

§ 2. **Injuria durante el preaviso.** – Vigente el plazo de preaviso otorgado por cualquiera de las partes a la restante, si una de ellas infiere durante su transcurso a la otra injuria que reúna los extremos del art. 242, podrá la parte agraviada denunciar el contrato disponiendo consecuentemente la inmediata extinción de la relación sin necesidad de aguardar que se complete el plazo de preaviso. Si es el trabajador renunciante el agraviado durante el preaviso, tendrá así derecho a las indemnizaciones por despido. El empleador que ha despedido sin causa otorgando el preaviso de ley, si es injuriado por el trabajador durante su transcurso, podrá disponer la cesación inmediata de la relación, esta vez con justa causa que lo relevará de la obligación de indemnizar[2].

§ 3. **Cambio en el tope indemnizatorio.** – Si durante el plazo de preaviso cambian las remuneraciones previstas en el convenio colectivo aplicable y consecuentemente se modifica el promedio de ellas, la indemnización por antigüedad a pagar por el empleador en el momento de la extinción del contrato será la emergente del nuevo tope indemnizatorio que corresponda según lo establecido por el art. 245 de la LCT.

Art. 239. [Eficacia] – **El preaviso notificado al trabajador mientras la prestación de servicios se encuentra suspendida por alguna de las causas a que se refiere la presente ley con derecho al cobro de salarios por el trabajador, carecerá de efectos, salvo que se lo haya otorgado expresamente para comenzar a correr a partir del momento en que**

---

[1] López - Centeno - Fernández Madrid, *Ley de contrato de trabajo*, t. II, p. 1172.
[2] Brito Peret - Goldin - Izquierdo, *La reforma*, p. 201.

cesara la causa de suspensión de la prestación de servicios.

Cuando la notificación se efectúe durante una suspensión de la prestación de servicios que no devengue salarios en favor del trabajador, el preaviso será válido pero a partir de la notificación del mismo y hasta el fin de su plazo se devengarán las remuneraciones pertinentes.

Si la suspensión del contrato de trabajo o de la prestación de servicio fuese sobreviniente a la notificación del preaviso, el plazo de éste se suspenderá hasta que cesen los motivos que la originaron.

CONCORDANCIAS: LCT, arts. 63, 150, 158, 177, 183, 208, 211, 214, 215, 217, 218, 224, 231 a 233 y 235.

§ 1. **Fundamentos de la norma.** – Las razones que dan fundamento a la norma son de dos clases: la necesidad de que durante el transcurso del plazo de preaviso el trabajador perciba su remuneración, y durante ese transcurso del plazo, el trabajador debe encontrarse en condiciones de buscar nuevo empleo, sin que medien impedimentos como enfermedad, accidente, etc., o sin necesidad de sacrificar otros derechos que la ley laboral le reconoce, como vacaciones, licencias especiales, etcétera[1].

§ 2. **Suspensión sin derecho a salarios.** – El preaviso otorgado cuando la relación se encuentra suspendida sin que se devenguen salarios a favor del trabajador (servicio militar, desempeño de cargos electivos, excedencia, suspensiones económicas o disciplinarias, plazo de reserva del puesto luego de la licencia paga por enfermedad, etc.) es válido, pero desde su notificación hasta el vencimiento de su plazo "se devengarán las remuneraciones pertinentes". El otorgamiento del preaviso hace nacer, de este modo, derecho a remuneración durante un período que no lo supone *per se*[2].

§ 3. **Suspensión con derecho a salarios.** – Si la relación está suspendida con derecho del trabajador a percibir salarios (accidentes o enfermedad inculpable, accidentes de trabajo, vacaciones, otras licencias pagas, etc.), sólo es válido el preaviso

---

[1] BRITO PERET - GOLDIN - IZQUIERDO, *La reforma*, p. 202.
[2] BRITO PERET - GOLDIN - IZQUIERDO, *La reforma*, p. 202.

que se otorgue expresamente para comenzar su transcurso una vez cesada la causa de la suspensión.

En la comunicación por escrito (prevista expresamente en el art. 235, LCT) que se curse, deberá hacerse expresa mención de la condición suspensiva a que se halla sujeto el preaviso. Si tal mención se omite, el preaviso notificado con la relación de trabajo suspendida carecerá de efectos, es decir, se tendrá por no otorgado[3].

La nulidad es sólo para el preaviso del empleador, ya que la norma se refiere exclusivamente al *preaviso notificado al trabajador*, como comienza diciendo el artículo[4].

Lo que el artículo declara nulo (o carente de efectos) no es la denuncia misma sino la imposición de plazo a la denuncia, que es en lo que consiste el preaviso, por lo que si se cursa la notificación del preaviso mediando una causa de suspensión con derecho al cobro de salarios, habrá una denuncia sin preaviso y, consiguientemente, se generará el derecho a la indemnización por falta de preaviso[5].

Capítulo II

DE LA EXTINCIÓN DEL CONTRATO DE TRABAJO POR RENUNCIA DEL TRABAJADOR

Art. 240. **[Forma] – La extinción del contrato de trabajo por renuncia del trabajador, medie o no preaviso, como requisito para su validez, deberá formalizarse mediante despacho telegráfico colacionado cursado personalmente por el trabajador a su empleador o ante la autoridad administrativa del trabajo.**

Los despachos telegráficos serán expedidos por las oficinas de correo en forma gratuita, requiriéndose la presencia personal del remitente y la justificación de su identidad.

---

[3] Brito Peret - Goldin - Izquierdo, *La reforma*, p. 202.
[4] López - Centeno - Fernández Madrid, *Ley de contrato de trabajo*, t. II, p. 1173.
[5] Brito Peret - Goldin - Izquierdo, *La reforma*, p. 203; López - Centeno - Fernández Madrid, *Ley de contrato de trabajo*, t. II, p. 1173.

Art. 240

Cuando la renuncia se formalizara ante la autoridad administrativa ésta dará inmediata comunicación de la misma al empleador, siendo ello suficiente a los fines del art. 235 de esta ley.

CONCORDANCIAS: LCT, arts. 12, 20, 58, 183, inc. b, 231 a 236, 238 a 241; leyes 23.789 y 24.487.

§ 1. **Concepto de renuncia.** – La renuncia al empleo es un acto de voluntad unilateral del trabajador (acto jurídico unilateral recepticio), por el cual se disuelve el contrato sin necesidad de la aceptación del empleador para su perfeccionamiento[1].

JURISPRUDENCIA

1. *Renuncia. Derecho potestativo del trabajador. Aceptación del empleador.* El trabajador al renunciar ejerce un derecho potestativo que no queda limitado por ningún requisito de aceptación previa del empleador (CNTrab, Sala VI, 31/3/80, *DT*, 1980-485).

2. *Renuncia abusiva.* Dado que normativamente no se exige que la renuncia al empleo sea motivada, la ausencia de prueba sobre el motivo de dicho acto no puede trocarlo en ilícito y por lo tanto no puede generar ninguna responsabilidad indemnizatoria (CNTrab, Sala VI, 2/5/01, *TSS*, 2001-874).

§ 2. **Distinción con la renuncia a un crédito.** – No cabe confundir la renuncia al empleo con la renuncia a un crédito o remisión de deuda, configurada por la disposición del trabajador a favor de su deudor (el empleador) de créditos singulares y devengados. Esta renuncia a un crédito (remisión de la deuda), que para el Código Civil es un acto bilateral (arts. 868 y 876), no es válida, en principio, para la LCT (art. 12), salvo en las condiciones del art. 15 de la misma ley[2].

§ 3. **Forma de la renuncia.** – El artículo comentado exige una forma determinada, bajo pena de nulidad, para la concreción de la renuncia. Ella debe formalizarse mediante despacho telegráfico colacionado cursado personalmente por el trabajador a su empleador, o ante la autoridad administrativa del trabajo.

---

[1] FERNÁNDEZ MADRID, *Tratado práctico*, t. II, p. 1709.
[2] LÓPEZ - CENTENO - FERNÁNDEZ MADRID, *Ley de contrato de trabajo*, t. II, p. 1177.

Jurisprudencia

> 1. ***Renuncia al empleo. Acto formal.*** La renuncia al empleo es un acto formal, con condiciones exigidas *ad solemnitatem* que hacen a su validez y a su efecto extintivo (CNTrab, Sala I, 30/12/88, *DT*, 1990-A-58).
>
> 2. ***Dimisión por nota.*** La dimisión instrumentada en una simple nota, enviada por el empleado a su principal, no reviste como tal los caracteres formales de una renuncia al empleo, de acuerdo a lo normado por el art. 240 de la LCT (SCBA, 31/8/84, *DT*, 1985-A-26).
>
> 3. ***Renuncia verbal.*** Es inadmisible la renuncia verbal del trabajador, dado que el despacho telegráfico es el único medio probatorio de tal modo de conclusión del contrato de trabajo (art. 240, LCT) (CNTrab, Sala I, 30/3/02, *DT*, 2002-A-1221).

a) ***Despacho telegráfico.*** Tal como lo determina el artículo, los despachos telegráficos son gratuitos. Se requiere, además, para su emisión, la presencia personal del remitente y la justificación de su identidad. Se trata de medidas destinadas a prevenir el fraude.

b) ***Renuncia ante autoridad administrativa.*** Cuando la renuncia se formaliza ante la autoridad administrativa del trabajo, ésta debe dar inmediata comunicación al empleador, con lo que queda cumplido el requisito de la notificación del preaviso por escrito, conforme lo exige el art. 235 de la LCT.

§ 4. **Renuncia tácita.** – Si bien la renuncia no se presume, ella puede configurarse de modo tácito a través de un comportamiento inequívoco en tal sentido (art. 58, LCT).

§ 5. **Carácter receptício.** – La renuncia al empleo tiene carácter receptício lo que significa que se configura y produce sus efectos extintivos cuando llega a la esfera de conocimiento del empleador[3].

Jurisprudencia

> 1. ***Acto unilateral y receptício. Configuración.*** La renuncia al empleo es un acto unilateral y receptício que, como tal, queda configurado y tiene efectos desde que la manifestación de voluntad del trabajador llega a la órbita de conocimiento del empleador destinatario (CNTrab, Sala IV, 23/5/84, *DT*, 1984-B-1106).

---

[3] López - Centeno - Fernández Madrid, *Ley de contrato de trabajo*, t. II, p. 1177.

§ 6. **Vicios de la voluntad.** – La renuncia tiene que ser un acto de voluntad libre, que debe considerarse válido en tanto no esté viciado por error, dolo, violencia, intimidación o simulación y no debe encubrir otra forma de terminación del contrato[4].

JURISPRUDENCIA

1. *Nulidad. Vicio de la voluntad.* La imputación de la autoría de un delito no probado al trabajador, a quien los directivos de la empresa lo llevaron en auto hasta la oficina de correos para emitir el telegrama de renuncia, constituyó una intimidación (injustas amenazas) que vició su voluntad (CNTrab, Sala VI, 31/10/91, *DT*, 1992-A-447).

2. *Intimidación. Inexistencia.* La circunstancia de que un funcionario de la empresa acompañe al dependiente al correo no constituye, de por sí, actitud intimidatoria que alcance como para tener acreditada la existencia de un vicio de la voluntad del sujeto para emitir la renuncia por encontrarse afectada su libertad (CNTrab, Sala VI, 8/7/93, *DT*, 1994-A-342).

3. *Categoría del empleo. Ilustración del trabajador.* Para ponderar si la renuncia al empleo puede estar viciada o no, tiene suma importancia la categoría del empleo desempeñado por el trabajador renunciante, e implícitamente el grado de ilustración que ello supone, como presupuesto de la relación laboral (CNTrab, Sala VII, 5/12/94, *TSS*, 1995-224).

4. *Nulidad.* Es nula la renuncia al empleo efectuada por un trabajador que fue presionado para formularla a través de la detención ordenada por un funcionario policial vinculado a la empleadora (CNTrab, Sala VII, 30/5/84, *DT*, 1984-B-941).

§ 7. **Retractación.** – La renuncia, una vez recibida por el empleador, consolida esa forma de extinción del contrato, que no puede ser retractada, salvo que las partes lo acuerden expresamente[5].

JURISPRUDENCIA

1. *Renuncia. Retractación tácita.* La renuncia produce, en principio, la extinción del contrato de trabajo, pero nada impide que sea retractada de común acuerdo de las partes (art. 234, LCT), ni tampoco que esa retractación sea tácita (CNTrab, Sala I, 26/11/87, *DT*, 1988-B-1101).

---

[4] FERNÁNDEZ MADRID, *Tratado práctico*, t. II, p. 1709.

[5] LÓPEZ - CENTENO - FERNÁNDEZ MADRID, *Ley de contrato de trabajo*, t. II, p. 1178; FERNÁNDEZ MADRID, *Tratado práctico*, t. II, p. 1713.

Capítulo III

DE LA EXTINCIÓN DEL CONTRATO DE TRABAJO POR VOLUNTAD CONCURRENTE DE LAS PARTES

Art. 241. [Formas y modalidades] – Las partes, por mutuo acuerdo, podrán extinguir el contrato de trabajo. El acto deberá formalizarse mediante escritura pública o ante la autoridad judicial o administrativa del trabajo.

Será nulo y sin valor el acto que se celebre sin la presencia personal del trabajador y los requisitos consignados precedentemente.

Se considerará igualmente que la relación laboral ha quedado extinguida por voluntad concurrente de las partes, si ello resultase del comportamiento concluyente y recíproco de las mismas, que traduzca inequívocamente el abandono de la relación.

Concordancias: LCT, arts. 12, 58 y 240.

§ 1. **Extinción por voluntad concurrente de las partes.** – Si la voluntad de ambas partes pudo dar lugar al acto constitutivo de la relación de trabajo, al celebrar el contrato de trabajo, ambas partes pueden acordar su extinción.

§ 2. **Forma.** – A fin de garantizar la autenticidad y evitar el fraude, la ley requiere, bajo pena de nulidad, el cumplimiento de ciertas formas para celebrar el acto de extinción del contrato de trabajo por mutuo acuerdo. El acto deberá formalizarse por escritura pública o ante la autoridad judicial o administrativa del trabajo. En ambos casos, se exige ineludiblemente la *presencia personal del trabajador*. Esto significa que la renuncia no puede ser válidamente realizada por un apoderado del trabajador[1].

§ 3. **Abandono de la relación.** – La última parte del artículo comentado prevé expresamente la posibilidad de que la

---

[1] López - Centeno - Fernández Madrid, *Ley de contrato de trabajo*, t. II, p. 1185.

relación laboral quede extinguida por voluntad concurrente de las partes, si ello resulta del *comportamiento concluyente y recíproco* de ambas, que traduce inequívocamente el *abandono de la relación*.

Tratándose el abandono de la relación de un acto bilateral que constituye una excepción al principio de continuidad o subsistencia del contrato (art. 10, LCT), su interpretación ha de ser restrictiva, exigiendo la ley un comportamiento *concluyente* e *inequívoco* en tal sentido.

JURISPRUDENCIA

1. *Interpretación.* Los acuerdos rescisorios de las partes dentro del marco librado a la autonomía de la voluntad de los litigantes, deben ser interpretados a la luz del principio de buena fe y de conformidad con lo que verosímilmente entendieron o pudieron entender los firmantes, obrando con cuidado y previsión, según el art. 1198 del Cód. Civil y el art. 63 de la LCT (CNTrab, Sala VIII, 24/8/95, *DT*, 1996-A-460).

2. *Vicios de la voluntad.* Si se acredita que el trabajador tuvo libre voluntad para terminar el contrato, ya que previa renuncia concurrió al Ministerio de Trabajo donde suscribió un acuerdo con la empresa que fuera homologado y por el cual ésta le otorgó una gratificación superior a la indemnización que le hubiera correspondido por despido, no se encuentran configurados los recaudos que permitan considerar que medió vicio de la voluntad en los términos del art. 954 del Cód. Civil, debiendo encuadrarse la cuestión en el art. 241 de la LCT (CNTrab, Sala IV, 21/11/95, *DT*, 1996-A-440).

3. *Abandono de la relación. a*) La percepción por el trabajador de una prestación indemnizatoria cuya exigibilidad sólo resulta de la extinción de la relación (art. 156, LCT), sin reserva alguna en fecha contemporánea con el cese de la explotación, seguida por el transcurso de un lapso prolongado, durante el cual las partes no ejecutaron sus respectivas prestaciones ni se las exigieron una a la otra, constituye *un comportamiento concluyente* y *recíproco* que traduce inequívocamente el *abandono de la relación* (CNTrab, Sala VI, 26/3/91, *DT*, 1991-B-1212).

b) Si durante un lapso prolongado el empleador no ha intimado al trabajador a que retome tareas ni éste las ha solicitado, es dable concluir que la relación ha fenecido de común acuerdo (CNTrab, Sala VI, 7/6/99, *DT*, 1999-B-1313).

c) La extinción del contrato de trabajo por voluntad concurrente de las partes exige un comportamiento concluyente y recíproco, pues se trata de una situación excepcional que permite inferir una particular forma de resolución del vínculo, que debe ser interpretada restrictivamente ya que constituye una salvedad al principio general establecido en el párr. 1º del art. 241 de la LCT y lo normado por el art. 58 de dicha ley, por lo que debe quedar inequívocamente justificado el tácito asentimiento (CNTrab, Sala VI, 29/9/99, *DT*, 2000-A-610).

d) Si el trabajador no manifestó intención de continuar trabajando después de que se le abonó la última remuneración y esperó más de quince meses antes de cursar su primera comunicación telegráfica, en la que pedía que se aclarase su situación laboral y se le regularice el pago de los salarios adeudados, cabe concluir que se configuró un abandono recíproco de la relación, en virtud de que no medió un requerimiento mutuo de las partes con miras a mantener subsistente el vínculo laboral que las unió, pues resulta ilógico que un trabajador espere más de un año y medio sin trabajar ni interpelar a su empleador en defensa de sus derechos (arts. 74 y 241, párr. 3º, LCT) (CNTrab, Sala VII, 27/3/00, *DT*, 2001-A-295).

4. *Apoderado del trabajador.* La extinción del contrato de trabajo por voluntad concurrente de las partes no puede cumplirse mediante la intervención del apoderado del trabajador, porque el art. 241 de la LCT requiere su presencia personal en el acto (SCBA, 12/6/90, *TSS*, 1990-607).

5. *Homologación.* El acto rescisorio por mutuo acuerdo previsto por el art. 241 de la LCT no requiere homologación para su perfeccionamiento (SCBA, 17/10/90, *TSS*, 1990-1117).

6. *Retiro voluntario.* *a*) La figura del retiro voluntario no puede equipararse al despido, sino al acuerdo extintivo por comportamiento concluyente y recíproco en los términos fijados por el art. 241 *in fine* de la LCT (CNTrab, Sala III, 11/2/93, *DT*, 1993-B-1412; íd., íd., 30/6/94, *DT*, 1994-B-1984).

b) El retiro voluntario es una figura de la extinción del contrato de trabajo por voluntad concordante de las partes (art. 241, LCT), en cuanto el trabajador sólo presenta la renuncia una vez que el empleador ha aceptado su solicitud. No puede calificarse como despido encubierto (CNTrab, Sala VI, 12/8/93, *DT*, 1994-A-375).

c) La implementación de un sistema de retiro voluntario configura una propuesta de negocio lícito (CNTrab, Sala II, 29/4/93, *DT*, 1994-A-520).

d) La falta de acreditación de la existencia de vicios, invalidante de la voluntad en la firma de un acuerdo de retiro voluntario entre la empleadora y el trabajador, impone el deber de respetar sus términos, porque las cláusulas fueron pactadas dentro del marco librado a la autonomía de las partes (CNTrab, Sala IV, 31/8/00, *DT*, 2001-A-831).

e) La LCT exige el cumplimiento de formalidades ineludibles para proceder a la disolución del vínculo laboral ya que se trata de normas de orden público que exigen su respeto, por lo que "la renuncia" que supuestamente habría manifestado el actor (aun de ser verdad) carece de la virtualidad jurídica cuando no se han cumplimentado esas formas y los elementos de juicio aportados revelan que el actor trabajó con posterioridad a la fecha en que se invocó que había renunciado en los términos del art. 241 de la LCT (CNTrab, Sala VII, 10/12/02, *DT*, 2003-A-849).

Capítulo IV

DE LA EXTINCIÓN DEL CONTRATO DE TRABAJO POR JUSTA CAUSA

Art. 242. [Justa causa] – Una de las partes podrá hacer denuncia del contrato de trabajo en caso de inobservancia por parte de la otra de las obligaciones resultantes del mismo que configuren injuria y que, por su gravedad, no consienta la prosecución de la relación.

La valoración deberá ser hecha prudencialmente por los jueces, teniendo en consideración el carácter de las relaciones que resulta de un contrato de trabajo, según lo dispuesto en la presente ley, y las modalidades y circunstancias personales en cada caso.

Concordancias: LCT, arts. 62 a 89, 178, 182, 189, 190, 192, 193, 199, 200, 204 a 207, 211, 212, 214 a 223, 226, 229, 231, 233 y 244 a 246; LE, arts. 104 y 114, inc. *c*; decr. 2726/91, arts. 4° y 7°.

§ 1. **Denuncia motivada e inmotivada.** – La denuncia del contrato de trabajo (despido) es el acto jurídico unilateral de una de las partes que pone fin a la relación de trabajo. La denuncia puede ser *motivada* o *inmotivada*. Es *motivada* cuando se funda en algún hecho o circunstancia que la ley determina a ciertos efectos (por lo general, indemnizatorios) y es *inmotivada* o *arbitraria* cuando no se hace valer ningún motivo legal como fundamento[1].

§ 2. **Despido por justa causa.** – Dentro de las denuncias motivadas hay que hacer otra distinción: la motivada en lo que

---

[1] López - Centeno - Fernández Madrid, *Ley de contrato de trabajo*, t. II, p. 1186.

el artículo comentado llama *justa causa* o *injuria* y la que tiene otros motivos legales (p.ej., fuerza mayor o falta o disminución de trabajo, muerte del empleador o del trabajador, quiebra del empleador).

a) **Concepto de justa causa.** La *justa causa* o *injuria* es un motivo legal de denuncia consistente en el incumplimiento grave de deberes contractuales propios de la relación de trabajo (deberes de prestación o de conducta). Es un ilícito (grave) contractual[2]. Es todo acto u omisión contrario a derecho que importe una inobservancia de deberes de prestación o de conducta, imputable a una de las partes, que lesione el vínculo contractual[3].

b) **Falta de enumeración.** El artículo no enumera los incumplimientos contractuales que pueden configurar una *justa causa* de rescisión contractual por una de las partes. Se limita a dar la noción genérica de *injuria* y otorga a los jueces la facultad de determinar su existencia en cada caso particular.

c) **Bilateralidad de la injuria.** La *injuria* es bilateral en el sentido de que puede ser cometida por ambas partes de la relación[4]. En consecuencia, el despido por *justa causa* puede ser decidido tanto por el empleador (despido directo) como por el trabajador (despido indirecto), según el art. 246 de la LCT.

§ 3. **Apreciación por los jueces.** – El párrafo último del artículo otorga a los jueces la facultad de apreciar la existencia de la *injuria*. En orden a apreciar el carácter de las relaciones que resultan de un contrato de trabajo, cobran relevante importancia las disposiciones del capítulo VII del título II, "De los derechos y deberes de las partes" (arts. 62 a 89) y los arts. 4° y 5°[5]. También algunas disposiciones del Código Civil, como el art. 902: *"Cuanto mayor sea el deber de obrar con prudencia y pleno conocimiento de las cosas, mayor será la obligación que resulte de las consecuencias posibles de los hechos"*.

En la apreciación de la *injuria*, el juez no podrá aplicar un criterio completamente personal, sino que su libre arbitrio se halla restringido por los criterios y convicciones generalmente aceptados en el ambiente[6].

---

[2] López - Centeno - Fernández Madrid, *Ley de contrato de trabajo*, t. II, p. 1187.
[3] Ackerman - De Virgiliis, *Configuración de la injuria laboral*, LT, XXX-681.
[4] López - Centeno - Fernández Madrid, *Ley de contrato de trabajo*, t. II, p. 1188.
[5] López - Centeno - Fernández Madrid, *Ley de contrato de trabajo*, t. II, p. 1187.
[6] Krotoschin, *Tratado práctico*, t. I, p. 487.

JURISPRUDENCIA

1. ***Apreciación judicial de la injuria.*** Pugna con las prescripciones de los arts. 159 y concs. del Cód. de Comercio (ley 11.729 –actual art. 242, LCT–) lo dispuesto en el art. 39, inc. *b*, de la convención colectiva de trabajo suscripta entre Aerolíneas Argentinas y su personal (CNTrab, plenario 128, 14/4/70, "Pérez Rojas, Marcelino Á. J. c/Aerolíneas Argentinas", *DT*, 1970-386).

2. ***Obligación de actuar con prudencia.*** Si la actora contaba con una larga trayectoria como cajera del banco empleador, tenía obligación de conocer las reglas internas a fin de resguardar las exigencias establecidas para cualquier tipo de operación bancaria, y resulta obvio que cuanto mayor es la obligación de actuar con prudencia y pleno conocimiento de las cosas, mayores serán las consecuencias de los hechos que provoque su conducta irregular (CNTrab, Sala VII, 10/2/00, *DT*, 2000-B-1823).

§ 4. **El despido como sanción disciplinaria.** – El empleador tiene un poder jerárquico sobre el trabajador (art. 5º, LCT), en virtud del cual la ley lo autoriza a "aplicar medidas disciplinarias proporcionadas a las faltas o incumplimientos demostrados por el trabajador" (art. 67).

El despido, en consecuencia, es utilizado normalmente por el empleador como sanción disciplinaria, resultando para el trabajador la máxima y más grave sanción disciplinaria en tanto significa su expulsión del seno de la empresa.

Como sanción disciplinaria, el despido está sometido a la observancia de varios principios del derecho disciplinario laboral: *a*) el que prohíbe la doble sanción por la misma falta (*non bis in idem*); *b*) el de proporcionalidad entre la falta y la sanción[7], y *c*) el de la oportunidad o contemporaneidad de la falta y la sanción[8].

a) *El principio "non bis in idem".* La aplicación del principio *non bis in idem* al despido decidido por el empleador fundado en *justa causa*, significa que si una falta, incluso grave, ha sido ya sancionada con suspensión u otra sanción moral (llamado de atención, advertencia, apercibimiento) no podría ser sancionada además con el despido[9].

b) *Proporcionalidad entre la falta y la sanción.* El principio de proporcionalidad entre la falta y la sanción se tradu-

---

[7] López - Centeno - Fernández Madrid, *Ley de contrato de trabajo*, t. II, p. 1189.
[8] Ackerman - De Virgiliis, *La reacción ante la injuria*, LT, XXX-777.
[9] López - Centeno - Fernández Madrid, *Ley de contrato de trabajo*, t. II, p. 1189.

ce en que no cabe justificar el despido por una falta susceptible de ser proporcionadamente sancionada mediante una sanción menor[10]. Si el despido aparece como desproporcionado con la falta cometida, como el despido es una medida expulsiva que pone fin a la relación de trabajo, lo que configura una sanción irrevocable que no da lugar a su supresión o sustitución por otra sanción, según lo previsto por el art. 67 de la LCT, la consecuencia será que el despido decidido por el empleador no valdrá como denuncia con justa causa sino simplemente como denuncia sin causa o sin justa causa, lo que lo responsabilizará por el pago de las indemnizaciones por despido[11].

c) *Contemporaneidad u oportunidad.* Este requisito exige que exista una proximidad temporal entre la reacción de la parte afectada por la injuria y el momento en que su producción o comisión llega a su esfera de conocimiento[12].

La falta de contemporaneidad o inmediatez entre la falta y la sanción puede hacer caducar para el empleador la posibilidad de ejercer el poder disciplinario en un caso determinado, aunque, desde luego, la potestad disciplinaria queda vigente para otros casos particulares que pudieren presentarse en el futuro[13].

El despido debe fundarse en hechos presentes y no pretéritos. Sin embargo, en determinadas circunstancias puede transcurrir un lapso más o menos prolongado entre el despido y la falta grave que lo motivó, por ejemplo, cuando la demora se debe al hecho de haber sido necesario dar intervención, previamente, a algún organismo instituido por ley o convención colectiva, o cuando la investigación de las circunstancias del caso lleva algún tiempo[14].

Si bien el despido no puede fundarse exclusivamente en hechos pretéritos, éstos pueden invocarse para dar mayor justificación al despido que se declara como consecuencia de un hecho presente. Debe exigirse, sin embargo, que la parte denunciante haya observado, cada vez, el incumplimiento de las obligaciones, de modo que el despido no tome de sorpresa a la otra parte sino que significa la actualización de un estado de incumplimiento manifiesto[15].

---

[10] López - Centeno - Fernández Madrid, *Ley de contrato de trabajo*, t. II, p. 1189.
[11] López - Centeno - Fernández Madrid, *Ley de contrato de trabajo*, t. II, p. 1189.
[12] Ackerman - De Virgiliis, *La reacción ante la injuria*, LT, XXX-777.
[13] López - Centeno - Fernández Madrid, *Ley de contrato de trabajo*, t. II, p. 1190.
[14] Krotoschin, *Tratado práctico*, t. I, p. 489.
[15] Krotoschin, *Tratado práctico*, t. I, p. 489.

§ 5. **Gravedad de la injuria.** – No cualquier incumplimiento contractual configura una *injuria* en el sentido del artículo. Debe tratarse de una inobservancia que "por su gravedad, no consienta la prosecución de la relación".

La parte injuriante debe haber excedido, en su conducta frente a la otra, por su hacer o por su omisión, de lo que puede considerarse como tolerable, y el exceso debe haber sido tal que no *consienta* la continuación de la relación, ni siquiera provisionalmente (esto es, por la duración del plazo de preaviso)[16].

El despido se considera como un último remedio (*ultima ratio*) al que no puede recurrirse sino en casos de verdadera necesidad. De lo contrario, el despido se juzga como arbitrario[17].

§ 6. **Gravedad cualitativa y cuantitativa.** – La gravedad de la falta cometida puede apreciarse con criterio cualitativo o cuantitativo. Una sola falta puede constituir por su gravedad, es decir, por su calidad, justa causa de resolución del contrato. Pero la falta puede perder su gravedad cuando se trata, por ejemplo, de un trabajador con larga antigüedad en el servicio y una actuación meritoria y honesta. En cambio, una falta leve, que aisladamente considerada no sería motivo suficiente de despido, podría asumir carácter de gravedad al ser apreciada con criterio cuantitativo, esto es, al ponerla en relación con una reiterada inconducta[18].

Diversas faltas leves ponen de manifiesto un comportamiento gravemente injurioso y por más que la exigencia de inmediatez o contemporaneidad entre la falta y el despido exige que haya una falta actual y no que la denuncia se funde exclusivamente en los antecedentes desfavorables, la falta leve actual puede revelar, a la luz de los antecedentes desfavorables, el mencionado comportamiento gravemente injurioso[19].

JURISPRUDENCIA

1. ***Principios generales.*** *a*) No puede hablarse del principio de contemporaneidad entre el despido y la injuria detectada,

---

[16] KROTOSCHIN, *Tratado práctico*, t. I, p. 486 y 487.

[17] KROTOSCHIN, *Tratado práctico*, t. I, p. 505.

[18] GARCÍA MARTÍNEZ - GARCÍA MARTÍNEZ, *El contrato de trabajo*, p. 530; ACKERMAN - DE VIRGILIIS, *La reacción ante la injuria*, LT, XXX-777.

[19] LÓPEZ - CENTENO - FERNÁNDEZ MADRID, *Ley de contrato de trabajo*, t. II, p. 1191; ACKERMAN - DE VIRGILIIS, *La reacción ante la injuria*, LT, XXX-777.

si la empresa tomó tardíamente conocimiento del hecho y se vio obligada a realizar averiguaciones concretando el despido del trabajador cuando éste volvió a su trabajo tras gozar de licencia por enfermedad (CNTrab, Sala II, 31/10/91, *DT*, 1992-B-1433).

b) Una misma falta cometida por el trabajador no puede sancionarse dos veces (SCBA, 18/5/84, *DT*, 1984-B-1251).

c) Aunque se haya acreditado que el trabajador agredió reiteradas veces a sus superiores inmediatos, pero no se probó que se hubiese repetido esa conducta en fecha coetánea a la del distracto, no es posible considerar justificado el despido dispuesto con invocación de esa causa (CNTrab, Sala V, 29/11/89, *DT*, 1990-B-1391).

d) Las impuntualidades aisladas, respecto de las cuales nunca se adoptaron suspensiones como modo de graduar el ejercicio del poder disciplinario, son insuficientes para justificar el despido (CNTrab, Sala II, 6/10/89, *DT*, 1990-A-65).

e) Si las faltas en que incurrió anteriormente el trabajador fueron sancionadas, no puede en base a ellas disponerse el cese del contrato de trabajo, sino que debe existir un hecho posterior, concomitante con la cesantía, que tenga entidad suficiente como para considerarlo injurioso (CNTrab, Sala I, 20/5/91, *DT*, 1991-B-2013).

f) El despido constituye la máxima sanción prevista para el contrato de trabajo, por lo que en casos en que el incumplimiento reúne menor gravedad debe acudirse, en orden a la tutela del principio de proporcionalidad que toda sanción debe tener respecto de la falta cometida, a la aplicación de una sanción disciplinaria de menor entidad y no a la disolución del contrato de trabajo (CNTrab, Sala II, 27/9/95, *TSS*, 1996-94).

g) No existe norma que subordine el derecho del trabajador a la indemnización por despido al rechazo de la causa invocada por el empleador. Si su declaración expresa abdicativa no le es oponible (art. 12, LCT), el silencio es del todo irrelevante (CNTrab, Sala VI, 18/7/97, *DT*, 1997-B-2489).

h) No todo acto de incumplimiento constituye causa de denuncia del contrato de trabajo sino sólo aquel que pueda configurar injuria y, para ser tal, tiene que asumir magnitud suficiente para el desplazamiento del principio de "conservación del contrato" que consagra el art. 10 de la LCT (CNTrab, Sala I, 25/11/98, *DT*, 1999-B-1805).

i) Para que se configure injuria en la relación laboral, justificativa de la rescisión del contrato de trabajo, debe existir un hecho de entidad suficiente desencadenante del despido y, a tal efecto, es insuficiente la mera remisión genérica a faltas anteriores sin invocar una nueva falta concreta y comprobable como presupuesto fáctico de la ruptura del vínculo (CNTrab, Sala II, 23/3/99, *DT*, 1999-B-2279).

Art. 242

j) El despido, para tener efectos exonerantes de la obligación de indemnizar, requiere el cumplimiento de los recaudos consistentes en la proporcionalidad entre la falta y la sanción y la contemporaneidad (CNTrab, Sala II, 23/3/99, *DT*, 1999-B-2279).

k) No es necesaria la demostración de cada una de las causales invocadas en el distracto, si se han denunciado varias, pues basta la acreditación de una que posea entidad válida para impedir la prosecución laboral (CNTrab, Sala I, 31/5/99, *DT*, 1999-B-2281).

l) Ante la invocación de una justa causa de despido indirecto en el marco del art. 243 de la LCT, la exhortación de la empleadora a discutir las cuestiones que generaron la controversia, obsta decisivamente a la configuración de tal injuria, en cuanto excluyente de que la continuación de la relación se hubiera tornado imposible, nota tipificante de este concepto según el art. 242 de la LCT (CNTrab, Sala VIII, 13/9/02, *DT*, 2002-B-2309).

m) El acto u omisión que puede generar injuria debe revestir suficiente entidad que no deje duda en el ánimo del juez de que se está en presencia de una falta realmente grave que destruye definitivamente el principio de disciplina y mutuo respeto que debe imperar en las relaciones entre empleadores y trabajadores, debiéndose tener en cuenta para apreciar la gravedad, la antigüedad del empleado, sus antecedentes, su comportamiento anterior, es decir, todas las circunstancias personales de hecho que pueden haber rodeado el caso (CNTrab, Sala X, 26/12/02, *DT*, 2003-B-1699).

2. **Abandono del puesto de trabajo.** Cabe considerar legítimo el despido impuesto por abandono del puesto de trabajo si la falta cometida por el trabajador fue detectada accidentalmente mediante un sistema de vigilancia fílmica que era ejercitado sobre distintas áreas del establecimiento en forma lícita y razonable (CNTrab, Sala VI, 15/7/02, *DT*, 2003-A-818).

3. **Acoso sexual.** *a*) Resulta legítimo el despido impuesto por la empresa al empleado jerárquico que sometió a acoso sexual a empleadas de la empresa, ya que el superior jerárquico siempre representa, de algún modo, al empleador frente a sus subordinados, y no parece razonable admitir que emplee esta situación en su beneficio personal efectuando presiones que atentan contra la libertad sexual individual (CNTrab, Sala II, 31/10/91, *DT*, 1992-B-1433; íd., íd., 6/11/97, *DT*, 1998-A-533).

b) Reunidos indicios suficientes como para tener por acreditado el acoso sexual de la empleada por parte de un superior jerárquico, que podía tener incidencia en las condiciones de trabajo o desvinculación, ello basta para considerar configurada la imposibilidad de continuidad de su vínculo (CNTrab, Sala II, 6/11/97, *TSS*, 1998-68).

c) Cuando los actos que provienen de la elección de una preferencia sexual acontecen en el lugar de trabajo, con una persona ajena al mismo que se hizo entrar subrepticiamente, con manifestaciones amorosas que excedían la conducta razonablemente esperada en tal lugar, a la vista de espectadores, cabe eximir al empleador de responsabilidad indemnizatoria por el despido (CN Trab, Sala II, 23/5/97, *TSS*, 1998-66).

d) El acoso sexual laboral puede constituir injuria, en los términos del art. 242 de la LCT, y justa causa de despido, conforme a la valoración que realicen los jueces, teniendo en consideración el carácter de la relación laboral, lo dispuesto por la ley citada y las modalidades y circunstancias personales de cada caso. De todos modos, el decr. 2385/93 sobre el régimen jurídico básico de la función pública, introduce una definición de acoso sexual. Según dicha norma, se entiende por tal el accionar del funcionario que con motivo o en ejercicio de sus funciones se aprovechare de una relación jerárquica induciendo a otro a acceder a sus requerimientos sexuales, haya o no acceso carnal (CNTrab, Sala VI, 15/3/01, *DT*, 2001-B-2334).

4. *Amenazas.* *a*) La amenaza con arma a una persona constituye un acto que, por sí mismo, inviste una gravedad suma, justificativa del despido (art. 242, LCT), en cuanto revela una personalidad violenta, portadora de riesgos para la seguridad de las personas que conviven en el lugar de trabajo y, en esas condiciones, no es exigible a la empleadora que persevere en la observancia del contrato (CNTrab, Sala VIII, 10/3/98, *DT*, 1998-B-1676).

b) Viola los deberes establecidos en los arts. 62 y 63 de la LCT el trabajador que amenaza la integridad física del encargado de personal, lo que sumado a sus antecedentes disciplinarios por faltas de respeto a supervisores, compañeros, etc., constituye injuria que se alza como justa causa de despido y obedece a la acreditación de un incumplimiento contractual, ya sea de prestación o de conducta (CNTrab, Sala VII, 25/2/04, *TSS*, 2004-347).

5. *Delito.* *a*) Si la empleadora imputó un delito cometido por el trabajador como causal de despido, debió efectuar la denuncia penal y obtener sentencia condenatoria en esa instancia. Ello así pues la causa de la cesantía no es un simple incumplimiento contractual, sino un hecho doloso (ilícito penal), que debe probarse en dicha sede, con sentencia condenatoria (CNTrab, Sala I, 12/4/94, *DT*, 1994-B-1760; íd., íd., 22/8/96, *DT*, 1997-A-776).

b) Si las irregularidades imputadas al empleado originaron la sustanciación de una causa en sede penal promovida por el empleador por el delito de estafa, el tribunal del trabajo no pudo válidamente pronunciarse en sede laboral acerca de la existencia de dicho supuesto desconociendo si en sede penal ha recaído o no sentencia definitiva y en su caso el contenido de la misma, pues media a su respecto la prejudicialidad prevista en el art. 1101 del Cód. Civil, por lo que el pronunciamiento debe anularse (SCBA, 6/8/96, *DT*, 1997-A-545).

c) Probado que en ocasión de abandonar el establecimiento, el actor portaba un bolso conteniendo material de la empresa, resulta irrelevante su absolución en sede penal, desde que un hecho exento de connotaciones penales puede ser configurativo de injuria laboral, puesto que la culpa laboral se informa en principios distintos a los que constituyen la culpa penal (SCBA, 4/9/79, *DT*, 1980-478).

d) Si la empleadora dispuso el despido del trabajador por robo en perjuicio de la empresa, tal alegación implicó la acusación directa y frontal de la comisión de un delito que debió ser objeto de la denuncia criminal pertinente y de prueba fehaciente en esa causa (CNTrab, Sala IX, 31/12/97, *DT*, 1998-B-1677).

e) Si no media una imputación penal sino una descripción de la inconducta que se atribuye a la dependiente desde la óptica de su desempeño laboral, es irrelevante el sobreseimiento en la causa penal iniciada por la misma actora; en el caso, la empleadora imputó a su dependiente haber incumplido sus funciones al recibir cuatro mensualidades de una determinada póliza y depositar sólo dos de ellas con argumentos inaceptables e incompatibles con su función de tesorera (CNTrab, Sala X, 6/11/01, *DT*, 2002-A-749).

6. ***Demanda judicial improcedente.*** La simple circunstancia de entablar una demanda improcedente no es justa causa de despido, salvo que se acredite abuso de derecho (CNTrab, Sala VI, 16/9/94, *DT*, 1995-A-217).

7. ***Distribución de panfletos.*** La distribución de panfletos considerados injuriosos para la empresa es insuficiente para justificar la ruptura del vínculo, si la accionada tenía a su disposición las sanciones disciplinarias como medio para evitar que el episodio se repitiese (CNTrab, Sala V, 29/12/89, *TSS*, 1990-241).

8. ***Embriaguez.*** La embriaguez habitual constituye causal autónoma de injuria laboral. Si la empresa agotó los medios tendientes a lograr una rehabilitación del trabajador, no puede dubitarse de la legitimidad del despido impuesto, aun cuando nos encontramos en presencia de un buen operario, padre de familia y con considerable antigüedad en la empresa (CNTrab, Sala III, 25/9/90, *DT*, 1991-B-1853).

9. ***Falta al deber de fidelidad y buena fe.*** *a*) Resulta legítimo el despido empresario si se acreditó que el trabajador consignó falsamente horas extra no laboradas en la planilla correspondiente, sin demostrar este último circunstancias exculpatorias de su conducta. Ello en razón de la buena fe debida, que resulta un ingrediente de orden moral indispensable para el adecuado cumplimiento del derecho que reviste carácter esencial en las relaciones laborales, ya que el contrato no crea sólo derechos y obligaciones de orden exclusivamente patrimonial, sino también una vinculación personal que al prolongarse en el tiempo necesi-

ta de la confianza y lealtad recíproca de las partes (SCBA, 3/10/95, *DT*, 1996-A-432).

b) Ocultar el intento de sustracción de productos de la empresa por parte de un empleado configura por parte del personal de vigilancia una falta de fidelidad que justifica el despido, aun cuando sólo se haya aplicado una sanción menor a quien intentó la sustracción de alimentos, pues es razonable que ante razones de necesidad la empresa hubiese flexibilizado su potestad sancionatoria (CNTrab, Sala V, 9/12/92, *DT*, 1993-A-450).

10. *Huelga*. *a*) El solo hecho de la declaración de ilegalidad de una huelga por el Ministerio de Trabajo y Seguridad Social no justifica el despido sin indemnización del dependiente que continúa participando en la misma pese a la intimación patronal de volver al trabajo (CNTrab, plenario 88, 20/11/61, "Amoza de Fernández, Carmen c/Carnicerías Estancias Galli SRL", *DT*, 1962-20).

b) Para que los jueces consideren arbitrario el despido originado por una huelga, la legalidad de ésta debe ser expresamente declarada en sede judicial, haya o no declaración administrativa al respecto. En el primer caso sólo podrá prescindirse de tal declaración cuando la misma adolezca de error grave o irrazonabilidad manifiesta. Los jueces tampoco pueden prescindir de la declaración referente a la legalidad de la huelga invocando como única circunstancia la actitud del empleador de reincorporar un sector de los trabajadores que participaron en ella (CNTrab, plenario 93, 29/11/63, "Navarro, Ángel L., y otros c/Cervecería y Maltería Quilmes SA", *DT*, 1964-29).

c) Aun cuando la medida de fuerza tuviese una base objetiva, si los trabajadores que se adhirieron a ella efectuaron un bloqueo del acceso al establecimiento, que ocasionó un efectivo perjuicio económico a la empresa, es justificado el despido de éstos sin necesidad de intimación previa (CNTrab, Sala V, 12/9/89, *DT*, 1990-A-914).

d) Es injustificado el despido dispuesto por haber participado en una huelga declarada ilegal si no medió en forma previa una intimación de carácter personal ni se han invocado otras imputaciones que implicaran poner en riesgo la integridad de la empresa (CNTrab, Sala IV, 11/3/94, *DT*, 1994-B-1753).

e) No autoriza a rescindir el vínculo laboral la actitud del trabajador que paraliza su actividad por medio de una huelga, si se constató el incumplimiento del empleador de la prestación a su cargo –pago de la remuneración por el trabajo cumplido–, toda vez que los paros configuran una medida de autotutela individual, contemplada y autorizada en la legislación civil (arts. 510 y 1201, Cód. Civil) (CNTrab, Sala I, 28/11/02, *DT*, 2003-B-1008).

11. *Negligencia*. Si bien la simple circunstancia de que el trabajador –custodio de valores– fuese víctima de un ilícito no

puede constituir justa causa para la ruptura de la relación de trabajo en los términos del art. 242 de la LCT, existe injuria laboral cuando el dependiente fue negligente en su accionar y no adoptó medidas de prevención ordenadas que hubiesen podido evitar el accionar delictivo contra la empresa (CNTrab, Sala III, 26/5/00, *DT*, 2001-A-639).

12. **Merma en la actividad.** *a*) La disminución del volumen de comisiones durante un período breve no puede ser considerada como injuria por el carácter esencialmente variable de esta modalidad de retribución (CNTrab, Sala III, 31/5/91, *DT*, 1991-B-1201).

b) El rendimiento laboral del trabajador está sujeto a variación en virtud de diferentes factores, muchos de los cuales pueden hallarse fuera del control del propio obrero y, en tal sentido, la cantidad de pedidos de venta no constituye una variable eficaz para determinar si incurrió en un obrar negligente, en tanto el estado de un mercado recesivo puede ser la razón de la no concertación de aquéllos, situación ajena a la responsabilidad del dependiente (CNTrab, Sala I, 25/11/98, *DT*, 1999-B-1805).

c) Si el escaso nivel de producción no puede imputarse a negligencia, mala voluntad o falta de contracción a las tareas del trabajador (asesor previsional), no puede entenderse que se configure la injuria requerida por el art. 242 de la LCT para justificar la ruptura de un contrato de trabajo sin obligación de indemnizar (CNTrab, Sala X, 10/8/00, *DT*, 2000-B-2192).

13. **Negativa a cumplir horas extra.** *a*) La prestación de tareas en tiempo suplementario no puede, en principio, ser impuesta por la patronal y, en consecuencia, su no cumplimiento no puede ser causal de injuria justificante de la ruptura de la relación de trabajo por más que, en forma normal y habitual, el trabajador laborase horas extra (CNTrab, Sala II, 24/11/93, *DT*, 1994-A-508).

b) La negativa del trabajador a cumplir trabajo suplementario no justifica su despido, ni la del empleador a proporcionarlo –lo haya hecho o no antes– autoriza el despido indirecto, ya que ninguna de esas conductas es legal o contractualmente exigible; sólo implican el ejercicio no abusivo de derechos propios y, por ello, no constituyen incumplimientos imposibilitantes de la continuación de la relación de trabajo (CNTrab, Sala VIII, 22/4/03, *TSS*, 2003-537).

14. **Negativa a someterse al control de salida.** Resulta legítimo el despido impuesto a la trabajadora que se negó a someterse al control de salida, subordinando la exhibición de su bolso a la presencia del personal policial femenino, ya que el hecho no sólo trae sospechas sobre su conducta, sino que implica un desconocimiento de las facultades del empleador dirigidas al funcionamiento interno del establecimiento (CNTrab, Sala III, 28/2/92, *DT*, 1992-B-1225).

15. *Pérdida de confianza.* a) Si el trabajador, agente de propaganda médica, informó a su empleadora haber concretado quince visitas que no cumplió efectivamente, cabe considerar que su actitud ha constituido una evidente falta al deber de buena fe y que, como tal, trae aparejada la pérdida de confianza, como se lo comunicara en el telegrama disolutorio (CNTrab, Sala VII, 7/8/95, *DT*, 1995-B-2278).

b) La circunstancia de sorprender al trabajador cuando pretendía salir del establecimiento ocultando mercadería del patrono que llevaba consigo, es suficiente para determinar la pérdida de confianza que justifica el despido por injuria, aun cuando el valor de los efectos que intentaba sustraer fuera exiguo (SCBA, 11/6/91, *DT*, 1991-B-2032; íd., 30/7/91, *DT*, 1992-A-285).

c) La tenencia por parte del trabajador de artículos denunciados como robados sin que se dieran explicaciones de cómo habían llegado a su poder, es causa suficiente para que la empleadora pierda la confianza en el mismo y justifica la decisión de despedirlo, aun cuando las circunstancias no permitan tener por acreditada la comisión de un delito y el dependiente haya sido sobreseído provisionalmente en sede penal (CNTrab, Sala V, 24/5/84, *DT*, 1984-B-1119).

d) La pérdida de confianza, como factor subjetivo que justifica la ruptura de la relación, debe necesariamente derivar de un hecho objetivo de por sí injuriante (CNTrab, Sala III, 3/5/00, *TSS*, 2001-233; íd., Sala VIII, 11/7/96, *DT*, 1997-A-317).

e) Es obvio y objetivo que, quienes tienen a su cargo la recepción de recaudaciones e incurren en procederes irregulares, se exponen a la pérdida de confianza de su empleador si dichas irregularidades comprometen, precisamente, la cuantía de los ingresos de su caja, porque cuanto mayor sea el deber de obrar con prudencia y pleno conocimiento de las cosas mayor será la obligación que resulte de las consecuencias de los hechos, conforme lo dispone el art. 902 del Cód. Civil, norma que resulta de aplicación al ámbito laboral, en consonancia con lo que disponen también los arts. 62 y 63 de la LCT (CNTrab, Sala VII, 12/11/91, *DT*, 1992-A-281).

f) La *pérdida de confianza*, expresión que refleja solamente un sentimiento subjetivo de quien la emite, no constituye un supuesto autónomo de justa causa de despido, dado que, en los términos del art. 242 de la LCT, el juez debe analizar hechos u omisiones imputables al contratante denunciado, la carga de cuya acreditación pesa en la esfera del denunciante, a fin de evaluar si ellos constituyen incumplimiento imposibilitante de la continuación de la relación de trabajo (CNTrab, Sala VI, 21/2/92, *DT*, 1992-A-909; íd., Sala VIII, 28/2/03, *TSS*, 2003-532).

g) Resulta válido el despido impuesto por pérdida de confianza si en el cofre personal del trabajador se encontraron bienes de propiedad del empleador, sin justificación alguna de su presencia (CNTrab, Sala VI, 17/7/92, *DT*, 1992-B-1888).

h) Las ausencias del trabajador con el pretexto de estar accidentado, cuando en realidad estaba detenido por la comisión de un delito, configura un supuesto de *pérdida de confianza* que justifica el despido, sin que obste que el trabajador haya sido absuelto o sobreseído (CNTrab, Sala VII, 13/3/96, *TSS*, 1996-461).

i) Aun cuando los delitos por los que el accionante fue condenado en sede penal no fueron cometidos en el desempeño de su relación laboral, debido a su gravedad –robo agravado, uso de armas en grado de tentativa y portación ilegal de armas– configuran la pérdida de confianza, máxime si trabajaba como distribuidor domiciliario de correo, resultando evidente la confianza y seguridad que dicha tarea requiere (CNTrab, Sala VI, 19/9/03, *TSS*, 2003-1042).

16. **Reclamos injustificados del trabajador.** *a*) La circunstancia de que un trabajador efectúe reclamos injustificados contra su empleador no puede ser considerado por éste como injuria laboral legitimante del despido, ya que le bastaba tutelar sus derechos mediante el rechazo de la pretensión sin que exista razón objetiva para la ruptura del vínculo (CNTrab, Sala VI, 10/3/99, *DT*, 1999-B-2271).

b) El reclamo ilegítimo efectuado por el trabajador –en el caso, supuesta antigüedad, remuneraciones en negro, categorías no desempeñadas y horas extra no trabajadas– no puede configurar por sí solo un ilícito invocable por el empleador para justificar la ruptura del vínculo, por cuanto la jurisprudencia ha establecido que incluso la circunstancia de entablar una demanda improcedente es insuficiente a tales fines, salvo que se acredite abuso de derecho (CNTrab, Sala X, 21/5/99, *DT*, 2000-B-1847).

17. **Riña.** *a*) La participación en una riña violenta es causal suficientemente grave para disponer el despido porque tal conducta contraviene el deber genérico de todo *buen trabajador*, que no es sino el de guardar buena conducta y cumplimiento diligente con dedicación adecuada al trabajo según sus características, tal como está previsto en los arts. 62, 63 y 84 de la LCT, con la sola excepción de que el trabajador hubiera actuado en legítima defensa por la agresión de otro (CNTrab, Sala VII, 4/10/96, *DT*, 1997-A-761).

b) Carece de proporcionalidad el despido impuesto por riña si el agresor fue suspendido y sólo con respecto al agredido se decidió la ruptura laboral (CNTrab, Sala VI, 4/6/92, *DT*, 1992-B-2271).

c) La participación del trabajador en una riña en la cual no se probó que hubiera asumido el carácter de provocador, iniciador, promotor o agresor, no legitima su despido, máxime si tenía extensa antigüedad en la empresa, sin antecedentes laborales desfavorables y sin sanciones disciplinarias (CNTrab, Sala I, 21/4/97, *DT*, 1998-A-298).

d) La riña entre trabajadores, en el lugar y horas de trabajo, constituye materia de apreciación circunstancial y, si bien puede configurar justa causa de despido, se debe verificar que no haya sido posible evitarla o que la actitud del dependiente haya sido meramente defensiva o de reacción a una agresión (CNTrab, Sala VII, 29/3/99, *DT*, 1999-B-1561).

18. *Uso del e-mail de la empresa.* *a*) Si la empresa no dictó ninguna norma –escrita o verbal– sobre el uso que debían hacer los empleados del correo electrónico, con el agravante de que procedió a despedir al trabajador en forma directa, sin hacerle ninguna advertencia previa sobre el uso particular del correo electrónico, el despido no se ajusta a derecho (CNTrab, Sala VII, 27/3/03, *DT*, 2003-B-1523).

b) Aun cuando la dependiente –cuyo cargo era gerencial– fuera considerada como empleada excelente a juzgar por los resultados de su trabajo, dado que el empleador la contrató por tiempo y no por rendimiento y ella distrajo parte de ese tiempo en tareas ajenas y utilizó en forma impropia un medio de comunicación que le brindaba la empresa, el correo electrónico, está justificado el despido (CNTrab, Sala X, 13/8/03, *TSS*, 2004-29).

c) Es improcedente el despido dispuesto, entre otras causales, por el uso para cuestiones personales de los servicios de *e-mail* e Internet por cuanto, más allá de no haber sido fehacientemente comprobada la conducta que se imputa, aun de tenerse por cierta, no puede soslayarse que, si bien el empleador goza de la facultad de imponer sanciones disciplinarias al trabajador desobediente o incumplidor, dicha potestad no debe ser abusivamente utilizada como alternativa válida del despido, no resultando ajustado a derecho que aplique la medida de mayor gravedad en forma intempestiva y sin recurrir previamente a otros medios que la ley le confiere a tal fin (CNTrab, Sala X, 26/8/03, *TSS*, 2004-40).

19. *Tráfico informático de material pornográfico.* El tráfico informático de material pornográfico en el horario y lugar de trabajo no constituye una injuria de entidad tal que torne procedente el despido del trabajador implicado, puesto que, ante la ausencia de sanciones previas, es evidente la falta de proporcionalidad entre la sanción aplicada y la falta cometida, correspondiendo en este supuesto la suspensión del trabajador por causas disciplinarias en virtud de la prohibición expresa de la empresa en cuanto a la conducta asumida por aquél (CNTrab, Sala I, 10/4/03, *DT*, 2003-B-1398).

§ 7. **Despido discriminatorio.** – El art. 41 de la ley 25.877 derogó el art. 11 de la ley 25.013 que había instituido la figura del despido discriminatorio, que era el originado en motivos de raza, sexo o religión. De acreditarse estos motivos, la indemnización que preveía el art. 7º de dicha ley, para los despidos

---

42. Etala, *Contrato*.

sin justa causa, debía incrementarse en un 30% y no se aplicaba el tope máximo previsto en el párr. 2° del mismo artículo.

Con la derogación del citado artículo se produce un vacío legislativo en el espacio estrictamente laboral, situación que planteó la necesidad de proponer soluciones al problema del despido discriminatorio en el ámbito de las relaciones laborales, esbozándose las siguientes soluciones posibles.

a) *Tesis de la ley especial.* Esta postura sostiene que debería llenarse el vacío legislativo dejado por la derogación del art. 11 de la ley 25.013, propiciando una ley que sancione especialmente el despido discriminatorio, dado que no existe disposición específica laboral al respecto. Para fundamentar esta posición se invoca el carácter predominantemente tarifario de las indemnizaciones en el campo del derecho del trabajo, en contraste con las del derecho civil regido por el principio de reparación integral de los daños irrogados.

b) *Tesis de la aplicación amplia de la ley 23.592.* Esta posición sostiene que la derogación del art. 11 de la ley 25.013 ha dejado en plena vigencia la ley 23.592 que, en su art. 1°, establece una disposición de orden general que expresa: "Quien arbitrariamente impida, obstruya, restrinja o de algún modo menoscabe el pleno ejercicio sobre bases igualitarias de los derechos y garantías fundamentales reconocidos en la Constitución nacional, será obligado, a pedido del damnificado, a dejar sin efecto el acto discriminatorio o cesar en su realización y a reparar el daño moral y material ocasionados". El mismo artículo agrega: "A los efectos del presente artículo se considerarán particularmente los actos u omisiones discriminatorios determinados por motivos tales como raza, religión, nacionalidad, ideología, opinión política o gremial, sexo, posición económica, condición social o caracteres físicos".

Según lo expuesto, todo despido discriminatorio tendría un objeto prohibido (art. 953, Cód. Civil), y resultaría, por ello, un acto nulo (art. 1044), por lo que sin perjuicio de repararse los daños producidos por ese acto nulo se deben reponer las cosas al estado anterior al acto lesivo (art. 1°, ley 23.592, y art. 1083, Cód. Civil). Esta postura consagra para el caso del despido discriminatorio una solución que implica reconocer estabilidad absoluta o propia al trabajador discriminado[20].

---

[20] SIMÓN, *Derechos fundamentales, no discriminación y la ley de reforma laboral*, en "Reforma Laboral. Ley 25.877", *LL*, suplemento especial, mar. 2004, p. 55; MAZA, *El despido discriminatorio: una pequeña derogación con grandes consecuencias jurídicas*, LNLSS, may. 2004, n° 9, p. 546.

c) *Tesis de la aplicación restringida de la ley 23.592.* Una tercera postura admite la aplicación de la ley 23.592, pero respetando las limitaciones jurídicas propias que rigen en el ámbito de las relaciones laborales. Se arguye que ni la Constitución ni la ley establecen la estabilidad absoluta o propia para los trabajadores comunes sino sólo para los investidos de una representación gremial. Ningún trabajador tiene consagrado el derecho a una permanencia jurídicamente garantizada de manera indefinida. El empleador puede despedir a cualquier trabajador, sin invocación de causa, si asume la carga indemnizatoria correspondiente.

En caso de despido discriminatorio, el empleador satisface el daño material causado con el pago de la pertinente indemnización tarifada porque igualmente, aun sin discriminación, podría haber despedido al trabajador en cualquier momento pagando la correspondiente indemnización. En cambio, sí, corresponde reconocer al trabajador discriminado una adecuada indemnización del agravio moral causado, por el incumplimiento patronal del deber de igualdad de trato y no discriminación (arts. 17 y 81, LCT) que debe ser prudencialmente fijada por el juez, de acuerdo con la índole del hecho generador de la responsabilidad y las circunstancias del caso (art. 522, Cód. Civil).

Según esta postura, no corresponde consagrar la estabilidad absoluta o propia del trabajador discriminado porque de ella no goza ningún trabajador que no sea representante gremial. De otra forma, se estaría consagrando una nueva discriminación legal emergiendo dos regímenes jurídicos paralelos, uno del que gozarían los trabajadores discriminados por su empleador; el segundo, el de los trabajadores que no han sido afectados por actos de discriminación y que no gozarían del derecho a la reinstalación en los supuestos de despido arbitrario.

JURISPRUDENCIA

1. **Despido discriminatorio.** Si el trabajador, afectado de sida, fue despedido invocándose las previsiones del art. 991, inc. 4, del Cód. de Comercio, pero luego se acredita que, al momento del distracto, era plenamente capaz de prestar servicios, el despido debe ser calificado de injustificado y atentatorio del principio de no discriminación a que alude nuestra Constitución nacional, el art. 17 de la LCT y la ley 23.592 (CNTrab, Sala VII, 31/5/96, *DT*, 1997-A-496).

2. **Despido de la trabajadora diabética.** La circunstancia de que la trabajadora haya sido despedida durante el período de prueba, no puede enervar su derecho al cobro de una reparación por daño moral si el empleador le impuso la ruptura del vínculo por su condición de diabética, ejerciendo una conducta discrimi-

natoria vedada por las leyes 23.753 y 23.592 (CNCiv, Sala H, 4/9/00, *DT*, 2001-A-783).

3. *Indemnización agravada por maternidad.* La indemnización con fundamento en la ley antidiscriminatoria 23.592 no es admisible si lo que se pretende resarcir y sancionar se encuentra adecuadamente reparado a través de la indemnización agravada por maternidad (CNTrab, Sala X, 20/7/01, *TSS*, 2001-883).

4. *Nulidad del despido.* La ley 23.592 permite dejar sin efecto el acto discriminatorio, aun cuando se trate de un despido dispuesto en el régimen de estabilidad impropia. Es que el acto discriminatorio está prohibido por la Constitución nacional (art. 16) y por la ley mencionada (art. 1º), por lo tanto tiene un objeto prohibido (art. 953, Cód. Civil) y entonces es nulo (art. 1044, Cód. Civil); en consecuencia, el perjuicio debe ser reparado reponiendo las cosas al estado anterior al acto lesivo (art. 1º, ley 23.592, y art. 1083, Cód. Civil) (CNTrab, Sala X, 29/6/01, *DT*, 2002-A-105).

Art. 243. [COMUNICACIÓN. INVARIABILIDAD DE LA CAUSA DE DESPIDO] – **El despido por justa causa dispuesto por el empleador como la denuncia del contrato de trabajo fundada en justa causa que hiciera el trabajador, deberán comunicarse por escrito, con expresión suficientemente clara de los motivos en que se funda la ruptura del contrato. Ante la demanda que promoviere la parte interesada, no se admitirá la modificación de la causal de despido consignada en las comunicaciones antes referidas.**

CONCORDANCIAS: LCT, arts. 62, 63 y 242.

§ 1. **Requisitos formales.** – El artículo establece dos requisitos formales a que debe sujetarse la denuncia del contrato de trabajo, con invocación de *justa causa*: que la comunicación se curse por escrito, y que en el instrumento se consigne la "expresión suficientemente clara de los motivos en que se funda la ruptura del contrato"[1]. Las reglas son válidas para ambas partes del contrato que efectuaran la denuncia motivada, tanto para el empleador (despido directo) como para el trabajador (despido indirecto). La forma exigida por el artículo es una forma *ad solemnitatem* y no solamente *ad probationem*[2].

---

[1] HERRERA, en VAZQUEZ VIALARD (dir.), "Tratado", t. 5, p. 367.
[2] LÓPEZ - CENTENO - FERNÁNDEZ MADRID, *Ley de contrato de trabajo*, t. II, p. 1225.

§ 2. **Omisión de la forma.** – Cuando se omitieren las formas exigidas por el artículo en una denuncia motivada, ella será eficaz como acto unilateral extintivo de la relación, pero no tendrá validez como invocación de *justa causa* de rescisión contractual[3].

§ 3. **Carácter vinculante de la comunicación.** – Una vez invocada la causa de rescisión contractual no se la podrá modificar ni ampliar por declaración unilateral ni en el juicio posterior, por ninguna de las partes[4]. Es lo que dice la última parte del artículo: "Ante la demanda que promoviere la parte interesada, no se admitirá la modificación de la causal de despido consignada en las comunicaciones antes referidas". La ley impone una suerte de fijeza prejudicial al acto de invocación de justa causa de rescisión.

Jurisprudencia

1. *Alteración de la causa del despido.* No es jurídicamente válido alterar la causal del despido dada (o invocada) en el proceso judicial posterior (CNTrab, Sala VII, 6/6/95, *DT*, 1995-B-1811).

2. *Notificación. Comunicación verbal registrada en escritura pública.* La notificación verbal del despido con causa registrada en una escritura pública, cumple acabadamente la finalidad que persigue el art. 243 de la LCT, cuando se comunica en forma expresa la voluntad rescisoria y las causales en que se funda la decisión (CNTrab, Sala IV, 27/5/91, *DT*, 1991-B-1656).

3. *Invocación de distintas causales.* Cuando las partes invocan distintas causales de rescisión contractual, debe considerarse la virtualidad de aquella que quedó configurada en primer lugar (SCBA, 27/11/84, *DT*, 1985-A-644; íd., 7/5/91, *DT*, 1991-B-1669).

4. *Extinción del contrato de trabajo. Cierre de la explotación.* El art. 243 de la LCT tiene por finalidad impedir que el dependiente desconozca la causa de la desvinculación, por lo que no puede requerirse tal recaudo cuando los contratos de trabajo se extinguen por falta de objeto (SCBA, 4/6/91, *DT*, 1991-B-2227).

5. *Invocación de causa. Comunicación oral. Eficacia.* a) Encontrándose prevista legalmente (art. 243, LCT) la forma escrita únicamente a los efectos de la invocación de la causa del distracto, la comunicación oral de tal determinación, reconocida por el accionante, surte plenos efectos en la misma fecha en que se la efectúa (CNTrab, Sala VIII, 22/11/91, *DT*, 1992-B-1444).

---

[3] Herrera, en Vazquez Vialard (dir.), "Tratado", t. 5, p. 367.
[4] Herrera, en Vazquez Vialard (dir.), "Tratado", t. 5, p. 370.

b) Para la validez del distracto, la comunicación escrita es un requisito operativo para la extinción del contrato de trabajo, pero no cuando se produce un despido *ad nutum* (sin expresión de causa), donde la comunicación verbal al trabajador tiene plenos efectos extintivos cuando entra en la esfera de conocimiento de éste (en el caso, medió un despido verbal y ello tornó irrelevante el intercambio epistolar posterior y la denuncia proveniente del actor, en cuanto pretendía incidir sobre la continuación de una relación que se encontraba extinguida) (CNTrab, Sala VIII, 7/11/00, *DT*, 2001-A-647).

6. *Causal de despido. Ausencia de invocación oportuna. Contestación de la demanda.* La ausencia de invocación oportuna de las razones determinantes del despido no puede suplirse con la contestación de la demanda, pues, de aceptarse ello, se privaría al trabajador de la posibilidad de rebatir la causal al interponer la demanda (CNTrab, Sala VII, 19/2/93, *DT*, 1993-B-1111).

7. *Notificación del despido. Causales invocadas. Prueba de alguna de ellas.* Cuando son varias las causales invocadas en la notificación del despido, la acreditación de alguna de ellas, con entidad bastante para justificar la medida, es suficiente para admitir el pertinente reclamo indemnizatorio (CNTrab, Sala VII, 23/10/92, *DT*, 1993-B-1249).

8. *Causa conocida por el trabajador. a)* La rigidez formal del art. 243 de la LCT debe ceder cuando el actor tiene conocimiento de la verdadera causal imputada (CNTrab, Sala I, 31/3/93, *DT*, 1994-A-37).

b) No se infringe el art. 243 de la LCT cuando hay una manifiesta correlación entre las causas que dieron origen al despido y la notificación, de manera que el trabajador no pueda ignorar la causa que ha determinado la conducta del empleador (SCBA, 2/10/02, *TSS*, 2003-718).

c) El requisito legal de "expresión suficientemente clara de los motivos en que se funda la ruptura del contrato" no tiene carácter *ad solemnitatem* sino *ad probationem*, cuando por las circunstancias que rodean al hecho el trabajador no puede ignorar la verdadera causal invocada (CNTrab, Sala X, 13/8/03, *TSS*, 2004-29).

9. *Recaudos. Comunicación de la denuncia. Integración con intimaciones anteriores.* A los efectos de valorar si se ha dado cumplimiento a lo dispuesto por el art. 243 de la LCT, cabe admitir que la comunicación de la denuncia del contrato de trabajo efectuada por el trabajador se integra con las intimaciones anteriores para determinar si en ocasión de considerarse despedido el dependiente hizo conocer a su empleador las causas de su decisión (CNTrab, Sala IV, 31/5/84, *DT*, 1984-B-1463).

10. *Causas de la cesantía. Comunicación. Fijeza prejudicial.* Cuando de las causas de cesantía se trata, existe una suerte de fijeza prejudicial en el sentido de que no se admitirá la mo-

dificación posterior de los motivos en que se funda la ruptura del contrato consignada en la comunicación que se hiciera por escrito al trabajador, según lo dispone el art. 243 de la LCT, respecto de la invariabilidad de la causa de despido (SCBA, 15/5/84, *DT*, 1984-B-1101).

11. *Comunicación. Falta de recepción. Culpa del destinatario.* Cuando la denuncia del contrato se hace por carta o telegrama, debe considerarse recibida cuando la falta de recepción se debe a culpa del destinatario (CNTrab, Sala II, 28/10/70, *LT*, XIX-68).

12. *Comunicación de despido. Expresiones genéricas.* Las expresiones genéricas que enmarcan un amplio espectro de incumplimientos, no se adecuan a los recaudos establecidos por el art. 243 de la LCT, toda vez que la norma procura evitar la indefensión del trabajador por desconocimiento de las causas en que el despido pueda fundarse y limitar, en consecuencia, a las que fueron invocadas como tales los motivos de oposición a la demanda (CNTrab, Sala X, 31/12/96, *DT*, 1997-B-2295).

13. *Indefensión del trabajador.* La exigencia del art. 243 de la LCT no tiene un fin en sí mismo, sino que la *ratio legis* no es otra que evitar la indefensión del trabajador, por desconocimiento de las causas en que el despido puede fundarse (CNTrab, Sala I, 31/3/93, *DT*, 1994-A-37).

14. *Comunicación. Naturaleza recepticia.* El acto formal de comunicación del despido es de naturaleza recepticia, por lo que recién se consuma cuando es recibida por el destinatario (CNTrab, Sala VII, 9/12/99, *DT*, 2000-A-612).

15. *Manifestación de la voluntad rescisoria. Interposición y notificación de la demanda.* La manifestación de la voluntad rescisoria hace a la certeza de la disolución del vínculo y de la causa, sin que pueda tenerse la interposición de la demanda como denuncia del vínculo laboral ni su traslado como la notificación exigida por el art. 243 de la LCT (CNTrab, Sala I, 30/11/99, *DT*, 2000-A-883).

16. *Fórmula ambigua.* El despido es injustificado si no se ha individualizado correctamente en qué se funda la ruptura del contrato, recurriéndose a una fórmula ambigua que le permite a la demandada cambiar con posterioridad a los hechos según su criterio, en violación de lo dispuesto por el art. 243 de la LCT (CNTrab, Sala I, 31/5/99, *DT*, 1999-B-2281).

17. *Rigidez formal.* La regla del art. 243 de la LCT no es de una rigidez absoluta, ya que si según las circunstancias propias del caso surge que el trabajador ha podido interpretar razonablemente y con certeza cuál ha sido el acto grave imputado en su contra bajo una denominación genérica para justificar el despido, acreditado el hecho debe estimarse legítima la decisión empresaria, por lo que resulta legítimo el despido por haber adopta-

do una actitud "reñida con la moral y las buenas costumbres", si a la postre resultó demostrado que fue sorprendida practicando el acto sexual en el lugar de trabajo (CNTrab, Sala VII, 26/6/00, *DT*, 2001-A-442).

18. **Variación de la causa invocada.** El empleador que despide con invocación de justa causa debe comunicar el despido por escrito, con expresión suficientemente clara de los motivos en los que se funda (en el caso, la demandada despidió al actor invocando "razones de reestructuración administrativa", pero en el escrito de contestación de demanda atribuyó el origen de la situación a una "imprevista disminución de trabajo", que no se invocó en la comunicación de despido) (CNTrab, Sala VIII, 7/2/01, *DT*, 2001-A-998).

19. **Formulismo taxativo.** La obligación de notificar las causas del despido y no poder modificar éstas en juicio responde a la finalidad de dar al dependiente la posibilidad de estructurar en forma adecuada la defensa, pues se trata del basamento mismo para que los preceptos contenidos en el art. 18 de la Const. nacional puedan hallar plena vigencia en la solución del conflicto a desarrollarse. Empero, el detalle de esa información sobre las causas no puede importar un formulismo taxativo, pues de interpretarse de tal modo el art. 243 de la LCT se arribaría al extremo no deseado de cercenar el debate judicial, con la consiguiente lesión de derechos constitucionales (CSJN, 9/8/01, "Vera, Daniel A. c/Droguería Saporiti SA", *DT*, 2002-A-70).

20. **Despido por falta de respeto y decoro.** Si el trabajador fue despedido con fundamento en que tenía un comportamiento que no guardaba el respeto y decoro adecuado a sus funciones, la comunicación rescisoria no cumple los recaudos previstos en el art. 243 de la LCT, ya que no se determina en forma precisa y circunstanciada el motivo que da lugar al despido, impidiendo que aquél ejerza su defensa respecto de los cargos concretos (CNTrab, Sala II, 18/10/02, *DT*, 2003-B-1010).

Art. 244. [ABANDONO DEL TRABAJO] – **El abandono del trabajo como acto de incumplimiento del trabajador sólo se configurará previa constitución en mora, mediante intimación hecha en forma fehaciente a que se reintegre al trabajo, por el plazo que impongan las modalidades que resulten en cada caso.**

CONCORDANCIAS: LCT, arts. 10, 57, 58, 62, 63, 84 y 242.

§ 1. **El abandono como injuria.** – La omisión del trabajador consistente en dejar de cumplir con la prestación del trabajo por él debida, puede considerarse tanto como una *renuncia tácita*, según el art. 58 *in fine* de la LCT (*abandono-renuncia*) o como un incumplimiento contractual configurativo de *injuria* en los términos del art. 242 de la LCT (*abandono-incumplimiento*).

Entonces puede suceder que el empleador pueda invocar como injuria, si lo prefiere, y disolver el vínculo por un despido directo, una situación que será susceptible de ser planteada como renuncia tácita; así como también es posible que pueda invocar como injuria para un despido directo una situación de ausencia al trabajo que todavía no podría ser entendida como de renuncia tácita[1].

§ 2. **Carga de la intimación.** – Para que la omisión del trabajador de prestar el trabajo comprometido sea invocable como *injuria*, el artículo comentado impone al empleador una carga consistente en la "previa constitución en mora, mediante intimación hecha en forma fehaciente a que se reintegre al trabajo, por el plazo que impongan las modalidades que resulten en cada caso". No se trata en rigor de una *constitución en mora* sino de la última comunicación del empleador tendiente a manifestar la voluntad patronal de que el trabajador se reintegre a sus tareas, que su ausencia no será más tolerada y que su renuencia a reincorporarse será apreciada como una injuria que, por su gravedad, no consiente la prosecución de la relación.

Jurisprudencia

1. *Configuración.* *a*) El abandono de trabajo como acto de incumplimiento que valida el despido se configura cuando el trabajador guarda silencio a la interpelación del empleador y no pretende justificar su ausencia (CNTrab, Sala VIII, 31/10/89, *TSS*, 1990-243).

b) Las respuestas del trabajador ante las intimaciones cursadas por la empleadora para que retomara tareas, en el sentido de que se encontraba enfermo e imposibilitado para trabajar, poniendo a su disposición los certificados médicos que estaban en su poder, deben interpretarse como exteriorización de su voluntad de continuar la relación laboral (CNTrab, Sala VIII, 31/10/89, *TSS*, 1990-243).

c) Para que se configure el abandono de trabajo en los términos del art. 244 de la LCT es necesario, además de la previa intimación al trabajador, que quede evidenciado su propósito ex-

---

[1] López - Centeno - Fernández Madrid, *Ley de contrato de trabajo*, t. II, p. 1229.

preso o presunto de no cumplir en lo sucesivo con su prestación de servicios, sin que medie justificación alguna, y la nota que lo caracteriza es, en principio y generalmente, el silencio del dependiente (SCBA, 8/11/94, *TSS*, 1996-40).

d) El abandono de trabajo requiere, para su configuración, la existencia del hecho objetivo de la inconcurrencia y el hecho subjetivo referente a la voluntad del dependiente de no reintegrarse a sus tareas y, además del requisito formal y previo de disolver el vínculo, la intimación fehaciente para que se reanuden las tareas por el plazo que impongan las modalidades que resulten en cada caso (CNTrab, Sala I, 3/10/02, *DT*, 2003-A-61).

2. *Intimación previa.* *a*) Si el empleador no acredita haber intimado al trabajador a retomar tareas, el despido dispuesto con base en lo establecido en el art. 244 de la LCT resulta incausado, puesto que no cumplió el recaudo previsto por tal norma y, en este marco, resulta irrelevante demostrar que al trabajador por encontrarse a gran distancia de su lugar de trabajo, le habría sido materialmente imposible reincorporarse, o que cuando rechazó el telegrama no requirió su reincorporación (CNTrab, Sala III, 30/11/95, *DT*, 1996-A-1215).

b) La falta de emplazamiento previo impide convalidar la imputación de abandono de trabajo (CNTrab, Sala VIII, 22/11/91, *DT*, 1992-B-1668).

3. *Plazo.* El plazo de veinticuatro horas que la empresa otorgó al trabajador para que se reintegrara al trabajo no resulta exiguo. Tal plazo no es asimilable por vía analógica al supuesto contemplado en el art. 57 de la LCT, dado que el abandono de trabajo se encuentra regulado en el art. 244 del mismo texto legal, el cual no fija término alguno para que el trabajador retome las tareas: la razonabilidad de dicho plazo dependerá de las "modalidades que resulten de cada caso". Para más, si la prestación es diaria, no existe motivo alguno para que el empleado tenga un período de gracia que se agrega al que se ha tomado por sí en concepto de licencia ilícita, dada su inasistencia al empleo (CNTrab, Sala III, 19/7/96, *DT*, 1997-A-97).

Art. 245. – **En los casos de despido dispuesto por el empleador sin justa causa, habiendo o no mediado preaviso, éste deberá abonar al trabajador una indemnización equivalente a un mes de sueldo por cada año de servicio o fracción mayor de tres meses, tomando como base la mejor remuneración mensual, normal y habitual devengada durante el último año o durante el tiempo de prestación de servicios si éste fuera menor.**

Dicha base no podrá exceder el equivalente de tres veces el importe mensual de la suma que resulte del promedio de todas las remuneraciones previstas en el convenio colectivo de trabajo aplicable al trabajador, al momento del despido, por la jornada legal o convencional, excluida la antigüedad. Al Ministerio de Trabajo, Empleo y Seguridad Social le corresponderá fijar y publicar el promedio resultante, juntamente con las escalas salariales de cada convenio colectivo de trabajo.

Para aquellos trabajadores excluidos del convenio colectivo de trabajo el tope establecido en el párrafo anterior será el del convenio aplicable al establecimiento donde preste servicios o al convenio más favorable, en el caso de que hubiera más de uno.

Para aquellos trabajadores remunerados a comisión o con remuneraciones variables, será de aplicación el convenio al que pertenezcan o aquel que se aplique en la empresa o establecimiento donde preste servicios, si éste fuere más favorable.

El importe de esta indemnización en ningún caso podrá ser inferior a un mes de sueldo calculado sobre la base del sistema establecido en el primer párrafo. [Texto según ley 25.877, art. 5°]

CONCORDANCIAS: LCT, arts. 10, 18, 95, 178, 182, 183, 212, 213, 216, 222, 226, 231, 232, 242, 246 y 255; LE, arts. 15, 114, 153 y 154.

§ 1. Ámbito material y temporal de aplicación. – El texto del artículo comentado, incorporado por el art. 5° de la ley 25.877, guarda numerosas similitudes con el texto sustituido. Las diferencias entre ambos textos serán analizadas más adelante al considerarse cada una de esas cuestiones.

La ley 25.877, que derogó los arts. 5° y 7° de la ley 25.013, entró en vigencia a la hora cero del día 28 de marzo de 2004. Rige, en consecuencia, los despidos sin justa causa producido a partir de esa fecha.

El derogado art. 5° de la ley 25.013 había establecido otro módulo indemnizatorio para los despidos sin justa causa producidos en los contratos celebrados a partir del 3 de octubre de 1998, fecha de su entrada en vigencia. Por consiguiente, el también derogado art. 7º resulta aplicable como pauta indemnizatoria para los despidos sin justa causa producidos antes del 28 de marzo de 2004, siempre que el contrato de trabajo por tiempo indeterminado de que se tratara se hubiera celebrado a partir del 3 de octubre de 1998.

§ 2. **Reparación por despido arbitrario.** – El artículo comentado, al disponer una indemnización por despido arbitrario, concreta una cláusula programática constitucional: *"protección contra el despido arbitrario"*, prevista en el art. 14 *bis* de la Const. nacional[1]. No es el único modo de resguardo concebible respecto del grado de protección de la estabilidad del trabajador en el empleo. La Constitución, en su art. 14 *bis*, reconoce a los *representantes gremiales* la *estabilidad en el empleo* que ha plasmado la ley 23.551, por medio de la prohibición del despido de estos trabajadores, si no media resolución judicial previa que los excluya de la garantía sindical, y el derecho a ser reinstalados en su puesto de trabajo si se violara por el empleador dicha garantía (art. 52, ley 23.551). A este tipo de estabilidad en el empleo, garantizado por la ausencia de validez del despido arbitrario, se la ha denominado *estabilidad propia*[2].

Para la generalidad de los trabajadores, regidos o no por la LCT y que no invisten una representación gremial, no rige la estabilidad propia sino la llamada *estabilidad relativa* o *impropia*, garantizada solamente mediante la imposición al empleador de la carga de pagar una indemnización tarifada por la ley al trabajador despedido *sin justa causa*, con lo que se entiende reglamentada debidamente la *protección contra el despido arbitrario*.

§ 3. **Indemnización tarifada.** – El artículo, a fin de reparar las consecuencias dañosas de un despido arbitrario, establece una indemnización *tarifada*, lo que significa que la estimación monetaria de los daños ocasionados por el despido del empleador decidido *sin justa causa* no se deja librada a la apreciación de los jueces sino que se encuentra tasada por la ley en base a dos pautas referenciales que son: la antigüedad del trabajador, y su remuneración mensual.

La tarifación legal de la indemnización por despido arbitrario trae aparejada como derivación que el trabajador no po-

---

[1] López - Centeno - Fernández Madrid, *Ley de contrato de trabajo*, t. II, p. 1232.
[2] López - Centeno - Fernández Madrid, *Ley de contrato de trabajo*, t. II, p. 1234.

drá invocar o intentar acreditar daños mayores a los fijados por la tarifa y el empleador no podrá pretender satisfacer su obligación mediante el pago de una suma menor, alegando la existencia de daños inferiores a la tasa legal. Por tal razón, la indemnización corresponde siempre que haya despido incausado con total independencia de los daños reales sufridos, y aun en el supuesto de que no exista daño alguno por haber hallado el trabajador una pronta o mejor ocupación[3].

Jurisprudencia

1. *Régimen tarifado. Validez constitucional.* No existen dudas en cuanto a la validez constitucional de un régimen tarifado de indemnizaciones por despido sin justa causa, esto es, un sistema que resigne la puntual estimación del daño en pos de determinados objetivos, entre otros, la celeridad, certeza y previsibilidad en la cuantía de dichas indemnizaciones (CSJN, 14/9/04, "Vizzoti, Carlos A. c/Amsa SA").

2. *Estabilidad relativa. Resarcimiento tarifado.* En la LCT, el cese de la relación de trabajo está regido por el sistema de *estabilidad relativa* o de *validez* y de *ilicitud* que consagra la eficacia de la iniciativa del empleador para extinguir el contrato, decisión que, de resultar antijurídica, da lugar a un resarcimiento tarifado (CNTrab, Sala VII, 11/5/93, *DT*, 1994-B-1190).

3. *Despido. Indemnización tarifada. Daños mayores.* Conforme la normativa del art. 245 de la LCT, todos los perjuicios generados por el distracto deben ser resarcidos por vía de la indemnización tarifada, lo que impide reclamar daños mayores o eximirse de responsabilidad indemnizatoria acreditando que la cesantía no produjo ninguno (CNTrab, Sala I, 9/6/95, *DT*, 1995-B-1616).

4. *Indemnización. Tarifa legal. Pérdida del servicio de guardería. Daños y perjuicios.* En principio, la extinción del contrato de trabajo conlleva para las partes la pérdida de prestaciones que venían recibiendo como consecuencia del mismo. Sobre tal base, el perjuicio derivado de la extinción del beneficio marginal del servicio de guardería resulta, global e íntegramente, compensado por la tarifa indemnizatoria fijada en la ley laboral, siendo improcedente el reclamo de daños y perjuicios (CNTrab, Sala VI, 6/4/93, *DT*, 1993-B-1843).

5. *Daños y perjuicios por falta de aportes.* El hecho de resultar todo trabajador un potencial jubilado no lo habilita para reclamar daños y perjuicios derivados de la falta de aportes previsionales (eventual daño futuro), cuando existen medios adecuados que permiten obtener la regularización pretendida en el ám-

---

[3] Herrera, en Vazquez Vialard (dir.), "Tratado", t. 5, p. 274.

bito de la seguridad social (exigencia del certificado del art. 80, LCT, y art. 12, inc. g, ley 24.241) (CNTrab, Sala II, 30/8/99, *DT*, 2000-B-1847).

6. *Indemnización sustitutiva del seguro de desempleo.* Corresponde desestimar el reclamo de indemnización sustitutiva del seguro de desempleo, toda vez que el trabajador no ha acreditado la tramitación por su parte del pedido del beneficio (CNTrab, Sala I, 20/3/03, *DT*, 2003-B-1395).

§ 4. **Resarcimiento del daño moral.** – Por lo general, la jurisprudencia ha negado la posibilidad de reparar el daño moral producido por el despido arbitrario, destacando que la indemnización es omnicomprensiva de todos los daños que pudiera sufrir el trabajador a consecuencia de la extinción del contrato de trabajo[4]. Sin embargo, se ha abierto paso una tendencia jurisprudencial que en el momento actual de la evolución reconoce la posibilidad de acumular a las indemnizaciones tarifadas de la ley, otro resarcimiento destinado a reparar el daño moral, si éste resulta consecuencia de un hecho distinto de la simple denuncia del contrato[5], cuando en ocasión de la ruptura del contrato o fuera de ella, el empleador incurre en conductas que causan perjuicio al trabajador desde el punto de vista extracontractual, es decir, cuando le causa un daño que resultaría indemnizable aun en ausencia de una relación laboral[6].

Jurisprudencia

1. *Despido. Indemnización por daño moral.* La indemnización por daño moral es susceptible de dos enfoques: el contractual y el extracontractual. En el contractual, todo daño moral se encuentra normalmente incluido en el concepto de injuria laboral y da derecho a una indemnización tarifada, siempre que sea invocada oportunamente en los términos del art. 242 de la LCT. Desde el punto de vista extracontractual, el daño moral procederá cuando el hecho que lo determine fuese producido por un hecho doloso del empleador (CNTrab, Sala I, 30/12/88, *DT*, 1990-A-58; íd., íd., 9/6/95, *DT*, 1995-B-1616).

2. *Despido. Indemnización. Daño moral.* La indemnización por daño moral en caso de despido sólo es procedente en aquellos casos excepcionales en que la medida vaya acompañada por una conducta adicional que resulte civilmente resarcible, aun en ausencia de un vínculo contractual (CNTrab, Sala III, 31/10/89, *DT*, 1990-A-225; íd., íd., 30/9/97, *TSS*, 1998-985).

---

[4] Herrera, en Vazquez Vialard (dir.), "Tratado", t. 5, p. 290.
[5] Herrera, en Vazquez Vialard (dir.), "Tratado", t. 5, p. 292.
[6] Fernández Madrid, *Tratado práctico*, t. II, p. 1727.

3. *Despido injustificado. Publicación en el boletín de la empresa. Reparación.* Es admisible la pretensión de un ex empleado de Entel, despedido injustificadamente y cuyo despido fue publicado en el boletín de la empresa en relación a un sumario interno, de que se haga constar en su legajo personal y se publique en el mencionado boletín que el despido fue injustificado (CN Trab, plenario 168, "Katez de Echazarreta, Catalina O. c/Entel", 18/10/71, *DT*, 1971-814).

4. *Despido. Invocación de la comisión de un delito. Tarifa indemnizatoria. Indemnización del daño moral.* El despido en el que, además, se invoca implícitamente la acusación por la comisión de un delito, no puede ser indemnizado solamente por la tarifa indemnizatoria que sólo cubre la antijuridicidad de la conducta del empleador, debiéndose adicionar una indemnización por daño moral (CNTrab, Sala VI, 23/3/92, *DT*, 1992-B-1232).

5. *Despido. Imputación de homosexualidad. Indemnización por daño moral.* Corresponde reconocer derecho al trabajador despedido a una indemnización por daño moral si el acto rescisorio se apoyó en la acusación de prácticas homosexuales no acreditadas en autos. El calificativo utilizado perjudica la imagen del trabajador frente a los demás, con la consiguiente carga emocional negativa que ello trae aparejada para la persona que recibe el agravio (CNTrab, Sala VII, 26/5/93, *DT*, 1994-A-33).

6. *Despido. Indemnización. Daño moral.* Para que el empleador tenga obligación de indemnizar el daño moral es necesario que al producir el despido cometa un ilícito independiente de la mera ruptura –cuya reparación se encuentra tasada legalmente–, esto es, debe incurrir en una conducta adicional, y ella debe encuadrarse en la actividad reprochada por el art. 1109 del Cód. Civil (SCBA, 26/8/97, *DT*, 1998-A-554).

7. *Despido arbitrario. Daño moral.* En los supuestos de despido arbitrario, sólo procede el pago de indemnización por daño moral en situaciones en las cuales se puede hablar de uso abusivo del derecho de despedir, traducido en infundadas denuncias policiales o judiciales o una difamatoria difusión de las causales del despido (CNTrab, Sala X, 28/4/99, *DT*, 1999-B-2293).

8. *Publicidad realizada por la empleadora.* Es procedente el reclamo de la actora por daño moral, toda vez que la publicidad realizada por la empleadora luego de la rescisión del contrato le produjo un grave perjuicio en su honorabilidad, al ver expuesta la inconducta que la empleadora le imputaba –y que no fue acreditada– frente al núcleo laboral (CNTrab, Sala IV, 24/4/01, *DT*, 2002- A-81).

9. *Presupuesto para el resarcimiento del daño moral.* La jurisprudencia es reiterada en el sentido de otorgar un resarcimiento por daño moral sólo en aquellas especiales situaciones en

que ha mediado un acto ilícito por parte del empleador (CNTrab, Sala X, 18/12/02, *DT*, 2003-A-852).

10. ***Daño moral como reparación adicional.*** Para que el daño moral inherente al despido sea susceptible de una reparación adicional a la tarifa, se exige que la conducta del empleador pueda ser calificada de ilícita cuando, con dolo o culpa, daña voluntariamente al trabajador a través de expresiones que van más allá del mero incumplimiento contractual, concretándose en imputaciones que permitan llegar a la ilicitud delictual o cuasidelictual que es la que comprende el art. 1078 del Cód. Civil (CNTrab, Sala I, 19/3/03, *TSS*, 2003-592).

11. ***Falsa imputación de maniobras dolosas.*** La falsa imputación de hechos agravantes e injuriosos afecta los bienes más valiosos que puede tener una persona (honor, reputación, dignidad), en cuanto se cuestiona y descalifica falsa e injustamente la conducta de la actora al atribuírsele –veladamente– participación en maniobras dolosas dirigidas a perjudicar al erario público, en una comunicación que la accionada le envió poco después de extinguida la relación laboral, actuando en la emergencia con dolo, con clara intención de agraviar, por lo que corresponde hacer lugar a la indemnización por daño moral (CNTrab, Sala VI, 21/8/03, *DT*, 2004-A-514).

12. ***Acusación pública de defraudación.*** Si bien el despido incausado no genera otra obligación que la de resarcir el daño en la forma prevista en la LCT, cabe apartarse de tal principio cuando el empleador realiza conductas injuriantes autónomas, agravantes o lesivas del honor de su dependiente –en el caso, haber permitido que se lo acusara públicamente de defraudación–, debiendo indemnizarse dicho perjuicio, desde la perspectiva de la responsabilidad extracontractual, como si no hubiera existido vínculo alguno (CNTrab, Sala X, 26/2/04, *DT*, 2004-A-524).

§ 5. **Reparación por despido discriminatorio.** – Hemos considerado esta cuestión al comentar el art. 242, lugar al que remitimos (ver § 7).

§ 6. **Cálculo de la indemnización por antigüedad.** – El artículo comentado establece las pautas indispensables para calcular cuál es la indemnización por antigüedad que corresponde a un trabajador despedido sin justa causa, indemnización que se acumulará a la sustitutiva del preaviso cuando no se hubiera cumplido con el deber de preavisar.

a) *Antigüedad mínima para tener derecho a la indemnización.* La mención del artículo comentado de la "fracción mayor de tres meses" dio lugar a la interpretación doctrinal y jurisprudencial en el sentido de que hay que superar la antigüedad mínima de tres meses para tener derecho a la indemnización por despido[7].

El período de prueba regulado por el art. 92 *bis* tiene una duración máxima de tres meses. Dentro del período de prueba cualquiera de las partes puede extinguir la relación de trabajo sin expresión de causa y sin derecho a indemnización con motivo de la extinción, aunque con obligación de preavisar. Es decir que, superado el período de prueba, aunque fuera por un día o por unas horas, el trabajador tiene derecho a indemnización por antigüedad, en caso de despido arbitrario.

b) *Cómputo de la antigüedad.* El cómputo de la antigüedad, a los efectos del cálculo de la indemnización por despido, debe hacerse a partir de la fecha de la iniciación de la relación laboral, hasta la fecha en que la notificación del despido (directo o indirecto) entra en la esfera de conocimiento del destinatario, conforme al carácter recepticio del acto de despido.

Si ha habido interrupciones en la relación laboral con el mismo empleador, rige el art. 18 de la LCT, es decir, se computará "el tiempo de servicio anterior, cuando el trabajador, cesado en el trabajo por cualquier causa, reingrese a las órdenes del mismo empleador". Si ha habido sucesivas contrataciones a plazo fijo, se computará igualmente como tiempo de servicio "el que corresponda a los sucesivos contratos a plazo que hubieren celebrado las partes" (art. 18, LCT).

El plazo de preaviso se considera tiempo de servicio cuando hubiese sido concedido y no si se hubiera omitido (art. 19, LCT).

En el contrato de trabajo de temporada se considera tiempo de servicio, a los efectos del cálculo de la indemnización por antigüedad, sólo "el efectivamente trabajado desde el comienzo de la vinculación" (art. 18, LCT), es decir, se computan exclusivamente los períodos de actividad y no los períodos de receso.

c) *Mejor remuneración mensual, normal y habitual.* El artículo toma como base para determinar la indemnización por antigüedad "la mejor remuneración mensual, normal y habitual, devengada durante el último año o durante el tiempo de prestación de servicios si éste fuera menor". La modificación introducida en el texto del artículo por la ley 25.877 sustituyó en la mejor remuneración mensual, normal y habitual "devengada", por "percibida". Esta modificación está dirigida a

---

[7] CNTrab, plenario 128, "Sawady, Manfredo c/Sadaic", 30/3/79, *DT*, 1979-371.

43. Etala, *Contrato*.

subsanar un error en que incurriera el legislador al redactar el texto original del art. 245 de la LCT. Desde luego, remuneración "devengada" no es lo mismo que "percibida". "Devengar" significa "adquirir derecho a alguna percepción" y "percibir" quiere decir, precisamente, "recibir el importe del crédito devengado". Una aplicación literal del texto modificado llevaba a consecuencias jurídicas desvaliosas, porque la fijación de la indemnización podía quedar al arbitrio del empleador, disminuyéndola si incumplía o retaceaba su obligación de pago.

Se excluyen del cálculo las prestaciones que por su naturaleza no son salariales, como las asignaciones familiares o las sumas abonadas a título indemnizatorio, como la integración del mes de despido[8]. Tampoco se computan, por la misma razón, los vales de comida para almuerzos fuera de la empresa, ni el servicio de guardería, ni la prestación del servicio de medicina prepaga[9] ni, en general, los llamados *beneficios sociales* del art. 103 *bis* de la LCT, ni las "prestaciones complementarias no remuneratorias" de los incs. *a* a *d* del art. 105.

La habitualidad implica la persistencia de rubros remuneratorios en la retribución, es decir, la reiteración de pagos por determinados conceptos[10], puesto que *habitual* significa, en el texto legal, aquello que se produce con continuidad, que se repite o reitera[11].

Lo *normal* es aquello que ordinariamente ocurre y en materia remuneratoria es un término que puede ser conceptualizado en virtud de su opuesto: lo *anormal*, que sería un ingreso desde todo punto de vista excepcional y que no responde a la forma como se ha desarrollado el contrato. Así, por ejemplo, la gratificación única y no esperada por el trabajador no es ni normal ni habitual y las remuneraciones que se perciben por el ejercicio transitorio de un cargo superior, tampoco tienen carácter de normales, en tanto se trate de una suplencia[12].

En caso de remuneraciones fijas, normalmente deberá tomarse en consideración para calcular la indemnización por despido el último mes calendario íntegramente trabajado, descartando el mes de despido, toda vez que haya sido objeto de integración a los efectos del preaviso. No deben computarse

---

[8] HERRERA, en VAZQUEZ VIALARD (dir.), "Tratado", t. 5, p. 277.
[9] GUISADO, *Algo más sobre el cálculo de indemnización*, DT, 1996-B-2957.
[10] FERNÁNDEZ MADRID, *Tratado práctico*, t. II, p. 1737.
[11] GOLDIN, *Remuneraciones variables*, LT, XXXI-961.
[12] FERNÁNDEZ MADRID, *Tratado práctico*, t. II, p. 1737 y 1738.

los rubros que por su propia naturaleza se liquidan en períodos no mensuales, como las habilitaciones o gratificaciones[13].

En cuanto al cómputo del sueldo anual complementario, existen dos posturas opuestas. La primera, sostenida mayoritariamente en la Cámara Nacional de Apelaciones del Trabajo de la Capital Federal, dispone que, tratándose de un rubro que aunque normal y habitual es de pago semestral, no cabe computar su parte proporcional para determinar la *mejor remuneración mensual*, a los efectos del cálculo de la indemnización por antigüedad[14]. En cambio, la Suprema Corte de la Provincia de Buenos Aires admite su cómputo por cuanto se devenga día a día aunque sea de pago diferido[15].

Si las horas extra son habituales, deben incluirse a los efectos del cálculo de la mejor remuneración mensual percibida para la determinación de la indemnización por despido. No, en cambio, si el trabajo extraordinario se realiza ocasionalmente[16].

Idéntico criterio hay que aplicar a otras remuneraciones variables como las comisiones, o a rubros como premios a la puntualidad, producción, viáticos, movilidad, bloqueo de título, responsabilidad jerárquica, etc., correspondiendo su cómputo únicamente cuando reúnen los requisitos de normalidad y habitualidad. Cuando el trabajador percibe, con carácter remuneratorio, prestaciones en especie, estos rubros deben ser también adecuadamente valorizados a los fines de la indemnización[17].

Jurisprudencia

1. **Remuneración percibida.** *a*) A los fines del cálculo de la indemnización por antigüedad ha de considerarse todo concepto que se hubiese devengado en los términos del art. 245 de la LCT, con prescindencia de que haya sido efectivamente percibido o no (CNTrab, Sala II, 10/10/89, *DT*, 1990-A-222).

b) La expresión *percibida* del art. 245 de la LCT debe ser entendida como *devengada* (CNTrab, Sala VI, 2/7/92, *DT*, 1993-A-775; íd., Sala VII, 28/2/95, *TSS*, 1996-103).

c) Cuando la LCT, en el art. 245, hace referencia a la *remuneración mensual percibida*, no ha querido significar sino el salario que correspondía abonarse durante el lapso a que alude,

---

[13] Herrera, en Vazquez Vialard (dir.), "Tratado", t. 5, p. 277.
[14] Herrera, en Vazquez Vialard (dir.), "Tratado", t. 5, p. 277.
[15] Fernández Madrid, *Tratado práctico*, t. II, p. 1739.
[16] Fernández Madrid, *Tratado práctico*, t. II, p. 1740; Herrera, en Vazquez Vialard (dir.), "Tratado", t. 5, p. 278.
[17] Herrera, en Vazquez Vialard (dir.), "Tratado", t. 5, p. 278.

pues, de no ser así, quedaría librada a la exclusiva voluntad de la patronal establecer la base de cálculo de la indemnización de suerte tal que, mediante el artificio de la omisión del pago de la remuneración durante períodos en que ésta debe ser incrementada, reduciría sensiblemente el módulo indemnizatorio (CNTrab, Sala VII, 11/9/90, *DT*, 1991-A-267).

d) El cómputo de la indemnización por antigüedad debe efectuarse tomando en cuenta el *salario bruto*, puesto que la expresión "remuneración percibida" que emplea el art. 245 de la LCT debe ser interpretada como referida a lo que el trabajador gana o devenga en cada período mensual (CNTrab, Sala X, 13/12/99, *DT*, 2000-A-1266).

2. **Fracción del mes.** *a*) Para liquidar la indemnización por antigüedad corresponde considerar la mejor remuneración mensual normal y habitual percibida en forma íntegra, es decir que si el distracto se produjo durante el transcurso de un mes determinado, no corresponde considerar la remuneración que se hubiese devengado de haber continuado trabajando hasta la finalización de este período sino la mejor devengada con anterioridad, a diferencia de la indemnización sustitutiva del preaviso y la integración del mes de despido que deben calcularse en base a la remuneración que se habría devengado en los lapsos respectivos (CNTrab, Sala II, 22/4/92, *DT*, 1992-A-1039).

b) La remuneración base para calcular la indemnización por antigüedad debe ser la mejor mensual y habitual percibida con anterioridad a la fecha del despido, no correspondiendo adoptar la del mes de cesantía no trabajado en su totalidad (SCBA, 29/11/94, *DT*, 1995-A-844).

c) En caso de despido, la remuneración que al trabajador le corresponde por la fracción del mes en que se produjo, no debe computarse (a los fines del art. 245 de la LCT –régimen de contrato de trabajo, t.o. decr. 390/76–) proyectada a la totalidad de dicho mes (CNTrab, plenario 288, 1/10/96, "Torres, Elvio A. c/Pirelli Técnica SA", *DT*, 1996-B-2743).

3. **Horas extra.** *a*) Cuando la realización de horas extraordinarias fue normal y habitual corresponde considerarlas para integrar la remuneración computable para determinar las indemnizaciones (CNTrab, Sala II, 4/7/94, *DT*, 1994-B-1981).

b) Si el trabajador prestó servicios en horas suplementarias en forma normal y habitual, percibiendo las remuneraciones correspondientes, tiene derecho a que las mismas sean computadas para fijar la base de la indemnización por despido (CNTrab, Sala I, 30/11/98, *DT*, 1999-B-2546).

c) El hecho de que el dependiente percibiera haberes por horas extra en sólo nueve de los doce meses del año, no le quita a este rubro el carácter de normal y habitual (SCBA, 16/2/00, *TSS*, 2000-712).

4. *Gratificación anual.* a) Si la empresa otorgaba una gratificación anual a sus dependientes, tal beneficio no puede computarse para la determinación de la indemnización por antigüedad, preaviso, integración del mes de despido y vacaciones no gozadas. Ello así toda vez que, si la gratificación era otorgada anualmente, no se reúnen, en orden a la periodicidad reconocida, las condiciones de habitualidad y normalidad requeridas por el art. 245 de la LCT (CNTrab, Sala II, 25/8/93, *DT*, 1994-A-372).

b) Las gratificaciones de carácter anual no pueden ser consideradas para la determinación de la indemnización por antigüedad que establece el art. 245 de la LCT (CNTrab, Sala IV, 29/4/94, *DT*, 1994-B-1185).

c) Las gratificaciones anuales, como su nombre lo indica, se devengan en una determinada época del año por lo que es imposible utilizarlas para calcular la mejor remuneración mensual de acuerdo al art. 245 de la LCT (CNTrab, Sala VI, 17/8/94, *DT*, 1995-A-239).

d) Es improcedente la pretensión de inclusión del *bonus* en la base de cálculo de la indemnización por despido, puesto que dicha gratificación se liquida en forma anual (CNTrab, Sala VIII, 28/3/03, *DT*, 2003-B-1021).

5. *Vales de almuerzo.* La doctrina del plenario CNTrab, *in re* "Ángel Estrada SA", 27/12/88 (*DT*, 1989-A-422), se proyecta sobre las relaciones individuales de trabajo, por lo que los vales para comidas fuera de la empresa no pueden ser tomados en cuenta para el cálculo de indemnizaciones (CNTrab, Sala IV, 29/4/94, *DT*, 1994-B-1185).

6. *Remuneraciones variables.* a) Para el cálculo de las indemnizaciones por despido no deben ser promediadas las remuneraciones variables, mensuales, normales y habituales (art. 245, LCT) (CNTrab, plenario 298, 5/10/00, "Brandi, Roberto A. c/Lotería Nacional SE", *DT*, 2000-B-2176).

b) Para calcular la indemnización por antigüedad del art. 245 de la LCT, debe considerarse la mejor remuneración mensual, normal y habitual incluyendo los rubros variables que reúnan los requisitos de normalidad y habitualidad, sin que sea posible recurrir a promedios (CNTrab, Sala III, 30/9/97, *TSS*, 1998-985).

c) En el caso de remuneraciones variables, la indemnización debe calcularse sobre la base del mejor mes, siempre y cuando no resulte anormalmente alto o bajo, a causa de algún hecho que por sus características permitan calificarlo como extraordinario (CNTrab, Sala I, 14/11/03, *TSS*, 2004-19).

d) Dado que la realización de horas extra no era una rareza o excepción en la relación laboral habida entre el actor y el empleador demandado por despido sino algo habitual, debe considerarse para el cálculo de la indemnización prevista en el art. 245 de la LCT la real mejor remuneración incluyéndose el rubro de las horas suplementarias (CNTrab, Sala V, 29/9/03, *DT*, 2004-A-658).

7. *Comisiones.* *a*) En caso de remuneraciones variables –como el pago a comisión–, el salario base de la indemnización por antigüedad debe calcularse tomando el mejor mes, siempre y cuando no resulte anormalmente alto o bajo, a causa de algún hecho que por sus características permita calificarlo como extraordinario (CNTrab, Sala II, 29/9/95, *TSS*, 1995-903; íd., íd., 14/8/98, *TSS*, 1998-984).

b) El art. 245 de la LCT ha puesto el acento en la habitualidad con la que es percibido el concepto remuneratorio –que incluye las comisiones–. Frente a ello, las variaciones a que está sujeto su cálculo no autorizan a promediar los valores en la forma prevista para los salarios devengados durante las licencias pagas (CNTrab, Sala VI, 23/12/97, *TSS*, 1998-499; íd., íd., 27/4/98, *TSS*, 1998-986).

8. *Propinas.* Si se encuentra probado que el actor percibía propinas de manera normal y habitual, debe tomárselas en cuenta como beneficio integrativo de la remuneración para la base de cálculo de la indemnización por antigüedad y la sustitutiva del preaviso, según lo prevé el art. 113 de la LCT (CNTrab, Sala VII, 23/9/96, *DT*, 1997-A-756).

9. *Sueldo anual complementario.* *a*) La disposición contenida en el art. 245 de la LCT a los fines de calcular el sueldo base para determinar la indemnización por despido, al referirse "a la mejor remuneración mensual normal y habitual", excluye la posibilidad de que a tal fin se tome en cuenta la parte proporcional del sueldo anual complementario (CNTrab, Sala III, 18/7/78, *TSS*, 1978-478).

b) La directiva del art. 245 de la LCT que alude a la "mejor remuneración mensual, normal y habitual" excluye la posibilidad de que a tal fin se tome la parte proporcional del sueldo anual complementario, pues se trata de una remuneración adicional, que aunque se gana en cada momento, no se paga a fin de mes sino sólo semestralmente (CNTrab, Sala I, 17/2/04, *DT*, 2004-A-651; íd., Sala VIII, 30/7/93, *DT*, 1994-B-1196; íd., íd., 31/8/93, *DT*, 1994-A-372).

c) Corresponde determinar el monto de la indemnización por antigüedad con sujeción a lo dispuesto por el art. 245 de la LCT en relación a la *mejor remuneración* calculando dicho salario base con valores constantes al momento del distracto, adicionándole a tal base la parte proporcional del sueldo anual complementario (SCBA, 18/11/97, *DT*, 1998-B-1865).

d) No corresponde acoger la pretensión de que se incluya la incidencia del sueldo anual complementario en los montos de condena determinados para la indemnización del art. 245 de la LCT, porque el mismo no se liquida con periodicidad mensual (CNTrab, Sala IV, 28/2/01, *DT*, 2001-A-801).

10. *Variaciones salariales durante el lapso de preaviso omitido.* Durante la vigencia de la LCT (texto ley 20.744) no debían

computarse, para el cálculo de la indemnización por despido (art. 266, hoy 245), las variaciones salariales ocurridas durante el lapso de preaviso omitido (CNTrab, plenario 219, 21/12/79, "Pedrozo, Rodolfo L. c/Ford Motor Argentina SA", *DT*, 1980-212).

11. *Salario en especie.* El uso de una vivienda suministrada por la demandada a su dependiente, para evitar los perjuicios de falta de habitación que le acarreaban los traslados desde su lugar de residencia al de prestación de tareas, importaba una ganancia patrimonial para aquél. Por ello, puede deducirse que la vivienda de la que gozó (y que le fue entregada con motivo de la relación de trabajo) constituyó remuneración en especie (arts. 103, 105 y concs., LCT), por lo que corresponde tener en cuenta su incidencia en el cálculo de las indemnizaciones por despido y fijar el monto del rubro en el 20% del salario que debió abonar la demandada (CNTrab, Sala III, 23/6/94, *DT*, 1994-B-1999).

12. *Feriados.* Los rubros feriado nacional trabajado y feriado nacional revisten carácter remuneratorio "normal y habitual", por lo que deben ser incluidos en la liquidación mensual a fin de obtener la mejor remuneración del art. 245 de la LCT (CNTrab, Sala I, 30/11/98, *DT*, 1999-B-256).

13. *Premios.* El art. 245 de la LCT dispone tomar como módulo "la mejor remuneración mensual normal y habitual" del trabajador, y debe entenderse que estos adjetivos se refieren a rubros que componen el salario, para excluir gratificaciones extraordinarias, sueldo anual complementario u otras prestaciones que por su naturaleza no sean susceptibles de ser ganadas todos los meses. Tal característica, no es aplicable a los plus o premios por asistencia y puntualidad, como a los feriados laborados, por lo que no existe motivo para excluirlos del cálculo sin prueba concreta de su anormalidad y no habitualidad (CNTrab, Sala IX, 29/3/99, *DT*, 1999-B-1568).

14. *Bonificación semestral.* a) Si no se cuestionó la naturaleza salarial del rubro "bonificación por productividad", la circunstancia de que si bien se abona en forma semestral se devenga mes a mes, permite concluir que debe ser considerado a los efectos del art. 245 de la LCT, dividiéndolo por los meses del año (CNTrab, Sala X, 27/3/00, *DT*, 2000-B-1996).

b) En tanto se trata de una suma que se percibe cada seis meses, la "bonificación por productividad", reglada en el art. 35 del CCT 203/93, está excluida del cómputo previsto en el art. 245 de la LCT, sustituido por el art. 153 de la LE, que tiene como requisito el que la remuneración base de los guarismos para el cómputo de esta indemnización se obtenga conforme la denominada mejor remuneración mensual, normal y habitual del último año de prestación de servicios, debiendo entenderse que estos últimos adjetivos se refieren a los rubros que componen el salario, para excluir gratificaciones extraordinarias, sueldo anual complementario y otras prestaciones que por su naturaleza no sean susceptibles de ser ganadas todos los meses (CNTrab, Sala I, 17/2/04, *DT*, 2004-A-651).

15. **Pagos de frecuencia anual.** En la base prevista en el art. 245 de la LCT no corresponde la inclusión de pagos de frecuencia anual (CNTrab, Sala VI, 22/11/00, *DT*, 2001-A-989).

§ 7. **Tope mínimo.** – El párr. 5° del artículo determina que "el importe de esta indemnización en ningún caso podrá ser inferior a un mes de sueldo calculados sobre la base del sistema establecido en el primer párrafo". El texto introducido por la ley 25.877 redujo el tope mínimo de dos meses a un mes. El sistema del párr. 1° consiste en computar a tal efecto "la mejor remuneración mensual, normal y habitual devengada durante el último año o durante el tiempo de prestación de servicios si éste fuera menor". Esto significa que en caso de despido sin justa causa, el trabajador despedido no debe percibir como indemnización total una suma menor a un mes de la mejor remuneración mensual, normal y habitual.

Jurisprudencia

1. *Indemnización por antigüedad. Tope mínimo.* El párrafo último del art. 153 de la LE, remite específicamente al 1°, el que establece el modo de cálculo del sistema, sin límite alguno, por lo que el tope establecido en los párrs. 2° a 4° de la ley citada, se refieren exclusivamente a la base remuneratoria y no al tope mínimo absoluto (CNTrab, Sala VII, 15/12/95, *DT*, 1996-B-1482).

2. *Indemnización por antigüedad. Piso mínimo.* El último párrafo del art. 245 de la LCT (reformado por el art. 153, ley 24.013) determina un piso mínimo que también debe ser observado al momento del cálculo indemnizatorio: el importe resultante en ningún caso podrá ser inferior a dos meses (actualmente un mes) de sueldo calculado en base al sistema del párr. 1°, lo que quiere decir en base a la remuneración efectivamente percibida por el trabajador, y no al tope de convenio introducido por el párr. 2° (CNTrab, Sala X, 31/5/99, *DT*, 1999-B-1862).

§ 8. **Tope máximo.** – El párr. 2° del artículo establece un tope máximo que se aplica sólo a la remuneración base mensual y no a la indemnización total. Dice el artículo, en la parte pertinente: "Dicha base no podrá exceder del equivalente de tres veces el importe mensual de la suma que resulte del promedio de todas las remuneraciones previstas en el convenio colectivo de trabajo aplicable al trabajador, al momento del despido, por la jornada legal o convencional, excluida la antigüedad".

Esta redacción fue incorporada al artículo comentado por el art. 153 de la LE y tiende a cumplir los siguientes objetivos: *a*) eliminar el salario mínimo, vital y móvil como índice o base para determinar el tope máximo indemnizatorio en concordancia con lo dispuesto por el art. 141 de la LE; *b*) ligar el tope establecido a parámetros remuneratorios convencionales más próximos al trabajador concreto cuya indemnización se trata de establecer, y *c*) acentuar la previsibilidad del costo indemnizatorio en vinculación con las variaciones que se produzcan en el desenvolvimiento de la actividad de que se trate, ligándolo con los promedios remuneratorios convencionales de aquélla.

"Al Ministerio de Trabajo, Empleo y Seguridad Social le corresponderá fijar y publicar el promedio resultante, juntamente con las escalas salariales de cada convenio colectivo de trabajo". La ley atribuye al Ministerio la competencia para fijar y publicar esos promedios, en tanto ese organismo ostenta la competencia relativa a la negociación colectiva y tiene conocimiento directo e inmediato de las variaciones remuneratorias producidas al momento de homologar el convenio o acuerdo respectivo. A fin de facilitar la tarea de consulta según la rama de actividad, el Ministerio edita periódicamente una publicación titulada "Topes indemnizatorios". Sus facultades no pueden ser sustituidas por los organismos provinciales del trabajo.

El párr. 3º del artículo se dirige a solucionar el problema del vacío legal que podría producirse para aquellos trabajadores no comprendidos en convenios colectivos de trabajo (p.ej., personal jerárquico o gerencial). Dice al respecto: "Para aquellos trabajadores excluidos del convenio colectivo de trabajo el tope establecido en el párrafo anterior será el del convenio aplicable al establecimiento donde preste servicios o al convenio más favorable, en el caso de que hubiera más de uno".

La modificación del texto del artículo introducida por la ley 25.877 ha sustituido la expresión "trabajadores no amparados" por "trabajadores excluidos" del convenio colectivo de trabajo. Sin embargo, a nuestro entender, la modificación legislativa no resulta relevante. Los *trabajadores no amparados* deben seguir la misma suerte que los *excluidos*, vale decir, el tope indemnizatorio será el del convenio aplicable al establecimiento donde preste servicios o al convenio más favorable, en el caso de que hubiera más de uno. Una interpretación de buena fe de la norma induce a asimilar a los trabajadores "no amparados" con los trabajadores "excluidos", puesto que no tiene fundamento establecer una distinción entre ellos que tenga relevancia jurídica, porque, en rigor, las dos categorías de trabajadores están en una situación análoga, es decir, no les es aplicable el convenio colectivo de trabajo[18].

En el caso de que exista una pluralidad de convenios, para determinar cuál es el convenio más favorable, no habrá que distinguir entre convenios de actividad y convenios de profesión, oficio o categoría y deberá aplicarse el criterio establecido en el art. 9º de la LCT del conglobamiento por instituciones, y no realizar una comparación global de los convenios sino limitarla al aspecto de que se trata, esto es, el promedio de todas las remuneraciones previstas en el convenio colectivo de trabajo.

El párr. 4º del art. 245 de la LCT, en su redacción anterior, expresaba: "Para aquellos trabajadores remunerados a comisión o con remuneraciones variables, será de aplicación el convenio de la actividad a la que pertenezcan...". La ley 25.877 modificó la redacción de este párrafo, por la siguiente: "Para aquellos trabajadores remunerados a comisión o con remuneraciones variables, será de aplicación el convenio al que pertenezcan...". El texto actual tiene una mayor precisión porque los trabajadores remunerados a comisión o con remuneraciones variables pueden pertenecer a un convenio colectivo de actividad, a uno de profesión, oficio o categoría (p.ej., viajantes de comercio) o bien a un convenio de empresa. La solución que provee la ley es que "será de aplicación el convenio al que pertenezcan o aquel que se aplique en la empresa o establecimiento donde preste servicios, si éste fuere más favorable". Para determinar cuál es el convenio más favorable se deberá aplicar el criterio expresado anteriormente.

Jurisprudencia

1. *Trabajadores fuera de convenio. Tope indemnizatorio.* Cuando el art. 245, párr. 3º, de la LCT señala que el tope para indemnizar a trabajadores no amparados por convenciones colectivas "será el que corresponda al convenio de actividad aplicable al establecimiento donde preste servicio o al convenio más favorable, en el caso que hubiera más de uno", se está refiriendo a convenios colectivos de trabajo, por lo que queda excluido el conjunto de normas empresarias de práctica (CNTrab, Sala X, 31/3/98, *TSS*, 1998-794).

2. *Convenio colectivo sin tope máximo. Indemnización.* La indemnización del art. 245 de la LCT debe fijarse sin tope máximo

---

[18] En el mismo sentido, Álvarez, *Modificaciones introducidas por la ley 25.877 en el artículo 245 de la ley de contrato de trabajo*, en Ackerman, y otros, "Reforma laboral. Ley 25.877", p. 79.

si el convenio colectivo específico de la actividad no lo prevé, no resultando admisible que se aplique por analogía un convenio colectivo ajeno (SCBA, 16/2/00, *TSS*, 2000-336, y *DT*, 2001-A-304).

3. *Topes indemnizatorios. Aplicación retroactiva.* *a*) El sistema escogido por el legislador para la fijación de un tope máximo en la indemnización por despido, remite o delega en la voluntad de los sujetos colectivos el contenido de dicha limitación por el período computable. Y como la ley no prohíbe la vigencia retroactiva de las escalas salariales que pudieran convenir los sujetos de la negociación colectiva, es correlato inevitable del sistema adoptado que pueda variar el tope a regir para los despidos ocurridos antes de los acuerdos salariales con vigencia retroactiva (CNTrab, Sala V, 9/8/99, *DT*, 2000-B-1847).

b) El art. 245 de la LCT (según art. 153, LE) establece para el cálculo de la indemnización por despido una base que le correspondería fijar y publicar al Ministerio de Trabajo. Esta facultad es excluyente, por lo que no son los interesados los que deciden *per se* el tope en cuestión, sino que deben aplicarse los que se encuentren en vigencia a la fecha del distracto y no el que se hubiera publicado a posteriori, pues no son admisibles retroactividades emergentes de publicaciones tardías (CNTrab, Sala VIII, 20/9/99, *DT*, 2000-B-1847).

4. *Inexistencia de convenio colectivo aplicable.* *a*) Si no existe convención colectiva de ninguna especie que resulte de aplicación al establecimiento de la accionada, no puede hacerse jugar un tope determinado, en tanto el art. 245 de la LCT en la versión de la ley 24.013 lo mensura solamente en base a promedios de las escalas salariales establecidas en acuerdos de esa especie (en el caso, se dispuso que no corresponde limitar de ninguna manera la retribución computable a los fines del cálculo de la indemnización por despido) (CNTrab, Sala X, 20/9/00, *DT*, 2001-A-299).

b) Si no hay convenio colectivo de trabajo aplicable a la actividad, no procede la aplicación de un tope a la indemnización del art. 245 de la LCT, pues el art. 16 de la LCT veda la analogía en ámbitos regidos por convenios colectivos (aunque sea por remisión) (CNTrab, Sala VIII, 7/4/00, *DT*, 2001-A-646).

c) No mediando un convenio colectivo que resulte específicamente aplicable a la demandada –Bolsa de Comercio– debe recurrirse al convenio análogo que resulte más beneficioso para el dependiente (CNTrab, Sala V, 31/8/99, *TSS*, 1999-1263).

5. *Demora en la publicación de topes.* La demora del organismo del Estado en la fijación y publicación de los topes previstos en el art. 245 de la LCT, no configura un obstáculo para su acatamiento, ni constituye razón válida para determinar el tope indemnizatorio sobre la base de escalas salariales carentes de vigencia a la fecha del cese contractual, máxime cuando el emplea-

dor impugnó los valores pero los aceptó al liquidar los sueldos (CSJN, 27/6/00, "Genez, Hilario y otro c/Parmalat Argentina SA", *TSS*, 2001-22).

6. *Falta de publicación de topes.* *a*) El art. 245 de la LCT, modificado por ley 24.013, no faculta al empleador o a las partes a efectuar un "promedio de salarios" para fijar el límite del crédito. Por lo tanto, si el Ministerio de Trabajo omitió fijar y publicar los montos con el tope correspondiente a la actividad, el crédito indemnizatorio debe ser calculado con las restantes pautas de la ley, pues no resulta pertinente la fijación de límites por parte de otra entidad que no sea el poder estatal erigido en autoridad de aplicación (CNTrab, Sala X, 27/6/00, *DT*, 2001-A-828).

b) La falta de publicación de topes no puede ser entendida como un obstáculo para su acatamiento, ni constituye razón válida para determinar el crédito del actor con prescindencia de la limitación legalmente contemplada para resolver la cuestión (CNTrab, II, 12/5/03, *TSS*, 2004-121).

7. *Error u omisión del Ministerio de Trabajo.* El error u omisión del Ministerio de Trabajo en ejercicio de la función que le asigna la ley no puede redundar en la frustración del objetivo perseguido por el legislador, que es garantizar la movilidad de los topes al ritmo establecido por la negociación colectiva. Por ello, si la res. 65/92 no respetó el método previsto legalmente por cuanto a la fecha de su dictado existían otros acuerdos que no fueron tenidos en cuenta a la hora de fijar el tope referido, corresponde no tenerla en cuenta al momento del cálculo de la indemnización por despido debida al trabajador (CNTrab, Sala X, 30/8/00, *DT*, 2001-A-828).

§ 9. Inconstitucionalidad del tope máximo. – La Corte Suprema de Justicia de la Nación, a partir del fallo dictado el 10 de diciembre de 1997, en el caso "Villareal c/Roemmers", había sentado la doctrina de que el tope indemnizatorio establecido por el art. 245 de la LCT, modificado por el art. 153 de la ley 24.013, no resultaba irrazonable y que correspondía al legislador, en cumplimiento del deber constitucional del Estado, asegurar la protección del trabajador contra el despido arbitrario, establecer las bases jurídicas que reglamentan las relaciones de trabajo y las consecuencias que se derivan de la ruptura del contrato laboral, sin que los jueces se hallen facultados para decidir sobre el mérito o conveniencia de la legislación sobre la materia. El tribunal puso como excepción el caso en que el monto indemnizatorio resultante tuviera el carácter de absurdo o arbitrario, que comportara la desnaturalización del derecho que se pretendía asegurar o se tradujera en la pulverización del real contenido económico del crédito indemnizatorio.

El mismo tribunal, aunque con otra parcial composición, el 14 de septiembre de 2004, en la causa "Vizzoti c/Amsa SA", dio un giro significativo en esta cuestión, declarando la inconstitucionalidad del tope indemnizatorio del art. 245 de la LCT cuando el salario devengado regularmente por el trabajador resultare disminuido en más de un tercio (33%), a los fines de determinar la indemnización por despido sin justa causa, pauta vinculada con la jurisprudencia de la Corte relativa a que la confiscatoriedad se produce cuando la presión fiscal excede el señalado porcentaje. Fundó el tribunal su decisión en el art. 14 *bis* de la Const. nacional, que garantiza que el trabajo gozará de la protección de las leyes y que éstas asegurarán al trabajador *"protección contra el despido arbitrario"* y *"condiciones dignas y equitativas de labor"*, así como en su art. 28 que exige razonabilidad en la reglamentación legal de los derechos constitucionales. Vale decir, que el tope indemnizatorio se aplicará cuando no afecte el 67% de la mejor remuneración normal y habitual percibida por el trabajador despedido. La doctrina sentada por la Corte, a partir del caso "Vizzoti", tiene principalmente efecto en los despidos sin justa causa de los trabajadores de categorías superiores con remuneraciones más elevadas.

Jurisprudencia

1. *Tope indemnizatorio. Inconstitucionalidad.* Permitir que el importe del salario devengado regularmente por el trabajador resulte disminuido en más de un tercio, a los fines de determinar la indemnización por despido sin justa causa, significaría consentir un instituto jurídico que termina con el deber inexcusable enunciado en el art. 14 *bis* de la Const. nacional, acerca de que el trabajo gozará de la protección de las leyes y que éstas asegurarán al trabajador protección contra el despido arbitrario y condiciones equitativas de labor y un olvido del art. 28 de la Const. nacional (CSJN, 14/9/04, "Vizzoti, Carlos A. c/Amsa SA", *DT*, 2004-B-1211).

§ 10. **Diversos regímenes legales.** – Distintas normas han dispuesto la duplicación de las indemnizaciones por despido, si se dieren los presupuestos de hecho que cada una de ellas ha establecido. Ellas son: *a*) la ley 24.013 –LE– de 1991, art. 15; *b*) la ley 25.323 de 2000, y *c*) la ley 25.561 de 2002, de emergencia pública en materia social, económica, administrativa, financiera y cambiaria. Las dos primeras regulaciones tienen carácter permanente y la última transitorio.

a) *Ley de empleo 24.013.* El capítulo I del título II estableció un mecanismo de regularización para las relaciones laborales no registradas o insuficientemente registradas. La ley considera que el contrato o la relación de trabajo se encuentra registrada cuando el empleador hubiera inscripto al trabajador en el libro especial del art. 52 de la LCT o en la documentación laboral que haga sus veces, y ante los organismos de seguridad social (AFIP y obra social). Tales requisitos se exigen en forma conjunta (art. 7°, LE; art. 2°, decr. regl. 2725/91).

Se considera que un contrato o relación de trabajo está insuficientemente registrado si el empleador "consignare en la documentación laboral una fecha de ingreso posterior a la real" (art. 9°, LE) o "una remuneración menor que la percibida por el trabajador" (art. 10, LE).

Los trabajadores que pueden poner en movimiento el mecanismo de regularización del empleo no registrado son los comprendidos en el ámbito de aplicación personal de la LCT (art. 1°, decr. regl. 2725/91).

Para que proceda la duplicación de las indemnizaciones por despido que la LE prevé en su art. 15, el trabajador (o la asociación sindical que lo represente) debe previamente intimar al empleador en los términos del art. 11 de la LE, modificado por el art. 47 de la ley 25.345, "a fin de que proceda a la inscripción, establezca la fecha real de ingreso o el verdadero monto de las remuneraciones" (art. 11, inc. *a*), dentro del plazo de treinta días corridos (art. 3°, inc. 2, decr. regl. 2725/91). El requirente debe proceder de inmediato "y, en todo caso, no después de las veinticuatro horas hábiles siguientes, a remitir a la Administración Federal de Ingresos Públicos copia del requerimiento previsto en el inciso anterior" (art. 11, inc. *b*, LE). La intimación debe efectuarse estando vigente la relación laboral (art. 3°, inc. 1, decr. regl. 2725/91).

La duplicación de las indemnizaciones por despido (que comprende no sólo la indemnización por antigüedad, sino también la sustitutiva del preaviso y la integración del mes de despido) procede si el empleador despidiere sin causa justificada al trabajador dentro de los dos años desde que se le hubiera cursado de modo justificado la intimación del art. 11 de la LE. Igualmente tiene lugar cuando es el trabajador el que hace denuncia del contrato de trabajo fundado en justa causa, salvo que la causa invocada no tuviera vinculación con las previstas en los arts. 8° (empleo totalmente no registrado), 9° (registro de una fecha de ingreso posterior a la real) y 10 (registro de una remuneración menor a la efectivamente percibida por el trabajador) y el empleador acreditare de modo fehaciente que su conducta no ha tenido por objeto inducir al trabajador a colocarse en situación de despido (art. 15, LE).

JURISPRUDENCIA

1. *Empleo no registrado.* Como ninguna norma excluye a las indemnizaciones agravadas de la suma que corresponde cobrar al trabajador según el art. 15 de la LE, corresponde la duplicación de la reparación fijada por el art. 178 de la LCT en beneficio de la trabajadora embarazada despedida durante el período de estabilidad (CNTrab, Sala VI, 31/7/00, *DT*, 2000-B-2146).

b) *Ley 25.323.* Esta ley ha instrumentado un mecanismo sancionatorio destinado a combatir el empleo no registrado o insuficientemente registrado, que consiste en la duplicación de la indemnización por antigüedad que corresponda al trabajador afectado; pero no prevé la duplicación de la indemnización sustitutiva de preaviso (art. 232, LCT) y de la integración del mes de despido (art. 233, LCT) ni la de las indemnizaciones agravadas, sean éstas las de despido por causa de matrimonio (art. 182, LCT), por maternidad o embarazo (art. 178, LCT) o por violación de la estabilidad gremial (art. 52, ley 23.551).

Las relaciones laborales comprendidas en la norma son las regidas por la LCT, por lo que quedan claramente excluidas las relaciones de empleo público (art. 2°, inc. *a*, LCT), las que correspondan a trabajadores del servicio doméstico (art. 2°, inc. *b*) y las de los trabajadores agrarios (art. 2°, inc. *c*). La ley no menciona expresamente los estatutos particulares.

La norma determina que la situación de empleo no registrado o registrado de modo deficiente debe estar presente "al momento del despido". Como la ley no distingue, puede tratarse de un despido directo o indirecto (art. 246, LCT).

En cuanto a los conceptos de relación no registrada o registrada de modo deficiente, dado que la ley no los define, es necesario remitirse a este respecto a los arts. 7°, 9° y 10 de la LE.

La duplicación de la indemnización por antigüedad que establece la ley 25.323 se distingue de la determinada por el art. 15 de la ley 24.013 en que, a diferencia de ésta que tiene como presupuesto indispensable la previa intimación al empleador en los términos del art. 11 de la misma ley –intimación que debe cursarse estando vigente la relación laboral–, el art. 1° de la ley 25.323 no requiere intimación alguna.

La ley otorgó un plazo de gracia (treinta días corridos; art. 28, Cód. Civil) para los empleadores que hubieran tenido relaciones laborales no registradas o deficientemente registradas, constituidas con anterioridad a la entrada en vigencia de la ley, el 20 de octubre de 2000. Dicho plazo venció a la hora veinticuatro del 18 de noviembre del mismo año.

La última parte del art. 1° de la ley determina que "el agravamiento indemnizatorio establecido en el presente artículo, no será acumulable a las indemnizaciones previstas por los arts. 8°, 9°, 10 y 15 de la ley 24.013". Está claro, entonces, que el trabajador recurrirá al régimen de la ley 25.323 cuando, habiendo estado en una situación laboral total o parcialmente clandestina, la relación se extinguiera sin que hubiera remitido a su empleador el requerimiento previsto en el art. 11 de la LE.

c) *Ley 25.561*. Esta ley, con vigencia a partir del 6 de enero de 2002, declaró, con arreglo a lo dispuesto por el art. 76 de la Const. nacional, la emergencia pública en materia social, económica, administrativa, financiera y cambiaria (art. 1°). El art. 16 de la ley suspendió "los despidos sin causa justificada" por el plazo de ciento ochenta días ("corridos", art. 28, Cód. Civil). El decr. NU 883/02 prorrogó la suspensión de los despidos por el plazo de ciento ochenta días hábiles administrativos, contados a partir del vencimiento del plazo originario; el decr. NU 662/03 la prorrogó hasta el 30 de junio de 2003; el decr. NU 256/03 hasta el 31/12/03, inclusive, el decr. NU 1351/03, hasta el 31 de marzo de 2004, inclusive, y el decr. NU 369/04, hasta el 30 de junio de 2004, inclusive. En caso de producirse despidos en contravención a lo dispuesto, los empleadores debían abonar a los trabajadores perjudicados el doble de la indemnización que les correspondiese, de conformidad a la legislación laboral vigente. Cabe señalar, sin embargo, que el decr. NU 823/04, que prorrogó desde el 1/7/04 hasta el 31/12/04, inclusive, la suspensión de los despidos sin causa justificada dispuesta por el art. 16 de la ley 25.561 redujo la duplicación de los montos indemnizatorios del 100% al 80% de tales sumas.

La ley 25.972 prorrogó la suspensión de los despidos sin justa causa (art. 16, ley 25.561) hasta que la tasa de desocupación resulte inferior al 10%. El decr. 2014/01 estableció un 80% adicional sobre los montos indemnizatorios en caso de despidos en infracción a la ley.

Despidos con "justa causa" son los definidos por el art. 242 de la LCT, es decir, aquellos motivados por una inobservancia del trabajador de las obligaciones resultantes del contrato de trabajo que configuren injuria que, por su gravedad, no consienta la prosecución de la relación.

La ley no limita su ámbito de aplicación personal sólo a los trabajadores comprendidos en la LCT, sino que sus disposiciones alcanzan también a aquellos dependientes con relaciones laborales regidas por estatutos particulares, incluidos los trabajadores expresamente excluidos de dicho cuerpo legal general (art. 2°, incs. *b* y *c*, LCT), los del servicio doméstico (decr. ley 326/56) y los trabajadores agrarios (ley 22.248).

La norma legal fue reglamentada por decr. 264/02, cuyo art. 1° estableció que en los supuestos de despido sin causa justificada contemplados en el art. 16 de la ley 25.561, debe sustanciarse con carácter previo a su comunicación el procedimiento preventivo de crisis establecido en el capítulo 6 del título III de la LE y sus normas reglamentarias. Cuando no se alcancen los porcentajes de trabajadores determinados en el art. 98 de esa ley, debe cumplirse con lo dispuesto por el decr. 328/88, que impone a los empleadores, antes de disponer suspensiones, reducciones de la jornada laboral o despidos por causas económicas o falta o disminución de trabajo, la obligación de comunicar tal decisión al Ministerio de Trabajo con una anticipación no menor a diez días de hacerla efectiva (art. 1°), con diversas especificaciones (art. 2°) y cumplir con el requisito de la entrega de copia a la asociación sindical con personería gremial que represente a los trabajadores afectados por la medida (art. 3°).

El art. 2° del decr. 264/02 determina que, en caso de incumplimiento del procedimiento previsto en su art. 1°, la autoridad administrativa del trabajo está facultada para intimar, previa audiencia de partes, el cese inmediato de los despidos, "disponiendo las medidas para velar por el mantenimiento de la relación de trabajo y el pago de los salarios caídos". Por su parte, el art. 3° del mismo decreto dispone que el empleador que lleve a cabo el despido de trabajadores omitiendo el citado procedimiento no podrá invocar las previsiones del art. 247 de la LCT y art. 10 de la ley 25.013, considerándose los despidos sin causa justificada a los efectos de la aplicación del art. 16 de la ley 25.561.

El art. 4° del decreto reglamentario aclara que la duplicación prevista en el art. 16 de la ley 25.561 "comprende todos los rubros indemnizatorios originados con motivo de la extinción del contrato de trabajo". La norma reglamentaria da a la duplicación tal extensión que comprende a las indemnizaciones sustitutivas del preaviso, integración del mes de despido y por antigüedad. La duplicación alcanza a las indemnizaciones agravadas, si ellas son procedentes (matrimonio, embarazo y maternidad, estabilidad gremial, ruptura anticipada de contrato a plazo fijo). Igualmente comprende a la indemnización

---

44. Etala, *Contrato*.

por vacaciones no gozadas (art. 156, LCT), puesto que la norma no hace exclusión alguna (art. 9°, LCT)[19].

La duplicación procede aun en caso de despido indirecto, si éste es justificado (art. 246, LCT)[20].

El decr. NU 2639/02 dispuso que lo establecido en la última parte del art. 16 de la ley 25.561 no será aplicable a los empleadores, respecto de los nuevos trabajadores que sean incorporados, en relación de dependencia en los términos de la LCT, a partir del 1° de enero de 2003, siempre y cuando la incorporación de ellos represente un aumento en la plantilla total de trabajadores que el empleador poseía al 31 de diciembre de 2002. Esta tesitura fue ratificada por el art. 4° de la ley 25.972.

Jurisprudencia

1. *Alcance de la duplicación.* a) No cabe la duplicación según ley 25.561 de indemnizaciones como las del art. 15 de la LE o del art. 45 de la ley 25.345, puesto que éstas son de diferente naturaleza y responden a causas y objetivos distintos de los que se producen con motivo de la extinción de la relación laboral (CNTrab, Sala I, 20/3/03, *TSS*, 2003-513).

b) No procede duplicar la indemnización que por vacaciones proporcionales prevé el art. 156 de la LCT, ya que no es debida con motivo de la extinción del contrato de trabajo sino que procede cualquiera que fuera el modo de ruptura, como tampoco el sueldo anual complementario proporcional, que no es sino una remuneración devengada día a día y que, como consecuencia de la terminación de la relación, no puede ser percibida en la oportunidad regularmente prevista por el art. 122 de la LCT (CNTrab, Sala I, 20/3/03, *TSS*, 2003-513).

c) La legislación laboral vigente a la que remite el art. 16 de la ley 25.561 prevé como reparación de la ruptura unilateral e incausada no sólo la regulada en el art. 245 de la LCT (o 7° de la ley 25.013), que toma como parámetro la antigüedad, sino también la de preaviso (art. 231, LCT), reconociéndole la ley idéntico carácter indemnizatorio al salario correspondiente al período de descanso proporcional a la fracción del año trabajada (art. 156, LCT), resultando accesoria a ambos rubros la incidencia del sueldo anual complementaria y por ende sujeta a la misma suerte que aquéllos (art. 525, Cód. Civil) (CNTrab, Sala IX, 1/7/03, *RDL*, número extraordinario, p. 206).

d) Por aplicación del art. 16 de la ley 25.561 y el decr. 264/02 deberían duplicarse no sólo las indemnizaciones previstas en la

---

[19] Etala, *La duplicación de las indemnizaciones durante el período de emergencia*, p. 24.

[20] Etala, *La duplicación de las indemnizaciones durante el período de emergencia*, p. 24.

LCT (por despido y omisión de preaviso), sino todas las derivadas de la extinción de trabajo en razón de la normativa laboral vigente (v.gr., además de las previstas en la LCT deben incluirse las propias de la LE y de las leyes 25.323 y 25.345). En el caso concreto de autos, la duplicación del mentado art. 16 de la ley 25.561 comprende a la indemnización por despido; a la indemnización por omisión de preaviso; a las indemnizaciones de los arts. 1° y 2° de la ley 25.323, y a la del art. 45 de la ley 25.345 (art. 80, LCT) (CNTrab, Sala VII, 25/4/03, *RDL*, número extraordinario, p. 207).

e) En tanto la duplicación emergente del art. 2° de la ley 25.323 resulta una sanción ante el incumplimiento del pago de las indemnizaciones derivadas del despido y no una indemnización que obedezca a la ruptura del vínculo, dicho rubro no debe integrar el cálculo de la sanción del art. 16 de la ley 25.561 (CNTrab, Sala IX, 30/6/03, *RDL*, número extraordinario, p. 209).

2. *Despido indirecto.* Resulta procedente la duplicación establecida por la ley 25.561 en los casos de despido indirecto, puesto que este instituto produce idénticos efectos que los derivados del despido decidido directamente por el empleador, tal como lo prevé la LCT (CNTrab, Sala IV, 26/6/03, *RDL*, número extraordinario, p. 203; íd., Sala X, 11/4/03, *RDL*, número extraordinario, p. 203).

Art. 246. [Despido indirecto] – **Cuando el trabajador hiciese denuncia del contrato de trabajo fundado en justa causa, tendrá derecho a las indemnizaciones previstas en los arts. 232, 233 y 245.**

Concordancias: LCT, arts. 42, 62, 63, 66, 69, 218, 219, 222, 226, 232, 233, 242, 245 y 246; LE, art. 114, inc. *c*.

§ 1. **Bilateralidad de la injuria.** – La *injuria* es bilateral en cuanto el contrato de trabajo puede ser motivo de denuncia fundado en *justa causa* tanto por el empleador (si quien incumple es el trabajador) como por el trabajador (si el incumplimiento es del empleador)[1]. Así lo expresa el párr. 1° del art. 242 de la LCT: "Una de las partes podrá hacer denuncia del contrato de trabajo en caso de inobservancia por parte de la otra de las obligaciones resultantes del mismo que configuren injuria y que, por su gravedad, no consienta la prosecución de la relación".

§ 2. **Despido indirecto.** – El artículo en comentario legisla expresamente sobre la denuncia del contrato fundado en

---

[1] López - Centeno - Fernández Madrid, *Ley de contrato de trabajo*, t. II, p. 1268.

justa causa que hiciere el trabajador, designándola como *despido indirecto* en oposición al *despido directo* que es el decidido por el empleador. En la práctica usual de las relaciones laborales se designa también esta circunstancia como *colocarse en situación de despido* o *darse por despedido*.

JURISPRUDENCIA

1. *Prueba de la justa causa.* Si la relación se extinguió por denuncia del trabajador, lo relevante es si acreditó o no el incumplimiento patronal invocado como justa causa, según los arts. 242, 243 y 246 de la LCT (CNTrab, Sala VI, 14/10/91, *DT*, 1992-A-275).

2. *Falta de pago de salarios.* Este incumplimiento constituye una causal que legitima al dependiente a considerarse en situación de despido indirecto en la medida que se trata de una de las obligaciones principales del patrono en el marco del contrato de trabajo (art. 74, LCT) (CNTrab, Sala VI, 16/7/99, *DT*, 1999-B-2286).

3. *Mora en el pago de salarios. Omisión del trabajador de concurrir al lugar de pago.* La demandada no incurre en mora en el pago de las remuneraciones, si el trabajador no concurre a percibirlas pese al reconocimiento de la obligación por parte del deudor y su manifestación de voluntad de cumplimiento, al señalar el lugar de pago al acreedor que, ante su falta de concurrencia, incurre en mora *accipiens*, lo que le impide invocar la inejecución de la obligación del principal en tiempo propio como causa de denuncia del contrato, en los términos del art. 242 de la LCT (CNTrab, Sala VIII, 6/10/98, *DT*, 1999-B-2102).

4. *Intimación previa.* *a*) Las frases *accionaré judicialmente* o *bajo apercibimiento de injuria* contenidas en un telegrama intimatorio no cumplen el requisito de manifestación de voluntad rescisoria en caso de incumplimiento, exigida como previa para configurar el despido indirecto, pudiendo interpretarse como la voluntad del remitente de iniciar acción judicial por el cobro del crédito reclamado (CNTrab, Sala VIII, 16/9/96, *DT*, 1996-B-3025).

b) La falta de pago de las vacaciones, previa intimación del trabajador, configura injuria impeditiva de la continuación de la relación laboral y constituye justa causa para disolver el contrato de trabajo (CNTrab, Sala I, 28/2/89, *DT*, 1990-A-221).

c) Frente a la falta de pago de salarios debe distinguirse entre la *mora* y la *injuria*. Para hacer valer la falta de pago de haberes como justa causa del distracto, se requiere la previa intimación formal del pago, apercibiéndose al empleador de las consecuencias jurídicas que se producirán en caso de mantenerse tal actitud. Se trata de una *carga* fundada en los principios de buena fe y continuidad, sin cuyo cumplimiento el despido indirecto deviene incausado (CNTrab, Sala I, 18/6/91, *DT*, 1992-A-260).

d) El silencio del empleador ante la intimación cursada por la trabajadora por falta de pago de la asignación por nacimiento y prenatal justifica el despido indirecto, según el art. 242 de la LCT (CNTrab, Sala VII, 23/10/92, *DT*, 1993-B-1249).

e) El trabajador no puede considerarse injuriado sin formular intimación previa tendiente a lograr que el empleador subsane y repare los incumplimientos que adujo lesionaban sus derechos, y no puede atribuirse el carácter de intimación previa al despacho mediante el cual se denunció el contrato de trabajo sin contener un mensaje intimatorio, por lo cual el despido dispuesto en tal contexto deviene apresurado y resulta improcedente la pretensión indemnizatoria con base en éste, máxime si tampoco se acreditaron las causales en que se fundó la decisión rescisoria (CNTrab, Sala V, 22/4/97, *DT*, 1997-B-2487).

f) La mora del empleador en el pago del salario, pese a las intimaciones fehacientes realizadas por los trabajadores, justifica la denuncia del contrato de trabajo por parte de éstos, pues el pago de la retribución constituye la principal obligación a cargo de aquél. La circunstancia de que con anterioridad los demandantes hubieran tolerado cierta demora en el pago no legitima la actitud de la demandada, pues la falta de pago del salario en tiempo oportuno constituye un grave incumplimiento contractual, según lo determinado por los arts. 62, 63, 74 y 242 de la LCT (CNTrab, Sala III, 15/9/97, *DT*, 1998-1883).

g) Los sujetos del contrato de trabajo, cuando estiman que existen incumplimientos de la otra parte, susceptibles de ser injuriosos, tienen la carga de constituirla en mora obligacional bajo advertencia de denuncia en caso de persistir la conducta imputada, carga que deviene impuesta por el principio de obrar de buena fe y de agotar explícitamente la voluntad de continuidad (CNTrab, Sala V, 30/3/00, *TSS*, 2000-800).

5. *Negativa de la relación laboral.* *a*) La negativa al actor de la condición de trabajador subordinado por parte de la empleadora, es una injuria que justifica plenamente la ruptura del contrato por parte de aquél (CNTrab, Sala VII, 22/9/89, *DT*, 1990-A-235; íd., Sala VIII, 29/11/91, *DT*, 1992-B-1446).

b) La negativa del vínculo laboral como respuesta a la intimación del dependiente a fin de que se aclarara y regularizara su situación laboral constituye injuria que no permite la continuidad del vínculo laboral (art. 242, LCT) (CNTrab, Sala X, 8/4/03, *DT*, 2003-B-1549).

c) La falta de comunicación fehaciente de la ruptura del contrato laboral por parte de quien se considera en situación de despido indirecto, no obsta a la procedencia de la indemnización por despido, puesto que el empleador negó la existencia de dicha relación laboral ante los reclamos efectuados por el trabajador y por ende, en virtud del principio de buena fe, debe considerarse que el distracto se produjo por culpa del empleador (CNTrab, Sala I, 30/12/02, *DT*, 2003-B-1393).

6. **Negativa de contrato por tiempo indeterminado.** Frente a esta situación, la trabajadora tiene derecho a considerarse despedida (art. 242, LCT) y deben prosperar las indemnizaciones de ley (CNTrab, Sala X, 17/9/99, *DT*, 2000-A-413).

7. **Desconocimiento de la calificación contractual.** La calificación contractual constituye un elemento esencial del contrato de trabajo por cuanto de ésta deriva el plexo de derechos y obligaciones del trabajador frente a la empresa, de allí que el desconocimiento expreso formulado por el empleador de la mayor categoría que en realidad revestía el dependiente y su negativa a registrarlo bajo tales condiciones, constituye injuria suficiente como para denunciar el contrato de trabajo en los términos del art. 242 de la LCT (CNTrab, Sala X, 18/12/02, *DT*, 2003-A-852).

8. **Incumplimiento de obligaciones previsionales.** *a*) La falta de aportes previsionales no constituye suficiente causa de despido indirecto, porque pudo ser suplida por el trabajador mediante el cumplimiento de lo dispuesto en los incs. *b* y *d* del art. 58 de la ley 18.037 (actualmente art. 13, inc. *a*, 3, ley 24.241) (CNTrab, Sala II, 26/3/90, *DT*, 1990-B-2096).

b) El empleado carece de un perjuicio propio frente al incumplimiento patronal de las obligaciones previsionales, puesto que para lograr el beneficio jubilatorio sólo debe demostrar los servicios prestados y no los aportes ingresados que es obligación del principal (SCBA, 24/11/92, *TSS*, 1993-514).

c) La omisión de realizar los aportes previsionales y sociales no es un incumplimiento meramente formal sino un verdadero agravio, desde el momento en que el trabajador ha de verse perjudicado al perder no sólo el derecho a que se le computen los períodos trabajados y por los cuales el empleador no hizo los depósitos correspondientes, sino también el de obtener las correspondientes médico-asistenciales de la obra social con la cual el empleador no contribuyó y ante la cual es responsable del aporte de sus trabajadores (ley 23.660, CNTrab, Sala VII, 6/8/98, *DT*, 1998-B-2442).

9. **Cesantía posterior.** La cesantía dispuesta por el empleador después de configurado el despido indirecto del dependiente carece de los efectos jurídicos regulados (SCBA, 12/9/89, *TSS*, 1990-125).

10. **Alteración en la fecha de ingreso.** La alteración en la fecha de ingreso en perjuicio del trabajador constituye un comportamiento contrario al deber de buena fe que rige el contrato, que afecta el principio de mutua confianza que es esencial en la relación laboral, causa perjuicios al trabajador e importa una injuria que justifica el distracto (arts. 62, 63, 79, 242, 246 y concs., LCT) (CNTrab, Sala II, 26/2/01, *DT*, 2001-B-2334).

11. *Supresión de horas extra.* *a*) No constituye rebaja salarial que autorice al trabajador a considerarse despedido la supresión del incremento que se produce en la remuneración del trabajador que realizó horas extra, si éstas se reducen, dado que las horas trabajadas en exceso de la jornada legal no integran el salario convenido por las partes al momento de contratar (CNTrab, Sala X, 18/10/02, *DT*, 2003-B-1249).

b) La negativa del empleador a proporcionar trabajo suplementario –lo haya hecho o no antes– no puede ser invocada como justa causa de despido indirecto decidido por el trabajador, dado que no se trata de una conducta que legal o contractualmente le sea exigible a aquél, e implica, por el contrario, el ejercicio no abusivo de derechos propios y por ende insusceptibles de ser invocados como justa causa de denuncia (CNTrab, Sala VIII, 22/4/03, *DT*, 2003-B-1420).

CAPÍTULO V

DE LA EXTINCIÓN DEL CONTRATO DE TRABAJO POR FUERZA MAYOR O POR FALTA O DISMINUCIÓN DE TRABAJO

Art. 247. [MONTO DE LA INDEMNIZACIÓN] – En los casos en que el despido fuese dispuesto por causa de fuerza mayor o por falta o disminución de trabajo no imputable al empleador fehacientemente justificada, el trabajador tendrá derecho a percibir una indemnización equivalente a la mitad de la prevista en el art. 245 de esta ley.

En tales casos el despido deberá comenzar por el personal menos antiguo dentro de cada especialidad.

Respecto del personal ingresado en un mismo semestre, deberá comenzarse por el que tuviere menos cargas de familia, aunque con ello se alterara el orden de antigüedad.

CONCORDANCIAS: LCT, arts. 10, 18, 95, 212, 219 a 222, 242, 243, 245, 247 a 251 y 253 a 255; LE, arts. 95 a 105, 114 y 152.

§ 1. **Despido por fuerza mayor o falta o disminución de trabajo.** – En el artículo comentado la ley regula conjuntamente dos formas de rescisión contractual dispuesta por el empleador, a las que asigna similares efectos jurídicos: despido por fuerza mayor, y despido por falta o disminución de trabajo no imputable al empleador.

Se trata de una denuncia motivada del contrato de trabajo que, sin embargo, se diferencia del despido por *justa causa* (art. 242, LCT), por un lado y, por el otro, del despido arbitrario, es decir, sin ningún motivo legalmente invocable, al que corresponde la indemnización del art. 245. En el caso del artículo comentado, la ley atribuye a estas causales (*fuerza mayor* y *falta o disminución de trabajo no imputable al empleador*), el efecto jurídico de dar lugar al pago por el empleador de una indemnización *equivalente a la mitad* de la prevista en el art. 245.

§ 2. **Distinción entre la fuerza mayor y la falta o disminución de trabajo.** – Aunque, como se dijo, la ley asigna a ambas causales similares efectos jurídicos, es posible efectuar una distinción, aunque meramente teórica, entre ellas. Las causales tienen una característica común: la *ajenidad* ya que no deben ser imputables al empleador (en rigor, la fuerza mayor, por definición, es no imputable), pero mientras la *falta o disminución de trabajo* sólo origina una mayor dificultad u onerosidad en el cumplimiento de la obligación del empleador de recibir la prestación laboral, similar a la *excesiva onerosidad sobreviniente* del art. 1198 del Cód. Civil, la *fuerza mayor* da lugar a una imposibilidad absoluta de ocupar al trabajador[1].

No hay una fuerza mayor específicamente laboral, el concepto de fuerza mayor es similar al del art. 514 del Cód. Civil y consiste básicamente en el hecho de la imposibilidad de cumplimiento, ya que la sola imprevisibilidad del evento determinante de ella no la configura[2], sino que debe resultar absolutamente inevitable[3]. La imposibilidad puede ser material (*física*), caso de destrucción del establecimiento por hechos naturales, como terremoto, inundación, incendio provocado por un rayo o por hechos ajenos (estado de guerra, actos de terrorismo), o jurídica (*hecho del príncipe*; p.ej., prohibiciones u otras providencias de la autoridad pública, no originadas en culpa del empleador)[4].

---

[1] López - Centeno - Fernández Madrid, *Ley de contrato de trabajo*, t. II, p. 1271; Fernández Madrid, *Tratado práctico*, t. II, p. 1699.

[2] López - Centeno - Fernández Madrid, *Ley de contrato de trabajo*, t. II, p. 1010.

[3] Herrera, en Vazquez Vialard (dir.), "Tratado", t. 5, p. 467.

[4] Krotoschin, *Tratado práctico*, t. I, p. 480.

Es evidente que, en tanto la ley asimila en sus efectos jurídicos ambas causales, el empleador elegirá para invocar aquella cuyos recaudos resultan menos exigentes, es decir, la *falta* o la *disminución de trabajo*, puesto que de alegar la *fuerza mayor* deberá acreditar necesariamente la imposibilidad de cumplimiento.

Aun existiendo imposibilidad de cumplimiento, originada en fuerza mayor, el contrato no se extingue por sí solo –como sería si se aplicaran los arts. 888 y 895 del Cód. Civil–, sino que la extinción debe ser dispuesta por el empleador. La imposibilidad puede no ser conocida por el trabajador, de modo que el despido por fuerza mayor debe ser declarado expresamente[5].

§ 3. Requisitos exigibles en el despido por falta o disminución de trabajo. – Para legitimar este despido, la decisión del empleador debe cumplir con los siguientes recaudos: *a*) la existencia de falta o disminución de trabajo que, por su entidad, justifique la disolución del contrato; *b*) que la situación no sea imputable al empleador, es decir, que se deba a circunstancias objetivas y que el hecho determinante no obedezca a riesgo propio de la empresa; *c*) que el empleador haya observado una conducta diligente, acorde con las circunstancias, consistente en la adopción de medidas tendientes a evitar la situación deficitaria o a atenuarla; *d*) que la causa invocada tenga cierta durabilidad (perdurabilidad); *e*) que se haya respetado el orden de antigüedad, y *f*) que la medida sea contemporánea con el hecho que la justifica[6].

Jurisprudencia

1. *Requisitos*. Para justificar los despidos por falta o disminución de trabajo, el empleador debe probar: *a*) la existencia de falta o disminución de trabajo que, por su gravedad, no consienta la prosecución del vínculo; *b*) que la situación no le es imputable, es decir que se debe a circunstancias objetivas y que no hay ni culpa ni negligencia empresaria; *c*) que se respetó el orden de antigüedad, y *d*) perdurabilidad (CNTrab, Sala VII, 11/9/91, *DT*, 1992-A-910).

2. *Configuración*. *a*) La fuerza mayor como causal que fundamenta la falta de trabajo, es la misma que la prevista por el art. 513 del Cód. Civil, lo que exige probar la imprevisibilidad, la inevitabilidad y la irresistibilidad del hecho por quien lo aduce,

---

[5] Krotoschin, *Tratado práctico*, t. I, p. 481.
[6] Fernández Madrid, *Tratado práctico*, t. II, p. 1699.

no siendo comprensiva de las dificultades económicas de la empleadora o la reducción de la producción o disminución de trabajo en general o la recesión del mercado, pues estas circunstancias conforman riesgos propios de la actividad empresaria (CNTrab, Sala I, 28/9/84, *DT*, 1985-A-348).

b) No reviste el carácter de caso fortuito que excluye el derecho del trabajador a percibir indemnizaciones por despido, el vencimiento de la concesión del uso de un predio municipal por terminación del plazo estipulado (CNTrab, Sala VI, 20/11/74, *LT*, XXIII-A-551).

c) El incendio del establecimiento puede constituir fuerza mayor en los casos en que la actividad de la empresa, transcurrido el término máximo de suspensión previsto por el art. 221 de la LCT, cese definitivamente. Pero no cuando el siniestro afectó una dependencia menor de la firma sin alterar la producción empresaria que continuó normalmente con su actividad, habilitando –incluso– un nuevo depósito tras el incendio (CNTrab, Sala III, 29/4/94, *DT*, 1994-B-2319).

d) El empleador no puede invocar como fuerza mayor la clausura del establecimiento motivada por la inobservancia de normas que debía cumplir relativas a mejoras, higiene y seguridad (CNTrab, Sala II, 29/8/91, *TSS*, 1991-995).

e) La falta de habilitación municipal en virtud de no cumplirse los requisitos previstos en la reglamentación pertinente, no reviste el carácter de causa inimputable (CNTrab, Sala II, 29/8/91, *TSS*, 1991-994).

f) Las dificultades económicas y la retracción de las ventas, conforman riesgos propios de la actividad empresaria por lo que, en principio, no encuadran dentro del concepto de falta de trabajo que justifique la indemnización reducida del art. 247 de la LCT (CNTrab, Sala VI, 29/4/99, *DT*, 2000-A-398).

g) La "reestructuración" no es motivo legalmente válido para justificar el despido por causa de falta de trabajo o fuerza mayor de cualquier trabajador (CNTrab, Sala VII, 9/12/99, *DT*, 2000-A-612).

h) Las dificultades económicas, la reducción de la facturación o la disminución de trabajo en general, constituyen sólo riesgos de la actividad empresaria que no justifican la invocación de falta o disminución de trabajo para fundamentar un despido (en el caso, se invocó la existencia de una crisis generalizada y se alegó que se trata de un hecho notorio) (CNTrab, Sala I, 28/2/01, *DT*, 2001-A-792).

i) La falta de matriculación de alumnos, determinada por la disminución del poder adquisitivo de la clase social que envía sus hijos a escuelas privadas, conforma un riesgo propio de la actividad empresaria que, en principio, no encuadra dentro del concepto de falta de trabajo que justifique el pago de la indemnización prevista en el art. 247 de la LCT (CNTrab, Sala VI, 23/6/00, *DT*, 2001-A-828).

j) La privatización de la empresa de subterráneos no constituye un hecho imprevisible e irresistible que pueda generar la falta o disminución de trabajo a que se refiere el art. 247 de la LCT, en tanto se produce por la propia decisión discrecional del Estado, dueño de la empresa (CNTrab, Sala VIII, 23/11/00, *TSS*, 2001-499).

k) La falta de trabajo no puede utilizarse como una fórmula fácil para justificar que el empleador eluda sus responsabilidades ante las vicisitudes normales que orbitan dentro de la esfera del riesgo empresario, sino que, por el contrario, debe entendérsela como una verdadera imposibilidad de seguir produciendo, nacida de hechos externos y ajenos a la empresa, con caracteres de imprevisibilidad e insuperabilidad. La mera disminución de la producción y de las ventas no es suficiente para acreditar la falta o disminución de trabajo contemplada en el art. 247 de la LCT, porque se trata de situaciones que pueden obedecer a diversas causas, de las cuales no cabe descartar la errónea conducción económica de la empresa (CNTrab, Sala X, 27/4/01, *DT*, 2002-A-105).

l) El instituto del art. 247 de la LCT es una excepción y su aplicación debe ser restrictiva, ya que el principio que rige es el sentado en el art. 10 de la norma citada, de conservación del empleo, debiendo el empleador adoptar otras medidas para paliar las crisis, que las más de las veces son coyunturales u originadas en la falta de aptitud o imaginación empresaria para adaptarse a los cambios que sufre el mercado (CNTrab, Sala IV, 11/4/01, *DT*, 2002-A-105).

m) Para que prospere la indemnización reducida contemplada en el art. 247 de la LCT no es suficiente la situación de crisis financiera invocada por el empleador, en virtud de la rescisión del contrato de franquicia que lo unía con el franquiciante, puesto que aquél no acreditó que ese hecho no le era imputable y que adoptó las medidas necesarias para intentar paliar la situación (CNTrab, Sala V, 29/9/03, *DT*, 2004-A-507).

n) Si la concesionaria no incumplió las obligaciones específicas a su cargo y no le es imputable ninguna responsabilidad en la irregularidad del procedimiento administrativo que se observó al suscribirse el convenio que se revocó por encontrarse viciado de nulidad absoluta e insanable, es procedente la disminución de la indemnización por despido fundada en el art. 247 de la LCT (CNTrab, Sala VIII, 30/6/03, *TSS*, 2004-353).

ñ) Resulta improcedente la indemnización reducida prevista en el art. 247 de la LCT, si el empleador invocó como causal de despido la disminución de sus actividades y de sus ingresos, dado que no basta con que acredite que ganó menos dinero, sino que debe probar que existió falta o disminución de trabajo y que tomó las medidas necesarias para evitar que dicha situación extendiera sus efectos sobre los trabajadores, quienes, en principio, no son partícipes de las crisis empresarias, así como tampoco lo son de las ganancias (CNTrab, Sala X, 11/9/03, *DT*, 2004-A-522).

3. ***Prueba.*** *a*) Incumbe al empleador acreditar en forma precisa, categórica y concluyente que ha tomado las medidas aconsejadas con buen criterio empresario, para superar las dificultades de la empresa, a efectos de configurar la inimputabilidad de la falta o disminución de trabajo, pues tratándose de una excepción a la obligación de dar tarea, debe mediar una interpretación de carácter restrictivo (CNTrab, Sala I, 31/10/92, *DT*, 1992-A-1037).

b) La falta de trabajo a que hace referencia el art. 247 de la LCT debe estar circunscripta a una situación concreta ocurrente en la empresa, por lo que no prueba tal extremo la existencia de una crisis general, sino que debe demostrarse que el estado crítico de la empresa no se debe a su conducta y que ha tomado medidas destinadas a paliarlo (CNTrab, Sala VIII, 30/7/93, *DT*, 1994-B-1196).

c) Para poder admitirse la solución prevista en el art. 247 de la LCT (despido por falta de trabajo), lo que interesa es probar una situación de falta de trabajo ajena a la empresa, es decir, que no se encuentre alcanzada por el riesgo empresario, así como que se actuó en los términos diligentes exigibles a un buen comerciante y a un buen empleador (CNTrab, Sala VI, 19/3/97, *DT*, 1997-B-2281).

d) La prueba acerca de la causal invocada para el despido, a cargo de la parte demandada, debe estar referida, en el supuesto del art. 247 de la LCT, tanto a la situación de falta de trabajo, como a que la misma no le es imputable, es decir, el empleador debe demostrar haber observado una conducta diligente acorde con las circunstancias y que el hecho determinante no obedeció al riesgo de la empresa, así como también debe aportar la prueba concluyente de que se tomaron las medidas necesarias para paliarlo (CNTrab, Sala VI, 31/7/00, *DT*, 2000-B-1822).

e) La mera tramitación ante el Ministerio de Trabajo del procedimiento preventivo de crisis (ley 24.013), de ningún modo significa que se encuentre probada la falta o disminución de trabajo con los alcances y requisitos que el art. 247 de la LCT exige para autorizar al empleador a ampararse en dicha normativa (CNTrab, Sala IV, 16/3/01, *DT*, 2001-B-2334).

4. ***Medidas adoptadas.*** *a*) Si el empleador no acreditó, por ejemplo, que se vio obligado a reorganizar su organigrama para evitar el cierre del establecimiento, no se justifica su invocación de fuerza mayor para despedir personal mediante el pago de la indemnización disminuida (CNTrab, Sala V, 13/2/90, *DT*, 1990-A-1203).

b) Para la justificación del despido del actor por falta o disminución de trabajo no basta invocar la existencia de una crisis general, siendo necesario que el empleador aporte en la causa judicial elementos de convicción que demuestren la concreta repercusión de la misma en el seno de la empresa, como, asimismo, que adoptó oportunamente medidas tendientes a evitar el desequilibrio que llevó a ésta a dicha situación de falta de trabajo (SCBA, 6/7/84, *DT*, 1984-B-1597).

c) La mera situación de crisis económica nacional y en el sector de que se trata, no desobliga ni justifica la actitud de la patronal que debió tomar medidas acordes para sortear la situación. Tales medidas son aquellas tendientes a la obtención de créditos y demás posibilidades en el campo de la economía y la financiación, que permitan a la empresa continuar con su giro sin tener que prescindir de su personal. Si, invocadas y probadas, se acredita que, de todas formas, no resultó posible evitar las consecuencias de marras, recién entonces corresponderá aceptar que estamos en presencia de una genuina fuerza mayor (CN Trab, Sala IV, 28/6/96, *DT*, 1997-A-97).

d) Frente a una situación de falta de trabajo, el empleador debe acreditar que el estado crítico de la empresa no le es imputable y que ha tomado medidas válidas destinadas a paliarlo (CNTrab, Sala I, 31/3/98, *DT*, 1998-B-1468).

e) Para que proceda la aplicación de la indemnización reducida prevista en el art. 247 de la LCT, el empleador debe acreditar en forma precisa y categórica que tomó medidas con buen criterio empresario, al margen del despido de trabajadores, para superar las dificultades de la empresa a efectos de quedar exento de responsabilidad ante la disminución de trabajo (CNTrab, Sala VI, 29/4/99, *DT*, 2000-A-398).

f) Aun cuando se haya probado que existió una crisis económica en la empresa, si no se acreditó que el empleador haya tomado las medidas necesarias para evitar la situación, no resulta aplicable el art. 247 de la LCT (CNTrab, Sala VI, 31/7/00, *DT*, 2000-B-1822).

5. *Trabajador incapacitado.* En el caso de despido por falta o disminución de trabajo, si el trabajador ya incapacitado es despedido por esa causa, conserva su derecho al pago íntegro del resarcimiento del art. 212, que absorbe la menor indemnización del art. 247 (CNTrab, Sala VIII, 18/12/84, *DT*, 1985-A-514).

6. *Interpretación restrictiva.* El instituto del despido por falta o disminución de trabajo del art. 247 de la LCT o del art. 10 de la ley 25.013, constituye una excepción al principio de ajenidad del riesgo de la empresa –característico de la relación de dependencia– lo que impone su apreciación restrictiva. Por ello, cabe descalificar el decisorio que omitió analizar la denuncia del trabajador referente a que había sido reemplazado en forma inmediata por otro empleado, accionar que por sí sólo descalificaría la aplicación de la figura rupturista (CSJN, 2/12/99, "Baña,

Baldomero L. c/Asociación Mutual del Personal de Yacimientos Petrolíferos Fiscales", *DT*, 2000-A-835).

§ 4. Despido y suspensión por falta de trabajo. – Aunque la ley fija idénticos requisitos para la procedencia de la suspensión y el despido por fuerza mayor o falta de trabajo, debe tenerse en cuenta que el despido extingue el contrato de trabajo, por lo que las circunstancias requeridas para la procedencia legítima de estas medidas no son idénticas. El despido es una medida que se debe poner en práctica en casos extremos, cuando el estado de cosas autorice a estimar que las causas que han originado la falta o disminución de trabajo subsistirán en el tiempo o configuran ya una definitiva desaparición, aun parcial, de la fuente de trabajo del empresario. La suspensión, en cambio, obedecerá generalmente a cuestiones estimadas superables para la empresa, por lo que será una medida de carácter temporal que permitirá soportar con mayor holgura inconvenientes transitorios, ajenos a la empresa misma, y que previsiblemente serán de carácter temporal, y no definitivo[7].

§ 5. Procedimiento para el despido. – El artículo exige un requisito de procedencia del despido que está basado en la antigüedad del trabajador, pero que se halla condicionado por dos factores de corrección referidos a la especialidad y a sus cargas de familia[8]. Así señala el texto que "el despido deberá comenzar por el personal menos antiguo dentro de cada especialidad" y que "respecto del personal ingresado en un mismo semestre, deberá comenzarse por el que tuviere menos cargas de familia, aunque con ello se alterara el orden de antigüedad". Para determinar el *semestre* no debe tenerse en cuenta el año calendario, sino que debe considerarse ingresados en el mismo semestre a aquellos trabajadores entre cuyas antigüedades no haya más de seis meses de diferencia y que tengan, desde luego, la misma categoría o especialidad[9].

§ 6. Notificación del despido. – Por analogía con el despido por justa causa, debe estimarse aplicable el art. 243 de la LCT, que exige, en la notificación de la rescisión contractual, la "expresión suficientemente clara de los motivos en que se funda"[10].

---

[7] MEILIJ, *Contrato de trabajo*, t. II, p. 516.
[8] MEILIJ, *Contrato de trabajo*, t. II, p. 521.
[9] MEILIJ, *Contrato de trabajo*, t. II, p. 523.
[10] FERNÁNDEZ MADRID, *Tratado práctico*, t. II, p. 1706.

§ 7. **Deber de preavisar.** – Cuando el despido se produce por falta o disminución de trabajo, se mantiene el deber de preavisar del empleador, pero en los casos de fuerza mayor el empleador podrá eximirse de dar preaviso sólo cuando articule y demuestre que la obligación era de cumplimiento imposible por las propias características del evento, es decir, cuando por su naturaleza extinga en forma súbita e imprevisible el objeto de la prestación[11].

§ 8. **Cálculo de la indemnización reducida.** – En cuanto al cálculo de la indemnización que corresponde, la ley la fija en la "mitad de la prevista en el art. 245". Esto supone que, para determinar cuál es la suma que corresponde abonar en este concepto, habrá que calcular la indemnización como si fuera un caso de despido sin justa causa y ese resultado dividirlo por dos.

Jurisprudencia

1. *Falta o disminución de trabajo. Cálculo de la indemnización.* No existe disposición alguna que exceptúe a la empleadora del pago de los rubros de indemnización sustitutiva del preaviso e integración del mes de despido, cuando éste es dispuesto por la causal de falta o disminución de trabajo (CNTrab, Sala VI, 21/2/01, *DT*, 2001-A-804).

§ 9. **Procedimiento preventivo de crisis de empresas.** – El capítulo 6 del título III de la LE, en sus arts. 98 a 105, regula el *procedimiento preventivo de crisis de empresas*, que debe sustanciarse ante el Ministerio de Trabajo, Empleo y Seguridad Social, con carácter previo a la comunicación de despidos o suspensiones por razones de fuerza mayor, causas económicas o tecnológicas, que afecten a más del 15% de los trabajadores en empresas de menos de cuatrocientos trabajadores; a más del 10% en empresas de entre cuatrocientos y un mil trabajadores; y a más del 5% en empresas de más de un mil trabajadores.

El procedimiento fue reglamentado por decr. 2072/94. Sin embargo, sancionada la ley 25.561 de emergencia pública, el Poder Ejecutivo dictó una nueva reglamentación del procedimiento preventivo de crisis de empresas mediante el decr. 265/02. Éste prevé la apertura del procedimiento no sólo por los sujetos habilitados por el art. 99 de la LE (el empleador y la asociación sindical de trabajadores), sino que autoriza la iniciación de oficio por la autoridad administrativa del trabajo

---

[11] Herrera, en Vazquez Vialard (dir.), "Tratado", t. 5, p. 217.

"cuando la crisis implique la posible producción de despidos en violación a lo determinado por el art. 98 de la ley 24.013" (art. 1°).

El art. 4° del decr. regl. 265/02 dispone que en las empresas en que no se alcancen los porcentajes de trabajadores determinados en el art. 98 de la LE, los empleadores deben seguir el procedimiento del decr. 328/88, norma que impone, antes de disponer suspensiones, reducciones de la jornada laboral o despidos por causas económicas o falta o disminución de trabajo, la obligación de comunicar tal decisión al Ministerio de Trabajo con una anticipación no menor a diez días de hacerla efectiva (art. 1°), comunicación que debe contener diversas especificaciones (art. 2°) y cumplir con el requisito de la entrega de copia a la asociación sindical con personería gremial que represente a los trabajadores afectados por la medida (art. 3°). El art. 4° finaliza expresando que "toda medida que se efectuare transgrediendo lo prescripto carecerá de justa causa", lo que adquiere relevancia frente a la duplicación de indemnizaciones dispuesta por el art. 16 de la ley 25.561 y el decr. 264/02.

El art. 104 de la LE determina que a partir de la notificación y hasta la finalización del procedimiento de crisis, el empleador no puede ejecutar las medidas objeto del procedimiento, ni los trabajadores ejercer la huelga u otras medidas de acción sindical. El artículo agrega que la violación de esta norma por parte del empleador determinará que los trabajadores afectados mantengan su relación de trabajo y deba pagárseles los salarios caídos. El art. 7° del decr. regl. 265/02 dispone que en caso de incumplimiento de lo dispuesto en el citado art. 104, la autoridad administrativa intimará, previa audiencia de partes, el cese inmediato de los despidos y suspensiones, a fin de velar por el mantenimiento de la relación de trabajo y el pago de los salarios caídos.

El art. 6° del decr. regl. 265/02 dispone, para los casos de suspensiones o despidos colectivos en los que se hubiera omitido el cumplimiento del procedimiento establecido en el art. 98 y ss. de la LE o, en su caso, en el decr. 328/88, que la autoridad administrativa del trabajo intimará, previa audiencia de partes, el cese inmediato de dichas medidas, conforme las facultades que le otorga el art. 8° de la ley 14.786, sobre conciliación y arbitraje en los conflictos colectivos de trabajo.

Por último, cabe señalar que el art. 8° del decr. regl. 265/02 aclara que la promoción del procedimiento de crisis no habilita por sí la procedencia de despidos ni la aplicación de la indemnización reducida del art. 247 de la LCT.

Capítulo VI

DE LA EXTINCIÓN DEL CONTRATO DE TRABAJO POR MUERTE DEL TRABAJADOR

Art. 248. [Indemnización por antigüedad. Monto. Beneficiarios] – En caso de muerte del trabajador, las personas enumeradas en el art. 38 del decr. ley 18.037/69 (t.o. 1974) tendrán derecho, mediante la sola acreditación del vínculo, en el orden y prelación allí establecido, a percibir una indemnización igual a la prevista en el art. 247 de esta ley. A los efectos indicados, queda equiparada a la viuda, para cuando el trabajador fallecido fuere soltero o viudo, la mujer que hubiese vivido públicamente con el mismo, en aparente matrimonio, durante un mínimo de dos años anteriores al fallecimiento.

Tratándose de un trabajador casado y presentándose la situación antes contemplada, igual derecho tendrá la mujer del trabajador cuando la esposa por su culpa o culpa de ambos estuviere divorciada o separada de hecho al momento de la muerte del causante, siempre que esta situación se hubiere mantenido durante los cinco años anteriores al fallecimiento.

Esta indemnización es independiente de la que se reconozca a los causahabientes del trabajador por la ley de accidentes de trabajo, según el caso, y de cualquier otro beneficio que por las leyes, convenciones colectivas de trabajo, seguros, actos o contratos de previsión, le fuesen concedidos a los mismos en razón del fallecimiento del trabajador.

Concordancias: LCT, art. 247; ley 24.241, art. 53.

§ 1. **Extinción por muerte del trabajador.** – El contrato de trabajo es un contrato *intuitu personæ* respecto del trabajador, ya que su objeto es *la prestación de una actividad personal e infungible* (art. 37, LCT). Consecuentemente, la muerte del trabajador trae aparejada ineludiblemente la extinción del contrato por imposibilidad de cumplir su objeto.

Se trata de un supuesto de extinción *automática*, independiente de cualquier iniciativa de las partes[1], que se produce de hecho en la misma fecha del fallecimiento y no está sujeta a notificación alguna.

JURISPRUDENCIA

1. *Pago de salarios caídos a la madre de la trabajadora.* El pago de los salarios caídos a la madre de la trabajadora fallecida, que no contaba con la correspondiente autorización para percibirlos, fue mal efectivizado por la empresa, por lo que no la libera de su obligación de abonarlo a quienes resultaran legalmente acreedores, en este caso, los hijos menores (CNTrab, Sala I, 19/2/04, *TSS*, 2004-346).

2. *Créditos laborales no percibidos antes del fallecimiento.* El reclamo de créditos laborales no percibidos por el trabajador antes de su fallecimiento tiene un tratamiento diferente a aquellos que se tornan exigibles como consecuencia de su muerte. Los primeros sólo son transmisibles a terceros en virtud de lo que dispone el art. 3279 del Cód. Civil, por tanto, quien pretende ser su titular, debe justificar el carácter de heredero, condición que, en el caso, no logró demostrar quien detenta el carácter de concubina (CNTrab, Sala I, 21/3/97, *DT*, 1997-B-2510).

3. *Concubina. Sueldo anual complementario.* La concubina no tiene derecho al reclamo del sueldo anual complementario del trabajador occiso, ya que tal rubro nació en cabeza de éste y se transmitió por sucesión por lo que al no tratarse aquélla de una sucesora legítima cuando tampoco ha invocado ni acreditado ser heredera testamentaria, de conformidad con lo dispuesto por los arts. 3279, 3280, 3545, 3606 y 3607 del Cód. Civil, corresponde denegarle tal pretensión (CNTrab, Sala X, 15/9/97, *DT*, 1998-A-317).

§ 2. **Indemnización por fallecimiento.** – El hecho de la muerte del trabajador impone al empleador la carga de pagar a los causahabientes de aquél una indemnización que se encuentra tarifada y que es equivalente a la fijada por el art. 247 de la LCT para el caso de fuerza mayor o falta o disminución del trabajo, o sea, "la mitad de la prevista en el art. 245".

JURISPRUDENCIA

1. *Momento en que es debida.* La indemnización por fallecimiento nace y es debida desde el mismo momento en que se produce la defunción, por lo que no corresponde aplicar los plazos enunciados por el art. 128 de la LCT, pues tal normativa sólo

---

[1] LÓPEZ - CENTENO - FERNÁNDEZ MADRID, *Ley de contrato de trabajo*, t. II, p. 1285.

está prevista para el pago de la remuneración (CNTrab, Sala VIII, 14/5/97, *DT*, 1997-B-2492).

2. *Consignación judicial.* El deudor, para evitar el curso de los intereses, debe realizar el pago de la indemnización prevista por el art. 248 de la LCT, mediante consignación hecha por depósito judicial, pues este medio produce los efectos generales propios del verdadero pago, procedimiento que, si bien no es obligatorio, resulta el único acertado cuando el deudor intenta liberarse de la obligación para no incurrir en mora y cuando no se tiene certeza absoluta respecto de quién es el verdadero acreedor (CNTrab, Sala VIII, 14/5/97, *DT*, 1997-B-2492).

3. *Deducción de indemnizaciones percibidas por despidos anteriores.* El art. 248 de la LCT tiende a la protección de los familiares del trabajador dependiente y de las personas asimiladas por ley a los mismos, por lo que su aplicación se encuentra regida, fundamentalmente, por el derecho de la seguridad social y sólo complementariamente por las directivas laborales, por lo que no corresponde afectar el monto resarcitorio fijado por el legislador en los supuestos de muerte del operario aplicando el art. 255 de la LCT, que autoriza a deducir del monto a pagar las indemnizaciones percibidas por despidos anteriores (CNTrab, Sala II, 17/3/00, *DT*, 2001-A-283).

4. *Suicidio del trabajador.* El empleador no se libera del pago de la indemnización por muerte del trabajador (art. 248, LCT), aun cuando el deceso se hubiera producido por suicidio. Es necesario tener en cuenta el carácter de asistencia que inviste la norma, que tampoco distingue entre muerte natural y provocada, y que al reglar la indemnización abstrae la responsabilidad contractual o extracontractual del empleador, debiendo inferirse lo mismo de la responsabilidad del empleado (CNTrab, Sala VIII, 21/3/94, *DT*, 1994-B-1454).

§ 3. Beneficiarios de la indemnización. – El artículo, para la determinación de las personas con derecho a la percepción de la indemnización por fallecimiento del trabajador, remite al art. 38 de la ley 18.037 (t.o. 1974), norma que ha quedado derogada por el art. 168 de la ley 24.241 del sistema integrado de jubilaciones y pensiones. Por tal razón, la remisión debe actualmente ser realizada al art. 53 de la ley 24.241, norma equivalente a la derogada.

La remisión a la mencionada norma debe considerarse efectuada al solo efecto de determinar el orden y prelación en ella establecidos y no para el cumplimiento de los demás requisitos para adquirir el derecho a pensión[2].

---

[2] CNTrab, plenario 280, 12/8/92, "Kaufman, José L. c/Frigorífico y Matadero Argentino SA", *DT*, 1992-B-1872.

El art. 53 de la ley 24.241 dice textualmente: *"Pensión por fallecimiento. Derechohabientes.* En caso de muerte del jubilado, del beneficiario de retiro por invalidez o del afiliado en actividad, gozarán de pensión los siguientes parientes del causante: *a)* la viuda; *b)* el viudo; *c)* la conviviente; *d)* el conviviente; *e)* los hijos solteros, las hijas solteras y las hijas viudas siempre que no gozaran de jubilación, pensión, retiro o prestación no contributiva, salvo que optaren por la pensión que acuerda la presente, todos ellos hasta los dieciocho años de edad.

La limitación a la edad establecida en el inc. *e* no rige si los derechohabientes se encontraren incapacitados para el trabajo a la fecha de fallecimiento del causante o incapacitados a la fecha en que cumplieran dieciocho años de edad.

Se entiende que el derechohabiente estuvo a cargo del causante cuando concurre en aquél un estado de necesidad revelado por la escasez o carencia de recursos personales, y la falta de contribución importa un desequilibrio esencial en su economía particular. La autoridad de aplicación podrá establecer pautas objetivas para determinar si el derechohabiente estuvo a cargo del causante.

En los supuestos de los incs. *c* y *d* se requerirá que el o la causante se hallase separado de hecho o legalmente, o haya sido soltero, viudo o divorciado y hubiera convivido públicamente en aparente matrimonio durante por lo menos cinco años inmediatamente anteriores al fallecimiento. El plazo de convivencia se reducirá a dos años cuando exista descendencia reconocida por ambos convivientes.

El o la conviviente excluirá al cónyuge supérstite cuando éste hubiere sido declarado culpable de la separación personal o del divorcio. En caso contrario, y cuando el o la causante hubiere estado contribuyendo al pago de alimentos o éstos hubieran sido demandados judicialmente, el o la causante hubiera dado causa a la separación personal o al divorcio, la prestación se otorgará al cónyuge y al conviviente por partes iguales".

Cuando exista contradicción entre la norma transcripta y la del art. 248, tendrá preeminencia la que sea más favorable a la concesión del beneficio, lo que ocurre, por ejemplo, respecto de la duración de la convivencia que resulta menos exigente en el texto de este último.

JURISPRUDENCIA

1. ***Causahabientes.*** En caso de muerte del trabajador, las personas enumeradas en el art. 38 de la ley 18.037 (t.o. 1976) tie-

nen derecho a percibir la indemnización prevista en el art. 248 de la LCT, con la sola acreditación del vínculo y el orden y la prelación, sin el cumplimiento de las demás condiciones establecidas para obtener el derecho a pensión por la misma norma (CNTrab, plenario 280, 12/8/92, "Kaufman, José L. c/Frigorífico y Matadero Argentino SA", *DT*, 1992-B-1872).

2. *Concubinato.* a) La concubina que reclama la indemnización prevista por el art. 248 de la LCT tiene a su cargo, frente a la cónyuge supérstite, la prueba relativa a la separación o divorcio del mismo, así como lo referente a la culpa de la esposa o de ambos cónyuges en la destrucción de la unión matrimonial (SCBA, 1/3/94, *DT*, 1994-B-1415).

b) En principio, frente al concubinato del marido, corresponde a la cónyuge accionante que reclama la indemnización del art. 248 de la LCT, acreditar la culpa de aquél en la separación de hecho (CNTrab, Sala III, 28/2/92, *DT*, 1993-A-757).

c) La conviviente excluye para el cobro de la indemnización por muerte a la viuda legítima, si ésta no aportó constancias de que el causante contribuyera al pago de los alimentos, que éstos hubieran sido reclamados fehacientemente en vida o que el causante fuera culpable de la separación (CNTrab, Sala VIII, 19/9/96, *TSS*, 1997-602).

3. *Hija soltera.* Los acreedores a la indemnización por muerte son los derechohabientes enumerados en el art. 53 de la ley 24.241 y tienen derecho a percibirla con la sola acreditación del vínculo y según el orden de prelación allí establecidos, entendiéndose que están en el mismo orden de prelación las hijas solteras, sean o no menores de dieciocho años, por tanto, dado que no se discute que la actora es hija soltera de quien laborara hasta su muerte para el consorcio accionado corresponde el pago de la indemnización prevista por el art. 248 de la LCT (CNTrab, Sala X, 23/6/03, *DT*, 2004-A-53).

§ 4. **Requisitos para su percepción.** – La jurisprudencia ha determinado que para percibir los créditos del trabajador fallecido, los causahabientes sólo requieren la acreditación del vínculo, por lo que no resulta necesaria al efecto la apertura de la sucesión y, por consiguiente, tampoco la declaratoria de herederos.

Jurisprudencia

1. *Acreditación del vínculo.* El art. 248 de la LCT es preciso al señalar como único requisito para percibir los créditos del trabajador fallecido "la sola acreditación del vínculo", por lo que no resulta necesario al efecto la apertura de la sucesión y por ende tampoco la declaratoria de herederos (CNTrab, Sala III, 31/5/96, *DT*, 1997-A-71).

§ 5. **Acumulación con otras prestaciones.** – El último párrafo del artículo determina que la indemnización por fallecimiento es compatible y, por consiguiente, acumulable con otras prestaciones reconocidas a los causahabientes del trabajador derivados de las leyes, convenciones colectivas de trabajo, seguros, actos o contratos de previsión concedidos en razón del mismo fallecimiento. Tal el caso del derecho de pensión (art. 53, ley 24.241), la prestación por muerte del damnificado (art. 18, LRT), la prestación del seguro de vida colectivo, etcétera.

Capítulo VII

DE LA EXTINCIÓN DEL CONTRATO DE TRABAJO POR MUERTE DEL EMPLEADOR

Art. 249. [Condiciones. Monto de la indemnización] – Se extingue el contrato de trabajo por muerte del empleador cuando sus condiciones personales o legales, actividad profesional u otras circunstancias hayan sido la causa determinante de la relación laboral y sin las cuales ésta no podría proseguir.

En este caso, el trabajador tendrá derecho a percibir la indemnización prevista en el art. 247 de esta ley.

Concordancias: LCT, arts. 247 y 248; LE, art. 114, inc. g.

§ 1. **Extinción de la relación laboral.** – El artículo contempla la muerte del empleador como hecho extintivo determinante de la objetiva imposibilidad de proseguir la relación de trabajo[1].

Si bien, en principio, la relación de trabajo es *intuitu personæ* respecto del trabajador y no respecto del empleador, en algunos casos la persona del empleador o sus cualidades personales y su actividad resultan esenciales para la relación y se puede decir, en esos casos, que también la relación de trabajo es *intuitu personæ* respecto del empleador[2].

---

[1] López - Centeno - Fernández Madrid, *Ley de contrato de trabajo*, t. II, p. 1293.

[2] López - Centeno - Fernández Madrid, *Ley de contrato de trabajo*, t. II, p. 1293 y 1294.

La extinción en estos casos se produce *automáticamente*, por la sola muerte del empleador. Ello no impide que, en ocasiones, la actividad del trabajador pueda seguir algún tiempo después de la muerte (para terminar algunas tareas pendientes o liquidar la actividad patronal), ni que se notifique un despido. Este despido expreso tiene, en tal supuesto, la finalidad de dar certeza a la situación en que quedan el trabajador y los sucesores del empleador, pero nada agrega a la imposibilidad de proseguir la relación de trabajo por muerte del empleador[3].

§ 2. **Enumeración enunciativa.** – El artículo comentado al referirse a "condiciones personales o legales", "actividad profesional" y "otras circunstancias", revela que la enumeración es meramente ejemplificativa y no exhaustiva[4]. En la enunciación legal se comprenden, entre otras, las siguientes situaciones: cuando el desarrollo de la actividad exige la tenencia de una habilitación o licencia de la autoridad competente que no puede pasar a los herederos (caso de los taxímetros, farmacéuticos, despachantes de aduana, martilleros, médicos, abogados, odontólogos, etc.), y cuando las tareas son de estrecha confianza personal o ligadas exclusivamente a la persona del empleador que no pueden ser continuadas con los sucesores del causante (secretario privado, enfermera, entre otros).

§ 3. **Indemnización.** – En los casos determinados por la ley, el trabajador es acreedor a una indemnización equivalente a la fijada por el art. 247 de la LCT para el supuesto de fuerza mayor o falta o disminución de trabajo. No corresponde, en cambio, la indemnización sustitutiva del preaviso.

Capítulo VIII

DE LA EXTINCIÓN DEL CONTRATO DE TRABAJO POR VENCIMIENTO DEL PLAZO

Art. 250. [Monto de la indemnización. Remisión] **Cuando la extinción del contrato se produjera por vencimiento del plazo asignado al mismo, mediando**

---

[3] López - Centeno - Fernández Madrid, *Ley de contrato de trabajo*, t. II, p. 1294.
[4] López - Centeno - Fernández Madrid, *Ley de contrato de trabajo*, t. II, p. 1295.

preaviso y estando el contrato íntegramente cumplido, se estará a lo dispuesto en el art. 95, segundo párrafo, de esta ley, siendo el trabajador acreedor a la indemnización prevista en el art. 247, siempre que el tiempo del contrato no haya sido inferior a un año.

CONCORDANCIAS: LCT, arts. 90 a 95, 97, 231, 232, 245 y 247; LE, art. 114, inc. f.

§ 1. **Contrato a plazo fijo íntegramente cumplido.** – Cuando el contrato a plazo fijo se cumple íntegramente y se ha otorgado el pertinente preaviso, el trabajador es acreedor a una indemnización equivalente a la prevista por el art. 247 de la LCT por despido por causa de fuerza mayor o falta o disminución de trabajo no imputable al empleador, siempre que el tiempo del contrato no haya sido inferior a un año. Es lo que dispone el artículo en comentario. Se trata de una compensación por el tiempo de servicio, dado que, en este caso, no puede hablarse de *despido*, en tanto el contrato ha sido íntegramente cumplido en función de lo pactado por las partes[1]. Si la duración del contrato fuese inferior a un año no hay lugar a indemnización alguna.

§ 2. **Ruptura anticipada. Remisión.** – El art. 250 considera el caso del contrato a plazo fijo extinguido por vencimiento del plazo, o sea, íntegramente cumplido. La ruptura anticipada o *ante tempus* trae aparejados otros efectos que se regulan por el art. 95 de la LCT, a cuyo comentario cabe remitirse.

Capítulo IX

DE LA EXTINCIÓN DEL CONTRATO DE TRABAJO POR QUIEBRA O CONCURSO DEL EMPLEADOR

Art. 251. [CALIFICACIÓN DE LA CONDUCTA DEL EMPLEADOR. MONTO DE LA INDEMNIZACIÓN] – Si la quiebra del empleador motivara la extinción del contrato de trabajo y aquélla fuera debida a causas no imputables al mismo, la indemnización correspondiente al trabajador será la prevista en el art. 247. En

---

[1] MEILIJ, *Contrato de trabajo*, t. I, p. 362.

cualquier otro supuesto dicha indemnización se calculará conforme a lo previsto en el art. 245. La determinación de las circunstancias a que se refiere este artículo será efectuada por el juez de la quiebra al momento de dictar la resolución sobre la procedencia y alcances de las solicitudes de verificación formuladas por los acreedores. [Texto según ley 24.522, art. 294]

CONCORDANCIAS: LCT, arts. 245 y 247; LE, art. 114, inc. *e*; ley 24.522, arts. 132, 189 a 199, 241, inc. 2, 246, inc. 1, y 294.

§ 1. **Despido por quiebra del empleador.** – Según la ley 24.522, de concursos y quiebras (LCQ), la quiebra no produce la disolución del contrato de trabajo, sino su suspensión de pleno derecho por el término de sesenta días corridos. Vencido ese plazo sin que se hubiera decidido la continuación de la empresa, el contrato queda disuelto a la fecha de declaración en quiebra (art. 196). Si se resolviera la continuación de la empresa, el síndico debe decidir, dentro de los diez días corridos a partir de la resolución respectiva, qué dependientes deben cesar definitivamente ante la reorganización de las tareas. La ley no requiere una comunicación receptiva dentro del plazo de diez días de que dispone el síndico, sino tan sólo que éste lo decida dentro de ese período. De este modo, no invalida el despido el hecho de que se notifique fuera del plazo de diez días establecido en el art. 197 de la LCQ[1].

Los sueldos, jornales y demás retribuciones que se devengaren después de decidida la continuación de la empresa deben ser pagados por el concurso dentro de los plazos legales que fija el art. 128 de la LCT.

Decretada la continuación de la actividad empresaria, si más adelante se dispone la extinción de algunos contratos de trabajo, tal decisión no será juzgada como cese por quiebra sino por voluntad del empleador. El juicio que pueda sustanciarse a consecuencia de esa extinción no será atraído por la quiebra y tramitará en el juzgado laboral correspondiente[2].

§ 2. **Monto de las indemnizaciones.** – El monto de las indemnizaciones derivadas de la no continuación de la explo-

---

[1] MAZA - LORENTE, *Créditos laborales en los concursos*, p. 162. Ver, además, FASSI - GEBHARDT, *Concursos y quiebras*, p. 413 a 416.

[2] MAZA - LORENTE, *Créditos laborales en los concursos*, p. 162.

tación dependerá de que se considere que la quiebra responde a causas imputables o no al empleador, correspondiendo las indemnizaciones de los arts. 245 ó 247 de la LCT, según sea el caso. No corresponde, en el despido por quiebra, la indemnización sustitutiva del preaviso ni la integración del mes de despido[3].

La calificación de imputabilidad, a los efectos de la determinación de la indemnización por antigüedad, debe ser efectuada por el juez de la quiebra, según el art. 294 de la LCQ, que modificó el texto del artículo que anteriormente atribuía tal competencia al juez laboral.

Jurisprudencia

1. *Inimputabilidad.* Extinguidos los contratos de trabajo por la quiebra del principal, corresponde a éste acreditar que dicho estado no le es imputable (SCBA, 23/7/91, *DT*, 1991-B-2036).

2. *Preaviso.* *a*) Tratándose el supuesto de quiebra de la empresa de un caso de extinción del vínculo laboral por disposición legal y no por voluntad de una de las partes, no corresponde hacer lugar al preaviso (CNTrab, Sala II, 31/5/91, *TSS*, 1991-818).

b) Ante la situación de quiebra de la empleadora no es procedente la indemnización por preaviso, ya que las cesantías no se producen por decisión del ex empleador sino como consecuencia del estado de quiebra o de la finalización de la suspensión dispuesta por la ley (CNTrab, Sala VI, 27/2/98, *DT*, 1998-B-1474).

Capítulo X

DE LA EXTINCIÓN DEL CONTRATO DE TRABAJO POR JUBILACIÓN DEL TRABAJADOR

Art. 252. [Intimación. Plazo de mantenimiento de la relación] – **Cuando el trabajador reuniere los requisitos necesarios para obtener una de las prestaciones de la ley 24.241, el empleador podrá intimarlo a que inicie los trámites pertinentes extendiéndole los certificados de servicios y demás documentación necesaria a esos fines. A partir de**

---

[3] Maza - Lorente, *Créditos laborales en los concursos*, p. 157 y 158; Negre de Alonso, *Los acreedores laborales*, p. 386 a 388.

ese momento el empleador deberá mantener la relación de trabajo hasta que el trabajador obtenga el beneficio y por un plazo máximo de un año. [Párrafo según ley 24.347, art. 6°]

Concedido el beneficio, o vencido dicho plazo, el contrato de trabajo quedará extinguido sin obligación para el empleador del pago de la indemnización por antigüedad que prevean las leyes o estatutos profesionales.

La intimación a que se refiere el primer párrafo de este artículo implicará la notificación del preaviso establecido por la presente ley o disposiciones similares contenidas en otros estatutos, cuyo plazo se considerará comprendido dentro del término durante el cual el empleador deberá mantener la relación de trabajo. [Párrs. 2° y 3°, según ley 21.659, art. 1°]

CONCORDANCIAS: LCT, arts. 10, 80, 91, 231, 232 y 253; ley 24.241, arts. 17, 19, 34 bis, 37, 47 y 128.

§ 1. **Trabajador en condiciones de obtener una de las prestaciones de la ley 24.241.** – El párr. 1° del artículo resulta de la sustitución dispuesta por el art. 6° de la ley 24.347, a fin de adecuar la norma a las disposiciones de la ley 24.241 sobre sistema integrado de jubilaciones y pensiones.

El artículo habilita al empleador –cumpliendo ciertos requisitos– para disponer la resolución del contrato de trabajo "cuando el trabajador reuniere los requisitos necesarios para obtener una de las prestaciones de la ley 24.241".

JURISPRUDENCIA

1. *Trabajador que no reúne los requisitos.* Si el trabajador no cumple los requisitos para la obtención del máximo porcentaje del haber previsional (actualmente, "una de las prestaciones de la ley 24.241"), aunque ello se deba a su responsabilidad en razón de no haber hecho los aportes correspondientes a un período de trabajo autónomo, no puede ser despedido por causa de jubilación (hipótesis del art. 252, LCT) (CNTrab, Sala IV, 17/2/84, *LT*, XXXII-548).

2. *Empleador que no efectuó aportes.* a) Si el empleador nunca efectuó los aportes por el trabajador, no puede invocar respecto de éste las previsiones del art. 252 de la LCT (CNTrab, Sala V, 25/4/95, *DT*, 1995-B-1809).

b) Resulta evidente que la empleadora se encuentra impedida de imponer al trabajador el ingreso a la pasividad, cuando ella misma incumplió una sustancial obligación a su cargo en el plano de la seguridad social, como es haber efectuado los aportes y contribuciones durante un considerable lapso (arts. 510 y 1201, Cód. Civil) (CNTrab, Sala X, 19/3/02, *DT*, 2002-B-1441).

3. *Falta de buena fe de la empleada.* No obra con buena fe la empleada que, intimada a jubilarse en los términos del art. 252 de la LCT, deja transcurrir el año de plazo que le concede la norma citada sin avisar al empleador que carece de la cantidad de años de servicios necesaria para obtener el beneficio jubilatorio (CNTrab, Sala VIII, 26/2/02, *RJP*, 68-305)

§ 2. **Prestaciones de la ley 24.241.** – Como es sabido, la ley 24.241 cubre las contingencias de vejez, invalidez y muerte, por medio de dos regímenes: el régimen previsional público o régimen de reparto, y régimen previsional basado en la capitalización individual o régimen de capitalización (art. 1°).

El régimen previsional público (art. 17) prevé las siguientes prestaciones: *a*) prestación básica universal; *b*) prestación compensatoria; *c*) retiro por invalidez; *d*) pensión por fallecimiento; *e*) prestación adicional por permanencia, y *f*) prestación por edad avanzada.

Por su parte, el régimen de capitalización (art. 46) otorga estas prestaciones: *a*) jubilación ordinaria; *b*) retiro por invalidez, y *c*) pensión por fallecimiento del afiliado o beneficiario.

Del listado de prestaciones enumerado cabe suprimir, en primer lugar, la *pensión por fallecimiento*, tanto la otorgada por el régimen de reparto como la del régimen de capitalización, que suponen la muerte del trabajador, hecho que ocasiona por sí solo la extinción del contrato de trabajo y que da lugar por parte del empleador al pago de la indemnización por fallecimiento a los causahabientes del trabajador (art. 248, LCT).

También cabe desechar las prestaciones que tienen un carácter complementario como la *prestación compensatoria* y la *prestación adicional por permanencia* que sólo son accesorias de la *prestación básica universal*.

Debe asimismo dejarse de lado el *retiro por invalidez*, tanto de un régimen como del otro, porque esta prestación supone la existencia de una incapacidad física o intelectual total (art. 48, inc. *a*, ley 24.241), lo que da lugar a la extinción del contrato por incapacidad absoluta (art. 212, párr. 4°, LCT).

En consecuencia, tienen relevancia, a los efectos de lo dispuesto en el artículo comentado, en el régimen de reparto: *a*) la prestación básica universal; *b*) la prestación por edad avanzada y en el régimen de capitalización, y *c*) la jubilación ordinaria.

Sin embargo, el art. 5° del decr. 679/95, reglamentario de la ley 24.241, dispone que el empleador podrá hacer uso de la facultad otorgada por el art. 252 de la LCT "cuando el trabajador reuniere los requisitos necesarios para acceder a la prestación básica universal (PBU), salvo en el supuesto previsto por el segundo párrafo del art. 19 de la ley 24.241". Este párrafo del art. 19 de la mencionada ley se refiere a la opción de que gozan las mujeres para continuar su actividad laboral hasta los sesenta y cinco años de edad.

a) *Prestación básica universal.* Según el art. 19 de la ley 24.241 tienen derecho a la PBU: *1*) los hombres que hubieran cumplido sesenta y cinco años de edad; *2*) las mujeres que hubieran cumplido sesenta años de edad, y *3*) quienes acrediten treinta años de servicios con aportes, computables en uno o más regímenes comprendidos en el sistema de reciprocidad. Las mujeres pueden optar por continuar su actividad laboral hasta los sesenta y cinco años. En atención a la menor edad para acceder al beneficio que establecía el régimen derogado de la ley 18.037 (sesenta años los varones y cincuenta y cinco las mujeres), el art. 37 de la ley 24.241 dispuso un gradual aumento del requisito de la edad mediante una escala progresiva que alcanzó en el año 2001 el mínimo de sesenta y cinco para los hombres y sesenta para las mujeres.

A fin de acreditar el mínimo de servicios necesarios para el logro de la prestación básica universal, el mismo art. 19 de la ley 24.241 autoriza a compensar el exceso de edad con la falta de servicios, en la proporción de dos años de edad excedentes por uno de servicios faltantes.

b) *Prestación por edad avanzada.* Esta prestación, incorporada como art. 34 *bis* de la ley 24.241, por el art. 3° de la ley 24.347, se otorga a los afiliados que hubieran cumplido setenta años, cualquiera que fuera su sexo, y acrediten diez años de servicios con aportes computables en uno o más regímenes jubilatorios comprendidos en el sistema de reciprocidad, con una prestación de servicios de por lo menos cinco años durante el período de ocho inmediatamente anteriores al cese en la actividad.

c) *Jubilación ordinaria.* Dentro del régimen de capitalización, según el art. 47 de la ley 24.241, la jubilación ordinaria se otorga a los afiliados hombres que hubieran cumplido sesenta y cinco años y las mujeres que hubieran cumplido sesenta años de edad, con la salvedad de lo dispuesto por el art. 128 de la misma ley que, en atención a la menor edad para acceder al beneficio que establecía el régimen derogado de la ley 18.037 (sesenta años los varones y cincuenta y cinco las mujeres), dispuso un gradual aumento del requisito de la edad a través de una escala progresiva hasta alcanzar en el año 2001 el mínimo de sesenta y cinco para los hombres y sesenta para las mujeres.

§ 3. **Cargas impuestas al empleador.** – El artículo comentado, en el caso de que el trabajador esté en condiciones de obtener una de las prestaciones de la ley 24.241, impone al empleador las siguientes cargas: *a*) la carga de intimar al trabajador para que inicie los trámites necesarios para obtener una de las prestaciones previstas por la ley; *b*) una carga de diligencia: extender la certificación de servicios, aportes y remuneraciones necesarias para la iniciación del mencionado trámite, y *c*) una carga de comportamiento omisivo: mantener (es decir, no extinguir) la relación de trabajo hasta la obtención por el trabajador del beneficio previsional o hasta el vencimiento del plazo de un año[1].

En el caso de que el empleador no cumpliera con estas cargas, la denuncia del contrato de trabajo, aunque fundada en estar el trabajador en condiciones de obtener una de las prestaciones de la ley 24.241, valdrá sólo como denuncia inmotivada y corresponderá el pago de las indemnizaciones legales por despido arbitrario[2].

Si no se prueba que el trabajador reunía los requisitos para obtener una de las prestaciones de la ley 24.241, también el despido sería arbitrario, dado que la causa invocada no podría ser justificada[3].

§ 4. **Carga de la prueba.** – La carga de la prueba de que el trabajador reunía los requisitos exigidos para tener derecho a una de las prestaciones de la ley 24.241 y del cumplimiento de las demás cargas impuestas al empleador, corresponde a éste, que es a quien le interesa invocar todo ello para no responder por las consecuencias indemnizatorias de un despido arbitrario[4].

---

[1] López - Centeno - Fernández Madrid, *Ley de contrato de trabajo*, t. II, p. 1307.

[2] López - Centeno - Fernández Madrid, *Ley de contrato de trabajo*, t. II, p. 1307.

[3] Fernández Madrid, *Tratado práctico*, t. II, p. 1688; López - Centeno - Fernández Madrid, *Ley de contrato de trabajo*, t. II, p. 1307.

[4] López - Centeno - Fernández Madrid, *Ley de contrato de trabajo*, t. II, p. 1308.

§ 5. **Comienzo del plazo de un año.** – El plazo de un año a que se refiere el artículo comienza a correr desde que se entregan los certificados y la documentación necesaria para que el trabajador pueda iniciar los trámites respectivos, por lo que tiene importancia el emplazamiento al efecto, y, en su caso, la puesta en mora y la inmediata consignación judicial de dichos documentos, si el trabajador intimado fuere remiso[5].

Jurisprudencia

1. *Intimación. Cómputo del plazo.* El empleador sólo puede intimar a su dependiente para que se jubile extendiéndole los certificados y documentación necesaria. Recién a partir de dicha intimación se computa el plazo de un año previsto para la extinción del contrato (CNTrab, Sala IV, 26/5/75, *LT*, XXIII-833).

2. *Comienzo del plazo anual.* a) El plazo máximo de un año de duración de la relación laboral previsto por el art. 252 de la LCT para el caso en que el empleador intima al trabajador que está en condiciones de obtener jubilación ordinaria íntegra (actualmente, "una de las prestaciones de la ley 24.241") a iniciar los trámites pertinentes, no comienza a correr si el principal no entregó la documentación necesaria actualizada a la fecha en que efectúa la intimación (en el caso, el principal había entregado certificaciones casi dos años antes de proceder a esa intimación) (CNTrab, Sala III, 7/3/80, *LT*, XXVIII-571).

b) El plazo de un año se cuenta desde la entrega de la documentación necesaria para el inicio de los trámites previsionales, ya que la intimación para que el trabajador se jubile surte los efectos de preaviso (CNTrab, Sala I, 23/4/01, *TSS*, 2003-117; íd., íd., 25/2/02, *TSS*, 2003-118).

3. *Plazo de un año. Preaviso. Suspensión en caso de enfermedad.* El plazo establecido por el art. 252 de la LCT reconoce el carácter de preaviso, por ello se suspende durante el período de enfermedad; en consecuencia, la patronal no puede extinguir el contrato de trabajo en base a dicha normativa cuando el dependiente no tenía agotada su licencia ni otorgada el alta médica (SCBA, 20/4/99, *DT*, 1999-B-1843).

4. *Superación del plazo del artículo 252 de la LCT.* a) Si las partes prolongaron la relación más allá del plazo fijado por el art. 252 de la LCT y hasta su efectiva denuncia por cualquiera de ellas, no se afecta la situación prevista desde el punto de vista indemnizatorio pues, en virtud de los arts. 91 y 252 de la LCT, el trabajador que contaba con los requisitos exigidos por la ley para jubilarse y fue intimado para ello, vencido el año carece de toda estabilidad (CNTrab, Sala VIII, 13/12/00, *DT*, 2001-A-647).

---

[5] Fernández Madrid, *Tratado práctico*, t. II, p. 1687.

b) No cabe admitir la caducidad del derecho empresario a aplicar las directivas del art. 252 de la LCT si el empleador se limitó a comunicar a los trabajadores su voluntad de prorrogar el plazo de extinción previsto por dicha normativa, sin renunciar a la facultad de extinguir el contrato sin obligación indemnizatoria, puesto que los trabajadores consintieron la decisión y se vieron favorecidos por la postura empresaria (CNTrab, Sala IV, 25/10/00, *DT*, 2001-B-2104).

c) Aun cuando la relación laboral se extendiera más allá del plazo de un año que establece el art. 252 de la LCT, el despido dispuesto por el empleador es ajustado a derecho, ya que nada impidió que las partes puedan prolongar la relación fuera de dicho plazo fijo y hasta la efectiva denuncia de cualquiera de ellas sin afectar la situación desde el punto de vista indemnizatorio (CNTrab, Sala VI, 26/6/02, *TSS*, 2003-149).

5. ***Opción de la mujer.*** *a*) El art. 5º del decr. 679/95 reglamentó el ejercicio de la facultad del empleador de intimar al trabajador que se halle en condiciones de obtener el beneficio previsional (art. 252, LCT), estableciendo la salvedad para el "supuesto previsto en el segundo párrafo del art. 19 de la ley 24.241", es decir, cuando la mujer optara por seguir trabajando después de cumplir los sesenta años y hasta los sesenta y cinco. En el contexto de la normativa reglamentada, la salvedad significa que, aun cuando la mujer mayor de sesenta años esté en condiciones de obtener dicha prestación, el empleador no está habilitado para intimarla, pues debe respetar la situación derivada de su opción de continuar en actividad hasta cumplir los sesenta y cinco (CN Trab, Sala VIII, 22/9/00, *DT*, 2001-B-1458).

b) La comunicación cursada por la empresa a la trabajadora en los términos del art. 252 de la LCT carece de virtualidad jurídica como despido por jubilación, cuando la trabajadora hace uso de la opción que le permite el art. 19 de la ley 24.241, de seguir en actividad hasta los sesenta y cinco años. Esto es así porque ésta no podía ser obligada a iniciar los trámites y su oposición hizo que su situación se retrotrajera al momento anterior a recibir la intimación, sin que derive de la misma ningún derecho a su favor (CNTrab, Sala VIII, 8/5/01, *DT*, 2002-A-104).

6. ***Preaviso. Enfermedad inculpable o accidente.*** La finalidad inherente al preaviso, es decir, que el trabajador perciba las remuneraciones correspondientes y que pueda utilizar un lapso de la jornada para procurarse nuevo empleo, está ausente de la disposición del art. 252 de la LCT. El trabajador, en este último caso, sólo debe iniciar el trámite jubilatorio ante la intimación del patrono y esperar a que la agencia previsional se pronuncie o se agote el plazo de un año, por lo que no corresponde la suspensión del plazo por enfermedad inculpable o accidente de trabajo. Una vez que el dependiente ha iniciado el trámite, la circunstancia de que se encuentre imposibilitado para trabajar por causa

de enfermedad o accidente no incide sobre el trámite de su solicitud previsional (CNTrab, Sala VIII, 31/10/00, *DT*, 2001-B-1458).

7. *Falta de telegrama ratificatorio.* La intimación del párr. 3° del art. 252 de la LCT opera como un verdadero plazo de preaviso en el sentido de que el contrato se extinguirá al cumplirse una de las condiciones a que se halla sometida, esto es, la obtención de la jubilación o el vencimiento del plazo de un año que prescribe la norma. En tal sentido, no requiere a su término de ninguna otra formalidad para que se consume la extinción de la relación, por lo que carece de importancia analizar si el trabajador recibió o no el telegrama ratificatorio del despido (CNTrab, Sala VIII, 13/12/00, *DT*, 2001-B-1458).

8. *Notificación de la intimación.* La intimación prevista en el art. 252 de la LCT constituye un verdadero preaviso, por lo que resulta aplicable, por analogía, lo dispuesto por el art. 235 de dicha ley, que exige que "la notificación del preaviso deberá probarse por escrito" (en el caso, se consideró que la prueba testimonial, como la firma de las certificaciones de servicios, no permiten tener por cumplida la intimación prevista en el art. 252 de la LCT) (CNTrab, Sala VI, 15/8/02, *DT*, 2002-B-1810).

9. *Silencio del trabajador a la intimación.* Es improcedente la indemnización por despido reclamada, si el trabajador guardó silencio frente a la intimación del empleador a iniciar los trámites jubilatorios respectivos, ya que no puede beneficiarse con su conducta que devino en la extinción objetiva del contrato de trabajo por el transcurso del tiempo, según el art. 252 de la LCT (CNTrab, Sala VI, 3/5/02, *DT*, 2003-A-239).

10. *Trabajador intimado que no reúne los requisitos.* Si el trabajador intimado no reuniere los requisitos para jubilarse, carga con el deber de manifestar tal dato al empleador, de este modo el empleador puede volver sobre sus pasos y dejar sin efecto la intimación (CNTrab, Sala VI, 3/5/02, *DT*, 2003-A-239).

11. *Carga de la prueba.* a) La carga de la prueba de que el trabajador reúne los requisitos para tener derecho a una de las prestaciones de la ley 24.241 y del cumplimiento de las demás cargas impuestas al empleador corresponde a éste, que es a quien le interesa invocar todo ello para no responder por las consecuencias indemnizatorias de un despido incausado (CNTrab, Sala I, 25/2/02, *TSS*, 2003-118).

b) La prueba de que el dependiente se encuentra en condiciones de recibir la prestación básica universal está a cargo del empleador (CNTrab, Sala X, 27/6/02, *TSS*, 2003-162).

12. *Beneficio solicitado por voluntad del empleado sin intimación.* a) Si el trabajador espontáneamente inicia los trámites jubilatorios, reclamando a su empleador la libranza de los certificados de trabajo, éste tiene derecho a extinguir *per se* la relación

---

46. Etala, *Contrato*.

laboral una vez concedido el beneficio previsional o vencido el plazo máximo de un año previsto en el art. 252 de la LCT (CN Trab, Sala X, 30/8/02, *DT*, 2003-A-851).

b) Solicitado el beneficio previsional por propia voluntad de la dependiente ante el mutuo acuerdo de las partes, el contrato se disolvió por jubilación del trabajador, aunque el empleador no haya intimado en los términos del art. 252 de la LCT, pues tal emplazamiento resultó innecesario (CNTrab, Sala V, 30/9/02, *TSS*, 2003-143).

13. *Entrega tardía de la certificación.* La decisión del empleador de considerar disuelto el vínculo a partir de la fecha en que puso a disposición del trabajador la certificación de servicios es apresurada si ésta fue emitida varios meses después (CNTrab, Sala V, 30/9/02, *TSS*, 2003-146).

14. *Conocimiento de que el trabajador está en condiciones de obtener el beneficio.* El empleador debe formular el emplazamiento para jubilarse solamente cuando está en conocimiento de que el trabajador está habilitado para obtener dicho beneficio, y si no conoce bien las condiciones en que se encuentra el dependiente puede intimarlo a que se lo informe o requerir datos a los entes de seguridad social, pero lo que no puede es intimar "por las dudas", por suposiciones o por cálculos ligeros (CNTrab, Sala X, 27/6/02, *TSS*, 2003-162).

Art. 253. [TRABAJADOR JUBILADO] – En caso de que el trabajador titular de un beneficio previsional de cualquier régimen volviera a prestar servicios en relación de dependencia, sin que ello implique violación a la legislación vigente, el empleador podrá disponer la extinción del contrato invocando esa situación, con obligación de preavisarlo y abonar la indemnización en razón de la antigüedad prevista en el art. 245 de esta ley o, en su caso, lo dispuesto en el art. 247.

En este supuesto sólo se computará como antigüedad el tiempo de servicios posterior al cese. [Párrafo incorporado por ley 24.347, art. 7°]

CONCORDANCIAS: LCT, arts. 18, 40, 42, 245, 247, 252 y 255; ley 24.241, art. 34.

§ 1. **Compatibilidad entre jubilación y actividad dependiente.** – El artículo dispone una remisión a la legislación vigente a fin de determinar la compatibilidad de la condición de jubilado con la de trabajador en relación de dependencia. La norma base en materia de régimen de compatibilidades es el art. 34 de la ley 24.241, modificado por el art. 6º de la ley 24.463 que, en lo pertinente, establece lo siguiente: *a*) los beneficiarios de prestaciones del régimen previsional público pueden reingresar a la actividad remunerada tanto en relación de dependencia como en carácter de autónomos; *b*) el reingresado tiene la obligación de efectuar aportes, los que serán destinados al Fondo Nacional de Empleo y no otorgan al jubilado derecho a reajustes o mejoras en las prestaciones originarias; *c*) los beneficiarios de prestaciones previsionales emanados de regímenes especiales para tareas penosas, riesgosas o insalubres, determinantes de vejez o agotamiento prematuro, no podrán reingresar a la actividad ejerciendo algunas de las tareas que hubieran dado origen al beneficio previsional. Si así lo hicieren, se les suspenderá el pago de los haberes correspondientes al beneficio previsional otorgado; *d*) el goce de la prestación de retiro por invalidez es incompatible con el desempeño de cualquier actividad en relación de dependencia, y *e*) el empleador deberá comunicar a la autoridad de aplicación el reingreso del jubilado a la actividad remunerada, bajo apercibimiento de multa.

§ 2. **Jubilado reingresado a la actividad en infracción a la ley.** – Si un jubilado reingresa a la actividad remunerada en relación de dependencia, en infracción a la ley, caso del retirado por invalidez reintegrado a la actividad o del beneficiario de prestaciones derivadas de regímenes especiales para tareas penosas, riesgosas o insalubres, determinantes de vejez o agotamiento prematuro, reingresado a una de estas mismas actividades, dado que según el art. 40, párr. último, de la LCT, "la prohibición del objeto del contrato está siempre dirigida al empleador", el contrato cesará para el futuro, pero el jubilado tendrá derecho a las remuneraciones devengadas e indemnizaciones que se deriven de la extinción del contrato por prohibición del objeto (art. 42, LCT).

Jurisprudencia

1. *Falta de denuncia del reingreso a la actividad.* Si el demandante no hubiera denunciado ante el organismo previsional otorgante del beneficio su reingreso o continuidad en la actividad, ello no condiciona ni exime de los deberes propios que le incumben al empleador, puesto que el incumplimiento del dependiente no perjudica su derecho a las indemnizaciones, porque el art. 40, último párrafo, de la LCT establece que la "prohibición del objeto del contrato está siempre dirigida al empleador" (CN Trab, Sala VI, 30/6/03, *DT*, 2003-B-1545).

§ 3. **Reingreso del jubilado conforme a la ley.** – Si el jubilado reingresa a la actividad dependiente sin que se verifique infracción a la ley, el desenvolvimiento de su contrato de trabajo será regido por las normas comunes a cualquier contratación, rigiendo las mismas causas de extinción de la relación de trabajo, incluido el despido con o sin justa causa.

§ 4. **Reingreso del jubilado al servicio del mismo empleador.** – El artículo contiene en su último párrafo una norma que fue incorporada por la ley 24.347 y que cobra relevancia para el caso del jubilado reingresado a la actividad a las órdenes del mismo empleador. La norma dice: "En este supuesto sólo se computará como antigüedad el tiempo de servicios posterior al cese". Esta inclusión deja sin efecto, entonces, la jurisprudencia que, haciendo aplicación del art. 18 de la LCT, computaba, a los efectos de la determinación de la indemnización por despido, toda la antigüedad del trabajador jubilado desde la fecha de su ingreso a la empresa. De acuerdo con la modificación, sólo resulta computable, a los efectos del cálculo de la indemnización por despido, la antigüedad del jubilado adquirida después de la obtención del beneficio. Ello, tanto en el caso de que hubiera cesado efectivamente y reingresado posteriormente a las órdenes del mismo empleador como que hubiera continuado trabajando en la empresa, después de obtenido el beneficio, sin solución de continuidad.

Jurisprudencia

1. *Despido del trabajador jubilado.* El art. 253 de la LCT dispone que cuando el trabajador titular de un beneficio previsional celebra un nuevo contrato con su anterior empleador y es despedido, tiene derecho a ser indemnizado y, en este supuesto, sólo se computará como antigüedad el tiempo de servicios posterior al cese, por lo que cabe concluir que es irrelevante que no haya existido un hiato temporal entre el cese y el reingreso, porque jurídicamente mediaron dos contratos, uno de los cuales se extinguió por la renuncia del trabajador para jubilarse y, aunque haya retomado servicios al día siguiente, ello importa la celebración de un nuevo contrato (CNTrab, Sala VIII, 14/8/01, *DT*, 2001-B-2315).

2. *Trabajador jubilado sin cesación de actividades.* *a*) Aun cuando el dependiente presentara la renuncia formal ante la empleadora al solo efecto de obtener el beneficio jubilatorio, si continuó trabajando, ya jubilado, sin cesar en sus actividades, tiene derecho en caso de despido, al correspondiente preaviso e indemnización por antigüedad como cualquier trabajador en situación de ruptura incausada (CNTrab, Sala VI, 15/12/00, *TSS*, 2003-148).

b) Probado que el desempeño laboral del dependiente se produjo desde el ingreso y se mantuvo sin solución de continuidad, no obstante el otorgamiento del beneficio previsional, hasta su único cese por despido sin causa, la indemnización por antigüedad debe calcularse computando todo el tiempo de prestación de servicios, desde el inicio hasta el cese (SCBA, 4/6/03, *TSS*, 2003-722; *RJP*, 2003-77-762).

Capítulo XI

DE LA EXTINCIÓN DEL CONTRATO DE TRABAJO POR INCAPACIDAD O INHABILIDAD DEL TRABAJADOR

Art. 254. [Incapacidad e inhabilidad. Monto de la indemnización] – Cuando el trabajador fuese despedido por incapacidad física o mental para cumplir con sus obligaciones, y la misma fuese sobreviniente a la iniciación de la prestación de los servicios, la situación estará regida por lo dispuesto en el art. 212 de esta ley.

Tratándose de un trabajador que contare con la habilitación especial que se requiera para prestar los servicios objeto del contrato, y fuese sobrevinientemente inhabilitado, en caso de despido será acreedor a la indemnización prevista en el art. 247, salvo que la inhabilitación provenga de dolo o culpa grave e inexcusable de su parte.

Concordancias: LCT, arts. 212 y 245 a 247.

§ 1. **Despido por incapacidad física o mental del trabajador.** – En el párr. 1º del artículo comentado se legisla el caso en que el trabajador es despedido por incapacidad física o mental para cumplir con la prestación del trabajo, supuesto en que se remite a lo normado por el art. 212 de la LCT. Se trata en este supuesto, en realidad, de la extinción del contrato de trabajo por imposibilidad de proseguirlo, en tanto el objeto del contrato de trabajo es la prestación del trabajo personal e infungible (arts. 21, 22 y 37, LCT)[1]. El art. 212 da derecho,

---

[1] López - Centeno - Fernández Madrid, *Ley de contrato de trabajo*, t. II, p. 1316.

en este caso, al cobro por el trabajador de una indemnización equivalente a la del art. 245 por el hecho mismo de la incapacidad absoluta.

§ 2. **Pérdida de habilitación especial para trabajar.** – En ciertos contratos de trabajo, la naturaleza de la actividad exige que los prestadores del trabajo cuenten con una habilitación especial para desempeñar sus tareas (pilotos de aeronaves, conductores de vehículos de transporte, de carga, de taxímetros, martilleros, médicos y, en general, profesionales). La pérdida de esa habilitación puede ocasionar la imposibilidad legal de proseguir la relación de trabajo y consecuentemente su extinción por decisión del empleador. La cesación de la habilitación puede provenir de diversas causas: falta de aptitud física o mental del trabajador, omisión de su renovación cuando se concede por un plazo determinado, por causas penales (inhabilitación), en la que el trabajador puede tener diversos grados de culpabilidad que la ley distingue al concederle distintos efectos indemnizatorios.

a) *Sin culpa o por culpa leve del trabajador.* Cuando la pérdida de la habilitación ha tenido lugar sin culpa o por culpa leve del trabajador, la extinción del contrato de trabajo por tal causa origina el deber del empleador de abonarle la indemnización prevista por el art. 247 de la LCT, que es la mitad de la que correspondería por despido arbitrario (art. 245). Se trata de un supuesto de denuncia motivada que debe ser expresa y con invocación suficientemente clara del motivo en que se funda (art. 243), puesto que en caso de omitirse tal invocación, el despido aparecería como sin justa causa, lo que lo haría indemnizable de acuerdo con el art. 245[2].

b) *Por dolo o culpa grave e inexcusable del trabajador.* Cuando la pérdida de la habilitación especial para trabajar es resultado de la conducta dolosa o de la culpa grave e inexcusable del trabajador, este comportamiento puede ser invocado por el empleador como injuria, en el sentido del art. 242, para justificar la resolución del contrato sin pago de indemnización alguna. En este supuesto, la denuncia del contrato por justa causa debe ser expresa, por escrito y con comunicación suficientemente clara del motivo en que se funda, tal como lo requiere el art. 243[3].

---

[2] López - Centeno - Fernández Madrid, *Ley de contrato de trabajo*, t. II, p. 1322 y 1323.

[3] López - Centeno - Fernández Madrid, *Ley de contrato de trabajo*, t. II, p. 1322.

Jurisprudencia

1. *Culpa grave del dependiente.* Resulta legítimo el despido dispuesto en los términos del art. 254, párr. 2°, de la LCT si el trabajador –conductor de ómnibus– fue condenado en sede penal por el delito de lesiones culposas con inhabilitación y multa (CN Trab, Sala III, 30/5/88, *DT*, 1988-B-1106).

2. *Rehabilitación.* Cuando se trata de trabajadores que para desempeñar sus tareas necesitan una licencia especial y la pierden por una inhabilitación sobreviniente, rigen las disposiciones del art. 254, párr. 2°, de la LCT, cualquiera sea la causa de la inhabilitación. Esto no implica que el trabajador no tenga derecho a cuestionar la resolución que dispuso su inhabilitación. Pero si es rehabilitado a posteriori, habiendo transcurrido un lapso considerable, la empleadora no está obligada a mantener el vínculo laboral (CNTrab, Sala III, 16/3/99, *DT*, 1999-B-1860).

3. *Pérdida de habilitación especial.* Es aplicable lo dispuesto en la parte primera del art. 254 de la LCT a los casos de pérdida de habilitación especial contemplado en el segundo supuesto del mismo artículo, cuando tal inhabilitación se origina en enfermedad o disminución psicofísica contraída sin dolo o culpa grave del mismo trabajador (CNTrab, plenario 303, 3/5/02, "Juárez, Luis S. c/Expreso Quilmes SA", *TSS*, 2002-515).

4. *Omisión de recurrir la decisión administrativa.* Perdida por el chofer de colectivos su habilitación profesional, la decisión de su ex principal de rescindir el vínculo se ajustó a derecho, si aquél no probó que la hubiera recurrido administrativamente, de modo que no corresponde hacer lugar a la indemnización del art. 245 de la LCT al no mediar un despido incausado (CNTrab, Sala I, 13/9/02, *TSS*, 2003-120).

5. *Trabajador inhabilitado. Pago de salarios.* Si el trabajador se encontraba inhabilitado para cumplir sus tareas como conductor de vehículos de transporte colectivo de pasajeros, por haber sido declarado "inepto", el hecho de que recurriera la decisión administrativa que finalmente ratificó el dictamen, no le da derecho a percibir el salario habitual hasta ese momento (CN Trab, Sala X, 19/7/02, *TSS*, 2003-164).

6. *Falta de renovación de la licencia para conducir. Despido.* La no renovación de la licencia para desempeñarse como chofer de colectivos de pasajeros implicó la inhabilitación del actor, por lo que la empleadora queda autorizada a actuar conforme al art. 254 de la LCT disponiendo el despido del dependiente (CNTrab, Sala I, 10/6/03, *DT*, 2004-A-38).

7. *Aplicación de la sanción de inhabilidad para operar cuentas bancarias.* Debe rechazarse la pretensión indemnizatoria del actor fundada en el art. 247 de la LCT –fuerza mayor–, puesto que el despido de aquél de la administradora de fondos de jubila-

ciones y pensiones donde trabajaba fue motivado por un acontecimiento que debe serle imputado, pues la extinción de dicho vínculo, que debe encuadrarse en el art. 254 de la normativa mencionada, fue consecuencia de la aplicación de la sanción de inhabilidad para operar con cuentas corrientes bancarias por librar cheques sin fondos (CNTrab, Sala VIII, 30/5/03, *DT*, 2004-A-46).

Capítulo XII

DISPOSICIÓN COMÚN

Art. 255. [Reingreso del trabajador. Deducción de las indemnizaciones percibidas] – La antigüedad del trabajador se establecerá conforme a lo dispuesto en los arts. 18 y 19 de esta ley, pero si hubiera mediado reingreso a las órdenes del mismo empleador se deducirá de las indemnizaciones de los arts. 245, 246, 247, 250, 251, 253 y 254 lo percibido por igual concepto por despidos anteriores.

En tales supuestos el monto de las indemnizaciones a deducir será actualizado teniendo en cuenta la variación que resulte del índice salarial oficial del peón industrial de la Capital Federal desde la fecha del primitivo pago hasta el del nuevo monto indemnizatorio; en ningún caso la indemnización resultante podrá ser inferior a la que hubiera correspondido al trabajador si su período de servicios hubiera sido sólo el último y con prescindencia de los períodos anteriores al reingreso.

Concordancias: LCT, arts. 18, 19, 183, 245 a 247, 250, 251, 253, 254 y 276.

§ 1. **Indemnizaciones percibidas por el trabajador reingresado.** – El artículo prevé el caso del trabajador reingresado a las órdenes del mismo empleador que ha sido despedido en el primer tramo de la relación a fin de determinar cuál es la indemnización que le corresponde percibir si vuelve a ser despedido en el último tramo. En tal caso, el artículo ordena la deducción de las indemnizaciones percibidas por despidos anteriores para lo cual dispone una actualización monetaria que ha sido derogada implícitamente por los arts. 7° y 10 de la ley

23.928 de convertibilidad, con las modificaciones en su redacción introducidas por el art. 4° de la ley 25.561, de 2002, sobre emergencia pública en materia social, económica, administrativa, financiera y cambiaria.

De todos modos, aunque vedada legalmente la aplicación de índices de actualización de deudas, los jueces, a fin de paliar la depreciación monetaria habida, pueden disponer la aplicación de intereses (art. 622, Cód. Civil).

Jurisprudencia

1. *Tiempo de servicio. Renuncia.* El art. 255 de la LCT establece la deducción de las indemnizaciones que se hubieran abonado en caso de que el cese anterior se hubiera producido por despido, pero en modo alguno establece que no deba contabilizarse el tiempo de servicio en caso de que dicho cese se hubiera producido por renuncia y, por el contrario, al establecer que la antigüedad se calculará en el modo indicado en el art. 18 de la LCT, implica que debe considerarse todo el tiempo trabajado desde su primer ingreso (CNTrab, Sala III, 10/2/99, *DT*, 1999-B-1861).

2. *Indemnización por fallecimiento.* El art. 248 de la LCT tiende a la protección de los familiares del trabajador dependiente y de las personas asimiladas por ley a los mismos, por lo que su aplicación se encuentra regida, fundamentalmente, por el derecho de la seguridad social y sólo complementariamente por las directivas laborales, por lo que no corresponde afectar el monto resarcitorio fijado por el legislador en los supuestos de muerte del operario, aplicando el art. 255 de la LCT que autoriza a deducir del monto a pagar las indemnizaciones percibidas por despidos anteriores (CNTrab, Sala II, 17/3/00, *DT*, 2001-A-283).

Título XIII

DE LA PRESCRIPCIÓN Y CADUCIDAD

Art. 256. [Plazo común] – Prescriben a los dos años las acciones relativas a créditos provenientes de las relaciones individuales de trabajo y, en general, de disposiciones de convenios colectivos, laudos con eficacia de convenios colectivos y disposiciones legales o reglamentarias del derecho del trabajo.

Esta norma tiene carácter de orden público y el plazo no puede ser modificado por convenciones individuales o colectivas.

Concordancias: Cód. Civil, arts. 3947 y 3949.

§ 1. **Normas aplicables a la prescripción laboral.** – En las relaciones laborales, la prescripción liberatoria se ha de regir, en primer término, por las normas específicas consagradas por la LCT y en los aspectos no reglamentados se aplicarán, con carácter complementario y subsidiario, las normas del derecho civil, siempre que resulten compatibles con los principios generales del derecho del trabajo[1].

Jurisprudencia

1. *Alcance de la norma.* De los propios términos del art. 256 de la LCT resulta que el plazo de prescripción que establece comprende no sólo las acciones relativas a créditos provenientes de las relaciones individuales del trabajo, sino en general de disposiciones de convenios colectivos, laudos con eficacia de tales y disposiciones legales y reglamentarias del derecho del trabajo, de las que no cabe excluir a los que conciernen al servicio domésti-

---

[1] De la Fuente, en Vazquez Vialard (dir.), "Tratado", t. 5, p. 668.

co, sólo en virtud de lo que establece el art. 2º (SCBA, 8/9/81, *TSS*, 1982-46).

2. Cuestión de derecho común. La procedencia de la excepción de prescripción remite al examen de cuestiones de derecho común ajenas a la instancia extraordinaria (CSJN, 15/6/76, *TSS*, 1976-569).

§ 2. **Concepto de prescripción.** – Se puede definir la prescripción liberatoria diciendo que es la extinción de la acción emergente de un derecho subjetivo producido por la inacción de su titular durante el lapso señalado por la ley[2].

La prescripción no afecta el derecho en sí, sino que priva al acreedor de la acción, con lo cual la obligación queda relegada a la condición de meramente natural (art. 515, inc. 2º, Cód. Civil).

a) *Elementos exigidos por la ley.* Los dos elementos exigidos por la ley para configurar la prescripción son el transcurso del término legal preestablecido, y la inacción o silencio –se entiende voluntario– del acreedor durante ese plazo (arts. 3947, 3949 y 4017, Cód. Civil)[3].

b) *Irrelevancia del elemento subjetivo.* La prescripción liberatoria produce sus efectos extintivos prescindiendo del aspecto subjetivo, esto es, del comportamiento, ánimo o intención con que actuaron las partes de la relación; es decir que se producirá cualquiera fuere la razón por la cual el acreedor o titular del derecho permanece inactivo (olvido, negligencia, intención de renunciar, etc.), siendo también indiferente que el deudor (o persona que se beneficia con la prescripción), sea o no de buena fe, haya tenido o no motivos para creer que el derecho se encontraba extinguido (art. 4017, Cód. Civil)[4].

§ 3. **Carácter de orden público.** – El párr. 2º del artículo establece que la norma tiene carácter de orden público. Esto significa que las partes no pueden introducir alteraciones al régimen creado por la ley, sea a través del contrato individual o de los convenios colectivos.

De este modo, las partes no podrán establecer otras causales de suspensión o interrupción, modificar los efectos jurídi-

---

[2] De la Fuente, en Vazquez Vialard (dir.), "Tratado", t. 5, p. 668.

[3] De la Fuente, en Vazquez Vialard (dir.), "Tratado", t. 5, p. 668; Fernández Madrid, *Tratado práctico*, t. II, p. 1355.

[4] De la Fuente, en Vazquez Vialard (dir.), "Tratado", t. 5, p. 668.

cos reconocidos por la ley, ampliar o reducir el plazo de prescripción, variar el curso del plazo, renunciar anticipadamente a la prescripción, etc. (art. 21, Cód. Civil)[5].

En cambio, la ley autoriza expresamente la renuncia de la prescripción ya cumplida, lo cual se explica teniendo en cuenta que en este caso se encuentra en juego un mero interés individual y nada se opone a que el deudor abdique de un derecho ya adquirido (art. 3965, Cód. Civil). Esta posibilidad de renuncia concuerda con la prohibición impuesta a los jueces para declarar de oficio la extinción del derecho (art. 3964, Cód. Civil)[6].

§ 4. **Plazo de prescripción.** – El artículo comentado uniformó el régimen de la prescripción de todos los derechos que tengan origen laboral, sea su titular el trabajador o el empleador, ya provengan de las relaciones individuales o colectivas de trabajo, fijando un plazo único de dos años, plazo que ha de tener preeminencia incluso sobre los fijados en los estatutos especiales, como el de viajantes de comercio establecido por la ley 14.546[7].

Dado el carácter de orden público de la prescripción, el plazo no puede ser modificado por convenciones individuales o colectivas, ya sea ampliándolo o reduciéndolo.

Jurisprudencia

1. *Viajantes de comercio. Prevalecencia de la norma general.* La ley 17.709 derogó el art. 4° de la ley 14.546; luego tanto la ley 20.744 como su modificación por la ley 21.297 reiteraron el criterio de hacer prevalecer la norma general sobre la especial del estatuto de viajantes de comercio en lo relativo a prescripción (CNTrab, Sala V, 27/4/87, *DT*, 1987-B-1655).

2. *Seguro de vida obligatorio.* En el marco del decr. 1567/74, la falta de contratación del seguro previsto por esta norma o en el supuesto de caducidad o suspensión de la cobertura, el empleador resulta responsable del pago del mismo y dado que se trata de una obligación relativa al contrato de trabajo, el plazo de prescripción es el consagrado en el art. 256 de la LCT (CN Trab, Sala III, 30/4/99, *DT*, 2000-A-608).

3. *Asignaciones familiares.* El plazo de prescripción bienal previsto en el art. 256 de la LCT resulta aplicable a los reclamos por asignaciones familiares conforme a lo previsto en el punto A,

---

[5] De la Fuente, en Vazquez Vialard (dir.), "Tratado", t. 5, p. 676 y 677.
[6] De la Fuente, en Vazquez Vialard (dir.), "Tratado", t. 5, p. 677, nota 21.
[7] De la Fuente, en Vazquez Vialard (dir.), "Tratado", t. 5, p. 675 y 676.

16 del Anexo de la res. 112/96, complementaria del decr. 1245/96 del Poder Ejecutivo nacional (CNTrab, Sala X, 30/6/03, *DT*, 2004-A-74).

§ 5. Invocación de la prescripción. – La prescripción no puede ser aplicada de oficio por los jueces (art. 3964, Cód. Civil), por lo que requiere ser invocada por la persona a quien beneficia. Normalmente será opuesta por vía de excepción, es decir, como defensa en el juicio que promueva el titular del derecho, aunque también se admite –excepcionalmente– que se la pueda hacer valer por medio de una acción, siempre que medie un interés legítimo que lo justifique[8].

Normalmente se hará valer la prescripción como excepción. El art. 3962 del Cód. Civil dispone: *"La prescripción debe oponerse al contestar la demanda o en la primera presentación en el juicio que haga quien intente oponerla"*. Se ha interpretado este artículo en el sentido de que sólo se puede invocar la prescripción al contestar la demanda, de tal modo que el rebelde ya no podrá hacerlo aunque se presente con posterioridad[9].

JURISPRUDENCIA

1. *Prescripción. Excepción. Invocación. Contestación de demanda.* En el proceso laboral de la Capital Federal, la excepción de prescripción debe interponerse al contestar la demanda, con exclusión de la etapa conciliatoria (CNTrab, Sala I, 15/4/75, *TSS*, 1975-623).

2. *Prescripción. Invocación. Oportunidad.* La primera presentación que menciona el art. 3962 del Cód. Civil no se refiere a la que efectúe el demandado antes de vencido el plazo para contestar la acción, porque sería entonces disminuir el plazo legal por la sola presentación de un escrito anterior en el tiempo a la respuesta de la demanda (SCBA, 25/11/95, *TSS*, 1996-89).

3. *Prescripción. Primera presentación en juicio.* La disposición del art. 3962 del Cód. Civil en cuanto establece que la prescripción debe oponerse *"al contestar la demanda o en la primera presentación en juicio..."*, deja abierta la posibilidad para que si no se contesta la acción, se pueda efectuar en la primera presentación. Pero no corresponde negar el derecho a deducir

---

[8] DE LA FUENTE, en VAZQUEZ VIALARD (dir.), "Tratado", t. 5, p. 678; CENTENO, *La prescripción en el derecho del trabajo*, *LT*, XXII-385.

[9] CENTENO, *La prescripción en el derecho del trabajo*, *LT*, XXII-385; DE LA FUENTE, en VAZQUEZ VIALARD (dir.), "Tratado", t. 5, p. 678; FERNÁNDEZ GIANOTTI, *Oportunidad para oponer la prescripción*, *DT*, 1974-781; GARCÍA MARTÍNEZ, *La prescripción en materia laboral*, *LT*, XVI-901.

la cuestión tempestivamente, cuando ésta se plantea al contestar la demanda (CNTrab, Sala III, 28/5/99, *DT*, 1999-B-1813).

§ 6. **Interpretación restrictiva.** – La prescripción debe interpretarse y aplicarse restrictivamente, de tal modo que en caso de duda u omisión debe preferirse la solución que conduzca a la conservación del derecho y, en consecuencia, al cumplimiento efectivo de las obligaciones contraídas y no a su pérdida por la vía de la prescripción[10].

Jurisprudencia

1. *Prescripción. Interpretación restrictiva.* La interpretación de la prescripción debe ser restrictiva en el sentido de que en caso de duda ha de estarse por la solución más favorable a la subsistencia de la acción (CNTrab, Sala IV, 31/7/72, *DT*, 1973-139).

2. *Prescripción. Actos interruptivos o suspensivos. Interpretación.* a) En materia laboral los actos interruptivos o suspensivos de la prescripción deben interpretarse con criterio amplio, decidiéndose en caso de duda por la solución más favorable a la subsistencia del derecho del trabajador (art. 9º, LCT) (CNTrab, Sala II, 26/3/87, *LT*, XXXV-958, nº 58).

b) Los actos interruptivos o suspensivos de la prescripción, en materia laboral, deben interpretarse con criterio amplio, decidiéndose en caso de duda por la solución más favorable a la subsistencia del derecho del trabajador (CNTrab, Sala III, 30/4/99, *DT*, 2000-A-608).

3. *Imposibilidad del trabajador de ejercer la acción. Aplicación del artículo 3980 del Código Civil.* Cuando un trabajador se halla imposibilitado de ejercer una acción contra su empleador por actitudes de éste que constituyen un impedimento para el ejercicio regular de los derechos de aquél, no corresponde considerar a los efectos de la prescripción liberatoria el plazo en que existió dicho impedimento, pues ello consagraría una evidente inequidad al permitir al empleador sustraerse por su propia voluntad al cumplimiento de sus obligaciones laborales (CNTrab, Sala III, 26/8/99, *DT*, 2001-A-315).

§ 7. **Comienzo del curso de la prescripción.** – El plazo de prescripción comienza a correr desde que el crédito es exigible[11].

---

[10] Centeno, *La prescripción en el derecho del trabajo*, *LT*, XXII-385; De la Fuente, en Vazquez Vialard (dir.), "Tratado", t. 5, p. 680.

[11] De la Fuente, en Vazquez Vialard (dir.), "Tratado", t. 5, p. 683; Fernández Madrid, *Tratado práctico*, t. II, p. 1357; Moreno, *La prescripción en el derecho del trabajo*, *LT*, XXXII-9.

§ 8. **Reclamos por diferencias salariales.** – Cuando el acto jurídico no está destinado a producir uno o varios efectos en un mismo momento, sino que es un acto creador de obligaciones de tracto sucesivo, que se proyectan en el tiempo, debe determinarse cuáles de estas obligaciones quedan comprendidas en el lapso de prescripción del art. 256 de la LCT. Así los reclamos por diferencias de salarios pueden haberse originado en un período prescripto, pero lo no alcanzado por la prescripción pueden ser las diferencias que se proyectan sobre las remuneraciones actuales[12].

JURISPRUDENCIA

1. *Obligaciones de tracto sucesivo.* Si el acto jurídico no está destinado a producir uno o varios efectos verificables en un mismo momento, sino que es un acto creador de obligaciones de tracto sucesivo, que se proyectan en el tiempo, es preciso determinar cuáles de estas obligaciones quedan comprendidas en el lapso prescripcional del art. 256 de la LCT (CNTrab, Sala IV, 31/8/82, *DT*, 1983-267).

2. *Comienzo del curso. Obligaciones de tracto sucesivo.* Si el actor presentó dos notas a la demandada por las cuales rechazaba el cambio de categoría, cada una de ellas tiene efectos suspensivos, ya que en las obligaciones de tracto sucesivo cada período comienza a prescribir desde su exigibilidad, con independencia de los demás períodos y de la fecha inicial de la secuencia (CNTrab, Sala III, 29/2/84, *DT*, 1984-A-776).

§ 9. **Suspensión de la prescripción.** – La suspensión impide que continúe el término de prescripción, pero no borra el tiempo ya transcurrido, de modo que si cesa la causa de suspensión, la prescripción se reanuda inmediatamente y el nuevo plazo se une al anterior (art. 3983, Cód. Civil); en cambio, la interrupción inutiliza el lapso transcurrido hasta ese momento, por lo cual, acaecido el hecho interruptivo, se requerirá el transcurso de un nuevo período completo de prescripción, sin que sea posible acumular el tiempo anterior (art. 3998, Cód. Civil)[13].

El párr. 2º del art. 3986 del Cód. Civil dice así: *"La prescripción liberatoria se suspende, por una sola vez, por la constitución en mora del deudor, efectuada en forma auténtica. Esta suspensión sólo tendrá efecto durante un año o el menor término que pudiere corresponder a la prescripción de la acción"*.

---

[12] FERNÁNDEZ MADRID, *Tratado práctico*, t. II, p. 1360.
[13] DE LA FUENTE, en VAZQUEZ VIALARD (dir.), "Tratado", t. 5, p. 684.

Para que opere la suspensión debe mediar, por consiguiente, una interpelación, un requerimiento de pago, como excepción a aquel otro principio general de que la mora se produce por el mero vencimiento del plazo de la obligación[14].

En cuanto a la "forma auténtica" requerida para que la suspensión sea eficaz, debe considerarse tal la que aleje toda duda sobre su veracidad y fecha, como por ejemplo, el acta notarial, el telegrama colacionado, la carta documento, etcétera. No basta la interpelación verbal por más que se presente una prueba testimonial digna de crédito[15].

JURISPRUDENCIA

1. *Instrumento inidóneo.* Un instrumento en el que los trabajadores mencionan, entre otros temas, indebida supresión de un rubro sin exigir su pago no suspende el curso de la prescripción liberatoria (CNTrab, Sala V, 18/6/93, *DT*, 1993-B-1247).

2. *Forma auténtica. Notificación telegráfica.* La notificación telegráfica cursada por el trabajador constituye una forma auténtica de interpelación en los términos que exige el art. 3986 del Cód. Civil y, como tal, es eficaz para suspender el cómputo de la prescripción (SCBA, 29/9/87, *TSS*, 1988-610).

3. *Reclamo por nota. Interpelación.* Si el actor entabló reclamo ante su empleadora por nota, la que diera lugar a la formación de un expediente, no se le puede dar al mismo el carácter de reclamo ante la autoridad administrativa del trabajo, pero sí vale como interpelación formal y auténtica que reviste efecto suspensivo por un año de las prescripciones en curso o que fueren comenzando a correr a partir de esa presentación y hasta un año de ésta (CNTrab, Sala V, 22/2/80, *DT*, 1980-480).

4. *Suspensión. Cómputo del plazo.* La suspensión del plazo de prescripción inutiliza solamente el tiempo que ella ha durado, pero aprovecha no sólo el posterior a la cesación de la suspensión sino también el anterior a ésta (art. 3983, Cód. Civil) (CNTrab, Sala X, 11/10/02, *DT*, 2003-A-246).

§ 10. **Entrega del certificado de trabajo y de la certificación de servicios, remuneraciones y aportes.** – Según este art. 256, la obligación del empleador de entregar el certificado de trabajo, a los efectos laborales, prescribe a los dos años.

Pero la obligación del empleador de entregar al trabajador la certificación de servicios, remuneraciones y aportes, a los

---

[14] CENTENO, *La prescripción en el derecho del trabajo*, LT, XXII-385.

[15] CENTENO, *La prescripción en el derecho del trabajo*, LT, XXII-385; FERNÁNDEZ MADRID, *Tratado práctico*, t. II, p. 1365.

47. Etala, *Contrato.*

efectos previsionales, previsto por el art. 12, inc. *g*, de la ley 24.241, prescribe a los diez años (art. 16, ley 14.236; art. 191, inc. *a*, ley 24.241, y art. 4019, Cód. Civil).

El curso de la prescripción, en ambos casos, comienza a correr vencido el plazo de treinta días corridos que el art. 3º del decr. 146/01 fija para hacer entrega por el empleador de los certificados al trabajador, después de extinguido por cualquier causa, el contrato de trabajo.

En otra postura doctrinal y jurisprudencial, como las prestaciones previsionales son imprescriptibles (art. 14, inc. *e*, ley 24.241; art. 82, ley 18.037, t.o. 1976), se considera también imprescriptible la obligación del empleador de entregar la certificación a esos efectos[16].

Jurisprudencia

    1. ***Certificación de aportes previsionales.*** La obligación del empleador de entregar el certificado de aportes previsionales no es de naturaleza contractual sino previsional, por lo que no se encuentra comprendida en lo dispuesto por el art. 256 de la LCT, respecto de la prescripción (CNTrab, Sala III, 16/12/86, *DT*, 1987-B-1058).

Art. 257. [Interrupción por actuaciones administrativas] – **Sin perjuicio de la aplicabilidad de las normas del Código Civil, la reclamación ante la autoridad administrativa del trabajo interrumpirá el curso de la prescripción durante el trámite, pero en ningún caso por un lapso mayor de seis meses.**

Concordancias: Cód. Civil, arts. 3980, 3986, 3987 y 3989.

§ 1. **Las normas del Código Civil.** – Las normas del Código Civil que se refieren a la interrupción de la prescripción son básicamente los arts. 3986, 3987 y 3989.

    a) ***Por demanda.*** El párr. 1º del art. 3986 del Cód. Civil expresa: "*La prescripción se interrumpe por demanda contra el poseedor o deudor, aunque sea interpuesta ante juez incompetente o fuere defectuosa y aunque el demandante no haya tenido capacidad legal para presentarse en juicio*".

---

[16] Fernández Madrid, *Tratado práctico*, t. II, p. 1360 y jurisprudencia allí citada.

Se ha de entender por *demanda* no sólo el acto procesal con que se pone en ejercicio la pretensión, sino todos aquellos actos que traducen la voluntad del sujeto de actuar el derecho que le está conferido. Se comprenden así las medidas cautelares u otras preparatorias y previas al ejercicio de la acción, mientras no se trate de meros actos extrajudiciales. El solo otorgamiento de la carta poder, para que mediante el ejercicio del apoderamiento respectivo se accione, no configura un acto interruptivo[1].

El art. 3987 del Cód. Civil dispone: *"La interrupción de la prescripción, causada por la demanda, se tendrá por no sucedida, si el demandante desiste de ella, o si ha tenido lugar la deserción de la instancia, según las disposiciones del Código de Procedimientos"*.

El rechazo de la recepción de la demanda por incumplimiento de exigencias formales (p.ej., las del art. 67 de la ley 18.345, para la Capital Federal) no puede asimilarse ni identificarse con el desistimiento que requiere voluntad expresa de la parte, de modo que no corresponde, en estos supuestos, la aplicación del art. 3987 del Cód. Civil[2].

JURISPRUDENCIA

1. *Litisconsorcio activo.* En el caso de un litisconsorcio activo en el que no se altera la individualidad de las respectivas acciones, la interrupción de la prescripción sucedida para alguno de los actores no puede beneficiar a quienes no actuaron oportunamente en defensa de su derecho (SCBA, 26/2/85, *TSS*, 1985-953).

2. *Demanda defectuosa. Defecto en la persona demandada.* El defecto en la demanda al que se refiere el art. 3986 del Cód. Civil no puede estar en la persona demandada, pues en ese caso la demanda interpuesta contra cualquier persona interrumpiría la prescripción respecto de cualquier otra, lo que no resulta admisible ni lógica ni jurídicamente y se contradice con la télesis de dicha norma (CNTrab, Sala III, 23/4/97, *TSS*, 1997-522).

b) *Por reconocimiento del derecho.* La prescripción se interrumpe cuando el deudor reconoce el derecho de su acreedor. Así lo dice el art. 3989 del Cód. Civil: *"La prescripción es interrumpida por el reconocimiento, expreso o tácito, que el deudor... hace del derecho de aquel contra quien prescribía"*. Según el art. 720 del mismo Código: *"El reconocimiento puede hacerse por actos entre vivos o por disposición de última voluntad, por*

---

[1] CENTENO, *La prescripción en el derecho del trabajo*, LT, XXII-385.
[2] DE LA FUENTE, en VAZQUEZ VIALARD (dir.), "Tratado", t. 5, p. 688.

instrumentos públicos o por instrumentos privados, y puede ser expreso o tácito". El art. 721 agrega: *"El reconocimiento tácito resultará de pagos hechos por el deudor"*. En caso de reconocimiento tácito mediante pagos parciales que interrumpen la prescripción, el nuevo curso de la prescripción comienza a correr desde el día en que se hizo ese pago parcial[3].

§ 2. **Interrupción por reclamación administrativa.** – El artículo prevé el caso de la interrupción por reclamo administrativo, quedando los restantes regidos por el derecho común. Se asignan efectos interruptivos a la reclamación hecha ante la autoridad administrativa del trabajo, pero en ningún caso por más de seis meses de su iniciación. Vencido el plazo de seis meses, esta fecha constituirá el *dies a quo* a partir del cual se debe computar nuevamente el plazo íntegro de prescripción. No cabe distinguir entre el reclamo administrativo que viene impuesto como exigencia previa a la instancia judicial y el que voluntariamente formula el trabajador[4].

La ley 24.635, de 1996, que creó el Servicio de Conciliación Laboral Obligatoria (SECLO), prevé, en su art. 7°, que la demanda de conciliación formalizada ante dicho organismo "suspenderá el curso de la prescripción por el término que establece el art. 257 de la ley de contrato de trabajo".

Jurisprudencia

1. ***Denuncia sindical ante autoridad policial.*** La reclamación ante autoridad administrativa a que hace referencia el art. 257 de la LCT es la efectivizada por el propio trabajador tendiente a la satisfacción de derechos individuales emergentes del contrato de trabajo, sin que una denuncia formulada por representantes sindicales ante la autoridad policial peticionando la sanción de supuestos hechos realizados por el empleador, pueda sustituirla o identificarse con dicha figura (CNTrab, Sala VIII, 16/5/00, *DT*, 2000-B-1814).

2. ***Cómputo del plazo.*** Conforme la directriz expresa del art. 257 de la LCT, el reclamo administrativo interrumpe el curso de la prescripción durante el trámite por un lapso no mayor de seis meses; vale decir que el plazo de dos años que contempla dicha normativa comienza nuevamente a ser computado desde la finalización del trámite o desde el cumplimiento de los seis meses de su iniciación, si concluyó con posterioridad (CNTrab, Sala X, 22/11/99, *DT*, 2000-B-1826).

---

[3] Centeno, *La prescripción en el derecho del trabajo*, *LT*, XXII-406; García Martínez, *La prescripción en materia laboral*, *LT*, XVI-904.

[4] Fernández Madrid, *Tratado práctico*, t. II, p. 1361.

§ 3. La reclamación administrativa como interpelación auténtica. – La reclamación administrativa interrumpe la prescripción, pero además constituye una interpelación "en forma auténtica" si ha sido notificada al deudor, por lo que en este caso también producirá el efecto de suspender la prescripción durante un año (art. 3986, Cód. Civil)[5]. Ante esta situación el trabajador puede elegir el régimen más favorable, o sea que, según las circunstancias, podrá invocar los efectos suspensivos o interruptivos de la reclamación administrativa[6].

JURISPRUDENCIA

1. *Prescripción. Interrupción. Plazo. Reclamos administrativos.* Los reclamos administrativos sólo tienen aptitud interruptiva de la prescripción por el lapso de seis meses (CNTrab, Sala V, 14/2/86, *TSS*, 1986-264).

Art. 258. [ACCIDENTES Y ENFERMEDADES PROFESIONALES] – **Las acciones provenientes de la responsabilidad por accidente de trabajo y enfermedades profesionales prescribirán a los dos años, a contar desde la determinación de la incapacidad o el fallecimiento de la víctima.**

CONCORDANCIAS: LRT, art. 44.

§ 1. Prescripción de las acciones derivadas de accidentes del trabajo y enfermedades profesionales. – Derogado el sistema de reparación de los accidentes de trabajo y enfermedades profesionales fundado en la responsabilidad contractual del empleador, con la vigencia de la LRT (ley 24.557), rige un sistema de cobertura propio de la seguridad social. Las acciones derivadas de la LRT prescriben a los dos años a contar de la fecha en que la prestación debió ser abonada o prestada y, en todo caso, a los dos años desde el cese de la relación laboral (art. 44, párr. 1°).

En cambio, prescriben a los diez años, a contar desde la fecha en que debió efectuarse el pago, las acciones de los entes gestores y de los de regulación y supervisión de la LRT, para reclamar el pago de sus acreencias (art. 44, párr. 2°).

---

[5] CENTENO, *La prescripción en el derecho del trabajo*, LT, XXII-401; GOYENA, *La prescripción de las acciones relativas a los créditos laborales*, LT, XVI-514.

[6] DE LA FUENTE, en VAZQUEZ VIALARD (dir.), "Tratado", t. 5, p. 689.

Art. 259. [Caducidad] – No hay otros modos de caducidad que los que resultan de esta ley.

Concordancias: LCT, arts. 67, 135, 186, 200 y 269; LE, art. 11; decr. 2725/91, art. 3°.

§ 1. **Noción de caducidad.** – La caducidad es una institución nacida de modernas concepciones jurídicas, siendo su noción aún imprecisa[1].

La caducidad tiene de común con la prescripción que el derecho o potestad de que se trate se pierde por el transcurso del tiempo. Sin embargo, se han señalado entre prescripción y caducidad las siguientes diferencias: *a*) la caducidad extingue el derecho, mientras que la prescripción no, pues el mismo subsiste como obligación natural; *b*) la prescripción afecta toda clase de derechos, pues es una institución general, y para que ella no funcione, es menester una norma expresa en tal sentido, en tanto que la caducidad, por no ser general, sólo afecta ciertos derechos, que nacen con una vida limitada en el tiempo; *c*) la prescripción puede verse suspendida o interrumpida en su curso, no así la caducidad; *d*) los plazos de la prescripción son habitualmente prolongados, mientras que los de caducidad son comúnmente muy reducidos, y *e*) la caducidad, a diferencia de la prescripción, puede ser pronunciada de oficio[2].

§ 2. **Modos de caducidad.** – El principio sentado por el artículo comentado es que no existen otros casos de caducidad que los previstos expresamente en la ley, lo que excluye absolutamente que este medio extintivo pueda ser establecido por acto jurídico unilateral o bilateral.

§ 3. **Casos de caducidad previstos por la ley.** – Las normas que rigen la relación individual de trabajo prevén distintos casos en que se admiten plazos de caducidad. Los principales son los siguientes:

a) El art. 67 de la LCT fija un plazo de treinta días para impugnar las medidas disciplinarias aplicadas al trabajador.

b) El art. 135 establece un plazo de noventa días para que el empleador promueva la acción de responsabilidad por los

---

[1] Meilij, *Contrato de trabajo*, t. II, p. 569.

[2] CNCiv, Sala A, 10/5/68, "Provincia de Buenos Aires c/Sociedades Bemberg", *ED*, 22-426.

daños graves e intencionales que el trabajador hubiera causado en bienes de su propiedad.

c) El art. 186 determina que si la mujer trabajadora no se reintegrara a su empleo luego de vencidos los plazos de licencia por maternidad y no comunicara a su empleador, dentro de las cuarenta y ocho horas anteriores a su finalización, que se acoge a los plazos de excedencia, se entiende que opta por la percepción de la compensación establecida en el art. 183, inc. *b*, párr. final, de la LCT.

d) El art. 200 establece que el empleador intimado por la autoridad de aplicación, debe adecuar ambientalmente el lugar, establecimiento o actividad, dentro del plazo razonable que a tal efecto determine. Si el empleador no cumpliera la intimación practicada dentro del plazo establecido, la autoridad de aplicación procederá a calificar la insalubridad de las tareas o condiciones ambientales del lugar de que se trate.

e) El art. 269 consagra un término de seis meses para que el trabajador promueva embargo para hacer efectivo su privilegio sobre las maquinarias, muebles u otros enseres que hubiesen sido retirados del establecimiento, aunque el poseedor sea de buena fe.

f) El art. 11 de la LE, en su reglamentación por el art. 3°, ap. 1°, del decr. 2725/91, determina que la intimación a la regularización laboral debe cursarse estando en vigencia la relación contractual.

Art. 260. [Pago insuficiente] – El pago insuficiente de obligaciones originadas en las relaciones laborales efectuado por un empleador será considerado como entrega a cuenta del total adeudado, aunque se reciba sin reservas y quedará expedita al trabajador la acción para reclamar el pago de la diferencia que correspondiere, por todo el tiempo de la prescripción.

Concordancias: LCT, arts. 13, 58 y 103.

§ 1. **Principios.** – La norma contenida en el artículo es una manifestación del principio protectorio que es uno de los principios generales del derecho del trabajo (ver art. 11).

El texto del presente artículo no constituye una derogación del principio contenido en el art. 742 del Cód. Civil, dado

Art. 260

que el trabajador no está obligado a recibir pagos parciales. El pago laboral, para tener efectos liberatorios, debe ser completo, de modo tal que el que sea insuficiente "será considerado como entrega a cuenta del total adeudado", pudiendo el trabajador efectuar el reclamo de su crédito por todo el plazo legalmente previsto de prescripción.

La recepción de un pago parcial que le hubiera ofrecido el empleador, exigida por sus necesidades de subsistencia, no implica renuncia alguna (art. 58, LCT), ni perjudicará los derechos del trabajador, quien conservará plenamente su acción por el saldo del crédito que podrá reclamar mientras no se haya extinguido por prescripción.

§ 2. **Recepción sin reservas.** – Para conservar su derecho, la ley exime al trabajador de efectuar reserva alguna al momento de recibir el pago parcial, bastando que la diferencia corresponda legalmente.

JURISPRUDENCIA

1. *Pago parcial. Rechazo.* El trabajador no está obligado a aceptar el pago parcial de la obligación laboral, pues el art. 260 de la LCT no ha modificado el principio general del art. 742 del Cód. Civil (CNTrab, Sala VII, 27/4/84, *LT*, XXXIII-131).

2. *Rebaja salarial. Reclamo de diferencias. a)* No puede admitirse que si el actor no dispuso en su momento la disolución del vínculo, y cobró su salario reducido por el lapso de dos años, se encuentra inhabilitado para reclamar las diferencias salariales a las que se considera con derecho en los términos del art. 260 de la LCT. Ello es así, pues si bien de las constancias de la causa surge que la empresa experimentó una merma de las utilidades, lo cierto es que la demandada no acreditó haber concertado un acuerdo salarial con el actor, y por ende, no podía alterar unilateralmente la contraprestación –salario–, máxime cuando las restantes modalidades del contrato de trabajo se encontraban inalteradas (CNTrab, Sala III, 30/6/97, *DT*, 1998-A-1262).

b) Si la empleadora, sin causa justificada, produjo una rebaja en el salario de los trabajadores afectándose de tal forma el principio de intangibilidad de las remuneraciones, los dependientes se encuentran facultados para disolver el vínculo laboral, pero nada impide que opten por continuar su desempeño y reclamen posteriormente el monto salarial pagado en menos, puesto que sostener lo contrario implicaría barrer con los principios de irrenunciabilidad de derechos, de continuidad del contrato y con todo el significado de lo que se denomina orden público laboral, a la vez que convertiría en letra muerta la disposición imperativa y tutelar del art. 260 de la LCT (CNTrab, Sala X, 31/3/00, *DT*, 2000-B-1828).

3. *Silencio ante rebaja salarial.* Resulta irrelevante que el trabajador no hubiera cuestionado la rebaja de sus remuneraciones, puesto que su silencio no puede ser valorado como renuncia a derechos conferidos por la ley en el marco del contrato celebrado por las partes, y en virtud de lo dispuesto por el art. 260 de la LCT se encuentra facultado a reclamar las diferencias salariales a las que se considera asistido de derecho (arts. 58, 259, 1º, 12 y concs., LCT), máxime cuando el trabajador fue despedido sin causa, lo que permite inferir que la conducta del empleador tuvo en miras no sólo pagar un salario menor durante la vigencia del contrato, sino también disminuir el costo de un futuro despido (CNTrab, Sala III, 27/10/99, *DT*, 2000-B-1427).

4. *Supresión de adicional remuneratorio. Inexistencia de acuerdo expreso.* Si no medió acuerdo expreso con el personal para suprimir o compensar el *adicional por almuerzo*, cabe concluir que su supresión constituye un acto unilateral, ineficaz como novación *in peius*, que los trabajadores no están obligados a cuestionar formalmente y su silencio no puede ser entendido como confirmación de aquél, habida cuenta de su radical impotencia para alterar la fisonomía del contrato, ni modificar el carácter de pagos *a cuenta* de los que la empleadora abonó insuficientemente (art. 260, LCT) (CNTrab, Sala VIII, 7/4/00, *DT*, 2001-A-646).

Título XIV

DE LOS PRIVILEGIOS

Capítulo I

DE LA PREFERENCIA DE LOS CRÉDITOS LABORALES

Art. 261. [Alcance] – El trabajador tendrá derecho a ser pagado, con preferencia a otros acreedores del empleador, por los créditos que resulten del contrato del trabajo, conforme a lo que se dispone en el presente título.

Concordancias: LCT, arts. 262, 263 y 268 a 274; Cód. Civil, arts. 3875 y 3876.

§ 1. **Concepto de privilegio.** – Los privilegios no son derechos reales ni personales, sino una *cualidad* de ciertos créditos que no se opone al deudor, sino a los demás acreedores, y por la cual se puede desplazar en forma no excluyente a otros, cobrando cuantitativa y proporcionalmente más[1]. El privilegio es el derecho que opone el acreedor al resto de los acreedores para cobrar con prelación cuando el activo es insuficiente. Es la cualidad de una acreencia, de causa-fuente necesariamente legal (art. 3876, Cód. Civil), dada a un acreedor para ser pagado con preferencia a otro (art. 3875, Cód. Civil)[2].

Las cuestiones sobre privilegios se plantean siempre entre acreedores de un mismo sujeto de forma de resolver la prefe-

---

[1] Kemelmajer de Carlucci, en Vazquez Vialard (dir.), "Tratado", t. 5, p. 618.
[2] Maza - Lorente, *Créditos laborales en los concursos*, p. 177.

rencia con que deben ser pagados, medie o no concurso del deudor[3].

§ 2. Irrenunciabilidad de los privilegios. – El régimen de los privilegios laborales, en tanto integra las normas de orden público laboral, resulta irrenunciable para el trabajador (arts. 12 y 58, LCT).

El art. 43, párr. 5°, de la LCQ admite la renunciabilidad de los privilegios laborales, contrariamente a lo que disponía el derogado art. 264 de la LCT, que establecía que los privilegios laborales eran irrenunciables, mediara o no concurso.

Sin embargo, debe considerarse que las disposiciones de los arts. 268 a 274 de la LCT mantienen vigencia para el supuesto de concurrencia de acreedores en la ejecución individual, mientras el ordenamiento de privilegios laborales establecido por la LCQ rige en el caso de ejecución colectiva (quiebra)[4].

§ 3. Manifestación del principio protectorio. – La concesión de privilegios a los créditos provenientes de la relación de trabajo constituye una de las formas de efectivizar el principio protectorio del derecho del trabajo[5].

§ 4. Interpretación restrictiva. – Siendo los privilegios una excepción a la regla de la *par condicio creditorum*, toda disposición que les dé origen es de interpretación restrictiva[6].

Art. 262. [CAUSAHABIENTES] – **Los privilegios de los créditos laborales se transmiten a los sucesores del trabajador.**

CONCORDANCIAS: LCT, arts. 148 y 248; Cód. Civil, art. 3877.

§ 1. Sucesores del trabajador. – El artículo es concordante con el art. 3877 del Cód. Civil, que dice: *"Los privilegios se transmiten como accesorios de los créditos a los cesionarios y sucesores de los acreedores, quienes pueden ejercerlos como los mismos cedentes".* El artículo comentado no menciona a los *cedentes* –como lo hace la ley civil– por cuanto los créditos labo-

---

[3] LÓPEZ - CENTENO - FERNÁNDEZ MADRID, *Ley de contrato de trabajo*, t. II, p. 1346.
[4] MAZA - LORENTE, *Créditos laborales en los concursos*, p. 178 y 179.
[5] LÓPEZ - CENTENO - FERNÁNDEZ MADRID, *Ley de contrato de trabajo*, t. II, p. 1346.
[6] KEMELMAJER DE CARLUCCI, en VAZQUEZ VIALARD (dir.), "Tratado", t. 5, p. 622.

rales no pueden ser cedidos ni afectados a terceros por derecho o título alguno (art. 148, LCT). Por la misma razón cuando el artículo comentado se refiere a los *sucesores* debe entenderse los sucesores a título universal y no a título singular.

§ 2. **Conviviente del trabajador.** – Los privilegios amparan no sólo al trabajador y a sus sucesores *mortis causa*, sino a otros beneficiarios de ciertos créditos laborales que los reciben por derecho propio, aun cuando no tengan vínculos legales con el trabajador, como el crédito de la mujer unida al dependiente en aparente matrimonio en el caso del art. 248 de la LCT[1].

§ 3. **Pago con subrogación.** – Cuando el Estado adelanta fondos para pagar a los trabajadores, se subroga en todos los derechos de éstos, incluso sus preferencias, puesto que los privilegios no se otorgan en razón de la persona del acreedor sino por la naturaleza del crédito[2].

Art. 263. [Acuerdos conciliatorios o liberatorios] Los privilegios no pueden resultar sino de la ley. En los acuerdos transaccionales, conciliatorios o liberatorios que se celebren, podrá imputarse todo o parte del crédito reconocido a uno o varios rubros incluidos en aquellos acuerdos, si correspondieran más de uno, de modo de garantizar el ejercicio de los derechos reconocidos en este título, si se diera el caso de concurrencia de acreedores.

Los acuerdos que no contuviesen tal requisito podrán ser declarados nulos a instancia del trabajador, dado el caso de concurrencia de acreedores sobre bienes del empleador, sea con carácter general o particular.

Concordancias: LCT, art. 15; Cód. Civil, art. 3876.

§ 1. **Fuente legal de los privilegios.** – El artículo reitera para los privilegios laborales un principio que se encuentra sentado en el art. 3876 del Cód. Civil, que expresa: *"El privile-*

---

[1] López - Centeno - Fernández Madrid, *Ley de contrato de trabajo*, t. II, p. 1349.
[2] Kemelmajer de Carlucci, en Vazquez Vialard (dir.), "Tratado", t. 5, p. 619.

gio no puede resultar, sino de una disposición de la ley. El deudor no puede crear privilegio a favor de ninguno de los acreedores". Este carácter diferencia precisamente el privilegio de los derechos reales de garantía que emergen de una convención a la cual la ley le concede efectos reales[1].

El deudor no puede convenir con uno de sus acreedores que el crédito de este último será, sin más, privilegiado. Pero el deudor puede favorecerlo recurriendo a cualquier mecanismo legal del cual la ley haga surgir un privilegio; por ejemplo, garantizando el crédito con una hipoteca o una prenda[2].

§ 2. Imputación a rubros en acuerdos conciliatorios.

El artículo impone a las partes (el artículo debió haber dicho *deberán* y no *podrán*) imputar a cada *rubro* (pretensión) la parte que corresponde del crédito reconocido al trabajador garantizando así el ejercicio del derecho de preferencia, si se diera el caso de concurrencia de acreedores. El reconocimiento de una sola y única cantidad que involucrara todos los créditos provenientes de las acciones intentadas impediría discernir el privilegio que corresponde a cada crédito en particular, pues no todos tienen la misma calidad[3].

En la medida en que por la vía de la imputación a rubros se pretendiera establecer un grado de privilegio respecto de una acreencia que no la tuviera por disposición legal, el acuerdo no sería oponible a los acreedores[4].

Los acuerdos conciliatorios –en teoría– no deberían dar lugar a cuestiones vinculadas a los privilegios, puesto que el art. 15 de la LCT requiere que ellos se realicen con intervención de la autoridad judicial o administrativa y que medie resolución de éstas de que en virtud del acto se ha alcanzado "una justa composición de los derechos e intereses de las partes", por lo cual corresponde a la autoridad vigilar que se cumpla acabadamente con lo dispuesto en el art. 263 de la LCT[5].

§ 3. Nulidad de los acuerdos.

Los acuerdos que no contuvieran los requisitos exigidos por el artículo (la imputación del importe a cada uno de los rubros), podrán ser declarados nulos a instancia del trabajador, lo que no excluye que la nuli-

---

[1] KEMELMAJER DE CARLUCCI, en VAZQUEZ VIALARD (dir.), "Tratado", t. 5, p. 617.
[2] TONÓN, *Derecho concursal*, p. 31, nota 21.
[3] LÓPEZ - CENTENO - FERNÁNDEZ MADRID, *Ley de contrato de trabajo*, t. II, p. 1350.
[4] VAZQUEZ VIALARD, *Derecho del trabajo y de la seguridad social*, t. 1, p. 354.
[5] KEMELMAJER DE CARLUCCI, en VAZQUEZ VIALARD (dir.), "Tratado", t. 5, p. 621.

dad pueda (y deba) también ser declarada de oficio por los jueces o alegada por el Ministerio Público (art. 12, LCT; art. 1047, Cód. Civil). La consecuencia de esta declaración de nulidad no puede ser otra que la de reponer la situación al estado en que se encontraba antes del acto, quedando privado de los efectos propios de la cosa juzgada que resulta del art. 15 de la ley de contrato de trabajo[6].

Art. 264. [Derogado por ley 24.522, art. 293]

Art. 265. [Derogado por ley 24.522, art. 293]

Art. 266. [Derogado por ley 24.522, art. 293]

Art. 267. [CONTINUACIÓN DE LA EMPRESA] – Cuando por las leyes concursales o actos de poder público se autorizase la continuación de la empresa, aun después de la declaración de la quiebra o concurso, las remuneraciones del trabajador y las indemnizaciones que le correspondan en razón de la antigüedad, u omisión de preaviso debidas en virtud de servicios prestados después de la fecha de aquella resolución judicial o del poder público, se considerarán gastos de justicia. Estos créditos no requieren verificación ni ingresan al concurso, debiendo abonarse en los plazos previstos en los arts. 126 y 128 de esta ley, y con iguales garantías que las conferidas a los créditos por salarios y otras remuneraciones.

CONCORDANCIAS: LCT, arts. 126 a 128, 233, 245 y 247; ley 24.522, arts. 16, 21, inc. 5, 125, 196, 200, 241, inc. 2, y 246, inc. 1.

§ 1. **Suspensión del contrato.** – Según la LCQ, la quiebra no produce la disolución del contrato de trabajo, sino su suspensión de pleno derecho por el término de sesenta días corridos. Vencido ese plazo sin que se hubiera decidido la con-

---

[6] LÓPEZ - CENTENO - FERNÁNDEZ MADRID, *Ley de contrato de trabajo*, t. II, p. 1350.

tinuación de la empresa, el contrato queda disuelto a la fecha de declaración en quiebra (art. 196). Si se resolviere la continuación de la empresa, el síndico debe decidir, dentro de los diez días corridos a partir de la resolución respectiva, qué dependientes deben cesar definitivamente ante la reorganización de las tareas. Los sueldos, jornales y demás retribuciones que se devengaren después de decidida la continuación de la empresa deben ser pagados por el concurso dentro de los plazos legales; éstos son los que fija el art. 128 de la LCT (art. 198).

§ 2. **Gastos de conservación y de justicia.** – La LCQ designa como *gastos de conservación* y *de justicia*, los créditos causados en la conservación, administración y liquidación de los bienes del concursado y en el trámite del concurso, los que son pagados con preferencia a los créditos contra el deudor, salvo que éstos tengan privilegio especial (art. 240, párr. 1°). Ésta es la situación de los salarios e indemnizaciones de los trabajadores que continúan después de resuelta la continuación de la empresa, que se consideran *gastos del juicio* (art. 198). Para el cobro de sus acreencias los dependientes no deben realizar verificación alguna. Se trata de una situación asimilable a la de una relación normal de trabajo[1].

Capítulo II

DE LAS CLASES DE PRIVILEGIOS

Art. 268. [Privilegios especiales] – Los créditos por remuneraciones debidos al trabajador por seis meses y los provenientes de indemnizaciones por accidente de trabajo, antigüedad o despido, falta de preaviso y fondo de desempleo, gozan de privilegio especial sobre las mercaderías, materias primas y maquinarias que integren el establecimiento donde haya prestado sus servicios, o que sirvan para la explotación de que aquél forma parte.

El mismo privilegio recae sobre el precio del fondo de comercio, el dinero, títulos de créditos o

---

[1] Maza - Lorente, *Créditos laborales en los concursos*, p. 163 y 164.

depósitos en cuentas bancarias o de otro tipo que sean directo resultado de la explotación, salvo que hubiesen sido recibidos a nombre y por cuenta de terceros.

Las cosas introducidas en el establecimiento o explotación, o existentes en él, no estarán afectadas al privilegio, si por su naturaleza, destino, objeto del establecimiento o explotación, o por cualquier otra circunstancia, se demostrase que fuesen ajenas, salvo que estuviesen permanentemente destinadas al funcionamiento del establecimiento o explotación, exceptuadas las mercaderías dadas en consignación.

CONCORDANCIAS: LCT, arts. 103, 233, 245, 247 y 261; leyes 22.250, arts. 15 a 18, y 24.522, art. 241.

§ 1. **Concepto de privilegio especial.** – El privilegio especial es el que se asienta sobre uno o determinados bienes del deudor[1]. Los privilegios especiales enumerados en el artículo comentado surgen en razón de haberse generado el crédito con motivo de la prestación de servicios en el establecimiento del que formen parte los bienes afectados a la preferencia, o porque los mismos hayan servido para su explotación, o en el caso del art. 271 a las obras y construcciones[2].

JURISPRUDENCIA

1. *Preferencia sobre el acreedor prendario.* El crédito laboral que goza del privilegio del art. 268 de la LCT, desplaza al del acreedor prendario, excepto cuando sea por saldo de precio (SC BA, 11/4/95, *TSS*, 1995-460).

§ 2. **Ley de concursos y quiebras.** – La ley 24.522 enumera, en el inc. 2° del art. 241, los créditos laborales que tienen privilegio especial sobre el producido de los bienes que se indican; dice así: "Los créditos por remuneraciones debidas al trabajador por seis meses y los provenientes por indemnizaciones por accidentes de trabajo, antigüedad o despido, falta de preaviso y fondo de desempleo, sobre las mercaderías, materias primas y maquinarias, que, siendo de propiedad del concursado, se encuentren en el establecimiento donde haya prestado sus servicios o que sirvan para su explotación".

[1] TONÓN, *Derecho concursal*, p. 32.
[2] LÓPEZ - CENTENO - FERNÁNDEZ MADRID, *Ley de contrato de trabajo*, t. II, p. 1347.

48. Etala, *Contrato*.

§ 3. **Créditos por accidentes de trabajo.** – Después de la sanción de la LRT, las indemnizaciones derivadas de infortunios laborales deben ser satisfechas por la ART que el empleador haya contratado y no por este último, salvo las hipótesis de *autoseguro, no seguro* y dolo, casos en los que quien debe indemnizar es el propio empleador[3].

Art. 269. [BIENES EN PODER DE TERCEROS] – Si los bienes afectados al privilegio hubiesen sido retirados del establecimiento, el trabajador podrá requerir su embargo para hacer efectivo el privilegio, aunque el poseedor de ello sea de buena fe. Este derecho caducará a los seis meses de su retiro y queda limitado a las maquinarias, muebles u otros enseres que hubiesen integrado el establecimiento o explotación.

CONCORDANCIAS: LCT, art. 259.

§ 1. **Embargo sobre bienes retirados.** – El artículo otorga al trabajador el derecho a perseguir los bienes afectados al privilegio, que se encontraren en poder de terceros, y requerir su embargo con el fin de hacer efectiva la preferencia, pero limitado a las maquinarias, muebles u otros enseres que hubiesen integrado el establecimiento o explotación en donde se hubiera desempeñado el trabajador.

§ 2. **Inexigencia de mala fe.** – La norma no exige que el retiro de los bienes se haya efectuado de mala fe por el empleador, ni que el poseedor haya obrado concertadamente y de ese modo con el deudor. Según el artículo, el derecho del trabajador alcanza a los bienes en poder de un tercero de buena fe.

§ 3. **Plazo de caducidad.** – El plazo de seis meses desde el retiro, otorgado al trabajador, para pedir el embargo, es un plazo de caducidad[1].

Si el retiro de los bienes fuese fraudulentamente concertado a fin de ocultar al trabajador este hecho a los efectos del transcurso del plazo semestral de caducidad, éste comenzará a

---

[3] MAZA - LORENTE, *Créditos laborales en los concursos*, p. 183.
[1] LÓPEZ - CENTENO - FERNÁNDEZ MADRID, *Ley de contrato de trabajo*, t. II, p. 1365.

correr a partir del día del conocimiento del trabajador del retiro de los bienes[2].

§ 4. **Subrogación real.** – Antes o después de vencido el plazo para embargar los bienes retirados, el trabajador podría alegar el privilegio que le está reconocido respecto de los bienes mencionados en el artículo, sobre los importes que los sustituyan, sean por indemnización, precio o cualquier otro concepto que permita la subrogación real, según lo dispone el art. 272 de la LCT[3].

Art. 270. [PREFERENCIA] – Los créditos previstos en el art. 268 gozan de preferencia sobre cualquiera otro respecto de los mismos bienes, con excepción de los acreedores prendarios por saldo de precio, y de lo adeudado al retenedor por razón de las mismas cosas, si fueren retenidas.

CONCORDANCIAS: LCT, arts. 261 y 268.

§ 1. **Concurrencia de acreedores sobre los mismos bienes.** – El artículo establece que el privilegio otorgado por el art. 268 de la LCT goza de la preferencia sobre cualquier otro respecto de los mismos bienes. La norma exceptúa a los acreedores prendarios por el saldo de precio y a lo adeudado al retenedor por las mismas cosas si fueren retenidas.

Como no hay rango dentro de la jerarquía, si sobre un mismo asiento concurren varios acreedores con privilegio especial, todos cobran por igual, y en caso de no alcanzar para la cancelación, lo obtenido se distribuye a prorrata entre ellos y pasan a ser considerados acreedores con privilegio general por el saldo[1].

JURISPRUDENCIA

1. *Privilegio especial. Preferencia sobre el acreedor prendario.* El crédito laboral que goza del privilegio del art. 268 de la LCT, desplaza el del acreedor prendario, excepto cuando sea por saldo de precio (SCBA, 11/4/95, *TSS*, 1995-460).

2. *Preferencia del acreedor prendario.* Dentro del actual régimen concursal, y salvo el supuesto de acreencias fundadas en

---

[2] MEILIJ, *Contrato de trabajo*, t. II, p. 595.
[3] LÓPEZ - CENTENO - FERNÁNDEZ MADRID, *Ley de contrato de trabajo*, t. II, p. 1365.
[1] ESCUTI, en ALTAMIRA GIGENA (coord.), "Ley de contrato de trabajo", t. 2, p. 593.

sueldos o salarios devengados en la conservación de los bienes prendados, el conflicto de preferencias entre el acreedor prendario y los acreedores laborales sobre el producido del bien gravado debe ser resuelto a favor del primero de ellos (CNCom, Sala C, 15/9/00, *TSS*, 2001-265).

Art. 271. [Obras y construcciones. Contratistas] Gozarán de privilegio, en la extensión conferida por el art. 268 sobre el edificio, obras o construcciones, los créditos de los trabajadores ocupados en su edificación, reconstrucción o reparación.

Este privilegio operará tanto en el supuesto que el trabajador fuese contratado directamente por el propietario, como cuando el empleador fuese un contratista o subcontratista. Empero, en este último caso, el privilegio sólo será invocable cuando el propietario que ocupe al contratista encargue la ejecución de la obra con fines de lucro, o para utilizarla en una actividad que desarrolle con tal finalidad, y estará además limitado a los créditos por remuneraciones y fondo de desempleo. No se incluyen los que pudieran resultar por reajustes de remuneraciones o sus accesorios.

Concordancias: LCT, arts. 261 y 268.

§ 1. **Privilegios sobre bienes inmuebles.** – Conforme con el antecedente de la disposición comentada –el art. 3931 del Cód. Civil–, el privilegio que se otorga a los créditos que menciona el artículo sólo alcanza a los bienes inmuebles y, por lo tanto, no puede extenderse a obras constituidas por bienes o cosas muebles[1].

§ 2. **Contratistas y subcontratistas.** – El art. 3931 del Cód. Civil limitaba el privilegio a los trabajadores que hubiesen sido contratados directamente por el propietario de la obra, pero no incluía a los empleados por contratistas y subcontratistas. El artículo comentado extiende el privilegio a los trabajadores contratados por contratistas y subcontratistas, pero bajo las siguientes condiciones que la obra haya sido encargada por el propietario con una finalidad de lucro, y limitado a los crédi-

---

[1] López - Centeno - Fernández Madrid, *Ley de contrato de trabajo*, t. II, p. 1369.

tos por remuneraciones y fondo de desempleo. El fondo de desempleo a que se refiere el artículo es el del régimen de la industria de la construcción (ley 22.250).

§ 3. **Extensión del privilegio.** – El privilegio recae sobre el valor íntegro del inmueble, cualquiera que sea la medida del aporte del trabajador[2].

§ 4. **Subrogación real.** – No se da en el caso del artículo comentado la acción persecutoria del art. 269 de la LCT, pero sí podría operarse la subrogación real si ésta fuese posible, ya que el privilegio especial del art. 271 se traslada, como cualquier otro de este tipo, de los bienes sobre los que recae a los importes que los sustituyen, sea por indemnización, precio o cualquier otro concepto que permita esa forma de subrogación[3].

§ 5. **Preferencia sobre los créditos hipotecarios.** – Si la hipoteca precede en el tiempo a los trabajos prestados por los trabajadores ocupados en la edificación, reconstrucción o reparación de las obras sobre las que recae el privilegio, la hipoteca prevalece sobre los créditos laborales, en forma concordante con lo determinado por el art. 3916 del Cód. Civil. Si el crédito hipotecario es de fecha posterior, es preferido el privilegio establecido en el artículo comentado, cuando su existencia fuera conocida por el acreedor hipotecario al tiempo de constituir la hipoteca[4].

Art. 272. [SUBROGACIÓN] – El privilegio especial se traslada de pleno derecho sobre los importes que sustituyan a los bienes sobre los que recaiga, sea por indemnización, precio o cualquier otro concepto que permita la subrogación real.

En cuanto excedan de dichos importes, los créditos a que se refiere el art. 268, gozarán del privilegio general que resulta del art. 273 de esta ley, dado el caso de concurso.

CONCORDANCIAS: LCT, arts. 261, 268 y 273.

[2] LÓPEZ - CENTENO - FERNÁNDEZ MADRID, *Ley de contrato de trabajo*, t. II, p. 1371.
[3] LÓPEZ - CENTENO - FERNÁNDEZ MADRID, *Ley de contrato de trabajo*, t. II, p. 1371.
[4] LÓPEZ - CENTENO - FERNÁNDEZ MADRID, *Ley de contrato de trabajo*, t. II, p. 1372.

§ 1. Privilegio especial. – La subrogación real consiste en hacer recaer de pleno derecho el privilegio especial sobre las sumas de dinero que sustituyan a los bienes que constituían el asiento de dicho privilegio especial[1].

Para que pueda operarse la subrogación real debe poder individualizarse el dinero ingresado como contraprestación del bien. Tal identificación puede ser dificultosa por tratarse de un bien fungible. Sin embargo, ella podrá efectuarse en determinados casos, como, por ejemplo, el ingreso de un cheque en cuenta corriente[2].

§ 2. Privilegio general. – El párr. 2° del artículo determina que si se agota el asiento del privilegio o la cosa que entró en su lugar, sin cubrirse el crédito laboral, el privilegio especial, por el saldo, se convierte en general.

Art. 273. [PRIVILEGIOS GENERALES] – Los créditos por remuneraciones y subsidios familiares debidos al trabajador por seis meses y los provenientes de indemnizaciones por accidente de trabajo, por antigüedad o despido y por falta de preaviso, vacaciones y sueldo anual complementario, los importes por fondo de desempleo y cualquier otro derivado de la relación laboral, gozarán del privilegio general. Se incluyen las costas judiciales en su caso. Serán preferidos a cualquier otro crédito, salvo los alimentarios.

CONCORDANCIAS: LCT, arts. 231 a 233, 245, 247, 261, 268 y 274; ley 24.522, arts. 246 y 249.

§ 1. El privilegio general. – A diferencia del privilegio especial que se asienta sobre uno o determinados bienes del deudor, el privilegio general se asienta sobre todos los bienes de éste[1].

Los privilegios generales sólo pueden ejercitarse en caso de concurso o quiebra del empleador y de la consiguiente liquidación colectiva de su patrimonio[2].

---

[1] ESCUTI, en ALTAMIRA GIGENA (coord.), "Ley de contrato de trabajo", t. 2, p. 595.
[2] ESCUTI, en ALTAMIRA GIGENA (coord.), "Ley de contrato de trabajo", t. 2, p. 595.
[1] (Art. 273) TONÓN, *Derecho concursal*, p. 32.
[2] LÓPEZ - CENTENO - FERNÁNDEZ MADRID, *Ley de contrato de trabajo*, t. II, p. 1347; MAZA - LORENTE, *Créditos laborales en los concursos*, p. 185 y 186.

§ 2. **Ley de concursos y quiebras.** – El art. 246 de la LCQ, en su inc. 1°, enumera los créditos laborales que ostentan privilegio general; dice textualmente: "Los créditos por remuneraciones y subsidios familiares debidos al trabajador por seis meses y los provenientes por indemnizaciones de accidente de trabajo, por antigüedad o despido y por falta de preaviso, vacaciones y sueldo anual complementario, los importes por fondo de desempleo y cualquier otro derivado de la relación laboral. Se incluyen los intereses por el plazo de dos años contados a partir de la mora, y las costas judiciales en su caso".

§ 3. **Créditos por accidentes de trabajo.** – Después de la sanción de la LRT, las indemnizaciones derivadas de infortunios laborales deben ser satisfechas por las aseguradoras de riesgos del trabajo (ART) que el empleador haya contratado y no por este último, salvo las hipótesis de *autoseguro, no seguro* y dolo, casos en los que, quien debe indemnizar, es el propio empleador[3].

Art. 274. [DISPOSICIONES COMUNES] – Los privilegios no se extienden a los gastos y costas, salvo lo dispuesto en el art. 273 de esta ley. Se extienden a los intereses, pero sólo por el plazo de dos años a contar de la fecha de la mora.

CONCORDANCIAS: LCT, arts. 261, 268 y 273.

§ 1. **Gastos y costas.** – El artículo comentado dispone que los gastos y costas no gozan de privilegio, con excepción de lo establecido por el art. 273 de la LCT, según el cual el privilegio general asignado a los créditos que el artículo menciona, se extiende a las costas judiciales.

Por costas judiciales han de entenderse no sólo los honorarios de los profesionales intervinientes, sino todos aquellos gastos indispensables para el ejercicio del derecho, estando el juez facultado para desechar los superfluos o inútiles[1].

§ 2. **Intereses.** – Los intereses gozan de privilegio general o especial según la calidad del crédito al que acceden[2].

---

[3] MAZA - LORENTE, *Créditos laborales en los concursos*, p. 183.
[1] LÓPEZ - CENTENO - FERNÁNDEZ MADRID, *Ley de contrato de trabajo*, t. II, p. 1376.
[2] LÓPEZ - CENTENO - FERNÁNDEZ MADRID, *Ley de contrato de trabajo*, t. II, p. 1377.

Título XV

DISPOSICIONES COMPLEMENTARIAS

Art. 275. [Conducta maliciosa y temeraria] – Cuando se declarara maliciosa o temeraria la conducta asumida por el empleador que perdiere total o parcialmente el juicio, será condenado a pagar un interés de hasta dos veces y media el que cobren los bancos oficiales para operaciones corrientes de descuento de documentos comerciales, el que será graduado por los jueces, atendiendo a la conducta procesal asumida.

Se considerarán especialmente comprendidos en esta disposición los casos en que se evidenciaren propósitos obstruccionistas o dilatorios en reclamos por accidente de trabajo, atendiendo a las exigencias más o menos perentorias provenientes del estado de la víctima, la omisión de los auxilios indispensables en tales casos, o cuando sin fundamento, y teniendo conciencia de la propia sinrazón, se cuestionase la existencia de la relación laboral, si hiciesen valer actos cometidos en fraude del trabajador, abusando de su necesidad o inexperiencia, o se opusiesen defensas manifiestamente incompatibles o contradictorias de hecho o derecho.

Concordancias: LCT, arts. 62 y 63; ley 25.013, art. 9°.

§ 1. **Deber procesal de lealtad, probidad y buena fe.** – Las partes deben ejercer sus facultades procesales de manera compatible con la vigencia de ciertos principios éticos (regla moral) de los cuales deriva el deber de comportarse con lealtad, probidad y buena fe y la consecuente facultad que incumbe a los jueces para sancionar todo acto contrario a ese deber (art. 34, inc. 5°, ap. *d*, Cód. Proc. Civil y Com. de la Nación). Por lo demás, es deber del juez *"declarar, en oportunidad de dictar las sentencias definitivas, la temeridad o malicia en que hubieren incurrido los litigantes o profesionales intervinientes"* (art. 34, inc. 6°, Código citado). El art. 34 del mismo Código es aplicable también al procedimiento laboral de la Capital Federal (art. 155, ley 18.345).

La norma comentada se inscribe en la tendencia legislativa orientada hacia la llamada "moralización del proceso", sin que ello signifique un menoscabo al principio de defensa en juicio[1].

§ 2. **Conducta del empleador.** – El artículo comentado prevé exclusivamente la conducta reprochable de una de las partes, el empleador, lo que no excluye que el juez o tribunal adopte en la oportunidad prevista en las leyes procesales (art. 34, inc. 6°, Cód. Proc. Civil y Com. de la Nación) las sanciones que correspondan como consecuencia de la declaración que hiciese de la temeridad o malicia en que hubiesen incurrido los litigantes o profesionales intervinientes[2].

§ 3. **Temeridad y malicia.** – El artículo no define lo que debe entenderse por *temeridad* y *malicia*. De allí que sea necesario precisar el alcance de esas expresiones, pues se trata de patrones axiológicos o *estándares jurídicos* de los cuales deben valerse los jueces para determinar el límite hasta donde se extiende la conducta lícita de las partes y comienza la que cabe estimar reñida con el deber de lealtad y probidad[3].

La *temeridad* consiste en la conducta de la parte que deduce pretensiones o defensas cuya injusticia o falta de fundamento no puede ignorar de acuerdo con una mínima pauta de razonabilidad. Se configura, por lo tanto, frente a la conciencia de la propia sinrazón[4]. La *malicia* es la conducta procesal que se manifiesta mediante la formulación de peticiones exclusivamente destinadas a obstruir el normal desenvolvimiento del

---

[1] Fenochietto - Arazi, *Código Procesal*, t. 1, p. 201.
[2] López - Centeno - Fernández Madrid, *Ley de contrato de trabajo*, t. II, p. 1380.
[3] Palacio, *Derecho procesal civil*, t. III, p. 50.
[4] Palacio, *Derecho procesal civil*, t. III, p. 51.

proceso o a retardar su decisión[5]. El artículo, sin embargo, no ha formulado ninguna distinción entre ambos vocablos, en cuanto a sus efectos jurídicos, por lo que debe considerarse que ello configura cualquier forma de violación del deber de lealtad, probidad y buena fe que las partes deben observar en el proceso y que el juez está obligado a prevenir y sancionar[6].

Jurisprudencia

1. *Temeridad. Concepto.* La temeridad se configura cuando una parte sabe a ciencia cierta que no está asistida por la razón y a pesar de ello, abusando de la jurisdicción, compone un proceso del que se ha de generar un daño a la otra parte (CN Trab, Sala II, 28/9/90, *DT*, 1991-A-70).

§ 4. **Sanción.** – La sanción prevista por el artículo consiste en el pago de "un interés de hasta dos veces y media el que cobren los bancos oficiales para operaciones corrientes de descuento de documentos comerciales", que debe ser prudencialmente graduada por el juez, según las circunstancias de cada caso.

§ 5. **Enumeración ejemplificativa.** – El artículo enumera distintos supuestos de conducta procesal del empleador contrarias al deber de lealtad, probidad y buena fe. Se trata de una enumeración que no es exhaustiva, mencionada por la ley al solo título ejemplificativo, por lo que no se excluye que puedan presentarse otros casos merecedores de sanción[7], como el que tipifica el art. 9° de la ley 25.013.

Jurisprudencia

1. *Sanciones procesales. Criterio para su juzgamiento.* Las sanciones procesales fundadas en el art. 275 de la LCT o en el art. 45 del Cód. Procesal, deben juzgarse con criterio estricto, no bastando para ello que se aleguen hechos no probados o derechos que no resulten acogidos, sino que es preciso que se pruebe positivamente que la parte imputada no pudo ignorar la sinrazón de su pedido (CNTrab, Sala I, 30/12/88, *DT*, 1990-A-58).

2. *Malicia procesal. Desconocimiento de la persona del demandante.* Configura malicia procesal desconocer a la persona demandante cuando se acredita de modo indubitable que prestó servicios en el establecimiento de los accionados (CNTrab, Sala V, 9/12/92, *DT*, 1993-A-451).

---

[5] Palacio, *Derecho procesal civil*, t. III, p. 52.
[6] López - Centeno - Fernández Madrid, *Ley de contrato de trabajo*, t. II, p. 1380.
[7] López - Centeno - Fernández Madrid, *Ley de contrato de trabajo*, t. II, p. 1381.

3. *Defensa en juicio.* a) Para determinar si se ha configurado la *conducta maliciosa* o *temeraria* a que alude el art. 275 de la LCT, es necesario proceder con suma prudencia y tener presente que la imposición de sanciones no puede obedecer al solo hecho de que las acciones y defensas hayan sido finalmente desestimadas, ni siquiera que las pretensiones carezcan de sustento jurídico, dado que ello podría coartar la garantía constitucional de defensa en juicio (CNTrab, Sala VII, 26/10/95, *DT*, 1996-A-1222; íd., íd., 27/3/00, *DT*, 2001-A-295).

b) Cuando entra en el ámbito de las sanciones, el juez debe actuar con suma prudencia puesto que puede afectar el principio constitucional de defensa en juicio (CNTrab, Sala I, 20/7/01, *DT*, 2001-B-2294).

4. *Negativa de la relación laboral.* La conducta del empleador demandado que, con conciencia de su propia sinrazón, niega la existencia de la relación laboral invocada y alega, en cambio, una vinculación societaria con el trabajador, sin ofrecer prueba alguna tendiente a demostrar sus afirmaciones, debe ser calificada como "maliciosa y temeraria", conforme la determinación y efectos previstos en el art. 275 de la LCT (SCBA, 8/6/84, *DT*, 1984-B-1433).

5. *Fraude. Recibos en blanco.* Si el empleador pretendió hacer valer recibos firmados en blanco, conducta que implica fundar su postura en un acto de fraude a los trabajadores, obrando de ese modo con conciencia de su propia sinrazón, corresponde aplicar lo dispuesto en el art. 275 de la LCT e imponer una multa equivalente a dos veces y media la tasa que cobran los bancos oficiales para las operaciones corrientes de descuento, además de la usual (CNTrab, Sala III, 27/6/90, *DT*, 1990-B-2576).

6. *Negativa de la relación laboral. Trabajo clandestino. Demora injusta.* La conducta de un sindicato que no sólo ha negado la relación laboral, sino que ha clandestinizado al actor y ha demorado injustamente la satisfacción de su deuda, debe ser valorada como maliciosa en los términos del art. 275 de la LCT (CNTrab, Sala VI, 5/3/99, *DT*, 1999-B-1819).

7. *Desconocimiento de pagos en negro.* Si la demandada desconoció en todo momento los pagos en negro que fueron acreditados por el trabajador, tal conducta encuadra en las previsiones del art. 275 de la LCT, toda vez que implicó una clara violación del deber de lealtad, probidad y buena fe, que las partes deben observar en el proceso (CNTrab, Sala II, 10/5/99, *DT*, 1999-B-1874).

8. *Límites de la aplicación del artículo 275 de la LCT.* Las prescripciones de este artículo no pueden traducirse en fuente injustificada de enriquecimiento para el acreedor laboral, ni su aplicación violentar los principios establecidos en los arts. 953 y 1071 del Cód. Civil, desnaturalizando la finalidad de la preten-

sión entablada, so color de un supuesto respeto al principio de cosa juzgada (CSJN, 14/9/00, "Rizzi, Norberto O. c/Cámara Industrial Gráfica Argentina", *DT*, 2001-A-635).

9. *Interpretación con criterio estricto.* Las sanciones del art. 275 de la LCT deben juzgarse con criterio estricto, no bastando que se aleguen hechos no probados, derechos que no resulten acogidos, ni siquiera que las pretensiones carezcan de sustento jurídico, sino que es preciso que se pruebe positivamente que la parte imputada no pudo ignorar la sinrazón de su pedido, en pos de no cercenar el derecho de defensa (CNTrab, Sala II, 12/5/03, *TSS*, 2004-121).

10. *Dolo procesal.* Para la configuración de las conductas calificadas de temeridad y malicia no basta la desestimación de una pretensión o la resolución desfavorable de una petición, sino que se requiere la existencia de una conducta dañosa, maniobra desleal, de mala fe o articulada sin apoyo técnico o jurídico alguno, en especial si son reiteradas y transmiten claramente dolo procesal (CNTrab, Sala I, 8/10/02, *DT*, 2003-A-673).

§ 6. **Presunción de malicia.** – El art. 9º de la ley 25.013 ha introducido una causa legal de presunción de malicia. Se trata del "caso de falta de pago en término y sin causa justificada por parte del empleador, de la indemnización por despido incausado o de un acuerdo rescisorio homologado". En este supuesto "se presumirá la existencia de la conducta temeraria y maliciosa" contemplada en el artículo que comentamos.

La expresión "despido incausado" comprende no sólo al decidido por el empleador sin invocación de causa, sino también alcanza a aquellos casos en que si bien ha mediado la invocación de una causa, de los antecedentes del proceso surge que su alegación ha sido meramente un pretexto, maña o artificio para encubrir la inexistencia de una verdadera causa de despido. Desde luego, la presunción no tiene lugar cuando, no obstante haber sido el empleador vencido en el juicio, la causa invocada resultó litigiosa o controvertida, habiendo la parte vencida desplegado esfuerzos serios para acreditarla.

La presunción admite prueba en contrario, ya que el empleador podrá demostrar que la falta de pago no es dolosa sino que tiene una causa justificada (p.ej., dificultades financieras insuperables).

JURISPRUDENCIA

1. *Actitud reticente y evasiva del empleador.* El art. 9º de la ley 25.013 persigue sancionar actitudes reticentes y evasivas de empleadores que, injustificadamente, se muestren remisos a abonar las indemnizaciones que, con motivo de un despido sin

causa, adeuden al trabajador (en el caso, se impuso una tasa de interés equivalente a dos veces la aplicada en la instancia previa) (CNTrab, Sala II, 7/5/03, *TSS*, 2003-641).

2. *Falta de pago en término de la indemnización por despido.* Ante la falta de pago en término y sin causa justificada de la indemnización por despido (art. 9°, ley 25.013) debe declararse maliciosa la conducta del empleador y condenarlo a pagar el 100% de los intereses establecidos en la sentencia (CNTrab, Sala VI, 19/2/03, *TSS*, 2003-649).

3. *Cuestionamiento sin fundamento de la existencia de la relación laboral.* Corresponde declarar maliciosa y temeraria la conducta del empleador en los términos del art. 275 de la LCT, en tanto cuestionó sin fundamento la existencia de la relación laboral y utilizó modalidades contractuales en forma fraudulenta, pues se configura uno de los supuestos que la norma prevé, es decir, el cuestionamiento con conciencia de la sinrazón, de la existencia de la relación laboral acreditada (CNTrab, Sala X, 27/6/03, *DT*, 2004-A-49).

§ 7. **Sanción por mora en el pago de las indemnizaciones por despido.** – La parte primera del art. 2° de la ley 25.323 dice: "Cuando el empleador, fehacientemente intimado por el trabajador, no le abonare las indemnizaciones previstas en los arts. 232, 233 y 245 de la ley 20.744 (t.o. en 1976) y los arts. 6° y 7° de la ley 25.013, o las que en el futuro las reemplacen, y, consecuentemente, lo obligare a iniciar acciones judiciales o cualquier instancia previa de carácter obligatoria para percibirlas, éstas serán incrementadas en un 50%".

La aplicación de esta norma requiere la previa intimación al empleador. Tiene como presupuesto que el trabajador haya sido despedido sin justa causa (art. 242, LCT) y que sea acreedor a las indemnizaciones por despido. Comprende tanto la indemnización por antigüedad (art. 245, LCT) como la sustitutiva del preaviso (art. 232, LCT) y aun la integración del mes de despido (art. 233, LCT).

En cuanto a los trabajadores comprendidos por la norma, como la ley no menciona a los estatutos particulares, debe interpretarse que si se trata de estatutos profesionales que establecen una mera remisión a las indemnizaciones comunes por despido, la norma resulta aplicable. Por el contrario, si el estatuto en cuestión establece un sistema indemnizatorio o un mecanismo reparatorio distinto al establecido por los arts. 232, 233 y 245 de la LCT o los arts. 6° y 7° de la ley 25.013, no habrá lugar al incremento indemnizatorio, puesto que las sanciones son de interpretación restrictiva.

En lo relativo a la intimación previa establecida por la ley, ésta no determina un plazo cierto para su cumplimiento, sino uno incierto. El empleador *podrá* eximirse del incremento indemnizatorio si abonare las indemnizaciones debidas antes de que el trabajador hubiera recurrido a una instancia previa de conciliación –como la establecida por la ley 24.635 en el ámbito nacional– o iniciado las acciones judiciales en aquellas jurisdicciones donde no existiera dicha instancia previa.

La norma tiene como presupuesto necesario la mora del empleador en el pago de las indemnizaciones legales. Por una interpretación conjunta de los arts. 128 y 149 de la LCT, la jurisprudencia ha determinado que las indemnizaciones derivadas de la extinción del contrato de trabajo son exigibles a los cuatro días hábiles de operada. Sin embargo, como se dijo, el incremento indemnizatorio no opera automáticamente por la simple mora, sino que el empleador estará a tiempo para cumplir con su débito si lo concreta antes de que el trabajador hubiera impulsado la instancia previa de conciliación o promovido la demanda judicial.

La ley no fija expresamente cómo debe hacerse el pago de las indemnizaciones por despido, pero de una interpretación armónica de los arts. 129 y 149 puede concluirse que debe efectivizarse en el lugar de trabajo y durante las horas de prestación de servicios.

Además, la ley, para atenuar los posibles efectos perniciosos de una aplicación rígida de la norma, ha establecido en la última parte de su art. 2º que "si hubieran existido causas que justificaren la conducta del empleador, los jueces, mediante resolución fundada, podrán reducir prudencialmente el incremento indemnizatorio dispuesto por el presente artículo hasta la eximición de su pago".

La norma del art. 2º de la ley 25.323 persigue idénticos propósitos que el art. 9º de la ley 25.013. Es evidente que ambas normas tienen un ámbito de aplicación personal parcialmente superpuesto porque el de esta última disposición comprende, sin lugar a duda, a todos los trabajadores, aun los regidos por los estatutos particulares no excluidos expresamente por el art. 2º de la LCT y, como hemos indicado, el art. 2º de la ley 25.323 tiene un ámbito de aplicación personal más reducido.

Frente a esta superposición parcial de ambas normas, cabe preguntarse cuál es el estado de vigencia del art. 9º de la ley 25.013 porque corresponde desechar de plano una aplicación simultánea de ambas, so pena de infrigir el principio *non bis in idem* que debe considerarse un principio general del derecho (art. 16, Cód. Civil). Analizando la cuestión planteada, es posible concluir que el art. 9° de la ley 25.013 podrá continuar siendo aplicable a aquellas relaciones laborales no alcanzadas por el art. 2° de la ley 25.323. Esta última norma, en el ámbito de aplicación personal en que se superpone con el de la ley 25.013, ha de desplazar al art. 9° de esta última porque, como hemos señalado con anterioridad, no puede aplicarse una doble sanción por el mismo hecho antecedente.

Otra cuestión que seguramente ha de generar controversias interpretativas es la de determinar cuándo han existido las causas que justifiquen la conducta del empleador de haber omitido el oportuno pago de las indemnizaciones legales, que autoricen al juez para reducir, por resolución fundada, el incremento indemnizatorio dispuesto por la ley hasta la eximición de su pago.

Es evidente que el despido sin invocación de causa hace operar el aumento de las indemnizaciones, salvo que el empleador invocare y probare insuperables dificultades financieras. La cuestión resulta más compleja cuando existe una invocación de justa causa que no logra acreditarse. La presunción de conducta maliciosa en los términos del artículo en comentario que establece el art. 9° de la ley 25.013 no tiene lugar cuando, no obstante haber sido vencido el empleador en juicio, la causa invocada ha resultado litigiosa o controvertida, habiendo la parte vencida desplegado esfuerzos serios para acreditarla. Este criterio es igualmente aplicable para delimitar la significación del art. 2° de la ley 25.323. En cambio, el incremento indemnizatorio deberá ser aplicado en aquellos casos en que, si bien ha mediado una invocación de justa causa, de los antecedentes del proceso surgiera que su alegación ha sido un mero pretexto, maña o artificio para encubrir la inexistencia de una verdadera causa de despido.

Jurisprudencia

1. ***Exclusión de estatutos especiales.*** *a*) En atención a la redacción del art. 2° de la ley 25.323, el incremento allí previsto debe aplicarse exclusivamente a las indemnizaciones derivadas de los arts. 232, 233 y 245 de la LCT, razón por la cual no resulta aplicable a la relación laboral regida por el decr. ley 13.839/46 –estatuto de empleados administrativos de empresas periodísticas– el cual desplaza al régimen de contrato de trabajo, en los aspectos indemnizatorios, por otro distinto no contemplado en el dispositivo sancionatorio (CNTrab, Sala VI, 21/8/03, *DT*, 2004-A-661).

b) En atención a la redacción del art. 2° de la ley 25.323, el incremento allí previsto permite advertir que se aplica a las indemnizaciones derivadas de los arts. 232, 233 y 245 de la LCT, por lo que no resulta aplicable a la relación jurídica regida por la ley 22.250 la cual desplaza al régimen de la LCT en los aspectos indemnizatorios por otro distinto no contemplado en el dispositivo sancionatorio (arts. 15 y 35) (CNTrab, Sala II, 28/4/03, *DT*, 2003-A-835).

c) Si el trabajador se vio obligado a iniciar acciones judiciales para que se le reconozcan las indemnizaciones por antigüedad y preaviso reguladas por el estatuto para el encargado de casas de renta –aun cuando percibió las previstas en la LCT–, es aplicable el incremento establecido por la ley 25.323, ya que éste no resulta incompatible con las disposiciones de la ley 12.981 (CNTrab, Sala X, 30/12/02, *TSS*, 2003-661, y *DT*, 2003-A-689).

2. *Puesta a disposición de los importes.* Corresponde exonerar a la demandada del pago de la multa prevista en el art. 2° de la ley 25.323, si en la comunicación del despido puso a disposición los importes de la liquidación final, pues el ofrecimiento constituye el acatamiento al pedido formulado por la trabajadora (CNTrab, Sala VIII, 10/9/03, *DT*, 2004-A-814).

3. *Aplicación del recargo indemnizatorio. a)* Es aplicable el art. 2° de la ley 25.323, que agrava en un 50% de sus respectivos montos las indemnizaciones de los arts. 232, 233 y 245 de la LCT, al caso en que el empleador despide sin invocación de justa causa, o que invoca una evidentemente irrelevante, o de evidente insuficiencia en los términos del art. 243 de la LCT, por lo que, actuando con cuidado y previsión, no podía ignorar que debe las indemnizaciones y, no obstante intimado fehacientemente por el trabajador, no las paga (CNTrab, Sala VIII, 28/3/03, *DT*, 2003-B-1021).

b) Es procedente la aplicación de la multa prevista en el art. 2° de la ley 25.323, si pese al despido incausado el empleador nunca abonó las indemnizaciones correspondientes aun cuando fue intimado fehacientemente a su pago (CNTrab, Sala VI, 20/11/02, *DT*, 2003-A-839).

c) La actitud reiteradamente renuente del empleador a abonar las indemnizaciones reclamadas en tiempo y forma por el trabajador, cuya procedencia admitió expresamente, justifica el incremento del 50% (ley 25.323, art. 2°) respecto de los rubros determinados por el sentenciante (CNTrab, Sala IV, 16/10/02, *TSS*, 2003-528).

d) Es admisible el incremento de las indemnizaciones por despido fundadas en el art. 2° de la ley 25.323, si medió la intimación previa al empleador real y en forma solidaria a la empresa de servicios eventuales (CNTrab, Sala V, 11/12/02, *TSS*, 2003-240).

---

49. Etala, *Contrato*.

4. *Reducción o eximición del recargo.* a) La justificación de la reducción del incremento de los montos indemnizatorios que establece el art. 2° de la ley 25.323 *in fine* puede surgir de la imposibilidad material o jurídica, de satisfacer los créditos, o de la plausibilidad de la justa causa de despido invocada, judicialmente desechada (CNTrab, Sala VIII, 27/8/02, *TSS*, 2003-530).

b) Aun cuando no se probara la causal de despido invocada en los términos del art. 242 de la LCT, si de la prueba producida surge que la empleadora podía haberse considerado asistida de mejor derecho para despedir, corresponde eximirla del pago de la indemnización del art. 2° de la ley 25.323 (CNTrab, Sala VIII, 28/2/03, *TSS*, 2003-532).

Art. 276. [Actualización por depreciación monetaria] – **Los créditos provenientes de las relaciones individuales de trabajo, serán actualizados, cuando resulten afectados por la depreciación monetaria, teniendo en cuenta la variación que experimente el índice de los precios al consumidor en la Capital Federal, desde la fecha en que debieron haberse abonado hasta el momento del efectivo pago.**

Dicha actualización será aplicada por los jueces o por la autoridad administrativa de aplicación de oficio o a petición de parte incluso en los casos de concurso del deudor, así como también, después de la declaración de quiebra. [Texto según ley 23.616, art. 1°]

Concordancias: LCT, art. 255; Cód. Civil, arts. 508 y 622; ley 23.928, arts. 7°, 10 y 13.

§ 1. **Derogación del artículo.** – El artículo comentado fue derogado implícitamente por los arts. 7° y 10 del texto originario de la ley 23.928 de convertibilidad. La ley 25.561, de emergencia pública en materia social, económica, administrativa, financiera y cambiaria, que modificó los mencionados artículos, mantuvo, no obstante, la derogación. El art. 7° de la ley 23.928, en su texto modificado por el art. 4° de la ley 25.561, dice: "El deudor de una obligación de dar una suma determinada de pesos cumple su obligación dando el día de su vencimiento la cantidad nominalmente expresada. En ningún caso se admitirá actualización monetaria, indexación por precios, variación de costos o repotenciación de deudas, cualquiera fuere su causa, haya o no mora del deudor, con las salvedades previstas en la presente ley. Quedan derogadas las disposiciones legales y reglamentarias y serán inaplicables las disposiciones contractuales o convencionales que contravinieren lo aquí dispuesto".

Por su parte, el art. 10 de la ley 23.928, también modificado por el art. 4º de la ley 25.561, expresa: "Mantiénense derogadas, con efecto a partir del 1º de abril de 1991, todas las normas legales o reglamentarias que establecen o autorizan la indexación por precios, actualización monetaria, variación de costos o cualquier otra forma de repotenciación de las deudas, impuestos, precios o tarifas de los bienes, obras o servicios. Esta derogación se aplicará aun a los efectos de las relaciones y situaciones jurídicas existentes, no pudiendo aplicarse ni esgrimirse ninguna cláusula legal, reglamentaria, contractual o convencional –inclusive convenios colectivos de trabajo– de fecha anterior, como causa de ajuste en las sumas de pesos que corresponda pagar".

Jurisprudencia

1. *Depreciación monetaria. Ley 23.928. Derogación del régimen.* El art. 7º de la ley 23.928 derogó el art. 276 de la LCT (CNTrab, Sala III, 30/9/93, *DT*, 1994-A-730).

2. *Inconstitucionalidad del art. 4º de la ley 25.561.* a) El art. 4º de la ley 25.561, al establecer la prohibición de indexar, licúa la relación entre el crédito del trabajador y el mercado, agrede el derecho a la propiedad, vulnera las normas sobre derechos humanos internacionalmente reconocidas y atenta contra el art. 17 de la Const. nacional, por lo que debe ser declarado inconstitucional; *b*) para mantener el valor del crédito del trabajador en el mercado, ante la inflación desatada a partir de enero de 2002, se debe actualizar su monto desde ese mes hasta su pago utilizando como referencia el índice de precios al consumidor (CNTrab, Sala VI, 6/9/02, *TSS*, 2002-855, y *DT*, 2003-A-231; íd., íd., 10/10/02, *DT*, 2003-B-1014; íd., íd., 28/5/03, *DT*, 2003-B-1688).

3. *Constitucionalidad. Inexistencia de perjuicio.* Dado que el aumento de los precios al consumidor desde diciembre 2001 hasta septiembre 2002 fue del 38,5%, mientras que la tasa activa de interés según acta CNTrab 2357 se incrementó de 42,58% en marzo 2002 a 60,83% anual en agosto, el interés excede notoriamente la inflación interna real, por lo que no arroja un perjuicio que justifique emplear en el caso el extremo remedio de la declaración de inconstitucionalidad de los arts. 3º y 4º de la ley 25.561 (CNTrab, Sala III, 7/11/02, *TSS*, 2002-951).

4. *Inadmisibilidad de la indexación.* No es admisible la indexación de los créditos por estar prohibida, máxime cuando se aplica la tasa bancaria activa que contiene una previsión de infla-

ción y por ello ha sido adoptada por la Cámara a partir de la supresión del régimen de convertibilidad (CNTrab, Sala VIII, 23/9/02, *TSS*, 2002-956).

§ 2. **Intereses.** – La vigencia del nominalismo que implicó la sanción de la ley de convertibilidad hizo aplicables los arts. 622 y 508 del Cód. Civil. La parte primera del art. 622 del Cód. Civil dice lo siguiente: *"El deudor moroso debe los intereses que estuviesen convenidos en la obligación, desde el vencimiento de ella. Si no hay intereses convenidos, debe los intereses legales que las leyes especiales hubiesen determinado. Si no se hubiere fijado el interés legal, los jueces determinarán el interés que debe abonar".* Por su parte, el art. 508 del mismo Código expresa: *"El deudor es igualmente responsable por los daños e intereses que su morosidad causare al acreedor en el cumplimiento de la obligación".*

§ 3. **Criterio adoptado en la Capital Federal.** – En la Cámara Nacional de Apelaciones del Trabajo de la Capital Federal se ha adoptado, por las diversas salas, el criterio uniforme de fijar una tasa del 24% anual desde el 1º de abril de 1991 hasta el 31 de marzo de 1992, 15% desde entonces hasta el 31 de marzo de 1993 y 12% desde el 1º de abril de 1993 hasta el 31 de diciembre de 2001, y a partir del 1º de enero de 2002, la tasa de interés activa fijada por el Banco de la Nación Argentina para el otorgamiento de préstamos según planilla que difundirá la Prosecretaría General (acta CNTrab 2357 del 7 de mayo de 2002, modificada por res. CNTrab 8/02).

Jurisprudencia

1. **Ley de convertibilidad. Tasa de intereses. Facultad judicial. Razonabilidad.** La determinación de la tasa de interés a aplicar en los términos del art. 622 del Cód. Civil como consecuencia del régimen establecido por la ley 23.928, queda ubicada en el espacio de la razonable discreción de los jueces de la causa que interpretan dichos ordenamientos sin lesionar garantías constitucionales, en tanto sus normas no imponen una versión reglamentaria única del ámbito en cuestión (CSJN, 17/5/94, "Banco Sudameris c/Belcam SA y otra", *DT*, 1994-B-1973).

2. **Intereses. Facultad de los jueces. Razonabilidad.** La determinación de los intereses moratorios en los términos del art. 622 del Cód. Civil, como consecuencia del régimen de convertibilidad establecido por la ley 23.928 está reservada a la razonable discreción de los jueces de la causa (CNTrab, Sala I, 14/6/94, *DT*, 1995-A-225; íd., Sala VIII, 20/2/95, *DT*, 1995-B-1557).

3. *Tasas de intereses.* En relación con los créditos laborales, los intereses moratorios deben calcularse a razón de 24% anual desde el 1º de abril de 1991 hasta el 1º de abril de 1992; desde entonces al 31 de marzo de 1993, al 15% anual, y a partir del 1º de abril de 1993 hasta el efectivo pago, al 12% anual, en todos los casos a liquidarse sobre el capital adeudado (CNTrab, Sala I, 23/6/94, *DT*, 1994-B-1979; íd., Sala II, 13/12/94, *DT*, 1995-A-233; íd., Sala III, 28/2/95, *DT*, 1995-B-1393; íd., Sala V, 9/9/94, *DT*, 1995-A-404).

§ 4. **Provincia de Buenos Aires.** – A partir del 1º de abril de 1991, los intereses moratorios serán liquidados exclusivamente sobre el capital con arreglo a la tasa de interés que pague el Banco de la Provincia de Buenos Aires en sus depósitos a treinta días, vigente al inicio de cada uno de los períodos comprendidos, y por aquellos días que no alcancen a cubrir el lapso señalado el cálculo será diario con igual tasa (SCBA, 20/12/00, *TSS*, 2001-320; íd., 19/2/03, *TSS*, 2003-300).

Art. 277. [Pago en juicio] – Todo pago que deba realizarse en los juicios laborales se efectivizará mediante depósito bancario en autos a la orden del tribunal interviniente y giro judicial personal al titular del crédito o sus derechohabientes, aun en el supuesto de haber otorgado poder. Queda prohibido el pacto de cuotalitis que exceda del 20%, el que, en cada caso, requerirá ratificación personal y homologación judicial.

El desistimiento por el trabajador de acciones y derechos se ratificará personalmente en el juicio y requerirá homologación.

Todo pago realizado sin observar lo prescripto y el pacto de cuotalitis o desistimiento no homologados, serán nulos de pleno derecho.

La responsabilidad por el pago de las costas procesales, incluidos los honorarios profesionales de todo tipo allí devengados y correspondientes a la primera y única instancia, no excederán del 25% del monto de la sentencia, laudo, transacción o instrumento que ponga fin al diferendo. Si las regulaciones de honorarios practicadas conforme a las leyes arancelarias o usos locales, correspondientes a todas las profesiones y especialidades, superaran dicho porcentaje, el juez procederá a prorratear los montos entre los beneficiarios. Para el cómputo del porcentaje indicado no se tendrá en cuenta el monto de los honorarios de los profesionales que hubieren representado, patrocinado o asistido a la parte condenada en costas. [Párrafo incorporado por ley 24.432, art. 8°]

CONCORDANCIAS: LCT, arts. 12, 13, 15 y 276; LE, art. 17.

§ 1. **Facultad de legislar en materia procesal.** – El artículo incluye básicamente normas de índole procesal. De conformidad con el sistema adoptado por la Constitución nacional, la atribución de legislar en materia procesal pertenece, como principio, a cada una de las provincias, y no al Congreso de la Nación, por cuanto las provincias conservan todo el poder no delegado al Gobierno federal y porque no está incluido entre los poderes delegados al Congreso de la Nación, el consistente en dictar los códigos de procedimientos[1]. La jurisprudencia de la Corte Suprema de Justicia coincide con la tesis expuesta, pero los respectivos precedentes han aclarado que las facultades de las provincias para legislar en materia procesal deben ser entendidas sin perjuicio de las normas de ese carácter que puede dictar el Congreso, con el fin de asegurar la efectividad del ejercicio de los derechos que consagra la legislación de fondo[2]. Éste es el caso de las normas incluidas en el artículo comentado.

§ 2. **Aplicabilidad a los juicios laborales.** – Cuando la ley alude a *juicios laborales*, se refiere a los que se susciten *provenientes de las relaciones individuales de trabajo*, por lo que no comprende a todos aquellos que se sustancian en el fuero del trabajo. No incluye los créditos de los que resulte titular el empleador, ni los profesionales intervinientes (abogados, contadores, etc.), cuyos honorarios deberán ser pagados en la forma en que lo establecen las normas procesales comunes, las leyes de colegiación y de previsión social en que estén incluidos[3].

§ 3. **Autorización de pago al apoderado.** – No obstante lo dispuesto en el artículo, el juez o tribunal podrán ordenar

---

[1] PALACIO, *Derecho procesal civil*, t. I, p. 42.
[2] PALACIO, *Derecho procesal civil*, t. I, p. 43.
[3] LÓPEZ - CENTENO - FERNÁNDEZ MADRID, *Ley de contrato de trabajo*, t. II, p. 1390.

que el pago se efectúe al apoderado, mediante resolución fundada, si mediaran situaciones que tornan imposible o gravoso el cumplimiento de la ley, como en aquellos casos de incapacidad física, privación de la libertad que no implique inhabilitación para recibir pagos, domicilio del trabajador, transeúntes o migrantes, radicación provisional o definitiva fuera del país, trabajadores que no saben o no pueden firmar, etcétera[4].

§ 4. **Pacto de cuotalitis.** – La ley autoriza el llamado pacto de cuotalitis que no exceda del 20%. Debe entenderse por tal, aquel acuerdo (pacto) merced al cual el litigante ofrece y el profesional acepta, como retribución, una parte (cuota) de lo que obtenga en el litigio (litis), si éste le fuese favorable[5].

La disposición del artículo constituye una excepción al principio sentado en el art. 148 de la LCT que prohíbe la cesión o afectación a terceros de remuneraciones, indemnizaciones y, en general, créditos laborales del trabajador[6].

Para la validez del pacto de cuotalitis, el artículo requiere la *ratificación personal* y la *homologación judicial*.

La ley no exige aquí, como en el caso del desistimiento, que la ratificación personal sea en el juicio, bastando que el convenio sea aprobado o confirmado en forma personal ante una autoridad que pueda dar fe suficiente de ello. El pacto de cuotalitis otorgado por escritura pública hace plena fe de sus enunciados y no requiere su ulterior ratificación (art. 995, Cód. Civil). No es suficiente, en cambio, el otorgado mediante acto privado, aun cuando la autenticidad de la firma fuese comprobada[7].

Jurisprudencia

1. *Homologación. Contrato aleatorio.* El pacto de cuotalitis es un contrato sujeto al resultado aleatorio del pleito; consecuentemente este aspecto se esfuma si se pretende que se lo homologue luego de que el resultado es conocido, como ocurre cuando ya se ha dictado sentencia definitiva y el proceso se encuentra en plena etapa de ejecución (CNTrab, Sala VII, 7/4/98, *DT*, 1998-B-1477).

§ 5. **Desistimiento de acciones y derecho.** – En el ordenamiento jurídico argentino existen dos clases de desistimien-

---

[4] López - Centeno - Fernández Madrid, *Ley de contrato de trabajo*, t. II, p. 1392.
[5] López - Centeno - Fernández Madrid, *Ley de contrato de trabajo*, t. II, p. 1392.
[6] Centeno, *Normas procesales en la ley de contrato de trabajo*, DT, 1976-447.
[7] López - Centeno - Fernández Madrid, *Ley de contrato de trabajo*, t. II, p. 1394.

to: de la *pretensión* y del *derecho*. El desistimiento de la pretensión (el Código Procesal Civil y Comercial de la Nación lo llama *desistimiento del proceso*) es el acto mediante el cual el actor declara su voluntad de poner fin al proceso pendiente, sin que éste avance, por lo tanto, hasta el pronunciamiento de la sentencia definitiva. Este tipo de desistimiento sólo entraña el abandono del proceso, pero no afecta el derecho material que pudiere corresponder al actor, quien puede interponer la misma pretensión en otro proceso[8]. El desistimiento del derecho constituye, como su nombre lo indica, el acto en virtud del cual el actor declara su voluntad de abdicar del ejercicio del derecho material invocado como fundamento de la pretensión[9].

El desistimiento del derecho al que alude el artículo no requiere conformidad del demandado, debiendo el juez limitarse a examinar si el acto procede por la naturaleza del derecho en litigio y a dar por terminado el juicio en caso afirmativo, no pudiendo promoverse en lo sucesivo otro proceso por el mismo objeto y causa (art. 305, Cód. Proc. Civil y Com. de la Nación).

El desistimiento, según el artículo, requiere ratificación personal del trabajador en el juicio y homologación judicial. Debe ser hecho por escrito y ser anterior a la sentencia. El desistimiento no se presume y puede ser revocado hasta tanto el juez se pronuncie (art. 306). Debe ser interpretado con criterio restrictivo[10].

JURISPRUDENCIA

1. *Normas procesales. Pago directo a los trabajadores. Constitucionalidad.* Si bien la materia procesal está en principio reservada a las provincias (art. 104, Const. nacional), ello no impide las disposiciones reglamentarias que dicte el Congreso cuando considere del caso establecer formalidades especiales para el ejercicio de determinados derechos consagrados en los códigos de fondo. La disposición de la LCT que impone efectuar el pago de las sumas adeudadas a los trabajadores por medio de giro a favor exclusivamente del titular del crédito o de sus derechohabientes no es inconstitucional, debido a que tiene directa vinculación con la efectividad de los derechos regidos por esa ley (CSJN, 18/10/77, "Feito García de Carreira, María I. c/Muñoz, Alberto", *TSS*, 1978-17).

---

[8] Palacio, *Derecho procesal civil*, t. V, p. 535 y 536.

[9] Palacio, *Derecho procesal civil*, t. V, p. 536.

[10] López - Centeno - Fernández Madrid, *Ley de contrato de trabajo*, t. II, p. 1395.

2. *Ley 24.432. Límites al pago de costas.* La ley 24.432 no contempla pautas regulatorias, sino sólo de limitación de la responsabilidad por el pago de las costas procesales, por lo que no es procedente su invocación para que se reduzcan los honorarios a los límites previstos en la referida norma, que puede oponerse en la etapa del art. 132 de la ley 18.345 (liquidación) (CN Trab, Sala I, 31/3/98, *DT*, 1998-1468).

Apéndice

DISPOSICIONES COMPLEMENTARIAS

Ley 24.013*

RÉGIMEN NACIONAL DE EMPLEO

Título I
ÁMBITO DE APLICACIÓN, OBJETIVOS Y COMPETENCIAS

Capítulo Único

Artículo 1º – Las acciones del Poder Ejecutivo dirigidas a mejorar la situación socioeconómica de la población adoptarán como un eje principal la política de empleo, entendido éste como situación social jurídicamente configurada. Dicha política, que a través de los mecanismos previstos en esta ley tiende a hacer operativo el derecho constitucional a trabajar, integra en forma coordinada las políticas económico-sociales.

Art. 2º – Son objetivos de esta ley:

a) Promover la creación del empleo productivo a través de las distintas acciones e instrumentos contenidos en las diferentes políticas del Gobierno nacional, así como a través de programas y medidas específicas de fomento del empleo.

b) Prevenir y regular las repercusiones de los procesos de reconversión productiva y de reforma estructural sobre el empleo, sin perjuicio de salvaguardar los objetivos esenciales de dichos procesos.

c) Inducir la transferencia de las personas ocupadas en actividades urbanas o rurales de baja productividad e ingresos, a otras actividades de mayor productividad.

d) Fomentar las oportunidades de empleo para los grupos que enfrentan mayores dificultades de inserción laboral.

e) Incorporar la formación profesional como componente básico de las políticas y programas de empleo.

f) Promover el desarrollo de políticas tendientes a incrementar la producción y la productividad.

---

* Sancionada el 13/11/91; promulgada parcialmente el 5/12/91 (BO, 17/12/91).

g) Atender la movilidad sectorial y geográfica de la mano de obra, de modo de contribuir a una mayor adecuación entre la disponibilidad de mano de obra y la generación de puestos de trabajo.

h) Organizar un sistema eficaz de protección a los trabajadores desocupados.

i) Establecer mecanismos adecuados para la operatoria del régimen del salario mínimo, vital y móvil.

j) Promover la regularización de las relaciones laborales, desalentando las prácticas evasoras.

k) Implementar mecanismos de participación tripartita y federal en el nivel de toma de decisiones, y de federalización y descentralización municipal en el nivel de ejecución y gestión.

Art. 3º – La política de empleo comprende las acciones de prevención y sanción del empleo no registrado, de servicios de empleo, de promoción y defensa del empleo, de protección a trabajadores desempleados, de formación y orientación profesional para el empleo y las demás previstas en esta ley. Su formulación y ejecución es misión del Poder Ejecutivo a través de la acción coordinada de sus distintos organismos.

Art. 4º – Inclúyense como incs. 21, 22 y 23 del art. 23 de la ley de ministerios (t.o. 1983) los siguientes:

"*21)* Entender en la elaboración de políticas y programas de empleo.

22) Entender en la elaboración de estadísticas, estudios y encuestas que proporcionen un mejor conocimiento de la problemática del empleo, la formación profesional y los ingresos.

23) Intervenir en la definición de contenidos y el diseño de los censos y encuestas que realicen los organismos oficiales, en lo referente al empleo, la formación profesional y los ingresos".

Art. 5º – El Ministerio de Trabajo y Seguridad Social será la autoridad de aplicación de esta ley y deberá elaborar regularmente el Plan Nacional de Empleo y Formación Profesional. Asimismo, podrá delegar las facultades de policía derivadas de la aplicación de políticas fijadas por esta ley mediante convenios celebrados con las provincias.

Art. 6º – El Poder Ejecutivo, a propuesta del Ministerio de Trabajo y Seguridad Social, establecerá un mecanismo de coordinación interministerial para facilitar la aplicación de esta ley que asegure una fluida información, la adopción de criterios comunes y una adecuada ejecución de las medidas.

Título II

DE LA REGULARIZACIÓN DEL EMPLEO NO REGISTRADO

Capítulo 1

EMPLEO NO REGISTRADO

Art. 7º – Se entiende que la relación o contrato de trabajo ha sido registrado cuando el empleador hubiere inscripto al trabajador:

a) En el libro especial del art. 52 de la ley de contrato de trabajo (t.o. 1976) o en la documentación laboral que haga sus veces, según lo previsto en los regímenes jurídicos particulares.

b) En los registros mencionados en el art. 18, inc. *a*.

Las relaciones laborales que no cumplieren con los requisitos fijados en los incisos precedentes se considerarán no registradas.

Art. 8° – El empleador que no registrare una relación laboral abonará al trabajador afectado una indemnización equivalente a una cuarta parte de las remuneraciones devengadas desde el comienzo de la vinculación, computadas a valores reajustados de acuerdo a la normativa vigente.

En ningún caso esta indemnización podrá ser inferior a tres veces el importe mensual del salario que resulte de la aplicación del art. 245 de la ley de contrato de trabajo (t.o. 1976).

Art. 9° – El empleador que consignare en la documentación laboral una fecha de ingreso posterior a la real, abonará al trabajador afectado una indemnización equivalente a la cuarta parte del importe de las remuneraciones devengadas desde la fecha de ingreso hasta la fecha falsamente consignada, computadas a valores reajustados de acuerdo a la normativa vigente.

Art. 10. – El empleador que consignare en la documentación laboral una remuneración menor que la percibida por el trabajador, abonará a éste una indemnización equivalente a la cuarta parte del importe de las remuneraciones devengadas y no registradas, debidamente reajustadas desde la fecha en que comenzó a consignarse indebidamente el monto de la remuneración.

Art. 11. – Las indemnizaciones previstas en los arts. 8°, 9° y 10 procederán cuando el trabajador o la asociación sindical que lo represente cumplimente en forma fehaciente las siguientes acciones:

a) Intime al empleador a fin de que proceda a la inscripción, establezca la fecha real de ingreso o el verdadero monto de las remuneraciones.

b) Proceda de inmediato y, en todo caso, no después de las veinticuatro horas hábiles siguientes, a remitir a la Administración Federal de Ingresos Públicos copia del requerimiento previsto en el inciso anterior.

Con la intimación el trabajador deberá indicar la real fecha de ingreso y las circunstancias verídicas que permitan calificar a la inscripción como defectuosa. Si el empleador contestare y diere total cumplimiento a la intimación dentro del plazo de los treinta días, quedará eximido del pago de las indemnizaciones antes indicadas.

A los efectos de lo dispuesto en los arts. 8°, 9° y 10 de esta ley, sólo se computarán remuneraciones devengadas hasta los dos años anteriores a la fecha de su entrada en vigencia. [Modificado por ley 25.345, art. 47]

Art. 12. – El empleador que registrare espontáneamente y comunicare de modo fehaciente al trabajador dentro de los noventa días de la vigencia de esta ley las relaciones laborales establecidas con anterioridad a dicha vigencia y no registradas, quedará eximido del pago de los aportes, contribuciones, multas y recargos adeudados, incluyendo obras sociales, emergentes de esa falta de registro.

El empleador que, dentro del mismo plazo, rectificare la falsa fecha de ingreso o consignare el verdadero monto de la remuneración de una relación laboral establecida con anterioridad a la vigencia de esta ley y comunicare simultánea y fehacientemente al trabajador esta circunstancia, quedará eximido del pago de los aportes, contribuciones, multas y recargos adeudados hasta la fecha de esa vigencia, derivados del registro insuficiente o tardío.

No quedan comprendidas en este supuesto las deudas verificadas administrativa o judicialmente.

A los fines previsionales, las relaciones laborales registradas según lo dispuesto en este artículo:

a) Podrán computarse como tiempo efectivo de servicio.

b) No acreditarán aportes ni monto de remuneraciones.

Art. 13. – En los casos previstos en el artículo anterior el empleador quedará eximido del pago de las indemnizaciones que correspondieren por aplicación de los arts. 8°, 9° y 10 de la presente ley.

Art. 14. – Para la percepción de las indemnizaciones previstas en los arts. 8°, 9° y 10 de la presente ley, no será requisito necesario la previa extinción de la relación de trabajo.

Art. 15. – Si el empleador despidiere sin causa justificada al trabajador dentro de los dos años desde que se le hubiere cursado de modo justificado la intimación prevista en el art. 11, el trabajador despedido tendrá derecho a percibir el doble de las indemnizaciones que le hubieren correspondido como consecuencia del despido. Si el empleador otorgare efectivamente el preaviso, su plazo también se duplicará.

La duplicación de las indemnizaciones tendrá igualmente lugar cuando fuere el trabajador el que hiciere denuncia del contrato de trabajo fundado en justa causa, salvo que la causa invocada no tuviera vinculación con las previstas en los arts. 8°, 9° y 10, y que el empleador acreditare de modo fehaciente que su conducta no ha tenido por objeto inducir al trabajador a colocarse en situación de despido.

Art. 16. – Cuando las características de la relación existente entre las partes pudieran haber generado en el empleador una razonable duda acerca de la aplicación de la ley de contrato de trabajo (t.o. 1976), el juez o tribunal podrá reducir la indemnización prevista en el art. 8°, hasta una suma no inferior a dos veces el importe mensual del salario que resulte de la aplicación del art. 245 de la ley de contrato de trabajo (t.o. 1976).

Con igual fundamento los jueces podrán reducir el monto de la indemnización establecida en el artículo anterior hasta la eliminación de la duplicación allí prevista.

Art. 17. – Será nulo y sin ningún valor todo pago por los conceptos indicados en los arts. 8°, 9° y 10 que no se realizare ante la autoridad administrativa o judicial.

Dentro de los diez días hábiles siguientes a la fecha en que quede firme la resolución que reconozca el derecho a percibir dichas indemnizaciones o de la resolución homologatoria del acuerdo conciliatorio o transaccional que versare sobre ellas, la autoridad administrativa o judicial según el caso, deberá poner en conocimiento del Sistema Único de Registro Laboral o, hasta su efectivo funcionamiento, del Instituto Nacional de Previsión Social, caja de asignaciones y subsidios familiares y obras sociales las siguientes circunstancias:

a) Nombre íntegro o razón social del empleador y su domicilio.

b) Nombre y apellido del trabajador.

c) Fecha de comienzo y fin de la vinculación laboral si ésta se hubiere extinguido.

d) Monto de las remuneraciones.

Constituirá falta grave del funcionario actuante si éste no cursare la comunicación referida en el plazo establecido.

No se procederá al archivo del expediente judicial o administrativo respectivo hasta que el funcionario competente dejare constancia de haberse efectuado las comunicaciones ordenadas en este artículo.

Capítulo 2
DEL SISTEMA ÚNICO DE REGISTRO LABORAL

Art. 18. – El Sistema Único de Registro Laboral concentrará los siguientes registros:

a) La inscripción del empleador y la afiliación del trabajador al Instituto Nacional de Previsión Social, a las cajas de subsidios familiares y a la obra social correspondiente.

b) *El registro de los contratos de trabajo bajo modalidades promovidas según las prescripciones de esta ley.* [Derogado por ley 25.013, art. 21]

c) El registro de los trabajadores beneficiarios del sistema integral de prestaciones por desempleo.

Art. 19. – El Poder Ejecutivo nacional, a través del Ministerio de Trabajo y Seguridad Social, tendrá a su cargo la organización, conducción y supervisión del Sistema Único de Registro Laboral, a cuyo fin tendrá las siguientes atribuciones:

a) Coordinar las acciones de los organismos mencionados en el art. 18, inc. *a*, de modo de obtener el máximo de uniformidad, celeridad y eficacia en la organización del sistema.

b) Elaborar el padrón único base del Sistema Único de Registro Laboral, con los datos existentes en esos organismos y los que surjan de los nuevos empadronamientos.

c) Aprobar los formularios de inscripción de los obligados al registro.

d) Disponer la habilitación de las distintas bocas de recepción de las solicitudes de inscripción de los obligados al registro sobre la base de las oficinas existentes en los mismos organismos.

e) Disponer la compatibilización y posterior homogeneización de los sistemas y procedimientos informáticos de registro a fin de establecer un sistema integrado.

f) Disponer el adecuado, inmediato y exacto conocimiento por parte de esos organismos, de los datos que conforman el Sistema Único de Registro Laboral, facilitando sus respectivas tareas de fiscalización y ejecución judicial.

g) *Diseñar y hacer aplicar la boleta única de pago de aportes y contribuciones emergentes de la relación laboral, con excepción de las obras sociales. Por este último concepto, y con fines informativos sólo constará la fecha y la institución recaudadora del pago correspondiente al mes anterior de que se trate.* [Vetado por decr. 2565/91, art. 1º]

h) Establecer el código único de identificación laboral.

El Ministerio de Trabajo y Seguridad Social designará el funcionario que ejercerá las atribuciones enumeradas, fijando su jerarquía y retribución.

Art. 20. – El Instituto Nacional de Previsión Social, las cajas de subsidios familiares y los entes de obras sociales, deberán poner a disposición del Minis-

---

50. Etala, *Contrato*.

terio de Trabajo y Seguridad Social los datos y los medios necesarios para la creación y organización del Sistema Único de Registro Laboral.

Título III
DE LA PROMOCIÓN Y DEFENSA DEL EMPLEO

Capítulo 1
MEDIDAS E INCENTIVOS PARA LA GENERACIÓN DE EMPLEO

Art. 21. – El Poder Ejecutivo incorporará el criterio de la generación de empleo en el análisis y diseño de las políticas nacionales que tengan una incidencia significativa en el nivel y composición del empleo.

Art. 22. – A los efectos del artículo anterior, además de las medidas específicas que contempla la presente ley, el Poder Ejecutivo instrumentará acciones dirigidas a:

a) Elevar los niveles de utilización de la capacidad instalada, en un contexto de crecimiento económico.

b) Facilitar la inversión productiva en el sector privado, en particular la que genere mayor impacto ocupacional directo o indirecto.

c) Establecer la exigencia, para los proyectos de inversión pública y para aquellos del área privada que reciban apoyo crediticio del Estado nacional, de cuantificar sus efectos ocupacionales y el costo por unidad de empleo.

d) Incluir proyectos de alta incidencia ocupacional en la programación de la inversión pública nacional.

e) Atender a los efectos sobre el empleo de las políticas tecnológicas de modo que, a la par de buscar una mayor eficiencia económica en áreas prioritarias, preserve para otros sectores un balance más equilibrado en el uso de recursos.

f) Atenuar los efectos negativos en el empleo de los sectores en declinación y áreas geográficas en crisis.

g) Desarrollar una asociación más estrecha entre la capacitación y formación de la fuerza laboral y el sistema productivo.

h) Regular y armonizar la fuerza de trabajo con el crecimiento productivo.

Art. 23. – La incorporación de tecnología constituye una condición para el crecimiento de la economía nacional. Es un derecho y una obligación del empresario que la ley reconoce, garantiza y estimula, y en la medida que afecta las condiciones de trabajo y empleo debe ser evaluada desde el punto de vista técnico, económico y social.

Art. 24. – Las comisiones negociadoras de convenios colectivos tendrán obligación de negociar sobre las siguientes materias:

a) La incorporación de la tecnología y sus efectos sobre las relaciones laborales y el empleo.

b) El establecimiento de sistemas de formación que faciliten la polivalencia de los trabajadores.

c) Los regímenes de categorías y la movilidad funcional.

d) La inclusión de una relación apropiada sobre la mejora de la productividad, el aumento de la producción y el crecimiento de los salarios reales.

e) Implementación de las modalidades de contratación previstas en esta ley.

f) Las consecuencias de los programas de reestructuración productiva, en las condiciones de trabajo y empleo.

g) El establecimiento de mecanismos de oportuna información y consulta.

La falta de conclusiones sobre cualquiera de estas materias, no impedirá la homologación del convenio.

Art. 25. – Sustitúyese el art. 198, de la ley de contrato de trabajo (t.o. 1976), por el siguiente: [incorporado en el articulado de la LCT]

Art. 26. – Derógase el art. 173 de la ley de contrato de trabajo (t.o. 1976). En consecuencia denúncianse el convenio 4 y el convenio 41 de la Organización Internacional del Trabajo, ratificados por las leyes 11.726 y 13.560, respectivamente.

Capítulo 2

MODALIDADES DEL CONTRATO DE TRABAJO

Disposiciones generales

Art. 27. – Ratifícase la vigencia del principio de indeterminación del plazo, como modalidad principal del contrato de trabajo, de acuerdo a lo establecido en el primer párrafo del art. 90 de la ley 20.744 (t.o. 1976).

Con relación a las modalidades de contratación previstas en esta ley, en caso de duda se considerará que el contrato es por tiempo indeterminado.

Arts. 28 a 30. [Derogados por ley 25.013, art. 21]

Art. 31. – Los contratos de trabajo que se celebren bajo las modalidades reguladas en este capítulo, salvo el contrato de trabajo de temporada, deberán instrumentarse por escrito y entregarse copias al trabajador y a la asociación sindical que lo represente, en el plazo de treinta días. *Dentro de este mismo plazo, el empleador deberá registrar los contratos celebrados bajo las modalidades promovidas en el registro previsto en el art. 18, inc. b.* [Última parte derogada por ley 25.013, art. 21]

Arts. 32 a 40. [Derogados por ley 25.013, art. 21]

Art. 41. – Los trabajadores contratados bajo cualquiera de las modalidades mencionadas en esta ley deberán ser inscriptos en la obra social correspondiente al resto de los trabajadores del plantel de su misma categoría y actividad de la empresa. Idéntico criterio se seguirá para la determinación de la convención colectiva de trabajo aplicable y del sindicato que ejerce su representación.

La cobertura asistencial del trabajador y su grupo familiar primario comenzará desde el inicio de la relación laboral, sin la exigencia del período de carencia alguna, de conformidad a lo dispuesto por las leyes 23.660 y 23.661.

Art. 42. – En el caso de que el trabajador a contratar acredite discapacidad conforme a la normativa vigente, las modalidades de contratación de tiempo determinado como medida de fomento del empleo, de tiempo determinado por lanzamiento de nueva actividad, de práctica laboral, de trabajo-formación y a plazo fijo se duplicarán en sus plazos máximos de duración.

CONTRATO DE TRABAJO DE TIEMPO DETERMINADO
COMO MEDIDA DE FOMENTO DEL EMPLEO

Arts. 43 a 46. [Derogados por ley 25.013, art. 21]

CONTRATO DE TRABAJO DE TIEMPO DETERMINADO
POR LANZAMIENTO DE UNA NUEVA ACTIVIDAD

Arts. 47 a 50. [Derogados por ley 25.013, art. 21]

CONTRATO DE PRÁCTICA LABORAL PARA JÓVENES

Arts. 51 a 57. [Derogados por ley 25.013, art. 21]

CONTRATO DE TRABAJO-FORMACIÓN

Arts. 58 a 65. [Derogados por ley 25.013, art. 21]

CONTRATO DE TRABAJO DE TEMPORADA

Art. 66. – Sustitúyese el art. 96 de la ley de contrato de trabajo (t.o. 1976) por el siguiente: [incorporado en el articulado de la LCT]

Art. 67. – Sustitúyese el art. 98 de la ley de contrato de trabajo (t.o. 1976) por el siguiente: [incorporado en el articulado de la LCT]

CONTRATO DE TRABAJO EVENTUAL

Art. 68. – Sustitúyese el art. 99 de la ley de contrato de trabajo (t.o. 1976) por el siguiente: [incorporado en el articulado de la LCT]

Art. 69. – Para el caso que el contrato de trabajo eventual tuviera por objeto sustituir transitoriamente trabajadores permanentes de la empresa que gozaran de licencias legales o convencionales o que tuvieran derecho a reserva del puesto por un plazo incierto, en el contrato deberá indicarse el nombre del trabajador reemplazado.

Si al reincorporarse el trabajador reemplazado, el trabajador contratado bajo esta modalidad continuare prestando servicios, el contrato se convertirá en uno por tiempo indeterminado. Igual consecuencia tendrá la continuación en la prestación de servicios una vez vencido el plazo de licencia o de reserva del puesto del trabajador reemplazado.

Art. 70. – Se prohíbe la contratación de trabajadores bajo esta modalidad para sustituir trabajadores que no prestaran servicios normalmente en virtud del ejercicio de medidas legítimas de acción sindical.

Art. 71. – Las empresas que hayan producido suspensiones o despidos de trabajadores por falta o disminución de trabajo durante los seis meses anteriores, no podrán ejercer esta modalidad para reemplazar al personal afectado por esas medidas.

Art. 72. – En los casos que el contrato tenga por objeto atender exigencias extraordinarias del mercado, deberá estarse a lo siguiente:

a) En el contrato se consignará con precisión y claridad la causa que lo justifique.

b) La duración de la causa que diera origen a estos contratos no podrá exceder de seis meses por año y hasta un máximo de un año en un período de tres años.

Art. 73. – El empleador no tiene el deber de preavisar la finalización del contrato.

Art. 74. – No procederá indemnización alguna cuando la relación laboral se extinga con motivo de finalización de la obra o tarea asignada, o del cese de la causa que le diera origen. En cualquier otro supuesto, se estará a lo dispuesto en la ley de contrato de trabajo (t.o. 1976).

DE LAS EMPRESAS DE SERVICIOS EVENTUALES

Art. 75. – Derógase el último párrafo del art. 29 de la ley de contrato de trabajo (t.o. 1976), el que se sustituye por el siguiente: [incorporado en el articulado de la LCT]

Art. 76. – Incorpórase como art. 29 *bis* de la ley de contrato de trabajo (t.o. 1976) el siguiente: [incorporado en el articulado de la LCT]

Art. 77. – Las empresas de servicios eventuales deberán estar constituidas exclusivamente como personas jurídicas y con objeto único. Sólo podrán mediar en la contratación de trabajadores bajo la modalidad de trabajo eventual.

Art. 78. – Las empresas de servicios eventuales estarán obligadas a caucionar una suma de dinero o valores además de una fianza o garantía real. Los montos y condiciones de ambas serán determinadas por la reglamentación.

Art. 79. – Las violaciones o incumplimientos de las disposiciones de esta ley y su reglamentación por parte de las empresas de servicios eventuales serán sancionadas con multas, clausura o cancelación de habilitación para funcionar, las que serán aplicadas por la autoridad de aplicación según lo determine la reglamentación.

Todo ello sin perjuicio de las responsabilidades que puedan corresponder a la empresa usuaria en caso de violación del art. 29 *bis* de la ley de contrato de trabajo (t.o. 1976), de acuerdo a las disposiciones de la ley 18.694.

Art. 80. – Si la empresa de servicios eventuales fuera sancionada con la cancelación de la habilitación para funcionar, la caución no será devuelta y la autoridad de aplicación la destinará a satisfacer los créditos laborales que pudieran existir con los trabajadores y los organismos de la seguridad social. En su caso, el remanente será destinado al Fondo Nacional del Empleo. En todos los demás casos en que se cancela la habilitación, la caución será devuelta en el plazo que fije la reglamentación.

Capítulo 3

PROGRAMAS DE EMPLEO PARA GRUPOS ESPECIALES DE TRABAJADORES

Art. 81. – El Ministerio de Trabajo y Seguridad Social establecerá periódicamente programas destinados a fomentar el empleo de los trabajadores que presenten mayores dificultades de inserción laboral. Estos programas deberán atender a las características de los trabajadores a quienes van dirigidos y tendrán una duración determinada. Sin perjuicio de los enumerados en este Capítulo, podrán incorporarse otros programas destinados a otros sectores de trabajadores que así lo justifiquen.

Art. 82. – Estos programas podrán contemplar, entre otras medidas:

a) Actualización y reconversión profesional hacia ocupaciones de expansión más dinámica.

b) Orientación y formación profesional.

c) Asistencia en caso de movilidad geográfica.

d) Asistencia técnica y financiera para iniciar pequeñas empresas, principalmente en forma asociada.

Art. 83. – *Programas para jóvenes desocupados.* Estos programas atenderán a las personas desocupadas entre catorce y veinticuatro años de edad. Las medidas que se adopten para crear nuevas ocupaciones deberán incluir capacitación y orientación profesionales prestadas en forma gratuita y complementadas con otras ayudas económicas cuando se consideren indispensables.

Art. 84. – *Programas para trabajadores cesantes de difícil reinserción ocupacional.* Estos programas se dirigirán a aquellas personas desocupadas que cumplan alguna de las condiciones siguientes:

a) Que su calificación o desempeño fuere en ocupaciones obsoletas o en vías de extinción.

b) Que sean mayores de cincuenta años.

c) Que superen los ocho meses de desempleo.

Estos programas deberán atender a características profesionales y sociales de los trabajadores en relación con los requerimientos de las nuevas ocupaciones y a la duración prolongada del desempleo.

Art. 85. – *Programas para grupos protegidos.* A los efectos de esta ley se considerará como tales, a las personas mayores de catorce años que estén calificadas por los respectivos estatutos legales para liberados, aborígenes, ex combatientes y rehabilitados de la drogadicción. Estos programas tomarán en cuenta la situación especial de sus beneficiarios y el carácter del trabajo como factor de integración social. Los empleadores que participen en estos programas podrán contratar a trabajadores de estos grupos protegidos por tiempo indeterminado, gozando de la exención del art. 46 de esta ley por el período de un año.

Art. 86. – *Programas para discapacitados.* A los efectos de la presente ley, se considerará como discapacitadas a aquellas personas calificadas como tales de acuerdo a los arts. 2° y 3° de la ley 22.431 y que sean mayores de catorce años.

Los programas deberán atender al tipo de actividad laboral que las personas puedan desempeñar, según su calificación. Los mismos deberán contemplar, entre otros aspectos, los siguientes:

a) Promoción de talleres protegidos de producción; apoyo a la labor de las personas discapacitadas a través del régimen de trabajo a domicilio, y prioridad para trabajadores discapacitados en el otorgamiento o concesión de uso de bienes del dominio público o privado del Estado nacional o de la Municipalidad de la Ciudad de Buenos Aires para la explotación de pequeños comercios o sobre los inmuebles que les pertenezcan o utilicen conforme lo establecen los arts. 11 y 12 de la ley 22.431.

b) Proveer al cumplimiento de la obligación de ocupar personas discapacitadas que reúnan condiciones de idoneidad en una proporción no inferior al 4% del personal (art. 8°, ley 22.431) en los organismos públicos nacionales, incluidas las empresas y sociedades del Estado.

c) Impulsar que en las convenciones colectivas se incluyan reservas de puestos de trabajo para discapacitados en el sector privado.

Art. 87. – Los empleadores que contraten trabajadores discapacitados por tiempo indeterminado gozarán de la exención prevista en el art. 46 sobre dichos contratos por el período de un año, independientemente de las que establecen las leyes 22.431 y 23.031.

Art. 88. – Los empleadores que contraten un 4% o más de su personal con trabajadores discapacitados y deban emprender obras en sus establecimientos para suprimir las llamadas barreras arquitectónicas, gozarán de créditos especiales para la financiación de las mismas.

Art. 89. – Los contratos de seguro de accidentes de trabajo no podrán discriminar ni en la prima ni en las condiciones, en razón de la calificación de discapacitado del trabajador asegurado.

Capítulo 4

FOMENTO DEL EMPLEO MEDIANTE NUEVOS EMPRENDIMIENTOS Y RECONVERSIÓN DE ACTIVIDADES INFORMALES

Art. 90. – Se establecerán programas dirigidos a apoyar la reconversión productiva de actividades informales para mejorar su productividad y gestión económica y a nuevas iniciativas generadoras de empleo.

Se considerarán como actividades informales, aquellas cuyo nivel de productividad esté por debajo de los valores establecidos periódicamente por el Consejo Nacional del Empleo, la Productividad y el Salario Mínimo, Vital y Móvil, o bien presenten otras características asimilables según lo establezca dicho Consejo.

Art. 91. – En estos programas se promoverán la pequeña empresa, microemprendimientos, modalidades asociativas como cooperativas de trabajo, programas de propiedad participada, empresas juveniles y sociedades de propiedad de los trabajadores.

Art. 92. – Se establecerán para esta modalidad de generación de empleo, conjunta o alternativamente, las siguientes medidas de fomento, con los alcances que fije la reglamentación:

a) Simplificación registral y administrativa.

b) Asistencia técnica.

c) Formación y reconversión profesional.

d) Capacitación en gestión y asesoramiento gerencial.

e) Constitución de fondos solidarios de garantía para facilitar el acceso al crédito.

f) Prioridad en el acceso a la modalidad de pago único de la prestación por desempleo prevista en el art. 127.

Art. 93. – Los proyectos que se incluyan en estos programas requerirán una declaración expresa de viabilidad económica formulada a partir de estudios técnicos específicos, por el Ministerio de Trabajo y Seguridad Social.

Art. 94. – El Ministerio de Trabajo y Seguridad Social deberá constituir y mantener un banco de proyectos, definir los lineamientos básicos para su diseño y brindar asistencia técnica para su ejecución y evaluación.

Capítulo 5

REESTRUCTURACIÓN PRODUCTIVA

Art. 95. – El Ministerio de Trabajo y Seguridad Social podrá declarar en situación de reestructuración productiva, de oficio o a petición de las partes interesadas, a las empresas públicas o mixtas, o sectores productivos privados, públicos o mixtos, cuando se encuentren o pudieren encontrarse afectados por reducciones significativas del empleo.

Art. 96. – El Ministerio de Trabajo y Seguridad Social en la resolución que declare la reestructuración productiva, convocará a la comisión negociadora del convenio colectivo aplicable para negociar sobre las siguientes materias:

a) Un programa de gestión preventiva del desempleo en el sector.

b) Las consecuencias de la reestructuración productiva en las condiciones de trabajo y de empleo.

c) Medidas de reconversión profesional y de reinserción laboral de los trabajadores afectados.

La comisión negociadora se expedirá en un plazo de treinta días, plazo que la autoridad de aplicación podrá prorrogar por un lapso que no exceda de treinta días más.

El empleador no podrá adoptar medidas que afecten el empleo hasta que se expida la comisión o venzan los plazos previstos.

Art. 97. – En los sectores declarados en situación de reestructuración productiva, el Ministerio de Trabajo y Seguridad Social podrá:

a) Constituir en el marco del Consejo Nacional del Empleo, la Productividad y el Salario Mínimo, Vital y Móvil, una comisión técnica tripartita para realizar un estudio sobre la situación sectorial que permita conocer las posibilidades de reinserción laboral y las necesidades de formación profesional planteadas.

b) Autorizar a las empresas no reestructuradas con establecimientos con más de veinticinco trabajadores, la ampliación en un 10% del límite fijado en el art. 34 de la presente ley para contratar trabajadores afectados por la reestructuración durante un plazo máximo de doce meses, en la misma región de su residencia.

c) Elaborar un programa de empleo y de reconversión profesional destinado a los trabajadores afectados.

Capítulo 6

PROCEDIMIENTO PREVENTIVO DE CRISIS DE EMPRESAS

Art. 98. – Con carácter previo a la comunicación de despidos o suspensiones por razones de fuerza mayor, causas económicas o tecnológicas, que afecten a más del 15% de los trabajadores en empresas de menos de cuatrocientos trabajadores; a más del 10% en empresas de entre cuatrocientos y mil trabajadores; y a más del 5% en empresas de más de mil trabajadores, deberá sustanciarse el procedimiento preventivo de crisis previsto en este Capítulo.

Art. 99. – El procedimiento de crisis se tramitará ante el Ministerio de Trabajo y Seguridad Social, a instancia del empleador o de la asociación sindical de los trabajadores.

En su presentación, el peticionante fundamentará su solicitud, ofreciendo todos los elementos probatorios que considere pertinentes.

Art. 100. – Dentro de las cuarenta y ocho horas de efectuada la presentación, el Ministerio dará traslado a la otra parte, y citará al empleador y a la asociación sindical a una primera audiencia, dentro de los cinco días.

Art. 101. – En caso de no existir acuerdo en la audiencia prevista en el artículo anterior, se abrirá un período de negociación entre el empleador y la asociación sindical, el que tendrá una duración máxima de diez días.

Art. 102. – El Ministerio de Trabajo y Seguridad Social, de oficio o a petición de parte podrá:

a) Recabar informes aclaratorios o ampliatorios acerca de los fundamentos de la petición.

b) Realizar investigaciones, pedir dictámenes y asesoramiento, y cualquier otra medida para mejor proveer.

Art. 103. – Si las partes, dentro de los plazos previstos en este Capítulo, arribaren a un acuerdo, lo elevarán al Ministerio de Trabajo y Seguridad Social, quien dentro del plazo de diez días podrá:

a) Homologar el acuerdo con la misma eficacia que un convenio colectivo de trabajo.

b) Rechazar el acuerdo mediante resolución fundada.

Vencido el plazo sin pronunciamiento administrativo, el acuerdo se tendrá por homologado.

Art. 104. – A partir de la notificación, y hasta la conclusión del procedimiento de crisis, el empleador no podrá ejecutar las medidas objeto del procedimiento, ni los trabajadores ejercer la huelga u otras medidas de acción sindical.

La violación de esta norma por parte del empleador determinará que los trabajadores afectados mantengan su relación de trabajo y deba pagárseles los salarios caídos.

Si los trabajadores ejercieren la huelga u otras medidas de acción sindical, se aplicará lo previsto en la ley 14.786.

Art. 105. – Vencidos los plazos previstos en este Capítulo sin acuerdo de partes se dará por concluido el procedimiento de crisis.

Capítulo 7

PROGRAMAS DE EMERGENCIA OCUPACIONAL

Art. 106. – El Ministerio de Trabajo y Seguridad Social podrá declarar la emergencia ocupacional de sectores productivos o regiones geográficas en atención a catástrofes naturales, razones económicas o tecnológicas.

Art. 107. – A efectos del artículo anterior se establece que:

a) La declaración de la emergencia ocupacional podrá ser requerida por la autoridad local u organismo provincial competente o declarada de oficio por la autoridad de aplicación.

b) Las causales de emergencia ocupacional mencionadas más arriba serán consideradas en cuanto tengan repercusión en los niveles de desocupación y subocupación de la zona afectada o cuando superen los promedios históricos locales una vez efectuado el ajuste correctivo de las variaciones cíclicas estacionales normales de la región.

Art. 108. – Los programas de emergencia ocupacional consistirán en acciones tendientes a generar empleo masivo por un período determinado a través de contratación directa del Estado nacional, provincial y municipal para la ejecución de obras o prestación de servicios de utilidad pública y social, e intensivos en mano de obra, a través de la modalidad prevista en los arts. 43 a 46 de esta ley. En este supuesto, el plazo mínimo de contratación se reducirá a tres meses, así como el de las renovaciones que se dispusieren.

Art. 109. – Durante la vigencia de la emergencia, la autoridad de aplicación podrá habilitar las modalidades promovidas previstas en esta ley, mediante acto fundado. Esta habilitación concluirá al término del período por el cual fue declarada la emergencia ocupacional, manteniéndose los contratos promovidos vigentes, hasta la finalización de su plazo.

Art. 110. – Los programas de emergencia ocupacional se ejecutarán en las zonas de emergencia más altamente pobladas dentro de la zona declarada en emergencia ocupacional y sus beneficiarios serán los residentes en las áreas más próximas a la ejecución de las obras, dándole prioridad a los trabajadores desocupados sin prestaciones por desempleo.

Título IV

DE LA PROTECCIÓN DE LOS TRABAJADORES DESEMPLEADOS

Capítulo Único

SISTEMA INTEGRAL DE PRESTACIONES POR DESEMPLEO

Art. 111. – La protección que se instituye a través de la presente ley regirá en todo el territorio de la Nación de conformidad con sus disposiciones y las normas reglamentarias que se dicten.

Art. 112. – Las disposiciones de este título serán de aplicación a todos los trabajadores cuyo contrato de trabajo se rija por la ley de contrato de trabajo (t.o. 1976). No será aplicable a los trabajadores comprendidos en el régimen nacional de trabajo agrario, a los trabajadores del servicio doméstico y a quienes hayan dejado de prestar servicios en la Administración pública nacional, provincial o municipal afectados por medidas de racionalización administrativa.

El Poder Ejecutivo remitirá al Honorable Congreso de la Nación, dentro del plazo de noventa días de promulgada la presente, un proyecto de ley que regulará el sistema de prestaciones por desempleo para los trabajadores comprendidos en el régimen nacional de la industria de la construcción.

Art. 113. – Para tener derecho a las prestaciones por desempleo los trabajadores deberán reunir los siguientes requisitos:

a) Encontrarse en situación legal de desempleo y disponible para ocupar un puesto de trabajo adecuado.

b) Estar inscriptos en el Sistema Único de Registro Laboral o en el Instituto Nacional de Previsión Social hasta tanto aquél comience a funcionar.

c) Haber cotizado al Fondo Nacional del Empleo durante un período mínimo de doce meses durante los tres años anteriores al cese del contrato de trabajo que dio lugar a la situación legal de desempleo, o al Instituto Nacional de Previsión Social por el período anterior a la existencia del Sistema Único de Registro Laboral.

d) Los trabajadores contratados a través de las empresas de servicios eventuales habilitadas por la autoridad competente, tendrán un período de cotización mínimo de noventa días durante los doce meses anteriores al cese de la relación que dio lugar a la situación legal de desempleo.

e) No percibir beneficios previsionales, o prestaciones no contributivas.

f) Haber solicitado el otorgamiento de la prestación en los plazos y formas que corresponda.

Art. 114. – Se encontrarán bajo situación legal de desempleo los trabajadores comprendidos en los siguientes supuestos:

a) Despido sin justa causa (art. 245, ley de contrato de trabajo, t.o. 1976).

b) Despido por fuerza mayor o por falta o disminución de trabajo no imputable al empleador (art. 247, ley de contrato de trabajo, t.o. 1976).

c) Resolución del contrato por denuncia del trabajador fundada en justa causa (arts. 242 y 246, ley de contrato de trabajo, t.o. 1976).

d) Extinción colectiva total por motivo económico o tecnológico de los contratos de trabajo.

e) Extinción del contrato por quiebra o concurso del empleador (art. 251, ley de contrato de trabajo, t.o. 1976).

f) Expiración del tiempo convenido, realización de la obra, tarea asignada, o del servicio objeto del contrato.

g) Muerte, jubilación o invalidez del empresario individual cuando éstas determinen la extinción del contrato.

h) No reiniciación o interrupción del contrato de trabajo de temporada por causas ajenas al trabajador.

Si hubiere duda sobre la existencia de relación laboral o la justa causa del despido se requerirá actuación administrativa del Ministerio de Trabajo y Seguridad Social de la Nación, de los organismos provinciales o municipales del trabajo para que determinen sumariamente la verosimilitud de la situación invocada. Dicha actuación no podrá hacerse valer en juicio laboral.

Art. 115. – La solicitud de la prestación deberá presentarse dentro del plazo de noventa días a partir del cese de la relación laboral.

Si se presentare fuera del plazo, los días que excedan de aquél, serán descontados del total del período de prestación que le correspondiere.

Art. 116. – La percepción de las prestaciones luego de presentada la solicitud, comenzará a partir del cumplimiento de un plazo de sesenta días corridos que podrá ser reducido por el Consejo del Empleo, la Productividad y el Salario Mínimo, Vital y Móvil.

En los casos de trabajadores que hubieran percibido gratificaciones por cese de la relación laboral dentro de los seis meses anteriores a la presentación de la solicitud de prestación por desempleo, el Consejo podrá establecer un período de espera diferenciado de hasta ciento veinte días corridos.

Art. 117. – El tiempo total de prestación estará en relación al período de cotización dentro de los tres años anteriores al cese del contrato de trabajo que dio origen a la situación legal de desempleo con arreglo a la siguiente escala:

Período de cotización	*Duración de las prestaciones*
De 12 a 23 meses	4 meses
De 24 a 35 meses	8 meses
36 meses	12 meses

Para los trabajadores eventuales comprendidos en el inc. *d* del art. 113, la duración de las prestaciones será de un día por cada tres de servicios prestados con cotización, computándose a ese efecto, exclusivamente, contrataciones superiores a treinta días.

Art. 118. – La cuantía de la prestación por desempleo para trabajadores convencionados o no convencionados será calculada como un porcentaje del importe neto de la mejor remuneración mensual, normal y habitual del trabajador en los seis meses anteriores al cese del contrato de trabajo que dio lugar a la situación de desempleo.

El porcentaje aplicable durante los primeros cuatro meses de la prestación será fijado por el Consejo Nacional del Empleo, la Productividad y el Salario Mínimo, Vital y Móvil.

Del quinto al octavo mes de prestación será equivalente al 85% de la de los primeros cuatro meses.

Del noveno al duodécimo mes de prestación será equivalente al 70% de la de los primeros cuatro meses.

En ningún caso la prestación mensual podrá ser inferior al mínimo ni superior al máximo que a ese fin determine el mismo Consejo.

Art. 119. – Las siguientes prestaciones formarán parte de la protección por desempleo:

a) La prestación económica por desempleo, establecida en el artículo anterior.

b) Prestaciones médico-asistenciales de acuerdo a lo dispuesto por las leyes 23.660 y 23.661.

c) Pago de las asignaciones familiares que correspondieren a cargo de las cajas de asignaciones y subsidios familiares.

d) Cómputo del período de las prestaciones a los efectos previsionales, con los alcances de los incs. *a* y *b* del art. 12 de esta ley.

Art. 120. – Los empleadores están obligados a:

a) Efectuar las inscripciones del art. 7° de esta ley.

b) Ingresar sus contribuciones al Fondo Nacional del Empleo.

c) Ingresar los aportes de los trabajadores al Fondo Nacional del Empleo como agente de retención responsable.

d) Proporcionar a la autoridad de aplicación la documentación, datos y certificaciones que reglamentariamente se determinen.

e) Comprobar fehacientemente que el trabajador en el caso de que fuera perceptor de prestaciones por desempleo, hubiera cursado la correspondiente baja al momento de incorporarse a la empresa.

Art. 121. – Los beneficiarios están obligados a:

a) Proporcionar a la autoridad de aplicación la documentación que reglamentariamente se determine, así como comunicar los cambios de domicilio o de residencia.

b) Aceptar los empleos adecuados que le sean ofrecidos por el Ministerio de Trabajo y Seguridad Social y asistir a las acciones de formación para las que sean convocados.

c) Aceptar los controles que establezca la autoridad de aplicación.

d) Solicitar la extinción o suspensión del pago de prestaciones por desempleo, al momento de incorporarse a un nuevo puesto de trabajo.

e) Reintegrar los montos de prestaciones indebidamente percibidas de conformidad con lo que determine la reglamentación.

f) Declarar gratificaciones por cese de la relación laboral, correspondientes a los últimos seis meses.

Art. 122. – La percepción de las prestaciones se suspenderá cuando el beneficiario:

a) No comparezca ante requerimiento de la autoridad de aplicación sin causa que lo justifique.

b) No dé cumplimiento a las obligaciones establecidas en los incs. *a, b* y *c* del art. 121.

c) Cumpla el servicio militar obligatorio salvo que tenga cargas de familia.

d) Sea condenado penalmente con pena de privación de la libertad.

e) Celebre contrato de trabajo de duración determinada por un plazo menor a doce meses.

La suspensión de la prestación no afecta el período de prestación que le restaba percibir al beneficiario pudiendo reanudarse al finalizar la causa que le dio origen.

Art. 123. – El derecho a la prestación se extinguirá en caso que el beneficiario quede comprendido en los siguientes supuestos:

a) Haber agotado el plazo de duración de las prestaciones que le hubiere correspondido.

b) Haber obtenido beneficios previsionales o prestaciones no contributivas.

c) Haber celebrado contrato de trabajo por un plazo superior a doce meses.

d) Haber obtenido las prestaciones por desempleo mediante fraude, simulación o reticencia.

e) Continuar percibiendo las prestaciones cuando correspondiere su suspensión.

f) Incumplir las obligaciones establecidas en los incs. *d* y *e* del art. 121.

g) No haber declarado la percepción de gratificaciones por cese de la relación laboral correspondiente a los últimos seis meses.

h) Negarse reiteradamente a aceptar los empleos adecuados ofrecidos por la entidad de aplicación.

Art. 124. – Las acciones u omisiones contrarias a las obligaciones dispuestas en el presente Capítulo serán consideradas como infracciones y serán sancionadas conforme determine la reglamentación.

Art. 125. – Las normas de procedimiento a aplicar serán las siguientes:

a) La resolución de la autoridad de aplicación de reconocimiento, suspensión, reanudación y extinción del derecho a las prestaciones de desempleo deberá fundarse y contra ella podrá interponerse reclamación administrativa o judicial.

b) 1. Cuando la actuación administrativa sea denegada expresamente podrá interponerse recurso por ante la Cámara Nacional de Apelaciones de la Seguridad Social, en el plazo de treinta días siguientes a la fecha en que sea notificada la denegatoria.

2. Si no recae resolución expresa en la reclamación administrativa en el plazo de cuarenta y cinco días de presentada, el interesado podrá requerir pronto despacho y si transcurrieren otros treinta días sin emitir resolución, se considerará que existe silencio de la administración y quedará expedita la vía judicial.

c) En todo lo no contemplado expresamente por esta ley, reglará supletoriamente la ley 19.549 de procedimientos administrativos.

Art. 126. – El Ministerio de Trabajo y Seguridad Social como autoridad de aplicación de esta ley tendrá facultades para aumentar la duración de las prestaciones conforme a las disponibilidades financieras del sistema.

Art. 127. – La reglamentación contemplará la modalidad de pago único de las prestaciones como medida de fomento del empleo, para beneficiarios que se constituyan como trabajadores asociados o miembros de cooperativas de trabajo existentes, a crear u otras formas jurídicas de trabajo asociado, en actividades productivas, en los términos que fije la misma.

Título V

DE LOS SERVICIOS DE FORMACIÓN, DE EMPLEO Y DE ESTADÍSTICAS

Capítulo 1

FORMACIÓN PROFESIONAL PARA EL EMPLEO

Art. 128. – El Ministerio de Trabajo y Seguridad Social deberá elaborar programas de formación profesional para el empleo que incluirán acciones de formación, calificación, capacitación, reconversión, perfeccionamiento y especialización de los trabajadores tendientes a apoyar y a facilitar:

a) Creación de empleo productivo.

b) Reinserción ocupacional de los trabajadores desocupados.

c) Reasignación ocupacional derivada de las reformas del sector público y la reconversión productiva.

d) El primer empleo de los jóvenes y su formación y perfeccionamiento laboral.

e) Mejora de la productividad y transformación de las actividades informales.

Art. 129. – Serán atribuciones del Ministerio de Trabajo y Seguridad Social:

a) Integrar la formación profesional para el empleo de la política nacional laboral.

b) Coordinar la ejecución de programas de formación profesional para el empleo con los organismos del sector público nacional, provincial o municipal y del sector privado, a través de la celebración de convenios.

c) Validar la certificación de calificaciones adquiridas en contratos de práctica laboral y de trabajo-formación.

d) Formular los programas de alternancia de formación y práctica laboral en los contratos de trabajo-formación.

Capítulo 2

SERVICIO DE EMPLEO

Art. 130. – El Ministerio de Trabajo y Seguridad Social organizará y coordinará la Red de Servicios de Empleo, gestionará los programas y actividades tendientes a la intermediación, fomento y promoción del empleo y llevará el registro de trabajadores desocupados.

Art. 131. – La Red de Servicios de Empleo tendrá como función la coordinación de la gestión operativa de los servicios de empleo a fin de garantizar la ejecución en todo el territorio nacional de las políticas del sector.

Art. 132. – Las provincias podrán integrarse a la Red de Servicios de Empleo por medio de convenios con el Ministerio de Trabajo y Seguridad Social, por los cuales se tenderá a facilitar la descentralización a nivel municipal de la gestión de dichos servicios.

Asimismo, el Ministerio de Trabajo y Seguridad Social promoverá la integración a la Red de Servicios de Empleo de las organizaciones empresariales, sindicales y otras sin fines de lucro.

Capítulo 3

ESTADÍSTICAS LABORALES

Art. 133. – El Ministerio de Trabajo y Seguridad Social diseñará y ejecutará programas de estadísticas e información laboral, los que deberán coordinarse con el Instituto Nacional de Estadística y Censos e integrarse al Sistema Estadístico Nacional, según la ley 17.622. A tales fines:

a) Elaborará encuestas e investigaciones sobre relaciones laborales.

b) Organizará un banco de datos.

c) Intervendrá en la definición de contenidos y el diseño de los censos y encuestas que realicen los organismos oficiales en lo referente al empleo, la formación profesional, los ingresos y la productividad.

Art. 134. – El Ministerio de Trabajo y Seguridad Social suministrará al Consejo Nacional del Empleo, la Productividad y el Salario Mínimo, Vital y Móvil la información necesaria para cumplir lo dispuesto por el art. 135 de esta ley, y coordinará con el Instituto Nacional de Estadística y Censos el seguimiento de los precios y la valorización mensual de la canasta básica.

Título VI

DEL CONSEJO NACIONAL DEL EMPLEO, LA PRODUCTIVIDAD Y EL SALARIO MÍNIMO, VITAL Y MÓVIL

Capítulo Único

Art. 135. – Créase el Consejo Nacional del Empleo, la Productividad y el Salario Mínimo, Vital y Móvil con las siguientes funciones:

a) Determinar periódicamente el salario mínimo, vital y móvil.

b) Determinar periódicamente los montos mínimos y máximos y el porcentaje previsto en el art. 118 correspondiente a los primeros cuatro meses de la prestación por desempleo.

c) Aprobar los lineamientos, metodología, pautas y normas para la definición de una canasta básica que se convierta en un elemento de referencia para la determinación del salario mínimo, vital y móvil.

d) Constituir, en su caso, las comisiones técnicas tripartitas sectoriales referidas en el art. 97, inc. *a.*

e) Fijar las pautas de delimitación de actividades informales de conformidad con el art. 90 de esta ley.

f) Formular recomendaciones para la elaboración de políticas y programas de empleo y formación profesional.

g) Proponer medidas para incrementar la producción y la productividad.

Art. 136. – El Consejo estará integrado por dieciséis representantes de los empleadores y dieciséis de los trabajadores, que serán *ad honorem* y designados por el Poder Ejecutivo y por un presidente designado por el Ministerio de Trabajo y Seguridad Social y durarán cuatro años en sus funciones.

La representación de los empleadores estará integrada por dos del Estado nacional en su rol de empleador, dos de las provincias que adhieran al régimen del presente título, en igual carácter, y doce de los empleadores del sector privado de las distintas ramas de actividad propuestos por sus organizaciones más representativas.

La representación de los trabajadores estará integrada de modo tal que incluya a los trabajadores del sector privado y del sector público de las distintas ramas de actividad, a propuesta de la central de trabajadores con personería gremial.

Art. 137. – Las decisiones del Consejo serán tomadas por mayoría de dos tercios. En caso de no lograrse ésta al término de dos sesiones, su presidente laudará respecto de los puntos en controversia.

Art. 138. – A petición de cualquiera de los sectores representados en el Consejo, se podrá modificar el monto del salario mínimo, vital y móvil establecido.

Título VII

EL SALARIO MÍNIMO, VITAL Y MÓVIL

Capítulo Único

Art. 139. – El salario mínimo, vital y móvil garantizado por el art. 14 *bis* de la Const. nacional y previsto por el art. 116 de la ley de contrato de trabajo (t.o. 1976) será determinado por el Consejo Nacional del Empleo, la Productividad y el Salario Mínimo, Vital y Móvil teniendo en cuenta los datos de la situación socioeconómica, los objetivos del instituto y la razonabilidad de la adecuación entre ambos.

Art. 140. – Todos los trabajadores comprendidos en la ley de contrato de trabajo (t.o. 1976), de la Administración pública nacional y de todas las entidades y organismos en que el Estado nacional actúe como empleador, tendrán derecho a percibir una remuneración no inferior al salario mínimo, vital y móvil que se establezca de conformidad a lo preceptuado en esta ley.

Art. 141. – El salario mínimo, vital y móvil no podrá ser tomado como índice o base para la determinación cuantitativa de ningún otro instituto legal o convencional.

Art. 142. – El salario mínimo, vital y móvil tendrá vigencia y será de aplicación obligatoria a partir del primer día del mes siguiente de la publicación. Excepcionalmente, se podrá disponer que la modificación entre en vigencia y surta efecto a partir del día siguiente de su publicación.

En todos los casos, dentro de los tres días de haberse tomado la decisión deberá publicarse por un día en el Boletín Oficial o en otros órganos periodísticos que garanticen una satisfactoria divulgación y certeza sobre la autenticidad de su texto.

Título VIII

DEL FINANCIAMIENTO

Capítulo 1

Art. 143. – Créase el Fondo Nacional del Empleo, con el objeto de proveer al financiamiento de los institutos, programas, acciones, sistemas y servicios contemplados en la presente ley.

Art. 144. – El Fondo Nacional del Empleo se constituirá con recursos de dos tipos distintos:

a) Aportes y contribuciones establecidos en el art. 145, inc. *a*, a fin de que el Fondo financie el Sistema Integral de Prestaciones por Desempleo.

b) Los recursos previstos en los incs. *b* y *c* del artículo siguiente, a fin que el Fondo financie programas y proyectos tendientes a la generación de empleo productivo y los servicios administrativos, de formación y de empleo encomendados al Ministerio de Trabajo y Seguridad Social.

51. Etala, *Contrato*.

Art. 145. – Los recursos destinados al Fondo Nacional del Empleo son los siguientes:

a) Aportes y contribuciones:

1. Uno y medio punto porcentual de la contribución a las cajas de subsidios y asignaciones familiares según lo establecido en el art. 146 de la presente ley.

2. Una contribución del 3% del total de las remuneraciones pagadas por las empresas de servicios eventuales, a cargo de dichas empresas.

3. *Una contribución del 0,5% de las remuneraciones sujetas a contribuciones previsionales, a cargo del empleador privado.* [Vetado por decr. 2565/91, art. 3°]

4. *Un aporte del 0,5% de las remuneraciones sujetas a aportes previsionales, a cargo del trabajador.*

Los empleadores y trabajadores amparados por el régimen nacional de la industria de la construcción, quedarán eximidos de las contribuciones y aportes previstos en los incs. 3 y 4 del presente artículo de acuerdo a lo dispuesto en el art. 112, párr. 2°, de esta ley. [Vetado por decr. 2565/91, art. 3°]

5. Los aportes personales de los beneficiarios de prestaciones previsionales que reingresen a la actividad. [Inciso agregado por ley 24.347, art. 5°]

b) Aportes del Estado:

1. Las partidas que asigne anualmente la ley de presupuesto.

2. Los recursos que aporten las provincias y, en su caso, los municipios, en virtud de los convenios celebrados para la instrumentación de la presente ley.

c) Otros recursos:

1. Donaciones, legados, subsidios y subvenciones y todo ingreso compatible con la naturaleza y fines del Fondo.

2. Las rentas provenientes de la inversión de las sumas ingresadas al Fondo por cualquier concepto.

3. Las actualizaciones, intereses, cargos o multas originados en infracciones a las normas de la presente ley.

4. Los saldos no utilizados de ejercicios anteriores.

5. Los recursos provenientes de la cooperación internacional en la medida que fueren destinados a programas, acciones y actividades generadoras de empleo y de formación profesional, previstas en la presente ley.

Art. 146. – Sustitúyese el art. 23 de la ley 18.017, modificado por la ley 23.568, por el siguiente:

"**Art. 23.** – Fíjase como aporte obligatorio de los empleadores comprendidos en el ámbito de la Caja de Subsidios Familiares para Empleados de Comercio, la Caja de Subsidios Familiares para el Personal de la Industria y la Caja de Asignaciones Familiares para el Personal de la Estiba, Fluviales y de la Industria Naval, el 9% sobre el total de las remuneraciones incluido el sueldo anual complementario. De ese 9%, uno y medio puntos porcentuales serán destinadas al Fondo Nacional del Empleo, y los siete y medio puntos porcentuales restantes a la correspondiente caja de asignaciones familiares".

Art. 147. – *La recaudación de los aportes y contribuciones previstas en el art. 145, será efectivizada a través de las cajas de subsidios y asignaciones familiares, de acuerdo a lo que establezca la reglamentación, las que tendrán las mismas facultades con respecto al cobro de los aportes y contribuciones del Fondo Nacional del Empleo que las que confieren las leyes 18.017, 22.161 y concordantes.* [Vetado por decr. 2565/91, art. 4°]

Art. 148. – *Las cajas de subsidios familiares transferirán a la cuenta del Fondo Nacional del Empleo en el plazo de cinco días de su recaudación las sumas percibidas conforme lo dispuesto por los arts. 145 y 146.* [Vetado por decr. 2565/91, art. 5°]

Art. 149. – El Fondo Nacional del Empleo creado por la presente ley se constituirá como cuenta especial presupuestaria en jurisdicción del Ministerio de Trabajo y Seguridad Social.

Las sumas recaudadas para el Fondo Nacional del Empleo no podrán destinarse a otro fin que el expresamente dispuesto en esta ley.

Capítulo 2
ADMINISTRACIÓN Y GESTIÓN DEL FONDO NACIONAL DEL EMPLEO

Art. 150. – El Ministerio de Trabajo y Seguridad Social tendrá a su cargo la administración y gestión del Fondo Nacional del Empleo.

El pago de las prestaciones, la recaudación de aportes y contribuciones y su control estarán a cargo de las cajas de asignaciones y subsidios familiares, conforme lo determine la reglamentación, que deberá dictarse en el plazo de sesenta días. [Párrafo vetado por decr. 2565/91, art. 6°]

Título IX
ORGANISMO DE CONTRALOR

Capítulo Único

Art. 151. – Créase una comisión bicameral integrada por tres senadores y tres diputados la que tendrá por función supervisar el cumplimiento de la presente ley, quedando facultada para requerir todo tipo de información de los organismos gestores y de la autoridad de aplicación de la misma.

La comisión estará integrada por el presidente y vicepresidente de la Comisión de Trabajo y Previsión Social del Senado de la Nación y el presidente de la Comisión de Presupuesto y Hacienda de la misma Cámara, y los presidentes de las comisiones de Legislación del Trabajo, de Previsión y Seguridad Social y de Presupuesto y Hacienda de la Cámara de Diputados.

Título X
PRESTACIÓN TRANSITORIA POR DESEMPLEO

Capítulo Único

Art. 152. – Institúyese una prestación por desempleo con carácter transitorio hasta tanto comience a efectivizarse el beneficio establecido en el título

IV de esta ley. Los requisitos, plazos, montos y demás condiciones serán establecidos por la reglamentación que se dictará e implementará dentro de los sesenta días de sancionada la presente.

El pago de esta prestación deberá comenzar a realizarse en un plazo no mayor de noventa días de sancionada la presente ley.

Dicha prestación se financiará con los recursos establecidos en los arts. 144 y 145 de esta ley y será gestionada con intervención de las cajas de subsidios y asignaciones familiares. [Párrafo vetado por decr. 2565/91, art. 7°]

Título XI

INDEMNIZACIÓN POR DESPIDO INJUSTIFICADO

Capítulo Único

Art. 153. – Sustitúyese el art. 245 de la ley de contrato de trabajo (t.o. 1976) por el siguiente: [incorporado en el articulado de la LCT]

Art. 154. – Derógase el art. 48 de la ley 23.697 de emergencia económica, y el art. 19 de la ley 23.769.

Art. 155. – Sustitúyese el inc. *a* del art. 76 de la ley 22.248 por el siguiente:

"*a*) Un mes de sueldo por cada año de servicio o fracción mayor de tres meses, tomando como base la mejor remuneración mensual normal y habitual percibida durante el último año o durante el plazo de prestación de servicios si éste fuera menor. Dicha base no podrá exceder de tres veces el importe mensual de la suma que resulta del promedio de todas las remuneraciones fijadas por la Comisión Nacional de Trabajo Agrario y vigentes a la fecha de despido. Dicha Comisión deberá fijar y publicar el monto que corresponda juntamente con las escalas salariales. El importe de esta indemnización en ningún caso podrá ser inferior a dos meses de sueldo, calculados en base al sistema del primer párrafo".

Título XII

DISPOSICIONES TRANSITORIAS

Capítulo Único

Art. 156. – Los aportes y contribuciones establecidas por el título VIII de la presente ley serán exigibles a partir de los sueldos devengados desde el primer día del mes siguiente al de vigencia de la presente ley.

Art. 157. – El Sistema Integral de Prestaciones por Desempleo comenzará a efectivizar las prestaciones enunciadas en el título IV, capítulo 1*, a los

---

* El legislador debió remitir al "título IV, capítulo único".

ciento ochenta días de dictada la presente ley. El requisito previsto en el inc. *c* del art. 113 podrá ser acreditado conforme lo establezca la reglamentación.

Art. 158. – Facúltase al Poder Ejecutivo nacional para gestionar con los gobiernos provinciales la firma de los convenios y acuerdos necesarios para la ejecución de esta ley.

Art. 159. – Derógase toda disposición que se oponga a la presente ley.

Art. 160. [De forma]

LEY 24.467*

RÉGIMEN DE LA PEQUEÑA Y MEDIANA EMPRESA

Título III

RELACIONES DE TRABAJO

Sección I
DEFINICIÓN DE PEQUEÑA EMPRESA

Artículo 83. – El contrato de trabajo y las relaciones laborales en la pequeña empresa (PE) se regularán por el régimen especial de la presente ley.

A los efectos de este capítulo, pequeña empresa es aquella que reúna las dos condiciones siguientes:

a) Su plantel no supere los cuarenta trabajadores.

b) Tengan una facturación anual inferior a la cantidad que para cada actividad o sector fije la Comisión Especial de Seguimiento del art. 104 de esta ley.

Para las empresas que a la fecha de vigencia de esta ley vinieran funcionando, el cómputo de trabajadores se realizará sobre el plantel existente al 1º de enero de 1995.

La negociación colectiva de ámbito superior al de empresa podrá modificar la condición referida al número de trabajadores definida en el segundo párrafo punto *a* de este artículo.

Las pequeñas empresas que superen alguna o ambas condiciones anteriores podrán permanecer en el régimen especial de esta ley por un plazo de tres años, siempre y cuando no dupliquen el plantel o la facturación indicados en el párrafo segundo de este artículo.

---

* Sancionada el 15/3/95; promulgada el 23/3/95 (BO, 28/3/95). Se transcribe la parte pertinente.

Sección II
REGISTRO ÚNICO DE PERSONAL

Art. 84. – Las empresas comprendidas en el presente título podrán sustituir los libros y registros exigidos por las normas legales y convencionales vigentes por un registro denominado "registro único de personal".

Art. 85. – En el registro único de personal se asentará la totalidad de los trabajadores, cualquiera sea su modalidad de contratación y será rubricado por la autoridad administrativa laboral competente.

Art. 86. – En el registro único de personal quedarán unificados los libros, registros, planillas y demás elementos de contralor que se señalan a continuación:

a) El libro especial del art. 52 del régimen de contrato de trabajo (LCT, t.o. 1976).

b) La sección especial establecida en el art. 13, ap. 1, del decr. 342/92.

c) Los libros establecidos por la ley 12.713 y su decr. regl. 118.755/42 de trabajadores a domicilio.

d) El libro especial del art. 122 del régimen nacional de trabajo agrario de la ley 22.248.

Art. 87. – En el registro único de personal se hará constar el nombre y apellido o razón social del empleador, su domicilio y número de CUIT, y además se consignarán los siguientes datos:

a) Nombre y apellido del trabajador y su documento de identidad.

b) Número de CUIL.

c) Domicilio del trabajador.

d) Estado civil e individualización de sus cargas de familia.

e) Fecha de ingreso.

f) Tarea a desempeñar.

g) Modalidad de contratación.

h) Lugar de trabajo.

i) Forma de determinación de la remuneración asignada, monto, y fecha de su pago.

j) Régimen previsional por el que haya optado el trabajador y, en su caso, individualización de su administradora de fondos de jubilaciones y pensiones (AFJP).

k) Toda modificación que se opere respecto de los datos consignados precedentemente y, en su caso, la fecha de egreso.

La autoridad de aplicación establecerá un sistema simplificado de denuncia individualizada de personal a los organismos de seguridad social.

Art. 88. – El incumplimiento de las obligaciones registrales previstas en esta Sección o en la ley 20.744 (t.o. 1976) podrá ser sancionado hasta con la exclusión del régimen de la presente ley, además de las penalidades establecidas en las leyes 18.694, 23.771 y 24.013.

La comprobación y el juzgamiento de las omisiones registrales citadas en el apartado anterior se realizará en todo el territorio del país conforme el procedimiento establecido en la ley 18.695 y sus modificatorias.

Sección III
MODALIDADES DE CONTRATACIÓN

Art. 89. [Derogado por ley 25.013, art. 21]

Sección IV
DISPONIBILIDAD COLECTIVA

Art. 90. – Los convenios colectivos de trabajo referidos a la pequeña empresa podrán modificar en cualquier sentido las formalidades, requisitos, aviso y oportunidad de goce de la licencia anual ordinaria.

No podrá ser materia de disponibilidad convencional lo dispuesto en el último párrafo del art. 154 del régimen de contrato de trabajo (t.o. 1976).

Art. 91. – Los convenios colectivos de trabajo referidos a la pequeña empresa podrán disponer el fraccionamiento de los períodos de pago del sueldo anual complementario siempre que no excedan de tres períodos en el año.

Art. 92. [Derogado por ley 25.877, art. 41]

Art. 93. – Las resoluciones de la Comisión Nacional de Trabajo Agrario referidas a la pequeña empresa y decididas por la votación unánime de las representaciones que la integran, podrán ejercer iguales disponibilidades a las previstas en los arts. 90 y 91 de esta ley con relación a iguales institutos regulados en el régimen nacional de trabajo agrario por la ley 22.248.

Sección V
MOVILIDAD INTERNA

Art. 94. – El empleador podrá acordar con la representación sindical signataria del convenio colectivo la redefinición de los puestos de trabajo correspondientes a las categorías determinadas en los convenios colectivos de trabajo.

Sección VI
PREAVISO

Art. 95. – En las pequeñas empresas el preaviso se computará a partir del día siguiente al de su comunicación por escrito, y tendrá una duración de un mes cualquiera fuere la antigüedad del trabajador.

Esta norma regirá exclusivamente para los trabajadores contratados a partir de la vigencia de la presente ley.

Sección VII
FORMACIÓN PROFESIONAL

Art. 96. – La capacitación profesional es un derecho y un deber fundamental de los trabajadores de las pequeñas empresas, quienes tendrán acceso preferente a los programas de formación continua financiados con fondos públicos.

El trabajador que asista a cursos de formación profesional relacionados con la actividad de la pequeña empresa en la que preste servicios, podrá solicitar a su empleador la adecuación de su jornada laboral a las exigencias de dichos cursos.

Los convenios colectivos para pequeñas empresas deberán contener un capítulo especial dedicado al desarrollo del deber y del derecho a la capacitación profesional.

Sección VIII
MANTENIMIENTO Y REGULACIÓN DE EMPLEO

Art. 97. – Las pequeñas empresas, cuando decidan reestructurar sus plantas de personal por razones tecnológicas, organizativas o de mercado, podrán proponer a la asociación sindical signataria del convenio colectivo la modificación de determinadas regulaciones colectivas o estatutarias aplicables.

La asociación sindical tiene derecho a recibir la información que sustente las pretensiones de las pequeñas empresas.

Si la pequeña empresa y la asociación sindical acordaran tal modificación, la pequeña empresa no podrá efectuar despidos por la misma causa durante el tiempo que dure la modificación.

Art. 98. – Cuando las extinciones de los contratos de trabajo hubieran tenido lugar como consecuencia de un procedimiento preventivo de crisis, el Fondo Nacional de Empleo podrá asumir total o parcialmente las indemnizaciones respectivas, o financiar acciones de capacitación y reconversión para los trabajadores despedidos.

Sección IX
NEGOCIACIÓN COLECTIVA

Art. 99. – La entidad sindical signataria del convenio colectivo y la representación de la pequeña empresa podrán acordar convenios colectivos de trabajo para el ámbito de estas últimas.

La organización sindical podrá delegar en entidades de grado inferior la referida negociación.

Podrán, asimismo, estipular libremente la fecha de vencimiento de estos convenios colectivos. Si no mediare estipulación convencional en contrario, se extinguirán de pleno derecho a los tres meses de su vencimiento.

Art. 100. – Vencido el término de un convenio colectivo de trabajo o sesenta días antes de su vencimiento, cualquiera de las partes signatarias podrá solicitar el inicio de las negociaciones colectivas para el ámbito de la pequeña empresa. A tal fin el Ministerio de Trabajo y Seguridad Social, deberá convocar a las partes.

Las partes están obligadas a negociar de buena fe. Este principio supone los siguientes derechos y obligaciones:

a) Concurrencia a la negociación y a las audiencias.
b) Intercambio de información.
c) Realización de esfuerzos conducentes para arribar a un acuerdo.

Art. 101. – En las actividades en las que no existiera un convenio colectivo de trabajo específico para las pequeñas empresas el Ministerio de Trabajo y Seguridad Social deberá prever que en la constitución de la representación de los empleadores en la comisión negociadora se encuentre representado el sector de la pequeña empresa.

Art. 102. – A partir de los seis meses de la entrada en vigencia de la presente ley, será requisito para la homologación por parte del Ministerio de Trabajo y Seguridad Social que el convenio colectivo de trabajo contenga un capítulo específico que regule las relaciones laborales en la pequeña empresa, salvo que en la actividad de que se tratare se acreditara la existencia de un convenio colectivo específico para las pequeñas empresas.

Art. 103. – Los convenios colectivos de trabajo para pequeñas empresas, durante el plazo de su vigencia, no podrán ser afectados por convenios de otro ámbito.

Sección X

SALUD Y SEGURIDAD EN EL TRABAJO

Art. 104. – Las normas de salud y seguridad en el trabajo deberán considerar, en la determinación de exigencias, el número de trabajadores y riesgos existentes en cada actividad. Igualmente deberán fijar plazos que posibiliten la adaptación gradual de las pequeñas empresas a la legislación.

Sección XI

SEGUIMIENTO Y APLICACIÓN

Art. 105. – Créase una Comisión Especial de Seguimiento encargada de:

a) Evaluar el impacto del título III de esta ley sobre el empleo, el mercado de trabajo, y la negociación colectiva.

b) Elaborar un informe anual acerca de la evolución de los tres factores del inciso anterior en el ámbito de la pequeña empresa.

c) Determinar el monto de la facturación anual, a los efectos previstos en el art. 83 de esta ley.

Esta Comisión estará integrada por tres representantes de la Confederación General del Trabajo, tres representantes de las organizaciones de pequeños empleadores, y el ministro de Trabajo y Seguridad Social, que presidirá las deliberaciones.

La Comisión Especial de Seguimiento podrá, además:

a) Intervenir como mediador voluntario en los conflictos que pudieran derivarse de la aplicación de este capítulo y que las partes interesadas decidieran someterle.

b) Ser consultada por el ministro de Trabajo y Seguridad Social con carácter previo a la reglamentación del presente capítulo.

Art. 106. – El Poder Ejecutivo nacional establecerá la autoridad de aplicación correspondiente al título III de la presente ley.

Art. 107. [De forma]

Ley 25.013*

REFORMA LABORAL

Capítulo I

Artículo 1° [Contrato de trabajo de aprendizaje] – El contrato de aprendizaje tendrá finalidad formativa teórico-práctica, la que será descripta con precisión en un programa adecuado al plazo de duración del contrato. Se celebrará por escrito entre un empleador y un joven sin empleo, de entre quince y veintiocho años.

Este contrato de trabajo tendrá una duración mínima de tres meses y una máxima de un año.

A la finalización del contrato el empleador deberá entregar al aprendiz un certificado suscripto por el responsable legal de la empresa, que acredite la experiencia o especialidad adquirida.

La jornada de trabajo de los aprendices no podrá superar las cuarenta horas semanales, incluidas las correspondientes a la formación teórica. Respecto de los menores se aplicarán las disposiciones relativas a la jornada de trabajo de los mismos.

No podrán ser contratados como aprendices aquellos que hayan tenido una relación laboral previa con el mismo empleador. Agotado su plazo máximo, no podrá celebrarse nuevo contrato de aprendizaje respecto del mismo aprendiz.

El número total de aprendices contratados no podrá superar el 10% de los contratados por tiempo indeterminado en el establecimiento de que se trate. Cuando dicho total no supere los diez trabajadores será admitido un aprendiz. El empresario que no tuviere personal en relación de dependencia, también podrá contratar un aprendiz.

El empleador deberá preavisar con treinta días de anticipación la terminación del contrato o abonar una indemnización sustitutiva de medio mes de sueldo.

El contrato se extinguirá por cumplimiento del plazo pactado; en este supuesto el empleador no estará obligado al pago de indemnización alguna al trabajador sin perjuicio de lo dispuesto en el párrafo anterior. En los demás supuestos regirá el art. 7° y concordantes de la presente ley.

Si el empleador incumpliera las obligaciones establecidas en esta ley el contrato se convertirá a todos sus fines en un contrato por tiempo indeterminado.

Las cooperativas de trabajo y las empresas de servicios eventuales no podrán hacer uso de este contrato.

---

* Sancionada el 2/9/98; promulgada parcialmente el 22/9/98 (BO, 24/9/98).

Art. 2º [Régimen de pasantías] – Cuando la relación se configure entre un empleador y un estudiante y tenga como fin primordial la práctica relacionada con su educación y formación se configurará el contrato de pasantía.

El Ministerio de Trabajo y Seguridad Social establecerá las normas a las que quedará sujeto dicho régimen.

Art. 3º – Sustitúyese el art. 92 *bis* del régimen de contrato de trabajo (ley 20.744, t.o. 1976) por el siguiente texto: [Modificado por la ley 25.877, art. 2º; incorporado en el articulado de la LCT]

Art. 4º [Derogado por ley 25.877, art. 41]

Capítulo II

Arts. 5º a 8º [Derogados por ley 25.877, art. 41]

Art. 9º [Falta de pago en término de la indemnización por despido incausado]. En caso de falta de pago en término y sin causa justificada por parte del empleador, de la indemnización por despido incausado o de un acuerdo rescisorio homologado, se presumirá la existencia de la conducta temeraria y maliciosa contemplada en el art. 275 de la ley 20.744 (t.o. 1976).

Arts. 10 y 11. [Derogados por ley 25.877, art. 41]

Capítulo III

Arts. 12 a 16. [Derogados por ley 25.250, art. 36, ratificada por ley 25.877, art. 41]

Capítulo IV

Art. 17. – Sustitúyese el segundo párrafo del art. 30 del régimen de contrato de trabajo (ley 20.744, t.o. 1976) por el siguiente texto: [incorporado en el articulado de la LCT]

Las disposiciones insertas en este artículo resultan aplicables al régimen de solidaridad específico previsto en el art. 32 de la ley 22.250.

Art. 18. – Créase una Comisión de Seguimiento del Régimen de Contrato de Trabajo y de las normas de las convenciones colectivas de trabajo, la que evaluará anualmente dicha normativa pudiendo proponer reformas o modificaciones a la misma con el fin de promover y defender el empleo productivo.

Dicha Comisión de Seguimiento estará integrada por dos representantes del Gobierno nacional, uno de los cuales ejercerá la presidencia, el presidente del Consejo Federal de Administraciones del Trabajo o un representante miembro que éste designe al efecto, dos representantes de la Confederación General del Trabajo y dos representantes de las organizaciones más representativas de empleadores.

Art. 19. – Todos los contratos de trabajo, así como las pasantías, deberán ser registrados ante los organismos de seguridad social y tributarios en la misma forma y oportunidad que los contratos de trabajo por tiempo indeterminado.

Las comunicaciones pertinentes deberán indicar:

a) El tipo de que se trate.

b) En su caso, las fechas de inicio y finalización del contrato.

El Ministerio de Trabajo y Seguridad Social tendrá libre acceso a las bases de datos que contengan tales informaciones.

Art. 20. – El Ministerio de Trabajo y Seguridad Social será la autoridad de aplicación de la presente ley.

Art. 21. – Deróganse los arts. 18, inc. *b*, 31 última parte, 28 a 40 y 43 a 65 de la ley 24.013, los arts. 1º, 3º, 4º y 5º de la ley 24.465, y el art. 89 de la ley 24.467.

Art. 22. [Cláusula transitoria] – Los contratos celebrados, hasta la entrada en vigencia de la presente ley, bajo las modalidades previstas en los arts. 43 a 65 de la ley 24.013 y en los arts. 3º y 4º de la ley 24.465 que por la presente se derogan, continuarán hasta su finalización no pudiendo ser renovados ni prorrogados.

Art. 23. [De forma]

LEY 25.323*

INDEMNIZACIONES LABORALES

Artículo 1º – Las indemnizaciones previstas por las leyes 20.744 (t.o. 1976), art. 245 y 25.013, art. 7º, o las que en el futuro las reemplacen, serán incrementadas al doble cuando se trate de una relación laboral que al momento del despido no esté registrada o lo esté de modo deficiente.

Para las relaciones iniciadas con anterioridad a la entrada en vigencia de la presente ley, los empleadores gozarán de un plazo de treinta días contados a partir de dicha oportunidad para regularizar la situación de sus trabajadores, vencido el cual le será de plena aplicación el incremento dispuesto en el párrafo anterior.

El agravamiento indemnizatorio establecido en el presente artículo, no será acumulable a las indemnizaciones previstas por los arts. 8º, 9º, 10 y 15 de la ley 24.013.

Art. 2º – Cuando el empleador, fehacientemente intimado por el trabajador, no le abonare las indemnizaciones previstas en los arts. 232, 233 y 245 de la ley 20.744 (t.o. 1976) y los arts. 6º y 7º de la ley 25.013, o las que en el futuro las reemplacen, y, consecuentemente, lo obligare a iniciar acciones judiciales o cualquier instancia previa de carácter obligatorio para percibirlas, éstas serán incrementadas en un 50%.

Si hubieran existido causas que justificaren la conducta del empleador, los jueces, mediante resolución fundada, podrán reducir prudencialmente el incre-

---

* Sancionada el 13/9/00; promulgada el 6/10/00 (BO, 11/10/00).

mento indemnizatorio dispuesto por el presente artículo hasta la eximición de su pago.

Art. 3º [De forma]

LEY 25.561*

LEY DE EMERGENCIA PÚBLICA

TÍTULO I

DECLARACIÓN DE EMERGENCIA PÚBLICA

Artículo 1º – Declárase, con arreglo a lo dispuesto en el art. 76 de la Const. nacional, la emergencia pública en materia social, económica, administrativa, financiera y cambiaria, delegando al Poder Ejecutivo nacional las facultades comprendidas en la presente ley, hasta el 31 de diciembre de 2004, con arreglo a las bases que se especifican seguidamente:

1) Proceder al reordenamiento del sistema financiero, bancario y del mercado de cambio.

2) Reactivar el funcionamiento de la economía y mejorar el nivel de empleo y de distribución de ingresos, con acento en un programa de desarrollo de las economías regionales.

3) Crear condiciones para el crecimiento económico sustentable y compatible con la reestructuración de la deuda pública.

4) Reglar la reestructuración de las obligaciones, en curso de ejecución, afectadas por el nuevo régimen cambiario instituido en el art. 2º. [Modificado por ley 25.820, art. 1º]

TÍTULO VII

DE LAS DISPOSICIONES COMPLEMENTARIAS Y TRANSITORIAS

Art. 16. – Suspéndese la aplicación de la ley 25.557, por el término de hasta noventa días. Por el plazo de ciento ochenta días quedan suspendidos los despidos sin causa justificada. En caso de producirse despidos en contravención a lo aquí dispuesto, los empleadores deberán abonar a los trabajadores perjudicados el doble de la indemnización que les correspondiese, de conformidad a la legislación laboral vigente**.

---

* Sancionada y promulgada el 6/1/02 (BO, 7/1/02, número extraordinario). Se transcribe la parte pertinente.

** El decr. NU 883/02 (BO, 29/5/02) prorrogó por ciento ochenta días hábiles administrativos, a partir de su vencimiento originario, estos despidos y demás disposiciones de la última parte del art. 16 de la ley 25.561, y prórrogas posteriores: decrs. 256/03, 662/03, 1351/03, 369/04 y 823/04.

Ley 25.877*

LEY DE ORDENAMIENTO LABORAL

Título Preliminar
DEL ORDENAMIENTO DEL RÉGIMEN LABORAL

Artículo 1º – Derógase la ley 25.250 y sus normas reglamentarias.

Título I
DERECHO INDIVIDUAL DEL TRABAJO

Capítulo I
DEL PERÍODO DE PRUEBA

Art. 2º – Sustitúyese el art. 92 *bis* de la ley de contrato de trabajo 20.744 (t.o. 1976) y sus modificatorias, por el siguiente: [incluido en el texto de la ley]

Capítulo II
DE LA EXTINCIÓN DEL CONTRATO DE TRABAJO

PREAVISO

Art. 3º – Sustitúyese el art. 231 de la ley de contrato de trabajo 20.744 (t.o. 1976) y sus modificatorias, por el siguiente texto: [incluido en el texto de la ley]

Art. 4º – Sustitúyese el art. 233 de la ley de contrato de trabajo 20.744 (t.o. 1976) y sus modificatorias, por el siguiente texto: [incluido en el texto de la ley]

INDEMNIZACIÓN POR DESPIDO SIN JUSTA CAUSA

Art. 5º – Sustitúyese el art. 245 de la ley de contrato de trabajo 20.744 (t.o. 1976) y sus modificatorias, por el siguiente: [Incluido en el texto de la ley]

---

* Sancionada el 2/3/04; promulgada el 18/3/04 (BO, 19/3/04). Ver, en este Apéndice, el decr. regl. 817/04.

Capítulo III

PROMOCIÓN DEL EMPLEO

Art. 6º – La empresa que emplee hasta ochenta trabajadores, cuya facturación anual no supere el importe que establezca la reglamentación y que produzca un incremento neto en su nómina de trabajadores, gozará de una reducción de sus contribuciones a la seguridad social por el término de doce meses, con relación a cada nuevo trabajador que incorpore hasta el 31 de diciembre de 2004.

La reducción consistirá en una exención parcial de las contribuciones al sistema de la seguridad social, equivalente a la tercera parte de las contribuciones vigentes.

Cuando el trabajador que se contratare para ocupar el nuevo puesto de trabajo fuera un beneficiario o beneficiaria del programan jefes de hogar, la exención parcial se elevará a la mitad de dichas contribuciones.

Las condiciones que deberán cumplirse para el goce de este beneficio, así como la composición de la reducción, serán fijadas por la reglamentación.

La reducción citada no podrá afectar el financiamiento de la seguridad social, ni los derechos conferidos a los trabajadores por los regímenes de la seguridad social, ni alterar las contribuciones a las obras sociales.

El Poder Ejecutivo nacional, en base a las previsiones que efectuará el Ministerio de Trabajo, Empleo y Seguridad Social, adoptará los recaudos presupuestarios necesarios para compensar la aplicación de la reducción de que se trata.

El presente beneficio regirá hasta el 31 de diciembre de 2004, quedando facultado el Poder Ejecutivo nacional para prorrogar su vigencia o reducir los topes establecidos en el presente artículo, en función de la evolución de los índices de empleo. Anualmente el Poder Ejecutivo nacional deberá informar a las comisiones de legislación del trabajo de ambas cámaras del Poder Legislativo nacional sobre los elementos objetivos que fundaron la determinación adoptada. El cese del presente régimen de promoción no afectará su goce por parte de las empresas a las que se les hubiera acordado, respecto de los trabajadores incorporados durante su vigencia.

Este beneficio no será de aplicación a los contratos regulados en el art. 99 de la ley de contrato de trabajo, 20.744 (t.o. 1976) y sus modificatorias*.

Art. 7º – El Ministerio de Trabajo, Empleo y Seguridad Social promoverá la inclusión del concepto de trabajo decente en las políticas públicas nacionales, provinciales y municipales. A tal fin, ejecutará y promoverá la implementación, articulada con otros organismos nacionales, provinciales y municipales, de acciones dirigidas a sostener y fomentar el empleo, reinsertar laboralmente a los trabajadores desocupados y capacitar y formar profesionalmente a los trabajadores.

Arts. 8º a 38. [Sustituyen artículos de las leyes 14.250 y 23.546, sobre negociación colectiva y su procedimiento, t.o. por decr. 1135/04]

---

* Ver, en Apéndice, decr. regl. 817/04.

Título III
ADMINISTRACIÓN DEL TRASLADO

Capítulo II
SIMPLIFICACIÓN REGISTRAL

Art. 39. – El Ministerio de Trabajo, Empleo y Seguridad Social establecerá el organismo encargado y los procedimientos destinados a la simplificación y unificación en materia de inscripción laboral y de la seguridad social, con el objeto de que la registración de empleadores y trabajadores se cumpla en un solo acto y a través de un único trámite.

El Poder Ejecutivo nacional dictará las normas para la reglamentación e instrumentación de lo dispuesto en el presente artículo.

Capítulo III
COOPERATIVAS DE TRABAJO

Art. 40. – Los servicios de inspección del trabajo están habilitados para ejercer el contralor de las cooperativas de trabajo a los efectos de verificar el cumplimiento de las normas laborales y de la seguridad social en relación con los trabajadores dependientes a su servicio así como a los socios de ella que se desempeñaren en fraude a la ley laboral.

Estos últimos serán considerados trabajadores dependientes de la empresa usuaria para la cual presten servicios a los efectos de la aplicación de la legislación laboral y de la seguridad social.

Si durante esas inspecciones se comprobare que se ha incurrido en una desnaturalización de la figura cooperativa con el propósito de sustraerse, total o parcialmente, a la aplicación de la legislación del trabajo denunciarán, sin perjuicio del ejercicio de su facultad de constatar las infracciones a las normas laborales y proceder a su juzgamiento y sanción, esa circunstancia a la autoridad específica de fiscalización pública a los efectos del art. 101 y concs. de la ley 20.337.

Las cooperativas de trabajo no podrán actuar como empresas de provisión de servicio eventuales, ni de temporada, ni de cualquier otro modo brindar servicios propios de las agencias de colocación.

Título IV
DISPOSICIONES FINALES

Art. 41. – Derógase la ley 17.183, los arts. 17 y 19 de la ley 14.250 (t.o. 1988; el art. 92 de la ley 24.467, los arts. 4°, 5°, 6°, 7°, 8°, 10, 11 y 13 de la ley 25.013 y el decr. 105/00).

Art. 42. – Ratifícase la derogación de las leyes 16.936, 18.608, 18.692 y 20.638; los arts. 11, 18 y 20 de la ley 14.250, t.o. 1988; los arts. 12, 14, 15 y 16 de la ley 25.013, el inc. *e* del art. 2° del Anexo I de la ley 25.212 y los decrs. 2184/90 y 470/93.

Art. 43. – Lo establecido por el art. 2° de la presente ley será de aplicación a todas las relaciones laborales iniciadas a partir de su entrada en vigencia.

Art. 44. – Hasta tanto el Poder Ejecutivo nacional dicte la reglamentación prevista por el art. 24 de la presente ley, continuará transitoriamente en vigencia el decr. 843/00.

Art. 45. – Todos los plazos previstos en la presente ley, excepto los establecidos en el título I, se computarán en días hábiles administrativos.

Art. 46. [De forma]

Decreto 328/88*

REGLAMENTACIÓN DE LOS ARTÍCULOS 218 A 224 Y 245 DE LA LEY DE CONTRATO DE TRABAJO

Artículo 1° – Los empleadores, antes de disponer suspensiones, reducciones de la jornada laboral o despidos por causas económicas o falta o disminución de trabajo a la totalidad o parte de su personal, deberán comunicar tal decisión al Ministerio de Trabajo y Seguridad Social con una anticipación no menor de diez días de hacerla efectiva.

Art. 2° – Dicha comunicación deberá contener:

1. Causas que justifiquen la adopción de la medida.
2. Si las causas invocadas afectan a toda la empresa o sólo a alguna de sus secciones.
3. Si las causas invocadas se presumen de efecto transitorio o definitivo y, en su caso, el tiempo que perdurarán.
4. Las medidas adoptadas por el empleador para superar o paliar los efectos de las causas invocadas.
5. El nombre y apellido, fecha de ingreso, cargas de familia, sección, categoría y especialidad de los trabajadores comprendidos en la medida.

Art. 3° – Con la misma anticipación establecida en el art. 1°, los empleadores deberán entregar copia de la comunicación a la asociación o asociaciones sindicales con personería gremial que representen a los trabajadores afectados por la medida.

Art. 4° – De oficio o a petición de partes la autoridad de aplicación podrá:

1. Disponer la celebración de las audiencias que considere necesarias para lograr soluciones de común acuerdo entre el empleador y las asociaciones sindicales indicadas en el art. 3°.

---

* Dictado el 8/3/88 (BO, 21/2/88).

52. Etala, *Contrato.*

2. Recabar informes aclarativos o ampliatorios de los puntos de la comunicación previstos en el art. 2º.

3. Requerir la opinión escrita de las asociaciones sindicales indicadas en el art. 3º.

4. Realizar investigaciones, recabar asesoramiento de las reparticiones públicas o instituciones privadas y, en general, ordenar cualquier medida que tienda al más amplio conocimiento de la cuestión planteada.

5. Proponer fórmulas de solución.

Art. 5º – Las disposiciones del presente decreto no podrán ser interpretadas como modificaciones a la facultad del trabajador de accionar judicialmente si considerare que la medida adoptada por el empleador lesiona alguno de sus derechos.

Art. 6º – El incumplimiento de lo establecido en el presente decreto dará lugar a las sanciones previstas en el art. 5º de la ley 18.694 y sus modificatorias.

Art. 7º [De forma]

Decreto 2725/91*

REGLAMENTACIÓN DE LA LEY 24.013

Empleo no registrado

Artículo 1º – Los trabajadores a que se refiere el capítulo 1 del título II de la ley 24.013 son los comprendidos en la ley de contrato de trabajo (LCT, t.o. 1976).

Art. 2º [Art. 7º de la ley 24.013] – Se entenderá que la relación o contrato de trabajo ha sido registrada cuando el empleador haya cumplido con los requisitos de los incs. *a* y *b* en forma conjunta.

Art. 3º [Art. 11 de la ley 24.013] – *1*) La intimación para que produzca los efectos previstos en este artículo, deberá efectuarse estando vigente la relación laboral.

2) El plazo de treinta días es de días corridos.

3) La eximición del pago comprende exclusivamente a las indemnizaciones de los arts. 8º, 9º y 10 de la ley 24.013.

Art. 4º [Art. 12 de la ley 24.013] – *1*) Se reputará espontánea la presentación del empleador, no obstante haber sido intimado a la regularización por el trabajador o la asociación sindical, cuando no hubiere mediado resolución administrativa o judicial de verificación de deuda y se hiciere efectiva dentro del plazo previsto por el mismo artículo.

2) Se entenderá por comunicación fehaciente al trabajador la que se efectúe por despacho telegráfico, carta documento, acta notarial o notificación firmada por el trabajador.

---

* Dictado el 26/12/91 (BO, 2/1/92).

3) Las relaciones laborales establecidas con anterioridad a la ley 24.013 son las que se encontraren en vigencia al momento de la presentación espontánea.

4) Sólo se admitirá la presentación espontánea de los empleadores que tuvieran deuda verificada administrativa o judicialmente respecto de los trabajadores no comprendidos en la verificación.

5) Las exenciones previstas caducarán de pleno derecho sin necesidad de requerimiento alguno y será exigible el pago de la deuda existente por aportes, contribuciones, multas, recargos e intereses:

a) Si la presentación se hubiera efectuado en relación a un trabajador respecto del cual haya quedado verificada deuda del empleador mediante resolución administrativa o judicial.

b) Si hubiera falsedad del presentante en la declaración jurada de presentación espontánea.

6) El plazo de noventa días es de días hábiles administrativos [texto según decr. 397/92].

7) En relación con lo previsto en los arts. 22, 23, 24 y 28, inc. *b*, primera parte de la ley 18.037 y 16, inc. *b*, primera parte de la ley 18.038, el organismo de aplicación que correspondiera estará facultado para disponer las medidas necesarias para verificar la real prestación de los servicios denunciados.

Art. 5º [Art. 15 de la ley 24.013] – Para los trabajadores comprendidos en el régimen legal de la industria de la construcción, la duplicación a que se refiere el artículo reglamentado consistirá en el pago por el empleador de una suma igual a la que correspondiere al trabajador en concepto de fondo de desempleo.

Art. 6º [Art. 17 de la ley 24.013] – La comunicación que deberá cursar la autoridad administrativa o judicial al Sistema Único de Registro Laboral (SURL), además de las especificaciones del artículo, deberá contener el número de documento de identidad, domicilio del trabajador y el monto de las remuneraciones por los períodos que no hubieran sido registrados.

Modalidades del contrato de trabajo

Arts. 7º a 12. [Derogados por ley 25.013, art. 21]

Art. 13. [Art. 42 de la ley 24.013] – Se considerará trabajador discapacitado al comprendido en la ley 22.431.

Contrato de trabajo de tiempo determinado
como medida de fomento del empleo

Art. 14. [Derogado por ley 25.013, art. 21]

Contrato de trabajo de tiempo determinado
por lanzamiento de nueva actividad

Art. 15. [Derogado por ley 25.013, art. 21]

Contrato de práctica laboral para jóvenes

Arts. 16 a 18. [Derogados por ley 25.013, art. 21]

Contrato de trabajo-formación

Arts. 19 a 22. [Derogados por ley 25.013, art. 21]

Del Consejo del Empleo, la Productividad y el Salario Mínimo, Vital y Móvil

Art. 23. [Art. 135, inc. b, de la ley 24.013] – Dentro de los treinta días de constituido el Consejo del Empleo, la Productividad y el Salario Mínimo, Vital y Móvil, el Ministerio de Trabajo y Seguridad Social aprobará sus normas internas de procedimiento.

Art. 24. [Art. 135, inc. b, de la ley 24.013] – Para las determinaciones establecidas en el inciso reglamentado deberán tenerse en cuenta los recursos disponibles del Fondo Nacional del Empleo.

Cuando no se cumpliere este recaudo, el presidente lo devolverá al Consejo para su reconsideración, expresando los motivos.

Art. 25. [Art. 136 de la ley 24.013] – Salvo en oportunidad de adoptar las decisiones a las que se refiere el art. 135 de la ley 24.013, el Consejo se constituirá en cuatro comisiones de carácter permanente, a saber:

a) Empleo.

b) Formación Profesional.

c) Productividad.

d) Salario Mínimo, Vital y Móvil y Prestaciones por Desempleo.

Las comisiones tendrán a su cargo recabar la información necesaria para el cumplimiento de las funciones del Consejo, realizar estudios, estadísticas y consultas a fin de elevar al plenario las recomendaciones que consideraren pertinentes, las que deberán adoptarse por unanimidad de sus integrantes.

Cada comisión se integrará con cuatro representantes de los empleadores, cuatro de los trabajadores y el presidente del Consejo o quien éste designe.

Al presidente del Consejo le corresponderá emitir las directivas para el mejor funcionamiento de las comisiones, distribuir las tareas entre ellas y fijar plazos perentorios cuando lo estime necesario.

Por unanimidad de sus integrantes, el Consejo podrá crear otras comisiones además de las previstas en este artículo.

Art. 26. [Art. 136 de la ley 24.013] – La elección de los dos representantes de las provincias que adhieran al régimen del título VI de la ley 24.013, se efectuará en una reunión donde cada Estado provincial tendrá un voto.

Junto con los miembros titulares del Consejo se designarán suplentes que los reemplazarán en caso de renuncia, ausencia, licencia, enfermedad o fallecimiento.

Art. 27. [Art. 137 de la ley 24.013] – A los fines del laudo previsto en el art. 137 de la ley 24.013, deberán elevarse previamente al presidente del Consejo los siguientes elementos:

a) Reseña de las posturas sostenidas por sus representantes, conjuntamente con los antecedentes en que se fundaren.

b) Detalle de los puntos de entendimiento y preacuerdos alcanzados en el transcurso de las tratativas.

c) Temas sobre los que deberá versar el pronunciamiento.

d) Propuestas de cada parte.

Del salario mínimo, vital y móvil

Art. 28. [Art. 139 de la ley 24.013] – Cuando el monto del salario mínimo, vital y móvil propuesto por el Consejo pudiere afectar significativamente la economía general del país, de determinados sectores de la actividad, de los consumidores o el índice de ocupación, el presidente lo devolverá al Consejo para su reconsideración, expresando los motivos.

Disposiciones generales

Art. 29. – El Ministerio de Trabajo y Seguridad Social podrá dictar las normas complementarias necesarias para la mejor aplicación de este decreto.

Art. 30. – El presente decreto regirá a partir de su publicación.

Art. 31. [De forma]

Decreto 342/92*

REGLAMENTACIÓN DE LOS ARTÍCULOS 75 A 80 DE LA LEY 24.013

Artículo 1º – El presente decreto reglamenta los arts. 75 a 80 de la ley 24.013. Quedan sujetas a sus normas las empresas dedicadas a la prestación de servicios eventuales, de acuerdo con lo establecido en el art. 29 *bis* de la ley de contrato de trabajo (t.o.) y la ley 24.013.

Art. 2º – Se considera empresa de servicios eventuales a la entidad que, constituida como persona jurídica, tenga por objeto exclusivo poner a disposición de terceras personas –en adelante usuarias– a personal industrial, administrativo, técnico o profesional, para cumplir, en forma temporaria, servicios extraordinarios determinados de antemano o exigencias extraordinarias y transitorias de la empresa, explotación o establecimiento, toda vez que no pueda preverse un plazo cierto para la finalización del contrato.

Art. 3º – La empresa de servicios eventuales podrá asignar trabajadores a las usuarias cuando los requerimientos de la segunda tengan por causa alguna de las siguientes circunstancias:

a) En caso de ausencia de un trabajador permanente, durante el período de ausencia.

b) En caso de licencias o suspensiones legales o convencionales, durante el período en que se extiendan, excepto cuando la suspensión sea producto de una huelga o por fuerza mayor, falta o disminución de trabajo.

c) En caso de incremento en la actividad de la empresa que requiera, en forma ocasional y extraordinaria, un mayor número de trabajadores.

d) En caso de organización de congresos, conferencias, ferias, exposiciones o programaciones.

* Dictado el 24/2/92 (BO, 28/2/92).

e) En caso de un trabajo que requiera ejecución inaplazable para prevenir accidentes, por medidas de seguridad urgentes o para reparar equipos del establecimiento, instalaciones o edificios que hagan peligrar a los trabajadores o a terceros, siempre que las tareas no puedan ser realizadas por personal regular de la empresa usuaria.

f) En general, cuando atendiendo a necesidades extraordinarias o transitorias hayan de cumplirse tareas ajenas al giro normal y habitual de la empresa usuaria.

Art. 4º – Los trabajadores que la empresa de servicios eventuales contrate para prestar servicios en su sede, filiales, agencias u oficinas, serán considerados vinculados por un contrato de trabajo permanente continuo.

Para la contratación de este tipo de trabajadores, la empresa de servicios eventuales podrá utilizar las modalidades previstas por la ley 24.013. En tales supuestos, se le aplicarán las normas del título III, capítulos 1 y 2 de la citada norma.

Los trabajadores que la empresa de servicios eventuales contrate para prestar servicios bajo la modalidad de contrato de trabajo eventual, serán considerados vinculados a la empresa de servicios eventuales por un contrato de trabajo permanente discontinuo.

Art. 5º – Serán de aplicación a los trabajadores dependientes de la empresa de servicios eventuales, cualquiera sea el tipo de contrato, las leyes sobre accidentes de trabajo, jubilaciones y pensiones, asignaciones familiares, seguro de vida obligatorio, asociaciones sindicales, negociación colectiva y obras sociales.

Art. 6º – Cuando la relación de trabajo entre la empresa de servicios eventuales y el trabajador fuere permanente y discontinua, la prestación de servicios deberá sujetarse a las siguientes condiciones:

1) El período de interrupción entre los distintos contratos de trabajo eventual en empresas usuarias no podrá superar los sesenta días corridos o los ciento veinte días alternados en un año aniversario.

2) El nuevo destino de trabajo que otorgue la empresa de servicios eventuales podrá comprender otra actividad o convenio colectivo sin menoscabo de los derechos correspondientes del trabajador.

3) El nuevo destino de trabajo podrá variar el horario de la jornada de trabajo, pero el trabajador no estará obligado a aceptar un trabajo nocturno o insalubre cuando no lo haya aceptado anteriormente.

4) El nuevo destino de trabajo que otorgue la empresa de servicios eventuales deberá estar comprendido dentro de un radio de treinta kilómetros del domicilio del trabajador.

5) Durante el período de interrupción, previsto en el inc. 1, la empresa de servicios eventuales deberá notificar al trabajador, con intervención de la autoridad administrativa, por telegrama colacionado o carta documento, su nuevo destino laboral, informándole nombre y domicilio de la empresa usuaria donde deberá presentarse a prestar servicios, categoría laboral, régimen de remuneraciones y horario de trabajo.

6) Transcurrido el plazo máximo fijado en el inc. 1 sin que la empresa de servicios eventuales hubiera asignado al trabajador nuevo destino, éste podrá denunciar el contrato de trabajo, haciéndose acreedor de las indemnizaciones establecidas en los arts. 232 y 245 de la ley de contrato de trabajo, previa intimación en forma fehaciente por un plazo de veinticuatro horas.

7) En caso de que la empresa de servicios eventuales hubiese asignado al trabajador nuevo destino laboral en forma fehaciente, y el mismo no retome sus tareas en el término de cuarenta y ocho horas, la empresa de servicios eventuales podrá denunciar el contrato de trabajo por la causal prevista en el art. 244 de la ley de contrato de trabajo.

Art. 7° – Serán agentes de retención los empleadores que ocupen trabajadores a través de empresas de servicios eventuales habilitadas por la autoridad competente. [Sustituido por decr. 2086/94, art. 1°]

Art. 8° [Derogado por decr. 2086/94, art. 3°]

Art. 9° – Los montos que en concepto de sueldos o jornales facturen las empresas de servicios eventuales no podrán ser inferiores a los que correspondan por la convención colectiva de la actividad o categoría en la que efectivamente preste el servicio contratado. De constatarse una errónea discriminación de los importes facturados, se presumirá evasión de aportes y contribuciones, siendo de aplicación las multas y penas vigentes. [Sustituido por decr. 2086/94, art. 2°]

Arts. 10 a 12. [Derogados por decr. 2086/94, art. 3°]

Art. 13. – Las empresas usuarias y de servicios eventuales deberán llevar una sección particular del libro especial del art. 52 de la ley de contrato de trabajo, que contendrá:

1. Empresas usuarias.

a) Individualización del trabajador que preste servicios a través de una empresa de servicios eventuales.

b) Categoría profesional y tareas a desarrollar.

c) Fecha de ingreso y egreso.

d) Remuneración denunciada por la empresa de servicios eventuales o el monto de la facturación.

e) Nombre, denominación o razón social y domicilio de la empresa de servicios eventuales a través de la cual fue contratado el trabajador.

2. Empresas de servicios eventuales.

a) Individualización del trabajador que preste servicios bajo la modalidad de contrato de trabajo eventual.

b) Categoría profesional y tarea a desarrollar.

c) Fecha de ingreso y egreso en cada destino.

d) Remuneración.

e) Nombre, denominación o razón social y domicilio de las empresas usuarias donde fuera contratado el trabajador.

Art. 14. – Las empresas de servicios eventuales deberán gestionar su habilitación por ante el Ministerio de Trabajo y Seguridad Social a los fines de obtener su inscripción en el registro pertinente.

Serán requisitos indispensables los siguientes:

a) Incluir en su denominación social la expresión "Empresa de Servicios Eventuales".

b) Tener como mínimo un capital social inicial de pesos ciento cuarenta mil.

c) Agregar los documentos constitutivos y copias de las actas de directorio designando administradores, directores o gerentes cuando así lo exigiere el tipo social.

d) Declaración de las áreas geográficas dentro de las que se proveerá trabajadores a las empresas usuarias, así como, informar el domicilio de la sede central, locales, oficinas o sucursales.

e) Acreditar las inscripciones impositivas y de seguridad social.

f) Acreditar la contratación de seguro de vida obligatorio.

g) Constituir la garantía a la que se refiere el art. 78 de la ley 24.013.

h) Constituir domicilio en la sede de su administración a los efectos legales entre las partes y la autoridad de aplicación.

Cualquier cambio o modificación de los precitados requisitos, así como también la apertura de nuevos locales, oficinas, agencias o sucursales, deberán ser comunicados a la autoridad de aplicación con una antelación de diez días hábiles a su realización. [Texto según decr. 951/99, art. 1°]

Art. 15. – Antes del 31 de marzo de cada año las empresas de servicios eventuales deberán presentar una declaración jurada, actualizando los datos consignados en el artículo anterior.

Trimestralmente, deberán proveer a la autoridad administrativa del trabajo un resumen de los contratos suscriptos con empresas usuarias, haciendo constar la calificación profesional del trabajador, la cuantía de la remuneración y la duración de la prestación de servicios para la empresa usuaria.

Art. 16. – Sin perjuicio de las sanciones impuestas por la ley 18.694, las empresas de servicios eventuales que incurrieran en algunas de las irregularidades previstas en este decreto, serán pasibles de las sanciones previstas en este artículo, las que serán juzgadas conforme a las normas procesales administrativas correspondientes.

a) Las personas físicas o jurídicas de cualquier carácter o denominación, sus coautores, cómplices o encubridores, que pretendiesen actuar o actuaren, por sí o encubiertamente, como empresas de servicios eventuales autorizadas, o que por cualquier medio invocaren, indujeran o publicitaren esa calidad, sin ajustar su ejercicio a las normas de habilitación y reconocimiento estatuidas por la ley nacional de empleo y este decreto, serán sancionadas con la clausura de sus oficinas y secuestro de toda la documentación existente y una multa que se graduará de veinte a cien sueldos básicos del personal administrativo, clase A, del convenio colectivo de trabajo para empleados de comercio (130/75).

b) Las empresas de servicios eventuales que no cumplieran efectivamente, en tiempo y forma, con las obligaciones establecidas en este decreto, serán pasibles de una multa que se graduará entre el 1% y el 4% de la garantía que debiera tener en dicho momento.

La empresa de servicios eventuales que no tuviera constituida su garantía en legal forma será suspendida en forma inmediata. Si no lo hiciere dentro de los quince días subsiguientes se cancelará su habilitación.

Sin perjuicio de la multa referida, la empresa de servicios eventuales deberá cumplimentar la exigencia de capital mínimo requerido por este decreto dentro de los quince días de intimada por la autoridad de contralor.

Transcurrido dicho plazo sin que la empresa de servicios eventuales cumplimentara lo requerido, se la sancionará con la pérdida de la habilitación administrativa y la cancelación de la inscripción en el registro especial. [Texto según decr. 951/99, art. 2°]

c) Las empresas de servicios eventuales que perciban del trabajador alguna suma por su inscripción o contratación, o practiquen a éstos por tales hechos otros descuentos que no sean los autorizados por ley o convenio, serán sancionadas con la pérdida de la habilitación administrativa y cancelación de la inscripción en el registro especial.

d) Sin perjuicio de las sanciones a que hubiere lugar por aplicación de la legislación vigente, el incumplimiento de los requisitos formales exigidos en este decreto será sancionado, previa intimación comunicada fehacientemente por el plazo de quince días, con la clausura preventiva del establecimiento y la suspensión de la habilitación para funcionar.

Art. 17. – Los trabajadores contratados por empresas usuarias a través de empresas de servicios eventuales que no se encuentren habilitadas por el Ministerio de Trabajo y Seguridad Social, serán considerados como personal permanente continuo de la empresa usuaria. Asimismo, esta última será solidariamente responsable, con la empresa de servicios eventuales de la multa especificada en el inc. *a* del artículo anterior.

Art. 18. – Al momento de solicitarse la inscripción en el registro especial las empresas de servicios eventuales deberán constituir a favor del Ministerio de Trabajo y Seguridad Social las siguientes garantías:

1) Garantía principal: depósito en caución de efectivo, valores o títulos públicos nacionales equivalentes a cien sueldos básicos del personal administrativo, clase A, del convenio colectivo de trabajo, para empleados de comercio (CCT 130/75 o el que lo reemplace), vigente en la Ciudad Autónoma de Buenos Aires por la jornada legal o convencional, excluida la antigüedad.

La equivalencia de los títulos o valores se determinará según el valor de cotización en bolsa de los títulos a la época de constituirse la garantía, el que será certificado por el Banco de la Nación Argentina, donde deberá efectuarse el depósito.

El Estado no abonará intereses por los depósitos en garantía. Los que devengaren los títulos o valores integrarán la caución.

2) Garantía accesoria: además del depósito en caución, las empresas de servicios eventuales deberán otorgar, a favor del Ministerio de Trabajo y Seguridad Social, una garantía por una suma equivalente al triple de la que surja del inc. 1 del presente artículo.

Esta garantía se otorgará, a elección de la empresa de servicios eventuales, a través de los siguientes medios:

a) Valores o títulos públicos nacionales.

b) Aval bancario o garantía real a satisfacción del Ministerio de Trabajo y Seguridad Social.

3) La garantía principal establecida en el inc. 1 de este artículo, deberá ajustarse antes del 31 de marzo de cada año, a un valor equivalente al 5% del total de las remuneraciones brutas abonadas por la empresa de servicios eventuales a sus dependientes en el año inmediato anterior.

El monto de la garantía principal no podrá en ningún caso ser inferior a la determinación en el inc. 1.

4) La diferencia que pudiere surgir de la aplicación del inc. 3 deberá integrarse en efectivo, valores o títulos públicos nacionales, en la fecha indicada en el mencionado inciso.

Si resultare un valor inferior al determinado en el ejercicio anterior, el excedente en depósito será de libre disponibilidad para la empresa de servicios eventuales. En tal supuesto, el Ministerio de Trabajo y Seguridad Social con posterioridad al 31 de marzo, autorizará el retiro de la diferencia que correspondiere entre el último ejercicio y el anterior, una vez cumplimentado en tiempo y forma el reajuste anual y los demás requisitos exigibles. [Texto según decr. 951/99, art. 3°]

Art. 19. – Para la restitución de los títulos o valores depositados en caución, el interesado deberá cumplir con los siguientes recaudos:

a) Acompañar declaración jurada en la que conste: fecha de cesación de actividades, nómina del personal ocupado, haber abonado la totalidad de las remuneraciones e indemnizaciones; detalle de los sindicatos, obras sociales, cajas previsionales y de subsidios familiares en las que se encuentren comprendidas las actividades desarrolladas. Esta declaración deberá estar certificada por contador público nacional, el que deberá detallar la fecha de vencimiento de los pagos de aportes y contribuciones y el cumplimiento en tiempo o el pago de los recargos, intereses, multas y actualizaciones por los efectuados tardíamente.

b) Acompañar certificados de libre deuda o constancia equivalente otorgados por el Sistema Único de Seguridad Social.

c) Publicación de edictos por el término de cinco días en el Boletín Oficial y en el provincial que corresponda al área geográfica de actuación, emplazando a los acreedores por el término de noventa días corridos. Estas publicaciones deberán ser efectuadas por el interesado.

d) No tener juicios laborales en trámite. A tal efecto, el Ministerio de Trabajo y Seguridad Social deberá oficiar a los tribunales que entiendan en la materia laboral correspondiente al área geográfica de actuación a fin de que informen si la empresa que requiere su cancelación tiene juicios laborales pendientes, corriendo su diligenciamiento por cuenta de la interesada.

e) No tener anotados embargos o cualquier otra medida cautelar. En caso de que la empresa peticionante se halle afectada por un embargo ejecutorio o preventivo o cualquier otra medida cautelar, no le será restituida la parte de los valores depositados en caución afectados por dicha medida o las garantías o avales caucionados de no ser suficientes aquéllos, salvo aceptación judicial de sustitución de embargo.

f) No haber sido sancionada con la cancelación de habilitación para funcionar.

Art. 20. – Cumplidos todos los requisitos establecidos en este decreto y no existiendo otros impedimentos, la autoridad de aplicación autorizará la restitución de los títulos, valores y la liberación o cancelación de los avales y garantías otorgadas en caución dentro del plazo de treinta días.

Art. 21. – Las empresas que se encuentren inscriptas deberán adecuarse a las normas reglamentarias establecidas por el presente decreto dentro de los ciento veinte días a contar desde su vigencia. Transcurrido dicho plazo, caducará automáticamente la inscripción de la empresa de servicios eventuales en el registro especial.

Art. 22. – Facúltase al Ministerio de Trabajo y Seguridad Social para dictar las normas interpretativas y complementarias de este decreto.

Art. 23. – Derógase el decr. 1455/85.

Art. 24. [De forma]

Decreto 2072/94*

PLAN PARA EMPRESAS EN CRISIS. SU REGULACIÓN

Artículo 1º – Cuando el procedimiento preventivo de crisis se inicie a instancias del empleador y se refiera a empresas de más de cincuenta trabajadores, la presentación inicial deberá, como mínimo, explicitar las medidas que la empresa propone para superar la crisis o atenuar sus efectos.

En especial, indicará qué tipo de medidas propone el empleador en cada una de las siguientes materias:

a) Efectos de la crisis sobre el empleo y en su caso, propuestas para su mantenimiento.

b) Movilidad funcional, horaria o salarial.

c) Inversiones, innovación tecnológica, reconversión productiva y cambio organizacional.

d) Recalificación y formación profesional de la mano de obra empleada por la empresa.

e) Recolocación interna o externa de los trabajadores excedentes y régimen de ayudas a la recolocación.

f) Reformulación de modalidades operativas, conceptos y estructura remuneratorias y contenido de puestos y funciones.

g) Aportes convenidos al Sistema Integral de Jubilaciones y Pensiones.

h) Ayudas para la creación, por parte de los trabajadores excedentes, de emprendimientos productivos.

Cuando la propuesta del empleador para superar la crisis incluya reducciones de la planta de personal, la presentación inicial deberá:

a) Indicar el número y categoría de los trabajadores que se propone despedir.

b) Cuantificar la oferta indemnizatoria dirigida a cada uno de los trabajadores afectados.

Art. 2º – En el caso de que la presentación inicial no cumpliera con los requisitos legales y reglamentarios, la autoridad de aplicación intimará la subsanación de los defectos, suspendiendo la tramitación del procedimiento.

Art. 3º – Créase en el ámbito de la Subsecretaría de Relaciones Laborales del Ministerio de Trabajo y Seguridad Social, la Unidad de Tratamiento de Situaciones de Crisis.

En la sustanciación de los procedimientos preventivos de crisis, la mencionada unidad brindará asesoramiento técnico a los sindicatos y a los empleadores, pudiendo solicitar informes, realizar investigaciones, y producir dictámenes, con el fin de obtener un mejor resultado de su actuación y evaluar adecuadamente la apertura y seguimiento de este procedimiento.

* Dictado el 25/11/94 (BO, 29/11/94).

Art. 4º – Cuando la extinción del contrato de trabajo fuere consecuencia de un acuerdo alcanzado entre el empleador y la representación sindical de los trabajadores en el marco de un procedimiento preventivo de crisis, el Ministerio de Trabajo y Seguridad Social, al momento de homologar dicho acuerdo, podrá acordar mejoras en la prestación por desempleo, en la cuantía que reglamentariamente se fije, y dentro de las disponibilidades presupuestarias.

Art. 5º [De forma]

Decreto 737/95*

REGLAMENTACIÓN DEL TÍTULO III DE LA LEY 24.467. REGISTRO ÚNICO DE PERSONAL

Artículo 1º [Art. 84, ley 24.467] – La opción a que se refiere el art. 84 de la ley, según correspondiere surtirá efectos a partir de la fecha en la que el empresario rubrique el registro único de personal. Con anterioridad a la misma deberá llevar la documentación laboral mencionada en los incs. *a, b, c* y *d* del art. 86 de la misma ley, según corresponda, así como las planillas, registros y otros elementos de contralor que exigen las normas vigentes.

Art. 2º [Art. 84, ley 24.467] – El registro único de personal establecido por el art. 84 de la ley 24.467 podrá consistir en un libro encuadernado, o bien ser llevado por fichas o planillas resultantes de utilizar sistemas de computación o microfilmación.

Art. 3º [Art. 85, ley 24.467] – En el registro único de personal se asentará a los trabajadores al producirse su ingreso.

Los datos exigidos se registrarán una sola vez, sin necesidad de renovación periódica, salvo que se trate de modificaciones a los ya existentes, que se anotarán al momento de operarse.

Art. 4º [Art. 86, ley 24.467] – En los casos en que se opte por fichas de microfilmación, las mismas estarán integradas con los elementos que posibiliten su visualización y deberán ser de un material que permita la inserción de las rúbricas pertinentes.

Art. 5º [Art. 86, ley 24.467] – El empleador podrá consignar en el registro único de personal el horario que cumple el trabajador, en cuyo caso no estará obligado a llevar las planillas establecidas en los arts. 197 de la LCT y 6º de la ley 11.544.

Art. 6º [Art. 86, inc. c, ley 24.467] – En el régimen de trabajo a domicilio regido por la ley 12.713 se llevará un registro complementario en el que se asentarán cantidades y fechas de entregas y devoluciones de las tareas encargadas a cada obrero a domicilio, descripción del artículo, su número obrero, precio por unidad y tarifa de salario.

---

* Dictado el 30/5/95 (BO, 5/6/95).

Art. 7º [ART. 87, INC. *I*, LEY 24.467] – La exigencia del art. 87, inc. *i* de asentar el monto de la remuneración asignada no se aplicará para el régimen comprendido dentro de la ley 12.713, aplicándose exclusivamente para esta modalidad de trabajo la obligación de asentar la fecha de pago.

Art. 8º – La autoridad de aplicación para el establecimiento del registro único de personal de la ley será el Ministerio de Trabajo y Seguridad Social, que podrá celebrar convenios con las provincias para su mejor cumplimiento.

Art. 9º [Derogado por ley 25.013, art. 21]

Art. 10. [ART. 106, LEY 24.467] – Será autoridad de aplicación a todos los efectos del Título III de la ley 24.467 el Ministerio de Trabajo y Seguridad Social.

Art. 11. [De forma]

Decreto 146/99*

REGLAMENTACIÓN DE LA LEY 24.467

Artículo 1º [ART. 83, LEY 24.467] – La negociación colectiva de ámbito superior al de empresa podrá establecer que el plantel de la pequeña empresa, para cada una de las ramas o sectores de la actividad, supere los cuarenta trabajadores a condición de no exceder, en ningún caso, la cantidad de ochenta.

Para el cómputo del plantel sólo se deberá excluir a los pasantes.

La negociación colectiva podrá, cuando las circunstancias especiales de la actividad de que se trate así lo justifique, excluir de ese cómputo a los trabajadores de temporada.

El monto de la facturación será el que surja de la declaración anual del impuesto al valor agregado o balance anual, si la actividad se encontrara exenta, y sólo podrá ser fijado por la Comisión Especial de Seguimiento, no pudiendo delegarse tal facultad al ámbito de la negociación colectiva.

El plazo de tres años fijado en el último párrafo del artículo reglamentado se computará:

a) En lo referente al número de trabajadores, a partir del mes siguiente en que se supere el parámetro establecido.

b) En cuanto al monto de facturación, a partir del mes siguiente en que se supere el tope establecido.

En aquellos casos en que los convenios colectivos vigentes hubiesen fijado una cantidad superior de trabajadores a la autorizada en el primer párrafo de este artículo, al momento de su renovación, deberán ajustar la misma al tope establecido de ochenta trabajadores.

Art. 2º [ART. 90, LEY 24.467] – Cada uno de los períodos en que se fraccione convencionalmente la licencia anual ordinaria deberá tener una duración mínima de seis días laborables continuos.

---

* Dictado el 25/2/99 (BO, 2/3/99).

No son disponibles convencionalmente:

1) Los plazos de descanso anual previstos en el art. 150, incs. *a*, *b*, *c* y *d* de la ley 20.744 (t.o. 1976) y sus modificatorias.

2) La obligación del pago de la retribución por vacaciones al inicio de las mismas, conforme lo establecido en el último párrafo del art. 155 de la ley 20.744 (t.o. 1976) y modificatorias. En caso de haberse acordado el fraccionamiento de la licencia anual ordinaria, el pago de la misma deberá efectuarse proporcionalmente al inicio de cada período.

Art. 3º [Art. 92, ley 24.467] [Derogado por ley 25.877, art. 41]

Art. 4º [Art. 93, ley 24.467] – Las facultades otorgadas a la Comisión Nacional de Trabajo Agrario deberán ser ejercidas conforme lo establecido en el primer párrafo del art. 2º del presente.

Art. 5º [Art. 94, ley 24.467] – La redefinición de los puestos de trabajo podrá acordarse entre un empleador y la representación sindical signataria del convenio colectivo de trabajo, sin necesidad de intervención de las organizaciones representativas de los empleadores.

El acuerdo será homologado o registrado según corresponda por el Ministerio de Trabajo y Seguridad Social con los efectos propios, para las partes firmantes, de un convenio colectivo.

Art. 6º [Art. 97, ley 24.467] – El acto administrativo de homologación o registro del acuerdo de reestructuración deberá evaluar las razones invocadas para su celebración y producirá para las partes firmantes los efectos propios de un convenio colectivo.

Art. 7º [Art. 99, ley 24.467] – La representación de la pequeña empresa deberá integrarse en la forma y el orden previstos por la ley 14.250 (t.o. 1988), arts. 1º y 2º y su decr. regl. 199/88 y modificatorio.

Las entidades empresarias que componen la Comisión Especial de Seguimiento creada por el art. 105 de la ley 24.467 asumirán prioritariamente la representación de los empleadores en caso que fueran signatarias del convenio colectivo o acrediten representación específica de la actividad.

Art. 8º [Art. 100, ley 24.467] – El sector representativo de la pequeña empresa o la entidad sindical signataria del convenio colectivo de actividad podrán solicitar el inicio de la negociación colectiva para el ámbito de la misma, una vez vencidos los plazos establecidos en el artículo reglamentado.

Art. 9º [Art. 101, ley 24.467] – A efectos de atribuir el porcentaje de representación de cada uno de los integrantes del sector empleador, el Ministerio de Trabajo y Seguridad Social deberá ponderar el número de empleadores y trabajadores que se desempeñan en las pequeñas empresas y su incidencia en el desarrollo de la actividad económica comprendida en el ámbito del convenio colectivo.

Art. 10. [Art. 105, ley 24.467] – La Comisión Especial de Seguimiento, a fin de evaluar la procedencia de la modificación del monto de la facturación anual previsto en el inc. *b* del art. 83 de la ley 24.467, deberá reunirse una vez al año.

La Secretaría de la Pequeña y Mediana Empresa, dependiente de la Presidencia de la Nación, actuará como organismo de consulta de esa Comisión.

Art. 11. [De forma]

Decreto 264/02*

DESPIDO SIN CAUSA JUSTIFICADA

Artículo 1° – En los supuestos de despido sin causa justificada contemplados en el art. 16 de la ley 25.561 deberá sustanciarse con carácter previo a su comunicación el procedimiento establecido en el título III, capítulo VI de la ley 24.013 y sus normas reglamentarias. Cuando no se alcancen los porcentajes de trabajadores determinados en el art. 98 del citado texto legal, deberá estarse a lo dispuesto por el decr. 328/88.

Art. 2° – En caso de verificarse el incumplimiento al procedimiento previsto en el artículo anterior, la autoridad administrativa del trabajo intimará, previa audiencia de partes, el cese inmediato de los despidos, disponiendo las medidas para velar por el mantenimiento de la relación de trabajo y el pago de los salarios caídos.

Art. 3° – El empleador que lleve a cabo el despido de trabajadores omitiendo el procedimiento contemplado en la presente reglamentación no podrá invocar las previsiones de los arts. 247 de la ley de contrato de trabajo (t.o. 1976) y 10 de la ley 25.013, considerándose los citados despidos sin causa justificada a los efectos de la aplicación del art. 16 de la ley 25.561.

Art. 4° – La duplicación prevista en el art. 16 de la ley 25.561 comprende todos los rubros indemnizatorios originados con motivo de la extinción del contrato de trabajo.

Art. 5° – Facúltase al Ministerio de Trabajo, Empleo y Formación de Recursos Humanos a dictar las normas aclaratorias, complementarias e interpretativas del presente.

Art. 6° [De forma]

Decreto 265/02**

PLAN PARA EMPRESAS EN CRISIS

Artículo 1° – La apertura del procedimiento de crisis de empresas podrá ser requerida por cualquiera de los sujetos habilitados en el art. 99 de la ley 24.013. La autoridad administrativa del trabajo podrá iniciarlo de oficio cuando la crisis implique la posible producción de despidos, en violación a los determinados por el art. 98 de la ley 24.013.

---

* Dictado el 8/2/02 (BO, 11/2/02).
** Dictado el 8/2/02 (BO, 11/2/02).

Art. 2º – Cuando la apertura del procedimiento sea solicitada por la asociación sindical representativa de los trabajadores de la empresa en crisis, deberá fundar su petición por escrito, indicando la prueba necesaria para la tramitación de las actuaciones.

Art. 3º – La presentación que efectúe el empleador instando el procedimiento deberá contener:

a) Datos de la empresa, denominación, actividad, acreditación de la personería del solicitante, domicilio real y constituido ante la autoridad administrativa del trabajo.

b) Denuncia del domicilio de la empresa donde efectivamente cumplen tareas los trabajadores a los que afectan las medidas.

c) Relación de los hechos que fundamentan la solicitud.

d) Las medidas a adoptar, fecha de iniciación y duración de las mismas en caso de suspensiones.

e) La cantidad de personal que se desempeña en la empresa y el número de trabajadores afectados, detallando respecto de estos últimos nombre y apellido, fecha de ingreso, cargas de familia, área donde revista, categoría, especialidad y remuneración mensual.

f) El convenio colectivo aplicable y la entidad gremial que representa a los trabajadores.

g) Los elementos económico-financieros probatorios tendientes a acreditar la situación de crisis. Será obligatoria la presentación de los estados contables correspondientes a los últimos tres años, los que deberán estar suscriptos, por contador público y certificados por el respectivo consejo profesional.

Las empresas que ocupen a más de quinientos trabajadores deberán acompañar el balance social.

h) En caso de contar con subsidios, exenciones, créditos o beneficios promocionales de cualquier especie otorgados por organismos del Estado nacional, provincial o municipal, deberá adjuntarse copia certificada de los actos y/o instrumentos que disponen los mismos.

i) Las empresas que cuenten con más de cincuenta trabajadores deberán cumplir, además, con lo dispuesto por el decr. 2072/94.

Art. 4º – Previo a la comunicación de medidas de despido, suspensión o reducción de la jornada laboral por causas económicas, tecnológicas, falta o disminución de trabajo, en empresas que no alcancen los porcentajes de trabajadores determinados en el art. 98 de la ley 24.013, los empleadores deberán seguir el procedimiento contemplado en el decr. 328/88. Toda medida que se efectuare transgrediendo lo prescripto carecerá de justa causa.

Art. 5º – Si no hubiera acuerdo en la audiencia prevista en el art. 100 de la ley 24.013, dentro del término de cinco días de celebrada la misma la autoridad administrativa del trabajo examinará la procedencia de la petición antes de abrir el período de negociación contemplado en el art. 101 de la citada norma.

Art. 6º – En los casos de suspensiones o despidos colectivos en los que se hubiere omitido el cumplimiento del procedimiento establecido en los arts. 98 y ss. de la ley 24.013 o en su caso del decr. 328/88, la autoridad administrativa del trabajo intimará, previa audiencia de partes, el cese inmediato de dichas medidas, conforme las facultades previstas en el art. 8º de la ley 14.786 y sus modificatorias.

Art. 7° – En caso de incumplimiento a lo dispuesto en el art. 104 de la ley 24.013, la autoridad administrativa del trabajo intimará, previa audiencia de partes, el cese inmediato de los despidos y/o suspensiones, a fin de velar por el mantenimiento de la relación de trabajo y el pago de los salarios caídos, conforme lo establecido por el mencionado ordenamiento.

Art. 8° – El inicio del procedimiento preventivo de crisis no habilita por sí la procedencia de despidos ni la aplicación de la indemnización reducida de los arts. 247 de la ley de contrato de trabajo (t.o. 1976) y 10 de la ley 25.013.

Art. 9° – Para el supuesto que el Ministerio de Trabajo, Empleo y Formación de Recursos Humanos hubiera celebrado acuerdos con los Estados provinciales delegando las facultades del art. 99 de la ley 24.013, los procedimientos preventivos de crisis correspondientes en dichas provincias serán sustanciados ante las administraciones provinciales del trabajo.

Art. 10. – Sin perjuicio de lo dispuesto en el artículo anterior, en aquellos casos en los cuales las empresas ocupen trabajadores ubicados en distintas jurisdicciones o cuando se afecte significativamente la situación económica general o de determinados sectores de la actividad o bien se produzca un deterioro grave en las condiciones de vida de los consumidores y usuarios de bienes y servicios o se encuentre en juego el interés nacional, la iniciación y trámite del procedimiento quedará a cargo del Ministerio de Trabajo, Empleo y Formación de Recursos Humanos.

Art. 11. – La existencia de un procedimiento de crisis de empresas en trámite o concluido no impedirá el uso de las facultades conferidas a la autoridad administrativa del trabajo por la ley 14.786 y sus modificatorias.

Art. 12. – El incumplimiento a las disposiciones del presente dará lugar a la aplicación de las sanciones previstas en el régimen general de sanciones por infracciones laborales –Anexo II– del Pacto Federal del Trabajo, ratificado por la ley 25.212, de acuerdo a la calificación de las infracciones que se verifiquen. Asimismo, la autoridad administrativa del trabajo podrá solicitar la suspensión, reducción o pérdida de los subsidios, exenciones, créditos o beneficios promocionales de cualquier especie que le fueran otorgados por organismos del Estado nacional, provincial o municipal al empleador infractor.

Art. 13. – Créase en el ámbito del Ministerio de Trabajo, Empleo y Formación de Recursos Humanos el Comité Interministerial de Procedimientos de Crisis de Empresas (CIPROCE), el que intervendrá, a requerimiento de la autoridad administrativa del trabajo, en los trámites previstos en el presente decreto. El Comité estará integrado por un representante del Ministerio de Trabajo, Empleo y Formación de Recursos Humanos que lo presidirá, un representante del Ministerio de Economía y un representante del Ministerio de la Producción designados por cada uno de los titulares de las citadas carteras de Estado. El Ministerio de Trabajo, Empleo y Formación de Recursos Humanos dictará las normas relativas al funcionamiento del Comité, el que tendrá funciones de asesoramiento y cooperación en la búsqueda de soluciones que puedan aportar los referidos ministerios.

Art. 14. – Facúltase al Ministerio de Trabajo, Empleo y Formación de Recursos Humanos a dictar las normas aclaratorias y complementarias del presente.

Art. 15. [De forma]

---

53. Etala, *Contrato*.

Decreto 2639/02*

NUEVOS EMPLEOS.
SUPRESIÓN DE DUPLICACIÓN INDEMNIZATORIA

Artículo 1º – Disponer que lo establecido en la última parte del art. 16 de la ley 25.561 prorrogado por decr. 883 de fecha 27 de mayo de 2002 no será aplicable a los empleadores, respecto de los nuevos trabajadores que sean incorporados, en relación de dependencia en los términos de la ley 20.744, a partir del 1º de enero de 2003, siempre y cuando la incorporación de los mismos represente un aumento en la plantilla total de trabajadores que el empleador poseía el 31 de diciembre de 2002.

Art. 2º – Dése cuenta al Honorable Congreso de la Nación, en cumplimiento de lo dispuesto por el art. 99, inc. 3, de la Const. nacional.

Art. 3º [De forma]

Decreto 817/04**

PROMOCIÓN DEL EMPLEO
(ARTÍCULO 6º, LEY 25.877)

Artículo 1º – Considéranse incluidas en el beneficio instituido por el art. 6º de la ley 25.877, las empresas definidas por el art. 5º del régimen de contrato de trabajo aprobado por la ley 20.744 (t.o. 1976) y sus modificatorias, que empleen hasta ochenta trabajadores, cuya facturación anual neta no supere las sumas establecidas en el art. 1º de la res. 24 del 15 de febrero de 2001, sustituido por la res. 675 del 25 de octubre de 2002, ambas de la entonces Secretaria de la Pequeña y Mediana Empresa y Desarrollo Regional, según el siguiente detalle:

Actividad	Monto máximo
1) Agropecuaria	$ 10.800.000
2) Industria y minería	$ 43.200.000
3) Comercio	$ 86.400.000
4) Servicios	$ 21.600.000

En el supuesto de que la Subsecretaría de la Pequeña y Mediana Empresa y Desarrollo Regional, dependiente de la Secretaría de Industria, Comercio y de la Pequeña y Mediana Empresa del Ministerio de Economía y Producción, emitie-

---

* Dictado el 19/12/02 (BO, 20/12/02).
** Dictado el 23/6/04 (BO, 28/6/04).

ra una nueva resolución que modifique las sumas indicadas precedentemente, o la desagregara en nuevas categorías, dicha modificación regirá como actualización de las pautas necesarias para la inclusión en el beneficio, a partir de su publicación en el Boletín Oficial.

Se computará como facturación el monto de las ventas totales, excluido el impuesto al valor agregado y el impuesto interno que pudiera gravarlas, correspondientes al promedio de los tres años fiscales inmediatos anteriores a la solicitud de la promoción.

Art. 2º – Podrán acceder a la exención parcial de las contribuciones al sistema de la seguridad social, las empresas que efectúen nuevas contrataciones bajo los regímenes previstos en las leyes 20.744 (t.o. 1976), 22.248 y 22.250 y sus respectivas modificatorias, con la sola excepción de la prevista en el art. 99 del régimen de contrato de trabajo, aprobado por la ley 20.744 (t.o. 1976) y sus modificatorias.

Art. 3º – Se entenderá por incremento neto en la nómina de trabajadores, toda contratación efectuada con posterioridad a la entrada en vigencia de la ley 25.877, que implique un crecimiento nominal en la cantidad de trabajadores empleados bajo las formas contractuales admitidas en el art. 2º del presente decreto.

A tales efectos, se tendrán en cuenta los siguientes parámetros:

a) Se tomará como número base de la dotación de personal así contratado, el consignado en la declaración jurada de aportes y contribuciones destinada a los regímenes nacionales de la seguridad social y de obras sociales, que las empresas hubieren presentado como correspondiente al mes anterior al de la solicitud del beneficio.

b) No podrá acceder al beneficio aquella empresa cuyo número base sea inferior al registrado en el mes de enero de 2004, ni aquella que hubiera producido despidos colectivos en el último semestre del año 2003.

c) Cuando la petición se refiera a trabajadores de temporada, en una empresa que habitualmente utilice esa forma contractual, se tomará como número base los trabajadores incorporados bajo dicha forma en el ciclo inmediato anterior a la solicitud.

d) Se excluirán del número base los contratos de temporada, cuando la petición se refiera a las otras formas contractuales admitidas en el art. 2º del presente decreto.

e) No se computarán en el número base, los contratos expresamente excluidos en el art. 6º de la ley 25.877.

f) Determinado el número base, éste será cotejado con el consignado en la declaración que presentará la empresa en oportunidad de requerir el beneficio, de donde deberá surgir el incremento neto invocado.

g) No se considerará incremento neto el reemplazo de puestos incluidos en el número base definido en el inc. *a* del presente artículo.

Art. 4º – Gozarán de la reducción contemplada en el art. 9º del presente decreto, las empresas que cumplan con los requisitos establecidos, con relación a cada uno de los nuevos trabajadores incorporados al amparo de este régimen.

El término de vigencia del beneficio coincidirá con el de la contratación del trabajador incorporado, hasta un máximo de doce meses y se computará a partir de la solicitud de la clave de alta temprana.

Dicho término operará con independencia de la vigencia de la promoción del empleo dispuesta en el artículo que se reglamenta.

Art. 5º – Cuando, con posterioridad al otorgamiento de la exención, el número base de trabajadores quedase disminuido por despidos de personal, la empresa perderá tantos beneficios como bajas se hayan producido, si no dispusiere, dentro del término de treinta días, la integración de aquél mediante nuevas contrataciones sin promoción.

Art. 6º – Si la autoridad de contralor constatare la utilización de esta promoción con la intención de producir una sustitución de personal, caducarán la totalidad de los beneficios otorgados a la empresa involucrada.

Art. 7º – La extinción de los contratos de los trabajadores ingresados por el presente régimen, hará caducar para la empresa, el beneficio individual afectado a aquéllos. Cuando los trabajadores afectados por la extinción de sus contratos fueran beneficiarios o beneficiarias del programa jefes de hogar, continuarán en la percepción de dicho beneficio en los términos establecidos en la res. MTESS 406 de fecha 29 de diciembre de 2003.

Art. 8º – Las nuevas empresas que dieran origen a nuevos contratos de trabajo y se constituyeran a partir de la publicación del presente decreto, gozarán de los beneficios otorgados por este régimen de promoción, respecto de la totalidad de su planta de personal, en tanto ésta no supere el número de ochenta trabajadores.

A esos fines, no se considerarán nuevas empresas:

a) Las surgidas por la segmentación del proceso productivo de una empresa preexistente.

b) Las que fueran fruto de la fusión o escisión de las sociedades o asociaciones que sean sus titulares.

c) La transferencia o cesión de una empresa preexistente.

Art. 9º – La promoción de empleo que se reglamenta, se aplicará sobre las alícuotas previstas en el art. 2º del decr. 814 del 20 de junio de 2001 y sus modificatorias.

Art. 10. – El Poder Ejecutivo nacional compensará la reducción de la recaudación del sistema de seguridad social, derivado de la aplicación de la promoción que se reglamenta, mediante el procedimiento establecido en el art. 188, párr. 2º, de la ley 24.241, incorporado por la ley 24.463.

Art. 11. – Para acceder al beneficio, las empresas deberán gestionar la clave de alta temprana ante la Administracion Federal de Ingresos Públicos (AFIP), con carácter de declaración jurada respecto del cumplimiento de los requisitos exigidos por la ley 25.877 y su reglamentación.

La Administración Federal de Ingresos Públicos (AFIP) queda facultada para dictar las normas complementarias que fuere menester para la solicitud del beneficio de promoción de empleo que se reglamenta.

Cuando la contratación se refiera a beneficiarios o beneficiarias del programa jefes de hogar, el empleador accederá al beneficio adicional establecido en el art. 6º de la ley 25.877 cuando el trabajador cumpla con la notificación prevista en el art. 1º de la res. MTESS 406/03. A tales efectos, deberá requerir copia escrita del cumplimiento de la carga mencionada.

Art. 12. – En el supuesto que, en ejercicio de las facultades conferidas por el art. 6º de la ley 25.877, el Poder Ejecutivo nacional decidiera prorrogar la vigencia del régimen de exenciones más allá del 31 de diciembre de 2004, se determinarán, en esa oportunidad, las eventuales modificaciones de los topes establecidos en la ley y/o a los requisitos fijados en la presente reglamentación.

Art. 13. – Sin perjuicio de la derogación del art. 2° de la ley 25.250, los beneficios ya otorgados por dicha norma subsistirán mientras se encuentren en vigencia los contratos individuales en función de los cuales fueran otorgados.

La extinción, por cualquier causa, de esos contratos hará caducar para la empresa el beneficio individual afectado a aquéllos.

Art. 14. – El Ministerio de Trabajo, Empleo y Seguridad Social tendrá a su cargo el seguimiento y control de las empresas beneficiarias del presente régimen, para lo cual queda facultado a dictar las normas necesarias a tal efecto.

A fin de facilitar las tareas de seguimiento y control, la Administracion Federal de Ingresos Públicos (AFIP) deberá remitir mensualmente al Ministerio de Trabajo, Empleo y Seguridad Social toda la información relativa a las empresas beneficiarias, tales como declaraciones juradas presentadas y contrataciones involucradas.

Art. 15. [De forma]

Decreto 823/04*

DESPIDO SIN CAUSA JUSTIFICADA. PRÓRROGA DE LA SUSPENSIÓN

Artículo 1° – Prorrógase desde el 1° de julio de 2004 y hasta el día 31 de diciembre de 2004 inclusive, la suspensión de los despidos sin causa justificada dispuesta en el art. 16 de la ley 25.561, modificado por la ley 25.820, cuya vigencia fuera extendida oportunamente por el decr. 369 de fecha 31 de marzo de 2004; la duplicación allí prevista de los montos indemnizatorios, consistente en un 100% de tales sumas se reducirá a un 80%.

Art. 2° – El Poder Ejecutivo nacional podrá en función de la evolución de la tasa de desocupación que trimestralmente calcula y publica el Instituto Nacional de Estadística y Censos (INDEC) disponer otras reducciones a la duplicación prevista por el art. 16 de la ley 25.561, modificada por la ley 25.820, de acuerdo al procedimiento dispuesto en el presente decreto.

Art. 3° – Cuando la tasa de desocupación resulte inferior al 10% quedará sin efecto de pleno derecho la prórroga de lo establecido por el art. 16 de la ley 25.561, modificada por la ley 25.820, que se encontrare vigente en ese momento.

Art. 4° – El Ministerio de Trabajo, Empleo y Seguridad Social de conformidad con lo establecido en el presente decreto, dictará los actos que declaren la concurrencia del extremo fijado en el art. 3° del presente decreto.

Art. 5° – Ratifícase la vigencia del decr. 2639 de fecha 19 de diciembre de 2002.

Arts. 6° y 7° [De forma]

* Dictado el 23/6/04 (BO, 28/6/04).

BIBLIOGRAFÍA

Ackerman, Mario E., *El nuevo régimen del trabajador en el empleo*, LT, XXXII-289.
— *Incapacidad temporaria y contrato de trabajo*, Bs. As., Hammurabi, 1987.
— *La antigüedad del trabajador en el empleo*, Bs. As., Hammurabi, 1989.
— *La indemnización por incumplimiento de las obligaciones del artículo 80 de la ley de contrato de trabajo*, DT, 2001-A-541.
— *Ruptura "ante tempus" del contrato de trabajo artístico a plazo fijo. Existencia y reparación del daño moral*, LT, XXIX-85.

Ackerman, Mario E. - De Virgiliis, Miguel Á., *Configuración de la injuria laboral*, LT, XXX-681.
— *La reacción frente a la injuria (requisitos de validez)*, LT, XXX-777.

Ackerman, Mario E., y otros, *Reforma laboral. Ley 25.877*, Bs. As.-Santa Fe, Rubinzal-Culzoni, 2004.

Alejandro, Sergio J., *Beneficios sociales: prórroga del régimen de excepción del decreto 815/2001*, DT, 2003-B-984.
— *Contrato de pasantía de formación profesional (ley 25.013 y decreto 1227/01)*, DT, 2001-B-2252.

Alonso Olea, Manuel - Casas Baamonde, María E., *Derecho del trabajo*, Madrid, Civitas, 1997.

Altamira Gigena, Raúl E. (coord.), *Ley de contrato de trabajo. Comentada, anotada y concordada*, Bs. As., Astrea, 1981.

Álvarez, Eduardo, *Autonomía individual e irrenunciabilidad de derechos*, DT, 1988-A-891.

Aronna, Carlos C., *Consideraciones sobre el nuevo régimen legal del período de prueba*, TSS, 2000-1052.
— *El período de prueba en la ley 25.877*, TSS, 2004-328.

Betti, Emilio, *Teoría general del negocio jurídico*, Madrid, Revista de Derecho Privado, 1959.

Bidart Campos, Germán J., *Manual de derecho constitucional argentino*, Bs. As., Ediar, 1975.
— *Principios constitucionales de derecho del trabajo (individual y colectivo) y de la seguridad social en el art. 14 "bis"*, TSS, 1981-481.

Blanco, José M., *El contrato de trabajo*, Madrid, Revista de Derecho Privado, 1957.

Brito Peret, José I., *Hacia un concepto de salario previsional*, DT, 1990-A-1065.
— *Trabajadores en condiciones de jubilarse. Opción por parte de las mujeres. Prevalecencia de la norma laboral*, TSS, 2003-200.

Brito Peret, José I. - Foglia, Ricardo A., *Modificaciones introducidas por la ley 25.877 en materia de derecho individual del trabajo*, TSS, 2004-289.

Brito Peret, José I. - Goldin, Adrián O. - Izquierdo, Roberto, *La reforma de la ley de contrato de trabajo-ley 21.297*, Bs. As., Zavalía, 1976.

Caldera, Rafael, *Derecho del trabajo*, Bs. As., El Ateneo, 1960.

Candal, Pablo - Pereira, Graciela, *Cooperativas de trabajo: opción legal legítima o instrumento del fraude*, DT, 2000-B-2315.

Carcavallo, Hugo R., *Aprendizaje, becas, pasantías y modalidades (nota al fallo "Llana c/Colorín")*, TSS, 1994-1093.
— *El consentimiento tácito del trabajador*, TSS, 1985-123.
— *El consentimiento tácito y los alcances de la irrenunciabilidad*, TSS, 1999-385.
— *La reforma laboral (crónica de la ley 24.465)*, Tercera parte, TSS, 1995-491.
— *La tercera pasantía*, TSS, 2001-913.
— *Las comunicaciones entre los sujetos del contrato de trabajo (nota a la ley 24.487)*, TSS, 1995-914.
— *Los límites de las horas extraordinarias y su autorización (Comentarios al decreto 484/00 y a la resolución 303/00)*, TSS, 2000-657.
— *Nuevos pronunciamientos judiciales sobre las becas (nota a los fallos "Canavese" y "Goncalves")*, TSS, 1997-592.

Castagnino, Laura, *El régimen de suspensión de despidos consagrado por la ley 25.561 de emergencia pública y normas reglamentarias*, RDL, p. 193.
— *Ley 25.345 de prevención de la evasión fiscal. Normas reglamentarias. Análisis teórico práctico*, RDL, p. 119.

Castillejo de Arias, Olga, *Resolución de conflictos laborales por métodos alternativos*, Bs. As., Astrea, 2003.

Catala, Nicole, *L'entreprise*, en Camerlynck, G. H. (dir.), "Droit du travail", Paris, Dalloz, 1980.

Centeno, Norberto O., *La prescripción en el derecho del trabajo*, LT, XXII-385.
— *Normas procesales en la ley de contrato de trabajo*, DT, 1976-447.
— *Validez del recibo firmado con iniciales*, TSS, 1973-545.

Colautti, Carlos E., *Derecho constitucional*, Bs. As., Universidad, 1998.

Confalonieri (h.), Juan Á., *Contrato de trabajo eventual*, Bs. As., Astrea, 2002.
— *Despido por causas económicas o empresariales*, Bs. As., Astrea, 1997.
— *La suspensión precautoria de la relación laboral*, DT, 1990-1129.
— *Período de prueba en el contrato de temporada y en la contratación temporal*, TSS, 2002-485.

Cueto Rúa, Julio, *Fuentes del derecho*, Bs. As., Abeledo-Perrot, 1965.

De Diego, Julián A., *Jornada de trabajo y descansos*, Bs. As., Depalma, 1986.
— *La firma del trabajador*, DT, 1978-453.
— *La remuneración del trabajador*, Bs. As., Depalma, 1984.

De Diego, Julián A., y otros, *La reforma laboral. Ley 25.013*, Bs. As., Abeledo-Perrot, 1998.

De la Cueva, Mario, *Derecho mexicano del trabajo*, México, Porrúa, 1967.

De la Fuente, Horacio, *De nuevo sobre la renuncia de derechos y las modificaciones del contrato de trabajo. Estado actual de la controversia*, LT, XXXV-903.
— *El art. 23 de la ley de contrato de trabajo*, LT, XXX-B-585.
— *Invalidez del acuerdo que modifica condiciones esenciales del contrato en perjuicio del trabajador sin su consentimiento previo*, DT, 1999-A-988.
— *Orden público*, Bs. As., Astrea, 2003.
— *Renuncia de derecho y modificaciones del contrato de trabajo*, LT, XXXIV-1.

DEVEALI, MARIO L., *Lineamientos de derecho del trabajo*, Bs. As., Tipográfica Editora Argentina, 1948.
— *Período de prueba y permanencia*, *DT*, 1946-505.
— *Tratado de derecho del trabajo*, Bs. As., La Ley, 1972.

DORLASS, MAGDALENA - LLERENA MELIK, MARTA B., *Análisis de la ley 25.165 con relación a las normas vigentes*, *DT*, 2000-A-334.

ETALA, CARLOS A., *Ámbitos material, espacial, temporal y personal de validez de las normas de la ley 25.013*, *DT*, 1999-A-1.
— *Cesión, contratación y subcontratación en la ley 25.013*, *DT*, 1999-617.
— *Derecho colectivo del trabajo*, Bs. As., Astrea, 2002.
— *Derecho de la seguridad social*, Bs. As., Astrea, 2002.
— *El derecho del trabajo y el derecho de la seguridad social*, "Enoikos, Revista de la Facultad de Ciencias Económicas", UBA, n° 18, jun. 2001.
— *El despido en la ley 25.013*, *DT*, 1999-395.
— *El orden público laboral, la revisión del contrato y el vicio de lesión*, *LT*, XXXIII-561.
— *El orden público laboral y la modificación del contrato de trabajo*. Parte primera, *DT*, 2003-A-617; Parte segunda, *DT*, 2003-A-762, y Parte tercera, *DT*, 2003-B-955.
— *Interpretación y aplicación de las normas laborales*, Bs. As., Astrea, 2004.
— *La buena fe en el derecho del trabajo*, en "Tratado de la buena fe", Bs. As., La Ley, 2004.
— *La creación del Sistema Integrado de Inspección de Trabajo y Seguridad Social y el nuevo régimen general de sanciones por infracciones laborales*, "Revista de Derecho Laboral", número extraordinario (La reforma laboral II), abr. 2001, p. 105.
— *La duplicación de las indemnizaciones durante el período de emergencia*, *DT*, Suplemento Especial, "La emergencia económica en el derecho del trabajo", oct. 2002, p. 24.
— *La excepción de incumplimiento contractual en el derecho del trabajo*, *DL*, VI-201.
— *La llamada suspensión precautoria*, *LT*, XXIX-385.
— *La prestación de servicios en diferentes países y la ley laboral aplicable*, *LL*, 2004-D-382.
— *La protección de los representantes gremiales*, Bs. As., Pulsar, 1991.
— *La rebaja remuneratoria y el consentimiento del trabajador*, *LT*, XXXIV-99.
— *La reforma laboral de la ley 25.877*, Bs. As., LexisNexis, 2004.
— *La regularización del empleo no registrado*, Bs. As., Errepar, 1993.
— *La suspensión indirecta individual, retención de tareas o excepción de incumplimiento contractual en el derecho del trabajo*, "Revista de Derecho Laboral", 2003-1-311.
— *Las invenciones del trabajador*, *DT*, 1997-B-1911.
— *Las modificaciones introducidas al artículo 11 de la ley de empleo*, *DT*, 2001-B-1345.
— *Las nuevas normas de la ley 25.523*, *DT*, 2000-B-2085.
— *Los alcances de la cosa juzgada y la modificación del artículo 15 de la ley de contrato de trabajo por la ley "antievasión"*, *DT*, 2001-A-727.
— *Los convenios de la Organización Internacional del Trabajo y su interpretación*, *LL*, 2001-F-1466.
— *Los efectos del contrato sin relación de trabajo*, *LT*, XXVI-742.
— *Reseña actualizada de la regulación del trabajo de menores*, *TSS*, 1997-885.

ETALA, CARLOS A. - ETALA (H.), JUAN J. - DE VIRGILIIS, MIGUEL Á., *Análisis práctico de la ley de empleo*, Bs. As., La Ley, 1992.

ETALA, CARLOS A. - FELDMAN, SILVIO, *Regulación del trabajo de menores en Argentina*, Bs. As., La Ley - UNICEF Argentina, 1993.

ETALA, JUAN J. (dir.), *Reforma laboral, ley 25.877*, Suplemento Especial La Ley, mar. 2004.

FALCÓN, ENRIQUE M., *Tratado de la prueba*, Bs. As., Astrea, 2003.

FARINA, JUAN M. - FERNÁNDEZ CAMPÓN, RAÚL - RAINOLTER, MILTON A., *Régimen de pequeñas y medianas empresas*, Bs. As., Astrea, 1996.

FASSI, SANTIAGO C. - GEBHARDT, MARCELO, *Concursos y quiebras*, 8ª ed., Bs. As., Astrea, 2004.

FENOCHIETTO, CARLOS E., *Código Procesal Civil y Comercial de la Nación*, 2ª ed., Bs. As., Astrea, 2001.

FERNÁNDEZ CAMPÓN, RAÚL, *Régimen de contrato de trabajo*, 8ª ed., Bs. As., Astrea, 2000.

FERNÁNDEZ GIANOTTI, ENRIQUE, *Oportunidad para oponer la prescripción en los juicios laborales*, DT, 1974-781.

FERNÁNDEZ HUMBLE, JUAN C., *La obligación de habilitar salas maternales y guarderías. El artículo 179 de la LCT y la necesidad de su reglamentación*, DT, 1979-671.

FERNÁNDEZ MADRID, JUAN C., *Práctica laboral empresaria*, Bs. As., Contabilidad Moderna, 1980.

— *Tratado práctico de derecho del trabajo*, Bs. As., La Ley, 1989.

FERNÁNDEZ MADRID, JUAN C. - CAUBET, AMANDA B., *Leyes fundamentales del trabajo*, Bs. As., Joaquín Fernández Madrid Editor, 1996.

FOGLIA, RICARDO A., *El nuevo régimen de pasantías de la ley 25.165*, TSS, 1999-1218.

GARCÍA MARTÍNEZ, FRANCISCO - GARCÍA MARTÍNEZ, JULIO A., *El contrato de trabajo*, Bs. As., López, 1945.

GARCÍA MARTÍNEZ, ROBERTO, *Enfermedades y accidentes inculpables*, LT, XXIV-A-5.

— *La irrenunciabilidad del orden público laboral*, DT, 1986-B-1751.

— *La prescripción en materia laboral y la reforma del Código Civil*, LT, XVI-901.

GARCÍA PETIT, GERARDO C., *Cooperativas de trabajo. Socios. Condición de empleados de la sociedad*, LT, XXIV-157.

GIMÉNEZ, ALEJANDRA B. - DISCENZA, LUIS A., *Los contratos laborales y no laborales de formación en la Argentina*, DT, 2000-A-557.

GNECCO, LORENZO P., *Contratos de formación y derecho del trabajo*, Bs. As., Astrea, 2002.

— *La nueva regulación por ley de los beneficios sociales*, TSS, 1996-829.

— *Nuevo régimen legal de pasantías educativas*, TSS, 1999-1021.

GOLDIN, ADRIÁN O., *Acuerdo modificatorio del contrato de trabajo en perjuicio del trabajador: injusta amenaza y lesión subjetiva*, LT, XXXIV-401.

— *Contrato de trabajo y renuncia de derechos*, Bs. As., Hammurabi, 1987.

— *Remuneraciones variables, indemnizaciones derivadas del despido y otras prestaciones laborales*, LT, XXXI-961.

GOYENA, JUAN C., *La prescripción de las acciones relativas a los créditos laborales*, LT, XVI-514.

GRISOLÍA, JULIO A. - HIERREZUELO, RICARDO D., *Ley de ordenamiento laboral. Reforma 2004. Ley 25.877*, Bs. As., Quórum, 2004.

GUIBOURG, RICARDO A., *La suspensión precautoria del contrato de trabajo*, LT, XIX-A-3.

GUISADO, HÉCTOR C., *Algo más sobre el cálculo de la indemnización por despido arbitrario*, DT, 1996-B-2954.

HERRERA, ENRIQUE, *Extinción de la relación de trabajo*, Bs. As., Astrea, 1987.

HUECK, ALFRED - NIPPERDEY, HANS C., *Compendio de derecho del trabajo*, Madrid, Revista de Derecho Privado, 1963.

HUTCHINSON, TOMÁS - BARRAGUIRRE, JORGE A. - GRECCO, CARLOS M., *Reforma del Estado-ley 23.696*, Santa Fe, Rubinzal-Culzoni, 1990.

IZQUIERDO, ROBERTO, *Régimen del descanso en la ley de contrato de trabajo*, TSS, 1975-645.

JAIME, RAÚL C. - BRITO PERET, JOSÉ I., *Régimen previsional. Sistema Integrado de Jubilaciones y Pensiones, ley 24.241*, 2ª ed., Bs. As., Astrea, 1999.

JAUREGUIBERRY, LUIS M., *El artículo nuevo (constitucionalismo social)*, Santa Fe, Castellví, 1957.

KLUG, ULRICH, *Lógica jurídica*, Bogotá, Temis, 1990.

KROTOSCHIN, ERNESTO, *Instituciones de derecho del trabajo*, Bs. As., Depalma, 1947.

— *Tratado práctico de derecho del trabajo*, Bs. As., Depalma, 1977.

LIMA, OSVALDO J., *Interposición, subcontratación y empresas subordinadas o relacionadas en la ley 20.744*, TSS, 1975-577.

LITTERIO, LILIANA H., *Los inventos del trabajador*, DT, 2001-A-416.

— *Régimen laboral de las "pequeñas empresas"*, Bs. As., Joaquín Fernández Madrid Editor, 1999.

LIVELLARA, CARLOS A., *Suspensión preventiva y precautoria del contrato de trabajo*, Bs. As., Astrea, 1993.

LÓPEZ, JUSTO, *El contrato en el derecho laboral. Convenio colectivo y contrato individual de trabajo*, LT, XXXIII-1.

— *Incidencia del derecho civil en el derecho del trabajo*, LT, XXX-193.

LÓPEZ, JUSTO - CENTENO, NORBERTO O. - FERNÁNDEZ MADRID, JUAN C., *Ley de contrato de trabajo comentada*, Bs. As., Contabilidad Moderna, 1987.

LYON CAEN, GÉRARD - LYON CAEN, ANTOINE, *Droit social international et européen*, Paris, Dalloz, 1991.

MARIGO, SUSANA M. - RAINOLTER, MILTON A., *Personal de la industria de la construcción*, 2ª ed., Bs. As., Astrea, 1994.

MARK, MARIANO H., *Modificaciones al régimen indemnizatorio de la LCT en la ley 25.877*, "LNLSS", abr. 2004, n° 8, p. 488.

MARTÍNEZ VIVOT, JULIO J., *Acoso sexual en las relaciones laborales*, Bs. As., Astrea, 1996.

— *Ley nacional de empleo*, 2ª ed., Bs. As., Astrea, 1992.

— *Los menores y las mujeres en el derecho del trabajo*, Bs. As., Astrea, 1981.

— *Ratificación del convenio OIT 182 por ley 25.255 (nota de legislación)*, TSS, 2000-742.

MAZA, ALBERTO J. - LORENTE, JAVIER A., *Créditos laborales en los concursos*, 2ª ed., Bs. As., Astrea, 2000.

MAZA, MIGUEL Á. - LOUSTAUNAU, EDUARDO, *Los arts. 9° de la ley 25.013 y 2° de la ley 25.323: supuestos de concurrencia y de exclusión*, DT, 2003-B-1486.

MEILIJ, GUSTAVO R., *Aspectos laborales de las cooperativas de trabajo*, LT, XXIX-507.

— *Contrato de trabajo*, Bs. As., Depalma, 1980.

MIROLO, RENÉ R., *El trabajo del futbolista profesional*, Córdoba, Lerner, 1980.

Montero, Marta S., *Descanso compensatorio. Procedencia del recargo previsto por el art. 207 de la LCT*, DT, 1977-670.
Montoya Melgar, Alfredo, *Derecho del trabajo*, Madrid, Tecnos, 1993.
Moreno, Jorge R., *La prescripción en el derecho del trabajo*, LT, XXXII-9.
— *La suspensión preventiva del trabajador en la ley de contrato de trabajo*, LT, XXIX-769.
Negre de Alonso, Liliana T., *Los acreedores laborales en el proceso concursal*, Santa Fe, Rubinzal-Culzoni, 1996.
— *Situación del dependiente frente a la quiebra*, TSS, 1999-1230.
Nino, Carlos S., *Introducción al análisis del derecho*, 2ª ed., Bs. As., Astrea, 2003.
Palacio, Lino E., *Derecho procesal civil*, 2ª ed., Bs. As., Abeledo-Perrot, 1975.
Perelman, Charles, *La lógica jurídica y la nueva retórica*, Madrid, Civitas, 1979.
Pirolo, Miguel Á., *Breves consideraciones acerca del último párrafo del art. 15 de la LCT (modificado por ley 25.345)*, TSS, 2000-1041.
Pirolo, Miguel Á. - Barilaro, Ana A. - D'Agnillo, María A. - Murray, Cecilia M. - Pinto, Silvia E., *Legislación del trabajo sistematizada*, Bs. As., Astrea, 2001.
Pirolo, Miguel Á. - Murray, Cecilia M. - Otero, Ana, *Manual de derecho procesal del trabajo*, Bs. As., Astrea, 2004.
Plá Rodríguez, Américo, *Los principios del derecho del trabajo*, Bs. As., Depalma, 1978.
Podetti, Humberto A., *El contrato de aprendizaje regulado por la ley 24.465*, DT, 1995-B-1997.
Podetti, Humberto A. - Banchs, Ireneo E., *Trabajo de mujeres*, Bs. As., Hammurabi, 1980.
Pose, Carlos, *Régimen de reforma laboral*, 2ª ed., Bs. As., Astrea, 2000.
Ramírez Bosco, Luis, *Crónica esquemática sobre la irrenunciabilidad de los derechos laborales*, TSS, 1999-1117.
— *La derogación convencional de cláusulas contractuales más favorables*, TSS, 1985-740.
Recalde, Héctor P. - Recalde, Mariano, *Modificaciones a la regulación de las relaciones individuales del trabajo*, en "Reforma laboral - ley 25.877", Suplemento Especial La Ley, mar. 2004, p. 34.
Rivero, Jean - Savatier, Jean, *Droit du travail*, Paris, Presses Universitaires de France, 1991.
Rodríguez Mancini, Jorge - Confalonieri (h.), Juan Á., *Reformas laborales*, Bs. As., Astrea, 2000.
Rodríguez Mancini, Jorge (dir.), *Curso de derecho del trabajo y de la seguridad social*, 5ª ed., Bs. As., Astrea, 2004.
Ross, Alf, *Sobre el derecho y la justicia*, Bs. As., Eudeba, 1963.
Rubio, Valentín, *La reforma laboral. Ley 25.013*, Santa Fe, Rubinzal-Culzoni, 1998.
Russomano, Mozart V., *El preaviso en el derecho del trabajo*, Bs. As., Depalma, 1965.
— *Interpretación de las convenciones colectivas de trabajo*, en "Estudios sobre la negociación colectiva en memoria de Francisco de Ferrari", Montevideo, Facultad de Derecho y Ciencias Sociales, 1973.
Sappia, Jorge I., *Empleo y flexibilidad laboral*, Bs. As., Astrea, 1996.
Scotti, Héctor J., *Modificaciones al régimen de indemnizaciones por despido*, en "Reforma laboral - ley 25.877", Suplemento Especial La Ley, mar. 2004, p. 52.

Scotti, Héctor J. - Balado Bevilacqua, Mercedes, *Reflexiones acerca del período de prueba en la nueva ley de reforma laboral 25.877*, DT, 2004-A-745.

Tomada, Carlos A., *La ley de ordenamiento laboral: objetivos y criterios rectores*, en "Reforma laboral - ley 25.877", Suplemento Especial La Ley, mar. 2004, p. 3.

Tonon, Antonio, *Derecho concursal*, Bs. As., Depalma, 1988.

Torre, José P. - Morando, Juan C., *Régimen legal de los sindicatos*, Bs. As., Hammurabi, 1980.

Vacarie, Isabelle, *L'employeur*, Paris, Sirey, 1979.

Vazquez Vialard, Antonio, *Derecho del trabajo y de la seguridad social*, 9ª ed., Bs. As., Astrea, 2001.

— *El sindicato en el derecho argentino*, Bs. As., Astrea, 1981.

— *La invalidez de los actos y acuerdos en el derecho del trabajo*, DT, 1999-A-971.

— *La responsabilidad en el derecho del trabajo*, Bs. As., Astrea, 1988.

— *Tratado de derecho del trabajo*, Bs. As., Astrea, 1982-1996.

— *Un criterio desajustado en el ámbito del derecho del trabajo, respecto del concepto de responsabilidad solidaria*, DT, 2003-A-801.

Vernengo, Roberto J., *Sobre algunas funciones de la equidad*, LL, 155-1200.

Villar Palasi, José L., *La interpretación y los apotegmas jurídico-lógicos*, Madrid, Tecnos, 1975.

Von Potobsky, Geraldo W., *Los convenios de la Organización Internacional del Trabajo ¿una nueva dimensión en el orden jurídico interno?*, DT, 1997-A-457.

Von Potobsky, Geraldo W. - Bartolomei de la Cruz, Héctor G., *La Organización Internacional del Trabajo*, Bs. As., Astrea, 2002.

Zas, Oscar, *El principio de irrenunciabilidad y la rebaja remuneratoria*, DL, 1986-481.

ÍNDICE ALFABÉTICO

A

Abandono de trabajo: art. 244.
   carga de la intimación: art. 244, § 2.
   injuria: art. 244, § 1.
Abuso de derecho: art. 68.
Accidentes inculpables: ver *Enfermedad inculpable*.
Acuerdos transaccionales, conciliatorios o liberatorios
   caracterización: art. 15, § 1.
   cosa juzgada: art. 15, § 4.
   homologación: art. 15, § 2.
   intervención de la AFIP: art. 15, § 3.
Administración Federal de Ingresos Públicos: art. 15, § 3.
Agencias retribuidas de colocaciones: art. 29, § 2.
Alimentación del trabajador: art. 77.
Antigüedad
   casos no contemplados por la ley
     criterio general: art. 18, § 4, a.
     eximición de prestar servicios: art. 18, § 4, b.
     falta de prestación de servicios: art. 18, § 4, c.
     prestaciones discontinuas: art. 18, § 4, d.
   definición: art. 18, § 1.
   relevancia: art. 18, § 2.
   supuestos contemplados por la ley: art. 18, § 3.
     contratos sucesivos a plazo fijo: art. 18, § 3, a.
     desempeño de cargos
       electivos: art. 18, § 3, f.
       sindicales: art. 18, § 3, g.
     período de prueba: art. 18, § 3, d.
     plazo de preaviso: art. 19.
     reingreso del trabajador: art. 18, § 3, b.
     servicio militar: art. 18, § 3, e.
     trabajo de temporada: art. 18, § 3, c.
Aportes del trabajador
   retención indebida: art. 132 *bis*, § 1.
   contrato de trabajo
     causales de extinción: art. 132 *bis*, § 3.
   enumeración de aportes: art. 132 *bis*, § 2.
   intimación previa: art. 132 *bis*, § 4.
   remuneración: art. 132 *bis*, § 5.
   sanciones conminatorias: art. 132 *bis*, § 1.
Aprendizaje: art. 21, § 11.
   certificado: art. 80, § 7.
Autonomía contractual: art. 7°, § 1; art. 21, § 4.
Auxiliares del trabajador: art. 28.
Auxilios o ayudas extraordinarias: art. 89.

B

Becas: art. 23, § 2, g.
Beneficios sociales: art. 103 *bis*.
   caracterización: art. 103 *bis*, § 1.
   cursos de capacitación: art. 103 *bis*, § 9.
   enumeración enunciativa: art. 103 *bis*, § 10.
   gastos
     de guardería o sala maternal: art. 103 *bis*, § 7.
     médicos: art. 103 *bis*, § 6.
   prestaciones dinerarias no remunerativas: art. 223 *bis*, § 1.

provisión de útiles escolares: art. 103 *bis*, § 8.
servicios de comedor de la empresa: art. 103 *bis*, § 2.
tarjetas de transporte: 103 *bis*, § 4.
vales
　alimentarios y canastas de alimentos: art. 103 *bis*, § 5.
　de almuerzo: art. 103 *bis*, § 3.
Bonos de participación: art. 104, § 7.
Buena fe: art. 11, § 6.

C

Caducidad
　casos previstos por la ley: art. 259, § 3.
　embargo sobre bienes en poder de terceros: art. 269, § 3.
　modos: art. 259, § 2.
　noción: art. 259, § 1.
Calificación
　contractual: art. 37, § 3.
　profesional: art. 37, § 3.
Capacidad
　de la mujer: art. 172, § 1.
　del trabajador: art. 32, § 1.
　demente: art. 32, § 2.
　extranjero: art. 32, § 5.
　facultad de administración y disposición: art. 34, § 1.
　fallido: art. 32, § 4.
　inhabilitado judicialmente: art. 32, § 3.
　menores emancipados: art. 35, § 1.
　para actuar en sindicatos: art. 32, § 6.
　procesal: art. 32, § 1 y 2.
Certificaciones de servicios, remuneraciones y aportes: art. 80, § 6.
Certificado
　de aprendizaje: art. 80, § 8.
　de trabajo: art. 80, § 5.
　indemnización por falta de constancia: art. 80, § 7.
Comisiones: art. 104, § 3.
　circunstancias posteriores al negocio: art. 108, § 2.
　colectivas: art. 109.
　indirectas: art. 104, § 3.
　liquidación sobre operaciones concertadas: art. 108, § 1.

Comunicaciones entre las partes
　intimaciones: art. 57.
　obligación del empleador: art. 57, § 5.
Conducta maliciosa y temeraria
　deber procesal de lealtad, probidad y buena fe: art. 275, § 1.
　del empleador: art. 275, § 2.
　enumeración ejemplificativa: art. 275, § 5.
　malicia: art. 275, § 3.
　presunción legal: art. 275, § 6.
　sanción: art. 275, § 4.
　por mora en el pago de indemnizaciones: art. 275, § 7.
　temeridad: art. 275, § 3.
Consejo del Empleo, la Productividad y Salario Mínimo Vital y Móvil
　funcionamiento: art. 116, § 4.
　integración: art. 116, § 4.
Conservación del contrato: art. 10.
Constitución nacional
　fuente de regulación: art. 1º, § 2.
Contratación y subcontratación: art. 30.
　actividad normal y específica: art. 30, § 3.
　cesión: art. 30, § 2.
　interpretación restrictiva: art. 30, § 4.
　recaudos exigibles: art. 30, § 4.
　responsabilidad solidaria: art. 30, § 6.
Contratistas e intermediarios
　retención: art. 136, § 1 y 2.
Contrato de trabajo
　a plazo fijo: art. 90, § 2.
　a plazos sucesivos: art. 90, § 2, e.
　deber de preavisar: art. 94, § 1.
　exigencias objetivas: art. 90, § 2, c.
　extinción: art. 95, § 1.
　　contrato íntegramente cumplido: art. 95, § 4.
　　derechos del empleador: art. 95, § 2.
　　despido con justa causa: art. 95, § 3.
　forma escrita: art. 90, § 2, a.
　plazo máximo de duración: art. 93, § 1.
　　fijación de un plazo superior: art. 93, § 2.
　preaviso
　　comienzo del cómputo: art. 94, § 3.

omisión: art. 94, § 4.
plazo: art. 94, § 2.
tiempo de duración: art. 90, § 2, b.
requisitos acumulativos: art. 90, § 2, d.
a tiempo parcial: art. 92 *ter*.
  definición legal: art. 92 *ter*, § 1.
  efectos: art. 92 *ter*, § 2.
  negociación colectiva: art. 92 *ter*, § 3.
actividad personal del trabajador: art. 21, § 6.
autonomía relativa de las partes: art. 21, § 4.
capacidad: art. 32.
caracteres: art. 21, § 10.
consentimiento: art. 45, § 1 a 3.
  aceptación: art. 45, § 3.
  oferta: art. 45, § 2.
contenido: art. 46.
de aprendizaje: art. 1º, § 11.
  certificado: art. 80, § 8.
de equipo: arts. 47 y 101.
  definición: art. 47, § 1; art. 101, § 1.
  formas de integrar el equipo: art. 47, § 2.
  integrantes: art. 101, § 3.
  jefe de equipo: art. 101, § 2.
  salario colectivo: art. 101, § 4.
de temporada
  actividades típicas y atípicas: art. 96, § 4.
  asignaciones familiares: art. 96, § 6.
  ciclos de la temporada: art. 96, § 3.
  comportamiento de las partes: art. 98.
  cómputo de la antigüedad: art. 97, § 3.
  cooperativas de trabajo: art. 96, § 10.
  definición: art. 96, § 1.
  despido
    durante el período de actividad: art. 97, § 1.
    durante el período de receso: art. 97, § 2.
  embarazo: art. 96, § 8.
  enfermedad inculpable: art. 96, § 7.
  estabilidad impropia: art. 97, § 4.
  inexistencia de período de prueba: art. 96, § 5.
  maternidad: art. 96, § 8.
  muerte del trabajador: art. 96, § 9.
  necesidades permanentes de la empresa: art. 96, § 2.
  reiniciación de la temporada: art. 98, § 1.
    disposición del empleador: art. 98, § 2.
    disposición del trabajador: art. 98, § 3.
    plazos y medios para manifestarse: art. 98, § 4.
  vacaciones: art. 96, § 5; art. 163, § 2.
definición legal: art. 21, § 1.
denuncia
  motivada e inmotivada: art. 242, § 1.
dependencia: art. 21, § 5.
  económica: art. 21, § 5, b, 2.
  jurídica: art. 21, § 5, b, 1.
  técnica: art. 21, § 5, b, 3.
eventual
  beneficios laborales: art. 100, § 1.
  causas que justifican la contratación eventual: art. 99, § 5.
  conversión del contrato: art. 99, § 9.
  excepción al principio de indeterminación del plazo: art. 99, § 3.
  eximición
    de pago por indemnización: art. 99, § 12.
    del deber de preavisar: art. 99, § 11.
  extinción natural del contrato: art. 99, § 10.
  forma: art. 99, § 6.
  límites temporales: art. 99, § 8.
  prueba: art. 99, § 7.
  ruptura anticipada: art. 99, § 13.
forma: art. 48.
  escrita: art. 48, § 2.
  nulidad por omisión de la forma: art. 49.
  principio de libertad de las formas: art. 48, § 1.
  registro y comunicación del contrato: art. 48, § 3.
formación: ver *Apéndice*, ley 24.013, art. 58 a 65.
fuentes de regulación: art. 1º.
  Constitución nacional: art. 1º, § 2.
  convenciones colectivas de trabajo: art. 1º, § 6.
  declaraciones, pactos y convenciones internacionales: art. 1º, § 3.

decretos reglamentarios: art. 1°, § 13.
doctrina: art. 1°, § 17.
estatutos profesionales: art. 1°, § 5.
introducción: art. 1°, § 1.
jurisprudencia: art. 1°, § 16.
laudos: art. 1°, § 7.
ley de contrato de trabajo: art. 1°, § 4.
leyes
   comunes: art. 1°, § 11.
   laborales: art. 1°, § 5.
reglamentos de empresa: art. 1°, § 9.
resoluciones
   de organismos paritarios: art. 1°, § 15.
   de organismos tripartitos: art. 1°, § 15.
   ministeriales: art. 1°, § 14.
tratados internacionales: art. 1°, § 12.
usos y costumbres: art. 1°, § 10.
voluntad de las partes: art. 1°, § 8.
irrelevancia de la modalidad de contratación: art. 21, § 7.
nulidad: arts. 38 a 44.
omisión de forma: art. 49.
objeto: art. 37, § 1.
   determinación de la prestación: art. 37, § 2.
por equipo
   definición: art. 47, § 1; art. 101, § 1.
   formas de integrar el equipo: art. 47, § 2.
   integrantes del grupo: art. 101, § 3.
   jefe de equipo: art. 101, § 2.
   salario colectivo: art. 101, § 4.
por tiempo indeterminado: art. 91.
   carga de la prueba: art. 92, § 1.
   duración: art. 91, § 2.
   estabilidad impropia: art. 91, § 1.
   período de prueba: art. 92 *bis*, § 3.
presunción de existencia
   alcance: art. 23, § 1.
      tesis amplia: art. 23, § 1, a.
      tesis restringida: art. 23, § 1, b.
   desvirtuación: art. 23, § 2.
prueba: art. 50.
remuneración: art. 21, § 9.
riesgo empresario: art. 21, § 8.
sin relación de trabajo: art. 24, § 1.
   efectos del incumplimiento: art. 24, § 2.

sujetos: art. 21, § 3; art. 25, § 1; art. 26.

Controles personales: arts. 70 a 72.

Convenciones colectivas de trabajo
aplicación analógica: art. 16.
condiciones más favorables: art. 8°, § 1.
contrato de trabajo
   fuentes de regulación: art. 1°, § 6.
   prueba en juicio: art. 8°, § 2 y 3.
   relación con la ley: art. 8°, § 1.

D

Daños
a la integridad psicofísica del trabajador: art. 75, § 4.
causados por el trabajador: art. 87.
   retención y consignación judicial del empleador: art. 135, § 1.
   caducidad: art. 135, § 2.
en los bienes del trabajador
   cosas exceptuadas de la protección: art. 76, § 7.
   deber de previsión: art. 76, § 1.
   prueba: art. 76, § 6.
   reintegro de gastos: art. 76, § 2.
   resarcimiento de los daños: art. 76, § 3.
   responsabilidad objetiva: art. 76, § 5.
   valuación de los daños: art. 76, § 8.
responsabilidad del trabajador: art. 87.
   acción judicial del empleador: art. 87, § 4.
   concepto de culpa grave: art. 87, § 2.
   dolo o culpa grave: art. 87, § 1.
   prueba: art. 87, § 3.

Deber
de buena fe: art. 63.
   alcance: art. 63, § 3 y 4.
   caracterización: art. 63, § 1.
   concepto: art. 63, § 2.
   contenido: art. 63, § 5.
de conservar los instrumentos y útiles: art. 86, § 2.
de diligencia e iniciativa del empleador: art. 79.
de diligencia y colaboración del trabajador: art. 84.
   asistencia regular: art. 84, § 3.

dedicación adecuada: art. 84, § 4.
puntualidad: art. 84, § 2.
de fidelidad: art. 85.
de fundamento: art. 85, § 1.
de guardar secreto: art. 83; art. 85, § 2.
de llevar el libro especial: art. 52, § 1.
aspecto administrativo: art. 52, § 7.
de no concurrencia: art. 88.
autorización del empleador: art. 88, § 3.
cesación: art. 88, § 4.
concurrencia prohibida: art. 88, § 2.
convenios de no concurrencia: art. 88, § 5.
incumplimiento: art. 88, § 6.
de obediencia: art. 86, § 1.
de ocupación: art. 78.
efectos del incumplimiento: art. 78, § 5.
excepciones: art. 78, § 4.
trabajo a destajo: art. 78, § 3; art. 112.
de pagar la remuneración: art. 74.
de previsión: art. 76, § 1.
de protección: art. 77.
de registrar la relación de trabajo: art. 52, § 2.
clave de alta temprana: art. 52, § 9.
efectos de la falta de registro: art. 52, § 4.
efectos del registro insuficiente: art. 52, § 5.
falta de registro: art. 52, § 3.
registro insuficiente: art. 52, § 5.
de resarcir daños en los bienes: art. 76.
de seguridad: art. 75.
frente a los organismos sindicales y de la seguridad social: art. 80.

Deberes
de conducta: art. 62, § 1.
de cumplimiento: art. 62, § 1.

Decretos
fuentes de regulación: art. 1º, § 13 y 14.

Dependientes de la Administración pública
trabajadores excluidos: art. 2º, § 2, a.

Depreciación monetaria
actualización
derogación legal: art. 276, § 1.
criterio adoptado
Capital Federal: art. 276, § 3.
provincia de Buenos Aires: art. 276, § 4.
derogación por la ley de convertibilidad: art. 276, § 1.
intereses: art. 276, § 2.
provincia de Buenos Aires: art. 276, § 4.

Derecho: ver *Facultad*.
de dirección: art. 65, § 1.
límites: art. 65, § 2; art. 68.

Descanso semanal: art. 204, § 1.
compensatorio: art. 204, § 5.
omisión de otorgarlo: art. 204, § 6; art. 207, § 2.
estatutos particulares: art. 204, § 2.
excepciones: art. 204, § 3.
de carácter circunstancial: art. 204, § 3, b.
de carácter general y permanente: art. 204, § 3, a.
menores de dieciséis años: art. 206, § 1.
para casos eventuales: art. 204, § 3, c.
por reglamentos especiales: art. 204, § 3, d.
remuneración: art. 204, § 4; art. 205, § 1.
trabajo en días sábados y domingos: art. 207, § 1.

Desempeño
de cargos electivos: art. 215.
cómputo como tiempo de servicio: art. 215, § 3.
despido del trabajador: art. 216, § 1.
no reincorporación: art. 216, § 2.
reincorporación: art. 215, § 2.
reserva del empleo: art. 215, § 1.
de cargos sindicales
cómputo como tiempo de servicio: art. 217, § 4.
reincorporación: art. 217, § 3.
reserva del empleo: art. 217, § 2.
trabajadores con licencia gremial: art. 217, § 1.

Desistimiento de acciones y derechos: art. 277, § 5.

Despido
comunicación: art. 243.
carácter vinculante: art. 243, § 3.
omisión de la forma: art. 243, § 2.
requisitos formales: art. 243, § 1.
denuncia motivada e inmotivada: art. 242, § 1.
duplicación de la indemnización: art. 245, § 11.
indemnización por antigüedad
ámbito material y temporal de aplicación: art. 245, § 1.
cálculo: art. 245, § 5.
duplicación de indemnizaciones: art. 245, § 9.
régimen de la ley de contrato de trabajo: art. 245.
reingreso del trabajador
deducción de indemnizaciones percibidas: art. 255.
reparación por despido arbitrario: art. 245, § 2.
resarcimiento de daño moral: art. 245, § 4.
tarifada: art. 245, § 3.
tope máximo: art. 245, § 7.
tope mínimo: art. 245, § 6.
indirecto: art. 246, § 3.
aplicación en relación al tiempo: art. 246, § 1.
bilateralidad de la injuria: art. 246, § 2.
discriminatorio: art. 246, § 4.
injuria
apreciación por los jueces: art. 242, § 3.
bilateralidad: art. 246, § 1.
gravedad: art. 242, § 5.
cualitativa y cuantitativa: art. 242, § 6.
invariabilidad de la causa: art. 243.
justa causa: art. 242, § 2.
por causa de embarazo o maternidad: art. 178.
por fuerza mayor o falta o disminución de trabajo
aplicación en relación al tiempo: art. 247, § 1.
deber de preavisar: art. 247, § 8.
despido y suspensión por falta de trabajo: art. 247, § 5.
distinción: art. 247, § 3.
indemnización reducida: art. 247, § 9.
notificación: art. 247, § 7.
preventivo de crisis de empresas: art. 247, § 10.
procedimiento: art. 247, § 6.
requisitos exigibles: art. 247, § 4.
por incapacidad o inhabilidad del trabajador: art. 254, § 1.
pérdida de la habilitación especial para trabajar: art. 254, § 2.
por justa causa: art. 242, § 2.
por quiebra del empleador: art. 251.
sanción disciplinaria: art. 242, § 4.

Días
del gremio: art. 165, § 3.
no laborables: art. 165, § 2.
opción: art. 167, § 2.
régimen legal: art. 167, § 1.
salario: art. 167, § 3.

Discriminación
concepto: art. 17, § 4.
convenios de la OIT: art. 17, § 7.
despido discriminatorio: art. 17, § 10.
distinciones
arbitrarias: art. 81, § 2.
permitidas: art. 81, § 5.
ley 20.392: art. 81, § 11.
ley 23.592: art. 17, § 8.
pactos y convenios internacionales: art. 17, § 2.
principio constitucional: art. 17, § 1.
principio de trato igual y no discriminación: art. 11, § 4, c, 6.
prohibición: art. 17.
prueba de la discriminación: art. 81, § 9.

Disponibilidad colectiva
concepto: art. 7°, § 6, a.
jornada y descansos: art. 7°, § 6, c.
orden público laboral: art. 12, § 5.
régimen laboral de la pequeña empresa: art. 7°, § 6.

Doctrina
fuentes de regulación: art. 1°, § 18.

E

Embarazo: ver *Maternidad*.
enfermedad originada en el embarazo: art. 177, § 11.
interrupción, certificado médico: art. 177, § 8.

Embargabilidad: ver *Inembargabilidad*.

Empleador
  conjunto de personas físicas: art. 26, § 5.
  Estado extranjero: art. 3º, § 6.
  noción: art. 26, § 1.
  personas jurídicas: art. 26, § 2.
  sociedades irregulares o de hecho: art. 26, § 4.
  sujetos de derecho: art. 26, § 3.
  unión transitoria de empresas: art. 26, § 6.

Empresa
  definición: art. 5º, § 2.
  fines: art. 5º, § 2, c.
  medios: art. 5º, § 2, b.
  organización: art. 5º, § 2, a.
  pequeña empresa: art. 5º, § 3.

Empresario
  definición: art. 5º, § 4.
  facultades: art. 64, § 1.

Empresas
  de selección de personal: art. 29, § 3.
  de servicios eventuales
    actividad reglamentada: art. 29, § 4, a.
    cancelación de la habilitación: art. 29, § 4, f.
    causas que justifican el requerimiento: art. 29, § 4, h.
    convención colectiva: art. 29 bis, § 4.
    definición: art. 29, § 4, b.
    empresa usuaria
      responsabilidad solidaria: art. 29 bis, § 3.
      forma jurídica y objeto: art. 29, § 4, c.
    habilitación administrativa: art. 29, § 4, d.
    cancelación: art. 29, § 4, f.
    objeto: art. 29, § 4, c.
    obra social: art. 29 bis, § 4.
    prestación de servicios eventuales: art. 29, § 4, g.
    sanciones administrativas: art. 29, § 4, e.
    sindicato: art. 29 bis, § 4.
    trabajador de las empresas de servicios eventuales: art. 29, § 4, i.
    trabajadores destinados a las empresas usuarias: art. 29 bis, § 2.
      abandono de trabajo: art. 29 bis, § 2, g.
      carácter de la relación: art. 29 bis, § 2, a.
      cómputo de la antigüedad del trabajador: art. 29 bis, § 2, h.
      convención colectiva: art. 29 bis, § 5.
      deber
        de ocupación: art. 29 bis, § 2, c.
        de remunerar: art. 29 bis, § 2, d.
      despido indirecto: art. 29 bis, § 2, f.
      nuevo destino laboral: art. 29 bis, § 2, e.
      obra social: art. 29 bis, § 5.
      períodos de actividad y de receso: art. 29 bis, § 2, b.
      sindicato: art. 29 bis, § 5.
  subordinadas o relacionadas
    conducción temeraria: art. 31, § 4.
    conjunto económico: art. 31, § 1.
    maniobras fraudulentas: art. 31, § 3.
    solidaridad: art. 31, § 2.

Enfermedad inculpable
  aviso al empleador: art. 209, § 1.
  requisito para la percepción del salario: art. 209, § 2.
  capacidad laboral
    disminución definitiva: art. 212, § 1.
  concepto: art. 208, § 1.
  control: art. 210.
    derecho del empleador: art. 210, § 1.
    discrepancia entre los médicos: art. 210, § 3.
    forma: art. 210, § 2.
  despido del trabajador: art. 213, § 1.
    prueba de la fecha del alta: art. 213, § 2.
  efectos: art. 208, § 2.
  imposibilidad del empleador de dar tareas adecuadas: art. 212, § 3.
  incapacidad absoluta: art. 212, § 5.
  negativa arbitraria del empleador: art. 212, § 4.
  obligación del empleador de pagar los salarios: art. 208, § 3.
  período de prueba: art. 208, § 5.
  plazo de conservación del empleo: art. 211, § 1.
    abandono de la relación: art. 211, § 4.

55. Etala, *Contrato*.

cómputo: art. 211, § 2.
despido: art. 211, § 5.
extinción del contrato de trabajo: art. 211, § 3.
remuneración: art. 208, § 6.
pago: art. 208, § 7.
trabajador imposibilitado de desempeñar las tareas que anteriormente cumplía: art. 212, § 2.
trabajadores de temporada: art. 208, § 4.

Equidad: art. 11, § 5.

Establecimiento
definición: art. 6º, § 1.
distinción con la empresa: art. 6º, § 2.
explotación: art. 6º, § 3.
ley de higiene y seguridad: art. 6º, § 4.

Estado de excedencia
continuación del trabajo en la empresa: art. 183, § 3.
extinción: art. 183, § 7.
finalidad: art. 183, § 1.
formalización de contrato con otro empleador: art. 183, § 8.
opción
  requisitos: art. 183, § 9.
  tácita: art. 186, § 1 y 2.
reglamentación: art. 183, § 10.
reingreso: art. 184.
  falta de presentación de la trabajadora: art. 184, § 2.
  reincorporación de la trabajadora: art. 184, § 1.
    cargo en que se reincorpora: art. 184, § 3.
    falta o disminución de trabajo: art. 184, § 6.
    imposibilidad de reincorporación: art. 184, § 5.
    negativa del empleador: art. 184, § 4.
  requisito de antigüedad: art. 185, § 1.
rescisión del contrato de trabajo: art. 183, § 4.
retribución: art. 183, § 6.
situación de excedencia: art. 183, § 5.
tiempo de servicio: art. 184, § 7.

Estatutos profesionales
estatutos vigentes: art. 2º, § 5.

fuentes de regulación: art. 1º, § 5.
ley de contrato de trabajo
  relaciones con la ley general: art. 2º, § 4.

Excepción de incumplimiento contractual: art. 75, § 3.

Explotación
ley de higiene y seguridad: art. 6º, § 4.
noción: art. 6º, § 3.

Extinción del contrato de trabajo
abandono de la relación: art. 241, § 3.
por incapacidad o inhabilidad del trabajador
  despido: art. 254, § 1.
  pérdida de la habilitación especial para trabajar: art. 254, § 2.
por jubilación del trabajador
  carga de la prueba: art. 252, § 4.
  cargas impuestas al empleador: art. 252, § 3.
  comienzo del plazo de un año: art. 252, § 5.
  prestaciones de la ley 24.241: art. 252, § 2.
  trabajador en condiciones de obtener una de las prestaciones: art. 252, § 1.
por muerte del empleador: art. 249, § 1 y 2.
  indemnización: art. 249, § 3.
por muerte del trabajador: art. 248, § 1.
  indemnización por fallecimiento: art. 248, § 2.
    acumulación con otras prestaciones: art. 248, § 5.
    beneficiarios: art. 248, § 3.
    requisitos para su percepción: art. 248, § 4.
por quiebra o concurso del empleador: art. 251.
  despido por quiebra: art. 251, § 1.
  monto de las indemnizaciones: art. 251, § 2.
por vencimiento del plazo del contrato: art. 250, § 1.
  ruptura anticipada: art. 95.
por voluntad concurrente de las partes: art. 241, § 1.
  abandono de la relación: art. 241, § 3.
  forma: art. 241, § 2.

reingreso del trabajador jubilado al servicio del mismo empleador: art. 253, § 4.
compatibilidad entre jubilación y actividad dependiente: art. 253, § 1.
conforme a la ley: art. 253, § 3.
contratos regidos por la ley 25.013: art. 253, § 5.
en infracción a la ley: art. 253, § 2.
ruptura anticipada: art. 95, § 1.

F

Facultad
de dirección: art. 65.
   límites: art. 65, § 2.
   reglamento de empresa: art. 65, § 3.
de modificar las formas y modalidades: art. 66.
   interpretación: art. 66, § 2.
   ius variandi: art. 66, § 1.
   requisitos: art. 66, § 1.
de organización: art. 64.
disciplinaria: art. 67.

Feriados nacionales: art. 165, § 1.
asimilación al descanso dominical: art. 166, § 2.
descanso compensatorio: art. 166, § 4.
régimen: art. 166, § 1.
remuneración: art. 166, § 3.
   cálculo: art. 169, § 1.
      enfermedad o accidente: art. 170, § 1.
      remuneraciones
         mixtas: art. 169, § 6.
         variables: art. 169, § 5.
      trabajadores
         jornalizados: art. 169, § 3.
         mensualizados: art. 169, § 2.
         remunerados a destajo: art. 169, § 4.
licencia por maternidad: art. 170, § 3.
período de reserva del empleo: art. 170, § 2.
requisitos: art. 168, § 1.
suspensiones: art. 170, § 4.
trabajo a domicilio: art. 171, § 1 y 2.

Firma: art. 59, § 1.
en blanco: art. 60, § 1 y 2.
impresión digital: art. 59, § 2.

Forma del contrato: arts. 48 y 49.
nulidad por omisión de la forma: art. 49.

Formación del contrato
consentimiento: art. 45.
aceptación: art. 45, § 3.
enunciación del contenido esencial: art. 46, § 1.
expresión: art. 45, § 1.
oferta: art. 45, § 2.

Formación profesional: tít. II, cap. VIII.

Formularios: art. 61.

Fraude laboral
efectos: art. 14, § 7.
elemento subjetivo: art. 14, § 4.
evasión
   de normas imperativas: art. 14, § 1.
   parcial: art. 14, § 6.
   total: art. 14, § 5.
fraude
   a la ley: art. 14, § 3.
   por interposición de personas: art. 102, § 1 y 2.
nulidad: art. 14.
simulación ilícita: art. 14, § 2.
efectos: art. 14, § 7.

Fuentes de regulación: art. 1º.
Constitución nacional: art. 1º, § 2.
convenciones colectivas de trabajo: art. 1º, § 6.
declaraciones, pactos y convenciones internacionales: art. 1º, § 3
decretos reglamentarios: art. 1º, § 13.
doctrina: art. 1º, § 18.
estatutos profesionales: art. 1º, § 5.
introducción: art. 1º, § 1.
jurisprudencia: art. 1º, § 17.
laudos: art. 1º, § 7.
ley de contrato de trabajo: art. 1º, § 4.
leyes
   comunes: art. 1º, § 11.
   laborales: art. 1º, § 5.
reglamentos de empresa: art. 1º, § 9.
resoluciones
   de organismos paritarios: art. 1º, § 15.
   de organismos tripartitos: art. 1º, § 15.
   ministeriales: art. 1º, § 14.
tratados internacionales: art. 1º, § 12.
usos y costumbres: art. 1º, § 10.
voluntad de las partes: art. 1º, § 8.

G

Gastos del trabajador: art. 76.
Gratificación: art. 104, § 5.
Gratuidad
 alcance: art. 20, § 2.
 telegrama obrero: art. 20, § 3.

H

Habilitación: art. 104, § 4.
Honorarios profesionales: art. 277.

I

Igualdad de trato
 causa objetiva: art. 81, § 6.
 despido: art. 81, § 7.
 discriminación: art. 17.
 distinciones
  arbitrarias: art. 81, § 2.
  permitidas: art. 81, § 5.
 identidad de situaciones: art. 81, § 4.
 ley 20.392: art. 81, § 10.
 ley 23.592: art. 81, § 11.
 principio de orden público: art. 81, § 3.
 prueba de la discriminación: art. 81, § 9.
 reincorporación: art. 81, § 8.
Impresión digital: art. 59, § 2.
Indemnizaciones
 aplicación de las normas sobre remuneraciones: art. 149, § 1.
 embargabilidad: art. 149, § 3.
 falta de constancias y certificaciones: art. 80, § 7.
 pago: art. 149, § 2.
 por despido: ver *Despido*.
 por falta de entrega de certificaciones: art. 80, § 7.
 sanción por mora del pago: art. 149, § 3.
Inembargabilidad: art. 147.
 indemnizaciones: art. 147, § 6.
 salario mínimo: art. 147, § 2.
 vivienda del trabajador: art. 20, § 4.
Intereses
 conducta maliciosa y temeraria: art. 275.
Interposición y mediación: art. 29.

Intimaciones: art. 57.
 carga de explicarse: art. 57, § 1.
 plazo para la respuesta: art. 57, § 3.
 presunción: art. 57, § 2.
 regularización del empleo no registrado, plazo para contestar: art. 57, § 4.
Invenciones del trabajador
 en la empresa: art. 82, § 2.
 preferencia del empleador: art. 83.
 régimen jurídico: art. 82, § 1.
Irrenunciabilidad: art. 12.
 alcance: art. 12, § 2.
 derechos irrenunciables: art. 12, § 3.
 efectos de la renuncia prohibida: art. 12, § 4.
 sustitución de cláusulas nulas: art. 13.
"Ius variandi": art. 66, § 1.
 alteración esencial del contrato: art. 66, § 1, b.
 perjuicio material o moral: art. 66, § 1, c.
 razonabilidad: art. 66, § 1, a.

J

Jornada de trabajo
 Constitución nacional: art. 196, § 1.
 convenios de la OIT: art. 196, § 5.
 definición legal: art. 197, § 2.
 distribución del tiempo de trabajo: art. 197, § 3.
 horas extra
  autorizadas
   caracterización: art. 201, § 1.
   límite máximo: art. 199, § 1, c, 5.
   personal exceptuado de la jornada legal: art. 201, § 2.
   prueba: art. 201, § 6.
   registro de horas suplementarias: art. 201, § 7.
   reglamentación legal: art. 201, § 3.
   valor de la hora extra: art. 201, § 5.
  no autorizadas: art. 201, § 4.
   contrato de trabajo a tiempo parcial: art. 201, § 8.
  obligatorias: art. 203, § 1.
   normas concordantes: art. 203, § 2.
 legislación nacional: art. 196, § 2.

máxima legal: art. 198, § 1.
excepciones: art. 199, § 1.
  carácter del empleo del trabajador: art. 199, § 1, b.
  caso de accidente, trabajos de urgencia o fuerza mayor: art. 199, § 1, c, 2.
  circunstancias permanentes o temporarias que las justifiquen: art. 199, § 1, c.
  demandas extraordinarias de trabajo: art. 199, § 1, c, 4.
  empleos de dirección o vigilancia: art. 199, § 1, b, 1.
  índole de la actividad: art. 199, § 1, a.
  trabajos
    especialmente intermitentes: art. 199, § 1, b, 2.
    por equipos: art. 199, § 1, c, 1.
    preparatorios y complementarios: art. 199, § 1, c, 3.
  fijación en base a promedio: art. 198, § 3.
  reducción: art. 198, § 2.
nocturna: art. 200, § 1.
  horas extra: art. 200, § 6.
  íntegramente nocturna: art. 200, § 4.
  mixta: art. 200, § 5.
  requisitos: art. 200, § 2.
  tope semanal: art. 200, § 3.
norma constitucional: art. 196, § 1.
otras regulaciones: art. 196, § 4.
pausa entre jornada y jornada: art. 197, § 5.
publicidad del tiempo de trabajo: art. 197, § 4.
reducción: art. 198, § 2.
regulación: art. 196, § 3.
tareas y condiciones insalubres: art. 200, § 7.
tiempo de trabajo.
  distribución: art. 197, § 3.
  publicidad: art. 197, § 4.
trabajo por equipos: art. 202.
  anuncios en lugares visibles: art. 202, § 5.
  concepto: art. 202, § 3.
  convenio 1 de la OIT: art. 202, § 1.
  descanso hebdomadario: art. 202, § 7.
  efectos del régimen legal: art. 202, § 6.
  facultades del empleador: art. 202, § 4.
  jornada insalubre: art. 202, § 9.
  ley 11.544: art. 202, § 2.
  trabajo nocturno: art. 202, § 8.
Jurisprudencia
  fuentes de regulación: art. 1º, § 17.
Justicia social: art. 11, § 3.

L

Laudos
  aplicación analógica: art. 16, § 6.
  fuentes de regulación: art. 1º, § 7.
Ley
  aplicable
    contratos a ser ejecutados en el extranjero: art. 3º, § 3.
    del lugar de ejecución: art. 3º, § 1.
    elección por las partes: art. 3º, § 4.
    lugar de ejecución múltiple: art. 3º, § 2.
    trabajo marítimo y aéreo: art. 3º, § 5.
  de contrato de trabajo: art. 1º, § 3; art. 9º.
    aplicación personal: art. 2º.
    de la construcción: art. 2º, § 3.
    relaciones comprendidas: art. 2º, § 1.
    trabajadores excluidos
      agrarios: art. 2º, § 2, c.
      del servicio doméstico: art. 2º, § 2, b.
      dependientes de la Administración pública: art. 2º, § 2, a.
    aplicación territorial: art. 3º.
    colisión de normas: art. 9º, § 3.
    fuentes de regulación: art. 1º, § 3.
    estatutos especiales
      relaciones con la ley general: art. 2º, § 4.
    interpretación: art. 9º, § 4.
  laboral
    aplicación: art. 9º.
    colisión de normas: art. 9º, § 3.
    criterios de comparación: art. 9º, § 3, c.
    unidad de comparación: art. 9º, § 3, b.
    integración: art. 11, § 1.
    interpretación: art. 9º, § 4.
      caso de duda: art. 9º, § 1 y 2.

Leyes análogas: art. 11, § 2.
Libro especial: art. 52.
   omisión
      de formalidades: art. 53, § 1.
      de su exhibición: art. 55.
      registros, planillas y otros elementos de contralor: art. 54.
Licencias especiales: art. 158.
   bomberos voluntarios: art. 158, § 4.
   cómputo: art. 160, § 1.
   convenios colectivos: art. 158, § 2.
   deportiva: art. 158, § 3.
   examen: art. 158, § 1, g.
      institutos autorizados: art. 161, § 1.
      prueba: art. 161, § 2.
   extranjeros: art. 158, § 5.
   fallecimiento
      de cónyuge o conviviente: art. 158, § 1, c.
      de hermano: art. 158, § 1, f.
      de hijos: art. 158, § 1, d.
      de padres: art. 158, § 1, e.
   matrimonio: art. 158, § 1, b.
   nacimiento de hijo: art. 158, § 1, a.
      con síndrome de Down: art. 177, § 12.
   retribución: art. 159, § 1.
      cálculo: art. 159, § 2.
      oportunidad de pago: art. 159, § 3.

M

Maternidad
   asignaciones familiares: art. 177, § 10.
   comunicación al empleador: art. 177, § 7.
   Constitución nacional: art. 177, § 1.
   convenio 3 de la OIT: art. 177, § 2.
   derecho a la estabilidad en el empleo: art. 177, § 6.
   descansos diarios por lactancia: art. 179, § 2.
      convenio 3 de la OIT: art. 179, § 1.
      salas maternales y guarderías: art. 179, § 3.
   despido por causa de maternidad o embarazo
      indemnización agravada: art. 178, § 3.
         cuantía: art. 178, § 4.
      indirecto: art. 178, § 5.
      presunción legal: art. 178, § 1.
      notificación: art. 178, § 2.
   enfermedad originada en el embarazo o el parto: art. 177, § 11.
   interrupción del embarazo
      certificado médico: art. 177, § 8.
   licencia especial por nacimiento de hijo con síndrome de Down: art. 177, § 12.
   normas constitucionales: art. 177, § 1.
   protección
      alcance: art. 177, § 4.
      finalidad: art. 177, § 3.
   revisación por un médico del empleador: art. 177, § 9.
   trabajo prohibido: art. 177, § 5.
Matrimonio
   prohibición del despido: art. 180.
      alcance: art. 180, § 1.
      despido indirecto: art. 181, § 4.
      extensión al trabajador varón: art. 180, § 2.
      indemnización especial: art. 182.
         monto y cálculo: art. 182, § 1.
         requisitos: art. 182, § 2.
      presunción legal: art. 181, § 1.
      trabajador varón: art. 181, § 2.
      prueba: art. 181, § 3.
Modalidades del contrato de trabajo
   a plazo fijo: art. 90, § 2.
      deber de preavisar: art. 94.
      duración: art. 93.
      íntegramente cumplido: art. 95, § 4.
      ruptura anticipada: art. 95.
   a tiempo parcial: art. 92 *ter*.
   de temporada: arts. 96 a 98.
      asignaciones familiares: art. 96, § 7.
      ciclos: art. 96, § 3.
      comportamiendo de las partes: art. 98.
      cómputo de antigüedad: art. 97, § 3.
      cooperativas de trabajo: art. 96, § 10.
      definición: art. 96, § 1.
      despido: art. 97.
         durante el período de actividad: art. 97, § 1.
         durante el período de receso: art. 97, § 2.
      enfermedad inculpable: art. 96, § 8.
      estabilidad impropia: art. 97, § 4.

inexistencia de período de prueba: art. 96, § 5.
muerte del trabajador: art. 96, § 9.
vacaciones: art. 96, § 6.
eventual: arts. 99 y 100.
  beneficios laborales: art. 100.
  causas que lo justifican: art. 99, § 5.
  conversión en uno por tiempo indeterminado: art. 99, § 9.
  eximición del deber de preavisar: art. 99, § 11.
  eximición del pago de indeminización: art. 99, § 12.
  extinción natural: art. 99, § 10.
  forma: art. 99, § 6.
  límites temporales: art. 99, § 8.
  prueba: art. 99, § 7.
  ruptura anticipada: art. 99, § 13.
por tiempo indeterminado: arts. 90 y 91.
  prueba: art. 92.
  principio de indeterminación del plazo: art. 90, § 1.

N

Normas
  colisión: art. 9°, § 3.
  criterios de comparación: art. 9°, § 3, c.
    acumulación: art. 9°, § 3, c, 1.
    conglobamiento: art. 9°, § 3, c, 2.
    conglobamiento por instituciones: art. 9°, § 3, c, 3.
    fraccionamiento: art. 9°, § 3, c, 1.
    sustitución: art. 9°, § 3, a.
    unidad de comparación: art. 9°, § 3, b.
  integración: art. 11, § 1.

Nulidad del contrato
  actuación de la autoridad administrativa: art. 44, § 3.
  declaración: art. 44, § 2.
  objeto
    ilícito: art. 41, § 1.
      efectos: art. 41, § 2.
    prohibido: art. 42, § 1.
      efectos: art. 42, § 2.
  omisión de la forma: art. 49.
  parcial: art. 43, § 1.
  por fraude laboral: art. 14.
  sustitución de cláusulas nulas: art. 13.

O

Obediencia: art. 86, § 1.
Objeto del contrato: art. 37.
  ilícito: art. 39, § 1 y 2.
    efectos de la nulidad: art. 41, § 2.
    nulidad: art. 41, § 1.
  principio general: art. 37.
  prohibición
    dirigida al empleador: art. 40, § 3.
    inmigrantes ilegales: art. 40, § 4.
    parcial: art. 43, § 1 y 2.
    prohibiciones legales o reglamentarias: art. 40, § 2.
    prohibido: art. 40, § 1.
    servicios ilícitos o prohibidos: art. 38, § 2.
  trabajo
    ilícito: art. 39.
    efectos: art. 39, § 2.
    inmigrantes ilegales: art. 40, § 4.
    prohibido: art. 40.
      efectos: art. 40, § 5; art. 42, § 1.

Obligaciones laborales
  pago insuficiente: art. 260.

Opiniones políticas, religiosas o sindicales
  prohibición al empleador: art. 73.

Orden
  de prelación: art. 7°, § 4.
  público laboral
    colisión de normas: art. 7°, § 4.
    derecho necesario: art. 7°, § 2.
    excepciones
      disponibilidad colectiva: art. 7°, § 6, a y b; art. 12, § 5.
      concepto: art. 7°, § 6, a.
      pequeña empresa: art. 7°, § 6, b; art. 12, § 5.
    fundamento: art. 7°, § 3.
    irrenunciabilidad: art. 12, § 1.
    nulidad
      sustitución de cláusulas nulas: art. 7°, § 5; art. 13, § 1 y 2.

P

Pacto de cuota litis: art. 277, § 4.
Pago
  en juicio: art. 277.
  al apoderado: art. 277, § 3.

insuficiente: art. 260, § 1.
recepción sin reservas: art. 260, § 2.
Participación en las utilidades: art. 104, § 6.
derecho de verificación: art. 111.
época de pago: art. 127, § 2.
liquidación: art. 110.
Pasantías: art. 23, § 2, g.
Pequeña empresa
régimen laboral
disponibilidad colectiva: art. 7°, § 6; art. 150, § 5.
registro único de personal: art. 52, § 8.
sueldo anual complementario: art. 122, § 3.
vacaciones: art. 150, § 5.
Período de prueba: art. 92 *bis*.
accidente o enfermedad inculpable: art. 208, § 5.
aportes y contribuciones a la seguridad social: art. 92 *bis*, § 12.
carácter jurídico: art. 92 *bis*, § 6.
cómputo como tiempo de servicio: art. 92 *bis*, § 13.
contrato de trabajo
a tiempo parcial: art. 92 *bis*, § 5.
de temporada: art. 92 *bis*, § 4.
por tiempo indeterminado: art. 92 *bis*, § 3.
convenios colectivos de trabajo: art. 92 *bis*, § 16.
deber de registrar el contrato de trabajo: art. 92 *bis*, § 10.
derechos: art. 92 *bis*, § 10.
caso de enfermedad o accidente: art. 92 *bis*, § 11.
disponibilidad colectiva: art. 92 *bis*, § 16.
en la pequeña empresa: art. 92 *bis*, § 15.
extinción del contrato de trabajo: art. 92 *bis*, § 14.
finalidades: art. 92 *bis*, § 2.
forma: art. 92 *bis*, § 9.
implícito: art. 92 *bis*, § 3.
plazo: art. 92 *bis*, § 7.
prevención del fraude laboral: art. 92 *bis*, § 8.
régimen general: art. 92 *bis*, § 1.
único: art. 92 *bis*, § 6.
uso abusivo: art. 92 *bis*, § 7.
Personas jurídicas
actos: art. 36.
representante
aparente: art. 36, § 2.
legal: art. 36, § 1.
Pluspetición inexcusable: art. 20, § 5.
Potestad disciplinaria del empleador: art. 67, § 1.
impugnación de sanciones: art. 67, § 6.
límites: art. 68, § 1.
requisitos: art. 67, § 5.
sanciones prohibidas: art. 67, § 4; art. 69, § 1; art. 131, § 5.
tipos de sanciones: art. 67, § 3.
Preaviso
adquisición del derecho: art. 231, § 7.
aplicación en relación al tiempo: art. 231, § 3.
cambio
en el tope indemnizatorio: art. 238, § 3.
carácter recepticio: art. 231, § 5; art. 233, § 1.
comienzo del plazo: art. 233.
concepto: art. 231, § 2.
contratos
a plazo fijo: art. 231, § 8.
de trabajo eventual: art. 231, § 8.
deber de preavisar
fundamento: art. 231, § 3.
incumplimiento: art. 232, § 1.
eximición al trabajador del deber de prestar servicios: art. 236, § 2.
aplicación a todos los contratos: art. 236, § 3.
indemnización sustitutiva: art. 232, § 2.
aguinaldo proporcional: art. 232, § 3.
aportes a la seguridad social: art. 232, § 5.
prestaciones de la seguridad social: art. 232, § 4.
injuria durante el preaviso: art. 238, § 2.
integración del mes de despido: art. 233, § 2.
período de prueba: art. 233, § 3.
régimen de la pequeña empresa: art. 233, § 4.
licencia diaria: art. 237, § 1.
aplicación a todos los contratos: art. 237, § 3.
derecho al goce: art. 237, § 1.
licencia no otorgada: art. 237, § 2.

plazo: art. 231, § 4.
cambio en el tope indemnizatorio: art. 238, § 3.
comienzo del plazo: art. 233.
modificación legal: art. 233, § 1.
injuria: art. 238, § 2.
renuncia del trabajador al plazo: art. 236, § 1.
tiempo de servicio: art. 19, § 1.
prueba escrita: art. 235, § 1.
aplicación a todos los contratos: art. 235, § 2.
retractación: art. 234, § 1.
acuerdo tácito: art. 234, § 2.
aplicación a todos los contratos: art. 234, § 3.
revocación: art. 231, § 6.
subsistencia de las obligaciones contractuales: art. 238, § 1.
aplicación a todos los contratos: art. 238, § 4.
suspensión
con derecho a salarios: art. 239, § 3.
aplicación a todos los contratos: art. 239, § 4.
sin derecho a salarios: art. 239, § 2.
aplicación a todos los contratos: art. 239, § 4.

Premios: art. 104, § 8.

Prescripción
accidentes del trabajo y enfermedades profesionales: art. 258, § 1.
carácter de orden público: art. 256, § 3.
comienzo del curso: art. 256, § 7.
concepto: art. 256, § 2.
elementos exigidos por la ley: art. 256, § 2.
entrega de certificaciones de servicios y aportes: art. 256, § 10.
interpretación restrictiva: art. 256, § 6.
interrupción: art. 256, § 9.
normas del Código Civil: art. 257, § 1.
por demanda: art. 257, § 1.
por reclamación administrativa: art. 257, § 2 y 3.
por reconocimiento del derecho: art. 257, § 1.
invocación: art. 256, § 5.
normas aplicables: art. 256, § 1.

plazo: art. 256, § 4.
comienzo: art. 256, § 7.
reclamos por diferencias salariales: art. 256, § 8.
suspensión: art. 256, § 9.

Prestaciones complementarias no remuneratorias: art. 105, § 4.
suspensión con prestaciones dinerarias: art. 223 *bis*, § 1.

Principios
de buena fe: art. 11, § 4, c, 5; art. 63.
de continuidad laboral: art. 10, § 1; art. 11, § 4, c, 2.
de indemnidad: art. 11, § 4, c, 7.
de integración: art. 11, § 1.
de interpretación y aplicación: art. 11.
de primacía de la realidad: art. 11, § 4, c, 3; art. 21, § 2; art. 22, § 1.
de razonabilidad: art. 11, § 4, c, 4; art. 66, § 1, a; art. 67, § 5, c.
de trato igual y no discriminación: art. 11, § 4, c, 6; art. 81, § 1.
del derecho más favorable: art. 9°.
caso de colisión de normas: art. 9°, § 3.
directiva a los operadores jurídicos: art. 9°, § 2.
generales del derecho del trabajo
definición: art. 11, § 4, a.
enumeración: art. 11, § 4, c.
funciones: art. 11, § 4, b.
protectorio: art. 11, § 4, c, 1.
privilegios: art. 261, § 3.

Privilegios
acuerdos conciliatorios o liberatorios
imputación: art. 263, § 2.
nulidad: art. 263, § 3.
bienes en poder de terceros: art. 269.
embargo sobre bienes retirados: art. 269, § 1.
inexigencia de mala fe: art. 269, § 2.
plazo de caducidad: art. 269, § 3.
subrogación real: art. 269, § 4.
concepto: art. 261, § 1.
especiales
acreedores prendarios: art. 270.
concepto: art. 268, § 1.
concurrencia de acreedores: art. 270, § 1.
créditos por accidentes de trabajo: art. 268, § 3.
intereses: art. 274, § 2.

ley de concursos y quiebras: art. 268, § 2.
subrogación: art. 272, § 1.
fuente legal: art. 263, § 1.
generales: art. 273, § 1; art. 272, § 2.
costas judiciales: art. 273; art. 274, § 1.
créditos
  alimentarios: art. 273.
  por accidentes de trabajo: art. 273, § 3.
  intereses: art. 274, § 2.
  ley de concursos y quiebras: art. 273, § 2.
interpretación restrictiva: art. 261, § 4.
irrenunciabilidad: art. 261, § 2.
obras y construcciones: art. 271.
  bienes muebles: art. 271, § 1.
  contratistas y subcontratistas: art. 271, § 2.
  créditos hipotecarios: art. 271, § 5.
  extensión del privilegio: art. 271, § 3.
  subrogación real: art. 271, § 4.
preferencia: art. 270.
  concurrencia de acreedores: art. 270, § 1.
quiebra
  continuación de la empresa: art. 267, § 1.
  gastos de conservación y justicia: art. 267, § 2.
  subrogación real: art. 269, § 4; art. 272, § 1.
  transmisión: art. 262.
    conviviente del trabajador: art. 262, § 2.
    pago con subrogación: art. 262, § 3.
    sucesores del trabajador: art. 262, § 1.

Procedimiento preventivo de crisis de empresas: art. 221, § 3.

Propinas
beneficios laborales: art. 113, § 4.
condiciones de viabilidad: art. 113, § 1.
cuantía: art. 113, § 2.
salario mínimo: art. 113, § 3.
seguridad social: art. 113, § 5.

Prueba del contrato de trabajo: art. 50.

exigencia de documentos, licencias o carné: art. 51, § 1.
exigencia de título habilitante: art. 51, § 2.
libertad de prueba: art. 50, § 1.
remuneraciones
  facultad de los jueces: art. 56.

Q

Quiebra o concurso del empleador
despido: art. 251, § 1.
monto de las indemnizaciones: art. 251, § 2.

R

Recibos de salarios
aplicación a otros pagos laborales: art. 138, § 8.
ausencia de recibo: art. 138, § 2.
contenido mínimo: art. 140, § 1 a 3.
doble ejemplar: art. 139, § 1.
facultades de la autoridad de aplicación: art. 146, § 1 y 2.
firma
  del trabajador: art. 140, § 4.
  en blanco: art. 138, § 6.
  impresión digital: art. 138, § 5.
  iniciales del trabajador: art. 138, § 7.
nulidad de la renuncia: art. 145, § 2.
pago mediante acreditación en cuenta bancaria: art. 138, § 4.
pago mediante cheques: art. 138, § 4.
plazo de conservación: art. 143, § 1.
prohibición de menciones extrañas: art. 145, § 1 y 2.
prueba de los pagos laborales: art. 138, § 1.
  de cada período: art. 143, § 2.
recaudos para pagos en dinero: art. 138, § 3.
recibos por vacaciones, licencias e indemnizaciones: art. 138, § 8; art. 141, § 1.
validez probatoria: art. 142, § 1 y 2.

Registro único de personal para la pequeña empresa: art. 52, § 8.

Reglamentos de empresa
derecho de dirección del empleador: art. 65, § 3.
fuentes de regulación: art. 1°, § 8.

Reingreso del trabajador
  deducción de indemnizaciones percibidas: art. 255, § 1.
  jubilado
    despido
      compatibilidad entre jubilación y actividad dependiente: art. 253, § 1.
    reingreso
      al servicio del mismo empleador: art. 253, § 4.
      conforme a la ley: art. 253, § 3.
      en infracción a la ley: art. 253, § 2.
Reintegro de gastos: art. 76, § 2.
Relación de trabajo: art. 22.
  contrato sin relación de trabajo: art. 22, § 3; art. 24, § 1.
  efectos del incumplimiento: art. 24, § 2.
  primacía de la realidad: art. 22, § 1.
  teoría: art. 22, § 2.
Remuneración: art. 103.
  accidente de trabajo: art. 103, § 3.
  adelantos
    ordinarios y de urgencia: art. 130, § 3.
    principio legal: art. 130, § 1 y 2.
    recibos: art. 130, § 5.
    solicitud del trabajador: art. 130, § 4.
  bonos de participación: art. 104, § 7.
  cesión: art. 148, § 1 y 2.
  comisiones: art. 104, § 3; art. 108.
    circunstancias posteriores al negocio: art. 108, § 2.
    colectivas: art. 109, § 1.
    liquidación: art. 108, § 1.
  compensación judicial: art. 131, § 7.
  compensaciones: art. 131.
    efectos: art. 131, § 4.
  concepto: art. 103, § 1.
  deducciones: art. 131.
    efectos: art. 131, § 4.
    porcentaje máximo: art. 133, § 1.
  derecho a la remuneración: art. 103, § 2.
  derecho de verificación: art. 111, § 1.
    legitimación: art. 111, § 2.
  determinación: art. 104.
    bonos de participación: art. 104, § 7.
    comisiones: art. 104, § 3.
      indirectas: art. 104, § 3.
    gratificación: art. 104, § 5.
    habilitación: art. 104, § 4.
    participación en las utilidades: art. 104, § 6; art. 110.
    por los jueces: art. 56; art. 114, § 1.
    premios: art. 104, § 8.
  embargabilidad: art. 147.
    importe sujeto a embargo: art. 147, § 4.
    indemnizaciones: art. 147, § 6.
    límites: art. 147, § 1.
      excepciones: art. 147, § 5.
    salario mínimo: art. 147, § 2.
  formas de pago: art. 105.
  gratificación: art. 104, § 5.
  habilitación: art. 104, § 4.
  medios de pago: art. 124, § 1.
  mínima: art. 103, § 5.
  ocasión de ganancia: art. 105, § 3.
  pago
    cajeros automáticos: art. 124, § 3.
    constancias bancarias: art. 125, § 1.
    convenio 95 de la OIT: art. 124, § 4; art. 129, § 1.
    días, horas y lugares: art. 129, § 1.
    mora: art. 128, § 4.
      automática: art. 137, § 1.
      injuria: art. 137, § 2.
    participación en las utilidades: art. 127, § 2.
    períodos de pago: art. 126, § 1 y 2.
    plazos de pago: art. 126, § 2; art. 128, § 1 y 3.
      cómputo de días hábiles: art. 128, § 2.
    prueba: art. 138, § 1.
    remuneraciones accesorias: art. 127, § 1.
    supervisión administrativa: art. 124, § 2.
  propinas: art. 113.
    beneficios laborales: art. 113, § 4.
    cuantía: art. 113, § 2.
    salario mínimo: art. 113, § 3.
    seguridad social: art. 113, § 5.
  protección: art. 103, § 6.
  retenciones, deducciones y compensaciones: art. 131.
    aportes jubilatorios: art. 132, § 3.
    autorización administrativa: art. 133, § 4.
      límite porcentual mayor: art. 133, § 5.
    compensación judicial: art. 131, § 7.

consentimiento expreso del trabajador: art. 133, § 3.
contratistas e intermediarios: art. 136, § 1 y 2.
daños graves e intencionales: art. 132, § 14; art. 135, § 1.
  caducidad: art. 135, § 2.
depósito en cuenta de ahorro del menor trabajador: art. 132, § 13.
efectos: art. 131, § 4.
excepciones: art. 132.
  adelantos de remuneraciones: art. 132, § 2.
  aportes jubilatorios: art. 132, § 3.
  cuotas
    de seguros de vida o de retiro: art. 132, § 8.
    sindicales, mutuales o sociales: art. 132, § 6.
  daños graves e intencionales: art. 132, § 14; art. 135, § 1 y 2.
  depósito en cuenta de ahorro del menor: art. 132, § 13.
  depósitos en cajas de ahorro: art. 132, § 9.
  obligaciones fiscales del trabajador: art. 132, § 4.
  principio general: art. 132, § 1.
  reintegro de precios: art. 132, § 7, y 10 a 12.
orden judicial de retención: art. 131, § 8.
porcentaje máximo de deducción: art. 133, § 1.
prohibición: art. 131, § 3.
  de las multas: art. 131, § 5.
    estatuto del jugador de fútbol: art. 131, § 6.
  del *truck system*: art. 131, § 2.
resguardo para el trabajador: art. 134, § 1.
salario
  en especie: art. 105, § 2; art. 107.
  mínimo
    profesional: art. 119, § 2.
    vital móvil: arts. 116 a 120.
  monetario: art. 105, § 1; art. 107, § 1.
  por unidad de obra: art. 112.
seguridad social: art. 103, § 4.
sueldo anual complementario: arts. 121 a 123.
truck system: art. 131, § 2.
viáticos: art. 106.

Renuncia
a derechos
  presunciones: art. 58.
a un crédito: art. 240, § 2.
al empleo
  carácter recepticio: art. 240, § 5.
  concepto: art. 240, § 1.
  forma: art. 240, § 3.
  presunciones: art. 58.
  retractación: art. 240, § 7.
  tácita: art. 240, § 4.
  vicios de la voluntad: art. 240, § 6.
Resoluciones
de organismos
  paritarios
    fuentes de regulación: art. 1º, § 15.
  tripartitos
    fuentes de regulación: art. 1º, § 15.
  ministeriales
    fuentes de regulación: art. 1º, § 14.
Responsabilidad por daños
acción judicial del empleador: art. 87, § 4.
concepto de culpa grave: art. 87, § 2.
daños por dolo o culpa grave: art. 87, § 1.
prueba: art. 87, § 3.

S

Salario mínimo vital y móvil
Consejo del Empleo, la Productividad y el Salario Mínimo Vital y Móvil: art. 116, § 4.
derecho constitucional: art. 116, § 2.
fecha de entrada en vigencia: art. 116, § 7.
fijación: art. 116, § 3 y 5.
  fecha de entrada en vigencia: art. 116, § 7.
jornada de trabajo: art. 117, § 3.
pautas: art. 116, § 3.
publicación: art. 116, § 6.
unidades de determinación: art. 118, § 1.
inembargabilidad: art. 120, § 1.
  excepciones: art. 120, § 2.
  reglamentación: art. 120, § 1.
orden público: art. 119, § 1.
profesional: art. 119, § 2.
prohibición: art. 116, § 8.
publicación: art. 116, § 6.

regulación: art. 116, § 1.
salario mínimo absoluto: art. 117, § 1.
salario mínimo profesional: art. 119, § 2.
trabajadores
 a comisión: art. 117, § 4.
 comprendidos: art. 117, § 2.
Salas maternales y guarderías: art. 179, § 3.
 gastos: art. 103 *bis*, § 7.
Sanciones disciplinarias: art. 67.
 impugnación: art. 67, § 6.
 potestad disciplinaria: art. 67, § 1.
 límites: art. 68, § 1.
 presupuesto: art. 67, § 2.
 requisitos: art. 67, § 5.
 sanciones prohibidas: art. 67, § 4; art. 69.
 tipos de sanciones: art. 67, § 3.
Servicio militar
 cómputo como tiempo de servicio: art. 214, § 5.
 deber del empleador de conservar el empleo: art. 214, § 3.
 falta de reincorporación del trabajador: art. 214, § 4.
 voluntario: art. 214, § 1 y 2.
Sistema Único de Registro Laboral: art. 52, § 3.
Socio-empleado: art. 27, § 1.
Socios de cooperativas de trabajo: art. 27, § 2.
Subcontratación
 actividad normal y específica: art. 30, § 3.
 cesión, contratación y subcontratación: art. 30, § 2.
 contratistas: art. 30, § 1.
 industria de la construcción: art. 30, § 7.
 recaudos exigibles: art. 30, § 5.
 retención por el empresario principal: art. 30, § 8.
 solidaridad: art. 30, § 6.
  interpretación restrictiva: art. 30, § 4.
Sueldo anual complementario
 aportes y contribuciones a la seguridad social: art. 121, § 5.
 carácter jurídico: art. 121, § 2.
 épocas de pago: art. 122, § 1.
 extinción del contrato de trabajo: art. 123, § 1.
  pago proporcional: art. 123, § 1.
 forma de liquidarlo: art. 121, § 4.
 importe semestral: art. 122, § 2.
 ley 23.041: art. 121, § 3.
 noción: art. 121, § 1.
 pago
  épocas: art. 122.
  importe a abonar en cada semestre: art. 122, § 2.
  plazo máximo: art. 122, § 3.
 plazo máximo de pago: art. 121, § 3.
 régimen laboral para la pequeña empresa: art. 122, § 4.
Sujetos del contrato de trabajo
 empleador: art. 26, § 1.
  conjunto de personas físicas: art. 26, § 5.
  noción: art. 26, § 1.
  personas jurídicas: art. 26, § 2.
  sociedades irregulares o de hecho: art. 26, § 4.
  sujetos de derecho: art. 26, § 3.
 trabajador: art. 25, § 1.
Suministro de mano de obra: art. 29, § 1.
Suspensión
 del contrato de trabajo
  aceptación: art. 222, § 2.
  con prestaciones dinerarias: art. 223 *bis*, § 1.
  despido indirecto
   suspensión excesiva: art. 222, § 1.
   suspensiones menores de 30 días: art. 222, § 5.
  disciplinaria: art. 219, § 4.
   límites: art. 220, § 3.
  dispuesta por el empleador: art. 218, § 1.
   justa causa: art. 218, § 2.
   enumeración: art. 219, § 1.
   notificación por escrito: art. 218, § 4.
   plazo fijo: art. 218, § 3.
  notificación por escrito: art. 218, § 4.
  plazo máximo: art. 220, § 1.
   modo de contar el plazo: art. 220, § 2.
  por falta o disminución de trabajo: art. 219, § 3.
   orden de antigüedad: art. 219, § 2.
  por fuerza mayor: art. 219, § 2; art. 221, § 1.

orden de antigüedad: art. 221, § 2.
prestación dineraria no remunerativa: art. 223 bis, § 1.
rechazo: art. 222, § 3.
impugnación por el sindicato: art. 222, § 4.
salarios
   derecho a percibirlos: art. 223, § 1.
   despido indirecto: art. 223, § 4.
   impugnación: art. 223, § 2.
   plazo para el rechazo: art. 223, § 3.
precautoria: art. 224, § 10.
preventiva
   denuncia efectuada por terceros o proceso de oficio: art. 224, § 6.
   despido por injuria laboral: art. 224, § 4.
   detención del trabajador: art. 224, § 7.
   facultad del empleador: art. 224, § 1.
   querella o denuncia penal promovida por el empleador: art. 224, § 5.
   requisitos
      formales: art. 224, § 3.
      sustanciales: art. 224, § 2.
   salarios caídos: art. 224, § 8.
   prescripción: art. 224, § 9.
rechazo: art. 22, § 3.
salarios
   derecho a percibirlos: art. 223, § 1.
   despido indirecto: art. 233, § 4.
   impugnación: art. 223, § 2.
      plazo para el rechazo: art. 223, § 3.

T

Telegrama obrero: art. 20, § 3.
Tiempo de servicio: art. 18.
Trabajador: art. 25, § 1.
   auxiliares: art. 28.
   calificación: art. 37, § 3.
   inmigrantes ilegales: art. 40, § 4.
Trabajadores
   agrarios
      ley de contrato de trabajo
         trabajadores excluidos: art. 2°, § 2, c.
   de la construcción
      ley de contrato de trabajo, aplicación: art. 2°, § 3.
   del servicio doméstico
      ley de contrato de trabajo
         trabajadores excluidos: art. 2°, § 2, b.
Trabajo
a domicilio: art. 191, § 2.
amateur: art. 23, § 2, d.
autónomo: art. 23, § 2, e.
benévolo, amistoso o de buena vecindad: art. 23, § 2, c.
concepción filosófica: art. 4°, § 3.
concepto: art. 4°, § 2.
de menores
   accidente o enfermedad
      derogación por la ley de riesgos del trabajo: art. 195, § 1.
      presunción de culpa del empleador: art. 195, § 1.
   ahorro: art. 192.
      Caja Nacional de Ahorro y Seguro: art. 192, § 2.
      cuenta de ahorro: art. 192, § 1.
      obligatorio: art. 193, § 1.
   capacidad
      para celebrar contratos de trabajo: art. 187, § 5.
      para estar en juicio: art. 187, § 7.
      para formar parte de sindicatos: art. 187, § 6.
   certificación de aptitud física: art. 188, § 1.
   Constitución nacional: art. 187, § 2.
   contrato de aprendizaje: art. 187, § 10.
   Convención sobre los Derechos del Niño: art. 187, § 3.
   convenio 6 de la OIT: art. 190, § 1.
   convenio 52 de la OIT: art. 194, § 2.
   convenio 138 de la OIT: art. 189, § 1.
   convenios de la OIT: art. 187, § 4.
   instrucción obligatoria: art. 189, § 4.
   jornada de trabajo: art. 190.
      descanso al mediodía: art. 191, § 1.
      distribución desigual: art. 190, § 2.
      horas extra: art. 190, § 3.

menores de catorce años
  prohibición de su empleo: art. 189.
    excepción: art. 189, § 2.
  ministerio pupilar: art. 189, § 3.
  penoso, peligroso o insalubre: art. 191, § 3.
  reconocimientos médicos periódicos: art. 188, § 2.
  régimen
    de aprendizaje y orientación profesional: art. 187, § 9.
    laboral: art. 187, § 1.
  remuneración: art. 187, § 8.
  vacaciones: art. 194, § 1.
    convenio 52 de la OIT: art. 194, § 2.
de mujeres
  accidente o enfermedad del trabajo: art. 176, § 4.
  capacidad de la mujer: art. 172, § 1.
  Constitución nacional: art. 172, § 3.
  convención internacional: art. 172, § 3.
  convenio 4 de la OIT
    denuncia: art. 173, § 2.
  convenio 41 de la OIT
    denuncia: art. 173, § 2.
  derogación de la prohibición de trabajo nocturno: art. 173, § 1.
  descanso al mediodía: art. 174.
    finalidad: art. 174, § 1.
    no remunerado: art. 174, § 3.
    omisión de otorgarlo: art. 174, § 5.
    reducción o supresión: art. 174, § 4.
    trabajadoras comprendidas: art. 174, § 2.
  despido discriminatorio: art. 172, § 9.
  igualdad
    de oportunidades: art. 172, § 6.
    de remuneración: art. 172, § 5.
  ley 20.392: art. 172, § 7.
  ley 23.592: art. 172, § 8.
  prohibición de discriminación: art. 172, § 2.
    fundamento constitucional: art. 172, § 3.
  tareas penosas, peligrosas o insalubres: art. 176.
    convenios de la OIT: art. 176, § 2, a.
    determinación: art. 176, § 2.
    normas reglamentarias: art. 176, § 2, b.
    prohibición: art. 176, § 1.
    efectos: art. 176, § 3.
  trabajo
    a domicilio: art. 175, § 1.
    nocturno, derogación de la prohibición: art. 173, § 1 y 2.
  de religiosos: art. 23, § 2, b.
  familiar: art. 23, § 2, a.
  prestado por integrantes de una sociedad: art. 102, § 1 y 2.

Transferencia del contrato de trabajo
  a favor del Estado: art. 230, § 1.
  aplicación de convenios: art. 230, § 3.
  de deudas: art. 225, § 5.
  del establecimiento: art. 225, § 1.
    concepto de establecimiento: art. 225, § 3.
  despido indirecto: art. 230, § 2.
  adquirente por quiebra: art. 225, § 6.
  arrendamiento o cesión transitoria del establecimiento: art. 227, § 1 y 2.
  cesión del personal: art. 229.
    caso del futbolista profesional: art. 229, § 3.
    requisitos: art. 229, § 2.
    solidaridad: art. 229, § 4.
  conceptos generales: art. 225, § 1.
  contrato de explotación: art. 228, § 2.
  efectos: art. 225, § 4.
  injuria: art. 226, § 1.
  libre de personal: art. 226, § 4.
  locación de obra: art. 228, § 2.
  privatizaciones: art. 230, § 4.
  situación de despido: art. 226, § 1 y 2.
    cambio de régimen jurídico: art. 226, § 3.
  solidaridad: art. 228, § 1.
  sucesión "mortis causa": art. 225, § 2.
  usufructuario: art. 228, § 2.

Tratados internacionales
  fuentes de regulación: art. 1°, § 11.

U

Usos y costumbres
  fuentes de regulación: art. 1°, § 10.

V

Vacaciones
  acumulación: art. 164.
    licencia por matrimonio: art. 164, § 3.
    matrimonio dependiente de un mismo empleador: art. 164, § 4.
    requisitos: art. 164, § 2.
  antigüedad mínima en el empleo: art. 151, § 1.
  cierre del establecimiento: art. 153, § 2.
  comienzo del período de vacaciones: art. 151, § 3.
  compensación en dinero: art. 162, § 1.
  comunicación: art. 154, § 3.
  convenio 52 de la OIT: art. 150, § 2; art. 155, § 1.
  duración: art. 150, § 6.
  época del otorgamiento: art. 154, § 1.
    alteración: art. 154, § 4.
    facultad del empleador: art. 154, § 1.
      limitaciones: art. 154, § 2.
  estatutos especiales: art. 150, § 7.
  indemnización: art. 156, § 1 y 2.
    aportes y contribuciones: art. 156, § 6.
    cálculo: art. 156, § 3.
    causahabientes del trabajador: art. 156, § 5.
    falta de prestación mínima de servicios: art. 156, § 4.
  menores: art. 194.
  no gozadas: art. 156.
  noción legal: art. 150, § 3.
  norma constitucional: art. 150, § 1.
  omisión de otorgamiento: art. 157.
    facultad del trabajador: art. 157, § 1.
    requisitos: art. 157, § 2.
  régimen laboral de la pequeña empresa: art. 150, § 5.
  regulación convencional: art. 150, § 4.
  requisitos para su goce: art. 151, § 1 y 2.
  retribución: art. 155, § 2.
    momento del pago: art. 155, § 8.
    trabajadores
      con remuneraciones mixtas: art. 155, § 7.
      con remuneraciones variables: art. 155, § 5.
      con sueldo mensual: art. 155, § 3 y 4.
      remunerados por día o por hora: art. 155, § 6.
  tiempo mínimo de servicios: art. 151, § 2.
    cómputo: art. 152, § 1.
    falta del tiempo mínimo: art. 153, § 1.
  trabajadores de temporada: art. 163, § 2.

Viáticos
  concepto: art. 106, § 1.
  seguridad social: art. 106, § 2.

Vivienda del trabajador: art. 77.
  inembargabilidad: art. 20, § 4.

La fotocomposición y armado de esta edición
se realizó en Editorial Astrea, Lavalle 1208, y
fue impresa en sus talleres, Berón de Astrada
2433, Ciudad de Buenos Aires, en la segunda
quincena de septiembre de 2005.